KB049954

존 스튜어트 밀 선집

서병훈 옮김

JOHN STUART MILL

존 스튜어트 밀 선집

Utilitarianism 공리주의
Three Essays on Religion 종교론
On Liberty 자유론
Considerations on Representative Government 대의정부론
Chapters on Socialism 사회주의론
The Subjection of Women 여성의 종속

JOHN STUART MILL

책세상

일러두기

이 책은 존 스튜어트 밀의 원저를 우리말로 옮긴 것이다. 저본으로 삼은 것은 존 롭슨John M. Robson이 편찬해 캐나다 토론토대학교 출판사University of Toronto Press에서 출간한 The Collected Works of John Stuart Mill이다. 서지 정보는 다음과 같다.

UTILITARIANISM
The Collected Works of John Stuart Mill, Volume X-Essays on Ethics, Religion, and Society, 1985.

THREE ESSAYS ON RELIGION
The Collected Works of John Stuart Mill, Volume X-Essays on Ethics, Religion, and Society, 1985.

ON LIBERTY
The Collected Works of John Stuart Mill, Volume XVIII-Essays on Politics and Society Part I, 1977.

CONSIDERATIONS ON REPRESENTATIVE GOVERNMENT
The Collected Works of John Stuart Mill, Volume XIX-Essays on Politics and Society Part II, 1977.

CHAPTERS ON SOCIALISM
The Collected Works of John Stuart Mill, Volume V-Essays on Economics and Society Part II, 1967.

THE SUBJECTION OF WOMEN
The Collected Works of John Stuart Mill, Volume XXI-Essays on Equality, Law, and Education, 1984.

- 《종교론》은 독자의 이해를 돕기 위해 원문의 순서를 일부 바꿨다.
- 책 제목과 잡지명은 《 》, 작품명은 〈 〉, 책과 작품 안의 글 또는 개념어는 ' '로 표기했다.
- 각주 가운데 저자의 주는 *로, 옮긴이의 주는 숫자로 구분해서 표기했다.
- 본문 중 〔 〕 안의 내용은 옮긴이가 독자의 이해를 돕기 위해 추가한 설명이다.
- 원서에서 저자가 강조한 부분은 고딕체로 표기했다.

옮긴이 서문

왜 존 스튜어트 밀을 읽어야 하나

참된 자유를 고민하다

내가 존 스튜어트 밀John Stuart Mill의 글을 본격적으로 읽기 시작한 것은 1990년대 초반부터였다. 천하의 자유주의자 밀이 사회주의에 관심을 가지다니 이게 어쩐 일인가. 나는 사랑에 홀린 사람처럼 밀의 글을 마구 읽었다. 그렇게 몇 년 동안 집중 작업한 끝에 나온 것이《자유의 본질과 유토피아: 존 스튜어트 밀의 정치사상》(1995)이었다. 나는 그 후로도 '자유'와 '민주주의'라는 화두를 중심으로 밀과 플라톤, 밀과 토크빌을 비교 분석하는 책을 잇달아 출간했다. 그렇게 밀을 공부하며 즐겁게 지냈다.

나는 밀의 저작도 여러 권 번역했다. 2006년 밀의 탄생 200주년을 앞두고 그냥 있을 수 없었다. 국내외에서 기념 심포지엄을 조직하는 한편,《자유론》 등 밀의 대표 저작을 우리말로 옮기는 작업을 시작했다. 차제에 밀을 '씹어 먹듯' 자세하게 공부해보자는 심산도 있었다. 그렇게 마음먹고《자유론》(2005),《여성의 종속》(2006),《공리주의》(2007)를 차례로 번역 출간했다. 그때는 '젊어서인지' 그 어려운 밀의 문장을 재미 삼아 가지고 놀았다. 물론 그 뒤로는 속도가 현저하게 느려졌다. 머리를 싸매는 일도 잦아졌다. 《자유론》 등에 대한 독자의 반응이 뜨거워지면서 책임감과 부담감도 커졌다. 15년 세월이 흘러 이제야 밀의 저작 여섯 권을 담은 '존 스튜어트 밀 선집'을 펴내게 되었다.

그 세월 동안 밀과 나의 관계에 '굴곡'이 좀 있었다. 사실 제러미 벤담Jeremy Bentham과 밀의 관계가 그랬다. 벤담은 밀의 '정신적 아버지'나 다름없는 사람이다. 젊은 시절에 밀은 벤담을 '하나의 종교'처럼 떠받들었다. 그러다가 어느 순간 벤담 철학에 회의를 느끼면서 '반동'의 길을 걸었다. 벤담을 '반쪽 사상가'라고 폄하하기도 했다. 그러나 얼마 안 가 다시 벤담으로 돌아갔다. 이전보다 더 벤담에 빠져들었다. 그의 《자서전》에 나오는 이야기다.

나도 밀을 공부한 처음 20년 동안 밀의 열렬한 '추종자'였다. 밀의 글 못지않게 그의 삶도 좋아하고 숭모했다(2011년 8월에는 프랑스 아비뇽에 있는 밀의 무덤을 찾아가 손을 얹고 그와 '대화'를 나누기도 했다. 나는 그 순간을 길이 기억할 것이다). 그래서 지치지 않고 그에 관한 글을 쓰고, 그의 저작을 우리말로 옮기는 작업을 할 수 있었다. 그런데 어느 순간, 밀의 사상을 '해석하고 소개'하는 작업에 회의가 들기 시작했다(물론 나는 항상 밀의 사상을 비판적으로 독해하기 위해 노력했다). 그의 글을 관통하는 '적극적 회의주의'도 자꾸 눈에 걸렸다. 한국의 학자라는 자의식이 발동하면서 그의 글을 번역하는 일이 시큰둥해졌다.

그러던 중 '탈진실'이 시대의 표상이 되어버렸다. 과학기술의 부추김 속에 확증편향이 독버섯처럼 번져나갔다. 진영논리가 범람하면서 한국 사회가 갈가리 찢기고 있다. 변고가 아닐 수 없다. 이 모두가 '철학적 자해'의 후과後果였다. 진실을 찾아 엄정하게 살았던 밀이 다시 그리워졌다. 그의 철학적 절충주의를 받아들일 수밖에 없었다. 편견을 넘어 참된 자유를 고민했던 밀을 다시 읽었다. 그의 위로를 받고 싶었다.

이제 나는 이전보다 더 당당하게 밀과 사귀고 있다. 혼탁한 시대에 밀의 맑은 목소리가 울려 퍼지는 것을 보고 싶다. '존 스튜어트 밀 선집'이 그런 역할을 해주기를 기대한다.

왜 《공리주의》를 읽어야 하는가

'진실 따위가 뭐가 그리 중요하냐'고 말한다면 그럼 왜 사느냐고 묻지 않을 수 없다. 진실이 없는 삶은 무기물이나 다름없다. 우리는 유한한 존재이기에 이 순간을 더욱 의미 있게 살아야 하지 않을까. 《공리주의》는 인간이 추구해야 할 삶의 지표를 제시하는 책이다. 밀은 공리주의 도덕률을 통해 정신적 가치의 소중함과 아름다움을 보여준다. 남을 돕고 배려하는 사람이 행복하다고 강조한다. 죽음을 앞둔 순간에도 두려움을 느끼지 않을 수 있다고 확언한다. 행복을 원하는가. 《공리주의》에 그 답이 있다.

왜 《종교론》을 읽어야 하는가

과학자들은 유신론을 비웃는다. 종교를 망상이라고 단정한다. 종교 없는 세상에서 인간이 더 행복하게 살 수 있다고 자신한다. 존 스튜어트 밀도 신이 존재한다는 주장에 고개를 갸웃거린다. 그러나 그는 (그래서 더욱) 종교가 필요하다고 역설한다. 논리적 기초가 부족하더라도 종교는 여전히 유용하다고 설득한다. 그는 '인간종교'를 제창한다. 공리주의 도덕률을 종교의 경지로 승화시킨 것이다. 어떻게 살아야 행복할까. '합리주의의 성자' 밀의 말에 귀를 기울여보자.

왜 《자유론》을 읽어야 하는가

자유를 원하는가. 나무는 땅속 깊은 곳으로 거침없이 뿌리를 뻗는다. 그러나 나무의 자유는 생명의 샘을 향하고 있다. 방향이 전제된 자유다. 이런 의미에서 현대 사회는 반反자유적이다. 진실을 능욕하니 행복할 수가 없다. 진영논리가 세상을 뒤엎는 것도 자업자득이다. 《자유론》은 '다면성'이 자유의 본질이라고 역설한다. 이쪽저쪽 두루 살피고, 듣기 싫은 말도 자청해서 들어야 비로소 자유로울 수 있다. 독단과 편견이 충만한 시대, 《자유론》의 울림이 클 수밖에 없다.

왜 《대의정부론》을 읽어야 하는가

민주주의가 동네북이 되었다. 밀은 일찍이 민주주의의 한계와 가능성을 예리하게 짚어냈다. 그는 대의민주주의만이 참된 민주주의를 이룰 수 있다고 생각했다. 마음을 열고, 계급 이익의 굴레를 벗어버리면 이성이 지배하는 세상이 될 거라고 기대했다. 그러나 현실은 다르다. 민주주의의 탈을 쓴 다수 독재가 일상화되고 있다. 밀은 이에 맞서 숙련 민주주의를 제창한다. 참여의 확대와 교육의 혁신을 통해 대중의 지적·도덕적 수준이 혁신되길 고대한다. 민주주의의 실체적 진실에 분노하는가. 《대의정부론》 속에 답이 있다.

왜 《사회주의론》을 읽어야 하는가

밀은 자본주의를 넘어가고 싶었다. 물질이 사람을 지배해서는 안 된다. 더 큰 문제는 '노동의 소외'에 있다. 밀은 노동을 자기실현의 구체적 기제라고 보았다. 그래서 '노동이 즐겁다. 어두운 밤이 오기 전에 더 열심히 일하자'라고 노래했다. 마르크스를 보는 듯하지 않은가. 밀은 자본주의체제의 효율성을 살리면서 일하는 사람이 노동의 주체가 될 수 있는 미래를 꿈꾸었다. 단, 그 어떤 경우에도 자유가 우선이다. 밀은 《사회주의론》에서 '자유사회주의'를 펼쳐 보인다.

왜《여성의 종속》을 읽어야 하는가

인간은 '자기 발전self-development'을 최대한 자유롭게 도모할 때 진정한 행복을 느낄 수 있다. 그런데 인류의 절반이 이런 존재 이유를 부정당하고 있다. 밀은 남녀차별이라는 '불의의 극치'에 분노했다. 그는 여성의 정신적·사회적 생존권을 보장하는 이론적·실천적 투쟁에 온몸을 던졌다. 밀은 남성 지배 이데올로기가 남성의 삶에도 치명적인 해독을 끼친다는 사실을 가슴 서늘하게 경고한다. 남자들도 당연히《여성의 종속》을 읽어야 한다.

이런 시국에 '존 스튜어트 밀 선집'을 낸다는 것이 얼마나 어려운 일인지는 두말할 필요가 없을 것이다. 큰 선물을 안겨준 책세상의 김현태 대표에게 진심으로 감사드린다. 책을 품위 있게 만들기 위해 노심초사 공을 들여준 최양순 주간과 박세중 팀장에게 큰 빚을 졌다. 정말 고맙다.

이 책을 기획할 때부터 딸 지은志恩이를 생각했다. 지은이가《자유론》과《여성의 종속》을 읽으며 성숙하고 창의적인 여성으로 거듭나는 것을 자랑스럽게 생각한다. '은서방'과 함께 미래를 씩씩하게 개척해나갈 것으로 믿는다. 박수를 보낸다.

2020년 12월 정발산에서

옮긴이 서병훈

차례

대의정부론

사회주의론

여성의 종속

공리주의

Utilitarianism

1장 머리말

오랜 시간이 흘렀지만, 우리 삶에서 옳고 그른 것을 판단하는 기준을 둘러싼 논쟁은 별다른 진척이 없다. 지식의 발전 과정을 되돌아볼 때, 이것만큼 우리의 기대를 저버린 것이 또 있을까? 인간의 삶에서 무엇보다 중요한 주제임에도, 이 문제에 관한 철학적 논의는 여전히 심각하게 낙후된 상태를 벗어나지 못하고 있다. 철학이 처음 생기면서부터 최고선summum bonum, 달리 말하면 도덕성의 기초에 관한 의문이 사변철학의 핵심 과제가 되었다. 그동안 최고의 지성들이 이 문제를 풀기 위해 온몸으로 매달렸으나 만족스러운 결과를 얻지 못했다. 그저 치열한 논전 끝에 여러 분파와 학파로 갈라졌을 뿐이다. 젊은 시절 소크라테스는 나이 많은 프로타고라스[1]의 말을 경청한 뒤(플라톤의 대화편이 두 사람 사이에 실제로 벌어진 대화를 담고 있다면), 당시 영향력이 컸던

1 Protagoras, 기원전 485?~기원전 414?. 고대 그리스의 철학자로 소피스트를 자칭한 최초의 인물이다. 그는 '인간은 만물의 척도'라는 유명한 명제를 통해 절대적인 진리의 존재를 부인했다. 이에 대해 플라톤은 '신이 만물의 척도'라고 주장하며 그의 상대주의를 비판했다.

이른바 소피스트의 도덕률에 대항해서 공리주의 이론을 주장했다.[2] 이후 2000년 이상의 세월이 흘렀지만, 여전히 똑같은 토론이 이어지면서 철학자들이 두 학파로 나뉘어 다투고 있다. 오늘날 사상가들이, 나아가 넓은 의미의 인류가 이 주제에서 의견이 일치될 가능성은 소크라테스 시대보다도 높지 않다.

과학의 모든 영역이 제1원리의 존재를 둘러싸고 비슷한 혼란과 불확실성을 겪고 있으며, 어떤 경우에는 다툼까지 벌어진다. 이 점에서는 과학의 대표 주자로 여겨지는 수학도 예외가 아니다. 그렇다고 해서 이와 같은 상태가 과학 각 분야의 이론에 대한 신뢰를 크게 손상하는 것은 아니다. 일반적으로 볼 때 그 믿음은 전혀 흔들리지 않는다. 얼핏 모순같이 들리지만 보통 특정 과학의 세부 이론이 그 분야의 제1원리에서 연역되는 것이 아니고, 그 타당성을 증명하기 위해 제1원리에 의존하는 것도 아니기 때문이다. 그렇지 않다면 대수학代數學보다도 더 불확실한 또는 더 불충분한 결론을 이끌어내는 과학도 없을 것이다. 왜냐하면 학생들이 흔히 대수학의 기본 원리라고 배우는 것은 대수학의 핵심과 아무 관계도 없기 때문이다. 사실 대수학의 가장 대표적인 학자들이 정립한 이런 원리들은 영국 법 못지않게 허구로 가득 차 있고, 신학만큼이나 신비로운 것으로 넘쳐난다. 어떤 과학의 제1원리로 궁극적으로 인정되는 진리들은 그야말로 그 분야에서 익숙하게 다루는 기본 개념에 대한 형이상학적 분석의 최종 결과물이다. 이런 진리와 과학의 관계는 토대와 건물보다는 뿌리와 나무의 관계에 더 가깝다. 뿌리는 땅 위로 파헤쳐져서 햇빛에 드러나지 않더라도 자신이 해야 할 임무를 똑같이 잘 수행하기 때문이다. 그러나 과학에서는 특정 진리가 일반 이

2 플라톤은 《프로타고라스Protagoras》에서 '오직 정신의 즐거운 상태만이 바람직하며, 그것은 즐거움을 주기 때문에 바람직하다'는 일종의 쾌락주의를 전개함으로써 공리주의자의 면모를 보인 바 있다.

론보다 먼저 발견되지만, 도덕이나 입법 활동 같은 실천적인 분야에서는 반대 현상이 일어난다. 모든 행동은 어떤 특별한 목적을 추구한다. 따라서 행동 규칙도 추구하는 목적에 따라 특성과 색깔이 규정될 수밖에 없다. 우리가 무엇인가를 추구할 때는 먼저 그것을 분명하고 자세하게 파악하는 것이 가장 중요하다. 무엇을 추구할지 나중에 생각해본다면 그것은 말이 되지 않는다. 옳고 그름을 시험하는 것은 무엇이 옳고 그른지 분간하기 위한 수단이어야지, 거꾸로 이미 가려낸 것의 결과가 되어서는 안 되지 않는가?

사람들이 많이 따르는 선천적 능력(옳고 그른 것을 구분하는 본능 또는 감각)에 관한 이론에 의지한다고 해서 우리가 당면한 어려움을 피할 수 있는 것은 아니다. 왜냐하면 그런 도덕적 본능의 존재 자체가 논란의 대상이 되기 때문이다. 나아가 그런 도덕적 본능의 존재를 믿는 사람이라 하더라도 철학을 조금이나마 안다면, 구체적 상황에서는 그것이 옳고 그른 것을 구분해주리라는 기대를 접을 수밖에 없다. 인간의 다른 감각기관이 빛과 소리를 실제로 구분하는 것에 비할 수 있다. 사상가라고 불릴 자격을 갖춘 사람으로서 도덕적 능력에 조예가 깊은 전문가들에 따르면, 인간의 그런 능력은 단지 도덕 판단에 관한 일반 원리를 제공해줄 뿐이다. 그것은 인간의 감각적 능력이 아니라 이성의 한 부분으로, 현실에서 도덕 문제를 구체적으로 지각하기보다 추상적 도덕 이론을 끄집어내기 위해 꼭 필요한 것이다. 귀납파inductive school of ethics라는 학파 못지않게 직관적윤리학파intuitive school of ethics 역시 일반 법칙의 중요성을 강조한다. 두 학파 모두, 개인 행동의 도덕성은 직접적으로 지각되는 것이 아니고 한 법칙을 개별적 사안에 적용함으로써 결정되는 문제라고 생각한다. 크게 보면 두 학파가 인지하는 도덕법칙은 거의 비슷하다. 그러나 그런 도덕법칙의 근거나 그것을 정당화하는 원천에 대해서는 서로 생각이 다르다. 직관적윤리학파는 도덕 원리가 선험적으로 자명하기 때문에 사용되는 용어의 뜻에 대해 의견을 모으는 것 외에 다른 합의는 필요 없다고 주장한다. 이에 비해 귀납파는 진실과 허위는 물론이고 옳고 그름을 판별하는 것도 관찰과 경험에 따라 결정될 문제라고 생각한다. 그러나 도덕이 특정 원리에서 연역되어야 한다는 점에서는 두 학파의 입장이 똑같다. 그래서 직관파도 귀납파 못지않게 도덕 과학의 존재를 확신한다. 그럼에도 귀납파나 직관파 모두 과학의 출발점이 되는 선험적 원리를 규명하는 작업은 그다지 시도하지 않는다. 다종다양한 원리를 하나의 제1원리 또는 구속력을 지닌 보편적 근거로 압축하려는 노력은 더더욱 기울이지 않는다. 그저 보통의 도덕적 계율이 그 자체로 선험적 권위를 지닌 것으로 가정하든가, 아니면 그런 격언의 일상적 토대로서 격언보다 훨씬 권위가 떨어지는 일반성을 제시하기도 한다. 그렇다 보니 광범위한 지지를 얻을 수 없었다. 그들의 주장을 뒷받침하기 위해서는 모든 도덕의 뿌리가 되는 근본 원리나 법칙이 있어야 한다. 만일 그런 것이 여럿이라면 그들 사이에 질서를 잡아줄 확고한 위계가 있어야 한다. 그리고 그들끼리 충돌을 일으킬 때 그 갈등을 해결하는 원리나 법칙은 자명한 것이어야 한다.[3]

이런 결점으로 인한 부작용이 얼마나 큰지, 그리고 궁극적 기준에 대한 뚜렷한 인식이 없는 탓에 인류의 도덕적 신념이 어느 정도로 쇠락하고 불확실해졌는지 따져보자면, 과거와 현재에 걸친 윤리 이론을

3 직관주의자들은 인간의 타고난 도덕적 본능이나 감각, 능력에 의해 제1원리를 파악할 수 있다고 생각했다. 밀은 직관주의를 비판하며 추론과 더불어 사실의 검증을 강조했다. 직관주의는 도덕 감각moral sense이라는 특별한 능력의 중요성을 강조하지만, 밀은 옳고 그름을 구분하는 데 지성과 감각 외에 다른 특별한 능력을 상정할 필요가 없다고 반박했다. 밀에 따르면, 사회과학의 지식은 선험적인 추론이 사후적인 관찰의 결과와 부합할 때 획득된다. 다시 말해, 밀은 사회현상이란 매우 복잡하기 때문에 콩트Auguste Comte의 실증주의적 '역逆연역법'을 이용해야 제대로 이해할 수 있다고 보았다. 즉 복잡한 현상을 연역하기 어려울 경우, 먼저 특정 현상을 관찰해 귀납적으로 경험법칙을 밝혀낸 뒤, 인간성의 심리법칙에 근거한 연역법으로 검증하는 우회적 접근법을 제창한 것이다.

완벽하게 조사하고 또 비판하지 않으면 안 될 것이다. 그러나 이런 도덕적 신념이 어느 정도라도 일관성을 유지하면서 쉽게 흔들리지 않는 입지를 구축했다면, 그것은 무엇보다 어떤 기준(비록 널리 인정되고 있지는 않지만)의 암묵적 영향 덕분이었다. 이를 증명하는 것은 어려운 일이 아니다. 공인된 제1원리가 없다 보니 윤리학은 인간의 실제 감정을 정화하는 역할을 제대로 못하고 있다. 그래도 인간의 행복을 좌우한다고 생각되는 일들이 좋아하고 싫어하는 감정에 여전히 크게 영향을 끼치기 때문에, 효용 원리 또는 최근 들어 벤담[4]이 말하는 '최대 행복 원리'는 도덕 이론을 정립하는 데 매우 큰 역할을 한다. 심지어는 공리주의에 대해 가장 비판적인 사람들의 도덕 이론까지 크게 영향받을 정도다. 행동이 행복에 미치는 영향에 대한 고찰이 상당수 세부 도덕 이론의 근간을 이루고, 나아가 압도적으로 중요한 내용이 된다는 것을 그 어떤 학파도 부인하지 못한다. 그것이 도덕성에 관한 기본 원리를 구성하며, 도덕적 의무의 원천이 된다는 사실을 인정하고 싶지 않다고 하더라도 마찬가지다. 나는 이 논의를 한층 더 발전시켜서, 그런 주장을 펴는 것이 필요하다고 생각하는 모든 선험적 도덕 이론가를 향해, 공리주의에 입각해 논의를 전개하는 것이 필수적이라는 사실을 밝히고 싶다. 이 단계에서는 그런 부류의 사상가들을 비판하지는 않겠다. 그렇지만 설명의 편의를 위해 그들 중 대표적 인물이라고 할 수 있는 칸트의 체계적 논저인《도덕형이상학》에 대해 한마디 하지 않을 수 없

4 Jeremy Bentham, 1748~1832. 영국의 법철학자이자 사회개혁가다. 인생의 목적은 '최대 다수의 최대 행복'을 실현하는 것이라는 전제 아래, 쾌락을 조장하고 고통을 방지하는 능력이야말로 도덕과 입법의 기초 원리라고 하는 공리주의功利主義를 주장했다. 쾌락과 고통을 강도, 지속성, 확실성, 근접성, 번식성, 순수성, 영향력이 미치는 범위라는 일곱 가지 척도를 써서 계산하려 했다. 자유방임과 분배의 평등을 중시하며 의회개혁 같은 정치 활동도 활발히 전개했다. 그는 제임스 밀James Mill과 깊은 교분을 나누면서 그의 아들인 밀에게 큰 영향을 끼쳤다. 이에 관해서는《위대한 정치》(서병훈, 책세상, 2017) 58~60쪽을 참고하라.

다. 철학사에 길이 남을 탁월한 사상 체계를 펼친 칸트는 문제의 책에서 도덕적 의무의 기원과 근거가 되는 보편적 제1원리를 제시하고 있다. 그 내용은 다음과 같다. “당신의 행위 규범이 다른 모든 이성적 존재에게 하나의 법칙으로 받아들여질 수 있도록 행동하라.” 그러나 그는 이 계율에서 어떤 실제적인 도덕적 의무를 연역해내려고 하는 순간 근본적인 한계에 직면하고 만다. 왜냐하면 정말 이상하게도 다른 이성적 존재 모두가 터무니없을 정도로 비도덕적인 행동 규칙에 따라 살아가고 있음에도, 이것이 심각하게 모순되거나 논리적(물리적인 것은 제쳐두고)으로 말이 되지 않는다는 사실을 증명해내지 못하기 때문이다. 칸트가 할 수 있는 것이라고는 그저 그들이 보편적으로 그런 행동을 하면, 결과적으로 그 누구도 감히 그런 짓을 하지 않으리라고 말하는 것뿐이다.

나는 이 책에서 더 이상 다른 이론을 논의하지 않고, 다만 공리주의 또는 행복 이론을 소개하고 평가하며, 그것을 증명하는 일에만 치중하려 한다. 그런 이론을 지칭하는 용어 자체의 통상적이고 일반적인 의미를 통해서는 아무것도 증명할 수 없다는 것은 명백한 사실이다. 궁극적인 목적에 관한 질문은 직접적으로 증명될 수 없다. 어떤 것이든 좋은 것이라고 증명되려면, 따로 증명하지 않더라도 그 자체로 좋은 것이라고 받아들여지는 무엇인가를 얻는 데 도움이 되어야 한다. 의술은 사람의 건강에 도움을 주기 때문에 좋은 것이라고 판단된다. 그렇다면 건강이 좋다는 점은 어떻게 증명할 것인가? 음악은 다른 무엇보다도 즐거움을 주기 때문에 좋은 것으로 여겨진다. 그렇다면 즐거움이 좋은 것이라고 증명할 길은 있는가? 만일 누군가가 그 자체로 좋은 것을 전부 포함하는 포괄적 법칙이 있으며 그 나머지 좋은 것은 목적이 아니라 수단으로서 좋은 것이라고 주장한다면, 그 법칙을 받아들이거나 거부하면 된다. 그러나 그 법칙은 흔히 우리가 이해하는 것과 같은 의미의 증명 대상은 될 수 없다. 그렇지만 그 수용 또는 거부가 맹목적 충동이나 자의적 선택에 의해 좌우되어야 한다고 생각할 이유는 없다. 논란을 불러일으키는 다른 철학적 명제만큼이나 이 문제도 증명 대상이 될 수 있다. 증명이라는 말 속에는 여러 뜻이 들어 있기 때문이다. 사람이 어떤 주제를 인식할 수 있는 것은 이성적 능력 덕분이다. 그러나 이성적 능력이 단지 직관에만 힘입어서 주제를 다루는 것은 아니다. 깊은 사색을 통해 지성은 특정 주장에 대해 동의나 비판하는데, 이것이 곧 증명과 같은 역할을 한다고 볼 수 있다.

우리는 여기서 이런 고려가 어떤 성질을 띠며 어떤 방법으로 그 경우에 적용되는지 살핌으로써 어떤 논리적 근거에서 공리주의적 법칙이 수용 또는 거부되는지 검토할 것이다. 그러나 이성적인 과정을 통해 수용하거나 거부하기 위해서는 그 법칙에 대한 정확한 이해가 선행되어야 한다. 나는 사람들이 공리주의의 의미에 대해 잘 모르며, 이런 무지가 공리주의를 받아들일 수 없게 가로막는 1차 장해물이 된다고 생각한다. 따라서 공리주의를 둘러싼 오해 가운데 중요한 것 몇 가지만 제거한다면 문제는 훨씬 단순해지고 어려움도 상당 부분 해소될 것이다. 그러므로 공리주의적 기준의 철학적 근거를 검토하기 전에, 우선 그 이론 자체를 약간 설명하고자 한다. 공리주의란 무엇이고 다른 것과 어떻게 구분되는지 더욱 분명하게 설명한 뒤, 그것에 제기되는 강력한 비판이 사실은 그 의미를 오해한 데서 비롯되었거나 그런 오해와 밀접한 관련이 있다는 사실을 밝히고자 한다. 이런 작업을 한 뒤에 공리주의를 둘러싼 철학적 논의를 진지하게 전개해볼 생각이다.

2장 공리주의란 무엇인가

일부 무지한 사람은, 효용이 옳고 그른 것을 구분해주는 기준이 된다고 믿는 사람들이 그 용어를 쾌락과 대비되는 것처럼 그저 좁고 통속적인 의미로 잘못 사용한다고 주장한다. 이런 말도 안 되는 억지에 대해서는 그냥 가볍게 언급하고 지나가면 족할 것이다. 한편 공리주의에 대한 철학적 반대자들을 그렇게 터무니없이 무식한 사람들과 잠시라도 혼동한다면, 이것은 큰 실례가 아닐 수 없다. 그렇게 되면 앞의 경우와 정반대로, 그리고 더 극단적으로, 철학적 반대자들이 모든 것을 효용에 갖다 붙이는 것처럼 오해할 수 있기 때문이다. 이것은 공리주의에 대해 사람들이 통상적으로 찍는 낙인의 또 다른 모습이다. 어떤 유능한 작가가 예리하게 지적했듯이, 같은 부류의 사람들이, 아니 때로는 똑같은 사람들이 공리주의에 대해 "효용이 쾌락이라는 말 앞에 나오면 도무지 현실성이 없을 만큼 무미건조하기만 한 이론인데, 반대로 쾌락이 효용이라는 단어 앞에 붙을 경우에는 너무나 방탕하고 향락적인 색깔을 띤다"고 비난한다. 이 문제에 대해 조금이라도 지식이 있는 사람이라면, 에피쿠로스[5]에서 벤담에 이르기까지 효용에 관한 이론을 주창했던 모든 사상가가 효용을 쾌락과 상반되는 것이 아니라 고통으로부터의 해방이자 쾌락 그 자체라고 보았다는 사실을 잘 알 것이다. 그리고 유용한 것을 기분 좋은 것이나 예쁜 것과 대비시키기보다, 오히려 언제나 바로 그런 것을 지칭했음도 모를 수 없다. 그러나 보통 사람은 물론이고 신문이나 잡지에 글을 쓰는 숱한 저술가를 포함해서 무게와 권위를 지닌 책의 저자까지도 이런 하찮은 실수를 습관적으로 저지른다. 이들은 '공리주의'에 대해 그 이름만 알 뿐 도대체 아무것도 모른다. 그러면서도 공리주의를 흠집 내는 데 몰두한다. 이를테면 공리주의가 아름다움, 화려한 장식, 재미 등 쾌락과 관련된 몇몇 측면을 거부하거나 무시한다고 수시로 공격한다. 그런데 그들이 공리주의를 이렇듯 엉뚱하게 잘못 이해하기는 하지만, 이 말을 반드시 부정적으로만 쓰는 것은 아니다. 때로는 천박한 것이나 순간적인 저급 쾌락과 비교되는 우월한 것을 뜻하기도 한다. 사람들에게 이렇게 왜곡된 용법이 널리 알려지면서 젊은 세대는 공리주의를 곧 이런 식으로 이해하게 된다. 공리주의라는 개념을 처음 소개한 뒤 오랫동안 그 말을 사용하지 않았던 사람들로서는, 이처럼 그 뜻이 형편없이 변질되는 것을 막고 원래 의미로 되돌리는 데 조금이라도 도움이 된다면 그 말을 다시 사용하고 싶어 하는 것이 당연하다.*

5 Epicouros, 기원전 341~기원전 270. 쾌락이 인간에게 행복을 준다고 주장한 그리스의 철학자다. 모든 인식은 죽음과 동시에 소멸하고 신들은 인간에게 무관심하다면서 죽음을 두려워할 이유가 없다고 역설했다. 인생의 목적은 쾌락을 추구하는 것이지만, 그가 주장한 것은 육체적 욕망이 아니라 정신적 쾌락, 즉 '느낌과 상상력, 도덕 감정의 쾌락'이었다.

* 분명 '공리주의utilitarianism'라는 말을 가장 먼저 사용한 사람은 나다. 이 말을 처음 만든 사람이 나라는 것이 아니라 골트Henry Galt가 《교구사Annals of the Parish》에서 지나가듯 썼던 개념을 빌려왔다는 말이다. 몇 해 동안 그를 포함한 여러 사람이 이 말을 쓰다가, 특정 분파를 지나치게 드러내는 것 같은 인상을 주는 것이 싫어서 사용하지 않았다. 이 말은 효용을 어떤 특별한 상황에 응용하는 방법이라기보다는 하나의 기준

효용과 최대 행복 원리를 도덕의 기초로 삼는 이 이론은 어떤 행동이든 행복을 증진할수록 옳은right 것이 되고, 행복과 반대되는 것을 낳을수록 옳지 못한wrong 것이 된다는 주장을 편다. 여기서 '행복'이란 쾌락, 그리고 고통이 없는 것을 뜻한다. 따라서 쾌락의 결핍과 고통은 '행복에 반대되는 것'을 의미한다. 이 이론이 정립하는 도덕 기준을 분명하게 설명하기 위해서는 많은 것을 이야기해야 한다. 특히 고통과 쾌락이라는 개념이 무엇을 뜻하고 그 범위가 어디까지인지 의문이 많다. 그러나 소소하게 설명할 것이 많다고 해서 이 도덕 이론의 핵심 명제가 흔들리는 것은 아니다. 즉 고통으로부터의 자유와 쾌락이야말로 목적으로서 바람직한 유일한 것이며, 바람직한 모든 것(다른 모든 이론과 마찬가지로, 공리주의에서도 바람직한 것은 무수히 많다)은 그 자체에 들어 있는 쾌락 때문에, 또는 고통을 막아주고 쾌락을 늘려주는 수단이 되기 때문에 바람직하다는 것이 공리주의의 핵심 명제다.

이 이론은 많은 사람, 특히 감정과 삶의 목적에 관한 대표적 사상가들의 심각한 반발을 불러일으켰다. (그들이 말하듯) 인생에 쾌락보다 더 높은 목적이 없다면, 다시 말해 쾌락 이상으로 더 좋은 욕망과 더 고상하게 추구할 만한 것이 없다면 이것은 극단적으로 야비하고 천박한 이론에 지나지 않을 것이다. 그 옛날 에피쿠로스학파가 돼지에 비유되면서 심한 야유를 받았던 것도 이런 이유에서다. 현대에 들어와서도 이 입장을 취하는 사람들은 독일과 프랑스, 영국의 공격자들로부터, 비록 표현이 점잖기는 하지만 비슷한 취급을 받고 있다.

이런 공격을 받으면 에피쿠로스학파 사람들은 늘 똑같은 방식으로 반격을 가했다. 즉 자신들을 그렇게 비웃지만, 인간은 돼지가 즐길

으로 채택한다는 생각을 지칭하는 것이지, 여러 의견을 망라한 것은 아니다. 따라서 공리주의라는 용어는 언어상의 공백을 메워주고, 나아가 많은 경우에 지루하게 에둘러 말하는 것을 피하게 해주는 장점을 가지고 있다.

수 있는 쾌락 이상의 것을 향유하지 못하는 것처럼 상정하는 그들이야말로 인간을 비참한 존재로 만드는 장본인이라는 것이다. 인간을 돼지와 똑같이 규정하는 자들이라면 그와 같은 비난에 반박할 수 없을 것이다. 그것이 근거 없는 비방이 아니기 때문이다. 만일 인간이 돼지와 똑같은 쾌락을 즐긴다면, 한쪽의 좋은 삶의 규칙이 다른 쪽에도 동일하게 적용될 것이다. 에피쿠로스학파가 말하는 삶의 방식과 짐승의 그것을 비교하는 것이 모욕적으로 받아들여진다면, 이것은 짐승에게 해당되는 쾌락이 인간의 행복 개념을 만족시킬 수 없기 때문이다. 인간은 입맛대로 사는 동물들과는 비교도 할 수 없을 정도로 뛰어난 능력을 가지고 있어, 일단 그런 능력에 눈을 뜨면 그것의 발휘와 거리가 먼 그 어떤 것도 행복이라고 간주하지 않는다. 나는 에피쿠로스학파가 공리주의 원리에서 자신들의 행동 규범을 도출해내는 과정에 전혀 문제가 없었다고 생각하지는 않는다. 이런 일을 제대로 하자면 기독교뿐 아니라 스토아학파[6]의 여러 요소도 포함해야 할 것이다. 그러나 우리에게 알려진 에피쿠로스학파의 인간존재 이론치고, 단순 감각 작용에서 생기는 쾌락보다 지성, 느낌과 상상력, 도덕 감정의 쾌락에 대해 더 큰 값어치를 부여하지 않은 것이 없다. 그리고 대부분의 공리주의 이론가도 정신적 쾌락이 내재적intrinsic 본질에서는 몰라도 항구성, 안전성, 비용 등의 주변적circumstantial 장점에서 육체적 쾌락보다 한결 더 우월하다고 주장해왔다. 이 모든 점에 대해 공리주의자들은 그런대로 충분한 근거를 제시했다. 그러나 다른 방법, 말하자면 더 강력한 논거를 일관된 논리로 제시할 수도 있었다. 쾌락도 쾌락 나름이기 때문이다. 어떤 종류의

6 스토아stoic학파는 기원전 3세기 초에 제논Zenon이 창시한 그리스 철학의 한 분파로 세네카Lucius Annaeus Seneca, 에픽테토스Epictetos, 마르쿠스 아우렐리우스Marcus Aurelius 등을 배출해냈다. 스토아철학은 욕망을 억제하고 이성의 가르침에 따라 살아가는 실천적 지혜를 제창했다. 스토익Stoic이라고 불리는 금욕주의는 그 결과로 나타난 것이다.

쾌락이 다른 것보다 더 바람직하고 가치 있다는 사실을 인정한다고 해서 공리주의 원리와 어긋나는 것은 결코 아니다. 다른 것을 평가할 때는 양뿐 아니라 질도 고려하면서, 쾌락에 대해 평가할 때는 오직 양만 따져보아야 한다고 말한다면 전혀 설득력이 없다.

쾌락의 질적 차이가 무슨 뜻이냐, 또는 양이 더 많다는 것을 제외하고 어떤 쾌락을 다른 쾌락보다 더 가치 있게 만드는 것이 무엇이냐고 질문한다면, 이에 대해 할 수 있는 대답은 하나뿐이다. 만일 두 가지 쾌락이 있는데, 이 둘을 모두 경험해본 사람 전부 또는 거의 전부가 도덕적 의무 같은 것과 관계없이 그중 하나를 더 뚜렷하게 선호한다면, 그것이야말로 더욱 바람직한 쾌락이라고 할 수 있을 것이다. 그 둘을 확실하게 잘 아는 사람들이 쾌락의 양이 적고 엄청난 불만족이 따를 수 있다는 것을 잘 알면서도, 그리고 쾌락의 양이 적더라도 어떤 하나를 분명하게 더 원한다면, 우리는 그렇게 더욱 선호되는 즐거움이 양의 많고 적음을 사소하게 만들 정도로 질적으로 훨씬 우월하다고 규정해도 될 것이다.

두 가지 쾌락에 대해 똑같이 잘 알고, 그 둘을 똑같이 즐기고 음미할 수 있는 사람들이 자신의 더 높은 능력이 동원되어야 하는 특정 삶의 방식을 훨씬 더 선호한다는 것은 부인할 수 없다. 짐승이 누리는 쾌락을 마음껏 즐기게 해준다고 해서 하급 동물이 되겠다는 사람은 없을 것이다. 설령 바보, 멍청이나 무뢰한이 다른 사람들보다 자신의 팔자에 더 만족을 느낀다고 아무리 그럴듯하게 설득하더라도, 지성을 갖춘 사람이 바보가 되고, 교양 있는 사람이 무식한 사람이 되며, 감정과 양심을 가진 사람이 이기적이고 저급한 사람이 되려 하지는 않을 것이다. 그런 인간들이 가진 모든 욕망을 합친 것보다 더 많은 것을 가진 사람이 왜 자신의 것을 포기하겠는가. 만에 하나 그런 것을 꿈꾼다면 그것은 어떤 극단적인 불행에 시달리는 까닭에 전혀 바람직하지 않은 것처럼 보이는 것으로 도피하고 싶은 충동 때문일 것이다. 타고난 능력이 월등한 존재일수록 어지간한 것에는 행복을 느끼지 못한다. 그리고 보통 사람보다 더 예민하게 고통을 느낄 뿐 아니라 고통을 당하기도 훨씬 쉽다. 이런 어려움에도 능력이 뛰어난 사람은 낮은 등급의 삶의 방식에 빠져들 생각은 결코 하지 않는다. 이것은 여러 각도에서 설명할 수 있을 것이다. 우선 자존심 때문에 그렇다고 말할 수도 있겠지만, 문제는 이 자존심이라는 개념이 인류가 느낄 수 있는 가장 고귀한 감정과 가장 비열한 감정이라는 두 가지 극단적인 감정에 모두 적용될 수 있다는 사실이다. 또는 자유와 개인적인 독립성에 대한 사랑 때문에 낮은 등급의 삶의 방식을 멀리한다고 볼 수도 있는데, 스토아학파는 그런 사랑이 저급한 것을 멀리하는 삶의 태도를 고취하는 데 가장 효과적이라고 믿었다. 아니면 권력이나 흥분 상태에 대한 사랑이라고 생각해도 될 것이다. 이 둘은 확실히 그것과 관련이 있고 또 그것을 강화하는 데 기여한다. 그러나 모든 것을 종합해볼 때 가장 적합한 개념은 인간으로서의 품위다. 이것은 인간이라면 누구나 이런저런 형태로 지니는데, 정확한 것은 아니지만 대체로 각자의 능력에 비례해서 커진다. 그리고 그런 의미의 품위가 높은 사람일수록 그 품위가 행복을 구성하는 필수적인 요소가 된다. 따라서 품위와 대립되는 것은 일시적인 순간을 제외하면 결코 진정한 욕망의 대상이 되지 못한다. 혹시 이런 인간적 품위를 너무 강조하다 보면 행복을 잃게 된다고, 다시 말해 상황이 비슷할 경우 우월한 사람이 자기보다 열등한 사람에 비해 행복을 덜 느끼게 된다고 생각할 수도 있을 것이다. 그러나 이것은 행복과 만족이라는 전혀 다른 두 개념을 혼동한 결과다. 즐거움을 향유하는 능력이 낮은 사람일수록 손쉽게 만족을 느낀다는 것은 불문가지의 사실이다. 반면에 그런 수준이 높은 사람은 자신이 도달할 수 있는 행복은, 세상이 늘 그렇듯 언제나 불완전할 수밖에 없다고 느낄 것이다. 그러나 그런 불완전한 것을 감내할 만하다면, 그는 그것을 참는 법을 배우게 될 것이다. 그리고 그 불완전함 때문에 얻게 되는 것이 얼마나 좋은 것인지 알지 못하고, 그것을 의식조차 하지 못하는 사람을 부러워하는 일도 없을 것이다. 결국 만족하는 돼지보다 불만족스러워하는 인간이 되는 것이 더 낫다. 만족하는 바보보다 불만을 느끼는 소크라테스가 더 나은 것이다. 바보나 돼지가 이런 주장에 대해 생각한다면, 그것은 그들이 한쪽 문제만 알고 있기 때문이다. 이에 반해 비교 대상이 되는 다른 사람들은 두 측면 모두 잘 알고 있다.

높은 차원의 쾌락을 향유할 수 있는 사람 중 상당수가 때로 유혹을 못 이겨 저급한 쾌락에 빠지는 경우가 있다고 반론을 제기할지도 모르겠다. 그러나 그렇다고 해서 높은 차원의 쾌락이 내재적으로 더 우월하다는 사실이 변하는 것은 아니다. 사람들은 심지가 굳지 못한 탓에 때때로 가치가 떨어진다는 것을 알면서도 눈앞의 좋은 것을 선택하는 경우가 있다. 이것은 육체적 쾌락과 정신적 쾌락 중에서 선택하는 것 못지않게 육체적 쾌락 중에서만 고를 때도 그렇다. 그래서 건강이 훨씬 더 중요하다는 것을 잘 알면서도 건강에 해로운 감각적 쾌락에 몰두하는 것이다. 나아가 젊어서는 고상한 것만 열정적으로 추구하던 사람이 나이가 들면서 게을러지고 이기적으로 바뀌는 경우도 있다. 그러나 이런 일이 흔하기는 하지만, 그들이 높은 것 대신 낮은 수준의 쾌락을 자발적으로 선택하게 된다고는 생각하지 않는다. 높은 수준의 쾌락을 제대로 향유할 형편이 되지 못하기 때문에 저급한 쾌락에 빨려들어가는 것이다. 보다 고상한 감정을 향유하는 능력은, 말하자면 성질이 매우 연약한 나무와도 같다. 그래서 적대적인 영향 아래서는 물론, 영양분이 조금만 부족해도 쉽게 죽고 만다. 그리고 먹고살기 위해 매달려야 하는 직업과 각자의 사회적 상황이 그와 같이 높은 능력을 발휘하는 데 부정적으로 작용한다면, 다수의 젊은이들에게서 그러한 능력은 쉽게 사라지고 만다. 사람은 지적 호기심을 잃고 나면 보다 높은 것에 빠져들 시간이나 기회가 없어지고, 그에 따라 그런 것을 추구하고자 하는 열망도 사그라진다. 그 대신 열등한 쾌락 속으로 자신을 몰아넣는다. 이것은 그런 쾌락을 의식적으로 더 선호해서가 아니라, 그것이 그들이 접근 가능하거나 그나마 비교적 오래 향유할 수 있는 유일한 것이기 때문이다. 역사를 통틀어 많은 사람들이 두 종류의 쾌락을 함께 취하기 위해 노력했지만 끝내 성공하지 못했다. 그러나 그 둘에 대해 똑같이 평가할 수 있는 위치의 사람이 의도적으로, 그리고 정신이 온전한 상태에서 더 낮은 것을 선호하는 일은 없으리라고 확신한다.

이처럼 올바른 판단을 내릴 수 있는 사람이 취한 선택에 대해 무어라고 반박하기는 어려울 것이다. 도덕적인 속성이나 그 결과에 상관없이 두 종류의 쾌락 가운데 어느 것이 더 가치 있는지 또는 두 삶의 방식 중에서 어느 것이 더 쾌적한 기분을 안겨줄지 결정해야 할 때, 각각에 대해 정통하다고 인정되는 사람들의 생각이 서로 일치하지 않는다면 그중 다수의 판단이 가장 존중되어야 한다. 쾌락의 질을 놓고 볼 때 이렇게 도출된 판단을 받아들이는 것을 주저할 이유는 없다. 왜냐하면 양을 둘러싼 문제에 대해서도 달리 의견을 물어볼 만한 심판이 없기 때문이다. 두 고통 중에서 어느 것이 더 견디기 힘든지 또는 두 종류의 감각적 쾌감 중에서 어느 것이 더 강렬한지 결정해야 할 때, 양쪽에 대해 모두 익숙한 사람들의 생각을 묻는 것 말고 달리 어떤 방법이 있겠는가? 고통과 쾌락은 동질적이지 않은 요소들을 안고 있다. 그리고 고통은 언제나 쾌락과 이질적이다. 그렇다면 상당한 고통을 감수하면서까지 특정 쾌락을 추구해야 옳은 것인지 여부를 결정해야 할 때, 경험 있는 사람들의 느낌과 판단 외에 무엇에 의지할 수 있겠는가? 그런 느낌과 판단에 비추어볼 때 강도는 물론 그 종류라는 면에서, 고상한 것과는 거리가 먼 동물적 쾌락에 비해 보다 높은 능력에서 비롯되는 쾌락이 더 선호된다면, 웬만한 고통을 감수하더라도 후자를 추구할 수밖에 없지 않을까?

지금까지 인간 행동을 규율하는 지침으로 간주되는 효용이나 행복의 개념에 관해 완벽하게 설명할 생각으로 이런 문제를 길게 논의해 왔다. 그러나 이것이 공리주의의 기준을 받아들이는 데 필수적인 조건은 결코 아니다. 그 기준은 행위자 자신의 최대 행복이 아니라 모든 사람의 행복을 한데 합친 총량이기 때문이다. 물론 고상한 인품의 소유자가 그런 특질 때문에 언제나 더 행복하게 사는 것은 아니라고 반론을 제기할 수 있겠지만, 적어도 그것이 다른 사람들을 더 행복하게 하고, 그 결과 전체적으로 볼 때 이 세상에 크게 도움이 된다는 사실을 부인할 수는 없다. 이 논리에 따르면 각 개인은 고상한 인품을 지닌 다른 사람 덕분에 혜택만 받으며, 그들의 행복이라는 것도 그저 그런 혜택의 결과물에 지나지 않는다. 그렇다 하더라도 공리주의의 목표가 달성되기 위해서는 사람들의 인격이 전반적으로 도야되어야 한다. 그러므로 이런 식으로 문제를 제기하면 그 논박의 힘만 떨어질 뿐이다.

앞에서 설명했듯이 '최대 행복 원리'를 따를 경우 우리 자신의 이익을 고려하든 아니면 다른 사람의 이익을 고려하든, 가능한 한 고통이 없고 또 질적으로나 양적으로나 가능한 한 최대의 즐거움을 만끽할 수 있는 그런 존재 상태에 이르는 것이 궁극적 목적이 된다. 나머지 모든 것은 이 궁극적 목적에 비추어서, 그리고 그것에 도움이 될 때 바람직한 것이 된다. 자기 경험, 그리고 빼놓을 수 없는 것으로서 자의식과 자기 관찰의 습관을 통해 최선의 비교 수단을 가지고 있는 사람들은 무엇보다 이런 궁극적 목적을 선호한다. 따라서 이것은 질을 검사하고 양과 대비해서 그 질을 측정하는 규칙이 된다. 공리주의에 따르면 이는 인간 행동의 목적일 뿐 아니라 자연스럽게 도덕의 기준이 되기도 한다. 인간 행동을 위한 규칙과 지침이라 할 수 있는 그것을 잘 준수하기만 하면 최대한 많은 인류가 앞에서 묘사한 그런 존재가 될 것이다. 아니, 인간뿐 아니라 사물의 본질이 허용하는 한 감각을 가진 모든 피조물 역시 그런 존재가 될 수 있을 것이다.

그러나 이런 주장에 대해 또 다른 종류의 반대자들이 들고일어난다. 그들은 어떤 종류의 행복도 인간 삶과 행동의 합리적 목적이 될 수 없다고 생각한다. 우선 그런 것은 얻을 수 없다는 것이다. 그러면서 그들은 경멸하듯이 묻는다. 행복해지기 위해서는 어떤 권리를 가져야 하는가? 이런 질문에 대해 칼라일[7]은 다음과 같은 말을 덧붙여 그 뜻을 분명히 한 바 있다. 바로 조금 전에 당신은 존재에 도움이 되는 그 어떤 권리를 가졌던가? 나아가 그 반대자들은 인간이 행복하지 않아도 잘 살 수 있다고 말한다. 다시 말해 모든 고상한 인품의 소유자는 이 사실을 알고 있으며, 권리를 포기하는 지혜를 배우고서야 고상해질 수 있었다는 것이다. 그들은 이 교훈을 분명히 깨닫고 또 철저하게 따르면서 그것이 모든 덕목의 출발점이자 불가결한 요소라고 확신하고 있다.

만일 이런 반론의 첫 부분이 질서 정연한 논리 위에 서 있다면 그것은 우리가 직면한 문제의 본질을 건드린다. 인간이 어떤 행복도 누릴 수 없다면, 도덕이나 어떤 합리적 행동도 행복을 목적으로 삼을 수 없기 때문이다. 그러나 이런 경우에도 공리주의 입장에서는 아직 할 말이 남아 있다. 왜냐하면 효용이란 행복을 추구하는 것뿐 아니라 불행을 방지하거나 완화하는 것도 포함하기 때문이다. 행복을 추구하는 것이 부질없는 짓이라 하더라도 적어도 인간이 삶을 유지하는 것이 낫다고 생각한다면, 그리고 노발리스〔독일 낭만주의 운동을 이끈 시인〕가 특정 상황에서 권유한 집단 자살에 동참할 생각이 없다면, 고통을 피하고 줄

7 Thomas Carlyle, 1795~1881. 영국의 평론가이자 사상가다. 밀은 《자서전Autobiography》에서 자신의 '편협한 사상을 극복'하는 데 칼라일로부터 큰 도움을 받았다고 회고했다.

이는 것에 대한 욕구는 당연히 더 커질 수밖에 없다. 결국 인간이 행복하게 산다는 것이 불가능하다고 이처럼 단호하게 주장하는 것이 말장난은 아니라 하더라도 적어도 과장된 것임은 분명하다. 만일 행복을 고도의 쾌감을 주는 흥분 상태의 지속이라고 규정한다면, 이런 의미의 행복이 불가능하다는 것은 너무나 명백하다. 고양된 상태의 쾌감은 단지 짧은 순간 이어질 뿐이다. 또는 중간에 약간의 휴지休止가 있을 경우에는 몇 시간 또는 며칠 계속될 수 있다. 따라서 그것은 영원히 그리고 꾸준하게 타오르는 불꽃이라기보다 짧은 시간 동안 반짝 불붙는 즐거움에 가깝다. 이에 대해서는 행복이 인생의 목적이라고 가르쳐온 철학자들도 자신을 비웃어온 사람들만큼이나 충분히 잘 알고 있었다. 그들이 열정적인 기쁨으로 가득한 인생을 행복이라고 의미한 것은 아니었다. 그보다는 고통은 일시적인 것 외에는 별로 없는데 쾌락은 다양하게 많은 순간을 행복이라고 불렀다. 여기에 능동적인 쾌락이 수동적인 쾌락을 압도하고, 전체 삶을 규율하는 기초로서 우리 인생이 허용할 수 있는 것 이상을 기대하지 않는다는 전제가 필요하다. 이런 형태의 삶을 영위해나갈 수 있을 만큼 운이 좋았던 사람에게는 언제나 그런 삶이야말로 행복이라는 이름에 걸맞은 것으로 보였다. 행복을 이렇게 규정하고 나면 오늘날에도 수많은 사람의 인생 역정 중 상당 기간이 이에 부합한다고 할 수 있다. 현재 목격되는 바와 같은 잘못된 교육과 왜곡된 사회제도만 아니라면 거의 모든 사람이 이런 수준의 행복을 누릴 수 있을 것이다.

이런 생각에 불만을 가진 인사들은 행복이 인생의 목적이라고 배운 사람들이 그 정도의 행복밖에 영위하지 못하면서도 과연 만족할 수 있을지 의문을 가질 법도 하다. 그러나 상당수는 훨씬 적은 것으로도 만족하고 있다. 만족스러운 삶을 구성하는 것으로는 평온함과 즐거운 흥분 상태를 생각할 수 있을 것 같은데, 둘 중 하나만 있어도 때때로 충분히 만족스러운 삶이 보장된다는 것을 알 수 있다. 많은 사람들이 평온한 상태의 삶이라면 쾌락의 양이 적다 하더라도 만족할 수 있을 것이다. 또는 열광적인 흥분 상태에서 웬만한 고통은 감수하려 하는 사람도 많다. 따라서 대다수 사람들이 이 둘을 한데 묶지 못할 필연적인 이유 같은 것은 없다. 같이 어울리지 못할 까닭이 없기 때문에 둘은 자연스럽게 서로 보완 작용을 할 수 있다. 둘 중 하나의 크기를 늘린다면 그것은 나머지 하나를 위한 준비 또는 그것을 위한 뜨거운 소망이 될 것이다. 게으르다 못해 패덕悖德한 상태에 이른 사람만이 일정한 휴지 뒤에 오는 흥분 상태가 얼마나 좋은지 모를 것이다. 흥분 상태에 병적으로 집착하는 사람만이 흥분 뒤에 오는 정적을 그 흥분 상태의 정도와 정비례해서 즐겁다고 여기기보다 오히려 재미없고 무미건조하다고 여길 것이다. 어떤 사람이 외형적인 조건은 상당히 괜찮은데도 자신의 삶을 충분히 즐기지 못하고 그에 따라 삶 자체가 그다지 풍요롭지 않다면, 그것은 대체로 그 사람이 자기만 알지 다른 사람들을 아끼고 배려하는 마음이 부족하기 때문이다. 공적이든 사적이든 애정을 쏟을 일이 없는 사람의 입장에서는 삶을 흥분시킬 만한 것이 훨씬 적다. 그리고 일체의 이기적 욕심에 종지부를 찍고야 마는 죽음의 순간이 다가오면서 그나마 있던 흥분 상태의 가치도 줄어들 수밖에 없다. 이에 반해 몸은 죽더라도 개인적으로 애정을 쏟던 일을 남겨둔 사람, 특히 그 일과 더불어 인류 전체의 공영共榮을 위해 봉사하는 마음을 길러온 사람은 죽음을 눈앞에 둔 순간에도 청춘의 활력과 건강은 물론, 인생에 대한 생생한 의욕도 유지할 수 있다. 우리 삶을 불만족스럽게 만드는 첫 번째 원인은 이기심이다. 그리고 그다음은 정신 교양의 부족이다. 교양이 있는 사람은 자신의 삶 주변에서 흥미로운 일을 무궁무진하게 찾아낸다. 이는 철학자를 염두에 두고 하는 말은 아니다. 그저 지식의 원천에 대해 마음이 열린 사람, 그리고 웬만큼 그 정신 능력을 발휘할 수 있게 교육을 받은 사람이면 다 교양인이라고 할 수 있다. 자연의 아름다움, 예술의 발전, 시적 상상력, 역사적 사건, 사람이 과거와 현재를 통해 살아가는 길과 그 미래의 모습 등 수많은 일이 그 사람의 관심을 끈다. 물론 이 모든 것에 대해 무관심할 수 있다. 그리고 정신 능력의 1000분의 1도 사용하지 않을 수 있다. 그러나 이런 것은 태어나면서부터 그런 것에 대해 아무런 도덕적·인간적 관심을 가지지 않은 채 단지 호기심만 충족시키려는 사람에게나 있을 법한 일이다.

명상의 대상이 되는 이런 것들에 대해 지적인 관심을 기울일 정도가 되어야 성숙한 정신 문화라고 할 수 있다. 문명국가에 태어난 사람이라면 누구든지 그런 문화의 상속자가 될 수 있다. 그렇지 않다면 그것은 도대체 사물의 이치에 맞지 않는 일이다. 모든 인간이 자신의 야비한 개별성에 묻힌 채 남에 대해 아무런 배려나 감정도 없이 조잡한 이기주의자로만 살아가는 것은 아니다. 아무리 하찮은 인간이라 하더라도 이기주의자가 될 내재적 불가피성 같은 것은 없다. 그런 것보다 훨씬 우월한 것이 지금 이 시점에도 얼마든지 발견된다. 인류를 새롭게 구성할 수 있을 만큼 훌륭한 내용이 많다. 비록 정도는 다르지만, 올바르게 양육된 사람이라면 누구든지 자신이 의미를 부여하는 일에 애정을 쏟고 공공선에 진지하게 관심을 가질 것이다. 관심 가질 것도 많고 즐길 만한 것도 많으며 동시에 고치고 개선해야 할 것도 많은 세상에서, 이렇게 웬만한 수준의 도덕적·지적 소양을 갖춘 사람이라면 누구나 주위의 부러움을 살 만한 삶을 영위할 수 있다. 그래서 악법이나 타인의 의지에 얽매인 탓에 자신이 보유한 행복의 자원을 자유롭게 활용하지 못하는 경우가 아니라면, 그리고 삶에서 발견되는 구체적 해악과 신체적, 정신적으로 큰 고통을 주는 심각한 요소들(이를테면 빈곤, 질병, 그리고 몰인정한 것과 쓸모없는 것, 또는 애정의 대상들을 너무 일찍 상실해버리는 것 등)을 피할 수 있다면, 어느 누구도 그런 삶을 꾸려

나가지 못할 이유가 없다. 그러므로 중요한 과제는 어지간한 행운이 아니고서는 완전히 피할 수 없는 이런 재앙들과 어떻게 싸워나가는가 하는 것이다. 현실이 보여주듯 그런 것은 피할 수 없다. 아니, 경우에 따라서는 그 정도를 약간 완화하기도 어렵다. 그러나 웬만한 판단 능력을 갖춘 사람이라면 이 세상에 만연한 구체적 해악의 대부분이 제거될 수 있고, 따라서 인간 사회가 지속적으로 발전한다면 그런 것이 궁극적으로는 크게 축소될 수 있다는 것을 모를 리 없다. 이를테면 빈곤은 어떤 의미로든 고통을 수반하기 마련이지만, 개인의 건전한 상식과 건실한 태도가 합쳐진 사회적 지혜가 발휘된다면 완전히 해소될 수도 있다. 고약하고 다루기 힘든 것 중 으뜸이라고 할 질병조차 건강 교육과 도덕 교육을 잘 시키고 유해한 환경을 적절히 통제하면 얼마든지 예방할 수 있다. 나아가 과학이 발전을 거듭하다 보면 미래의 언젠가는 이 지긋지긋한 문제를 보다 직접적으로 정복할 날도 올 것이다. 이 방향으로 진보가 일어나고 또 그것이 축적되면 인간의 수명을 갉아먹는 것뿐 아니라, 행복한 삶의 토대를 잠식하는 것(이것이 더 신경 쓰게 한다)까지 이겨낼 수 있을 것이다. 행운과 불운을 엎치락뒤치락하게 하고 세상에 대해 실망하게 하는 것이 많지만, 이런 것은 주로 형편없이 경솔한 처신, 무절제한 욕망 또는 잘못됐거나 불완전한 사회제도 때문에 생긴다. 요컨대 인간에게 고통을 안겨주는 주요 원인, 특히 그중 꽤 많은 부분은 웬만하면 인간 스스로 주의하고 노력함으로써 극복할 수 있다. 비록 안타깝게도 그 과정이 너무 느린 탓에 수많은 세대의 희생이 따를 수밖에 없다 하더라도, 의지가 있고 지식이 구비된다면 그런 고통 없는 세상이 언젠가는 올 것이다. 아무리 작고 보잘것없는 목표라 할지라도 그것을 위해 노력을 아끼지 않는 지성인이라면 그런 싸움의 과정에서 고상한 희열을 느낄 것이다. 그래서 이기적 자기 만족이라는 유혹 앞에서도 끝내 싸움을 포기하지 않을 것이다.

이런 논의를 거치고 나면 행복이 따르지 않는데도 어떤 일을 배울 수 있는 가능성과 배워야 하는 당위성에 반대하는 사람들의 주장을 놓고 올바른 평가를 할 수 있게 된다. 분명히 행복과 상관없더라도 어떤 일을 할 수 있다. 심지어는 야만적인 것과는 거리가 먼 현대 사회의 곳곳에서도 20명 중 19명은 비자발적이기는 하지만 그런 일을 한다. 때로는 영웅이나 순교자가 자기 개인의 행복보다 더 소중하다고 여기는 그 무엇인가를 위해 자발적으로 그런 일을 해야 한다. 그러나 그 일이라는 것이 다른 사람의 행복 또는 그 행복에 없어서는 안 되는 그 어떤 것이 아니고 무엇이 될 수 있겠는가? 사실 자기 몫의 행복이나 행복의 가능성을 완전히 포기한다는 것은 여간 대단한 일이 아니다. 그러나 이런 종류의 희생은 어쨌든 어떤 목적을 전제로 한 것일 수밖에 없다. 희생 그 자체가 목적이 될 수는 없다. 물론 희생의 목적은 행복이 아니라 덕이며, 이것이 행복보다 더 나은 것이라고 말하는 사람도 있을 것이다. 그러면 영웅이나 순교자가 자신의 희생을 통해 다른 사람들이 비슷한 일을 겪지 않아도 된다는 확신이 서지 않아도 그렇게 하겠느냐고 묻지 않을 수 없다. 자신의 행복을 희생하는 일이 주변 사람들에게 아무런 도움도 되지 않고, 그들도 자기처럼 개인의 행복을 포기하는 팔자가 되리라는 생각이 들더라도 그런 희생을 감수하겠는가? 스스로 인생의 개인적 즐거움을 포기할 수 있고, 그런 희생을 통해 세상을 더 행복하게 만들 수 있는 사람에게 모든 영예를 돌리고 싶다. 그러나 그 외 다른 목적을 염두에 두고 그런 일을 하거나 하는 척하는 사람은 홀로 고행을 감수하는 금욕주의자라는 칭찬을 듣는 것으로 만족해야 할 것이다. 그런 사람은 인간이 무엇을 할 수 있는지를 알려주는 분명한 증거가 될지는 몰라도 인간이 무엇을 해야 하는가에 관한 좋은 예는 될 수 없다.

누군가가 자신의 행복을 온전히 희생함으로써 다른 사람의 행복을 가장 잘 증진할 수 있다면, 그 사회는 대단히 불완전한 상태에 있는 것이 분명하다. 그러나 사회가 그런 상태에 있는 한 자신을 희생한다는 것이 인간 사회에서 발견할 수 있는 최고의 미덕이라는 사실을 인정해야 한다. 그리고 역설적으로 들리겠지만, 오늘날과 같은 사회 상태에서 자신의 행복에 대한 기대 없이 의식적으로 희생을 감수할 수 있는 사람들 때문에 행복이 실현 가능한 것도 사실이다. 이런 의식이 있기 때문에 아무리 팔자가 드세고 운이 없다 하더라도 주저앉지 않는 것이다. 따라서 인생을 살아가면서 요행에 좌우되지 않게 하는 데 그런 의식 이상으로 중요한 것은 없다. 일단 이런 의식을 가지면, 인생의 나쁜 것에 대해 과도하게 걱정할 필요가 없어진다. 그리고 로마제국 아래서 최악의 시절을 감내해야 했던 수많은 스토아학파 사람들처럼, 나쁜 것이 언젠가는 바닥나고 말 것이라는 희망을 가지는 것은 물론, 만족이 얼마나 지속될까 신경 쓰는 일도 없이 평온 속에서 자신이 누릴 수 있는 만족의 요소들을 가꿀 수 있게 된다.

한편 스토아학파나 초월론자[8] 못지않게 공리주의자도 자기 헌신의 도덕성을 주장할 자격이 있음을 알아야 한다. 공리주의 도덕률에서는 인간이 다른 사람들을 위해 자신에게 가장 소중한 것마저 희생할 수 있음을 인정한다. 다만 그런 희생이 그 자체로 가치가 있는 것이라고는 생각하지 않는다. 행복의 총량을 증대하지 않거나 증대할 경향이 없는 희생은 한마디로 낭비에 지나지 않는다고 보기 때문이다. 공리주의는 다른 사람들(즉 집단적 의미의 인류 또는 인류의 집단적 이해관계에 의해 규정되는 개인들)의 행복이나 그 행복에 이르게 해주는 수단을 위해 헌신하는 자기부정만을 찬양하는 것이다.

8 Transcendentalist. 19세기 초중반 미국의 에머슨Ralph Waldo Emerson, 소로Henry David Thoreau 등이 주축이 된 초월론자들은 현실 세계의 배후에 감각으로는 파악할 수 없는 초월 세계가 존재한다는 주장을 폈다.

다시 한번 강조하지 않을 수 없는데, 공리주의를 공격하는 사람들은 인간 행동의 옳고 그름에 관한 공리주의적 판단 기준의 관건이 되는 행복이 행위자 자신뿐 아니라 관련되는 모든 사람을 포함한다는 사실을 제대로 인정하지 않는다. 당사자 본인의 행복과 다른 사람들의 행복 둘 중에서 하나를 골라야 하는 상황이라면, 공리주의는 그 사람에게 사심 없는 선의의 구경꾼만큼이나 엄격하게 중립적인 자세를 취하도록 요구한다. 우리는 나사렛 예수의 황금률에서 바로 그러한 공리주의 윤리의 정수를 발견할 수 있다. 다시 말해 "다른 사람들이 해주었으면 하는 바를 너 스스로 하라", 그리고 "네 이웃을 네 몸처럼 사랑하라"라는 가르침이야말로 공리주의 도덕의 완벽한 이상을 담고 있다. 이런 이상에 최대한 가까이 다가가기 위해 공리주의는 다음과 같은 원리를 담고 있어야 한다. 첫째, 모든 개인의 행복이나 (더 실감 나게 현실적으로 이야기하자면) 이익이 전체의 이익과 가능하면 최대한 조화를 이루도록 법과 사회제도를 만들어야 한다. 둘째, 교육과 여론이 사람의 성격 형성에 지대한 영향을 끼치는 만큼 모든 개인이 자신의 행복과 전체의 이익, 특히 보편적 행복에 영향을 주는 긍정적이고 부정적인 행동 양식 사이에 긴밀한 끈이 연결되어 있다는 사실을 분명히 깨닫게 해주어야 한다. 그래야 어느 누구든 공공의 이익과 배치되는 행동을 통해서는 지속적으로 행복을 느낄 수 없다는 것을 알 것이기 때문이다. 또 그렇게 해야 공공의 이익을 증진하고자 하는 직접적인 충동이 각 개인의 습관적인 행동 동기 중 하나가 되고, 이런 과정에서 발생하는 감정이 모든 사람의 일상 속에서 크고 중요한 위치를 차지할 수 있기 때문이다. 공리주의 도덕을 비난하는 사람들이 이런 핵심적인 성격을 곰곰이 들여다본다면, 다른 도덕 이론에 비해 공리주의가 특별히 모자라는 것이 있다고 과연 말할 수 있을까? 인간 본성을 발전시키는 데 이보다 더 아름답거나 더 고차원적인 윤리 체계를 생각할 수 있을까? 공리주의보다 더 탁월한 행동 원리를 구비한 체계가 과연 존재할 수 있을까? 나는 그렇게 생각하지 않는다.

물론 공리주의를 비판하는 자들이 항상 편견에 사로잡혀 있다고 볼 수만은 없다. 그중에는 공리주의가 강조하는 사심 없는 성품의 가치를 그런대로 정당하게 인정하는 사람들도 있다. 다만 이런 사람들도 때로는 그 기준이 보통 사람에게 적용되기에는 너무 높다고 비판한다. 그 기준에 따라 언제나 사회의 일반 이익에 부응하는 방향으로 행동하도록 요구하는 것은 지나치다는 것이다. 그러나 이것은 도덕의 기준이라는 말 자체에 대한 오해의 소치이며, 행동 규칙과 행동 동기를 혼동한 결과다. 윤리는 우리에게 무엇을 해야 한다고 말하거나 어떤 검증을 통하면 우리의 의무를 알 수 있다고 말한다. 그러나 그 어떤 윤리 체계도 의무감이 우리 모두가 따라야 할 유일한 동기라고 말하지는 않는다. 그와는 반대로 우리가 하는 행동의 99퍼센트는 다른 동기의 결과지만, 의무 규칙과 상충되지 않는 한 그런 행동은 옳은 것이라고 할 수 있다. 공리주의 도덕 이론가들은 동기를 통해 어떤 행동을 하는 사람의 값어치를 판별할 수는 있을지언정, 동기와 그 행동의 도덕성은 아무 상관이 없다는 점을 다른 어떤 이론가보다 더 분명하게 주장해왔다. 그런데도 이러한 특정 오해 하나 때문에 매도당하는 것은 공리주의자로서는 정말 견디기 힘들다. 물에 빠진 동료를 구해주는 행위는 그 동기가 의무감에서였든 아니면 그런 수고를 통해 보상을 받으리라는 희망 때문이었든 상관없이 도덕적으로 옳다. 자신을 신뢰하는 친구를 배신하는 것은 비록 그 사람이 더 큰 의무를 지고 있는 또 다른 친구를 도와줄 생각이었다 하더라도 아주 나쁜 짓이다. 그러나 의무감에 의해서, 그리고 어떤 원리의 명령을 좇아서 한 행동들에 대해서만 이야기하더라도, 공리주의가 사람들에게 언제나 이 세상이나 사회 전체를 포괄하는 일반성에 입각해서 살 것을 요구한다고 생각한다면, 그것은 공리주의적 사고방식을 잘못 이해하는 것이다. 대다수의 선한 행동은 사회 전체의 이익이 아니라 당사자 본인의 이익을 위해 의도된 것이다. 이 개인들의 이익이 모여 사회의 이익이 형성된다. 그리고 선한 일을 많이 하는 아주 덕스러운 사람이라고 해서 자기와 관련되는 특정인을 넘어 반드시 많은 사람들을 고려의 대상으로 삼아야 하는 것은 아니다. 자기가 잘 아는 사람들에게 이익을 줌으로써 다른 사람의 권리, 즉 정당하고 합법적인 기대를 침해하게 된다고 스스로 확신하면 모를까, 그렇지 않은 한 주변 사람들을 더 위하기 마련인 것이다. 공리주의 윤리에 따르면 행복을 증대하는 것이 덕스러움의 목표다. (1000명에 1명 정도를 빼고) 누구에게든지, 공익 자선사업가처럼 자기가 가진 능력을 발휘해서 덕스러운 일을 광범위하게 벌일 수 있는 상황은 아주 예외적으로만 생긴다. 이런 경우에는 그 사람에게 공공의 효용을 우선 고려하라고 요구할 수 있을 것이다. 나머지 경우에는 그도 사적 효용, 즉 일부 사람들의 이익이나 행복을 증진하는 일에만 신경 쓰면 된다. 사회 전반에 걸쳐 영향을 끼치는 사람이라면 항상 포괄적인 목표에 마음을 쓸 필요가 있다. 어떤 일에 대해 절제가 필요한 경우(이를테면 유익한 결과를 낳을 수도 있지만, 도덕적 고려 때문에 포기하는 경우), 다시 말해 일반적으로 해를 끼칠 것이기 때문에 하지 말아야 할 이유가 충분한 경우인데도 이것에 대해 확실하게 의식하지 못한다면 양식 있는 행위자라고 할 수 없다. 이 정도의 공공 이익에 대해서는 다른 모든 도덕률도 신경을 쓰라고 한다. 사회에 분명 해를 끼치는 일인데 누가 그것을 제지하지 않겠는가?

공리주의 도덕에 가해지는 또 다른 비난(도덕 기준의 목적, 그리고 옳고 그름이라는 말 자체의 뜻에 대한 엄청난 오해에서 비롯되는 비난)도 같은 각도에서 무장해제할 수 있다. 때로는 공리주의가 사람들을 차갑고 동정심 없게 만든다고 비난하기도 한다. 다시 말해 공리주의가 다른 개인들에 대한 도덕 감정을 싸늘하게 하며, 그런 행위를 촉발하는 도덕적 요소는 내버려둔 채 행동의 결과에 대해서만 삭막하고 딱딱하게 고려한다는 것이다. 어떤 사람의 행동이 옳고 그른지 판단할 때, 그 당사자의 품성에 영향을 받아서는 안 된다고 하는 주장이 못마땅한가? 그렇다면 이것은 공리주의뿐 아니라 종류를 불문하고 모든 도덕 기준에 대한 불만과 다름없다. 왜냐하면 우리가 아는 그 어떤 윤리적 기준도, 좋은 사람 또는 나쁜 사람이 어떤 행위를 한다고 해서 그것에 비추어 옳거나 그르다고 결정하는 법은 없기 때문이다. 친절한 사람, 용감한 사람, 또는 남에게 즐겨 베푸는 사람, 아니면 그 반대의 사람의 행동이라고 해서 그에 맞춰 판단하지는 않는다. 이런 고려는 행동이 아니라 사람에 대한 평가와 관련이 있다. 따라서 우리가 사람들이 하는 행동의 옳고 그름만이 아니라 그 사람들 자체에 대해서도 관심을 가진다는 사실이 공리주의 이론과 모순되지 않는다. 덕이라는 말은 스토아철학의 핵심 요소다. 그래서 스토아학파 사람들은 덕과 상관없는 것은 일절 신경 쓰지 않으려고 노력했다. 정말 역설적인 것은 그들이 그 단어를 잘못 사용하면서도 덕을 지닌 자가 모든 것을 지니게 되고, 오직 그런 사람만이 부유하고 아름다우며 왕과 같은 존재가 된다고 즐겨 말했다는 점이다. 그러나 공리주의는 이런 종류의 덕스러운 사람에게 그다지 관심이 없다. 공리주의자들은 덕 외에도 인간에게 바람직한 특성과 자질이 있음을 잘 알기 때문에 그 모든 것이 최대한 빛을 발휘할 수 있기를 바란다. 그들은 또한 옳은 행동이라고 해서 반드시 덕스러운 성격을 전제하는 것은 아니며, 오히려 남의 지탄을 받기 쉬운 행동이 때로는 칭찬받아 마땅한 자질에서 비롯된다는 것도 잘 안다. 어떤 구체적인 상황에서 이런 일이 벌어진다면, 공리주의자들은 그런 행동은 몰라도 적어도 그와 같은 행동을 하는 사람에 대해서는 달리 평가할 수밖에 없다. 그럼에도 공리주의자들도 결국에는 좋은 행동이 좋은 성격을 가장 잘 증명한다는 것을 인정하리라고 생각한다. 다시 말해 나쁜 행동을 낳는 것이 분명하다면, 그 어떤 정신적 경향에 대해서도 결코 좋다고 말할 수 없다. 만일 그렇게 했다가는 많은 사람들에게 배척당하고 말 것이다. 이 점에 관한 한, 공리주의자들도 옳고 그름을 심각하게 구분하는 모든 사람과 입장을 같이해야 한다. 양심적인 공리주의자가 이런 것까지 뿌리치느라 애쓸 필요 없을 정도로 자명한 문제이기 때문이다.

만일 대다수 공리주의자가 자신의 기준에 따라 측정된 도덕성에 대해서만 신경을 쓰느라 사람을 사랑스럽거나 존경스럽게 만들어주는 다른 소중한 요소들을 충분히 고려하지 않는다고 문제를 제기한다면, 이런 비판은 받아들일 수도 있을 것이다. 도덕 감정은 함양하면서 동정심이나 미적 감각의 발전은 등한시하는 공리주의자들이 이런 실수를 범하곤 한다. 그리고 같은 조건 아래 있는 모든 도덕주의자 역시 그렇다. 다른 도덕가들을 위해 할 수 있는 변명이라면 공리주의자들에게도 똑같이 적용할 수 있다. 공리주의에 어떤 오류가 있어야 한다면, 이런 종류의 오류가 차라리 더 낫다. 사실 다른 이론가들과 마찬가지로 공리주의자 중에도 자신의 기준을 너무 경직되게 적용하는 사람이 있는가 하면, 턱없이 느슨하게 적용하는 사람도 있다. 그래서 어떤 사람은 청교도처럼 엄격한데, 또 어떤 사람은 범죄자나 감상주의자 정도로 욕망에 탐닉한다. 그러나 전체적으로 보면, 도덕률을 위반하는 행위를 억누르고 방지하는 데 사람들이 크게 관심을 가지도록 하는 이론은, 그런 위반을 하지 못하게 사람들의 마음을 다잡는 일을 다른 그 어느 것보다 더 잘할 수 있다. 상이한 도덕 기준을 가진 사람들이 때때로 "무엇이 도덕률을 위반하는가?"라는 질문에 의견을 달리하는 것은 사실이다. 공리주의가 도덕 문제에 대한 생각의 차이를 이 세상에 처음 알린 것은 아니다. 그러나 늘 쉬운 일은 아니지만, 공리주의가 어떤 상황에서든 그와 같은 차이를 해결하는 구체적이고 지적인 방식을 제공하는 것도 사실이다.

공리주의 윤리에 대해 사람들이 흔히 품고 있는 오해, 특히 사리에 밝고 일정한 지적 수준에 오른 사람이라면 도저히 놓칠 수 없을 정도로 분명하고 당연해 보이는 일임에도 잘못 이해하고 있는 것에 관해 몇 마디 덧붙이지 않을 수 없다. 왜냐하면 상당한 수준의 정신 능력을 가진 사람까지도 때로 자신의 편견과 맞서는 의견이라면 무엇이든 그 내용을 알아볼 생각도 하지 않기 때문이다. 그리고 이런 의도적인 무지가 일종의 심각한 결함이라는 사실을 전혀 의식하지 못하는 까닭에, 고상한 원리와 철학 양쪽에 최고의 의미를 부여하는 것처럼 행세하는 사람들이 공들여 쓴 글에서도, 윤리적 이론에 대해 천박하기 이를 데 없을 정도로 잘못 이해하는 일이 다반사다. 이를테면 공리주의가 무신론에 바탕을 둔 이론이라면서 호되게 비난하는 것도 더 이상 새롭지 않다. 이런 대꾸할 가치조차 없는 매도에 대해 그래도 한마디 해야 한다면, 이것은 우리가 신성의 도덕적 성격을 어떻게 규정하는가 하는 문제와 깊은 관련이 있음을 강조하고 싶다. 만일 우리가 신이 무엇보다도 피조물의 행복을 원하고 있으며 바로 이것이 그가 만물을 창조한 목적이라고 진정 믿는다면, 효용은 신을 배제한 이론이 아닐 뿐 아니라 오히려 다른 어떤 것보다 더 심오한 종교적 성격을 띤다고 보아야 한다. 공리주의가 신의 계시 의지를 최고 도덕률로 인정하지 않는다고 말하고 싶은 것인가? 그러나 신의 완전 선과 지혜를 믿는 공리주의자라면, 신이 도덕 문제에 대해 계시하는 데 적합하다고 생각한 것은 무엇이든 효용의 구성 요건을 최대한 충족하게 된다는 것을 믿지 않을 수 없다. 그러나 공리주의자들을 제외한 다른 사람들은, 기독교적 계시가 대단히 구체적인 방법으로 무엇이 옳은지 들려주기 위한 것이라고 생각하지 않는다. 그것보다는 인류의 심령과 정신이 스스로 옳은 것을 찾고,

그런 다음 그것을 행동에 옮기게 해줄 의도에서 일어나며 또 그런 일에 적합하다고 생각해왔다. 따라서 이들은 신의 뜻을 해석해줄 윤리 이론이 필요하다고 주장한다. 이와 같은 생각이 맞든 틀리든, 이 문제에 대해 길게 토론하는 것은 무의미하다. 자연적인 것이나 계시적인 것을 막론하고, 종교가 윤리적 탐구를 위해 제공할 수 있는 모든 도움은 다른 이론가들 못지않게 공리주의자들에게도 똑같이 열려 있기 때문이다. 그래서 다른 이론가들이 유익함이나 행복에 도움이 되는 것과 무관한 어떤 초월적 법칙의 징표로서 그것을 사용하듯, 공리주의자들은 그것을 특정 행동 양식이 유익하다거나 해롭다는 것을 판단해줄 신의 뜻으로 사용할 수 있는 것이다.

나아가 사람들은 효용에다 편의expediency라는 이름을 붙이고 그것과 원리를 손쉽게 대비함으로써 비도덕적인 이론이라고 부당하게 낙인찍는 경우가 자주 있다. 그러나 옳은 것과 대립되는 의미로서의 편의는, 이를테면 정치인이 자신의 권력을 지키기 위해 조국의 이익을 희생하는 경우처럼 일반적으로 행위자 본인의 특정 이익을 뜻한다. 이것보다 나은 의미를 굳이 찾자면 그것은 무엇인가 눈앞의, 그리고 일시적인 목적을 달성하는 데 유용하기는 하지만, 그 대신에 훨씬 높은 수준의 목적을 이루기 위해 준수해야 하는 규칙을 위반하는 것을 뜻한다. 이런 의미의 편의는 유용한 것과 동의어가 되기보다는 해로운 것의 한 지파를 형성한다. 일시적인 당혹감을 이기기 위해, 또는 자신이나 다른 사람들에게 당장 유용한 무엇인가를 얻기 위해 거짓말을 하는 것이 때로 편리할 수도 있다. 그러나 우리의 행동을 규율하는 문제를 놓고 볼 때, 우리의 내면에서 진실함이라는 문제에 대해 예민한 감정을 고양하는 것은 매우 유용한 반면, 그것을 약화시키는 것은 대단히 해로운 일이다. 그리고 비록 의도적인 것은 아니라 할지라도 진리를 배신하는 것은 무엇이든 사람들의 주장에 대한 믿음을 약화시킨다. 이런 믿음이야말로 현재의 모든 사회적 복리를 지탱해주는 중요한 원군이기 때문에, 그것이 불충분할 때는 문명과 덕, 그리고 인간 행복을 위해 반드시 필요한 모든 것을 그 어떤 변수보다도 더 심각하게 저해한다. 사정이 이렇다면, 현재의 이익을 위해 초월적 편의에 관한 규칙을 위반하는 것은 결코 편의를 주지 못한다. 그리고 자신이나 다른 어떤 개인의 편리를 위해 자신의 힘을 이용해서 사람들 사이의 신뢰를 깨뜨리고 그 결과 인류의 이익을 해치고 그들에게 해악을 끼친다면, 그것은 결국 자신에게도 가장 나쁜 일을 하는 셈이 된다. 그러나 신성하기까지 한 이런 규칙마저 약간의 예외를 허용하고 있으며, 이 점에 대해서는 모든 도덕주의자들이 용인해준다. 그 대표적인 사례가 특정 사실을 알려주지 않음으로써(이를테면 흉악범에게 정보를 제공하지 않거나 불치의 병에 걸린 사람에게 충격을 안겨줄 나쁜 소식을 숨기는 것처럼) 어떤 개인(특히 자신을 제외한 다른 사람)을 심각한 해악에서 구해주는 경우다. 그러나 이런 예외적 경우가 필요 이상으로 확대되지 않고 진실함의 중요성에 대한 타격이 최소화될 수 있게, 가능하면 그 한계를 분명히 설정하는 것이 필요하다. 효용 이론이 빛을 발하려면 이처럼 효용들이 상호 충돌하는 상황에서 각각의 값어치를 비교 측정해 한 효용이 다른 효용을 능가하는 영역을 구획할 수 있어야 한다.

또한 효용 이론 옹호자들은 때로 어떤 행동을 하기 전에 그것이 일반 행복에 어떤 영향을 주는지 그 파급효과를 계산하고 측정할 시간이 없다는 주장에 대해서도 반박할 수 있어야 한다. 이것은 마치 행동을 해야 하는 순간마다《신약성서》와《구약성서》를 모두 읽어볼 시간이 없기 때문에 기독교의 가르침에 따라 살아갈 수 없다고 강변하는 것이나 다름없다. 이런 억지에도 굳이 응대해야 한다면, 인류에게는 과거 역사라는 길고 긴 시간이 있었다는 사실을 지적하지 않을 수 없다. 이 긴 시간 동안 인류는 경험을 통해 행동의 경향을 배워왔다. 이런 경험이 우리 삶의 모든 도덕률은 물론 사려 깊은 지혜의 기초가 된다. 그런데도 사람들은 이런 경험 경로가 아직 시작조차 되지 않은 것처럼 이야기한다. 그뿐 아니라 다른 사람의 생명이나 재산에 부당하게 간섭하고 싶은 충동을 느낄 때, 마치 생전 처음으로 살인과 절도가 인간의 행복에 해로운 것인지 고민해보아야 한다는 식의 논리를 갖다대기도 한다. 비록 그렇다 하더라도 그들이 그런 질문 때문에 골머리를 앓을 이유는 없다. 왜냐하면 그들이 이미 그런 모든 문제들을 익숙하게 해결하고 있기 때문이다. 사람들이 효용을 통해 도덕 문제를 판단해야 한다는 데 동의한다면, 무엇이 유용한 것인지에 대해 합의할 수 없고, 그 문제에 대한 자신들의 생각을 젊은 사람들에게 가르치고 법과 여론의 이름으로 통용되게 할 방도가 전혀 없다고 주장하는 것은 참으로 엉뚱한 논리가 아닐 수 없다. 어떤 윤리적 기준이든 사람들을 전부 어리석게 만드는 내용을 담고 있다면 그것이 제대로 작동할 수 없다. 그 정도는 아닐지라도, 어떤 가설을 택하든지 이쯤이면 특정 행동이 자신의 행복에 어떤 영향을 주는지 나름대로 확실한 판단을 할 수 있다. 이렇게 해서 전해 내려온 판단이 보통 사람들에게는 도덕률이 되는 것이다. 그것보다 더 나은 것을 찾기 전까지는 철학자들에게도 마찬가지다. 철학자들은 지금이라도 여러 주제와 관련해 이런 일을 쉽게 잘할 수 있을지도 모른다. 전해 내려온 윤리적 규칙이 결코 신성한 권리가 아닐 수도 있다. 사람들이 일반 행복에 미치는 행동의 효과에 대해 배워야 할 것이 많은 것도 사실이다. 나는 이런 점들을 인정한다. 아니, 진심으로 그렇게 생각한다. 효용 이론의 체계도 다른 모든 실천적 이론의 명제와 마찬가지로 개선의 여지가 한없이 많다는 것을 인정한다. 인간 정신이 점진적으로 발전하는 곳에서는 그런 이론들 역시 영원히 발전한다. 그러나 도덕률이 발전할 수 있다고 생각하는 것과 중간 단계의 일반론을 완전히 건너뛴 채 각 개인의 행동을 1차 원리에 비추어 직접 검증하기 위해 애쓰는 것은 별개의 문제다. 왜냐하면 1차 원리를 인정하는 것과 2차 원리를 받아들이는 것이 서로 모순된다면 그것은 이상한 논리가 아닐 수 없기 때문이다. 여행자에게 최종 목적지를 알려주는 것이 그가 가는 길의 지표와 이정표를 이용하지 못하게 한다는 말은 아니다. 같은 맥락에서 행복이 도덕의 목적이며 목표라는 명제를 설정한다고 해서, 그 목적지로 가는 길을 만들면 안 된다거나 그 방향으로 가는 사람에게 이쪽이 아니라 저쪽으로 가야 한다고 충고할 수 없다는 것은 말이 안 된다. 선원들이 아무리 항해력航海曆을 빨리 계산하고 싶다고 해도, 항법술이 천문학에 기초를 두지 않을 수는 없다. 선원들은 합리적인 존재이기 때문에 언제든지 항해력을 계산할 수 있는 상태에서 바다로 나간다. 마찬가지로 모든 합리적인 존재는 현명한 것과 어리석은 것을 구분하는 훨씬 어려운 여러 문제뿐 아니라, 옳고 그름을 가리는 일상적인 문제에도 대처하기 위해 마음을 미리 일정한 방향으로 잡고서 인생이라는 바다에 나선다. 그러므로 인간이 예견하는 능력을 가지고 있는 한, 그들이 앞으로도 계속 그렇게 할 것이라고 생각할 수밖에 없다. 어떤 것을 근본적인 도덕법칙으로 채택하든지 간에 그것에 입각해서 하위 규범도 만들어내야 한다. 다른 모든 이론 체계도 그렇지만, 그런 하위 규범이 없다면 특정 상황을 맞아 아무런 주장도 펼 수가 없다. 따라서 그와 같은 2차 원리들이 존재할 수 없다거나, 인류가 삶의 경험을 통해 그 어떤 일반적인 결론을 끄집어내는 일 없이 지금까지 지내왔고 앞으로도 계속 이런 상태로 머물러 있어야 한다고 강변하는 것은, 각종 논쟁으로 가득 찬 철학사에서도 유례가 없을 정도로 황당한 주장이다.

공리주의를 공격하는 나머지 논거는 주로 인간 본성이 일반적으로 나약하다는 것과 양심적인 사람들도 인생을 살아가면서 삶의 방향을 잡기가 어려워 곤혹스러워한다는 사실에 집중된다. 흔히 공리주의자들이 자신에게 유리한 방향으로 도덕 규칙을 예외적으로 적용하는 경향이 있고, 유혹을 받으면 규칙을 지키기보다 그것을 위반하는 쪽으로 효용을 해석하려 한다고 비난한다. 그러나 과연 효용이 악행을 정당화하고 우리 자신의 양심을 속이는 수단을 제공해줄 수 있는 유일한 신념 체계인가? 그렇지 않다. 세상에는 도덕 문제를 둘러싸고 대립된 견해를 보이는 수많은 이론이 있다. 정상적인 사람들이 믿고 따르는 모든 이론이 다 그렇다. 따라서 행동 규칙에 예외가 생기는 것은 특정 신념 체계의 결함이라기보다 인간사 자체가 너무 복잡하기 때문이다. 그리고 어떤 종류의 행동도 언제나 의무적으로 따라야 한다거나 반대로 항상 지탄받아야 마땅하다고 이분법적으로 잘라서 말할 수 없다. 다시 말해 어떤 윤리 체계도 특수한 상황에 부응하기 위해 행위자의 도덕적 책임 아래 어느 정도 융통성을 발휘함으로써 그 규칙의 엄격성을 완화하지 않을 수 없다. 그런 빈틈이 있기 때문에 각종 신념 체계마다 자기기만과 부정직한 궤변이 비집고 들어오는 것이다. 모든 도덕 체계 속에 명백하게 모순된 의무 조항들이 자리 잡고 있는 것도 이 때문이다. 이런 이유에서 윤리 이론이 까다롭고 복잡하며 개인 행동을 양심적으로 지도하는 일이 진정 어려워진다. 정도는 다르지만 각 개인의 지성과 덕성에 힘입어 이런 어려움을 실질적으로 극복할 수 있다. 그러나 어느 누구든지 간에 이런 문제를 다루는 데, 그리고 상호 갈등하는 권리와 의무에 대해 판정을 내려줄 궁극적 기준을 가지는 데 자격이 따로 있는 것처럼 대해서는 결코 안 된다. 만일 효용이 도덕적 의무를 판가름할 궁극적 원천이라면, 그런 것들 사이의 갈등을 해소해줄 기준으로 원용될 수도 있다. 비록 그 기준을 적용하는 것은 어렵겠지만 전혀 없는 것보다는 낫다. 이에 비해 다른 이론 체계에서는 여러 도덕률이 제각기 독자적인 권위를 행사하려 하지만 그들 사이의 갈등을 중재할 수 있는 공동 심판이 없다. 그중 일부가 다른 것보다 우월한 위상을 주장하려 하지만 보다 세련된 논리 이상의 근거를 제시하는 경우는 드물다. 흔히 그렇듯이 그들이 달가워하지 않는 효용 이론에 의해 그 차이가 정돈되지 않으면 개인적 욕망과 편견이 자유롭게 그 날개를 펼칠 여지가 많아진다. 이처럼 2차 원리 사이에 갈등이 일어날 경우에 1차 원리에 의존하지 않을 수 없다는 것을 반드시 기억해야 한다. 어떤 형태로든 2차 원리가 관여하지 않으면 도덕적 구속력이 힘을 얻을 수 없다. 만일 그렇게 하지 않는데도 도덕적 구속력이 생긴다면, 그것은 이미 모든 사람의 마음속에 그 원리 자체가 체화體化되어 있기 때문이라는 사실을 잊어서는 안 된다.

3장 왜 효용 원리를 받아들일 수밖에 없는가

이런저런 도덕 기준에 대해 다음과 같은 질문이 흔히 제기되곤 한다. 왜 우리가 그 도덕률에 복종해야 하는가? 보다 구체적으로 말하자면, 무슨 이유 때문에 그것을 의무적으로 따르는가? 그 구속력은 어디에서 오는 것인가? 사실 도덕 기준의 중요성을 생각해본다면 이런 물음은 당연하다. 따라서 제대로 된 도덕철학이라면 이 질문에 답을 할 수 있어야 한다. 비록 이 질문이 다른 어느 것보다도 특별히 공리주의를 겨냥하는 듯한 형식을 띠기는 하지만, 실제로는 어떤 도덕 기준에 대해서든 제기될 수 있다. 사람이 어떤 기준을 받아들이거나 이전과는 정도가 다르게 특정 도덕률을 엄격하게 준수하도록 강요당할 때마다 이런 물음이 떠오를 수밖에 없다. 왜냐하면 교육과 여론을 통해 우리 마음속에 굳건하게 자리 잡은 통상적인 도덕만이 그 자체로 구속력을 지닌 유일한 존재로 인식되기 때문이다. 따라서 관습에 의해 그처럼 강력하게 뒷받침되지 않은 어떤 일반 원리에서 도덕적 구속력이 생긴다는 주장이 역설적으로 들리는 것은 당연하다. 기초가 있는 것보다 오히려 없을 때 상부구조가 더 잘 버티고, 최초 원리보다 오히려 그것과 비슷한 성질을 띤 것으로 추정되는 후발 원리들의 구속력이 더 크다면, 이런 현상은 이치에 맞지 않는 것처럼 보일 수밖에 없다. 사람들은 강도질을 하거나 살인해서는 안 되며 배신하거나 기만해서도 안 된다는 것을 스스로 느낀다고 생각한다. 그러면서도 자신이 일반 행복을 증진해야 할 이유가 무엇인지, 일반 행복보다 자기 행복을 더 추구해서는 안 될 이유가 무엇인지 자문하게 된다.

도덕 감정의 본질에 관한 공리주의 철학의 생각이 옳다면, 도덕적 성격의 형성에 영향을 주는 것들이 이미 부분적으로 받아들이고 있는 원리를 전부 수용할 때까지는 이런 어려움은 결코 사라지지 않을 것이다. 다시 말해 교육의 진보와 더불어, 정상적으로 잘 양육된 젊은이들이 범죄를 두려워하는 만큼 이웃과 하나가 되고자 하는 마음이 사람들 성격에 깊이 체화되고(그리스도가 그렇게 하려 했다는 것을 부인할 수는 없을 것이다), 나아가 그런 마음이 사람의 본성에 완벽하게 자리 잡았다는 확신이 들 때까지 이런 어려움은 계속될 것이다. 그러나 공리주의 이론만이 특별히 이런 어려움을 겪어야 하는 것은 아니다. 도덕을 분석하고 도덕을 원리에 환원시키려는 모든 시도에 이런 어려움이 따른다고 보아야 한다. 원리가 이미 사람들 마음속에 깊이 자리 잡고 있지 않는 한, 그것이 현실적으로 응용되면서 나타나는 효과는 매우 미미할 수밖에 없다.

효용 원리는 다른 모든 도덕 체계가 행사하는 윤리적 제재를 전부 가동할 수 있다. 사실 그렇게 하지 못할 이유가 없다. 그 제재에는 외부적인 것과 내부적인 것 두 가지가 있다. 외부적 제재에 대해서는 길게 이야기할 필요가 없다. 그것은 우리 주변 사람들 또는 이 우주의 주재자가 좋아하는 것에 대한 희망이고, 싫어하는 것에 대한 두려움이다. 이것과 더불어 우리는 이웃 사람들에게 어떤 형태든 동정심이나 호감을 품는다. 또는 창조주에 대한 사랑과 경외심 때문에 자신의 이기적 욕구에 휘둘리지 않고 그의 의지에 따라 살아간다. 이것을 준수하게 만드는 모든 동기는 완벽하게, 그리고 강력하게 공리주의 도덕과 결부되어 있다. 특히 우리 주변 사람들과 관계되는 것들은 일반적인 지적 수준과 비례해서 공리주의 도덕과 관련을 맺는다. 왜냐하면 도덕적 의무의 근거로서 일반 행복을 제외한 다른 무엇이 있든 없든 사람은 진정 행복을 갈망하기 때문이다. 그뿐 아니라 본인의 실제 삶은 비록 불완전하더라도, 자신의 행복을 증진해준다고 생각되는 방향으로 다른 사람들이 행동해주기를 원하고 또 그렇게 하도록 권면하기 때문이다. 종교적 동기를 두고 이야기해보자. 대부분의 사람이 공언하듯이 만일 신의 선함을 믿는다면, 일반 행복을 촉진하는 것이 무엇보다 중요하다거나 심지어 그런 행위가 좋은 것을 판별해줄 유일한 기준이라고 생각하는 사람들은 신 또한 그것을 받아들이리라고 믿어야 마땅하다. 그러므로 외부적 보상과 처벌은 우리가 신이나 인간에게 쏟아붓는 모든 사심 없는 헌신과 더불어 공리주의 도덕을 강화하는 방향으로 작용한다. 그것은 물리적인 것이든 도덕적인 것이든, 신에게서 비롯되든 우리 주변 사람들에게서 나오든 관계없이, 그 도덕이 인정되는 것과 비례해서 작용한다. 그리고 공리주의 도덕이 강력해지면 강력해질수록 교육과 일반 교양도 그 목적에 더 부합하는 방향으로 쓰인다.

지금까지 외부적 제재에 대해 이야기했다. 우리가 무엇을 의무의 기준으로 삼든 의무를 준수하게 만드는 내부적 제재는 언제나 같은 것으로서, 우리 자신의 마음속에서 생기는 하나의 느낌이다. 그래서 의무를 위반할 때 강하든 약하든 일종의 고통이 수반된다. 보다 심각한 경우에는 정상적으로 교육을 받은 도덕적인 사람이라면 그것을 등지는 것이 불가능할 정도로 고통이 커진다. 이런 느낌이 특정한 의무의 형태라든가 단순히 부수적인 환경이 아니라 아무런 사심 없이 순수한 의무 관념과 연결될 때, 양심의 본질을 이루게 된다. 비록 복잡한 현상 속에서는 간단한 사실도 일반적으로 온갖 잡다한 것으로 덮여 있더라도 말이다(이를테면 동정심과 사랑, 그리고 이것보다 더 흔한 두려움 같은 것이 그 예가 되겠다. 또 모든 형태의 종교적 감정, 어린 시절과 지나간 모든 시간에 대한 회상, 자존심, 다른 사람들한테서 존경받고 싶은 마음, 때로는 심지어 자기 비하의 감정 따위도 생각할 수 있겠다). 내가 걱정하는 것은 이처럼 극단적으로 복잡한 현상이 일종의 신비로운 성격의 기원이 된다는 점이다. 이런 신비로운 성격은 흔히 나타나는 인간 정신의 경향 때문에 도덕적 의무감의 출발점으로 인식되기 쉽다. 그 결과 이른바 신비로운 법이 우리의 현재 경험 속에서 도덕적 의무감을 촉발하고, 그것과 연관되지 않으면 어떤 것도 도덕적 감정을 자아내지 못한다고 믿게 만든다. 그러나 도덕적 의무감의 구속력은, 우리가 옳다고 설정한 기준을 위반할 경우 해체되지만, 그럼에도 기어코 위반할 때 나중에 후회하는 마음이 들게 만드는 일련의 느낌에서 나온다. 우리가 양심의 성질이나 기원에 관해 어떤 이론을 동원하더라도 이것을 빼고는 이야기할 수가 없다.

그러므로 모든 도덕률의 궁극적 제재(외부적 동기는 논외로 한다)가 우리 마음속의 주관적 느낌을 통해 행사된다고 할 때, 특정 기준이 어떤 제재를 동원할 수 있느냐는 질문에 대해 효용을 기준으로 삼는 사람들이 당혹해할 하등의 이유가 없다고 생각한다. 이에 대해 우리는 다른 모든 도덕 기준과 마찬가지로 인류의 양심적 느낌이 곧 그 역할을 하게 된다고 말해도 될 것이다. 제재가 촉발할 것으로 기대되는 느낌을 가지고 있지 않은 사람들에게는 이 제재가 아무 구속력도 가지지 못한다는 것은 두말할 나위가 없다. 그러나 공리주의 도덕에 좌우되지 않는다면, 이 사람들은 다른 어떤 도덕 원리에도 복종하지 않을 것이다. 이들은 종류를 불문하고 외부적 제재를 제외한 어떤 도덕의 구속도 받지 않을 것이다. 인간은 본성상 누구나 느낌을 가지고 있다. 이것은 부인할 수 없는 사실이다. 이 느낌의 실체와 이것을 정상적으로 발육시킨 사람들에게 그 느낌이 끼치는 영향의 크기는 경험이 증명해준다. 다른 도덕률에서 그렇듯이, 이런 느낌들이 공리주의 아래서도 강렬하게 고양되지 못할 이유가 없다.

도덕적 의무감의 근거를 초월적 사실, 즉 '물자체things themselves'의 영역에 속하는 객관적 실체에서 발견하는 사람은 도덕을 전적으로 주관적인 것, 다시 말해 인간의 의식적 차원으로만 파악하는 사람보다 훨씬 더 그 의무를 잘 따르는 경향이 있다. 나는 이것을 모르지는 않는다. 그러나 이런 존재론적 사유 방식에 대해 각자가 어떻게 생각하든, 실제로 사람이 도덕적 의무를 따르는 것은 자신의 주관적 느낌 때문이다. 그리고 그 힘은 그런 느낌의 강도에 의해 측정된다. 누군가가 의무를 하나의 객관적 실체라고 믿는다 하더라도, 신이 곧 그런 객관적 실체라고 믿는 것보다 그 믿음이 더 강력한 것은 아니다. 실제로 받을 보상에 대한 기대나 처벌에 대한 예상과는 별도로, 신에 대한 믿음은 오직 주관적인 종교의 느낌을 통해서, 그리고 그에 비례해서 사람들의 행동에 영향을 준다. 사심이 없는 한, 그런 제재는 언제나 사람의 마음 그 자체에 뿌리를 둔다. 이에 비해 초월주의 도덕주의자들은 마음 바깥의 초월적 존재가 제재의 근거가 되어야 하며, 그렇지 않으면 그 제재가 마음속에서 작동할 수 없다고 생각한다. 그러면서 그는 이렇게 물을 것이다. 만일 어떤 사람이 스스로에게 "나를 구속하고 나의 양심을 자극하는 것은 오직 나 자신의 마음속에서 일어나는 느낌뿐"이라고 말할 수 있다면, 그 사람에게서 그런 느낌이 사라질 경우 의무감도 사라지고 말 것인가? 불편한 느낌이 든다면 그것을 무시하고 제거하려 할 것인가? 그러나 과연 이런 위험이 공리주의 도덕에 국한된 것인가? 도덕적 의무감의 기원이 마음 바깥에 있다고 믿으면 그런 의무감이 절대 무너지지 않을 정도로 강력해지는가? 오히려 현실은 정반대가 아닌가? 대부분의 사람들이 양심을 너무 쉽게 무시하거나 팽개치기 때문에 도덕주의자들이 개탄하고 있는 것은 아닌가? "내 양심을 따라야 할 필요가 있는가?" 하는 질문은 효용 원리 주창자들 못지않게 그런 원리에 대해 한 번도 들어보지 못한 사람들도 자주 던진다. 양심의 느낌이 미약하다 보니 이런 질문까지 던져야 하는 사람들이 만일 이 질문에 대해 긍정적으로 대답한다면, 그것은 초월적 이론을 믿어서가 아니라 외부적 제재가 무섭기 때문이다.

현재의 목적에 비추어볼 때, 의무를 둘러싼 느낌이 내재적인 것인지, 아니면 외부에서 주입된 것인지를 결정할 필요는 없다. 그것이 내재적인 것이라고 가정한다면, 그 느낌이 어떤 대상과 본질적으로 연결되는지에 관한 질문이 떠오르지 않을 수 없다. 왜냐하면 그 이론을 철학적으로 지지하는 사람들은 오늘날 그런 직관적 관점이 세세한 도덕적 내용이 아니라 그 원리와 관련된다고 믿기 때문이다. 만일 이 문제를 둘러싸고 무엇인가 내재적인 것이 있다면, 그런 내재적 느낌이 다른 사람의 쾌락이나 고통에 대한 배려와 관련되지 못할 이유가 없다. 만일 직관적으로 구속력을 지닌 도덕 원리라는 것이 존재한다면, 그렇게 되어야 할 것이다. 그렇다면 직관적 윤리는 공리주의 윤리와 서로 부합할 것이고 그들 사이에 더 이상 다툼이 벌어질 이유는 없다. 그런데 직관파 도덕주의자들은 직관적으로 준수해야 할 다른 도덕적 의무들이 존재한다고 믿으면서, 다른 사람에 대한 배려가 그중 하나라는 사실을 이미 믿고 있다. 왜냐하면 그들은 한 사람도 빠짐없이 도덕의 큰 부분이 우리 주변 사람들의 이해관계를 고려해 결정된다고 생각하기 때문이다. 그러므로 도덕적 의무의 초월적 기원에 대한 믿음이 내부적 제재에 대해 그 어떤 힘을 추가로 보태준다면, 공리주의 원리도 이미 그 혜택을 누리고 있다고 보아야 한다.

반면 나 자신이 주장하듯 도덕 감정이 내재적인 것이 아니고 후천적으로 습득되는 것이라 하더라도, 그런 이유 때문에 그 감정이 덜 자연스럽다고 할 수는 없다. 사람이 말하고 사유하고 도시를 만들고 땅을 경작하는 것은 분명 후천적으로 습득한 능력의 결과지만, 그럼에도 사람이 그런 활동을 하는 것은 자연스럽다. 모든 사람에게 내재적이라고 분명히 인지할 수 있을 만큼 도덕 감정이 우리의 자연적 본성을 구성하는 것은 아니다. 이것은 누구보다도 강력하게 그런 감정의 초월적 기원을 믿어 의심치 않는 사람들도, 원치는 않지만 인정하지 않을 수 없는 사실이다. 그러나 앞에서 언급한 후천적 능력과 마찬가지로, 도덕적 능력은 비록 우리의 자연적 본성을 구성하지는 않는다 하더라도 그 본성에서 자연적으로 자라나온 것이다. 그래서 그것은 어느 정도는 분명 절로 솟아날 수 있다. 그리고 훈육을 받으면 높은 수준으로 발전할 수도 있다. 그러나 불행하게도 이 능력은 강력한 외부적 제재와 어린 시절의 영향을 받아 전혀 바람직하지 못한 방향으로 자라날 가능성도 있다. 따라서 이런 영향에도 불구하고 양심의 힘 때문에 도덕적 능력이 아무런 부정적 영향을 받지 않으리라고 생각하는 것만큼 어리석고 위험한 것도 다시없을 것이다. 비록 효용 원리가 인간 본성과 아무 관계가 없다 하더라도 동일한 상황에 놓이면 똑같은 결과가 생길 수밖에 없다는 것을 의심한다면, 그것은 보편적 경험과 어긋난다.

그러나 지성이 발전하고 분석적 비판이 증대되면서, 전적으로 인위적 소산인 도덕적 연상[9]은 점차 그 존재 기반을 잃었다. 의무에 관한 느낌이 효용과 연관될 때 똑같이 자의적인 것으로 보인다면, 그리고 우리 본성 속에 특별히 주도적인 역할을 하는 어떤 강력한 종류의

9 moral association. 공리주의는 모든 도덕적·정신적 감정이나 성질이 모두 연상작용의 결과라고 주장한다. 이를테면 쾌락이나 고통은 어떻게 인식될 수 있을까? 그것은 교육이나 경험에 따라 쾌락에는 유쾌하고 즐거운 관념이, 고통에는 아프고 괴로운 관념이 결부된 결과라는 것이다.

감정이 없다면, 다시 말해 공리주의 도덕을 위한 감정의 자연스러운 기초가 존재하지 않는다면, 설령 교육에 의해 유입된 이후라 하더라도 그와 같은 관념 연합 역시 분석의 힘 앞에서 희미해질 가능성이 크다. 이 감정은 그런 관념 연합과 조화를 이루고, 우리를 편하고 기분 좋게 해준다. 또 다른 사람 속에서도 관념 연합이 왕성해지게 할(이렇게 되는 것이 우리에게는 매우 중요하다) 뿐 아니라, 우리 속에서도 관념 연합이 소중히 자라나게 한다.

그러나 이런 강력한 자연적 감정의 기초는 분명 존재한다. 일반 행복은 윤리적 기준으로 일단 받아들여지기만 하면 공리주의 도덕의 힘을 키워줄 것이다. 인간이 지니는 사회적 감정이 바로 이런 굳건한 기초가 된다. 사회적 감정이란 주변의 다른 사람들과 하나가 되고자 하는 열망인데, 이것은 이미 인간 본성 속에서 강력한 원리로 작동하고 있으며 다행스럽게도 굳이 인위적으로 가르치지 않더라도 문명이 발전하면서 그에 비례해 점점 강해진다. 사회 상태는 인간에게 처음부터 너무나 자연스럽고 필요하며, 또한 익숙한 것이라서 어떤 예외적 상황이나 의도적으로 사람들에게 등을 돌리는 것이 아니라면 누구든지 자신을 사회의 한 구성원으로 인식하지 않을 수 없다. 인류가 야만 상태의 고립을 점점 멀리하면서 이런 사회적 결합은 더욱 견고해진다. 따라서 사회 상태를 유지하는 데 없어서는 안 될 조건은 무엇이든지 모든 사람의 존재 상황에 대한 인식에 불가결한 요소가 되고, 인간의 운명을 구성하는 큰 인자因子가 된다. 주인과 노예 관계라면 모를까, 이제 어떤 인간 사회도 관련된 사람들의 이익을 골고루 반영하지 않고는 아예 존재하기도 어렵다. 평등한 사람들이 모여 사는 사회는 모든 사람의 이해관계를 평등하게 고려해야 한다는 전제 위에서만 존립 가능하다. 문명사회라면 절대군주를 제외하고는 각자가 평등한 권리를 향유하기 때문에 어느 누구도 이러한 원칙을 존중하지 않을 수 없다. 시간이 가면서 이러한 방향으로 진보가 일어나고 있다. 다른 사람의 이익을 완전히 무시하는 것은 불가능하다. 남에게 심각한 해를 끼쳐서는 안 되고, (그저 자신을 보호하기 위해 필요한 경우에) 서로 견제하며 사는 것 정도만 허용된다는 인식이 널리 퍼지고 있다. 또한 사람들은 타인과 협력하며 개인적인 것이 아니라 (적어도 당분간은) 집단적인 이익을 행동의 목표로 삼도록 자신에게 다짐하는 일에 익숙하다. 그들이 서로 협력하는 한, 각자의 목표는 서로 일치한다. 다른 사람들의 이익이 곧 자신의 이익이 된다는 감정이 일시적으로나마 존재하는 것이다. 사회적 유대를 강화하는 모든 것, 그리고 사회의 건강한 발전은 각자가 타인의 복리에 대해 실제적으로 더욱 관심을 갖게 할 뿐 아니라, 타인의 좋은 일에 대해 더욱 감정적 일체감을 느끼거나 아니면 적어도 그런 일에 점점 더 강력하게 실제적으로 관심을 쓰게 해준다. 그래서 각자는 마치 본능적인 것처럼, 다른 사람에 대해 당연히 관심을 가지고 배려하는 존재로 자신을 의식하게 된다. 다른 사람에게 좋은 일을 위해 자연스럽게 반드시 관심을 가지는 것이 마치 생존을 위한 물리적 조건인 것처럼 된다. 그 결과 이런 감정을 얼마나 가지고 있든지, 사람들은 그것을 겉으로 드러내고 강화하는 데 뜨거운 관심을 가지고 강력한 충동을 느끼는 것이다. 그리고 있는 힘을 다해 다른 사람들도 그런 감정을 가지도록 촉구할 것이다. 설령 자기는 그런 것을 가지지 못하더라도, 다른 사람은 그래서는 안 된다는 사실을 대단히 진지하게 느낄 것이다. 결과적으로 동정심이 확산되고 교육의 영향력이 커지면서 아주 작은 감정의 씨앗이 뿌려지고 자라난다. 그리고 강력한 외부적 제재에 힘입어 그것을 둘러싼 집단 협력이 광범위하고 긴밀하게 일어난다. 문명이 발전하면서 우리 자신과 인간의 삶을 이런 식으로 인식하는 일은 점점 더 자연스럽게 느껴진다. 이해관계의 대립을 초래하는 요소들을 제거하고, 대다수의 행복을 무시하는 개인이나 계급 사이의 법적 불평등을 발전적으로 극복함으로써, 정치적 진보가 한 걸음 한 걸음 더욱 그런 방향으로 역사를 몰아간다. 인간 정신의 발전과 발맞추어, 각 개인의 마음속에 사회의 나머지 사람 전부와 일체감을 느끼고 싶어 하는 마음이 지속적으로 강해진다. 이런 일체감이 완벽해진다면, 다른 사람을 배제한 채 자기에게만 유리한 상황을 생각하거나 갈망하는 것은 아예 불가능해진다. 우리가 지금 이런 일체감을 하나의 종교인 것처럼 가르칠 수 있다고, 그리고 한때 종교가 그랬던 것처럼, 교육과 제도와 여론의 모든 힘이 말과 실천이라는 두 측면에서 사람들을 유아기에서 벗어나 크게 성장할 수 있게 한다고 상정한다면, 이 개념을 인식할 수 있는 사람 그 누구도 행복이라는 도덕률이 궁극적 정당성을 충분히 지닌다는 사실에 대해 의구심을 품을 수 없을 것이다. 이것이 실현되기 어렵다고 생각하는 윤리학자가 있다면 누구든지 콩트[10]의 2대 주요 저작 중 두 번째인《실증 정치 이론》[11]을 읽어볼 것을 권유하고 싶다. 그런 생각을 바꿔주기 때문이다. 나는 이 책이 주장하는 정치와 도덕 체계에 대해 그 누구보다 강력하게 반대한다. 그러나 콩트는 신에 대한 믿음이 없더라도, 다시 말해 신앙이 제공하는 심리적 위안과 사회적 순기능이 없더라도 인간 삶을 개선할 수 있는 가능성을 충분히 보여준다. 그는 자신이 그리는 정치 이론이 현실화되면 인류사에서 가장 위대하다는 종교가 그동안 이룩했던 모든 일도 한갓 많은 것 중 하나, 그리고 일종의 맛보기에 지나지 않는다는 것을 알려줄 정도로 인간사를 완벽하게 관장하고, 사람의

10 Auguste Comte, 1798~1857. 프랑스의 철학자이자 사회학자다. 밀은 한때 정치사회 문제에서 지도자의 역할을 강조한 콩트의 초기 저작에 깊은 감명을 받았으나 콩트가 지나치게 엘리트주의로 넘어가자 그와의 결별을 선언했다.《위대한 정치》(서병훈, 책세상, 2017) 60~64쪽 참고.

11 원문에는《실증 정치 이론Traité de politique positive》이라고 되어 있으나《실증 정치 체계Systèmes de politique positive. Traité de sociologie instituant la religion de l'humanité》를 잘못 쓴 것으로 추정된다.

생각과 감정과 행동을 바꾸는 것도 가능하다고 주장한다. 그러면서 콩트는 종교의 위력이 불충분하다고 염려하기보다, 오히려 종교가 인간의 자유와 개별성을 부당하게 침해할 정도로 지나치게 강력해지지 않도록 막는 일에 더 신경을 써야 한다고 강조한다.

사람들이 공리주의를 받아들이고 그 도덕률에 구속감을 느끼게 하자면, 인류의 대다수가 공리주의 도덕을 준수하지 않을 수 없도록 그 사회적 영향력이 커지기를 기다려야 하는 것은 아니다. 사실 인간의 역사를 되돌아볼 때 비교적 초기 단계에서는 사람들이 남과 완전히 하나가 되는 심리 상태, 즉 다른 사람들 삶의 큰 방향과 기본적으로 어긋나는 것이 불가능한 상태로 산 것은 아니었다. 그런데도 사회적 감정이 어느 정도 뿌리를 내린 사람이라면, 남을 자신의 행복에 방해가 되기 때문에 어떤 수를 쓰더라도 짓누르고 극복해야 하는 경쟁 상대로 여기는 것은 생각도 할 수 없다. 따라서 현재에도 모든 사람이 자신을 사회적 존재라고 깊이 생각하면서, 자신과 다른 사람들의 감정과 삶의 목표가 조화를 이루는 것이 하나의 자연스러운 욕구라고 느낀다. 설령 생각과 정신적 취향이 달라서 타인의 실제 감정과 상당 부분 어긋나고, 경우에 따라서는 그들의 성향에 대해 비난하고 저항할 수밖에 없다 하더라도, 적어도 인생의 중요한 목표에 관한 한 자신과 그들이 근본적으로 대립하지 않는다고 생각한다. 다시 말해 그런 일이 있더라도 다른 사람들이 진정 원하는 것, 즉 그들 자신의 참된 이익에 대해 정면으로 반대하기보다 오히려 그것을 얻도록 도와주려 한다. 대부분의 개인들에게서는 이런 감정이 자신을 위한 감정보다 훨씬 미약하며 때로는 아예 전무한 경우도 있다. 그러나 그런 감정을 가지고 있는 사람의 입장에서 볼 때 그것은 대단히 자연스럽다. 이것은 교육에 의해 강제로 주입된 것이나 사회적 권력이 강압적으로 부과한 법적 조치 같은 형태로 자리 잡은 것이 아니라, 그런 것 없이는 사람이 결코 잘 살 수 없다는 생각 때문에 그들 마음속에 각인되고 있다. 이런 확신이 곧 최대 행복 도덕률이 행사하는 궁극적 제재의 뿌리가 되는 것이다. 이 때문에 성숙한 감정의 소유자라면 누구나 다른 사람들을 배려하고자 하는 동기와 어긋나지 않게, 오히려 바로 그런 것을 위해 노력하게 되는데, 내가 말하는 외부적 제재가 이런 작용을 촉진해준다. 만일 외부적 제재가 부족하거나 반대 방향으로 작동한다면, 이러한 확신 자체가 각자의 성격의 예민함과 사려 깊음에 비례해서 그 사람의 내면에서 강력한 구속력을 형성한다. 왜냐하면 도덕적으로 백치 상태인 사람이라면 모를까, 어느 누구도 자신의 삶을 살아가면서 자기의 사적 이익에 도움이 되지 않는다는 이유로 타인에게 완전히 무관심할 수는 없기 때문이다.

4장 효용 원리를 어떻게 증명할 것인가

궁극적 목적을 통상적인 방법으로 증명하는 것이 불가능하다는 사실에 대해서는 이미 언급했다. 어떤 1차 원리도 이성에 입각한 증명을 허용하지 않는다. 이것은 아주 흔한 일이다. 인간 행동뿐 아니라 지식에 관한 1차 명제도 마찬가지다. 그러나 지식에 관한 1차 명제는 사실과 관련되는 문제기 때문에 사실에 관해 판단을 내리는 능력, 즉 우리의 감각과 내면적 의식에 직접 호소할 수 있는 대상이 된다. 그렇다면 실제적 삶의 목적과 관련된 문제를 가지고도 동일한 능력에 호소할 수 있는가? 아니면 어떤 능력이 그 문제를 관장해야 하는가?

목적에 관한 질문은 다른 말로 하면 무엇이 바람직한가에 대한 질문이다. 공리주의 이론은 행복이 바람직하다고, 다시 말해 행복이 하나의 목적으로서 바람직한 유일한 것이라고 주장한다. 그래서 그 이론에 따르면 다른 모든 것은 그 목적을 달성하는 데 도움이 되는 수단으로서만 바람직하다. 이런 주장이 설득력을 지니려면 공리주의 이론에 무엇이 있어야 하고, 어떤 조건이 충족되어야 하는가?

어떤 대상이 가시적이라는 것을 증명할 수 있는 유일한 근거는 사람들이 그것을 실제로 본다는 것이다. 어떤 소리가 들린다는 것의 유일한 증거는 사람들이 그것을 듣는다는 것이다. 그 밖의 다른 것도 우리의 실제 경험을 통해 증명할 수 있다. 같은 방법으로, 무엇이 바람직하다는 것을 증명할 수 있는 유일한 방법은 사람들이 실제로 그것을 얻기를 갈망한다는 것을 보여주는 것이다. 만일 공리주의 이론이 스스로 목적이라고 제안한 것이 이론적으로 그리고 실천적으로 하나의 목적이라고 인정되지 않는다면, 그것이 목적이 된다고 믿게 할 수 있는 것은 아무것도 없다. 각자가 행복이 획득 가능하다고 믿고 행복을 갈망한다는 사실 외에, 왜 일반 행복이 바람직한지 설명할 수 있는 다른 길은 없다. 그러나 이것이 사실이라면, 우리는 이 경우를 통해 행복은 좋은 것이라는 점에 관한 모든 증거를 확보할 수 있다. 다시 말해 이를 통해 각자의 행복은 당사자에게 좋고, 따라서 일반 행복은 모든 사람에게 좋다는 사실도 증명할 수 있는 것이다. 결국 행복은 사람들의 행동이 지향하는 목적 중 하나로, 나아가 도덕 기준의 하나로 위치를 굳혀온 것이다.

그러나 이것 하나만으로 행복 자체가 유일한 기준이 된다고 증명한 것은 아니다. 그렇게 되기 위해서는 동일한 규칙에 따라서, 사람들이 행복을 갈망한다는 것뿐 아니라 그것 말고는 다른 어느 것도 원하지 않는다는 것 또한 보여주는 것이 필요할지도 모른다. 사실 흔히 말하는 것처럼, 사람들이 행복과 구분되는 그 무엇을 실제로 원한다는 것은 너무나 명백하다. 예를 들면 사람들은 고통이 없는 상태를 추구하고 쾌락 못지않게 덕을 강력하게 바라며 악이 생기지 않기를 간절하게 고대한다. 덕을 갈망한다는 것이 행복을 갈망하는 것만큼 보편적이지는 않지만, 그래도 그와 비슷한 정도로 진실하기는 하다. 그래서 공리주의 기준을 반대하는 측에서는 인간 행동의 목적에는 행복 외에 다른 것도 있으며 행복이 칭찬과 비난의 기준이 아니라고 해석할 권리가 있다고 주장한다.

그러나 과연 공리주의가 사람들이 덕을 갈망한다는 것을 부인하거나 덕이 갈망의 대상이 되지 못한다고 주장한 적이 있는가? 사실은 정반대다. 공리주의는 덕이 갈망의 대상이 될 수 있을 뿐 아니라 그 자체로 아무 사심 없이 갈망의 대상이 될 수 있다는 것을 인정한다. 공리주의 도덕가들이 덕을 덕으로 만드는 1차적 조건들을 어떻게 생각하든지 간에 또 아무리 그들이 사람의 행동과 성향은 오직 덕이 아닌 다른 것들을 촉진하기 때문에 덕스럽다고 믿더라도(실제로 그들은 그렇게 믿는다), 따라서 이런 묘사에 비추어볼 때 무엇이 덕스러운 것인가 하는 물음에 대한 답이 이미 결정되었다고 하더라도, 그들은 덕을 궁극적 목적을 달성하는 수단이 되는 것 중에서 가장 높이 평가한다. 동시에 그들은 하나의 심리적 사실로서 덕이 개인에게 다른 어떤 목적도 쳐다볼 필요가 없이 그 자체로 좋을 가능성도 인정한다. 나아가 공리주의자들은 사람 마음이 덕을 그 자체로 바람직한 것으로 사랑하지 않는다면(그동안 덕이 다른 바람직한 것을 줄곧 생산해왔고 그래서 덕스럽다는 말을 들었는데, 경우에 따라 그런 것을 생산할 수 없다 하더라도), 그것은 옳은 상태, 효용과 조화를 이루는 상태, 일반 행복을 달성하는 데 가장 도움이 되는 상태가 아니라는 것도 받아들인다. 그렇다면 이런 생각은 행복 원리와 하나도 다르지 않다. 행복을 구성하는 것은 대단히 많다. 그 각각의 요소는 굳이 하나의 큰 것으로 합쳐지지 않더라도 그 자체로 바람직하다. 효용 원리는 특정 쾌락(이를테면 음악)이나 고통이 없는 상태(이를테면 건강함)를 행복이라고 하는 어떤 포괄적인 것을 달성하기 위한 수단으로 간주하지 않는다. 또 바로 그런 이유에서 그것이 갈망의 대상이 된다고 주장하지도 않는다. 그런 것은 그 스스로 갈망의 대상이 되고 바람직하다. 따라서 수단이면서 동시에 목적의 한 부분을 구성한다. 공리주의 이론에 따르면 덕은 자연적으로 그리고 원래부터 목적의 일부였던 것은 아니다. 그렇지만 그렇게 될 수 있다. 그래서 사심 없이 덕을 실천하며 사는 사람에게는 덕이 목적의 한 부분이 된다. 그런 사람은 덕을 행복을 위한 수단이 아니라 행복의 한 부분으로서 갈망하고 소중히 여긴다.

이것을 좀 더 설명하자면 다음 사실을 기억하는 것이 좋겠다. 즉 덕은 유일한 것이 아니며 처음에는 하나의 수단에 불과했다. 만일 덕이 그 어느 것에도 필요한 수단이 되지 않는다면 아무 의미도 없는 존재로 남을 것이다. 그러나 그것을 수단으로 삼는 어떤 것과의 관련 속에서는 그것 자체가 가장 강렬한 정도로 갈망의 대상이 된다. 예를 들면 돈을 좋아하는 것에 대해 무엇이라고 말할 수 있는가? 반짝이는 조약돌 더미보다 더 바람직한 그 무엇이 원래부터 돈 속에 들어 있는 것은 아니다. 돈이 가치 있는 것은 단지 그것을 가지고 다른 물건을 살 수 있기 때문이다. 다시 말해 돈 자체보다는 다른 것에 대한 갈망, 즉 원하는 것을 만족시킬 수 있는 수단이기 때문에 돈을 좋아하는 것이다. 그럼에도 돈에 대한 집착은 인간 삶을 좌우하는 가장 강력한 동인動因 중 하나일 뿐 아니라 많은 경우에 그 자체로 갈망의 대상이 된다. 그래서 때로는 돈을 소유하려는 욕망이 그것을 사용하고자 하는 욕망보다 더 강렬하기도 하며, 돈보다 더 고상한 다른 목적에 대한 갈망이 전부 사그라질 때도 돈에 대한 욕심은 더 커질 수 있다. 그렇다면 사람들은 어떤 목적을 위한다기보다 그 목적의 일부분으로서 돈을 갈망한다고 말할 수 있다. 처음에는 행복을 위한 수단이었던 것이, 그 자체로 행복에 관한 개인의 생각을 구성하는 중요한 요소가 된 것이다. 인간이 추구하는 다른 위대한 목적에 대해서도 똑같이 말할 수 있다. 예를 들면 권력이나 명성 같은 것도 그렇다. 물론 이런 것에는 각각 어느 정도 즉각적인 쾌락이 따라다니며, 그런 성질이 적지 않게 자연스럽고 내재적인 것 같은 모양새를 취한다는 점에서 돈과 엄연히 구분된다. 그런 것만 제외하면 나머지는 상당히 유사하다. 그래서 권력과 명성이 지닌 가장 강력한 매력은 우리가 원하는 다른 것을 획득할 수 있도록 매우 큰 도움을 준다는 사실이다. 권력과 명성에 대해 사람들이 그토록 심하게 집착하고, 어떤 면에서는 다른 어떤 욕망보다 더 애착을 갖는 것은 그것과 우리가 갈망하는 모든 대상 사이에 긴밀한 관계가 형성되어 있기 때문이다. 이런 경우에는 수단이 목적의 한 부분이 된다. 아니 그것을 수단으로 삼는 그 어떤 것보다 더 중요하게 그 목적을 구성하는 요소가 되고 있다. 한때 행복을 얻기 위한 도구로 갈망되던 것이 그 자체로 갈망의 대상이 된 것이다. 그것은 그 자체로 갈망의 대상이 되면서 행복의 한 부분으로서 갈망되고 있다. 사람들은 단지 그것을 소유한다는 이유만으로 행복해지거나 행복해질 것이라고 생각한다. 반대로 그것을 가지지 못하면 불행해진다. 그것에 대한 갈망은 행복에 대한 갈망과 다르지 않아서, 음악에 대한 사랑이나 건강해지고 싶어 하는 갈망보다 더 강렬하다. 그것은 행복에 다 포함되어 있다. 다시 말해 행복에 대한 갈망을 구성하는 요소 중 일부인 것이다. 행복이란 추상적인 관념이 아니고 구체적인 하나의 전체다. 따라서 그것이 그 전체의 한 부분이 된다. 공리주의의 기준은 이와 같은 관계를 정당화하고 인정한다. 처음에는 우리의 원초적 갈망을 충족하는 데 아무 관심이 없고, 그저 그런 방향에 도움이 되거나 일정한 상관관계를 가진 정도였던 사물들 자체가 그 영향을 받는 인간 삶의 영역 속에서 지속성, 심지어는 강도의 측면에서 원초적 쾌락보다 더 가치가 있는 쾌락의 원천이 되곤 한다. 만일 세상 이치가 이렇지 않다면 인생이란 참으로 보잘것없는, 행복을 느끼기에도 대단히 부족한 것이 되고 말 것이다.

공리주의 철학에 따르면 덕이라는 것도 이런 성질을 대단히 많이 띠고 있다. 처음에는 쾌락을 얻는 데, 특히 고통을 벗어나게 하는 데 도움이 되는 성질을 빼고 나면, 덕을 갈망하거나 추구해야 할 원초적인 이유는 없었다. 그러나 그렇게 형성된 관계 때문에 그것을 좋은 것이라고 느낄 수 있고, 다른 어떤 것보다도 더 강렬하게 갈망하게 된다. 이런 점에서 덕은 돈이나 권력이나 명성에 대한 사랑과 차이가 난다. 바로 이런 이유 때문에 후자와 같은 것에 집착하는 개인은 때로 그가 속한 사회의 다른 구성원에게 해로운 존재가 되는 반면, 사심 없이 덕을 추구하는 사람은 사회적으로 다시없이 귀한 존재가 된다. 결론적으로 공리주의 철학은 일반 행복을 해치지 않고 그것을 증진하는 데 도움이 되는 한도 안에서 사람들이 습득하는 다른 욕구들을 용인하고 받아들이는 한편, 일반 행복을 달성하는 데 그 무엇보다 중요한 덕을 최대한 사랑하며 쌓을 것을 명령하고 요구한다.

이런 논의 끝에 우리는 행복을 제외하면 사람이 진정 갈망하는 것은 없다는 사실을 확인할 수 있다. 무엇이든지 자기 자체로서가 아니라 어떤 목적, 궁극적으로는 행복을 위한 수단으로만 갈망되는 것은 행복의 한 부분으로서 갈망되는 것이며, 그렇게 되기 전에 그것 자체로는 갈망의 대상이 되지 않는다. 그래서 덕 자체를 갈망하는 사람은 그것이 쾌락이라는 사실, 아니면 그것 없으면 고통을 겪는다는 사실에 대한 의식 때문에 또는 그 두 가지 이유가 합쳐진 까닭에 갈망하는 것이다. 그런데 현실적으로 쾌락과 고통이 따로 떨어져 있는 경우는 거의 없고 대부분은 같이 있다. 이를테면 덕을 쌓으면서 쾌락을 느끼지만, 그와 동시에 덕을 더 많이 쌓지 못하고 있다는 이유에서 고통을 느끼기도 하는 것이다. 만일 이런 상황에서 쾌락을 주는 것도 없고 고통을 안겨주는 것도 없다면, 그 사람은 덕을 사랑하거나 갈망하지 않을 것이다. 그 대신에 자신에게 또는 자신이 아끼는 사람들에게 무언가 줄 수 있을지 모를 다른 이득을 위해서만 덕을 갈망할 것이다.

따라서 이제 우리는 효용 원리를 뒷받침할 만한 어떤 종류의 증거가 있는가 하는 질문에 답할 수 있게 되었다. 만일 내가 지금껏 설명한 것이 심리학적으로 옳다면, 그래서 인간은 원래 천성적으로 행복을 얻는 데 수단이 되는 것이 아니면 아무런 갈망도 느끼지 않는다면, 우리는 행복이 바람직한 유일한 것이라는 데 다른 어떤 증거를 가질 수가 없고 가질 필요도 없다. 그렇다면 행복은 인간 행동의 유일한 목적이며, 따라서 행복을 증진해주는지 여부를 기준으로 인간의 모든 행위에 대해 판단하는 것이 가능하다. 결국 그것이 도덕 판단의 기준이 될 수밖에 없다는 것이 논리의 당연한 귀결이다. 부분이 전체에 포함되는 것이 마땅하기 때문이다.

사람이 자신에게 쾌락을 주는 것(이것이 없으면 고통을 느낀다)이 아니면 그 어떤 것도 그 자체를 갈망하지는 않는다는 것이 사실인지 판별하기 위해, 우리는 다른 모든 유사한 질문에 그렇게 했듯이 확실한 근거를 찾기 위해 사실과 경험을 동원했다. 이 문제는 다른 사람의 관찰과 더불어 실제 생활에서의 자의식과 자기 관찰에 의해서만 분명히 해결될 수 있다. 나는 이런 과정을 통해 확보된 객관적 증거들이, 즐거움을 주기 때문에 어떤 사물을 갈망하는 것이나 고통을 안겨주기 때문에 그것을 피하려는 것은 전적으로 서로 분리될 수 없는 현상 또는 동일한 현상의 두 부분이라는 사실을 분명히 밝혀주리라 믿는다. 보다 엄밀하게 말하자면 똑같은 심리학적 사실을 서로 다르게 이름 붙인 것이다. 한 대상을 바람직하다고 생각하는 것은 (그 대상이 안겨다 주는 결과 때문에 그런 것이 아니라면) 그것이 즐거움을 준다고 생각하는 것과 같다. 그리고 어떤 것을 갈망한다고 할 때, 그 갈망과 그것을 통해 얻는 즐거움이 상호 비례하지 않는다는 것은 물리적, 형이상학적으로 불가능하다.

나는 이상의 논의가 너무나 명백하기 때문에 이것에 대해서는 다른 주장이 있을 수 없다고 확신한다. 이견이 있다고 하더라도 궁극적으로 쾌락과 고통으로부터의 해방을 제외한 다른 그 무엇을 갈망한다는 것이 아니라, 의지와 갈망은 다르다는 데 초점이 모일 것이다. 그리고 이렇게도 주장할 것이다. 즉 상당한 덕을 쌓은 사람이나 확고한 목적을 가진 사람은 누구든지, 자신의 목적에 대해 깊이 생각할 때 느끼게 되는 쾌락 또는 그것을 달성했을 때 기대되는 쾌락에 대해 아무런 고려도 하지 않으면서 그런 목적들을 실행에 옮긴다. 나아가 성격이 변하거나 수동적 감각 작용이 쇠퇴하면서, 또는 그런 목적을 추구할 때 수반되는 고통에 압도된 나머지 쾌락이 대거 감소하더라도 줄기차게 그런 목적에 매달린다는 것이다. 나는 이 주장에 전적으로 동의한다. 그래서 다른 글을 통해 똑같은 생각을 그 누구 못지않게 강력하고 분명하게 피력한 바 있다. 적극적 현상인 의지는 수동적 감각 상태인 갈망과 다르다. 원래는 모체인 갈망에서 나온 것이지만 시간이 지나면서 그것으로부터 떨어져나와 자생할 수도 있다. 따라서 습관적으로 추구하는 목적의 경우, 우리가 그것을 갈망하기 때문에 달성하고자 하는 의지를 가지는 것이 아니라 때로는 오히려 그런 의지 때문에 갈망하는 것이다. 그러나 이것은 이런저런 익숙한 사실의 경우에만 해당하고 덕스러운 행동은 사정이 전혀 그렇지 않다. 사람들은 처음에는 특정 동기에서 시작했던 많은 상이한 일을 이후에도 습관적으로 계속한다. 때로는 그 일을 무의식적으로 하면서 일이 끝난 뒤에야 그것을 의식하게 된다. 어떤 경우에는 의식적으로 의지를 가지고 하지만 그런 의지도 습관적으로 형성된 것이기 때문에 습관에 따라 움직인 것에 지나지 않는다. 그래서 사악하거나 유해한 탐닉에 습관적으로 빠져드는 사람들이 보여주듯이, 그것은 오래 생각한 끝에 특정 행동을 선택하는 것과는 아마도 종류가 다를 것이다. 세 번째 그리고 마지막 경우는 각 개인의 습관적 의지에 따른 행동이 그 사람의 일상적 삶의 궤적과 모순을 일으키지 않고 일치하는 것인데, 덕을 많이 쌓은 사람과 확고한 목적을 심사숙고해서 지속적으로 추구하는 모든 사람이 보여주는 행태가 바로 그렇다. 이런 식으로 구분된 의지와 갈망은 분명한 실체가 있고 대단히 중요한 심리학적 사실이다. 의지는 우리 인간을 구성하는 다른 모든 부분처럼 습관의 영향 아래 있으며, 우리가 더 이상 그 자체를 갈망하지 않는 것에도 습관적으로 의지를 가지거나 단지 그것에 대해 의지를 가지기 때문에 갈망할 수도 있다는 현상 속에 들어 있다는 것이다. 의지가 처음 단계에서는 전적으로 갈망에 의해 형성된다는 것은 분명한 사실이다. 이 갈망에는 쾌락을 끌어당기는 힘뿐 아니라 고통을 떨쳐버리고자 하는 욕구도 포함된다. 굳은 의지를 가지고 있어서 옳은 일이 아니면 하지 않을 사람은 제쳐두고, 덕스러운 의지가 아직은 미미해서 유혹에 쉽게 넘어갈 수 있는 믿음직하지 못한 사람을 두고 생각해보자. 이 경우에 어떻게 하면 그 의지를 키울 수 있는가? 아직 덕스러운 의지가 충분한 힘을 갖추지 못하고 있을 때, 어떻게 그 의지를 심어주거나 일깨울 수 있는가? 방법은 딱 하나, 그 사람이 덕을 갈망하게 만드는 것뿐이다. 덕에 대해 생각할 때 즐거움을 느끼고, 반대로 덕이 결여되면 고통을 느끼게 해야 한다. 옳은 일을 하면 즐거움이, 옳지 않은 일을 할 때는 고통이 연상되게 하거나, 아니면 전자의 경우에는 자연적으로 내포된 즐거움이, 후자의 경우에는 반대로 고통이 생긴다는 것을 그 사람의 경험을 통해 확실하게 깨닫고 깊이 인식하게 해주어야 한다. 이 방법을 통해서만 덕스러워지고자 하는 의지가 단련을 거듭하면서 쾌락이나 고통에 대해 따로 생각하지 않더라도 절로 작용하게 되는 것이다. 거듭 말하지만 의지는 갈망의 자식이다. 그러나 습관의 힘을 받으면 부모의 지배를 벗어나 습관의 우산 아래 들어가게 된다. 물론 의지가 습관의 결과라고 해서 그것이 곧 내재적으로 좋은 것이 된다는 말은 아니다. 평소 생활에서 의지가 실수를 범하지 않을 만큼 굳건한 습관으로 자리 잡을 때까지는 덕을 촉진하는 즐겁고 고통스러운 연상작용의 영향력에 크게 의존하는 것은 불가피하다. 따라서 덕의 목적이 쾌락, 그리고 고통으로부터의 독립이기를 바랄 이유는 없다. 습관만이 유일하게 감정과 행동에 확실성을 심어준다. 다른 사람들에게 그리고 자신에게도 자기 감정과 행동에 절대적으로 의존할 수 있는 것이 이처럼 중요하기 때문에, 옳은 일을 하고자 하는 의지가 하나의 독립적인 습관이 되어야 하는 것이다. 다른 말로 하면 이런 의지 상태는 좋은 것을 위한 수단이지 그 자체가 내재적으로 좋은 것은 아니다. 그리고 그것은 인간의 삶에서 그 자체로 즐거움과 쾌락을 주거나 고통을 피하게 해주는 수단이 아니라면 그 어떤 것도 좋은 것이라고 할 수 없다는 이론과도 모순되지 않는다.

이 이론이 틀리지 않는다면 효용 원리의 타당성은 증명된 셈이다. 사실 여부는 이제 현명한 독자들이 판단할 문제다.

5장 정의는 효용과 어떤 관계가 있는가

철학이 시작된 이래, 효용이나 행복이 옳고 그름의 판단 기준이 된다는 이론 수용에 가장 큰 장애물이 된 것 중 하나가 바로 정의justice에 관한 생각이다. 정의라는 말은 본능이라는 단어가 그렇듯이 즉각적으로, 아무 의심의 여지 없이 강력한 느낌과 대단히 자명해 보이는 개념을 떠오르게 한다. 그래서 대다수 사상가의 눈에는 이 말이 사물의 어떤 내재적 성질을 가리키는 것처럼 보였다. 그래서 정의로운 것은 자연 속에서 온갖 종류의 편의적인 것과는 질적으로 구분되는 무언가 절대적인 것으로, 그리고 관념적으로도 편의적인 것과 반대되는 것으로 인식되었다. 그러나 사람들이 흔히 그렇게도 생각하지만, 길게 보면 정의와 편의는 결코 그렇게 분리될 수 없다.

다른 도덕 감정과 마찬가지로, 이 경우에도 정의의 기원에 대한 질문과 그 구속력에 대한 질문 사이에 필연적인 관련이 있는 것은 아니다. 느낌이 자연으로부터 나온 것이라고 해서 그 충동을 모두 정당화할 수는 없다. 정의감은 특수한 본능일 수도 있지만, 우리의 다른 본능과 마찬가지로 더 높은 이성에 의해 통제되고 지도받는 것이 필요할지도 모른다. 우리가 특정 방향으로 행동하도록 충동질하는 동물적 본능뿐 아니라 이렇게 저렇게 판단하도록 이끌어주는 지적 본능도 가지고 있다면, 반드시 후자가 전자보다 오류를 범할 가능성이 더 적다고 말할 수는 없다. 동물적 본능이 때로 잘못된 행동을 하게 하듯이 지적 본능이 잘못된 판단을 내리게 할 수도 있다. 비록 우리가 자연적으로 정의감을 지니게 된다고 믿는 것과 그것이 행동을 위한 궁극적 기준이 된다고 인정하는 것이 별개의 문제이기는 하지만, 이 두 관점은 사실이라는 측면에서 매우 밀접하게 연결된다. 사람들은 언제나 모든 주관적 느낌은 (따로 규정되지 않는 한) 어떤 객관적 실체를 반영한다고 손쉽게 믿는 경향이 있다. 여기에서 우리는 과연 정의감에 상응하는 실체가 그런 특별한 반영 같은 것을 요구하는지, 그리고 어떤 행동을 정의롭다든가 정의롭지 못하다고 하는 것이 그 행동의 다른 모든 성질과 내재적으로 구분되는 독특한 것인지, 아니면 특정 상황 아래서 나타나는 성질들의 결합에 지나지 않는지 판정해야 한다. 이를 위해서는 정의와 불의에 관한 느낌 그 자체가 색깔과 맛에 관한 우리의 감각 작용과 본질적으로 동일한 것인지, 아니면 다른 것들의 결합에 의해 생기는 부차적인 것인지 판단하는 것이 실질적으로 매우 중요하다. 다음과 같은 이유에서 특히 그렇다. 사람들은 일반적으로 정의의 명령이 일반적 편의의 일부와 객관적으로 일치한다는 것을 얼마든지 인정한다. 그러나 정의에 관한 주관적 정신 감정은 단순 편의라는 것에 흔히 따라다니는 것과 다르며, 단순 편의 중에서 아주 극단적인 경우를 제외하면 그 명령하는 힘도 훨씬 강하다. 상황이 이런 한, 사람들은 정의 속에 그저 일반 효용의 한 부분이나 어떤 특수한 종류만 존재할 수는 없다고 생각한다. 나아가 정의가 전혀 다른 기원에서 비롯하기 때문에 월등한 구속력을 가진다고 믿는다.

이 문제를 풀기 위해서는 정의 또는 불의의 두드러진 특징이 무엇인지 찾아보는 것이 필요하다. 불의라고 규정되는 모든 종류의 행동 양식에서 공통적으로 발견되는 성질은 무엇인가? 아니 그런 성질이 있기는 한 것인가? (다른 모든 도덕적 특질과 마찬가지로, 정의도 그 반대되는 현상을 통해 가장 잘 규명될 수 있다.) 사람들이 용인하지 않는 행동 양식과 정의롭지는 못하지만 배척당하지 않는 것 사이에는 어떤 차이가 있는가? 사람들이 정의로운 것이라거나 정의롭지 못한 것이라고 그 성격을 규정하는 데 익숙해진 모든 사항 속에서 어떤 공통 특징이나 특징적인 양상이 언제나 발견된다면, 우리는 다음과 같은 질문에 답할 수 있어야 할 것이다. 즉 인간의 감정구조에 관한 일반 법칙 덕분에 그 주변에 있는 그런 특정 성격과 강도의 감성을 끌어모을 수 있는 것인가, 아니면 그런 감성은 자연의 특수한 현상이기 때문에 설명될 수 없는 것인가? 만일 전자가 맞다면 이 문제를 푸는 과정에서 보다 본질적인 문제도 동시에 풀 수 있을 것이다. 반면에 후자가 옳다면 다른 방법으로 접근하지 않으면 안 될 것이다.

다양한 여러 대상의 공통 특성을 찾아내려면 우선 그 대상들 자체를 구체적으로 조사할 필요가 있다. 따라서 사람들의 보편적 또는 널리 유포된 생각에 의해 정의로운 것이나 정의롭지 못한 것이라고 분류되는 인간사의 숱한 행동과 조정 양식에 대해 차례로 언급해보자. 이것은 각양각색의 성질을 띤다. 그래서 특정 조정 양식에 대해 길게 논의하는 대신 그것을 간단간단하게 훑어보려 한다.

먼저 누구든지 특정인의 개인적 자유와 재산 또는 법에 의해 그 사람의 소유라고 규정된 것을 빼앗는 것은 정의롭지 못한 일이라고 광범위하게 인정된다. 그러므로 이것은 '정의'와 '불의'라는 용어가 빈틈없이 명확하게 규정된, 다시 말해 어떤 사람이든 그 법적 권리를 존중하는 것은 정의롭고, 반대로 그것을 침해하면 정의롭지 못하다고 규정하는 사례 중 하나다. 그러나 정의와 불의의 개념이 스스로 드러날 때는 몇몇 예외 상황이 생긴다. 예를 들면 박탈의 고통을 겪는 사람은 (말 그대로) 자신의 권리를 몰수당했을지 모른다. 이에 대해서는 다른 문제를 고려한 뒤 곧 다시 언급하기로 하자.

둘째, 그 사람이 박탈당한 법적 권리가 원래 그 사람에게 속하지 말았어야 하는 것일 수도 있다. 다시 말해 그 사람에게 그런 권리를 부여한 법이 나쁜 법일 수도 있다. 상황이 그렇다면 또는 (우리의 논의 목적에 비추어보면 같은 이야기가 되겠지만) 그렇게 상정된다면, 그런 권리를 침해하는 것이 정의인지, 불의인지를 판가름하는 의견은 엇갈릴 수밖에 없다. 어떤 사람은 아무리 악법이라 하더라도 개별 시민이 그것에 불복종할 수는 없으며, 그런 법에 대해 반대하더라도 그 의견은 자격을 갖춘 전문가가 법을 개폐하는 방향으로 표출되어야 한다고 주장할 것이다. 이 입장에 서면 인류를 위해 혁혁한 공을 세운 많은 유명한 위인들도 비난을 받게 된다. 그리고 특정 상황에서 사악한 제도를 무찌를 수 있는 유일한 무기를 무력화하고 나쁜 제도를 옹호하게 된다. 이런 주장은 사회적 편의, 특히 인류의 공통 이익을 위해 법에 복종하는 것은 신성불가침이라는 논리 아래 옹호된다. 그런가 하면 어떤 사람들은 정반대되는 주장을 편다. 악법이라고 판단되는 법은 불의를 범하는 것이 아니라 단지 불편을 초래할 뿐이라고 하더라도, 아무 거리낌 없이 불복종할 수 있다고 강조한다. 그러나 이런 사람들 중에서 또 어떤 이는 불복종의 자유는 정의롭지 못한 법에 국한되어야 한다는 소신을 가지고 있다. 나아가 어떤 사람들은 법이라는 것이 원래 인간의 자연적인 자유에 대해 어느 정도 제약을 가할 수밖에 없지만 그런 제약도 사람들에게 이익을 줄 때만 정의롭다면서, 불편을 초래하는 법은 모두 정의롭지 못한 것이라고 역설한다. 이처럼 다양한 의견이 있지만 정의롭지 못한 법이 존재할 수 있다는 것은 보편적 현상임이 분명하다. 그러므로 법이 정의에 관한 궁극적 기준이 될 수 없으며, 어떤 사람에게는 이익을 주면서 다른 사람에게는 해를 끼친다면 이것이야말로 정의와 정면 배치되는 일이라고 하지 않을 수 없다. 그러나 어떤 법이 정의롭지 못하다고 할 때, 그것은 이를테면 누군가의 권리를 침해하기 때문에 법을 위반하는 것이 정의롭지 못한 것과 같은 맥락에서 그렇게 생각되는 것이다. 이 경우 그것은 법적 권리가 아닌 다른 이름, 즉 도덕적 권리라고 불린다. 그러므로 두 번째 경우의 불의는 누구에게나 인정되어야 하는 도덕적 권리를 빼앗는 것과 관련이 있다.

셋째, 각자가 (좋은 것이든 나쁜 것이든) 자신이 가지기에 합당한 것을 가져야 하고, 반대로 자신에게 합당하지 않은데도 좋은 것을 차지하거나 잘못한 일도 없이 나쁜 일을 당하는 것은 정의롭지 못하다. 이에 대해서는 보편적인 합의가 이루어지고 있다. 이것이야말로 보통 사람들이 정의에 관해 이해하는 가장 분명하고 뚜렷한 개념이라고 할 수 있다. 여기에서 응당한 보수라는 의미가 등장하는데, 이것을 어떻게 이해해야 좋은가? 일반적으로 어떤 사람이 옳은 일을 하면 좋은 것을 받을 자격이 있는 반면, 나쁜 일을 하면 좋지 못한 대우를 받아야 마땅하다. 좀 더 구체적으로 이야기하자면, 누구든지 좋은 일을 베풀면 좋은 대접을 받고, 반대로 나쁜 일을 하면 나쁜 대접을 받아야 한다는 것이다. 악을 선으로 갚는 것은 결코 정의 구현이라고 간주되지 않았다. 그저 다른 고려 때문에 정의의 관념이 적용되지 않고 유보된 것에 불과하다.

넷째, 누구에 대해서든 신뢰를 깨뜨리는 것은 명백하게 정의롭지 못하다. 명시적 또는 암묵적 약혼 상태를 무의미하게 하는 것, 우리 자신의 행동으로 인해 한껏 기대가 높아졌는데(적어도 우리가 그런 기대를 안다면, 그리고 자발적으로 그런 기대치를 높였다면) 그것을 실망시키는 것 등은 신뢰를 깨는 사례가 된다. 그러나 이미 말했던 정의에 따르는 다른 의무 조항처럼, 이 또한 절대적인 것은 아니며 보다 강력한 의무

조항에 의해 무시될 수 있다. 또는 문제가 되는 사람이 우리가 자신에 대해 지고 있는 의무를 면제해주거나 그 사람이 기대해도 좋을 이득을 포기하는 행동을 한다면 그것을 무시할 수 있다.

다섯째, 누가 보더라도 편파적인 것은 정의와 거리가 멀다. 다시 말해 호의와 편애가 작용해서는 안 되는 사항인데도 특정인만을 위하거나 그에게 이익을 더 많이 주는 것은 정의롭지 않다. 그러나 편파성을 띠지 않는다는 것은 그 자체로 의무 사항이 아니라 다른 의무를 이행하기 위한 수단의 성격을 띤다. 호의와 편애가 언제나 지탄받아야 할 것은 아니며, 그렇게 비난받아야 하는 경우는 통상적이라기보다 오히려 예외에 해당된다고 다들 생각하기 때문이다. 어떤 사람이 다른 의무를 특별히 위반하는 것도 아닌데 자기 가족이나 친구에게 전혀 모르는 사람보다 더 좋은 자리를 주지 않는다면 그것은 칭찬을 받기보다 비난을 들을 가능성이 더 크다. 그리고 친구나 동료, 깊은 관계에 있는 사람에게 다른 사람보다 더 편익을 준다고 해서 그것을 정의롭지 못하다고 생각하는 사람은 없다. 물론 권리 문제가 걸려 있는 상황에서 편파성을 배제해야 한다는 것은 당연한 일이지만, 이것은 모든 사람의 권리를 존중해야 한다는 더 일반적인 차원의 의무와 관련이 있다. 이를테면 재판은 반드시 불편부당해야 한다. 왜냐하면 이것은 다른 문제를 고려할 것도 없이, 응분의 권리를 가지고 있는 소송 당사자 중 한쪽의 이익에 영향을 주기 때문이다. 그런가 하면 재판관이나 교사, 부모의 입장에서 적절하게 상벌을 내리듯이 불편부당이 전적으로 응분의 몫과 관련되는 경우도 있다. 나아가 정부 직을 둘러싼 경쟁자 중에서 적합한 선택을 하듯이 오직 공익의 입장에서 판단을 내리는 경우도 생각해볼 수 있다. 결국 정의가 요구하는 불편부당이란, 문제가 되는 특정 상황에서 마땅히 고려해야 할 것만 고려하고 그것과 배치되는 그 어떤 것에 의해서도 흔들려서는 안 된다는 것을 의미한다.

불편부당과 가깝게 연결되어 있는 것이 바로 평등이라는 개념이다. 이 말은 때로 정의라는 말과 그것의 실천을 구성하는 요소로 이해되기도 한다. 그리고 많은 사람들이 평등이 정의의 본질을 구성한다고 생각한다. 그러나 이렇게 보더라도 정의라는 말의 뜻은 사용하는 사람에 따라 매우 다양하게 쓰인다. 그리고 이런 차이는 결국 각자가 효용이라는 말을 어떻게 이해하는가에 달렸다. 편의 때문에 불평등이 불가피하다고 생각하는 경우를 제외하면, 모든 사람이 정의는 평등을 요구한다고 주장한다. 아주 극단적인 불평등을 옹호하는 사람도 각 개인의 권리를 평등하게 보호해주는 것이 곧 정의라는 데는 이의가 없다. 그래서 심지어 노예국가에서도 적어도 이론상으로는 글자 그대로 노예의 권리가 주인의 권리만큼이나 신성하다고 말한다. 그렇기 때문에 양자에 대해 엄격하게 평등한 대우를 하지 않는 재판 절차는 정의롭지 못하다는 지적을 피할 수 없다. 그런가 하면 노예에게 전혀 권리를 부여하지 않는 정치제도임에도 불편을 초래하지 않는다는 이유로 정의롭지 못하다는 평가를 받지 않는 경우도 있다. 효용은 위계질서를 요구한다고 생각하는 사람도 부와 사회적 특권이 불평등하게 배분되는 것을 불의라고 간주하지 않는다. 그러나 이런 불평등 때문에 불편하다고 느끼는 사람은 그것을 불의라고 판정한다. 정부가 필요하다고 생각하는 사람은 누구나 정부 당국자에게 권력을 부여함으로써 생기는 불평등을 불의라고 치부하지 않는다. 심지어는 평등론을 주창하는 사람들 사이에서도 편의가 무엇이냐에 대한 의견이 엇갈리는 만큼이나 정의에 대해서도 이론이 분분하다. 일부 공산주의자는 집단 노동의 산물이 완전 평등 원리가 아닌 다른 방법으로 나눠지는 것은 정의롭지 못하다고 강조하는 데 비해, 어떤 사람은 쓸 곳이 가장 많은 사람이 더 많이 받는 것이 정의에 부합한다고 주장한다. 이에 반해 일을 더 많이 하거나 생산량이 더 많은 사람 또는 사회적으로 기여가 더 큰 사람이 생산물의 분배 과정에서 더 큰 몫을 가지는 것이 옳다고 생각하는 사람도 있다. 결국 자기 입장에 따라 자연적 정의의 개념이 달라지는 것이다.

이처럼 '정의'라는 말을 둘러싸고 다양한 해석이 제기됨에도 그 개념을 모호하다고 생각하는 사람은 없다. 따라서 그런 차이들을 관통해 연결하고 그 말 특유의 도덕적 감정을 연상시키는 정신적 고리가 무엇인지 궁금하지 않을 수 없다. 아마도 이 말을 둘러싼 어원의 역사를 훑어보면 어느 정도 단서가 밝혀질지 모르겠다.

전부는 아닐지라도 대부분의 언어에서 '정의'에 해당하는 말들은 그 어원이 법의 명령이라는 말과 연결되어 있다. 라틴어의 경우 justum은 '명령을 받는다'는 뜻을 가진 jussum의 한 형태다. 그리스어 Δίκαιον은 법적 송사를 뜻하는 δίκη에서 유래한 것이다. 옳은과 의로운이라는 말의 뿌리가 되는 독일어 Recht는 법과 동의어다. 따라서 '정의의 심판장, 정의의 집행'이란 곧 '법정, 법의 집행'을 의미한다. 프랑스어로 la justice는 사법부와 관련해서 널리 쓰이는 말이다. 툭[12]이라는 이름이 시사하는 바를 생각해보더라도, 나는 한 단어가 맨 처음 내포했던 의미를 끝까지 견지해야 한다는 식의 주장에 동의하지 않는다. 어원학적으로 따지는 것은 어떤 단어의 현재 의미를 이해하는 데는 별 도움이 되지 않지만, 그 말이 어디에서 파생됐는지 추적하는 일에는 매우 도움이 된다. 내 생각에 정의라는 말이 처음 쓰이기 시작할 때 그것이 법을 따른다는 의미를 지니고 있었다는 것은 너무나 자명한 사실이다. 기독교가 출현하기 전까지 유대인들은 법이 인간사에 필요한 모든 지침

12 J. H. Tooke, 1736~1812. 영국의 급진적 정치가다. 원래 이름은 존 혼John Horne이었으나 친구인 윌리엄 툭William Tooke의 이름을 따서 Horne Tooke이라고 개명했다. 그는 헌법협회Constitutional Society의 공동 창립자로서 프랑스혁명을 지지하는 글을 많이 썼다. 말년에는 벤담, 콜리지S. T. Coleridge 등과 가까이 지냈다. John Stuart Mill, *Utilitarianism*, Oskar Piest (ed.)(New York: The Bobbs-Merrill Company, Inc., 1957), 58쪽 참고.

을 담고 있어야 하며, 나아가 그 법이 절대자에게서 직접 나왔다고 믿었다. 그러나 다른 민족들, 특히 자신들의 법이 원래부터 사람들에 의해 만들어진 것이고 지금도 계속 그렇다고 믿는 그리스와 로마 민족들은 그 법이 잘못될 수 있다는 사실을 인정하는 것을 두려워하지 않았다. 다시 말해 개인들이 법의 제재를 받지 않은 채 정의롭지 못한 일을 하듯이, 법에 따라 행동하는 것이 결과적으로 옳지 못한 일을 똑같이 할 수 있다는 것을 알았다. 그러므로 정의롭지 못하다고 하는 감정은 일체의 법이 아니라, 반드시 존재해야 하는 법 그리고 그런 당위에도 불구하고 실제로 존재하지 못하는 법을 위반할 때만 따라다니는 것이다. 나아가 법으로서 마땅히 지녀야 할 것을 지니지 못하고 오히려 그와 반대되는 성질을 띠는 법 자체에도 정의롭지 못하다고 하는 감정이 따라다닌다. 이런 이유에서 법의 정신과 그 명령은 여전히 정의의 개념을 둘러싸고 압도적인 영향력을 행사한다. 실제로는 법이 정의의 기준으로 더 이상 통용되지 않을 때도 마찬가지다.

사람들은 법에 의해 규제되지 않고 또 규제되는 것이 바람직하지 않은 많은 사항에 정의와 의무 조항이 적용된다고 생각한다. 법이 사적 삶의 모든 영역에 개입하기를 바라는 사람은 없을 것이다. 그럼에도 사람들은 순간순간의 일상 행동을 통해 자신이 정의롭다거나 정의롭지 못하다고 판정받는 것을 용인한다. 그러나 이런 상황에서도 법이라고 불러야 마땅한 것을 위반하려는 생각이 미약한 형태로나마 여전히 남아 있다. 비록 법의 힘이 동원되는 것이 늘 편리하지는 않지만, 정의롭지 못하다고 생각되는 행동은 처벌받아야 한다는 사실이 우리에게 언제나 기쁨과 만족을 안겨준다. 그러나 우리는 순간적인 불편 때문에 그런 만족감을 잊어버린다. 정부 당국자가 개인에게 권력을 무제한적으로 휘둘러도 정당한 일이라고 해서 문제 삼지 않는다면, 사소한 일에서도 정의로운 행동이 부추겨지고 불의가 억제되는 것을 반갑게 받아들여야 한다. 사람이 어떤 일을 하면서 정의의 법칙을 따라야 한다고 생각하면, 그는 반드시 그렇게 해야 한다고 말하는 것이 정상적인 어법이다. 우리는 누구든지 권력자가 사람들이 의무를 이행하도록 강제하는 것을 보고 만족감을 느껴야 한다. 만일 법에 의한 의무 집행이 불편을 초래한다면, 우리는 그것을 개탄하고 불의가 아무런 제재도 받지 않는 현실을 잘못된 것으로 간주해야 한다. 그러면서 그 위반자에 대한 우리 자신과 공공의 강력한 비난을 담아서 그 현실을 고치려 애쓴다. 그러므로 비록 선진 사회에서처럼 법적 구속이라는 관념이 완벽해지기 위해서는 여러 단계의 변화를 겪어야 하지만, 그 관념은 여전히 정의라는 말의 기본 동력이 된다.

내가 현재까지 파악한 바에 의하면 앞에서 말한 것들이 정의라는 말의 기원과 그 발전적 변화에 관한 올바른 해석이다. 그러나 이런 노력에도 불구하고 그것이 보통의 다른 도덕적 구속과 어떻게 다른지에 관해서는 여전히 아무것도 알 수 없다. 왜냐하면 법의 본질이라고 할 형사처벌 개념이 불의뿐 아니라 모든 종류의 잘못된 행동에도 똑같이 적용되기 때문이다. 사람이 어떤 잘못을 저질러놓고도 이런저런 형태로(법적으로, 아니면 주변 동료들의 눈총에 의해, 그것도 아니면 양심의 가책에 의해) 처벌받지 않는다면, 우리는 그 행위에 대해서 어떤 것도 잘못되었다고 할 수 없다. 이것이야말로 도덕성과 단순한 편의를 구분 짓는 결정적 근거처럼 보인다. 도덕성은 형식을 불문하고 의무라고 이름 붙인 것의 한 부분으로서, 누구든지 그 의무를 이행하지 않으면 안 된다. 의무란 빚진 사람에게 빚을 받아내듯이 어떤 사람을 강제로 따르게 만드는 것이다. 강제로 따르게 할 수 있는 것이 아니라면, 그것을 의무라고 부를 수 없다. 사려 깊은 판단 끝에, 또는 다른 사람들의 이익에 대한 고려 때문에 그 의무를 실제로 이행하게 하는 것이 어려워질 수도 있을 것이다. 그러나 분명히 알아둘 것은, 당사자 본인은 이에 대해 불평할 자격이 없다는 것이다. 그런가 하면 거꾸로 사람들이 어떤 일을 해주기를 바라고 그렇게 하지 않으면 싫어하거나 경멸하지만, 그럼에도 그들이 그것을 반드시 해야 할 이유는 없다는 것을 인정하는 경우도 있다. 이것은 도덕적 의무 조항과 거리가 멀다. 그래서 그런 경우에 대해 비난하지 않는다. 다시 말해 그들이 마땅히 처벌받아야 할 대상이라고 생각하지 않는다. 어떤 경우에 처벌받아야 하고 또 어떤 상황에서 처벌받아서는 안 되는지는 결국 차차 밝혀질지도 모르겠다. 그러나 이것이 옳고 그름이라는 개념을 구분하는 가장 기본적인 근거가 된다는 점에는 이론의 여지가 없다. 다시 말해서 우리가 어떤 사람이 저지른 일 때문에 처벌받아야 한다고 생각하는지 아니면 그래서는 안 된다고 생각하는지에 따라 그 일을 나쁜 것, 더 부드러운 말로 싫은 것이라든가 불명예스러운 것이라고 이름 붙일 수 있는 것이다. 그래서 우리가 문제의 사람에게 어떤 일을 강제로라도 시키려 하는지, 아니면 그저 설득과 훈계를 통해 그런 식으로 행동하도록 유도하고 싶은지에 따라 그렇게 하는 것이 마땅하다. 또는 그렇게 하면 바람직하다거나 칭찬받을 만하다고 구별해서 말하는 것이다.*

그러므로 이것 때문에 (정의가 아니라) 일반적 의미의 도덕과 편의, 가치 있는 것 중의 나머지 영역이 결정적으로 구분된다. 정의와 도덕의 차이를 구별하는 특징적 양상은 여전히 분명하지 않다. 그다지 적절한 표현은 아니지만, 윤리학자들은 흔히 도덕적 의무를 절대적 의무와 절대적인 강제력을 띠지 않은 의무로 나눈다. 후자는 강제력을 띠

* 이 점에 대해서는 베인Alexander Bain 교수가 인간 정신에 관해 쓴 정교하고 깊이 있는 두 권짜리 책의 후반부에 실린 탁월한 장 〈윤리적 감정 또는 도덕적 감각The Ethical Emotions, or the Moral Sense〉에서 명쾌하고 알기 쉽게 설명하고 있다〔베인은 영국의 철학자이자 교육자로, 여기에서 언급되는 내용은 《감정과 의지The Emotions and the Will》(1859)에 나온다〕.

기는 하지만 어떤 상황에서 그런 행동을 해야 하는지는 각자의 선택에 달려 있는 경우다. 예를 들면 자선이나 선행을 베푸는 것처럼, 그런 행동을 해야 하기는 하지만 특정인을 위해 또는 특정 시간에 해야 하는 것은 아니다. 보다 정교한 법철학적 용어로 말하자면, 절대적 강제력을 지닌 의무란 이것으로 인해 단수 또는 복수의 사람에게 상관correlative 권리가 부여되는 상황을 가리킨다. 이에 반해 절대적 강제력을 띠지 않은 의무는 어떤 권리도 내포하지 않은 도덕적 강제를 뜻한다. 이런 차이는 정의와 다른 도덕적 강제가 보여주는 차이와 정확하게 일치한다고 보아도 좋다. 사람들이 일반적으로 인식하는 다양한 정의 개념을 조사해보면, 이 용어는 일반적으로 개인적 권리(단수 또는 복수의 개인에게 법이 인정한 소유권이나 기타 법적 권리 같은 것)라는 의미를 포함한다. 불의라는 것이 어떤 사람의 소유를 박탈하거나 그 사람과의 신뢰 관계를 깨뜨리는 것 또는 그 사람을 그가 응당 누려야 할 것보다 못하게 대접하거나 특별히 잘난 것도 없는 다른 사람들에 비해 푸대접을 하는 것 중 어느 것을 의미하든지, 이 각각의 경우는 두 가지 사실, 즉 무엇인가 잘못된 일이 벌어졌고, 그런 대접을 받아서는 안 될 특정인에게 그런 일이 벌어졌다는 것을 시사한다. 어떤 사람을 남보다 특별하게 잘 대접할 때도 불의가 발생할 수 있다. 이 경우에는 비슷한 대우를 받을 자격이 있는 그 사람의 경쟁자에게 좋지 않은 일을 하는 셈이다. 내가 볼 때는 이런 특징, 즉 어떤 사람의 권리가 도덕적 강제와 일정한 상관관계를 맺는다는 것이 정의와 관대함, 선행을 구분하는 구체적 근거가 된다. 정의라는 것은 그렇게 하는 것이 옳고 그렇게 하지 않으면 나쁜 것이 될 뿐 아니라 어떤 사람이 우리를 향해 자신의 도덕적 권리를 주장할 수 있게 하는 것이기도 하다. 어떤 사람도 우리의 관대함이나 선행을 요구할 도덕적 권리를 가지고 있지 않다. 우리가 특정인을 위해 그런 덕을 베풀어야 할 도덕적 책임이 있는 것은 아니기 때문이다. 이런 측면에서 정의에 관한 올바른 개념 규정을 하나하나 생각해보면, 정의와 충돌하는 것처럼 보이는 사례들이 사실은 전부 정의를 뒷받침한다는 것을 알 수 있다. 왜냐하면 이미 어떤 사람이 했듯이, 한 도덕가가 특정 개인이 아니라 인류 일반이 좋은 대접을 받을 권리를 지닌다는 것을 주장하려 한다면, 그가 생각하는 정의의 범주 속에 관대함과 선행이 당연히 포함될 수밖에 없기 때문이다. 그 도덕가는 우리가 일종의 빚이라도 진 것처럼 주변 사람들을 위해 최대한 노력해야 한다고 말하지 않을 수 없다. 또는 우리가 무엇을 하더라도 사회에서 얻는 것을 충분히 되갚을 수 없기 때문에 늘 감사한 마음을 품어야 한다고 말해야 할 것이다. 이 둘 모두 정의와 관련된다고 보아야 한다. 어떤 권리가 문제 될 때마다 그것은 정의지 선행을 베푸는 덕의 문제는 아니다. 우리가 지금껏 했던 것과 달리 누군가가 정의와 도덕 일반을 구분하지 않는다면, 그것은 둘의 차이를 전혀 인식하지 못한 채 도덕을 전부 정의 속으로 몰아넣기 때문이다.

지금까지 정의를 구성하는 특징적 개념 요소를 찾아내기 위해 시간을 많이 썼기 때문에 이제는 다음과 같은 질문을 던질 수 있겠다. 즉 개념에 수반되는 느낌이라는 것이 자연의 특별한 작용에 의해 그렇게 붙어 다니는지 아니면 우리가 아는 어떤 법칙에 의해 개념 그 자체로부터, 그중에서도 특히 일반적 편의에 대한 고려를 통해 생성될 수 있는 것인지 알아보아야겠다. 나는 감정적인 것 자체가 흔히 또는 적절하게 이름 붙였다고 할 수 있는 편의라고 불리는 개념에서 나온다고 생각하지 않는다. 그 대신에 그 속에 들어 있는 무엇인가 도덕적인 요소는 모두 편의라는 개념에서 나온다.

우리는 앞에서 해를 끼치는 사람에게 벌을 내리고자 하는 마음과 그런 사람으로 인해 피해를 입는 특정 개인이나 집단이 있다는 지식이나 믿음이 정의감을 구성하는 두 가지 필수 요소라는 것을 알았다.

생각건대 어떤 개인에게 해를 끼친 사람에게 벌을 내리고자 하는 마음은 자기 보호 충동과 동정심이라고 하는 두 종류의 감정적인 것(둘 다 최대한 자연적인 것으로서 본능적이거나 본능을 닮았다)으로부터 자발적으로 생기는 것이다.

우리 자신이나 우리가 아끼는 사람에게 해를 끼치거나 그럴 의도를 가지는 것에 분개하고 뿌리치거나 그에 대해 보복을 가하려는 것은 자연스러운 일이다. 이 자리에서 이런 감정의 출발점에 대해 이야기할 필요는 없을 것이다. 그것은 본능이든 아니면 지적 판단의 결과든 간에 모든 동물이 공통적으로 보여주는 현상이다. 왜냐하면 어떤 동물이든지 누군가가 자신이나 자기 새끼를 해치려 하거나 그런 낌새가 보인다 싶으면 당장 덤벼들려 하기 때문이다. 이 점에서 인간은 다른 동물과 단 두 가지 측면에서 차이를 보인다. 첫째, 인간은 자기 후손은 물론이고 일부 고등동물처럼 자신에게 잘 대해주는 몇몇 상급자뿐 아니라 모든 인간, 심지어는 지각을 가진 모든 존재에 대해 동정심을 품을 수 있다. 둘째, 인간은 뛰어난 지능을 가진 동물인 탓에 다른 동물에 비해 자신이나 타인을 배려하는 감정의 범위가 훨씬 넓다. 이처럼 동정심을 품는 영역이 대단히 크고 넓다는 것과 별개로, 인간은 우수한 두뇌 덕분에 자신과 자신이 속한 인간 사회에 공동 이익이 존재한다는 것을 이해할 수 있다. 따라서 사회 전체의 안전을 위협하는 모든 행동은 곧 자신에게도 위협이 되기 때문에 (이것을 본능이라고 부를 수 있다면) 사회를 지키고자 하는 자기 보호 본능을 발휘하게 된다. 이런 우수한 지능과 인류 일반에 대한 동정심이 결합한 결과, 사람은 종족, 조국 또는 인류라는 집단적 개념에 자신을 결부시키고 그들에게 해를 끼치는 모든 행동에 대해 본능적으로 동정심을 발휘해 저항한다.

그러므로 정의감은 남을 처벌하고자 하는 마음을 어느 정도 내포한다. 이런 욕구는 사회 전체를 통해서 또는 사회와 더불어 우리에게 상처를 주는 그런 공격에 대한 지적 반발과 동정심에 의해 야기되는 것으로, 복수나 보복을 가하고자 하는 자연적 감정이라고 할 수 있다. 이런 감정 그 자체는 아무런 도덕적 성질을 띠고 있지 않다. 도덕적이라는 것은 사회적 동정심의 지시에 복종하고 그것에 전적으로 종속되는 상태를 뜻한다. 왜냐하면 자연적 감정은 무엇이든 우리 뜻에 어긋나는 일을 하는 사람에 대해서는 가릴 것 없이 분개하게 만드는 데 비해, 사회적 감정은 인간을 도덕적 존재로 만들어서 사회의 일반 이익에 도움이 되는 방향으로만 행동하게 하기 때문이다. 그래서 정의로운 사람은 자신에게 해를 주지 않는다 하더라도 사회에 해를 끼치는 행동에 대해서는 분노를 느낀다. 그리고 자신에게 아무리 심한 고통을 안겨주는 행위라 하더라도, 그것을 제지하는 것이 자신과 사회 모두에 이익이 되지 않는 한, 단지 자신 때문에 그것에 분노를 느끼지는 않는 것이다.

정의감이 격렬하게 분출될 때 사회 전체 또는 공공 이익보다 그저 자기 개인의 일만 생각한다고 해서 앞에서 언급한 이론을 부정하는 것은 아니다. 비록 칭찬받을 일은 아니지만, 우리는 단지 고통을 받는다는 이유 때문에 자주 분노한다. 그러나 실제로 도덕적 이유에서 분노를 느끼는 사람, 다시 말해 어떤 행위에 대해 분노를 느끼기 전에 그것이 과연 비난받을 일인지 먼저 생각하는 사람은, 사회의 공익을 위해 싸우고 있다고 스스로에게 분명히 말하지는 않더라도, 자신이 자기 이익은 물론 다른 사람들의 이익도 함께 도모하는 어떤 규칙을 추구하고 있다는 사실을 모를 리 없다. 만일 그가 이런 생각을 하지 않고 그저 그런 일이 자기에게 어떤 영향을 줄 것인지에 대해서만 신경 쓴다면, 이 사람이 정의를 의식하며 행동한다고 볼 수는 없다. 자신의 행동이 정의로운지 여부를 따지지 않고 있기 때문이다. 이런 사실은 공리주의를 반대하는 도덕가들조차 인정한다. (앞에서도 말했듯이) 칸트가 '모든 이성적인 존재가 받아들일 수 있는 법칙에 따라 행동하라'는 것을 핵심 도덕률로 주장했을 때, 그는 행위자가 자기 행위의 도덕성에 대해 양심적으로 결정하는 상황에서 마음속으로 인류 전체 또는 적어도 어느 누구도 배제되지 않는 공공 이익에 대해 생각해야 한다는 것을 실질적으로 인정하고 있었다. 만일 그렇지 않다면 칸트는 아무 의미 없이 그런 말을 한 셈이다. 왜냐하면 모든 이성적 존재가 극단적으로 이기적인 규칙을 채택하는 것이 아예 불가능하다든가 또는 그것을 결코 받아들이지 못하게 하는 무언가가 존재한다고 주장하는 것은 도무지 설득력이 없기 때문이다. 칸트의 격률이 의미를 지니려면 이 말은 공공 이익에 도움이 된다는 생각에서 모든 이성적 존재가 채택할 수 있는 어떤 규칙에 맞추어서 사람이 행동하지 않으면 안 된다는 것으로 해석되어야 한다.

지금까지의 논의를 다시 한번 정리해보자. 정의라는 말은 행동 규칙과 그 규칙에 강제력을 불어넣어주는 감정, 이 둘을 상정한다. 첫 번째 것은 모든 사람에게 공통적으로 적용되며, 그들의 이익을 위해 존재한다고 상정되지 않으면 안 된다. 두 번째 것(감정)은 규칙을 위배하는 사람은 처벌받아야 한다는 마음의 상태를 의미한다. 나아가 그 속에는 규칙 위반으로 인해 고통받는, 다시 말해 (이 경우에 적합한 표현을 쓰자면) 자신의 권리를 침해받는 특정 존재가 들어 있다. 나는 정의감이라는 것이 어떤 사람 자신 또는 그 사람이 동정하는 다른 사람들(이들은 보편적 동정심을 지향하는 인간의 능력, 그리고 지성의 진보에 따른 개명된 자기 이익 덕분에 모든 인간을 다 포함할 수 있을 정도로 그 범위가 넓다)에 대해 공격하거나 손해를 입히는 것을 물리치거나 보복하고자 하는 동물적 욕구와 같다고 생각한다. 바로 이 감정으로부터 그 느낌이 도덕성을 갖추게 된다. 그리고 행동 규칙은 강렬한 자기주장의 동력을 제공해준다.

나는 지금까지 권리라는 개념이 피해를 입은 사람 속에 내재하고 있으며 그 피해로 인해 권리가 침해됐다는 것, 그리고 이때 그 권리가 개념과 감정의 혼합물과 따로 떨어진 것이 아니라 서로 다른 두 요소가 함께 엮어내는 여러 형태 중 하나라는 사실을 주장해왔다. 이 두 요소는 다음과 같다. 하나는 특정 개인이나 여러 사람에게 상처를 입히는 것이고, 다른 하나는 처벌하라고 요구하는 것이다. 우리 자신의 정신을 잘 분석해보면, 권리의 침해라고 말할 때 이 두 요소가 우리가 뜻하는 모든 것을 포함한다는 것을 알 수 있다. 무엇이 어떤 사람의 권리에 속한다고 할 때는, 그 사람이 사회를 향해 법 또는 교육과 여론의 힘에 의해 자신이 그것을 소유할 자격이 있음을 정당하게 주장한다는 것을 의미한다. 그 사람이 사회가 보장해주는 어떤 것에 대해 자신의 것이라고 주장할 만한 충분한 근거를 가지고 있다면, 우리는 그가 그것에 대한 권리를 지닌다고 말할 수 있다. 만일 그 사람이 그 어떤 권리도 가지고 있지 않다는 것을 증명하고 싶다면, 사회가 그 사람의 권리를 보호해줄 어떤 조치도 취하지 않고 그저 그 사람의 운에 맡기거나 본인의 노력 여하에 따라 결정되도록 내버려두는 순간 이미 증명된 것과 마찬가지라고 생각하면 된다. 따라서 누구든지 공정하고 엄격한 경쟁을 통해 얻은 것에 대해서는 정당한 권리를 지닌다고 말할 수 있다. 왜냐하면 그런 방식으로 정당하게 획득하는 것을 아무도 방해하지 못하게 사회가 지켜주어야 하기 때문이다. 어떤 사람이 어쩌다 1년에 300파운드를 벌 수는 있겠지만, 그렇다고 사회가 그만한 액수를 보장해주어야 할 이유는 없으므로 그가 그런 권리를 가지는 것은 아니다. 반대로 그 사람이 3퍼센트 이율의 1만 파운드 공채公債를 가지고 있다면, 사회가 그만한 액수의 수입을 제공해야 할 의무가 있기 때문에 그는 1년에 300파운드를 벌 권리를 가진 셈이다.

그러므로 어떤 것에 대한 권리를 가진다는 것은 내가 그것을 보유할 수 있도록 사회가 나를 보호해주어야 한다는 의미가 된다. 만일 누군가가 왜 그래야 하는지 묻는다면, 나로서는 일반 효용이라는 것 외에 다른 이유를 댈 수 없다. 만일 이런 표현이 강제력을 정당화하는 느낌을 충분히 담아내지 못하거나 그런 느낌을 자아내는 특수한 동력에 대해 잘 설명하지 못한다면, 그것은 감정이 이성적인 것뿐 아니라 보복을 가하고자 하는 강렬한 욕구, 즉 동물적 요소도 함께 지니고 있기 때문이다. 이 욕구가 여기서 문제가 되는, 특별히 중요하고 강한 인상을 주는 종류의 효용으로부터 그 도덕적 정당성은 물론 강도까지 추출해낸다. 무엇보다도 안전 문제에 대한 관심이 포함되어 있는데, 이야말로 어느 누가 생각하더라도 가장 중요한 관심사다. 다른 모든 세속의 이득에 대해서는 관심을 가진 사람도 있고 그렇지 않은 사람도 있다. 이 중 상당수는 기꺼이 포기할 수 있고 다른 것으로 대체할 수도 있다. 그러나 안전 문제만은 그렇지 않다. 안전이 확보되어야 악으로부터 우리를 보호할 수 있고, 일시적이거나 잠정적인 것보다 더 가치 있는 모든 것을 얻을 수 있다. 왜냐하면 한순간 우리 자신보다 조금 더 강한 사람이 더 항구적인 것을 가져가버린다면, 우리는 그저 일시적이고 순간적인 것에 대해서만 만족을 느끼기 때문이다. 안전은 생리적인 욕구를 충족시키는 것 다음으로 우리에게 없어서는 안 될 중요한 것이지만, 그것을 제공하는 기제가 계속 작동하지 않으면 누릴 수 없다. 따라서 주변 사람들에 대해서 안전을 확보하는 일에 동참하라고 다그치는 우리의 생각은 효용을 둘러싼 보다 일반적인 경우보다도 훨씬 강렬한 감정을 촉발하기 때문에 (심리학에서 가끔 그렇듯이) 정도의 차이가 실제로는 종류의 차이로 바뀐다. 이런 요구는 성격 면에서 절대성, 명백한 무한성, 다른 모든 고려와 조화를 이룰 수 없는 특질을 전제하기 때문에 옳은 감정과 그른 감정, 통상적인 편의와 불편을 구분해준다. 이렇게 문제가 된 감정이 너무나 강력하고, 다른 사람들도(모두가 비슷하게 관심을 가지고 있을 것이다) 그에 상응하는 감정을 가지리라고 분명히 확신하기 때문에, 할 의무가 있다ought와 해야 한다should가 반드시 하지 않으면 안 된다must로 변화하고, 때로는 없어서는 안 된다고 공인된 것이 구속력이라는 측면에서 물리적 당위성보다 약하지 않은 정도의 도덕적 필연성을 띠는 것이다.

지금까지의 분석이 정의라는 말에 대한 정확한 설명이 되지 못하고, 정의가 효용과는 아무 상관 없이 그저 그 자체로 하나의 기준이 되며, 인간 정신이 스스로의 성찰을 통해 정의에 대해 인식할 수 있다고 해보자. 그렇다면 정신의 내부에서 나오는 명령이 왜 그리 불분명하며 수많은 사안에 대해 동일한 잣대를 갖다대는데도 왜 어떤 때는 정의롭다고 하고 또 어떤 때는 그렇지 못하다고 하는가?

우리는 효용이 사람마다 모두 다르게 이야기하는 불확실한 기준이라는 말을 끊임없이 듣고 있다. 그런가 하면 정의에 대해서는 이론의 여지 없이 분명하게 개념을 규정할 수 있으며, 세상 생각과 무관하게 그에 대한 분명한 증거를 제시할 수 있다고 주장하는 사람이 많다. 만일 이들의 말이 옳다면 정의라는 문제를 둘러싼 그 어떤 논란도 생기지 않을 것이다. 그래서 어떤 상황에 부딪히든, 마치 수학 공식을 대입하듯이 처리하면 모든 문제를 깨끗하게 해결할 수도 있을 것이다. 그러나 이것은 사실과 너무나 먼 이야기다. 무엇이 사회에 유익한 것인가를 둘러싸고 논란이 많듯이, 정의가 무엇인가 하는 문제에 대해서도 의견이 분분하며 숱한 논쟁이 벌어진다. 서로 다른 개인과 민족들 사이에서만 정의에 대한 생각이 엇갈리는 것은 아니다. 똑같은 사람인데도 상황에 따라 정의를 하나의 일관된 규칙, 원리나 격률로 이해하지 않고 다양한 성질을 띤 것으로 생각한다. 그것끼리도 늘 일치하는 것이 아니다 보니, 어떤 사람이 외부의 특정 기준과 자신의 주관 중 어느 것에 따라 행동을 해야 하는지 판단할 때 별 도움을 주지 못하기도 한다.

예를 들면 처벌이라는 것이 단지 피해자 본인의 이익을 위해서만 용인되어야 한다면서, 타인의 본보기가 되게 처벌하는 것은 정의롭지 못하다고 생각하는 사람들이 있다. 그런가 하면 오랜 시간 동안 자신만의 이익을 위해 자의적 권한을 행사해온 사람을 처벌하는 것조차 독재요, 정의롭지 못한 일이라면서 정반대되는 주장을 하는 사람들도 있다. 왜냐하면 그들 생각에는 다른 사람들에게 해를 끼치지 않는 한, 단지 자신의 이익과 관련된 문제에 대해 본인을 제외한 제3자가 왈가왈부할 수 없기 때문이다. 더 나아가 오언[13]은 어떤 처벌도 옳지 못하다고 주장한다. 왜냐하면 모든 범죄자는 자신의 잘못된 성격 때문에 나쁜 일을 저지른다기보다 그가 받은 교육과 자라온 환경 탓에 옳지 못한 길로 접어드는데, 이것을 그의 책임으로 돌릴 수는 없다고 생각하기 때문이다. 이 모든 주장은 지극히 타당하다. 정의를 관통하면서 그것에 힘을 불어넣어주는 원리에 대해 깊이 파고 들어가는 것이 아니고 정의의 한 측면만 문제 삼는 한, 각각의 주장에 비판을 가하기는 더욱 어렵다. 이 세 논리가 스스로 옳다고 자신하는 정의의 규칙 위에 서 있는 것이 사실이기 때문이다. 첫 번째 경우는 다른 사람을 위한다는 명분 아래 당사자의 동의를 구하지 않은 채 특정인을 제물로 삼는, 누가 보아도 옳지 않은 불의를 문제 삼고 있다. 두 번째 경우는 모든 사람이 인정하듯이 자기 보호가 정의에 부합한다는 것을 확인하면서 자신의 이익이 걸린 문제에 대해 본인이 아니라 남의 뜻에 따라야 하는 것이 불의라는 사실을 지적하고 있다. 그런가 하면 오언은 어쩔 수 없는 상

13 Robert Owen, 1771~1858. 공상적 사회주의를 주창한 영국의 사회개혁가다. 생산자 협동조합에 바탕을 둔 밀의 사회주의 구상에 큰 영향을 주었다.

황에서 저지른 일에 책임을 물어 처벌하는 것은 정의롭지 못하다고 널리 인정되는 원리를 상기시키고 있다. 각자가 선택한 원리가 아니면 정의에 관한 어떤 다른 격률에도 구속당할 이유가 없는 한, 이들 주장은 모두 나름대로 타당하다. 그러나 이 모든 격률을 한데 모아놓고 따지면 각자가 자기주장만 할 수는 없고 상대방 이야기도 들어야 한다. 이런 상황에서는 자신의 입장을 끝까지 고집하기 위해 똑같이 구속력을 가지고 있는 상대방의 논리를 묵살할 수 없다. 이것이 어려운 문제다. 그래서 상대방을 묵살하지 않으면서 이런 어려움을 극복하기 위한 여러 방편을 찾게 되었다. 우선 맨 마지막 문제에 대한 돌파구로서, 사람들은 이른바 의지의 자유라는 것을 생각해냈다. 설령 어떤 사람의 의지가 어떻게 할 수 없을 정도로 증오로 넘쳐난다 하더라도, 그것이 과거의 특정 상황 때문에 비롯된 결과라면 그 사람을 처벌하는 것이 정당화될 수 없다는 것이다. 어려움을 벗어나기 위한 다른 방법 중 매우 익숙한 것은 비록 허구일지라도 사회계약론을 원용하는 것이다. 이 가설에 따르면 아주 먼 옛날에 사회의 모든 구성원은 법을 만들어 복종하기로 하고 누구든지 그것을 위반하면 처벌받기로 동의했다. 그러면서 권력자에게 인민이나 사회 전체의 이익이라는 한정된 목적을 위해 필요한 경우에만 인민을 처벌할 수 있는 권리를 안겨주었다. 사회 구성원들은 이 훌륭한 발상이 모든 어려움을 해소할 수 있을 것으로 기대했다. 그리고 정의에 관한 또 하나의 기존 격률, 즉 기꺼이 원하는 사람에게는 어떤 해도 끼칠 수 없다는 말처럼, 피해자의 동의 아래 처벌하는 것은 정의에 어긋나지 않는다는 원리에 힘입어 처벌에 따르는 고통을 정당화할 수 있을 것으로 생각했다. 그러나 설령 이런 동의가 근거 없는 허구가 아니라 하더라도, 이 격률이 그 전보다 더 우월한 권위를 지닌 것은 분명 아니다. 오히려 그 후 정의의 원리들이 발전하기 시작한 것은 유익하기는 하지만 느슨하고 불규칙적인 형태의 격률을 통해서다. 그중 어느 하나는 특히 법정에서 운용되는 조잡한 법규들을 개선하는 데 도움이 되었다. 왜냐하면 이런 법규가 문제점을 많이 안고 있음에도 불구하고 그것을 개선하기 위해 노력하다 보면 때로 더 큰 해악이 생길 수 있다는 이유에서 그냥 참고 수용해야 하는 경우가 종종 있었기 때문이다. 그러나 사기, 때로는 단순한 실수 또는 착각 때문에 자발적 계약을 무효 처리하는 경우가 있어 재판부 역시 한 격률을 일관되게 실행에 옮길 수 없다.

그뿐 아니라 처벌의 정당성이 인정된다 하더라도 잘못된 행동에 상응하는 처벌의 수준을 놓고 얼마나 많은 이론이 정의의 이름 아래 논쟁을 벌이는지 알 수 없다. 원초적이고 자연 발생적인 정의감을 불러일으키는 법규 중에서 보복법, 즉 '눈에는 눈, 이에는 이'보다 더 강렬한 것은 없을 것이다. 비록 유대교와 이슬람교의 이런 전통적인 법 원리가 유럽 사회에서는 더 이상 통용되지 않지만, 내 생각으로는 이것이 사람들 마음속에 여전히 은밀하게 살아 있다. 그래서 어쩌다가 범죄자에게 이 정도 수위의 처벌이 내려질 때 사람들이 얼마나 좋아하는지 모른다. 제3자의 눈에도 이런 종류의 처벌 방식이 대단히 자연스러운 것으로 보일 정도다. 많은 사람들이 형사 문제에 관한 처벌 수위가 그 죄질에 상응하는 것이 정의의 기준에 부합한다고 생각한다. 다시 말해 형량이 혐의자가 저지른 도덕적 죄악(이것을 측정하는 기준이 무엇이든 간에)과 정확하게 비례해야 마땅하다고 생각하는 것이다. 그런 범죄의 재발을 방지하기 위해 어느 정도의 처벌이 필요한가에 대해서는 아무 고려도 하지 않는다. 물론 그런 문제를 심각하게 고려하는 사람들도 있다. 이들은 범죄의 죄질이 어떻든 간에 적어도 인간 사회에서 그 범죄자가 같은 잘못을 반복하지 않도록, 그리고 다른 사람들이 그런 행위를 모방하지 않도록 하는 데 필요한 수준 이상으로 고통을 안겨주는 것은 정의롭지 못하다고 주장한다.

이미 앞에서 언급했던 주제를 중심으로 또 다른 예를 들어보자. 생산협동조합[14]에서 재능이나 기술에 따라 더 많은 대우를 해주는 것이 과연 정의로운 일인가? 이에 대해 부정적인 생각을 가진 사람들은, 누구든지 자신이 할 수 있는 한 최선을 다한다면 똑같이 좋은 대접을 받을 권리가 있으며, 특별히 잘못한 것도 없는데 열등한 지위로 내몰린다면 그것은 정의의 이름으로 막아야 한다고 주장한다. 그리고 뛰어난 능력을 가진 사람은 세속의 가치를 굳이 덧붙이지 않더라도, 다른 사람으로부터 받는 존경이라든가 개인적인 영향력, 그리고 자신의 능력에 대한 자기만족 등 이미 여러 이점을 충분히 많이 누리고 있다고 보아야 한다는 것이다. 따라서 사회가 이런 불평등을 악화시키기보다 능력이 모자라는 사람들에게 혜택을 더 주는 것이 더 정의롭다는 주장을 편다. 그러나 반대편에서는 보다 능률적인 사람들이 사회에 더 많이 기여하며 유익한 결과도 더 많이 낳기 때문에 사회가 이들을 더 우대해야 한다고 주장한다. 그리고 같은 일을 하지만 능력 있는 사람들이 더 큰 기여를 하는데도 그들에게 더 큰 몫을 주지 않는 것은 강도질과 같다고 본다. 그렇지 않고 만일 모든 사람이 똑같이 대접받아야 한다면, 일 잘하는 사람은 자기가 받는 것만큼만 일을 하고, 능력이 뛰어나니 그에 비례해 적은 시간 동안만 일을 하는 것이 옳다는 생각이다. 이처럼 상충하는 정의의 원리 가운데 누가 어느 것을 선택할 것인가? 이 경우에 정의라는 것은 양면성을 띠므로 반대편 입장에 있는 사람들을 서로 조화시킨다는 것은 불가능하다. 한쪽에서는 개인이 받아야 하는 양에 초점을 맞추어서 정의를 이해하는 데 비해, 다른 쪽에서는 사회가 얼마나 주어야 하는가에 강조점을 둔다. 따라서 각각의 입장에 서면 상

14 co-operative industrial association. 밀은 사회주의를 전면적으로 실시하기 전에 노동자들이 자본과 노동, 기술을 함께 투입하는 일종의 생산 공동체를 시범적으로 실시할 것을 주장했다.

대방의 관점을 수용할 수 없다. 어떤 쪽을 선택하든지 그 정의라는 것은 턱없이 자의적이라는 평가를 피할 수 없다. 이런 경우에는 결국 사회적 효용이라는 개념을 동원해야 정답을 구할 수 있는 것이다.

또 다른 경우를 보자. 세금을 부과할 때 어떻게 하는 것이 가장 정의로운 해결책인가를 둘러싸고 얼마나 많은, 그리고 상호 대립되는 의견들이 속출하는지 한번 생각해보라. 어떤 사람은 국가에 내는 세금이 각자의 수입에 산술적으로 비례하는 것이 옳다고 주장한다. 그러나 여유가 많은 사람에게서 세금을 더 많이 거두는 일종의 누진 과세가 더 정의에 부합한다는 의견도 있다. 그런가 하면 자연적 정의의 관점에서 본다면 얼마나 많이 버는가 하는 문제는 아예 도외시한 채 (징수할 수만 있다면) 각자가 똑같은 액수를 내는 것이 타당하다는 주장이 강력하게 제기될 수도 있다. 이를테면 식당이나 술집에서 똑같은 서비스를 받는 사람들이 각자의 형편을 불문하고 똑같은 금액을 지불하듯이 말이다. 누구든지 법과 국가의 보호(이렇게 말할 수도 있을 것이다) 아래 있고, 또 평등한 대우를 받아야 하는 상황이므로 모든 사람이 동일한 금액을 지불한다고 해서 이것을 불의라고 볼 수는 없다는 것이다. 다시 말해 가게 주인이 구매자의 지불 능력과 상관없이 똑같은 물품에 대해 동일한 액수의 돈을 받는 것은 불의가 아니고 정의에 맞는 일이라고 보아야 한다는 것이다. 그러나 이런 생각을 세금 문제에 대입하면, 인간 존재라든가 사회적 편의에 관한 사람들의 일반 정서와 너무나 상치되기 때문에 동조자를 찾기 어렵다. 그럼에도 이런 생각 밑에 깔린 정의관은 그 반대편 생각만큼이나 강력하고 진실된 그 무엇을 담고 있다. 따라서 세금 문제에 대해 정반대되는 주장을 펴는 사람들에게 암암리에 일정한 영향력을 행사하는 것이다. 사람들은 흔히 부자에게 세금을 더 많이 부과해야 하며, 그 이유로 국가가 가난한 사람들보다 부자들에게 더 많은 혜택을 주는 것을 지적한다. 그러나 이것은 사실과 거리가 멀다. 왜냐하면 부자는 법이나 정부가 없는 상황에서도 가난한 사람들보다 자신을 더 잘 보호할 수 있고, 나아가 능히 그들을 노예로 삼을 수 있기 때문이다. 또 다른 부류의 사람들은 바로 이런 정의론을 바탕으로 해서 (모든 인간은 평등하다는 이유로) 사람에 대해서는 모두에게 똑같은 세금을 부과하는 일종의 인두세人頭稅 개념을 받아들이면서, 재산에 대해서는 불평등하게 세금을 매기는 것이 옳다고 강변하기도 한다. 그러자 한 사람이 가진 모든 것은 다른 사람의 소유 전부만큼이나 귀중하다는 논리 아래 이런 주장에 대한 비판이 제기되기도 한다. 결국 이런 혼란을 극복하기 위해서는 공리주의에 의존하는 것 외에는 다른 길이 없다.

그렇다면 정의와 편의의 차이가 그저 가상의 구분에 불과한 것인가? 정의가 정책보다 더 신성한 것이며, 후자는 전자가 충족되고 나서야 관심을 기울여볼 만한 대상에 지나지 않는다고 말하면, 그것은 오랜 착각에 지나지 않는 것인가? 결코 그렇지 않다. 지금까지 우리가 감정의 성질과 기원에 대해 설명했던 바에 따르면 그 둘을 분명히 구분할 수 있다. 그리고 결과를 보고 그 행동의 도덕성에 대해 판단하는 것을 더없이 경멸하는 사람이라 하더라도 나만큼 그런 구분을 중요하게 생각하지는 않을 것이다. 나는 효용에 기반을 두지 않은 채 정의에 관한 가상의 기준을 제시하는 모든 이론을 반박하는 한편, 효용에 바탕을 둔 정의가 모든 도덕성의 중요한 부분이 되고 그 어느 것보다 더 신성하고 구속력도 강하다고 생각한다. 정의라는 것은 인간 삶을 이끄는 어떤 규칙보다 더 진지하게 인간의 참된 복리에 대해 염려하고 따라서 어느 것보다도 더 절대적인 구속력을 지닌 도덕적 규칙을 지칭한다. 그래서 우리가 정의라는 개념의 본질적 요소라고 규정한 것, 즉 모든 사람이 권리를 지닌다는 사실이 바로 이런 강한 구속력을 암시하며 정당화한다.

인간 상호 간에 해를 끼치는 것(특히 타인의 자유에 대해 부당하게 간섭하는 것)을 금지하는 도덕 규칙은, 인간사의 일정 영역을 잘 관리할 수 있는 최고의 방법만 가르쳐주는 그 어떤 격률(그것이 아무리 중요하다 하더라도)보다 인간의 복리를 위해 더 중요한 역할을 한다. 또한 이런 규칙은 인류의 사회적 감정 전부를 결정하는 핵심 요소라는 특질도 지니고 있다. 사람들이 이 규칙을 준수해야 사회의 평화가 유지될 수 있다. 만일 그것을 지키지 않고 위반하는 사람이 많아지면 각자가 자신을 지키기 위해서라도 상대방을 적으로 생각하지 않을 수 없는 상황이 벌어진다. 이것 못지않게 중요한 사실이 또 하나 있으니, 그것은 사람들이 이런 규칙을 하나의 교훈으로서 가장 강력하고 직접적으로 상호 간에 인식시키고 싶어 한다는 점이다. 상대방에게 사려 깊은 교훈을 주거나 경고한다고 해도 아무것도 얻지 못하거나 아무것도 얻지 못한 것처럼 생각될 수도 있다. 주변 사람들에게 선행을 적극적으로 베풀어야 할 의무를 열심히 주입하면 분명 얻는 것이 생기겠지만 매우 미미한 정도다. 결국 다른 사람들로부터 도움을 많이 받으리라 기대하지 않는 것이 좋다. 그러나 그들이 자신을 해치지 않으리라는 믿음을 가지는 것은 언제나 중요하다. 따라서 각 개인이 다른 사람들로부터 직접적인 해를 받지 않게, 또는 자신의 이익을 자유롭게 추구하는 것을 방해받지 않게 지켜주는 도덕성을 누구나 다 마음속 깊이 담아둔 채, 말과 행동으로 그것을 주장하고 실행에 옮기는 데 열성을 기울일 수밖에 없다. 누구든지 이런 규칙을 잘 지켜야 하며 그래야 주변 사람들과 어울려 사는 것이 가능하다. 어떤 사람이 도덕적 규칙을 어떻게 준수하는가에 따라 그가 이웃들에게 피해를 주는 반갑지 않은 존재인지 여부가 판가름 나는 것이다. 따라서 이런 도덕성에서부터 1차적으로 정의의 구속력이 생긴다. 가장 정의롭지 못한 행위, 그리고 그에 따른 아주 특징적인 혐오감을 불러일으키는 행위로, 남을 이유 없이 공격하거나 권력을 부당하게 행사하는 것을 꼽을 수 있다. 그다음으로는 어떤 사람이 마땅히 누려야 할 것을 까닭 없이 가로채는 것을 들 수 있다. 이 두 경우 모두 직접적으로 고통을 주거나, 물리적이든 사회적이든 그 사람의 정당한 소유물을 빼앗는 형태로 그 사람에게 직접 해를 준다.

이런 1차적 도덕성을 준수하도록 명령하는 것과 같은 강력한 동기가 그것을 위배하는 사람들을 처벌하게 한다. 그리고 그런 위반자 때문에 자기를 방어하고 남을 보호하며 보복을 가하고자 하는 충동이 생긴다. 따라서 악을 악으로 응징하려는 마음이 정의감과 밀접하게 연결되면서 정의감 속에 보편적으로 포함되어 있다. 그런가 하면 선을 선으로 갚는 것 역시 정의가 지닌 성질 중 하나라고 할 수 있다. 이런 현상은 사회적 효용이 분명하고 그 속에 자연스러운 인간적 느낌을 담고 있지만, 처음 볼 때는 해라든가 상처를 주는 것(이런 것은 정의 또는 불의라고 불리는 대표적인 현상 속에 대부분 들어 있으며 그런 감정을 강렬하게 촉발하는 특징적인 요소다)과 명백한 관련이 없는 것 같다. 그러나 그런 관련이 덜 명백하다고 해서 사실과 거리가 먼 것은 아니다. 남의 도움을 받고도 그 사람이 아쉬울 때 도움을 주지 않는다면 그것은 실제로 상처를 주는 행위다. 왜냐하면 그 사람에게 나중에 신세를 갚겠다고 적어도 암묵적으로 약속을 했고(그렇지 않으면 처음에 그 사람이 도움을 주지도 않을 것이다), 따라서 아주 자연스럽게 그리고 합당하게 도움을 기대하고 있는 사람을 실망시키는 것은 상처를 주는 것이나 마찬가지기 때문이다. 인간이 저지르는 잘못된 소행 중에서도 정당한 기대를 저버리는 것이 특히 지탄받아 마땅한 범죄행위라는 사실은, 우정을 배신하고 약속을 지키지 않는 것이 대단히 비도덕적인 행위로 간주된다는 점에서도 잘 드러난다. 습관적으로 의지해왔고 전적으로 믿어 의심치 않았던 사람에게 정작 도움이 필요한 순간에 외면당하는 것 이상으로 더 크고 쓰라리게 아픔을 주는 경우도 없을 것이다. 이처럼 선을 베풀어야 할 때 모르는 척하는 것은 대단히 나쁜 일이다. 고통을 당하는 사람이나 그 상황을 가슴 아프게 지켜보는 사람의 입장에서는 이것보다 더 분노를 자아내는 것은 없다. 그러므로 각자가 받아야 할 몫을 주는 것, 다시 말해 악은 악으로, 선은 선으로 갚는 원리는 우리가 지금까지 규정해온 정의의 개념 속에 들어 있을 뿐 아니라 정의를 둘러싼 강렬한 감정(인간 세상에서 단순한 편의보다 정의가 더 높이 평가받도록 하는 데 기여한 감정)을 촉발하는 중요한 원인이 된다.

지금 세상에서 통용되고 많은 사람들에게 호소력 있는 정의에 관한 격률이라는 것은 우리가 아직 이야기하지 않은 다른 정의의 원리들을 실행에 옮기는 데 그저 도구 역할을 할 뿐이다. 누구든지 자의에 의해 한 일이나 마음만 먹으면 피할 수도 있는 일에 대해서만 책임을 져야 하고, 아무 내용도 듣지 못한 사람을 비난하는 것은 정의롭지 못하며, 처벌 수준은 범죄행위의 죄질에 비례해야 한다는 것 같은 격률은 '악에는 악으로'라는 정의의 원리가 정당한 이유 없이 나쁜 방향으로 왜곡되는 것을 막기 위해 고안된 것이다. 이 통상적인 격률들은 대부분 재판 업무를 실제로 처리하는 과정에서 원용되면서 널리 알려지고 그 의미도 보다 분명해졌다. 법정은 죄를 범한 자를 처벌하는 한편, 각 개인의 권리도 보호하는 두 가지 기능을 수행해야 했는데, 이때 이런 격률들이 요긴하게 쓰인 것이다.

재판 담당자들의 제1덕목인 불편부당은 정의를 실현하기 위한 필수 요건이다. 그 이유 중 하나는 앞에서 언급한 대로 정의의 이름으로 명령되는 다른 사항들이 구속력을 지니자면 이런 조건이 충족되어야 하기 때문이다. 그러나 이것, 즉 정의의 이름으로 명령되는 다른 사항들이 구속력을 지니는 것이 평등과 불편부당(일반 사람들이나 최고 수준의 지식인 모두 이런 것들을 정의의 범주에 포함시킨다)이라고 하는 상급 격률의 유일 원천은 아니다. 한쪽 측면에서 보면, 그런 격률은 이미 설명된 원리와 동류라고 할 수 있다. 악은 악으로 누르는 한편 선은 선으로 갚으면서 각자의 몫에 합당하게 대우할 의무가 있다면, 이 논리의 연장 선상에서 다음과 같이 말할 수 있을 것이다. 즉 우리 가운데서 평등하게 잘 대접받을 자격이 있는 사람을 (보다 상위 의무가 금지하지 않는 한) 우리가 똑같이 잘 대우해야 하며, 사회에서 평등하게 잘 대접받을 자격이 있는, 다시 말해 절대적으로 평등하게 잘 대접받아야 하는 사람을 사회가 똑같이 잘 대우해야 한다. 이것이야말로 사회적 수준, 그리고 분배 정의에 관한 최고 수준의 추상적 기준이다. 모든 제도와 모든 덕스러운 시민은 이 기준에 맞출 수 있도록 최대한 노력하지 않으면 안 된다. 그런데 이 위대한 도덕적 의무는 그저 2차적 또는 파생적 이론들의 논리적 아류에 불과한 것이 아니라 1차적 도덕 원리에서 직접 생겨나는 것으로서 더욱 심오한 기초에 바탕을 두고 있다. 그것은 바로 효용이라는 말 또는 최대 행복 원리 속에 포함되어 있다. (동일한 종류에 대해 적절한 대우를 함으로써) 정도라는 측면에서 평등하다고 상정되는 한 사람의 행복이 다른 사람의 행복과 정확하게 동등한 무게를 지니지 않으면, 그 원리는 아무런 이성적 의미가 없는 단어의 단순한 형태에 불과하다. 이런 조건이 충족될 때 "모든 사람이 똑같은 영향력을 지니며, 어느 누구도 남보다 더 큰 영향력을 가질 수 없다"고 하는 벤담의 원칙이 효용 원리를 뒷받침해줄 수도 있을 것이다.* 도덕 이론가와 입법가들이

* 사람들 사이에서 완전무결하게 불편부당을 견지하는 것을 공리주의 철학의 제1원리라고 할 수 있다. 그러나 스펜서Herbert Spencer〔영국의 철학자(1820~1903)〕의 《사회정학Social Statics》은 효용이 권리에 대한 최상의 지침이 될 수 없는 근거를 바로 여기에서 찾는다. 효용 원리가 모든 사람은 행복해질 평등한 권리를 가지고 있다는 선행先行 원리를 전제한다고 생각하기 때문이다. 그러나 더 정확하게 말하자면 효용 원리는, 같은 사람 또는 다른 사람이 알든 모르든 상관없이, 동일한 양의 행복이 동일하게 바람직하다는 것을 전제한다. 그런데 이것은 효용 원리를 뒷받침하기 위해 필요한 사전 가설이나 전제가 아니고 원리 그 자체라고 보아야 한다. 왜냐하면 '행복'과 '바람직하다'는 것이 같은 말이 아니라면 효용 원리를 설명할 길이 도저히 없기 때문이다. 만일 선행 원리가 있다면, 그것은 산술적 진리가 다른 모든 측정 가능한 것들과 마찬가지로

볼 때, 모든 사람이 평등하게 행복권을 누려야 한다는 말은 행복하게 사는 데 필요한 모든 수단에 대해 평등한 권리를 지녀야 한다는 뜻을 내포한다. 물론 인간사를 살아가면서 불가피한 경우, 그리고 모든 개인이 관련되는 일반 이익을 위해 그런 원칙이 일정 부분 제한받을 수밖에 없지만, 이런 경우도 엄격하게 규정되어야 한다. 다른 모든 정의에 관한 격률과 마찬가지로 행복권 역시 보편적으로 무조건 적용될 수는 없다. 이미 이야기한 대로 그와는 반대로 사회적 편의라는 개념을 어떻게 이해하는가에 따라 여러 제약이 따르는 것이다. 그러나 어떤 경우든 일단 원칙이 적용된다면, 그것은 정의의 이름으로 지시하는 것으로 보아야 한다. 일부 공인된 사회적 편의 때문에 제한이 불가피한 경우가 아니라면, 모든 사람은 평등한 대우를 받을 권리를 가진다. 그러므로 더 이상 사회적으로 도움을 준다고 생각되지 않는 모든 종류의 사회적 불평등은 단순히 도움이 되지 않는다는 차원을 넘어 불의라고 규정되어야 한다. 사람들은 개인의 권리를 심각하게 짓밟는 그런 처사가 지금까지 어떻게 용

행복을 측정하는 데도 유용하다는 것 외에 다른 것일 수 없다.
스펜서는 사적인 자리에서 이 문제에 관해 이야기하면서 자신이 공리주의를 반대하는 것처럼 인식되는 것을 경계하고, 행복이 도덕성의 궁극적 목적이라는 사실을 분명히 했다. 그러면서도 스펜서는 행동에 대한 관찰에 바탕을 둔 경험적 일반 이론을 통해서는 그런 목적을 부분적으로만 달성할 수 있을 뿐이고, 어떤 종류의 행동이 필연적으로 행복을 촉진하며, 반대로 어떤 것이 불행을 야기하는가에 대한 연역(삶의 법칙과 존재의 조건에 입각한 연역이어야 한다)을 통해서만 그 목적을 완벽하게 달성할 수 있다고 생각했다. 나는 '필연적'이라는 말만 빼면 그의 생각을 다 받아들일 수 있다. (역시 그 말만 뺀다면) 오늘날 공리주의를 지지하는 그 어떤 사람도 그와 생각이 다르지 않다. 스펜서는 자기 책에서 특히 벤담을 주목하는데, 벤담이야말로 인간 본성의 법칙과 인간 존재의 보편적 조건에 입각해서 행동이 행복에 미치는 영향을 연역해내는 것을 결코 꺼리지 않았다. 스펜서는 공리주의자들이 특수한 경험을 통해 일반론을 이끌어낸다고 지적하지만, 벤담은 그런 작업을 전적으로 거부하면서 오히려 스펜서 식의 연역에만 일방적으로 의존했다. 바로 이런 이유에서 많은 사람들이 그를 비판하고 있음을 알아야 한다. 내 생각으로는(그리고 내 기억이 옳다면 스펜서 역시 같은 생각인데) 다른 모든 과학적 연구 분야와 마찬가지로 윤리학에서도 어떤 일반 명제가 과학적 증명을 충족시킬 만큼 충분한 근거를 얻어내자면 이 두 과정을 통해 서로 도움을 주고받는 것이 필수적이다.

인되어왔는지 의아해한다. 그러나 사실은 자신들 역시 사회적 편의라는 개념에 대해 똑같이 잘못 이해한 나머지 다른 불평등에 대해 눈감고 지내왔다는 것을 잊고 있다. 그래서 그런 오해를 거두고 나면 자신들이 그동안 눈감아온 것들이나 장차 혹독하게 비판하려는 것이 똑같이 형편없다는 것을 깨닫지 않을 수 없다. 사회 진보의 전 역사는 수정과 변화로 점철돼 있다. 사회 발전을 위해 없어서는 안 되는 것으로 인식되던 관습이나 제도가 시간이 흐르면서 하나둘 수많은 사람들에 의해 불의나 폭압으로 낙인찍히며 오명의 대상으로 전락했다. 노예와 자유인, 지주와 농노, 귀족과 평민의 관계가 그랬다. 일부 지역에서는 이미 가시권 안으로 들어와 있지만, 피부색과 인종, 성별에 따라 신분이 매겨지는 것도 앞으로는 그런 신세가 될 것이다.

이상의 논의를 통해서 볼 때 정의란 사회 전체 차원에서 사회적 효용이 아주 높기 때문에 (특정한 사회적 의무를 다하는 것이 무엇보다 중요한 예외적 상황 아래서는 정의의 이름으로 요구되는 몇몇 일반 격률을 무시하는 것이 불가피하기는 하지만) 다른 어떤 것보다 더 강력한 구속력을 지니는 특정한 도덕적 요구를 지칭한다. 그래서 어떤 사람의 목숨을 살리기 위해 어쩔 수 없다면, 힘으로라도 필요한 양식이나 약을 구하거나 훔치는 것 또는 병을 치료할 수 있는 단 한 사람의 전문의를 납치해서 강제로라도 환자를 돌보게 하는 것은 용인될 수 있을 뿐 아니라 오히려 그렇게 하는 것이 사람의 도리다. 이런 경우에는 이렇게 생각하면 된다. 우리가 덕스럽지 않은 것을 정의라고 부르지 않는 것과 마찬가지로, 정의가 어떤 다른 도덕적 원리를 위해 포기되어야 하는 것은 아니다. 다만 통상적인 상황에서는 정의지만, 다른 도덕적 원리에 비추어볼 때 특정 상황에서는 정의가 되지 않을 수도 있다. 말의 의미를 이 정도로 적당하게 변용하면, 어떤 경우에도 정의가 포기되어서는 안 된다는 명제를 유지하면서, 때로는 찬사를 보낼 수밖에 없는 불의를 용인해야 하는 곤경에서 벗어날 수 있다.

생각건대 이런 논의는 공리주의 도덕 이론이 직면한 단 하나의 실질적 어려움을 해소해줄 수 있다. 정의가 문제 되는 곳에서는 늘 편의가 관련된다는 것은 너무나 자명한 사실이다. 다만 정의라는 말에는 특별한 감정이 수반되어 있으므로, 정의는 편의와 구별된다. 만일 이런 특징적 감정이 충분히 설명된다면, 이것의 특별한 기원이 무엇인지 따져볼 필요가 없다면, 이것이 사회적 선이 요구하는 바에 따라 도덕적 차원에서 분노를 느끼는 자연스러운 느낌에 지나지 않는다면, 그리고 이런 느낌이 정의라는 말이 해당되는 모든 경우에 존재할 뿐 아니라 나아가 반드시 존재해야 한다면, 이 정의라는 개념은 더 이상 공리주의 윤리학에 걸림돌로 작용하지 않는다. 정의는 그 어떤 종류의 것(이를테면 계급 같은 것)보다 훨씬 중요하며, 따라서 더 절대적 당위성을 지닌(때때로 특별한 상황에서는 꼭 그런 것은 아니지만) 특정한 사회적 효용에 걸맞은 이름으로 사용될 수 있다. 그러므로 정의에는 정도뿐 아니라 종류 면에서도 다른 것과 구분되는 감정이 수반될 수밖에 없다. 이를테면 그저 인간적 쾌락이나 안락을 증진해주는 데 불과한 것에 따라다니는 뜨뜻미지근한 감정과 비교해본다면, 그 당위성의 단호함이라든가 엄격한 제재라는 측면이 한눈에 구분된다.

제1원리를 찾을 수 있을까

판단의 기준

밀은 많은 글을 남겼다. 논리학, 경제학으로 시작해서 사회주의론, 종교론까지 그의 탐구 영역은 광범위하게 펼쳐져 있다. 다면성을 그 무엇보다 소중하게 여겼던 그답게 그의 학문 영역, 특히 그 지향점은 숱한 논란을 불러일으킨다. 이 모든 어려움을 전제하더라도 역시 밀의 철학은 공리주의에서 시작해서 공리주의로 끝난다고 보는 것이 정확하다. 그의 불후의 명작《자유론》도 그런 철학적 기조 위에서 펼쳐진다.

우리는 길이나 무게를 잴 때 다툴 일이 없다. 확실한 기준이 있기 때문이다. 그러나 무엇이 옳은 것인지 또는 어떤 것이 더 좋은지 판단하는 것은 쉬운 일이 아니다. 사람마다 생각이 다르기 때문이다. 조수미와 이미자 중 누가 더 훌륭한 '가수'인지 의견이 분분한 것처럼.

이런 일을 놓고 고대 그리스의 소피스트들은 "인간은 만물의 척도"라고 주장했다. 가치문제는 각자가 주관적으로 판단할 수밖에 없다는 것이다. 그때처럼 오늘날에도 소피스트가 대세다. 자유주의자들이 특히 그렇다. 그러나 자유주의의 원조라고 할 수 있는 존 스튜어트 밀은 약간 다르다. 개별성을 무엇보다 소중히 여기지만 가치의 객관성과 보편성을 찾았다. 가치판단의 출발점이 될 '제1원리'를 탐색하는 것이 《공리주의Utilitarianism》가 존재하는 이유다.

《공리주의》는 1863년에 발간되었다. 그가 2년 전인 1961년 지식인의 교양 잡지인 《프레이저스 매거진Fraser's Magazine》에 3회에 걸쳐 게재한 글을 모은 것이다. 밀은 이 잡지에 실은 글에서 '우리 삶에서 옳고 그른 것을 판단할 기준'으로 공리주의를 제창한다. 공리주의는 어떤 행동이든 행복을 증진할수록 옳은 것이 되고, 행복과 반대되는 것을 낳을수록 옳지 못한 것이 된다는 주장이다. 밀은 이 기준에 따라서 도덕률을 확립하고자 했다. 사람들은 흔히 타인을 위해 희생하는 것을 고귀하게 여긴다. 그러나 공리주의자는 희생 자체를 선한 것이라고 생각하지 않는다. 행복의 전체 양을 증진하지 않는 희생이란 쓸데없는 허비라고 본다.

벤담을 넘어가다

공리주의는 제러미 벤담Jeremy Bentham에 이르러 그 틀을 갖추었다. 벤담은 당시 사회를 개혁하는 데 도움이 될 응용 원리를 정립하기 위해 공리주의를 체계화했다. 그는 사람들이 자유롭게 쾌락을 증진하고 고통을 감소시킬 수 있다면 '최대 다수의 최대 행복'이 가능하다고 생각했다. 그는 가치의 객관적 기준을 인정하지 않았다. 그 대신에 효용의 주관적 크기를 정량화해서 측정하는 데 관심을 기울였다. 여러 정책 가운데 하나를 선택하고자 할 때, 효용의 크기를 비교할 수 있어야 하기 때문이다.

밀은 아버지와 벤담의 뜻에 따라 공리주의의 사도로 성장했다. 한때 그는 벤담의 사상을 '하나의 종교'처럼 받들기도 했다. 그러나 나이가 들면서 여러모로 벤담과 다른 길을 걸었다. 밀은 벤담의 '전통적' 공리주의 가치관, 즉 물질 우선적, 개인 중심적 사고방식에 정면으로 반기를 들었다. 인간의 자기 발전과 사회적 협력의 당위성을 강조하는 새로운 윤리를 제시하며, 이를 '공리주의 도덕률'이라고 불렀다.

밀도 공리주의자답게 효용, 즉 쾌락을 최대화하는 일에 관심을 집중했다. 문제는 그가 마음에 둔 쾌락의 성질이다. 밀은 자기 발전self-development을 궁극적 가치로 여겼다. 인간의 지적·도덕적·감정적 발전을 촉진하는 정신적 쾌락을 가장 소중하게 여겼다. 그런 쾌락을 추구해야 인간으로서의 품위를 지킬 수 있다고 생각했다. 밀이 남긴 유명한 말인 "만족하는 돼지보다 불만족스러워하는 인간이 되는 것이 더 낫다. 만족하는 바보보다 불만을 느끼는 소크라테스가 더 나은 것이다"는 이런 맥락에서 나온 것이다.

밀의 공리주의 도덕에서 특별히 주목해야 할 것이 하나 더 있다. 다른 사람에 대한 배려의 중요성이다. 밀은 인간이 사회적 감정을 타고난다고 믿었다. 따라서 이웃을 자기 몸처럼 아끼며 일체감을 느끼는 사회적 존재가 바로 공리주의에서 생각하는 인간의 본질이다. 외형적인 조건은 꽤 괜찮은 사람인데 왜 자신의 삶을 충분히 즐기지 못하는가? 그것은 그 사람이 자기만 알고 다른 사람들을 아끼고 배려하는 마음이 부족하기 때문이다. 밀은 이기심이야말로 우리 삶을 불만족스럽게 만드는 첫 번째 원인이라고 단언한다. 그래서 밀은 '사회적 효용'에 대해 각별한 관심을 가지고 길게 이야기한다. 그는 개인의 행복이 전체의 이익과 최대한 조화를 이루도록 법과 사회제도를 고쳐나가고자 한다.

공리주의 도덕의 증명

벤담은 가치의 객관적 기준을 인정하지 않았다. 러시아의 시인인 '푸시킨'과 어린아이들의 놀이 중 하나인 '푸시핀' 중 어느 것이 더 가치 있는 것인지 제3자가 판단할 수 없다고 했다. 이 점에서 밀은 달랐다. 그는 단연코 전자가 후자보다 더 가치가 높다고 생각했다. 정신적 쾌락을 열망하는 입장에서는 당연한 선택일 것이다. 이러한 가치의 차이는 어떤 기준으로 측정할 수 있는가? 어떤 것이 더 좋다고 한다면, 그 근거는 무엇인가?

밀은 젊어서부터 당시 철학계를 주도하던 직관주의자들과 치열한 논전論戰을 펼쳤다. 그는 진리가 관찰이나 경험을 떠나 직관이나 의식에 따라 인식될 수 있다는 '그릇된 생각'이 당시의 철학을 잘못된 길로 이끈다고 주장했다. 밀은 《논리학 체계A System of Logic》에서 선험적인 견해에 대립하는 학설의 기초를 세우는 것이 자신의 목표임을 분명히 밝혔다.

직관주의자들은 윤리적 판단의 근거가 될 원리들이 선험적으로 명백히 파악된다고 주장한다. 인간의 타고난 도덕적 본능이나 감각, 능력에 의해 제1원리를 파악할 수 있다는 것이다. 그러나 직관주의는 선험적 원리들을 직접 논증하지 못한다. 그저 기본 원칙이 그 자체로 자명해서 더 논의할 필요가 없다거나, 그 원칙을 거부하거나 비판할 수 없다는 논리로써 자신들의 주장을 정당화하려 한다.

그런데 밀도 특정 사물이나 현상은 그 자체로서 바람직하다고 주장한다. 그러면서 공리주의자들이 금과옥조로 여기는 행복이 최고의 가치라는 점을 논리적으로 증명할 길이 없다고 한다. 그렇다면 밀도 직관주의에 빠진 것이 아닌가? 그러나 그는 궁극적 가치의 존재를 상정한다고 해서 자신의 공리주의가 맹목적인 본능이나 원칙 없는 편의주의에 빠져드는 것은 아니라는 점을 강조한다.

밀은 우회적인 방법을 제안한다. 즉 실제로 사람들이 행복에 최고의 가치를 부여하는지 그렇지 않은지 살펴보자는 것이다. 이러한 경험적 조사를 통해 궁극적 가치의 존재를 간접적으로나마 증명할 수 있다는 것이 밀의 생각이다.

나아가 밀은 합리적 개인이 여러 가치 중에서 어느 하나를 선택한다면, 그것이 가장 높은 가치를 지닌다는 논리를 편다. 두 종류의 쾌락이 있다고 치자. 양자의 질적인 가치 차이를 어떻게 비교할 수 있는가. 가장 확실한 방법은, 그 두 쾌락을 모두 경험해본 사람에게 둘 중 어느 하나를 선택하게 하는 것이다. 즉 두 가지 쾌락을 모두 경험해본 사람들 대부분이 그중 하나를 더 뚜렷하게 선호한다면, 그것이야말로 더욱 바람직한 쾌락이라고 할 수 있다는 것이다. 밀은 '경험 있는 사람들의 감정과 판단 외에 무엇에 의지할 수 있겠는가?'라고 반문한다.

밀은 '알 만한' 위치에 있는 사람이라면 효용이 증대되는 방향으로 합리적인 선택을 할 것이라는 점을 의심하지 않는다. 그는 이런 믿음으로 공리주의 도덕률을 정립했다.

《공리주의》에 대한 평가

벤담에 비해 밀의 공리주의는 철학적인 깊이가 있거니와 인간미도 넘친다. 특히 '타인에 대한 배려'를 인간의 본능이라고 파악하는 그의 독특한 시각은 자본주의의 아류라고 오해받는 자유주의의 승화를 위해서도 매우 긴요하게 활용될 수 있다.

문제는 밀이 공리주의 원리를 정당화하는 방법에 있다. 밀은 직관주의를 대체할 도덕 이론으로 공리주의를 높이 평가했다. 경험과 관찰로 공리주의의 제1원리를 증명할 수 있다고 믿었다. 그러나 밀의 생각 속에도 그의 주장과 달리 직관주의가 작용하고 있다.

밀은 인간이 사회성을 타고났다고 주장한다. 개별성을 무엇보다 소중히 여긴다. 자기 발전 또는 진보가 효용의 기준이 되어야 한다고 역설한다. 그가 상정하는 이런 가치들은 어디서 나왔는가? 충분한 경험과 웬만한 수준의 이성을 갖춘 사람들이 합심해서 토론한 결과 얻어낸 결과물인가? 그들이 모든 것을 다 경험하고 난 뒤에 도달한 결론의 결정체인가? 아니다. 밀이 홀로 가치 있는 것이라고 전제하고 있을 뿐이다. 그의 기대와 달리, 도덕성의 기초에 관한 철학적 논의는 여전히 열려 있다.

비록 제1원리를 둘러싼 논쟁은 계속될 수밖에 없지만,《공리주의》는 철학이 가야 할 길을 진지하게 고민했다는 이유만으로도 돋보인다. 어떻게 살아야 인간답게 사는 것인지, 그리고 우리가 왜 이웃을 내 몸처럼 아끼지 않으면 안 되는지 등에 관한 밀의 성찰은 철학을 외면하는 시대 상황 속에서 더욱 빛을 발할 수밖에 없다.

종교론

Three Essays on Religion

1장 자연을 믿지 마라[1]

자연, 자연적인 것, 그리고 그런 부류의 말에서 비롯됐거나 어원으로 연결된 단어들은 사상사에서 아주 큰 비중을 차지한다. 인간의 감정에도 큰 영향을 주었다. 그 단어들이 처음에 명백히 무엇을 의미했는지 살펴보면, 그런 역할을 해왔음이 그리 놀랄 일이 아니라는 것을 알 수 있다. 그러나 도덕적·형이상학적 성찰에서 무척 중요한 역할을 하는 그런 단어들이 원래의 의미와 동떨어진 수많은 다른 의미를 지니게 되었고, 그러면서도 최초의 뜻과 밀접하게 연결되어 있어서 혼란을 자아낸다는 것은 불행한 일이다. 자연과 관련된 이런 단어들은 대부분 매우 강력하고 끈질긴 수많은 낯선 연상聯想[2]과 복잡하게 얽혀 있다. 그 결과로 단어의 처음 의미가 결코 수용할 수 없는 감정을 촉발시키면서 그 감정의 상징이 되었다. 또 그런 감정 때문에 그 단어들은 거짓 취향,

1 원제목은 '자연Nature'이다.

2 association. 공리주의는 모든 도덕적·정신적 감정이나 성질이 모두 연상작용의 결과라고 주장한다. 이를테면 쾌락이나 고통은 어떻게 인식될 수 있을까? 그것은 교육이나 경험에 따라 쾌락에는 유쾌하고 즐거운 관념이, 고통에는 아프고 괴로운 관념이 결부된 결과라는 것이다.

거짓 철학, 거짓 도덕, 심지어 악법의 중요한 뿌리 중 하나가 되었다.

플라톤이 잘 보여주듯이, 소크라테스 문답법의 핵심적 용법은 이런 특성을 가진 중요한 추상적 개념들을 해부하는 것이다. 즉 사람들이 통상적으로 불명확하게 사용하던 개념을 정교하게 정의하고, 그런 개념이 들어간 일상적인 격언과 주장에 질문을 던지고 시험하는 것이 그 역할이었다. 플라톤은 이런 연구를 통해 철학적으로 의미 있는 글을 많이 남겼다. 후대 사람들이 어떤 형태로든 지적 발전을 이룰 수 있었다면 그것은 플라톤에게서 큰 도움을 받은 덕분이었다. 그런데 그렇게 많은 대화편을 쓴 플라톤이 〈자연에 대하여〉라는 제목의 대화편은 쓰지 않았다. 그가 그런 글을 통해 후손들을 풍요롭게 만들지 않았다는 사실이 매우 유감스럽다. 만일 자연이라는 단어가 의미하는 관념이 그의 연구 분석의 대상이 되고, 자연이라는 단어가 포함된 상투어가 그의 강력한 변증법의 시험을 거쳤다면, 그의 후계자들은 그 말을 그릇되게 사용한 사고와 논증의 양식으로 그렇게 빨리 몰려가지 않았을 것이다(기이하게도'플라톤 혼자만 이런 오류에 빠지지 않았다).

이런 조사를 할 경우, 여전히 플라톤의 방법이 가장 적합하다. 그의 방법에 따르면, 막연한 용어를 다룰 때는 가장 먼저 그 용어가 정확히 무엇을 의미하는지부터 확인해야 한다. 또한 특수한 것에서 보편적인 것을 찾듯이, 추상적 개념의 의미는 구체적 개념 속에서 가장 잘 찾을 수 있다는 것이 플라톤 방법의 규칙이다. 이 방법을 자연이라는 단어에 적용해보면, 어떤 구체적인 물체(불이나 물 또는 개별적인 식물이나 동물)의 '자연'이라고 할 때, 그 뜻이 무엇인지부터 질문해야 한다. 즉 무엇보다 그 물체의 힘이나 속성의 총체 또는 집합에 대해 알아야 한다. 이어서 그것이 (관찰자의 감각을 포함해) 다른 물체에 대해 행동하는 양식, 그리고 다른 물체가 그것에 대해 행동하는 양식도 알아야 한다. 이것에 덧붙여, 지각을 가진 존재의 경우에는 그것 자체의 감정이나 그것이

의식하는 능력에 대해서도 알아야 한다. 어떤 물체의 자연이라는 것은 이 모든 것, 다시 말해 그 물체가 현상을 드러내는 능력 전체를 의미한다. 어떤 물체가 드러내는 현상은 환경에 따라 가변적이기는 하지만, 동일한 환경에서는 언제나 동일하다. 따라서 현상은 그 물체의 자연을 표현해주는 법칙이라는 단어의 일반적 형태로 설명될 수 있다. 이를테면 물이 해수면에서 대기의 평균압력에 노출될 경우 화씨 212도〔섭씨 100도〕에서 끓는다는 것이 물이 가진 자연의 법칙이다.

특정한 물체의 자연은 그 힘과 속성의 총합이기 때문에, 추상적 의미의 자연은 모든 사물의 힘과 속성을 모두 합친 것이라고 할 수 있다. 자연은 모든 현상과 그 현상을 야기하는 원인들의 총합을 의미한다. 이때 실제로 일어나는 현상뿐만 아니라 일어날 수 있는 현상도 포함해야 한다. 원인에 내포된 사용되지 않은 능력도 실제로 사용되는 능력 못지않게 자연이라는 관념의 한 부분을 구성하기 때문이다. 그동안 우리가 충분히 관찰해온 모든 현상은 각각 긍정적이고 부정적인 고정 조건들에서 규칙적이고 일정하게 발생한다는 것이 알려졌다. 이에 힘입어 우리 인간은 직접 관찰하거나 관찰에 바탕을 둔 추론 과정을 통해, 수많은 현상을 불러일으키는 조건들을 확인할 수 있었다. 넓게 보면 그런 조건을 확인하는 것이 곧 과학의 발전이라고 할 수 있다. 어떤 조건이 발견되면 그것은 특정 현상의 법칙, 그리고 더 흔하게는 자연의 법칙이라고 불리는 일반 명제로 표현될 수 있다. 그러므로 모든 물체는 질량에 비례하고 거리의 제곱에 반비례하는 힘으로 움직인다는 진리를 자연의 법칙이라고 부를 수 있다. 공기와 양분이 모든 동물의 생명 유지에 필요하다는 명제를 우리가 믿어야 할 이유가 충분하다면, 비록 법칙을 이루는 현상이 중력처럼 보편적인 것이 아니고 특수한 것이라 하더라도 그것 역시 자연의 법칙이다.

그렇다면 최대한 간단히 말해서 자연은 실제적이고 잠재적인 모든 사실을 총칭한다고 할 수 있다. 또는 (보다 정교하게 말해서) 자연은 모든 사물이 발생하는 어떤 방식(우리는 이것의 일부는 알고 일부는 모른다)에 대한 이름이라고 할 수 있다. 왜냐하면 그 이름은 현상의 세부사항이라기보다는 하나의 정신적 총체로서, 그 현상의 존재 방식에 관해 형성될 수 있는 개념을 뜻하기 때문이다(이 개념은 그 현상에 대한 완벽한 지식을 갖춘 어떤 정신에 의해 형성된다). 경험에 바탕을 둔 일반화를 거듭함으로써 그 개념에 다가가는 것이 과학의 목적이다.

따라서 이것이 자연이라는 단어에 대한 올바른 정의라고 할 수 있다. 그러나 이런 정의도 이 모호한 용어가 지닌 여러 의미 중 하나와 상응할 뿐이다. 이 단어를 익숙하게 사용하는 몇몇 방식에는 전혀 적용할 수가 없다. 예를 들어 자연과 기술, 자연적인 것과 인위적인 것을 대립시키는 통상적인 화법과는 정면충돌한다. 왜냐하면 방금 정의한 자연이라는 단어의 의미에 따르면(이것이야말로 진정 과학적인 의미라고 하겠다), 기술은 무엇 못지않게 자연에 가깝다고 할 수 있기 때문이다. 또한 인위적이라고 일컬어지는 모든 것이 자연적이다. 기술에는 독자적인 힘이 없다. 기술은 그저 어떤 목적을 위해 자연의 힘을 이용하는 것일 뿐이다. 인간이 만들어낸 현상은, 인간과 관련되는 한 자연 발생적인 것 못지않게 자연의 힘 또는 원소와 그 합성물의 속성에 의존한다. 인류 전체의 힘을 다 합쳐도 일반적인 물질이나 어떤 종種의 새로운 속성을 창조할 수 없다. 우리는 그저 우리가 발견한 속성을 우리의 목적에 맞게 이용할 뿐이다. 나무가 바람에 뽑히고 물에 떠내려가듯이, 배도 동일한 비중과 평형의 법칙에 따라 떠다니는 것이다. 식용으로 기르는 옥수수도 야생 장미와 산딸기가 꽃과 열매를 피우는 생장 법칙과 동일한 법칙에 따라 자라고 곡물을 생산한다. 집도 집을 구성하는 물질의 무게와 응집력 같은 자연적 속성에 의해 중심을 잡고 지탱한다. 증기기관은 기계의 한 부분에 압력을 가하는 증기의 자연적 팽창력을 이용해 움직인다. 그 압력이 지렛대의 기계적 속성에 의해 한 부분에서 다른 부분으로 전달된다(증기기관은 이 다른 부분에서 무게를 끌어올리거나 그것과의 사이에서 생겨난 저항을 제거한다). 앞에서도 언급했듯이, 이 모든 인위적 작용에서 인간이 하는 일은 매우 제한적이다. 그저 물체를 특정한 곳으로 옮기는 일에 국한된다. 우리는 어떤 물체를 옮김으로써 떨어져 있던 물체와 접촉하게 해준다. 또는 서로 붙어 있던 물체들을 떨어지게 만든다. 이렇게 단순히 장소를 옮기는 일을 통해 지금까지 잠자던 자연적 힘이 움직이면서 원하는 결과를 만들어낸다. 설계하려는 의지, 고안하는 지성, 그리고 그런 움직임을 촉발하는 근육의 힘도 자연의 힘이다.

따라서 우리는 자연이라는 말에서 적어도 중요한 두 가지 의미를 찾아내야 할 것이다. 한편으로, 자연은 외부세계나 내부세계에 존재하는 모든 힘 그리고 그런 힘에 의해 발생하는 모든 것을 의미한다고 볼 수 있다. 다른 한편으로, 발생하는 모든 것이 아니라 아무런 행위자 없이 또는 자발적이고 의도적인 행위자 없이 발생하는 것만 자연이라고 할 수 있다. 이런 구분이 자연이라는 말의 모호함을 다 없애주는 것은 결코 아니지만, 대부분의 중요한 결과를 결정적으로 좌우한다.

그런데 이런 것이 자연이라는 말의 두 가지 중요한 의미라면, 그 말과 그것으로부터 파생되는 말들이 칭찬, 승인, 심지어 도덕적 의무라는 관념을 담기 위해 사용될 때, 둘 중 어느 것이 사용되거나 배제되어야 할까?

자연이라는 말은 모든 시대를 통틀어 그런 관념을 담아왔다. 존경받는 수많은 철학자가 '자연을 따르라Naturam sequi'라는 말을 근본 도덕 원리로 가르쳤다. 고대인에게, 특히 고대의 지성과 사상이 쇠퇴하던 시기에, 이 명제를 통해 모든 윤리적 교리가 검증되었다. 스토아학파[3]

3 그리스의 제논Zenon(기원전 335?~기원전 263?)이 창립한 학파. 욕망을 억제하며 이

와 에피쿠로스학파[4]는 이론적 측면에서는 차이가 매우 컸지만, 사람이 자연의 지시를 따라 행동해야 한다는 점에서는 생각이 같았다. 로마의 법학자들은 그들의 영향을 받아 법학을 체계화할 때 자연법Jus Naturale, 즉 유스티니아누스 1세[5]가 유스티니아누스 법전에서 선언한 "자연이 살아 있는 모든 것에 준 권리"를 자기들 주장의 한가운데에 두었다. 그리고 법은 물론 도덕철학에 관해 체계적인 글을 쓰는 요즘의 저자들은 일반적으로 로마 법률가들을 자신의 모델로 삼기 때문에 소위 자연법에 관한 논문이 넘칠 정도로 많다. 또 이 법을 최상의 규칙과 궁극적 기준으로 삼는 사변思辨이 문헌들을 관통한다. 국제법 저술가들은 이런 유형의 윤리적 사변을 특히 많이 유포했다. 그들에게는 의지할 만한 실증법이 없었기 때문에, 가장 널리 인정된 국제 도덕 이론에 가능한 한 최대의 법적 권위를 부여하고 싶었던 것이다. 그래서 그와 같은 가상의 자연법에서 그런 권위를 열심히 찾으려 했다. 대부분의 기독교 교파는 인간이 날 때부터 사악하다는 교리를 펼쳤다(예수는 분명 그러지 않았다). 그런 까닭에 절정기의 기독교 신학은 자연을 도덕 기준으로 삼는 일부 교리를(전부는 아니지만) 배척했다. 그러나 그것은 심각한 반작용을 불러일으켰다. 특히 이신론理神論[6]을 따르는 거의 모든 윤리학자가 자연에 신성이 깃들었다고 믿게 하고, 자연이 내리는 가공의 명령을 인간 행동을 규율하는 권위로 추앙하게 했다. 그런 기준을 지침으로 삼는 것은 루소[7]가 문을 연 사고와 감정의 경향에서 매우 중

성에 따라 사는 것이 행복을 가져다준다고 주장했다.

4 기원전 3세기에 에피쿠로스Epicurus(기원전 341~기원전 270)가 창설한 학파로, 쾌락주의 윤리관을 펼쳤다. 주 49 참고.

5 Justinianus I, 483~565. 동로마제국의 황제.

6 deism. 18세기 계몽주의시대의 대표적인 기독교 사상으로, 인격적 신 관념을 부정하고 기적이나 부활, 재림 등 초자연적 현상을 외면함으로써 신앙의 이성화를 시도했다. 주 26 참고.

7 Jean-Jacques Rousseau, 1712~1778. 프랑스의 사상가. 흔히 "자연으로 돌아가자"라는

요한 의미를 지니고 있었다. 또 그것은 현대인의 마음속에 대단히 광범위하게 스며들었는데, 스스로 기독교인이라고 자처하는 사람들도 이 점에서 예외가 아니었다. 기독교 교리는 항상 그 시대에 유행하던 철학을 상당 부분 흡수했다. 우리 시대의 기독교는 그 색깔과 맛의 많은 부분을 감상적 이신론에서 빌려왔다. 그러나 이 시대는 법률적 정확성을 가지고 모든 인간 행위자에게 광범위하게 적용되는 행동 규칙을 연역하기 위해 자연 또는 그 어떤 기준도 동원할 수가 없다. 그 점에서 과거와 다르다. 현재 대부분의 사람은 어떤 원리를 학구적으로 엄밀하게 실천하지 않는다. 그 어떤 기준도 그다지 철저하게 따르지 않는다. 다양한 기준 속에서 일종의 혼란 상태로 산다. 이런 상황에서 일관성 있는 도덕적 확신을 가지기는 어렵다. 반면 순간순간의 교리를 따라 사는 데 도움이 되는 매우 광범위한 주장들이 제공되기 때문에, 도덕적 주관이 가벼운 사람이 살아가기에는 편하기 이를 데 없다. 오늘날에는 앞선 시대의 전통적 저술가들을 좋아하고, 소위 자연법을 윤리의 기초로 받아들이며, 그로부터 일관된 추론을 열망하는 사람이 드물다. 그렇다 하더라도 도덕 논쟁에서 지대한 역할을 수행하는 사람들에게는 자연이라는 말 그리고 그것과 어원이 같은 용어들이 여전히 중요한 위치를 차지한다. 그리하여 일반적으로 어떤 생각이나 감정 또는 행동 양식에 '자연에 따라서'라는 단서가 붙으면 큰 힘을 얻게 된다. 무엇이든 '자연이 명령하는' 것이 조금이라도 타당성이 있으면 대부분의 사람은 그 명령을 따르는 것이 적절하다고 생각한다. 반대로 아무리 받아들일 준비가 된 일이라도 자연을 거스른다는 오명을 들으면 그만둬야 한다고 생각한다. 그래서 비非자연적이라는 말은 여전히 가장 혹독한 악담 중

'절규'로 기억되지만, 그가 문명을 버리고 자연으로 회귀하자고 주장한 것은 아니다. 인간이 자연 상태에서 누렸지만 문명사회에 들어와 잃어버린 덕목을 되살리는 것이 그의 사상적 목표였다.

하나로 간주된다. 비자연적이라는 비난을 감수하는 사람들이라면 도덕적 의무의 기준에 관한 그 어떤 근본 원리도 회피할지 모른다. 그렇다고 그들이 과거 더 어려운 시대를 산 더 논리적인 사상가들이 자연법에 관한 체계적 논문을 쓰기 위해 토대로 삼았던 정리에 본질적으로 무심한 것은 아니다.

이런 형태의 말 속에서 자연이라는 단어가 지니는 또 다른 분명한 의미를 인정해야 할까? 또는 그런 형태의 말들이 앞에서 이미 언급한 두 가지 의미 중 하나와 합리적으로 연결될 수 있을까? 처음에는 자연이라는 단어가 지닌 모호함을 인정하는 것 말고는 다른 방법이 없는 것처럼 보일 것이다. 모든 질문은 '그것은 무엇인가what is' 또는 '그것은 무엇이 되어야 하는가what ought to be', 이 둘 중 하나다. 과학과 역사가 전자의 질문을 던진다면, 예술·도덕·정치는 후자의 영역이다. 처음에 지적한 자연이라는 말의 두 가지 의미는 '그것은 무엇인가'만 다룬다는 점에서 서로 닮았다. 첫 번째 의미의 자연은 존재하는 모든 것에 대한 집단적 명칭이다. 두 번째 의미의 자연은 인간의 자발적 개입 없이 스스로 존재하는 모든 것을 의미한다. 그러나 자연이라는 단어를 윤리적 용어로 사용하면 세 번째 의미가 드러난다. 이 경우 자연은 '있는 그대로'가 아니라 '무엇이 되어야 하는 것' 또는 '무엇이 되어야 하는 규칙 또는 기준'이 된다. 그러나 조금만 더 생각해보면 이것이 모호함의 문제가 아님을 알 수 있다. 여기에는 이 단어의 세 번째 의미가 없다. 자연을 행동 기준으로 설정하는 사람들은 그것이 단순히 말로만 그치기를 원하지 않는다. 그들은 그 기준이 어떠하든 자연이라는 이름으로 불려야 한다는 것만으로는 만족하지 못한다. 그들은 그 행동 기준이 실제로 무엇인지에 대해 자신이 어떤 정보를 주고 있다고 생각한다. '인간은 자연을 따라 행동해야 한다'고 말하는 사람들은 단순히 '인간은 해야 할 일을 해야 한다'는 말을 다른 식으로 표현하는 것이 아니다.

그들은 자연이라는 단어가 우리 인간이 무엇을 해야 하는지 어떤 외부적 기준을 제시한다고 생각한다. 만약 그들이 '그것은 무엇이 되어야 하는지'에 관한 하나의 규칙으로서 원래 '그것은 무엇인가'라는 의미가 담긴 한 단어를 설정한다면, 그것은 후자가 전자에 관한 규칙과 기준을 분명하게 또는 불분명하게 구성한다고 생각하기 때문이다.

이런 관점을 검토하는 것이 이 장의 목적이다. 다시 말해 이 장에서는 자연을 옳고 그른 것, 좋고 나쁜 것의 잣대로 규정하는 교리를 비판적으로 검토할 것이다. 어떤 형태, 어느 정도로든 자연을 따르고 흉내 내는 것 또는 자연에 복종하는 것에 가치를 두거나 중요하게 여기는 교리의 진실성에 대해 따져 물을 것이다. 이런 논의를 할 때, 지금까지 자연이라는 단어의 의미에 관해 이야기한 것이 매우 중요한 서론 역할을 할 것이다. 언어는 원래 철학적 탐구를 둘러싼 공기와 같은 것이다. 무엇이든 언어를 통해 그 진정한 모습과 위상이 드러나려면, 그것을 표현하는 언어가 명료해야만 한다. 이제 우리는 더 이상 모호해지지 않도록 대비해야 한다. 무척 명백한 일도 모호함이 조금이라도 남아 있으면 때때로 슬기로운 사람까지 잘못된 길로 인도하게 된다. 따라서 일이 더 진행되기 전에 철저하게 조심할 필요가 있다. 자연과 가장 흔하게 연관되는 것이 바로 법칙이라는 단어다. 법칙이라는 단어는 두 가지 의미를 갖고 있다. 하나는 '그것은 무엇인가'라는 명백한 의미고, 다른 하나는 '그것은 무엇이 되어야 하는가' 하는 의미다. 우리는 만유인력의 법칙, 운동의 3법칙〔뉴턴이 정리한 관성의 법칙, 가속도의 법칙, 작용·반작용의 법칙〕, 배수 비례의 법칙〔원소가 화합할 때 일정한 중량 비율에 따른다는 법칙〕, 유기물의 필수법칙에 대해 이야기한다. 이 모든 법칙은 '그것은 무엇인가'에 해당한다. 우리는 또한 형법, 민법, 명예법, 진실법, 정의법에 대해 이야기한다. 이 모두는 '그것은 무엇이 되어야 하는가' 또는 그런 것과 관련된 누군가의 가설, 감정 또는 명령의 일부다. 첫 번째 종류의 법칙, 즉 운동과 중력의 법칙 같은 것은 어떤 현상이 일어났을 때 관찰되는 일정한 법칙 이상도 이하도 아니다. 이 법칙은 부분적으로 관찰된 선행 사건과 후속 사건, 그리고 그것에 수반되는 일들과 관련되어 일정하다. 과학에서 그리고 심지어 일상적인 어법에서 자연의 법칙은 이런 것들을 지칭한다. 다른 의미의 법칙으로는 토지법, 국제법이나 도덕률을 들 수 있다. 앞에서 이미 말했듯이, 이것들은 법률가와 정치평론가들이 자연법이라고 부르기에 적합하다 싶은 것들을 끌어다놓은 것이다. 몽테스키외[8]의 책* 첫 장은 이 단어의 두 가지 의미가 서로 혼동될 수 있다는 것을 잘 보여준다. 이 책에서 몽테스키외는 물질세계에는 물질세계의 법이, 동물에게는 동물의 법이, 인간에게는 인간의 법이 있다고 말했다. 그리고 인간의 법보다 처음 두 종류의 법이 훨씬 엄격하게 작동한다는 사실을 강조했다. 그는 물질세계와 동물의 세계에서는 사물이 늘 있는 그대로 존재하지만, 인간은 마땅히 있어야 할 상태로 늘 있는 것은 아니라는 점을 마치 모순이고 역설인 것처럼 지적했다. 대중문학에 큰 영향을 준 컴[9]의 글에도 비슷한 혼동이 넘쳐난다. 그런 탓에 우리가 곳곳에서 도덕법칙을 준수해야 하듯이, 똑같은 의미와 양식으로 우주의 물리법칙에도 복종해야 한다는 주장이 제기되고 있다. 자연이라는 말을 윤리적으로 사용한다는 것은 '그것은 무엇인가'와 '그것은 무엇이 되어야 하는가'를 절대적으로 동일시하지는 않더라도 이 둘이 밀접한 관계를 맺는다는 것을 뜻한다. 이런 개념은 확실히 다음과 같은 습관적 구분에서 비롯된 바가 크다. 즉 '그것은 무엇인가'를 '자연의 법칙'으로 표현하면서, 동시에 '그것은

8 Charles De Montesquieu, 1689~1755. 프랑스의 사상가로, 《법의 정신De l'esprit des lois》으로 유명하다.

* *De l'esprit des lois*, 2 vols. (Geneva: Barrilot, 1748).

9 George Combe, 1788~1858. 스코틀랜드의 법학자.

무엇이 되어야 하는가'를 더 친숙하고 강력하게 표현하기 위해 법칙이라는 동일한 단어를 사용하고 있는 것이다.

자연 또는 자연의 법칙을 따라야 한다고 주장하거나 암시할 때, 자연(있는 것 전부를 뜻하는 첫 번째 의미의 자연)은 모든 사물의 힘과 속성을 총칭하는가? 그러나 이 의미로는 자연에 따라 행동해야 한다는 충고를 표현할 수가 없다. 어떤 사람이 행동을 잘하든 못하든 상관없이, 아무도 그렇게 하도록 도울 수 없기 때문이다. 자연이라는 단어를 이런 의미로 쓸 경우, 자연을 따르지 않는 행동 양식은 있을 수 없다. 모든 행동 양식이 모두 똑같은 정도로 자연에 상응한다. 모든 행동은 어떤 자연적 힘을 행사한 결과다. 그 행동이 불러오는 온갖 종류의 결과(이것은 자연의 특정 법칙을 철저히 따르는 어떤 물체가 지닌 힘과 속성에 의해 산출된다)가 수많은 자연현상을 구성한다. 내가 내 몸을 자발적으로 사용해 음식을 먹는다면, 그 행동과 결과는 자연의 법칙에 따라 일어난 것이다. 만일 내가 음식 대신 독을 먹는다 하더라도 상황은 전혀 다르지 않다. 자연의 법칙이 부여한 것 외에 다른 힘이 없고 자연의 법칙을 통하지 않고는 물리적으로 아주 사소한 일도 할 수 없는 사람들에게 자연의 법칙을 따르라고 명령하는 것은 말이 안 되는 일이다. 그들에게 해줘야 할 말은 특정 상황에서 어떤 특정한 자연의 법칙을 이용해야 하는지에 관한 것이다. 예를 들어 어떤 사람이 난간 없는 다리를 통해 강을 건널 때, 중력의 법칙에만 의존하면 강에 빠지기 쉬우니 움직이는 물체의 평형법칙을 따르면 더 쉽게 갈 수 있다고 말해줄 필요가 있다.

사람들이 하지 않을 수 없는 행동을 하라고 촉구하는 것은 부질없는 일이다. 명백히 나쁜 행동을 옳은 행동 규칙으로 규정하는 것도 터무니없는 일이다. 그럼에도 불구하고 이렇게 가장 넓은 의미의 자연의 법칙들을 따라가야 하는 관계로부터 합리적 행동 규칙이 제정될지도 모른다. 인간은 자연의 법칙 또는 다르게 표현하면 사물의 특성을 따라야 하지만, 그렇다고 반드시 그것들에 입각해서 행동할 필요는 없다. 인간의 모든 행동은 자연의 법칙을 따른다. 그러나 모든 행동이 그 법칙에 관한 지식에서 출발하지는 않는다. 어떤 목적을 달성하기 위해 반드시 그 법칙 위에서 지적으로 움직이는 것도 아니다. 우리는 자연의 법칙이라는 틀 자체로부터 자유로울 수 없다. 그러나 특정한 자연의 법칙이 작용하는 환경을 벗어날 수 있다면, 우리는 그 어떤 법칙에서든 탈출할 수 있다. 비록 우리는 자연의 법칙을 통하지 않고는 아무것도 할 수 없지만, 어떤 법칙을 제어하기 위해 다른 법칙을 이용할 수는 있다. 베이컨[10]의 격언에 따르면, 우리는 자연에 명령을 내리듯 자연에 복종할 수 있다.* 환경이 조금이라도 바뀌면, 우리에게 작용하는 자연의 법칙도 다소간 바뀌게 된다. 목적이나 수단을 위해 뭔가를 선택할 때마다 우리는 어느 정도 이 자연의 법칙이 아니라 저 자연의 법칙 아래로 옮겨간다. 따라서 '자연을 따르라'는 쓸모없는 계율이 '자연을 공부하라'는 계율로 바뀐다면(공부란 우리가 다뤄야 하는 사물의 속성이 우리가 추구하는 모든 목적에 도움이 되거나 방해가 될 경우 그 속성에 대해 알고 주의를 기울이는 것이다) 우리는 모든 지적인 행동에 관한 첫 번째 원칙에 도달하거나 지적인 행동에 관한 개념 자체를 정의할 수 있을 것이다. 이 진정한 원리를 제대로 이해하지 못한 많은 사람이 이 원리를 피상적으로 닮은 부질없는 교리를 내세우고 있다. 그들은 중요한 결과를 불러오는 특정한 자연의 법칙에 주의를 기울이느냐 기울이지 않느냐에 따라 현명한 행동과 어리석은 행동이 결정적으로 구분된다고 믿는다. 또한 그들은 자연의 법칙에 따라 행동하려고 하는 사람은 그 법칙에 복종하는 반면, 실질적으로 자연의 법칙을 무시하고 그런 법칙

10 Francis Bacon, 1561~1626. 영국의 철학자.
* *Novum Organum*, Works, Vol. IV, p. 47.

이 존재하지 않는 것처럼 행동하는 사람은 그 법칙에 복종하지 않는다고 생각한다. 환경 문제를 배제한다면, 자연의 법칙에 불복종한다는 것은 다른 어떤 것, 아마도 바로 그 법칙 자체에 복종하는 것과 같다. 예를 들어 어떤 사람이 화약의 폭발력을 몰라서 또는 부주의한 탓에 아무 생각 없이 화약고에 들어간다면, 자신이 신경 쓰지 않은 바로 그 법칙의 결과로 자기 몸이 산산조각 날 가능성이 있다.

'자연을 따르라'는 교리가 지닌 권위의 상당 부분은 그 교리가 '자연을 보라Naturam observare'는 합리적 계율과 혼동된 탓에 생겨났다. 그렇긴 해도 그 교리를 좋아하고 옹호하는 사람들은 후자의 계율보다 전자의 교리에 훨씬 더 큰 의미를 두려고 한다. 사물의 속성에 관한 지식을 얻고, 그 지식을 참고해 활용하는 것은 목적을 위해 수단을 사용하는 사려 깊은 사람의 규칙이다. 우리가 무슨 바람과 의도를 갖고 있든, 좋은 결과를 얻으려면 그렇게 해야 한다. 그러나 '자연에 복종하라'나 '자연에 순응하라'는 격언은 단순히 신중함을 뜻하는 차원이 아니라 하나의 윤리적 격언으로 받아들여지고 있다. 자연법을 말하는 사람들에게는 재판을 하고 제재를 가하기에 적합한 일종의 법으로까지 인식된다. 올바른 행동은 단순히 똑똑한 행동이 아니라 그 이상의 어떤 것을 의미해야 한다. 그러나 좀 더 광범위하고 철학적인 방식으로 자연을 받아들일 때, 이 마지막 계율('자연을 보라'는 합리적 계율을 뜻한다) 이상으로 자연이라는 말과 연결될 수 있는 것은 없다. 따라서 우리는 이 말을 다른 의미로 해석해야 한다. 즉 자연은 기술과 구분되는 것으로, 우리의 관찰 대상이 되는 현상의 모든 과정이 아니라 그 현상의 자발적 과정만 의미한다고 말이다.

자연을 인간의 개입 없이 발생하는 것이라는 두 번째 의미로 이해할 때, 우리가 '자연을 따르라'는 실천적 격언에 어떤 뜻을 부여할 수 있을지 검토해보자. 자연을 이렇게 규정할 경우, 사물의 자연 발생적 경로는 우리가 필요에 맞게 사물을 이용하기 위해 따라야 할 규칙이라고 말할 수 있을까? 그러나 이런 의미의 격언은 다른 의미의 격언들이 그렇듯이, 단순히 피상적이고 부질없는 정도가 아니라 매우 터무니없고 자기모순적이라는 사실이 분명해진다. 왜냐하면 한쪽 의미를 따르면 인간은 자연에 순응해서 행동해야 하지만, 다른 의미를 따르면 그 행동의 목적은 자연을 바꾸고 개선하는 것이기 때문이다. 만일 사물의 자연적 경로가 완벽하게 옳고 만족스럽다면, 인간의 모든 행동은 일을 더 좋게 만드는 것이 아니라 오히려 나쁘게 만드는 쓸데없는 간섭이 될 것이다. 이런 상황에서 인간의 행동이 조금이라도 정당화되는 것은 본능에 전적으로 복종할 때뿐이다. 그렇게 하면 자연의 정상적인 질서의 한 부분으로 간주될 수도 있기 때문이다. 그러지 않고 무엇이든 사전 계획과 목적을 가지고 행동하려 한다면 완벽한 질서를 위배하는 결과를 낳을 것이다. 인위적인 것이 자연적인 것보다 더 낫지 않다면 인간의 모든 기술이 무슨 소용이 있는가? 땅을 파고 쟁기로 갈며 집을 짓고 옷을 짜는 모든 일이 '자연을 따르라'는 명령에 대한 심각한 거역이 된다.

그러나 모든 사람, 심지어 그 명령에 감정적으로 깊숙이 빠진 사람들도 지금처럼 몰고가는 것은 지나치다고 말할 것이다. 사람들은 자연에 맞서 기술이 이룩한 수많은 위대한 승리를 지지하고 찬양한다. 자연이 갈라놓은 해안을 다리를 놓아 연결하는 것, 자연의 습지에서 물을 빼내는 것, 우물을 파는 것, 땅속 저 깊은 곳에 묻혀 있는 것을 밖으로 파내는 것, 피뢰침으로 벼락을 피하고 둑으로 홍수를 막는 것, 바다에 제방을 쌓는 것 등을 말이다. 이런 일들을 찬양하는 것은 자연에 복종하는 것이 아니라, 자연을 정복하는 방법을 인정하는 것이다. 때때로 자연이 인간에게 적대적으로 힘을 행사하는 상황에서, 인간은 육체적 힘을 다하고 창의성을 발휘해 자연에 맞서 싸워 이겨야 한다. 인간이 보잘것없는 신체 조건으로 자연의 광대한 힘에 맞서 기대 이상의 성과를 이룩하면 갈채를 받지 않을 수 없다. 그러므로 문명이나 기술 또는 인간이 고안한 장치에 대한 모든 칭찬은 자연을 격하하는 행위나 마찬가지다. 자연의 불완전함을 직시한 끝에 그 결함을 고치거나 완화하는 것은 인간이 해야 할 일이고 인간의 훌륭한 성과라고 할 수 있는 것이다.

인간이 자신의 여건을 개선하기 위해 하는 모든 일은 자연의 자연발생적 질서를 거스르고 반대하는 것과 마찬가지라는 의식 때문에, 새롭게 개선을 시도하는 행위는 어느 시대에나 처음에는 모두 종교적 의심의 대상이 되었다. 그런 시도는 우주의 다양한 현상들을 지배하고 자신의 의지대로 자연을 움직인다고 생각되는 강력한 존재 또는 (다신교가 일신교에게 자리를 넘겨준 뒤에는) 전능한 존재에게 무례할 뿐 아니라, 그 존재에게 공격적인 행위일 가능성이 굉장히 큰 것으로 인식되었다. 자연현상을 인간의 편의에 맞춰 바꾸는 것은 언제든 그런 초월적 존재의 통치에 간섭하는 행위로 보일 수 있었다. 물론 그런 식의 끊임없는 개입이 없었다면 인간의 삶은 즐거운 것이 될 수 없음은 물론이고 유지되지도 못했을 것이다. 그럼에도 모든 새로운 모험은, 경험들이 쌓여 그런 모험이 신의 보복을 이끌어내지 않는다는 사실이 마침내 증명될 때까지, 늘 심각한 공포와 전율 가운데 시도되어야만 했다. 성직자들은 지혜를 발휘해, 신의 영역을 침범할 때는 징벌을 감수해야 한다는 주장과 인간의 특정한 위반 행위는 처벌받지 않는다는 사실을 조화시키려 했다. 다시 말해, 인간의 모든 중요한 발명은 신의 선물이고 호의의 산물이라는 등식을 고안한 것이다. 옛날의 종교들 역시 인간이 신의 권위에 도전하는 것으로 여겨지는 일을 시도할 때 사전에 신과 의논하고 명시적 허락을 받는 과정을 보여주었다.

이런 신탁神託의 시대가 끝나자, 계시를 내세우는 모든 종교는 신탁이 하던 역할을 대신할 다른 방편을 찾아냈다. 가톨릭은 절대 오류가 없는 교회의 권위에 의존했다. 그리하여 교회는 인간의 자발적 행동 중 무엇이 허용되고 무엇이 금지되는지 판단하는 권한을 행사했다. 그것이 여의치 않을 경우에는 성서의 주장에 의존해 어떤 관행이 명시적으로 또는 암시적으로 신의 승인을 받을 수 있는지 판정했다. 특별한 은총과 신의 필요에 의해 자연을 통제하는 자유가 인간에게 허락된다는 생각이 이어졌다. 그렇다 해도 일정한 범위를 넘어 자연을 통제하려는 모든 시도는, 비록 그 강도가 약해지긴 했지만 인간에게 허용된 것을 넘어 감히 신성한 권능을 훼손하는 불경한 행위로 간주되었다. 조선술과 항해술을 "금지된 죄악"이라고 비판했던 호라티우스의 시*는 회의가 만연했던 그 시대에도 과거의 정서가 그대로 이어져왔음을 보여준다. 중세에 들어서는 상황이 조금 달라졌다. 당시 사람들의 정서가 악령을 퇴치하는 문제에 관한 미신과 복합적으로 얽혀 있었기 때문에 정확히 똑같은 일이 벌어졌다고 볼 수 없다. 그러나 자연을 탐구하는 사람들은 오랫동안 좋지 않은 평판을 얻었고, 절대자의 비밀을 엿보는 자라는 호된 비난을 피하지 못했다. 인간의 새로운 생각이나 노력에 흠을 내고 싶을 때, 주제넘게 신의 섭리를 방해하려 한다는 죄목을 갖다 붙이면 그 폭발력은 여전히 대단했다. 사실 창조의 결과인 자연 질서가 바뀌어서는 안 되고 심지어 그 어떤 새로운 변화도 도모되어서는 안 된다는 것이 창조주의 뜻이라고 주장하는 사람은 아무도 없다. 그런데도 다음과 같은 막연한 생각이 여전히 힘을 발휘하고 있다. 즉 이런저런 자연현상을 통제하는 것은 대단히 타당한 일이지만, 자연의 전체적인 틀은 우리 인간이 따라야 할 모델과도 같다. 그러므로 구체적인 사

* Horatius, *Carmina* I, iii, 11. 25~26; *Opera*, p. 9.〔호라티우스Horatius(기원전 65~기원전 8)는 고대 로마의 시인이다.〕

항들에 관해서는 우리에게 다소 자유가 있지만, 큰 틀에서는 자연 그대로의 정신과 생각에 맞춰 살아야 한다. 자연은 신의 작품이고 따라서 완벽한 것이므로 인간이 자연의 범접할 수 없는 탁월함에 맞설 수는 없다. 불완전하더라도 자신의 기술과 경건함을 최대한 발휘해 자연과 닮은 것을 재생산하기 위해 노력하는 것이 인간이 할 수 있는 최선의 길이다. 전체는 아니지만 각자가 취향에 따라 주목하게 되는 자연 질서의 특정 부분은 특별한 방식으로 창조주의 뜻을 반영한다. 그것은 사물 일반, 따라서 우리의 자발적 행동이 가야 할 방향을 지시하는 일종의 안내판 역할을 한다. 이런 종류의 감정은 일상적인 경우에는 삶의 반대 흐름에 따라 억제되지만, 관습이 침묵을 지키고, 정신의 내재적 충동이 이성은 몰라도 그 감정과 충돌하지 않는다면 언제든 표출될 수 있다. 이것은 항상 요설가饒舌家들의 표적이 되는데, 이들은 반대파를 설복할 정도는 아니지만 적어도 자신들이 들려주고 싶어 하는 것을 이미 믿고 있는 사람들의 귀에 쏙 들어갈 법한 이야기를 해준다. 오늘날에는 창조주의 신성한 통치법과 비슷해 보인다는 이유로 특정한 행동 경로를 선택하도록 설득되는 사람은 거의 없다(그 주장이 아무리 강력하고 자신이 이미 믿고 있는 것에 더욱 확신을 갖게 해주어도 말이다).

자연에 나타난 섭리를 흉내 낸다는 이런 관념이 하나의 격언으로서 명쾌하고 직설적으로 표현되는 경우가 드물듯이, 단도직입적으로 부정되는 경우도 많지 않다. 그 관념이 자신의 길을 가로막는 장애물이 된다고 생각하는 사람은 그것을 공격하기보다는 다른 곳으로 돌아가려 한다. 때로 자신도 그런 감정에서 자유롭지 않기 때문에, 그리고 권능을 가진 창조주가 만든 작품을 폄하하는 것으로 간주될 수 있는 행동을 조금이라도 행해서 불경죄를 범했다는 비판을 들을까 두려운 마음 때문이다. 따라서 대부분의 사람은 자신이 반대자만큼 종교 문제에 대해 말할 권리가 있음을 보여주려고 애쓴다. 자신이 주장하는 경로가 신의 섭리와 부분적으로 충돌하는 것처럼 보이지만, 다른 측면에서는 반대자보다 신의 섭리에 더 일치할 수 있음을 보여주기 위해 노력한다. 실수의 원인들은 여전히 그대로 남아 있고 개별적인 갈등을 통해 그 실수가 개선되는 정도도 미미하지만, 역사는 끔찍한 선험적 오류를 다루는 이런 방식을 통해 특정 실수를 시정하며 진보한다. 그러나 그런 부분적 승리가 오랫동안 쌓이면 관례가 축적되고, 그 관례의 힘을 빌려 강력한 선입관에 대항하는 주장이 제기될 수 있다. 왜곡된 감정이 수그러들면서 언젠가는 그런 선입관이 완전히 소멸되는 날이 올 거라는 희망을 점점 키운다. 많은 종교인이 이 명제를 대단히 공격적인 것으로 생각할 수 있으나, 그들은 부정할 수 없는 한 가지 사실을 직시해야 한다. 즉 인간의 손이 닿지 않는 한, 자연의 질서는 정의와 선행의 속성을 지닌 어떤 존재가 자신의 이성적 피조물이 그 질서를 모범으로 삼아 따르게 하려고 만든 것이 아니라는 점이다. 자연이 전적으로 그런 존재에 의해 만들어졌다면, 전혀 다른 자질을 가진 존재에 의해 만들어지지 않았다면, 자연은 불완전하게 설계된 것일 수밖에 없다. 그래서 인간이 자신의 한정된 영역 안에서 정의와 선행을 베풀어 그 부족함을 메우는 것이다. 최상의 인간들은 세상에 대한 인간의 가장 중요한 의무는 자신을 고쳐나가는 것이라며 이것이 종교의 본질이라고 늘 주장해 왔다. 수도승 같은 정적주의[11] 신봉자들을 제외한 다른 사람들은 모두 마음속 깊은 곳에서 세상을 변화시킨다는 종교적 의무도 여기에 추가했다. (자신을 고쳐나가는 의무처럼 명확하게 설명되지는 않지만) 그 의무에는 단순히 인간만이 아니라 물질세계, 다시 말해 물리적 자연의 질서를 개선하는 것도 포함되었다.

11 quiétisme. 인간의 노력을 과소평가하고 신에게 마음을 철저히 위탁해야 한다고 주장하는 그리스도교 신비사상.

이런 주제를 검토할 때 우리는 자연적 편견이라고 부를 수 있는 선입관에서 벗어날 필요가 있다. 이 선입관은 신경 쓰지 말아야 할 다른 일들에 끼어드는 감정(이는 그 자체로 자연적이고 피할 수 없는 것이다)에 기초하고 있다. 이런 감정 중 하나가(심지어 일체의 종교적 감정과 무관하게) 위대한 자연현상에 고취된 경탄인데, 이것은 경외심으로 발전한다. 태풍, 산 위의 절벽, 사막, 풍랑이 일거나 고요한 바다, 태양계, 그리고 그 태양계를 한데 묶어두는 거대한 우주의 힘, 끝없는 창공, 지성인의 눈에 비친 별 하나, 이 모든 것은 인간의 힘과 모든 성취를 매우 무의미한 것으로 보이게 한다. 그런 감정에 빠진 사람의 눈에는, 인간처럼 보잘것없는 피조물이 자신의 머리 저 위에 있는 것을 비판적으로 바라보거나 우주의 위대함에 맞서 감히 자신의 역량을 재보려는 행위가 정말 주제넘어 보인다. 그러나 우리 자신의 마음속을 조금만 들여다보면, 그런 현상이 그토록 대단해 보이는 것은 단순히 그 규모 때문이라는 사실을 금세 알 수 있다. 광대무변廣大無邊한 우주와 시간 또는 그것이 예시하는 엄청난 힘 때문에 숭고해 보이는 것이다. 이 모든 것에서 비롯되는 감정은 도덕적 감정이 아니라 공포심과 더 밀접하게 연관된다. 그런 현상의 엄청난 규모 때문에 절로 감탄하게 되고, 따라서 그런 자연에 대항하려는 일체의 시도가 부질없는 일로 생각되지만, 그것으로 인해 야기된 감정은 탁월함에 대한 존경심과는 성격이 완전히 다르다. 두려움에서 출발한 감탄은 미학적으로 승화될 수 있지만 도덕적으로 발전할 수는 없다.

인간은 상상하는 능력을 타고났다. 그래서 위대함과 힘의 개념을 깊이 파고들면 고통과 등을 대고 있는 감정을 느낀다. 인간은 그 어떤 쾌락보다 이 고통을 선호한다. 동시에 인간은 이 감정이 사악한 힘과 관련을 맺는 것도 경험할 수 있다. 그러나 우주의 힘들이 우리의 의식 속에 악을 초래하는 것을 생생하게 느끼는 데 비해, 그 감정은 그리 강력하게 느끼지 못한다. 자연은 우리가 흉내조차 낼 수 없는 엄청난 괴력을 가지고 있고, 그 속성 하나만으로도 우리를 위압한다. 그렇다고 우리가 그 힘의 다른 속성들도 모방해야 한다고, 또는 자연이 그 엄청난 힘으로 우리에게 보여주는 예를 따라 우리의 작은 힘을 사용해야 한다고 유추하는 것은 심각한 오류일 수 있다.

왜냐하면 자연의 현실을 보아야 하기 때문이다. 우주의 힘은 위대함과 더불어 사람들이 눈을 떼지 못하게 하는, 또 다른 엄청난 본질을 갖고 있다. 바로 상상할 수 없는 절대적 난폭함이다. 그 힘은 자신이 도중에 무엇을 또는 누구를 깔아뭉개는지 신경도 쓰지 않고 목적지를 향해 곧장 달려간다. 낙관주의자들은 "자연이 하는 일은 무엇이든 옳다"* 고 주장한다. 그들은 이것을 증명하기 위해 결코 자연이 사람을 파멸의 구렁텅이로 몰아넣지 않으려고 한 발자국 옆으로 비켜 걷는다고 주장하지 않고, 자연이 그렇게 하기를 기대하는 것은 지극히 비합리적이라고 강변하려 든다. 포프[12]는 "당신이 지나갈 때 중력이 그 작용을 멈춰야 할까?"⁑ 라고 묻는데, 여기에는 자연도 인간의 일반적 도덕을 따라 하기를 기대하는 어리석은 사람에 대한 비웃음이 담겨 있다. 만약 사람과 자연이 아니라 사람과 사람 사이에 이 질문을 제기한다면 그 자랑스러운 표현은 다시없는 뻔뻔스러움의 전형이 될 것이다. 어떤 사람이 다른 사람이 자기 옆을 '지나가는데도' 굳이 돌을 던지거나 대포를 발사하겠다고 고집을 부려 끝내 그 사람을 죽인 다음 똑같은 식으로 변명한다면, 그 사람은 살인죄로 처벌받아야 마땅하다.

엄연한 진실을 하나 말하자면, 사람이 잘못을 저지르면 교수형을

* Alexander Pope, *Essay on Man*, Epistle I, 1. 294; *Works*, New ed., Ed. Joseph Warton, et al., Vol. III, p. 47.

12 Alexander Pope, 1688~1744. 영국의 시인.

⁑ Ibid., Epistle IV, 1. 128; Vol. III, p. 134.

당하거나 감옥에 가는데, 자연은 그런 일들을 거의 일상적으로 되풀이 한다는 점이다. 살인은 인간의 법체계에서 최악의 범죄로 인식되는데, 자연은 살아 있는 모든 존재에게 언젠가 한 번은 그런 짓을 한다. 책에 나오는 세상에서 가장 흉측한 괴물이 살아 있는 동료에게 의도적으로 오랫동안 고통을 가한 다음 죽이듯이, 자연도 그렇게 하는 경우가 상당히 많다. 우리가 살인이라는 말에 자의적 단서를 달아, 인간의 생명에 관해 사용하되 한정된 경우 외에는 그 말을 쓰지 않기로 한다면, 자연 또한 거의 모든 생명체에 똑같은 일을 한다고 볼 수 있다. 가장 악질적인 인간이 다른 사람의 생명을 빼앗듯이, 자연도 폭력적이고 음흉한 방법을 모두 쓴다. 인간을 찌르고, 능지처참하고, 야수들에게 뜯기도록 던져버리고, 태워 죽이고, 기독교의 초기 순교자처럼 돌로 쳐 죽이고, 굶어 죽게 하고, 얼어 죽게 하고, 빠르게 또는 천천히 독살하고, 그 외에도 잔인하기로 소문난 나비스[13]나 도미티아누스[14]도 따라갈 수 없을 정도의 수백 가지 끔찍한 방법으로 사람들을 죽인다. 자연은 이 모든 일을 자비와 정의에 상관없이 참으로 거만하게 해치운다. 가장 선한 사람이나 가장 고상한 사람을 가리지 않고 가장 비열하고 흉악한 방법으로 화살을 쏜다. 최고의 일, 가장 가치 있는 일을 하는 사람들에게 죽음의 손길을 내민다. 다시없이 고상한 일을 한 결과가 죽음일 때도 있다. 그래서 그것이 그들에게 내려진 징벌로 생각될 정도다. 자연은 흉악한 인간을 치듯(마치 그런 인간은 죽여 없애는 것이 본인에게는 구원이 되고, 그의 사악한 지배 아래서 신음하는 사람들에게는 축복이 되는 것처럼), 사람들의 행복을 책임지고 장차 인간세계의 전망을 좌우할 수 있는 사람까지도 아무 거리낌 없이 쳐버린다. 이것이 자연이 생명을 대

13 Nabis, ?~기원전 192. 스파르타의 마지막 왕.
14 Domitianus, 51~96. 로마의 황제.

하는 방법이다. 자연은 죽일 생각이 없을 때도 똑같이 무자비한 고문을 가한다. 동물의 생명이 영원히 재생산되도록 자연이 세운 조잡한 계획(개별 동물이 짧은 시간 안에 수명을 다하게 하자면 이런 계획이 필요할 수밖에 없다)에 의해 인간도 이 세상에 오기는 하지만, 글자 그대로 다른 인간이 몇 시간 또는 며칠 동안 초죽음을 겪는 과정을 거치지 않고는 결코 올 수가 없다(그러다가 죽음으로 끝나고 마는 경우도 허다하다).[15] 생명을 빼앗는 것 다음으로 우리가 살아가는 수단을 빼앗는 것도 잔인하기는 마찬가지다(최고의 권세가가 볼 때는 둘 다 같은 문제일 것이다). 자연은 이것 역시 대규모로, 그리고 다시없이 냉정한 방법으로 한다. 단 한 번의 태풍이 한 계절의 희망을 짓밟아버린다. 메뚜기 떼가, 한 번의 홍수가 한 지역을 초토화한다. 뿌리작물 하나에 생긴 사소한 화학적 변화가 수백만 명을 굶주리게 만든다.[16] 바다의 파도도 인간이 하는 행동의 원형이다. 강도가 부자의 재산을 빼앗고 가난한 사람의 등짝을 후리듯이, 파도도 같은 방식으로 사람들을 벗기고 상처 입히고 죽인다. 한마디로 모든 것이 똑같다. 악한 사람이 다른 사람의 생명이나 재산을 빼앗지만, 자연은 그보다 훨씬 큰 규모로 힘을 행사한다. 자연은 카리에가 저지른 수장水葬보다 더 치명적인 누아야드를 초래한다.[17] 유독가스에 불이 붙으면 인간이 만든 대포만큼이나 파괴력이 크다. 흑사병과 콜레라는 보르지아 가문의 독이 든 잔[18]보다 훨씬 많은

15 출산의 고통을 뜻한다.

16 1845~1849년 아일랜드에 감자 역병이 크게 번져 100만 명이 굶어 죽고, 150만 명 이상이 아메리카대륙으로 이주해야 했던 대기근을 뜻한다.

17 프랑스혁명 직후 과격파는 1793년 11월부터 1794년 2월까지 낭트에서 반혁명주의자로 의심되는 시민 4000명 이상을 물에 던져 처형했다. '누아야드Noyade'는 프랑스어로 익사형溺死刑을 뜻한다. 이 학살의 주동자가 바로 장바티스트 카리에Jean-Baptiste Carrier(1756~1794)였다.

18 15~16세기 이탈리아의 종교와 정치권력을 장악했던 보르지아Borgias 가문은 음료에 비소를 넣어 많은 사람을 독살한 것으로 악명 높다.

목숨을 앗아갔다. 심지어 자연의 길을 따라가는 것으로 생각되는 '질서'에 대한 사랑도 사실은 그 길과 모순된다. 사람들은 '무질서'와 그에 따른 결과에 거세게 반대하는 것에 익숙한데, 그 모든 것이 자연의 길의 복사판이라고 할 수 있다. 태풍과 역병은 인간의 삶에 아나키와 공포정치[19]를 훨씬 능가하는 불의, 파멸, 죽음을 안겨준다.

이 모든 것이 선하고 현명한 목적을 위한 것이라고 말하는 사람들도 있다. 이에 대해 나는 그것이 사실이든 아니든 문제를 전적으로 잘못 짚은 거라고 강조해야겠다. 겉보기와 달리 그런 공포가 자연에 의해 계속 반복되는 것이 좋은 일이라고 쳐도, 우리가 그 예를 따름으로써 좋은 목적을 더 잘 성취할 거라고 믿는 사람은 아무도 없다. 자연의 경로는 우리가 마땅히 흉내 내야 할 적절한 모델이 아니다. 자연이 살생하고 고문하며 폐허로 만들고 파괴하므로 우리도 똑같이 그렇게 하는 것이 옳은가, 아니면 자연이 무엇을 하든 상관없이 우리가 보기에 좋은 것을 해야 하는가? 만일 귀류법歸謬法 같은 것이 있다면, 그것을 통해 답을 찾을 수 있을 것이다. 자연이 어떤 일을 한다는 것이 사람이 그 일을 따라 해야 할 충분한 이유가 된다면, 다른 일에 대해서도 같은 말을 할 수 있을 것이다. 모든 것을 따라 하지 않으면서 왜 일부는 따라 하는가? 자연은 물리적 방법으로 세상을 다스리는데, 그중에는 인간의 잣대로 볼 때 극악무도한 범죄 행위들이 많다. 그렇다면 인간이 자연을 따라 하는 것은 종교적이거나 도덕적일 수가 없다. 자연현상 속에 좋은 것을 만들어내는 불가사의한 능력이 있는 것은 분명하다. 그러나 인간의 지각으로 판단할 때 자연현상은 나쁜 일도 많이 하고, 누가 보더라도 인위적으로 범죄를 저지른다. 나는 이 명제가 옳다고 본다.

19 프랑스혁명 말기인 1793년 6월부터 자코뱅이 자행한 폭정을 일컫는다. 약 30만 명이 용의자로 체포되었고, 그중 1만 5000명가량이 단두대에서 처형되었다.

실제로 자연이 그런 대단한 능력을 가졌다고 굳게 믿는 사람은 없다. 자연의 경로가 완전무결하다고 찬양하는 글들이 있기는 하지만, 그런 주장은 엄격한 검증을 기피하며, 시적 또는 종교적 감정을 과장한 것이라고 볼 수밖에 없다. 종교를 믿는 사람이든 안 믿는 사람이든, 이처럼 전체적으로 상처를 주는 자연의 작용이 선한 목적을 지향한다고 생각할 사람은 아무도 없다. 굳이 좋은 것을 하나 꼽자면, 합리적인 인간 피조물이 그것에 대항해 싸우도록 고취하는 것 정도라고 할까? 이런 작용이 자비로운 섭리에 의한 것이라면, 즉 그 작용이 섭리의 현명한 목적을 달성하기 위해 반드시 필요한 수단이라면, 자연의 작용을 방해하고 가로막는 인간의 모든 노력(성가시게 습지의 물을 빼거나 치통을 치료하거나 우산을 펴는 것 등)을 불경한 행동으로 간주해야 할 것이다. 때로 사람들의 깊은 감정이 그런 방향으로 흘러가는 것이 감지되기는 하지만, 실제로 그렇게 생각하는 사람은 아무도 없다. 어떤 사람의 이론을 따르자면, 우리는 자연의 재앙을 무한한 지혜의 소유자가 현세의 우리 삶을 위해 처방해준 약으로 소중히 여겨야 할 것이다. 그러나 문명사회의 인류는 오히려 그런 재앙을 성공적으로 방지하는 것을 진보로 간주하며 대단히 자랑스러워한다. 위의 이론을 따르면 지금쯤 우리는 끔찍한 처지가 되어 있어야 한다. 그러나 그런 재앙을 극복하기 위한 인간의 노력이 일종의 방부제 역할을 했다. 시간이 흐를수록 사람들은 자연의 재앙을 이전 시대보다 훨씬 잘 방지하고 있다. 위의 이론을 사실로 믿고 행동한 사람은 성자로 추앙받기는커녕 전부 정신병원에 갇혔을 것이다.

악에서 선한 것이 나오는 일은 분명 대단히 일상적인 사실이 되었다. 그리고 그런 일이 생길 경우, 너무 좋은 나머지 모두들 그 일에 대해 자세히 이야기한다. 그런데 이것은 자연의 재앙만큼이나 인간이 저지르는 범죄에도 자주 적용된다. 런던 대화재[20]는 런던이 건강한 도시 환경을 갖추는 데 결정적 기여를 했다. 그 일이 대화재 기념탑에 오랫동안 새겨져 있던 대로 정말 "가톨릭의 광기" 때문에 벌어진 사건이라 해도 결과는 같았을 것이다. 또 숭고한 대의를 지키다가 폭군이나 박해자의 손에 순교한 사람들은 그 죽음을 통해 인간 사회에 큰 공헌을 했는데, 만약 그들이 순교하지 않고 사고나 질병으로 죽었다면 그런 공헌을 하지 못했을 것이다. 그러나 범죄로 인해 예상 밖의 좋은 일이 벌어진다 해도 범죄는 범죄다. 그리고 악에서 선한 것이 자주 나온다면, 선에서 악이 나오는 것도 마찬가지로 일상적인 일이다. 공사를 불문하고 처음 발생했을 때는 지탄의 대상이었지만 나중에 예상 밖의 좋은 결과를 가져오는 바람에 섭리의 작용이라고 인정받는 일이 있는 것처럼, 처음에는 행운을 가져다줄 것으로 기대되었던 사건이 행운을 안겨주기는커녕 재앙을 낳고 치명적인 상황으로 반전될 수도 있다. 이처럼 시작과 끝, 사건과 기대의 갈등은 자주 일어날 뿐 아니라, 기분이 좋은 경우와 마찬가지로 고통스러운 경우에도 발생한다. 그러나 그 둘을 똑같이 일반화하지는 않는다. 현대인은 어떤 경우에도 그 둘이 신성한 목적을 비슷하게 담아낸다고 생각하지 않는다(고대인은 그렇게 생각했다). 인간은 자신의 불완전한 선견지명, 사건의 불확실성, 그리고 부질없는 인간적 기대에 대해 훈계함으로써 자기만족을 얻는다. 분명한 것은 인간의 이해관계는 대단히 복잡하게 얽혀 있고 어떤 사건이든 너무나 다양한 각도에서 영향을 끼치기 때문에, 일단 한 사건이 벌어지면 대부분의 경우 인류에 좋은 영향과 나쁜 영향을 둘 다 준다는 점이다. 대부분의 개인적 불행에 그 나름대로 좋은 측면이 있다면, 행운도 당사자나 다른 사람에게 가슴 아픈 영향을 미치기 마련이다. 지나치게

20 1666년 런던을 휩쓴 화재로, 당시 8만 명의 시민 가운데 약 7만 명의 집이 파괴됐다.

불행한 일이 닥치면, 설령 그 일에 좋은 측면이 있다 해도 깡그리 묻혀 잊어버린다. 그러나 축복받는 일 앞에서는 똑같은 말을 할 수가 없다. 모든 원인의 결과 역시 우발적 환경에 크게 좌우되기 때문에, 전체 결과가 지배적인 경향과 너무나 다르게 나타나는 경우가 허다하다. 그래서 악이 선을 낳고 선이 악을 낳을 뿐만 아니라, 때로 선이 악을 압도하고 반대로 악이 선을 압도해버리기도 한다. 물론 이것이 선과 악의 일반적 경향은 아니다. 반대로 선과 악 둘 다 자연스럽게 같은 것을 더 강화하는 경향이 크다. 선은 선을, 악은 악을 더 많이 낳는 것이다. 이것이 자연의 일반법칙 중 하나고, 자연이 습관적으로 범하는 정의롭지 못한 일 중 하나다. 그래서 "무릇 있는 자는 받아 풍족하게 되고 없는 자는 그 있는 것까지 빼앗기리라"[21]라는 성서 말씀이 있는 것이다. 선의 일반적이고 절대적인 경향은 더 많은 선을 낳는 것이다. 건강, 힘, 부, 지식, 덕 같은 것은 그 자체로 선할 뿐 아니라, 같은 종류와 다른 종류의 더 많은 선을 부추기고 촉진한다. 지식을 많이 가진 사람이 쉽게 배울 수 있고, 튼튼한 사람이 건강에 도움 되는 일을 많이 할 수 있다. 부자가 가난한 사람보다 돈을 잘 번다. 건강과 힘, 지식, 재능은 모두 돈을 잘 벌 수 있는 수단인데, 이런 것을 얻으려면 돈이 있어야 하는 경우가 많다. 반면 악이 선으로 바뀌는 경우도 있지만, 악을 더 악화시키는 것이 악의 일반적 경향이다. 병든 신체는 다른 병에 더 쉽게 걸린다. 병 때문에 힘쓰는 운동을 할 수 없고, 때로 정신도 쇠약해지며, 경우에 따라 생계 수단마저 잃게 된다. 육체적으로나 정신적으로 심한 고통을 겪고 나면 점점 더 고통에 시달리기 쉽다. 가난은 수천 가지 정신적·도덕적 악의 근원이다. 더 나쁜 것은 부상을 입거나 일상적으로 억압을 받으면 인격 자체가 망가진다는 점이다. 나쁜 행동은 그 행동을

21 〈마태복음〉 25장 29절.

하는 당사자, 구경꾼, 피해자에게 모두 나쁜 영향을 끼친다. 나쁜 성품은 습관에 의해 강화되고, 악덕과 어리석은 행동은 잘 퍼져나간다. 지적 결함은 도덕적 결함을 초래하고, 도덕적 결함은 지적 결함을 초래한다. 모든 지적·도덕적 결함은 끝없이 다른 결함들을 만들어낸다.

감히 말하지만, 그토록 높이 칭송받는 자연신학[22] 저술가들은 길을 완전히 잃어버렸다. 그들은 상호 충돌하는 두 명제를 적절히 판단할 수 있는 모든 사람을 상대로 자기들의 주장을 납득시킬 수 있는 유일한 지점을 놓쳐버렸다. 세상의 모든 고통이 더 큰 고통을 막기 위해 존재하는 것처럼 보이도록 세련되게 설명할 수 있는 기회를 모두 탕진해버렸다. 비참한 일은 더욱 비참한 일이 생기지 않게 하기 위해 존재한다는 이 주장은 잘 다듬기만 하면 능력이 유한한(다시 말해, 자신의 뜻이 통하지 않는 조건에서 일해야 하는) 존재의 작업을 설명하고 정당화하는 데 유용하게 쓰일 수 있다. 그러나 이것은 전능하다고 가정되는 창조주(필요에 직면하면 스스로 그 필요를 충당할 수 있는 존재)에게는 적용되지 않는다. 이 세상을 만든 존재가 자신이 원하는 일을 전부 할 수 있다면 비참한 것도 만들 수 있을 테고, 이 결론에는 예외가 없을 것이다. 이 주장을 외골수로 믿는 사람들은 자신이 "신이 인간에게 하는 일의 정당성을 증명"* 할 자격이 있다고 확신한다. 그런 사람들은 자신의 믿음을 부여잡으며 비참한 것은 악이 아니라고 강변하는 데 온 힘을 기울인다. 그러면서 신은 선한 존재로 피조물의 행복이 아니라 그들의 덕을 원하며, 따라서 이 우주는 행복하지는 않을지라도 정의롭다고 말한다. 그러나 이런 논리로는 윤리관에 대한 비판을 어느 정도 피해 갈 뿐 완전히 극복할 수는 없다. 인간을 만든 창조주가 모든 인간이

22 natural theology. 초자연적 계시나 이적異蹟에 근거해 신의 존재를 설명하지 않고, 순수하게 인간의 이성이나 경험에 입각하여 탐구하는 신학. 주 26 참고.

* Alexander Pope, *Essay on Man*, Epistle I, 1. 16; *Works*, Vol. III, p. 11.

덕스럽게 살기를 원했다면, 그의 계획은 인간이 모두 행복해지기를 원하는 것만큼이나 엉터리라고 볼 수밖에 없다. 창조주는 자연의 질서를 구축할 때 정의를 달성하기 위한 필요조건에 별로 관심을 기울이지 않았다. 심지어 자비보다도 더 관심을 두지 않았다. 만일 창조주가 전능하고 정의가 창조의 법칙이라면, 이 세상을 뒤덮는 고통과 행복의 양에 상관없이, 각 개인이 받는 고통과 행복의 몫은 각자의 선하거나 악한 행동에 정확히 비례해야 할 것이다. 다른 사람보다 더 나쁜 짓을 하지 않은 한, 그 누구도 다른 사람에 비해 더 불행한 운명에 직면해서는 안 될 것이다. 사고나 편애가 이 세상에서 힘을 발휘하는 일은 없어야 한다. 그리하여 모든 사람의 삶이 완벽한 도덕 동화처럼 구성된 드라마에 따라 펼쳐져야 할 것이다. 그러나 우리가 실제로 살고 있는 세상은 그런 세상과 전혀 다르다는 것을 부인할 수 없다. 죽음 이후의 세계를 꿈꾸게 되는 것도 이런 이상과 현실 사이의 균형을 다시 맞춰야 할 필요성 때문이다. 그만큼 현세의 질서는 정의가 아니라 불의로 점철되는 경우가 많다. 어떤 사람은 신이 즐거움과 고통을 선량하거나 사악한 인간에게 내리는 보상이나 처벌로 심각하게 고려하지 않으며, 덕 자체를 최고선으로 그리고 악을 가장 나쁜 것으로 여긴다고 말한다. 정말 그렇다면, 적어도 덕과 악이라도 각자가 실제로 한 일에 비례해야 마땅하다. 그러나 현실은 그렇지 않다. 많은 사람이 순전히 출신 배경 탓에 각종 도덕적 타락을 저지른다. 본인의 잘못이 아니라, 부모, 사회 또는 어찌할 수 없는 환경 때문에 그렇게 되는 것이다. 종교적 또는 철학적 광신자들이 주장하는 선에 관한 이론은 너무나 왜곡되어 있고 편협하다. 그러나 그런 이론을 아무리 동원하더라도, 선한 동시에 전능한 존재가 그런 자연의 통치를 만들어냈다고 생각할 수는 없다.

창조에 관한 도덕 이론 중 그나마 용인할 만한 유일한 것은 선의 원리가 즉시, 한꺼번에 (물리적이든 도덕적이든) 악의 세력을 제압할 수는 없다고 주장하는 것이다. 선의 원리는 인간들이 사악한 힘에 맞서 끊임없이 싸우지 않아도 되는 세상을 만들 수 없고 그들이 항상 이기게 할 수도 없다. 그저 그들이 점점 더 큰 힘과 승산을 가지고 그 싸움을 하게 만들 수 있을 뿐이고 실제로 그렇게 해왔다. 자연의 질서를 설명하는 모든 종교 이론 가운데 오직 이 이론만이 그 자체 그리고 그것이 설명하고자 하는 사실들과 모순되지 않는다. 이 이론에 따르면, 인간의 의무는 단순히 거역할 수 없는 힘에 순종하며 자신의 이익만 챙기는 것이 아니라, 완전히 선한 존재에게 의미 있는 보조자가 되려고 애쓰는 것이다. 이런 신앙은 인간이 악의 창조자이자 동시에 선의 창조자인 존재에 막연하고 일관성 없게 의존하기보다 스스로 노력하도록 용기를 주는 데 훨씬 적합해 보인다. 나는 이런 것이야말로 세상을 관리하는 섭리에 대한 믿음에서 모든 가치 있는 힘과 협력을 끌어낸 (때로 무의식적으로 했지만) 사람들의 신앙이라고 감히 주장한다. 그 믿음은 실천적 믿음을 표현할 때 사용하는 말들 때문에 부정확하게 묘사되는 경우가 많은데, 종교가 가장 그렇다. 많은 사람이 전능하지만 변덕스럽고 포악한 신의 은총을 받고 있다는 환상에 빠진 나머지 저급한 확신을 붙들고 있다. 그러나 강력하고 선한 절대자의 동정 어린 후원에 힘입어 더 착하게 살게 되는 사람도 실제로는 그 절대자가 엄격한 의미의 전능자라고 믿지 않는다. 다행스러운 일이 아닐 수 없다. 그들은 언제나 신의 권능보다 자비를 더 높이 쳤다. 그들은 신이 원하기만 하면 각자가 가는 길에 놓인 모든 가시를 치울 수 있다고 믿었다. 그러나 그들은 신이 그런 일을 하려면 누군가에게 더 큰 해를 끼치거나 전체의 행복을 위해 훨씬 더 중요한 어떤 목적을 포기해야만 한다는 사실도 믿었던 것 같다. 그들은 신이 무슨 일이든 하나는 할 수 있지만 결코 여러 가지를 동시에 할 수는 없다는 것, 인간의 정부와 마찬가지로 신의 통치기구도 조정과 타협의 체계라는 것, 신의 계획과 달리 이 세계는 어쩔 수 없이 불완전하다는 것을 믿었다.* 이 세계는 신이 온 힘을 다해 최대한 덜 불완전하게 만든 것이라 지금보다 더 나을 수는 없다. 그렇다면 그 힘이 인간의 평가를 훨씬 넘어서는 것이기는 하지만, 그것 자체로는 그냥 유한한 정도가 아니라 극도로 제한된 것이라고 볼 수밖에 없다. 예를 들어 그들은 신이 자신의 인간 피조물을 위해 기껏 할 수 있는 일은 다음과 같은 것이라고 생각할 수밖에 없다. 즉 이제껏 존재한 인간들의 압도적 다수를 (그들 자신의 잘못이 전혀 아닌데도) 파타고니아 사람〔세상에서 가장 키가 크다고 알려진 남미의 토인〕, 에스키모나 더할 수 없이 잔혹하고 타락한 인간으로 태어나게 해 오랜 세월 고난과 고통을 겪게 한 다음, 그중에서 최선의 인간들이 값진 희생을 한 덕분에 수세기가 흐른 뒤 마침내 그들 중 일부가 더 나은 종자, 정말 괜찮은 인간으로 진보할 수 있게 해주는 것 말이다(지금까지 이런 개별적인 사례는 몇 건만 목격되었다). 플라톤이 말했듯이, 물질을 다루는 일이 매우 힘들고 그로 인해 완전선도 모든 측면에서 제약받고 좌절을 겪다 보니 뜻하지 않게 이렇게 되었다** 고 생각할 수도 있을 것이다. 그러나 단순한 도덕적 선과 악의 관념을 가진 사람이면 누구나, 더할 수 없이 선하고 현명하며 절대적 힘을 가진 존재가 자신의 의지로 지금과 같은 세상을 만들었다는 사실을 인정할 수는 없을 것이다. 각자가 어떤 종교적 신념을

* 이 거역할 수 없는 확신은 종교철학자들의 저술에서 볼 수 있는데, 그 확신은 그들이 그런 사실을 얼마나 잘 이해하는지에 정확히 비례한다. 라이프니츠Leibnitz의 유명한 저서 《변신론辯神論》(1710)이 이것을 매우 분명하게 보여준다. 사람들은 엉뚱하게도 이 책이 낙관론을 편다고 오해했는데, 볼테르Voltaire의 소설 《캉디드Candide》(1759)도 라이프니츠의 논지와 동떨어진 풍자를 한다. 라이프니츠는 이 세계가 우리가 상상할 수 있는 최선의 세계라고 주장하지 않았다. 이 세계가 가능한 모든 세계 중 최선의 것이라고 말했을 뿐이다. 그에 따르면, 절대적으로 선한 신이 이 세계를 선택한 이상 그렇게 될 수밖에 없다. 라이프니츠는 《변신론》에서 신성한 권능과 무관한 추상적 가능성과 불가능성을 암묵적으로 거듭 상정한다. 비록 자신의 경건함 때문에 그 권능에 전능함이라는 말을 붙이고 있지만, 그는 그 말이 추상적 가능성의 한계 안에 있는 모든 것을 관할한다고 규정한다.

** Plato, *Statesman*, 273c.

가지고 있든, 절대적으로 선한 존재가 자연과 인간을 모두 만들었다면, 자연을 모방하기보다 오히려 자연을 개선하도록 인간을 설계했다는 사실을 믿지 않을 수 없을 것이다.

자연 전체가 완전한 지혜와 자비의 구현이라고 믿을 수는 없지만, 적어도 자연의 일부가 그런 지혜와 자비의 모범이나 전형으로 의도되었다는 사실까지 부인할 수는 없다. 창조주의 작업에는 인간이 흔히 신의 탓으로 돌리는 도덕적 요소가 반영되어 있다. 또 그중 일부는 우리가 지향해야 할, 흠 없는 모델일 뿐 아니라 나머지를 바로잡게 해주는 안내판과 기준으로서 만들어진 것이 분명하다. 사람들은 선에 대한 지향은 모방되고 완전해져야 하지만 악은 시정되어야 한다고 믿는 것으로 만족하지 못한다. 그들은 창조주의 설계가 어떤 모습인지 좀 더 분명하게 알고 싶어 한다. 그리고 창조주의 작품 어딘가에 그 내용이 들어 있다고 확신하며 그것을 찾고 선택하는 위험을 감수한다. 창조주는 언제나 선한 것만 원하며 악한 것은 일절 의도하지 않는다는 일반원칙에 입각한 선택을 제외한 나머지 선택은 절대적으로 자의적일 수밖에 없다. 그 선택이 일반원칙에서 나온 결론 외의 다른 것으로 흘러가면 정확히 그만큼 치명적인 결과를 낳을 것이다.

그 어떤 공인된 교리를 따르더라도, 자연 질서 중 어떤 부분이 인간의 도덕 교육과 지도를 위해 설계된 것인지 판명할 수가 없다. 따라서 각자 개인적 취향이나 일시적 편의에 따라 자신의 눈에 들어오는 실천적 결론이 신성한 통치의 특정 부분을 닮았다고 주장하게 된다. 그러나 이런 주장은 다른 주장들만큼이나 오류에 빠지기 쉽다. 창조주의 작품 중 어느 부분이 나머지 부분보다 창조주의 성격을 더 잘 반영하는지 단정할 수 없기 때문이다. 다만 그 작품 중 전체의 이익을 가장 잘 도모하는 부분이 비도덕적 결과를 초래하지 않는다는 사실은 확실하게 알 수 있다. 달리 표현해, 모든 창조 과정이 전능하고 일관된 단일

의지를 반영한다고 할 때, 그 의지가 의도하지 않은 목적은 분명 비도덕적 결과를 불러온다.

그러나 창조 과정에서 특별히 주목해야 할 요소가 하나 있다. 창조주의 의지가 분명하게 담긴 흔적을 찾으려고 애쓰는 사람들의 눈에 확 들어오는 것, 그것은 바로 인간을 포함한 여러 생명체의 강력한 충동이다. 그 사람들은 이렇게 주장할지도 모른다. 창조주가 단지 환경만 창조했다면 그의 합리적 피조물들에게 그 환경에 적응할 수 있는 방법을 가르쳐주지 않았을 거라고. 그러나 창조주가 피조물들이 특정 행동을 하도록 촉진하기 위해 그들 속에 (바람직한 결과를 불러오는) 어떤 자극을 심어주었다면, 그가 그들이 그런 행동을 하게 만들었다고 보아야 한다. 이런 추론을 끝까지 밀고 나가면 인간이 무슨 일을 하든 신이 그것을 의도했고 용인한다는 결론에 도달하게 된다. 인간이 하는 모든 일은 창조주가 그들 속에 심어준 충동의 결과이므로, 창조주의 의지에 따라 이루어진다고 간주해야 하는 것이다. 그러나 이런 현실적 결론은 미덥지 못하므로 선을 그어 구분할 필요가 있다. 즉 인간의 실제 본성 전체가 아니라 그 일부만이 인간 행동과 관련된 창조주의 특별한 의도를 가리킨다고 보아야 하는 것이다. 사람의 손보다는 창조주의 손이 그 부분에 명백히 더 많이 관여한다고 상정하는 것이 자연스럽다. 따라서 신이 만든 인간과 인간 자신이 만든 인간을 갈라놓고 구분하는 것도 자연스럽다. 사람이 깊은 생각 끝에 한 일은 좀 더 확실하게 그 사람 자신이 한 행동으로 보이기 때문에, 순간적인 충동으로 한 일보다 책임이 훨씬 크다. 이렇게 보면 인간 행동의 사려 깊은 부분은 인간의 몫으로, 사려 깊지 못한 부분은 신의 몫으로 간주할 수 있다. 그 결과 요즘 사회에 흔히 나타나듯이 이성을 홀대하고 본능을 떠받드는 일이 벌어진다. 이런 감정의 홍수는 이성적이었던 고대인은 상상할 수 없는 것이었다. 일반적으로 찬찬히 따져 물을 틈도 없이 급하게 행동하게 만드는 감정이나 충동은 대부분 본능을 따른 것이라고 생각하는데, 이런 인식 때문에 본능적 일탈 행동이 더 심각한 문제가 된다. 거의 모든 종류의 분별없고 즉흥적인 충동이 일종의 성별聖別을 받게 되는, 즉 마치 신성한 것처럼 대접받는 것도 이런 까닭에서다(행동하는 순간에는 분별없었더라도 그것이 과거의 성찰하던 습관에서 비롯된 것이라면 예외로 한다. 이런 것도 분명 본능적이지만, 나머지 분별없는 행동들과는 달리 그런 인정을 받지 못한다). 이렇게 해서, 명백하게 이성이 옳을 경우만 제외하고, 모든 분별없는 충동이 이성보다 우위에 있게 된다. 물론 (충동을 통제하고 이성이 우리의 행동을 지배하게 하지 않으면 인생을 살 수가 없다는) 이런 종류의 판단이 일관성 있게 수행된다고 말하는 것은 결코 아니다. 키를 잡고 이성을 제대로 운전하는 것은 바랄 수 없고, 그저 이성이 특정 방향으로 움직이도록 묶어두는 일 정도만 할 수 있을 뿐이다. 본능이 지배해서는 안 된다. 동시에 이성도 막연하지만 어느 정도는 본능에 경의를 표해야 한다. 본능은 신성한 목적을 특별한 모습으로 표출하기도 하는데, 본능에 대한 이런 호의적 평가는 아직 일관성 있는 일반 이론의 형태로 구체화되지 않았다. 이성적 능력이 적절한 처방을 내리지 못할 경우 본능은 언제든지 이성에 대한 적대감으로 불타오를 수 있다. 본능은 항상 이성에 위협을 가할 것이다.

여기서 본능이 무엇인지 따지는 어려운 심리학적 질문을 던지지는 않겠다. 그 문제를 온전히 다루려면 책 한 권은 써야 할 것이다. 그러나 이론적으로 논란이 되는 것들을 건드리지 않은 채, 본능적인 것을 인간성의 가장 뛰어난 부분으로, 다시 말해 그 부분이 무한한 선함과 지혜의 소유자를 두드러지게 대변하는 것처럼 간주하는 것이 얼마나 가치 없는 일인지 판단하는 것은 가능하다. 모든 사람이 본능이라고 주장하는 것을 전부 본능으로 인정해도, 인간성의 존경받을 만한 거의 모든 속성이 본능의 결과가 아니라 본능을 극복한 승리의 결과라는 사실에는 변함이 없다. 자연 상태의 인간에게는 잠재력 말고는 가치 있는 부분이 별로 없다는 것도 사실이다(이때 잠재력이라는 것은 가능성의 전부를 일컫는데, 모든 가능성의 실현 여부는 대단히 인위적인 질서에 좌우된다).

선함이 자연적이라는 관념은 인간 본성이 고도의 인위적 조건 아래 있을 때만 자랐고, (내 생각에는) 자랄 수 있었다. 왜냐하면 오랫동안 인위적 교육을 받아야만 선한 감정이 습관적인 것으로 바뀌고 나쁜 것을 제압할 수 있을 만큼 강력해지면서 필요할 때 자발적으로 분출될 수 있기 때문이다. 전문가들에 따르면, 자연 상태를 아직 벗어나지 못했을 때 인류는 손재주가 뛰어나다는 것 외에는 주변의 다른 야수들과 다를 것이 없었다. 고대 철학자들이 적절한 훈육을 목적으로 가끔 주장했던 것처럼, 인간을 인간답게 만든 것은 모두 이런저런 교육의 결과였다. 교육을 받지 않을 경우, 인간의 타고난 감정은 혐오의 대상이 될 수밖에 없다. 그 자연적인 감정을 지독히 혐오하면서 비로소 인간은 탁월한 발전을 시작할 수 있었다.

우리가 문명 이전의 상태에서 무엇보다 발견하기를 기대하고 또 실제로 발견하는 덕목이 있다면 바로 용기다. 그런데 용기는 인간 본성의 핵심이라고 할 가장 강력한 감정 하나를 정복하고 얻은 승리다. 인간의 감정과 속성 중 그 무엇보다 자연스러운 공포심이 바로 그것이다. 정복은 언제 어디서나 가장 강력하고 보편적인 감정을 진작振作하는데, 우리는 이 정복이라는 현상을 통해 인위적 훈육의 힘을 생생하게 확인할 수 있다. 물론 사람에 따라 용기라는 덕목을 획득할 수 있는 난이도의 차이가 무척 크다는 것은 부인할 수 없다. 인간의 타고난 기질 가운데 이것만큼 차이가 큰 것도 없을 것이다. 그러나 과연 인간이 태어나면서부터 용감한지 묻지 않을 수 없다. 많은 사람이 호전적이고 화를 잘 내며 열정적인데, 그런 감정을 강하게 자극하면 공포심이 무더질 수 있다. 그러나 그런 감정들을 걷어내면 공포심이 주도권을 잡는다. 사람이 언제 어디서나 용감하다는 것은 교양의 결과다. 결코 일반적이지는 않지만, 야만인에게서 때로 발견되는 용기는 스파르타인이든 로마인이든 상관없이 교육의 결과라고 보아야 한다. 그 종족 대중의 정서는 겁쟁이를 경멸과 조롱의 대상으로 삼고 용기를 칭찬하는 방향으로 강력하게 흐르고 있다. 어떤 감정을 겉으로 표현하는 것은 그 감정이 존재한다는 사실을 암시하는 것이라고 말할 수 있다. 마찬가지로 젊은이에게 용기를 심어주는 훈련은 원래 용기 있는 젊은이를 대상으로 한다고 말해도 될 것이다. 그런 훈련은 모든 좋은 관습이 전제하는 것, 즉 보통 사람보다 더 뛰어난 개인이 존재하며 그런 사람들로 인해 그 관습이 시작되었다는 사실을 알려준다. 그들은 다른 사람들과 마찬가지로 정복하는 것을 두려워하면서도 강력한 정신과 스스로 공포를 정복하는 의지를 갖춘 것이 분명하다. 그 덕분에 영웅과 같은 영향력을 행사할 수 있는 것이다. 왜냐하면 놀라울 정도로 유용한 것은 언제나 존경의 대상이 될 수밖에 없기 때문이다. 그들은 이런 존경심, 다른 한편으로는 그들 자신이 불러일으키는 두려움을 통해 정치권력을 장악하고 마음대로 관습을 만들 수 있다.

이제 가장 눈에 띄는 자질이자 인간을 하등 동물과 구별해주는 도덕적 특징 가운데 가장 두드러지는 것에 대해 생각해보자. 그것이 없으면 인간이 짐승 같은 존재가 되어버리는 것, 바로 청결을 유지하는 능력이다. 이것보다 더 인위적인 것이 있을까? 어린아이들 그리고 대부분의 하층 계급 사람은 실제로 더러운 것을 좋아하는 것 같다. 대부분의 사람은 이 문제에 무관심하다. 문명화되고 교육 수준이 높은 나라 사람들도 경우에 따라 심한 불결함에 무덤덤하다. 극소수의 사람만 지속적으로 불결함에 신경을 곤두세운다. 불결함에 익숙하지 않은 사람만 그것에 불쾌감을 느낀다는 것은 보편적으로 확인되는 사실이다. 어떤 형태로든 불결함에 적응되지 않을 만큼 극도로 인위적인 환경에서 사는 사람만 모든 불결함을 혐오한다. 다시 말해 모든 덕목 중에서 그 무엇보다 본능에 어긋나는 청결함이 본능을 눌러 이긴 것이다. 청결함이나 청결함을 사랑하는 것은 인간에게 결코 자연적인 것이 아니다. 그저 청결함에 대한 사랑을 획득한 결과일 뿐이다.

지금까지 우리는 개인적 덕목 또는 벤담[23]이 이름 붙인 자기와 관련된 덕목을 중심으로 예를 들었다. 그런 것들이 교양을 갖추지 못한 사람들에게도 어느 정도 적절한 예가 될 것 같았기 때문이다. 사회적 덕목에 대해 말하는 것은 쓸데없는 일로 보인다. 경험이 절대적으로 증언하듯이, 이기심은 자연스러운 것이기 때문이다. 그렇다고 내가 동정심 또한 자연적이라는 사실을 부인하는 것은 결코 아니다. 반대로 나는 그 중요한 사실에서 인간에게 선함과 고상함이 고양될 가능성, 그리고 그것들이 궁극적으로 전권을 행사하리라는 희망이 비롯된다고 생각한다. 그러나 아무것도 하지 않고 동정적 본능에만 맡겨버리면 동정심도 다른 것 못지않게 이기적인 것이 된다. 그저 이기심의 종류가 다를 뿐이다. 그것은 이기심과 동떨어진 것이 아니라 동정적 이기심이다. 두 사람, 세 사람, 네 사람의 이기심이다. 그들은 자신이 동정하는 사람에게는 매우 다정하고 매혹적이지만, 나머지 사람에게는 대단히 부당하고 냉정하게 대한다. 사실 가장 동정적이고 또 가장 동정이 필요한, 예민하고 우수한 생명체들이 바로 그 우수함 때문에 대단히 강력한 다른 충동도 많이 가지고 있다. 그래서 그들은 더 냉혹한 이기심에 비해 덜 역겹기는 하지만 때때로 매우 두드러지는 이기심을 보여준다. 과연 인

23 Jeremy Bentham, 1748~1832. 제러미 벤담은 존 스튜어트 밀의 아버지 제임스 밀 James Mill(1773~1836)과 더불어 공리주의 개혁에 앞장선 인물로 유명하다. 벤담은 존 스튜어트 밀이 어렸을 때 그에게 각별한 애정을 기울였다. 《위대한 정치》(서병훈, 책세상, 2017) 58~60쪽 참고.

간의 자연적인 자비심이 선생님, 친구들, 책의 가르침, 그리고 어떤 이상을 좇아 의도적으로 따라 하지 않아도 다른 모든 형태의 이기심보다 더 강력한 힘을 발휘할 수 있을지 아직은 단언하기가 어려울 것 같다. 어쨌든 그런 경우가 대단히 드물다는 것은 모두가 인정할 수밖에 없을 것이다. 이런 논의는 이 정도만 해도 충분할 것 같다.

그러나 다른 사람의 이익을 위한 자기통제는 말할 것도 없고, 자신의 이익을 위한 가장 흔한 형태의 자기통제(먼 미래의 목표 또는 각자의 행동과 이익에 관한 그 자신의 관점이 조화를 이루는 데 필수적인 공공의 목적을 위해 현재의 욕구를 희생하는 것)조차도 수련되지 않은 인간들에게 그것은 매우 부자연스러운 일이다. 오랜 기간 견습해야 하는 어린아이들이 그렇다. 권력의 자리에 태어나 자기 하고 싶은 대로 하며 사는 사람들과 어려서부터 너무 많은 환락을 탐닉한 사람들도 자기통제력이 결여되어 있다. 또 야만인, 군인과 선원들, 그리고 정도는 좀 덜하지만 영국과 다른 수많은 나라의 빈곤 계층 사람들도 거의 모두 그렇다. 자기통제와 다른 덕목들의 중요한 차이는, 자기통제도 가르침의 과정이 필요하긴 하지만, 다른 대부분의 덕목에 비해 스스로 배울 수 있는 가능성이 높다는 점이다. 진부하고 자명한 이치지만, 자기통제는 경험을 통해서만 습득된다. 개인적 경험이 외부의 가르침 없이 그런 자질을 촉진하는 분명한 경향을 가지기만 한다면, 그 자질은 우리가 언급한 다른 자질들보다 더 자연스러울 수 있다. 자연은 인간에게 다른 덕목 이상으로 자기통제의 자질을 심어주지는 않는다. 그러나 때로 자연은 그 자질을 길러주고, 경우에 따라 어떤 시급한 목적을 위해 인위적으로 책정되는 보상과 징벌을 관리한다.

모든 덕목 중 진실성이 가장 자연스러운 성질을 갖고 있다고 말해도 될 것 같다. 반대되는 동기가 없을 경우 보통 말은 사실과 일치한다. 또는 적어도 의도적으로 벗어나지는 않는다. 루소 같은 사상가들이 기만적이고 교활한 문명사회와 대비해 야만인들의 삶을 높이 찬양한 것도 이 덕목 때문이다. 그러나 불행하게도 이런 묘사는 환상적인 그림에 불과하다. 야만인들의 실제 삶과는 모든 면에서 모순된다. 그들은 언제나 거짓말을 한다. 진리가 덕목이라는 생각을 전혀 하지 않는다. 그들도 특별한 의무관계로 묶인 사람들, 즉 자신의 우두머리, 손님이나 친구 같은 사람들을 배반해서는 안 된다는 생각은 가지고 있다. 자기들에게 상처가 되기 때문이다. 이런 의무감은 그 야만 사회의 독특한 환경 속에서 인위적으로 교육된 도덕률이라고 보아야 한다. 그들은 진리를 그 자체로 존중한다는 생각은 전혀 하지 못한다. 동양 전체, 그리고 유럽 대부분 지역의 사람들보다 더 나을 것이 없다. 충분히 개화된 몇몇 나라에서도 실제로 진리를 존중하는 사람은 온갖 유혹에도 불구하고 진리를 실천하는 소수의 사람에 한정된다.

'자연적 정의natural justice'라는 일반적 표현법 때문에 정의가 자연에서 직접 나온 덕목이라고 생각하는 사람이 많을 것이다. 그러나 나는 정의감이라는 것은 전적으로 인위적인 기원을 갖고 있다고 생각한다. 그리고 자연적 정의라는 개념은 전통적인 정의 개념에 앞서 나온 것이 아니라 그 뒤를 따라 나온 것이라고 믿는다. 인류의 초기 사고 양식을 거슬러 올라가 (구약시대를 포함한) 고대를 살펴보거나 고대보다 더 발전하지 못한 상태에 머물고 있는 인류 집단을 조사해보면, 정의라는 개념이 명백히 법에 의해 규정되고 제한되었다는 것을 더 분명하게 알 수 있다. 그러므로 정당한 권리라는 것은 법이 허락한 권리를 뜻하고, 정의로운 사람은 다른 사람의 법적 재산이나 법적 권리를 결코 침해하지 않거나 침해하려고 시도하지 않는 사람을 의미했다. 고차원적 정의라는 개념은 법 자체를 지배하고 실증적인 법 규정이 없어도 양심과 같은 효력을 발휘하는데, 이것은 사실 법적 정의에서 출발한 것이고 그와 유사한 것을 추종한 어떤 관념이 나중에 확장된 것이다. 고차원적

정의는 온갖 종류의 감정을 통해 법적 정의와 유사한 방향을 유지하는데, 결국 그 명칭 자체가 거의 전부 법적 정의에서 비롯된 것으로 보아야 한다. 유스투스justus(정의로운), 유스티티아Justitia(정의의 여신) 같은 말은 유스jus(법)라는 단어에서 파생했고, 재판소, 사법 같은 말은 언제나 법정을 의미한다.

인간의 본성 속에 이 모든 덕목의 싹이 들어 있어야 하며, 그렇지 않은 경우 인간이 그런 덕목을 갖추는 것이 불가능하다면, 나는 제법 긴 설명 끝에 그 사실을 인정할 용의가 있다. 그러나 땅을 놓고 이로운 싹들과 다투는 잡초는 사람이 씨를 심어서 자라난 것이 아니고 저절로 무성하게 자란 것이다. 좋은 식물의 싹을 귀하게 키우는 것이 인간에게 중대한 이익이 되기 때문에 지적 능력이 허용하는 한(인간의 이 능력 역시 여전히 무척 불완전하다), 그 싹을 잘 보호해야 하는 경우가 아니면, 잡초는 천에 하나 정도를 제외하고는 언제나 싹을 철저히 짓밟고 파괴한다. 그러나 일찍부터 우호적 환경에서 잘 양육되고 불리한 영향을 받아 잘못되지 않는 경우, 인간 능력의 최대치로 고양된 감정이 첫 번째 천성보다 더 강력하면서도 그 천성을 흡수하지는 않는 제2의 본성이 될 수 있다. 자기 단련을 통해 이와 비슷한 탁월함을 획득한 훌륭한 조직체들도 기본적으로 동일한 원인에 힘입어 그런 탁월함을 얻을 수 있었다. 책을 통해 형성된 인류의 일반적 정서의 도움, 그리고 현실적이든 이상적이든 뛰어난 인품의 소유자가 이룩한 성찰의 도움을 통하지 않고 인간이 자기 수양을 통해 무엇을 얻을 수 있겠는가? 최고의 그리고 가장 고상한 인간들이 인위적으로 만든 이런 특질 또는 적어도 인위적으로 완전한 경지에 오른 특질이야말로 인간이 따라야 할 유일한 특질이다. 만약 이것이 훈련과 문화의 산물이고 그 훈련과 문화도 (우발적인 것이 아니라 합리적 선택의 결과일 경우) 이미 선택된 기준에 따라 결정된 것이기 때문에 행동 기준으로 받아들일 수 없다고 말한다면 그것은 억지나 마찬가지다.

다른 모든 것과 마찬가지로 인간의 본성도 그냥 따르기보다 고쳐 나가야 한다는 것이 이 짧은 논의로 충분히 증명되었다. 그러나 어떤 사람은 본능이 이성의 지배를 받아야 한다는 것을 부인하지 않으면서도, 모든 자연적 경향은 인간에게 일정한 행동반경을 허용해서 자신이 원하는 방향으로 일이 진행되게 한다는 말까지 하면서 자연에 경의를 표한다. 그들은 모든 자연스러운 소망이 어떤 목적을 겨냥해 생겨난 것이라고 말한다. 그들의 논리는 모든 소망은 실현되는 것이 자연스럽고, 그것이 충족되기 위해서는 자연 질서 안에 그에 상응하는 여건이 구비되어야 한다는 데까지 나아간다. 그리하여 (예를 들어) 사람이 수명을 무한대로 늘리고 싶은 욕망을 품게 되는 것 자체가 내세의 삶이 실제로 존재한다는 것에 대한 충분한 증거라는 말까지 한다.

나는 창조주가 세상을 창조하기 위해 설계한 흔적이 발견된다면서 그것에 대해 자세히 알려고 하는 시도들이 매우 터무니없다고 생각한다. 어떤 특정 현상을 보고 창조주가 이것 또는 저것을 의도한다고 주장하는 사람들은 창조주가 자신이 원하는 것을 모두 할 수 있거나 아니면 할 수 없다고 믿는다. 만약 전자가 맞는다면, 다시 말해 창조주가 전능하다면 그는 무슨 일이든 의도할 수 있다. 어떤 일이 일어난다는 것은 창조주가 그것을 의도했다는 증거가 된다. 그렇다면 인간이 할 수 있는 모든 일은 창조주에 의해 사전에 예정된 것이고 그의 설계가 실현된 것으로 보아야 한다. 그러나 더 종교적인 이론이 말하듯이, 창조주가 모든 일을 의도하지 않고 선한 일만 의도한다면, 인간은 자신의 힘으로 창조주의 의도를 자발적으로 도울 수 있다. 그러나 인간은 자신이 본성적으로 무엇을 하고자 하는지 살피는 것이 아니라, 무엇이 전체의 선을 증진하는지 알아냄으로써 창조주의 의도를 파악할 수 있다. 그리고 지금 살펴보듯이, 신성한 권능은 이해할 수 없고 극복할 수 없는 장애물에 의해 제약받는 것이 틀림없다. 그렇다면 인간이 결코 달성할 수 없고 달성해서도 안 되는 욕망을 품지 않은 채 창조되었다고 누가 말할 수 있을까? 우리가 자연에서 관찰하는 여러 창조 현상뿐 아니라 인간의 타고난 경향도 창조주의 의지가 아니라 그 의지의 자유행동을 가로막는 족쇄의 결과일 수 있다. 그렇다면 우리가 그런 것에서 행동에 도움이 되는 지침을 구하려 하는 것은 적이 설치해놓은 함정에 빠지는 일일 수 있다. 창조주가 욕망하는 것은 모두 이 우주에 발생할 수 있다고, 또는 적어도 그런 일이 일어나지 않는다고 말하거나 가정해서는 절대 안 된다고 주장하는 한없이 선한 사람들이 있다. 그러나 이런 가설은 그들이 분명하게 말하는 것처럼, 모든 거짓을 극히 싫어하며 어떤 경우에도 기만당하지 않는 존재에게 비굴한 공포심 때문에 거짓으로 경의를 표하는 사람에게나 가치 있을 뿐이다.

이 가설은 특히 모든 자연적 충동과 (본능이라고 간주될 정도로) 충분히 보편적이고 자연스러운 모든 성향은 반드시 좋은 목적을 위해 존재해야 하며, 규제를 받더라도 억제되어서는 안 된다는 것을 역설한다. 물론 이것은 대다수의 충동과 성향에 맞는 이야기다. 어떤 종자의 주된 경향이 자신의 보존에 필요하거나 도움이 되는 방향과 일치하지 않았다면 그 종자가 계속 존립할 수 없었을 것이기 때문이다. 그러나 본능의 수를 극소수로 축소할 수 없다면, 우리는 나쁜 본능도 가질 수밖에 없다. 그러므로 교육의 목적은 단순히 그런 본능을 규제하는 것이 아니라 제거하는 것 또는 사용하지 않음으로써 굶겨 죽이는 것(본능도 그렇게 할 수 있다)이라고 하겠다. 본능의 수를 늘리려는 사람들은 소위 그들이 말하는 파괴 본능(파괴하기 위해 파괴하려는 본능)이라는 것도 그 안에 포함시킨다. 왜 이것을 보존하려 하는지 나는 도무지 그 이유를 알 수 없다. 본능은 아니지만 본능과 매우 유사한 또 다른 경향, 즉 독재 권력을 휘두르고 다른 사람을 자기 뜻 안에 붙들어매는 데서 기쁨을 느끼는 소위 지배 본능만큼이나 이해가 안 된다. 정당한 이유 없이 그저 권위를 행사하는 데서 즐거움을 느끼는 사람에게는 아무도 기꺼이 권한을 위임하지 않을 것이다. 나아가 성격 자체가 잔인한, 또는 글자 그대로 천성적으로 잔인한, 다른 사람에게 고통을 주거나 다른 사람이 고통에 시달리는 것을 보면서 큰 즐거움을 느끼는 사람들이 있다. 이런 종류의 잔인함은 동정이나 후회를 하지 않는, 단순히 비정한 것과는 다르다. 그런 잔인함은 병적인 특성을 띤 잔인함으로, 관능적인 흥분의 특수한 형태라고 할 수 있다. 동양과 남부 유럽 사람이 과거에도 그랬고 지금도 그런 혐오스러운 경향을 많이 보여주는 것 같다. 나는 그런 것이 억누르면 안 되는 자연적인 경향이라고 생각하지 않는다. 이제 우리에게 남은 단 하나의 질문은, 그런 경향과 더불어 그런 경향을 가진 사람까지도 억누르는 것이 우리의 의무인가 하는 것이다.

모든 사람이 타고난 기본적 충동에는 좋은 측면이 포함되어 있다. 또 인위적으로라도 충분히 교육을 받으면 남을 해치기보다는 도움을 주는 방향으로 바뀔 수 있다. 그러나 이런 것이 아무 의미도 없다는 것을 인정해야 할 때가 많다. 인류 전체가 그런 훈련을 받지 않으면, 우리의 보전에 필요한 것들조차 이 세상을 비참하게 만드는 데 쓰일 수 있기 때문이다. 인간의 손에 교화되거나 훈련받지 않은 동물들의 왕국에서 볼 수 있는 폭력과 압제의 끔찍한 장면이 우리 삶에도 일어날 수 있는 것이다. 창조주의 작품에서 그의 목적을 읽어낼 수 있다고 자랑하는 사람들도 몸을 움츠리게 만드는 자연현상들을 줄기차게 보았을 것이다. 창조 속에 뭔가 특별한 설계의 흔적이 있다면, 가장 주목할 만한 것 중 하나가 대다수의 동물이 다른 동물에게 고통을 주고 다른 동물을 잡아먹으면서 살아야 한다는 점이다. 그 동물들은 그런 목적에 필요한 도구들을 풍족하게 갖추었다. 그들의 강력한 본능이 그렇게 하도록 만들었고, 그들 중 상당수는 다른 것은 아예 먹을 수 없도록 변화했다. 그런 동물들이 자연에 유리하게 적응하기 위해 감수해야만 하는 고통의 10분의 1만 계산하더라도 창조주의 인격은 치명적인 상처를 입을 것이다. 그렇다면 거의 예외 없이 포식자에게 잡아먹히고 천 가지는 되는 질병에 노출된 나머지 스스로를 보호할 방도를 잃어버린 하급 동물 전체에 대해서는 무슨 할 말이 있겠는가? 우리가 악마에 의해 동물이 창조되었다고 믿지 않아도 되는 것은 무한 권능의 소유자가 동물을 만들었다고 가정할 필요가 없기 때문이다. 이렇게 자연에 나타난 창조주의 뜻을 모방해서 행동 규칙을 만든다면, 동물의 세계를 통틀어 강자가 약자를 괴롭히는 것이 섭리의 명백한 의도라고 할 수 있기 때문에, 최악의 인간이 보여주는 극악무도함도 충분히 정당화될 수 있을 것이다.

그런데 이런 관찰로는, 자연에 순종해야 한다는 생각이 인간의 삶에 대한 윤리적 판단의 한 요소로 작용하는 경우의 수를 다 설명할 수 없다. 자연이라는 말에는 수많은 일반적 의미가 담겨 있고, 동일한 우호적 예단이 그 말을 따라다닌다. 그 의미 속에서 자연은 인간성을 구성하는 다른 요소와 대비되는 어떤 것을 뚜렷이 지칭하는 용어로 사용되고 있다. 지금까지 우리는 이런 일반적인 의미 가운데 하나에 국한해서 논의를 해왔다. 그것은 후천적으로 획득되는 것과 분명하게 구분되는 우리의 선천적인 정신적·도덕적 구성 요소를 일반적으로 지칭한다. 이를테면 교육과 대비되는 자연을 말할 때, 법과 예술, 지식이 존재하지 않는 야만적 자연 상태를 말할 때, 자비심이나 도덕적 감정이 자연적인 것인지 아니면 획득되는 것인지 질문을 던질 때, 또는 어떤 사람이 천성적으로 시인이거나 웅변가인데 다른 사람은 그렇지 않다고 말할 때 사용되는 자연이라는 말이 바로 그것이다. 그러나 '자연'은 또 다른 의미, 좀 더 느슨한 의미로 쓰이기도 한다. 이를테면 특정 상황에서 어떤 사람이 겉으로 보이는 모든 행동이 사전에 조사되거나 계획되지 않았을 때 자연적이라는 표현을 사용하기도 한다. 어떤 사람의 행동이나 말이 자연스러운 품위를 지녔다거나 그 사람이 자연적으로 타고난 태도나 성격이 어떻다는 식으로 표현하기도 한다. 이 경우 자연이라는 말은 그 사람이 그것을 통제하거나 속이려 하지 않는다는 것을 뜻한다. 이보다 더 느슨한 용법도 있다. 예를 들어, 우리는 어떤 사람에게 뭔가 특별한 일이 생기기 전 또는 특별한 일이 사라지기 전까지 그 사람이 보여주는 상태를 자연스럽다고 말하기도 한다. 그래서 어떤 사람이 둔하게 타고났지만 노력과 인내를 통해 지적인 사람으로 바뀌었다, 천성은 명랑했지만 불행한 일을 당하면서 침울해졌다, 원래 야심만만한 사람이었는데 때를 못 만나서 기가 죽었다 등과 같은 표현을 한다. 마지막으로, 감정이나 행동에 적용되는 '자연적'이라는 단어는 단순히 우리의 삶에서 일상적으로 발견된다는 것을 의미하기도 한다. 그래서 어떤 사람이 어떤 상황에서 자연스럽게 행동했다고 말하기도 하고, 무엇을 보거나 듣거나 생각하다가 또는 인생을 살다가 마주친 사건에 이런 저런 영향을 받는 것은 전적으로 자연스럽다고 말하기도 한다.

이 말이 가진 이 모든 의미를 종합해볼 때, 자연적이라고 일컬어지는 것은 그것과 반대되는 것에 비해 확실히 질이 낮을 때가 많다. 그러나 반드시 그런 것은 아니라서, 오히려 그 말에 상당히 우호적인 의미가 담길 때도 있다. 내 이야기를 하자면, 내가 어떤 사람에게 자연 또는 자연적이라는 말을 쓸 때, 그 말에는 칭찬의 뜻이 담긴다. 그런데 그 칭찬이라는 것은 부정적 의미, 즉 꾸밈이 없다는 뜻으로 사용된다. 꾸밈이라는 말은 실제와 다르게 보이려고 노력하는 것(그러면서도 그 시도에 대해 변명하거나 위선이라는 더 혐오스러운 딱지를 붙이지 않을 때)으로 정의할 수 있다. 여기서 속이는 행위는 때때로 다른 사람뿐 아니라 자기 자신에게도 적용된다는 사실을 덧붙여야겠다. 예를 들어 어떤 자질을 갖고 싶을 때, 자신이 정말로 그 자질을 가지고 있는 것처럼 자기 최면을 걸어 그 외형적 특징을 흉내 내는 경우가 그렇다. 기만이든 자기기만이든 아니면 그 둘 사이에 있는 어떤 것이든, 꾸밈이라는 말에는 당연히 비난의 뜻이 담겨 있다. 반면 꾸밈의 반대라고 이해되는 자연적인 것은 칭찬의 대상이 된다. 그런데 경의를 표할 만한 그 자질을 더욱 적절하게 표현하는 말은 정직이라는 단어일 것이다. 이 단어는 원래 상당히 고상한 의미를 띠었는데, 요즘은 그 단어가 한때 통틀어 지칭했던 가장 중요한 덕목의 하위 가치만 뜻하는 것으로 이해되고 있다.

때로 어떤 행동이나 처신이 정말 칭찬할 만해서 꾸밈이라는 말이 적합하지 않은 경우에는, 문제가 되는 그 사람을 깎아내리기 위해 그의 행동이나 처신이 그에게 자연스럽지 않다고 말하기도 한다. 그리고 자연스러워 보이는 다른 사람과 비우호적인 비교를 한다. 그들의 생각에 그 사람이 보여주는 탁월함은 일시적 흥분이나 그 자신에 대한 위대한 승리의 결과인 반면, 다른 사람의 탁월함은 습관적 성격에서 비롯된 결과다. 이런 식으로 말하는 것은 문제 될 것이 없다. 왜냐하면 여기서 자연은 단순히 어떤 사람의 일상적인 기질을 뜻하는 용어고, 그 사람이 칭찬을 받는다면 그것은 그 사람이 자연스러워서가 아니라 자연적으로 선하기 때문이다.

따라서 자연에 순응한다는 것은 옳고 그른 것과는 아무런 상관이 없다. 이런 관념은 때때로 그리고 부분적으로 비난받을 만한 경우가 아니라면 결코 적절한 윤리적 토론의 대상이 될 수 없다. 이 점을 설명하기 위해, 자연이라는 개념과의 연관 속에서 최고 강도의 비난이 담긴 표현, 즉 '부자연스럽다'는 말에 대해 생각해보자. 뭔가가 부자연스럽다는 말에는 엄밀히 따져보면 비난받을 내용이 담겨 있지는 않다. 왜냐하면 최악질의 범죄 행위가 인간과 같은 존재에게 대부분의 덕목보다 더 부자연스러운 것은 아니기 때문이다. 덕목을 획득하는 데는 시대를 불문하고 많은 노력과 어려움이 따르는 반면, 속담에서 말하듯이 지옥으로 가는 길은 쉽다. 그래서 대부분의 사람은 악행을 멀리하고 높은 덕을 쌓기 위해 자기 속의 수많은 자연적 경향을 확실하게 정복해야만 한다. 그러나 어떤 행동이나 경향이 다른 이유로 비난받는다면, 그것은 아마 악화되고 있는 환경 때문일 것이다(악화되고 있다는 것은 부자연스럽다는 것, 다시 말해 인간이 흔히 보이는 강렬한 감정을 매우 싫어하는 것을 말한다). 왜냐하면 종류를 불문하고 나쁜 성향은 그런 반감을 제압할 만큼 강력하고 뿌리가 깊기 때문이다. 물론 그런 반감을 갖고 있지 않다면 이런 추정을 받아들일 수 없다. 따라서 행동과 상충하는 감정이 정당하고 합리적일 뿐 아니라 반드시 있어야 하는 것이 아니라면 이런 주장을 강하게 밀어붙일 수 없다.

비난받아 마땅한 어떤 행동이 자연적인 것이라며, 또는 자연적인 감정에 의해 촉발된 것이라며 정상참작을 요구하는 행위는 결코 용인될 수 없다. 나쁜 행위는 완벽하게 자연적일 때, 완벽하게 자연적인 감정에서 촉발될 때 저질러지는 것이 일반적이다. 따라서 이것은 이성의 눈으로 보면 변명의 여지가 없다. 그러나 대중의 눈에는 그것이 대단히 '자연적'이어서 그렇게 될 수밖에 없다. 이런 표현은 대중이 그런 일을 한 사람에게 동류의식을 느낀다는 것을 의미한다. 그들이 욕을 먹어 마땅하다고 인정할 수밖에 없는 일을 그럼에도 자연적이라고 말한다는 것은, 그들 자신이 그 일을 저지르고 싶은 유혹을 느낄 가능성이 있다는 것을 의미한다. 사람들은 그렇게 나쁘지 않은 일이라도 도대체 왜 그런 일을 하는지 이해할 수 없다면서 비판적인 태도를 취하는가 하면, 그런 행위에 내면적 친밀감을 느끼며 빠져들기도 한다. 어떤 행위를 하는 사람이 자신과 전혀 다른 인간이라는 확신이 든다면서(가끔 근거가 매우 박약한 상황에서 이런 일이 벌어진다), 그 행위가 어느 정도 비난받아야 하는지 또는 비난받을 이유가 과연 있기는 한지 조사하려 드는 사람들이 한둘이 아니다. 그들은 죄의 경중을 자신이 느끼는 반감의 크기로 측정한다. 그리하여 생각의 차이, 심지어 기호의 차이마저 최악질 범죄라며 강렬한 도덕적 증오의 대상으로 삼는다. 지금까지 내가 이 장에서 주장한 내용을 몇 마디로 요약하는 것이 좋을 듯하다.

자연이라는 말은 기본적으로 두 가지 의미를 지닌다. 그것은 사물의 속성 전부를 포함하는 모든 체계 또는 인간의 개입과 상관없는 있는 그대로의 사물들, 이 둘 중 하나를 뜻한다.

첫 번째 의미에서 볼 때, 인간이 자연을 따라야 한다는 교리는 아무 의미가 없다. 왜냐하면 인간은 자연을 따르는 것 외에 다른 무엇을 할 수 있는 힘을 가지지 못했기 때문이다. 인간이 하는 모든 행위는 자연의 물리적·정신적 법칙 중 하나 또는 여러 개를 통해, 혹은 그것들에 복종하면서 이루어진다.

두 번째 의미의 경우, 인간이 자연을 따라야 한다든가 아니면 사물의 자연 발생적 경로를 인간의 자발적 행위의 모델로 삼아야 한다는 교리 역시 비합리적이고 비도덕적이다. 왜 비합리적이냐 하면, 종류를 불문하고 인간의 모든 행위는 자연의 자발적 경로를 변경하기 위한 것이고, 모든 유익한 행위는 그것을 개선하기 위한 것이기 때문이다.

왜 비도덕적이냐 하면, 자연의 경로는 인간의 손이 닿으면 가장 큰 혐오의 대상이 되는 것들로 가득 차 있어서, 그것을 열심히 흉내 내는 사람은 대개 최악의 인간으로 간주될 것이기 때문이다.

결국 총체적으로 볼 때, 자연은 인간이나 다른 지적 존재들에게 선을 베푸는 것을 자신의 유일한 또는 가장 중요한 목적으로 삼을 수 없다. 자연이 인간에게 선을 베푸는 것처럼 보이는 것도 사실은 대부분 인간 자신의 노력의 결과다. 자연에서 보이는 자비로운 설계의 흔적이라는 것은 이런 선행을 베푸는 권능이 제한된 힘만 갖고 있다는 것을 증명해준다. 그러므로 인간은 자연의 경로를 흉내 낼 것이 아니라 그것을 개선하기 위해 끝없이 노력해야 한다. 이를 통해 그 자비로운 권능에 협조하는 것, 그리고 우리가 통제할 수 있는 부분이 높은 차원의 정의나 선함과 좀 더 일치하도록 노력하는 것이 우리 인간의 의무다.

2장 신은 존재하는가?[24]

1. 서론

자연종교와 계시종교[25]를 둘러싼 오랜 논쟁은 다른 해묵은 논쟁들과 마찬가지로 시대에 따라 그 성격이 바뀌어왔다. 오늘날의 논쟁도 보다 중요한 쟁점을 중심으로 볼 때 18세기나 19세기 초에 비해 그 다툼의 성격이 크게 다르다. 그런 변화가 보여주는 큰 특징 중 하나는 믿지 않는 사람들이 논쟁에 임하는 태도가 훨씬 부드러워졌다는 점이다. 이것은 모든 사람이 인정할 만큼 명백한 사실이다. 반대편의 주장을 용납하지 않으려고 반동적 폭력을 행사하는 일이 현저하게 줄어들었다.

24 원제목은 '유신론Theism'이다.

25 자연종교自然宗敎(natural religion)는 기적이나 초자연적 계시를 멀리하고 오직 인간의 이성과 경험에 바탕을 두는 합리주의 종교로, 계몽주의시대 이후에 널리 퍼졌다. 이와 대립되는 개념이 계시종교啓示宗敎(revealed religion)다. 계시종교는 인간의 의지나 깨달음이 아니라 오직 신의 계시를 통해서만 구원을 얻을 수 있다고 주장하며, 기독교와 유대교가 이 범주에 속한다. 밀은 자연종교, 계시종교와 더불어 자연신학, 계시신학이라는 말도 쓰는데, 후자는 기독교와 관련된 상황에서 사용하는 개념으로 보면 된다. 주 26 참고.

한때는 미신만 타파해도 인류를 충분히 개조할 수 있다는 믿음이 충만했지만, 경험들이 쌓이면서 그런 희망은 많이 퇴색했다. 최근 들어 가장 중요한 성과로 꼽히는 역사철학에 힘입어 과거의 교리와 제도를 상대적 관점에서 공정하게 평가하는 것이 가능해졌다. 다시 말해 그런 것들이 인간 역사의 발전 과정에서 등장하는 것이기 때문에 현재 아무리 불평해도 소용이 없고, 비록 미래에 미치는 영향이 미미할지라도 과거에 이룩한 업적만으로도 찬사와 감사의 말을 듣기에 부족함이 없다고 평가할 수 있게 된 것이다. 초자연현상을 부인하는 지식인들은 기독교나 유신론有神論이 한때 매우 큰 영향력을 행사했지만 이제는 힘을 잃었다고 주장한다. 예전처럼 사물을 근본적으로 오도하고 해독을 끼치는 일이 줄어들었다는 것이다.

사려 깊은 불신자들이 인간의 종교적 관념에 대해 도덕적 측면에서 변화를 보여준 것과 함께 그들의 지적 태도에도 그에 상응하는 큰 변화가 일어났다. 지난 세기에는 종교적 신념에 대한 전선이 기본적으로 상식이나 논리에 따라 구축되었다면, 요즘에는 과학이 그 자리를 대신하고 있는 것이다. 자연과학이 발달하면서 인류가 그동안 섬겨온 종교적 전통을 무력화하는 객관적 사실들이 분명하게 드러나기 시작했다. 반면 역사와 인간 본성을 다루는 학문은 종교적 신조가 인간 정신의 특수 단계에서 생기는 자연스러운 결과이며 시대가 좀 더 발전하면 다른 신념에 자리를 내주고 사라질 운명이라는 점을 논증하고 있다. 논의가 더 진전되면서 이런 학문들이 진리 문제를 직접 다루는 담론들을 대체하는 것처럼 보인다. 적어도 종교를 거부하는 사람들에게는 종교가 내재적으로 맞거나 틀린 것이 아니다. 그저 문명의 특정 발전 단계에서 생긴 산물일 뿐이다. 그들은 동물이나 식물이 지질학적 변화에 따라 도태되듯이, 종교도 그런 운명이라고 생각한다.

사실은 자신의 고유한 법칙을 따르며 (관찰된 다른 사실들과 마찬가지로) 역사적·과학적 설명을 요구한다. 인간의 생각을 기본적으로 역사적 관점에서 파악하는 최근 경향(이런 경향이 반드시 종교 문제에만 국한된 것은 아니다)도 비난받을 것이 아니라 오히려 긍정적으로 평가받아야 한다. 왜냐하면 그런 경향이 인간의 지식 체계 가운데 지금까지 그 중요성에 비해 도외시되었던 분야에 관심을 기울이게 하고, 지식 체계의 진리 여부를 따지는 문제에 간접적이기는 하지만 실질적인 영향을 끼치기 때문이다. 우리는 논란이 되는 모든 주제에 대해 각자 나름의 입장을 취할 수 있다. 그러나 신중한 지식인이라면 반대되는 견해를 제대로 설명할 수 있기 전까지는 자신의 생각이 옳다고 확신하지 않을 것이다. 그러지 않고 그냥 인간의 사유 능력이 불완전하다는 핑계 뒤에 숨는다면, 그것은 지식인이라는 이름에 부합하지 않는 일이다. 제대로 된 지식인이라면 섣불리 자신이 다른 사람들보다 그런 취약점이 적고, 그들보다 실수도 덜 하게 된다고 생각하지 않을 것이다. 그가 증거를 검토할 때 다른 사람들, 아니 아마도 인류 전체의 신념이 수많은 사례 중의 하나(다시 말해 그가 설명해야 할 숱한 현상 중의 하나)가 된다. 인간의 지력은 비록 미약하기는 하지만 전적으로 왜곡되지는 않는다. 따라서 대다수 사람이 공통적으로 지닌 생각이라면 그 속에 어느 정도 진리가 있다고 추정해도 무방하다. 많은 사람이 지지하는 견해를 반박하려면, 설득력 있고 강력한 반증을 제시할 수 있어야 한다. 이런 논리는 지금 내가 하고 있는 것처럼 유신론의 기초를 따져보는 작업에 매우 유용하다. 인류가 일반적으로 동의한다는 사실이 유신론을 지지하는 가장 일반적이고 강력한 논거가 되는 현실에 비추어볼 때 특히 그렇다.

그러나 이렇듯 종교 문제에 관한 역사적 접근의 중요성을 충분히 인정하더라도, 그것이 독단적 교의教義를 대체하도록 해서는 안 된다. 모든 중요한 주제에 관한 특정 견해는 그 옳고 그름에 따라 가치가 판가름 난다. 그리고 뒷받침하는 증거가 얼마나 튼튼한지의 여부가 그 견해의 옳고 그름을 판정한다. 종교 문제를 다루는 이론도 다른 과학적 작업과 마찬가지로 엄격하게 수행되고 있는지 수시로 확인해야 한다. 그 증거를 자연과학에서 사변적 주장을 도출할 때 적용하는 것과 똑같은 과학적 방법과 원리에 따라 검증해야 한다. 과학적으로 적합하게 이끌어낸 결론이라면, 분야를 가릴 것 없이 그 결론과 상충하는 견해까지 전부 지배하는 것이 마땅하다. 2000년 인간 역사의 성공과 실패를 통해 확립된 과학적 증거의 규칙을 모든 지식 분야에 적용할 수 있다는 것을 인정한다면, 과학의 영역에서 종교적 믿음이 설 자리가 어디인지 따져보도록 하자. 종교적 믿음과 교리가 과학이 수긍할 만한 어떤 증거를 제시하고, 과학적 정리定理라고 부를 만한 어떤 기초를 가지고 있는지 검토해보자.

이런 논의는 당연히 자연종교, 즉 신의 존재와 특성에 관한 교리에서 시작하는 것이 좋다.

2. 유신론

나는 자연신학[26]이 '신들'이 아니라 '신' 또는 '하나의 신'을 전제하

26 오직 인간의 이성과 경험에 토대를 둔 '철학적' 신학으로, 초자연적 계시나 이적을 중시하는 계시신학啓示神學과 대비되는 개념이다. 정통 신학자들은 자연신학에 부정적일 수밖에 없다. 이신론deism도 자연신학의 한 흐름으로 볼 수 있다. 이신론자들은 전통적인 인격적 신 관념을 부정하고 기적이나 계시 같은 초자연적 현상에 관심을 두지 않는다. 또 창조주가 우주를 직접 설계했으나 인간의 삶에 구체적으로 관여하지는 않는다고 믿는다. 따라서 이신론을 무신론의 일종으로 간주하는 사람들도 있다. 이신론은 16세기 중엽 프랑스에서 생겨나 전 유럽에 파급되었는데, 밀은 이신론에 우호적이었다. 밀과 아내 해리엇 테일러를 연결해준 유일신교Unitarian Church도 기억하는 것이 좋겠다. 유일신교는 이신론의 영향을 받아 태동했는데, 삼위일체론과 그리스도의 신성神性을 부정했다. 영국의 국교회(성공회)를 반대하는 비非국교도들이 중심이 된

는 것은 잘못이라고 생각한다. 자연에 단 한 명의 저자author와 지배자 ruler가 존재한다고 믿는 것보다는 '신들'이 존재한다고 믿는 것이 인간의 생각에 훨씬 자연스럽다. 이것을 뒷받침할 역사적 증거도 무수히 많다. 이렇게 단일 신을 믿는 더 숭고한 믿음은 (초기 교육의 영향이 아니라면) 그 반대편의 믿음과 달리 상당한 수준의 지적 문화가 축적된 뒤에야 도달할 수 있는 일종의 인위적 산물이다. 오랜 세월 동안 자연세계의 다양한 현상을 모두 단일 의지의 소산으로 간주하는 이런 주장은 억지이고 자연스럽지 않게 보였다. 과학 이전 시대의 무지한 사람들 눈에는 자연현상이 서로 독립적으로 움직이는 완전히 이질적인 힘들의 산물인 것처럼 보였다. 그런 힘이 의식을 가진 의지에서 나온다고 치부하는 것은 대단히 자연스러웠다. 자연계에 대단히 중요하고 흥미로워서 눈에 확 띄는 힘들이 있는 것처럼, 독립적인 의지가 많이 존재한다고 상정하는 것도 자연스러운 추세였다. 그와 같은 성격의 다신교가 자생적으로 일신교로 전환되지는 않는다. 다신교 신앙 체계에서는 일반적으로 고도의 경외감을 불러일으키는 특별한 신적 존재가 있어서 다른 신들을 지배하는 힘을 가진다고 여겼다. 힌두교는 다신교 중에서도 가장 퇴화된 형태라고 할 수 있다. 그런 힌두교에서도 최상급의 신적 존재에 대한 찬미는 유일신을 믿는 사람들이 일상적으로 신을 숭배하는 것과 다르지 않을 정도다. 그러나 이 체계에서는 유일한 지배자라는 인식은 없다. 힘이 더 센 신이 마음만 먹으면 하급 신들의 역할을 무력화할 수 있기는 하지만, 일반적으로 각각의 신은 고유의 영역을 통할한다. 인류가 자신을 둘러싼 극도로 혼란스러운 현상이 일정한 사전 계획 아래 전개되는 것일 수도 있다는 추론을 시작하기 전까지는

교파로, 부유한 실업가와 과학 종사자가 많아 지적 수준이 높고 분위기도 자유로웠다. 해리엇이 출석하던 교회의 목사가 그녀에게 밀을 소개해주었다.

하나의 창조주와 하나의 지배자라는 구체적 관념은 있을 수 없었다. 이런 새로운 세계관은 아마도 천재적 재능을 지닌 예외적인 인물들에 의해 처음 제기되었을 것이다(이런 일은 생각만큼 그리 흔하게 일어나지 않는다). 그러나 이런 생각이 널리 퍼진 것은 과학적 사고가 광범위하게 유포된 다음의 일이다.

자연스러운 다신론 대신에 일신론을 확립하기 위해 과학적 방법이 특별히 동원되었지만 결코 놀라울 것은 없다. 과학이 하는 일은 증거를 수집해서 자연계의 모든 사건이 법칙에 의해 그 사건에 선행하는 한 사건 또는 여러 사건과 연결되어 있는 현상을 보여주는 것이다. 달리 말하면 한 사건이 존재하기 위해서는 그에 앞선 다른 사건이 필요하다. 하지만 다른 변수들의 영향을 모두 배제할 만큼 특정한 선행 사건에 철저하게 의존한다는 말은 아니다. 일련의 인과관계가 분명히 작동하지만, 그것은 서로 복잡하게 얽혀 있기 때문이다. 모든 원인이 고유한 고정 법칙에 따라 움직이기는 하지만, 원인 하나하나가 작용할 때는 다른 원인들의 영향을 받는다. 따라서 각각의 결과는 특정 원인 하나만이 아니라, 존재하는 모든 원인이 복합적으로 작용한 끝에 나온 것이다. 우리의 경험세계에서 일어나는 모든 일은 자연의 이런저런 측면을 통해 감지할 수 있는 영향력을 행사한다. 그 사건이 일어나지 않았다면, 그 반대의 경우에 비해 자연의 각 측면들이 조금씩은 달라졌을 것이다. 그렇다면 다음과 같은 이중적 확신이 사람들의 마음을 사로잡을 것이다. 즉 모든 사건은 선행 사건들의 영향을 받는다. 그리고 그 사건이 일어난 것은 무수한, 아마도 자연계의 모든 선행 사건이 동시에 작동한 결과다. 그 선행 사건들에 약간의 변화만 있었더라도 그 일은 일어나지 않았거나 성격이 현격하게 달라졌을 것이다. 이런 논리를 연장해가면 다음과 같은 확신에 다다를 것이다. 즉 단일 사건 또는 단일 종류의 사건들이 (자신의 손바닥 안에서 자연계 전체를 지배하는 힘을 가진 절대자가 아닌) 어떤 특정 존재에 의해 사전에 절대적으로 운명 지워지거나 통제될 수는 없다. 그런 존재가 여럿 있다고 상정하려면, 그 이론과 하나님의 절대적 통일을 주장하는 이론 사이에 어떤 차이도 생각할 수 없을 정도로 그들의 행동과 의지가 완전히 일치한다고 간주할 필요가 있다.

그렇다면 일신론이 일반적인 의미의 유신론을 대표할 수 있는 것으로 받아들여지는 이유는 무엇인가? 일신론이 좀 더 개화된 인류 사회에 통용될 수 있어서가 아니다. 그저 어떤 형태로나마 과학적 근거를 제시할 수 있는 유일한 유신론이기 때문이다. 초자연적 존재에 의한 우주 통치를 이론화하는 나머지 유신론들은 과학의 가장 일반적인 현상 두 가지와 충돌한다. 즉 자연적 선행 사건들이 연속적으로 일어나는 가운데 초자연적 존재가 고정 법칙에 따라 그 통치를 수행해나간다는 것, 그리고 그렇게 연속적으로 벌어지는 각 사건이 나머지 사건과 상호 의존적이라는 사실을 증명하지 못한다.

따라서 자연을 상호 연결된 체계 또는 통일체(서로 분리된 것을 수동적으로 결합한 것이 아니라, 인간이나 동물의 신체처럼 모든 부분끼리 지속적으로 작용과 반작용을 거듭하는 조직체)로 인식하는 과학적 관점을 받아들인다면, 유신론이 하나의 답이 되는 질문은 적어도 매우 자연스러운 것이고 명백히 인간 정신의 필요에서 출발한 것이라는 점을 인정해야 한다. 관찰 수단이 늘어나면서 사람들은 개별 사실의 확실한 출발점을 찾는 데 익숙해졌다. 그 결과로 출발점이 있으면 언제나 그것에 선행하는 사실(즉 원인이라고 불리는 것)이 있을 수밖에 없고, 그런 사실이 없다면 그런 현상이 존재하지 못했을 거라는 믿음을 갖게 되었다. 따라서 사람들이 특수한 현상들을 포괄하는 전체 역시 어떤 출발점을 갖고 있는 것은 아닌지, 그렇다면 그 출발점이 바로 만물의 기원이 아닌지, 원인과 결과의 총체적 연속(우리는 이것을 자연이라고 부른다)

에 선행하는 것은 없는지, 그런 선행 존재가 없다면 자연이 존재할 수 있었을지 스스로 질문을 던져보는 것은 당연하다. 인류의 최초 기록들을 살펴보면 이런 질문은 늘 가설적 해답을 달고 다녔고, 오랜 시간 동안 사람들의 호기심을 만족시킨 유일한 해답이 유신론이었다.

여기서 우리가 해야 할 일은 순전히 과학적인 관점에서 이 문제를 검토하는 것이다. 그리하여 두 가지 질문이 제기된다. 첫째, 모든 자연현상의 기원을 창조주의 의지와 결부시키는 이 이론이 이제까지 확립된 과학적 지식에 부합하는가? 둘째, 만일 부합한다면, 인류의 오랜 과학적 탐구 경험에 의해 그 필요성이 인정된 증거 원리와 신앙 규범에 입각해서 그 이론을 검증할 수 있는가?

그런데 과학적 조사를 통해 밝혀진 일반 진리에 부합하는 유신론 개념이 있는가 하면, 전혀 부합하지 않는 또 다른 유신론 개념도 있다. 일반 진리에 부합하지 않는 유신론에서는 가변적 의지에 입각해 우주를 다스리는 신의 존재를 전제한다. 반면 일반 진리에 부합하는 유신론 안에는 불변의 법칙에 따라 우주를 통치하는 신의 개념이 들어 있다.

먼 옛날은 물론 오늘날에도 일반 대중은 유일신이 고대의 신들과 마찬가지로 임시로 만든 특별 명령을 하달하며 우주를 다스린다고 믿는다. 그 신은 전능할 뿐 아니라 전지全知한 존재지만, 행동에 옮기는 그 순간까지 쉽게 결심하지 못하고 망설이기 때문에 귀찮게 졸라대면 최후의 순간에 그 결정을 바꿀 수 있다고 생각한다. 신의 지배를 이렇게 해석하는 것은 예지와 완전 지혜를 신의 특성으로 보는 믿음과 상충된다. 이 둘을 조화시키기는 어렵다. 다행히 우리는 그런 관점이 실제 상황과 배치된다는 사실을 경험으로 확인할 수 있다. 자연현상은 분명 일반 법칙에 따라 일어난다. 그것은 구체적인 자연적 선행 사건으로부터 시작한다. 따라서 자연현상의 궁극적 기원이 어떤 의지에서 비롯된다면, 그 의지가 일반 법칙을 만들고 선행 사건을 일으켰음이 분명하다. 창조주가 존재한다면 사물이 선행 사건에 종속되고 고정 법칙에 따라 생겨나도록 기획했을 것이다. 그렇다면 그런 법칙과 결과들 자체가 신의 의지에서 비롯된 것이라는 믿음이 과학적 경험과 충돌할 것은 없다. 또 신의 의지가 단 한 번 만에 세상을 완성했으며, 일단 그 체계가 홀로 움직이도록 만든 다음에는 두 번 다시 관여하지 않는다고 생각해야 할 이유도 없다. 이 우주를 지배하는 권능이 특수 의지를 발휘할 때 자신이 제정한 일반 법칙에 순응한다면, 과학이 세상 모든 사건은 권능이 가진 특수 의지의 산물이라는 가설을 거부할 이유가 없다. 이 가설이 우주가 혼자 힘으로 움직이도록 만들어졌다는 명제에 비해 신의 영광을 더 돋보이게 한다는 평가가 많다. 그러나 만만치 않은 위상을 지닌 사상가(라이프니츠가 그중 한 사람이다) 중에는 그 명제야말로 신의 존재에 어울릴 만한 유일한 것이라고 생각하는 사람도 있다. 이런 사상가는 신을 시계 만드는 사람과 동일시하는 것에 반대한다(시계는 시계공이 손을 대야 움직이지만 우주는 혼자 힘으로 움직이도록 만들어졌다는 것이다). 그러나 여기서는 그런 주장에 신경을 쓰지 않겠다. 우리는 신에 대한 존경의 마음 여부를 따지는 것이 아니라, 과학의 관점에서 문제를 풀어나가려 하기 때문이다. 과학을 기준으로 본다면, 신의 행동 양식에 관한 이 두 명제는 모두 나름대로 일리가 있다.

이제 다음 질문으로 옮겨가야겠다. 자연이 최고 의지sovereign will에 따라 창조되고 통치된다는 사실은 부정할 수 없다. 그러나 그것을 증명할 길이 있는가? 증거가 있다면 그것은 어떤 성질일까? 과학적 방법으로 측정한다면 그것은 어느 정도 가치가 있을까?

3. 유신론의 증거?

창조주의 존재를 증명하는 증거들은 여러 종류로 뚜렷이 구분될 뿐 아니라 그 성격도 다양하다. 사람들은 각자 자신의 성향에 맞는 증거를 제시하기 때문에, 모든 사람을 흔쾌히 만족시키는 것은 여간 어렵지 않다. 그중 사람들에게 널리 익숙한 것이 선험적 증거와 경험적 증거로 분류하는 것이다. 순수하게 과학적인 관점에서 정리하면 이 둘은 전혀 다른 사고 체계를 대변한다. 전적으로 권위에 바탕을 둔 교리를 믿는 무지한 신자는 자신이 어려서부터 받아들인 신앙을 뒷받침해 주는 이론이라면 이것저것 가리지 않고 다 좋아한다. 반면, 과학적 연구를 하면서 선험적 방법과 경험적 방법 중에서 하나를 선택해야 하는 철학자는 둘 중 하나로 종교를 정당화하면서 나머지 하나는 배척하기 마련이다. 그러나 나는 철저하게 중립적인 입장에서 두 방법을 모두 공평하게 검토할 것이다. 둘 중 하나가 그 성질상 과학적인 반면, 나머지 하나는 비과학적이어서 과학에 의해 엄중히 비판받는다는 사실을 분명히 인지하고 있다. 지질학자가 지구의 과거 지질학적 특성을 분석하고 천문학자가 천체의 물리적 현상을 관찰해 이론을 세우듯이, 과학적인 방법을 사용하는 사람은 사실과 인간 경험의 유추를 통해 추론한다. 이것이 경험적 방법이다. 유신론에서 이런 방법으로 제시된 대표적 이론이 흔히 말하는 설계론design argument이다. 반면 내가 비과학적이라고 부르는 방법(일부 이론가는 이 방법 역시 나름대로 정당한 과학적 절차를 따른 것이라고 주장하지만)은 관념이나 인간적 신념을 바탕으로 외부의 객관적 사실을 추론한다. 나는 지금 관념이나 신념의 뿌리에 관한 나 자신의 생각과는 전혀 상관없이 이 말을 하고 있다. 이를테면 우리가 경험을 통한 느낌으로부터 신에 관한 관념이 생성되는 과정을 정확하게 설명할 수 없다 하더라도, 신적인 존재와 인간이 직접 대면관계를 맺고 있던 과거 전통에서 사실이 비롯된다고 가정하지 않는 한(《구약성서》의 〈창세기〉가 그런 경우다), 관념은 여전히 관념만 증명할 수 있지 객관적 사실은 증명하지 못하기 때문이다. 그렇다면 그것은 더 이상 선험적인 사례가 아니다. 관념이나 소원 또는 필요 같은 것이 인간 정신의 소산이기는 하지만, 그런 것이 모두 상응하는 대상의 실체를 증명한다는 명제가 성립할 수 있는 것은 우리의 마음속에 이미 들어 있는 믿음 때문이다. 즉 인간은 선한 존재의 피조물이고, 그가 우리의 마음속에 근거 없는 신념이나 그 자신이 충족시켜줄 수 없는 욕구를 심어주지는 않았을 거라는 믿음이 그것이다. 따라서 스스로 전제하는 믿음을 뒷받침하기 위해 이 명제가 제시된다면, 틀림없이 순환논법의 오류에 빠진다.

동시에 철학이나 종교에 들어 있는 모든 선험적 체계가 나름대로 경험 위에 기초하고 있다고 주장한다는 것을 알아야 한다. 선험적 체계가 경험을 초월하는 진리에 다다를 수 있는 가능성을 확언하고 있기는 하지만, 그럼에도 여전히 경험적 사실을 출발점으로 삼을 수밖에 없기 때문이다(그것 말고 다른 어떤 출발점이 있을 수 있을까?). 따라서 경험이 선험적 체계나 그 체계의 조사방법을 조금이라도 뒷받침한다는 것이 증명된다면, 그 체계는 검토의 대상이 되어야 한다. 선험적 이론이라 하더라도 어느 정도는 심심찮게 경험적 요소도 내포하고 있어서 혼합적 성격을 띤다. 경우에 따라서는 경험적 이론으로 위장하고 있다는 말을 듣기도 한다. 선험적 논리는 특정한 경험적 견해가 원래의 가치 이상이 되도록 도와주는 역할을 한다. 이것은 제1원인의 필요성을 역설하는 유신론에 딱 들어맞는 이야기다. 나는 이 문제를 가장 먼저 검토할 것이다. 자연현상에서 목격되는 인과관계의 보편적 성격을 증명할 광범위한 경험적 사례가 있기 때문이다. 반면 신학자들은 이런 기초 위에 인과관계를 세우는 것을 불만스러워한다. 인과관계를 직관적으로 이해되는 이성적 진리로 생각하기 때문이다.

제1원인

제1원인을 주장하는 사람들은 인간의 경험 전체를 통해 하나의 결론에 이른다고 생각한다. 우리가 아는 모든 것에는 원인이 있고, 바로 그 원인 때문에 그것이 존재할 수 있다는 것이다. 그렇다면 우리가 알고 있는 모든 것의 집합이라고 할 수 있는 이 세계가 그 존재의 출발점이 되는 원인을 가지는 것은 당연하다.

그러나 정확하게 말하면, 경험 사실은 우리가 아는 모든 것이 하나의 원인에 의해서가 아니라 각 사건이나 변화로 인해 존재한다는 것을 알려준다. 자연 속에는 영원불변의 요소가 있는가 하면 가변적인 것도 있다. 하나의 변화는 언제나 앞서 일어난 변화의 결과다. 영원불변한 존재라는 것은 우리가 아는 한 결코 그 무엇의 결과일 수가 없다. 우리는 일상적으로 물이 수소와 산소의 결합으로 생성되듯이 사건뿐 아니라 물체들도 원인에 의해 만들어진다고 말한다. 그러나 이것은 물체들이 존재하기 시작할 때 그 시작이 한 원인의 결과라는 사실을 뜻할 뿐이다. 존재의 출발점은 물체가 아니다. 한 사건이 존재의 시작이다. 만약 사물을 존재하게 만드는 원인이, 점잖게 말해 사물 자체의 원인일 수도 있다고 통박한다면, 나는 그런 표현과 다툴 생각이 없다. 그러나 한 물체 안에 존재하기 시작하는 것은 자연의 가변적 요소에 속한다. 물체의 외형과 속성은 그 구성 요소들의 기계적·화학적 결합에 의해 결정된다. 모든 물체에는 또 다른 영원한 요소, 즉 물체를 구성하는 구체적인 기본 물질과 그 물질의 내재적 성질이 있다. 우리는 이런 것들을 존재하기 시작하는 것이라고 부르지 않는다. 그것들 자체는 발생하는 모든 것의 원인 또는 공동 원인이다. 그러나 인간 지식의 범주 안에서 보면 그것들에는 출발점이 없다. 따라서 원인도 없다. 경험에 입각해서 볼 때, 가변적인 것들의 관찰에만 바탕을 둔 일반론을 명백히 절대적인 진리로까지 승화시킬 수 있는 증거는 물론이고 유추마저도 발견할 수가 없다.

그렇다면 경험이 보여주듯 인과관계가 온당하게 물질세계 자체로까지 확대될 수는 없다. 그저 물질세계의 가변적 현상에만 적용될 수 있을 뿐이다. 이것에 관한 한 원인은 예외 없이 확인된다. 어떤 원인을 말하는가? 앞에 일어난 변화가 모든 변화의 원인이 된다. 그럴 수밖에 없다. 새로운 선행 사건이 없으면 새로운 결과도 없기 때문이다. 현상을 존재하게 만드는 사실들의 상태가 언제나 또는 무한정 존재했다면, 그 결과 또한 언제나 존재했거나 아니면 무한 과거에 생산되었을 것이다. 따라서 우리의 경험이 말해주듯, 결과뿐만 아니라 원인에도 출발점이 있고 그 자체도 만들어진다는 것은 인과관계의 사실을 구성하는 데 없어서는 안 될 부분이다. 그러므로 인간의 경험은 제1원인론을 뒷받침하기보다 오히려 부정한다. 인간의 지식 속에서 발견되는 인과관계의 가장 기본적인 내용은 제1원인과 양립할 수 없다. 그러나 문제를 더욱 세밀하게 들여다보고 인간이 경험하고 있는 원인들의 본질을 더욱 깊이 분석할 필요가 있다.

모든 원인에는 시작이 있다. 그런데 그들 속에 시작이 없는 영원한 요소가 있다는 것이 밝혀진다면, 그 영원한 요소를 제1원인 또는 보편적 원인이라고 부르는 것은 어느 정도 합당한 일이다. 그것이 그 자체만으로는 아무것도 만들어낼 수 없지만 모든 인과관계에 하나의 공동 원인으로 작동하기 때문이다. 자연과학의 모든 영역에서 발견되는 증거들을 종합해서 도출한 물리적 탐구의 최종 결과는, 그것이 옳다면 물질세계에 관한 한 이런 모습으로 나타난다. 물리적 현상의 원인을 찾아 분석해보면 언제나 어떤 복합위치collocation와 결합된 어떤 힘의 양자量子가 그 뿌리인 것을 알 수 있다. 위대한 과학의 일반 법칙 중 최후의 것이라 할 수 있는 '힘의 보존법칙'에 따르면, 결과가 다양하게 나타나는 것은 한편으로는 힘의 양 때문이고, 또 다른 한편으로는 복합위치의 다양성 때문인 것을 알 수 있다. 힘 자체는 기본적으로 하나고 동일하다. 자연 속에서 힘의 양은 고정되어 있다. (이론이 맞는다면) 그 양은 결코 줄거나 늘지 않는다. 여기서 우리는 물질세계의 변화에서도 영원불변의 요소를 발견할 수 있다. 변화하는 온갖 것 가운데 변화하지 않는 하나를 찾을 수 있다. 어딘가에서 제1원인(물질세계의 원인)의 성격을 확인할 수 있는데, 이것이 바로 그것이다. 모든 사물이 그것으로부터 시작하는 것을 알 수 있지만, 우리의 경험으로 미루어볼 때 그것만은 결코 그것 자체 너머로 추적되지 않는다. 다만 그것의 변형은 추적되는데, 변형을 일으키는 원인은 언제나 앞선 형태에 작용했던 것과 같은 크기의 힘을 포함한다. 그러므로 경험이 어떤 형태로든 제1원인(모든 원인 속의 가장 원초적이고 보편적인 요소)에 관한 이론을 뒷받침한다고 할 때, 그 제1원인은 힘 자체일 수밖에 없다.

그러나 이것으로 일이 끝난 것은 결코 아니다. 반대로 지금 우리가 도달한 바로 이 문제를 가장 심각하게 들여다보아야 한다. 왜냐하면 정신이 힘을 일으킬 수 있는 유일한 원인이라든가 또는 (정신만이 변화를 초래할 수 있다면 그 밖의 다른 모든 힘은 정신으로부터 나올 수밖에 없다는 의미에서) 정신이 곧 힘이라고 주장하고 있기 때문이다. 이것은 인간의 경험으로 알 수 있다고 한다. 현재 무생물세계에서 작동하고 있는 힘은 모두 이전부터 존재하던 힘이다. 새로 만들어진 것이 아니고 옮겨온 것이다. 물리적 물체는 자신을 처음 움직였던 힘을 다른 물체에 옮겨줌으로써 그 물체를 움직일 수 있다. 바람은 다른 행위자에게 받은 힘의 일부를 파도와 풍차 또는 배에 주어 그것들을 움직이게 한다. 자발적인 행동에서만 시작, 즉 움직임의 기원을 찾아볼 수 있다. 그 밖의 다른 모든 원인은 이런 시작을 일으킬 수 없기 때문에, 존재하는 모든 움직임은 이 하나의 원인, 즉 자발적 행위자(사람 또는 사람보다 더 강력한 존재)로부터 비롯된다는 결론은 경험상 타당해 보인다.

이 주장은 대단히 오래된 것으로, 플라톤의 저작에도 나온다. 다만 일반적으로 예상되듯이《파이돈》이 아니고(오늘날 이 책의 주장은 별로 관심을 끌지 못한다) 그의 마지막 저작인《법률론》에 나오는 내용이다.* 형이상학적 지식을 바탕으로 자연신학을 옹호하는 사람들은 여전히 이 주장에 크게 공명共鳴한다.

우선 힘의 보존법칙이 사실이라면, 달리 말해 존재하는 힘의 총량이 일정하다면, 이 이론은 자발적 행위자에게도 그대로 적용되어야 한다. 의지라고 해서 다른 원인들 이상으로 힘을 만들어내지는 않는다. 의지가 동작을 유발한다면, 이미 다른 형태로 존재하는 힘의 일부를 특정 현상에 불어넣는 것 외에는 다른 방법이 없다. 이 힘의 일부를 이끌어내는 근원은 주로, 아니 전적으로 영양분을 만드는 화학적 결합·분해 과정에 작용하는 힘으로 알려져 있다. 그런 힘이 결국 모든 근육 운동과 두뇌를 움직이는 것과 같은 신경 작용의 토대가 된다. 이런 의미에서만 의지가 원인의 출발점이 된다. 과학의 최고 법칙이 그렇게 말한다. 따라서 선택의지[27]는 제1원인 문제에 대한 답이 되지 못한다. 어떤 경우든 힘이 의지보다 우선하기 때문이다. 경험에 비추어볼 때, 힘 자체가 선택의지에 의해 창조되었다는 주장은 전혀 근거가 없다. 인간의 모든 경험에 입각해서 본다면, 힘은 영원하고 창조되지 않는 사물의 모든 속성을 구비하고 있다.

그러나 문제가 다 해결된 것은 아니다. 경험이 가르쳐주듯이, 의지

* *Laws*, 10. 891e ff.

27 volition. will과 volition을 구별해서 사용하기는 쉽지 않다. 통상 will은 절대적 선택의지를, volition은 주어진 범위 안에서 자유롭게 선택할 수 있는 의지를 뜻한다. 이 책에서는 will은 그냥 '의지'로, volition은 '선택의지'로 사용한다.

가 힘을 유발할 가능성은 전혀 없다. 동시에 힘도 의지를 유발하지 않는다고 확신할 수 있으려면, 의지가 힘에 선행하지는 못하더라도 힘과 영원히 공존하는 행위자여야 한다. 의지가 힘을 유발할 수는 없지만 기계적 움직임을 통해 그 힘의 변형을 유발할 수는 있고, 인간의 경험에 비추어볼 때 의지를 제외한 다른 어떤 행위자도 그렇게 할 수 없는 것이 사실이라면, 의지를 (우주는 아닐지라도) 세계나 우주의 질서에 관한 유발자로 간주하는 이론을 반박할 수 없을 것이다.

그러나 방금 인용한 경우는 사실과 부합하지 않는다. 힘의 다른 형태로부터 동작을 만들어내고, 힘을 잠재적 상태에서 가시적 상태로 발전시키는 과정에서 선택의지가 할 수 있는 일은 다른 여러 원인에 의해서도 유발될 수 있다. 예를 들어 화학작용이 그렇다. 또 전기, 열, 중력 같은 것도 선택의지가 유발하는 것보다 훨씬 큰 규모로 기계적 동작을 유발한다. 그렇게 생성된 대부분의 결과들 중에서 한 물체가 다른 물체에 일으킨 운동은 보통 기계적 운동에서처럼 제3의 물체에 의해 처음 그 물체로 힘이 가해진 것이 아니다. 단순히 기계적 운동이 새로 시작된 것이 아니다. 과거에 잠재해 있던 힘 또는 무엇인가 다른 형태로 그 자체를 드러내는 힘이 운동을 일으킨 것이다. 따라서 선택의지가 물질세계에서 하나의 행위자로 인식되긴 하지만, 절대적 기점이 된다고 할 수는 없다. 선택의지가 창조할 수 있는 것은 다른 변환 행위자들도 모두 창조할 수 있다. 이들 다른 행위자들이 다른 데서 그 힘을 얻어 또 다른 곳으로 이전시킨다면, 이것은 선택의지가 처리하는 힘에도 똑같이 적용되어야 한다. 우리는 이 힘이 공기와 음식의 화학작용이라고 하는 외부의 근원에서 나온다는 것을 알고 있다. 물질세계의 현상을 불러일으키는 힘은 때로 중간에 끊기기도 하지만 결코 종결되지 않은 채 모든 물리적 행위자를 통해 순환한다. 물론 나는 선택의지가 물질세계에서 하는 행동에 대해서만 이야기하고 있다. 정신현상인 의지의 자유 자체와는 상관없는 일이다. 선택의지가 자율적으로 결정하는지 아니면 다른 원인에 의해 결정되는지를 둘러싼 골치 아픈 논쟁은 이 자리에서 다루지 않겠다. 여기서 우리가 관심을 가지는 것은 선택의지의 결과지 그 기원은 아니다. 사람들은 물리적 자연이 의지에 의해 생산된 것이 분명하다고 말한다. 의지 말고는 그 어느 것도 현상의 생산을 시작할 힘을 갖지 못한 것으로 알려져 있기 때문이다. 반면 우리는 의지가 현상에 대해 행사하는 모든 힘이 우리가 판단할 수 있는 한 다른 그리고 훨씬 더 강력한 행위자와 공유되고 있다는 것을 안다. 또한 행위자들이 시발점이 아니라는 의미에서 의지 역시 시발점이 아니라는 것도 안다. 경험에 비추어볼 때, 현상을 일으키는 원인이라고 해서 선택의지에 다른 자연적 행위자 이상으로 특별한 무게를 실을 수는 없다. 의지의 자유를 가장 강력하게 주장하는 사람들이 확인할 수 있는 것이라고는 다음의 사실, 즉 선택의지 자체가 다른 것에 의해 유발된 것이 아니기 때문에 제1원인 또는 보편적 원인이 되기에 적합한 유일한 것이라는 점뿐이다. 선택의지가 다른 것에 의해 유발되지 않는다고 주장하더라도, 경험이 밝혀주듯 물질의 속성 역시 다른 것에 의해 유발되지 않는다는 것을 알아야 한다. 나아가 그 속성은 그 어떤 특정 의지도 누리지 못하는 이점, 즉 (경험이 증명하듯) 영원하다는 장점을 지닌다. 따라서 제1원인의 필요성에 의존하는 한, 유신론은 경험의 도움을 받을 수 없다.

이 자리에서 제1원인의 필요성을 경험에 어긋나는 직관의 문제로 간주하는 사람들에게 따지고 싶은 생각은 없다. 왜냐하면 제1원인이 존재하며 반드시 존재해야 한다는 주장이 제기된 이래, 의지뿐만 아니라 다른 여러 행위자도 그와 똑같은 역할을 할 수 있다는 것이 밝혀졌기 때문이다. 다만 한 가지는 강조해야겠다. 우주의 여러 사실 중에서 반드시 설명하지 않으면 안 되는 것이 있는데, 바로 정신이다. 정신을 생산할 수 있는 것은 정신뿐이라는 사실은 너무나 명백하다.

정신이 지적 존재와 관련해서 불러일으키는 듯한 특별한 현상은 지금 우리가 하고 있는 논의의 다른 측면이다. 그러나 정신이 존재하기 위해 필요한 선행 사건으로 보다 크고 강력한 정신을 요구한다면, 한 걸음 뒤로 물러선다고 해서 어려움이 해결되는 것은 아니다. 창조하는 정신도 창조된 정신만큼이나 그 존재를 가능하게 해주는 또 다른 정신을 필요로 한다. 우리에게는 힘이나 물질과 달리, 계시를 통해 부분적으로 얻는 것을 제외하고는, 겉으로 보기에도 영원한 존재인 정신에 관한 직접적인 지식이 없다는 것을 기억해야 한다. 그렇다면 영원한 정신이라는 것은, 현재의 논의와 관련되는 한, 존재한다고 우리가 알고 있는 정신들을 설명하기 위한 단순 가설에 지나지 않는다. 하나의 가설이 인정받으려면 적어도 그것을 둘러싼 어려움을 제거하고 사실들을 설명하는 것이 필수적이다. 그러나 한 정신의 기원을 설명하기 위해 그에 앞선 정신을 찾는 방식으로는 정신 그 자체를 설명할 수 없다. 문제는 해결되지 않은 채 남아 있고, 어려움이 감소하기보다 오히려 더 늘었다.

이런 주장에 대해 반론을 제기할 수 있다. 즉 인간 정신에 시간적으로 출발점이 있다면 모든 인간 정신의 인과관계는 사실의 문제라고 볼 수 있는 것이다. 심지어 우리에게는 인간이라는 종 자체에 시간적 출발점이 있다는 것을 알거나 그렇게 믿을 만한 매우 강력한 근거가 있다. 우리 지구는 처음에 동물이 살기에 부적합한 곳이었고, 인간이 살게 된 것은 다른 동물들에 비해 훨씬 최근의 일이었다는 사실을 증명할 막대한 양의 증거가 있다. 따라서 어쨌든 최초의 유기체 균이 아니라 최초의 인간 정신이라고 불리는 것을 존재하게 만든 원인이 틀림없이 있었다는 사실을 직시해야 한다. 영원한 정신을 상정하는 데는 아무런 어려움도 없다. 정신이 지구상에 존재하기 시작한 것을 모른다면 우리는 정신이 스스로 생겨났다고 가정할지도 모른다. 정신이 존재하게 된 기원을 여전히 이런 측면에서 이해하고 있을지도 모른다.

이런 입장을 취할 경우, 우리는 인간 경험의 영역으로 되돌아가 그 법칙을 따라야 한다. 그러고 나면 어떤 한 정신을 유발할 수 있는 것은 또 다른 정신뿐임을 어떻게 증명할 것인지 물어야 한다. 경험 말고 무엇으로 어떤 것이 어떤 것을 생산하는지 알 수 있는가? 원인이 되는 것이 결과와도 연관된다는 것을 어떻게 알 수 있는가? 이 말들의 뜻에 비추어볼 때, 정신을 제외하고는 그 무엇도 의식적으로 정신을 생산할 수 없음은 자명하다. 그렇다고 해서 무의식적인 생산은 있을 수 없다고 주장해서는 안 된다. 우리는 지금 바로 이 점을 증명해 보이려 하고 있기 때문이다. 경험이 아니라 이성이라고 불리는 것, 즉 자명함을 바탕으로 검토해보면, 어떤 원인도 자신보다 더 귀중하거나 뛰어난 것을 생산할 수 없는 것처럼 보인다. 그러나 자연현상을 관찰하면 그것에 반하는 사례들이 발견된다. 예를 들어 고등 식물과 동물들은 그것들의 바탕이 되는 흙에 비해 얼마나 더 고상하고 귀중한가? 흙이 그것들을 키워내지만, 그것들이 훨씬 더 성숙한 존재다. 최근의 연구들을 모두 종합해보면, 열등한 존재가 우월한 존재로 변화하고 보다 정교하고 고도화된 조직이 하등 조직을 대체해가는 것이 자연의 일반 법칙이라고 할 수 있다. 이 말이 맞는지 틀리는지에 상관없이, 자연 속에는 적어도 그것을 뒷받침하는 수많은 사실이 있다. 따라서 이 문제는 더 이상 논의할 필요가 없다.

그렇다면 이 부분의 토론은 여기서 멈춰야 할지도 모르겠다. 그 토론의 끝은 제1원인론 자체는 유신론을 뒷받침하는 데 아무 도움도 되지 않는다는 것이다. 시작이 없는 존재에게는 원인이 불필요하기 때문이다. 우리의 경험이 가르쳐주는 바에 의하면, 물질과 힘에는 (이것에 대해 우리가 어떤 종류의 형이상학 이론을 제기하더라도) 그 어떤 출발점도 없다. 그러나 정신은 그렇지가 않다. 우주의 현상이나 변화에는 분명 각각의 시작과 원인이 있다. 그러나 그 원인은 언제나 선행된 변화다. 그리고 경험을 동원해서 얻은 결론이지만, 그 변화를 아무리 깊숙이 파고들어도 최초의 선택의지에 다다를 수 없다. 세계는 그 존재 자체만으로는 신을 증명할 수 없다. 그래도 신을 증명하는 데 도움이 될 무언가를 보여준다면, 그것은 현상의 특별한 성격(어떤 목표를 향해 적응하기 위해 애쓰는 듯 보이는 성격) 때문임이 분명하다. 흔히 경험적 증거가 부족하기 때문에 직관에 의존해야 한다고 말한다. 그러나 경험적으로 증명하지 못하고 그저 직관적 증거에만 의존해야 한다면, 그리하여 정신이라는 것이 창조되었다는 사실을 그저 직관적으로만 증명해야 한다면, '창조하는 정신'도 똑같은 처지일 수밖에 없다. 그러면 우리는 과거보다 제1원인에 더 가까이 다가서지 못한다. 그러나 정신의 본질 속에 그 자체로 창조주의 존재를 암시하는 것이 없다면, 우리의 경험으로 알 수 있는 모든 정신이 그렇듯이, 시간적으로 출발점을 갖고 있는 정신들은 창조되었음이 분명하다. 그러나 그것들이 반드시 선행하는 지적 존재에 의해 창조되어야 한다는 것은 아니다.

일반론

내가 볼 때 설계 흔적에 관한 주장은 언제나 자연 유신론Natural Theism의 가장 중요한 논거일 수밖에 없다. 설계론으로 넘어가기 전에, 과학적 타당성은 떨어지지만 사람들의 마음을 흔든다는 점에서 그 어떤 정교한 논리보다 더 강력한 힘을 발휘하는 주장들을 간단하게 살펴본 뒤 휴지통에 던져버릴 필요가 있을 듯하다. 그런 주장들이 사람들의 마음을 파고드는 것은 세속적 권위를 등에 업고 있기 때문이다. 대부분의 사람이 그런 권위에 마음이 크게 흔들리는데, 그것은 매우 자연스러운 일이다. 내가 말하는 권위는 사람들이 흔히 말하는 권위이고, 나는 그중에서도 특히 지적 영향력이 매우 큰 사람들이 행사하는 권위를 염두에 두고 있다. 소크라테스와 플라톤, 베이컨, 로크, 뉴턴, 데카르트, 라이프니츠 같은 사람들이 그 대표적인 예일 텐데, 이들은 다른 상황에서는 기존의 편견을 깨는 데 큰 역할을 한 인물들이다.

지식과 교양 측면에서 어려운 문제에 관해 스스로 분명한 판단을 내릴 처지가 못 된다고 생각하는 사람들에게는, 일반적으로 세상에 진리라고 널리 알려진 것 또는 과거 특별히 뛰어난 사람들이 두루 진리라고 생각했던 것은 남들처럼 그냥 믿어도 무방하다고 충고해도 될 듯하다. 그러나 사상가에게는 남의 생각이라는 것이 그리 중요하지 않다. 그것은 단지 간접적인 증거에 불과하다. 그는 대중이나 현명한 사람들이 옳다고 믿는 것이 어떤 논리와 근거에 입각한 것인지 따져보고 세밀하게 검토해볼 것을 우리에게 촉구한다. 그런데 이 문제에 관해 철학적 언급을 할 만한 위치에 있는 일부 인사는 사람들에게 어떤 믿음이 널리 퍼져 있는 것을 인간 정신 속에 신에 관한 직관적 인식이나 본능적 감각이 존재한다는 큰 증거로 간주한다. 믿음의 보편성에 근거해 그것이 인간의 본성 속에 들어 있다고 추론한다. 그 보편성을 바탕으로, 근거가 대단히 취약하지만 직관철학의 본류와 잘 부합하는 결론, 즉 그 믿음은 진리임이 분명하다는 주장을 이끌어낸다. 이 결론이 유신론으로 발전하면 심각한 의문이 생길 수밖에 없다. 왜냐하면 그런 결론은 인간 정신이 신에 의해 창조된 것이고, 신은 자신의 피조물을 기만하지 않는다는 믿음 외에 아무런 논거도 제시하지 못하기 때문이다.

하지만 사람들 사이에 신의 존재에 관한 믿음이 워낙 광범위하게 퍼져 있다 보니, 그런 믿음은 인간 정신에 내재되어 있어 굳이 따로 증거를 댈 필요도 없다는 주장까지 제기된다. 이런 생각을 어떻게 받아들여야 할까? 신의 존재에 관한 믿음이 증거를 찾을 필요도 없을 만큼 명백하단 말인가? 아니면 전혀 사실에 기초하고 있지 않아서 선천적이라는 명제에 의존하지 않고는 설명이 되지 않는단 말인가? 지적 설계자의 존재를 증명할 근거가 자연에 충분하지 않다면, 아니 그런 증거를 아예 찾아볼 수조차 없다면, 누가 감히 유신론자라고 자처할 수 있을까? 따라서 보편 정신이나 탁월하게 현명한 정신이 존재한다고 생각할 수도 없다. 결정적인 수준은 아니더라도 유신론을 뒷받침할 외부적 증거가 어느 정도 있기만 하다면, 왜 굳이 그것을 제쳐두고 다른 것에 의존하겠는가? 소크라테스 이래 인류가 존경하는 뛰어난 정신의 소유자들은 자기주장을 펼칠 때 그 근거가 무엇인지 알지도 못한 채 그저 그것 자체를 믿는다고 말하지 않았다. 계시가 아니라 형이상학적 주장 또는 설계창조론의 기초가 되는 외부적 증거에 입각해 논의를 전개했다.

야만족과 문명국가의 무식한 사람들에게는 신의 존재에 관한 믿음이 널리 퍼져 있는데, 그들이 잘 알지도 못하는 자연의 위력에 영향을 받아 그렇다고 말하기도 어렵다. 내가 볼 때, 문명국가의 덜 배운 사람들은 지식층의 생각을 따라간다. 야만족의 경우는 증거가 불충분하면 믿음도 불충분할 수밖에 없다. 야만족의 종교적 믿음은 자연신학적 신에 관한 믿음이 아니다. 그들의 믿음은 생명과 의식, 의지의 근거를 (그들이 그 근원을 인식할 수 없거나 그 작동을 통제할 수 없는) 자연의 권능으로 환원시키는 조잡한 일반화를 조금 손본 것에 불과하다. 따라서 믿음의 대상이 되는 절대자의 수도 그런 권능만큼이나 많다. 강이나 샘, 나무가 그 나름의 신을 가지고 있다. 이런 터무니없는 원시적 무지 속에서 자신의 존재에 관한 직감적 지식을 피조물에 심어주는 최고 절대자의 손을 발견한다는 것은 신에 대한 최소한의 찬사다. 야만족의 종교는 생명이나 의지를 개별 사물의 소관 사항으로 치부하고 기도와 희생 제물로 그것을 달랜다는 점에서 매우 넓은 의미의 물신숭배라 할 수 있다. 의식이 있는 인간과 무생물 사이를 가로지르는 경계선을 명백하게 획정하기가 쉽지 않다는 사실을 기억한다면, 이것은 그리 놀랄 일이 아니다. 인간과 무생물 사이에는 그 중간 단계, 즉 생명과 의지를 가지고서 때로 인간보다 훨씬 강력한 힘을 행사하는 야수 같은 존재가 있다. 그런 존재들은 초기 역사 단계에서 인간의 삶에 굉장히 큰 영향을 끼쳤다. 따라서 자연계에서 생물과 무생물을 즉각 명확하게 구분하기가 쉽지 않다는 것은 결코 놀라운 일이 아니다. 관찰 기술이 향상되면서, 우리는 대부분의 외부 물체가 동일한 환경에서 놀라울 정도로 비슷하게 적응하며 살아가는 다른 종이나 집단과 기본적 특성이 매우 유사하다는 것을 알게 되었다. 이렇게 본다면, 눈에 보이는 물체를 숭배하는 것이나 모든 물체를 주재한다고 간주되는 눈에 보이지 않는 절대자를 숭배하는 것은 다를 바가 없다. 무지한 대중을 초자연적 힘과 특정 우상의 마법에서 벗어나게 하는 것은 아직도 매우 힘들다. 그런 일반화 과정은 망설임, 때로는 극심한 공포까지 겪으면서 천천히 이루어졌다. 문명사회의 유신론이 그 자리를 대신하기까지, 기본적으로 그런 공포심 때문에 야만족의 종교적 신념이 거의 변하지 않고 유지될 수 있었다. 문명사회의 유신론은, 문명인의 표현을 그대로 빌리자면, 합리적이라고 일컬어지는 주장 또는 자연현상에서 추출된 결론이라고 할 수 있다.

여기서 모든 인간이 공유하지는 않는 자연적 믿음, 즉 보편성이 없는 본능에 관한 가설을 둘러싼 어려움에 대해 길게 이야기할 필요는 없을 것이다. 어떤 사람이 특정 감각을 갖추지 못한 채 태어나듯이, 다른 어떤 사람이 특정한 자연적 능력을 구비하지 못하고 태어날 수 있다는 것은 너무도 당연한 일이다. 사정이 그렇다면, 우리는 무엇이 자연적 능력인지 매우 조심스럽게 접근해야 옳다. 인간이 볼 수 있다는 것이 관찰이 아니라 추론의 문제라면 그리고 인간이 확실한 시각기관을 가지고 있지 않아 다른 감각을 사용하는 우회 과정을 거쳐 인식과 지식을 획득했을지도 모른다면, 자신이 볼 수 있다는 것도 인지하지 못하는 인간이 존재한다는 사실은 시각 이론을 정면으로 뒤엎는 심각한 주장이 될 것이다. 그러나 지금 하고 있는 논의의 목적에 비추어볼 경우, 이 문제는 직관철학 전체와 직접 관련되기에는 범위가 너무 넓다. 아무리 철저한 직관주의자라 하더라도, (실제적인 것이든 아니면 그렇게 보이는 것이든) 증거의 근거가 충분하고 그 타당성이 보편적으로 인정된다면 어떤 믿음을 본능적인 것이라고 주장하지 않을 것이다. 이 경우, 다음과 같은 여러 요소가 그 증거능력을 키우는 데 작용한다. 사람을 그 믿음에 끌리게 하는 모든 감정적·도덕적 명분, 인간이 과거 오랫동안 골치를 썩여야 했던 해묵은 숙제를 해결해주는 데 따른 만족감, 미래에 대한 희망 그리고 공포(왜냐하면 희망뿐만 아니라 공포도 믿음에 영향을 주기 때문이다), 여기에 덧붙여, 좀 더 활동적인 정신의 소유자에게는 권능에 대한 인식(초자연적 존재에 대한 믿음이 인간 자신을 위해 또는 통치자들의 이기적 목적을 위해 인간을 다스리도록 심어준 것)이 늘 함께했다.

아무리 가설이라도, 사람들이 널리 받아들인다는 이유만으로 명백하고 정밀하게 설명하지 않은 채 그 기원을 인간 정신 고유의 법칙이라는 이름으로 단정하는 것은 타당하지 않다.

의식에 입각한 주장

그동안 경험과는 무관하게 이성적 진리에 입각해 신의 존재와 그 특성을 증명하는 수많은 주장이 제기되었다. 실제로 종교철학자라면 거의 누구나 자기 나름의 주장을 펼칠 수 있을 정도다. 직관철학의 진정한 창시자라 할 수 있는 데카르트는 그 유명한 자기 철학의 제1전제, 즉 자신이 매우 분명하고 확실하게 지각할 수 있는 것이면 진리임이 틀림없다는 가설로부터 즉각 결론을 이끌어냈다. 권능과 지혜 그리고 선함에서 완벽한 신이라는 관념은 명백하고 분명하기 때문에, 이 원리에 따르면 신은 하나의 실체라고 할 수 있다. 인간 정신의 한 개념이 자신의 객관적 실체를 증명한다는 것은 대담한 일반화가 아닐 수 없다. 그러나 데카르트는 이 말을 하면서 "만일 관념이 존재를 포함한다면"* 이라는 조건을 달았다. 만약 신이라는 관념이 모든 완전함의 총합을 의미한다면 그 신은 완전한 존재일 것이고, 따라서 신이라는 관념이 자신의 존재를 증명한다는 논리가 성립된다. 이 주장은 매우 간단명료하다. 그러나 대단히 명료한 이 주장은 인간에게 가장 익숙하고 가장 소중한 속성 중 하나, 즉 경험 자료로부터 경험 그 자체가 감당할 수 있는 것보다 더 완전한 개념을 구축하는 것(이상화라고 부른다)을 부인한다. 따라서 오늘날에는 아무도 그 주장에 동의하지 않을 것 같다. 데카르트의 후예들은 마음속의 빛으로부터 신에 관한 지식을 이끌어내기 위해, 다시 말해 직접적 지각에 관한 사실이나 그들이 흔히 부르듯 의식에 관한 사실을 외부 증거에 의존하지 않는 진리라고 부르기 위해 보다 정교한(그렇다고 더 성공적이라고 할 수는 없지만) 노력을 많이 기울였다. 철학자들은 우리가 어떤 물체를 지각할 때마다 그것과 더불어 신을 지각하거나 의식한다는 것을 증명하기 위한 쿠쟁[28]의 시도나 그런 주장에 대한 해밀턴[29]의 유명한 반박에 익숙하다. 그러나 그런 주장들을 자세히 검토하는 것은 시간 낭비일 수 있다. 사람들은 모두 자기 나름대로 논리적 오류에 빠져 있을 뿐 아니라 공통된 취약점도 안고 있다. 즉 어떤 사람이 자기가 어떤 물체를 지각한다고 분명히 주장할 수는 있겠지만, 그것만으로는 다른 사람도 그것을 보고 있다고 믿게 만들 수 없는 것이다. 만일 그 사람이 자신에게만 그

* *Dissertatio de methodo*, In *Principia philosophiæ*. 4th ed. (Amsterdam: Elzevir, 1664), Part IV 참조.

28 Victor Cousin, 1792~1867. 프랑스의 철학자.

29 William Hamilton, 1788~1856. 영국의 철학자.

런 신성한 시각능력이 허용되었고 그런 능력을 갖추지 못한 사람들은 볼 수가 없다고 확신한다면, 그때는 이야기가 달라질 수 있다. 많은 사람이 이런 주장을 설득력 있게 제기해왔고, 다른 사람들은 그저 그 주장의 타당성을 뒷받침할 증거를 제시해달라고 요구할 수 있었을 뿐이다. 그러나 그 누구도 특별한 재능을 타고났다고 주장할 수 없고, 그저 우리 모두가 예언자가 보듯이 보고, 느끼듯이 느낄 수 있다고 말한다면, 아니 우리가 실제로 그렇게 하고 있다고 말한다면, 그리고 우리가 아무리 노력해도 우리가 들은 것을 지각한다는 사실을 인지하는 데 성공하지 못한다면, 소위 말하는 보편적 직관능력이라는 것은 다음의 처지와 다를 바 없다.

> 영혼의 어두운 초롱불이여,
> 그 불을 들고 있는 사람 외에는 아무것도 비추지 못하네.*

따라서 다른 사람들이 마음에 품고 있는 느낌에 대해 무지하다기보다, 오히려 초롱불을 든 그 사람들이 자신의 마음속 느낌의 기원에 대해 잘못 알고 있는 것은 아닐까? 그 사람들이 이런 질문을 받을 수 있다는 것은 놀라운 일이 아니다.

엄밀히 검토해볼 때, 신의 존재에 관한 주관적 인식에서 신의 객관적 실체에 이르기까지 그 모든 주장에 확실한 논거가 결여되어 있다는 것은 선험적 형이상학자들의 대표라고 할 칸트를 보면 잘 알 수 있다. 칸트는 극단적으로 대조적인 두 문제, 즉 관념의 기원과 구성 그리고 그에 상응하는 물체의 실체에 관한 질문을 늘 품고 살았다. 그에 따르면, 신의 존재에 관한 관념은 외부에서 온 것이 아니라 인간 정신의

* Samuel Butler, *Hudibras* (London: Vernor and Hood, 1801), Vol. I, pp. 53~54; Pt. I, Canto I, 11. 505~506.

고유한 법칙에 의해 만들어진다는 점에서 정신에 내재한다. 그러나 이 추론적 이성 관념은 그 어떤 논리적 과정에 의해서도 드러나지 않으며 직접적 이해를 통해 지각될 수도 없다. 칸트의 생각에 신은 직접적 의식의 대상이 아니며 이성적 추론의 결과도 아니다. 그것은 그저 하나의 필요 가정일 뿐이다. 필요하다는 것도 논리적으로 그렇다는 것이 아니고, 도덕법칙의 실체 때문에 요구되는 현실적 필요라는 뜻이다. 의무라는 것은 의식작용의 결과다. 의무는 "너는 ~해야 한다"는 우리 존재 깊은 곳에서 나오는 명령으로서, 결코 경험에 바탕을 둔 느낌으로 설명할 수가 없다. 이 명령은 명령권자를 전제한다. 그러나 칸트가 법의 확신이 입법자의 확신을 포함한다고 의미한 건지 아니면 그저 법을 통해 자신의 의지를 표현하는 존재는 분명 바람직하다는 것만 의미한 건지는 확실하지 않다. 만일 전자라면, 그 주장은 법이라는 말의 양면적 의미에 기초한다. 우리가 따를 의무가 있다고 느끼는 규칙은 복종을 요구한다는 점에서 보통 말하는 법과 공통점이 있다. 그러나 그 규칙이 이를테면 토지법처럼 인간의 정신 바깥에 있는 입법자의 의지에서 비롯되어야 한다는 것은 아니다. 심지어 우리는 의무감은 명령의 결과에 지나지 않기 때문에 도덕적 의무가 의미하는 것과는 다르다고 말할 수도 있다. 도덕적 의무는 내면의 양심에 따라 구속력을 가진 무엇인가를 본성 속에 상정한 것이기 때문이다. 신은 자신의 명령을 덧붙이면서 의무감을 뒷받침하고 힘을 실어줄 수도 있지만 그것을 창조하지는 않는다. 그렇다면 논의의 편의를 위해 도덕 감정은 순전히 정신 자체가 발전한 것이고 의무감은 경험이나 후천적으로 습득된 느낌과 전적으로 무관하다는 것을 인정하더라도, 칸트와 다른 형이상학자들이 줄곧 주장하듯이, 이 의무감은 의무의 근원에 지나지 않는 신성한 입법자에 대한 믿음을 강제하기보다 오히려 배제한다고 말할 수도 있을 것이다. 많은 사람이 신을 이상적인 개념으로 받아들이면서 습관적이고 친숙하게 언급하지만, 신에 대해 적극적인 믿음을 갖고 있지는 않다. 그러면서도 그런 사람들은 의무감을 최대한 이론적으로 인정하고 있으며 실제로 또 그런 감정을 느낀다. 그러나 도덕 감정이 성립하는 데 현명하고 정의로운 입법자인 신의 존재가 꼭 필요한 것은 아니더라도, 그런 감정이 신이라는 존재를 대단히 바람직한 것으로 만든다는 주장은 여전히 설득력을 지닐 수 있다. 분명히 그렇다. 선량한 남자와 여자들이 그런 믿음을 고수하면서 혹시라도 반대되는 주장이 제기되면 괴로워하는 큰 이유가 바로 여기에 있다. 그러나 우주의 질서 속에서 바람직한 것은 무엇이든 다 진실이라고 가정하는 것은 타당성이 없다. 신에 대한 믿음이 있어도 낙관론을 끝까지 밀고 나가기가 쉽지 않다. 따라서 낙관론을 라이프니츠처럼 제한된 의미로 받아들여야 한다.[30] 즉 어떤 선한 존재에 의해 만들어진 우주는 가능한 최선의 우주일 수 있지만, 절대적 최선이라고 할 수는 없다. 다시 말해, 신성한 권능의 소유자라 하더라도 우주를 지금 있는 것보다 더 완벽하게 만들 수는 없다. 그러나 신에 대한 믿음 이전에 있었던 그리고 그 믿음의 근거로 존재했던 낙관론은 모든 추론적 망상 중에서도 가장 이상하게 보인다. 내 생각에는 인간 정신의 깊숙한 곳에 그런 믿음이 자리 잡는 데 신의 존재가 바람직하다는 감정이 가장 크게 기여한다. 이런 감정이 논리의 옷을 걸치면 마음에 드는 것을 믿고 싶어 하는 인간 정신의 순진한 경향으로 나타나는 경우가 많다. 물론 그런 논리는 특별한 가치가 전혀 없다.

우리는 유신론에 관한 이런저런 선험적 주장을 더 이상 붙들고 있을 필요가 없다. 이제 그보다 훨씬 더 중요한 문제, 즉 자연에서 발견되는 지적 고안考案의 흔적에 대해 검토해보자.

30 라이프니츠는 신이 창조한 이 세계는 가능한 모든 세계 중 최선의 것이라고 말했다. 이 책 144쪽 참조.

자연 속 설계 흔적에 입각한 주장

마침내 정말 과학적 성격을 띤 주장을 다룰 시간이 왔다. 이런 주장을 펼치는 사람들은 과학적 검증을 회피하지 않고 공인된 귀납적 방법에 의해 판정받기를 원한다. 설계론은 전적으로 경험에 바탕을 두고 있다. 지적 능력을 가진 존재가 어떤 목적을 가지고 만든 것들은 몇 가지 특징적인 성질을 갖는다고 한다. 자연계, 또는 자연계의 어떤 부분이 이런 성질을 두드러지게 표출한다. 그러므로 결과가 대단히 유사할 경우, 그 원인도 그럴 거라고 유추해도 될 것이다. 그리고 보통 인간의 능력으로는 할 수 없고 오직 전능에 가까운 인간만이 할 수 있는 일이라면, 그것은 인간보다 훨씬 위대한 힘을 가진 지적 존재에 의해 창조된 것이 분명하다고 믿어도 될 것이다.

나는 이런 주장에 대해 그 어떤 적극적 동조자 못지않게 내 생각을 자세히 펼친 바 있다. 그런데 아주 조금만 생각해보면 그것이 어느 정도 논리가 통하긴 하지만 그 타당성이 전체적으로 과대 포장되어 있다는 것을 알 수 있다. 페일리가 시계를 예로 들어 설명한 것은 그 경우를 너무 과장하는 느낌을 준다.* 만약 내가 무인도에서 시계를 하나 발견했다면, 어떤 사람이 거기에 버렸다고 추론할 수 있다. 중요한 것은 그 추론이 설계의 흔적에서 나온 것이 아니고 시계가 인간에 의해 만들어진다는 나의 직접적 경험에 바탕을 둔다는 점이다. 마찬가지로 발자국이나 아무리 사소한 유물이라도 경험상 그것이 인간이 남긴 흔적이 분명하다면, 시계의 경우 못지않게 분명한 추론을 이끌어내야 한다. 동물의 똥 화석으로부터 설계 흔적을 찾는 사람은 아무도 없지만, 지질학자는 그 화석으로부터 과거에 어떤 동물이 살았다는 추론을 이끌어내는 것과 마찬가지다. 창조 과정이 설계되었음을 증명하는 증거

* William Paley, *Natural Theology*, pp. 1~18.〔페일리William Paley(1743~1805)는 영국의 신학자이자 철학자다.〕

는 결코 귀납의 높은 단계에 이르지 못한다. 그저 유추라고 불리는 낮은 종류의 귀납적 증거에 도달할 뿐이다. 유추와 귀납은 특정 환경(이 환경을 A와 B라고 부르자)에서 어떤 것을 닮는다고 알려진 한 사물은 다른 환경(이것을 C라고 부르자)에서도 그것을 똑같이 닮는다고 주장한다. 이 점에서 둘은 공통점이 있다. 그러나 귀납에서는 과거 여러 사례를 비교해본 경험에 따라 A와 B는 C가 의존하는 또는 어떤 식으로든 연결되는 바로 그 환경이라는 사실이 알려져 있다는 점에서 차이가 있다. 이것이 확정되지 않을 경우, 그 주장은 그저 C가 알려져 있는 기존 환경 중 어느 것과 연결되는지 모르기 때문에 그 기존 환경이 다른 것 못지않게 A와 B가 될 수 있다고 끝나버릴 수도 있다. 따라서 A와 B가 존재한다는 것을 우리가 안다면, 전혀 알지 못하는 경우에 비해 C가 될 확률이 훨씬 크다. 이런 주장은 평가하기가 매우 어렵다. 정확하게 평가하기가 불가능하다. 일치 지점인 A와 B 등이 매우 많이 알려진 반면 차이 지점은 별로 알려지지 않았다면 그 주장은 매우 강력할 수 있다. 또 그 반대의 경우에는 주장이 매우 약할 수 있다. 그러나 어떤 경우에도 그것이 진정한 귀납과 같은 수준의 타당성을 지닐 수는 없다. 자연 속의 현상과 인간이 만든 것들 사이에는 닮은 것이 상당히 많다. 둘의 닮은 점이 조금만 있어도 비슷한 원인 때문에 그것이 발생한다고 추정할 수가 있다. 그러나 그 추정이 어느 정도까지 가능한지 말하기는 어렵다. 분명하게 말할 수 있는 것은 유사성이 많지 않거나 아예 없는 경우에 비해 유사성이 조금이라도 있으면 지적 존재에 의한 창조의 가능성을 훨씬 높여준다는 점이다.

그렇다고 이런 접근법이 유신론의 근거를 충분히 증명하는 것은 아니다. 설계론은 그저 자연 속의 어떤 부분이 지적 인간이 만든 것을 닮았다는 데서 출발하는 것이 아니다. 그런 유사성이 지닌 특별한 성격이 중요한 역할을 한다. 세계가 인간의 창조물을 닮았다고 주장할 때,

그 창조가 일어난 환경은 무의미한 임의의 환경이 아니다. 그것은 세계가 지적 기원과 구체적으로 연결되어 있다는 것, 즉 어떤 목적 아래 창조되었다는 것을 경험적으로 보여주는 특수한 사례다. 따라서 그 주장은 그저 여러 유추 가운데 하나가 아니다. 여느 유추처럼 그것도 나름대로 중요하다. 그러나 그것은 유추 이상의 것이다. 귀납이 유추 이상의 것이듯, 그것도 유추를 넘어선다. 그것은 귀납적 주장이다.

나는 이것이 부인할 수 없는 사실이라고 생각한다. 그래도 이 주장을 귀납법에 적용할 수 있는 논리적 원칙에 따라 검증할 필요가 있다. 이 목적을 위해 그 주장 전체가 아니라 그중에서 가장 인상적인 부분, 이를테면 눈이나 귀의 구조를 다뤄보는 것이 편리할 것이다. 눈의 구조가 설계자의 존재를 증명한다고 말하는 사람들이 있다. 이것은 귀납론의 어느 부분에 속할까? 그것은 얼마나 설득력이 있을까?

귀납론에는 네 가지 귀납 방법에 상응하는 네 가지 주장이 있다. 바로 동의Agreement 방법, 차이Difference 방법, 잔여Residues 방법 그리고 공변Concomitant variation 방법이다. 지금 우리가 논의하는 것은 첫 번째인 동의 방법의 영역에 속한다. 이것은 귀납 논리학자들 사이에 네 가지 중 가장 취약한 방법으로 알려져 있지만, 특정 주장은 나름대로 강력한 힘을 발휘하며, 논리적으로 다음과 같이 분석될 수 있다.

눈을 구성하는 부분들 그리고 그런 부분들의 조합과 배열은 모두 동물이 볼 수 있도록 기능한다는 점에서 놀라울 정도로 서로 닮았다. 그 부분들이 그렇게 생기고 그렇게 기능하기 때문에 동물이 볼 수 있는 것이다. 만일 그중 어느 하나라도 지금과 다르게 되어 있다면 대부분의 동물은 볼 수 없거나 제대로 보지 못할 것이다. 이것이 동물의 다른 모든 부분 사이에 존재하는 구성과 조직의 일반적 유사성을 넘어, 우리가 눈의 다른 부분들에서 추적할 수 있는 유일하게 두드러진 유사성이다. 눈이라는 유기적 원소의 특수한 조합은 어떤 경우에든 시간적으로 시작 단계가 있다. 따라서 그것은 하나의 원인 또는 복수의 원인에 의해 생성된 것이 분명하다. 경우의 수는 독립 원인들이 무작위로 동시에 발생하는 것을 배제하기 위해 또는 (기술적으로 말해) 우연을 제거하기 위해 귀납 논리가 요구하는 수보다 엄청나게 크다. 따라서 우리는 귀납 원리에 따라, 이 모든 원소 사이에 공통된 어떤 원인 때문에 그들을 한데 묶을 수 있다는 결론을 내릴 수 있다. 그리고 그 원소들이 시각을 창출하는 단일 환경 속에 똑같이 들어 있는 한, 그 원소들을 한데 모으는 원인과 시각 현상 사이에 인과관계에 바탕을 둔 어떤 연결이 존재할 수밖에 없다는 결론도 내릴 수 있다.

나는 이것이 합당한 귀납적 추론이라고 생각한다. 그리고 귀납법이 유신론을 위해 할 수 있는 핵심이 바로 이것이라고 믿는다. 따라서 자연스럽게 다음과 같은 주장이 전개될 것이다. 시각은 눈의 유기적 구조를 한데 모은 것에 선행하기보다 그것을 따라다니는 사실이라고 할 수 있다. 동력인[31]이 아니라 목적인으로서 그 구조의 생산과 연결될 수 있을 뿐이다. 달리 말해, 시각 자체가 아니라 그것에 선행하는 관념이 동력인일 수밖에 없다. 그런데 이것은 곧 지적 의지에서 파생하는 기원을 보여준다.

그러나 유감스럽게도 이런 주장의 앞부분은 뒷부분보다 훨씬 해결하기 어렵다. 창의적인 사전 계획이 눈이 놀라울 정도로 기묘하게 작동하는 까닭과 시각 현상을 연결할 수 있는 유일무이의 고리는 아니다. 최근 깊은 성찰의 대상이 되고 있는 또 다른 연결고리가 있다. 비록 자연이 보여주는 그토록 경탄스러운 결합을 적절하게 설명하기에는 여전히 그리고 아마 앞으로도 오랫동안 어려움이 남겠지만, 적어도 그 실체에

31 아리스토텔레스는 사물을 존재하게 만든 원인으로, 그 재료가 되는 질료인質料因, 그 원형이라고 할 형상인形相因, 사물을 생겨나게 하는 동력인動力因, 사물의 최종 목표인 목적인目的因, 이 네 가지를 꼽았다.

대해서는 의문의 여지가 없다. '적자생존'의 원리가 바로 그것이다.[32]

이 원리는 복잡한 적응 과정도, 두드러진 설계의 흔적도 발견할 수 없는 이런저런 매우 낮은 형태의 유기적 생명의 존재를 상정한다. 이것으로 감각이나 동식물의 생명의 기원을 설명할 수는 없다. 그러나 우리는 경험을 통해 다음의 사실을 알 수 있다. 즉 그런 단순한 형태로부터 온갖 방향으로 작은 변이들이 발생하면서 대를 이어 유전되고, 그 결과 어떤 변화는 생존에 도움이 되지만 어떤 변화는 그 반대가 된다. 결국 도움이 되는 형태는 늘 생존경쟁에서 이기고 그렇지 않은 형태는 도태된다. 수많은 다른 종으로 진화를 거듭하면서, 비록 느리지만 지속적으로 전반적인 진보가 일어난다. 상이한 생존환경과 양식에 적응해가는 헤아릴 수 없을 만큼의 긴 세월이 흐른 뒤, 마침내 지금과 같은 형태가 존재하게 된 것이다.

그러나 이런 가설적 자연의 역사 안에는 대단히 놀랍고 언뜻 보기에 가능할 것 같지 않은 무엇인가가 있음을 알아야 한다. 예를 들어, 그 가설에 의하면 종류를 불문하고 어떤 원시동물이든 볼 수가 없었고, 기껏해야 빛이 그 분자구조에 미친 화학작용을 통해 겨우 조금 보는 준비만 할 수 있었다고 전제하지 않으면 안 된다. 유기적 생명체 안에는 언제든 우발적 변이가 발생할 수 있는데, 그중 하나가 어느 순간 비록 불완전하지만 볼 수 있는 변종을 만들 수 있다. 이런 특이성이 대를 넘어 유전되고 또 다른 변이가 다른 방향으로 확산되면, 불완전한 시각이라도 가진 종은 아예 보지 못하는 다른 종에 비해 엄청난 이점을 가진다. 시간이 지나면서 그 종은 이를테면 땅속에 사는 일부 특수한 종을 제외한 나머지 종을 멸종에 이르게 할 것이다. 새로운 변이가 거

32　찰스 다윈Charles Darwin(1809~1882)이 《종의 기원The Origin of Species》(1859)에서 생명체가 자연선택을 통해 진화했다고 주장한 것을 일컫는다.

듭 발생하면서 점점 더 좋은 시력을 가진 종이 출현할 것이다. 그러다 어느 순간 눈의 구조와 기능이 놀라운 결합을 하면서 마침내 인간이나 다른 고등동물의 눈이 탄생한다는 것이다. 이 이론을 이렇게 극단으로 밀고 나가더라도, 우리는 이 시점에서 그것이 생각보다 그렇게 이상하지 않다는 말을 할 수밖에 없다. 아울러 경험적으로 볼 때, 그 이론의 가능성에 호의적인 사례가 과거 수많은 사람이 예상했던 것보다 훨씬 많이 발견된다는 사실도 말해야겠다. 이것 이상의 다른 말을 할 수 있을지 현재로서는 확실하지 않다. 이런 주장이 옳다면, 이 이론이 창조론과 어긋나는 부분은 하나도 없을 것이다. 그러나 그것이 창조론을 뒷받침할 증거를 심각하게 약화할 거라는 사실은 인정해야 한다.

이 주목할 만한 추론은 장차 인간이 무엇을 새롭게 더 발견하는지에 따라 그 운명이 결정될 것이다. 그러나 생명체들이 자연에 맞춰 적응해가는 과정을 현재 인간의 지식에 비추어보면, 지적 존재에 의한 창조 쪽에 크게 무게가 실리는 것이 사실이다. 이것이 내 생각이다. 동시에 이것은 하나의 가능성일 뿐이라는 점도 분명하다. 우리가 검토했던 자연신학의 다른 여러 주장도 창조론에 전혀 힘을 보태지 못한다. 계시를 제외하면, 자연의 창조주가 존재한다는 것을 믿게 할 근거는 모두 우주의 모습에서 도출된다. 그 모습이 단순히 인간의 창조물(또는 인간이 시계의 재료를 다루듯이 유기체도 다룰 수 있다면, 유기체에 할 수 있는 그 무엇)과 닮았다는 사실은 유추론을 뒷받침한다는 점에서 어느 정도 가치가 있기는 하다. 그러나 이 주장은 자연계의 기원과 그것이 지향하는 목적 사이에 인과론적 연결점이 있다는 사실을 증명해주는 적절한 귀납적 고려를 통해 확인될 경우 훨씬 강력한 힘을 얻을 것이다. 대부분의 경우 귀납 절차가 그리 필요하지 않지만, 동식물의 삶이 기묘하고 복잡하게 결합된 것과 같은 예외적 경우에는 이런 방법이 상당히 중요한 의미를 띤다.

4. 신의 속성

우리는 앞에서 순전히 과학적인 측면에서 신의 존재에 관해 질문을 던져보았다. 이제 신적 존재를 가리키는 이런저런 말을 종합해서 다음과 같은 질문을 던져볼 때가 되었다. 그런 말들은 어떤 종류의 신을 가리키는가? 자연이 창조적 정신에 관해 제시하는 증거에 비추어볼 때, 그런 정신에 어떤 속성을 갖다붙일 수 있을까?

지적 측면은 내버려두더라도, 그런 존재가 보유한 권능이 인간이 생각하는 것보다 훨씬 강력하다는 점은 더 이야기할 필요가 없을 것이다. 그러나 이런 전능과 전지 사이에는 큰 단절이 있고, 그것을 구분하는 것은 현실 속에서 매우 큰 의미가 있다.

우주에서 발견되는 설계 흔적들 하나하나가 오히려 그 설계자의 전능함에 대해 의구심을 품게 만드는 결정적 증거가 되고 있다. 이것은 결코 지나친 말이 아니다. 설계란 무슨 뜻인가? 그것은 목적에 맞게 수단을 사용하는 고안이다. 그러나 고안이 필요하다는 것은, 다시 말해 수단을 동원한다는 것은 능력이 유한하다는 말이나 같다. 말 한마디로 자신이 원하는 바를 족히 얻을 수 있는 존재라면 무엇 때문에 굳이 수단을 동원하겠는가? 수단이라는 개념 자체가 그 존재가 직접 하는 행동이 갖추지 못한 효능을 그 수단은 구비하고 있다는 것을 의미한다. 그렇지 않다면 그것은 수단이 아니고 짐이 될 뿐이다. 사람은 자신의 팔을 움직이기 위해 기계를 사용하지 않는다. 마비가 생겨 자기 의지대로 몸을 움직일 수 없을 때만 그렇게 한다. 어떤 장치를 사용한다는 것 자체가 능력의 유한성을 뜻한다면, 그 장치를 주의 깊고 요령 있게 선택한다는 것은 능력이 얼마나 모자란다는 뜻일까? 수단이 그저 그것을 사용하는 사람의 의지에 따를 뿐 아무런 효능도 없고 어떤 수단을 쓰더라도 동일한 효능을 낸다면, 수단을 고르는 데 지혜가 필요할 이유가 없다. 지혜와 고안은 어려움을 극복하는 데 도움이 되는데, 아무런 어려움도 없는 존재에게는 그런 것이 필요 없다. 따라서 자연신학은 우주의 창조주가 한정된 능력으로 일을 했다는 사실을 명백히 증명한다. 그는 자기 의지 바깥의 환경에 적응하고 맞춰나가면서 목적을 달성해야 했다.

이 가설은 다른 측면에서 우리가 확인했던 증거의 성격과 일치한다. 우리는 자연의 흔적들이 진정 우주의 기원 또는 자연의 질서를 증명한다는 것, 그리고 기원이 곧 설계를 암시하지만 그렇다고 그것이 우주의 피동적이고 활동적인 양대 요소, 즉 재료와 힘의 시작, 더구나 창조를 지칭하지는 않는다는 사실을 발견했다. 자연 속에는 창조주(우리가 세계의 목적이라고 간주하는 것을 세계가 지향하도록 해주는 복합위치를 만든 그 창조주)가 재료나 힘 또는 그것들의 모든 특성을 만들었다거나 그런 특성들을 전부 바꿀 권능을 갖고 있다는 사실을 믿게 할 그 어떤 이유도 존재하지 않는다. 그것은 우리가 우주의 질서 속에 지혜와 고안의 필요성이 있다는 부정적인 명제를 받아들일 때만 가능한 이야기다. 이 가설에 따르면, 신은 주어진 자연의 재료와 속성을 결합해서 자신의 목적을 달성해야 했다. 그는 그 재료를 이용해 주어진 물질과 힘을 섞은 뒤, 그 속에서 설계도에 따라 세계를 건설해야 했다. 그렇게 하자면 기술과 고안, 그리고 때로 우리의 감탄과 존경심을 불러일으키기에 족한 방법이 필요하다. 그러나 그 과정에 지혜가 필요하다는 사실이 권능의 한계를 암시한다. 다시 말해, 이 두 문장은 동일한 사실의 다른 측면을 표현한다.

혹은 전능한 창조주가 인간이 사용하는 고안을 동원할 필요는 없지만, 인간이 자신의 창조 흔적을 눈치 채게 하려고 일부러 그렇게 했다고 말할 수도 있겠다. 만일 그렇다면, 이것 역시 그의 전능성이 불완전하다는 것을 보여주는 셈이 된다. 만일 전능한 신이 인간과 이 세계가 자신의 작품임을 인간에게 알려주고 싶다면 그저 인간이 그것을 알기를 희망하기만 하면 될 일이다. 독창적인 생각을 가진 사람들은 신이 왜 3 더하기 2가 5인 것처럼 자신의 존재를 명확하게 드러내지 않아 인간들을 짙은 의심의 장막에 갇히게 했는지 밝히고 싶어 했다. 그러나 그렇게 해서 찾아낸 이유들은 매우 불행하게도 궤변에 가까웠다. 설령 그 이유들이 타당하더라도, 신의 전능함을 펼치는 주장에 도움이 되지 않는다. 왜냐하면 사람들에게 신의 존재에 관한 절대적 확신을 심어주는 것이 신을 기쁘게 하지 못할 경우, 신은 마음만 먹으면 얼마든지 그런 확신을 불완전하게 만들 수 있을 것이기 때문이다. 이런 내용의 주장에는 쉬운 논리로, 즉 전지한 자가 어떤 일을 할 능력이 있음에도 무슨 현명한 이유에서 그대로 내버려두는지 알 수 없다고 응대하는 것이 일반적이다. 사람들은 이런 논리 자체가 전능한 존재의 한계를 의미한다는 것을 모르고 있다. 어떤 것이 확실하게 좋을 뿐 아니라, 창조를 증명하는 모든 증거가 창조주에 의한 사전 설계의 결과라는 사실도 명백하게 뒷받침한다면 창조주가 그것을 하지 않을 리 없다. 그런데 창조주는 하지 않았다. 뭔가 특별한 이유가 있기 때문일 텐데 우리는 그 이유를 알 수 없다. 이렇게 말하는 것은 창조주가 뭔가 더 좋은 것, 자신의 창조 목적에 훨씬 더 완벽하게 들어맞는 어떤 것을 위해 그것을 연기하는 것이 좋다고 판단한 것이 분명한데 우리는 그 내막을 알 수가 없다고 말하는 것이나 마찬가지다. 그런데 하나를 위해 다른 하나를 연기해야 한다는 것은 능력이 모자란다는 말과 다를 바 없다. 전능하다면 모든 것을 동시에 달성할 수 있어야 한다. 하나를 위해 다른 하나를 포기한다면, 그것은 전능과 거리가 멀다. 설계의 흔적들이 조금이라도 의미가 있다고 전제할 때, 만일 창조주가 인간세계의 지배자와 마찬가지로 자신이 만들지 않은 조건들에 적응해야 한다면, 명백히 창조주 자신의 처음 의도라고 판단되는 것과 모순되는 것이 그의 작품 속에 들어 있다고 불평하는 것은, 우리가 창조주에게 그의 작품에서 발견되는 모든 불완전한 요소에 대해 해명하라고 요구하는 것만큼이나 주제넘고 비철학적인 일이다. 그는 적어도 우리가 아는 것 이상으로 알고 있어야 한다. 그가 이런 특정한 흠을 제거하기로 마음먹을 경우 훨씬 값어치 있는 어떤 것을 희생해야 하는지 또는 어떤 심대한 악이 생길지 우리는 판단할 수 없다. 창조주가 전능한 존재라면 그런 일은 생기지 않을 것이다. 만일 그가 전능한 존재라면, 그는 자신이 원하는 그 두 목표가 처음부터 양립할 수 없도록 만든 것이 분명하다. 그가 했다고 여겨지는 설계에 방해가 되는 것을 처음부터 인간의 힘으로는 도저히 극복할 수 없게 만든 것이 분명하다. 따라서 그것은 그의 설계가 될 수 없다. 그것이 그의 설계라고 말할 수는 없고, 그가 가지고 있는 다른 설계들이 그것에 관여한다고 보면 될 것이다. 가능성의 조건에 제약받지 않는 존재라면, 그의 어떤 목적이 다른 목적에 필연적 제약을 가하지는 않을 것이기 때문이다.

이렇게 자연신학의 주장을 따라가면, 전능함은 창조주의 속성이라고 할 수 없다. 우주 현상에서 연역된 자연종교의 기본 원리들은 창조주의 전능함에 부정적이다. 그런데 같은 논리에 비추어보면 그 원리들이 창조주의 전지를 배제하지는 않는다. 권능의 한계를 전제한다면, 완전한 지식이나 절대적 지혜라는 명제와 모순되는 것은 없다. 그러나 어느 쪽에도 그것을 증명할 길은 없다. 창조 과정에 나타난 권능이 인간의 힘을 훨씬 능가하듯이, 우주의 질서를 계획하고 집행하는 데 필요한 사물의 힘과 속성에 관한 지식은 분명 인간의 지식을 능가한다. 그 오묘한 고안 기술, 즉 인간의 활동 영역에서는 독창성이라고 불릴 수 있는 그것은 때로 신비할 정도다. 그러나 그 어떤 경우에도 그런 지식이나 기술이 무한대라고 단정할 이유는 없다. 심지어 그런 고안이 언제나 우리가 생각할 수 있는 최선의 것이라고 가정해야 할 이유도 없다. 인간세계의 작품들을 평가하듯이 그 고안을 평가한다면 숱한 결함을 찾아낼 수 있다. 예를 들어 인간의 신체는 자연이 만든 기묘하고 놀라운 고안 중에서도 가장 두드러진 것 중 하나다. 그런데 그렇게 고차원적으로 만들어진 기계가 왜 좀 더 오래 살지 못하고 이토록 손쉽게 탈이 나도록 만들어졌는지 질문을 던지지 않을 수 없다. 왜 인류가 그토록 긴 세월 동안 비참하고 열악한 환경 속에서 신음하다가 그중 소수만 겨우 지금 우리가 누리는 수준의 불완전한 지식과 도덕, 행복의 상태로 진입하게 되었는지도 의문이 아닐 수 없다. 인간을 더 나은 상태로 만들기에는 신의 능력이 부족했을지도 모른다. 좀 더 높은 수준의 세상을 만드는 것을 방해하는 장애물이 너무 컸을지도 모른다. 아니면 그런 것들 탓이라기보다는 다른 것이 문제가 되었을 수도 있다. 제작자의 기술은 지금 우리가 보고 있는 것들을 생산하기에 모자람이 없지만, 그 기술이 그가 사용하는 재료 및 동원하는 힘과 양립할 수 있는 한도 안에서 이미 최고의 완전함에 다다랐기 때문에 그런 일이 벌어졌는지도 모르겠다. 자연신학의 논리에 따르면, 창조주는 미래의 모든 일을 예측할 수 있고 자신의 창조물에서 파생될 일들을 사전에 다 안다고 한다. 그러나 우리가 이런 사실을 어떻게 충분히 납득할 수 있을까? 앞일을 내다보고 모든 것을 계산하는 능력이 없어도 위대한 지혜가 있을 수 있다. 작업자에게 자신이 다루는 물건의 성질에 관한 지식이 있으면, 그 사람이 만든 기계의 작동을 조정하거나 방해할 수 있는 또 다른 행위자에 대해 아무런 지식이 없다시피 해도, 본인이 원하는 것을 만들어내는 데 기막히게 우호적인 환경을 창출할 수 있다. 그래서 솜씨라는 것이 중요한 것이다. 생물을 관장하는 자연법칙에 관한 인간의 지식은 현재 다른 몇몇 자연법칙에 관한 지식보다 특별히 더 완전하지 않을지도 모른다. 그래도 인간이 일부 무생물에 대해 가지고 있는 것과 같은 권능을 관련된 물질과 힘에 대해 가질 수 있다면, 그 지식으로 인간은 이 자연 속의 다른 것들에 비해 놀라울 정도로 생존 환경에 잘 적응하는 생명체를 창조할 수 있을 것이다.

자연종교에 국한해서 논의를 전개한다면, 우리는 전능하지 않은 창조주의 존재를 중심으로 이야기를 끌어가야 할 것이다. 그렇다면 자연스럽게 다음의 질문들이 제기된다. 그 창조주의 권능이 유한하다면 어떤 측면에서 유한할까? '거기까지는 가도 되지만 그 이상은 안 돼' 하는 식으로 창조주의 권능을 가로막는 장벽은 다른 지적 존재가 만든 것일까? 우주의 물질이 불충분하고 다루기 힘들기 때문에 한계가 있는 것일까? 아니면 이 세상을 만든 창조주는 현명하고 지식이 많기는 하지만 절대적으로 현명하고 전지한 것은 아니며, 그저 주어진 여건 속에서 할 수 있는 최선을 다할 뿐이라는 가설을 받아들여야 하는 것일까?

이런 가설 중 첫 번째 것은 놀랍게도 매우 최근까지, 그리고 지금도 여러 곳에서 기독교인들조차 가장 관심을 기울이는 이론이었다. 기성 종교는 어떤 측면에서 무척 진지하게 전능함을 창조주의 속성으로 규정한다. 그러면서도 무슨 이유에서인지 창조주와 반대되는 성격에 비록 열등하긴 하지만 막강한 힘을 가진 또 다른 존재인 악마가 그의 목적을 영원히 방해하는 것처럼 설정한다. 이 점에서 일반적인 기독교의 신과 악마는 조로아스터교의 신과 악마와는 근본적인 차이가 있다. 즉 전자의 경우, 선한 창조주 본인이 악마를 만들었고 언제든 악마와 그의 소행을 무너뜨리고 무효화할 수 있는 힘을 가졌지만 그 힘을 행사하지는 않는다고 설정하고 있기 때문이다. 그러나 내가 이미 말했듯이 모든 형태의 다신교, 특히 조로아스터교는 일반 법칙에 의해 움직이는 우주와 조화될 수 없다는 어려움을 안고 있다. 법을 준수하는 것은 안정된 정부를 판가름하는 핵심 지표다. 갈등이 만연하면 안정된 정부가 존립할 수 없다. 세상을 지배하기 위해 여러 힘이 다투는 상황에서는 그 힘 사이의 경계가 고착되지 않고 늘 가변적이다. 결과만 놓고 본다면, 현재 선과 악의 힘이 다투고 있는 우리의 상황이 바로 그렇다고 할 수 있을 것이다. 그러나 그 깊은 곳을 들여다보면 내용이 다르다. 태초부터 작동했던 바로 그 일반법칙 덕분에 선과 악이 자연의 동일한 궤도 안에서 함께 발생하는 것이다. 선을 창출하는가 하면 악을 만들고, 그보다는 선과 악이 섞인 것을 더 자주 빚어내는 그 법칙 말이다. 겉으로 보기에는 두 힘이 분할된 것 같지만, 실제로는 매우 안정적으로 작동하고 있다. 그래서 인간적 관점에서 절대 통치자의 개념을 동원해 말하자면, 둘의 분깃portion은 그가 마음먹은 대로 이미 고정되어 있다고 주저 없이 선언해야 할 것이다. 이렇게 본다면, 적대적인 두 세력이 연합한 결과는 상반된 목적을 가진 단일 창조주가 하는 일과 똑같다고 할 수 있을 것이다.

그러나 알려진 사실과 일치하는 어떤 가설이 존재할 수 있을지 따지기보다 자연종교의 증거에 비추어 어떤 주장이 더 설득력이 있는지 검토해보면 상황은 달라진다. 창조주의 설계를 뒷받침하는 흔적들은 그 흔적들을 담고 있는 피조물의 보존에 도움이 되는 방향을 강력하게 가리킨다. 보존하는 행위자와 함께 파괴하는 행위자도 있는데, 이 현상에 대해 또 다른 창조주의 의지 때문에 이런 일이 생긴다고 말하고 싶을 것이다. 그러나 한 생명을 파괴하는 것이 다른 생명을 보존하는 데 수단이 되는 경우를 제외하면, 그런 교묘한 파괴 수단은 거의 눈에 띄지 않는다. 그렇다고 보존하는 행위자는 이쪽 존재의 관할 아래 있고, 파괴하는 행위자는 다른 존재의 영향권 아래 있다고 말할 수도 없다. 파괴하는 행위자도 보존하는 행위자에게 없어서는 안 되는 요소다. 생명을 구성하는 화학적 합성은 생명의 해체라고 하는 평행 현상이 없으면 일어날 수가 없다. 유기물과 무기물은 산화작용에 의해 분해된다. 바로 그런 산화작용 덕분에 생명이 단 1분이라도 영위될 수 있는 것이다. 흔적들이 증명하듯, 창조주의 목적이 불완전하게 달성되는 것을 보면 사전설계론이 맞지 않는 것 같다. 그런 불완전한 일들은 잘 관리되지 못했거나 좋은 목적을 달성하는 데 요구되는 요소들의 적정량을 조금 초과했거나 아니면 모자라서 또는 수명이 한정된 기계류가 다 닳은 바람에 생긴 우연한 일들 때문에 의도치 않게 생긴 결과다. 그것은 추구하는 목적에 도달하기에는 창조주의 능력이 부족하거나 창조주의 관할 너머에 있는 외부의 힘 때문일 것이다(이 외부의 힘이 창조주와 경쟁관계에 있는 어떤 지적인 존재에 의해 생겼다는 증거는 없다).

그렇다면 자연신학이 창조주의 목적처럼 생각되는 것을 부분적으로 가로막는 장애물에 지적 능력이나 개성을 부여하는 것은 근거가 없다고 결론 내릴 수 있겠다. 창조주의 능력이 유한한 것은 아마 다음 두 가지 중 하나 때문일 것이다. 즉 물질의 속성, 다시 말해 우주를 구성하는 실체와 힘이 창조주의 목적을 더 완전하게 달성하게 해주는 그 어떤 조치도 용납하지 않기 때문이거나 아니면 그 목적을 더 잘 성취할 수 있었지만 창조주가 어떻게 해야 하는지 몰랐기 때문일 것이다. 그가 가진 창조적 기술이 매우 훌륭하기는 하지만, 그 목적을 더 완전하게 달성할 만큼 완벽하지는 않았다는 말이다.

이제 창조 과정에서 나타났다고 하는 것을 중심으로 신적 존재의 도덕적 속성을 논의해보자. 아니면 (문제의 범위를 최대한 넓게 잡아서) 자연 속에 창조주의 목적을 증명할 근거가 있는지 알아보자. 이 문제는 창조주의 전능함을 전제하지 않으면 안 되는 자연신학자의 방식과는 매우 다르게 접근해야 한다. 무한대의 힘을 가졌으면서도 이런 세상을 만든 창조주에게 무한대의 자선과 정의를 갖다 붙이는 것은 불가능하다. 우리가 지금 그 일을 할 필요는 없는 것이다. 그렇게 하는 것은 지성적 관점에서 완전히 모순일 뿐 아니라, 도덕적 극악무도함을 교활하게 변호하는 것과 같은 엄청난 일을 저질러야 한다.

이미 1장 '자연을 믿지 마라'에서 이 주제에 관한 내 생각을 밝혔으니 더 이상 덧붙일 필요는 없을 것이다. 그때의 논의 과정에서는 이런 도덕적 당혹감이 전혀 생기지 않았다. 창조적 권능이 우리가 그 성질이나 범위를 전혀 알 수 없는 조건에 의해 제약을 받았고, 창조주의 선함과 정의는 대단히 경건한 사람이 생각할 수 있는 최고 수준일 텐데, 피조물 속에 그런 도덕적 속성과 충돌하는 것이 하나라도 있다면 그것은 악마가 창조 과정에 개입하는 것을 막을 수 없었기 때문이라고 전제한다면 문제 될 것이 없기 때문이다.

그러나 어떤 결론이 알려진 사실과 일치하는지, 그 결론을 증명할 증거가 있는지 여부는 전혀 다른 문제다. 실제로 창조된 것을 제외하고 달리 설계론을 판단할 근거가 없다면, 설계된 것과 실제 만들어진 것 사이에 질적 차이가 있다고 추론하는 것은 매우 당혹스러운 일이 아닐 수 없다. 비록 평탄한 길은 아니지만, 그래도 무척 조심스럽게 이 문제를 탐색해보는 것이 좋겠다. 자연계를 보면 어떤 것은 고안된 흔적이 뚜렷한 반면, 또 어떤 것은 그런 흔적이 전혀 없어 보인다. 동식물의 구조와 변화 과정을 보면 고안의 흔적이 특히 두드러진다. 그러나 이 경우에도, 지성이 뛰어난 사람의 눈에는 그것이 신의 존재를 증명하기에 충분한 증거로 생각되지 않을 수도 있다. 생명체를 통해 간접적으로 신의 존재에 접근하는 것과 달리, 태양계의 구조 등 자연의 다른 부분은 그런 믿음에 좀 더 확실한 힘을 실어준다. 자연이 사전에 설계된 것이라는 주장을 받아들일 경우, 우리는 설계 흔적이 가장 두드러진 자연의 일부분을 조사함으로써 그 설계에 관해 가장 분명한 지식을 얻을 수 있을 것이다.

동식물의 생명 과정에 나타나는 여러 기이한 현상은 자연주의자들의 경탄을 불러일으키는데, 그런 것들은 도대체 어떤 목적 아래 발생하는 것일까? 분명한 점은, 그런 것들이 다른 거창한 어떤 일을 하기보다는 그저 일정한 시간 동안(개체는 몇 년간, 그 종이나 집단은 좀 더

길지만 그래도 한정된 시간 동안) 생명을 잘 유지하며 살 수 있도록 도와준다는 사실이다. 무기물의 세계에서도 비록 미약하지만 유사한 창조의 흔적이 보이는데, 그 성격은 크게 보면 비슷하다. 예를 들어 태양계의 변화 과정을 보면, 태양계의 구성 요소들이 서로 안정성을 해치지 않고 현 상태를 유지하도록 (우리 인간의 기준으로 보면 엄청나게 긴 시간이지만 어쨌든 한정된 기간 동안) 운동을 조정해나간다. 이 문제를 최신 기법으로 연구한 사람들에 따르면, 우리가 과거를 탐사하는 데 쓸 수 있는 방법 중 아주 미미한 것만 동원하더라도, 과거 한때 성운星雲과 수증기로 이루어진 광활한 공간이었던 태양계가 시간이 흐르면서 북극보다 더 심한 추위로 인해 얼어붙어 그리 크지 않은 단일한 고체 덩어리로 축소되는 과정에 접어들 것임을 보여주는 증거가 나온다고 한다. 만일 그 체계가 짧은 시간 동안만 작동하도록 변화하면, 다시 말해 전체 시간 중 지금 우리 인류가 살고 있는 환경과 매우 다른 기간(각 행성이 너무 뜨겁거나 아니면 너무 추워서 생명이 살 수 없는 기간)을 빼고 남은 기간만 작동하면, 그 속에 사는 생명체의 적응 기간은 더욱 짧아질 것이다. 또는 조직과 생명체가 태양계의 전체 존재 기간 중 상대적으로 짧은 기간 동안의 생존 조건에 맞게 적응할 거라고 바꿔 말해야 할 것이다.

따라서 자연 속에 흔적이 남아 있는 설계의 큰 부분이 아무리 훌륭하게 작동하더라도, 그것이 어떤 도덕적 특성을 증명하는 것은 아니다. 왜냐하면 설계가 지향하는 목적과 그 목적을 달성하기 위한 변화가 도덕적 성질을 띤 것은 아니기 때문이다. 그것은 모든 지각을 가진 존재의 좋음을 지향하는 것이 아니라, 한정된 기간 내에서 동물이든 식물이든 피조물 자체의 제한적 영속永續을 추구할 뿐이다. 이것을 통해 창조주의 성격에 관해 추론할 수 있는 유일한 것은 창조주가 자신의 피조물이 만들어지자마자 곧 소멸되기를 바라지는 않는다는 점이다.

창조주는 그것이 일정 기간 존속하기를 바란다. 그런데 이것만으로는 창조주가 생물 또는 이성을 가진 피조물과 어떤 관계를 맺는지 정확하게 추론할 수 없다.

생명체를 계속 살아 움직이게 하는 것 외에 다른 특별한 목적이 없는 수많은 변화 과정을 빼고 나면, 살아 있는 존재에 쾌락을 주기 위한 일련의 규칙, 그리고 반대로 고통을 주기 위한 일련의 규칙이 남는다. 이런 모든 일이 그 피조물이나 그 피조물에 속한 것들을 생존하게 해주는 장치 속에서 일어나지 않는다고 단정할 수는 없다. 왜냐하면 쾌락이나 고통은 둘 다 현상을 보존하려는 성질을 가지고 있기 때문이다. 쾌락은 일반적으로 개체나 집합체를 유지하게 해주는 것에 따라다니고, 고통은 그런 것이 개체나 집합체를 파괴하는 것을 방지하는 역할을 한다.

이 모든 것을 종합해볼 때 그것들을 하나의 선한 목적을 증명하는 증거로 간주하기에 앞서, 창조주를 증명하는 증거 중 상당 부분을 제외하는 것이 옳다. 제외해야 하는 것이 너무 많아서, 그렇게 하고 나면 남는 것이 무엇일지 의문이 들 정도다. 선입견이나 편견을 모두 배제하고 어떤 영향력도 행사할 생각 없이 문제의 핵심을 진솔하게 들여다보면, 사전 설계를 전제할 경우 창조주가 피조물에게 기쁨을 주고 싶어 했다는 것을 증명할 근거가 무수히 많은 것처럼 보인다. 세상의 거의 모든 것이 이런저런 쾌락을 유발한다는 사실을 보면 그것을 알 수 있다. 육체적·정신적 능력을 발휘하면 늘 쾌락이 따라온다. 심지어 고통을 불러일으키는 것조차 호기심을 만족시키고 일정 지식을 얻게 해줌으로써 쾌락을 제공한다. 쾌락을 경험해보면 생명 장치가 정상적으로 작동할 때 쾌락이 생기는 것을 알 수 있다. 반면 고통은 보통 생명 장치에 외부의 힘이 개입할 경우 발생한다. 그리고 각각의 경우 모두 사고의 결과 때문에 고통이 생긴다. 생명 장치 자체로부터 어떤 고통이 생길 때, 쾌락도 그렇지만, 그 장치가 의도적으로 그 고통을 일으키려 한 것이 아니라 다른 목적을 위해 작동하다가 어떤 결함 때문에 그런 일이 발생한 것으로 보인다. 장치를 만든 존재는 분명 그런 고통을 야기한 것에 책임이 있다. 그러나 바로 그것이 쾌락을 유발하는 필요조건일 수도 있다. 그것은 창조주가 전능하다고 설정한 이론에서는 일어날 수 없는 일이지만, 불변의 법칙과 불멸의 물질이라는 제한 아래 창조 작업을 하는 존재에게는 지극히 개연성이 높은 일이다. 설계할 때 여러 변수가 작용하더라도, 고통 자체는 일반적으로 그 과정에서 배제되는 것으로 간주되고 있다. 즉 고통이란 특정 개체가 외부 존재와 접촉하는 것이 사전에 의도되지 않은 상태에서, 그리고 많은 경우 그런 접촉을 차단할 조치가 마련된 상태에서 그것과 우발적으로 충돌한 결과 생기는 것이라고 할 수 있다. 따라서 쾌락은 창조주에게 자연스럽게 따라붙는 반면, 고통은 설령 생긴다 하더라도 창조주와 전혀 어울리지 않는 것으로 여겨지는 경우가 많다. 그러므로 자연신학의 논거만 놓고 보더라도, 선행을 베푸는 것이 창조주가 가진 속성 중 하나라고 유추하는 것이 어느 정도 힘을 얻고 있다. 그러나 이것만 보고 창조주의 유일한 또는 중요한 목적이 선행을 베푸는 것이고, 그가 창조를 하게 된 단 하나의 목적과 목표가 바로 피조물의 행복이라고 성급하게 추론하는 것은 어떤 근거로도 정당화되지 않을 뿐 아니라, 우리 눈앞에 있는 증거들과도 배치된다. 흔히들 신이 지각 있는 존재들을 창조한 것은 자신의 피조물들의 행복 때문이라고 한다. 그러나 과거의 역사에서 모든 나라와 인종을 함께 놓고 보면, 적어도 우리가 사는 우주의 이 한편에서 지금까지는 그의 목적이 수치스러울 정도로 실패를 거듭하고 있다. 신이 우리 인간과 살아 있는 다른 피조물들의 행복 말고는 다른 목적을 전혀 가지고 있지 않다고? 그렇다면 피조물들이 장차 이렇게 엉망이 될 것이 분명한데도 창조에 나선 신은 과연 어떤 존재란 말인가? 전혀 이해되지 않는 일이다. 인간이 스스로 외부 환경을 개선해 신이 처음 창조한 것과 비교해 다른 피조물들의 여건을 훨씬 더 향상시킬 능력을 갖고 있지 않다면, 그런 인간을 만든 신이라는 존재는 결코 칭찬을 받을 수 없을 것이다. 물론 인간이 그렇게 자신과 세상을 개선하는 능력도 신으로부터 나온 것이고, 궁극적으로 인간의 운명을 변화시키는 힘은 지질학적 시간을 모두 통틀어 고통과 생명의 상실을 감수하고라도 획득할 가치가 있다고 말할 수도 있을 것이다. 그럴 수 있을 것이다. 그러나 신이 훨씬 작은 대가를 치르고 인간에게 그런 축복을 내릴 수 없었을 거라고 추론하는 것은 신에 대해 굉장히 이상한 주장을 펴는 것이다. 그것은 마치 신이 아프리카 부시맨이나 안다만섬〔인도양 뱅골만의 섬〕 사람 혹은 그들보다도 더 낮은 문명 단계의 사람들에 비해 더 나은 존재를 창조할 수 없지만, 그럼에도 그들 가운데서 뉴턴이나 페늘롱[33] 같은 사람이 나오도록 능력을 부여할 수 있는 존재라고 주장하는 것이나 마찬가지다. 신의 전능함을 가로막는 장애물의 성질이 어떠한지 우리는 분명하게 알 수 없다. 그래도 그 장애물이 신으로 하여금 거의 짐승이나 다름없는 피조물이 오랜 노력 끝에 신 자신은 결코 창조할 수 없었던 것을 만들어내게 했다고 추론하는 것은 대단히 논리에 맞지 않는 일이라는 것은 알 수 있다.

이런 것이 신의 선행과 관련해서 자연종교가 주장하는 내용이다. 그런데 철학자들이 흔히 선행과 구분하는 다른 도덕적 속성, 예를 들어 정의 같은 것을 찾아보면 그것이 완전한 공백이라는 것을 알 수 있다. 우리가 정의를 어떤 윤리적 판단에 따라 어떻게 규정하든, 자연에는 신의 정의를 증명해주는 어떤 근거도 없다. 자연의 질서를 보면 정의라는 것을 생각할 수가 없다. 자연이 인간 사회에서 (다른 것에 비해

33 François Fénelon, 1651~1715. 프랑스의 신학자, 저술가.

서는 매우 불완전하지만) 그런대로 뭔가 정의를 구현한 것이 있다면, 그것은 인간이 노력한 덕분이다. 인간은 자연의 혹독한 시련을 뚫고 문명세계를 만들었으며, 처음 창조될 때보다 훨씬 낫고 덜 이기적인 방향으로 제2의 천성을 가꾸어왔다. 이 점에 대해서는 1장 '자연을 믿지 마라'에서 충분히 말했다.

결국 자연신학이 신의 속성에 관해 말한 핵심은 이것이다. 신은 위대하지만 그의 힘은 제한적이다. 그 힘이 어떻게, 어떤 식으로 유한한지 우리는 추측조차 할 수 없다. 그리고 신은 위대한, 아마도 무제한의 지적 능력을 가진 존재일 것이다. 그런데 그런 지적 능력도 그의 힘에 비하면 훨씬 부족할지 모른다. 그는 피조물의 행복을 원하고 그것을 위해 조금 신경을 쓴다. 그러나 그에게는 더 신경 써야 할 것이 있기 때문에, 오직 피조물의 행복만을 위해서 우주를 창조했다고 볼 수는 없다. 자연신학이 그리는 신은 이런 신이다. 이것 이상으로 신에 관해 떠도는 매혹적인 이야기들은 전부 인간의 희망사항이거나 아니면 실제 또는 상상에 따른 계시의 가르침일 뿐이다.

이제 자연의 빛이 영혼불멸, 그리고 죽음 이후의 세계에 관해 어떤 단서라도 주는지 검토해볼 차례가 되었다.

5. 영혼불멸

우리는 영혼불멸을 두 가지 방법으로 설명할 수 있을 것이다. 하나는 창조주나 그의 의지와 전혀 무관하게 접근하는 방법이고, 다른 하나는 그 문제에 관한 선행 믿음에 입각한 방법이다.

생각이 깊은 사람들은 첫 번째 주장과 관련해서 시대에 따라 다양한 이론을 제시했다. 이를테면 플라톤이 쓴《파이돈》에 나오는 내용이 그렇다. 그러나 그들의 주장은 대부분 추종자를 얻지 못했기 때문에 오늘날 심각한 검토의 대상이 되지 못한다. 그것은 일반적으로 육체와 뚜렷이 분리되고 구별된다고 여겨지는 사고 원리에 관한 기존 이론과 죽음에 관련된 또 다른 기존 이론에 바탕을 두고 있다. 예를 들어 죽음 또는 해체는 언제나 부분들의 분리라고 생각된다. 그런데 영혼은 그런 부분들 없이 존재하는 데다 쪼개지지 않는 단일체이기 때문에 분리될 수가 없다. 흥미롭게도 《파이돈》에 나오는 대화자 중 한 사람[34]은 오늘날 영혼불멸론을 비판하는 사람들이 동원하는 바로 그 논리를 전개한다. 즉 사고와 의식은 정신이라는 측면에서 육체와 구분되지만, 육체와 분리될 수 있는 실체가 아니고 오히려 그 결과일지 모른다는 것이다. 사고와 의식이 육체와 맺는 관계는 선율이 악기와 맺는 관계와 같다(이 부분은 플라톤의 예시를 빌려온 것이다). 그리고 영혼은 죽지 않는다는 것을 증명하기 위해 동원된 논리가 선율이 악기와 같이 죽지 않고 악기가 해체되더라도 살아남아 계속 존재한다는 사실을 증명하는 데 똑같이 이용될 수 있다.* 사실 오늘날 영혼불멸론을 비판하는 사람들은 일반적으로 영혼을 실체로 생각하지 않고, 감정·생각·이성작용·믿음·의지 등 여러 속성을 일컫는 이름으로 간주한다. 그들은 그 속성을 육체 조직의 결과물로 여긴다. 따라서 장미꽃 자체가 죽는데 그 꽃의 색이나 향기가 살아남는다고 상정하는 것이 비합리적이듯, 조직이 소멸하는데 영혼이 살아남는다고 주장하는 것은 말이 안 된다고 생각한다. 그렇다면 영혼불멸을 영혼 자체의 성질로부터 연역해내려는 사람들은 문제의 속성은 육체가 아니라 별도의 실체가 보여주는 것이라는 사실을 우선 증명해야 한다. 이 문제에 대해 과학은 어떤 판정을 내릴

34 시미아스Simmias를 말한다. 그는 테베 사람으로 소크라테스의 제자였다.
* *Phædon*, 85e~86d, 91d~95a.

까? 우리는 어느 쪽도 확실하게 편들 수 없다. 첫째, 과학은 어떤 종류의 조직이든 감정이나 생각을 만들어내는 힘을 가진다고 경험적으로 증명하지 못한다. 그 증명이 유효하려면 하나의 조직을 생산할 수 있어야 하고, 그것이 뭔가를 느낄 수 있는지 확인해봐야 한다. 그러나 우리는 그렇게 할 수 없다. 조직은 결코 인간의 힘으로 생산할 수 있는 것이 아니다. 그것은 오직 앞서 존재하는 조직으로부터만 생산 가능하다. 반면 모든 생각과 감정이 바로 앞선 것이나 그 동반자를 위해 약간의 신체적 행동을 한다는 사실은 거의 완벽하게 증명할 수 있다. 신경과 뇌 조직의 특수한 변형, 특히 그 복잡화 정도의 차이가 정신적 능력의 상이한 발전을 초래한다. 뇌가 활동을 중단하면 의식도 영원히 사라진다는 부정적인 증거 말고는 증거가 없지만, 뇌에 질병이 생기면 정신작용에 혼란이 생기고 뇌가 쇠퇴하거나 허약해지면 그 작용도 약화한다. 그러므로 뇌의 활동이 인간의 현재 존재 상태에서 정신작용의 원인은 아닐지라도 적어도 필수불가결한 조건이라는 것을 충분히 알 수 있다. 그리고 정신을 하나의 독립적 실체로 가정한다면, 정신이 육체와 분리되는 것은 어떤 사람이 쓸데없이 자만하듯이 구속에서 해방되고 자유를 복구하는 것이 아니다. 정신이 되돌아오게 하는 다른 여러 조건(우리의 경험으로는 이것이 무엇인지 전혀 알 수 없다)이 개입하지 않을 경우, 정신의 기능을 중단시켜 무의식 상태로 되돌리는 것에 지나지 않는다는 것도 분명하다.

동시에 이런 주장이 그저 증거가 불충분하다는 사실을 보여주는 데 불과하다는 사실도 강조하지 않을 수 없다. 이런 주장으로는 영혼불멸을 부정할 그 어떤 명확한 논거도 제시할 수 없다. 우리가 지금 경험철학이 주장하는 내용에 선험적 정당성을 부여하고 있음을 알아야 한다. 우리 자신의 마음속 상응하는 관념들의 강력한 연상을 외부 사물에 이전시키려 하는 것이 모든 선험적 사고의 뿌리임을 알아야 한다. 자신의 신념을 매우 진지하게 경험에 따라 제한하고자 하고 자신이 실제로 그렇게 하고 있다고 진심으로 믿는 사상가들도 이런 실수를 충분히 예방하지 못하고 있다. 기적이 불가능하다는 것을 이성의 진리로 간주하는 사상가들이 있다. 마찬가지로 어떤 사람은 생명과 의식 현상이 자신의 마음속에서 물질적 기관의 행위와 경험적으로 분명하게 연결되기 때문에, 그런 현상이 다른 어떤 조건 아래에서 발생할 수 있다고 상상하는 것은 어리석기 짝이 없는 일이라고 확신한다. 그러나 그들은 하나의 사실이 다른 사실과 똑같이 공존한다고 해서 전자가 후자의 한 부분이거나 똑같은 것은 아님을 기억해야 한다. 사고작용이 물질로서의 뇌와 관계를 맺는 것이 형이상학적 필연은 아니다. 그저 우리가 관찰하는 한계 안에서 변함없이 공존할 뿐이다. 연상심리학[35]의 원리에 따라 가장 깊숙한 곳까지 분석해보면, 뇌가 수행하는 정신 기능이라는 것은 사실 물질 자체와 마찬가지로 실제적인 또는 가능한 것으로 추론되는 인간의 여러 감각작용에 불과하다. 이것은 해부학자가 두개골을 열어서 보게 되는 것 그리고 우리의 감각이나 신체 계기가 충분히 예민한 상태에서 뇌가 계속 활동할 때 우리가 분자나 그 밖의 다른 것들의 운동으로부터 받는 느낌과 다르지 않다. 경험에 비추어볼 때, 의식과 연결된 이런 우연한 감각작용들이 없으면 그 어떤 의식 상태도 존재할 수 없다. 그러나 그런 동반이 없는 상태를 상상하는 것은 그런 동반이 있는 상태를 상상하는 것만큼이나 쉬운 일이다. 우리는 자연 속의 무엇이 그렇게 분리되지 못하도록 가로막는지 알 수 없다. 다른 생각과 감각이 우주의 다른 곳, 다른 조건에서 존재할 수 있다고 가정하는 것과 마찬가지로, 우리는 이곳에서 가지고 있는 생각과 감정, 의지, 심지어

35 Associative Psychology. 심리상태를 특정 경험과 연결해서 이해하는 학설. 이를테면 바다를 보고 고향을 생각하는 것, 용감한 행동에 가치를 부여하는 것 등은 연상작용의 결과다.

감각이 다른 곳, 다른 조건 아래에서 존속하거나 다시 시작될 수 있다고 가정해도 될 것이다. 이런 가정을 받아들일 경우, 우리는 생각하는 실체에 관해 그 어떤 형이상학적 어려움도 느낄 필요가 없다. 실체라는 것은 (기억에 의해 연결되는 일련의 생각이 생각하는 실체를 구성하는 곳이라면 어디든) 변하지 않는 속성에 관한 일반적인 이름일 뿐이다. 이렇게 오직 변함없는 공존에 의해서만 하나가 되는 조건들로부터 생각을 절대적으로 구분하고 의식 상태의 표현을 분리할 수 있다는 것은 실질적으로 두 실체, 즉 물질과 정신을 구분하는 전통적 방법과 일치한다.

따라서 과학에는 (우호적인 증거가 없다는 의미의) 부정적인 증거 말고는 영혼불멸을 부정하는 증거가 없다. 그리고 그 부정적인 증거조차 그리 강력하지 못하다. 예를 들어 마법의 경우, 마법이 존재했다는 것을 증명하는 증거가 없다는 사실은 그것이 존재하지 않음을 가장 적극적으로 증명하는 증거만큼이나 결정적이다. 왜냐하면 마법이 정말로 존재한다면 그것은 이 지구상에 존재할 것이고, 그렇다면 지구에서 그것의 존재를 증명할 사실 증거들이 수집되었을 것이기 때문이다. 그러나 그렇지 않다. 죽음 이후에 영혼이 존재한다는 것을 증명할 증거가 없듯이 말이다. 마법이 지구상에 존재하지 않고 인간의 삶 속에 보이거나 관여하지 않는다는 사실이 마법을 부정하는 것과 똑같은 무게로 증명되고 있다. 그러나 마법이 어디에도 존재하지 않는다는 사실을 결정적으로 증명할 증거도 없다. 그저 마법이 이 지구상에서 사라졌다는 사실로부터 대단히 취약한 추론만 성립할 뿐이다.

어떤 사람은 자연의 다른 모든 존재를 분석한 끝에 생각과 의식이 불멸한다는 주장을 반박할 대단히 강력한 또 다른 논거를 찾을 수 있다고 생각할지도 모른다. 자연의 모든 것은 소멸한다. 철학자와 시인들이 한탄하듯이, 세상에서 가장 아름답고 완전한 것일수록 더 그렇다.

아름다운 모양과 색깔을 가진 꽃이 뿌리에서 자라나 몇 주에서 몇 달 안에 절정에 이른 뒤 몇 시간 또는 며칠이 지나면 시들고 만다. 인간이라고 다를까? 정말 그럴까? 그런데 정말 다른 가능성은 없는 걸까? 그저 감정과 생각은 우리가 무기질이라고 부르는 것들과 다르다고만 말하는 것으로는 충분하지 않다. 그 둘은 존재의 양극단에 놓여 있어서, 둘 사이를 연결하는 그 어떤 유추도 불가능할 정도다. 감정과 생각은 그 무엇보다 더 실재하는 것이다. 그것들은 우리가 실재한다는 것을 직접 알 수 있는 유일한 것이다. 나머지는 우리의 현재 또는 다른 어떤 상태에서 감정과 생각이 의존하게 되는 미지의 조건에 불과하다. 지각 있는 존재의 감정을 제외한 모든 물질은 전적으로 가상적이고 실체가 없다. 그것은 우리의 감각을 설명하기 위한 소전제에 지나지 않는다. 우리는 그 물질 자체를 인식하지 못한다. 의식하지도 못한다. 그저 그 물질로부터 받는다고 여겨지는 감각만 인식하고 의식할 뿐이다. 사실 물질은 그저 감각에 대한 우리의 기대 또는 어떤 감각이 다른 감각에 관한 징조를 보이면 우리가 그 다른 감각을 느낄 수 있다는 믿음을 일컫는 이름에 불과하다. 감각의 이런 우발적 가능성이 조만간 끝나고 다른 것에 자리를 비워줘야 한다는 것은 일련의 감정 자체가 중단되어야 한다는 뜻인가? 이것은 한 종류의 독립적 실체로부터 다른 종류의 실체를 추론하려는 것이 아니다. 이것은 다른 것에 관련되지 않을 경우 실체가 없는 어떤 것에서 유일하게 독립적 실체에 적용할 수 있는 결론을 도출한다. 철학적 관점에서 본다면 정신(또는 이름이야 무엇이든 지속적인 일련의 감정에 대한 의식을 의미하는 것)은 어쨌든 우리가 증거를 갖고 있는 유일한 실체다. 알려진 실체 중에서는 정신과 비교할 만한 것이 없기 때문에 정신과 다른 실체를 비교하거나 유추하는 것은 불가능하다. 이것은 정신이 소멸할 수 있다는 사실과 정확하게 부합한다. 그러나 과연 그런지는 인간의 그 어떤 지식과 경험으로도 확인되지 않은 전혀 새로운 문제다. 이것은 어느 쪽으로도 증거가 전혀 존재하지 않는 정말 대단히 드문 경우다. 그러나 긍정할 수 있는 증거가 없다고 해서, 다른 많은 경우가 그렇듯이 그 반대편에 힘을 실어주는 강력한 논거가 성립하는 것은 아니다.

인류의 마음속 깊은 곳에 존재하는 인간 불멸에 관한 믿음은 물리학, 형이상학을 불문하고 그 어떤 과학적 주장에도 근거를 두고 있지 않을 가능성이 있다. 그 믿음은 그것보다 훨씬 더 강력한 논거, 이를테면 한편으로는(적어도 지금까지 즐겁게 살아온 사람들의 입장에서) 생명을 포기하는 것에 대한 두려움, 다른 한편으로는 인간의 일반적 전통 위에 서 있다. 우리 자신의 소망과 다른 사람들의 광범위한 동의라는 두 가지 유인誘因을 따르는 믿음의 자연적 경향은 이 경우 공적·사적 가르침의 막강한 영향력에 의해 강화되었다. 지배자와 선생들은 언제나 이기적 동기든 아니면 공적 명분에서든, 효율적인 지배를 위해 죽음 이후에 새로운 세계가 있다는 믿음을 최대한 부추겼다. 그 새로운 세계에서는 우리가 눈에 보이지 않는 권능이 시키는 대로 했는지 아니면 그렇게 하지 않았는지 여부에 따라 이 세상에 살 때보다 훨씬 더 큰 쾌락과 고통이 따라온다. 믿음의 원인이 되는 이런 환경들은 매우 강력한 힘을 행사한다. 그러나 그 믿음의 이성적 토대는 되지 못한다.

어떤 생각에서 위안을 느낀다는 것, 다시 말해 그 생각을 사실로 믿을 때 즐거움이 생긴다는 것이 그 생각을 믿는 근거가 될 수 있다는 것은 그 자체로 비이성적인 주장이다. 그것은 역사에 기록된 해로운 망상의 절반을 정당화하거나 개인의 삶을 오도한다. 그것은 지금 우리가 검토하고 있는 이런 경우에 때로 유사類似 과학 언어로 포장되어 나타난다. 사람들은 영혼불멸을 희구하는 것이 우리 인간들이 가진 본능 중 하나고, 모든 본능에는 그것을 실현하는 데 적합한 실제 대상이 있다는 말을 하곤 한다. 배고픔이 있으면 어딘가에 먹을 것이 있고, 성적 욕구를 느끼면 어딘가에 성적 대상이 있으며, 사랑이 있으면 어딘가에 사랑받을 만한 것이 있다는 식이다. 같은 논리로 영생을 추구하는 본능이 있다면 영생이 있어야 한다고 말할 수 있다. 이 문제에 대한 답은 주제 자체에 명백하게 드러난다. 이 문제를 더 깊이 파고들어 논의의 대상이 되는 욕구가 과연 본능인지 여부를 따질 필요는 없다. 본능이 있는 곳에는 언제나 그런 본능이 요구하는 무엇인가가 존재한다는 사실을 전제한다면, 이 무엇인가가 무한대로 존재한다고 또는 인간의 끝없는 욕구를 충족시키기에 충분할 정도로 존재한다고 주장할 수도 있을까? 소위 영생을 향한 욕구라는 것은 그저 생명에 대한 욕구에 지나지 않는 것일까? 이런 욕구가 원하는 것은 존재하지 않는 걸까? 그런데 생명은 존재하지 않는가? 그런 것이 본능이라면, 그 본능은 생명을 유지하고 보존함으로써 충족되는 것이 아닐까? 생명에 대한 욕구가 우리에게 영원한 생명의 실체를 보장한다고 가정하는 것은 음식에 대한 욕구가 있으면 인생을 통틀어 우리가 먹을 수 있는 만큼, 그리고 우리가 희망하는 만큼 오래 살 수 있도록 언제나 음식을 손에 넣을 수 있다고 가정하는 것과 같다.

이처럼 우리가 전통이나 인류 일반의 믿음에 바탕을 둔 주장을 우리 자신의 믿음에 지침이 되는 것으로 받아들이기로 한다면, 그것들을 전부 수용해야 할 것이다. 또 인간의 영혼은 죽음 이후에도 존재할 뿐 아니라 살아 있는 것들 앞에 유령으로 나타난다고 믿어야 할 것이다. 왜냐하면 후자에 대한 믿음 없이 전자에 대한 믿음을 가진 사람은 없기 때문이다. 사실 전자가 후자로부터 나온 것이라고 할 수 있다. 원시 인간들이 죽음 이후에도 영혼이 자신들을 찾아온다고 상상하지 않았다면, 영혼이 육신과 함께 소멸되지 않고 살아남는다고 결코 믿지 못했을 것이다. 그렇게 상상하는 것은 매우 자연스러운 일이다. 그런 상상은 꿈속에서 완벽하게 실현되는 것처럼 보인다. 호메로스가 살던 시대에는 사람들이 그것을 진짜 유령으로 생각했다. 우리는 그저 공상뿐만 아니라, 아무런 근거가 없지만 보고 듣는 망상이나 감각들의 착각(시각과 청각은 암시만 하며, 상상력이 그 암시로부터 완벽한 그림을 그리고, 그 그림에 실체를 심어준다)을 꿈에 추가해야 한다. 이런 망상을 현대적 기준으로 판단해서는 안 된다. 과거에는 상상과 지각을 분명하게 가르는 것이 불가능했다. 그때는 지금 우리가 자연의 실제 움직임에 관해 알고 있는 지식이 거의 존재하지 않았다. 그런 지식은 우리가 알고 있는 법칙에 어긋나는 것처럼 보이는 것은 무엇이든 불신하거나 믿지 못하게 한다. 자연의 한계가 무엇인지, 무엇이 자연과 부합하는지 무지한 상태에서는 물리적 고찰에 관한 한 그 어떤 것도 다른 것에 비해 가능성이 훨씬 떨어진다고 볼 수 없다. 그리하여 우리는 육신을 떠난 영혼들의 실제 출현에 관한 이야기와 전설을 거부하면서(우리가 이렇게 거부하는 데는 충분한 이유가 있다) 사후세계에 대한 인류 일반의 믿음으로부터 십중팔구 그 중요한 근거와 논거가 되는 것을 받아들이는 것이다. 또한 과거 원시시대 사람들이 진리의 증거로 간주했던 매우 작은 가치마저 박탈해버린다. 이런 믿음이 야만의 시대가 지나간 뒤, 그리고 한때 동반자였던 미신을 배척한 뒤에도 계속 유지된다면, 야만 시대의 다른 여러 생각, 특히 가장 중요하고 흥미로운 주제에 대해서도 같은 말을 할 수 있을 것이다. 어떤 내용이든 그 시대의 지배적인 생각이 바로 이런 주제를 통해 당시의 모든 사람에게 깊숙이 심어졌기 때문이다. 더욱이 이런 특정한 생각이 넓은 의미에서 그 기조를 유지하면 지적 수준이 높은 사람들을 중심으로 반대 의견이 지속적으로 늘어난다. 마지막으로 우리는 지적 수준이 높고 그 믿음을 지지하는 사람들이 다른 사람들보다 주장과 증거에 더 의존한다고 합리적으로 가정할 수 있을 것이다. 따라서 우리는 관심을 가지고 이런 주장과 증거를 평가하고 판단해야 한다.

이 정도면 존재에 관한 선행 믿음이나 신의 속성에 관한 그 어떤 이론도 가정하지 않는 내세관에 대해 충분히 설명한 셈이다. 이제 우리가 할 일은 자연신학이 강조하는 것과 같은 논점이나 추론을 통해 이런 중차대한 문제에 대해 어떤 주장을 제기할 수 있는지 검토하는 것이다.

우리는 이 논리가 매우 취약하다는 것을 이미 따져보았다. 그것은 창조주의 존재에 대해 그럴듯한 개연성 이상을 보여주지 못한다. 창조주의 선행에 대해서는 더더욱 제대로 증명하지 못한다. 물론 창조주가 피조물의 행복에 신경 쓴다는 말은 검토해볼 만한 가치가 조금 있다. 그렇다고 그가 오직 그것에만 신경 쓴다거나 가끔씩이라도 다른 목적이 더 우선권을 가지지 않는다는 말은 결코 아니다. 창조주의 지적 능력은 우주의 기본 질서를 창조할 만큼 충분히 뛰어나지만, 그렇다고 해서 경이로울 만큼은 아니다. 그의 권능이 무한하다는 것은 증명되지 못했다. 자연신학이 확보한 유일한 실제 증거에 따르면 그의 능력은 제한적이다. 그가 만든 여러 고안은 창조 과정의 난관을 극복하기 위한 수단이었고, 앞으로 늘 상대하지 않으면 안 되는 어려움을 상정한 것이었다.

이제 이런 전제로부터 사후세계를 뒷받침해줄 어떤 유력한 유추가 가능할지 논의해보자. 내 생각에는 명시적 계시를 통하지 않으면 그 어떤 유추도 불가능할 것 같다.

그 전제의 일반적인 주장은 이렇다. 우선 신은 선하다. 신이 자신의 창조물 중 가장 고귀하고 값진 것이 (태어나서 초기 대부분의 시간을 자신이 줄 수 없는 능력을 취득하는 데 쓴 다음) 그냥 소멸하도록 설계했을 리는 없다. 특히 그가 우리 인간에게 영생을 향한 본능적 욕구를 심어준 다음 그것이 완전한 실망으로 귀결되도록 예정했다는 것은 말이 안 된다.

이런 주장은 전능하면서 동시에 선한 존재의 작품이 있는 세계에서는 먹힐 수 있겠지만, 우리가 살고 있는 세계에서는 불가능한 이야기다. 신성한 존재의 선함은 절대적일 수 있지만, 그의 권능은 알 수 없는 한계의 영향을 받는다. 따라서 그가 우리에게 분명히 주었다고 우리가 확신하는 그것을 그가 과연 줄 수 있었는지 우리는 알 수가 없다. (다시 말해) 더 중요한 것을 희생하지 않고 그렇게 할 수 있었을까? 아무리 좋은 방향으로 추론해도 그의 선한 의지조차 결코 그의 전체 목적의 결과라고 볼 수는 없다. 그리고 그의 다른 목적들이 그의 선한 의지의 행사에 어느 정도 영향을 줄지 모르기 때문에, 그가 우리에게 영생을 부여할 수 있었다 해도 과연 그가 실제 그렇게 했는지는 알 수 없다. 그가 인간에게 충족될 수 없는 소망을 심어주었다는 것은 있을 수 없는 일이라는 주장과 관련해서도 동일한 답을 할 수 있다. 즉 권능의 제한이나 목적 상호 간의 충돌로 인해 그가 일정한 방향의 구상을 수용할 수밖에 없었고, 그 구상이 우리에게 결코 충족될 수 없는 소망을 품도록 요구했을 수도 있는 것이다. 그러나 신이 세계를 다스리는 것과 관련해서 한 가지는 분명하게 알 수 있다. 즉 창조주는 우리가 원하는 것을 다 들어줄 수 없었거나, 들어줄 수 있지만 들어주지 않았다. 우리가 생명을 원하면 그는 일정한 수명의 생명을 주었다. 우리는(또는 우리 중 일부는) 끝없는 생명을 소망하지만 신은 그것을 허용하지 않는다. 그가 세상을 다스리는 방식은 대개 예외 없이 이렇다. 수많은 사람이 크로이소스 같은 큰 부자나 카이사르 같은 권력자가 되고 싶어 하지만, 대부분은 일주일에 1파운드 정도 벌거나 자신이 속한 노동조합의 서기가 되는 것으로 끝나버린다. 따라서 자연종교에 입각해서 보면 어떤 종류든 사후세계에 대해 확실하게 말할 수 있는 것은 없다. 그러나 누구든 미래의 삶을 하나의 가능성으로 희망하는 것이 자신의 만족이나 유용성을 위해 도움이 된다고 생각한다면 그런 희망을 가지는 것을 막을 수는 없다. 여러 정황이 막강한 권능(우주 또는 적어도 그 우주

속의 유기적 존재들을 창조한 것으로 보이는 권능)을 가진 어떤 존재의 실재를 우리 인간들에게 보여준다. 우리는 그의 선함(비록 그것이 그의 대표적인 속성은 아닐지라도)에 관한 증거를 갖고 있다. 우리는 그의 권능이나 선함의 한계가 어느 정도인지 알 수 없다. 따라서 우리에게 도움이 된다면 권능과 선함 둘 다 우리에게 그 선물[사후세계를 말한다]을 줄 거라는 희망을 가질 수도 있다. 우리가 희망을 갖게 해주는 바로 그 논거 때문에, 사후세계가 있다면 적어도 그것은 현재 삶만큼은 좋을 것이고, 우리 자신의 노력으로 개선할 수 있는 현재의 최선의 삶보다 부족하지 않을 거라고 기대를 품게 한다. 사후세계를 (우리의 행위가 우리 자신의 성격과 감수성에 미치는 영향이 과거에 그랬고 현재에 그렇듯이 미래에도 우리를 따라다닐 거라는 의미를 제외한) 보상과 징벌의 상태로 이해하는 일반적인 관념은 우리가 확률적으로 내리는 모든 평가와 정반대다. 사후의 삶이 어떻게 될지 확실하게 알 수는 없지만, 그것은 다음과 같이 될 가능성이 매우 높다. 즉 우리는 만들어진 대로 또는 죽음을 맞기 전 우리가 삶을 가꾸어온 그 상태에서 다음 단계의 삶으로 접어들 것이다. 죽음이라는 것이 우리의 영적 삶에 갑작스러운 단절을 초래하거나 우리 삶에서 어떤 중요한 변화가 우리의 성격을 어떤 식으로 바꿀 거라고 기대되는 것 이상으로 우리의 성격에 결정적인 영향을 미치지는 않을 것이다. 우리의 사고 원리는 이승에서 변하지 않는 법칙을 가진다. 이 현세의 삶에서 추출된 모든 유추에 비추어볼 때, 그것과 동일한 법칙이 계속 이어질 거라고 상정해야 한다. 정말로 분명한 계시라면 자신의 모든 선민選民을 완전하게 만드는 신의 손에 의해 죽음의 문 앞에서 기적이 벌어질 거라고 상상하는 것을 정당화할 수 있을 것이다. 그러나 그런 것은 자연현상에서 연역할 수 있는 모든 추론과 극단적으로 상반된다.

6. 계시

유신론의 증거에 관한 지금까지의 토론은 엄격하게 자연현상에서 도출된 것에 국한해서 전개되었다. 그런 증거에 무엇이 추가되었는지, 거기서 얻은 결론이 최고 존재와의 직접적 소통을 통해 어느 정도 강화 또는 조정되었는지 묻는 것은 다른 이야기다. 기독교나 다른 종교가 하늘로부터의 계시라고 주장하는 결정적 증거를 검토하는 것은 이 글의 목적을 넘어서는 것이다. 반면 특수한 체계가 아니라 계시에 대해 두루 적용할 수 있는 일반적인 생각을 검토하는 것은 적절할 것이다. 또 앞선 논의에 현실적 의미를 충분히 부여하는 데도 매우 필요한 일일 것이다.

우선 우리가 자연에서 발견할 수 있는 창조주와 그의 속성에 관한 흔적들은 비록 그의 존재 자체와 관련해서조차 신실한 마음의 소유자들이 기대하는 것에 비해 훨씬 미미하고 덜 확정적이며 그 속성에 관한 정보는 더욱 미흡하지만, 그래도 그런 것조차 없는 것에 비하면 계시론에 힘을 실어주기에 충분하다. 계시라는 것은 확실한 기초를 요구하지 않는다. 계시는 그 출발점이라고 생각되는 존재가 있다는 사실을 증명할 필요가 없다. 계시는 어떤 존재의 전갈을 담고 있다고 주장한다(이 존재가 실재한다는 것, 그리고 그의 권능과 지혜와 선함까지 직접 증명되지는 않지만, 흔히 보이는 자연현상의 가능성에 의해 그런 것들이 적어도 어느 정도는 암시된다). 그런 전갈을 보여주는 존재가 순전히 가공의 존재는 아니다. 전갈 자체와 무관하게 그의 실재를 믿게 하는 근거들이 있다. 그 근거가 창조주의 존재를 증명할 수 있을 정도로 강력하지는 않지만, 그로부터 정말 어떤 전갈이 나왔을지 모른다는 추론을 전면 부정하는 지금까지의 모든 주장을 배제하기에는 충분하다. 앞에서도 보았듯이, 자연신학이 신의 속성에 관해 보여줄 수 있는 증거는 불완전하다. 그런데 바로 이것 때문에 계시에 대한 믿음을 가로막는 매우 큰 걸림돌 중의 일부가 제거된다는 사실을 눈여겨볼 필요가 있다. 왜냐하면, 만약 계시가 무한한 지혜와 선함에 무한한 권능까지 가진 존재의 행위나 지혜의 표출을 담은 기록이라면, 계시 자체의 불완전함을 이유로 (그 논거가 아무리 설득력 있더라도) 그 계시가 자연의 경로를 따라 어떤 존재(이 존재의 지혜 그리고 아마도 권능에는 분명 한계가 있을 것이다. 그의 선함은 실제적이지만, 그것이 창조 과정에서 그 자신을 추동한 유일한 동기라고 할 수는 없을 것이다)로부터 나왔다는 사실을 결코 부정할 수는 없을 것이기 때문이다. 버틀러[36]의 《유추론》[37]은 매우 힘 있는 논리를 갖고 있다. 그는 다음과 같이 주장한다. 기독교는 도덕적으로나 지적으로 아무런 문제가 없다. 그러나 이신론의 핵심 주장은 그렇지 못하다. 복음의 도덕성은 자연의 질서에서 나타나는 것보다 훨씬 높고 뛰어나다. 기독교 이론은 전능한 신이라는 교리와 연관될 때만 도덕적으로 비판을 받는다. 최소한 지적 수준이 가장 높은 기독교인이 이해하는 바에 따르면, 그 이론은 (정체를 알 수 없지만 실제로 존재하는 장애물에 의해 권능을 제약받은 탓에 자신의 설계를 완벽하게 실행에 옮기지 못한) 신이라는 존재에 그 어떤 도덕적 흠집도 내지 않는다. 버틀러의 심각한 문제는 신의 권능이 제한적이라는 가설을 인정하려 하지 않는다는 점이다. 결과적으로 그의 주장은 이렇게 흘러갈 수밖에 없다. 기독교인의

36 Joseph Butler, 1692~1752. 영국의 신학자. 이신론의 비판자로 유명하다.

37 *Analogy of Religion, Natural and Revealed* (1736). 영국 이신론자들은 자연에는 지적 설계자의 존재를 증명하는 증거가 분명히 있다고 믿지만, 정통 기독교인들과는 달리 기적을 신뢰하지 않으며 성서가 수많은 모순과 잔혹함을 담고 있다고 비판한다. 따라서 이신론자들은 하나님이 우주를 창조하긴 했지만 직접 관여하지 않기 때문에 우주는 자체의 법칙에 따라 움직인다고 주장한다(주 6, 주 26 참고). 버틀러의 《유추론》은 이런 이신론에 대한 강력한 비판이 담긴 것으로 유명하다. 버틀러는 이신론자들처럼 자연이 이해할 수 없는 일과 잔혹함으로 가득 차 있고 성서도 결함을 지니고 있다고 인정했다. 그러나 자연과 인간 사회 사이에 일련의 정형화된 양식(즉 유추)이 관찰된다면서, 이것을 근거로 할 때 기독교의 기본 진리가 진실일 수 있다고 주장했다.

믿음은 전능한 창조주를 인정하는 이신론자의 믿음보다 더 불합리하지 않고 더 부도덕하지도 않다. 따라서 불합리하고 부도덕하지만 둘 다 믿어보자. 그는 우리가 이것저것 가릴 것 없이 우리의 믿음이 불합리하지도 않고 부도덕하지도 않은 것, 지적으로 자기모순적이지 않고 도덕적으로 타락하지도 않은 것이 되어야 한다고 말해야 했다.

다시 우리의 주된 관심 주제인 다음과 같은 가설에 대해 살펴보자. 이 세상을 만든 신은 비록 창조 과정에서 다른 고려 사항 때문에 제약을 받았을지 모르지만, 지각을 가진 피조물들의 행복을 위해 신경을 썼다. 신이 그들의 행복을 위해 계속 신경 쓰지 않을 거라고 볼 이유는 없다. 그리고 피조물 혼자 힘으로는 신에 대해 파악할 수 없기 때문에 신이 자신에 관한 약간의 지식을 주고 인간이 살아가는 동안 겪을 어려움을 이기는 데 도움이 되는 계율을 알려준다는 사실로 미루어볼 때, 그가 때때로 인간들의 행복에 신경 쓴다는 것을 부인할 이유도 없다. 유일하게 타당성 있는 가설, 즉 권능의 유한성을 주장하는 가설을 놓고도 그의 도움이 더 컸어야 한다거나 어쨌든 지금과는 다른 것이어야 한다고 비판하는 것은 옳지 않다. 우리가 깊이 고민해보아야 할, 그리고 고민하지 않으면 안 되는 유일한 질문은 증거에 관한 것이다. 신성한 계시를 충분히 증명해주는 어떤 증거가 있을까? 그 증거는 어떤 성질을 지니고 어느 정도 많아야 할까? 기독교 또는 소위 말하는 어떤 계시의 특별한 증거가 만족할 만한 수준이 되는지 여부는 또 다른 질문이므로, 나는 그것을 직접 다뤄볼 생각은 없다. 내가 검토하고 싶은 질문은 어떤 증거가 요구되는지, 그 증거가 어떤 일반 조건을 만족시켜야 하는지, 그리고 그것이 알려진 사물의 원리에 따라 과연 만족될 수 있는 것인지에 관한 것이다.

계시의 증거는 일반적으로 외부적인 것과 내부적인 것으로 구분된다. 외부적 증거는 감각 또는 증인의 증언이라고 할 수 있고, 내부적 증거는 계시 자체가 자신의 신성한 기원을 알려준다고 생각되는 징후를 말한다. 징후는 주로 그 계시가 전하는 계율의 탁월성과 인간 고유의 환경과 필요에 두루 부응할 수 있는 가능성으로 미루어 짐작된다.

이 내부적 증거들을 살펴보는 것은 중요하지만, 기본적으로 그것들이 그리 크게 중요하지는 않다. 그것들이 계시를 부인하는 데 결정적인 근거가 될 수도 있지만, 그것만으로는 계시가 신성하다고 보장하지 못한다. 만약 소위 계시론의 도덕적 성격이 나쁘고 왜곡된 것이라면, 그 계시가 어디서 나오든 그것을 부인해야 한다. 선하고 현명한 존재로부터 그것이 나올 수는 없기 때문이다. 그러나 계시론의 도덕성이 탁월하다고 해서, 그것이 초자연적 기원을 가지고 있다고 단정할 수는 없다. 왜냐하면 그 탁월함을 감지하고 알아볼 수 있는 도덕적 교리를 발견하기에 인간의 능력이 부족하다는 사실을 믿게 할 결정적 이유가 없기 때문이다. 따라서 계시는 외부적 증거, 다시 말해 초자연적 사실들의 표출이 없으면 신성하다고 증명될 수 없다. 이제 우리는 초자연적 사실들을 증명하는 것이 가능한지, 만일 가능하다면 그것을 증명하기 위해 어떤 증거가 필요한지 검토해보아야 한다.

내가 알기로 이 질문을 심각하게, 그것도 회의적인 시각에서 제기한 사람은 흄뿐이다. 그는 기적에 대해 유명한 비판*을 가했는데, 그 속에서 이 질문을 던진 것이다. 그의 주장은 문제의 본질을 깊숙이 다룬다. 그러나 그에게 답을 하려고 시도한 사람들은 (그 위대한 사상가만큼 문제를 완벽하고 엄밀하게 인식하지 못한 탓일 수도 있겠지만) 그 주장의 정확한 범위와 효과를 매우 잘못 인식했다. 예를 들어 그를 가장 날카롭게 비판하는 사람 가운데 한 명인 캠벨 박사는 기적의 신빙성을 뒷받침하고자 했다. 그는 어떤 진술이 제대로 증명되기만 한다

* David Hume, "Of Miracles", *An Inquiry Concerning Human Understanding, Essays and Treatises on Several Subjects*, 2 vols. (Edingburgh: Cadell, 1793), Vol. II, pp. 124~147.

면 추정적 불가능성이 결코 그 진술의 신빙성을 거부하는 충분한 근거가 될 수 없다는 장문의 교리*를 써야 한다는 의무감을 느꼈다. 캠벨 박사의 오류는 불가능성이라는 말의 이중적 의미를 간과한 데 있다. 나는 나의 책《논리학 체계》**에서, 그리고 그보다 훨씬 앞서 벤담의《법적 증거의 원리》***의 편집자 주석에서 이것에 대해 지적한 바 있다.

이 문제를 맨 처음부터 들여다보자. 만일 어떤 초자연적 현상이 정말로 일어난다면, 그 발생을 증명하는 것이 인간의 능력으로는 불가능하다고 주장하는 것은 명백히 이치에 맞지 않다. 우리의 감각 증거는 다른 것을 증명할 수 있듯이 그것도 증명할 수 있다. 가장 극단적인 예를 들어보자. 내가 인간의 형태나 이전에 내가 몰랐던 어떤 형태를 띤 한 존재(세계가 존재하도록 명령하고, 그 명령에 따라 새로운 세계가 정말로 존재하기 시작하고 공간을 통해 움직이게 하는 그런 존재)를 실제로 보고 들었다고 가정해보자. 이 경우 이 증거가 세계 창조를 추론에서 경험적 사실로 전환시킬 거라는 점을 우리는 의심할 수 없다. 내 감각이 이상해진 탓에 그렇게 이상한 것이 보인다고 말할 수 있을지도 모른다. 맞는 말이다. 그러나 우리는 물리 연구를 통해 밝혀진 예상 밖의 모든 놀라운 사실에 대해 처음에는 똑같이 그런 의심을 한다. 우리의 감각이 왜곡될 수 있다는 사실을 충분히 고려해야 하는데, 우리는 여러 방법으로 이 문제에 접근할 수 있다. 우리가 어떤 실험을 되풀이해서 동일한 결과를 얻었다면, 우리가 관찰한 순간에 우리의 감각작용이 다른 모든 측면에서 보통 때와 동일했기 때문에 그 특별한 경우에만 이상한 영향을 받았다고 볼 수 없다면, 그리고 무엇보다도 다른 사람들의 감각이 우리의 감각이 잘못되지 않았음을 확증해준다면, 우리

* George Campbell, *A Dissertation on Miracles* (Edinburgh: Kincaid and Bell, 1762).

** *A System of Logic*, Vol. II, pp. 173~175 (BK. III, chap. xxv, §4).

*** *The Rationale of Judicial Evidence*, Vol. I, p. 137.

는 이성적으로 우리 자신의 감각을 신뢰해도 될 것이다. 우리의 감각은 우리가 반드시 믿어야만 하는 것이다. 심지어 우리 추론의 궁극적 전제도 그것에 의존한다. 아무 예방책 없이 감각에만 의존하는 것이 아니라 만반의 준비를 한 상태에서 감각을 따른다면, 감각에 바탕을 둔 결정을 문제 삼을 수는 없다. 어떤 주장의 근거가 되는 증거가 우리 삶의 전체 행동과 안전의 기초가 되는 것과 동일하다면 더 이상 문제 삼을 이유가 없다. 거꾸로 모든 증거에 똑같이 반대되는 것이라면 그 어디에도 타당성이 없는 것이다. 그저 추상적 오류가능성을 증명할 뿐이다.

그러나 적어도 오늘날 개신교에서 기적을 뒷받침하는 증거라면서 보여주는 것들은 이 정도로 설득력 있는 논리를 갖고 있지 못하다. 그것은 우리의 감각이 아니라 그저 증인의 증거에 바탕을 두고 있을 뿐이다. 이것조차도 직접적 증언이 아니라, 책과 전통이 주장하는 바를 따른 것이다. 심지어 최초 목격자들이 강조하는 초자연적 사실들도 우리의 예에서 가정되는 초월적 성격을 띠지 않는다. 그것들의 본질 또는 그것들이 자연적 기원을 가질 수 없다는 것에 대해서는 의심의 여지가 없다. 반대로, 기록으로 전해오는 기적들은 무엇보다 사실 여부를 검증하기가 극히 어렵다. 따라서 인간적 방법이나 자연의 자발적 힘으로 그런 것들이 초래된다는 것 외에 다른 가능성을 생각하기가 어렵다. 그리하여 기적의 신빙성을 공격하는 흄의 주장이 힘을 얻는다.

흄의 주장은 이렇다. 기적을 뒷받침하는 증거는 사람들의 증언으로 구성된다. 우리가 증언을 신뢰하는 이유는 특정 조건이 충족될 때 증언에는 일반적으로 진실이 담겨 있다는 것을 경험했기 때문이다. 그러나 우리는 최적의 조건이 갖추어졌음에도 증언이 의도적으로 또는 비의도적으로 허구에 기초하는 경우가 있다는 것도 경험한다. 따라서 증언의 출발점이 되는 사실이 엉터리 증언보다도 더 경험과 어긋난다면, 우리는 그것을 믿어서는 안 된다. 신중한 사람들은 모두 일상생활에서 이 규칙을 따른다. 그러지 않는 사람들은 쉽게 믿다가 고통을 겪을 수밖에 없다.

(그의 주장에 따르면) 결국 기적이라는 것은 아무리 봐도 경험과 모순된다. 왜냐하면 경험과 충돌하지 않는 기적은 기적이 아니기 때문이다. 기적이라고 하는 것은 자연의 법칙, 다시 말해 불변, 불가침의 철칙에 따라 끊임없이 반복되는 자연계의 법칙과 상반된다. 기적이 기적이라고 불리는 가장 큰 이유가 여기에 있다. 기적은 경험과 전혀 일치하지 않는다. 따라서 기적을 믿을 수 없다. 그러나 수많은 사람과 훌륭한 인품의 소유자들조차 허위 또는 실수로 엉터리 증언을 하는 경우가 매우 흔하다. 이런 주장은 설득력이 있어 보인다.

그러나 여기에서 두 가지 문제를 따져봐야 한다. 첫째, 그 주장의 논거가 되는 경험 증거는 부정적 증거뿐이다. 이것은 긍정적 증거만큼 결정적이지 않다. 사전 경험이 없는 사실들이 때로 발견되는데, 이런 것들은 긍정적 경험에 의해 사실로 판명되기도 한다. 두 번째 문제로는 이런 것을 생각할 수 있다. 즉 한쪽에서는 과거에 전혀 기적이 일어나지 않았는데 미래에 기적이 일어날 가능성이 얼마나 되는가를 묻고, 다른 쪽에서는 과거에 기적이 일어났고 경험에 입각한 증언이 그것을 전적으로 부정할 수는 없다고 역설한다. 이러한 상황에서 그 주장이 기적을 부인하는 경험적 증언임이 확실하다는 내용을 담고 있는 것으로 보인다. 어떤 기적이든 그 신빙성을 뒷받침하는 모든 증거는 일체의 기적을 부인하는 주장에 대한 반박 증거로 인정되어야 한다. 양쪽의 증거가 똑같이 계량되어야 이 문제를 공정하게 판단할 수 있다. 다시 말해 기적을 신봉하는 데 도움이 되는 긍정적 증거와 인간 사회의 일반적 경험에 입각해 기적을 부인하는 논거를 모두 살펴보아야 하는 것이다.

이 두 가지 문제를 해결하기 위해서는, 기적을 부인하는 부정적 추정이 단순히 새롭고 놀라운 어떤 사실을 반박하는 추정에 비해 비교가 안 될 정도로 강력하다는 사실을 보여주어야 한다. 그런데 바로 이 경우가 그렇다. 오랜 세월 동안 인정되어온 자연법칙을 뒤집는 새로운 물리적 발견이라는 것은 사실 이전에 알려지지 않은 새로운 법칙을 발견한 것에 불과하다. 이것은 경험을 통해 우리에게 이미 익숙해진 사실이다. 우리가 자연의 법칙을 모두 아는 것은 아니라는 사실을 이미 인지하고 있다. 그중 한 법칙이 다른 법칙들에 의해 부정될 수 있다는 것도 인지한다. 조명을 받는 새로운 현상도 어떤 법칙 위에 서 있어야 한다. 동일한 환경이 반복되면 그 현상도 언제나 똑같이 되풀이되어야 한다. 그러므로 그 현상은 경험적 차이의 한계 안에서 발생한다. 경험 자체가 그것을 보여준다. 그러나 기적은 기적이라는 사실 자체는 자신이 단순히 하나의 자연법칙을 다른 법칙으로 대체하는 정도가 아니라 모든 것을 포괄하는 법칙으로 대체한다고 선언한다. 이것은 경험적으로 말해서 모든 현상에 보편적으로 적용된다는 뜻이다. 이 현상들은 어떤 법칙 위에서 움직인다. 동일한 선행 현상이 있으면 언제나 동일한 현상이 벌어진다. 현상적 원인이 없으면 일어나지 않는다. 그리고 현상적 조건이 모두 충족될 경우 반드시 일어난다.

기적을 믿는 사람들을 비판하는 이런 주장은 과학의 발달이 미미했던 비교적 최근까지 지원군을 거의 얻지 못했다. 몇 세대 전까지만 해도 자연현상이 불변의 법칙에 따라 보편적으로 파생한다는 것이 인류 일반에 인식되지 못했을 뿐 아니라 교육을 많이 받은 사람들 사이에서도 과학적으로 정립된 진실로 인정받지 못했다. 자연계에서는 이미 알려진 그 어떤 선행 사례에 의해서도 설명되지 않고 행로가 대단히 불규칙한 현상이 많이 벌어졌다. 물론 익숙한 현상 중 그 규칙성이 늘 발견되는 경우도 있었다. 그러나 그런 경우에도 예외적인 사건은 항상 일어났는데, 그런 사건들은 환경 조건을 조사하고 일반화를 시도해 보면 일반 규칙과 조화되지 않았다. 고대로부터 천체는 변함없이 규칙적으로 움직이는 가장 대표적인 사례였다. 그러나 이런 천체에서도 혜성은 아무런 법칙에도 구애받지 않고 홀로 움직이고, 일식 또한 법칙과 상관없이 발생하는 것으로 여겨졌다. 그 결과 혜성과 일식은 오랫동안 인간의 운명을 예고하는 징조나 저주가 담긴 기적적인 현상으로 간주되었다. 과거에는 그런 명제가 추정적으로 불가능하다는 사실을 그 누구에게도 증명할 수가 없었다. 겉으로 드러난 현상이 알려지지 않은 법칙에 바탕을 둔 가설보다 그런 명제를 더 잘 뒷받침하는 것처럼 보였다.

그러나 과학의 발달과 더불어 모든 현상은 법칙을 따른다는 사실이 확실한 증거에 의해 밝혀지고 있다. 그런 법칙들이 아직 정확하게 규명되지 않은 경우에도 그런 지연이 그 주제에 내포된 특별한 어려움 때문이라는 점이 충분히 설명된다. 기적을 신봉하는 사람들은 이런 변화된 환경에 맞춰, 기적이라고 해서 반드시 법칙에 위배되는 것은 아니라는 식으로 논리를 전개하고 있다. 그리하여 그들은 기적이 인간들에게 알려지지 않은 보다 고차원적인 법칙에 따라 일어날 수 있다고 말한다.

그런데 이것이 단지 신성한 존재가 자신의 법칙에 관여하기도 하고 그것을 중단시키기도 하는 권능을 행사하는 과정에서 어떤 일반 원리나 행동 규칙에 따라 움직인다는 것을 의미한다면, 이 점에 대해서는 반론을 펼 수가 없다. 그것은 매우 그럴 듯한 추정이다. 그러나 이 주장이 자연의 통상적 사건들이 법칙의 산물인 것과 마찬가지로 기적도 법칙을 충실히 따른 결과라고 한다면, 그것은 법칙이 의미하는 그리고 기적을 구성하는 불완전한 관념을 지칭하는 것처럼 보인다.

통상적인 물리적 사실은 언제나 어떤 불변의 법칙에 따라 일어난다고 말할 때, 그것은 다음과 같은 사실을 의미한다. 물리적 사실은 일정한 연속 사건 또는 구체적인 물리적 선행 사건들의 집합과 연계된다. 다른 물리적 선행 사건들에 관한 비슷한 법칙에 의해 제지받지 않는 한, 그 집합이 재생산될 때마다 동일한 현상이 일어난다. 그 현상이 일어날 때마다 그것의 선행 사건들의 특별한 집합(그런 집합이 하나 이상이라면 그 집합 중 하나)이 과거에 이미 존재했다는 사실이 밝혀진다. 어떤 현상이 기적이 되려면, 아무런 수단도(또는 적어도 그저 반복되기만 해도 그 현상을 초래할 어떤 수단도) 동원되지 않고 직접적인 의지만으로 발생해야 한다. 기적으로 인정받기 위해서는 어떤 현상이 그것을 되풀이하기에 충분한 선행 현상의 작용 없이 발생해야 한다. 또는 (선행 조건을 갖춘) 발생 현상은 미래에 그 현상을 차단하거나 방지할 모든 현상적 선행 사건의 개입 없이 차단되거나 방지되어야 한다. 어떤 현상이 기적인지 판정하기 위해서는 다음과 같은 질문을 던져보아야 한다. 외부 조건 또는 2차적 원인이라고 부를 수 있는 것이 다시 조성되면 그 사건도 반복되는가? 그렇다면 그것은 기적이 아니다. 그렇지 않다면 그것은 기적이다. 하지만 어떤 법칙을 따라서는 안 된다. 법칙 없이 또는 법칙에도 불구하고 발생하는 사건이라야 기적이다.

기적이 반드시 2차적 원인의 개입을 배제하지는 않는다고 말하는 사람도 있을 것이다. 신이 자신의 의지에 따라 뇌우라는 기적을 일으킨다면, 이 경우 신은 바람과 구름이라는 수단을 쓰지 않고 뇌우를 불러와야 할 것이다. 그런데 바람과 구름은 조건만 충분하면 신의 도움 없이도 뇌우를 촉발할 수 있다. 조건이 충족되었는데도 바람과 구름이 뇌우를 만들지 못한다면, 그것은 법칙을 따르는 것이 아니고 오히려 위반하는 것이다. 바람과 구름이 충분하면 기적이 일어날 테지만, 그것이 갑작스러운 폭풍은 아니다. 그것은 바람과 구름이 만들어낸 것이든지, 아니면 물리적 선행 사건들의 영향이 사라진 어떤 인과관계 고리의 결과다. 만약 그 영향이 결코 사라지지 않은 상태에서 기적이라고 불리는 사건이 자연적인 방법으로 일어난다면 그리고 다른 사건이 또 다른 방법에 의해 생산되는 등 처음부터 그렇다면, 그 사건이 창조 과정에서 행사된 힘의 결과로 신에 의해 예견되고 준비된 일이라면, 기적이나 신의 영역에서 일상적으로 일어나는 일들과 전혀 다른 것은 존재할 수 없다.

또는 어떤 영험한 힘을 받았다고 주장하는 사람이 별로 대단하지 않은 어떤 방법으로 아픈 사람을 고치는 것을 예로 들어보자. 하늘 높은 곳으로부터 특별한 권한을 받지도 않은 사람이 환자를 고칠 수 있을까? 그렇다면 그것은 기적이 아니다. 그렇지 않다면 그것은 기적인데, 다만 법칙을 위반한 것이다.

만약 이런 것이 법칙을 위반한 것이라면, 그 법칙은 매번 위반되고 겉으로 드러난 모든 결과는 인간의 자발적 행동에 의해 야기된다고 말할 수 있을 것이다. 인간의 의지는 자연법칙을 위반하는 것이 아니라 그것을 사용함으로써 끊임없이 자연현상을 바꾸는 것이다. 그렇다면 신의 의지라고 똑같은 일을 하지 않을까? 현상에 대한 의지의 권능은 그 자체가 법칙이다. 이것은 까마득한 옛날부터 알려지고 인정된 자연의 법칙 중 하나다. 인간의 의지가 신체 근육의 직접적인 힘을 통해서만 물체 일반에 대해 간접적인 방법으로 권능을 행사한다는 것은 사실이다. 이에 반해 신은 하나가 아니라 자신이 창조한 모든 물체에 직접적인 권능을 행사한다. 따라서 사건들이 신의 행동에 의해 발생되고 차단되며 바뀐다는 추정이 인간의 행동에 의해 똑같은 일이 벌어진다고 하는 추정보다 법칙에 더 위배된다고 볼 수는 없다. 정부가 모든 일을 법에 따라 처리하는 것과 마찬가지로, 둘 다 똑같이 자연에 순응한다.

이런 주장을 하는 사람들은 대부분 자유의지의 신봉자다. 그들은 인간의 모든 선택의지는 인과관계의 새로운 고리를 만들며, 의지 자체가 인과관계의 시작점(이것은 불변의 연속 사건에 의해 그 어떤 선행 사실과도 연결되지 않는다)이라고 주장한다. 따라서 설령 과거에 뿌리를 두지 않은 새로운 원인을 이식함으로써 신의 개입이 사물의 연결고리를 끊는 일이 벌어지더라도, 그것이 그 연결고리의 근간을 훼손하는 것은 아니다. 왜냐하면 선택의지에 따른 인간의 모든 행동도 똑같은 일을 하기 때문이다. 어느 하나가 법칙에 위배되는 것이라면, 나머지도 마찬가지라고 할 수 있다. 사실 법칙이 선택의지의 발생까지 통제할 수 있는 것은 아니다.

자유의지 이론을 반박하고 선택의지도 인과관계라고 하는 보편적 법칙에서 예외가 될 수 없다고 주장하는 사람들은 원인과 결과의 결합이 물리적 선행 사건과 물리적 결과의 결합처럼 동기와 행동의 관계와 동일한 성질을 지닌다면서, 선택의지가 인과관계의 고리를 방해하지 않고 잘 따른다고 말할지도 모르겠다. 그러나 이 주장은 그 진위와 관계없이 우리의 논의에 크게 영향을 미치지 않는다. 왜냐하면 인간의 의지가 자연의 운행에 개입하는 것은 우리가 법칙 속에 동기와 선택의지의 관계를 포함할 때만 법칙에 대한 예외가 되지 않기 때문이다. 동일한 논리에 따라 신성한 의지의 개입도 법칙에 대한 예외가 아니다. 왜냐하면 우리는 신이라는 존재의 모든 행위도 동기에 의해 결정된다고 상정하지 않을 수 없기 때문이다.

따라서 그들이 말하는 유추는 타당성이 있다. 그러나 그 유추가 증명하는 것은 내가 처음부터 주장해온 바다. 즉 자연에 대한 신의 개입은 우리가 인간의 개입에 적용하는 것과 동일한 증거를 확보할 수 있을 때만 증명 가능하다. 추정적 불가능성 문제가 제기되는 것은 신성한 개입이 직접적으로 지각되는 증거에 의해 확인되지 않고 언제나 추론, 그것도 대부분 추측에 근거한 추론의 대상이 된다는 바로 그 이유 때문이다. 따라서 이런 상황에서 조금만 생각해봐도 추론의 타당성을 믿지 않는 선행 추정antecedent presumption이 매우 강력한 설득력을 지닌다는 것을 알 수 있다.

인간의 의지가 자신의 신체 움직임이 아닌 특정한 물리적 현상을 일으키기 위해 개입하는 경우 어떤 수단을 쓰게 된다. 그 효과를 내기에 충분한 물리적 도구와 같은 수단을 사용하지 않을 수 없다. 가설에 따르면, 신의 개입은 이것과 다른 방법으로 진행된다. 수단을 사용하지 않거나 그 효과를 내기에 충분하지 않은 수단을 동원한다. 첫 번째의 경우, 최초의 물체적 운동을 제외한 모든 물리적 현상은 정확하게 물리적 인과관계에 따라 일어난다. 이 운동은 운동을 촉발한 원인(즉 선택의지)을 추적하면 직접 관찰할 수 있다. 두 번째 경우는 다르다. 이 경우에는 사건을 선택의지와 연결시킬 직접적인 증거가 전혀 없고, 사건이 물리적 인과관계와 아무 상관없이 일어나는 것으로 가정되고 있다. 그 존재를 설명할 분명한 길이 없기 때문에 사건을 선택의지의 탓으로 돌릴 근거가 너무나 부족할 뿐이다.

그러나 그저 추론에 불과한 이런 설명에도 언제나 다른 가설이 가능하다. 즉 그 사건이 분명하지는 않지만 어떤 물리적 원인에 의해 촉발되었을지도 모른다는 것이다. 아직 알려지지 않은 물리적 법칙 때문이거나 아니면 우리가 알고 있는 법칙에 미지의 어떤 조건이 작용한 결과라는 것이다. 기적이라고 불리는 그 사건이 인간의 증언이라는 불확실한 매개를 통해 우리에게 도달하지 않고 인간의 감각이라는 직접적 증거에 의존한다고 가정하더라도, 그것이 인간의 의지에 따라 신체가 움직이는 것처럼 신의 뜻에 따른 현상임을 증명할 직접적 증거가 없는 한, 그리고 그것이 사실은 물리적 자연법칙으로 설명하기에 충분하지 않다는 사실에 바탕을 둔 하나의 추론에 불과하다면, 그 현상을 초자연적 기원보다는 자연적 기원에 입각한 가설로 설명하는 것이 더 나을 수밖에 없다. 우리가 경험해본 것이 하나도 없다면 모를까, 그렇지 않다면 어떤 결과든 우리가 전혀 경험하지 못한 데서 원인을 찾는 것은 바람직하지 않다. 이것이 건전한 판단이고 가장 상식적인 원리다. 경험이 말해주지만, 우리의 지식으로 설명할 수 없는 물리적 사실이 너무 많다. 그것이 과학적 관찰로도 아직 밝혀내지 못한 법칙 또는 우리가 그 존재를 별로 의심하지 않는 사실들에 의해 좌우되기 때문에 그렇다. 그러므로 어떤 불가사의한 일에 관해 들었는데 이 현대 사회에 정말로 그런 일이 일어난다면, 우리는 언제나 그것은 신의 작품도 귀신의 소행도 아니고 아직 알려지지 않은 자연법칙이나 숨겨진 사실의 결과라고 생각한다. 올바른 의미의 기적이 일어났을 때처럼, 그 놀라운 일이 인간의 의지에 달려 있는 것처럼 보인다고 해도, 이런 가정 중 그 무엇도 배제할 수 없다. 다음과 같은 일은 언제나 일어날 수 있다. 즉 기적을 행하는 사람이 의식적이든 무의식적이든 그런 행동을 할 수 있게 해주는 알려지지 않은 자연법칙이 작동할 수 있다. 또는 (정말 기가 막힌 마법처럼) 경이로운 일이 (우리는 인식하지 못하지만) 통상적인 법칙을 통해 발생할 수 있고, 그것을 반드시 자발적으로 속임을 당하는 것으로 볼 이유는 없다. 마지막으로, 어떤 사건이 선택의지와 상관없이 벌어질 수도 있다. 그저 그 둘이 우연히 일치한 덕분에 기묘한 일이나 사고가 벌어진 것뿐이다. 이것은 마치 어떤 사람이 천문 지식을 통해 일식이 발생할 거라는 것을 알고 바로 그 순간에 일식 현상을 명령하듯이, 마법사가 어떤 일이 막 발생하려고 하는 순간에 그것이 자신의 의지에 따라 일어나는 것처럼 꾸미는 것과 같다. 상황이 이렇다면, 같은 일이 반복해서 일어나게 하는 식으로 기적을 시험해볼 수 있다. 그러나 기록이 전하는 바에 따르면, 이런 시험을 받은 기적은 거의, 아니 하나도 없었다. 어떤 마법사도 죽은 자를 살리는 능력을 선보이려 하지 않았다. 이런저런 대표적인 기적들은 오직 한 번 또는 몇몇 산발적인 경우에만 일어났는데, 교활하게 취사선택되었거나 아니면 예외적인 우연의 일치였을 것이다. 결국 기적도 자연적 인과관계라는 명제를 부정할 수 없다. 이 명제가 타당하다면, 그 어떤 과학적인 관찰자나 정상적인 판단

능력의 소유자도, 이성 없이도 충분히 설명할 수 있는 어떤 것을 설명해야 할 경우가 아니라면, 이성적으로 도저히 인정할 수 없는 원인을 문제의 해결책으로 제시하지 않을 것이다.

우리가 여기서 멈추면 기적을 부인하는 주장이 완결된 것처럼 보일 수 있다. 그러나 좀 더 따져보면, 지금까지의 논의를 통해 기적 현상에 관한 이론은 즉각 부정되어야 한다는 절대적 결론을 내릴 수 없다는 것을 알 수 있다. 다만 초자연적 존재가 실재하고 그가 인간사에 개입한다는 것을 진정한 원인으로 인정하지 않는 사람에게는 누군가가 자연을 대상으로 행사했다는 그 어떤 비범한 권능도 기적의 증거가 될 수 없다는 결론을 내릴 수 있을 뿐이다. 우리는 기적을 통해 신의 존재를 결코 증명할 수 없다. 왜냐하면 신의 존재가 전제되지 않으면, 명백히 기적이라 생각되는 일도 신의 개입(이것이 신의 존재를 증명하는 유일한 증거다)을 설명하는 가설보다 더 개연성 있는 다른 가설에 입각해 늘 설명할 수 있기 때문이다. 지금까지 살펴본 바로는 흄의 주장이 가장 설득력이 있다. 그러나 현재의 자연 질서를 창조했고 따라서 그것을 변화시킬 힘도 가진 것으로 간주할 수 있는 어떤 존재가 있다는 것이 하나의 사실이나 적어도 독립적 증거에 의해 개연적인 것으로 받아들여질 때도 똑같이 그렇다는 말은 아니다. 일단 신을 받아들이면, 어떤 일(이것은 언제나 신의 창조의지에서 비롯된다)이 그의 직접적인 선택의지에 따라 일어난다는 것을 단순히 그 사실을 설명하기 위한 자의적 가설로 보아서는 안 된다. 오히려 하나의 심각한 가능성으로 인정해야 한다. 그렇다면 이제 질문의 성격이 바뀐다. 그것은 신의 우주 통치 방법과 관련해서 알려진 것이나 이성적으로 추정되는 것에 달려 있을 수밖에 없다. 그런 지식이나 추정이 그 질문을 더 개연성 있는 가설(그 사건이 신의 통치를 질서 있게 수행하는 대리자에 의해 초래되었거나, 아니면 그런 통상적 대리자를 통하지 않고 신의 의지가 특별하고 예외적인 방법으로 간섭한 결과라고 간주하는 가설)로 만들 것인가?

그렇다면 첫째로 신의 존재와 섭리를 하나의 사실로 가정하면, 우리는 오랜 자연 관찰을 통해 다음과 같은 사실을 명백하게 증명할 수 있다. 즉 신의 통치 규칙은 2차적 원인을 사용하고 모든 사실, 적어도 모든 물리적 사실은 일률적으로 주어진 물리적 조건을 따르며, 적절한 물리적 조건들이 대거 충족되지 않으면 결코 일어나지 않는다. 나는 인간의 선택의지 문제는 나중에 다루기로 하고 물리적 사실들에만 초점을 맞추었다. 사실 내가 그럴 필요는 전혀 없다. 만약 인간의 의지가 자유롭다면, 그것은 창조주가 그렇게 만들었기 때문이다. 인간의 의지는 2차적 원인을 통해서든 아니면 직접적으로든 창조주에 의해 통제되지 않는다. 그렇게 통제되지 않는다면 그것은 창조주의 통치 방법의 표본이 아니다. 창조주는 통치할 때 언제나 2차적 원인을 동원한다. 과학이 아직 발달하지 못했을 때는 이 점이 분명하지 않았다. 그러나 자연현상이 점점 깊고 정확하게 검증되고(내용이 불명확하고 복잡한 까닭에 인간의 과학적 조사로 아직 완전하게 정리하고 해결하지 못한, 따라서 현재의 과학 발전 상태에서는 자연법칙에 따른 증명이 아직 불완전한 몇몇 경우를 제외하고) 모든 자연현상이 마침내 분명하게 알려지면서 이 점이 더욱 뚜렷하게 인식된다. 비록 부정적이긴 하지만, 2차적 원인에 의한 통치가 보편적임을 보여주는 증거는 직접적으로 강력한 종교적 목적을 가진 경우를 제외하고는 어디에나 적용된다. 과학자가 과학적인 목적에서, 또는 세상 사람들이 실제적인 목적에서 어떤 사건을 조사할 때, 그 사건에 어떤 자연적 원인이 있는지 묻지는 않는다. 그저 그 원인이 무엇인지 물을 뿐이다. 신의 의지 말고 다른 원인이 있을 수 없다고 주장하는 사람이 있다면 그 사람은 비웃음의 대상이 될 것이다.

이런 부정적 증거에 대항해서 우리는 예외를 증명할 때 활용되는 긍정적 증거, 다시 말해 기적의 긍정적 증거를 제시해야 한다. 상상하건대 나는 이 증거 때문에 그 예외가 규칙에 잘 부합했을 거라는 점을 이미 인정했다. 우리의 감각으로 초자연적 사실을 직접 증명할 수 있다면, 그것은 다른 모든 자연적 사실과 마찬가지로 완벽하게 확실하고 분명해질 수 있을 것이다. 그러나 우리는 결코 그럴 수 없다. 내가 말했듯이, 사실의 초자연적 성격은 언제나 추론과 추측의 대상이 될 뿐이다. 신비한 것은 초자연적이지 않은 해법의 가능성이 언제나 열려 있다는 점이다. 초자연적 권능을 이미 믿는 사람의 입장에서는, 초자연적 가설이 자연적 가설보다 더 개연성 있어 보일 것이다(다만 그 가설이 초자연적 행위자와 관련해서 우리가 알고 있는 것 또는 이성적으로 추측할 수 있는 것과 부합할 경우에만 그렇다). 현재 그 초자연적 행위자가 하는 일에 관한 자연의 증거를 통해 우리가 아는 것은 모두 자연 이론과 조화를 이루며 초자연적인 것을 거부한다. 따라서 기적의 가능성을 의심하게 하는 것이 압도적으로 많다. 이것을 뒤집으려면, 소위 말하는 기적과 그것을 둘러싼 환경이 신의 속성과 관련해 우리가 알고 있거나 믿을 만한 근거가 있다고 생각하는 것과 예외적으로, 그리고 논란의 여지가 없을 정도로 일치해야 한다.

이런 예외적 일치는 기적이 (이를테면 매우 중요한 어떤 믿음을 승인할 때처럼) 인간에게 대단히 유익한 것을 달성하기 위해 일어날 때 가능하다고 가정되었다. 그리고 신의 선함은 그런 탁월한 목적을 위해 그의 일반적인 통치 방법에 예외를 만들 거라는 고도의 추정적 가능성을 허용한다고 가정되고 있다. 그러나 이미 작용하고 있는 여러 이유 때문에, 신이 보여준 혹은 실제로 보여주지 않은 선함으로부터 우리가 추론한 모든 것은 그 근거가 극도로 불확실하다. 우리가 신의 선함으로부터 구체적 사실을 직접 판단한다면, 어떤 비참함이나 악, 범죄도 이 세상에 존재해서는 안 된다. 만약 신이 인간에게 좋은 일을 하기 위해 자신의 일상적 통치체제에서 한번 일탈했다면, 우리는 그가 다른 수많은 경우에는 왜 그렇게 해서는 안 되는지 신의 선함에서 아무런 이유도 찾을 수 없다. 만약 기독교의 계시와 같은 특정한 일탈이 출중하고 특별한 혜택을 위한 것이라면, 왜 그런 귀중한 선물이 오랜 세월이 지난 뒤에서야 하사되었는지 그리고 그것이 마침내 하사되었을 때 그것을 증명할 증거가 왜 그렇게 엄청난 의심과 어려움에 둘러싸여야 하는지 알 길이 없다. 또한 일탈이 있어야 선한 목적이 달성될 수 있는 것이 아니라면 신의 선함이 그의 일반적 통치체제로부터의 일탈을 호의적으로 평가하는 추론을 좋아하지 않았다는 사실도 기억해야 한다. 만약 신이 기독교든 아니면 어떤 선물이든 인류가 받아들여야 한다고 생각했다면, 사람들은 신이 처음 창조 과정에서 인간을 위해 자연스러운 발달 단계에 알맞게 마련한 모든 대비에 더 잘 동의했을 것이다. 하나 더 덧붙이자면, 인간의 정신사와 관련해 지금 우리가 알고 있는 모든 지식은 인류가 실제로 그렇게 했다는 결론으로 이끈다.

이 모든 고려에 (실제로 일어난 것이든 아니면 가상적인 것이든) 기적에 대해 우리가 가지고 있는 극도로 불완전한 성질의 증언(이것이 기독교와 다른 모든 계시 종교의 기초가 된다)이 추가되어야 한다. 그것은 아무리 좋게 봐도 극도로 무식한 사람들(이들은 원래 남의 말을 너무 쉽게 믿는데, 교리의 명성 또는 선생에 대한 공경심 때문에 더욱 열정적으로 믿는다)이 아무 생각 없이 한 증언에 불과하다. 이들은 감각적 지각과 생생한 착각에 바탕을 둔 연상에 의해 그 지각에 첨가된 것 사이에 선을 긋고 구분하는 일에 익숙하지 않다. 외양과 실제, 자연적인 것과 초자연적인 것 사이에서 선택을 하는 어려운 기술에 정통하지 못하다. 더구나 그들은 어떤 기적이든 그것과 맞서 싸우는 일에 관심을 두지 않는 시대를 살고 있다. 사람들은 기적이 신의 영靈뿐 아니라 거짓 영에 의해서도 촉발될 수 있기 때문에 아무것도 증명하지 못한다고 생각한다. 증인이라는 사람들이 이 모양이다. 게다가 우리는 그 증인들의 증언을 직접 들어보지 못했다. 매우 오래된 문서들, 특히 그런 사건들 자체의 역사가 담긴 정통 이론들도 소위 목격자의 이름조차 남기지 않은 경우가 무척 많다. (인정하지 않을 수 없는 일인데) 그것들에는 초기 기독교인들 사이에 숱하게 유통되던 경이로운 이야기 중 최고로 꼽히면서도 가장 그럴듯해 보이는 것들이 담겨 있었다. 그러나 예외적으로 기적의 주인공이나 관련자 중 누군가의 이름이라도 적시할 경우에는 의심의 여지없이 전통에서 그 이름을 따온다. 보통 사람들에게 전해오는 이야기에 등장하는, 그리고 (아마도 우발적으로) 그 이야기와 관련되는 이름을 언급한다. 요즘 같은 시대에도 어떤 이야기가 당초에는 조그만 뿌리에서 시작했다가 여러 측면에 살이 붙어 그럴듯하게 확대되곤 한다. 그런 현상을 목격한 사람이라면 어떻게 하나의 이야기가 처음에는 아무 이름도 없이 시작해서 점점 제대로 된 이름을 달게 되었는지 잘 알 것이다. 아마 그 이야기를 들은 사람이 처음에는 그 이야기의 목격자로 등장하다가 나중에는 관련 당사자로 변할 것이다.

눈여겨보아야 할 중요한 대목이 또 하나 있다. 기적 이야기는 원래 무식한 사람들 사이에 퍼져나간다. 많은 사람이 받아들인 뒤에야 교육을 많이 받은 사람들의 관심도 끌게 된다. 개신교도가 믿는 이야기들은 모두 확률법칙이 존재하지 않았고 기적을 대단히 흔한 현상으로 생각하던 시대나 민족으로부터 시작한다. 사실 가톨릭교회는 기적은 결코 끝나지 않고 새로운 기적이 계속 일어나며 지금처럼 의심이 팽배한 시대에도 믿음을 사고 있다는 신조를 고수한다(물론 의심 많은 세대의 의심하는 자들은 그렇지 않을 것이다. 아주 어린아이들처럼 순진한 부류의 사람들, 그리고 가톨릭 성직자들에게 교육받은 사람들이 그렇듯이, 믿는 것이 의무이고 의심하는 것은 죄악이라는 논리를 가진 사람들 사이에서나 기적에 대한 믿음이 유지되고 있다고 보아야 할 것이다). 또한 가톨릭교회는 참된 종교를 위한 것이라면 그 어떤 것이라도 의심해서는 안 되며, 의심하는 것만큼 경건함을 욕보이는 일은 없다고 확신한다. 그러나 오직 로마가톨릭교에서만 믿고 있는(로마가톨릭교 신자가 전부 다 믿는다는 말은 아니다) 이 기적들은 우리가 모든 초기 기적들에 관해 보유하고 있는 증언들을 훨씬 능가하는 많은 양의 증언에 자주 의존한다. 그 증언은 가장 중요한 부분, 즉 목격자라고 하는 사람 중 상당수가 자신의 목격담을 우리에게 직접 생생하게 들려준다는 점에서 특히 강점을 보인다.

따라서 신의 존재와 신의 통치가 다른 증거에 의해 증명된다고 가정할 때, 기적의 실재와 관련한 증거도 균형을 맞출 수 있다. 한편으로는 자연의 모든 경로가 (이차적 원인을 통해, 그리고 고정적 선행 사건들에 대한 변함없는 물리적 영향력에 의해 수행되는) 신성한 통치에 관해 보여주는 것들에 비추어 강력한 부정적 추정을 할 수 있다. 다른 한편으로는 일상적이지 않거나 개연성이 떨어지는, 그 어떤 사실에 대해서도 최소한의 믿음조차 보증해주지 못하는 증거를 내세우는 몇몇 예외적인 경우가 있다. 이런 경우는 대부분 목격자가 누구인지 알려지지 않았다. 목격자들이 보았을지도 모르는 현상의 실제 성질을 검증하기에는 그들의 성격이나 교육이 미심쩍다.* 더욱이 그들은 자기가 본 것은 기적이라며, 처음에는 자기 자신을, 그다음에는 다른 사람들을 설득하게 고취할 수 있는 가장 강력한 동기들에 의해 움직이는 사람들이다. 그 사실이 진실하게 전달되더라도, 그것 역시 우연이나 자연적인 방법(이 방법이 무엇인지 우리는 일반적으로 추측할 수 있다. 하지만 설령 추측하는 것이 불가능하더라도 마찬가지다)에 의해 생겼을 뿐이라는

* 사도 바울은 무식하지 않았고 교육도 많이 받았다. 이 점에서 그는 1세대 기독교인들에게 유일하게 예외적인 인물이었다. 바울은 기적을 주장하지 않았고, 자신의 개종을 입증했을 뿐이다. 이것은《신약성서》에 나오는 모든 기적 중 자연적 원인에 바탕을 두고 가장 쉽게 설명할 수 있는 사례다.

명제와 결코 어긋나지 않는다. 결국 기적은 어떤 역사적 사실에 대해서도 근거가 없고 어떤 계시의 증거로도 적합하지 않다. 이것이 내가 내린 결론이다.

우리가 기적에 대해 정확하게 말할 수 있는 것은 이것뿐이다. 우선 다음과 같은 사실을 생각해보자. 자연 질서는 창조주의 실체에 대해 어느 정도 증거를 제시한다. 그는 피조물에 대해 선의를 품고 있다(비록 그것이 그가 피조물을 대하는 유일한 동기는 아니지만). 또 그의 존재를 뒷받침하는 모든 증거는 그가 전능하지는 않다는 사실의 증거가 된다. 우리가 그의 한계에 대해 잘 모르기 때문에, 그가 자신의 최초 창조 계획에 따라 우리에게 주고자 했던 좋은 것을 모두 제공할 수 있었는지 또는 우리가 실제로 받은 것 중 일부를 조금이라도 더 이른 시간에 줄 수 있었는지 확실하게 말할 수는 없다. 이 모든 것을 생각한 다음 한 가지를 더 생각해보자. 즉 창조주가 우리에게 매우 귀중한 선물을 주었는데, 그것은 (어느 정도 영향을 받기는 했지만) 꼭 전에 있었던 일 때문이라기보다는, 적어도 겉으로 드러난 일을 두고 볼 때 어떤 한 사람의 특별한 정신적·도덕적 자질 때문에 가능했던 일이라고 할 수 있다. 그 사람은 그 능력이 자신의 것이 아니라 신이 준 것이라고 공공연히 선언했다. 그렇다면 누군가가 그것이 사실일 수 있겠다고 믿고 싶어 하는데, 그런 주장은 내재적으로 전혀 불가능하고 절대적으로 믿을 수 없는 것이라고 단정할 수 있을까? 그렇지 않다고 말할 수밖에 없다. 나는 '믿고 싶어 한다'고 말했다. 그 이상은 아니다. 왜냐하면 나는 이런 주제를 둘러싸고 심지어 예수에 관한 증언에 대해서도 다른 특별한 증거 가치를 부여할 수가 없기 때문이다. 예수 자신도 (예언에 대한 그 자신의 해석이 그렇게 이해되지 않는 한) 내면적 확신을 제외하고 자신의 사명에 대한 그 어떤 증거도 주장하지 않은 것으로 알려지고 있다. 우리 모두가 잘 알다시피, 전前 과학적 시대에 인간은 영문도 모른 채 자신에게 생긴 비상한 능력은 모두 신의 영감에서 비롯된 것이라고 상정했다. 가장 뛰어난 인간은 언제나 자신에게 생긴 대단히 특별한 능력을 자신이 아니라 그 높은 존재의 덕분으로 돌리는 데 익숙했다.

3장 종교는 필요하다[38]

그동안 종교에 우호적인 사람과 적대적인 사람을 가릴 것 없이 종교의 진리에 관해 쓴 글은 수없이 많다. 반면에 논쟁이나 토론의 측면에 국한해서 볼 때, 종교의 유용성에 관해 쓴 글은 어쩌다 가끔 입에 오르내릴 정도로 그 수가 적다. 이것은 놀라운 일이 아니다. 진리 문제는 우리에게 큰 영향을 주며 우리의 첫 번째 관심 사항이기 때문이다. 만일 종교 또는 어떤 종교의 특수한 형태가 진리라면, 그것의 유용성은 다른 증거 없이도 저절로 따라 나올 것이다. 사물의 질서가 어떻게 구성되어 있고, 우리가 우주의 어떤 통치 질서에서 살아야 하는지 정확히 아는 것이 유용하지 않다면, 달리 무엇이 유용한지 상상하기도 힘들다. 왕궁처럼 즐거운 장소 또는 감옥처럼 즐겁지 않은 장소에 있다면, 자신이 어디에 있는지 아는 것이 유용하지 않을 수가 없다. 따라서 사람이 자신이 믿는 종교의 가르침을 자신이나 주변의 사물들보다 더 의심스럽지 않은 긍정적인 사실로 받아들이는 한, 그것을 믿는 것이

38 원제목은 '종교의 유용성Utility of Religion'이다.

과연 유용한지 질문할 생각은 하지 않을 것이다. 종교가 진리라는 주장이 설득력을 상실하기 전까지는 종교의 유용성에 문제를 제기할 필요가 없었다. 사람들은 자신이 찬양하려고 애쓰던 것을 비하한다는 의식 없이 (유용성이라는) 열등한 방어논리를 선택하기 전에, 자신의 신앙을 포기하거나 다른 사람의 신앙에 의지하던 것을 그만두었음이 분명하다. 종교의 유용성을 주장하는 것은 불신자들이 좋은 뜻의 위선을 실천하도록 또는 왔다 갔다 하는 신자들의 불안정한 믿음이 더 흔들리지 않도록, 마지막으로 보통 사람들이 온갖 종류의 의심을 표명하지 않도록 하기 위한 방편이다. 종교가 인간에게 그토록 중요한 반면 그 토대는 너무나 부실한 탓에, 그 주변에서 호흡을 멈추지 않으면 자칫 그것을 날려버릴 수도 있기 때문이다.

그러나 오늘날 종교에 대한 찬반 논쟁이 벌어지는 가운데, 종교의 유용성 여부가 커다란 쟁점이 되고 있다. 우리는 지금 믿음이 약한 시대에 살고 있다. 사람들이 간직하는 믿음도 증거에 대한 확신보다는 믿음에 대한 소망에 더 좌우되고 있다. 이 소망은 단순히 이기심 때문에 생기는 것은 아니다. 때로는 매우 사심 없는 감정에서 비롯되기도 한다. 믿고 싶은 마음이 비록 과거처럼 흔들림 없이 완벽하게 의지할 수 있는 대상은 아니지만, 그래도 초기 교육의 잔상을 통해 그 영향력을 어느 정도 발휘하고 있다. 때때로 그것은 믿음이 없으면 죽을지도 모른다는 불안감을 조장하기도 한다. 그리고 무엇보다도 사람들이 부분적으로 영향력을 잃은 교리에 맞춰 그들의 삶을 계속 설계하도록 유도한다. 그리고 세상을 향해 그 믿음을 (그들의 개인적 확신이 더 완벽했을 때 적당하다고 생각했던 것과) 동일하게 또는 그보다 더 많이 표명하게 한다.

우리가 끊임없이 듣는 것처럼 종교적 믿음이 인류에게 그토록 필요한 것이라면, 그 믿음의 지적 근거가 '도덕적 뇌물'이나 반지성적 논리에 의존한다는 것을 몹시 한탄하지 않을 수 없다. 스스로 진실한 신자라고 자처하는 사람들도 일이 그렇게 되는 것을 매우 불편하게 생각한다. 종교적 확신의 증거를 찾는 일을 의식적으로 중단한 뒤, 인류에게 치유할 수 없는 상처를 줄까 봐 그런 내색을 하지 않는 사람들에게는 더욱 가슴 아픈 일이다. 양심적이고 교양 있는 사람이라면 진리와 공공선이라는 가장 고상한 추구 대상과 반대되는 방향으로 자신이 끌려가는 것은 정말 고통스러운 일일 것이다. 그런 갈등을 겪으면 그 둘 중 하나 또는 (훨씬 더 가능성 높은 일이지만) 둘 다에 점점 무관심해질 것이 틀림없다. 진리와 인류 가운데 어느 하나에 집중하더라도 나머지 하나를 잃지 않을 수 있다는 믿음으로 살면서 결과적으로 둘 다를 위해 매우 큰 공헌을 할 사람들이 많다. 그런 사람들은 사색의 자유를 늘리거나 인류 일반의 사고 능력을 상당한 정도로 강화하고 확대하면 사람들을 불신에 빠뜨려 악하고 비참한 존재로 타락시킬지 모른다고 두려워한다. 그 결과 그런 의미 있는 일에서 완전히 손을 놓거나 사소하고 지엽적인 일에만 노력을 기울이게 된다. 자신과 다른 사람에게서 종교가 아니면 결코 불러일으킬 수 없다고 생각되는 고양된 감정을 관찰한 많은 사람이 그런 감정의 근원을 말라버리게 하는 것처럼 보이는 것들을 철저히 기피한다. 그런 사람은 모든 철학을 싫어하고 폄하한다. 또는 직관이 증거의 자리를 빼앗고 내적 감정을 객관적 진리의 판단 기준으로 삼는 철학에 앞뒤 가리지 않고 빠져든다. 이 시대를 좌우하는 형이상학[39]은 모두 종교에 우호적인 증거를 매수하는 방편으로 이용되고 있다. 그 형이상학이 가끔 이신론에 대해서만 우호적 발언을 하는 것은 사실이지만, 그 어떤 경우에도 고상한 충동과 사색하는 능력을 악용하

39 직관철학을 말한다. 밀은 경험주의를 통해 직관철학을 분쇄하는 것을 자신의 철학적 소명으로 삼았다.

는 것은 분명하다. 그리하여 인간 능력을 끔찍하게 낭비한다는 것은 정말 개탄스러운 일이 아닐 수 없다. 그런 낭비에도 불구하고, 비록 매우 느리기는 하지만 그래도 인류 역사가 진보할 수 있을 만큼 인간의 능력이 충분히 남아 있다는 것이 신기할 정도다. 엄청난 지적 노력과 독창성을 낭비하게 만드는 이런 믿음을 유지하기 위해 이토록 안간힘을 쓰는 것이 과연 인간의 행복에 얼마나 도움이 되는지 이제 그 어느 때보다 편견 없이 심사숙고하며 검토할 때가 되었다. 어떤 주제는 인간의 능력으로 접근할 수 없다는 것을 솔직하게 인정함으로써, 그리고 그런 정신적 힘을 초자연적 믿음과 유인책의 도움이나 승인이 필요 없는 덕성과 행복의 다른 근원을 강화하고 확대하는 데 사용함으로써 인간의 행복이 더욱 잘 달성되는 것은 아닌지 심각하게 검토해보아야 한다.

반면 이 질문의 어려움들은 무신론 철학자들이 때때로 믿는 것처럼 그리 쉽게 해결될 수 있는 것은 아니다. 일반적인 의미로, 진리와 유용성 사이에 그 어떤 충돌도 있을 수 없다고 만약 종교가 거짓이라면 종교를 거부할 때 오로지 좋은 결과만 생길 거라고 단언하기는 쉽지 않다. 모든 긍정적 진리[40]에 관한 지식이 유익하고 가치 있는 것이기는 하지만, 그 진리가 아무런 거리낌 없이 부정적 진리에도 적용될 수 있는 것은 아니기 때문이다. 우리가 아무것도 알 수 없다는 사실이 우리가 확인할 수 있는 유일한 진리라면, 그 지식으로는 우리의 삶을 인도할 아무런 새로운 사실도 얻을 수 없다. 기껏해야 그것을 통해 과거의 엉터리 안내 표지를 맹신하는 오류에서 벗어날 수 있을 뿐이다(그 표지 자체는 분명 오류였지만, 우리가 가질 수 있는 최선의 지침이 가리키는 것과 동일한 방향을 가리킬 수도 있었다. 그리고 그것이 우연히 좀 더

40 긍정적 진리positive truth는 어떤 대상이나 실체가 존재한다는 주장을 담고 있는 반면, 부정적 진리negative truth는 그런 대상이나 실체가 존재하지 않는다는 주장을 담고 있다.

분명하게 읽혔다면, 올바른 지침이 무시될 때 우리를 올바르게 인도할 수도 있었다). 간단히 말해 종교의 지적 근거가 튼튼하지 않더라도 도덕적으로는 얼마든지 유익할 수 있다. 이런 일이 실제로 과거에 있었고 지금도 민족과 개인 사이에 벌어진다는 것을 어떤 불신자라도 부인할 수 없다. 이 엄연한 사실을 부인한다면, 그것은 엄청난 편견이다. 이 장에서는 미래에도 그런 일이 가능할지 검토하고자 한다. 종교는 과연 진리인지 여부를 떠나 그저 하나의 신념으로 간주되는데, 종교에 대한 이런 믿음이 과연 인간의 현세적 행복에 필수불가결한 것인지 따져볼 것이다. 그런 믿음의 유익함이 내재적이고 보편적인지, 아니면 지역적이고 일시적이며 경우에 따라서는 우발적인지 검토해보아야 한다. 종교가 주는 혜택이 악한 불순물이 대거 스며드는 일 없이 다른 것을 통해 획득될 수는 없는지도 살펴볼 것이다(종교가 주는 혜택은 최선의 믿음 형태에서도 악한 불순물에 의해 판정된다).

우리는 그 한쪽 주장에 대해 매우 잘 안다. 종교 문제 저술가들은 일반적 의미의 종교와 그들 자신의 특정한 종교적 믿음의 장점을 최대한 부각하는 일을 게을리하지 않았다. 그러나 그 반대편 사람들은 과거와 현재의 여러 종교적 믿음들이 초래한 명백하고 노골적이고 구체적인 해악들을 열거하며 비판을 제기해왔다. 진실을 말하면, 인류는 이피게네이아[41]의 희생에서 루이 14세의 드라고나드[42]에 이르기까지 (더 이상 내려갈 것도 없이) 종교의 이름으로 끊임없이 악을 저질러온 터라, 당장 눈앞의 목적을 위해 필요하다면 특별한 논리나 핑계를 댈 필요조

41 Iphigeneia. 그리스 신화에 나오는 아가멤논의 딸. 그리스군 총사령관 아가멤논은 트로이전쟁 때 바람이 불지 않아 함선을 움직일 수가 없자 자신의 딸 이피게네이아를 희생 제물로 바쳤다.

42 Dragonnades, 1683~1686. 용기병龍騎兵 박해를 말한다. 프랑스 왕 루이 14세가 가톨릭으로 개종할 것을 강요하기 위해서 기병대를 동원해 신교도인 위그노들을 박해한 사건을 말한다.

차 없었다. 그러나 이런 끔찍한 결과는 종교 자체보다는 종교의 특수한 형태와 관련이 있다. 극악무도한 행위를 부추긴 것을 제외하면, 그런 결과 때문에 종교의 유익함을 부정할 수는 없다. 나아가 좀 더 발전한 종교는 이런 악 중에서 최악의 것은 이미 대부분 제거했다. 인간의 사상과 감정이 진보를 거듭하면서 그런 것을 제거하는 데도 속도를 내고 있다. 종교에서 파생된 비도덕적인 결과 또는 비도덕적이지는 않더라도 여전히 해로운 결과들이 하나씩 사라졌다. 과거에는 마치 그런 것이 종교의 핵심 요소인 것처럼 인식되었으나, 오랜 싸움 끝에 이제는 그런 것이 종교와 직접 관련이 없다는 것이 밝혀졌다. 시간이 많이 흐르고 나니 그런 해악들이 더 이상 종교를 반대하는 논거로 사용되지는 않지만, 다음과 같은 사실을 보여줌으로써 여전히 종교의 유익한 영향을 상당 부분 잠식하고 있다. 즉 인류의 도덕 감정 가운데 이제껏 일어난 대단히 위대한 진보 중 일부는 종교 없이 발생했고, 또는 종교에도 불구하고 발생했다는 사실과 우리가 진보를 일으키는 모든 영향 중에서 가장 핵심이 된다고 배운 것이 실제로는 종교와 한참 거리가 멀다는 사실 말이다. 뿐만 아니라, 인간 본성에 좋은 영향을 주기 위해 반드시 실천해야 할 중요한 과제 중 하나가 바로 종교 자체를 개선하는 것이다. 그러나 진보는 아직도 진행 중이다. 그 진보가 끝까지 갈 거라는 가정이 공정할 것이다. 우리는 종교가 철학적 요소, 기독교적 요소 또는 그 어떤 요소를 사용하든, 이성과 선함이 만들어낼 수 있는 최선의 인간 도덕을 받아들였다고 가정해야 한다. 그렇게 해서 종교가 나쁜 도덕적 교리와 동일시됨으로써 초래된 사악한 결과로부터 벗어날 수 있게 되면, 종교가 보여주는 유익한 특징이 전적으로 종교 자체에 내재하는지 아니면 외부로부터 기인하는지 판단할 수 있는 근거가 명백해질 것이다.

나는 이 에세이를 통해 종교가 현실 삶에서 지니는 유용함에 대해 집중 탐구하고자 한다. 무신론에 기운 저술가들은 이 문제를 거의 다루지 않았다. 내가 알기로 이 문제를 직접 다룬 저술은 벤담의 원고*를 부분적으로 편집한 것으로 보이는, 합당하고 심오한 관점을 풍부하게 담고 있는 짧은 논문 한 편이 유일하다. 그러나 그 글은 내가 생각하기로는 여러 군데에서 너무 강한 주장을 펼치고 있다. 이 논문과 콩트[43]가 지나가면서 여기저기에 언급한 내용이 무신론자들이 논거로 삼기 위해 인용할 수 있는 출처의 전부다. 나는 이 둘을 자유롭게 거론하면서 이 문제에 관한 내 생각을 펼쳐 보일 것이다.

나는 지금 다루고 있는 주제의 사회적·개인적 측면에 초점을 맞춰 논의를 전개하려 한다. 종교는 사회를 위해, 그리고 개인을 위해 무엇을 할 수 있는가? 종교적 믿음은 일반적 의미의 사회적 이익에 어느 정도 기여할 수 있는가? 각 개인의 인간적 본성을 향상시키고 그 품격을 높이는 데 얼마나 도움을 줄 수 있는가?

(사회에 관한) 첫 번째 질문은 모든 사람의 흥미를 끌 테지만, (개인에 관한) 두 번째 질문은 지적 수준이 최고 단계에 이른 사람들만의 관심사가 될 것이다. 그런 사람들은 굳이 구분하자면 두 질문 가운데 후자가 더 중요하다고 생각한다. 정확하게 논증하기 쉬운 전자부터 살펴보자.

우선 종교적 믿음을 사회적 선을 달성하기 위한 도구라고 간주해 보자. 대부분의 사람이 간과하는 차이점을 강조하면서 이야기를 시작하는 것이 좋겠다. 흔히 일반적 의미의 종교는 교육에 의해 고취되고 세상 사람들의 생각에 의해 강화되는 모든 도덕적 의무 체계가 지닌 힘

* Philip Beauchamp (George Grote), *Analysis of the Influence of Natural Religion on the Temporal Happiness of Mankind* (London: Carlisle, 1822).

43 Auguste Comte, 1798~1857. 실증주의를 개척한 프랑스의 철학자다. 밀은 그의 실증주의 철학에 크게 공감하며 긴밀하게 서신을 교환했으나 얼마 지나지 않아 생각의 차이로 등을 돌렸다.《위대한 정치》(서병훈, 책세상, 2017) 60~64쪽 참고.

전부를 담고 있다고 간주된다. 사실 공적으로나 사적으로 정의, 진실, 자선의 원리나 계율을 가르치지 않는다면, 그리고 칭찬이나 비난으로 우호적이거나 비우호적인 감정을 담아 이런 덕목들을 격려하고 반대되는 해악들을 억제하지 않는다면, 인류가 개탄스러운 상태에 빠질 것은 틀림없다. 실제로 벌어지는 이런 종류의 일들은 거의 모두 종교의 이름으로 발생한다. 어떤 종류든 도덕에 대해 배우는 거의 모든 사람이 그것을 종교로 받아들이고 일생 동안 기본적으로 그런 성격을 자기 내면에 심는다. 따라서 그런 가르침이 불러일으키는 효과는 종교적 가르침의 결과라고 추론된다. 그리하여 종교는 인간사에 미치는 모든 영향(이것은 인간의 삶을 지도하고 통제하기 위한 규칙 체계에서 비롯된다)의 발원지라는 평가를 받는다.

이런 영향력이 얼마나 대단한 것인지, 다시 말해 거의 만장일치로 진리라고 통용되고 어린 시절부터 마치 의무처럼 마음속에 각인되는 모든 교리가 자연스럽게 행사하는 효능이 얼마나 대단한지 충분히 이해하는 사람은 별로 없다. 그런데 조금만 생각해보면 우리는 다음과 같은 결론에 이르게 된다. 즉 종교는 인간사에 위대한 도덕적 힘을 발휘했다. 그런데 종교가 그렇게 강력한 영향력을 행사할 수 있었던 것은 그런 막강한 힘을 수하에 두었기 때문이다.

우선 권위가 인간 정신에 얼마나 큰 영향력을 행사하는지 살펴보자. 나는 지금 비자발적인 영향력, 즉 사람의 확신과 신념, 비자발적인 감정에 미치는 영향력에 대해 이야기하고 있다. 권위는 인류의 대부분이 그들 자신의 감각을 통해 인지하고 있는 사실들 외에 꼭 알아야 한다고 믿는 모든 것에 대한 증거가 된다. 그리고 그 증거는 가장 현명하다고 인정받는 사람들도 개인적으로 검증하지 못한 모든 과학적 진리 또는 역사와 인생에 관한 사실을 받아들일 수 있는 토대가 된다. 어떤 문제든 사람들이 대체적으로 공유하는 생각들은 대다수에게 대단한 위력을 발휘한다. 그들은 시류가 자신의 생각과 다르고 자신의 감각적 증거에 어긋나더라도, 그런 식으로 공인된 것이라면 무엇이든 전적으로 믿는다. 따라서 종교에 바탕을 두든 그러지 않든, 삶의 어떤 규칙과 의무가 대중의 동의를 확실하게 얻어내면 모든 개인의 믿음 속에 굳건하게 자리를 잡는다. 그렇게 되면 자기 자신의 이해력에 터전을 둔 내재적 힘에 따라 결론에 이르렀을 때보다 더 강력한 영향력을 발휘한다. 노발리스가 "다른 사람이 동일한 것을 믿기 시작하면 바로 그 순간부터 나의 믿음은 엄청난 힘을 발휘하게 된다"* 고 말한 것은 바로 이런 경우를 염두에 둔 말이다. 그냥 다른 사람이 아니라 자신이 아는 모든 사람이라면 그 의미가 훨씬 더 생생하게 다가온다. 이 생각에 찬동하지 않는 사람들도 있을 것이다. 그들은 이런 보편적 지지를 받는 도덕 체계는 존재하지 않으며, 따라서 인간 정신에 아무리 큰 힘을 발휘하더라도 그와 같은 보편적 지지에 신세 지는 도덕 체계는 없다고 주장한다. 그러나 우리 시대를 놓고 보면 전자의 주장이 더 설득력이 있다. 처음에는 논란을 불러일으킬 것 같았던 주장에 힘이 실린다. 왜냐하면 공인된 믿음 체계가 논박받고 반대자가 많다는 사실이 알려지는 것과 정확히 비례하여 그 체계에 대한 보편적 믿음이 하락하고 사람들의 실제 행동에 미치는 영향력도 감퇴하기 때문이다. 그런 믿음 체계가 종교적 정당성을 가지고 있는데도 이런 현상이 일어난다. 그렇다면 그것이 강력한 힘을 발휘하는 것은 종교라서가 아니라 인류가 일반적으로 수용한 믿음이기 때문이라는 사실이 더할 나위 없이 분명하게 증명된다. 불에 손을 넣으면 화상을 입는다는 것을 믿는 것처럼 자신의 종교를 한 점의 의심도 없이 믿는 사람을 찾아내려면, 유럽인이 아직 지배력을 행사하지 못하는 동양 사회, 아니면 가톨릭이 보편적으로 신봉되던 과거 유럽 국가로 회귀해야 할 것

* Thomas Carlyle, *On Heroes, Hero-Worship, and the Heroic in History* (London: Fraser, 1841), p. 93.

이다. 하지만 그 시대에도 때로 자신의 종교에 불복종하는 사람들이 있었는데, 그것은 인간적 열정과 욕구가 너무 강했거나 그 종교가 그런 일탈을 눈감아주는 여지를 허용했기 때문이다. 그러나 그런 경우에도 그들이 자신의 종교에 대해 의심하는 일은 거의 없었다. 당시에는 절대적이고 추호도 의심하지 않는 완벽한 믿음의 체계가 작동하고 있었다. 이후 유럽에는 그런 보편적 믿음이 결코 존재하지 않았다.

그런 제국은 주변 인간들의 믿음과 증언이라는 단순한 권위에 힘입어 인류 위에 군림했다. 교육의 힘이 얼마나 엄청난지, 어릴 때부터 그런 믿음과 그 믿음에 바탕을 둔 습관의 틀 속에서 사람을 키움으로써 얼마나 터무니없는 일들이 생기는지 생각해보라. 그리고 모든 나라에서, 먼 과거로부터 현재까지, 엄격한 의미에서 교육받은 사람들뿐만 아니라 부모 또는 누구든 관심을 가진 사람들의 손에 양육된 거의 모든 사람이 아주 어릴 때부터 일정한 형태의 종교적 믿음과 (하늘의 권세가 인간에게 주는 명령인) 계율을 배웠다는 사실도 고려하라. 어린아이들은 신의 명령이 부모의 명령보다 더 강력하고 힘세다고 상상하지 못한다. 따라서 사회가 제대로 된 교육을 받기 어려운 대중의 도덕교육을 위해 과거보다 훨씬 큰 고통을 감수해야 하는 상황에서, 비록 종교와는 별개의 것이더라도, 인류가 채택하는 모든 사회적 의무 체계가 종교 못지않게 어린아이들을 고취할 수 있고 현재 그 어떤 교리보다 더 완벽하게 종교의 역할을 수행한다고 생각하는 것이 합리적이다. 어렸을 때 받은 교육은 나이 든 뒤 생긴 믿음이 도저히 따라잡을 수 없을 만큼 감정을 통제하는 힘이 있다. 우리는 이 첫 단계의 교육이 어려서부터 몸에 밴 생각을 포기한 사람들의 감정에도 굉장히 강력한 힘을 발휘하는 것을 매일 본다. 반면 보통 사람들보다 훨씬 높은 수준의 감각과 지성을 겸비한 사람들만이 나중에 스스로 노력해서 정립한 생각과 관련된 감정에도 동일한 힘을 부여할 수 있다. 우리는 그들을 그렇게 하도록 만든 강력한 도덕적 의무감, 진실성, 용기 그리고 자기 헌신이 결국 초기 교육의 열매라는 사실을 확신을 갖고 말할 수 있다.

교육의 힘은 거의 무한하다. 자연현상 가운데 사람을 강제로 위압하고, 필요하다면 작동하지 않음으로써 사람을 꼼짝 못 하게 할 만큼 충분히 강력하지 않은 것은 하나도 없다(그런데 교육의 힘이 그런 자연적 기질을 순화할 수 있다). 기록에 따르면, 스파르타의 리쿠르고스[44]가 만든 제도가 오랜 세월 동안 유지될 수 있었던 것은 교육의 힘 덕분이었다. 그 사례는 교육이 한 나라 국민 전체가 보이는 모든 자연적 경향을 누르고 쟁취한 승리 중 가장 위대한 것이라고 할 수 있다. 거기에는 종교의 기여라고 할 만한 것이 거의 없었다. 스파르타인은 다른 그리스 도시국가 사람들과 똑같은 신을 믿었기 때문이다. 또한 그리스의 모든 도시국가 사람들이 자신들의 독특한 정치체제가 신으로부터 특별한 승인을 받고 출범했다고 믿었지만(델포이 신탁이 가장 대표적이다), 바로 그 체제를 바꾸기 위해 (스파르타가) 그와 동일하거나 더 강력한 승인을 받는 데 특별한 어려움이 없었다는 사실을 기억해야 한다. 스파르타의 정치체제가 종교 때문에 강력한 힘을 발휘할 수 있었던 것은 아니다. 그 힘은 기본적으로 스파르타에서, 그리고 그 나라의 이상에 대한 헌신에서 나왔다. 그것은 더 큰 나라, 즉 세계를 향한 이상적 헌신으로 변형되었는데, 결과적으로 그것을 통해 종교 못지않은, 아니 종교보다 훨씬 더 고상한 성취를 이룩할 수 있었다. 그리스인 전체를 놓고 보면 사회적 도덕심은 종교와 전혀 무관했다. 오히려 그 둘 사이에 정반대 관계가 성립했다. 신을 숭배하는 것은 하나의 사회적 의무로서 고취되었다. 그래서 신이 무시당하거나 모욕을 받을 경우, 신은 그 죄를 범한 개인이 아니라 그 사람을 그렇게 기르고 그런 죄를 눈감아준 국가나

44 Lycurgus. 기원전 8세기경 스파르타의 전설적인 지도자.

공동체에 더 큰 불쾌감을 느낄 거라고 생각되었다. 그러므로 당시 그리스에 존재했던 도덕적 가르침은 종교와 아무런 관계가 없었다. 인간이 맹세나 서약으로 엄숙하게 신을 불러냄으로써 신을 이해 당사자로 끌어들인 경우가 아니라면 신은 인간의 일에 특별히 관심을 보이면 안 되는 것으로 여겨졌다. 소피스트와 철학자, 심지어 대중 연설가들도 자신의 특수한 목적을 위해 종교를 이용하고, 자기들이 고취하려 하는 모든 감정이 신의 눈에 매우 흡족한 것처럼 보이도록 최선을 다한 것은 사실이다. 그러나 신의 권위 자체에 직접 공격을 가하는 경우를 제외하고, 그것이 그들의 1차적 관심사는 아니었던 것 같다. 그들은 인간 사회의 도덕을 고취하기 위해 전적으로 세속적 교육에 의존했다. 내 생각에 그리스는 종교를 제외한 모든 가르침이 교육의 기초를 형성하는 데 엄청나게 유리했던 유일한 곳이었다. 그 일부 가르침의 질에 대해서는 부정적인 평가가 많을 수 있겠지만, 그 효과에 대해서만큼은 시비를 걸기가 매우 어렵다. (방금 말했듯이) 스파르타의 사례는 교육이 사람의 행동에 얼마나 큰 영향을 끼치는지 생생하게 보여주는 가장 인상 깊은 경우라고 하겠다. 그래서 인류 역사 초기에 종교적 가르침이 큰 영향력을 발휘할 수 있었다면, 그것은 그 가르침이 종교적이어서가 아니라 역사의 초기 단계에 주입된 것이기 때문이라는 주장이 힘을 얻는다.

앞에서 우리는 인간의 비자발적 믿음, 감정 그리고 욕망을 통해 작동하는 권위와 초기 교육의 힘에 대해 살펴보았다. 지금까지 종교는 그 둘(권위와 초기 교육)을 자신의 배타적 속지屬地로 간주하다시피 했다. 이제부터는 종교에 인간의 비자발적 감정이 수반되는지 여부와 상관없이, 인간의 행동에 직접적으로 작동하는 세 번째 힘에 대해 살펴보자. 주변 사람들의 칭찬과 비난, 호의와 냉대와 같은 여론의 힘이 바로 그것이다. 이것은 종교와의 관련 여부와 상관없이 일반적으로 수용되는 모든 도덕적 신념 체계가 지닌 힘의 근원이다.

사람들은 자신의 행동을 결정하는 동기에 지나칠 정도로 우호적인 이름을 붙이기를 좋아한다. 그래서 자기가 (부끄러워하는 행동은 물론) 대단히 자랑스러워하는 행동의 얼마나 큰 부분이 여론의 힘에 좌우되는지 잘 모른다. 물론 여론은 넓은 의미로 볼 때(도덕을 대중 각자가 얼마나 엄격하게 지키는지에 관계없이 다른 사람이 준수해주기를 바라는 행동을 요약, 정리한 것이라고 한다면) 통상적인 사회도덕이 요구하는 것과 같은 것을 요구한다. 그러므로 사람들은 저급한 동기에 끌려다니면서도 자신은 양심의 원칙에 따라 양심이 허락하는 일을 했다고 쉽게 자기 미화를 한다. 우리는 양심을 겁박하는 여론의 힘이 대단히 세다는 것을 일상적으로 목격하고 있다. 사람들이 얼마나 많이 '다수를 따라 악을 행하고,'* 얼마나 자주 여론에 밀려 양심이 금하는 일을 하며, 양심의 명령을 따르지 못하는지 보라. 여론은 늘 자신을 양심의 대변인으로 포장하기 때문에, 여론의 동기가 양심과 같은 방향으로 작동할 때 그런 일이 생기는 것은 자연스럽다. 따라서 대부분의 인간 사이에 작동하는 동기 중에서 여론이 가장 압도적인 힘을 발휘한다.

(단순히 동물적인 것을 제외하고) 인간 본성이 보여주는 강력한 정념은 모두 내가 여론이라고 부르는 것에서 파생된 동기의 특정 부분을 지칭한다. 그러므로 영광을 사랑하고 칭찬을 사랑하고 찬사를 사랑하는 것, 존경과 경의를 사랑하는 것, 심지어 동정심을 사랑하는 것까지 모두 그 동기의 매력적인 힘의 일부이다. 넓은 의미에서 그 동기가 지닌 매력적인 영향력이 그 정도가 지나쳐 매우 부정적인 단계에 이르면 부질없다는 말을 듣게 된다. 수치를 두려워하는 것, 오명을 듣거나 배척당하거나 미움받는 것을 두려워하는 것은 그 동기가 지닌 억지력의 직접적이고 단순한 형태다. 그러나 비우호적인 감정을 억제하는 힘

* 〈출애굽기〉 23장 2~3절.

은 단순히 자신이 그런 감정의 대상이라는 사실을 알았을 때 생기는 고통에만 있는 것은 아니다. 그 힘은 그런 감정들이 초래하는 모든 처벌(사회적 교류에서 배제되고 사람들이 원하는 좋은 직장에서 차단당하는 것, 인생의 성공이라고 불리는 모든 것을 박탈당하는 것, 때로는 생계 수단을 대거 또는 전면 상실하는 것, 사형 집행 같은 끔찍한 일을 포함해 인생을 비참하게 만드는 여러 종류의 가혹한 직무를 수행하는 것)을 포함한다. 또한 여론의 매력적이고 거역할 수 없는 영향력은 흔히 야심이라는 이름을 가진 온갖 것을 포함한다. 무법 상태의 군사적 폭력이 난무하는 시대가 아니라면, 사회적 야심의 대상이라는 것은 주변 사람의 좋은 평판과 호의적 대우가 있어야만 획득할 수 있다. 그 대상이 인간의 감정에 힘을 미치지 않는다면, 인간은 십중팔구 욕구조차 느끼지 않을 것이다. 거의 모든 경우에 자화자찬이라는 것도 주로 다른 사람의 의견에 의존한다. 권위가 보통 사람들의 정신에 미치는 비자발적 영향력이 이토록 크기 때문에, (세상이, 다시 말해 그들의 세상이 그들이 틀렸다고 판단할 때) 자신이 옳다는 확신을 가질 수 있으려면 보통 사람을 능가하는 능력을 갖춰야만 한다. 그러나 대부분의 사람은 자신의 덕이나 능력을 세상이 믿을 수 있게 하는 분명한 증거를 제시하지 못한다. 인간사를 통틀어서 볼 때, 주변 사람들의 감정에 대한 고려가 어떤 형태로든 거의 모든 사람을 움직이는 가장 강력하고 보편적인 동기가 된다. 성격이 세심한 사람일수록 그런 동기에 더 많이 좌우되며 그것이 자연스러운 현상이라고 하겠다. 따라서 그런 동기가 위대한 덕을 형성하는 데 가장 핵심적인 요소가 된다는 사실을 알아야 한다. 그 힘이 대단히 멀리까지 영향을 미친다는 것은 여기에 따로 그 예나 증거를 들 필요도 없을 정도로 자명하다. 사람은 먹고사는 문제가 해결되면 나머지 노동과 노력의 가장 큰 부분을 다른 사람의 존경이나 호의적인 평가를 얻는 데 사용한다. 즉 다른 사람들이 자신을 우러러보게 하거나 혹은 그 어떤 경우에도 그들로부터 업신여김을 당하지 않는 것이 매우 중요해진다. 문명의 발전을 촉진하는 인간의 산업적·상업적 행동은 물론, 그 발전을 방해하는 경박함, 방탕함, 출세를 위한 이기적 욕망도 바로 그런 원천에서 흘러나온다. 마찬가지로 테러 행위도 여론의 힘 때문에 저지른다고 볼 수도 있다. 증인이 자신의 불명예스러운 비밀을 폭로할지 모른다는 두려움 때문에 얼마나 많은 살인 사건이 발생하는가?

흔히들 인간의 행동에 큰 영향을 주는 것들은 종교적 동기에서 직접 비롯된다고 생각한다. 그러나 공정하고 치우침 없이 이 문제를 다루는 사람이라면 누구나 사실은 종교보다는 세상 사람들의 생각이 더 직접적인 원인이라고 생각하지 않을 수 없다. 종교가 큰 영향력을 발휘하는 것은 그것의 내재적 힘 때문이 아니라, 여론의 더 강력한 힘이 거기에 추가되기 때문이다. 종교는 여론의 방향을 결정하는 데 중대한 역할을 한다. 대단히 중요한 측면에서 여론이 전적으로 종교에 의해 결정될 때가 많다. 그러나 성격이 예외적이거나 특수한 정신 상태가 아니라면, 신성한 권력자가 세속적 보상과 처벌이라는 수단을 동원하고 난 다음에는, 여론의 추가적 승인 없이 종교 자체의 힘만으로는 결코 심각한 영향을 끼치지 못한다. 특정한 성역을 침범하면 그 자리에서 죽음을 당하거나 갑자기 죽을병에 걸릴 거라고 굳게 믿는다면, 그 사람은 그런 처벌을 받지 않으려고 조심할 것이다. 그러나 누구라도 그런 위험에 맞설 용기를 낸 다음 아무 처벌도 받지 않고 무사하다면, 그 마법은 풀린 것으로 보아야 한다. 어떤 민족이 도대체 자기들은 신성한 통치자의 지배하에 있기 때문에 그의 종교와 율법에 충실하지 않으면 하늘로부터 세속적 징벌을 받게 된다고 후손에게 가르칠까 생각할 수 있겠지만, 유대인들이 바로 그랬다. 그러나 그들의 역사는 이교도 우상숭배로 점철되었을 뿐이다. 그래서 고대의 믿음을 충실히 견지하던 선지자와 연대기 작가들은(왕의 증손자에게 나쁜 일이 생기면 신이 왕을 좋지 않게 생각하기 때문이라고 해석할 만큼 자유로운 신앙의 소유자들이었지만) 사람들이 자신의 예언에 귀 기울이지 않는다고 끊임없이 불평했다. 그리하여 그들은 세속적 처벌에 의존하는 신성한 통치자에 대한 신앙에 따라 (미라보의 아버지가 프랑스혁명 전야에 막연하게 그랬던[45] 것처럼) 총체적 붕괴*를 기대했다. 그 기대가 충족된 것은 그들 예언의 공신력을 생각하면 다행스러운 일이었다. 이 점에서 그들은 사도 요한과 달랐다. 〈요한계시록〉에는 숱한 예언이 나오지만 이해가 되는 것은 딱 하나뿐이다. 요한은 그 예언을 통해 일곱 언덕의 도시〔로마를 가리킨다〕에 니느웨와 바빌론의 운명이 닥칠 거라고 알려주었지만⁑ 이 시간까지 그런 일은 일어나지 않았다. 세월이 흐르면서 정말 무식한 사람들을 제외한 모든 사람이 경험을 통해 하나의 확신을 얻게 되었는데, 신의 처벌이 반드시 세속적 형태로 나타난다고 기대할 수는 없다는 확신이 바로 그것이다. 이 확신은 오래된 종교가 몰락하는 데 크게 기여했다. 반면 잘못을 처벌하고 잘한 일은 보상하기 위해 신이 세속의 삶에 개입한다는 교리를 전면 배제하지는 않은 채 사후세계에서 신의 응징에 관한 주요 장면을 없애버린 다른 종교가 널리 등장했다. 그런 보상과 처벌이 아주 먼 훗날의 일로 미뤄지고 결코 눈에 보이지 않는다면, 그것이 아무리 무한하고 영원한 힘을 지니더라도 유혹에 흔들리는 보통 사람의 마음에 결정적인 영향을 주지는 못한다. 처벌의 무서움으로

45 미라보Honoré-Gabriel Riqueti Comte de Mirabeau(1749~1791)는 프랑스혁명의 지도자로서 민권과 왕권을 조화시키려고 노력했으나 반역자로 낙인찍힌 뒤 42세에 사망했다. '아버지 미라보Victor Riqueti Marquis de Mirabeau(1715~1789)'는 열렬한 중농주의 신봉자로서 그 철학을 보급하는 데 힘썼다. 혁명 전야의 프랑스 사회를 날카롭게 비판하기도 했지만 혁명까지는 생각하지 못했다. '아버지 미라보'는 자신의 기대치를 훨씬 뛰어넘는 프랑스혁명이 일어나기 바로 전날 사망했다.

* Honoré-Gabriel Riqueti Comte de Mirabeau, *Mémoires* (Paris, 1834~1835), II, 188 참조.

⁑ 〈요한계시록〉 18장 참조.

다스려야 하는 사람들에게는 그런 시간 지체만으로도 효능이 현저히 감소할 수밖에 없다. 더 큰 문제는 기본적으로 보상과 처벌이 불확실하다는 점이다. 즉 사후에 시행되는 보상과 처벌은 어떤 사람의 특정 행동이 아니라 그의 삶 전체를 보고 판정할 수밖에 없기 때문에, 사소한 잘못을 저지르더라도 나중에 만회할 수 있다고 자기합리화를 하게 된다는 것이다. 세력이 강한 모든 종교가 이런 종류의 자기기만을 부추긴다. 이를테면 사이비 종교는 제물을 바치거나 개인적으로 굴욕을 당함으로써 신의 보복을 매수할 수도 있다고 가르친다. 그보다 나은 종교는 죄인들이 깊은 절망에 빠져 자신이 회복 불가능할 정도로 저주받았다고 생각하지 않도록 신의 자비에 절박하게 매달리게 만든다. 그런 처벌이 위력을 발휘하게 하는 가장 확실한 방법은 처벌의 강도를 압도적으로 높이는 것이다. 그런데 그 강도가 지나치면 (여기저기 있는 건강염려증 환자들을 제외하고) 오히려 그것 때문에 자신이 정말로 그런 처벌을 받게 될 위험한 상태에 있지는 않다고 믿게 된다. 천하에 둘도 없는 악당도 그 어떤 범죄 행위를 저지르든, 이 짧은 인생에서 어떤 악을 저지르든, 자신이 사후에 영원토록 징벌을 받아 마땅하다고 생각하지는 않을 것이다. 이런 이유에서 종교 저술가와 설교자들은 종교적 동기가 아무리 엄청난 처벌 위협을 가해도 인간의 삶과 행동에 미치는 영향이 너무나 보잘것없다고 불평한다.

앞에서 나는 벤담이 종교적 제재의 효력에 대해 나름의 주장을 편 몇 안 되는 저술가 중 한 사람이라고 언급했다. 그는 여론의 뒷받침이 없으면 종교적 의무는 사람의 행동에 별로 영향을 미치지 못한다는 것을 여러 예를 들어 증명했다.* 그가 제시한 첫 번째 예는 서약에 관한 것이었다. 법정에서 하는 서약, 그리고 사회적으로 매우 중요한 의미를

* George Grote, *Analysis of the Influence of Natural Religion on the Temporal Happiness of Mankind*, pp. 58~66 참조.

지니기에 여론의 무서운 감시 아래 있는 서약들은 실제로 구속력이 있는 의무로 여겨진다. 그러나 대학에서의 서약과 세관에서의 서약은 종교적 관점에서 똑같이 구속력을 가지는데도, 두루 존경받을 만한 사람들조차 실제로는 그것에 전혀 신경을 쓰지 않는다. 규정을 준수한다는 대학 서약은 오랜 세월을 거치면서 사문화되면서 보편적으로 묵인되었다. 그리고 세관에서는 모든 일상적 의무에 누구 못지않게 충실한 사람들이 매일같이, 그리고 눈 하나 깜짝 않고 엉터리로 서약을 하고 있다(또는 그렇게 서약했다). 이것을 어떻게 설명해야 할까? 이 경우 그 진실성 여부가 여론의 감시를 받지 않기 때문이라고 설명할 수밖에 없다. 벤담은 두 번째 예로 결투를 들었다. 결투는 영국에서 더 이상 허용되지 않는 과거의 관습이지만, 다른 몇몇 기독교 국가에서는 여전히 널리 실행되고 있다. 대부분의 사람이 결투를 죄악으로 간주하지만, 그럼에도 여론을 의식해서 그리고 개인적 수치심을 이기지 못해 결투 약속을 지키지 않는 것에 죄책감을 느낀다. 세 번째 예는 불법적인 성관계를 맺는 경우다. 이것은 남녀 가릴 것 없이 종교적으로 대단히 심각한 범죄 행위로 간주되었다. 그러나 남자는 여론의 질타를 그리 심하게 받지 않았고, 일반적으로 그런 행위를 하면서 양심의 가책을 별로 느끼지 않았다. 여자의 경우는 달랐다. 여자라고 종교적 구속력이 특별히 강하지는 않았지만, 여론의 압박은 훨씬 강했기 때문에 사회적 규범으로서의 효력이 매우 컸다.

물론 종교적 구속력의 강도를 실험하는 중요한 잣대로 간주되는 벤담의 예시를 반박하는 사람도 있을 것이다. 이런 경우 사람들에게 처벌받는 것 이상으로 신에게 처벌받을 거라고 실제로 믿는 사람이 없기 때문이다(이렇게 말하는 사람도 있을 것이다). 대학을 포함해 여러 곳에서 꼭 준수한다는 생각 없이 그냥 관습적으로 서약하는 경우에 특히 그렇다. 이런 서약은 신을 염두에 두고 심각한 의미를 부여하는 것이 아니라 단순히 형식에 그치는 경우다. 매우 양심적인 사람은 아무도 구애받지 않는 서약이라도 일단 본인이 서약해놓고 지키지 않으면 자책하게 된다. 자신이 위증을 했기 때문이 아니라, 그런 의식을 통해 신성모독을 저질렀다는 점에서 양심의 가책을 느낄 것이다. 그러므로 이것은 종교적 동기가 여론의 동기와 분리되었을 때 얼마나 취약한지를 보여주는 좋은 예라고 할 수 없다. 그것보다는 차라리 한 동기가 다른 동기와 더불어 생겼다가 사라지는 경향, 다시 말해 여론의 처벌이 끝나는 곳에서 종교적 동기 역시 끝난다는 것을 보여준다는 점에서 의미가 있다고 하겠다. 이런 비판은 벤담이 제시한 다른 두 예(결투와 성적 일탈행동)에도 똑같이 적용될 수 있는 것은 아니다. 여론의 명령에 따라 또는 여론의 관대함을 틈타 그런 일을 하는 사람들도 대부분 자신이 신에게 잘못을 저질렀다고 생각한다. 그러나 분명히 말하지만, 그들은 그런 행동이 자신의 구원을 결정적으로 위험에 빠뜨릴 정도로 중대한 범죄라고 생각하지는 않는다. 그들은 신의 자비에 의존해야 하기 때문에, 신의 분노를 살까 두려워하지 않을 수 없다. 이것은 앞에서 이미 언급한 내용, 즉 종교적 처벌의 불확실성을 피할 수 없다는 것이 그들의 행동을 제약한다는 사실을 뒷받침해준다. 그들은 여론이 비난하는 행위에 대해서도 그렇게 한다. 여론이 관대하게 봐주는 행위에 대해서는 더욱 그렇게 한다. 인간이 가볍게 용서하는 행위를 놓고 신이 심각한 얼굴을 한다는 것은 쉽게 상상되지 않는다. 적어도 그 행위를 조금이라도 하고 싶은 사람에게는 그렇다.

나는 종교적 처벌이라는 관념이 대단히 무서운 힘으로 작동하는 심리 상태가 있다는 것을 부인하고 싶은 마음은 없다. 우울증에 걸리거나, 큰 좌절감이나 다른 도덕적 이유 때문에 습관적으로 우울증 증세를 띠는 사람들에게서 그런 관념이 마음의 기존 경향과 맞아떨어지면서 그 불행한 피해자를 정신병 상태로까지 몰아갈 수 있다. 때로는 일시적인 우울증 상태에서 그런 관념이 마음에 큰 충격을 주어 항구적인 성격 장애를 낳기도 한다. 전문 용어로 '억압된 정신 상태가 육체적 장애로 전환'되는 가장 흔한 경우다. 그러나 우리가 자주 보듯이, 그런 전환 뒤에 우울증 상태가 극복되고 그 병이 재발하지 않고 환자 본인이 새 삶을 열심히 살면, 그 사람이 보여주는 새 삶과 과거의 삶 사이에 무척 큰 차이가 발견된다. 즉 과거처럼 불경한 세상에 끌려가지 않고, 자신의 삶을 종교적 동료들의 중론에 맞춰 살아가는 것이다. 모든 경우를 종합해보면, 종교를 믿든 안 믿든 실제로 영원한 처벌을 두려워하는 사람은 매우 적다는 분명한 증거가 있다. 죽음이 멀리 떨어져 있다며 마음을 푹 놓고 있다가 어느 순간 죽음이 현실로 다가온 심각한 순간에도 별 차이가 없다. 엄청난 죄를 저지르고도 죄책감을 전혀 느끼지 않는 사람들이 그렇다. 상당수의 사람은 죄책감을 느끼지만 사후세계에 닥칠 일에 대해서는 별로 걱정하지 않으며, 자신이 영원한 처벌을 받게 될지도 모른다는 사실에 대해 잠시도 걱정하지 않는다.

수많은 신도와 순교자가 박해에도 굽히지 않고 신앙을 지킨 탓에 잔인한 죽음과 육체적 고문을 겪어야 했다. 그들의 감탄할 만한 용기와 절개가 그저 여론의 영향 탓이라고 평가절하할 생각은 없다. 화형을 당한 북아메리카 인디언들이 보여주듯이, 여론 역시 도덕적으로 특별히 탁월하지 않은 사람들에게 똑같이 강고함을 심어주기도 한다. 그러나 나는 영웅적인 희생자들이 일반적 의미의 천국의 즐거움 또는 지옥에 대한 두려움 때문에 그런 고통을 이겨낼 수 있었다고 생각하지는 않는다. 그런 것보다는 동료 신앙인들의 눈에 영광스럽게 보이는 것이 더 중요했을 것이다. 그들의 충동은 자신을 버리고 이상에 헌신하는 신성한 열정이었다. 그리고 그런 고양된 감정 상태가 결코 종교의 전유물은 아니다. 위대한 이상이라면 모두 그런 감정을 고취할 수 있다. 그런 현상은 인간의 일상적인 동기에서는 일어나지 않고, 존재의 중요한 순간에 일어난다. 그러므로 이것을 통해서는 그 토대가 되는 관념들(종교적인 것이든 아니면 다른 무엇이든)이 통상적인 유혹을 극복하고 일상적인 삶을 규율하는 데 얼마나 효력을 발휘하는지 전혀 알 수가 없다.

마침내 우리 주제의 가장 재미없는 부분을 끝낸 것 같다. 뛰어나고 고매한 종교인들이 농담 삼아 종종 주장하는 것처럼, 종교의 가치가 기껏해야 인간이 만든 법의 보완재, 매우 교활한 경찰 또는 도둑 잡는 사람이나 사형집행인의 보조자 정도밖에 안 되는 것은 아니다. 아마 그들도 다른 사람들과 똑같이, 영혼을 담당하는 종교의 보다 고상한 역할이 없어진다면, 무시무시한 지옥처럼 야비하고 이기적인 사회조직이 그 빈자리를 대신할 거라고 인정할 것이다. 그들 생각에, 종교의 도움 없이 최악의 인간들이 강압을 행사할 수 있을지라도, 최선의 인간들은 자신의 인격을 완전하게 만들기 위해 종교가 절대적으로 필요하다고 주장할 것이다.

그러나 사회적 관점에서 보더라도, 이런 고상한 사람들은 일반적으로 종교의 가장 고양된 측면을 주목하며 사회적 도덕의 (집행자는 아니더라도) 선생으로서 종교의 필요성을 역설한다. 그들에 따르면, 종교만이 우리에게 도덕이 무엇인지 가르칠 수 있다. 인간이 받아들인 높은 도덕은 모두 종교에서 나왔다. 그뿐만 아니라 아무리 위대하다 해도 독창성을 결여한 철학자들의 주장은 그 나름대로 내세울 수 있는 가장 고상한 비약의 순간에도 기독교 도덕에 비하면 그 내용이 턱없이 부족하다. 설령 그들이 (많은 사람이 생각하듯 히브리인의 책이나 원시 계시에 바탕을 둔 미미한 전통의 도움을 받아) 어떤 하급 도덕을 세울 수 있더라도, 주변 사람들이 그것을 받아들이게 할 수는 없다. 결국 신으로부터 도덕이 나온다고 이해되어야만 사람들이 일반적으로 그것을 받아들이고 그것에 힘을 실으며 실천에 옮길 당위성을 인정하게 된다. 인간적인 측면에서 그 법을 따라야 할 이유가 아무리 충분하더라도, 종교적 관념이 없다면 우리는 그 법 자체를 가지지 말아야 한다는 것이다.

역사를 놓고 보면 이 주장 속에는 타당한 내용이 많다. 항상 그런 것은 아니지만, 고대 사람들은 일반적으로 자신의 도덕과 법, 지적 신념, 심지어 실제 삶의 기술, 줄여 말해 그들을 인도하고 규율하는 모든 것을 초월적 힘의 계시로 받아들였다. 그러지 않았다면 그것들을 받아들이기가 쉽지 않았을 것이다. 그렇게 된 것은 부분적으로 그런 힘에 대한 희망과 공포 때문이었다. 그 힘은 물리적 현상을 불러일으키는 자연법칙이 아직 경험적으로 알려지지 않았고 신의 대리인이 일상생활 곳곳에서 활동하던 원시 시대에 더 광범위하고 막강한 영향력을 행사했다. 또한 개인의 희망이나 두려움과는 별개로, 그 조야한 정신의 소유자들은 자신보다 우월한 힘을 가진 존재에게 비자발적인 존경심을 품었다. 그런 초인적 힘을 가진 존재는 지식이나 지혜 면에서도 초인적일 거라고 생각했다. 그러면서 그 강력한 존재가 선호하는 듯한 것을 사심 없이 따라가려고 노력했고, 그가 자발적으로 또는 요청을 받아 허락한 것이 아니면 새로운 관습을 만들지 않았다.

도덕적이나 과학적 진리가 초자연적 존재로부터 나온 것이라고 믿지 않았다면 야만 상태의 인류는 그 진리를 받아들이지 않았을 것이다. 그렇다면 요즘 사람들은 도덕적 진리가 현명하고 고상한 정신을 소유한 인간보다 더 우월한 기원을 가진 것이 아니라고 생각하니, 도덕적 진리가 과학적 진리보다 그 위상이 떨어진다고 보아야 할까? 도덕적 진리는 사람이 일단 믿음을 갖고 나면 어떤 경우에도 그 믿음을 유지할 만큼 그 자체로 충분히 강력하지 않을까? 복음서에 나오는 예수의 계율 중 어떤 것은 전통 기독교의 기초가 되는 바울주의[46]를 훨씬

46 Paulism. 잘 알려진 대로 사도 바울은 초기 기독교가 자리잡는 데 결정적으로 기여했다. 그러나 '바울주의'라는 말에는 바울이 죽은 뒤 그를 추종하던 사람들이 그의 진의를 왜곡한 것에 대한 비판적 함의가 담겨 있다.

능가하는 내용을 담고 있다. 대단히 독자적이라고 인정받는 그의 가르침 중 많은 부분이 기독교의 영향을 받았다고 생각할 수 없는 마르쿠스 아우렐리우스[47]의 《명상록》에도 똑같이 나오기는 하지만, 나는 그 가르침이 그때까지 인간이 축적해온 그 무엇과도 비교가 안 될 정도로 뛰어난 도덕적 선을 추구하고 있다고 인정하지 않을 수 없다. 그러나 그 정도가 얼마나 되든지, 그런 기여는 인간 역사의 결과다. 인간이 그것을 축적해서 나온 것이다. 그것은 이제 인류의 자산이 되었기 때문에, 원시 야만 상태로 되돌아간다고 해서 상실되지 않는다. "서로 사랑하라"* 는 새 계명, 다른 사람의 섬김을 받는 자가 아니라 섬기는 자가 더 위대하다[48]는 인식, 중세 기사도 정신의 기초가 되는 약하고 비천한 자를 존중하는 마음, 신의 나라에서는 강한 자가 아니라 약하고 비천한 자들이 앞자리를 차지한다는 믿음, 착한 사마리아인⁂의 우화가

47 Marcus Aurelius Antoninus, 121~180. 로마제국의 16대 황제로 5현제賢帝 중 한 사람이다. 스토아철학을 담은 《명상록Meditations》을 남겼다.

* 〈요한복음〉 13장 34절. 그러나 이것은 새 계명이 아니다. 히브리의 위대한 입법가들을 정당하게 평가하기 위해서라도, "네 이웃을 네 몸처럼 사랑하라"라는 계율은 이미 〈모세오경〉에 나온다는 것을 기억해야 한다. 정말 놀랍게도 〈레위기〉 19장 18절에 그런 말이 나온다("원수를 갚지 말며 동포를 원망하지 말며 이웃 사랑하기를 네 몸과 같이 하라. 나는 여호와니라").

48 〈마태복음〉 23장 11~12절에 "너희 중에 큰 자는 너희를 섬기는 자가 되어야 하리라. 누구든지 자기를 높이는 자는 낮아지고 누구든지 자기를 낮추는 자는 높아지리라"라는 구절이 나온다.

⁂ "예수께서 대답하여 가라사대 어떤 사람이 예루살렘에서 여리고로 내려가다가 강도를 만나매 강도들이 그 옷을 벗기고 때려 거반 죽은 것을 버리고 갔더라. 마침 한 제사장이 그 길로 내려가다가 그를 보고 피하여 지나가고 또 이와 같이 한 레위인도 그곳에 이르러 그를 보고 피하여 지나가되, 어떤 사마리아인은 여행하는 중 거기 이르러 그를 보고 불쌍히 여겨 가까이 가서 기름과 포도주를 그 상처에 붓고 싸매고 자기 짐승에 태워 주막으로 데리고 가서 돌보아주고, 이튿날에 데나리온 둘을 내어 주막 주인에게 주며 가로되 이 사람을 돌보아주라, 부비浮費가 더 들면 내가 돌아올 때에 갚으리라 하였으니 네 의견에는 이 세 사람 중에 누가 강도 만난 자의 이웃이 되겠느냐. 가로되 자비를 베푼 자니이다. 예수께서 이르시되 가서 너도 이와 같이 하라 하시니라."(〈누가복음〉 10장 30~37절)

주는 교훈, "너희 중에 죄 없는 자가 먼저 돌로 치라"*는 경고, 남에게 대접받고 싶은 대로 하라는 계율**, 약간 시적으로 과장해서 들려주는 다른 고상한 도덕률들, 정확한 대상을 확정하기 어려운 몇몇 격언, 나사렛 예수의 육성. 이런 것들은 확실히 모든 선한 남녀의 지성, 감정과 충분히 조화를 이룬다. 그래서 인류 중 가장 뛰어나고 가장 중요한 사람들이 그의 가르침을 한번 인정하고 나면, 다른 사람들이 그대로 따르더라도 아무 위험이 없다. 물론 과거에 그랬듯이, 앞으로도 상당 기간 가르침을 실행에 옮기는 데는 어려움이 있을 것이다. 그러나 인간이 계속 개명되고 문명이 발전하는 한, 가르침이 잊힌다거나 인간의 양심과 어긋나기 때문에 가르침이 더 이상 작동하지 않는다는 것은 한마디로 있을 수 없는 일이다.

반면 사람들이 받아들이는 도덕이 초자연적 존재로부터 시작되었다고 해석하면 정말 큰 악이 뒤따른다. 기원을 그렇게 설정하면, 도덕 전체가 성역이 되면서 토론이나 비판의 대상이 될 수 없다. 그리하여 종교의 한 부분으로 편입된 도덕적 교리 중에 뭔가 불완전한 것이 있더라도(이를테면 처음부터 잘못된 것, 표현 과정에서 적절히 제한되고 경계 받지 못한 것, 예외를 허용하지 않는 철칙 때문에 인간관계에서 발생한 변화와 더 이상 조화를 이루지 못하는 것이 그런 것들이다. 나는 기독교 도덕 중에도 이런 불완전한 것들이 발견된다고 굳게 믿는다), 이런 교리 역시 가장 고상하고 영원하고 보편적인 예수의 계율과 똑같이 양심을 구속하는 힘을 지닌다고 간주된다. 초자연적 기원에서 도덕의 정당성을 찾으면, 도덕이 고정관념으로 바뀌는 것을 피할 수 없다. 코란을 믿는 사람들 사이에서 법이 그런 상태가 된 것과 마찬가지다.

* 〈요한복음〉 8장 7절.

** 〈마태복음〉 7장 12절, "무엇이든지 남에게 대접을 받고자 하는 대로 너희도 남을 대접하라."

따라서 초자연적인 것에 대한 믿음이 인간 역사의 초기 단계에서 위대한 역할을 수행한 것은 사실이지만, 사람이 도덕 중에서 무엇이 옳고 그른지 알게 하고, 옳은 일을 하고 나쁜 일은 하지 못하게 억제하는 동기를 부여하는 데는 더 이상 쓸모가 없어졌다. 따라서 그런 믿음은 적어도 사회적 목적이 야비하게 개별 인간의 인격과 동떨어져 고려되는 경우에는 사회적 목적에도 도움이 되지 않는다. 초자연적 믿음이 정말 개인 인격의 완성을 위해 필요하다면, 사회적 행동을 최대한 뛰어난 것으로 만드는 데도 필요할 것이다. 보통 사람들은 통속적인 도덕률만 좇는데, 이보다 훨씬 더 높은 도덕을 추구하자면 그런 믿음이 필요할 것이다.

그렇다면 인간의 본성 가운데 무엇이 종교를 요구하는지 살펴보자. 종교가 인간의 정신 가운데 어떤 부족한 부분을 메워주고 인간의 어떤 자질을 발전시킬 수 있는지 알아보자. 이것을 규명하고 나면, 우리는 그런 부족한 부분이 다른 것을 통해 얼마나 보완될 수 있고, 그런 자질 또는 그것에 비견되는 자질들이 다른 방법을 통해 얼마나 완전에 이를 수 있는지 더 잘 판단하게 될 것이다.

나는 "처음 이 세상에 신을 만든 것은 두려움이었다"* 는 옛말이 틀렸거나 기껏해야 진리의 일부만 담고 있다고 생각한다. 아무리 미개한 사회도 어떤 고결한 이유 때문에 신에 대한 믿음을 가지게 되었다는 것이 나의 주장이다. 정신은 생명과 선택의지를 (정신이 스스로 느끼는 것과 비슷하게) 스스로 움직이는 것처럼 보이는 자연의 모든 물체와 현상 탓으로 돌리는데, 정신의 이런 자발적 경향에 비추어 신에 대한 믿음의 보편성이 매우 합리적으로 설명되었다. 이 말은 그럴듯하고 멋지게 들렸다. 처음에는 이것보다 더 좋은 이론을 생각할 수 없었

* Publius Papinius Statius, *Thebias*, III, 661.

다. 물체의 동작과 작동이 제멋대로라서 권능 자체의 자유 선택을 제외하면 달리 그것을 설명할 길이 없는 것처럼 보였기 때문에, 이 이론은 자연스럽게 널리 퍼져나갔다. 물론 처음에는 그 물체 자체가 살아 있는 것으로 간주되었다. 이런 믿음은 아프리카의 물신숭배자들 사이에서 여전히 힘을 발휘한다. 그러나 이를테면 인간보다 훨씬 많은 것을 할 수 있는 어떤 존재가 인간처럼 할 수 없거나 하지 않으려 한다는 것은 불합리하게 보일 수밖에 없었다. 그래서 감각의 대상이 되는 물체는 무생물이지만, 인간과 유사한 형태와 기관을 가진 보이지 않는 존재의 피조물이고 도구라고 가정하게 되었다.

그런 것들에 대한 믿음이 생기면서, 자연스럽게 그것들을 두려워하는 마음이 뒤따랐다. 그것들은 무시무시한 짓을 마음대로 저지를 수 있다고 생각되었지만, 인간은 그런 고통을 피하거나 예견할 방법을 몰랐다. 그저 그 둘 중 하나라도 붙들기 위해 신들에게 간청하는 것 외에는 다른 길이 없었다. 그러므로 공포가 종교와 깊은 관련이 있는 것은 사실이다. 그러나 신을 향한 믿음이 공포보다 먼저 생겼지, 공포에서 믿음이 생겨난 것은 아니다. 두려움이 있으면 믿음의 필요가 커지는 것은 사실이다. 그러나 신의 존재에 대한 의심보다 신성을 더 위협하는 것은 생각할 수 없다.

종교의 기원과 역사를 더 이상 따져볼 필요는 없을 것 같다. 우리가 여기서 하는 일은 야만 사회에서 종교의 기원을 찾는 것이 아니고, 종교가 문명사회에서 어떻게 살아남았는지 규명하는 것이기 때문이다. 내 생각에는, 인간이 확실하게 알고 있는 얼마 안 되는 지식의 범주 안에서 그리고 지식에 대한 무한한 욕구에 비추어 이 문제에 대한 충분한 단서를 발견할 수 있다. 인간 존재는 신비 그 자체이고, 우리가 경험하는 것은 끝없이 넓은 바다 한가운데의 작은 섬에 불과하다. 그 엄청난 규모가 우리를 압도하고, 그 거대함과 불확실함은 우리의 상상력을 자극한다. 우리가 이 지구상에서 영위하고 있는 삶이라는 것이 무한한 우주와 무한대의 시간에서는 작은 섬 하나에 불과하다는 사실이 신비에 신비를 더한다. 우리는 과거도 모르고 미래도 모른다. 우리는 현재 우리가 직면한 모든 존재의 기원에 대해 아는 바가 없다. 그 최종 목적지에 대해서는 더더욱 모른다. 우리가 측정할 수 없고 우리의 능력으로는 생각할 수도 없는 저 먼 우주에 수많은 별이 존재한다는 사실에 깊은 흥미를 느낀다면, 우리가 이 세계를 위해 할 수 있는 일이 얼마나 작은지 깨닫는다면, 그 세계가 무엇인지 알 수 없고 그것이 어떨 거라고 추측하는 것만으로는 결코 만족할 수 없다면 우리가 살고 있는 이 지구가 어디서 왔는지, 무엇이 지구를 지금 이 모양으로 만들었는지, 지구의 미래를 좌우하는 힘이 무엇일지 배우거나 추측하는 것만으로도 대단히 흥미롭지 않을까? 이 문제에 대한 답을 얻을 가능성이 조금만 있어도 다른 어떤 지식보다도 그것을 더 열렬하게 원하지 않을까? 그 신비스러운 영역에서 믿을 만한 어떤 소식을 들을 수 있다면, 그 어둠 속에서 희미한 빛이 비쳐 나와 그곳을 힐끗 볼 수만 있다면, 특히 적대적이지 않고 선량하게 그곳을 대신 경작해주는 소작인처럼 우리가 신뢰할 수 있는 어떤 이론을 잠깐이라도 볼 수 있다면, 우리가 무엇인들 못 하겠는가? 그러나 우리는 상상력을 통해서만 그 영역으로 들어갈 수 있다. 인간과 인간의 설계에서 끄집어낸, 그럴듯하지만 불확실한 유추에 바탕을 둔 상상력은 그 자신의 구미에 따라 그 공백을 자유롭게 채운다. 따라서 고상한 상상력이라면 고결하고 고귀한 형상을 찾겠지만, 천박한 상상력은 낮고 하찮은 형상만 찾을 것이다.

종교와 시는 적어도 한 측면에서 인간 사회에 동일하게 기여한다. 둘 다 인간의 삶이라는 산문에서 구현되고 있는 것보다 더 웅대하고 아름답고 이상적인 관념을 제시하기 위해 노력한다. 종교는 그런 상상 속 관념이 이 세상이 아니라 저세상에서 실현될 수 있는지 알고 싶은 열망의 산물이다. 이 점에서 종교는 시와 뚜렷하게 구분된다. 종교의 영역에서 사람들은 저세상과 관련된 소문이라면 무엇이든 귀담아듣고 싶어 한다. 그 소문을 전해주는 사람이 특별한 지혜의 소유자라면 더욱 그렇다. 시적인 것과 거리가 먼 사람이 시적인 사람과 공유할 수 있는 현실적인 신념과 기대가 초자연적인 시에 합쳐진다. 신과 사후세계에 대한 믿음은 각자가 능력에 따라 이상적인 그림을 직접 창작하거나 모방하는 캔버스가 된다. 사람들은 자신이 이승에서 발견하지 못한 이상을 사후세계에서 찾을 수 있기를 희망한다. 또는 현세에서 부분적으로 실현하고 알게 된 이상에 힘입어 더 큰 이상을 찾고 싶어 한다. 특히 그 믿음은 보다 고상한 정신의 소유자에게 그가 이 세상에서 알 수 있는 것보다 훨씬 많고 아마도 알고 있던 것보다 더 탁월한 관념의 자료를 제공해준다. 삶이 인간의 소망을 충족시킬 수는 없지만, 더 높은 것을 향한 열망을 포기하지 않는 한, 인간은 종교에서 가장 확실한 만족을 찾게 된다. 지상의 삶이 고통으로 가득 차고, 그래서 위안의 손길이 필요하다면, 이기적인 사람에게는 천국의 희망이, 착하고 감사할 줄 아는 사람에게는 신의 사랑이 그 답이 될 것이다.

따라서 과거에서 현재까지 종교가 개인적 만족과 고양된 감정의 샘으로서 지니는 가치에 대해서는 이론의 여지가 없다. 그러나 이런 좋은 것을 얻기 위해 우리가 살고 있는 현세의 경계를 넘어 여행하는 것이 과연 불가피한지에 대해서는 의문이 남는다. 또는 지상에서의 삶을 이상적인 상태로 끌어올릴 구상을 하는 것 그리고 그 삶이 어떻게 구성되면 좋을지 수준 높은 관념을 가다듬는 것이 시나 (최선의 의미에서) 종교와 같은 역할을 할 수 있지 않을지 검토해볼 필요도 있다. 내가 말하는 그 종교는 눈에 보이지 않는 어떤 권능에 대한 믿음만큼이나 사람들의 감정을 잘 고양할 수 있다. 그리고 (교육만 잘 작동하면) 그 어떤 믿음보다도 더 인간의 행동을 효율적으로 순화할 수 있다.

이런 가능성을 조심스럽게 제기하기만 해도 많은 사람이 아우성칠 것이다. 그들은 인생이라는 것은 너무도 짧고 작고 무의미하기 때문에, 지금보다 수명이 크게 늘어나지 않는 한 보잘것없는 인생에서 위대하고 고양된 감정이 솟아날 수는 없다고 말할 것이다. 또 그런 인생 관념은 에피쿠로스학파[49]식 감정 그리고 "오늘 먹고 내일 죽으리라"* 고 하는 에피쿠로스학파식 교리를 능가할 수 없다고 주장할 것이다.

일정한 한계 안에서, 에피쿠로스학파의 주장은 확실히 일리가 있다. 그 이론은 먹고 마시는 것보다 훨씬 높은 것에 적용될 수 있다. 모든 좋은 목적, 특히 즐거움을 얻기 위해 현재를 최대한 잘 활용하는 것, 결코 오지도 않을 미래를 위해 현재의 좋은 것을 과도하게 희생하도록 만드는 정신적 경향을 통제하는 것, 멀리 있는 목적을 위해 지나치게 열심히 노력하기보다는 지금 할 수 있는 일에서 즐거움을 얻는 습관을 들이는 것, 개인적 즐거움 또는 자신이나 남에게 유익한 일을 하는 것이 아니면 시간 낭비라고 생각하는 것, 이 모든 것은 현명하다. '지금 이 순간에 충실하라carpe diem'라는 교리를 실천하는 것은 인간의 유한한 생명의 비추어보면 합리적이고 바람직한 귀결이다. 그러나 인생은 짧기 때문에 그 짧은 인생 너머의 무엇인가를 고려할 필요가 없다고 말한다면 올바른 결론이 아니다. 그리고 대부분 인간이 사는 동안 결코 볼 수 없는 것에 대해 깊은 관심을 느낄 수 없다고 말하는 것은 인간의 본성을 절망적으로 보는 것만큼이나 잘못된 일이다. 개인의 삶은 짧지만 인류의 삶은 짧지 않다는 사실을 기억하자. 인류의 삶이

49 에피쿠로스는 쾌락이 인간에게 행복을 준다고 주장했다. 그러나 그가 추구한 쾌락은 육체적 욕망이 아니라 정신적 쾌락, 즉 '느낌과 상상력, 도덕 감정의 쾌락'이었다. 이런 이유에서 밀은 에피쿠로스학파를 "돼지에 비유하면서 심한 야유를 보냈던 사람들"의 오류를 지적한다.

* 〈고린도전서〉 15장 32절, "죽은 자가 다시 살아나지 못한다면 내일 죽을 터이니 먹고 마시자 하리라" 참조.

끝없이 지속된다는 것은 실제로 그것이 무한하다는 것과 같은 말이다. 더구나 인간은 무한한 개선 능력을 지니고 있다. 그렇다면 인간은 사는 동안 위대한 소망을 달성하는 데 필요한 모든 합리적 요구를 만족시킬 수 있을 만큼 충분히 큰 대상에 관해 상상하고 동정심을 품을 수 있다. 그 정도의 대상도 무한하고 영원한 '팔복'[50]을 꿈꾸는 데 익숙한 사람에게는 보잘것없어 보인다면, 인간의 삶은 그런 근거 없는 환상들을 과거의 영역으로 밀어내버리고 전혀 다른 차원으로 확대될 것이다.

우리 중에서 정신과 마음이 특별히 뛰어난 사람들만 인류 전체의 삶에 대해 일체감을 느낄 수 있다고 생각하지는 말자. 그런 고상한 능력은 확실히 어떤 수련을 거쳐야 가능하다. 그러나 이 능력이 인간 사회가 진보를 계속한 뒤 모든 사람이 가질 능력을 합친 것보다 더 뛰어난 것은 아니다. 똑같이 지구라는 환경에 갇혀 있고(비록 인간처럼 딱 한 번만 살 수 있는 것은 아니더라도) 그것보다 훨씬 보잘것없는 능력을 지닌 존재들도 오랜 세대를 거쳐 수많은 사람의 행동을 통제하고 삶 전체에 색깔을 입히는 열정을 충분히 고취할 수 있다는 사실이 확인된다. 여호와 신앙이 오랜 세월 동안 유대인에게 큰 영향을 미쳤던 만큼이나 로마는 전체 로마인의 삶에서 큰 비중을 차지했다. 아니, 그 비중이 훨씬 더 컸다고 말하는 것이 옳을 것이다. 유대인이 자신의 신앙을 멀리했던 것과 달리, 로마인은 결코 로마에 등을 돌리지 않았기 때문이다. 로마인은 이기적이었다. 특별히 눈에 띄는 재주도 없었다. 단 한 가지, 실용적인 능력은 대단히 뛰어났다. 그 덕분에 로마인은 특정 분야에서 위대한 영혼을 꽃피울 수 있었다. 그들의 역사를 통해 실용적인

50 〈마태복음〉 5장 3~10절. 예수가 산상수훈에서 제시한 여덟 가지 복을 말한다. 예수는 심령이 가난한 자, 애통하는 자, 온유한 자, 의에 주리고 목마른 자, 긍휼히 여기는 자, 마음이 청결한 자, 화평케 하는 자, 의를 위하여 핍박을 받는 자는 여러 형태로 하늘의 축복을 받을 것이라고 했다.

측면에서 위대한 영혼이 두드러지게 발현되었다. 그들의 삶 자체야 보잘것없었지만, 바로 그 능력 때문에 과거에서 현재까지 고상한 정신을 가진 수많은 외국인의 존경을 받을 수 있었다.

좋은 교육 환경을 만나면 조국을 사랑하는 마음이 뜨거운 감정으로 승화될 수 있다. 이 사실에 비추어볼 때, 우리는 고양된 감정의 원천이고 의무의 원칙으로서 더 큰 조국, 즉 세계를 사랑하는 마음을 애국심과 똑같은 강도로 고취하는 것이 불가능하다고 생각할 수는 없다. 이 문제에 대해 고대사가 전해주는 모든 이야기들 말고 다른 교훈을 원하는 사람이 있다면, 키케로[51]의 《의무론De Officiis》을 읽어보아야 한다. 이 유명한 저술에 제시된 도덕 기준이 뛰어난 것이라고 말할 수는 없으며, 우리가 보기에 여러 측면에서 너무 느슨하고 양심을 저버리기도 한다. 그러나 키케로는 조국에 대한 의무에 관한 한 절대 타협을 용인하지 않는다. 그리스와 로마 도덕을 연구한 이 탁월한 학자는 덕을 추구할 마음이 조금이라도 있는 사람이 생명이나 명성, 가족 등 자신에게 소중한 모든 것을 조국을 위해 희생하는 데 머뭇거리는 것을 전혀 용납하지 못했다. 그렇다면 우리가 목격했듯이, 사람들이 나라에 도움이 되는 것이면 무엇이든 희생해야 한다고 이론적으로 믿을 뿐 아니라, 그것이 정말 인생의 중대한 의무인 것처럼 느끼도록 훈련할 수 있다면 보편적 선에 대해서도 똑같이 절대적 의무감을 느끼게 할 수 있을 것이다. 전체의 선에 관한 거시적이고 현명한 관점에 기반을 둔 도덕률은 전체를 위해 개인을 희생하거나 반대로 개인을 위해 전체를 희생하지 않는다. 그 대신 한편으로는 의무감에, 다른 한편으로는 자유와 자발성에 적절한 힘을 실어준다. 그런 도덕률은 뛰어난 존재 사이에서

51 Marcus Tullius Cicero, 기원전 106~기원전 43. 키케로는 고대 로마의 정치가이자 사상가로, 공화주의 정치체제의 당위성을 역설하는 저술을 남겼다.

는 동정심과 자비심, 그리고 이상적 탁월함을 위한 열정의 바탕 위에서 힘을 발휘한다. 반면 열등한 존재들 사이에서는 그들의 능력껏 가꿔진 동일한 감정에 수치심이 덧붙어져 작동한다. 이렇게 고양된 도덕률이 사회에서 힘을 발휘하는 것은 결코 보상을 받게 되리라는 희망 때문이 아니다. 사람들이 기대하는 보상은 실체가 불확실한 미래의 문제에서 오는 것이 아니다. 우리가 존경하는 이 세상의 모든 존재, 더 이상적으로는 죽은 사람까지 포함해서 우리가 감탄하거나 숭배하는 모든 존재의 승인을 받는 것, 그것이 바로 보상이다. 그런 보상을 생각하기 때문에 고통당할 때 위안을 받고 약할 때 힘을 얻을 수 있는 것이다. 사실 이미 고인이 된 부모나 친구가 우리의 행동을 지지할 거라는 생각은 우리에게 큰 힘을 준다. 살아 있는 사람이 칭찬하는 것보다 그 위력이 결코 작지 않다. 소크라테스나 하워드[52], 워싱턴[53], 마르쿠스 아우렐리우스 또는 예수 같은 사람이 우리와 같은 생각을 했다는 믿음, 그리고 그들이 자신의 생각을 위해 몸을 던진 것처럼 우리도 우리의 이념을 위해 헌신하려고 노력한다는 자부심이 최선의 인간들을 만들었다. 그런 생각이 최고의 감정과 확신에 맞춰 살아갈 강력한 자극이 된 것이다.

이런 감정을 다른 호칭들은 다 제쳐두고 그저 도덕이라는 이름으로 부르면 그 깊은 의미를 담아내지 못할 수 있다. 그것도 하나의 진짜 종교로 보아야 한다. 다른 종교와 마찬가지로, 도덕이 겉으로 생산하는 것 같은 좋은 결과(도덕이라는 말은 기껏 이런 것을 의미하고 있다)는 그저 지엽적인 것으로, 종교 그 자체라기보다 그 결실이라고 보아야 한다. 종교의 본질은 이상적 목적을 향해 감정과 욕망을 강력하고 진지하

52 John Howard, 1726~1790. 영국의 교도소 개량운동가이자 박애주의자.
53 George Washington, 1732~1799. 미국의 초대 대통령.

게 이끌고 가는 것이다. 그 목적은 당연히 모든 이기적 욕망의 대상을 압도하기 때문에 가장 탁월한 것으로 인식된다. 이런 조건은 그 정도나 지향점으로 볼 때 인간종교[54]가 잘 완수할 수 있다. 인간종교는 그 일을, 최선이라고 할 수 있는 초자연적 종교만큼, 그리고 그 밖의 다른 초자연적 종교들보다 월등히 뛰어나게 잘할 수 있다.

나는 온 인류와 일체감을 느끼고 공공선에 깊은 열정을 품는 것이 그 이름에 걸맞은 진정한 종교의 모든 중요한 기능을 수행할 수 있게 해주는 감정과 원리로 승화할 수 있다고 확신한다. 나는 이 주제에 덧붙일 것이 아주 많지만, 인간 본성의 내재적 능력과 그 능력이 역사적으로 우연히 발전된 형태를 구분할 수 있는 사람이라면 누구나 이런 확신을 가질 수 있게 이미 충분히 이야기했다. 이제부터는 인간종교가 이런 기능들을 수행할 수 있다는 정도가 아니라, 그 어떤 종류의 초자연주의 신앙보다도 그런 기능들을 더 잘 수행할 수 있다는 것을 보여주려 한다. 그것은 그냥 종교가 아니라, 흔히 종교라고 불리는 그 무엇보다 더 뛰어난 종교다.

무엇보다 인간종교는 이해관계에 얽혀 있지 않다. 그것은 자아로부터 생각과 감정을 털어내 그 자체로 사랑받고 추구되는 비이기적 목적에 결합시킨다. 그러나 사후세계에 관해 약속과 위협을 동원하는 기성 종교는 이와 정반대되는 일을 한다. 기성 종교는 각자가 죽음 이후에 직면할 이익에 초점을 맞춘다. 다른 사람에 대한 의무도 기본적으로 자신이 구원을 얻기 위한 수단으로 간주한다. 따라서 그런 종교는 인간의 본성에서 비이기적 요소를 강화하고 이기적 측면을 약화하는 도덕문화의 위대한 목적에 심각한 걸림돌 중 하나가 된다. 기성 종교는 이기적인 선악 개념에 너무 매몰되어 있어서, 깊이 믿는 사람이라 해도

54 Religion of Humanity. 밀이 콩트의 religion de l'humanité에서 따온 개념이다.

면 미래의 이상적인 목적을 위해 현재의 감정이나 관심을 억제하기는 어렵다. 인류에서 매우 비이기적인 사람 상당수가 초자연주의 종교를 깊이 믿은 것은 사실이다. 그런데 그 사람들은 자신이 믿는 종교가 구사하는 위협과 약속에 집착하지 않았다. 대신 그들이 전폭적으로 믿고 사랑하는 존재에 크게 의존하며, 특히 자신과 관련된 모든 것을 기꺼이 그의 손에 맡겼다. 그러나 종교라고 불리는 것은 기본적으로 대중의 마음속에서 자기 이익과 관련된 감정을 통해 움직인다. 예수는 복음서에서 이웃을 위해 고상하고 아름다운 자선을 베풀라고 감명 깊게 가르쳤다. 그런 예수조차도 그 선행의 유인책으로 무엇보다 하늘에서의 보상을 직접 약속했다. 인간종교와 비교해보면, 가장 뛰어나다고 하는 초자연주의 종교도 이 점에서 지극히 열등하다는 평가를 피할 수 없다. 인간 본성의 개선을 위해 도덕적 영향력이 할 수 있는 가장 위대한 일은 습관적 단련을 통해 인간성이 실제로 바뀌도록 비이기적인 감정을 개발하는 것이다. 그러나 우리가 이 세상에서 하는 일을 통해 저세상에서 보상받을 수 있다고 기대하는 습관을 들이면, 덕성도 비이기적인 감정을 더 이상 단련시키지 못하게 된다.

둘째, 인간의 성격을 고양하고 개선하는 수단으로서 옛 종교의 가치가 엄청나게 감소했다. 인간의 지적 능력이 결정적 전환까지는 아니더라도 최소한 동면 상태에 들어갔다고 가정하지 않는다면, 그런 종교가 최선의 도덕적 효과를 내는 것은 사실상 거의 불가능하다. 왜냐하면 습관적으로는 생각하는 사람 그리고 자신의 탐구 지성을 궤변으로 무력하게 만들 사람이 아니라면 누구든, 이 세상을 이토록 서툴게 만들고 변덕스럽게 다스리는 창조자가 절대적으로 완전한 존재라고 아무 불안감 없이 말할 수는 없을 것이기 때문이다. 그런 존재를 온 마음을 다해 경배한다는 것은 정신이 정상에서 많이 벗어나기 전에는 불가능한 일이다. 그런 숭배는 수많은 의심을 낳고, 때로는 그런 의심 때문에 빛을 크게 잃고 말 것이다. 또는 그 도덕적 감정이 매우 낮은 단계의 자연 숭배로까지 떨어질 것이 틀림없다. 그런 종교를 믿는 사람은 숭배 대상의 흠집을 찾아내서는 안 된다. 그저 맹목적 편파성, 끔찍한 잔인함, 터무니없는 불의를 따라 배워야 한다. 왜냐하면 그런 것이 자연에서 흔히 일상적으로 일어나는 현상이기 때문이다. 일반적으로 말해서 숭배대상이 되는 신은 자연만의 신이 아니고 계시의 신이기도 한 것이 사실이다. 그 계시의 성격이 종교의 도덕적 영향력을 크게 변화시키고 경우에 따라 개선하기도 한다. 기독교의 경우에 특히 그렇다. 왜냐하면 산상의 설교자〔예수를 말한다〕는 확실히 자연의 창조자보다 훨씬 더 자비롭기 때문이다. 그러나 불행하게도, 기독교의 계시를 믿는 사람은 그 존재가 자연을 창조한 존재라는 사실도 함께 믿어야 한다. 이 주제를 단호하게 외면하거나 궤변으로 자신의 양심을 침묵시키는 기술을 단련하지 않으면, 그 사람은 이 주제 때문에 끝없는 도덕적 혼란에 빠질 것이다. 왜냐하면 자연 속에 보이는 그 신의 모습은 여러 측면에서 복음서의 계율과 전혀 다를 것이기 때문이다. 그런 당혹스러운 일을 경험하고도 도덕적 상처를 전혀 입지 않는다면 그 사람은 아마도 그 두 기준을 조화시키기 위한 노력을 전혀 하지 않을 것이다. 그는 그저 신의 섭리는 신비한 것이어서 우리와 가는 길이 다르고,* 신의 정의와 선함은 우리가 인식할 수 있고 우리의 실상에 부합하는 정의나 선함과는 다르다고 스스로에게 고백할 것이다. 그러나 이것이 믿는 사람의 감정이라면, 신에 대한 숭배는 추상적·도덕적 완전함을 숭배하는 것이 더는 아니다. 그것은 우리가 흉내 내기에 적합하지 않은 어떤 거대한 형상을 향해 절을 하는 것에 불과하다. 그저 힘에 대한 예배에 지나지 않는다.

* 〈이사야〉 55장 8절, "여호와의 말씀에 내 생각은 너희 생각과 다르며 내 길은 너희 길과 달라서". 이어서 9절에는 "하늘이 땅보다 높음같이 내 길은 너희 길보다 높으며 내 생각은 너희 생각보다 높음이니라"라는 구절이 나온다.

여기서 계시 자체에 들어 있는 도덕적 어려움과 왜곡에 대해 말하지는 않겠다. 적어도 통상적인 해석에 따르면, 복음서에 표현된 기독교 정신 속에서도 예수의 가르침과 성격을 분명하게 특징짓는 모든 아름다움과 인자함과 도덕적 위대함을 거의 능가할 정도의 부정적 측면이 발견된다. 예를 들어, 지옥을 만들 수 있고 인간에게 그런 비참한 운명을 안겨준다는 예지가 있음에도 그처럼 수많은 인간을 창조하는 존재를 최고 숭배의 대상으로 삼아야 할까? 인간이 그런 신을 흉내 낸다면, 극악무도한 도덕적 범죄도 정당화될 수 있는 것 아닌가? 옳고 그름의 판단 기준을 어처구니없을 만큼 왜곡하지 않고서야 어떻게 그런 신을 숭배할 수 있겠는가? 기독교 도덕관념에 내포된 통상적인 정의와 인도주의에 그 어떤 극악무도한 짓을 저지르더라도, 이처럼 사악함을 무시무시하게 이상화하는 것에 견주면 별것 아니라고 할 수 있을 정도다. 다행스럽게도 예수의 가르침을 보면 그런 끔찍한 일들이 논란의 여지없이 기독교 교리의 한 부분이 될 수 있다고 명백하게 추론할 수는 없다. 이를테면 기독교가 과연 속죄와 구원, 원죄와 그 죄를 대신 갚는 대속代贖에 책임이 있는지 의심하는 것이 가능하다. 예수의 신성한 사명에 대해 믿음을 가지는 것을 구원의 필요조건으로 규정하는 교리에 대해서도 같은 말을 할 수 있다. 예수 자신은 어디에서도 그런 말을 하지 않은 것으로 보인다. 〈마가복음〉의 마지막 부분에 부활에 관한 내용이 간략하게 언급[55]되어 있기는 하지만, (최고라고 할 수 있는) 어떤 비평가는 그것이 가필加筆된 것이라고 주장한다. 그리고 "하늘로부터 나온 권세"[56]라는 명제와 그 명제에서 비롯된 모든 귀결은 (사도使徒 서한

55 〈마가복음〉 16장은 부활한 예수가 막달라 마리아에게 먼저 나타난 후 제자들에게도 나타나 "너희는 온 천하에 다니며 만인에게 복음을 전파하라"라고 말했다는 것을 기록한다.

56 〈로마서〉 13장 1절, "각 사람은 위에 있는 권세들에게 굴복하라. 권세는 하나님께로 나지 않음이 없나니 모든 권세는 다 하나님의 정하신 바라"에서 나온 말이다.

이 보여주듯) 바울이 한 말이며, 따라서 기독교가 아니라 바울주의와 운명을 같이해야 한다. 그러나 기독교의 모든 형태와 떼어놓을 수 없는 도덕적 모순이 하나 있다. 이것은 무슨 수를 써도 해결되지 않고 그 어떤 궤변을 갖다 대도 설명되지 않는다. 그렇게 소중한 선물이 소수에게만 허용되고 다수에게는 억제되었다는 사실, 셀 수 없을 만큼 많은 사람이 살고 죽으며 죄를 짓고 고통당하는데 이런 죄와 고통에 필요한 신성한 치료제가 없다는 사실('신성한 제공자'의 입장에서는 이 치료제를 특별한 은총을 입은 소수에게만 주든, 아니면 모든 사람에게 주든 아무런 차이도 없을 텐데)을 어떻게 이해해야 할까? 여기에 덧붙여, 그 신성하다는 말씀이 너무나 불충분한 증거 위에 서 있는 까닭에 교육을 많이 받았고 자기 입장이 뚜렷한 상당수의 사람을 설득하는 데 실패했고, 과학 지식과 비판적 안목이 증가한 것과 비례해 그 말씀을 불신하는 추세도 증가하는 현상을 어떻게 설명해야 할까? 이 모든 것은 완벽하게 선한 존재가 의도적으로 허점을 보인 것이라고 믿어도 될까? 그렇게 믿을 수 있는 사람은 인간 사회에 통용되는 모든 종류의 선함과 정의를 뜻하는 말에 침묵을 강요해야 한다.

물론 도덕 감정을 전혀 훼손하지 않으면서 자연의 신 또는 복음의 신을 헌신적으로 믿는 것은 가능하다(실제로 그런 예가 많다). 그러나 그것은 자연의 섭리, 그리고 복음의 계율과 정신 가운데서 아름답고 유익한 것에만 관심을 고정하고 그 반대되는 것들은 마치 존재하지 않는 것처럼 철저히 배제할 때만 가능한 일이다. 따라서 이런 단순하고 순진한 믿음은, 앞에서도 말했듯이, 비판적 사고능력이 부족하고 무기력한 사람들이나 가지는 것이다. 이에 반해, 지성이 뛰어난 사람은 이해력이나 양심이 궤변에 의해 왜곡되지 않고서는 그와 같은 믿음을 결코 가질 수 없다. 그러니 종교로부터 도덕률을 끄집어내는 숱한 종파와 개인이 논리에 치중할수록 점점 더 하급 도덕가가 되는 것은 아닌지 모르겠다.

초자연주의 신앙 중에서는 단 하나의 형태(우주의 기원과 그 운행에 관한 단 하나의 이론)만이 지적 모순과 도덕적 모호함으로부터 전적으로 자유롭다. 그 신앙은 우선 전능한 창조주라는 관념을 철저하게 버린다. 그리고 자연과 생명을 신의 도덕적 성격과 목적의 총체적 표현이 아니라, 플라톤이 믿었던 것처럼* 또는 마니교도[57]의 '악의 원리'처럼, 애써 노력하는 선과 다루기 힘든 물질 사이에 벌어진 투쟁의 산물로 간주한다. 이런 교리는 현재 존재하는 모든 악이 우리가 예배드려야 하는 어떤 존재에 의해 설계되거나 그의 지시에 따른 것이 아니고, 오히려 그의 뜻에 반해서 생긴 것이라고 믿게 한다. 나는 적어도 우리 시대의 교양 있고 양심적인 한 사람이 이 신앙을 경건하게 믿고 있는 것을 안다. 덕스러운 인간은 그런 이론에서 최고선을 지향하는 동료 일꾼과 위대한 투쟁을 전개하는 동료 투사의 고양된 인격을 본다. 이런 사람이 미약하나마 자신을 바쳐 헌신하면, 역사가 보여주듯 그런 작은 것들이 모여 역사의 진보에 보탬이 되고, 궁극적으로는 선이 악을 완전히 이기는 계기가 된다. 이 이론은 우리가 자연에서 보는 이로운 결과의 원인이 되는 그 존재가 이 모든 것을 계획했다고 가르친다. 이런 믿음의 도덕 이론에 대해서는 아무런 반박도 할 수 없다. 그리고 그 이론을 믿을 수 있는 사람은 누구든 고상한 효과를 경험하지 않을 수 없다. 그러나 이것이 인간종교를 영원히 대체하기에는 이것을 증명할 증거(증거라고 부를 수 있다면)가 너무 미미하고 실체도 없다. 그것이 내건 약속은 너무 먼 미래의 일이고 불확실하다. 그러나 그 이론과 인간종교 사

* 《정치가》, 273C.

57 마니교는 예언자 마니Mani(210?~276)에 의해 페르시아에서 창시된 고대 종교다. 광명과 암흑, 선과 악의 이원론二元論을 전개하면서 진리에 대한 영적 지식을 통해 인간을 구원할 수 있다는 영지주의를 주장했다.

이에는 공통점이 있다. 인간종교를 믿는 사람은 이상적 선과 그 선을 향한 세상의 진보를 일종의 종교로 간주한다. 이런 사람은 다른 쪽 교리가 증거에 바탕을 두고 있지 않지만 나름의 진리를 담고 있다는 즐겁고 고무적인 생각에 자유롭게 빠져들 수 있다. 어떤 것이든 독단적인 믿음은 바람직하지 않지만, 상상의 세계에서 틀렸다고 단정할 수 없는 가설들로 채울 수 있는 광대한 영역을 원하는 사람도 있다. 그리고 지금의 경우처럼 자연의 모습 가운데 그 가설을 뒷받침하는 그 무엇이 있다면(인간이 만든 것을 다양한 각도에서 자연현상에 빗대어볼 수 있는데, 페일리가 "자연 속의 좋은 것은 나쁜 것보다 훨씬 더 인간이 만든 것과 유사하다"* 라고 한 말은 확실히 옳다), 그런 가능성을 깊이 검토하는 것은 충분히 가치 있는 일이다. 독단적 믿음의 한 부분과 다른 영향을 섞어서 감정과 충동의 경향에 양분을 제공하고 생기를 불어넣으면서 선을 향해 나아갈 수 있기 때문이다.

대단한 것은 아니지만, 초자연주의 종교가 인간종교에 비해 장점이 하나 있다면, 그것은 그 종교가 사후세계의 가능성을 열어줄 수 있다는 점이다. 회의론이 반드시 유신론에서 상상력과 감정을 배제하는 것은 아니므로, 우리를 위해 수많은 일을 해온 그 권능이 사후세계라는 것도 만들 수 있고, 또 기꺼이 그렇게 할 거라는 희망을 가질 수는 있다. 그러나 그런 막연한 가능성이 결코 확신의 단계에 이를 수는 없다. 그렇다면 사후세계에 대한 전망이 지상에서의 행복에 얼마나 기여할 수 있는지 따져볼 필요가 있다. 나는 인간의 조건이 향상되고, 그들의 삶이 더 행복해지며, 점점 더 비이기적인 원천에서 행복을 끌어낼 수 있게 됨으로써 차차 그런 달콤한 기대에 관심을 두지 않게 될 거라고 굳게 믿는다. 행복한 사람은 현세에서 수명을 늘리는 일이나 사후세

* William Paley, *Natural Theology* (London: Faulder, 1802), pp. 488 ff. 참조.

계의 존재에 그리 큰 관심을 두지 않는다. 행복하지 않은 사람들이 그렇게 한다. 그것이 자연스럽고 또 일반적이다. 행복한 삶을 산 사람은 죽음을 어렵지 않게 맞이할 수 있지만, 행복하게 살지 못한 사람은 마지막 순간을 맞이하기가 참 힘들다. 인류가 현세에서 겪는 고통에 대한 위안으로 사후세계를 희구하지 않게 된다면, 스스로 그 세계에 대한 관심을 접을 것이다. 이제 비이기적인 삶에 대해 이야기해보자. 오로지 자기 일신만 챙기느라 자신이 죽은 뒤 남을 그 무엇에 대해서도 일체감을 느끼지 못하는 사람, 동시대를 살아가는 젊은 사람들, 그리고 인간 역사의 진보에 도움을 주는 모든 사람의 삶 가운데 자신의 생명이 연장되고 있음을 느끼지 못하는 사람에게는 무덤 너머의 또 다른 이기적 삶이라는 관념이 필요하다. 그런 사람에게 현재의 삶은 그 끝이 다가오면서 너무 무의미해서 돌볼 가치가 없는 것으로 축소되고 있기 때문에, 존재에 대한 최소한의 흥미를 잃지 않기 위해 그런 관념이 요구되는 것이다.[58] 그러나 초자연주의 종교를 믿는 사람들이 공을 들이듯이(분명 그들은 우리의 생각 이상으로 열심히 믿을 것이다) 인간종교도 그렇게 열심히 믿으면, 보통 수준의 도덕 교육을 받은 사람들도 모두 따르고 싶은 사람들의 삶 속에 들어가 죽음이 임박한 순간까지 이상적으로 살 수 있을 것이다. 그들 역시 때때로 개인적으로는 현세의

58 《공리주의》에도 이와 비슷한 내용이 나온다. "어떤 사람이 외형적인 조건은 상당히 괜찮은데도 자신의 삶을 충분히 즐기지 못하고 그에 따라 삶 자체가 그다지 풍요롭지 않다면, 그것은 대체로 그 사람이 자기만 알지 다른 사람들을 아끼고 배려하는 마음이 부족하기 때문이다. 공적이든 사적이든 애정을 쏟을 일이 없는 사람의 입장에서는 삶을 흥분시킬 만한 것이 훨씬 적다. 그리고 일체의 이기적 욕심에 종지부를 찍고야 마는 죽음의 순간이 다가오면서 그나마 있던 흥분 상태의 가치도 줄어들 수밖에 없다. 이에 반해 몸은 죽더라도 개인적으로 애정을 쏟던 일을 남겨둔 사람, 특히 그 일과 더불어 인류 전체의 공영共榮을 위해 봉사하는 마음을 길러온 사람은 죽음을 눈앞에 둔 순간에도 청춘의 활력과 건강은 물론, 인생에 대한 생생한 의욕도 유지할 수 있다. 우리 삶을 불만족스럽게 만드는 첫 번째 원인은 이기심이다. 그리고 그다음은 정신 교양의 부족이다."(이 책 35쪽 참고.)

삶보다 훨씬 긴 세월을 살고 싶겠지만, 나는 그들이 오랜 시간이 지난 뒤 다른 사람들의 삶 속에 충분히 길게 살아남을 거라고 생각한다. 따라서 그런 사람은 즐겁게 죽음을 맞이하며 영원한 안식을 취할 수 있을 것이다. 반면 그리 멀리 내다볼 필요 없이, 영혼불멸을 믿는 사람도 그런 기대를 가지지 않은 사람만큼이나 일반적으로 마지못해 죽음을 맞이한다. 사람의 목숨이 끝나는 것은 누구에게도 해를 끼치지 않는다. 하지만 다른 사람은 살아 있는데 자신만 죽는 것처럼 생각하게 만드는 가상의 환상은 정말 무서운 결과를 가져온다. 죽음이 끔찍한 것은 죽음 그 자체 때문이 아니라 죽어가는 과정과 그것에 수반되는 침울한 현상 때문이다. 영혼불멸을 믿는 사람도 이런 일을 똑같이 경험해야 한다. 나는 무신론자가 신앙이 없어서 정말 중요하고 귀중한 위안을 하나도 누리지 못한다고 생각하지는 않는다. 그러나 그럼 사람은 단 하나, 먼저 이 세상을 떠난 사랑하는 사람과 저세상에서 다시 만날 수 있다는 희망은 포기해야 한다. 사실 그런 상실감을 부정하거나 과소평가할 수는 없다. 그것은 비교나 평가의 대상이 될 수 없을 만큼 소중한 것이다. 성격이 예민한 사람일수록 그 아픔은 더 생생하게 살아 있을 것이다. 우리가 그런 상상 속 미래에 대한 희망을 직접 증명할 수는 없지만, 우리의 지식이나 경험으로 그것을 부정하기도 힘들다.

우리가 아는 한, 역사는 인류가 천국의 존재를 믿지 않고도 충분히 잘살 수 있다는 것을 보여준다. 그리스인은 모든 것을 다 갖고 있었지만 단 하나, 사후세계에 관한 솔깃한 생각은 없었다. 천국이라는 것은 그들의 감정이나 상상에 별다른 자극을 주지 못했다. 《오디세이아》에서 아킬레우스는 죽은 자들의 왕국을 통째로 다스리는 지배자가 되느니 차라리 지상에서 가난한 주인의 노예가 되겠다* 고 말했는데, 이

* XI, 489 ff.

것은 그 당시로서는 대단히 자연스럽고 일상적인 생각이었을 것이다. 로마 황제 하드리아누스[59]가 죽어가면서 자신의 영혼을 향해 대단히 사려 깊고 인상적인 말을 하는 것을 보면, 그 긴 시간 동안 이 문제에 관한 사람들의 생각이 별로 바뀌지 않은 것을 알 수 있다. 그렇다고 그리스인이 다른 나라 사람들보다 인생을 덜 즐겼거나 죽음을 더 무서워한 것은 아니다. 오늘날에는 불교를 믿는 사람이 기독교도나 이슬람교도보다 많은 것 같다. 불교는 사람이 죽으면 사람이나 동물의 몸으로 윤회한다는 교리를 통해 사후세계, 더 정확히는 내세에서 여러 징벌을 받을 가능성을 열어놓고 있다. 그러나 그 교리가 이승에서 최고도의 수행을 한 사람에게 보상으로 제시하는 극락의 축복이라는 것은 영혼이 완전한 무無로 돌아가는 적멸寂滅 상태, 적어도 의식을 가진 모든 독립적인 존재가 사라져서 없는 상태다. 따라서 불교에서는 세속의 입법가나 도덕가가 어떤 행동을 권장하기 위해 초자연적 동기를 부여하려고 애쓰는 것을 볼 수가 없다. 고통스러운 수행을 하고 자기 부정을 위해 온갖 노력을 기울인 끝에 얻는 최고의 상이 끔찍한 적멸이라는 것은 너무나 어처구니없을 것이다. 그런데 이런 교리는 그 적멸상태라는 것이 전혀 또는 자연에 비추어 끔찍하지 않다는 증거가 된다. 또 철학자뿐만 아니라 보통 사람들도 쉽게 받아들이고 심지어 좋은 것으로 간주할 수 있다는 증거가 된다. 인생의 쾌락을 모두 맛보고 자선까지 베풀 만큼 베풀었지만, 아직 맛보지 못하고 알지 못하는 것에 대한 호기심 때문에 더 살고 싶다는 욕망이 생기지 않을 정도로, 인생을 최대한 오래 즐긴 다음 인생 자체를 내려놓을 수 있다면, 그것이 바로 행복한 삶이 아니겠는가? 이런 생각이 오히려 자연스럽지 않은가? 내 생각에는 좀 더 고상하고 무엇보다 행복한 삶을 살고 싶은 사람에게는 적멸

59 Hadrianus, 76~138. 로마의 황제.

이 아니라 영혼불멸이 더 고통스러운 관념일 것 같다. 이 생각은 충분히 설득력을 지닐 것으로 보인다. 인간은 본성적으로 현재에 기쁨을 느끼며, 결코 현재를 떠나고 싶어 안달하지 않는다. 그러므로 인간은 자신이 의식을 가진 어떤 존재(언제까지라도 보존하고 싶을지 알 수 없는 존재)에 영원히 연결되어 있지 않다는 주장에서 슬픔보다는 위안을 느낄 것이다.

4장 결론

새로운 종교[60]

지금까지 유신론 그리고 (유신론을 받아들일 경우) 모든 종류의 계시에 관한 증거를 검토한 결과를 종합하면 다음과 같은 결론을 내릴 수 있다. 즉 자연종교든 계시종교든, 초자연적인 것에 대한 사유하는 사람의 이성적 태도는 한편으로는 믿음과 구분되고, 다른 한편으로는 무신론과도 구분되는 회의론懷疑論(scepticism)이라고 할 수 있다. 여기서 무신론의 범주에는 신에 대한 적극적 형태의 불신은 물론 소극적 형태의 불신도 포함된다. 다시 말해 신의 존재에 대한 독단적 부정뿐 아니라, 양쪽 어디에도 증거가 없다고 부인하는 것도 무신론에 포함된다(후자에는 실질적으로 신의 존재를 부정하는 결론이 담겨 있다). 앞선 논의를 통해 우리가 끌어낸 결론이 타당하다면, 증거가 있기는 하지만 증명하기에는 충분하지 않고 낮은 수준의 개연성에 이를 만한 정도다. 그와 같은 증거를 통해 우리는 지적 능력의 소유자가 우주 전체가 아니라 그저 우주의 현재 질서를 창조했다는 것을 확인할 수 있다. 물질

60 원제목은 '결론General Result'이다.

에 대한 그의 권능은 절대적이지 않다. 그는 피조물이 잘되기를 소망하지만 그들에 대한 사랑이 그를 움직이게 하는 유일한 동인動因은 아니다. 전능한 존재가 피조물들의 행복을 위해 섭리적 통치를 도모한다는 생각은 전적으로 폐기되어야 한다. 심지어 창조주의 영원한 존속에 대해서도, 우리는 그가 지상의 존재들과 달리 죽음의 법칙으로부터 아무런 영향을 받지 않는다는 것 외에 다른 보증문서를 가지지 못하다. 왜냐하면 죽음의 법칙이 존재하는 모든 곳에서 그런 필연도 그가 창조한 것이기 때문이다. 이런 전능하지 않은 존재가 자신의 뜻을 제대로 완수하지 못하는, 결함 있는 장치를 만들었을지 모른다. 따라서 창조주는 때때로 그 장치를 손봐야 할지도 모른다. 이런 명제 자체가 불합리하거나 불가능하지는 않다(비록 창조주가 그렇게 개입했다고 생각되는 그 어떤 경우도 그 명제를 증명할 수 있는 증거가 되지는 못하지만). 이런 축복은 보통 인간의 힘으로는 얻을 수 없는 것이고, 다만 계속 인간을 돌보는 비상한 지성에서 나오는 것일지도 모른다고 상정하는 사람들이 있을 것이다. 그렇게 생각하는 사람들에게는 이런 명제가 분명히 위안을 줄 수 있다. 죽음 이후에 다른 삶이 있을 거라는 가능성도 동일한 논거를 취한다. 인간이 잘되기를 바라는 그 강력한 존재가 그런 은혜를 허용할 수 있을 것이다. 신이 인간에게 보여주었다는 계시가 정말로 그가 보낸 것이라면, 그가 실제로 그렇게 약속한 것이 분명하다. 따라서 초자연적 영역 전체가 믿음으로부터 단순한 희망의 지대로 옮겨간다. 그 속에서 우리가 볼 수 있는 것은 모두 언제나 그대로 남아 있을 것이다. 왜냐하면 우리는 신성한 자비가 인간의 운명에 직접 관여하는 것에 관한 실증적 증거를 전혀 기대할 수 없고, 그 문제에 대한 인간의 희망이 막연한 가능성을 넘어 구체적으로 실현될 거라고 믿을 그 어떤 근거도 갖고 있지 않기 때문이다.

이제 아무리 상상의 세계라 하더라도 기대를 걸 만한 근거가 없는 것에 희망을 품는 것이 비합리적인지, 그리고 우리의 생각뿐 아니라 감정까지도 증거에 따라 엄격하게 규제하는 합리적 원칙에 벗어나면 배척되어야 하는지 검토해볼 필요가 있다.

이 문제에 대해서는 여러 사상가가 오랜 세월에 걸쳐 각자 취향에 따라 다른 결론을 내릴 것 같다. 상상력을 함양하고 규제하는 데 적용되는 원칙들(이 원칙들은 한편으로는 지성의 엄정함과 행동 및 의지의 올바른 방향을 왜곡하지 못하게 막아야 하고, 다른 한편으로는 삶의 행복을 증진하고 인품을 길러주는 도구로 활용되어야 한다)에 대해, 비록 인간의 성격과 교육에 관한 모든 생각 속에 관련된 단편들이 암시되기는 하지만, 지금껏 철학자들은 결코 그것을 심각하게 검토하지 않았다. 나는 이제부터 이것이 현실적으로 대단히 중요한 학문 분야로 간주될 거라고 기대한다. 나아가 인간보다 우월한 존재에 대한 적극적 믿음이 쇠퇴하는 것에 비례해서 보다 고차원적인 존재에 대한 상상을 소위 실체적으로 뒷받침해줄 것이 줄어들 거라고 생각한다. 인간의 삶은 작고 한정되어 있다. 현재의 관점에서만 본다면, 물질적·도덕적 진보 덕분에 우리가 지금 당면하는 재앙의 상당 부분에서 장차 해방되더라도 인간의 삶은 지금과 다르지 않을 것 같다. 따라서 인간의 삶 자체와 그 운명을 위해 매우 넓고 높은 포부를 지닐 필요가 있다. 상상력을 발휘하면 사실 증거와 충돌하지 않으면서 그런 포부를 얻을 수 있다. 아무리 작더라도 이 문제의 확률을 높여나가는 것이 지혜롭다. 그렇게 하면 상상력을 돕기 위한 작은 발판이라도 만들 수 있다. 심각한 이성을 함양하는 것에 발맞추어 상상력 속에 그런 경향도 함양할 수 있다면, 우리의 판단이 반드시 왜곡될 이유는 없다. 나는 이 사실에 만족한다. 이렇게 되면 상상력의 거주 공간을 열어두면서도 양쪽 주장의 증거에 대해 완벽하게 이성적인 판단을 내리는 것이 얼마든지 가능하다. 나는 이성과 상상력의 조화가, 우리가 실현할 수 있을 거라고 기대하는 근거의 확고함을 전혀 과장하지 않는 동시에 가장 큰 위안을 주면서 가장 큰 진보도 이룩하게 해줄 거라고 믿는다.

물론 이런 생각은 수많은 현실 격언의 전통 속에서 외면되고 있고 인생 수칙으로 인정되지도 않고 있다. 그러나 나는 행복의 큰 부분은 그런 생각의 암묵적 준수에 달려 있다고 주장한다. 예를 들어, 인생의 중요한 축복 중 하나로 간주되는 발랄한 기질이라는 것은 어떤 의미를 지닐까? 기질 탓이든 습관 탓이든, 현재와 미래 모두 밝은 측면만 바라보는 성향에 대해서는 뭐라고 말해야 할까? 만약 기분 좋은 것이든 끔찍한 것이든 모든 것의 모든 측면이 우리의 상상력 속에서도 똑같은 위치를 차지해야 하고, 그리하여 우리의 사려 깊은 이성을 채워야 한다면, 우리가 발랄한 기질이라고 부르는 것은 어리석은 것 중 하나에 지나지 않을 것이다. 사람을 기분 좋게 해준다는 것을 제외하면, 그 기질은 만사에 늘 우울하고 고통스럽게 접근하는 반대의 기질과 어리석다는 점에서 다를 바가 없을 것이다. 그러나 실제로 인생을 발랄하게 사는 사람들이 다른 사람들에 비해 악이나 위험에 덜 이성적인 태도를 취하고 적절한 대비도 하지 못한다고 말할 수는 없다. 오히려 그 반대가 맞을 것이다. 낙천적인 성격을 가지면 타고난 적극적인 에너지가 순기능을 발휘하면서 능력도 더 잘 발휘할 수 있기 때문이다. 상상력과 이성이 좋은 환경을 만나면 상대방의 영역을 무단 침범하지 않는다. 인간이 죽어야 한다고 해서 늘 죽음을 걱정하며 살 이유는 없다. 도저히 피할 수 없는 것은 더 이상 생각하지 않는 것이 좋다. 자신과 다른 사람들의 삶과 관련해 신중하게 규칙을 지키고, 피할 수 없는 사건은 그 중심을 응시하면서 자신에게 부과된 모든 의무를 이행하면 더 이상 좋을 수가 없다. 이렇게 하기 위해서는 죽음에 대해 너무 많이 생각하지 말고 우리의 의무와 삶의 규칙에 대해 줄기차게 생각해야 한다. 실천적 지혜의 진정한 규칙은 사물의 모든 측면이 우리의 습관적 명상

속에 똑같이 두드러지게 하는 것이 아니라, 우리 자신의 행동에 달려 있거나 우리가 조정할 수 있는 측면이 가장 두드러지게 하는 것이다. 자신에게 달려 있지 않은 일을 대할 때는 사물과 인간의 밝은 측면을 우선적으로 바라보는 습관이 바람직하다. 단순히 인생을 좀 더 즐기기 위해서만은 아니다. 그것과 아울러 사물과 인간을 더 잘 사랑할 수 있고 그들의 진보를 위해 더욱 진심으로 일할 수 있기 때문이다. 사랑스럽지 않은 사물과 사람으로 우리의 상상력을 채워야 한다면 얼마나 한심한 일이겠는가? 삶의 어두운 구석과 그런 불필요한 동거를 하는 것은 전적으로 신경을 피곤하게 하는 짓이다. 내가 '불필요하다'는 말을 할 때, 그것은 한편으로 피할 수 없다는 뜻에서 필요하지 않은 모든 것을 의미한다. 다른 한편으로는, 그것이 우리의 의무를 이행하는 데, 그리고 그런 나쁜 것의 실체에 관한 우리의 감각이 사변에 빠져 희미해지지 않도록 막아주는 데 필요하다는 의미다. 그러나 삶의 어두운 부분과 마주하고 사는 것이 때로 힘의 낭비라고 한다면, 그것의 비열하고 천박한 특성과 습관적으로 마주하는 것은 낭비보다 더 나쁠 것이다. 이런 것을 잘 인식하고 있어야 한다. 그러나 이런 것을 깊이 생각하고 살다 보면 고상한 것에 마음을 두고 사는 것이 거의 불가능해진다. 상상력과 감정이 저 낮은 것에 맞춰진다. 관능적 사변에 자유로이 빠져드는 사람에게 관능적 연상이 밀려오듯, 고상한 연상이 아니라 저급한 연상이 일상적 삶의 목표와 행동에 연결된다. 연상은 생각까지도 그런 색깔로 칠한다. 우리는 가끔 자신의 상상력이 특정 관념 때문에 타락하는 것이 어떤 기분인지 경험한다. 매우 시적인 언어로 연상되던 아름다운 공기가 조잡하고 보잘것없는 말로 묘사되는 것을 들을 때처럼, 나는 시가 천박한 연상으로 인해 본연의 깊은 맛을 잃을 때 그들이 분명 똑같은 고통을 느낄 거라고 생각한다. 이 모든 것은 상상력을 조절할 때 사실의 액면 가치만 고려해서는 안 된다는 원칙 속에 분명하게 설명된다.

진리는 이성이 활동하는 곳이다. 이성적 능력을 함양해야 진리가 드러날 수 있다. 그리고 의무와 삶의 환경이 요구하는 만큼 진리가 자주 고려될 수 있다. 이성이 강화되면 상상력이 안전하게 그 자신의 목적만 추구할 수 있을 것이다. 이성이 외부의 침입에 대비해 만든 요새에 안주하면서, 그 속에서 인생이 즐겁고 사랑스러워지도록 최선을 다할 수 있을 것이다.

이런 원칙들을 놓고 볼 때, 우리가 희망 이상으로 우리에게 기대할 것이 없다는 엄연한 진실을 인정하는 한, 나는 우주의 통치와 죽음 이후 인간의 운명과 관련해 희망에 매달리는 것은 정당하고 철학적으로도 타당한 일이라고 생각한다. 그런 희망이 주는 긍정적 효과는 결코 작지 않다. 희망은 생명과 인간의 본성에 대한 감정을 훨씬 풍성하게 만들어준다. 또 주변 동료와 사람들이 우리에게 심어준 모든 감성에 엄숙함은 물론 힘까지 불어넣어준다. 우리는 현명하고 고상한 정신에 이르기 위해 온갖 노력을 아끼지 않고, 심지어 생명을 희생하는 것도 마다하지 않지만, 막상 그 열매를 딸 때가 되면 그것이 그냥 사라져버리는 경우가 많다. 이런 일이 닥치면 자연에 대한 아이로니컬한 기분을 지울 수 없다. 희망은 그런 씁쓸함을 가라앉혀준다. 인생은 짧고 예술은 길다는 오래된 진리는 우리의 현 상태를 매우 실망스럽게 만든다. 그런 희망은 영혼을 향상시키고 아름답게 만드는 데 사용되는 예술이 비록 이승에서는 아무 쓸모가 없는 것처럼 보일지라도 저승에서는 유용하게 쓰일 수 있을 거라는 믿음을 준다. 그러나 구체적인 희망을 품는 것보다 감정의 일반적인 그릇을 키우는 것이 우리의 삶을 더 풍요롭게 만들어준다. 그렇게 되면 더 이상 인간의 삶은 무의미하다는 생각, 즉 '아무 가치도 없다'는 절망적인 감정 때문에 보다 고상한 소망이 견제되고 배척당하는 일이 없을 것이다. 삶의 목적에 맞춰 우리의 성품을 함양하기 위해 계속 노력함으로써 얻는 긍정적 효과가 얼마나 큰지에 대해서는 굳이 구체적으로 말하지 않아도 될 것이다.

또 다른 매우 중요한 것으로 상상력의 발휘를 들 수 있다. 이것은 과거와 현재를 통틀어 주로 종교적 믿음이라는 수단을 통해 촉진되는데, 인간에게 너무나 소중한 것이어서 그것을 충분히 발휘하는 것이 인간의 탁월함을 결정짓는 변수가 될 정도다. 도덕적으로 완전한 존재라는 개념에 대해 익숙하게 상상하고 그런 존재를 우리 자신의 성격과 삶을 규제하는 규범 또는 기준으로 삼도록 습관을 들임으로써 상상력을 잘 발휘할 수 있게 된다. 탁월함의 기준을 (설령 가상적인 존재에 불과하더라도) 한 사람 안에서 이상화하는 것은 충분히 가능하다. 기독교의 탄생 이래 종교는 지혜와 선함을 겸비한 우리의 최고 관념이 우리에게 시선을 맞추고 우리의 행복을 염려하는 살아 있는 존재 속에 구체적으로 담겨 있다는 믿음을 심어주었다. 기독교는 역사상 가장 어둡고 부패했던 시기를 거치며 이 횃불을 높이 들었다. 그리고 인간의 눈앞에서 그 숭배와 모방의 대상을 지켜냈다. 그러나 완전을 표방한 그 모습이 실제로는 가장 불완전한 것이었고, 많은 측면에서 도착적이고 타락한 것이었다. 한편으로는 그 시대의 저급한 도덕적 이상에 바탕을 둔 것이었다. 다른 한편으로는 미혹에 빠진 숭배자가 선한 원칙에 무한 권능을 덧붙임으로써 발생한 도덕적 모순덩어리의 결과였다. 그러나 그것은 가장 놀랍고 또 가장 보편적인 인간의 본성 중 하나였다. 인류의 이성이 얼마나 형편없는 수준에 머물고 있는지 생생하게 보여주는 증거 중 하나였다. 인간은 도덕적·지적 모순이 아무리 심각하더라도 아무렇지도 않은 듯 넘겨버린다. 서로 지극히 모순된 명제들도 마음속으로 받아들인다. 인간은 그런 모순에 아무런 충격도 받지 않는다. 뿐만 아니라 모순된 양쪽 믿음이 마음속에 각각 상반된 결과들을 만들어내는 것도 막지 않는다. 독실한 남자와 여자는 도덕적 선에 관한 가장 기본적이고 제한된 개념과 양립하지 못하는 특정 행위, 의지와 행동의 일반적 경로를 신의 탓으로 돌린다. 그리고 중요한 여러 구체적 측면에서 전적으로 삐뚤어지고 왜곡된 그들 나름의 도덕적 이상을 가꾼다. 그럼에도 불구하고 자신의 신에게 인간이 생각해낼 수 있는 가장 이상적인 선의 속성들을 갖다붙이고 그 개념에 의해 자극받고 고무되는 선을 향해 소망을 키운다. 완전함에 대한 자신의 최선의 관념을 실현해주는 어떤 존재가 실재한다는 흔들리지 않는 믿음, 그리고 자신이 우주의 지배자인 그 존재의 손 안에 있다는 믿음이 단순히 이상적인 개념을 통해 얻을 수 있는 것 이상으로 그런 감정에 점점 더 큰 힘을 실어준다는 데는 의심의 여지가 없다.

반면 자연과 창조주의 존재와 속성을 증명할 증거의 힘에 대해 이성적 접근을 시도하는 사람들은 그런 믿음이 주는 구체적 이점을 향유하지 못한다. 그 대신 그들은 도덕적 모순으로 점철된 이 세상 질서를 도덕적으로 정당화하기 위해 번민할 필요가 없다. 따라서 그들은 전능한 세계 지배자 안에서 이상적 선을 발견해야 한다고 생각하는 사람들보다 더 진실에 가깝고 일관성 있는 이상적 선의 개념을 형상화할 수 있다. 창조주의 권능이 유한하다고 일단 인정하고 나면, 그가 절대적으로 선하다는 명제, 우리가 닮기를 소망해야 하고 우리 행동의 기준으로 삼아야 하는 완벽하게 이상적인 성격이 우리가 즐기는 모든 좋은 것의 원천이 되는 그 존재 안에 실제로 있다는 명제를 부정할 수 없다.

기독교는 인류에 크게 기여했는데, 탁월함의 기준과 우리가 따라할 전범典範을 신성한 사람 안에서 찾음으로써 인격 형성에 큰 획을 그은 것이 그중에서도 가장 소중하다고 하겠다. 이것은 절대불신자에게도 영향을 줄 정도이므로, 인간성의 향상에 도움이 될 수밖에 없다. 왜냐하면 기독교는 인간성의 완전한 형태로 신이 아니라 예수를 내세웠기 때문이다. 그 이상적인 존재는 인간의 모습을 한 신이다. 예수는 유대인의 신 또는 자연의 신 이상으로 현대인의 마음에 너무도 위대하고 훌륭한 충격을 주었다. 우리가 이성적 비판 끝에 모든 것을 잃는다 해도 예수는 끝내 남는다. 그는 다른 선각자들과 달랐다. 그의 추종자들, 심지어 그의 개인적 가르침을 통해 직접 혜택을 입은 사람들과 전혀 다르지 않으면서도 독특한 인물이었다. 복음서에 나오는 예수는 역사적 실존인물이 아니고, 그가 남긴 존경할 만한 행적 중 많은 것이 추종자들에 의해 꾸며진 것일 수 있다고 말해도 소용없다. 그의 추종자들의 행적을 보면 경이로운 일들을 숱하게 끼워넣고도 남았을 거라는 생각이 들긴 한다. 예수가 행했다고 소문 난 그 모든 기적도 그렇게 끼워넣어졌을지 모른다. 그러나 그의 사도들이나 그들에 의해 개종한 사람들 중 누가 예수가 주었다는 가르침들을 지어낼 수 있었을까? 그들 중 복음서에 나타난 예수의 삶과 인격을 상상이라도 할 수 있는 사람이 누가 있을까? 갈릴리의 어부들은 분명 그런 능력을 갖고 있지 못했다. 사도 바울도 마찬가지다. 그의 인격과 특성은 예수와 전혀 달랐다. 기독교의 초기 저자들은 더 가능성이 없다. 그들이 늘 주장했듯이, 그들이 보여주는 모든 선함은 보다 높은 원천에서 나왔다. 이것은 너무나 분명한 사실이다. 〈요한복음〉의 수수께끼 같은 부분을 보면, 한 사도에 의해 덧붙여지고 수정될 수 있는 여지가 없지 않다. 그 복음서에는 구세주가 직접 자신에 관해 매우 긴 강론을 하는 대목이 나오는데, 그것은 필로[61]와 알렉산드리아의 플라톤주의자[62]가 전해준 내용과 같다. 예수가 무척 중요한 상황에서 그리고 핵심 추종자들이 모두 자리에 있을 때(이를테면 최후의 만찬 같은 자리에서) 그런 언급을 했다고 하지만, 다른 복음서에서는 그런 내용이 전혀 나오지 않는다. 그 후 영지주

61 Philo Judaeus, 기원전 20~기원후 50. 유대인 사상가, 성서 주해자.

62 1세기 이후 이집트의 알렉산드리아에서 플라톤 철학과 기독교를 결합한 사상가들을 가리킨다.

의자靈知主義者[63]의 수많은 동방 종파가 그렇게 했듯이, 동방에는 그런 것 정도는 얼마든지 훔칠 수 있는 사람들로 가득했다. 그러나 예수의 삶과 가르침에는 심오한 통찰에 바탕을 둔 그만의 독창성이 두드러진다. 따라서 우리가 이와 매우 다른 과학적 엄밀성을 찾겠다는 헛된 기대를 포기한다면, 그의 영감에 관심이 없는 사람들이 평가하더라도 나사렛의 그 예언자는 우리 인간이 자랑할 수 있는 숭고한 천재 중에서도 첫손가락에 꼽힌다. 이 출중한 천재가 아마도 지구상에 존재했던 모든 도덕개혁가 중 가장 위대한 자질을 가졌을 뿐 아니라 그 사명을 완수하기 위해 순교까지 불사했다는 사실을 고려하면, 그를 인간성의 이상적 안내자로 꼽은 것이 종교의 실수였다고 말할 수는 없을 것이다. 그리스도가 가르친 대로 살기 위해 우리가 열심히 노력하면, 추상적인 미덕의 규칙이 구체적 규칙으로 완벽하게 전환될 것이 분명하다. 지금 이 시대에 불신자가 보더라도 그럴 것이다. 합리적 회의론자가 평가해도, 그리스도는 스스로 되고자 했던 사람이 실제로 되었다고 볼 수 있다. 그는 신이 될 생각이 없었다. 그는 자신이 그런 존재라고 결코 자처하지 않았다. 그를 비난하는 사람만큼이나 그 자신도 그런 행세를 하는 것은 신성모독이라고 생각했을 것이다. 대신 그는 자신이 인간을 진리와 미덕으로 인도하는 특별하고 명백하며 독특한 사명을 신으로부터 받았다고 생각했다. 따라서 다음과 같은 결론을 내려도 무방하다. 종교의 논거에 대해 아무리 합리적 비판을 가하더라도, 종교가 인격에 미치는 영향은 부인할 수 없다. 종교의 이런 영향은 잘 보전할 필요가 있다. 그 영향은 보다 강력한 믿음에 비해 직접적 힘의 측면에서 부족

63 Gnostics. 믿음을 통해 구원을 얻는다는 정통 기독교인들과 달리, 영지주의자들은 '앎', 즉 인간 내면의 통찰에 의해서만 신의 존재를 체득할 수 있다고 주장한다. 영지주의 종교운동은 기독교가 태동하던 1세기부터 3세기까지 기독교와 밀접한 관련을 맺으며 활발하게 전개되었다.

한 면이 있을 것이다. 그러나 그것은 그 영향으로부터 나온 보다 위대한 진리와 엄정한 도덕에 의해 보상받고도 남는다.

이런 생각 자체가 정확한 의미의 종교로 승화될 수는 없을 것이다. 그러나 그런 생각은 순전히 인간적이기는 하지만 그래도 실질적인 종교(이것은 인간종교, 경우에 따라 의무종교라고 불린다)를 돕고 강화하는 데는 뛰어나게 유용한 것처럼 보인다. 인간종교는 종교적 헌신(이웃들의 복지를 위해 모든 이기적 목적에 의무적으로 한계를 설정하고, 어떤 희생도 너무 크다고 할 수 없는 숭고한 목적을 직접 추구하는 것)을 함양하기 위한 여러 유인책에 덧붙여, 우리가 이런 종교적 헌신을 우리 삶의 규칙으로 삼을 경우 우리가 인생에서 즐기는 모든 것을 마련해주는 보이지 않는 존재와 협력하고 있다는 감정을 느끼게 해준다. 이런 형태의 종교적 관념은 인간에게 특별한 감정, 즉 신이 베푼 선에 보답함으로써 신을 돕는다는 감정이 들게 만든다(이런 감정은 우주를 다스리는 선한 원리의 전능함을 믿는 사람에게는 허용되지 않는다). 신은 전능하지 않은 존재이므로 이와 같은 자발적 협력이 정말 필요하다. 이것은 신의 목적을 좀 더 성공적으로 달성하는 데도 중요한 역할을 한다. 인간 존재의 상황은 그런 감정이 성장하는 데 매우 유리하다. 선의 권능과 악의 권능 사이의 전쟁이 끊임없이 계속되는 한, 아무리 하찮은 인간이라도 어떤 역할을 할 수 있기 때문이다. 옳은 쪽에 서서 보잘것없는 힘이라도 보태면 선이 악에 맞서 진보를 촉진하는 데 도움이 된다. 이 승리의 과정은 아주 천천히 일어나기 때문에 때로는 거의 눈에 띄지 않을 정도다. 그러나 비록 오랜 시간이 걸리기는 하지만 먼 미래에 마침내 선이 최후 승리를 거둘 거라고 약속할 수 있을 만큼 그 성과가 눈에 들어온다. 우리는 살아 있는 동안 그 정점을 조금이라도 앞당기기 위해 노력해야 한다. 큰일을 할 수 없다면 사소한 일이라도 해야 한다. 이런 생각이 인간이라는 피조물을 생기 있고 활력 넘치게 고취해준다. 나는 초자연적 존재의 승인 여부와 상관없이 이것이 미래의 종교가 될 거라고 믿어 의심치 않는다. 동시에 나는 내가 합리적 회의론이라고 부르는 것과 결정적으로 대립하지 않을 정도와 종류라면 초자연적 희망도 배척하지 않는다. 그런 것이 미래의 종교가 인간의 정신에 합당한 영향력을 행사하는 데 적지 않게 기여할 수 있을 거라고 생각한다.

해제

공리주의의 승화

과학에 묻는다

과학이 진리를 독점하는 시대다. 기세등등한 과학주의자들은 종교를 망상이라고 규정한다. 종교가 없어야 인간이 더 행복하게 살 수 있다고 주장한다. '합리주의의 성자聖者' 존 스튜어트 밀은 생각이 조금 다르다. 그는 '여러 어려움을 어중간히 해결해놓고 완전히 해결한 양' 생각하지 않는 사람이다. 그런 밀이 종교에 관한 긴 글을 남겼다. 그는 "존재의 기원에 대해 아는 바가 없고, 그 최종 목적지에 대해서는 더구나 모른다"라고 했다. 그럼에도, 아니 바로 그 때문에, 밀은 종교가 필요하다고 역설한다.

아버지의 불가지론

밀의 아버지 제임스 밀은 한때 목사가 되고자 했다. 그러다가 '오랜 연구와 사색 끝에' 종교를 일절 거부하게 되었다. 제임스 밀은 그 누구도 사물의 기원에 관해 확실히 알 수 없다면서 불가지론을 폈다. 하나님이 이 세계와 나를 만들었다는 기독교의 답은 '그럼 하나님은 누가 만들었는가?'라는 질문을 곧장 불러오기 때문에 어려움을 가중할 뿐이라고 했다.

제임스 밀이 종교를 받아들일 수 없었던 보다 결정적인 이유는 도덕적 '분노' 때문이었다. 그는 '무한한 능력과 완전한 공의를 겸비'했다는 창조주가 이토록 죄악으로 충만한 세상을 만들었다는 것을 도저히 인정할 수 없었다. 지옥이라는 존재는 그를 더욱 격분시켰다. 제임스 밀은 종교가 사람들을 오도하고 도덕의 표준을 개악한다고 생각했다. 아버지는 아들이 자신의 확신과 반대되는 방향으로 흘러가지 못하게 했다. 그래서 존 스튜어트 밀은 종교라곤 아예 가져본 적이 없었다. 밀은《자서전》에서 이런 이야기를 길게 한다. 아버지와 생각이 같았기 때문일 것이다.

신은 존재하는가?

밀은《종의 기원》을 쓴 다윈과 같은 시대를 살았다. 그는 "자연과학이 발달하면서 인류가 그동안 섬겨온 종교적 전통을 무력화하는 객관적 사실들이 분명하게 드러나기 시작"하는 상황을 예리하게 직시했다. 밀은 종교 문제도 과학적 방법, 즉 사실과 경험을 유추해 검증할 수 있어야 한다고 믿었다. 그는《종교론》에서 신의 존재를 증명하는 다양한 노력과 관점, 즉 제1원인론, 사전설계론, 신의 속성, 영혼불멸론, 계시론 등을 경험적으로 따져본다.

그의 결론은 불가지론不可知論이다. 신이 존재한다고 믿기에는 증거가 너무 부족하다. 그런데 존재하지 않는다고 확신하기도 어렵다. 밀은 사후세계에 대해서도 같은 입장이다. 그는 영혼불멸을 뒷받침할 그 어떤 과학적 근거도 찾을 수 없다고 주장했다. 그러면서도 "(우호적인 증거가 없다는 의미의) 부정적인 증거 말고는 영혼불멸을 부정하는 증거가 없다"라고 말했다. "신이 존재할 수도 있다. 그러나 그 존재가 충분히 증명되지 않는다"라는 것이 그의 생각이었다.

흔히 밀을 무신론자로 치부한다. 그러나 그것은 진실이 아니다. 밀은 "누구든 또 나를 무신론자라고 비난한다면, 근거가 무엇인지, 내가 쓴 무수한 글 중 어디에 그런 말이 나오는지 증거를 대봐라. 아무도 제대로 된 증거를 제시하지 못할 것이다"라고 강하게 반박했다.

종교의 유용성

밀은 기성 종교, 특히 기독교에 대한 적대감을 숨기지 않았다. 그는 "믿음의 지적 근거가 도덕적 뇌물이나 반지성적 논리에 의해 뒷받침되는 것"을 신랄하게 비판했다. "이런 단순하고 순진한 믿음은 … 비판적 사고 능력이 부족하고 무기력한 사람들이나 가지는 것이다"라고 비꼬았다.

그런 밀도 종교가 존재하는 이유 자체를 부정하지는 않았다. 오히려 그 반대였다. 그는 도덕적·사회적 목적을 위해 종교가 필요하다고 믿었다. 밀은 인류가 내면적으로 진전을 이루지 못한 상태에서 모든 종교와 담을 쌓는 것은 사회 발전에 결코 도움이 되지 않는다고 생각했다. 그는 종교를 유용성 차원에서 바라보았다. 종교가 지적인 측면에서는 존립 근거가 희박하더라도 도덕적으로는 얼마든지 유용하다고 생각했다.

밀은 새로운 종교를 생각하고 있었다. 그는 초자연적 현상에 의탁하지 않는 '인간종교Religion of Humanity'를 제창했다. 밀의 종교론은 그의 공리주의철학과 지향점이 같다. 그는《공리주의》에서 '보편적 사랑'의 확대와 실천을 인간 행복의 요체로 꼽는다. 이 철학은 단순히 도덕을 말하는 것이 아니다. 이것은 그 어느 기성 종교보다 뛰어난 진짜 종교다. 밀은 '고통과 죄악으로 얼룩진 이런 세상을 만든 창조주에게서 절대 선을 찾느니' 이런 종교를 믿는 것이 인간의 삶을 훨씬 더 이롭게 한다고 확신했다.

그렇다면 밀의 회의론은 그냥 회의론이 아니다. 그것은 나름대로 '긍정적 신학Constructive Theism'을 준비하고 있다. '합리주의의 성자'인 존 스튜어트 밀이 이성과 진리를 제쳐두고 감정과 상상과 희망을 이야기한다. 근거가 불충분하다고 해서 초자연적 희망을 꼭 내칠 이유는 없다고 말한다. 밀은 미래의 종교가 인간의 정신에 합당한 영향력을 행사하는 데 그런 희망이 적지 않게 기여할 수 있다고 생각했다.

상상에 바탕을 둔 희망

아들은 "세상 견해와 반대되는 생각을 널리 알리는 것은 현명하지 못하다"라는 아버지의 충고에 따라 자신의 종교관을 밝히지 않았다. 사람들이 기독교에 대한 이런 비판적 견해를 듣고 종교와 무관한 자신의 정치사회적인 주장마저 외면할지 모른다고 염려했기 때문이다. 그런 밀이 종교에 관해 긴 글을 썼다.

《종교론》은 세 편의 글을 묶은 것이다. 〈자연을 믿지 마라〉와 〈종교는 필요하다〉는 1850~1858년 무렵, 그러니까 그의 아내 해리엇 테일러가 살아 있을 때 집필한 것으로 보인다. 그리고 〈신은 존재하는가?〉는 그보다 한참 뒤인 1868~1870년경에 쓰인 것 같다. 밀은 이 글들을 출판하지 않고 그냥 묵혀두었는데, 그가 세상을 뜬 바로 다음 해인 1874년에 의붓딸 헬렌 테일러가 세상에 내놓았다.

밀은 논리에 충실한 사람이었다. 그는 과학적 귀납법으로 존재의 기원을 규명하고자 했다. "자연 및 창조주의 존재와 속성을 입증할 증거의 힘에 대해 이성적 접근을 시도"했다. 그러나 그는 끝내 "과학적 엄밀성을 찾겠다는 헛된 기대를 포기"했다. 자신의 과학이 이끄는 것과는 다른 결론에 도달했다. '망설이고 주저하는' 모습이 역력했다. 그는 왜 회의론을 끝까지 밀고나가는 데 부담을 느꼈을까? 그는 이토록 중요한 문제를 왜 그답지 않게 서둘러 봉합했을까?

하나 분명한 것은, 그의 문제의식이 온통 "지상에서의 삶을 이상적인 상태로 끌어올릴 구상을 하는 것, 그리고 그 삶이 어떻게 구성되면 좋을지 수준 높은 관념을 가다듬는 것"에 집중되었다는 사실이다.

밀은 '진리와 일반 선이 서로 반대 방향으로 어긋나는 것'이 양심적이고 교양 있는 사람에게 가장 곤혹스러운 일이라고 했다. 그는 상상과 이성을 분리함으로써 그 딜레마를 해결했다. 밀은 진리를 이성의 영역에 한정했다. 그리하여 상상이 자유롭게 날개를 펼 수 있도록 이성의 굴레에서 상상을 해방시켰다. 물론 상상은 이성을 대체하는 것이 아니라 보완하는 것이다. 밀은 이성이 뒷받침되면 상상력의 '일탈'을 막을 수 있다고 보았다. 상상력이 이성의 요새에 안주하면 우리 인생이 즐겁고 사랑스러워질 수 있다고 생각했다.

신도 마찬가지다. 밀은 누군가 신이 필요하다면 '무한대로 선하지만 권능은 제한적인 어떤 존재'를 상상하지 못할 것도 없다고 했다. 합리적 회의론을 결정적으로 벗어나지 않는다면 초자연적인 희망도 배척하지 않는다고 했다. 미래의 종교가 인간의 정신 속에 합당한 영향력을 행사할 수 있게 하기 위해서다. 밀은 사후세계 문제도 그렇게 정리한다. 인간은 사후세계의 존재에 관해 그저 '희망 위에 자신의 믿음을 펼칠' 수밖에 없다. 밀은 좋은 결과를 낼 수 있다면, 지적으로 타당하지 않더라도 감정의 만족을 얻을 수 있다면, 인간이 염원하는 이상적 관념을 통해 도덕을 강화할 수 있다면, 그런 희망에 연연할 수 있다고 했다.

물론 과학은 밀의 생각에 동의하지 않을 것이다. 그러나 밀이 말했듯이, 과학이 아무리 발달하더라도 "인간의 삶은 지금과 다르지 않을 것"이다. 인간의 눈이 밝아지는 것과 비례해서 존재의 본질에 대한 질문도 커져야 한다. 과학의 마법에 도취한 나머지 인간을 잊을까 염려된다. 밀은 이 점을 내다보고 있었다. 과학이 결코 대신할 수 없는 것, 그것은 결국 인간의 몫이다.

자유론

On Liberty

우리는 최대한 다양하게 인간의 발전을 추구할 수 있어야 한다.
이 책은 처음부터 끝까지 바로 이 최고의,
제1원칙의 절대적 중요성을 그 무엇보다 강조한다.

빌헬름 폰 훔볼트, 《정부의 역할과 의무》 중에서

진리와 정의에 대한 높은 식견과 고매한 감정으로 나를 한없이 감화했던 사람, 칭찬 한마디로 나를 무척이나 기쁘게 해주었던 사람, 내가 쓴 글 중에서 가장 뛰어나다고 할 수 있는 것은 모두 그녀의 영감에서 나왔기에 그런 글을 나와 함께 쓴 것이나 마찬가지인 사람, 함께했던 사랑스럽고 아름다운 추억 그리고 그 비통했던 순간을 그리며 나의 친구이자 아내였던 바로 그 사람(밀의 부인 해리엇 테일러를 일컫는다)에게 이 책을 바친다.

오랜 세월 동안 내가 저술했던 다른 글과 마찬가지로, 이 책 역시 그녀와 같이 쓴 것이나 다름없다. 그러나 불행하게도 이 책은 그녀가 수정하지 못했다. 특히 매우 중요한 몇몇 부분은 그녀의 세심한 재검토를 받기 위해 일부러 남겨놓았는데, 뜻하지 않은 그녀의 죽음 때문에 그만 이 모든 기대를 접을 수밖에 없었다. 그 무엇과도 비교할 수 없을 만큼 소중한 기회를 놓쳐버리고 만 것이다. 그녀는 참으로 깊고 그윽한 지혜를 지녔다. 이제 그와 같은 도움을 받지 못한 채 쓰는 글이란 얼마나 보잘것없을까. 그녀의 무덤 속에 묻혀버리고 만 그 위대한 생각과 고상한 감정의 절반만이라도 건져낼 수 있다면, 거기서 내가 얻는 혜택은 이루 말로 다할 수 없이 클 것이다.

1장 머리말

흔히 말하는 '의지의 자유'를 다루는 것이 이 책의 목적은 아니다. 유감스럽게도 사람들은 '철학적 필연성'을 숙명론과 같은 것으로 오해하면서 '의지의 자유'와 상반되는 것처럼 생각한다.[1] 이 책은 그보다는 시민의 자유 또는 사회적 자유를 중심 주제로 삼는다. 다시 말해 나는 이 책에서 사회가 개인을 상대로 정당하게 행사할 수 있는 권력의 성질과 그 한계를 살펴보고자 한다. 이 문제는 지금까지 그다지 제기되지 않았고, 이를 둘러싼 이론 차원의 토론은 더구나 없었다. 그러나 구체적인 모습을 아직 드러내지는 않았지만, 이런 종류의 문제가 오늘날의 실천적 담론에 심대한 영향을 끼친다. 그리고 머지않아 이것이 미래의

1 밀은 인간이 환경의 영향에서 자유로울 수는 없지만 그것에 완전히 종속된 것은 아니라고 주장한다. 인간에게 자유의지를 행사할 여지가 있다고 보기 때문이다. 따라서 그는 '의지의 자유'가 인간이 마음만 먹으면 무슨 일이든 할 수 있는 것처럼, 그리고 '철학적 필연성'이 인간을 숙명론에 끌려가야 하는 것처럼 묘사한다는 점에서 모두 이름이 잘못 붙여졌다고 비판한다. '철학적 필연성philosophical necessity'이라는 말은 영국의 조지프 프리스틀리Joseph Priestley가 처음 사용했는데, 그는 인간이 기계적인 결정론에 예속되지 않지만 자연법칙의 지배를 피할 수 없다고 생각했다.

중요한 현안으로 부각될 가능성이 높다. 어떻게 보면 이런 문제는 오늘날 갑자기 생긴 것이 아니다. 아주 오래전부터 인간 사회를 뒤흔들던 문제다. 그러나 문명이 발전하고 인간의 삶이 진보를 거듭하면서 이 문제를 둘러싼 환경이 새롭게 바뀌고 있다. 따라서 다른 차원에서 좀 더 근본적인 접근을 시도해야 한다.

자유와 권력의 다툼은 역사가 시작된 까마득한 옛날부터 있어왔기 때문에 우리에게는 아주 익숙하다. 그리스와 로마 그리고 영국의 역사를 들여다보면 특히 그렇다. 그런데 과거에는 이런 다툼이 국민과 정부 또는 국민 중에서도 일부 계급과 정부 사이에서 일어났다. 이때 자유는 정치 지배자의 압제에서 보호받는 것을 의미했다. (그리스의 일부 민주 정부를 제외하면) 당시에는 지배자와 일반 국민이 적대적인 관계에 있는 상황이 불가피한 것처럼 인식되었다. 이때는 한 사람이나 한 부족, 또는 한 계급이 지배 권력을 장악했다. 이들은 세습이나 정복을 통해 권력을 잡았는데, 어떤 경우에도 피지배자들을 위해 권력을 행사하지 않았다. 그리고 권력을 폭압적으로 행사하는 것을 사전에 방지하기 위한 어떤 조치가 취해진다고 해도, 보통 사람들은 그들의 지배에 감히 도전할 생각을 하지 못했다. 아마 도전하고 싶어 하지도 않았을 것이다. 권력을 행사하는 것은 불가피한 일이었지만, 동시에 대단히 위험한 결과를 낳을 수도 있었다. 그 힘을 외적의 침입을 막는 데 쓸 수도 있지만, 그에 못지않게 국민을 억누르는 데 사용할 수도 있었기 때문이다. 한 나라 안에서 약자들이 이런저런 강자들에게 침탈당하는 것을 막기 위해서는 그들 모두를 제압할 만큼 힘이 센 최고 강자가 하나 있어야 했다. 그러나 그렇다고 그가 다른 소소한 강자들보다 덜 괴롭히리라는 보장도 없기 때문에 약자들로서는 한시도 그 발톱과 부리에 대한 경계를 늦출 수가 없었다. 따라서 이를 걱정하는 사람들은 자기 나라를 온전히 지탱하기 위해, 최고 권력자가 행사할 수 있는 힘의 한계를 규정하고자 했다. 그러면서 이렇게 권력에 제한을 가하는 것을 바로 자유라고 일컬었다. 권력을 제한하는 방법은 두 가지다. 첫째, 정치적 자유 또는 권리라고 하는 어떤 불가침 영역을 설정한 뒤 권력자가 이를 침범하면 그 의무를 위반한 것으로 간주해, 피지배자들의 국지적 저항이나 전면적 반란을 정당한 것으로 인정한다. 둘째, 좀 더 시간이 흐른 뒤에 통용된 것이지만, 국가가 중요한 결정을 내릴 때 구성원 또는 그들의 이익을 대표하는 기관의 동의를 얻도록 헌법으로 규정한다. 정도의 차이는 있지만 유럽의 최고 권력자는 대부분 첫 번째 제한을 따르지 않을 수 없었다. 그러나 두 번째는 사정이 그렇지 못했다. 그래서 이를 달성하는 것 또는 벌써 어느 정도 실행되고 있다면 좀 더 완벽하게 제한을 가하는 것이 자유를 찬미하는 사람들의 목표가 되었다. 그러나 적을 하나씩 물리치는 것에 만족하는 사람들, 그리고 권력자가 횡포를 부리지 못하도록 어느 정도 효율적인 장치만 만들어놓으면 된다고 생각하는 사람들은 더 이상 욕심을 내지 않았다.

그러나 사회가 발전하면서 사람들은 자신의 이익과 지배자의 이익이 대립하는 것이 어쩔 수 없는 자연의 섭리라는 생각을 버렸다. 오히려 나랏일을 담당하는 고위직 관리는 국민의 이익을 위해 봉사하는 일꾼 또는 대리인이며, 따라서 마음에 들지 않으면 언제든지 바꿔버릴 수 있는 존재라고 인식하기 시작했다. 이는 권력자가 국민의 이익에 어긋나게 함부로 정치를 하지 못하게 하는 최선의 길이라고 생각한 것이다. 점차 각국의 민주 정당들이 지배자의 권력을 제한하기보다는 선거를 통해 일정 임기의 지배자를 뽑는 것이 이런 목적을 달성하는 데 더 효율적이라는 사실을 깨달았다. 피지배자들의 주기적인 선택을 통해 지배 권력을 창출하는 제도가 정착되고 확산되면서, 어떤 사람은 그동안 너무 권력을 제한하는 데만 초점이 맞추어졌다는 점을 지적하기 시작했다. 물론 인민의 이익에 반해서 줄곧 권력을 휘둘렀던 지배자들에게는 그런 조치가 필요했다(또 그렇게 받아들일 소지도 있다). 그러나 이제는 사정이 달라졌다. 지배자와 국민이 하나가 되어야 한다. 지배자의 이익이 국민의 이익이고, 지배자의 의지가 곧 국민 전체의 의지여야 하는 시대인 것이다. 따라서 국민이 지배자, 곧 자신의 의지를 견제할 필요가 없어졌다. 국민이 스스로에게 횡포를 부릴지 모른다는 걱정을 할 필요도 없어졌다. 지배자는 국민에 대해 철저하게 책임을 져야 하고, 그렇지 못할 때는 국민에 의해 즉시 권좌에서 쫓겨난다. 따라서 국민이 권력의 사용처와 사용 방법을 엄격히 규정한다면, 그 권력을 지배자에게 안심하고 맡길 수 있을 것이다. 국민을 대신해서 행사하기 편리하도록 지배자 손에 집중되어 있을 뿐, 그것은 사실상 국민의 권력인 것이다. 유럽 자유주의의 마지막 세대에 속하는 사람들은 대개 이런 생각(또는 감정이라고 하는 편이 더 나을 수도 있겠다)을 하고 있었다. 그리고 대륙의 자유주의자들은 아직도 이러한 경향을 두드러지게 간직하고 있다. 그래서 그들이 볼 때 아예 존재하지도 말아야 할 정부라면 모를까, 대륙의 정치사상가 가운데 정부가 하는 일에 어떤 형태로든 제약을 가해야 한다고 생각하는 사람은 그야말로 극소수에 불과하다. 물론 정부에 제약을 가하도록 만드는 상황이 지속되었더라면 영국에서도 그런 생각을 하는 사람이 많이 남아 있었을 것이다.

사람의 경우도 그렇듯이 정치나 철학 이론도 변변찮을 때는 눈에 띄지 않다가 성공을 거두면서 결점이 발견되곤 한다. 민주 정부를 세우는 것이 꿈속에서나 가능하거나 까마득한 옛날에 존재했던 것으로 여겨질 때는 인민이 자신에게 행사하는 권력을 제한할 필요가 없다는 생각이 자명했을 것이다. 그런 생각은 프랑스혁명 같은 일시적인 소용돌이(이 가운데 가장 나쁜 것은 소수가 폭력을 앞세워 밀고나가는, 다시 말해 민주적 기관이 인민의 뜻을 받들어 정상적인 방법으로 추진하는 것이 아니라 몇몇 사람이 왕이나 귀족들의 전횡을 무너뜨리기 위해 갑작스럽게 폭력에 호소하는 것이다) 앞에서도 그다지 흔들리지 않았다. 그러나 시간이 흐르면서 지구상의 큰 땅덩어리를 차지하는 한 나라(미국을 말한다)에서 민주 공화정이 세워졌고, 그 나라는 국제 사회의 열강 가운데 하나로 떠올랐다. 그리고 선거를 통해 수립되고 인민에게 책임을 져야 할 정부가 하는 모든 일이 사람들의 관찰과 비판의 대상이 되었다. 이제 '자치'나 '인민의 자기 자신에 대한 권력 행사'라는 말은 문제의 본질을 정확하게 표현하지 못하는 것으로 여겨진다. 권력을 행사하는 '인민'은 그 권력이 행사되는 대상과 늘 같은 것은 아니다. '자치'라고 말하지만, 실제로는 '각자가 스스로를 지배하기'보다, '각자가 자기 이외 나머지 사람의 지배를 받는 정치체제'가 되고 있다. 게다가 인민의 의지라는 것도 엄밀히 말하면, 가장 많은 수를 차지하는 사람들이나 가장 활동적인 일부 사람들, 다시 말해 다수파 또는 자신을 다수파로 받아들이도록 만드는 사람들의 의지를 뜻한다. 따라서 인민이 자신들 가운데 일부를 억누르고 싶은 욕망을 품을 수도 있으므로 다른 권력 남용 못지않게 이에 대한 주의도 게을리해서는 안 된다. 집권자가 인민, 더 정확하게 말하면 인민 가운데 가장 강력한 집단에 대해 정기적으로 책임을 지더라도, 정부가 개인에게 행사하는 권력에 일정한 제한을 가하는 것은 여전히 중요하다. 이런 생각은 높은 지성을 자랑하는 사상가들, 그리고 실질적·잠재적으로 민주주의와 대립할 수밖에 없는 유럽 사회의 주요 계급에 똑같이 파고들어 그 위상을 굳혔다. 이제 정치 영역에서 '다수의 횡포tyranny of the majority'[2]는 온 사회가 경계하지 않으면 안 될 큰 해악 가운데 하나로 분명히 인식된다.

2 프랑스의 사상가 토크빌Alexis de Tocqueville이 자신의 명저《미국의 민주주의De la démocratie en Amérique》에서 썼던 말이다. 밀은 토크빌의 책이 출판되자마자 장문의 서평을 써서 그의 문제의식에 공감을 표시했다. 밀과 토크빌이 나눈 우정에 관해서는 《위대한 정치》(서병훈, 책세상, 2017) 191~230쪽 참고.

다른 권력의 횡포와 마찬가지로, 다수의 횡포도 주로 공권력 행사를 통해 그 해악이 처음 목격되었으며, 지금도 다르지 않다. 그러나 주의 깊게 관찰해보면, 사회 자체가 횡포를 부린다고 할 때, 다시 말해 사회가 개별 구성원들에게 집단적으로 횡포를 부린다고 할 때, 이는 정치적인 권력 기구의 손을 빌려 할 수 있는 행위에만 한정되는 것은 아니다. 사회는 스스로의 뜻을 관철시킬 수 있고 실제로도 그렇게 한다. 이처럼 사회가 그릇된 목표를 위해 또는 관여해서는 안 될 일을 위해 권력을 휘두를 때, 그 횡포는 다른 어떤 형태의 정치적 탄압보다 훨씬 더 가공할 만한 것이 된다. 정치적 탄압을 가하는 사람들과는 달리, 웬만해서는 극형을 내리지 않는 대신 개인의 사사로운 삶 구석구석에 침투해 마침내 그 영혼까지 통제하면서 도저히 빠져나갈 틈을 주지 않기 때문이다. 그러므로 정치 권력자들의 횡포를 방지하는 것만으로는 충분하지 않다. 그뿐만 아니라 사회에서 널리 통용되는 의견이나 감정이 부리는 횡포, 그리고 통설과 생각이나 습관이 다른 사람들에게 사회가 법률적 제재 이외의 방법으로 윽박지르며 그 통설을 행동 지침으로 받아들이도록 강요하는 경향에도 대비해야 한다. 사회는 이런 방법을 통해 다수의 삶의 방식과 일치하지 않는 그 어떤 개별성individuality도 발전하지 못하도록 방해한다. 그리고 할 수만 있다면 아예 그 싹조차 트지 못하게 막으면서, 급기야는 모든 사람의 성격이나 개성을 사회의 표준에 맞도록 획일화하려고 한다. 그러나 분명히 강조하지만, 집단의 생각이나 의사가 일정한 한계를 넘어 개인의 독립성에 함부로 관여하거나 간섭해서는 안 된다. 그런 한계를 명확히 하여 부당한 침해가 일어나지 않게 하는 것은 인간다운 삶을 유지하는 데서 정치적 독재를 방지하는 것 못지않게 긴요하다.

원론적으로 보자면 이 명제에 이의를 제기하기가 어려울 것이다. 그러나 그 한계가 어디까지인지, 다시 말해 개인의 독립성과 사회의 통제 사이에서 적절한 접점을 어떻게 찾을 것인지 구체적으로 따져보면 해결해야 할 문제가 한둘이 아니다. 무엇이든지 누군가에게 가치가 있느냐 없느냐 여부는 다른 사람들의 행동에 제약을 가할 힘이 있느냐 없느냐에 달렸다. 그러므로 일부 행동 규칙은 우선 법에 따라 정해져야 한다. 그리고 법이 관여하기 어려운 그 밖의 많은 일은 사람들의 생각에 따라 결정되어야 한다. 어떤 것이 이런 규칙이 되어야 마땅한지는 우리 인간의 삶에서 가장 중요하게 탐구되어야 할 문제다. 그러나 아주 명백한 몇몇 경우를 제외하면 이 문제의 정답을 찾기란 거의 불가능하다. 게다가 시대에 따라서 답이 항상 다르다. 서로 다른 두 사회가 같은 답을 낸 적은 거의 없다. 한 시대나 한 사회가 내린 결정이 때로 다른 시대나 다른 사회의 사람에게는 놀라워 보이기도 한다. 그러나 그런 결정을 내린 특정 시대나 특정 국가의 사람들은 다른 사람들도 오래전부터 늘 자신들과 똑같은 생각을 해왔다고 믿으며 이에 대해 추호도 의심하지 않는다. 그들은 자신이 확립한 규칙이 자명하며 누가 봐도 옳다고 여긴다. 거의 모든 사람이 빠지기 쉬운 이런 착각은 관습이 빚어내는 가공할 만한 부작용 가운데 하나라고 할 수 있다. 사실 이 관습이라는 것은 속담 그대로 제2의 자연이다. 아니, 더 정확하게 말하면 자연을 지속적으로 왜곡하고 있다. 관습은 사람들이 만들고 지켜온 행동 규칙의 타당성을 전혀 의심하지 못하게 만드는데, 관습은 이성적인 토의의 대상이 아니라는 일반 인식 때문에 이런 속성이 더욱 강화되고 있다. 사람들은 오래전부터 이것은 이성보다는 감정의 문제이며 따라서 이성은 필요하지 않다고 믿어왔다. 그리고 철학자 행세를 하고 싶어 하는 사람들이 그와 같은 믿음을 더욱 부추겼다. 자신, 그리고 자신과 같은 생각을 하는 사람들이 타인에 대해 이렇게 저렇게 해주면 좋겠다고 바라는 그 감정이 각자의 행동을 규율하는 실제 원리가 된다. 실제로 어느 누구도 자신이 원하는 것이 곧 자신의 판단 기준이 된다고 말하지는 않는다. 그러나 어떤 행동을 둘러싼 생각이 이성의 뒷받침을 받지 못한다면, 그것은 특정 개인의 선호에 지나지 않는다. 그리고 이성의 뒷받침이 있다 해도 그 이성이 다른 사람들의 비슷한 선호에 대한 호소에 불과하다면, 여전히 한 사람 대신 여러 사람의 마음에 맞춰서 행동하는 것과 다를 바 없다. 그러나 보통 사람의 경우, 다른 사람들의 그런 선호가 도덕과 기호 또는 예의에 관한 자신의 관점을 세우는 데 강력한, 그리고 거의 유일한 근거가 된다. 그 사람이 믿는 종교의 교리도 이에 대해서는 분명한 지침을 주지 못한다. 어떻게 보면 그러한 선호가 종교의 교리를 해석하는 잣대가 되기도 한다. 그러므로 어떤 것이 칭찬받을 만하며 어떤 것이 비난받을 일인지에 관한 생각은 다양한 요인들의 영향을 받는다. 이들 요인은 다른 사람들이 어떻게 행동해주면 좋겠다는 자신의 바람에 영향을 끼치는데, 여타 문제에 대한 바람을 결정하는 때가 많은 만큼이나 그 가짓수가 다양하다. 경우에 따라서는 이성이나 편견, 미신, 어떤 때는 사회적 호감 또는 정반대로 사회적 반감, 또 어떤 때는 부러움이나 질투, 교만이나 오만 같은 것들이 그런 역할을 한다. 그러나 대부분은 욕망이나 자기 염려(정당하거나 정당하지 않은 자기 이익)가 결정인자가 된다. 어떤 계급이 떠오르는 곳에서는 어디든 그 계급의 이익과 계급적 우월의식이 그 사회의 도덕률을 크게 좌우한다. 스파르타 사람과 그들의 노예, 농장주와 흑인 노예, 왕자와 신하, 귀족과 소작농, 남자와 여자 사이의 도덕률은 대부분 이런 신흥 계급의 이익과 감정에 따라 결정된다. 그렇게 촉발된 느낌과 생각은 떠오르는 계급의 도덕 감정과 관계에 영향을 준다. 반면에 기세 좋던 계급이 몰락하거나 그 계급이 상승세를 타는 것을 사람들이 싫어하면, 지금까지 지배적인 위치에 있던 도덕 감정에 이의를 제기하는 경우가 잦아진다. 사람들에게는 세속의 권력자 또는 신이 좋아하거나 싫어할 것이라고 생각되는 바를 맹목적으로 추종하거나 기피하는 노예근성 같은 것이 있다. 이것이 곧 지시와 금지의 형태로 인간의 행동 규칙을 결정적으로 규정하는 또 다른 원리가 된다. 이 노예근성은 이기심을 근본으로 하지만 위선적이라고 할 수는 없다. 그것은 마술사나 이단자를 화형에 처하는 것과 같은 극단적인 증오심을 낳는다. 한 사회의 도덕 감정이 형성되는 데는 하찮은 여러 요소가 영향을 끼친다. 특히 그 사회 전체의 명백한 이해관계가 당연히 중요한 역할을 한다. 그러나 면밀히 따져보면 그런 이해관계 속에서 생겨나는 공감과 반감이 더 큰 영향을 준다고 할 수 있다. 사회의 이해관계와 그다지 또는 전혀 상관이 없는 공감과 반감 역시 그에 못지않게 중요한 작용을 한다.

따라서 사회나 사회를 움직이는 중요한 세력이 좋아하거나 싫어하는 것이 규칙의 실질적 원천이 된다. 사람들은 법을 지키지 않을 때 따르는 처벌이 두려워, 또는 여론의 힘에 밀려 그 규칙을 준수한다. 일반적으로 볼 때 한 사회의 생각과 감정을 선도해온 사람들은 세밀한 부분에 불만이 있더라도 이 큰 틀을 내버려두었다. 그들은 사회가 좋아하거나 싫어하는 것을 그대로 따라야 하는지 따지기보다는, 사회가 무엇을 좋아하거나 싫어해야 하는지 캐묻는 데 주력했다. 그들은 이단으로 낙인찍힌 사람들의 자유를 보호하는 것과 같은 보편적 대의에는 별 관심이 없었다. 그보다는 특정 영역에서 자신들이 보여주는 이단적 성향을 껄끄럽게 생각하는 사람들의 감정을 바꾸는 데 더 골몰했다. 그러나, 어디에나 있기 마련인 몇몇을 제외하고, 대부분의 사람이 종교적 신념만은 한마음으로 꾸준히 지켜왔다. 이 문제는 여러 면에서 시사하는 바가 많다. 이른바 도덕 감정이라는 것이 얼마나 엄청난 잘못을 저지를 수 있는지 보여주는 데 더없이 중요한 사례가 되기 때문이다. 이를테면 신실하고 완고한 믿음이 있는 이들에게는 신학적 증오odium theologicum(종교적 차이 때문에 생기는 증오심을 말한다)가 가장 확실한 도덕 감정의 하나가 된다. 자칭 보편 교회(전 세계의 로마가톨릭교회를 총칭한다)의 족쇄를 앞장서 풀어버린 사람들도 처음에는 종교적인 차이를 인정하지 않았다. 그 점에서는 그들도 교회 못지않았다. 그러나 어느 한쪽도 완승을 거두지 못한 채 각 교회나 종파가 본래 지분을 유지하는 것으로 만족해야 하는 상황에서 심각한 갈등과 대립이 막을 내리자, 다수파가 될 가능성이 없음을 알아차린 소수파는 상대방에게 종교적인 관용을 호소해야만 했다. 바로 이 싸움을 통해서 거의 결정적으로 사회가 개인의 권리를 침해해서는 안 된다는 원리의 중요한 토대가 확보된 것이다. 이제 사회가 생각을 달리하는 개인에게 함부로 간섭하는 것이 어려워졌다. 종교의 자유를 신장하는 데 크게 기여한 위대한 저술가들은 특히 양심의 자유가 결코 침해되어서는 안 될 권리라는 점을 분명히 밝혔다. 그리고 누구든 자신의 종교적 믿음에 대해 절대적 자유를 누려야만 한다는 사실을 강조했다. 그러나 인간은 자신이 소중히 여기는 것과 대립되는 것에는 쉽사리 관용을 베풀지 못하는 천성을 지녔다. 따라서 신학적인 논쟁으로 자신의 평온한 삶이 침해받는 것을 원치 않는 사람이 많아서 종교적인 무관심이 팽배한 일부 지역을 제외하고는 실제로 종교의 자유를 누리는 사람은 그리 많지 않았다. 관용의 폭이 가장 넓은 나라에서조차 종교를 믿는 거의 대부분의 사람이 일정한 암묵적 예외를 상정한 가운데 관용의 의무를 받아들였다. 이를테면 교회 행정에 대해 생각이 다른 사람을 받아들일 수는 있지만 교리 자체와 관련해서는 완고한 태도를 취했다. 어떤 사람은 누구든지 용서하지만 '교황 절대주의자Papist'(가톨릭 신자를 낮춰 부르는 말이기도 하다)나 '유일신교 신자'[3]에 대해서는 예외적인 태도를 취한다. 또 어떤 사람은 계시종교를 믿는 이만 포용한다. 자선을 베풀다가도 신이나 천국의 존재를

3 Unitarian. 기독교의 한 교파로, 예수의 신성神性을 부정하며 삼위일체론三位一體論을 믿지 않는다.

믿지 않는 사람에게는 등을 돌려버리는 신자들도 있다. 장소를 불문하고 종교적인 믿음이 진지하고 강렬한 곳일수록 관용의 폭이 좁다.

영국은 독특한 정치사의 영향 때문에 여론의 구속력이 크지만, 그에 비해 법의 간섭은 유럽 어느 나라보다도 적은 편이다. 영국인은 의회나 행정부가 개인의 사적인 행동에 관여하는 것에 상당한 거부감을 품는데, 이는 개인의 독립성을 지켜야 한다는 어떤 고귀한 뜻에서라기보다 정부가 일반 국민의 이익과 반대되는 세력을 대표한다는 오래된 통념에서 비롯한 것이다. 대다수 국민이 아직은, 정부가 자신들의 이익을 대변하기 때문에 정부의 힘이 곧 자신의 힘이 되고 정부의 생각이 곧 자신의 생각과 같은 것이라고 믿는 단계에는 이르지 못했다. 사람들이 자신과 정부를 동일시하면, 이미 여론이 그러고 있듯이, 정부가 개인의 자유를 침해할 위험도 커진다. 그러나 그동안 자유 영역으로 남아 있던 개인의 사생활에 정부가 간섭하려 드는 그 어떤 시도에 대해서도 사람들의 거부감이 아직까지는 상당히 큰 편이다. 합법적이든 그렇지 않든 관계없이, 사람들은 간섭 자체를 싫어하는 것이다. 사람들이 느끼는 그런 감정은 전체적으로 보면 옳고 타당한 것이지만, 구체적인 사안에 따라 옳은 결과를 이끌어낼 가능성만큼이나 그릇된 결론에 이를 가능성도 있다. 사실 정부의 간섭이 옳은 것인지 아니면 잘못된 것인지 손쉽게 판단할 수 있는 공인된 원리는 존재하지 않는다. 그저 각자의 개인적인 기분에 따라 결정될 뿐이다. 어떤 사람은 좋은 결과가 나올 듯하거나 아니면 잘못된 것을 시정할 수 있을 것처럼 보이면 기꺼이 정부의 간섭을 촉구하기도 한다. 반면 어떤 사람은 정부의 간섭을 받느니 웬만한 사회적 해악은 있는 그대로 감수하려 든다. 구체적인 사안에 따라 사람들의 생각이 각양각색인 것이다. 감정이나 기분이 다르고, 정부의 개입이 필요한 이해관계에 대한 생각이 다르고, 또 개입하는 경우라도 정부가 일을 어떻게 처리하면 좋은지에 대한 생각이 각각 다르다. 그러면서도 정부가 마땅히 해야 할 일이 무엇인지에 대해 일관된 소신을 보이는 경우는 거의 없다. 규칙이나 원칙 없이 일을 처리하다 보니 어느 쪽이 반드시 옳다고 말할 수 없다. 옳을 때도 있고 틀릴 때도 있기 때문이다. 그러므로 정부의 간섭을 촉구하는 쪽이나 반대하는 쪽이나 잘못될 가능성이 있기는 마찬가지다.

나는 이 책에서 자유에 관한 아주 간단명료한 단 하나의 원리를 천명하고자 한다. 이를 통해 사회가 개인에게 강제나 통제(법에 따른 물리적인 제재 또는 여론의 힘을 통한 도덕적인 강권)를 가할 수 있는 경우를 최대한 엄격하게 규정하는 것이 이 책의 목적이다. 그 원리는 다음과 같다. 인간 사회에서 개인이나 집단 누구든 다른 사람의 행동의 자유를 침해할 수 있는 경우는 오직 하나, 자기 보호를 위해 필요할 때뿐이다. 다른 사람에게 해harm를 끼치는 것을 막기 위한 목적이라면, 당사자의 의지에 반해 권력이 사용되는 것도 정당하다고 할 수 있다. 이 유일한 경우를 제외하고는, 문명사회에서 구성원의 자유를 침해하는 그 어떤 권력의 행사도 정당화할 수 없다. 그 사람 본인의 물질적·도덕적인 이익good을 위한다는 명목 아래 간섭하는 것도 일절 허용되지 않는다. 당사자에게 더 좋은 결과를 가져다주거나 더 행복하게 만들거나 다른 사람이 볼 때 현명하거나 옳은 일이라는 이유에서, 그 자신의 의사와 관계없이 무슨 일을 시키거나 금지해서는 안 된다. 이런 선한 목적에서라면 그 사람에게 충고하고, 논리적으로 따지며, 설득하면 된다. 그것도 아니면 간청할 수도 있다. 그러나 말을 듣지 않는다고 강제하거나 위협을 가해서는 안 된다. 그런 행동을 억지로라도 막지 않으면 다른 사람에게 나쁜 일을 하고 말 것이라는 분명한 근거가 없는 한, 결코 개인의 자유를 침해해서는 안 되는 것이다. 다른 사람에게 영향을 주는 행위에 한정해서 사회가 간섭할 수 있다. 이에 반해 당사자에게만 영향을 끼치는 행위에 대해서는 개인이 당연히 절대적인 자유를 누려야 한다. 자기 자신, 즉 자신의 몸이나 정신에 대해서는 각자가 주권자인 것이다.

이 원리가 정신적으로 성숙한 사람에게만 적용될 수 있다는 사실을 굳이 부연할 필요는 없을 것이다. 지금 우리가 법에서 성인으로 규정한 나이에 미치지 못하는 어린아이나 젊은이를 대상으로 이야기하는 것은 아니다. 아직 다른 사람의 보호를 받아야 할 처지에 있는 사람들은 외부의 위험 못지않게 자신의 행동에 따른 결과로부터도 보호받아야 마땅하다. 같은 이유에서 미개 사회에 사는 사람들도 이 대상에서 제외하는 것이 좋다. 왜냐하면 그런 사회에 사는 사람들은 아직 미성년 상태로 보아도 무방하기 때문이다. 역사의 초기 단계에서는 독자적인 발전을 가로막는 장애가 너무 커서 그것을 극복할 방도를 찾는 것이 거의 불가능하다. 그래서 나라를 발전시키겠다는 의욕으로 충만한 지도자가 달리 방법이 없을 때 그 어떤 편법을 쓰더라도 탓할 수가 없는 것이다. 미개인을 개명開明할 목적에서 그 목적을 실제 달성하는 데 적합한 수단을 쓴다면, 이런 사회에서는 독재가 정당한 통치 기술이 될 수도 있다. 여기에서 검토하는 자유의 원리는 인류가 자유롭고 평등한 토론을 통해 진보를 이룩할 수 있는 시대에나 성립될 뿐, 그런 때에 이르지 못한 상태에서는 생각할 수 없는 것이다. 때가 되기까지는 아크바르[4]나 샤를마뉴 같은 지도자에게 (운이 좋아서 그런 사람이 있기만 하다면) 암묵적으로 복종하는 것 외에 다른 방도가 없다. 그러나 사람들이 일단 확신이나 설득에 따라 자기 자신의 발전을 도모할 능력을 갖추면(우리가 여기서 관심을 두고 있는 나라의 사람들은 모두 이미 오래전에 이런 상태에 도달했다), 직접적인 형태는 물론 말을 듣지 않을 때 고

4 Akbar, 1542~1605. 인도 무굴제국의 제3대 황제로 무굴제국을 사실상 확립한 인물이다. 대제국의 건설자이면서 동시에 높은 식견을 바탕으로 문화 창달을 위해서도 적극 노력했다. 이 점에서 샤를마뉴와 비슷하다고 할 수 있다.

통을 주거나 처벌을 하는 방법 등 그 어떤 강제도 그들에게 이익을 주는 수단이 될 수 없다. 오직 다른 사람의 안전을 지킬 필요가 있을 때만 강제가 허용되는 것이다.

나는 효용이 모든 윤리적 문제의 궁극적 기준이 된다고 생각한다. 그래서 효용에 바탕을 두지 않은 추상적 권리 이론이 나의 주장에 도움을 줄 수도 있겠지만, 나는 아무 말도 하지 않았다. 그러나 이 효용은 진보하는 존재인 인간의 궁극적인 이익에 기반을 둔, 가장 넓은 의미의 개념이어야 한다. 이런 이익 개념 때문에, 오직 다른 사람의 이익에 영향을 주는 행위에 대해서만 외부의 힘이 개인의 자율성을 제한할 수 있다고 주장한다. 누군가 다른 사람에게 해가 되는 행동을 한다면 그 사람은 당연히 법에 따라 처벌을 받아야 한다. 적절한 법적 처벌이 어려울 때는 모든 사람에게서 비난을 받아야 마땅하다. 그런가 하면 우리 모두는 다른 사람에게 도움이 되는 이런저런 일, 이를테면 법정 증언이라든가 자신이 속한 사회의 이익을 위해 필요한 공동 방위나 공동 작업의 일정 부분을 감당하는 일 등을 해야 한다. 그리고 이웃을 위험에서 구해주고 자기방어 능력이 없는 사람을 악용하지 못하게 간섭하는 등 자선의 손길을 내미는 일을 회피해서는 안 된다. 마땅히 해야 할 이런 일들을 하지 않는 개인에게 사회가 책임을 묻는 것은 당연하다. 또 살다 보면 어떤 행동을 하는 것은 물론이고, 하지 않음으로써 남에게 피해를 줄 수도 있다. 어느 경우든 그 피해에 책임을 질 수밖에 없다. 그러나 후자의 경우, 훨씬 신중하게 그 책임을 물어야 한다. 누구든 다른 사람에게 피해를 주었을 때 그 일에 책임을 지는 것은 당연하다. 그러나 다른 사람이 피해를 입지 않도록 미리 막지 못했다고 책임을 추궁하는 것은 상대적으로 예외가 되어야 한다. 하지만 세상에는 그런 예외를 정당화해주는 대단히 분명하고 심각한 경우가 숱하게 많다. 대외적으로 모든 개인은 자신이 하는 일에 이해관계가 있는 사람들에게, 그리고 필요하다면 그들의 보호자인 사회에 법적 책임을 져야 한다. 그러나 가끔 그런 책임을 지지 않아도 되는 때가 있다. 즉 사회가 간섭할 권리가 있지만 개인에게 맡겨두는 것이 훨씬 더 좋은 결과를 가져오거나, 사회가 간섭하면 오히려 더 큰 해악을 빚을 위험이 있을 때는 전후 사정을 살펴서 가장 유익한 방향으로 결정을 내리는 것이 바람직하다. 사회적 책임을 지지 않아도 되는 이런 경우에는 행위 당사자의 양심이 공법公法의 빈틈을 메워서 외부의 보호를 받을 수 없는 사람들의 이익을 지키는 데 최선을 다해야 한다. 다시 말해 주변의 판단에 책임을 지지 않아도 되는 만큼 자신에게 더 엄격한 기준을 적용해야 하는 것이다.

그러나 (개인이 아닌) 사회가 아무런 이해관계가 없거나 있다 하더라도 간접적인 이해관계일 뿐인 행동 영역이 있다. 즉 자신에게만 영향을 주는 어떤 사람의 삶과 행태에 또는 다른 사람에게 영향을 주는 경우라도, 그것이 그들의 자유롭고 자발적이며 속임수가 아니라 동의와 참여 아래 일어난 것이라면 사회가 관여해서는 안 된다. 여기에서 단지 '본인에게만'이라고 말하는 것은 어떤 행위가 낳는 최초의 직접적인 결과를 염두에 둔 것이다. 왜냐하면 그 사람에게 영향을 주는 것은 무엇이든 본인을 통해 다른 사람들에게도 영향을 줄 수 있기 때문이다. 이런 우연한 기회를 통해 생긴 결과에 대해서는 따로 고려해야 할 것이다. 지금까지 말한 것들이 인간 자유의 기본 영역이 된다. 자유의 기본 영역으로 다음의 세 가지를 생각할 수 있다.

첫째, 내면적 의식의 영역이다. 이것은 우리가 실제적이거나 사변적인 것, 과학·도덕·신학 등 모든 주제에 대해 가장 넓은 의미에서의 양심의 자유, 생각과 감정의 자유, 그리고 절대적인 의견과 주장의 자유를 누려야 한다는 말이다. 의견을 표현하고 출판하는 일은 타인과 관련되기 때문에 다른 원칙에 의해 규제를 받아야 할지도 모른다. 그러나 이것도 생각의 자유만큼이나 중요하고 또 생각의 자유를 보호해야 하는 것과 똑같은 이유에서 보호되어야 하므로, 이 둘을 떼어놓는 것은 실질적으로 어렵다.

둘째, 사람들은 자신의 기호를 즐기고 자기가 희망하는 것을 추구할 자유를 지녀야 한다. 각각의 개성에 맞게 자기 삶을 설계하고 좋은 대로 살아갈 자유를 누려야 한다. 이러한 일이 남에게 해를 주지 않는 한, 설령 다른 사람의 눈에 어리석거나 잘못되거나 또는 틀린 것으로 보일지라도 그런 이유를 내세워 간섭해서는 안 된다.

셋째, 이러한 개인의 자유에서 이와 똑같은 원리의 적용을 받는 결사結社의 자유가 도출된다. 다시 말해 타인에게 해가 되지 않는 한, 그리고 강제나 속임수에 의해 억지로 끌려온 경우가 아니라면, 모든 성인이 어떤 목적의 모임이든 자유롭게 결성할 수 있어야 하는 것이다.

어떤 정부 형태를 두고 있든 이 세 가지 자유가 원칙적으로 존중되지 않는 사회라면 결코 자유로운 사회라고 할 수 없다. 이런 자유를 절대적이고 무조건적으로 누릴 수 있어야 완벽하게 자유로운 사회라고 할 수 있는 것이다. 자유 가운데서도 가장 소중하고 또 유일하게 자유라는 이름으로 불릴 수 있는 것은, 다른 사람의 자유를 박탈하거나 자유를 얻기 위한 노력을 방해하지 않는 한 각자 자신이 원하는 대로 자신의 삶을 꾸려나가는 자유다. 우리의 육체나 정신, 영혼의 건강을 보위하는 최고의 적임자는 누구인가? 이는 바로 각 개인 자신이다. 우리는 자신에게 도움이 된다고 생각되는 방향으로 자기 식대로 인생을 살아가다 일이 잘못돼 고통을 당할 수도 있다. 그러나 설령 그런 결과를 맞이하더라도 자신이 선택한 길을 가면 다른 사람이 좋다고 생각하는 길로 억지로 끌려가는 것보다 궁극적으로는 더 많은 것을 얻을 수 있다. 인간은 바로 그런 존재다.

이런 주장이 결코 새로운 것은 아니며, 어떤 사람에게는 지극히 당연한 것으로 보일지도 모른다. 그러나 현 사회의 일반적인 의견이나 관행의 문제점을 이보다 더 정확하게 지적할 원리는 없을 것이다. 지금 우리는 사회가 설정한 성공의 기준에 맞춰 살도록 강하게 종용받는다. 그것은 (사회가 만든 것으로서) 우리와 무관하지만, 그에 대한 사회적 압력이 여간 심한 것이 아니다. 고대 국가에서는 철학자들의 성원에 힘입어서 공권력의 힘으로 시민들의 사적인 삶을 구석구석 통제하는 것이 당연하다고 생각했다. 국가가 모든 시민의 육체적·정신적인 삶 전반에 걸쳐 깊은 관심이 있었기 때문이다. 강력한 외적에 둘러싸인 약소 국가의 경우 이런 현상은 특히 두드러졌다. 외국의 공격과 내부의 동요 앞에서 속절없이 무너질 위험에 놓였고, 잠시라도 통제를 느슨히 하거나 자유를 주면 곧 치명적인 결과가 생기는 상황이었기 때문에, 장기적으로 자유가 불러일으킬 긍정적인 효과를 기다릴 여유가 없었던 것이다. 오늘날에는 정치 공동체의 규모가 커진 데다, 무엇보다도 세속적 권위와 종교적 권위가 분리된 까닭에(다시 말해 인간의 양심을 다루는 권력과 일상의 삶을 다스리는 권력이 다르기 때문에) 개인의 사적인 영역에 법이 지나치게 관여할 수 없다. 그러나 사회의 주도적인 흐름에서 벗어나려는 시도에 대한 도덕적 억압의 기제는 훨씬 강력해졌다. 특히 사회적인 문제보다 오히려 개인 각자의 고유한 문제에 대한 억압이 더 심해졌다. 도덕 감정을 형성하는 데 가장 중요한 요소가 바로 종교다. 그러나 종교는 지금까지 거의 언제나, 인간의 행동 하나하나를 통제하려는 야심만만한 고위 성직자 또는 청교도 정신의 지배 아래 놓여 있었다. 그런데 종교의 이러한 과거 행태에 강력하게 반발했던 근대 개혁가들 가운데 일부는 오히려 교회나 그 어떤 종파보다도 더 영혼의 자유에 대한 억압의 불가피성을 주장하고 있다. 특히 콩트[5]는 자신의 책

5 Auguste Comte, 1798~1857. 프랑스의 철학자이자 사회학자다. 밀은 한때 콩트를 우호적으로 평가했지만, 그가 여성에 대해 부정적인 편견을 품고, 지나치게 경직된 사회적·종교적 체계를 이론화한다는 이유로 점차 비판적인 자세를 취했다. 콩트가 경제적

《실증적 정치체제Système de Politique Positive》에서 비록 법적인 절차가 아니라 도덕의 힘에 의한 것이기는 하지만, 교조적인 고대 철학자보다도 더 개인에 대한 사회의 독재를 변호한다.

이런 예외적 성향의 개별 사상가는 그렇다 치더라도, 오늘날 세계 곳곳에서는 여론이나 심지어 법의 힘을 통해 개인에 대한 사회 통제를 과도하게 확대하려는 경향이 늘어난다. 사회의 힘을 강화하는 반면 개인의 힘은 축소해나가는 이런 부정적인 변화는 절로 사라질 일이 아니다. 오히려 앞으로 점점 더 가공할 위력을 발휘할 것이다. 우연하게 인간의 본성이 되어버린 최선의 감정과 최악의 감정 가운데 일부가, 다른 사람들에게(권력자의 위치에서 또는 이웃 동료로서) 자기 생각과 성향을 하나의 행동 지침으로 받아들이도록 강요한다. 이러한 경향은 워낙 강해서 인간 감정의 힘이 줄어들면 모를까, 그것을 막을 도리가 없다. 불행하게도 그 힘은 줄어들지 않고 오히려 더 커지고 있다. 따라서 이런 불행을 미연에 방지하기 위한 인간의 도덕적 혁신이 일어나지 않는 한, 오늘날 세상 돌아가는 상황에 비추어볼 때 사태는 점점 더 악화되고 말 것이다.

이 책에서 주장하는 바를 효과적으로 전개하자면, 전폭적이지는 않지만 그래도 어느 측면에서는 많은 사람이 공감하는 하나의 항목에 집중하는 것이 전체적으로 한꺼번에 펼치는 것보다 더 나을 듯하다. 바로 생각의 자유다. 이 생각의 자유와 말하고 쓰는 자유를 분리하는 것은 불가능하다. 그 둘은 밀접하게 관련되기 때문이다. 이런 자유가 종교적 관용과 자유 질서를 표방하는 모든 나라에서 제법 상당한 정도로 정치윤리의 한 부분을 구성하고 있지만 통념과 달리 보통 사람들은 그

으로 어려운 처지에 놓였을 때 밀이 그를 돕기 위해 나서기도 했다. 그러나 얼마 안 지나 후원은 중단되었고, 콩트가 밀에게 그 책임을 돌리는 바람에 두 사람의 관계는 더욱 멀어졌다.《위대한 정치》(서병훈, 책세상, 2017) 60~64쪽 참고.

자유의 철학적·실천적 원리에 그다지 익숙하지 않다. 그들이 그 문제를 정통하게 이해하기를 기대하는 것은 더구나 무리다. 심지어 지도층 인사들조차 잘 모른다. 엄밀하게 말하면 이러한 원리는 특정 자유를 넘어 훨씬 더 넓게 적용될 수 있다. 따라서 이것과 관련된 문제들을 잘 검토하고 나면 이 책의 나머지 부분도 좀 더 쉽게 이해할 수 있을 것이다. 지금부터 내가 말하고자 하는 바를 이미 잘 알고 있는 사람들은, 지난 300년 동안 끊임없이 논의되어온 주제에 대해 새삼스럽게 사족을 하나 더 붙이는 것을 용서해주기 바란다.

2장 생각과 토론의 자유

'출판의 자유'가 정부의 타락이나 전횡專橫을 막아주는 중요한 장치의 하나라는 사실을 굳이 강조해야 하던 때는 이미 지났다. 사실 그렇게 믿어도 될 것이다. 따라서 인민의 이해관계와는 동떨어진 입법가나 행정 책임자가 인민에게 어떤 의견을 강요하고 특정 교리나 주장에 대한 접근을 제한하는 행위가 용납될 수 없다는 사실을 굳이 언급할 필요는 없을 것이다. 더구나 이런 문제에 대해서는 이미 과거에 많은 논객이 훌륭한 주장을 폈기 때문에 이 책에서 더 거들 이유는 없다. 비록 오늘날 영국의 출판에 관한 법이 튜더 왕조 시절만큼이나 억압적이기는 하지만, 반란에 대한 두려움 때문에 고위 관리와 법관들이 제정신을 잃고 일시적으로 혼란 상태에 빠졌던 때를 제외하고는, 정치적인 논란을 둘러싸고 실제적으로 이 자유가 침해되는 경우는 거의 없었다.* 일반적으

* 내가 이 부분을 쓰자마자 마치 그 내용을 정면으로 반박이라도 하듯이 '출판규제법 Government Press Prosecutions of 1858'이 제정되었다. 그러나 공개 토론의 자유에 대한 간섭을 허용한 이 잘못된 법 때문에 내가 영향을 받은 것은 하나도 없다. 나는 이미 써놓은 글을 한 자도 고치지 않았다. 그리고 일시적으로 황망했던 순간을 제외하면, 영국에서 정치적인 토론과 관련해 고통을 주고 처벌을 하던 시대는 이미 지나갔다는 나

로 말해서 국가가 국민에 대해 전적으로 책임을 지든 아니든 국민의 자유를 전면 억압하겠다고 노골적으로 나서지 않는 한, 민주주의 국가에서 정부가 가끔씩 국민의 의사 표현을 통제하려 한다고 해서 특별히 두려워할 이유는 없다. 그러므로 정부와 인민이 완전히 하나라고, 인민의 지시가 없는 한 정부가 그들의 자유를 강제로 구속하는 일은 아예 생각도 하지 않는다고 상정하자. 나는 인민이 스스로든 정부를 통해서든 그렇게 강제할 권리는 지니고 있지 않다고 생각한다. 그런 권력은 어떤 정당성도 얻지 못한다. 최상의 정부일지라도 최악의 정부와 마찬가지로 그럴 자격은 없다. 여론을 빌려 자유를 구속한다면 그것은 여론에 반해 자유를 구속하는 것만큼이나, 아니 그보다 더 나쁜 것이다. 전체 인류 가운데 단 한 사람이 다른 생각을 한다고 해서 그 사람에게 침묵을 강요하는 일은 옳지 못하다. 이것은 어떤 한 사람이 자기와 생각이 다르다고 나머지 전부에게 침묵을 강요하는 일만큼이나 용납될 수 없는 것이다. 어떤 의견이 본인에게는 모를까 다른 사람한테는 아무 의미가 없고 따

의 믿음도 전혀 흔들리지 않았다. 우선 그런 사안에 대해 처벌한 경우가 많지 않다. 그리고 그 처벌도 엄격한 의미의 정치적 처벌이 결코 아니었다. 문제는 정치체제나 권력자의 행태 또는 측근들에 대한 비판이 아니라 폭군 살해를 정당화하는 비도덕적 주장을 유포한다는 것이다.

이 장에서 내가 말하려는 것이 최소한의 의미를 지니려면, 아무리 비도덕적인 것처럼 보이는 주장이라 해도 윤리적인 확신을 가진 사람이 그것에 대해 문제를 제기하고 토론할 수 있는 자유는 최대한 보장되어야 한다. 폭군 살해론이 그럴듯한 이름값을 하는지 여기에서 따져보는 것은 적절하지도 않고 자리에 맞지도 않다. 그저 이 문제를 둘러싼 논란이 지금까지 도덕철학의 큰 질문거리 가운데 하나였다는 사실을 밝혀두는 것으로 만족하고자 한다. 그리고 법 위에 군림하면서 법적 처벌이나 통제를 벗어난 범죄자를 한 시민이 처단하는 사건에 대해 모든 사람이, 게다가 일부 대단히 현명하고 뛰어난 사람들까지 범죄라기보다 오히려 고결한 덕행이라고 여기고 있으며, 옳건 그르건 그 사건을 살해가 아니라 내란이라는 측면에서 규정하려는 시도 때문에 논쟁이 지속되고 있음을 환기하는 것으로 그치고자 한다. 그러므로 폭군 살해를 부추기는 것은, 특정 상황에서 처벌 대상이 될 수도 있다고 생각한다. 그러나 이 경우에도 그런 언설 뒤에 행동이 실제로 일어났고, 또 그 둘 사이에 어느 정도 인과관계가 성립해야 한다. 이런 조건이 다 갖추어졌다 해도 외국 정부가 개입할 일은 아니다. 그런 공격을 당한 당사자만이 합법적으로 처벌할 수 있는 것이다.

라서 그 억압이 그저 사적으로 한정된 침해일 뿐이라 해도, 그런 억압을 받는 사람이 많고 적음에 따라 이야기는 달라질 수 있다. 그러나 어떤 생각을 억압한다는 것이 심각한 문제가 되는 가장 큰 이유는, 그런 행위가 현 세대뿐만 아니라 미래의 인류에게까지(그 의견에 찬성하는 사람은 물론이고 반대하는 사람에게까지) 강도질과 같은 악을 저지르는 셈이 되기 때문이다. 만일 그 의견이 옳다면 그러한 행위는 잘못을 드러내고 진리를 찾을 기회를 박탈하는 것이다. 설령 잘못된 것이라 해도 그 의견을 억압하는 일은 틀린 의견과 옳은 의견을 대비함으로써 진리를 더 생생하고 명확하게 드러낼 대단히 소중한 기회를 놓치는 결과를 낳는다.

이 두 측면에는 나름의 논리가 있으므로 하나씩 따져볼 필요가 있다. 어떤 의견을 폐기하고자 할 때, 우리는 결코 그 의견이 잘못되었다는 것을 확신할 수 없다. 그리고 비록 그것이 잘못되었다는 확신이 있더라도 그것을 억누르는 것은 여전히 옳지 못하다.

첫째, 권력을 동원해서 억누르려는 의견이 사실은 옳은 것일 수 있다. 그 의견을 짓밟으려는 사람들은 물론 그것을 부인할 것이다. 그러나 그들이 결코 잘못을 범하지 않을 만큼 완벽한 사람들은 아니다. 그들이 다른 모든 사람을 대신해서 그 문제에 대해 결정하고 다른 이들이 판단할 기회를 빼앗아버려도 좋을 만큼 절대적인 권한을 쥐고 있는 것은 아니다. 만일 그들이 특정 의견이 잘못되었다는 확신 아래 다른 사람들의 의견을 들어볼 기회조차 봉쇄해버린다면, 그것은 자신들의 생각이 절대적으로 옳다고 가정하는 것이나 마찬가지다. 스스로 완전하다infallibility고 전제하지 않는 한 일체의 토론을 차단해버릴 수는 없다. 사람들이 흔히 이런 착각에 빠지는 탓에 자기와 다른 생각을 용납하지 못하는 것이다.

인간의 양식良識을 위해서는 불행한 일이지만, 사람들은 자신의 판단이 틀릴 수 있다는 사실을 이론상으로는 인정하면서도, 막상 현실 문제에 부딪히면 좀처럼 그렇게 생각하지 않는다. 자신이 틀릴 수 있음을 잘 알지만 그런 잘못에 대비해서 미리 어떤 조치를 취할 필요성은 그다지 느끼지 못하는 것이다. 그리고 분명히 옳은 것이라고 확신하는 어떤 의견이 실은 그들도 인정하는 바로 그 사실, 즉 인간의 판단이 잘못될 수 있다는 것을 보여주는 한 예가 될 수 있음을 인정하려 하지 않는다. 절대적인 권력자나 맹목적인 복종을 요구하는 데 익숙한 사람들은 거의 모든 문제에 대해 자신들의 생각이 완벽하게 옳다는 확신에 빠지기 쉽다. 어떤 사람들은 (좀 더 다행스럽게도) 때로 자신의 생각이 잘못됐다는 것을 알면 막무가내로 그 생각을 고집하지는 않는다. 그런 이들도 주변 사람들이나 자기가 습관적으로 추종하는 사람들이 자신과 같은 생각을 하고 있음을 알고 나면, 그 생각에 절대적으로 집착한다. 사람들이 자신의 독자적인 생각에 자신감이 없으면 없을수록 일반적인 의미의 '세계'의 완전함에 암묵적인 믿음을 품고 더욱 의지하게 되기 때문이다. 보통 사람들에게는 각자가 직접 부딪히고 경험하는 것, 즉 정당, 집단, 교회, 계급 등이 모여 이 세계를 구성한다. 이에 견주어 세계의 의미를 국가나 시대처럼 광범위한 것으로 이해하는 사람은 자유주의자나 생각이 탁 트인 사람이라고 부를 수도 있겠다. 이들 보통 사람들은 자기가 속한 집단의 권위에 대한 믿음이 어찌나 단단한지, 다른 시대나 국가, 집단이나 교회, 계급, 그리고 정당 등이 자기 집단과 정반대로 생각해왔고 심지어 지금도 그렇게 생각한다는 사실을 알더라도 전혀 영향을 받지 않는다. 이들은 자기 집단이 오류에 빠진 사람들을 바르게 이끌 책임이 있다고 생각한다. 자기가 귀속감을 느끼는 집단이 하찮은 사건으로 인해 바뀔 수 있다는 사실(이를테면 런던에서 어떤 사람을 교회에 나가도록 하는 이유가 베이징에서는 불교나 유교 신자로 만드는 이유가 될 수도 있다)에도 그다지 신경을 쓰지 않는다. 그러나 숱한 논리를 동원하지 않더라도 오류를 범할 가능성이라는 점에서 볼 때, 시대가 개인보다 더 나을 것 없음은 시대 그 자체가 증명해 준다. 각 시대는 수많은 의견을 잉태하는데, 시간이 지나다 보면 그런 의견들이 잘못되었을 뿐 아니라 우스꽝스러운 것이라고 판명 나는 경우도 많다. 과거가 현재에 의해 부정되듯이 현재는 미래에 의해 번복될 것이다. 그래서 현재 많은 사람이 받아들이는 생각 가운데 상당수가 미래의 어느 시점에서는 폐기될 것이 거의 확실하다.

이러한 주장에 다음과 같은 반론이 제기될 수 있다. 공권력이 자신의 판단과 책임에 대해 확신에 찬 나머지, 다른 모든 주장을 금지하는 경우가 있다. 자신은 결코 오류를 범하지 않는다는 터무니없는 믿음 때문에 그렇게 한다. 사람은 특정한 판단에 따라 어떤 행동을 하기 마련이다. 그런데 사람은 누구나 다 실수할 수 있으므로 어느 누구도 판단하려 해서는 안 된다고 한다면 어떤 일이 벌어질까? 나랏일을 맡은 사람들은 어떤 것이 옳지 않다고 판단하고서 그것을 하지 못하게끔 차단할 수 있다. 물론 그렇다고 해서 그들의 판단이 언제나 옳음을 뜻하는 것은 아니다. 직무상 해야 할 일이라면, 비록 잘못될 개연성이 있더라도 자신의 양심에 입각해서 처리해야만 하는 것이다. 우리 생각이 틀릴지도 모른다는 두려움 때문에 각자의 생각에 따라 행동하는 것을 완전히 포기한다면, 자신의 이익을 지키는 것이 불가능하다. 각자가 마땅히 해야 할 일도 할 수 없게 된다. 모든 행동을 겨냥한 비판인 경우, 사실 특정한 상황의 그 어느 것에도 적용되지 못할 수 있다. 정부나 개인이나 각기 할 수 있는 한 가장 정확하게 판단할 수 있도록 최선의 노력을 기울여야 하며, 주의 깊게 판단을 내릴 의무가 있다. 정말 자신의 판단이 옳다는 분명한 확신이 서지 않는 한, 다른 사람에게 그것을 강요해서는 안 된다. 의식이 아직 개화되지 못했던 과거 어느 때에, 지금은 옳다고 받아들여지는 어떤 생각을 펼친다는 이유로 탄압을 받은 사람들이 있었다. 그렇다고 해서 옳다는 확신이 드는데도(이것을 논리적으로 증명할 수도 있을 것이다) 자기 생각에 따라 행동하는 것을 주저한다면 그리고 진솔하게 판단할 때 어떤 주장이 현시대뿐만 아니라 다가올 미래의 인류 사회에도 해가 될 것이 분명한데도 그냥 무차별 확산되도록 내버려둔다면, 그것은 양심적인 행동이 아니라 비겁한 짓이다. 똑같은 실수를 되풀이하지 말자고 말할지도 모르겠다. 그러나 많은 정부와 국가가 마땅히 해야 할 일들을 처리하면서 숱한 실수를 저질러왔다. 부당한 세금을 거둬들였고 정의롭지 못한 전쟁을 벌였다. 그렇다고 우리가 지금 세금을 내지 말아야 하고 어떤 도발을 당하더라도 총을 잡지 말아야 할까? 사람이나 정부나 능력이 닿는 한 최선의 길을 찾아 행동해야 한다. 절대적으로 확실한 것은 있을 수 없다. 그러나 인간의 삶에서 어떤 목적을 향해 나가는 것이 좋은지 판단하는 데 크게 도움이 되는 지침은 얼마든지 찾을 수 있다. 우리는 각자의 생각이 자신의 행동을 인도하는 진정한 길잡이가 될 수 있음을 믿어도 된다. 아니, 반드시 그렇게 믿어야 한다. 잘못된 생각을 퍼뜨려 사회를 나락으로 떨어뜨리려는 악당들을 규제해야 한다는 믿음이 있는 사람이라면, 자신에 대해서도 최소한 이 정도의 확신은 가질 수 있다.

그러나 나는 지금 말한 이런 믿음이 훨씬 많은 것을 상정한다고 생각한다. 온갖 논박을 거쳤지만 허점이 발견되지 않은 어떤 생각을 진리라고 가정하는 것과, 아예 그런 논박의 기회를 봉쇄하기 위해 그것을 진리로 가정하는 것은 본질적으로 다르다. 우리 생각에 대해 철저한 부정과 비판 과정을 거친 뒤, 그래도 살아남은 생각에 입각해서 어떤 행동에 나선다면 그 행동의 타당성은 매우 높아질 것이다. 이렇게만 하면 보통 사람이라 해도 인간 능력이 허용하는 한 최고 수준의 이성적 합리성을 확보할 수 있을 것이다.

인류가 발전시켜온 생각이나 일상적인 행동의 역사를 놓고 볼 때, 우리의 삶이 더 나빠지지 않고 지금 이 상태로나마 유지될 수 있었던 것은 무엇 때문일까? 한 가지 분명한 것은, 인간의 지적 능력 속에 들어 있는 그 어떤 힘 덕분에 그렇지는 않다는 사실이다. 왜냐하면 자명하지 않은 문제에 대해 대체로 100명 가운데 99명은 제대로 판단할 능력이 전혀 없기 때문이다. 그런 능력을 갖추었다고 할 수 있는 나머지 한 사람도 사실은 상대적으로 보아서 그렇다는 것뿐이다. 과거의 뛰어난 사람 가운데 대다수는 오늘날의 우리가 보기에는 틀린 생각을 하고 있었으며, 오늘날 아무도 수긍하지 못할 수많은 일을 주장하거나 행동으로 옮겼다. 그런데도 전체적으로 볼 때 인류의 생각과 행동이 지금처럼 놀라울 만큼 이성적인 방향으로 발전해올 수 있었던 것은 무슨 까닭일까? 인류가 이런 상태에 이를 수 있었던 것은 (인간의 삶이 절망에 가까운 파국 상태에 빠지지 않으려면 그래야 했겠지만) 인간 정신의 한 특징 때문이다. 다시 말해 지적인 또는 도덕적인 존재로서 인간이 보여주는 모든 자랑스러운 것의 근원, 즉 자신의 잘못을 시정할 능력 덕분에 이렇게 된 것이다. 인간은 토론과 경험에 힘입어 자신의 과오를 고칠 수 있다. 경험만으로는 부족하다. 과거의 경험을 올바르게 해석하자면 토론이 반드시 있어야 한다. 잘못된 생각과 관행은 사실과 논쟁 앞에서 점차 그 힘을 잃게 된다. 그러나 사실과 논쟁이 인간 정신에 어떤 영향을 주기 위해서는 그 정신 앞으로 불려 나와야 한다. 사실 스스로가 진실을 드러내는 경우는 거의 없다. 사실에 관한 사람들의 논평이 있어야 그 의미를 알 수 있다. 인간이 내리는 판단의 힘과 가치는 어디에서 오는가? 그것은 판단이 잘못되었을 때 그것을 고칠 수 있다는 사실에서 비롯한다. 따라서 잘못된 판단을 시정할 수단을 언제나 손쉽게 구할 수 있음을 알 때, 비로소 그 판단에 대한 믿음이 생긴다. 어떤 사람의 판단이 진실로 믿음직하다고 할 때, 그 믿음은 어디에서 나오는 것일까? 바로 자신의 생각과 행동에 대한 다른 사람의 비판에 늘 귀를 기울이는 데서 비롯한다. 자신에 대한 반대 의견까지 폭넓게 수용함으로써, 그리고 자신은 물론 다른 사람에게도 어떤 의견이 왜 잘못되었는지 자세히 설명해줌으로써, 옳은 의견 못지않게 그릇된 의견을 통해서도 이득을 얻는 것이다. 어떤 문제에 대해 가능한 한 가장 정확한 진리를 얻기 위해서는 의견이 상이한 모든 사람의 생각을 들어보고, 나아가 다양한 처지에 있는 사람들의 시각에서 그 문제를 이모저모 따져보는 것이 꼭 필요하다. 현명한 사람치고 이것 외에 다른 방법으로 지혜를 얻은 사람은 없다. 인간 지성의 본질에 비추어볼 때 다른 어떤 방법으로도 지혜를 얻을 수는 없다. 다른 사람의 생각과 자신의 생각을 비교하고 대조하면서 틀린 것은 고치고 부족한 것은 보충하는 일을 의심쩍어하거나 주저하지 말고 오히려 이를 습관화하는 것이 우리의 판단에 대한 믿음을 튼튼하게 해주는 유일한 방법이다. 자기 생각에 명확하게 맞설 수 있는 모든 의견을 소상하게 잘 파악하고 이런저런 반박에 자신의 견해를 분명히 밝힐 수 있는 사람, 즉 자신에 대한 반대 의견이나 듣기 싫은 소리를 피하기보다 자청해서 나서고, 다양한 측면에서 제기될 수 있는 수많은 비판을 봉쇄하지 않는 사람은 이런 과정을 거치지 않은 다른 어떤 사람보다도 자신의 판단에 더 자신감을 품을 만하다.

세상에서 가장 현명한 사람들은 자신의 판단을 믿고 따라도 별 문제가 생기지 않는다. 이들이 그런 판단에 이를 수 있는 것은, 몇몇 제법 현명한 사람과 공중公衆이라고 불리는 다수의 어리석은 개인의 잡다한 검증을 거치기 때문이다. 내 말이 결코 지나친 것은 아니다. 예를 들어 교회 가운데서도 가장 완고하다고 할 수 있는 로마가톨릭교회는 새로운 성자를 인정하는 시성식諡聖式에서조차 '악마의 변devil's advocate'을 인내하며 듣는다. 인간으로서 최고의 경지에 이른 성인이라 하더라도, 악마가 그에게 할 수 있는 온갖 험담이 혹시 일말의 진실을 담고 있는 것은 아닌지 따져보기 전에는 그런 영광된 칭송을 받을 수 없다는 것이다. 뉴턴의 물리학조차도 수많은 의문과 시험에 내맡겨져 그 정당성을 확인받지 못했다면 오늘날 우리가 느끼는 것과 같은 신뢰를 얻지 못했을 것이다. 사람들이 마음 놓고 믿는 것일수록 온 세상 앞에서 더 철저한 검증을 받아야 한다. 그래야 그 믿음이 단단해지는 것이다. 그런 검증의 기회가 주어지지 않는 경우는 말할 것도 없고, 일단 검증을 받았으나 허점이 드러나지 않은 경우에도, 인간의 현재 이성이 허용하는 수준 안에서 검증을 받은 데 지나지 않으므로 그것이 절대 진리라고 확신할 일은 결코 아니다. 진리에 이를 수 있게 해주는 것은 무엇이든 놓치면 안 된다. 검증의 문이 열려 있으면 언젠가 우리가 이성을 통해 더 높은 진리에 이르는 날이 올 것이라고 믿어도 좋다. 그때가 오기 전까지는 이런 방법을 통해 인간의 현재 수준에서 최고의 진리를 찾는 데 만족해야 한다. 이 정도가 유한한 인간이 확보할 수 있는 가장 높은 단계의 확실성이다. 그리고 다른 방법으로는 그 정도의 확실성도 확보할 수 없다.

정말 이상하게도 사람들은 자유 토론의 소중함을 인정하면서도 '극단적인 상황'에는 그 원칙을 외면한다. 그러나 이성의 힘을 믿어야 한다. 극단적인 경우에 소용없는 이성이라면 그 어떤 경우에도 도움이 되지 않을 것이다. 사람들이 무엇인가 의심쩍은 모든 문제에 대해 자유로운 토론을 해야 한다고 생각하는 것은 자신의 생각이 틀릴 수 있음을 부인하지 않기 때문이다. 그런데도 어떤 특정 원리나 교리는 진리임이 분명하므로, 다시 말해 그것이 진리라고 자기들이 확신하니까 질문의 대상이 되어서는 안 된다고 강변한다. 어떤 명제에 대해 토론이 허용되기만 하면 그 타당성에 의문을 제기할 사람이 분명히 있는데도 그것이 진리라고 주장하는 것은, 우리 자신, 그리고 우리와 생각을 같이하는 다른 사람들이 그 문제의 진리 여부를 판가름하는 심판이기 때문에 여타 의견을 들을 필요가 없다고 생각하는 것이나 마찬가지다.

'신념이 사라지면서 회의주의에 대한 두려움이 넘쳐나는'[6] 시대, 곧 사람들이 자신의 생각이 옳다고 확신하기보다는 그런 생각 없이는 무엇을 해야 할지 알 수 없음을 더 확신하는 시대로 묘사되는 오늘날, 어떤 한 의견이 사회에서 공격받을 때 이를 지켜주어야 한다는 주장이 제기된다면, 이는 그 의견이 옳기 때문이라기보다는 사회적으로 중요하기 때문이다. 그래서 사람들은 어떤 생각이 (없어서는 안 된다고 말할 정도까지는 아니더라도) 사회의 복리를 위해 대단히 유용하기 때문에 정부가 그 생각을 보호하는 것이 다른 어떤 이익을 지키는 것만큼이나 중요하다고 믿는다. 그럴 필요성이 있을 때, 그리고 그런 것을 충족하는 것이 정부의 의무라고 한다면, 정부가 사람들의 일반적인 생각과 어긋나지 않는 한도 안에서 나름대로 판단해서 행동해도 무방하다는 것이다. 또 경우에 따라서는 그렇게 하지 않으면 안 된다고 주장한다. 그리고 오직 나쁜 인간들만이 이런 유익한 생각에 회칠을 한다고 주장하는 사람들이 가끔 있다. 말을 안 해서 그렇지 그렇게 믿는 사람이 더 많다. 따라서 나쁜 인간들을 윽박지르고 못된 짓을 못하게 가로막는 것은 전혀 나쁘지 않다는 생각이 널리 퍼져 있다. 이런 발상을 따르면, 어떤 주장이 진리인지 아닌지가 아니라 그것이 유용한지 아닌지를 기준으로 토론의 자유를 억압하는 것이 정당화된다. 그 결과로 자기 생각은 절대적으로 옳다고 주장하는 데 따르는 부담을 덜 수 있다. 그러나 자족하기에는 아직 때가 이르다. 이것은 '내 생각은 결코 틀릴 수 없다'는 과신이 그 형태만 달리한 것에 지나지 않기 때문이다. 하나의 생각이 지니는 유용성과 관련해서는 사람마다 의견이 다르기 때문에

6 영국의 사상가 칼라일Thomas Carlyle이 한 말로, 밀은 원문의 '그리고and'를 '하지만but'으로 바꿔 쓰고 있다. 이에 관해서는 John Stuart Mill, *On Liberty*, Gertrude Himmelfarb (ed.) (Harmondsworth, Middlesex: Penguin Books, 1974)를 참고하라. 밀이 옮긴 대로 하면, "신념은 사라졌지만, 회의주의에 대한 두려움이 넘쳐나는"이 되기 때문에 논리가 어색해진다.

많은 논쟁이 일어난다. 그래서 유용성을 판단하기 위해서는 그 생각의 진리 여부에 대해 그러는 것만큼이나 자유롭고 치열한 토론을 거쳐야 한다. 비난의 대상이 되는 어떤 생각을 변호할 수 있는 완전한 자유가 없다면, 그 생각이 사람들에게 해를 끼치는지 아닌지를 결정하기 위해서는 그 생각이 틀렸는지 아닌지 판정할 때만큼이나 완벽한 재판관이 필요하다. 그런데 한 이교도가, 비록 자신의 생각이 진리라고 주장하는 것은 금지되었지만 그것이 나름대로 효용이 있다거나 다른 사람에게 해를 끼치지 않는다고 주장할 수는 있다고 한다면, 이것이 과연 논리에 맞겠는가? 어떤 생각에 담긴 진리는 그 생각이 지닌 효용의 일부라고 보아야 한다. 어떤 한 명제가 바람직한 것인지 알고 싶을 때, 그것이 진리인지 아닌지를 제쳐두고 판단한다는 것이 가능한 일인가? 악한이라면 몰라도 지극히 훌륭한 사람의 처지에서 본다면, 진리와 배치되는 생각은 결코 유용할 수가 없다. 이런 사람들이 보기에 분명히 틀린 어떤 생각에 대해 다른 사람들이 유용한 것이라며 강변한다면 어떤 일이 벌어질까? 그들로서는 진리와 배치되는 생각은 어느 것도 유용하지 않다고 항변하지 않을 수 있겠는가? 널리 통용되는 의견을 따르는 사람들은 방금 말한 이런 주장을 통해 얻을 수 있는 것은 다 얻으려 한다. 그들은 효용의 문제가 전적으로 진리의 문제에서 출발한다는 것을 인정하지 않는다. 그러면서 자신의 주장이 부인할 수 없는 '유일 진리'이므로 그것에 대한 믿음이나 지식은 필수불가결한 것이라고 강조한다. 그러나 중요한 문제일수록 한쪽에만 치우쳐 논의하면 그것이 얼마나 유용한지 정확하게 따져볼 수 없다. 법이나 대중의 정서가 어떤 한 의견의 옳고 그름을 따져보는 것을 허용하지 않는 상황에서는, 그것의 유용성을 부인하는 것도 어려울 수밖에 없다. 기껏해야 그것이 꼭 필요하다거나 그것을 부인하는 것은 분명한 잘못임을 밝히는 것 정도만 할 수 있을 뿐이다.

더 들어볼 필요가 없다는 생각에, 어떤 주장을 공론에 부치지 못하도록 차단하는 것이 얼마나 나쁜 결과를 낳는지 분명히 보여주기 위해서는 구체적인 사례를 분석하는 것이 좋다. 그래서 일부러 가장 극단적인 경우(진리와 유용성이라는 두 이유를 내세워 생각의 자유를 가장 심각하게 침해하는 사건)를 이야기해보려고 한다. 미래의 어느 시점, 어떤 국가에서 신의 존재에 대한 믿음이 비난의 대상이 된다고 가정해보자. 아니면 사람들이 흔히 받아들이는 어떤 도덕관을 놓고 이야기해보자. 위에서 말한 그런 근거를 가지고 이 싸움을 벌이면 공정하지 않은 상대방에게 큰 힘을 실어주는 셈이 된다. 왜냐하면 그 사람은(그리고 불공정한 이득을 취하고 싶어 하지 않는 사람들도 속으로는) 보나마나 이렇게 말할 것이 분명하기 때문이다. "이것이 바로 당신이 법의 이름으로 보호해주어야 할지 확신하지 못하겠다고 하는 그 주장인가? 신에 대한 믿음이 절대 틀릴 수 없다고 당신이 확신하는 그런 주장 중의 하나인가?" 그러나 내가 절대 확실성에 대한 전제라고 말하는 것이 어떤 원리(그것이 무엇이든 간에)에 대한 굳은 믿음을 뜻하는 것은 아니라는 점을 분명히 밝혀둔다. 그런 전제는 사람들이 어떤 문제에 대한 반대 의견을 못 듣게 한 뒤 그들을 위해 그것에 관한 결정을 내리는 것과 같다. 나는 나의 확고한 신념에 따라 이런 가식을 나무라고 비난할 수밖에 없다. 누군가가 어떤 의견이 거짓일 뿐 아니라 치명적으로 나쁜 결과, 그냥 나쁜 정도가 아니라 (내가 정말 싫어하는 표현을 빌리자면) 비도덕적이고 불경스럽기까지 한 결과를 낳는다고 귀가 솔깃하게 설득한다고 해보자. 또한 아무리 자기 나라 사람들이나 같은 시대에 사는 사람들이 자신과 똑같은 생각을 한다고 해보자. 그렇더라도 그런 개인적인 주장을 펴는 과정에서 당사자에게 변호할 기회를 주지 않는다면, 그는 자기가 절대적으로 옳다고 전제하는 것이나 마찬가지다. 설령 어떤 의견이 비도덕적이고 불경스럽다고 하더라도, 자신에게는 절대로 오류가 있을 수 없다고 전제하는 태도가 비판을 덜 받거나 덜 위험한 것은 결코 아니다. 오히려 그것은 무엇보다도 더 치명적인 해독을 끼친다. 한 세대의 사람들이 이런 식으로 무시무시한 잘못을 저지르면 그 결과가 다음 세대까지 엄청난 해악을 끼치기 때문이다. 우리는 이런 생생한 사례, 즉 법을 내세워 인류가 자랑스러워해야 마땅할 훌륭한 사람들과 아주 소중한 주장들을 박해하는 경우를 볼 수 있다. 그렇게 박해를 받은 사람들에게는 개탄스러운 일이지만, 이런 시도는 때로 놀랄 만한 성공을 거둔다. 특히 그 소중한 주장 가운데 일부는 (역사의 비극이지만) 자기와 같은 생각을 거부하고 일반적인 해석을 받아들이지 않는 사람들을 탄압하는 데 이용되기도 한다.

우리는 소크라테스라는 한 개인이 법률 당국과 대중 여론을 상대로 의미심장한 싸움을 벌였던 사건을 결코 잊을 수 없다. 그는 수많은 위대한 이를 탄생시킨 나라와 시대에 태어났다. 소크라테스와 그가 산 시대에 대해 잘 아는 사람들은 그를 당대가 낳은 최고의 도덕적 인물이라고 말한다. 그리고 우리는 소크라테스를 그 이후 등장하는 모든 도덕철학자의 원조이자 원형으로, 특히 탁월한 영감의 소유자인 플라톤과 사려 깊은 공리주의를 개척한 아리스토텔레스의 스승으로 기억한다(이 두 사람은 '모든 지식인의 선생'[7]이자, 윤리학은 물론 다른 모든 철학의 양대 산맥이라고 할 수 있다). 그의 뒤를 이은 저명한 사상가 모두 그를 정신적 스승으로 존경해 마지않았다. 2000년이라는 세월이 지났지만 그의 명성은 오히려 더 높아만 가고 있다. 그의 조국 아테네를 나름대로 빛낸 사람을 모두 합쳐도 소크라테스 한 사람을 당하지 못할 정도다. 그러나 아테네 사람들은 이 위대한 인물을 법정에 세운 뒤, 불경

7 원래 단테Alighieri Dante가 아리스토텔레스를 가리켜 한 말인데, 밀은 플라톤과 아리스토텔레스 두 사람을 지칭해서 쓰고 있다. *On Liberty*, Gertrude Himmelfarb (ed.) 참고.

과 부도덕이라는 죄목 아래 죽음으로 몰아넣고 말았다. 나라에서 공인하는 신들을 부인했다는 이유로 불경죄를 덮어씌운 것이다. 사실 그를 고소한 자들은 그가 아예 어떤 신도 믿지 않는다고 비난했다(《소크라테스의 변론》을 참조하라). 소크라테스는 또한 그의 철학과 강좌를 통해 '젊은이들을 타락시켰다'는 이유로 부도덕하다는 혐의를 받았다. 이런 혐의에 대해 법정은 어느 모로 보나 성실한 심리를 펼친 뒤 소크라테스의 유죄를 확정했다. 아마도 그때까지 태어난 사람 가운데 최고, 최선이라고 할 수도 있을 그가 범죄자로 낙인찍혀 죽음을 맞게 된 것이다.

소크라테스의 죽음에 이어, 법의 이름으로 저질러진 또 다른 사건이 있다. 이 사건은 앞의 사건 못지않게 충격적이다. 지금부터 1800년 전 골고다에서 일어났던 일을 되돌아보자. 예수의 일생과 그가 남긴 말들을 직접 보고 들었던 사람들은 그 비범한 도덕성에 큰 감명을 받았다. 그렇기 때문에 이토록 오랜 세월이 지났지만 사람으로 태어난 전능자인 그에 대한 존경의 마음이 식을 줄 모르는 것이다. 그러나 예수는 불명예스럽게도 사형을 당하고 말았다. 무슨 죄목으로? 어이없게도 신을 모독했다는 것이 이유였다. 그를 죽음으로 내몬 사람들은 자신들에게 은혜를 베푼 예수를 단순히 곡해한 정도가 아니라 극단적인 불경자라는, 아예 그 실체와 정반대되는 존재로 취급하고 말았다. 사실은 그들이야말로 으뜸가는 불경자가 아니고 무엇인가? 우리는 이런 개탄할 일들, 특히 소크라테스와 예수의 죽음을 뒤돌아볼 때마다 비운의 주인공들에 대한 당시 사람들의 판단이 얼마나 잘못된 것이었는지 절감한다. 억울한 죽음을 당한 그들은 어느 모로 보나 결코 나쁜 사람들이 아니었다. 보통 사람들보다 더 나쁜 존재가 아니었으며, 오히려 그 반대였다. 신앙이나 도덕, 그리고 자신이 살던 시대와 동포들을 진정으로 사랑했다는 점에서는 인간이 이를 수 있는 가장 높은 곳에 도달한 사람들이었다. 그들은 우리가 사는 이 시대를 포함해서 그 어느 때를 기준으로 하더라도 아무런 흠결이 없는 사람들이었고, 따라서 존경을 받으며 일생을 살 거인이었다. 예수의 말씀이 선포되는 순간 대제사장[8]은 자신의 옷을 갈가리 찢었다. 그가 사는 나라의 어떤 기준으로 보더라도 그런 말을 한다는 것은 최악의 죄를 짓는 것이기 때문이었다. 따라서 그 대제사장은 예수의 그와 같은 행동에 공포와 격노의 감정을 품지 않을 수 없었다. 사실 그는 오늘날 종교와 도덕 영역에서 존경받는 수많은 경건한 사람 못지않게 진지한 인간이었을지도 모른다. 오늘날 수많은 사람이 그의 행동을 비난하지만, 그들도 대제사장이 살았던 시대에 유대인으로 태어났더라면 그와 똑같은 일을 했을 것이다. 정통 그리스도교 신자들은 최초의 순교자[9]를 돌로 쳐 죽인 사람들이 자신보다 훨씬 못된 자들임이 틀림없다고 생각하기 쉽다. 그러나 그들은 그런 범죄를 저지른 인간들 가운데 한 사람이 바로 사도 바울이었음을 기억해야만 한다.[10]

역사에 기록될 만한 실수를 저지른 사람 가운데 지성과 덕성이라는 기준에서 가장 인상 깊은 한 사람을 중심으로 예를 하나 더 들어보자. 최고 권력을 누렸을 뿐 아니라 동시대의 인물 가운데 최고, 최선의 지혜를 가졌다고 자부하는 대표적인 인물이 바로 마르쿠스 아우렐리

8 대제사장 가야바Caiaphas를 말한다. 사람들에게 끌려온 예수를 향해 가야바는 "네가 하나님의 아들 그리스도인지 우리에게 말하라"라고 다그쳤다. 이에 예수가 "네가 말했느니라. 그러나 내가 너희에게 이르노니 이후에 인자가 권능의 우편에 앉은 것과 하늘 구름을 타고 오는 것을 너희가 보리라"라고 응답했다. 그러자 그는 "저가 참람한 말을 했으니 어찌 더 증인을 요구하리요" 하며 자기 옷을 찢고 예수에게 사형 판결을 내렸다.(〈마태복음〉 26장, 63~66절 참고)

9 초기 그리스도교 지도자 중 한 사람 스데반Stephen을 말한다.(〈사도행전〉 7장)

10 〈사도행전〉 7장에서는 사람들이 돌을 들어 스데반을 치기 전에 자기들의 옷을 벗어 바울의 발 앞에 두었다고 증언한다. 당시 유대인의 풍습에 비추어볼 때, 바울이 그 사건의 주모자였음을 추론할 수 있다.

우스 황제[11]다. 그는 전 문명 세계를 지배한 절대 권력자였지만, 일생을 통해 정의의 표상이라는 평가를 받을 만큼 흠 없는 삶을 살았다. 나아가 마르쿠스 아우렐리우스는 스토아철학[12]을 정신적 바탕으로 하는 사람으로는 뜻밖이라는 말을 들을 정도로 그 누구보다 따뜻한 심성을 소유한 사람이었다. 그도 사람이니만큼 몇몇 약점을 지녔지만, 그 약점은 모두 덮어둘 수 있을 만한 정도의 것들이었다. 고대인의 윤리학 관련 저술 가운데 최고로 인정받는 그의 글은 예수의 대표적인 가르침과 매우 흡사한 내용을 담고 있다. 설령 조금 다르다 하더라도 웬만해서는 구분하기 힘들 정도다. 판에 박힌 사전적인 의미를 벗어나 조금만 더 넓게 해석한다면, 아우렐리우스는 그의 뒤를 이은 왕들 가운데 독실한 신앙을 자랑했던 그 어떤 사람보다도 더 그리스도교적인 사람이었다. 그런 그가 그리스도교를 박해했다. 개방적이고 막힘이 없는 지성의 소유자였고, 고결한 인품으로 인해 그의 글 속에는 그리스도교적 도덕 이상이 흘러넘쳤으며, 그 결과 이제까지 인류가 이룩한 모든 성취의 정상에 우뚝 섰던 아우렐리우스였다. 그런 그가 자신이 맡은 바 임무를 열심히 수행하는 과정에서 그리스도교가 이 세상에 해악이 아니라 오히려 좋은 영향을 끼친다는 사실을 깨닫지 못한 것이다. 그의 생각에 당시 사회는 개탄스러운 상황에 놓여 있었다. 그래도 그 사회는, 그가 보기에 또는 그의 눈에 그렇게 보인다고 생각했겠지만, 기존 종교에 힘입어 질서를 유지하고 있었고 또 적어도 상태가 더 나빠지는 것은 피할 수 있었다. 그는 최고 지도자로서 사회가 붕괴하는 것을 막아야 했다. 그것이 그의 의무였다. 아우렐리우스는 한 번 무너진 질서

11 마르쿠스 아우렐리우스 안토니누스Marcus Aurelius Antoninus(121~180)는 로마제국의 16대 황제로 5현제賢帝 가운데 한 사람이다. 후기 스토아학파의 철학자이며,《명상록Tōn eis heauton diblia》으로 유명하다.

12 제논Zenon(기원전 335?~기원전 263?)을 비롯한 스토아철학자는 욕망을 억제하고 이성에 따라 사는 것이 행복을 준다고 주장했다.

는 어떻게도 일으켜 세울 수 없다고 생각했다. 이런 상황에서 그리스도교라는 새로운 종교는 혁명적인 변화를 공공연히 주장했다. 따라서 그 새 종교를 받아들이는 것이 그의 의무가 아니라면, 그로서는 그리스도교를 탄압하는 쪽을 택할 수밖에 없었다. 아우렐리우스는 그리스도교적인 신학이 진실이며 어떤 신성한 기원을 두고 있다고 믿을 수 없었다. 신이 십자가에 못 박혀 죽었다는 이상한 역사도 믿을 수 없기는 마찬가지였다. 예수 한 사람에 전적으로 의존하는 신앙 체계가 도무지 근거가 없어 보였기 때문에, 그는 장차 그리스도교가 오랜 세월을 거치며 상당 부분 약화되었음에도 사회를 혁신하는 원동력이 되리라는 것을 상상할 수도 없었다. 이런 이유에서 모든 철학자와 지배자를 통틀어 가장 자애롭고 온화한 사람이라 할 수 있을 그가, 자신의 신성한 의무를 수행한다는 생각에서 그리스도교에 대한 박해를 거리낌 없이 허용했다. 나는 이것이 인류 역사상 가장 비극적인 사건 가운데 하나라고 생각한다. 그리스도교가 콘스탄티누스 대제가 아니라 마르쿠스 아우렐리우스에 의해 제국의 종교로 받아들여졌다면 그 역사가 어떻게 바뀌었을지 상상해보면 가슴 아픈 일이 아닐 수 없다. 그리스도교 신자들을 박해하는 그에게, 반그리스도교적인 가르침을 펴는 자들을 처벌해달라고 호소하는 사람이 분명히 있었다. 이 사실을 부인한다면, 그것은 그에 대해 그릇된 평가를 내리는 것이며 또한 진실도 아니다. 당시 그리스도교 신자들은 무신론이 잘못된 것이고 사회를 타락시킨다고 믿었다. 그러나 그리스도교는 나쁜 것이라는 마르쿠스 아우렐리우스의 믿음은 그보다 훨씬 더 확고했다. 동시대 사람 가운데 어쩌면 그리스도교를 가장 잘 이해할 수 있는 사람이었는데도 말이다. 따라서 어느 누구든지 스스로 마르쿠스 아우렐리우스보다 더 현명하고 더 낫다고(그래서 동시대의 지혜에 더 정통하고, 그 누구보다도 지성이 뛰어나며, 진리를 찾는 열정이 더 뜨겁고, 또는 진리를 찾으면 오로지 전심전력으로 그것에만 헌신할 수 있다고) 자부하지 못한다면, 절대 진리를 찾을 수 있다는 가정을 던져버려야 한다. 저 위대한 안토니누스〔아우렐리우스〕도 바로 이런 자만 때문에 그토록 불행한 과오를 범한 것이다.

종교의 자유를 반대하는 세력들은 마르쿠스 안토니누스의 경우를 통해 그리스도교를 탄압하는 것이 불가능함을 깨닫고서, 강력한 저항에 부딪히면 때에 따라 그 자유를 인정하게 된다. 그러면서 존슨 박사[13]와 더불어 종교의 자유를 박해하는 자들은 그리스도교 신도에 대한 탄압은 정당하고, 그러한 박해는 진리가 거쳐야 할 시련이며, 진리는 항상 그 시련을 성공적으로 이겨낼 것이라고 강변한다. 그리고 법적 처벌이 잘못된 행동을 막는 데 가끔씩 도움이 되기도 하지만 궁극적으로는 진리를 이길 수 없다고 말한다. 종교의 자유를 완강하게 거부하는 사람들은 이런 논리를 펴는데, 그것이 아무렇지도 않은 것처럼 무시해도 좋을 만큼 그리 만만한 것은 아니다.

아무리 박해를 가하더라도 진리 그 자체에는 아무런 해를 끼칠 수 없으므로 진리를 박해해도 무방하다는 주장에 대해, 나쁜 마음을 가지고 새로운 진리가 수용되는 것을 의도적으로 방해한다고 비난할 수는 없다. 그러나 새로운 진리를 발굴하는 데 크게 기여한 사람들을 박해하는 그들의 행태에 대해서는 좋게 말할 수가 없다. 이제껏 알려지지 않았지만 세상 사람들에게 매우 중요한 어떤 사실을 발견하는 것, 그리고 세속적인 또는 신성한 어떤 중요한 문제를 둘러싼 심각한 오해를 바로잡아주는 것은 인간이 다른 사람들을 위해 할 수 있는 그 어떤 일

13 존슨Samuel Johnson은 1709년 서점 주인의 아들로 태어나 학비가 부족해서 옥스퍼드 대학을 중퇴했다. 그러나 훗날 문학사에 큰 업적을 남겨 '존슨 박사'라 불렸다. 존슨은 학자, 문학가, 시인이었을 뿐만 아니라, '말 잘하는 존슨Talker Johnson'이라고도 불릴 만큼 담화의 명인이기도 했다. 그는 '권력자가 자기 뜻에 따라 박해를 가하는 것은 잘못된 일이 아니며, 신앙인은 그런 박해를 감수함으로써 자기가 믿는 진리를 입증할 수밖에 없다'고 주장했다. *On Liberty*, Gertrude Himmelfarb (ed.) 참고.

보다도 소중하다. 초기 그리스도교 신자나 종교개혁가들과 마찬가지로, 존슨 박사와 생각을 같이하는 사람들은 박해를 감수하는 것이 인간이 할 수 있는 일 가운데 가장 귀한 것이라고 믿었다. 그럼에도 이처럼 훌륭한 업적이 순교로 막을 내리고, 그런 선행에 대해 보상은커녕 사악한 범죄자 취급을 하는 경우가 생겨난다. 하지만 이러한 주장에 따르면, 그렇다고 해서 온 인류가 그 기막힌 실수와 불행에 대해 말로 다 표현할 수 없는 비탄에 사로잡힐 필요는 없다. 그저 늘 있을 수 있는 일반적인 일로 여기면 된다. 그들은 새로운 진리를 주창하는 자라면 로크리법[14]의 전통을 이어받아 교수대 밧줄을 자기 목에 두르고 민회public assembly에서 자신의 입법 취지를 설명한 뒤, 그 자리에서 동의를 받지 못하면 즉시 스스로 목숨을 끊을 각오를 해야 한다고 강조한다. 은인을 이런 식으로 대접하는 사람은 자신이 받은 은혜에 고마워할 줄 모르는 자들이라는 것이다. 내가 보기에 지금 여기에서 언급하는 사람들은, 새로운 진리가 한때는 귀중했겠지만 이제 그에 대해 충분히 알게 된 후에는 상황이 다르다고 믿는 것 같다. 그러나 분명히 말해 진리가 언제나 박해를 이기고 최후의 승리를 거둔다는 주장은 오랫동안 사람들의 입에서 입으로 전해져 하나의 상식이 되다시피 했지만, 역사적인 모든 경험이 입증하듯이 사실은 유쾌한 거짓말에 지나지 않는다. 역사는 진리가 박해 앞에 무릎을 꿇고 만 숱한 사례를 보여준다. 영원히 그렇지는 않을지라도, 몇백 년 정도는 어둠에 묻혀 있어야 할 것이다. 종교 문제를 예로 들어보겠다. 종교개혁은 이미 루터 이전에 적어도 스무 번은 일어났지만 모두 진압당하고 말았다. 이를테면 브레시아의 아르날도,

14 로크리Locri는 기원전 683년 무렵 이오니아 해안 지역에 세워진 고대 그리스의 도시국가이며 그리스 본토의 로크리족과 구별하기 위해 로크리에피제피리라 불렸다. 기원전 660년경 잘레우코스Zaleucus가 만든 로크리법은 신생 국가의 무질서를 극복하기 위해 가혹한 처벌 규정을 둔 것으로 유명하다. *On Liberty*, Currin V. Shields (ed.) 참고.

프라 돌치노, 사보나롤라, 알비주아파, 발도파, 롤라드파, 후스파 등이 모두 실패하고 말았다.[15] 심지어 루터의 혁명이 성공한 뒤에도 박해를 가한 자들은 모두 소기의 성과를 거두었다. 그래서 스페인, 이탈리아, 플랑드르, 오스트리아제국에서 개신교는 뿌리 뽑히고 말았다. 만일 메리 여왕이 오래 살았거나 엘리자베스 여왕이 일찍 죽었더라면 영국에서도 분명 같은 일이 벌어졌을 것이다.[16]

이단자들이 너무 강력해서 효과적으로 척결하기 어려운 경우 말고는, 박해를 가하는 자들은 언제나 성공을 거두었다. 정상적인 이성이 있는 사람이라면 그리스도교가 로마제국 시절에 최후를 맞고 말았으리라는 점을 의심하지 않을 것이다. 그런 그리스도교가 어떻게 널리 전파되면서 압도적인 영향력을 발휘할 수 있었을까? 그것은 그리스도교에 대한 박해가 간헐적으로만, 그것도 짧은 기간 동안에만 가해졌고, 박해와 박해 사이의 긴 기간 동안 그리스도교 신자들이 거의 방해받지 않은 채 선교 활동을 펼칠 수 있었기 때문이다. 거짓과는 달리 진리는, 오직 진리만이 지하 감옥과 화형의 박해를 이겨낼 수 있는 어떤 신비한 힘을 지녔다는 믿음은 순진한 착각에 지나지 않는다. 인간은 때로

15 브레시아Brescia의 아르날도Arnaldo는 1155년에 처형당했다. 노바라Novara의 프라 돌치노Fra Dolcino는 고문 끝에 1307년 죽음을 맞아야 했다. 사보나롤라Girolamo Savonarola는 1498년 목이 졸린 뒤 화형을 당했다. 알비주아파Albigeois는 로마가톨릭교회에서 독립한 교회를 세우려다 13세기 중반 탄압을 받았다. 발도파Vaudois도 비슷한 처지였지만 겨우 살아남아 개신교와 연결되었다. 세속화한 교회에 저항했던 롤라드파Lollards도 참혹한 박해를 당했지만 일부는 살아남아 영국 개신교의 기초를 닦는 데 성공했다. 후스파Hussites의 지도자인 얀 후스Jan Hus는 화형을 당했다. *On Liberty*, Currin V. Shields (ed.) 참고.

16 메리 1세Mary I(1516~1558)는 가톨릭 부활에 힘쓴 나머지 성공회 주교 등 약 300명을 화형에 처했다. 그 때문에 후세에 '피의 메리Bloody Mary'라고 불렸다. 엘리자베스 1세Elizabeth I(1533~1603)는 메리 1세의 재위 기간 동안 성공회에 대한 탄압을 피하기 위해 로마가톨릭교회 신도로 위장하고 지내야 했다. 제위에 오른 뒤, 개신교회와 로마가톨릭교회 간의 균형을 꾀하는 중용 노선을 걸음으로써 종교 문제로 혼란스러웠던 사회를 바로잡았다.

거짓에 무섭게 빠져드는데, 진리를 향한 열정이 이것보다 더 뜨겁다고 할 수도 없다. 법적 제재는 물론이고 심지어는 사회적 제재라도 충분히 가해지기만 하면 진리나 거짓을 향한 열정은 중단되고 만다. 진리의 진정한 이점이란 다음과 같은 것이다. 어떤 생각이 옳다고 치자. 이 진리는 한 번, 두 번 또는 아주 여러 번 어둠에 묻혀버릴 수 있다. 그러나 세월이 흐르면서 때로는 좋은 환경을 만나 박해를 피하고, 그러다가 마침내 모든 박해에 맞서 싸워 이길 만한 힘을 얻을 때까지, 그것을 거듭 어둠 속에서 태양 아래로 끄집어내는 사람이 반드시 있다. 이것이 진리가 가진 힘이라면 힘이다.

이제 우리가 새로운 주장을 펴는 사람들을 죽음으로 내모는 일은 없을 것이라고들 이야기한다. 예언자들을 살육했던 우리 선조와는 다르다는 것이다. 우리는 심지어 그들을 위해 지하 무덤을 만들어주기까지 한다. 우리가 더 이상 이단자들을 처단하지 않는다는 것은 사실이다. 어떤 생각이 아무리 사악하고 큰 벌을 받아야 마땅한 것이라 해도, 그것이 그런 생각을 발도 못 붙이게 할 만큼 심각한 결격사유가 되지는 못한다. 그러나 자화자찬은 그만두는 것이 좋겠다. 우리가 아직 법의 이름으로 가하는 박해의 구습에서도 완전히 벗어나지 못하고 있기 때문이다. 어떤 생각, 아니면 적어도 그 생각의 표현을 금지하는 법이 아직도 존재하는 것이다. 이런저런 경우에 법적 처벌이 가해지다 보니, 언젠가는 생각의 자유를 완전히 억압하는 날이 되돌아올지도 모른다는 우려가 전혀 터무니없이 들리지 않을 정도다. 1857년 영국 콘월의 여름 순회재판소에서 한평생 그리 크게 어긋나지 않은 삶을 살아왔다는 평을 받는 한 남자가 재수 없게도 그리스도교를 비방하는 말을 하고 또 대문에 그런 내용을 썼다는 이유로 21개월 징역형을 선고받았다.* 이 일이 있은 지 한 달도 못 돼서 올드 베일리라는 곳에서 두 사람이 각각 자신은 신앙을 가지고 있지 않다고 진솔하게 선언했다가 배심원 자격을 박탈당했다.** 그 가운데 한 사람은 재판관과 변호인단 중 한 명에게 심각한 수모를 당했다. 세 번째 경우는 외국인*** 인데, 절도 행위에 대한 재판을 청구했으나 같은 이유로 기각당하고 말았다. 이런 일이 벌어진 것은, 신(어떤 신이든 상관없다)이나 내세의 존재에 대한 믿음을 공표하지 않은 사람은 법정에서 증언할 수 없다는 법규 때문이었다. 이는 이런 사람들이 무법자처럼 법의 보호를 받을 수 없음을 선언하는 것이나 마찬가지다. 그렇게 되면 이들이 자신들끼리, 또는 자신과 생각이 비슷한 사람들과 있을 때 강도를 만나거나 공격을 받아도 그 범죄자들을 처벌할 길이 없다. 뿐만 아니라 다른 사람들이 비슷한 어려움을 당해도 그들을 위해 증언을 해줄 수 없다. 내세를 믿지 않는 사람이 하는 선서는 아무런 효력이 없다는 이유에서 이런 일이 벌어지는 것이다. 이는 전적으로 역사에 대한 무지에서 비롯된 것이다. 역사를 통틀어보면 불신자 중에 뛰어난 인격으로 특별한 존경을 받은 사람이 숱하게 많다. 역사에 대해 조금만 지식이 있는 사람이라면, 언행과 업적에서 최고의 명성을 누리는 위인 가운데 대단히 많은 사람이, 적어도 주변의 가까운 사람들 사이에서는 불신자로 널리 알려져 있음을 알 수 있다. 뿐만 아니라 그런 법규는 '제 얼굴에 침 뱉기' 식이고 결국은 법의 기초 자체를 훼손하게 된다. 이 법은 무신론자들은 거짓말쟁이가 틀림없다는 전제 아래, 자기가 무신론자라는 사실을 감추려드는 사람들의 증언은 받아들이면서, 사람들이 싫어할지라도 양심을 속이지 않고 자신의 믿음을 용기 있게 드러내는 사람들만 배척한다. 당초 지향하는 목표와는 거리

* 1857년 7월 31일 보드민 순회재판소에서 풀리Thomas Pooley라는 사람이 형을 받았으나 그해 12월 왕의 사면을 받아 풀려났다.

** 1857년 8월 17일에는 홀리오크George Jacob Holyoake라는 사람이, 1857년 7월에는 트루러브Edward Truelove라는 사람이 배심원 자격을 박탈당했다.

*** 1857년 8월 4일 말버러가街의 경찰 법정에서 글라이헨Gleichen 남작이 이런 경우를 당했다.

가 멀게 변질된 이 법은 오로지 증오의 화신이자 과거에 박해를 했다는 상징으로만 남게 되었다. 박해의 기억이 너무 생생한 나머지 이 법의 존재 이유는 의심을 받을 수밖에 없다. 이 법과 그것을 뒷받침하는 이론은 불신자 못지않게 믿음을 가진 사람들에게도 모욕을 안겨준다. 내세를 믿지 않는 사람은 거짓말을 하기 마련이라는 논리를 연장하다 보면, 내세를 믿는 사람들이 그저 지옥이 무서워 거짓말을 못 한다는 말이 되기 때문이다. 우리는 이 법을 만들고 지지한 사람들이 그리스도교 윤리에 대해 품고 있는 생각이 그들 자신의 관점에서 비롯된 것이라고 단정하면서 흠집을 내고 싶은 마음은 없다.

이런 것들은 장차 박해를 가하겠다는 의지의 표현이라기보다는 박해가 남긴 추한 흔적이나 잔재라고 보는 편이 더 타당하다. 영국 사람들에게서 자주 발견되는 결점이 하나 있는데, 사실 그들이 어떤 옳지 못한 생각을 실제 행동으로 옮길 정도로 나쁜 사람들은 아닌데도 그 옳지 못한 원리를 주장하는 데 터무니없는 쾌감을 느낀다는 것이다. 따지고 보면 지금까지 말한 것도 그 예에 지나지 않는다. 지난 한 세대 동안 아주 고약한 형태의 법률적 박해는 자취를 감추었다. 그러나 불행하게도 대중의 마음이 앞으로도 계속 이런 상태를 유지하리라는 보장은 없다. 오늘날 과거의 해악을 재연하려는 시도가 새로운 이익을 구하려는 시도만큼이나 우리의 조용한 일상을 뒤흔들고 있다. 편협하고 교양 없는 사람들이 볼 때는, 우리 시대의 많은 사람이 종교의 부활이라고 자랑스럽게 내세우는 것이 사실은 완고한 구닥다리를 복구하는 것과 다를 바 없다. 대중의 마음이 관용과 아주 동떨어진 곳에서는 (영국의 중산층은 늘 이런 성향이 강하다), 그저 조금만 부추겨도 박해받아야 마땅한 대상이라고 확신하는 사람들에게 실제로 박해를 가한다.* 자기가 소중하게 여기는 믿음을 부인하는 사람에 대해 품고 있는 생각과 마음속 깊이 담고 있는 감정, 이런 것들이 영국의 정신의 자유를 잠식하는 것이다. 과거 오랫동안 사람들은 법적 처벌을 받고 나면 사회적 오명에서 벗어날 수 없다는 점을 무엇보다 두려워했다. 이런 현실적인 두려움이 너무 컸기 때문에 영국의 지식인은 사회적으로 금기시되는 의견을 자유롭게 공표할 수가 없었다. 법적 처벌을 유발할 수도 있는 생각을 털어놓는 것이 다른 나라 사람들보다 훨씬 더 어려웠던 것이다. 경제 형편이 좋은 덕분에 다른 사람의 호의를 얻기 위해 신경 쓸 필요가 없는 일부를 제외한 대부분의 보통 사람에게는 여론이 법만큼이나 강력한 힘을 발휘한다. 밥벌이를 잃는 것은 물론, 자칫하면 철창에 갇힐 수도 있기 때문이다. 먹고사는 데 별 걱정 없는 사람이나 권력자, 그리고 이웃 사람이나 대중에게 굳이 잘 보일 필요가 없는 사람들이야 무슨 문제에 대해서든 자신의 생각을 당당하게 밝히지 못할 이

* 오도된 사명감에 사로잡힌 사람이 박해에 앞장을 서면 상황이 심각해질 수 있음을 잊어서는 안 된다. 특히 1857년 영국 동인도회사의 인도인 용병인 세포이가 영국의 식민 지배에 저항해 일으킨 항쟁의 경우, 영국 국민의 국민성 가운데 가장 나쁜 부분이 함께 뒤섞여 표출되었다. 광신자들의 소행이나 교회의 협잡꾼들에 대해서는 구태여 언급할 필요가 없을 것이다. 그런데 저低교회파Evangelical Party, Low Church〔영국 국교회, 즉 성공회 안의 자유주의적, 프로테스탄트적인 성향이 강한 사람들이 전개한 교회 운동으로 '고高교회, 광廣교회' 노선과 대비된다. 복음주의를 내세워 주교직, 사제직, 성사聖事 등을 가벼이 여겼다〕의 지도자들은 힌두교도와 이슬람교도를 겨냥해서, 성서를 가르치지 않는 학교에는 일절 공공자금을 지원하지 않겠다고 선언했다. 이는 실제 그리스도교 신자거나 적어도 겉으로라도 교회를 다니는 척하는 사람이 아니면 그 누구도 공공기관에 취직할 수 없음을 뜻한다. 국무차관이라는 사람은 1857년 11월 12일 자신의 선거구 주민들을 상대로 행한 연설에서 다음과 같이 말했다. "영국 정부가 '그들의 신앙'(수억에 이르는 영국 신민들의 신앙)과 '그들이 종교라고 부르는 미신'에 대해 관용을 베푼 것이 영국의 이름을 드높이는 것을 가로막았고 그리스도교의 영광된 전파도 방해했다. … 관용은 우리 영국이 종교의 자유를 발전시키는 데 결정적인 공헌을 했다. 그러나 그들이 관용이라는 신성한 이름을 함부로 남용하지 못하게 해야 한다." 그가 이해한 바에 따르면, 관용은 동일한 원천을 경배하는 그리스도교인 모두에게 완전한 종교의 자유를 허용하는 것을 의미한다. 그것은 한 권능을 믿는 모든 그리스도교 교파와 종파에 관용을 베푸는 것이다. 나는 언젠가 자유주의 정권에서 고위 관직을 차지할 것이 분명한 이런 양반이 그리스도의 신성을 믿지 않는 사람에게는 관용의 문을 열 수 없다며 독선을 고집하고 있는 사실에 관심을 기울이지 않으면 안 된다고 생각한다. 이런 바보 같은 짓이 지금도 벌어지고 있는데, 종교적 박해는 이제 완전히 사라졌고 다시는 그런 일이 벌어질 수 없다고 한다면 어느 누가 그 말을 믿겠는가?

유가 없다. 물론 남들이 자신을 좋지 않게 이야기하고 나쁘게 평가하는 것이 신경 쓰이기는 하지만, 감수하기에 특별히 어려운 일은 아니다. 따라서 그런 사람들까지 염려하거나 동정할 필요는 없다. 오늘날 우리는 생각이 다른 사람들에게 과거에 그랬던 것처럼 직접적으로 못되게 굴지는 않는다. 그러나 그들을 대하는 우리의 태도는 그 어느 때보다도 더 고약하다. 소크라테스는 독약을 마셔야 했지만, 그가 남긴 철학은 하늘의 태양처럼 높이 떠올라 온 인류의 지적 세계를 찬란하게 밝히고 있다. 그 옛날 그리스도교 신자들은 사자 굴에 던져졌지만 오늘날에는 기독교가 우람하고 가지 넓은 거목으로 성장해, 그렇고 그런 다른 교리들을 압도한다. 우리의 사회적 불관용은 사람을 죽이거나 어떤 생각을 뿌리째 잘라버리지는 않는다. 그러나 사람들은 불관용 앞에서 자기 생각을 있는 그대로 드러내기보다는 다른 모습으로 위장하게 된다. 또는 사람들에게 자기 생각을 적극적으로 드러내는 것을 꺼리게 된다. 영국의 경우, 10년 또는 세대 단위로 따져보면 이단적인 생각의 입지가 눈에 띄게 위축되거나 반대로 강화되거나 하지는 않았다. 그런 의견이 활활 불길을 토해내듯이 진리 또는 거짓 믿음을 앞세워 인간 사회의 근본 문제에 획기적인 답을 제시해주는 경우는 결코 없다. 그 대신 처음 발상지를 중심으로 사상을 연구하고 공부하는 소수의 사람이 쉬지 않고 연기를 피워 올린다. 그래서 어떤 사람은 이런 상태를 대단히 만족스럽게 여긴다. 왜냐하면 건강하지 못한 사고를 지닌 소수 이단자라 하더라도 이성을 발휘하는 것을 원천적으로 봉쇄당하지 않고 벌금이나 투옥 등 유쾌하지 못한 압박을 겪지 않으면서, 어떤 종류의 생각이든 자유롭게 밖으로 공표할 수 있기 때문이다. 기존 질서의 큰 틀을 그대로 유지하면서 지성 세계가 평화를 누리게 해주는 편리한 방안이라는 것이다. 그러나 이러한 종류의 지적 화평을 위해서는 인간 정신의 도덕적 용기를 모두 희생해야 한다. 만일 활동적이고 탐구심 강한 상당수의 지성인이 스스로 확신하는 것들의 일반적 원칙과 근거를 가슴 안에 그냥 묻어두어야만 한다고 생각하고, 어떤 주장에 대해 내심 수긍하지 못하면서도 일반 대중 앞에서는 억지로 맞장구치는 상황이 되면, 한때 지성계를 아름답게 수놓았던 개방적이고 두려움 없는 인품의 소유자들과 일관된 논리를 자랑하는 지식인이 더 이상 배출될 수 없다. 그렇게 되면 그저 상식적인 것을 따라가는 사람이나 진리를 멋모르고 추종하는 사람만 남을 것이다. 이들이 온갖 위대한 주제에 대해 무어라고 주장하더라도, 그들과 비슷한 그렇고 그런 인간들의 귀에만 들릴 뿐 분명한 확신을 품고 있는 이들에게는 아무 의미가 없다. 그 결과 이들은 이미 존재하는 큰 원리의 테두리를 벗어나지 않는 일들, 다시 말해 굳이 복잡하게 생각하지 않아도 자명하고 소소한 구체적인 문제들에 자신의 생각과 관심을 집중하게 된다. 그러나 이렇게 되면 인간의 정신을 강화하고 확대하는 것, 즉 가장 중요한 문제들에 대해 자유롭고 거침없이 생각의 날개를 펴는 것을 포기하지 않으면 안 된다.

이단자들에게 이렇게 침묵을 강요하는 것이 그렇게 나쁘지 않다고 생각하는 사람들은, 이런 일이 생기다 보면 무엇보다도 이단들이 제기하는 문제에 대해 공정하고 엄밀한 토론을 하는 것이 불가능해진다는 사실을 직시해야 한다. 나아가 그런 토론을 가로막고 그것이 확산되는 것을 차단한다고 해서 이단이 사라지는 것도 아님을 알아야 한다. 정통 주류의 의견과 다른 결론을 이끌어내는 모든 탐구를 금지할 때, 이로 인해 가장 큰 피해를 보는 사람은 이단자들이 아니다. 오히려 이단이 아닌 사람들이 더 큰 피해를 입는다. 이단에 대한 공포 때문에 그들의 정신 발전이 전반적으로 타격을 받고 이성 또한 위축되기 때문이다. 전도유망한 지성인이 소심해져서, 비종교적이라거나 비도덕적이라는 평가를 받을까 두려워하여 용감하고 씩씩하게 독립적인 생각의 날개를 펼칠 엄두를 못 내게 될 때, 도대체 우리가 사는 이 세상이 어떻게 되겠는가? 우리는 때로 이런 사람들 가운데 대단히 양심적이면서 매우 섬세하고 세련된 지성을 갖춘 인물을 만난다. 이 예외적인 사람들은 자신의 양심과 지성을 사회의 통설과 조화시키기 위해 솟구쳐 오르는 지성의 힘으로 생각을 발전시키고 독창적인 능력을 발휘하고자 애쓰지만 끝내 성공하지 못할 때가 많다. 사상가라면 모름지기 결론이 어떻게 나든 자신의 논리를 끝까지 따라가야 한다. 그러지 않고서는 결코 위대한 인물이 될 수 없다. 단지 생각하는 것이 귀찮아서 기존의 올바른 의견을 그대로 받아들이고 그 덕분에 실수를 피할 수 있는 사람보다는, 적절한 공부와 준비 끝에 자기 혼자 생각하다가 실수를 저지르는 사람이 진리의 발견에 더 크게 기여한다. 위대한 사상가를 위해서만 사상의 자유가 허용되어야 하는 것은 아니다. 평범한 보통 사람도 뛰어난 사람 못지않게, 아니 그들보다 더 그런 자유가 필요하다. 그래야만 각자 타고난 능력만큼 정신적인 발전을 도모할 수 있기 때문이다. 정신적인 노예 상태가 일반화한 곳에서도 몇몇 위대한 사상가가 태어났고 앞으로도 그럴 수 있을 것이다. 그러나 그런 곳에서는 사람들이 결코 지적으로 활발하지 못했다. 또 앞으로도 그럴 수 없을 것이다. 만일 누구든 일시적으로라도 지적 활동을 활발하게 펼쳤다면 그것은 이단적인 사고에 대한 두려움이 잠시 사라졌기 때문이다. 큰 원칙에 대해서는 시비를 걸 수 없다는 암묵적인 합의가 존재하는 곳, 그리고 우리 삶에서 가장 중요한 문제가 토론의 대상이 될 수 없는 곳에서는 인간 역사를 그토록 아름답게 빛내주던 거대한 규모의 정신 활동이 일어날 수 없다. 사람들의 뜨거운 관심을 불러일으키는 크고 중요한 문제에 대한 논란을 봉쇄하면 인간 정신의 깊은 곳을 뒤흔드는 일이 생길 수 없다. 그 결과 대다수 평범한 지적인 능력을 가진 사람도 무언가 깜짝 놀랄 만한 생각을 할 수 있게 해주는 충격 같은 것은 결코 일어날 수 없게 된다. 종교개혁 직후 유럽의 상황이 바로 그러했다. 유럽 대륙, 그중에서도 특히 교양 높은 계급에 한정된 일이기는 하지만, 18세기 후반의 사상 운동이 그 예가 될 것이다. 그리고 비록 훨씬 짧은 기간 동안이기는 하지만 괴테와 피히테가 불러일으킨 독일의 지적 흥분도 이에 해당된다. 이 각각의 시기 동안 문제의 내용은 서로 달랐지만, 단 한 가지 측면, 곧 자유로운 토론을 금지하는 권력의 사슬이 작동하지 않았다는 점에서는 같았다. 오랜 세월 동안 사람들을 짓누르던 정신적 억압체제가 해체되었고 이를 대신할 새로운 체제는 아직 등장하지 않았다. 이 세 기간을 관통하는 충동이 오늘의 유럽을 만들었다. 인간 정신과 각종 제도가 이룩한 모든 발전은 바로 이런 역사의 직접적인 결과인 것이다. 그런데 불행하게도 우리 주변의 상황을 종합해보면 이런 역동적인 충격이 거의 사라지고 있는 것 같다. 따라서 우리가 다시 한번 정신의 자유를 부르짖지 않으면 결코 새롭게 시작할 수가 없다.

이제 우리의 두 번째 논점으로 옮겨가보자. 기존의 생각이 틀리지 않고 옳은 것이라고 가정해보자. 이럴 경우라도 이 진리에 대해 자유롭고 열린 토론을 하지 않으면 어떤 결과가 생기는지 따져보자. 고집 센 사람들은 자기 생각이 틀릴 수 있음을 좀처럼 인정하지 않는다. 그러나 이런 사람도 비록 자기 생각이 옳다 하더라도 충분히 자주 그리고 기탄없이 토론을 벌이지 않을 경우 그것은 살아 있는 진리가 아니라 죽은 독단이 되고 만다는 사실을 분명히 깨달아야 한다.

(다행히 옛날처럼 그렇게 많지는 않지만) 아직도 적지 않은 사람이 자신이 진리라고 생각하는 것의 근거를 조금도 알지 못하고, 극히 피상적으로 제기되는 비판에도 전혀 대응하지 못한다. 그럼에도 그것을 아무런 의심 없이 받아들이는 것을 그리 심각하게 생각하지 않는다. 이런 부류의 사람은 높은 권력자가 어떤 생각을 한번 심어주고 나면, 그에 대해 왈가왈부하는 것이 아무런 득이 되지 않고 해가 될 뿐이

라고 여길 개연성이 높다. 이들은 자신의 영향권 안에 있는 사람들이 (아무리 현명하고 사려 깊다 해도) 기존 주장에 대해 반박하는 것을 좀처럼 허용하지 않으려 한다. 그런데 그들이 고집하는 생각이 의외로 한순간에 볼썽사납게 꺾일 수 있다. 왜냐하면 아무리 철저하게 탄압하더라도 토론을 완전히 금지하는 것은 불가능하고, 따라서 일단 한번 말문이 열리면 확신에 바탕을 두지 않은 믿음은 사소한 비판 앞에서도 쉽사리 무너지기 때문이다. 자기 판단으로는 어떤 생각이 매우 진실한 것처럼 보일지라도 실은 토론을 통해 검증되지 않은 편견일 수 있다. 이런 가능성을 배제한다면 이는 이성적인 사람의 진리관이 될 수 없다. 이것은 진리가 무엇인지 모르고 하는 소리다. 그런 식의 진리란 미신에 지나지 않으며, 진리를 설명하는 단어들을 우연하게 조합한 것 이상도 이하도 아니다.

신교도도 부인하지 못하듯이, 자신이 대단히 중요한 문제라고 생각하는 것에 대해 자기 의견을 갖는 것만큼 지성과 판단력 개발에 도움이 되고 나아가 인류의 지성과 판단력의 발전에도 도움이 되는 것이 또 있을까? 지성을 단련하는 데 가장 중요한 변수를 꼽으라면 단연 자기가 옳다고 생각하는 것의 근거를 학습하는 것이다. 사람들이 각자 무엇을 믿든지, 그것이 자신이 반드시 정확하게 알지 않으면 안 되는 주제라면, 적어도 상식적인 수준에서 제기되는 비판에 대해서는 제대로 반박할 수 있어야 한다. 그러나 이렇게 말하는 사람도 있을 것이다. "그들이 믿는 바의 근거에 대해 가르쳐주어야 한다. 어떤 의견이 한 번도 토론에 부쳐지지 않았다고 해서 그것이 그저 다른 것을 따라 한 것에 불과하다고 단정할 수는 없다. 기하학을 배우는 사람은 단순히 정리定理를 외울 뿐만 아니라 논증을 이해해야 한다. 그가 아무도 그 정리가 틀렸다고 주장하는 것을 들어본 적이 없다고 한들, 그를 기하학적 진리의 기초도 모르는 무식한 사람이라고 말한다면 웃기는 이야기가 될 것이다." 확실히 정답을 분명하게 알 수 있는 수학 같은 분야에서는 그런 식으로 가르침을 주어도 나쁠 것이 없다. 수학의 진리는 성질이 특이한 까닭에 모든 주장이 한쪽으로 쏠린다. 그 결과, 반대가 없고 또 반대에 대해 답변할 필요도 없다. 그러나 불가피하게 생각의 차이가 생기는 분야에서는 상반된 두 의견을 종합적으로 판단한 다음에 진리를 찾아야 한다. 심지어는 자연과학에서도 동일한 사실에 대해 다른 설명이 제기될 수 있다. 그래서 지동설 대신에 천동설을, 산소 대신에 플로지스톤[17]의 존재를 주장하는 사람이 있었던 것이다. 이런 경우 왜 다른 주장이 진리가 될 수 없는지 증명해 보여야 한다. 이것이 증명되고 그 증명을 이해할 수 있을 때까지는 우리가 옳다고 믿는 것의 근거를 알 수 없다. 그러나 도덕이나 종교, 정치, 사회관계, 그리고 삶에 관한 문제 등 무한히 복잡한 주제를 다룰 때는 상황이 달라진다. 문제가 되는 주장을 지지하는 논거의 4분의 3은 자신과 관점이 다른 의견을 비판하는 데 집중된다. 한 사람[18] 다음으로 고대의 가장 위대한 웅변가라고 할 수 있는 키케로Marcus Tullius Cicero는 자기 문제에 대해 아는 것만큼이나(그 이상은 아닐지라도) 자신과 견해가 다른 사람의 주장을 이해하는 데도 힘을 기울였다는 기록을 남기고 있다. 어느 분야에서든 진리를 찾고자 하는 사람이라면 그가 변론술을 연마하기 위해 사용했던 방법을 꼭 따라야 한다. 그저 자기가 전공하는 분야만 아는 사람은 실은 그 분야에 대해서도 잘 모른다고 볼 수 있다. 물론 그 사람이 제시하는 논거가 상당히 탄탄하고 따라서 다른 사람이 쉽게 공박할 수 없을지도 모른다. 그러나 그런 사람도 상대방의 주장에 대해 자세히 알

17 phlogiston. 산소를 발견하기 전까지 가연물可燃物 속에 존재한다고 믿던 것을 일컫는다.

18 고대 그리스 최고의 웅변가로 꼽히는 데모스테네스Demosthenes(기원전 384~기원전 322)를 말한다.

고 그 장단점을 꿰고 있지 않으면 왜 자신의 주장이 더 타당한지 설명하기 어렵다. 이럴 경우 아무 판단도 하지 않는 것이 차라리 더 합리적이다. 아니면 권위 있는 전문가의 말을 따르거나 보통 사람들이 하듯 가장 마음이 끌리는 쪽을 선택하는 것이 낫다. 그러나 상대방의 주장을 경청하더라도 자기편 이론가가 그 주장을 반박하기 위해 나름대로 각색해서 정리한 근거 위에서 들으면 별다른 효과가 없다. 그렇게 해서는 반대편 주장을 정확하게 파악할 수 없다. 상대방이 왜 그런 주장을 펴는지 그 핵심을 알기 어려운 것이다. 실제 그런 생각을 하고 있고 온 힘을 다해 그런 주장을 펴는 사람의 이야기를 직접 들을 수 있어야 한다. 그들이 강조하는 내용 가운데 가장 그럴듯하고 가장 설득력 있는 부분에 대해 잘 알아야 한다. 문제가 되는 것의 진실을 가려내기 위해 해결하지 않으면 안 되는 것이 무엇인지 정확하게 파악할 수 있어야 한다. 그러지 않으면 고대하는 진리를 결코 얻을 수 없다. 오늘날 공부깨나 했다는 사람, 심지어 자기 생각을 거침없이 표현할 줄 아는 사람도 100명 가운데 99명은 이런 상태에 있다. 그들의 결론이 타당할지 몰라도, 그들이 내세우는 논거에 따라서 언제든지 틀릴 수 있다. 관점이 다른 사람들의 생각을 충분히 연구하지 않고 그들이 왜 그런 말을 할 수밖에 없는지 진지하게 검토하지 않았기 때문에 자신이 하는 말에 대해서도 잘 모를 수 있다. 자신의 주장 가운데 일부가 사실은 상대방의 논리를 정당화하는 것일 수도 있음을 모른다. 그래서 서로 모순 관계에 있는 것처럼 보이는 어떤 측면이 알고 보면 같은 내용을 담고 있고, 따라서 팽팽하게 대립하는 두 주장 가운데 왜 이것은 되고 저것은 안 되는지 판단하기가 어려워지는 경우가 생긴다. 저울의 추를 움직이듯 어떤 문제를 놓고 망설이는 사람의 생각을 확정해주는 진리, 정통한 지식을 갖춘 사람이 특정 판단을 내릴 때 따르게 되는 그런 진리를 전혀 모르기 때문이다. 이런 진리를 제대로 알기 위해서는 대립하는 두 주장에 똑같이 귀를 기울이고, 각각의 가장 강력한 논거를 편견 없이 정확하게 이해하려고 노력해야 한다. 도덕과 인간의 문제에 대해 진실한 지식을 얻으려면 이런 자세가 필수적이다. 진리는 세상의 무엇보다도 중요하다. 이런 진리를 찾는 데 반대하는 사람은 없다. 따라서 도덕과 인간을 둘러싼 각종 문제에 대해 모든 사람이, 심지어 악마의 편에 선 것처럼 보이는 사람까지도, 자유롭게 온갖 논리를 동원해서 자기주장을 펼 수 있게 해주어야 한다.

이런 생각을 못마땅해하는 사람들, 즉 자유 토론을 거부하는 자들은 시중의 보통 사람이 어떤 주장을 펼 때, 그것을 둘러싼 찬반양론에 대해 철학자와 신학자만큼이나 자세히 알거나 이해할 필요가 없다고 강변할지 모른다. 그러면서 다음과 같은 궤변을 늘어놓는다. 보통 사람들은 똑똑한 상대방이 저지른 말실수나 오류에 대해 자세히 알 필요가 없다. 그런 문제점들을 잘 짚어줄 사람이 있어서 그들이 잘못 인도되지만 않으면 충분하다. 별 생각 없는 보통 사람들은 진리의 분명한 근거만 배우고, 나머지 부분에 대해서는 권위 있는 전문가들을 그냥 믿고 따르기만 하면 된다. 스스로 이런저런 어려운 문제에 적절히 대응할 능력이나 지식을 갖추고 있지 못하다는 것을 아는 이상, 특별히 훈련받은 사람들이 지금까지 그런 문제에 잘 대처해왔고 또 앞으로도 그러리라고 안심해도 좋다.

이런 주장을 하는 사람들은 진리에 대해 최소한의 정도로만 이해하게 되어도 쉽사리 만족한다. 그러나 그들의 논리를 액면 그대로 받아들이더라도 자유로운 토론의 필요성은 조금도 줄어들지 않는다. 왜 그럴까? 그것은 자유 토론을 반대하는 사람들조차도 특정 문제를 놓고 제기되는 모든 비판에 대해 만족스러운 답변이 있어야 한다고 생각하는 것이 분명하기 때문이다. 그러나 답변을 요구받는 문제가 자유롭게 거론되지 않으면 어떻게 비판에 답변을 할 수 있겠는가? 또는 비판을 가하는 사람들이 그 답변이 불만족스럽다고 말할 수 있는 기회를 얻지 못한다면 그것이 만족스러운지 어떻게 알 수 있겠는가? 일반 시민은 모르지만 적어도 이러한 어려움을 해결해야 하는 철학자나 신학자들은 문제의 핵심에 소상하게 접근할 수 있어야 한다. 그것은 가장 자유로운 상황에서 마음 놓고 토론을 벌일 수 있을 때나 가능하다. 가톨릭교회는 이 당혹스러운 문제에 독특한 방식으로 대처해왔다. 즉 사람들을 둘로 나눠 한쪽은 이성적인 확신에 따라 교리를 받아들이게 하고, 다른 한쪽은 믿음에 입각해서 무조건 그것을 수용하도록 엄격히 구별하는 것이다. 사실 그 어느 쪽도 무엇을 받아들일 것인지에 관해 아무런 선택을 할 수 없다. 그러나 적어도 성직자, 그 가운데서도 특히 믿음이 독실한 사람은 반대편의 주장에 효과적으로 답변할 수 있도록 그들의 논점을 자세하게 알 필요가 있다. 따라서 이들에게는 이단자들이 쓴 금서를 읽는 것이 허용된다. 그러나 평신도들은 특별한 허락을 받은 경우 외에는 그럴 수가 없다. 적에 대해 잘 아는 것이 가르치는 처지에 있는 사람에게 유익하다는 사실을 인정하면서도 나머지 사람들에게는 그 문을 닫고 있는 것이다. 이것은 결국 보통 사람에 비해 엘리트들에게 정신적인 자유까지는 아닐지라도 정신문화를 발전시킬 수 있는 기회를 더 많이 주는 셈이다. 가톨릭교회는 이런 방법을 통해 목표했던 대로 정신적 우위를 확보하는 데 성공하고 있다. 비록 자유가 없는 문화였기 때문에 결코 정신이 관대하거나 자유롭지는 않았지만 현명하고 공정한 판단은 할 수 있는 것이다. 그러나 개신교를 믿는 나라에서는 이럴 가능성이 없다. 개신교 신자들은, 종교를 선택할 책임이 적어도 이론상으로는 각 개인에게 있으므로 선생들이 나설 일이 아니라고 믿기 때문이다. 나아가 오늘날의 상황에서는 많이 배운 사람들이 읽는 문건을 그렇지 못한 사람들은 읽지 못하게 막는 것이 현실적으로 가능하지도 않다. 인류의 선생이라고 할 만한 사람들이 마땅히 알아야 할 일에 대해 잘 알 수 있으려면, 어떤 글을 쓰고 출판하든지 완전한 자유가 주어져야 한다.

기존의 주장이 사실일 경우 그에 대해 자유 토론을 하지 않음으로써 생기는 부작용이 그저 사람들이 그 주장의 근거를 잘 모르게 되는 것뿐이라면, 자유 토론을 하지 않는 것이 지적인 측면에서는 어떨지 몰라도 도덕적으로는 크게 해를 주지 않을 수도 있다. 또 그 사람에게 끼치는 영향 면에서 볼 때 그 주장이 갖는 가치에도 그다지 영향을 주지 않는 것으로 생각할 수 있다. 그러나 자유 토론이 없다면 단순히 그 주장의 근거만이 아니라, 그 자체의 의미에 대해서도 모를 뿐이다. 그 주장을 표현하는 단어들이 특별한 생각을 담아내지 못하거나 아니면 처음 전달하고자 했던 내용의 일부분만을 옮길 수 있을 뿐이다. 생생한 개념과 분명한 확신 대신에 그저 기계적으로 외운 몇 구절만 남는 것이다. 그 의미를 둘러싼 몇몇 껍데기는 남을지 몰라도 정말 중요한 본질은 잃고 만다. 인류 역사의 위대한 순간들을 뒤돌아보면 이런 사실이 확연하게 드러난다. 이 점에 대해서는 아무리 강조하고 심사숙고해도 모자랄 지경이다.

거의 모든 윤리적 이론과 종교적 신념이 이런 사실을 경험하고 있다. 어떤 이론, 어떤 교리든 그 창시자와 그들의 직계 제자들은 자신의 이론과 교리에 특별한 의미를 부여하고 대단히 중요하게 생각한다. 다른 이론이나 교리와의 싸움에서 이겨 우월한 위치를 차지하면 그 의미를 더욱 강렬하게 느낄 것이다. 그리고 아마도 그것을 알고자 하는 사람이 더 많이 생겨날 것이다. 그런 과정을 거치다가 마침내 다수의 마음을 끄는 중심 사상이 되거나, 아니면 더 이상 발전하지 못할 수도 있다. 다시 말해 지금까지 확보해온 근거는 유지하되 새로 확산되지는 못하는 상태에 이른다. 상황이 이렇게 되면 문제의 주제를 둘러싼 논쟁의 열기가 식으면서 점차 잊히고 만다. 그 이론은 비록 주류 사상은 아니지만, 그래도 사람들에게 일부 인정을 받거나 한 분파로 받아들여지게 된다. 그것을 믿는 사람들은 일반적으로 선대에게서 물려받은 것이지 자신들이 선택해서 받아들인 것은 아니다. 한쪽에서 다른 쪽으로 전향하는 것은 오늘날에도 아주 드문 일이지만, 더구나 그 주창자들로서는 생각하기도 어려운 일이었다. 처음에 그랬던 것처럼 세상을 향해 자신을 변호하든가 아니면 세상을 자기 쪽으로 끌어오기 위해 노심초사하는 대신, 마지못해 묵인하는 쪽으로 기울면서 할 수만 있다면 반대쪽 주장에 귀를 막는다. 또는 그 어떤 상대에 대해서건 (이견을 가진 사람이 있다 하더라도) 싸움 거는 일을 하지 않는다. 이때부터 그 이론의 생명력은 쇠퇴하기 시작한다고 볼 수 있다. 세상의 이런저런 신념을 가르치고 전파하는 선생들은, 자신의 추종자들이 명목상으로만 진리를 인정하는 것이 아니라 마음속 깊이 진심으로 믿으면서, 그것이 그들의 감정을 뚫고 들어가 행동을 완전히 지배하는 힘이 되기를 바란다. 그러나 선생들은 사람의 마음을 그렇게 다잡는 것이 어렵다고 호소하곤 한다. 어떤 신념이든 그 존재를 알리기 위해 투쟁하는 초창기에는 그러한 어려움을 느끼지 않는다. 이때는 세력이 약하더라도 자신들이 무엇을 상대로 싸우는지 알고 느낀다. 그리고 다른 교리와의 차이점도 잘 인식한다. 이 시기에는 적잖은 수의 신봉자가 모든 형태의 사상 속에 자신들이 믿는 신념의 근본 원리가 들어 있음을 깨닫고, 그와 같은 사상의 중요한 의미에 비추어서 그 원리의 가치를 재보고 검토한다. 그리고 그러한 신념에 흠뻑 빠진 사람은 자신의 정신에 일어나는 크고 작은 변화를 깊이 경험하게 된다. 그러나 세월이 흘러 그것이 몇 세대 묵은 기성 신념으로 자리 잡으면서 사람들이 소극적으로 받아들이면, 그래서 그 신념이 주장하는 바에 대해 문제의식을 느끼고 예민하게 반응하는 때가 지나고 나면, 사람들은 점점 상투적인 것을 제외한 나머지 모든 것을 잊어버린다. 아니면 그저 덤덤하고 미적지근하게 수용하게 된다.

마치 일단 믿고 나면 그것을 각자 마음속에서 철저하게 깨닫거나 개인적인 경험을 통해 검증할 필요가 없어지는 것처럼 말이다. 그러다가 마침내는 인간의 내면적인 삶과 그 신념을 연결하는 일조차 중단하는 때가 온다. 오늘날 이런 일이 너무 자주 일어나다 보니 그것이 거의 대세인 듯이 보이기까지 한다. 그 결과 그런 신념이 사람의 마음과 동떨어진 채 우리 본성의 더욱 오묘한 부분을 향해 오는 다른 모든 영향을 무력하고 쓸모없는 것으로 만든다. 그리고 어떤 신선하고 생동감 넘치는 확신 앞에서도 완강하게 고집을 부리며 우리 마음과 정신을 아무 내용도 없는 공허한 상태로 이끄는 데만 신경을 쓰게 된다.

사람의 마음에 유례가 없을 정도로 강력한 충격을 주리라 기대되던 교리들이 상상과 감정 또는 지성 속에서 꽃을 피우지 못한 채 죽어버린 믿음으로 전락하는 경우가 있다. 이는 많은 그리스도교 신자가 보여주는 사례에서 잘 드러난다. 여기서 내가 그리스도교라고 말하는 것은 모든 교회와 교파가 믿는 것, 즉《신약성서》에 담긴 계율과 원리를 말한다. 스스로 그리스도교 신자라고 말하는 사람들은 이들을 신성한 것으로 믿으며 그 법에 따를 것을 다짐한다. 그러나 내가 그리스도교 신자 가운데 그런 계율과 원리에 따라 철저히 자기 삶을 규율하는 사람은 1000명 가운데 한 명도 안 된다고 말하더라도 너무 지나치다고 하지는 못할 것이다. 계율과 원리보다는 오히려 그가 속한 민족과 계급 또는 교계敎界의 관습이 그의 삶을 이끄는 행동 준칙이 된다. 그래서 그는 한편으로는 자신의 행동을 규율하기 위해 절대적인 지혜가 허락했다는 일련의 윤리적 계율을 준수한다. 그러나 동시에 그 계율과 뜻을 같이하지만 그다지 비슷하지 않고, 때로 정면으로 대립하기도 하는 어떤 관점, 즉 전체적으로 볼 때 그리스도교적 믿음과 세속적 삶의 절충이라고 할 수 있는 어떤 선에 맞추어서 그날그날 일상을 살아간다. 그는 전자에 경의를 표한다. 그러나 그가 실제로 마음에 두는 것은 후자다. 모든 그리스도교 신자는 가난하고 겸손하며 세상에서 버림받은 사람들이 축복을 받는다고 믿는다. 부자가 천국에 들어가기보다 낙타가 바늘구멍으로 들어가기가 더 쉬우며, 심판을 받지 않으려면 심판을 하지 말아야 한다고 믿는다. 함부로 맹세해서는 안 되며, 이웃을 자기 몸처럼 사랑해야 한다고 믿는다. 누가 속옷을 가져가면 겉옷까지 벗어주어야 하고, 내일 일을 걱정하지 말아야 한다고 믿는다. 누구든 완전해지고 싶으면 가진 것을 모두 팔아 가난한 사람들에게 주어야 한다고 믿는다. 그들이 이런 계율을 믿는다고 할 때 마음에도 없는 거짓말을 하는 것은 아니다. 사람들이 늘 칭송받는 일을 보고 들으면서 아무 의심 없이 믿듯이, 그들도 이런 계율을 믿고 있다. 그러나 살아 있는 믿음이라면 믿는 사람들의 행동을 규율할 수 있어야 한다. 그들은 자신의 교리를 믿기도 하지만, 다른 사람들과 보조를 맞추면서 적당히 믿고 적당히 행동한다. 교리라는 것은 원래 적대 세력을 공격하는 데 편리하게 사용된다. 그리고 널리 알려져 있듯이 그것은 사람들이 좋다고 생각해서 하는 행동이면 무엇이든 (가능하다면) 정당화한다. 그 계율은 그들이 꿈도 꾸지 못할 수많은 것을 하도록 요구한다. 그러나 그들에게 이런 사실을 일깨워주는 사람은 남보다 더 나은 인물인 것처럼 행세하는 까닭에 평판이 좋지 못한 부류 가운데 하나로 분류되는 것 외에는 아무런 실익도 얻지 못한다. 일반 신자들은 교리에 특별히 신경을 쓰지 않기 때문에 크게 구속받지도 않는다. 습관적으로 교리를 따르기는 하지만, 그 가르침 하나하나에 각별한 의미를 부여하며 마음에서 우러나오는 감정으로 실천에 옮기는 것은 아니다. 그래서 구체적인 문제에 부딪히면 주변 사람들이 어느 정도로 그리스도의 가르침대로 사는지 살피면서 그들을 따르려고 한다.

물론 초기 그리스도교 신자들은 그렇지 않았다고 분명히 말할 수 있다. 만일 그들이 그렇게 행동했더라면, 그리스도교가 멸시받는 유대인의 이름 없는 한 교파에서 벗어나 로마제국의 종교로까지 성장하지 못했을 것이다. 그리스도교를 박해하는 사람들이 "저들이 서로서로 어떻게 사랑하는지 보라!"라고 말했을 때(오늘날 그렇게 말하는 사람은 아마 아무도 없을 것이다), 당시 그리스도교 신자들은 분명 후대의 사람들이 따를 수 없을 정도로 자신들의 믿음에 뜨거운 신념을 품고 있었다. 1800년이라는 세월이 지났지만 그리스도교가 오늘날 그 세를 넓히지 못하고 여전히 주로 유럽인과 그 후예들만 상대하는 이유는 과거의 그런 신념을 잃어버렸기 때문이라고 보아야 할 것이다. 심지어는 보통 사람들보다 훨씬 열심히 믿으며 엄격한 종교적 계율에 따라 일상생활을 이어나가는 사람들도 대체로 그 믿음의 내용을 따지고 보면 칼뱅Jean Calvin이나 녹스John Knox 또는 자신들과 뭔가 닮은 점이 많은 사람에게서 직접 영향을 받은 바가 크다. 예수의 가르침을 받아들이기는 하지만, 그것이 그저 덤덤하며 그렇고 그런 교훈 이상의 어떤 영향력을 발휘하지는 않는다. 어떤 교리는 유달리 활력이 넘친다. 이에 반해 또 어떤 교리의 전도자들은 신자들의 믿음을 되살리느라 남다른 고통을 겪어야 한다. 거기에는 모두 그럴 만한 이유가 있다. 한 가지 부인할 수 없는 것은 세를 확장해나가는 종교의 경우, 교리를 둘러싸고 활발한 토론이 벌어지며, 그에 대해 비판적인 사람들도 어렵지 않게 자신의 견해를 표명할 수 있다는 점이다. 적군이 시야에서 사라지면 가르치는 사람이나 배우는 사람 모두 공부를 집어치우고 낮잠이나 자러 가게 마련이다.

일반적으로 이런 현상은 전통적인 모든 교리, 즉 도덕이나 종교는 물론이고 인생에 관한 지식이나 지혜를 담은 것들에서도 똑같이 발견된다. 각종 언어로 쓰인 이 세상의 책들은 모두 인생이란 어떤 것이고 우리가 어떻게 살아야 하는지에 관한 깊은 성찰로 가득 차 있다. 모든 사람이 이런 성찰에 대해 알고 있다. 그리고 그것을 따르거나 아니면 대체로 수용한다. 모두가 진실로 받아들이지만, 흔히 고통스러운 기억을 안겨주는 경험을 통해 그 의미를 확실히 깨닫는다. 어떤 예기치 못했던 불행이나 실망스러운 일로 고통받을 때 사람들은 평소 익숙한 격언이나 속담을 쉽게 떠올린다. 그가 만일 이때처럼 그 말의 뜻을 미리 충분히 깨달았더라면 그런 불행한 일은 피할 수 있었을 것이다. 물론 이런 일이 생긴 배경에는 토론이 없었다는 것 외에 또 다른 이유도 있었을 것이다. 세상의 진리 중에는 사람들이 직접 경험하지 않으면 그 참뜻을 제대로 알기 어려운 것이 많다. 그러나 그 내용을 잘 아는 사람들이 모여 찬반 토론을 벌이고 모르는 사람들도 이것을 경청했더라면 그 뜻을 더 잘 알았을 것이다. 그렇게 이해된 것들은 사람들의 마음에 훨씬 더 큰 영향을 주었을 것이다. 사람들은 흔히 어떤 사안이 의심할 여지 없이 확실하다면서 그 문제를 더 이상 생각하지 않으려 하는데, 이것이야말로 치명적인 악습이 아닐 수 없다. 왜냐하면 사람들이 저지르는 실수의 절반은 그런 버릇에서 비롯되기 때문이다. 우리 시대의 어떤 작가는 "확정된 결론은 깊은 잠에 빠진다"[19]고 말했는데, 정말 정곡을 찌르는 표현이라고 하겠다.

(그러나 이렇게 반문하는 사람도 있을 것이다.) 뭐라고? 만장일치가 없어야 참된 지식에 이를 수 있다고? 그렇다면 진리를 얻기 위해 누군가가 틀린 주장이라도 억지로 고집을 부려야 한다는 말인가? 어떤 의견을 모든 사람이 받아들이면, 그 순간 그 의견은 중요하고 참된 진리로서의 성질을 잃어버리는 건가? 뭔가 의심할 여지가 있어야 그것이 완전히 이해되고 체감될 수 있다는 말인가? 사람들이 만장일치로 어떤 진리를 받아들이면 바로 그 순간부터 그 진리는 사라진다는 건가? 지금까지 우리는 이 세상에서 가장 중요한 진리를 중심으로 사람들이 하

19 영국의 작가 헬프스Arthur Helps(1813~1875)가 한 말이다.

나로 뭉치는 것을, 인간의 지식이 진보하면서 달성하는 최고의 목표, 최선의 결과라고 믿어왔다. 그런데 바로 그런 목표가 달성되지 않아야 인간의 지식이 존재할 수 있다는 이야기가 아닌가? 완전한 승리를 얻으면 오히려 그 승리의 열매가 사라진다는 주장을 어떻게 이해해야 옳은가?

내 말은 그런 뜻이 아니다. 인간의 역사가 발전하면서 더 이상 논쟁과 의심의 대상이 되지 않는 이론은 당연히 늘어날 것이다. 그리고 의심할 여지가 없는 진리가 얼마나 많은지에 따라 인간의 행복이 결정된다고 해도 틀린 말은 아닐 것이다. 심각한 문제를 둘러싸고 이런저런 의문이 줄어든다는 것은 하나의 진리가 확정되어가는 과정에서 빼놓을 수 없는 일임은 분명하다. 잘못된 의견이 그렇게 확고해지면 위험하고 나쁜 영향을 주겠지만, 참된 생각이라면 그것은 환영할 만한 일이다. 한 의견에 대한 이런저런 의문이 점차 줄어드는 것은 불가피한 동시에 필수적인 일이기는 하지만, 그렇다고 그런 현상이 반드시 좋은 결과만을 낳는다고 말할 수는 없다. 우리는 우리와 반대되는 생각을 가진 사람들에게 설명하거나 아니면 그들의 생각이 잘못되었다고 비판하는 과정에서 어떤 한 진리를 더 생생하고 깊이 이해하게 된다. 그런데 그 진리가 보편적으로 인정받으면서 이런 소중한 기회를 잃는다면, 그로 인해 얻는 것도 있겠지만 잃는 것도 만만치 않다. 이와 같은 유익함을 더 이상 기대할 수 없다면, 나는 인류의 위대한 스승들이 그 대안(곧 마치 통설과 동떨어진 주장을 펴는 어떤 사람이 자신의 뜻을 관철하기 위해 집요하게 물고 늘어지기라도 하듯이, 사람들의 의식 깊숙한 곳에 그런 골치 아픈 문제에 대한 생각이 솟아나게 해주는 장치)을 찾으려 애쓰는 것을 진정 보고 싶다.

그러나 그들은 이런 노력을 하지 않고 예전에 하던 일들을 놓쳐버리고 말았다. 플라톤의 대화편에 찬란하게 소개된 소크라테스의 변증법은 이런 장치의 대표적인 예다. 그 변증법은 기본적으로 철학과 인생의 핵심적인 문제들에 대한 부정형 질문으로 구성된다. 변증법은 어떤 문제에 대해 그 본질은 모른 채 그저 상식적인 수준의 지식만 반복하는 사람들에게, 스스로는 안다고 주장하지만 실제로는 정확한 의미를 모른다는 사실을 일깨워주고, 나아가 스스로의 무지를 깨달은 뒤 그 의미와 논거를 확실하게 파악한 바탕 위에서 굳건한 믿음을 가질 수 있도록 고안된 최상의 기법이었다. 중세의 논변술 학교도 이와 꽤 비슷한 목표를 지향했다. 즉 학생이 자신의 의견과 (그 연장선상에서) 그와 반대되는 의견에 대해 충분히 이해할 수 있게 하면서, 자신의 논거는 강화하고 상대방의 의견은 무력화하는 방법을 가르쳤다. 그러나 이는 이성이 아니라 권력자에게 의지했기 때문에 근본적인 결함을 안고 있었다. 따라서 사람의 정신을 움직이는 원리라는 점에서 볼 때 이 방법은 어느 면에서든 '소크라테스학파'의 철학을 일궈낸 강력한 변증법을 따라갈 수 없었다. 그러나 현대를 사는 우리가 이 두 가지 방법에서 받은 영향은 우리가 일반적으로 인정하는 것보다 훨씬 크다. 그리고 오늘날 시행되는 교육 방식도 이 둘을 빼고 나면 남는 것이 거의 없을 정도다. 선생이나 책을 통해서 주입식으로만 지식을 얻는 사람은 엉터리 자기만족의 유혹에서는 벗어날 수 있을지 몰라도 문제가 되는 사안의 양쪽을 모두 알아야 할 필요성은 느끼지 못한다. 그러다 보니 보통 사람은 물론이고 심지어는 사상가들까지도 양쪽의 견해에 대해 두루 잘 아는 경우는 매우 드물다. 대부분의 사람이 상대방의 비판에 대응해서 자기 의견을 옹호하려 하지만 실은 이 부분에서 가장 큰 약점을 보이는 것도 바로 이런 이유 때문이다. 오늘날에는 긍정적인 진리를 찾아내기보다는 이론상의 약점이나 실천상의 과오만 지적하는 부정적 논리를 좋지 않게 보는 것이 하나의 시대적 조류가 되었다. 이런 부정적 비판은 궁극적인 결과의 측면에서 본다면 확실히 보잘것없다. 그러나 이것은 이름값을 하는 모든 긍정적인 지식이나 확신을 획득하는 수단이 된다는 점에서 더없이 소중한 가치가 있다. 사람들이 이제 다시 그런 부정적 논리에 체계적으로 숙달되지 않으면 위대한 사상가가 나오기 힘들다. 수학이나 물리학 분야 등을 제외하고는 보통 사람들의 지적 수준 또한 떨어질 것이다. 그래서 다른 사람들이 싸움을 걸든지 아니면 스스로 그런 싸움을 붙이든지, 적극적으로 논쟁을 벌이는 과정을 거치지 않는다면 그 어떤 주제에 관한 의견도 지식다운 지식이 될 수 없다. 이런 부정적 비판은 정말 없어서는 안 되는 것이고, 한번 없어지고 나면 복구하기가 대단히 어렵다. 그런데 이렇게 소중한 논쟁의 기회가 스스로 찾아왔는데도 마다하다니, 이보다 더 어리석은 일이 어디 있겠는가! 만약 일반적인 통념에 이의를 제기하거나, 법이나 여론이 이의 제기를 허용할 때 실제로 그렇게 하는 사람이 있다면, 우리는 그에게 고마워해야 한다. 마음의 문을 열고 그 사람의 말을 들어야 한다. 우리가 우리의 믿음에 확신을 가지는 데, 또는 그 믿음이 생명력을 유지하는 데 조금이라도 관심이 있다면 아주 엄청난 노력을 기울여서라도 마땅히 해야 할 일인데, 그가 우리를 대신해서 그렇게 해준다니 얼마나 고마운 일인가.

다양한 견해들이 우리에게 이득을 주는(인류가 현재로서는 까마득히 먼 미래의 일로 보이는 그런 높은 지적 수준에 도달할 때까지는 계속 그러할 것이다) 중요한 이유 가운데 하나를 아직 이야기하지 못했다. 우리는 지금까지 두 가지 가능성만 검토해왔다. 기존의 통설이 틀린 것인지도 모른다. 그렇다면 그와 다른 의견이 진리일 수 있다. 또는 통설이 진리일 경우 그 반대 의견은 오류일 것이다. 그렇기는 하지만 진리와 오류 사이의 논쟁은 진리를 더욱 분명히 이해하고 또 깊이 깨닫는 데 없어서는 안 될 필수요소다. 그러나 서로 대립하는 두 주장 가운데 하나는 진리고 다른 하나는 틀린 것으로 확연히 구분되기보다는 각각 어느 정도씩 진리를 담는 경우가 더 일반적이다. 이럴 때 통설이 채우지 못하는 진리의 빈 곳을 채울 수 있도록 그 통설에 도전하는 이설異說의 존재가 반드시 필요하다. 감각을 통해 확인할 수 없는 주제에 관한 대중의 주장이 흔히 진리를 담고 있기는 하지만, 전적으로 옳은 경우는 거의 또는 전혀 없다. 그런 주장은 상황에 따라 진리를 더 많이 또는 더 적게 담고 있기는 하지만 부분적으로만 옳을 뿐, 대체로 과장되고 왜곡되었다. 그리고 다른 각도에서 존재하는, 그래서 상충되는 내용을 담은 진리들과는 거리가 멀다. 반면 이단적인 주장들은 일반적으로 이런 억압받고 무시당한 진리들 가운데 일부다. 이런 주장은 자신을 억눌러온 족쇄를 벗어나 통설 속에 포함된 진리와 화해를 모색하거나, 아니면 그것을 적으로 간주하여 일전을 벼르면서 (통설과 마찬가지로) 자신만이 유일 진리라고 선포한다. 인간 정신이 언제나 일면성으로 넘쳐났고 다면성에 대한 관심은 그야말로 예외적인 상황에 국한되었기 때문에, 지금까지 후자의 경우가 더 빈번하게 발생했다. 따라서 사상혁명이 벌어지는 와중에도 진리의 한 부분이 떠오르면 다른 부분은 사라지는 경우가 흔하다. 진보라는 것도 진리를 새로 덧붙이기보다는 대부분의 경우 부분적이고 불완전한 진리를 다른 것으로 대체하는 데 지나지 않는다. 개선도 기본적으로 마찬가지다. 새로운 진리를 향한 욕구가 더 커지고 그것이 시대의 필요에 더 잘 부응한다면, 그것이 바로 개선인 것이다. 다수가 받아들이는 의견이 비록 올바른 기초 위에 서 있을지라도 이처럼 부분적인 진리밖에 가지고 있지 않다면, 그런 통설이 빠뜨리고 있는 진리의 어떤 부분을 구현하는 다른 모든 생각은, 아무리 그것이 많은 오류와 큰 혼돈을 초래하더라도 마땅히 소중히 다루어져야 한다. 세상살이에 대해 이성적으로 판단하는 사람이라면, 누군가가 자칫 우리가 어떤 진리를 빠뜨리고 놓칠까 봐 윽박지르면서 정작 우리는 알고 있는 진리의 어느 부분을 모른다고 그 사람에게 화를 내는 일은 없을 것이다. 오히려 다수의 주장이 일방적인 한, 소수의견을 역시 일방적으로 주장하는 사람들이 존재하는 것이 그렇지 않은 경우보다 훨씬 더 바람직하다고 생각할 것이다. 왜냐하면 그들 소수파가 아주 강력하게 유일 진리라고 주장하는 것이 실은 부분적인 진리에 지나지 않더라도, 그런 과정을 통해 사람들이 그 소수의견에 억지로라도 관심을 기울이게 될 가능성이 높기 때문이다.

18세기의 배운 사람 거의 대부분, 그리고 그들에게 이끌려가는 배우지 못한 사람 모두는 이른바 문명이라는 것, 그리고 근대 과학, 문학과 철학의 위용에 흠뻑 빠져 있었다. 그들은 근대인과 고대인은 근본적으로 다르다는 잘못된 전제 아래, 그런 차이 때문에 결국 근대가 고대보다 결정적으로 더 낫다고 생각했다. 그러나 루소의 역설[20]은 일방적인 의견을 가진 대중에게 자기 성찰의 기회를 주고, 그들의 생각이 더 나은 형태로 재구성되게 하며, 새로운 힘을 얻게 해준다. 오늘날의 견해가 전반적으로 루소의 견해에 비해 진리에서 더 멀어져 있다는 말은 아니다. 오히려 진리에 더 근접해 있다. 확실한 진리를 더 많이 담고 있으며 오류는 훨씬 줄어들었다. 그러나 루소의 이론과 그것을 따르는 여러 사람의 생각 속에는 오늘날 다수 의견이 빠뜨리고 있는 상당한 양의 진리가 담겨 있다. 따라서 루소의 지적을 간과한다면 우리는 많은 것을 잃을 수밖에 없다. 루소 이래로 의식이 깨친 사람들은 단순하고 소박한 삶이 얼마나 귀한 가치가 있는지, 그리고 인위적인 삶이 강요하는 속박과 위선이 얼마나 심각하게 우리의 도덕을 해치고 활력을 빼

20 흔히 루소의 역설이라고 하면, 그의 《사회계약론Du Contrat social, ou Principes du droit politique》에 나오는 유명한 말인 "강제로 자유롭게 된다"를 연상한다. 그러나 여기에서 밀이 말하는 루소의 역설은 "문명이 인간을 타락시키기 때문에 자연 상태의 인간이 더 우월하다"라는 주장을 가리킨다. *On Liberty*, Gertrude Himmelfarb (ed.) 참고.

앗는지 경각심을 높이려 애쓰고 있다. 지금 이 순간에도 루소가 말하는 삶의 양식은 매우 중요한 의미를 지닌다. 시간이 흐를수록 그 가치는 더욱 커질 것이다. 이제는 거의 효력을 잃어버린 말 대신에 행동으로 그것이 옳다는 것을 입증해야 할 때다.

정치에서도 정당들이 무엇은 바꾸고 무엇은 지켜야 한다는 분명한 판단 아래 질서와 진보를 모두 포용할 수 있을 정도로 정신적인 그릇이 커질 때까지는, 질서 또는 안정을 추구하는 정당과 진보나 개혁을 주장하는 정당 둘 다 있는 것이 건전한 정치적 삶을 위해 중요하다는 생각이 거의 상식이 되다시피 한다. 이 두 가지 상반된 인식 틀은 각기 상대방이 지닌 한계 때문에 존재 이유가 있다. 그러나 분명한 것은 바로 상대편이 존재하기 때문에 양쪽 모두 이성과 건강한 정신 상태를 유지할 수 있다는 점이다. 민주주의와 귀족 정치, 재산과 평등, 협력과 경쟁, 사치와 절제, 사회성sociality과 개별성individuality, 자유와 규율, 그리고 일상적인 삶에서 부딪히는 모든 상반된 주장이 그 어떤 의견이든 자유롭게 표출될 수 있고 똑같은 비중으로 가치를 인정받지 못한다면, 각 주장에 담긴 내용들이 빛을 발할 기회를 얻지 못할 것이다. 저울의 한쪽 추가 올라가면 반대편 추는 내려가게 마련이다. 우리 삶의 아주 중요한 실천적 문제를 놓고 볼 때, 진리를 찾기 위해서는 결국 서로 대립하는 것을 화해시키고 결합해야 한다. 그러나 어지간히 넓고 공정한 마음의 소유자가 아니라면 이런 일에 올바른 결론을 끌어내기가 몹시 어렵다. 적대적인 깃발 아래 모인 양쪽이 서로 치고받는 과정을 거치고야 진리에 이를 수 있는 것이다. 지금 막 거론한 중요한 문제들에 대한 두 가지 의견 가운데 하나가 다른 쪽 의견보다 단순히 묵인할 만한 정도가 아니라 더 장려되고 적극적으로 인정될 만한 주장이라 해도, 그것은 특정 시대나 장소의 일부 사람에게나 해당하는 것이다. 그것은 소외된 이익, 자기 몫에 상응하는 것을 챙기지 못한 인간의 복리를 일정 시간 동안 대변한다. 나는 영국에서 이런 주제 대부분에 대해 생각이 다르다고 해서 억압하는 일이 없음을 잘 안다. 관용의 폭이 과거보다 몇 배나 더 넓어진 것이 사실이다. 이런 예들이 인정되고 늘어남으로써, 현재 인간의 지적 수준에 비추어볼 때 다양한 의견들을 통해서만이 진리의 모든 측면이 드러날 수 있다는 보편적인 사실이 거듭 확인된다. 어떤 문제든 세상 모든 사람의 통념과 어긋난 주장을 펴는 사람이 있다면, 아무리 세상 사람들의 생각이 옳다 하더라도 그런 이설에는 분명 무언가 들어볼 만한 내용이 있음을 잊어서는 안 된다. 그 입을 막아버리면 중요한 진리를 잃어버릴 가능성이 대단히 크다.

다음과 같은 반론을 제기할 수도 있다. "통설 가운데 어떤 것, 특히 최고의 가장 중요한 주제에 관한 것들은 절반 이상의 진리를 담고 있다. 예를 들어 그리스도교 도덕 같은 것은 그런 문제에 관한 한 전적으로 옳기 때문에 그것과 어긋나게 가르치는 사람은 누구든 결정적인 실수를 저지르는 셈이 된다." 사실 이런 주장은 우리의 일상생활에서 가장 중요한 문제를 건드리기 때문에 이 책에서 다루는 명제를 검증하는 데 더 이상 더 좋을 수 없다. 그러나 그리스도교 도덕이 무엇인지 확인하기 전에 그 자체가 무엇을 의미하는지 먼저 따져보는 것이 좋을 듯하다. 만일 그것이《신약성서》의 도덕을 의미한다면,《신약성서》에서 그 도덕에 관한 지식을 습득하는 사람이, 과연 그리스도교 도덕이 완전한 교리로서 선포된 것인지 또는 그런 의도로 만들어진 것이라고 믿어도 되는지 확신이 서지 않는다.《신약성서》의 복음서는 언제나 기존 도덕을 염두에 둔다. 이 복음서는 기존 도덕이 좀 더 포괄적이고 좀 더 높은 수준의 도덕률에 의해 교정되거나 대체될 필요가 있는 구체적 상황 속에서만 계율을 제시한다. 그런 가운데서도 복음서는 너무 포괄적인 말로 표현되어 있어 통상적인 언어 감각으로는 이해하기 어려울 때가 많다. 시적인 또는 가슴을 울리는 영감을 주는 대신 법률적인 정확성과는 거리가 멀다.《구약성서》에서 부족한 부분을 보완하지 않는다면, 지금까지《신약성서》에서 윤리적 교리를 이끌어내는 것이 불가능했을 것이다. 그런데《구약성서》는 매우 정교한 체계이기는 하지만 여러 면에서 야만적이다. 아니, 실제로 야만적인 사람들만을 겨냥해서 만들어진 것이 바로《구약성서》다. 사도 바울은 유대인이 교리를 이렇게 해석하고 예수의 구원 계획을 오도하는 것을 노골적으로 비판하지만, 그 또한 기존의 도덕, 즉 그리스와 로마에서 전해 내려오는 도덕을 받아들였다. 그가 그리스도교 신자들에게 하는 충고도 그리스와 로마의 도덕에 바탕을 둔 것이 많았다. 노예제도의 정당성을 명백하게 인정할 정도였으니, 더 말할 것도 없다. 그리스도교 도덕이라고 불리는 것(사실은 신학적인 도덕이라고 해야 더 타당하다)은 예수나 그의 사도들이 세운 것이 아니고, 그들보다 훨씬 뒤 가톨릭교회가 초기 500년에 걸쳐 조금씩 체계화한 것이다. 그리고 그들 자신은 결코 인정하고 싶지 않겠지만, 현대인과 개신교 신자도 이 도덕을 위해 한 일이 생각보다는 별로 없다. 그들이 한 일이라고는 기껏해야 중세 때 추가된 내용들을 제거하는 것에 불과했다(당시 각 교파가 각자의 성격과 경향에 따라 새로운 내용을 만들어 넣곤 했다). 나는 인류가 이 도덕에 대해, 그리고 그 도덕의 초기 이론가들에 대해 큰 빚을 지고 있다는 사실을 부인할 생각이 전혀 없다. 그러나 그 도덕은 여러 중요한 측면에서 불완전하고 일방적이다. 따라서 나는 그것과 다른 관점의 생각과 감정이 유럽인의 삶과 성격을 형성하는 데 기여하지 않았다면, 인간 역사가 지금보다 못한 상황에 빠지고 말았으리라고 주저 없이 말해두고 싶다. (흔히 말하는) 그리스도교 도덕은 반동적인 성격이 매우 강하다. 전체적으로 볼 때 그것은 이교도와의 투쟁을 통해 기본 성격이 형성되었다고 할 수 있다. 그 기본 지향은 긍정적이라기보다 부정적이다. 적극적이지 못하고 소극적이다. 고귀함보다는 결백을 더 중요하게 여긴다. 선을 활기차게 추구하기보다는 악을 억제하는 데 초점을 맞춘다.

또한 계율에는 (정말 적절하게 표현했다고 생각하는데) '어떤 일을 하라'는 것보다 '어떤 일을 해서는 안 된다'는 말이 압도적으로 많다. 처음 그 도덕은 정욕에 대한 두려움 때문에 금욕주의를 지나치게 강조했는데, 사람들은 점차 금욕주의 대신 율법주의를 따르게 되었다. 그리스도교 도덕에서는 여전히 천국에 대한 소망과 지옥에 대한 두려움이 덕 있는 삶의 핵심 동기가 된다. 그 결과 그리스도교인은 고대의 뛰어난 인물들보다 훨씬 못한 사람들이 되었다. 자기에게 이익이 되지 않으면 주변 사람들과 왕래도 하지 않는 등, 이웃에 대해 무감각해지면서 인간은 기본적으로 이기적인 존재로 전락했다. 그것은 한마디로 수동적인 복종의 교리다. 이 교리는 모든 기성 권위에 순종할 것을 가르친다. 권력자가 종교적 금기 사항을 명령할 때는 적극적으로 복종할 필요가 없지만, 그 외에는 그가 아무리 나쁜 짓을 하더라도 봉기를 일으키는 것은 말할 것도 없고 저항을 해서도 안 된다는 것이다. 이교도 국가 가운데서도 뛰어난 나라의 도덕률은 국가에 대한 의무를 지나치게 중시하는 나머지, 개인의 정당한 자유를 침해하기까지 한다. 이에 비해 순수 그리스도교 윤리에서는 그와 같은 의무의 중요성을 별로 인식하지 않으며 또 깨닫지도 못한다. "자기 수하에 더 좋은 사람이 있는데도 그렇지 못한 사람을 어떤 관직에 임명하는 지배자는 신과 국가에 죄를 짓는 셈이다"라는 격률은《신약성서》가 아니라 코란에서 발견된다. 현대 사회에서 공공의 이익을 위해 헌신해야 한다는 생각은 아주 미미한 정도며, 그나마도 그리스도교가 아니라 그리스와 로마 시대의 산물이다. 나아가 사적인 개인의 삶에서 그런대로 강조되는 관대함이나 고상함, 인간적인 위엄, 심지어 존경심 등과 같은 모든 도덕적 성품조차 종교가 아니라 순전히 세속적인 교육에서 비롯한다. 복종을 유일한 미덕으로 공공연히 강조하는 윤리 체계에서는 그런 것이 결코 생길 수 없기 때문이다.

그러나 나는 이런 결점들이 어떤 형태나 모양을 띠건 그리스도교 윤리 그 자체에 불가피한 것이라고 주장하고 싶은 마음은 전혀 없다. 그리스도교 윤리가 완전한 도덕 이론의 지위에 오르자면 보완해야 할 것이 적지 않지만, 그렇다고 장차 완전해지지 못할 이유도 없다. 나는 이런 한계가 예수 자신의 교리와 계율에서 비롯하는 것이라고 말하고 싶은 생각도 없다. 나는 예수의 뜻에 비추어 바라봐야만 예수의 가르침을 정확하게 이해할 수 있다고 믿는다. 그의 가르침이 포괄적 도덕률이 요구하는 어떤 것과 조화를 이루지 못할 이유도 없다. 많은 사람이 예수의 가르침 속에서 구체적인 행동 지침을 끄집어내려다 오히려 그 본질을 왜곡하기도 하지만, 윤리학에서 말하는 훌륭한 것들은 그런 오류를 범하지 않으면서 예수의 가르침과 조화될 수도 있다. 그러나 이렇게 전제하더라도 예수의 가르침이 진리의 일부를 담을 뿐이며, 또 본래 그런 의도로 행해졌음을 강조한다고 해서 이상할 것은 전혀 없다. 우선 그리스도교 창시자의 교시를 기록한 것을 보면 최고 도덕률의 여러 핵심 요소를 빠뜨리고 있다. 그가 그에 대해 언급할 생각이 없었다고 할 수도 있다. 그리고 그리스도교 교회의 교시를 바탕으로 세워진 윤리 체계 속에도 그런 것들이 완전히 빠졌다. 사실이 이렇다면 그리스도교 교리 속에서 우리의 삶을 이끌어줄 완전한 규칙을 찾겠다고 고집을 부리는 것은 큰 잘못이 아닐 수 없다. 그 교리의 '저자'는 그러한 규칙을 만들고 집행하기를 바랐지만 다만 그 일부만을 제공하려 했을 뿐이다. 나 역시 이런 편협한 이론이 오늘날 수많은 선의의 사람이 애써 후원하는 도덕 교육과 훈련을 혼란에 빠뜨리며 현실적으로 심각한 문제를 일으키고 있다고 생각한다. 나는 그것이 사람의 정신과 감정을 오직 종교적인 관점에서만 규정하고 세속적 기준을 멀리함으로써 장차 저속하고 비열하며 노예근성을 지닌 사람을 만들어내지나 않을까(지금도 그런 일이 벌어지고 있지만) 큰 걱정이다. 달리 더 좋은 이름이 없어 그냥 이렇게 표현하지만, 이 세속적 기준이라는 것은 지금까지 일부는 주고 또 일부는 받아들이는 방식으로 그리스도교 윤리를 보완하며 공존해 왔다. 이런 성격의 사람들은 자기들이 최고 의지Supreme Will라고 생각하는 존재에 복종할 수는 있어도, 최고선Supreme Goodness 개념에 공감하거나 그것을 실천에 옮기려는 노력은 하지 못한다. 나는 그리스도교 윤리와는 전적으로 다른 모습을 띤 윤리 체계도 인류의 도덕적인 쇄신을 위해서는 그리스도교와 나란히 공존하지 않으면 안 된다고 믿는다. 그리고 인간 정신이 불완전한 상태에 있는 한, 그리스도교 신앙도 다양한 의견을 허용해야 진리를 찾을 수 있다는 원칙에서 벗어날 수 없다. 그리스도교 속에 포함되지 않은 도덕적 진리를 인정한다고 해서 반드시 그리스도교 속에 담긴 진리를 포기하는 것은 아니다. 그런 편견이나 착각은 중대한 오류를 불러일으키는데, 우리가 언제나 그것을 미연에 방지할 수 있으리라고 기대할 수는 없다. 다양한 의견을 허용하는 것은, 그 무엇과도 바꿀 수 없이 소중한 어떤 것을 얻기 위해 지불하지 않으면 안 되는 비용인 셈이다. 조그마한 부분을 얻은 데 지나지 않으면서도 마치 진리 전체를 얻은 듯이 행세하는 것은 반드시 비판받아야 마땅하다. 그런데 그런 잘못을 시정한다고 나선 사람들이 그와 비슷한 잘못을 범한다면, 우리는 이런 일방적인 처사에도 똑같이 개탄하지 않을 수 없다. 그래도 우리는 그들에게 관용을 베풀어야 한다. 만일 그리스도교 신자가 그리스도교에 편견을 가지지 않도록 이교도를 가르치고 싶다면, 자신들부터 먼저 이교에 대한 편견을 버려야 한다. 학문의 역사에 대해 최소한의 지식이 있는 사람이라면, 가장 고귀하고 중요한 도덕률의 상당 부분이 그리스도교 신앙에 대해 아무것도 모르는 사람, 나아가 잘 알면서도 배척한 사람들의 작품이기도 하다는 사실을 모를 수 없다. 따라서 이 엄연한 사실을 일부러 모른 체한다는 것은 진리를 찾는 사람으로서 할 일이 아니다.

나는 있을 법한 모든 의견에 대해 아무런 제약 없이 자유롭게 토론을 벌인다고 해서 종교적인 또는 철학적인 분파주의의 해독을 제거할 수 있으리라고 기대하지 않는다. 능력이 한정된 사람일지라도 어떤 진리를 진심으로 추구하다 보면, 마치 이 세상에 다른 진리는 전혀 존재하지 않는 것처럼 또는 자신들의 진리를 능가하는 것은 있을 수 없는 것처럼, 그 진리를 주장하고 가르치며 행동에 옮길 수 있기 때문이다. 나는 아무리 자유 토론을 허용하더라도 사람의 생각이 한쪽으로 치우치는 것을 근본적으로 막을 수는 없다고 생각한다. 오히려 그런 경향을 증폭하고 악화할 수도 있다. 진리가 드러나기보다는 오히려 반대파가 주장하는 것이라는 이유로 더 격렬하게 배척되는 경우가 많기 때문이다. 이런 의견의 충돌은 열정적인 당파주의자보다는 상대적으로 조용하고 관심 없는 방관자들에게 훨씬 큰 영향을 끼친다. 부분적인 진리를 둘러싸고 격렬하게 충돌하는 것보다 진리의 절반을 소리 없이 억압하는 것이 사실은 더 무서운 결과를 낳는다. 사람들이 억지로라도 양쪽 의견을 모두 들으면 언제나 희망이 있다. 그러지 않고 오직 한쪽만 듣게 되면, 오류가 편견으로 굳어지고 반대편에 의해 거짓으로 과장되면서 진리가 진리로서 역할을 할 수 없다. 인간의 능력 가운데 팽팽하게 맞서는 두 의견에 대해 재판관처럼 공정하게 지적 판단을 내리는 능력만큼 드문 것도 없다. 모든 주장 속에 진리가 어느 정도는 다 들어 있기 때문에, 대립하는 모든 주장에 대해 변론을 펼 수 있을 뿐만 아니라 상대방 주장도 경청하도록 훈련되어야 진리에 이를 가능성이 커진다.

우리는 지금까지 네 가지 분명한 이유 때문에 다른 의견을 가질 자유와 그것을 표현할 수 있는 자유가 인간의 정신적 복리를 위해 중요하다는 사실을 확인했다(정신적 복리는 다른 모든 복리의 기초가 된다). 그 내용을 다시 한번 간단하게 정리해보자.

첫째, 침묵을 강요당하는 모든 의견은 그것이 어떤 의견인지 우리가 확실히 알 수는 없다 하더라도, 진리일 가능성이 있다. 이 사실을 부인하면 우리 자신이 절대적으로 옳음을 전제하는 셈이 된다.

둘째, 침묵을 강요당하는 의견이 틀린 것이라 하더라도, 그것이 일정 부분 진리를 담고 있을지도 모른다. 실제로 그런 일이 아주 흔하다. 어떤 문제에 관한 것이든 통설이나 다수의 의견이 전적으로 옳은 경우는 드물거나 아예 없다. 따라서 대립하는 의견을 서로 부딪치게 하는 것만이 나머지 진리를 찾을 수 있는 유일한 방법이다.

셋째, 통설이 진리일 뿐만 아니라 전적으로 옳은 것이라고 하자. 그렇다 해도 어렵고 진지하게 시험을 받지 않으면 그것을 받아들이는 사람 대부분은 그 진리의 합리적인 근거를 그다지 이해하지도 느끼지도 못한 채 그저 하나의 편견과 같은 것으로만 간직할 것이다.

그뿐만 아니라 네 번째로, 그 주장의 의미 자체가 실종되거나 퇴색하면서 사람들의 성격과 행동에 큰 영향을 끼치지 못할 것이다. 선을 위해 아무런 영향도 주지 못하는 하나의 헛된 독단적 구호로 전락하면서, 이성이나 개인적 경험에서 그 어떤 강력하고 진심 어린 확신이 자라나는 것을 방해하고 가로막는 것이다.

의견의 자유에 대한 검토를 마치기 전에, 절제된 양식 아래 공정한 토론의 틀을 벗어나지 않는 상태에서만 의견의 자유로운 표현이 허용되어야 한다고 주장하는 사람들에 대해 간단히 언급하는 것이 좋겠다. 여러 이유 때문에 이런 틀을 정확하게 설정하는 것은 힘들다. 경험이 말해주듯이, 설득력 있고 강력한 비판을 받을 때마다 사람들은 자신이 공격당한다고 느낄 가능성이 있다. 상대방이 강하게 몰아붙이는 바람에 제대로 대꾸하기 어려운데, 거기에다 조금이라도 감정 섞인 언사까지 구사한다면, 곧 부당한 비난을 퍼붓는다고 생각하기 쉽다. 이것은 실제 상황에 비추어볼 때 아주 중요한 문제일 수 있다. 그러나 더욱 근본적인 것을 잊어서는 안 된다. 아무리 옳은 의견이라 해도 적절하지 못한 방식으로 표현하면 심각한 반발을 불러일으킬 수 있기 때문에 이에 대해 엄격한 조치를 취하는 것은 불가피하다. 그러나 그런 공격이라는 것은, 의도하지 않은 자기 배신이 아니라면, 아무리 심하게 공격하더라도 다른 사람들에게 확신을 심어줄 수가 없다. 그중에서 가장 심한 것은, 세련되게 말하자면, 문제의 본질을 거짓 진술하거나 반대 의견을 엉터리로 전달하기 위해 사실이나 주장을 호도하는 것이다. 무식하거나 모자라다고 생각되지 않는, 그리고 여러 측면에서 볼 때 그렇게 생각되어서는 안 될 사람들이 이런 일들을 아무런 거리낌 없이 오랫동안 자행해왔다. 따라서 그런 허위 진술에 대해 합당한 이유를 대며 도덕적으로 나쁜 짓이라고 낙인찍는 것은 거의 불가능할 정도다. 이렇게 논란의 대상이 되는 비행非行을 법적으로 처벌한다는 것은 더구나 어렵다. 흔히 자제심을 잃은 토론이라고 할 때 독설, 빈정댐, 인신공격 등을 꼽는데, 논쟁의 당사자 모두에게 이런 것을 금지할 수만 있다면 그 같은 조치에 공감하는 사람이 늘어날 것이다. 그러나 실제로는 그렇지 않다. 그저 통설에 대해 무차별 공격을 가하지 못하게 가로막는 것이 주목적일 뿐이다. 이에 반해 소수 이설에 대해서는 아무런 제약도 받지 않은 채 거침없이 공격을 퍼부을 수 있다. 심지어는 그런 식의 공격을 가하는 사람에게 뜨거운 양심이니 정의의 분노니 하는 따위의 찬사를 보내기까지 한다. 그러나 가장 심각한 문제는 이런 일이 상대적으로 힘이 없는 사람들을 대상으로 벌어진다는 점이다. 이와 같은 방식으로 제기되는 의견이 그 어떤 불공정한 이득을 얻든 상관없이, 이런 싸움은 언제나 통설에 일방적으로 힘을 실어주는 방향으로 결말이 난다. 논쟁이 진행되면서 통설과 생각이 다른 사람은 사악하고 비도덕적인 인물로 공격받는데, 이야말로 최악의 결과가 아닐 수 없다. 누구든지 시류에 어긋나는 생각을 하는 사람은 이런 비방과 중상에 노출되기 십상이다. 왜냐하면 그들은 일반적으로 소수인데다 영향력도 작고, 그들이 당하는 옳지 못한 일에 대해 당사자 외에는 관심을 기울여줄 사람도 없기 때문이다. 문제는 통설을 공격하는 사람들은 애당초 이런 무기를 사용할 수 없다는 데 있다. 설령 그렇게 할 수 있다 하더라도 자신들의 명분에 해가 될 뿐이다. 일반적으로 볼 때, 다수가 받아들이는 생각과 일치하지 않는 소수의견은, 부자연스러울 정도로 표현을 순화하고, 상대방에게 불필요한 자극을 주지 않도록 극도로 세심한 주의를 기울여야 한다. 그러지 않으면 자기 의견을 밝힐 기회를 얻기가 여간 어렵지 않다. 결국 통설과 단 한 줄도 어긋나지 말아야 하는데, 그러자면 본래의 취지를 포기하는 수밖에 없다. 이에 반해 통설을 따르는 사람들은 온갖 언어폭력을 다 동원해서 반대쪽 의견을 피력하지도 듣지도 못하게 한다. 그러므로 진리와 정의를 위해, 이러한 언어폭력을 막는 것이 무엇보다 중요하다. 예를 들어 둘 가운데 하나를 선택해야 한다면 정통 신앙보다도 이교도에 대한 공격을 차단하는 것이 훨씬 더 시급하다. 물론 법과 권력이 그 어느 것에도 제한을 가해서는 안 된다는 것은 자명한 사실이다. 어느 경우든 그때그때 상황에 따라 스스로 결론을 낼 수 있어야 한다. 자신의 생각을 표현하는 방식이 적절하지 못한 사람, 즉 눈에 띄게 솔직하지 못하거나 악의나 비방의 정도가 너무 심한 사람이나 타인의 감정에 관용적이지 못한 사람에 대해서는, 그가 누구든 주장하는 바가 무엇이든 관계없이, 가차 없이 비판해야 한다. 그러나 비록 우리와 반대되는 견해를 가진 사람이고, 따라서 좋지 못한 결과를 불러일으킨다고 생각되더라도 그에게 간섭해서는 안 된다. 이에 반해 자신과 반대되는 사람들의 진짜 생각이 무엇인지 차분하게 들어볼 수 있고 정직하게 평가할 수 있는, 그래서 그들에게 불리한 것이라고 과장하지 않고, 또 유리한 것이라고 해서 결코 차단하지도 않는 사람은, 그가 누구든 또 어떤 생각을 가졌든 존경받을 만하다. 이런 기본적인 도덕률 위에서 토론이 진행되어야 한다. 설령 이런 도덕률이 가끔씩 침해당한다 해도 그것을 진지하게 지키는 논쟁가가 많고, 그보다 훨씬 많은 사람이 그것을 양심적으로 지키기 위해 애쓰고 있음을 생각하면, 마음이 여간 흐뭇하지 않다.

3장 개별성

행복한 삶의 중요한 요소

이런 이유에서 사람들이 자유롭게 자기 의견을 가지고 또 그 의견을 자유롭게 표현할 수 있어야 한다. 이와 같은 자유가 허용되거나 강조되지 않으면 인간의 지적 발달과 그를 통한 도덕 생활이 치명적인 타격을 입는다. 이제부터는 똑같은 이유에서 그에 따르는 모든 위험과 불확실성을 스스로 책임지는 한, 다른 사람에게서 일체의 물리적·도덕적인 방해를 받지 않고 각자 생각대로 행동하는 자유가 필요함을 강조하고자 한다. 자신의 행동에 대해 책임진다는 단서는 두말할 것 없이 매우 중요하다. 행동하는 것이 의견을 가지는 것처럼 자유로워야 한다고 주장하는 사람은 아마 없을 것이다. 그러나 다른 사람들이 옳지 못한 행동을 하도록 하는 데 직접적인 영향을 끼칠 수 있는 상황이라면 의견의 자유도 무제한 허용될 수는 없다. 곡물 중개상들이 가난한 사람들을 배곯린다거나 사유재산은 강도짓이나 다름없다는 의견을 신문 지상에 발표한다면, 이런 행동을 방해해서는 안 된다. 그러나 곡물 중개상의 집 앞에 모여든 흥분한 폭도를 상대로 그런 의견을 개진하거나 그들이 보는 데서 그 같은 내용의 벽보를 붙인다면, 그런 행동을 처벌하는 것은 불가피하다. 어떤 종류의 행동이든 정당한 이유 없이 다른 사람에게 해를 끼치는 것은 강압적인 통제를 받을 수 있으며, 사안이 심각하다면 반드시 통제를 받아야 한다. 나아가 필요하다면 사회 전체가 적극적으로 간섭해야 한다. 이렇게 되면 개인의 자유가 심각하게 제한받는다. 그렇지만 사람을 성가시게 해서는 안 되기 때문에 이는 불가피하다. 그러나 다른 사람들이 관심을 가지는 문제에 대해 그들을 괴롭히지 않는 한편, 그저 자신에게만 관계되는 일에 대해 자기 스스로의 기분과 판단에 따라 행동한다면 각자가 자유롭게 자기 의견을 가질 수 있어야 하는 것과 마찬가지로, 자신의 책임 아래 남의 방해를 받지 않고 자기 생각에 따라 행동하는 자유가 허용되어야 한다. 인간은 오류를 범하지 않는 절대적인 존재가 아니다. 인간이 아는 진리란 대부분 반쪽짜리 진리일 뿐이다. 인간이 진리의 모든 측면에 대해 지금보다 훨씬 더 잘 알 수 있을 때까지는, 의견일치도 반대쪽 의견이 최대한 자유롭게 피력된 끝에 이루어진 것이 아니라면 바람직하다고 할 수 없다. 다양함은 나쁜 것이 아니라 오히려 좋은 것이라는 사실은 개인의 의견 못지않게 행동 양식에도 적용될 수 있다. 인간이 불완전한 상태에서는 서로 다른 의견이 존재하는 것이 유익하듯이, 삶의 실험도 다양하게 이루어지는 것이 필요하다. 다른 사람에게 피해를 주지 않는 한, 각자의 개성을 다양하게 꽃피울 수 있어야 한다. 누구든 시도해보고 싶다면, 자기가 원하는 삶의 양식이 얼마나 가치 있는 것인지 실천적으로 증명해볼 수 있어야 한다. 간단히 말하자면, 다른 사람들에게 중대하게 연관되지 않는 일에서는 각자의 개별성이 발휘되도록 하는 것이 바람직하다. 각자의 고유한 개성이 아니라 전통이나 다른 사람들이 행하는 관습에 따라 행동하면, 인간을 행복하게 만드는 중요한 요소 가운데 하나이자 개인과 사회의 발전에 결코 빼놓을 수 없는 요소인 개별성을 잃는다.

이런 원칙을 지켜나갈 때 부딪히는 가장 어려운 문제는 주어진 목표를 달성하는 데 필요한 수단에 대한 이해 부족이 아니라 목적 그 자체에 대한 보통 사람들의 무관심이다. 만일 개별성의 자유로운 발달이 인간을 행복하게 만드는 데 특별히 중요한 요소 가운데 하나이고, 문명이나 지식, 교육, 문화 등과 같은 용어에 반드시 따라다니는 요소일 뿐 아니라, 그 자체가 그런 모든 것에 없어서는 안 되는 필요조건임을 깨닫는다면, 자유를 가벼이 여기는 일은 없을 것이다. 그리고 개별성과 사회적인 통제 사이에 적절한 선을 긋는 일이 그리 어렵지도 않을 것이다. 그러나 문제는 보통 사람들이 각 개인의 자발성이 얼마나 중요한 가치가 있는지, 그것이 왜 소중한지 별로 생각하지 않는다는 점이다. 오늘날 대부분의 사람이 인간의 삶의 모습에 만족하기 때문에(그들 자신이 바로 그런 삶의 주인공이라 그렇다) 왜 다른 모든 사람이 자기와 똑같이 살면 안 되는지 이해하지 못한다. 더 심각한 사실은 도덕과 사회 문제를 개혁하고자 하는 이들 다수가 자발성을 그들이 추구하는 이상의 일부로 간주하기는커녕, 인류에게 꼭 필요한 것을 성취하는 데 도움이 되기보다 오히려 고약하게 방해하기까지 하는 경계의 대상으로 간주한다는 것이다. 지혜의 화신으로, 그리고 정치인으로 이름이 드높은 훔볼트가 한 다음과 같은 의미심장한 말에 대해 독일 바깥에서는 그 뜻을 아는 사람조차 드물다. "인간은 막연하고 덧없는 욕망이 아니라 영원하고 변함없는 이성에 따라 살아야 한다. 그 이성은 우리에게 각자의 능력을 완전하고 전체적으로 일관되게끔 최대한 그리고 가장 조화 있게 발전시킬 것을 명령한다." 그러므로 그는 "각자의 개별성에 맞게 능력을 발전시키기 위해 모든 사람이 끊임없이 노력을 기울여야 하고, 특히 다른 사람을 이끌 지도자가 되려는 사람은 그 목적을 향해 언제나 눈을 부릅뜨고 바라보아야 한다"라고 강조했다. 훔볼트는 이를 위해서 '자유와 상황의 다양성'이라는 두 조건이 필수적으로 충족되어야 한다고 주장했다. 이 두 가지가 결합하여 '개별적 활력과 고도의 다양성'이 생기는데, 이들이 곧 '독창성'의 바탕이 된다는 것이 그의 생각이다.*

그러나 사람들은 훔볼트가 한 말을 낯설어한다. 그가 개별성에 그토록 큰 가치를 부여한 것이 놀랍기까지 한 모양이다. 그래도 사람들은 개별성이 중요하다는 것은 안다. 문제는 개별성에 어느 정도 가치를 부여할 것인가다. 어느 누구도 자신은 아무 일도 하지 않은 채 그저 다른 사람을 따라 하기만 하면 좋은 삶을 살 수 있다고 생각하지는 않기 때문이다. 자기가 살아가는 방식에, 그리고 자기가 관심을 기울이는 일에, 자신의 판단 또는 고유한 특성을 최소한 어느 정도는 반영해야 한다는 사실을 부인하는 사람은 아무도 없을 것이다. 반면에 사람들이 이 세상에 태어나기 전에는 아무런 지식도 존재하지 않았던 것처럼, 그리고 경험을 통해서는 어떻게 살고 어떻게 행동하는 것이 더 나은지에 대해 하나도 얻을 게 없는 것처럼 살아야 한다고 주장하는 것은 어리석은 일이다. 사람들은 경험을 통해 확인된 결과에 대해 알고, 또 그 혜택을 받을 수 있도록 젊은 시절에 가르침과 훈련을 받아야 한다. 적당히 나이가 들어 경험을 자신의 방식대로 이용하고 해석하는 것은 인간의 특권이자 인간다운 삶을 살기 위한 조건이라고 하겠다. 기록으로 남은 다른 사람들의 경험 가운데 어느 부분이 자신의 환경과 성격에 의미 있게 적용될 수 있을지는 스스로 판단해야 한다. 다른 사람들의 전통과 관습은, 경험이 어느 정도 그들에게 무언가를 가르쳐주었다는, 또는 가르쳐주었다고 추정할 수 있는 증거다. 그러므로 그런 것들을 적절한 수준에서 참고할 필요가 있다. 그러나 첫째, 그들의 경험이 너무 지

* 독일의 훔볼트 남작이 쓴 《정부의 역할과 의무The Sphere and Duties of Government》 11~13쪽 참고.

엽적이거나 그들이 자신의 경험을 잘못 해석했을 수 있다. 둘째, 해석은 옳을지 몰라도 그 사람에게는 어울리지 않는 것일 수도 있다. 대체로 관습이라는 것은 관례를 따르는 환경과 성격의 산물이다. 그러나 그 사람의 환경과 성격이 일반적이지 않을 수 있다. 셋째, 비록 관습 그 자체가 괜찮은 것이고 그 사람에게도 어울린다 해도, 그저 단순히 관습이니까 따른다는 생각이라면 인간만이 가질 수 있는 독특한 능력은 어느 것도 교육, 발전시킬 수 없게 된다. 사람의 지각, 판단, 특이한 감정, 정신 활동, 그리고 심지어 도덕적인 선호와 같은 능력들도 오직 선택을 거듭하는 과정을 통해서만 단련될 수 있다. 그저 관습이 시키는 대로 따라 하기만 하는 사람은 아무런 선택도 하지 않은 것이나 다름없다. 무엇이 최선인지 구분하는, 또는 가장 좋은 것에 욕망을 느끼는 훈련을 하지 못하는 셈이다. 근육과 마찬가지로 사람의 정신이나 도덕적 힘도 자꾸 써야 커진다. 다른 사람이 믿으니까 자기도 믿는 경우도 그렇지만, 그저 어떤 일을 다른 사람이 하니까 따라 한다면 자신의 능력을 발휘할 수 없을 것이다. 어떤 문제에 대해 자기 자신의 분명한 이성적 판단에 따라 결론을 내리지 않는다면, 그 사람의 이성은 튼튼해질 수 없다. 그렇지 않은 상태에서 어떤 입장을 취한다면 이성이 오히려 약화되고 만다. (다른 사람의 권리나 감정을 고려하지 않아도 되는 상황에서) 자기 자신의 감정이나 성격과 다른 방향으로 행동하면, 그것은 감정과 성격을 적극적이고 활기 넘치게 하기보다는 소극적이고 무기력하게 만드는 큰 요인이 된다.

만일 사람이 세상과 주변 환경이 정해주는 대로 살아간다면 원숭이의 흉내 내는 능력 이상은 필요하지 않을 것이다. 자신의 삶을 설계하고 선택하는 사람만이 타고난 모든 능력을 사용하게 된다. 관찰하기 위해 눈을 써야 하고, 앞날을 예측하기 위해 이성에 따라 판단해야 한다. 결정을 내리는 데 필요한 자료를 모아야 하며, 결론을 내리기 위해 이런저런 차이점을 파악해야 한다. 그리고 일단 결정하고 나면, 자신의 신중한 선택을 실천에 옮길 수 있도록 확고한 의지와 자기 통제가 필요하다. 사람이 모두 갖추어야 하고 요긴하게 사용할 수 있는 이런 능력은, 각자 행동을 스스로의 판단과 감정에 따라 결정하는 것과 정확히 비례해서 커진다. 물론 이런 것이 없어도 위험을 피해 좋은 길로 갈 수 있다. 그러나 이 가운데 어느 경우에 인간으로서 더 가치 있는 삶을 살게 될까? 인간이 무엇을 하는지뿐만 아니라, 그 일을 어떤 방식으로 하는지 역시 대단히 중요하다. 인간의 삶을 완전하고 아름답게 만드는 것 가운데 가장 중요한 것은 역시 인간 그 자체다. 사람의 모양을 한 기계가 사람을 대신해서 집을 짓고 옥수수를 기르고 전쟁을 대신해주고 재판을 하며 심지어 교회를 세우기까지 한다고 치자. 그렇더라도 이 기계와, 현재 좀 더 개명된 세상에서 산다고 하지만 자연이 만들 수 있고 만들어낼 종種 가운데서도 가장 못났다고 할 수 있는 사람을 맞바꾼다는 것은 엄청난 손실이다. 인간은 본성상 모형대로 찍어내고 그것이 시키는 대로 따라 하는 기계가 아니다. 그보다는 생명을 불어넣어주는 내면의 힘에 따라 온 사방으로 스스로 자라고 발전하려 하는 나무와 같은 존재다.[21]

사람들이 각자 나름대로 관점을 가지는 것이 바람직하며, 전해 내려오는 관습을 비판적으로 수용하거나 때로 비판적으로 거부하는 것이 맹목적으로, 단순히 기계적으로 추종하는 것보다 더 낫다는 사실을 대개는 인정할 것이다. 그리고 어느 정도는 사물을 바라보는 관점이 각자의 처지에서 정립되어야 한다는 점도 수긍할 것이다. 그러나 욕망이

21 이 부분이 밀의 생각을 압축적으로 잘 표현하고 있어 원문 그대로 읽어보는 것도 좋을 듯하다. "Human nature is not a machine to be built after a model, and set to do exactly the work prescribed for it, but a tree, which requires to grow and develop itself on all sides, according to the tendency of the inward forces which make it a living thing."

나 충동에도 각자 나름의 특성이 담겨 있다는 사실, 또는 각 개인의 특성이 반영된 충동을 일정 정도로 느끼는 것이 위험하거나 크게 나쁜 일이 아니라는 사실은 잘 인정하고 싶어 하지 않는다. 욕망과 충동 역시 신념과 자제 못지않게 완전한 인간을 만드는 데 필수적인 요소임을 분명히 알아야 한다. 충동이 강하다고 해서 모두 문제가 되는 것은 아니다. 다만 그것이 적절하게 균형을 이루지 못할 때, 다시 말해 특정 종류의 목표와 성향은 강하게 발전하는데, 그와 함께 있어야 할 다른 것들은 약하고 활발하지 못할 때 경계의 대상이 되는 것이다. 인간의 욕망이 너무 강해서 나쁜 결과를 낳는 것은 아니다. 그것보다는 양심이 약한 것이 문제다. 강한 충동과 약한 양심 사이에는 어떤 근본적인 인과 관계도 존재하지 않는다. 자연의 섭리는 오히려 그 반대다. 어떤 사람의 욕망과 감정이 다른 사람보다 더 강하고 더 다양하다는 것은, 분명히 말하자면 인간으로서 타고난 자질이 더 풍부하고 따라서 남보다 나쁜 일을 더 많이 할 수도 있지만, 대체로 그보다는 좋은 일을 할 가능성이 더 큰 셈이라고 말해도 무방하다. 강력한 충동이란 곧 정력energy의 다른 이름이라고 할 수 있다. 정력은 나쁜 데 이용될 수 있다. 그러나 동시에 게으르고 무덤덤한 사람보다는 정력적인 사람이 좋은 일도 더 많이 할 수 있는 법이다. 천성적으로 감정이 아주 풍부한 사람이 자신의 감정을 아주 강렬하게 가꾸고 발전시킬 수 있는 법이다. 감수성이 예민한 사람이 충동을 생생하고 강렬하게 만들 수 있으며, 이런 감수성이 있어야 열정적으로 덕을 추구하고 철저하게 자신을 통제할 수 있다. 사회는 이런 일을 유도하여 영웅을 배출할 수 있는 터전을 헐어버리지 않음으로써 (영웅을 어떻게 만드는지 모르기 때문에) 할 일을 하고 필요한 이익도 보호하는 것이다. 자기만의 욕망과 충동을 가진 사람, 다시 말해 그것들을 통해 자신의 타고난 본질(자신이 속한 사회의 문화 속에서 발전되고 다듬어진다)을 담아내는 사람은, 말하자면 자신만의 독특한 성격이 있는 사람이다. 반대로 자신만의 욕망과 충동을 가지지 못한 사람은 자기 고유의 성격도 없는 사람이나 마찬가지다. 이것은 마치 다 똑같아서 아무 개성도 지니지 못한 증기기관이나 다를 바 없다. 누군가 자기 고유의 색깔을 띤 강렬한 충동을 가지고 있을 뿐 아니라 그것을 굳센 의지의 통제 아래 둘 수 있다면 그는 정력적인 성격의 소유자다. 욕망과 충동의 개별성이 발휘되어서는 안 된다고 주장하는 사람은, 사회가 강한 개성을 지닐 필요가 없고(사회에 개성 있는 사람이 많으면 좋지 않고) 일반적으로 정력이 높은 수준에 이르는 것도 바람직하지 않다고 주장하는 것이나 다름없다.

아직 초기 발전단계에 있는 사회에서는 이런 힘들이 사회가 규율·통제할 수 있는 한도보다 더 강력할지 모른다. 실제로 자발성과 개별성이 지나쳐 사회적 규율을 유지하는 데 애를 먹는 때도 있었다. 그런 경우에는 신체적으로나 정신적으로 강한 충동을 가진 사람들을 통제하고 규칙에 복종하도록 가르치는 것이 큰 문제였다. 그래서, 교황이 황제와 힘겨루기를 했듯이, 각 개인의 성격을 통제하기 위해 삶의 구석구석을 통제해야 한다는 명분 아래(사실 사회가 각자의 성격을 효과적으로 통제할 수는 없었다) 법과 규율이 개인에게 절대적인 권력을 행사했다. 그러나 이제는 사회가 개별성을 훨씬 효율적으로 통제할 수 있게 되었다. 개인의 충동과 선호의 과잉이 아니라 반대로 그런 것의 결핍이 인간 존재를 위협하는 시대가 되었다. 이제 상황이 많이 바뀌었다. 과거에는 지위가 높거나 세력이 강한 자들이 힘이 넘친 나머지 법과 제도에 끊임없이 저항했다. 따라서 그들이 법과 제도 아래 꽁꽁 묶여 있어야 그들의 영향 아래에 있는 사람들이 최소한의 안전을 확보할 수 있었다. 그러나 오늘날 사회에서는 지위가 가장 높은 사람부터 가장 낮은 사람까지 모두 적대적인 시선과 가공할 검열의 위협 속에 살고 있다. 그 결과, 다른 사람에게 관계되는 일뿐만 아니라 자신에게만 관계되는 일에서조차, 개인이나 가족을 막론하고, 자신이 무엇을 더 좋아하는지, 자기 성격과 취향에 맞는 것은 무엇인지, 또는 어떻게 해야 자신이 타고난 최고·최선의 재능을 충분히 발휘하고 최대한 키울 수 있는지 고민하지 않게 되었다. 대신 자신의 위치에 어울리는 것이 무엇인지 자기와 비슷한 신분의 사람 또는 경제적 여건이 비슷한 사람이 주로 무엇을 하는지, (심지어는) 자기보다 높은 위치의 사람이 즐겨 하는 것이 무엇인지 궁금해한다. 이는 그들이 자기 기질에 어울리는 것보다는 다른 사람들이 관습적으로 하는 것을 더 선호한다는 말이 아니다. 관습적인 것을 빼고 나면 그들에게는 따로 자기 고유의 기질이라는 것이 아예 없다. 정신 자체가 굴레에 묶인 것이다. 재미 삼아 하는 일도, 다른 사람이 무엇을 하는지 먼저 살피고서 따라 하고, 군중 속에 묻혀 들어가기를 좋아한다. 선택도 그저 사람들이 흔히 하는 것 중에서 고르는 데 국한된다. 독특한 취미나 유별난 행동은 범죄처럼 기피 대상이 된다. 자기 자신의 타고난 성질을 따르지 않다 보니 마침내 따라야 할 각자 고유의 성질까지 없어진다. 그들이 지닌 인간 능력들은 시들고 죽어버린다. 그 어떤 강력한 소망이나 자연적 쾌락도 느끼지 못한다. 한마디로 자기만의 생각이나 고유한 감정 또는 그 무엇이든, 자기만의 것이 없어진다. 자, 이를 인간에게 바람직한 상황으로 봐야 할까? 아니면 나쁜 상황이라고 해야 좋을까?

칼뱅은 이런 상태가 바람직하다고 주장한다. 그의 이론에 따르면 자기 뜻대로 사는 것은 인간이 저지를 수 있는 죄악 가운데서도 아주 무거운 것이다. 그에 반해 인간이 할 수 있는 모든 좋은 일은 복종과 관련이 있다. 따라서 인간에게 선택이라는 것은 없다. 주어진 것을 반드시 해야 한다. 다른 길은 없다. "의무가 아닌 것은 모두 죄악이다." 인간은 너무 타락했기 때문에, 자기 속에 있는 인간성을 완전히 죽일 때까지 어느 누구도 구원받을 수 없다. 인간에 대한 이런 이론을 믿는 사람이 보기에는, 인간이 지닌 특성, 능력, 그리고 감수성 등을 모두 없애버리는 것은 죄가 아니다. 그저 자신을 신의 의지에 완전히 맡겨버리는 것 외에 따로 아무런 능력도 가질 필요가 없기 때문이다. 인간이 신의 의지를 잘 따르는 것 외에 다른 용도로 자신의 능력을 쓸 바에야, 차라리 그 능력 자체가 없는 편이 더 좋다는 것이다. 칼뱅주의는 이런 주장을 편다. 그리고 스스로를 칼뱅주의자로 부르지 않는 사람 중에서도 상당수가 비록 정도는 약하지만 비슷한 입장을 취한다. 이들은 신의 의지라는 것에 대해 칼뱅주의자보다 덜 금욕적인 해석을 한다. 인간이 자기가 원하는 대로 해도 된다는 말은 아니다. 최고 권력자, 즉 신의 지시를 순종한다는 조건 아래에서, 자기가 좋아하는 것 가운데 일부를 추구해도 신의 의지에 부합할 수 있다는 뜻이다.

오늘날 눈에 잘 띄지는 않지만, 인간에 대한 이런 폐쇄적인 이론과, 이것이 표방하는 꽉 막혀 답답하기 이를 데 없는 유형의 인간 성격이 많은 사람의 마음을 강하게 끈다. 이들은 자연 그대로의 나무보다는 가지를 바짝 치거나 이런저런 동물 모양으로 잘린 모습이 훨씬 보기 좋듯이, 인간이 비비 꼬이고 위축된 존재로 전락한 것은 조물주가 그렇게 만들었기 때문이라고 확신한다. 어느 종교든 인간이 어떤 선한 존재good being에 의해 창조되었다고 믿는다. 그렇다면 이런 선한 존재는 자신이 인간에게 준 모든 능력이 뿌리를 드러낸 채 말라비틀어지기보다는 잘 자라고 번성하기를 바랄 것이다. 그가 기대한 대로 피조물들이 차츰 발전해나갈 때마다, 즉 이해하고 행동하고 즐거움을 느끼는 그들의 능력이 한 단계씩 향상될 때마다 기쁨을 느끼리라고 믿는 것이 논리에도 맞다. 따라서 칼뱅주의와는 다른 각도에서 성공적인 인간상을 그릴 수도 있다. 그저 인간적인 욕심을 모두 끊어버리는 것만이 능사는 아니다. '그리스도교적 자기 부정'뿐만 아니라 '이교도의 자기 주장'도 나름대로 가치가 있다.* 그리스인은 자기 발전self-development이라는 이상을 지향했는데, 자기 지배라는 플라톤과 그리스도교의 이상은 이런 그리스적 이상과 융합된 것이지 그것을 대체하는 것은 아니다. 알키비아데스[22]보다는 존 녹스가 되는 것이 더 낫고, 이 두 사람보다는 페리클레스[23]가 되는 것이 더 낫다. 그러나 현대에는 페리클레스 같은 사람도 존 녹스가 지닌 장점을 갖추는 것이 바람직하다.[24]

인간은 개인에 따라 서로 다른 것들을 획일적으로 묶어두기보다는, 다른 사람의 권리와 이익을 침해하지 않는다는 전제 아래 잘 가꾸고 발전시킴으로써 더욱 고귀하고 아름다운 존재가 될 수 있다. 창작물이 그것을 만든 사람의 성격을 반영하듯이, 인류의 일원이라는 사실에 한껏 자부심을 느낄 정도로 인간이 발전하게 되면, 우리 삶도 풍요로워지고 다양해지며 활력이 넘칠 것이다. 고귀한 생각과 고결한 감정을 더욱 북돋워주고, 모든 사람을 하나로 묶는 연대의 끈이 더욱 강해질 것이다. 각자의 개별성이 발전하는 것과 비례해서 사람은 자기 자신에게 더욱 가치 있는 존재가 되며, 또 그로 인해 다른 사람에게도 더욱 가치 있는 존재가 될 수 있다. 자기 존재에 대해 더욱 충만한 감정을 느끼게 되는 것이다. 각 개인이 이처럼 의미 있는 삶을 영위하면, 개인들이 모인 사회 역시 더욱 의미 있는 존재가 될 것이다. 인간의 본성 가

* 스털링John Sterling(1806~1844)이 쓴《에세이Essays》에서.

22 Alcibiades, 기원전 450?~기원전 404. 고대 아테네의 정치가이자 군인이다. 펠로폰네소스전쟁 때 스파르타 편에 서서 고국 아테네를 배신했지만, 결국 스파르타 첩자의 손에 암살당한다.

23 Pericles, 기원전 495?~기원전 429. 아테네의 전성기를 구가하며 아테네 민주주의를 절정으로 이끈 정치가다. 밀이 볼 때 녹스는 극단적으로 자기를 부정하고 통제하는 인물인 반면, 알키비아데스는 자의적恣意的인 열정과 욕심으로 뭉쳐 있었다. 이에 비해 페리클레스는 여러 덕을 함께 지닌 이상적인 사람으로 생각되었다. *On Liberty*, Gertrude Himmelfarb (ed.) 참고.

24 이 마지막 문장을 정반대로 해석하는 사람도 있다. 페리클레스가 굳이 존 녹스처럼 될 필요는 없다고 독해하는 것이다. 그러나 이 문단의 맥락을 종합해보면, 특히 바로 위 문장에서 '대체'가 아니라 '융합'을 강조한 정신을 살린다면 페리클레스도 존 녹스의 장점을 받아들이는 것이 더 낫다고 보아야 할 것 같다.

운데 어떤 강력한 것이 다른 요소의 발전을 저해하면 그렇게 하지 못하도록 적절하게 억압할 수밖에 없다. 그러나 이런 억압은 충분히 의미 있는 결과를 낳는다. 인간 발전이라는 측면에서 보더라도 그렇다. 다른 사람에게 해를 주지 않기 위해 자신의 기질을 억제하면 자기 발전의 수단을 잃게 된다. 그러나 그런 수단은 주로 다른 사람이 발전할 수 있는 기회를 희생시킴으로써 얻는 것이다. 따라서 이기적인 요소를 억제하면 자기 내면의 사회적 요소를 더욱 발전시키고, 결과적으로 그에 못지않은 것을 새로 얻는다. 다른 사람을 배려하는 엄격한 정의의 규칙을 따르다 보면 타인의 이익을 목표로 삼는 감정과 능력을 발전시킬 수 있다. 그러나 타인의 이익에 영향을 주지 않는 일인데 단순히 그들의 불쾌한 마음 때문에 제지를 받는다면, 그런 제지에 대한 거부감만 자랄 뿐, 무언가 가치 있는 것은 발달하지 못한다. 자꾸 묵종默從하는 버릇이 들면 성격 자체가 단조롭고 둔감해진다. 사람들이 자기 성향대로 마음껏 살기 위해서는 각자 다른 삶을 사는 것이 허용되어야 한다. 어느 시대든 이런 의미의 자유가 허용되는 것과 비례해서 후대에 그 이름을 남길 수 있었다. 아무리 악명 높은 폭정이라 해도 각자의 개별성이 발휘될 여지가 남아 있는 한 아직 최악의 상태는 아니라고 볼 수 있다. 이에 반해 개별성을 짓밟는 체제는 그 이름이 무엇이든, 그리고 그것이 신의 뜻을 따른다거나 인간이 만든 율법을 집행한다거나 하는 등 어떤 명분을 내세우든, 최악의 독재체제라고 할 수 있다.

지금까지 개별성이 발전과 같은 것이고, 개별성을 잘 키워야만 인간이 높은 수준의 발전에 이르거나 또는 이를 수 있다고 강조했으니, 이쯤에서 내가 주장하는 바를 정리하고자 한다. 우리 삶에서 각자를 인간이 이를 수 있는 최선의 상태에 최대한 가깝게 끌어올리는 것 이상으로 더 중요하거나 더 좋은 것이 무엇이겠는가? 반대로 이를 가로막는 것 이상으로 더 나쁜 일이 무엇이겠는가? 그러나 분명히 말하지만, 이런 주장도 이 문제에 대해 그 누구보다 더 깊이 깨달을 필요가 있는 사람을 설득하지는 못한다. 그래서 자유를 열망하지 않고 자유의 향기에 자신을 맡기려 하지 않는 사람들에게, 발전된 사람들이 그렇지 못한 사람들을 위해 무엇인가 유익한 일을 할 수 있다는 것과 다른 사람들이 자유를 향유하는 것을 방해하지 않음으로써 자신들도 지적인 측면에서 뭔가 이득을 얻으리라는 사실을 더욱 자세히 보여줄 필요가 있다.

첫째, 나는 그들이 이런 사람들에게서 무엇인가 배울 것이 있으리라는 점을 상기시키고 싶다. 어느 누구도 독창성이 우리 삶에서 대단히 중요한 요소임을 부인하지 않는다. 우리 삶에서 새로운 진리를 발견하고 한때 진리였던 것이 이제 더 이상 진리가 되지 못하는 때를 간파하는 사람만 소중한 것은 아니다. 남이 하지 않는 관례를 처음 만들고, 더욱 발전된 행동과 더 수준 높은 취향과 감각을 선보이는 사람도 필요하다. 우리가 사는 이 세상이 모든 측면에서 이미 완벽한 상태에 이르렀다고 믿는 사람이 아니라면 누구도 이 사실을 부인하지 못할 것이다. 분명히 말하지만, 아무나 이런 일을 할 수 있는 것은 아니다. 많은 사람 중에서도 극히 일부만이 새로운 실험을 주도할 뿐이다. 사람들이 그 새 길을 따라간다면 사회 전체가 한 단계 더 발전할 가능성이 있다. 이들 소수야말로 세상의 소금과 같은 존재다. 이들이 없으면 우리 삶은 정체停滯를 면치 못할 것이다. 이들은 전에 없던 새로운 좋은 것을 만들어낼 뿐 아니라 이미 존재하는 좋은 것을 잘 유지, 발전시키기도 한다. 새로 해야 할 것이 없으면 인간의 지성도 더 이상 필요가 없을까? 옛것을 따르는 사람들이 왜 그것을 해야 하는지 잊어버리고, 그런 일을 인간이 아니라 가축처럼 하는 것도 이런 이유 때문일까? 최고의 이론과 관례라는 것들도 너무 쉽게 도식적인 것으로 전락하는 경향이 있다. 따라서 끊임없이 샘솟는 독창성으로 기존의 이론과 관례가 그렇고 그런 구습으로 굳어버리는 것을 방지해주는 사람들이 없다면, 그런 죽어버린 전통은 새롭게 부각되는 것들이 가하는 최소한의 충격에도 버티지 못한다. 비잔틴제국이 보여주듯이 문명 자체가 죽어버릴 수도 있다. 천재는 언제나 소수일 수밖에 없다. 이는 지금도 그렇지만 앞으로도 언제나 변함없을 진리다. 그들을 보호하기 위해서는 그들이 살 수 있는 토양을 만들어주어야 한다. 천재는 오직 자유의 공기 속에서만 자유롭게 숨을 쉴 수 있다. 천재는 그 속성상 다른 사람들보다 더 개인적이기 때문에, 각 개인이 자기 기분대로 살아가지 못하도록 사회가 쳐놓은 작은 그물 속으로 들어가는 것을 다른 사람들보다 더 어려워한다. 그들이 제재를 두려워한 나머지, 그 작은 틀 속으로 억지로 들어가 사는 데 동의한다면 그래서 그런 억압 속에서 자신의 재능을 사장한다면, 사회는 천재들에게서 아무것도 얻지 못할 것이다. 만일 천재적 재능을 가진 사람들 가운데 누군가가 강한 성격에 힘입어 자신들을 둘러싼 족쇄들을 깨뜨려버릴 수 있다면, 이들이야말로 자신들을 평범함 속에 가두어버리려고 시도하는 사회(마치 나이아가라처럼 큰 강이 더치운하처럼 좁은 곳으로 잘 흘러가지 못한다고 불평하듯이, 그들의 행동에 대해 '미쳤다', '엉뚱하다'고 하면서 압박을 가하는 사회)를 위한 푯대가 될 것이다.

이론상으로는 천재의 중요성과 그들이 자유롭게 생각하고 행동할 수 있도록 허용해야 한다는 것을 아무도 부인하지 않지만, 실제로는 거의 모든 사람이 이 문제에 무관심하다. 나는 이런 사실을 잘 알기 때문에 이에 대해 힘주어 강조하고자 한다. 사람들은 감동적인 시를 쓰고 멋있는 그림을 그릴 수 있는 천재를 아주 좋게 생각한다. 생각과 행동의 독창성을 칭찬하지 않는 사람은 없다. 그러나 거의 모든 사람이, 실제로 그 마음속 깊은 곳을 들여다보면 독창성이 없어도 잘 살 수 있다고 생각한다. 불행하게도 이를 당연하게 생각한다. 사실 독창적이지 못한 사람들로서는 독창성이 왜 그리 중요한지 이해하기 어렵다. 독창성이 자기들에게 무슨 의미가 있는지 알 수가 없는 것이다. 그들이 어떻게 알 수 있겠는가? 그들이 그것을 안다면 독창성이 문제 되지도 않을 것이다. 독창성이 그들을 위해 하는 일 가운데 첫째로 중요한 것은 그들의 눈을 뜨게 해주는 것이다. 이렇게만 된다면 그들도 독창성을 얻을 가능성이 있다. 누군가가 처음 시작하지 않았으면 이 세상의 그 무엇도 존재할 수 없었을 것이다. 또 우리 주변에 보이는 좋은 것들은 모두 독창성이 뛰어난 사람들의 작품이다. 따라서 이 시점에서는 이런 사실을 상기하면서, 독창성이 얼마나 중요한지 잘 모르는 사람들로 하여금 세상에는 독창적인 사람들이 해야 할 일이 여전히 많음을 최대한 겸손히 받아들이게 하는 것이 중요하다. 나아가 독창성이 부족한 사람일수록 자신에게 그것이 모자란다는 사실을 잘 인식하도록 해주는 것이 무엇보다 시급하다.

엄연한 진실을 하나 이야기해야겠다. 정신적인 능력이 뛰어나거나 뛰어나다고 여겨지는 사람에게, 우리는 어느 정도든 겉으로나마 또는 실제로 경의를 표한다. 그러나 우리가 사는 이 세상에서는 일반적으로 평범한 사람이 최고 권력을 장악하는 경향이 있다. 고대와 중세에서는, 그리고 점차 그 정도가 약해지기는 하지만 봉건 시대부터 현재에 이르는 긴 과도기 동안, 능력 있는 개인은 자신의 힘으로 권력을 잡았다. 그래서 뛰어난 재능이 있든가 권문세가 출신이라면 상당한 권력자가 될 수 있었다. 그러나 오늘날에는 개인이 군중 속에 묻혀버린다. 정치적인 측면에서 볼 때 이제 여론이 세상을 지배한다는 말은 거의 진부하기까지 하다. 대중만이 권력자라는 말에 어울리는 유일한 존재가 되었다. 정부도 대중이 원하는 것과 좋아하는 것을 챙겨주는 기관이 되고 있다. 공공 영역에서만 그런 것이 아니고 개인의 도덕적·사회적인 관계에서도 똑같은 현상이 목격된다. 공중의 생각을 한데 묶어서 여론이라고들 하지만 그 공중이 언제나 똑같은 것은 아니다. 그 말은 미국에서는 백인 전체를 가리키지만 영국에서는 주로 중산층을 가리킨다. 그러나 그들은 언제나 대중, 다시 말해 평범한 보통 사람들의 집합체로 존재한다. 더 중요하고 놀라운 사실은 대중이 이제는 더 이상 교회나 국가의 유명 인사, 저명한 지도자들을 따라 하거나, 책에 나오는 내용에 따라 자신들의 생각을 정리하지 않는다는 점이다. 그들의 생각은 그들과 아주 비슷한 사람들이, 그들을 향해 또 때로는 그들의 이름을 내걸고서 신문을 통해 밝히는 생각과 다르지 않다. 내가 이런 일들을 불만스러워한다는 것은 아니다. 일반적으로 말해서, 나는 현재 인간 정신이 놓인 낮은 상태에 비추어볼 때 더 나은 것이 있을 수 있다고 주장하지 않는다. 문제는 평범한 사람들이 움직이는 정부가 평범한 정부가 되는 것을 피할 길이 없다는 데 있다. 민주적인 정부 또는 다수의 귀족이 지배하는 정부의 정치적 행동이나, 그 정부가 떠받드는 사람들의 여론, 자질, 그리고 생각의 방향이 보통 수준을 넘었던 경우는 한 번도 없었고 또 그럴 수도 없다. 그래서 뛰어난 업적을 남긴 많은 사람이 자청해서 여러 자문단의 도움을 받았다. 훌륭한 재능과 학식을 갖춘 '한 사람' 또는 '몇 사람'의 영향을 기꺼이 받아들였고, 그 덕분에 전성기를 구가할 수 있었다. 현명한 일 또는 고상한 일들이 처음에는 모두 개인에게서 시작되며 또 그래야만 한다. 일반적으로 보면 첫 단추는 어떤 특별한 한 사람이 꿴다. 보통 사람에게는 그런 첫걸음을 따라가는 것이 존경과 영광을 받는 길이다. 현명하고 고상한 일에 내면적으로 반응하고 눈을 똑바로 뜬 채 거기에 이끌릴 수 있어야 한다. 내가 여기서 탁월한 재능을 가진 사람이 힘으로 권력을 장악해서 이 세상을 자기 마음대로 주무르는 일종의 '영웅 숭배론'을 펼치자는 것은 아니다. 단지 천재 같은 사람이 자기 방식대로 세상을 살아갈 자유를 누릴 수 있어야 한다는 점을 강조할 뿐이다. 그러나 천재가 다른 사람들에게 자기 방식을 따라 살도록 강요한다면 그들의 자유와 발전에 도움이 되지 않을 뿐만 아니라 천재 자신에게도 부정적인 영향을 끼친다. 그저 그런 정도의 능력밖에 갖지 못한 다수 보통 사람들의 주장이 점점 압도적인 힘으로 온 세상을 지배하는 요즘 같은 때에는, 널리 통용되는 의견의 잘못을 지적하고 시정할 수 있도록 뛰어난 사상을 지닌 사람들의 개별성이 더욱 발휘되어야 한다. 소수의 뛰어난 사람이 대중의 생각과 다른 방향으로 자유롭고 거리낌 없이 행동하고 살아가도록 장려되어야만 한다. 여느 시대 같으면, 그들이 대중과 다르게 행동하는 것 자체는 별 의미가 없고 오로지 더 나은 행동을 할 때만 긍정적인 평가를 받을 것이다. 그러나 지금 이 시대에서는 획일성을 거부하는 파격, 그리고 관습을 따르지 않는 것만으로도 인류에게 크게 봉사하는 셈이 된다. 오늘날에는 무언가 남과 다른 것을 일절 용납하지 않을 정도로 여론의 전제專制가 심하다. 바로 이런 이유 때문에 색다르게 행동하는 것이 바람직하다. 그래야 그러한 전제를 부숴버릴 수 있기 때문이다. 언제나 강한 성격이 충만할 때 거기에서 남다른 개성이 꽃핀다. 그리고 한 사회 속에서 남다른 개성이 자유롭게 만개할 가능성은, 일반적으로 그 사회가 보여주는 탁월한 재능과 정신적 활력 그리고 도덕적 용기와 비례한다. 불행하게도 오늘날에는 극히 일부 용기 있는 사람만이 그런 개성을 발휘할 뿐이다. 이것이야말로 우리 시대가 직면한 가장 심각한 문제가 아닐 수 없다.

나는 지금까지 관습과 어긋나는 일을 최대한 자유롭게 할 수 있는 것이 중요하다고 주장했다. 그렇게 되면 언젠가는 그런 행동도 새로운 관습으로 정착될 수 있기 때문이다. 그러나 내가 남의 간섭을 받지 않고 관습을 뛰어넘는 행동을 할 수 있어야 한다고 강조하고는 있지만, 그렇게 해야만 좀 더 나은 행동 양식, 그리고 사람들이 널리 따라야 할 만큼 가치 있는 관습을 창조할 가능성이 커지기 때문에 이런 말을 하는 것은 아니다. 그리고 이러한 중요성이 탁월한 정신적 능력을 갖춘 소수의 사람에게만 적용되는 것도 결코 아니다. 모든 인간의 삶이 어떤 특정인 또는 소수 사람의 생각에 맞춰져 정형화되어야 할 이유는 없다. 누구든지 웬만한 정도의 상식과 경험만 있다면, 자신의 삶을 자기 방식대로 살아가는 것이 가장 바람직하다. 그 방식 자체가 최선이기 때문이 아니다. 그보다는 자기 방식대로 사는 길이기 때문에 바람직하다는 것이다. 인간은 양 같은 동물과는 다르다. 그리고 양이라고 해서 다 똑같지도 않다. 우리는 코트나 구두를 고를 때, 자기 몸의 치수를 재서 맞추거나 아니면 온 가게를 다 뒤져 자기에게 맞는 것 하나를 선택한다. 사람이 살아가는 것이 코트 고르기보다 더 쉬운가? 사람들의 육체나 정신 상태가 각자의 발 모양보다 더 비슷할까? 만일 사람들의 취향이 서로 다르다면, 그 이유만으로도 사람들을 하나의 틀에 맞춰 획일화해서는 안 된다. 그런데 사람은 취향만이 아니라 각자 추구하는 정신적 발전도 다르기 때문에 그에 맞는 조건 또한 필요하다. 온갖 종류의 식물이 다 똑같은 물리적인 환경과 대기, 기후 조건 속에서 살 수 없듯이, 인간 또한 똑같은 도덕적인 기준 아래에서는 건강한 삶을 누릴 수 없다. 같은 것이라 해도, 이 사람의 정신적 성장에는 도움이 되지만 저 사람에게는 방해물이 되기도 한다. 동일한 생활양식이라도, 어떤 사람에게는 행동 능력을 잘 키워주면서 최선의 상태에서 건강하고 즐겁게 살 수 있도록 해주지만, 다른 사람에게는 모든 내적 삶을 황폐하게 만들어버리는 지긋지긋한 암초 같은 것이 되기도 한다. 사람들을 기쁘게 해주는 일들, 고통을 느끼게 되는 상황, 이런 문제들을 지각하는 육체적·정신적 작용은 사람에 따라 아주 다양하다. 그러므로 각자의 경우에 맞는 다양한 삶의 형태가 허용되지 않는다면, 인간은 충분히 행복해질 수 없다. 제각기 타고난 소질에 맞게 정신적·도덕적·미적 능력을 발전시킬 수도 없게 된다. 그런데도 왜 다수 대중이 용인하는 취향과 생활양식만 관용의 대상이 되는가? 수도원 같은 일부 예외를 제외하고는 취향의 다양성을 완전히 부인하는 곳은 없다. 사람에 따라서는 아무 부담 없이, 노 젓는 배를 타는 것이나 담배 피우는 것, 또는 음악이나 운동, 장기, 카드놀이, 아니면 공부하는 것을 좋아할 수도 있고 싫어할 수도 있다. 이런 것을 좋아하는 사람이나 싫어하는 사람이 너무 많아서 말릴 수 없기 때문이다. 그러나 어떤 사람, 특히 여자가 '아무도 하지 않는 것을 한다'든가 또는 '남이 다 하는 것을 안 한다'면, 마치 그 사람이 아주 심각한 도덕적 잘못을 저지르기나 한 것처럼 비난의 대상이 된다. 사람들이 자신의 평판에 손상을 입지 않으면서 자기가 좋아하는 일을 어느 정도 사치스럽게 멋을 부리며 하자면 상당한 지위 또는 그에 상응하는 다른 힘이 있거나, 그도 아니면 그만한 위치에 있는 사람들의 인정을 받아야 한다. 왜냐하면 누구든 그 일을 지나치게 하면 불명예스러운 비난 이상의 것을 자초할 수 있기 때문이다. 잘못하면 정신병자 취급을 받아 친척들이 재산을 몰수해서 나눠 가지는 사태가 생길 수도 있다.*

대중 여론은 조금이라도 개별성을 발휘하는 것을 용납하려 하지 않는데, 현재 여론이 흘러가는 방향에는 한 가지 특성이 있다. 보통 사

* 정말 경멸스럽고 놀라운 일이 최근 들어 벌어지고 있다. 여차하면 누구든지 자신의 문제를 관리할 자격이 없다는 법적 판정을 받을 수 있다. 이를테면 어떤 사람의 재산이 많아 소송비용을 충당할 수 있을 정도라면, 당사자가 죽은 뒤에는 본인의 의사와 관계없이 그 재산에서 소송비용을 뗄 수 있다. 소송비용은 사람이 아니라 재산 자체에 부과되기 때문이다. 그 사람의 사생활은 꼬치꼬치 조사받게 된다. 그 과정에서 정말 하찮고 하찮은 사람들의 눈에 비추어 사회적 통념과 조금이라도 어긋나는 것이 적발되면, 마치 대단히 비정상적인 사람의 소행인 것처럼 배심원들 앞에 불려간다. 이렇게 해서 실제로 처벌을 받는 경우도 있다. 배심원들이라 해봤자 증인들보다 덜 천박하거나 덜 무식하다고 할 수도 없다. 재판관들 역시 엉뚱한 판결을 내리는 경우가 적지 않다(영국 재판관들이 특히 그렇다. 어쩌면 그렇게 인간의 본질에 대해 무지한지 기가 막힐 지경이다). 이런 재판이야말로 천박한 보통 사람들이 인간의 자유에 대해 어떻게 생각하는지 잘 보여주는 생생한 예가 아닐 수 없다. 재판관과 배심원들은 개별성의 중요성에 대해 아무런 감각이 없다. 자신과 다른 방식으로 살아가는 사람들을 존중하는 마음이 전혀 없고, 따라서 아주 정상적인 사람도 그런 자유를 열망할 수 있다는 사실을 모른다. 과거 무신론자들을 화형에 처하던 때에, 일부 관대한 사람은 그들을 불에 태워 죽이는 대신 정신병원에 감금할 것을 제안하곤 했다. 오늘날 우리가 이런 일, 그리고 그것을 제안한 사람들이 스스로 좋은 일을 했다며 자랑하는 것을 목격한다고 해서 놀랄 일이 아니다. 이들은 불쌍한 사람들을 참으로 인간적이고 그리스도교적인 방식으로 대우해주었다고 생각하면서, 은연중 그 선행에 대해 보상을 받으리라는 기대감까지 품고 있다.

람들은 지적인 면뿐만 아니라 취향도 덤덤한 편이다. 그들은 취미나 하고 싶어 하는 일에 대한 욕구가 그리 강렬하지 않기 때문에, 관례를 벗어난 것은 기피하려고 든다. 다른 사람이 관습과 어긋나게 행동하는 것을 이해하지도 못한다. 그런 모든 행동을 야비하고 무절제한 것으로 치부하면서, 경멸하기까지 한다. 이런 일반적 경향에 덧붙여, 이른바 도덕을 향상시킨다면서 새로운 움직임이 일어나고 있음을 알아야 한다. 상황은 불을 보듯 뻔하다. 오늘날 사람의 행동을 규칙화하며, 일상적인 기준을 넘는다 싶은 것은 막으려 드는 일들이 벌어지고 있다. 외국에서도 박애주의자라는 사람들은 이웃을 도덕적이고 사려 깊은 사람으로 만들기 위해 애쓰고 있다. 이런 시대적 경향 때문에 사람들은 과거 어느 때보다도 더 보편적인 행동 규칙을 따른다. 그리고 다른 사람들도 모두 일반적으로 통용되는 기준을 따르도록 압력을 가한다. 그 기준이란 무엇인가? 명시적 또는 암묵적으로 어느 것도 강력하게 열망하지 않는 것이 바로 그 기준이다. 아무런 뚜렷한 성격이 없는 것을 이상으로 삼는다. 남보다 특출하게 두드러지고, 보통 사람이 볼 때 눈에 띄게 이탈하는 듯한 개성은 사정없이 짓눌러버린다. 마치 중국 여인의 전족纏足처럼 불구가 되게 만드는 것이다.

흔히 이상적이라고 하는 것이 바람직한 것의 절반을 배제해버리듯, 오늘날 사람들이 수용하는 기준을 따르다 보면 나머지 절반을 불충분하게 모방하는 결과만 낳고 만다. 건강한 이성에 의해 인도받는 왕성한 정력, 양심적인 의지에 따라 엄격하게 통제되는 강렬한 감정, 이런 것이 현시대에는 용납되지 않는다. 대신 미약한 감정과 허약한 정력이 그 자리를 채운다. 강력한 의지나 이성이 없다 보니 무비판적으로 남을 따라 사는 것이 주류가 된다. 제법 강한 개성을 지닌 사람도 차츰 전통적인 것을 생각 없이 받아들이기 시작한다. 영국에서는 이제 장사하는 것을 빼면 넘치는 정력을 쓸 데를 찾기 어렵다. 이런 쪽에 사용되는 정력은 여전히 상당할 것이다. 그렇게 쓰고 남은 얼마 안 되는 정력은 유익하고 심지어 자선 사업에 가까운 취미 활동에 쓸 수 있다. 그러나 그 종류는 언제나 한두 가지에 한정되고 그나마 규모도 크지 않다. 영국을 돋보이게 만드는 것은 모두 집단적인 것뿐이며 개인적인 특성이 빛을 보는 경우는 매우 드물다. 영국 사람이 잘하는 것은 그저 집단으로 모여 활동하는 것뿐인 듯 보일 정도다. 이런 현상에 대해 영국의 도덕적·종교적인 박애주의자들은 대단히 만족하고 있다. 그러나 영국의 오늘이 있게 만든 것은 이런 사람들이 아니라 다른 종류의 시각을 가진 사람들이다. 이들의 존재가 사라지는 것을 막아야 한다.

관습의 전제가 곳곳에서 인간의 발전을 가로막는 심각한 장애물로 등장하면서 관습보다 더 나은 것을 지향하는 기질(상황에 따라 자유, 진보, 개선의 정신 등 달리 일컬어진다)을 끊임없이 박해하고 있다. 개선의 정신과 자유의 정신이 언제나 일치하는 것은 아니다. 왜냐하면 개선을 원치 않는 사람에게 개선을 강제할 수도 있기 때문이다. 그래서 자유의 정신이 그런 강제를 용납하지 않으며, 개선을 가로막는 적들과 국지적으로, 그리고 한시적으로 연합할 수도 있다. 그러나 개선을 가능하게 만드는 절대적이며 영원한 요소는 오직 자유에서 나온다. 자유가 허용되는 곳에서만 사람의 수만큼이나 다양한 독립적인 개선의 요소가 뿌리를 내릴 수 있기 때문이다. 발전 원리는 자유를 사랑하든, 아니면 개선을 사랑하든, 그 형태에 관계없이, 관습의 횡포에 대해서는 적대적이다. 관습의 굴레로부터의 해방을 포함하지 않으면 발전 원리라고 할 수 없다. 그래서 이 둘의 싸움이 인간 역사를 규정하는 기본 변수가 된다. 정확하게 말하자면, 이 세계의 대다수 지역에는 역사가 없다. 왜냐하면 그곳에서는 관습의 전횡이 극에 달하고 있기 때문이다. 아시아 전체가 바로 이런 상황이다. 그곳에서는 관습이 모든 문제에 대한 최종 결정권을 쥐고 있다. 그래서 관습을 따르는 것이 곧 정의요, 올바른 것으로 통한다. 권력에 도취된 일부 폭군이 아니라면 감히 누구도 관습에 대들 생각을 못 한다. 그 결과가 무엇인지 우리는 잘 안다. 아시아의 나라들도 한때는 분명히 독창성을 구가했을 것이다. 인구도 많았고 학문도 높았으며 각종 예술에도 조예가 깊었다. 그럴 때는 이 세계에서 가장 위대하고 강력한 국가의 대열에 들었다. 그러나 지금은 어떤가? 그들은 숲속을 헤매고 다니던 조상들과는 달리 휘황찬란한 궁궐과 멋들어진 사원을 만들어냈지만, 문제는 그들의 관습이 자유와 발전을 가로막았다는 데 있다. 역사를 돌이켜보면 한 민족이 어느 정도는 번영을 누리다가 그만 쇠퇴기에 접어들고 만다. 언제 그런 일이 생기는가? 바로 개별성을 가볍게 여기는 때다. 비슷한 일이 유럽 국가에서 벌어진다 해도 그 결과가 똑같지는 않을 것이다. 이 나라들을 위협하는 관습의 전제가 그들처럼 심한 정체를 야기하지는 않을 것이기 때문이다. 색다른 것을 제지하기는 하겠지만, 모든 변화를 거부하지는 않으리라 짐작할 수 있다. 우리는 선조들이 물려준 고루한 관습을 폐기해왔다. 아직도 모든 사람이 다른 사람과 똑같은 옷을 입어야 하지만, 그 모양은 1년에 한두 번씩 바뀐다. 그러므로 우리는 변화가 있을 때, 그것이 아름다움이나 편리함의 관점에서 비롯된 것이 아니라 변화를 위한 변화가 될 것임을 주목해야 한다. 왜냐하면 아름다움이나 편리함에 관한 생각이 모든 나라 사람에게 똑같은 시기에 생겼다가 때가 되면 한꺼번에 바뀌는 일은 없을 것이기 때문이다. 그러나 우리는 변화를 추구하는 동시에 발전도 도모한다. 우리는 끊임없이 새로운 기계를 만들어내고 또 다른 새것이 그것을 대체할 때까지 사용한다. 우리는 정치와 교육, 나아가 도덕을 개선하기 위해 진지하게 노력한다(우리가 생각하는 도덕적 개선은, 기본적으로 다른 사람들도 우리처럼 선한 생활을 추구하도록 설득하거나 강제하는 데 바탕을 둔다). 우리가 발전을 반대하는 것은 아니다. 오히려 우리는 역사상 그 누구보다도 더 발전적인 사람들이라고 자랑스럽게 생각한다. 우리가 등을 돌리고 거부하고 있는 것은 바로 개별성이다. 사람들은 서로 다르다는 이유 때문에, 자신의 불완전함과 다른 사람의 탁월함, 또는 양자의 장점을 함께 묶음으로써 따로 있을 때보다 더 좋은 것을 만들 수 있는 가능성에 관심을 보이게 된다. 만일 우리가 이러한 사실을 망각한 채 우리 자신을 모두 똑같은 존재로 만든 상태에서 오늘과 같은 발전을 이룩했다면, 그것은 기적이다.

우리는 중국에서 그런 무서운 실례를 볼 수 있다. 중국 민족은 초기 한때 놀라운 재능, 그리고 어떤 면에서는 지혜를 자랑하기까지 했다. 정말 드물게 운이 좋아 아주 훌륭한 관습이 있었기 때문이다. 어떤 측면에서는 가장 개명된 유럽인까지도 (일부 조건을 달기는 했지만) 현자와 철학자라고 부르지 않을 수 없었던 사람들이 그런 관습을 만들었다. 그들은 또한 자기 나라 사람들이 최고 수준의 지혜를 습득할 수 있도록, 지혜가 가장 뛰어난 사람이 명예와 권력을 함께 누릴 수 있는 제도적 장치를 고안해냈다는 점에서도 주목의 대상이 된다. 이런 일을 할 수 있는 민족이라면 인간 발전의 비밀을 알아냈음이 틀림없고, 따라서 중단 없이 세계 역사를 이끌어나갔어야 마땅했다. 그러나 그들은 수천 년 동안이나 제자리에 머물러 있다. 이제 그들이 조금이라도 더 앞으로 나갈 수 있다면, 그것은 외국인의 도움 덕분일 것이다. 중국인은 오늘날 영국의 박애주의자가 그토록 간절하게 추구하고 있는 것, 곧 사람들을 모두 똑같이 만들고 생각과 행동을 동일한 격률과 규칙 아래 통제하는 것 이상을 해냈다. 그 결과가 지금과 같은 것이다. 오늘날 대중 여론이라는 것은 중국의 교육과 정치가 하던 일을 똑같이 따라 한다. 단지 비조직적이라는 점이 다를 뿐이다. 유럽도 이런 굴레를 벗어나 개별성을 활짝 꽃피우지 못하면, 아무리 과거 문명이 찬란하고 그리스도교의 영향이 뛰어나다 해도 제2의 중국이 될 수밖에 없다.

유럽이 지금까지 이런 운명의 나락으로 떨어지지 않고 버틸 수 있었던 것은 무엇 때문인가? 무엇이 유럽의 민족을 정체되지 않고 계속해서 진보할 수 있게 만들었는가? 어떤 사람은 유럽 민족의 우수성을 이야기한다. 설령 그렇다 하더라도 그것은 결과일 뿐 결코 원인이 아니다. 유럽을 유럽답게 만든 요인, 그것은 바로 성격과 문화의 놀라운 다양성이다. 개인이나 계급, 그리고 민족이 극단적으로 서로 다르다. 이들 각자가 엄청나게 다양한 길을 찾아 헤매면서 무언가 가치 있는 것들을 만들어냈다. 어느 시대든 다른 길을 걸어가는 사람들에 대한 관용이 부족했다. 다들 모든 사람이 자기와 같은 식으로 일하면 기가 막히게 좋은 결과를 얻으리라고 생각했다. 그러나 다른 사람에게 자기 방식을 강요하는 시도가 항구적인 성공을 거두는 경우는 드물었다. 시간이 되면 다른 사람들이 개척한 좋은 길을 받아들이지 않을 수 없었다. 결국 내가 볼 때, 전진하는 경로를 여럿 가지고 있었고 다면적인 발전을 추구했다는 점, 전적으로 이 덕분에 유럽의 오늘이 있을 수 있었다. 그런데 이제 유럽이 벌써부터 이 소중한 자산을 멀리하고 있다. 사람들을 똑같이 만들려는 중국식 이상을 향해 무섭게 나아가고 있다. 토크빌은 그가 마지막으로 쓴 중요한 저술에서 오늘날의 프랑스 사람들이 불과 한 세대 이전보다 서로 얼마나 닮아가고 있는지 분석했다.[25] 영국 사람들은 그 정도가 훨씬 더 심하다고 할 수 있다. 이미 앞에서 소개한 바와 같이, 훔볼트는 인간 발전을 위한 필수 조건으로 두 가지, 즉 자유와 상황의 다양성을 들었다. 이는 결국 사람들이 서로 똑같지 않아야 한다는 말의 다른 표현이다. 그 가운데서도 두 번째 조건인 다양성이 영국에서 하루가 다르게 줄어들고 있다. 서로 다른 계급과 개인을 둘러싸고서 그들의 성격

25 토크빌(1805~1859)은 프랑스의 정치사상가로 미국 민주주의에 관한 명저를 남겨 밀에게 큰 감명을 주었다(주 2 참고). 밀이 말하는 "그가 마지막으로 쓴 중요한 저술"인 《앙시앵 레짐과 혁명L'Ancien Régime et la Révolution》은 1856년 프랑스에서 출판되었고 같은 해 영어로 번역되었다. 이 책의 8장 2절 제목이 '어떻게 해서 프랑스 사람들이 이토록 서로 똑같이 닮게 되었는가'다. *On Liberty*, Gertrude Himmelfarb (ed.) 참고.

을 형성하던 환경이 하루가 다르게 닮아간다. 과거에는 서로 다른 계급과 이웃, 서로 다른 직업과 활동 분야의 사람들이, 말하자면 서로 다른 세계 속에서 살았다. 그러나 이제는 상당한 정도로 같은 세계에서 살고들 있다. 과거와 비교해볼 때 읽고 듣고 보는 것이 같아졌다. 놀러 가는 곳도 같다. 희망이나 두려워하는 것도 서로 닮아간다. 똑같은 권리와 자유를 누리며 그것을 향유하는 방법도 같다. 물론 신분의 차이는 여전히 남아 있다. 그러나 이것은 서로 닮아가는 경향과는 비교도 안 될 정도로 미미하다. 사람들을 똑같게 만드는 것은 지금도 진행되고 있다. 우선 이 시대의 정치적 변화가 그것을 부추긴다. 신분이 낮은 사람들은 끌어올리고 높은 사람들은 끌어내리기 때문이다. 교육의 기회가 확대되는 것 역시 동일한 현상을 촉진한다. 왜냐하면 교육이 사람들을 비슷한 영향권 아래에 들게 하고, 나아가 비슷한 사실과 감정을 접하기 더 쉽게 만들기 때문이다. 교통과 통신 수단의 발전 또한 심각한 영향을 끼친다. 이제 서로 멀리 떨어져 있는 사람들끼리 개인적인 접촉이 용이해졌고, 한 쪽에서 다른 쪽으로 거주지를 옮기는 속도도 훨씬 빨라지고 있다. 상업과 제조업의 발달은, 편리한 환경이 주는 이점을 더욱 널리 퍼뜨리고 모든 사람이 심지어 최고 수준의 목표에 대해서도 똑같은 야망을 품을 수 있게 만들었다. 이제는 출세라는 것이 특정 계급의 전유물이 아니라 누구에게나 열림으로써 역시 비슷한 결과를 촉진하고 있다. 그러나 지금까지 예를 든 모든 것보다도 더욱더 결정적으로 사람들 사이의 유사성을 촉진하는 것이 있다. 그것은 바로 영국을 포함한 다른 자유국가에서 여론이 국가를 움직이는 중요한 변수로서 절대적으로 확실히 떠오르고 있다는 사실이다. 과거에는 특별한 사회적 위치에 있는 사람들이 그 특별함 때문에 대중의 생각을 무시할 수 있었지만, 이제는 그러한 것들이 점차 사라지고 모두가 평등한 가치를 지니게 되었다. 대중도 나름대로 의지를 가져야 한다는 적극적인 생각이 확산되면서 정치 일선에 있는 사람들의 머릿속에서는 대중의 의지에 맞선다는 생각이 점점 더 사라진다. 그 결과 통념을 뛰어넘으려는 시도에 대해서는 그 어떤 사회적 후원도 보이지 않는다. 다시 말해, 대중이 수로 밀어붙이는 것에 대항하면서 대중과 다른 자신만의 생각이나 경향을 지키려는 강력한 사회세력이 아예 존재하지 않게 된 것이다.

이런 모든 이유가 서로 합쳐져서 개별성에 대해 몹시 적대적인 환경이 만들어지고 있다. 따라서 개별성을 어떻게 보존할 수 있을지 막막하기만 하다. 그래도 대중보다 앞서 있는 지식인이 개별성의 중요성, 즉 사람들이 서로 다른 것이 비록 상황을 더 낫게 만들지는 못하더라도 (더 낫게 만들기는커녕 일부 사람의 눈에는 오히려 더 악화시키는 것처럼 보일지라도) 그래도 다들 똑같은 것보다는 낫다는 사실을 깨닫지 못하는 한, 사정은 그리 나아지지 않을 것이다. 그러나 달리 보면 사람들을 아직 완벽하게 하나로 묶지 못하는 지금이야말로 개별성의 중요성을 환기시킬 수 있는 최적의 시기다. 초기가 지나면 병을 확실히 고치기 어려운 법이다. 다른 모든 사람도 우리처럼 살아야 한다고 강요하는 것이 바로 그 병을 키우는 뿌리다. 우리 삶이 획일적인 하나의 형태로 거의 굳어진 뒤에야 그것을 뒤집으려 하면, 그때는 불경이니 비도덕적이니, 심지어 자연에 반하는 괴물과도 같다는 등 온갖 비난과 공격을 감수해야 한다. 사람들은 잠시만 다양성과 벽을 쌓고 살아도 순식간에 그 중요성을 잊어버리기 때문이다.

4장 사회가 개인에게 행사할 수 있는 권한의 한계

그렇다면 각 개인은 자신에 대해 어느 정도까지 주권을 행사할 수 있는가? 그 정당한 한계는 어디인가? 사회의 권한은 어디에서 시작되는가? 우리의 삶에서 개별성에 속하는 부분은 어디까지고, 사회에 속하는 부분은 또 어디까지인가?

개인과 사회는 각각 자신과 특별하게 관계되는 것에 대해 정당한 권리를 가진다. 개인이 일차적으로 이해관계가 걸린 삶의 부분은 개별성에 속한다. 반면 사회가 기본적으로 이해관계가 있는 것에 대해서는 사회가 권한을 가져야 한다.

사회는 계약에 의해 만들어진 것이 아니다. 사회적 의무의 근거를 끌어내기 위해 계약론을 거론해봐도 별 뾰족한 수가 없다. 그렇기는 하지만, 사회에서 보호받는 사람이라면 누구든 자신이 혜택을 받은 만큼 사회에 갚아주어야 한다. 또 사회 속에서 사는 한, 다른 사람들과 공존하기 위해 일정한 행동 규칙을 준수하는 것이 불가피하다. 그런 행동 규칙에는 다음과 같은 것이 있다. 첫째, 다른 사람들의 이익, 좀 더 구체적으로 말하면 명시적인 법 규정 또는 암묵적인 이해에 따라 개인의 권리로 인정되어야만 하는 특정 이익을 침해해서는 안 된다. 둘째, 각자는 사회를 방어하는 데 또는 사회 구성원이 공격이나 괴롭힘을 당하지 않도록 하는 데 필요한 노동과 희생 중에서 자기 몫(이것은 어떤 평등한 원리에 입각해서 결정해야 한다)을 감당해야 한다. 이런 의무를 거부하는 개인이 있으면 사회는 무슨 수를 써서라도 그것을 강제할 수 있다. 이뿐만이 아니다. 법으로 부여받은 다른 사람의 권리를 직접적으로 침해하는 데까지는 이르지 않는다 해도, 타인에게 해를 주거나 그들의 이익과 관련된 문제를 사려 깊게 고려하지 않을 경우, 사회가 직접 법을 동원하지는 않더라도 여론의 힘을 빌려 그런 행동에 대해 정당하게 처벌할 수 있을 것이다. 어느 누구의 어떤 행동이든 다른 사람의 이익을 부당하게 침해하면, 바로 그 순간부터 사회가 그에 대해 사법적 권한을 가진다. 사회가 그런 문제에 간섭하는 것이 과연 모두의 복리에 긍정적으로 작용할지는 논의의 대상이 될 수 있을 것이다. 그러나 개인의 행동이 다른 사람과는 아무 관계가 없고 단지 자신의 이익에만 영향을 끼친다면, 또는 그들이 원치 않는 한 영향을 끼치지 않는다면(이때 관계있는 사람들은 모두 성년이고 지적 수준이 웬만한 정도는 되어야 한다), 그런 질문은 할 필요도 없어진다. 이 모든 경우에는 각 개인이 그런 일과 그로 인한 결과에 대해 절대적인 법적·사회적인 자유를 누려야 한다.

이 원리가, 자기 자신의 이해관계가 걸려 있지 않은 타인의 행동에 대해 아무런 상관도 하지 않고 서로의 행복이나 성공에 관심을 둘 필요도 없이 이기적인 무관심을 조장한다고 생각한다면, 그것은 아주 심각한 오해가 아닐 수 없다. 오히려 이 원리는 우리 모두가 다른 사람의 이익을 위해 사심 없는 노력을 많이 기울여야 할 필요성을 강조한다. 그러나 사심 없이 남을 돕는 것도, 글자 그대로 또는 비유적인 의미에서 채찍질을 하거나 혼을 내는 것보다는, 그가 자기에게 좋은 일을 스스로 하도록 설득하는 것과 같은 방법을 찾는 것이 바람직하다. 나는 어느 누구 못지않게 개인적인 덕목의 중요성을 강조하는 사람이다. 이보다 더 중요한 것을 굳이 찾으라고 한다면 사회적 덕목을 꼽아야 할 것이다. 교육자들은 이 둘을 동일하게 가르쳐야 한다. 그러나 교육도 강압적인 방법뿐만 아니라 확신과 설득으로 그 목적을 달성한다. 그래서 일정한 교육 기간이 지나고 나면 오직 후자, 즉 설득과 확신을 통해서만 개인적 덕목을 배양해야 한다. 사람은 서로 도와가며 좋은 것과 나쁜 것을 구분하며, 나쁜 것을 피하고 좋은 것을 취하도록 서로 격려한다. 우리는 언제까지나 높은 능력과 감정과 목표가 현명하게, 그리고 품위를 유지한 채 고상한 목표와 계획을 점점 더 지향하도록 서로 자극을 주며 살아야 한다. 그러나 어느 누구도 나이가 충분히 든 사람이 스스로 자기 인생을 위해 선택한 일을 하지 말라고 말할 자격은 없다. 누구보다도 자신이 자기를 가장 아끼는 법이다. 아주 긴밀한 인간적 관계가 아니라면, 타인에게 기울이는 관심이라는 것은 당사자가 자기에게 쏟는 관심에 비하면 보잘것없다. 그리고 사회가 그 사람 개인에게 두는 관심이라는 것은 (그 사람이 타인에게 하는 행동에 대한 관심을 제외하면) 그야말로 지엽적이고, 한마디로 말하면 간접적인 것이다. 이에 반해 아무리 평범한 남자나 여자라 해도 자신의 감정과 환경에 관한 한, 그 누구보다도 자신이 가장 잘 알고 있다. 따라서 당사자에게만 관계되는 문제에 대해 본인 스스로 내린 결정과 마음먹은 목표를 사회가 끼어들어 번복하는 것은 그릇된 가정에서나 가능한 일이다. 설령 그것이 잘못된 가정에서 출발한 것이 아니라 해도, 문제가 되는 개별 상황에 대해 그저 국외자 처지에서 구경꾼 정도의 지식밖에 없는 사람이 간섭을 하니 일이 잘될 수가 없다. 그러므로 이런 일에 대해서는 개별성이 크게 작용할 수 있어야 한다. 다른 사람과 관계되는 행동이라면 대부분의 경우 일반 규칙을 준수하는 것이 필요하다. 그래야 사람들이 무엇을 기대해야 하는지 알 수 있을 것이기 때문이다. 그러나 각 개인 고유의 문제라면 그 사람의 개별적 자발성에 전적으로 맡겨야 한다. 다른 사람은 그저 이런저런 방법으로 당사자의 판단을 도와주거나 마음을 굳게 먹도록 야단치는 정도에 그쳐야 한다. 물론 경우에 따라서는 강요도 할 수 있을 것이다. 그러나 어떤 상황에서든 본인이 최종 결정권을 가져야 한다. 물론 다른 사람의 충고나 경고를 듣지 않음으로써 이런저런 실수를 저지를 수도 있다. 그러나 그런 실수라는 것도, 타인이 보기에 그에게 이익이 되는 듯해서 당사자의 뜻을 무시한 채 어떤 일을 강제할 때 발생하는 손실과 비교하면 아무것도 아니다.

그러나 자기 자신에게만 관계되는self-regarding 자질이나 약점이라고 해서 다른 사람들이 그에 대해 이런저런 감정을 품어서는 안 된다는 말은 아니다. 이런 일은 가능하지도 바람직하지도 않다. 어떤 사람이 자신에게 도움이 되는 특정 자질을 빼어나게 많이 가지고 있다면, 그 사람은 분명히 존경의 대상이 될 것이다. 어떻게 보면 그 사람은 이상적인 인간성에 아주 가까운 인물이라고 할 수도 있다. 거꾸로 그 사람이 그런 자질을 전혀 가지고 있지 못하다면, 존경과는 정반대되는 감정이 따를 것이다. 세상에는 바보 같은 짓이라고 할 수 있는 것, 보기에 따라서는 (이렇게 표현하는 것이 문제가 없지는 않지만) 천박하거나 타락한 사람들이나 좋아하는 취향이 있다. 물론 이런 짓을 하는 사람이라고 해도 해를 가해서는 안 된다. 그러나 그를 혐오의 대상, 극단적인 경우 경멸의 대상으로 간주하는 것은 불가피하고 또 적절한 일일 수 있다. 이런 대접을 받지 않으면 그와 반대되는 좋은 자질을 전혀 구비할 수 없을 것이기 때문이다. 다른 사람에게 해를 끼치지는 않지만 적절하지 못한 행동을 하는 바람에 바보나 열등한 인간으로 평가받는 사람이 있다. 이런 사람이라도 그런 대접을 받고 싶어 하지는 않을 것이므로, 그가 원치 않는 결과를 낳기 전에 미리 경고해주는 것이 본인을 위해서도 좋다. 사실 오늘날 흔히 공손하다고 인정되는 수준에서 할 수 있는 것보다 훨씬 더 자유롭게 이런 충고를 할 수 있다면, 그리고 무례하거나 주제넘은 듯한 인상을 주지 않으면서 그 사람의 잘못을 진심으로 지적할 수 있다면, 정말 좋을 것이다. 나아가 우리는 누구든지 다른 사람에게 품고 있는 유쾌하지 않은 우리의 기분을, 그 사람의 개별성을 침해하는 것이 아니라 우리 자신의 개별성을 발휘한다는 차원에서 여러 방법으로 드러낼 권리를 가지고 있다. 예를 들면 우리가 그 사람이 속한 모임을 찾아다닐 필요는 없다. 우리에게 가장 맞는 모임을 선택할 권리가 있기 때문에 (좋아하지 않는다고 떠벌릴 일은 아니지만) 그런 모임을 피할 권리도 있다. 어떤 사람의 행동거지나 대화 내용이 주변 사람들에게 나쁜 영향을 줄 것 같으면, 그를 조심해야 한다고 주위에 알려주는 것은 우리의 권리이며 어떻게 보면 의무일 수도 있다. 그를 발전시키는 데 필요한 것이 아니라면, 다른 사람이 우선 좋은 자리를 얻도록 혜택을 줘도 괜찮을 것이다. 비록 당사자에게만 좋지 못한 결과를 안겨주는 행동이라 해도, 다른 사람들이 이런 여러 방식을 통해 그를 대단히 엄중하게 처벌할 수도 있는 것이다. 그러나 그 사람은 그런 벌칙이 징계 목적으로 자신에게 의도적으로 부과된 것이 아니라, 잘못한 일 자체 때문에 생기는 자연스러운, 따라서 자동발생적인 결과이기 때문에 고통을 느낄 뿐이다. 경솔하고 완고하며 자만심이 강한 사람, 절제하는 삶과 거리가 먼 사람, 패가망신으로 이끄는 탐닉에서 벗어나지 못하는 사람, 품격 높은 감성과 지성은 마다하고 동물적인 쾌락만 좇는 사람, 이런 사람은 자신에 대한 다른 사람들의 평판이 나쁘리라는 점을 각오해야 한다. 좋은 말을 하리라고 기대해서는 안 된다. 뛰어난 인간관계 덕분에 사람들에게서 인심을 얻고 그래서 자기 자신에게 좋지 못한 일을 하더라도 여전히 평판이 좋은 경우가 아니라면, 그 사람은 아무런 불평도 할 권리가 없다.

내가 주장하고 싶은 것은, 어떤 사람이 자기에게만 문제가 되고 자신과 관계를 맺고 있는 다른 사람의 이익에는 영향을 주지 않는 어떤 행동과 성격 때문에 무언가 감수해야 하는 불이익이 있다면, 그것은 다른 사람이 자신에게 비우호적인 판단을 하는 데 불편함을 느끼는 것뿐이라는 점이다. 그러나 남에게 해를 주는 행동에 대해서는 전혀 달리 취급할 수밖에 없다. 타인의 권리를 침해하는 것, 정당한 권리 없이 다른 사람에게 손해를 끼치고 타격을 입히는 것, 거짓으로 또는 표리부동하게 사람을 대하는 것, 불공정하게 또는 관대하지 못한 방법으로 남에게서 이득을 얻는 것, 심지어는 다른 사람이 위험에 빠졌는데 이기적인 마음에서 모른 척하는 것 등, 이 모든 것은 도덕적 비난, 심각할 경우에는 도덕적 징벌이나 처벌의 대상이 되어야 한다. 이와 같은 직접적인 행동뿐만 아니라 그런 행동을 유발하는 기질도 비도덕적이라고 할 수 있으므로, 잘못하면 혐오감으로까지 번질 수도 있는 비난의 대상이 된다. 잔인한 기질, 악의적이고 나쁜 천성, 모든 정념 가운데 가장 반사회적이고 가증스러운 것이라고 할 질투, 위선과 불성실, 그리고 별것도 아닌 일에 화를 곧잘 내는 것, 옳지 못한 대접을 좀 받았다고 지나치게 분노를 느끼는 것, 다른 사람에게 위세 부리기를 즐기는 것, 자기 몫 이상을 얻으려고 욕심을 부리는 것(그리스말로는 플레오넥시아pleonexia), 남을 깎아내림으로써 만족을 얻는 자존심, 특히 자기와 자기에게 이익이 되는 것만 생각하고 모든 문제를 자기 입맛대로 결정하는 이기심 등은 모두 부도덕한 것으로 나쁘고 혐오스러운 성격을 만든다. 이러한 것들은 앞에서 말한 자기에게만 관계되는 결점(이는 엄밀한 의미에서 도덕적으로 나쁜 것이라 할 수 없고 또 현실 속에서 직접 부딪히더라도 그렇게 부도덕한 결과를 낳지는 않는다)과는 다르다. 이런 결점은 당사자가 비교적 어리석거나 인간적 존엄과 자존심을 결여하고 있음을 알려주는 증거가 될 수 있기는 하지만, 다른 사람에 대한 의무를 위반하지 않는 한 도덕적 비난의 대상이 될 수는 없다. 왜냐하면 그런 문제에 대해서는 자기 자신이 책임져야 하기 때문이다. 우리 자신에 대한 의무라는 것은, 동시에 다른 사람에 대해서도 의무가 되지 않는 이상, 사회적으로 책임져야 할 일은 아니다. 자기 자신에 대한 의무라는 말이 사려 깊음 이상의 그 무엇을 의미한다면, 그것은 자존심 또는 자기 발전을 뜻한다. 이런 것에 관한 한, 아무도 다른 사람에 대해 책임질 이유가 없다. 왜냐하면 그것은 인류 전체의 이익과 관계되는 것이 아니기 때문이다.

사려 깊지 못하고 인간적 존엄을 지니지 못한 탓에 어쩔 수 없이 타인에게 제대로 대접받지 못하는 것과, 다른 사람들의 권리를 침해한 까닭에 비난을 받는 것은, 단순한 명목상의 차이 이상으로 다르다. 어떤 사람이, 우리가 그를 통제할 권리가 있다고 생각하는 일에서 우리를 불쾌하게 만드느냐 아니면 그렇지 않은 일에서 불쾌하게 만드느냐에 따라, 그 사람에 대한 우리의 감정과 행동은 근본적으로 다르다. 누군가 후자의 상황에서 우리를 불쾌하게 만들면 우리는 싫은 감정을 표현할 수 있을 것이고, 우리를 불쾌하게 만드는 그 일은 물론이고 그 사람도 멀리할 수 있다. 그러나 그 일로 그 사람의 삶을 불편하게 만들어야 한다고 생각해서는 안 된다. 그 사람은 자신의 잘못으로 인한 모든 벌을 벌써 받고 있다고 또는 받게 되리라고 생각할 수 있기 때문이다. 그 사람이 일을 잘못 처리해서 이미 자신의 삶을 망치고 있는데, 그러한 잘못을 이유로 그의 삶을 더 망치게 해서는 안 된다. 그 사람을 처벌할 생각을 하기보다는, 그에게 그런 행동으로 인해 생기는 나쁜 일들을 어떻게 피하거나 치유할 수 있을지 가르쳐줌으로써 그가 받는 벌을 경감해줄 방도를 열심히 찾는 편이 더 좋을 것이다. 그 사람은 우리에게 동정이나 혐오의 대상은 될 수 있을지 몰라도 노여움이나 분노의 대상은 아니다. 그를 사회의 공적公敵인 것처럼 다루어서는 안 된다. 그에게 흥미나 관심을 보임으로써 선의로 간섭하는 것을 제외한다면, 정당한 범위 안에서 그를 가장 심하게 대하는 방법은 그냥 내버려두는 것이다. 그러나 그 사람이 개인적이든 집단적이든 주변 사람들을 보호하는 데 필요한 규칙을 위반했다면, 그런 경우에는 이야기가 완전히 달라진다. 그가 저지른 잘못 때문에 다른 사람들이 피해를 보기 때문이다. 사회는 모든 구성원을 보호해야 하므로, 그에게 응징을 가해야 하고 명백한 징계의 표시로 고통을 주어야 하며 그 처벌이 충분히 무겁도록 신경을 쓰지 않으면 안 된다. 한쪽 경우에서는, 그 사람이 범법자로 법정에 앉아 있고 우리는 그에 대해 심판을 하고 형량을 결정해야 한다. 그러나 다른 경우에는, 우리가 우리 자신의 문제를 처리하기 위해 자유(그가 자기 일을 처리할 때 우리가 허용한 것과 같은 자유)를 누릴 때 우연히 생겨나는 것이 아니라면, 그 사람에게 어떤 형태로든 고통을 주어서는 안 된다.

여기서 나는 우리 삶에서 당사자에게만 문제가 되는 것과 다른 사람에게도 관계되는 것을 구분했지만, 많은 사람이 이런 구분을 받아들이지 않을 것이다(그들은 아마 이렇게 물을 것이다). 사회 속에서 사람이 하는 일 가운데 타인에게 아무런 영향도 끼치지 않는 것이 어디 있는가? 전적으로 고립되어 사는 사람은 없다. 무슨 일이든 그 잘못된 결과가, 주변 사람과 때로는 훨씬 멀리 있는 사람에게까지 미치지 않은 채 오직 자기 자신에게만 심각하게 또는 항구적으로 해를 끼치는 경우는 있을 수 없다. 만일 누군가 자기 소유의 재산에 손해를 입힌다면, 그 사람은 직접 또는 간접적으로 자신의 도움을 받는 사람에게 재산상 해를 끼치게 된다. 그리고 정도 차이야 있겠지만, 일반적으로 사회 전체의 부를 감소시키는 결과를 낳는다. 만일 그 사람이 자신의 육체적 또는 정신적 능력을 퇴보시킨다면, 그는 일정 부분 자신에 의지해서 살아가는 모든 사람의 행복을 망치기 마련이다. 주변의 모든 사람에게 진 빚을 갚지 못하고, 나아가 그들의 자선이나 보호를 받는 짐스러운 존재가 될 수도 있다. 그런 일을 자주 벌이면, 좋은 일을 할 수 있는 사회 전체의 능력을 상당히 축내게 된다. 마지막으로, 설령 자신의 잘못된 행동이나 어리석은 일로 다른 사람에게 직접 해를 주지는 않는다 하더라도, 바람직하지 못한 본보기가 되면서 다른 사람에게 해를 줄 수 있다. 따라서 그 사람의 행동을 따라 함으로써 타락하거나 잘못된 길로 들 수 있는 사람들을 위해서라도 강제로 통제해야 한다(고 말하는 사람도 있을 것이다).

(또 다음과 같이 덧붙일 것이다.) 올바르지 못한 행위의 결과가 그런 일을 한 나쁜 사람이나 생각이 모자라는 개인에 국한될 수 있다 해도, 스스로 잘 살아갈 능력이 분명히 모자라는 사람이 모두 알아서 하도록 맡겨두어야 좋은 것인가? 어린아이와 일정한 나이에 이르지 못한 사람들을 그 자신의 의사에 반해서라도 보호해주어야 한다면, 나이는 들었지만 역시 스스로 살아갈 능력이 안 되는 사람도 사회가 똑같이 보호해주어야 하지 않을까? 만일 도박이나 과음, 무절제나 게으름, 불결함 등이 법으로 금지한 행위만큼이나 행복한 삶을 사는 데 치명적인 장애가 되고 개인의 발전에도 심각한 걸림돌이 된다면 법이 현실성을 띠고 사회적 편의 또한 고려해야 한다면, (이렇게 물을 수도 있을 것이다) 법의 이름으로 이런 일도 단속해야 하지 않을까? 그리고 법이 불완전할 수밖에 없다면, 그것을 보완해줄 여론이라는 것이 최소한 이런 악에 대해 강력한 경찰 역할을 해서, 그런 일을 하는 사람에게 엄격한 사회적 처벌을 가해야 마땅하지 않을까? (그러면서 다음과 같이 말할지도 모르겠다.) 이 대목에서 개별성을 제약해서는 안 되고 삶에 대해 새롭고 독창적인 실험을 하는 것을 차단해서는 안 된다는 점을 새삼 강조할 필요는 없다. 다만 한 가지, 역사가 처음 시작된 이후 지금까지, 사람들이 숱하게 실험해보고 나서 나쁜 것으로 결론 내린 것, 다시 말해 여러 차례 실험을 통해 어느 누구의 개별성에도 유익하지 않고 또

적합하지도 않다고 밝혀진 것은 금지하는 것이 좋다. 오랜 세월이 지나고 충분한 실험을 거쳤으면 도덕적이거나 사려 깊은 진리로서 확립되었다고 말할 수도 있을 것이다. 그래서 앞 시대의 조상들에게 치명적인 타격을 입힌 바로 그 절벽에서 후손들이 또다시 떨어지는 일이 없도록 막는 것이 당연히 필요하다.

나는 어떤 사람이 자기 자신에게 위해를 가하는 것이 그 사람과 가까운 주변 사람의 동정심에 상처를 입히고 이해관계를 해친다는 것을, 그리고 정도는 조금 덜하겠지만 사회 전체에도 심각한 영향을 끼칠 수 있다는 것을 충분히 인정한다. 이런 유의 행동 끝에 그 사람이 타인에게 분명히 지는 그리고 진다고 볼 수 있는 의무를 소홀히 한다면, 자신에게만 관계되는 행동 영역에서 벗어나 글자 그대로 도덕적 비난의 대상이 될 수밖에 없다. 예를 들어 어떤 사람이 절제심이 약하거나 낭비벽이 심해서 자기가 진 빚을 갚지 못하거나, 가족에 대해 도덕적 책임을 지고 있음에도 같은 이유에서 가족을 부양할 수 없거나 자식을 교육하지 못하게 된다면, 그 사람은 비난받아야 마땅하며 나아가 처벌받는 것도 피할 수 없을지 모른다. 그러나 그런 대접을 받는 것은 가족이나 채권자에게 의무를 다하지 못해서지 낭비벽 때문은 아니다. 만일 가족에게 써야 할 돈을 아주 신중한 검토를 거친 끝에 사업에 투자하는 데 썼다 해도, 도덕적 비난을 피할 길이 없기는 마찬가지다. 조지 반웰[26]이라는 사람이 정부情婦에게 쓸 돈을 마련하느라고 삼촌을 살해했는데, 자기 사업을 위해 그런 일을 저질렀다 해도 역시 교수형을 면할 수는 없었을 것이다. 그리고 아주 흔한 일이지만 나쁜 취미에 중독이

26 영국의 극작가 릴로George Lillo가 짓고 1731년 처음 공연된 연극 〈런던의 상인: 조지 반웰의 일생The London Merchant: or, the History of George Barnwell〉에 나오는 주인공인데, 여인의 꾐에 빠져 자신의 주인과 삼촌을 죽인다. *On Liberty*, Gertrude Himmelfarb (ed.) 참고.

된 나머지 자기 가족에게 슬픔을 안겨주는 사람의 경우도 그 무정함과 배은망덕에 대해 비난받아야 마땅하다. 그러나 그 자체로 나쁘지 않은 취미 생활을 하더라도, 그가 더불어 같이 사는 사람들이나 안락한 생활을 영위하기 위해 그의 도움이 필요한 사람들에게 고통을 준다면 같은 결과가 될 것이다. 다른 사람의 이익과 감정에 적절한 수준에서 관심을 보여야 하는데 그러지 못하는 사람은 누구든 도덕적 비난을 받을 수 있다. 이런 배려는 강제적인 의무 사항은 아니지만 그렇다고 개인적인 기분에 따라 해도 그만, 안 해도 그만인 것은 아니다. 그러나 그런 배려를 하지 못하게 만든 원인에 대해서는 비난할 수 없다. 그리고 그렇게 하지 못하게 만든 간접적인 이유이기는 하지만, 단지 그 사람 개인에게만 관계되는 실수에 대해서도 비난할 수 없다. 같은 맥락에서 공직에 있는 어떤 사람이 순전히 자신에게만 관계되는 행동을 했지만 그 결과 자기 할 일을 제대로 못한다면, 그 사람은 사회적 범죄를 저지른 셈이다. 그저 술에 좀 취했다고 해서 벌을 받는 것은 말이 안 된다. 그러나 군인이나 경찰이 근무 시간 중에 술에 취하면, 이런 행위는 처벌 대상이 된다. 결국 어떤 행동이 다른 개인이나 공공에게 명백하게 해를 끼치거나 해를 입힐 위험성이 분명할 때, 그 행동은 자유의 영역에서 벗어나 도덕이나 법률의 적용 대상이 된다.

이런 경우는 어떨까? 사회생활을 하다 보면 공공 의무를 조금도 위반하지 않고, 또 자신을 제외한 어느 누구에게도 눈에 띌 만한 손해를 주지 않는 행동이지만, 그럼에도 이른바 불확정적contingent 또는 추정적constructive 피해를 사회에 끼칠 수 있다. 그렇더라도 이 정도의 불편은 자유라는 좀 더 큰 목적을 위해 감수할 수밖에 없다. 나이 든 사람이 자신을 적절히 돌보지 않는다는 이유로 처벌하자고 한다면, 그것은 차라리 그런 주장을 펴는 본인들의 이익을 위한 것이라고 이유를 대는 것이 옳다. 괜히 사회에 무언가 유익한 일을 할 능력을 손상시키지 못하게 해야 한다면서 간섭할 일은 아니다(사회가 그런 것을 요구할 권리는 없다). 그러나 나는 사회가 취약한 상황에 놓인 사람들이 보통 수준의 합리적인 행동을 할 수 있도록 끌어줄 아무런 수단도 가지고 있지 않기 때문에, 그들이 비합리적인 일을 저지르면 법적·도덕적인 처벌을 가하는 일 외에 달리 할 것이 없다는 식의 주장에는 결코 동의할 수 없다. 그들이 아직 미성년자일 때는 사회가 그들에게 절대적인 권한이 있다. 사회는 그들이 미성년인 동안 장차 합리적으로 자기 인생을 꾸려나갈 수 있도록 책임을 져야 한다. 현 세대는 미래 세대의 훈육 선생이면서 동시에 그 토양이 된다. 이 세대가 개탄스러울 정도로 인품이나 지적 능력 면에서 부족하다면 그다음 세대도 지적으로나 도덕적으로 완전한 사람이 될 수 없다. 그리고 지금 사람들이 최선의 노력을 기울이더라도 언제나 최고의 결과를 끌어내는 것은 아니다. 그러나 뒤를 잇는 세대들을 자신들만큼, 그리고 자신들보다 좀 더 낫게 만드는 것은 얼마든지 가능하다. 적지 않은 수의 구성원이 장기적인 계획 아래 합리적으로 행동하지 않고 그저 어린아이들처럼 산다면, 이런 일에는 사회가 책임져야 한다. 사회는 구성원들을 교육하는 이런 막강한 힘뿐만 아니라 다수 의견을 내세워 자기 스스로 판단할 능력이 전혀 없는 사람들을 지배할 수 있는 힘도 가지고 있다. 그리고 자신을 잘 아는 주변 사람들에게 불쾌감이나 경멸감을 불러일으키는 사람은 반드시 그 대가를 치르게 하는 힘도 가지고 있다. 그러므로 이 모든 것에 덧붙여, 사회가 개인의 사적인 문제에 대해서까지 명령하고 복종을 요구하는 권한이 필요하다고 말해서는 안 된다(그 어떤 정의의 원리와 정책에 비추어보더라도 이런 것은 그 결과에 영향을 받는 사람이 결정해야 할 문제다). 사람의 행동에 좋은 영향을 주는 것의 평판을 떨어뜨리고 좌절시키는 데 가장 효과적인 방법은 그보다 더 나쁜 것을 동원하는 것이다. 사려 깊음이나 자제심이 있어야 활력 넘치는 독립적인 성격이 만들어진다. 그러나 누가 이것을 자기에게 강제로 불어넣어주려 한다면, 이런 성격의 소유자는 분명히 완강하게 저항할 것이다. 자기만의 문제에 대해서는 다른 사람들이 결코 간섭해서는 안 된다고 생각하기 때문이다. 자기가 다른 사람들의 문제에 간섭하고 해를 끼치려 할 때 그들이 제지해야 하듯이 말이다. 찰스 2세[27]가 다스리던 당시 청교도의 편협하기 짝이 없는 광신적 도덕률에 맞서 싸웠던 사람들처럼, 횡포를 부리는 부당한 권력에 굴하지 않고 오히려 정면으로 당당하게 반박한다면, 이런 행동은 당연히 높은 기상과 용기의 표상이 될 것이다. 흔히 사악하거나 방탕한 사람들이 좋지 못한 예를 보여주는 것을 막을 필요가 있다고 말한다. 나쁜 선례를 남기고, 특히 나쁜 짓을 해도 별다른 처벌을 받지 않은 채 계속해서 다른 사람들에게 그런 짓을 한다면, 아주 좋지 못한 영향을 끼치는 것은 물론이다. 우리가 여기에서 문제 삼는 것은, 다른 사람이 아니라 당사자에게만 아주 큰 해를 끼치는 행동이다. 그러나 좋지 못한 예를 막아야 한다고 믿는 사람도 그런 예가 결국 해가 되기보다는 유익함을 더 많이 준다는 사실을 깨달을 것이다. 왜냐하면 그런 일은 옳지 못한 행동을 보여줄 뿐만 아니라 동시에 고통스럽거나 수치스러운 결과(나쁜 행동을 적절하게 꾸짖으면 모든 또는 대부분의 경우에 이런 결과가 따르리라고 상정하지 않을 수 없다)도 보여주기 때문이다.

그러나 사회가 순전히 개인적인 행동에 간섭해서는 안 되는 가장 중요한 이유는, 그런 간섭이 잘못된 방법으로 잘못된 곳에서 일어날 가능성이 크기 때문이다. 사회적 윤리나 타인에 대한 의무 같은 문제를 놓고 공공 여론, 즉 압도적 다수의 의견이 가끔씩 틀리기는 하지만 옳

27 Charles II, 1630~1685. 영국 스튜어트 왕조의 제3대 왕이다. 청교도혁명 중이던 1646년에 프랑스로 피신했다가 크롬웰이 사망하고 호민관 정치가 붕괴하자 귀국해서 왕정을 복고했다. 그는 끝까지 자신이 가톨릭교도임을 숨겼지만, 기회만 있으면 가톨릭을 옹호하고 부활하려 했다.

을 때가 더 많다. 왜냐하면 그들은 그런 문제에 대해 자신들의 이익, 그리고 어떤 특정한 행동 양식이 실제로 실천에 옮겨질 경우 자기들에게 어떤 영향을 끼칠지에 관해서만 판단하면 되기 때문이다. 그러나 같은 다수 의견이라 해도 소수의 사람에게만 관계되는 행동에 대해 하나의 법으로 군림하는 의견은, 옳을 때도 있지만 그에 못지않게 틀리는 경우도 많다. 이런 경우 공공 여론이란 기껏해야 다른 사람에게 좋고 나쁜 것에 대한 일부 사람의 생각이고, 실제 대부분은 아무런 관심도 없는 사람들의 쾌락이나 편의를 그저 자신들의 기분에 따라 판단하는 것이기 때문이다. 이들 가운데 많은 사람이 자기가 좋아하지 않는 행동은 전부 자신에게 해를 주는 것으로 생각하며 극단적인 거부감을 숨기지 않는다. 마치 몹시 완고한 신자가 다른 사람들의 종교적인 감정을 무시한다고 비난받자 오히려 그들이 이상한 의식과 교리를 고집함으로써 자신의 감정을 무시한다고 반박하는 것처럼 말이다. 그러나 지갑을 훔치고 싶어 하는 도둑의 욕망과 지키고 싶어 하는 주인의 욕망이 같을 수 없듯이, 어떤 사람이 자신의 의견에 대해 느끼는 감정과 그것 때문에 상처를 받는 다른 사람의 감정을 같이 취급할 수는 없다. 각 개인의 취향은 의견이나 지갑과 마찬가지로 각자 고유의 관심사다. 오직 인간의 보편적인 경험이 용납하지 못하는 행동을 제외하고, 모든 불확실한 문제에 대해 각 개인의 자유와 선택을 전적으로 존중해주는 이상적인 사회를 상상하는 것은 누구나 손쉽게 할 수 있는 일이다. 그러나 개인에 대한 검열이 일정한 수준을 넘어가지 않게 스스로 자제하는 사회가 어디 있던가? 또는 그런 보편적 경험의 문제점을 사회가 고민해본 적이 있던가? 사회가 개인의 행동에 간섭할 때, 그 사람이 사회의 주류와 다르게 행동하고 다른 감정을 품는다는 사실에 대한 격렬한 분노 때문에 다른 생각을 할 여지가 거의 없다. 도덕주의자와 사변적인 저술가 열 가운데 아홉은 본색을 살짝 숨기고 있는 이런 판단 기준을 종교와 철학의 명령인 것처럼 사람들에게 내보인다. 이들은 자기들이 옳다고 생각하면 옳은 것이라고 가르친다. 그리고 우리와 다른 모든 사람을 함께 묶어주는 행동법칙을 우리 자신의 정신과 마음에서 찾으라고 말한다. 불쌍한 대중은 이런 가르침을 받아들여 그 바탕 위에서 좋고 나쁜 것에 관한 그들 자신의 감정을 형성하는 것 외에 무엇을 할 수 있겠는가?

여기에서 지적되는 문제는 단순히 이론상으로만 존재하는 것이 아니다. 아마도 내가 이 시대를 사는 영국 대중이 어떻게 도덕법칙을 자기 기준에 따라 수용하는지 구체적인 예를 들어 보여주기를 기대하는 사람들이 있을 것이다. 나는 지금 기존의 도덕 감정이 왜 잘못되었는지에 대해 글을 쓰고 있는 것이 아니다. 그런 주제를 짧은 시간에 분명하게 주장하기는 너무 어렵다. 그러나 내가 주장하는 원칙이 중요하고 시의적절할 뿐만 아니라 없는 문제를 상상 속에서 만들어내서 분란을 일으키는 것이 아님을 입증할 만한 실례를 보여줄 필요는 있겠다. 오늘날 이른바 규찰대moral police라는 것이 누구도 부인하지 못할 개인의 자유까지 침범하면서 그 활동 영역을 확대해나가는 경우가 아주 흔하다. 이런 사례는 수없이 많다.

첫 번째 예로 단지 자기들과 종교적 견해가 다르다는 이유로 다른 사람들의 종교적 관례, 특히 금욕 전통을 무시하고, 그 때문에 서로 반감이 깊어지는 경우를 생각해보자. 어떻게 보면 사소한 예가 되겠지만, 그리스도교의 교리나 관습 가운데 돼지고기를 먹는 것만큼 이슬람교도의 증오를 부채질하는 것은 없다. 그저 허기를 피하기 위한 하나의 음식 문화에 지나지 않는 것이지만, 바로 이 때문에 그들은 그리스도교인과 유럽인을 철저히 혐오하는 것이다. 그 이유는 우선 그것이 그들 종교에 대한 도전이라고 생각하기 때문이다. 그러나 전후 사정을 따져보더라도 그들이 왜 그토록 심한 반감을 품는지 이해하기 힘들다. 왜냐하면 포도주를 마시는 것 역시 그들의 종교에 의해 금지되지만, 그렇다고 혐오스러운 일로까지는 인식되지 않기 때문이다. 그들이 '불결한 짐승'의 살코기를 극단적으로 기피하는 것은 그 독특한 성격에 비추어 볼 때 본능적인 반감과 유사하다. 그들은 불결한 생각이 일단 감정 안으로 완전히 침투해 들어오면 대단히 청결한 생활을 이어나가는 사람마저 끊임없이 좋지 못한 충동을 느낀다며 두려워한다. 이는 힌두교도가 종교적으로 불순한 것을 몹시 조심하는 것과 똑같다. 그렇다면 이슬람교도가 인구의 과반을 차지하는 나라에서 어느 누구도 돼지고기를 먹어서는 안 된다고 선언하는 경우를 생각해보자. 이는 이슬람 국가에서 새삼스러운 일이 아니다.* 대중 여론이 도덕적 권위를 내세워 그렇게 하는 것은 정당한 일인가? 그렇지 않다면 그것은 왜 그런가? 돼지고기를 먹는다는 것은 분명히 대중의 관습을 거역하는 것이다. 그들은 또한 신이 그런 행동을 금지했고 또 싫어한다고 진심으로 믿는다. 그렇다고 그런 금지를 종교적 박해라고 비난할 수는 없다. 처음에는 종교적인 이유에서 출발했을 수도 있다. 그러나 어떤 종교도 돼지고기 먹는 것을 의무화하지는 않기 때문에 그런 금지가 종교적 박해에 해당한다고 볼 수는 없을 것이다. 확실한 것은, 개인적인 취향과 개인에게만 관계되는 문제에는 사회가 간섭할 이유가 전혀 없다는 점이다.

우리 주변으로 옮겨서 이야기해보자. 대다수 스페인인은 로마 가

* 이와 관련해서 봄베이의 파르시교도Parsees(이슬람교도의 박해를 피해 8세기에 인도로 피신한 조로아스터교도들의 자손)의 경우가 흥미를 자아낸다. 부지런하고 경제적 능력이 뛰어난 이 종족은 페르시아의 조로아스터교도 후예인데, 이슬람의 지배를 피해 조국을 떠나 인도 서쪽 지역에 도착했을 때 그곳에서 쇠고기를 먹지 않는다는 조건 아래 힌두교도에게 받아들여졌다. 이후 그 지역이 이슬람교도의 손에 떨어진 뒤, 이번에는 돼지고기를 먹지 않는다는 조건으로 계속 살 수 있었다. 처음에는 권력자의 강압에 의해 시작했던 것이 시간이 지나면서 제2의 천성이 되었다. 그래서 그들은 오늘날까지 돼지고기와 쇠고기를 모두 먹지 않는다. 이 두 가지 금기는 종교에 의해 요구되지는 않지만 그들 종족 사이에서 관습으로 굳어진 것이다. 동방의 이런 나라에서는 관습이 곧 종교인 셈이다.

톨릭교회와 다른 방식으로 최고 절대자를 믿는 것은 대단히 불경하며 신에 대한 더할 수 없는 모독이라고 생각한다. 그래서 스페인 땅에서 다른 형식의 종교 예배는 법으로 금지된다. 남부 유럽인은 사제가 결혼하는 것은 비종교적일 뿐 아니라 정숙하지 못하고 점잖지 못하며 야비하고 혐오스러운 일이라고 여긴다. 개신교도은 이러한 진실하기 이를 데 없는 감정과 그것을 가톨릭을 믿지 않는 사람들에게도 적용하려는 시도를 어떻게 생각할까? 만일 다른 사람의 이익에는 전혀 영향을 주지 않고 다만 그 자신에게만 관계되는 문제에 간섭하는 것이 정당화된다면, 내가 예를 든 이런 일들이 벌어지지 않게 해줄 일관된 논리를 어떻게 발전시킬 수 있겠는가? 또는 신과 인간의 눈으로 볼 때 불미스러운 일이 벌어지지 않도록 막아야겠다고 생각하는 사람들을 무슨 수로 비난할 수 있겠는가? 개인적으로 비도덕적이라고 간주되는 일을 억압하고자 할 때, 신에 대한 불경이라는 이유를 내세우는 것만큼 더 강력한 무기도 없을 것이다. 우리가 박해자들의 논리를 그대로 받아들여서, 우리가 옳기 때문에 다른 사람들을 박해할 수 있지만 저들은 옳지 않기 때문에 우리에게 그런 일을 해서는 안 된다고 말할 생각이 아니라면, 어떤 정의롭지 못한 원리가 우리에게 적용되는 것을 결코 용납할 수 없는 것과 마찬가지로 우리 역시 그런 것을 남에게 함부로 적용하지 않도록 조심해야 마땅하다.

말이 안 되는 이야기지만, 지금까지 예로 든 것들이 영국인에게는 해당되지 않는다고 반박하는 사람도 있을 것이다. 적어도 영국에서는 자기들 교리나 성향에 따라 다른 사람들이 어떤 고기를 먹지 못하도록 금지하거나 예배 문제에 대해, 그리고 결혼을 할 것인지 말 것인지 간섭하는 일은 있을 수 없다고 생각하기 때문이다. 그러나 다음과 같은 예가 보여주듯이, 영국에서도 그런 가능성을 완전히 배제할 수 없다.

미국의 뉴잉글랜드와 공화국 시절의 영국[28]처럼 청교도가 권력을 완전히 장악한 곳에서는 공공 오락시설, 나아가 모든 개인적인 오락까지 없애버리려고 광분했으며 실제로 상당한 성공을 거두기도 했다. 특히 음악과 춤, 단체 놀이 또는 그 밖의 기분풀이를 위한 군중집회, 그리고 극장이 그 대상이었다. 영국에서는 오늘날까지도 도덕과 종교적인 이유를 내세워 이런 종류의 유희를 완강하게 거부하는 사람들이 있다. 이들은 주로 중산층 출신인데, 오늘날의 사회적·정치적인 상황 속에서 점점 더 많은 권력을 잡고 있으며, 그 결과 의회도 장악할 날이 머지않았다. 그러면 엄격한 칼뱅주의자와 감리교 신자의 종교적·도덕적인 검열을 거친 뒤 허용되는 오락에 대해 나머지 사람들은 어떻게 받아들이겠는가? 주제넘게 남의 일에 간섭하는 이른바 경건한 사람들에 대해 아주 단호하게, 남의 일에 신경 쓰지 말고 당신네 일이나 잘하라고 말하고 싶지 않겠는가? 자기들이 볼 때 옳지 않은 것이라면 어떤 쾌락도 즐겨서는 안 된다고 강변하는 정부나 사회를 향해 이런 말을 해주어야 하지 않겠는가? 그러나 그런 주장의 바탕이 되는 원리를 받아들인다면, 아무도 그 나라의 다수 국민 또는 최고 권력자가 그것을 행동으로 옮기는 데 대해 논리적으로 반대하기 어려울 것이다. 뉴잉글랜드에 처음 정착한 사람들은 독특한 그리스도교 국가관을 발전시켰다. 잃어버린 과거의 종교적 영화를 되찾고 싶은 사람들이라면 누구든지 이들을 따라 할 각오를 해야 할 것이다. 실제로 쇠퇴기에 접어든 종교들이 자주 그렇게 하고 있다.

이보다 더 실현 가능성이 있는 다른 경우를 한번 생각해보자. 확실히 근대 세계는 민주적 정치 질서(대중의 정치 참여를 제도적으로 허용하

28 1649~1653년까지를 말한다. 청교도혁명으로 국왕 찰스 1세를 처형한 뒤 크롬웰이 영국을 '자유공화국Commonwealth and Free State'이라고 부르면서 시작되었으며, 4년 뒤 그가 의회를 해산하고 최고 권력을 장악함으로써 막을 내렸다.

든 안 하든)를 강력하게 지향한다. 이런 경향이 가장 완벽하게 실현되고 있는, 다시 말해 사회와 정부가 가장 민주적인 곳, 이를테면 미국이 이런 사실을 증명해준다. 미국에서는 다수 대중이 꿈꿀 수 있는 수준 이상으로 화려하거나 고급스럽게 살면 많은 사람이 곱지 않은 눈길을 준다. 대중의 감정이 일종의 사치규제법 역할을 하기 때문이다. 그래서 이 신생 공화국의 여러 곳에서는, 돈이 아무리 많은 사람이라 해도 대중의 반감을 사지 않고서 자기가 원하는 대로 돈을 쓰기란 여간 어려운 일이 아니다. 물론 이렇게 말하면 현실을 상당히 과장하는 셈이 되지만, 이런 일은 있음 직하고 또 가능한 일이다. 그리고 그것은 개인이 각자 번 돈을 쓰는 행태에 대해 대중이 거부권을 행사할 수 있다는 생각과 결합된 민주적 감정의 결과이기도 하다. 이런 것이 더 발전하면 사회주의자의 발상, 즉 아주 미미한 수준 이상 재산을 보유하거나 육체노동자가 버는 것 이상의 수입이 있으면 대중의 눈에 수치스럽게 보이는 것과 비슷해진다. 장인匠人계급 사이에서는 이런 생각이 벌써부터 널리 퍼져 있었다. 이들은 자기 계급 이외의 사람, 다시 말해 자기들과 생각이 다른 사람에 대해서는 강하게 압력을 가한다. 내가 알기로는, 여러 산업 분야에서 다수를 차지하는 저급 노동자가 자신들이나 일 잘하는 다른 사람들이나 모두 똑같은 대우를 받아야 한다는, 다시 말해 삯일을 하든 무엇을 하든, 기술이 더 좋거나 남보다 더 부지런하게 일한다고 해서 더 높은 임금을 받아서는 안 된다는 생각으로 완전히 기울어 있다. 그러면서 숙련 노동자가 일을 더 잘한다고 돈을 더 받거나 고용주가 더 많이 주지 못하도록 일종의 규찰대를 두고 때로 물리적인 폭력을 행사하기도 한다. 사회가 개인의 문제에 어떤 형태로든 간섭할 권리를 가지고 있다면, 이들이 잘못하고 있다고 말할 수 없을 것이다. 또는 어떤 집단이든 사회 전체가 일반 사람들에게 행사하는 것과 동일한 권한을 구성원 개인에게 행사한다고 비난할 수도 없을 것이다.

이런 것이 상상만의 일은 아니다. 오늘날 사적인 삶의 자유가 실제로 광범위하고 심각하게 침해받고 있으며, 더 심각한 위협이 곧 현실로 등장할 가능성도 높다. 사회가 판단해서 틀린 것이면 무엇이든 법으로 금지할 수 있을 뿐만 아니라, 그런 잘못을 막을 목적이라면 아무런 혐의가 없다고 인정되는 여러 일마저 사회가 무제한적으로 금지할 권리가 있다는 생각이 퍼져나가고 있기 때문이다.

사람들의 음주벽을 뿌리 뽑겠다면서, 영국 식민지 한 곳과 미국의 거의 절반을 차지하는 곳에서, 치료용을 제외한 모든 종류의 발효 음료 제조를 법으로 금지하고 있다. 판매를 금지하는 것은 결국 그 사용을 금지하기 위한 것이다. 그러나 실제 집행하기가 어려운 까닭에 그 법을 채택했던 미국의 여러 주에서(그 이름을 따 법의 이름이 붙여진 주[29]를 포함해서) 결국 폐지하고 말았다. 그런데도 수많은 자칭 박애주의자가 영국에서까지 비슷한 법을 제정하기 위해 맹렬하게 움직이고 있다. 이를 위해 소위 '연대Alliance'라는 조직이 만들어졌다. 이 단체의 사무총장이, 정치인은 원칙 없이 함부로 이야기해서는 안 된다고 주장하는 어떤 괜찮은 영국의 저명인사 한 사람과 편지를 주고받았는데, 그 내용이 널리 알려지면서 '연대'가 제법 악명을 떨쳤다.[30] 스탠리 경은 이 편지들을 쓰면서 과거부터 그에게 희망을 걸던 사람들(이들은 그가 대중 앞에서 보여주었던 그런 자질을 가진 정치인이 얼마나 드문지 잘 안다)에게 자신에 대한 확신을 심어주려 했다. '연대'의 대표자는 "편협한 신앙과 박해를 정당화하는 데 악용될 수 있는 모든 원리에 대해 깊이 개탄"하면서 이

29 금주법은 1851년 미국 메인Maine주에서 처음 시작되었기 때문에 '메인법'이라고 불렸다.

30 영국 연대United Kingdom Alliance는 1852년에 결성되었다. 4년 뒤《타임스Times》가 그 조직의 사무총장인 포프Samuel Pope와 스탠리Stanley 경 사이에 오간 편지를 공개했다. 스탠리가 보수주의자인데도 밀이 그에게 경의를 표한 것이 눈길을 끈다. *On Liberty*, Gertrude Himmelfarb (ed.) 참고.

조직과 그런 원리 사이에는 '크고 넘기 어려운 장애물'이 존재한다고 주장한다. 그는 "사상, 의견, 양심과 관계되는 모든 문제에 법이 관여해서는 안 된다. 개인이 아니라 국가 고유의 재량권 아래에 있는 사회적 행위, 습관, 관계만이 법의 대상이 될 수 있다"고 말한다. 그러나 제3의 영역, 즉 그 둘 가운데 어느 쪽도 아닌 것, 다시 말해 개인적인 행위나 습관에 대해서는 언급이 없다. 발효된 술을 마시는 것이 바로 이 영역에 속하지만 아무런 언급도 하지 않고 있다. 발효된 술을 파는 것은 거래 행위고 거래는 분명 사회적인 행위다. 그러나 문제는 판매자가 아니라 구매자와 소비자의 자유가 침해된다는 사실이다. 왜냐하면 국가가 술을 구하지 못하도록 고의적으로 막는 일은 결국 술 마시는 것을 금지하는 것과 같기 때문이다. 그러나 사무총장은 "내 사회적 권리가 다른 사람의 사회적 행위에 의해 침해당할 때면 언제든지 내가 시민으로서 가진 권리에 입각하여 그것을 막을 입법 조치를 요구할 수 있다"고 말한다. 그렇다면 이 '사회적 권리social rights'라는 것은 무엇을 뜻하는가? "독한 술을 매매하는 것 따위는 분명히 내 사회적인 권리를 침해하는 것이다. 왜냐하면 그것은 끊임없이 사회적 무질서를 초래하고 조장하여 안전이라는 나의 기본권을 해치기 때문이다. 또 내 세금으로 도와주어야 하는 불쌍한 사람들을 만들어내고 그들을 통해 이득을 취하기 때문에 나의 평등권을 침해한다. 그리고 내 주변을 위험한 것들로 둘러싸고 사회를 쇠퇴하게 만들며 풍속을 문란하게 함으로써 자유롭게 도덕적, 지적인 발전을 도모하려는 나의 권리를 방해한다. 이를 막기 위해 사람들과 서로 돕고 왕래할 권리가 있다." 이런 내용의 사회적 권리에 대해 뚜렷하게 언급한 것은 아마 그가 처음일 것이다. 그 내용은 바로, 모든 면에서 각 개인은 마땅히 해야 할 바에 따라 행동해야 하며, 어떤 사람이라도 이를 요구할 수 있는 절대적인 사회적 권리를 지닌다는 것이다. 누구든지 비록 사소한 것이라도 어기면 그것은 곧 나의 사회적 권리를 침해하는 결과를 낳는다. 이럴 경우 나는 입법부에 문제 해결을 요구할 수 있다는 것이다. 한 고약한 원리가 빚어내는 해악은 자유를 침범하는 개별적인 사건과 비교할 수 없을 정도로 심각하다. 자유에 대해 어떤 형태의 침범도 정당화되지 못할 것이 없다. 의견을 겉으로 드러내지 않은 채 마음에 비밀스럽게 담아두는 경우를 제외하고는, 자유에 대한 그 어떤 권리도 인정하지 않는다. 유해한 어떤 생각이 사람들의 입에 오르내리는 순간 '연대'가 나에게 허용한 사회적 권리가 전부 침범당한다. 이 주장은 모든 사람이 각각 상대방의 도덕적, 지적, 심지어는 신체적인 완성에 대해서까지 깊은 이해관계가 있으며, 문제를 제기하는 사람 자신의 관점에 따라 그 완성의 정도를 판단할 수 있어야 함을 강조한다.

개인이 향유해야 마땅한 자유를 부당하게 간섭하면서 오래전부터 심각한 폐해를 끼쳐온 중요한 예가 하나 있는데, 바로 안식일 엄수에 관한 법이다. 사정이 허락한다면 일주일에 한 번 일상적인 노동에서 벗어나 휴식을 취한다는 것은, 유대인을 제외한 다른 나라 사람에게는 종교적인 구속력이 없는 것이기는 하지만, 분명 대단히 바람직한 관습이라고 하겠다. 따라서 산업 노동자 가운데 일부가 안식일에 일을 함으로써 다른 사람들도 같이 일을 하게 만들고 그 결과 이 관습이 지켜지지 않는다면, 법으로 일주일 중 하루를 잡아 대부분의 산업이 일을 멈추고 노동자가 이 관습을 준수하게 하는 것은 타당하고 옳은 일이라 하겠다. 그러나 다른 사람도 안식일을 준수하도록 만드는 것이 중요하다고 해서, 자영업에 종사하는 사람이 스스로 자신의 여가 시간에 일을 하는 경우나 개인의 지극히 사적인 취미 활동에 법이 개입해서 제한을 가할 수는 없다. 물론 어떤 사람이 휴일을 택해서 놀자면 그런 유흥을 제공해주기 위해 일하는 사람이 있어야 한다. 그러나 유익한 오락은 말할 것도 없고, 다수의 쾌락을 위해 소수의 사람이 노동하는 것(자유롭게 선택한 노동이고 언제든지 그만둘 수 있다면)은 가치 있는 일이다. 모두가 일요일에도 일을 한다면 7일 동안 일을 한다고 해도 임금은 6일분만 지급해야 한다는 노동자의 생각은 전적으로 옳다. 그러나 압도적인 다수의 사람이 일을 하지 않는 상황에서, 다른 사람들의 즐거움을 위해 일을 해야 하는 소수의 사람은 비례적으로 더 많은 돈을 받는 것이 타당하다. 반면 그들이 돈을 더 버는 대신 여가를 즐기고 싶다면 일을 계속해야 할 의무는 없다. 또 다른 대책이 필요하다면, 그런 일을 하는 사람들만을 위해서 주중의 다른 하루를 휴일로 삼을 수도 있다. 그러므로 종교적으로 잘못된 것이기 때문에 일요일 유흥을 허용할 수 없다고 한다면 몰라도 (이 때문에 일요일 노동을 금지하는 법을 만든다면 진정으로 반대하기가 참으로 어렵다) 다른 이유로 그에 대해 제한을 가하는 것은 결코 정당화될 수 없다. 신은 자신을 거역하는 것에 신경을 쓴다. 다른 시민들의 눈에는 그렇게 보이지 않는데도 사회나 어떤 공공기관이 전능한 신을 거역하는 짓이라며 특정 행위를 처벌하는 것을 용납할 수 있을까? 다른 사람도 자신들과 종교적으로 똑같은 행동을 하도록 만들 의무가 있다는 믿음이 이제까지 자행된 모든 종교적 박해의 출발점이었다. 만일 이런 발상이 받아들여진다면 그 같은 박해도 충분히 정당화될 수 있을 것이다. 비록 일요일 기차 여행을 금지하고 박물관 문을 여는 것을 막으려는 집요한 움직임에 깔려 있는 감정이 과거 종교 문제로 박해를 가하던 때처럼 잔인하지는 않지만, 그 마음 상태는 기본적으로 같다. 다른 종교를 믿는 사람들이 그들의 교리에 따라 하는 일이라 해도, 박해자의 종교가 허락하지 않는 것이라면 결코 받아들이지 않겠다는 결의의 일단인 것이다. 또 신이 그런 불신자의 행동을 증오할 뿐 아니라 그런 일을 그냥 내버려둔다면 우리 자신도 죄가 없다고 할 수 없다는 믿음의 발로이기도 한 것이다.

인간의 자유가 흔히 무시되는 사례 가운데 하나로, 영국의 언론이 모르몬교에 가하는 무차별적 언어폭력을 들지 않을 수 없다. 신문과 철도와 전보가 보급되는 이 시대에, 이른바 새로운 계시에 바탕을 둔 하나의 종파가 수십만 명이나 되는 신자를 거느리며 당당히 사회의 한 기둥이 되고 있다(그러나 이 종파는 명백한 사기 행각의 산물이라고 할 수 있다. 그 창시자가 후광을 비칠 정도로 특별한 자질을 보여주었던 것도 아니다). 기대 밖의, 그리고 귀중한 교훈을 주는 이런 사실에 대해 할 말이 많다. 여기에서 문제 삼고자 하는 것은, 다른 종교나 더 나은 종교와 마찬가지로 모르몬교에도 순교자가 있다는 점이다. 그 예언가 겸 창시자는 자신의 교리를 전도한다는 이유로 폭도들에게 죽임을 당했다. 다른 추종자들도 똑같은 무법 폭력에 의해 목숨을 잃었다. 그들은 처음 자라난 나라에서 강제로 쫓겨났다. 그리고 그들이 사막 한가운데 외딴 곳으로 피신해 있는 동안, 이 나라의 많은 사람은 토벌대를 보내 그들에게 자신들의 생각을 따르도록 강제하는 것은 정당한 일이라고(하지만 그러기에는 성가실 뿐이라고) 공공연히 말한다. 모르몬교의 교리 가운데 특히 사람들의 반감을 사면서 종교적 관용이라는 금도襟度를 깨뜨리게 만드는 것은 바로 그들이 일부다처제를 용인한다는 사실이다. 일부다처제가 마호메트교도와 힌두교도, 그리고 중국인 사이에서 이미 시행되고 있지만, 영어를 사용하고 그리스도교인과 닮았다고 자처하는 사람들이 그런 짓을 하는 것은 참을 수 없는 분노를 자아낸다는 것이다. 나는 모르몬교의 그런 제도에 누구보다도 비판적인 사람이다. 다른 이유도 있지만, 특히 인간 사회의 절반에 해당되는 사람들에게 쇠사슬을 덮어씌우면서 나머지 절반은 상대방에게 져야 하는 의무에서 해방해준다는 것은 자유의 원칙을 위배하는 까닭에 결코 용납할 수가 없다. 그러나 이런 제도의 희생자라고 볼 수도 있을 문제의 여자들이, 다른 사람들이 다른 결혼제도를 받아들이듯이 그것을 자발적으로 선택한다는 사실을 기억하지 않으면 안 된다. 그리고 대단히 놀라운 일로 보이기는 하지만, 이런 행태가 바로 세상 사람들의 공통된 생각과 풍습(여자들에게 결혼이 필요한 제도라고 가르치는 한편 어느 누구의 아내도 되지 않는 것보다는 차라리 여러 아내 가운데 한 사람이라도 되는 것이 더 낫다는 사실도 일깨워주는 그런 것)에 바탕을 두고 있음을 알아야 한다. 다른 나라에서는 그런 결혼제도를 인정하지도 않고, 모르몬교 방식으로 결혼할 수 있도록 일부 국민에게 관련 법의 적용을 유보하는 경우도 없다. 그러나 그들은 다른 사람들의 극단적인 적대감에 못 이겨서 고향을 떠나 아무도 살지 않는 지구의 외딴 곳으로 옮겨갔다. 다른 나라에 아무런 적대적 행위도 하지 않는다. 자신들의 삶의 방식이 싫어서 떠나려는 사람에게는 언제든지 떠날 자유를 허용하고 있다. 그런데도 그곳에서 그들이 자기 방식대로 사는 것을 가로막는다면, 이것은 전제 정치가 아니라면 생각할 수 없는 일이다. 최근 어떤 사람은 자기 눈에 문명의 퇴보로 비치는 이런 일을 방지하기 위해, 이들 일부다처제 집단을 향해 십자군crusade이 아니라 (그들의 말을 빌리자면) 문명보호군civilizade을 보낼 것을 제안한 적이 있는데, 어떤 면에서는 상당히 일리 있는 이야기다. 그러나 이런 발상이 그럴듯해 보이기는 해도, 나는 어느 사회든지 다른 사회를 강제로 문명화할 권리가 있다는 말은 들어본 적이 없다. 악법에 시달리는 사람들이 스스로 도움을 청하지 않는 한, 아주 멀리 떨어진 곳에 살면서 그들과 직접적인 관계도 없는 사람들이 자기들 눈에 불미스러운 일이라는 이유로, 당사자에게는 아무 문제도 되지 않는 제도를 폐기하라고 요구할 수는 없다. 정 그러고 싶다면 선교사를 보내 그런 풍습을 폐기하도록 설득할 수는 있을 것이다. 그리고 모든 적절한 수단을 동원해서 자기네 나라에 그런 풍습이 퍼지는 것을 막는 것도 무방할 것이다(그렇다고 그런 풍습을 옹호하는 사람의 입을 막는 것은 물론 옳지 않다). 야만인이 사는 지역에 문명이 스며든 뒤 오랜 시간이 지났음에도 야만적인 풍습이 되살아나서 문명을 해칠까 두려워하는 것은 기우에 지나지 않는다. 자신들이 이미 과거에 정벌한 적 앞에서 무너질 수 있는 문명이라면 그런 일이 있기 전에 이미 몰락이 진행되고 있었을 것이다. 그리고 그 문명의 공인된 사제나 선생 또는 그 누구도 그에 맞설 능력이 없고, 희생을 감당할 생각도 없음이 분명하다. 그런 문명이라면 하루빨리 사라지는 것이 차라리 낫다. 그렇지 않고 힘이 넘치는 야만족들에 의해 파괴되고 무너진다면, 서로마제국이 보여주듯이 상황만 더 악화될 것이다.

5장 현실 적용

이 책에서 내가 주장하는 원리들이 정부가 하는 여러 일이나 도덕 문제와 관련해서 조금이라도 도움이 될 수 있으려면, 우선 사람들이 구체적인 현실 문제에 대한 토론의 기초로서 그 원리들을 더욱 폭넓게 받아들여야 한다. 내가 여기서 구체적인 문제를 놓고 검토하는 것은 이런 원리를 설명하기 위해서지, 그 원리가 어떤 결과를 낳는지 보기 위함은 아니다. 나는 이런저런 사안 중에서 몇몇 경우만 골라 그 적용 문제를 따져볼 것이다. 그렇게 함으로써 이 책에서 내가 주장하는 두 가지 핵심 격률maxim이 지니는 의미와 한계가 좀 더 분명해질 것이다. 또한 그 둘 가운데 어느 것을 받아들여야 하는지 불투명해 보일 때 둘 사이에서 균형을 취함으로써 올바른 판단을 내리는 데 도움이 될 것이다.

첫째, 각 개인은 자신의 행동이 다른 사람의 이해관계에 해를 주지 않고 자기 자신에게만 영향을 끼칠 때 사회에 대해 책임지지 않는다. 다른 사람의 눈에 어떤 사람의 행동이 불만스럽거나 옳지 않게 보일 때, 당사자에게 이익이 될 수 있도록 정당하게 의사를 표시할 수 있는 유일한 방법은 충고, 훈계, 설득 또는 상대해주지 않고 피하는 것뿐이다. 둘째, 다른 사람의 이익을 침해하는 행동에 대해서는 당사자가 당연히 책임을 져야 한다. 또 사회가 사회 전체의 이익을 보호하기 위해 필요하다고 판단하면, 그런 행동에 대해 사회적이나 법적인 처벌을 가할 수 있다.

우선, 다른 사람에게 손해를 입힐 때, 또는 손해를 입힐 가능성이 있을 때만 사회가 간섭할 수 있지만, 그런 간섭이 언제나 정당화될 수 있다고 생각해서는 결코 안 된다. 사람이 살다 보면 합법적인 목표를 추구하는 과정에서 불가피하게, 그러므로 합법적으로 다른 사람에게 아픔이나 상실감을 줄 수 있다. 또 그들이 충분히 희망을 걸어봄 직한 일들을 무산시키는 경우도 있다. 개인 사이에 그런 이익의 대립이 생기는 것은 때로 옳지 못한 사회제도 때문일 수 있지만, 어떤 제도에서든 그런 결과를 피할 수 없는 경우도 있다. 예를 들어 사람이 너무 많이 몰리는 직종이나 경쟁시험에서 성공을 거두는 사람, 그리고 서로 원하는 대상을 놓고 다툰 결과 선택을 받는 사람은 모두 상대방의 패배를 통해, 그리고 상대방의 소득 없는 노력과 실망에 반해서 과실을 따게 되는 것이다. 그러나 모두들 인정하듯이, 결과가 어떻든 각자가 이런 방식으로 자기가 원하는 목표를 방해받지 않고 추구하는 것이 인류 전체에 이익이 된다. 달리 말하면, 사회가 경쟁에서 진 쪽을 편들어 결과를 무효 처리할 수 있는 법적 또는 도덕적 권리는 가지고 있지 않다. 다만 경쟁에서 이긴 쪽이 사회 전체의 이익과 어긋나는 방법, 이를테면 사기나 위약違約 그리고 강압과 같은 것을 쓴 경우에만 간섭할 수 있는 것이다.

다시 말하지만, 상거래는 사회적 행위다. 누구든지 어떤 종류의 물건이든 대중을 상대로 판다면, 그 행위는 다른 사람들과 사회 일반의 이익에 영향을 끼친다. 그러므로 그 사람의 행위는 원칙적으로 사회의 법률적 관할 아래 들어간다. 한때 이런 이유에서 중요하다고 인정되는 모든 제품의 가격을 동결하고 제조 과정을 규제하는 것이 정부의 의무라고 생각하기도 했다. 그러나 이제, 비록 오랜 투쟁의 산물이기는 하지만 생산자와 판매자에게 완전한 자유를 줄 때 가장 싼값에 가장 높은 품질의 물건을 살 수 있다는 사실이 널리 인식되고 있다. 물론 그들이 장소를 불문하고 소비자를 대상으로 평등한 자유를 향유할 수 있어야 한다는 단 한 가지 조건이 충족되어야 한다. 이것이 이른바 '자유 거래free trade'의 원리인데, 이는 지금까지 이 책에서 주장한 개인 자유의 원리와는 다른 근거에서 출발한다. 그러나 후자 못지않게 자유 거래의 원리도 바탕이 대단히 튼튼하다. 거래 또는 거래 목적의 생산물에 대해 제한을 가하는 것은 당연히 자유를 구속하는 것이다. 그리고 자유를 구속하는 것은 그 자체가 나쁜 짓이다. 사회는 좋은 결과를 얻으리라는 자신감이 있을 때만 제약을 가하지만 기대한 대로 일이 되는 것은 아니다. 그래서 제약을 가하는 것은 좋지 않은 것이다. 그러나 개인 자유의 원리를 자유 거래론 속에서 명확하게 구현하기가 쉽지 않듯이, 자유 거래론을 둘러싸고 제기되는 여러 의문에도 분명하게 답하기가 어렵다. 이를테면 불량품 사기를 방지하기 위해 공권력이 어느 정도로 규제하는 것이 좋을까? 위험한 작업장에서 일하는 사람들의 건강과 안전을 보호하기 위해 고용주가 어느 정도의 예방 조치를 취해야 마땅할까? 이런 의문들은, 사정이 다 같다면, 통제하기보다 각자 알아서 하게 내버려두는 것이 언제나 더 나은 결과를 낳는다는 사실을 상기시키면서, 자유의 중요성에 대해 생각하게 만든다. 그러나 이런 목적에서라면 사람들을 통제하는 것도 필요하다. 그 원리상 이런 사실을 부인할 수가 없다. 반면에 거래 규제와 관련해서 이런저런 의문이 생기는데, 이런 것은 기본적으로 자유와 관련된 문제들이다. 예를 들면 이미 앞에서 언급했던 메인법 규정이나 중국에서 아편 수입을 금지한 것, 그리고 독약 판매를 제한하는 조치 등을 생각해볼 수 있다. 말하자면 어떤 물건을 구하지 못하게 하거나 어렵게 만드는 모든 경우가 이에 해당된다.

이런 종류의 간섭은 허용될 수 없다. 생산자나 판매자가 아니라 구매자의 자유를 침해하기 때문이다.

이 가운데 독약 판매와 관련해서 새로운 질문이 제기된다. 경찰의 기능이라는 것이 어느 선까지 확대될 수 있는가? 범죄나 사고를 미리 막기 위해 개인의 자유를 침해하는 것이 어느 정도까지 허용될 수 있는가? 정부가 사후에 범죄 행위를 적발하고 그 범죄자를 처벌하는 것은 물론, 그런 일이 일어나기 전에 미리 예방 조치를 취하는 것은 당연히 해야 할 일이다. 그러나 정부가 취하는 예방 조치는 사후에 처벌하는 것보다 남용되거나 개인의 자유를 위협할 가능성이 훨씬 크다. 왜냐하면 정당한 행위라 해도 인간을 대상으로 하다 보면 이런저런 형태의 잘못을 저지르기가 매우 쉽기 때문이다. 그렇지만 어떤 사람이 분명히 범죄를 저지를 것이라는 판단이 서는데도, 실제 그런 일이 일어날 때까지 공권력이나 개인이 아무런 조치도 취하지 않은 채 그냥 방관한다는 것은 말이 안 된다. 그것을 막기 위해 어떤 식으로든 개입해야 하는 것이다. 만일 독약이 오직 살인 행위 용도로만 구매되고 사용된다면, 그것의 제조와 판매를 금지하는 것이 당연하다. 그러나 선의를 가지고 유용한 목적으로 독약을 찾는 사람도 있을 것이기 때문에, 일률적으로 금지하는 것은 바람직하지 않다. 거듭 말하지만, 사고를 방지하는 것은 공권력이 당연히 해야 할 일이다. 만일 공공기관에 근무하는 사람 또는 그 누구라도, 어떤 사람이 위험한 것으로 알려진 다리를 건너려 하는 것을 본다면, 그리고 그 사람에게 위험을 알려줄 시간적 여유가 없다면, 그를 붙들어 돌려세운다고 해서 당사자의 자유를 심각하게 침해한다고 볼 수 없다. 왜냐하면 자유란 자기가 원하는 바를 하는 것인데, 그 사람이 강물 속으로 떨어지기를 원하지는 않을 것이기 때문이다. 그러나 그 다리가 위험하다는 확실한 증거는 없고 다만 위험한 일이 일어날 가능성만 있을 경우에는, 자신이 위험에 빠질 수 있는데도 다리를 꼭 건너야 하는지는 오직 당사자만이 판단할 수 있다. 이 경우(곧 그 사람이 어린아이가 아니라면, 그리고 정신 착란 또는 흥분 상태에 있거나 이성적 판단을 충분히 할 수 없을 만큼 어떤 일에 정신이 빠져 있을 때가 아니라면), 그 사람에게 그런 위험에 대해 경고하는 것으로 끝나야 한다. 다리를 건너지 못하게 강제로 막아서는 안 되는 것이다. 독약 판매 문제를 놓고 어느 정도까지 규제를 해야 자유의 원리와 상충되지 않는지에 대해서도 비슷하게 생각할 수 있다. 예를 들어 어떤 약품이 위험하므로 주의해야 한다는 내용을 담은 딱지를 붙이도록 강제하는 것을 두고 자유를 침해한다고 할 수는 없다. 그 약품을 사는 사람이 그것이 독약인지 아닌지 알고 싶어 하지 않는다고 볼 수 없기 때문이다. 그러나 어떤 경우든지 항상 전문의의 허락을 받아야 한다면, 그 약품이 꼭 있어야 하는 사람도 그것을 구하는 데 비용이 너무 많이 들고 때로 불가능하기도 할 것이다. 좋은 뜻으로 독약을 사용하고자 하는 사람의 자유를 침해하지 않으면서 그것을 이용한 범죄를 막을 수 있는 유일한 방법은, 벤담이 잘 말했듯이 '사전에 법적 증거로서 구성 요건을 갖춘 증거'[31]를 제시하게 하는 것이다. 계약을 둘러싸고도 비슷한 상황이 벌어진다. 계약을 맺을 때 법에 따라 계약 이행의 조건으로 서명, 증인 입회 등과 같은 몇몇 형식적인 절차를 밟도록 요구하는 것은 흔히 있는 일이고 또 그렇게 하는 것이 옳다. 그렇게 해야 나중에 분쟁이 일어나더라도 계약이 실제로 이루어졌다는 증거가 되고, 그 과정에서 법적으로 문제 될 것이 없다는 사실을 입증할 수 있기 때문이다. 아울러 가짜 계

31 preappointed evidence. 벤담Jeremy Bentham(1748~1832)의 《법적 증거의 합리적 근거Rationale of Judicial Evidence》에서 인용한 말이다. 밀은 아버지 제임스 밀과 가까웠던 공리주의 철학의 창시자 벤담의 영향을 많이 받았다. 모두 다섯 권으로 이루어진 이 책은 1827년 처음 출간되었는데, 당시 18세였던 밀은 벤담의 부탁으로 그 원고를 읽고 다듬었다. 책이 나오자 벤담은 자기 이름 옆에 '편찬자' 밀의 이름도 나란히 넣어 주었다. 《위대한 정치》(서병훈, 책세상, 2017) 58~60쪽 참고.

약은 물론, 발각되면 그 효력이 발휘될 수 없는 상황에서 계약이 이루어지는 것도 막을 수 있는 것이다. 범죄에 이용될 수 있는 물건을 판매할 때도 비슷한 성격의 사전 조치를 요구할 수 있다. 예를 들어 판매자가 거래가 이루어진 실제 시간, 구매자의 이름과 주소, 판매된 물건의 정확한 내용과 수량 그리고 그 사람이 문제의 물건을 사는 이유를 물은 뒤, 이런 질문에 대한 답을 장부에 기록하게 하는 것이다. 의사의 처방전이 없을 경우 제3자가 함께 있어야 살 수 있도록 하는 것도 하나의 방법이다. 그래야 나중에 그 물건이 범죄에 이용된다고 의심될 때 구매자에게 그 잘못에 대한 책임을 물을 수 있을 것이기 때문이다. 해당되는 물건을 사지 못하게 하려고 이런 규제를 하는 것은 아니다. 적발되지 않은 채 나쁜 일에 사용되는 것을 어렵게 만드는 것이 그 목적일 뿐이다.

사회가 범죄를 예방하기 위해 사전 조치를 취할 권리를 가진다는 것은, 전적으로 자기에게만 관계되는 잘못된 행동에 대해 하지 못하게 막거나 처벌을 가하는 식으로 간섭할 수 없다는 원리에 명백하게 한계가 있음을 뜻한다. 이를테면 보통의 경우에는 술에 취한다고 해서 법적으로 간섭할 일은 아니다. 그러나 술에 취해 다른 사람에게 폭력을 휘두른 끝에 한 번 유죄 판결을 받은 사람에게 법적 제약을 가하는 것, 이를테면 나중에 또 술에 취한 것이 적발되면 그때는 처벌을 하고 나아가 그 상태에서 또 다른 잘못을 저지를 경우에는 가중 처벌을 하는 것은 지극히 당연한 일이다. 술에 취해 정신을 잃고 다른 사람에게 해를 끼칠 수 있는 사람이라면, 술에 취하는 것이 범죄 행위나 다름없기 때문이다. 또 다른 예를 들자면, 사회에서 도움을 받는 사람이나 계약에 의해 그렇게 하지 못하도록 묶여 있는 사람이 아니라면, 게으르다고 해서 법적으로 처벌할 수는 없다. 그런 짓은 전제 국가에서나 할 법한 일이다. 그러나 게으름 또는 피할 수도 있는 다른 이유 때문에 타인에 대한 법적 의무(예를 들어 자기 자녀들을 양육하는 것)를 다하지 못한다면, 다른 적절한 방법이 없을 경우 강제로라도 일을 시켜 그런 의무를 다하게 만든다고 해서 너무 가혹하다고 비난할 수는 없다.

되풀이하는 말이지만, 당사자에게만 직접 해를 끼치는 여러 행위를 법적으로 금지하는 것은 옳지 않다. 그러나 그런 행위 중에는 사람들 앞에서 공공연히 이루어질 경우 선량한 풍속을 해치고 그 결과 다른 사람에게 피해를 입히는 행위의 범주에 포함되기 때문에 법에 따라 금지되어야 하는 것도 있다. 품위를 지키지 못하는 사람의 경우가 바로 그렇다. 우리가 다루는 주제와 직접 관계되지 않아 이에 대해서는 길게 이야기할 필요가 없다. 그러나 그 자체로 비난의 대상이 되지 않는 행위들 가운데는 세상에 드러나면 곤란한 것들이 상당수 있다.

지금까지 설명한 원리들과 맥이 통하는 것으로, 꼭 답을 해야 하는 또 다른 질문이 하나 있다. 어떤 행동이 비난의 대상이 된다고 하더라도 그것이 직접 초래하는 나쁜 결과가 전적으로 당사자에게만 돌아갈 경우, 개인의 자유를 존중하는 차원에서 사회가 금지하거나 처벌할 수는 없을 것이다. 그러나 당사자가 자유롭게 할 수 있는 일이라고 해서 다른 사람들 또한 자유롭게 그런 일에 대해 그와 의논하거나 부추겨도 되는 것일까? 이 질문에 답하기는 쉽지 않다. 다른 사람에게 어떤 일을 하라고 권유하는 것은 엄격한 의미에서 자기에게만 관계되는 행동이라고 할 수 없다. 누군가에게 충고하고 권유하는 것은 일종의 사회적 행위이기 때문에 타인에게 영향을 끼치는 다른 일반적인 행동과 마찬가지로 사회적 통제를 받아야 한다고 볼 수 있다. 그러나 조금 더 생각해보면, 그런 일이 글자 그대로 개인 자유의 영역에 포함되지 않는다 하더라도 개인 자유 원리의 연장선상에 있기 때문에, 그 판단이 옳지 않음을 알게 된다. 사람들이 무엇이든 자기에게만 관계되는 일에 대해 스스로의 책임 아래 자신이 보기에 최선이라고 생각되는 대로 행동할 수 있으려면, 어떻게 하는 것이 가장 좋은지 서로 의논할(의견을 교환하고 서로 제안을 주고받을) 자유도 똑같이 누릴 수 있어야 한다. 해도 된다고 허락을 받은 일이라면, 그 일이 무엇이든지 그것에 대해 충고하는 것도 허락되어야 마땅하다. 그러나 충고한다면서 개인적인 이득을 꾀하는(곧 사회나 국가가 나쁜 일이라고 규정하는 일을 하게 부추김으로써 생계벌이를 하거나 금전적 이득을 취하는) 선동가의 경우는 이야기가 달라진다. 이렇게 되면 복잡한 변수(다시 말해, 공공의 이익이라고 생각되는 것과 반대되는 이익을 추구하며 생활양식 또한 그와 상반되는 인간 집단)가 하나 늘어난 셈이 된다. 이에 대해 간섭을 해야 옳은가, 하지 말아야 옳은가? 예를 들면 간음을 관대하게 대해주어야 한다. 도박도 마찬가지다. 그러나 포주가 되는 자유, 도박장을 운영하는 자유도 허용해야만 하는가? 이런 경우는 정확하게 두 원리 사이의 경계선 위에 있어서 둘 가운데 어느 쪽에 가까운지 즉각적으로 판단하기가 쉽지 않다. 양쪽 모두 주장할 근거가 있다. 관용을 주장하는 쪽에서 본다면, 생계를 잇거나 이윤을 얻기 위해 직업으로 하는 일이라면, 그게 무엇이든지 범죄가 된다고 할 수 없다. 그런 일은 전부 허용되든지, 아니면 전부 금지되어야 한다. 지금까지 우리가 주장해온 원리가 옳은 것이라면, 사회가(글자 그대로 사회가) 한 개인만 관계되는 일에 대해 그것이 무엇이든지, 잘못된 것이라고 결정할 권한을 가지고 있지 않다. 사회는 그런 일을 하지 못하도록 설득하는 것 이상을 할 수 없다. 누구든 그런 일을 하도록 또는 하지 못하도록 설득하는 데 똑같은 자유를 누릴 수 있어야 한다. 이에 대해 비록 사회나 국가가 당사자에게만 영향을 주는 이런 저런 행동이 좋고 나쁜지 최종적으로 결정할 권한은 가지고 있지 않지만, 그래도 그것이 나쁜 일이라고 생각한다면 그것이 나쁜지 아닌지 적어도 논쟁에 부치는 권한 정도는 충분히 가진다고 보는 사람도 있을 것이다. 그렇다면 사회나 국가가 사심을 품거나 편파적일 수밖에 없는 사람(곧 국가가 볼 때 바람직하지 않은 한쪽 방향으로 기울었으면서 노골적으로 개인적인 이익을 도모하려는 사람)의 영향을 배제하기 위해 애쓰는 것이 나쁘다고 할 수는 없다. 경우에 따라서는 이기적인 목적으로 선동하는 사람들의 영향에서 벗어나 스스로의 판단에 따라, 현명하든 어리석든 최대한 자유롭게, 각자 선택하도록 허용한다고 해서 특별히 잃을 것도 손해 볼 것도 없다고 주장할 수도 있겠다. 그래서 (비합법적 놀이를 조장하는 규정은 분명히 잘못된 것이지만) 누구든지 자기 집이나 상대방 집 또는 자기들이 출자해서 만들고 회원과 방문객들에게만 개방된 장소라면 어디에서든 자유롭게 도박을 할 자유를 누려야 하지만, 공공 도박장은 허용되어서는 안 된다(고 말할 수도 있을 것이다). 사실 그것을 금지한다고 하지만 완전히 막을 수는 없다. 그래서 아무리 강압적인 방법을 동원하더라도 도박장은 이런저런 명목을 내세워 언제나 문을 연다. 그러나 도박장을 일부러 열심히 찾는 사람이 아니라면 눈에 띄지 않게, 어느 정도 숨기고서 영업을 하도록 강제할 수는 있을 것이다. 사회가 이 선을 넘어서는 안 된다. 이 주장은 상당히 설득력이 있다. 나는 이런 주장이 정범正犯은 내버려두고 종범從犯만 처벌하는, 다시 말해 간음한 사람(또는 도박꾼)은 그냥 두고 뚜쟁이(또는 도박장 주인)만 벌금형이나 감옥에 가두는 형벌을 가하는 이상한 도덕률을 충분히 정당화할 수 있는지에 대해서는 감히 따져볼 생각이 없다. 물건을 사고파는 일상적인 거래에 대해 비슷한 논거를 가지고 간섭하는 것은 더욱 허용할 수 없다. 사람들이 사고파는 거의 모든 물건들은 과잉 사용될 수 있고, 또 그것을 파는 사람들은 그렇게 부추김으로써 이득을 얻고 싶어 한다. 그렇다고 해서 이런 논리가, 이를테면 메인법 같은 것을 정당화할 수는 없다. 그러나 독한 술을 파는 사람 같은 경우는, 아무리 과잉 소비가 자신들에게 이익이 된다 해도 그런 술이 적절한 수준에서 소비되도록 압박당하는 것이 불가피하다. 이런 장사꾼들이 자신들의 이익을 위해 지나친 음주를 부추긴다는 것은 정말 나쁜 일이기 때문이다. 따라서 국가가 그들에게 제약을 가하는 것은 정당한 일이고, 또 그러다 보니 개인의 합법적인 자유를 어느 정도 침해하는 것도 어쩔 수 없는 일이다.

여기에 덧붙여 이런 질문도 제기될 수 있다. 국가가 일단 어떤 행위를 허락하면서도, 국가가 보기에 사람들의 최상의 이익에 어긋나는 그런 일을 하지 않도록 간접적으로 설득하는 것이 과연 합당한가? 예를 들어 술을 마시려면 돈이 많이 들게 하거나 판매하는 장소의 수를 제한함으로써 술을 구하기 어렵게 만드는 것이 잘하는 일인가? 현실적인 다른 모든 문제와 마찬가지로 여러 상황을 구분할 필요가 있다. 그저 주류 구입을 더 어렵게 하기 위해 세금을 부과하는 것은 술의 소비를 전면 금지하는 것과 단지 정도만 다를 뿐이다. 따라서 전면 금지가 정당하지 않다면 그것도 정당하지 않다고 볼 수도 있다. 술을 구입하는 비용을 올리면, 오른 만큼 수입이 늘지 않는 사람은 술을 사지 못하게 가로막는 것이나 마찬가지다. 이는 다시 말하면 특정 취향을 가진 사람에게 처벌을 가하는 것이나 다름없다. 누구든지 자기가 번 돈으로 국가와 사람들에 대한 법적, 도덕적인 의무를 다한 뒤에 그 나머지로 자신이 원하는 쾌락을 위해 자기 나름대로 돈을 쓰는 것은 전적으로 개인적인 문제이므로 그 사람의 판단에 맡겨야 한다. 이런 논리가 국가 수입을 늘리기 위해 술을 특별 과세 대상으로 삼는 것을 비난하는 것처럼 보일 수도 있다. 그러나 재정을 유지하자면 과세가 절대 필요하고 대부분의 나라에서 과세의 상당 부분을 간접세로 충당해야 한다는 사실을 기억하지 않으면 안 된다. 그렇다면 국가가 특정 소비물품을 사용하는 사람에게 이런 처벌을 가하는 것(어떤 사람에게는 그 사용을 금지하는 것이나 다름없을 것이다)은 어쩔 수 없다. 다만 국가가 어떤 물품에 세금을 부과할 경우, 그것을 사용하지 않아도 소비자가 살아가는 데 큰 어려움이 없는 물건인지 반드시 고려해야 한다. 특히 아주 적은 양만 사용해도 분명히 해를 주게 될 것을 먼저 과세 대상으로 삼아야 한다. 그러므로 재정을 유지하기 위해 국가가 수입을 가장 많이 늘릴 수 있는 방향으로 주류에 세금을 부과하는 것은 용인할 수 있을 뿐 아니라 찬동할 수 있는 일이기도 하다.

물건에 따라서는 그것을 구입하는 것이 어느 정도 배타적 특권이 될 수도 있다. 이와 관련해서 제기되는 질문에 대해서는, 그와 같은 제약을 가해서 얻으려는 것이 무엇인가에 따라 달리 대답해야 한다. 모든 공공 행락지, 그 가운데서도 특히 술을 파는 곳에는 경찰이 있게 마련인데, 사회질서를 어지럽히는 범죄가 다른 곳보다 더 일어나기 쉽기 때문이다. 이런 곳에서는 문제의 물건들을 (적어도 현장에서 사용하려는 물건에 대해서는) 안면이 있거나 믿을 만한 사람에게만 팔게 제한할 수 있다. 가게 문을 열고 닫는 시간을 지정하고 이를 잘 지키는지 감독하는 것도 필요하다. 그리고 주인이 묵과하거나 통제할 능력이 없어서 평화를 깨뜨리는 행위가 반복해서 일어날 경우 또는 그곳에서 범법 행위가 모의되고 준비될 경우 모두 영업 허가를 취소해도 무방하다. 그러나 그 이상 제약을 가하는 것은 자유의 원리 면에서 볼 때 옳지 않다. 예를 들어 술 구하는 것을 어렵게 하고 유혹에 넘어가지 않게 한다는 분명한 목적 아래 판매할 수 있는 맥주의 양이나 술집의 수를 제한한다면, 이런 시설을 악용할 일부 사람을 포함해서 모든 사람에게 불편을 안겨준다. 이런 것은 노동자들이 (장차 자유의 특권을 누릴 수 있도록) 어린아이나 야만인 취급을 받으며 자제심을 키우는 교육을 받는 사회에서나 있을 법한 일이다. 어느 자유국가든지 노동자계급을 이런 식으로 대접해서는 안 된다. 그들이 자유의 가치를 깨닫도록 교육하고 자유인의 신분에 걸맞게 통치하는 등 모든 노력을 기울였지만 끝내 수포로 돌아가서 그저 어린아이처럼 취급하지 않으면 안 된다는 사실이 결정적으로 입증되지 않는 한, 자유의 소중함을 잘 아는 사람 그 누구도 그런 식으로 통치받는 것을 좋아할 수 없다. 우리가 여기서 다루는 문제들에 그 정도의 노력을 기울였다고 생각한다면 그것은 큰 착각이다. 영국의 정치제도는 일반적으로 자유를 지향하기 때문에 도덕 교육 차원에서 자제심을 배양한다면서 개인의 삶에 통제를 가하는 것을 인정하지 않는다. 그러나 이 나라의 법과 제도가 큰 혼란에 빠져 있다 보니 독재 정부 또는 온정주의paternal라고 불리는 정치체제에서나 가능할 일들이 우리 주변에서 발생한다.

이 책의 앞부분에서 이미 지적했듯이, 당사자 자신에게만 관계되는 문제에 대해서는 개인의 자유가 보장되어야 한다. 이 말은 여러 개인이 모였을 경우에도 적용된다. 즉 오직 그들 자신만 관계되는 문제에 대해서는 상호 동의에 따라, 역시 그들의 자유가 보장되어야 한다. 이렇게 모인 모든 사람의 생각이 처음 그대로 바뀌지 않으면 별문제가 될 것이 없다. 그러나 불가피하게 변화가 생길 것이므로 그들에게만 관계되는 일이라 하더라도 상호 계약을 맺는 것이 필요하다. 그리고 일단 그런 계약을 맺으면 그것을 지켜야 하는 것이 원칙이다. 그러나 모든 나라에서 이런 일반 원칙에 어느 정도 예외를 두고 있다. 제삼자의 권리를 침해하는 계약에 대해서는 준수할 의무가 없는 것은 기본이고, 자기 자신을 해치는 계약은 그 의무를 준수할 필요가 없다고 명시하는 경우도 있다. 영국을 포함해서 문명이 가장 앞선 나라에서는, 예를 들어 자신을 노예로 팔아야 하거나 팔리도록 허용하는 계약은 무효고 법적 구속력이 없기 때문에, 법이나 여론에 의해 강제할 수 없는 것으로 간주한다. 자신의 운명에 대해 스스로 결정을 내리는 것을 가로막는 이유는 자명하며, 이런 극단적인 예를 통해 그것이 더 잘 드러난다. 다른 사람이 문제 되지 않는 한, 개인의 자발적인 행동에 간섭해서는 안 되는 이유는 바로 그 사람의 자유를 지키기 위해서다. 그가 자발적으로 무엇인가 선택했다는 것은, 그 일이 자기에게 바람직하거나 적어도 참을 만한 것이라고 생각했기 때문이다. 따라서 그 선택은 그가 최선이라고 판단한 수단을 동원해서 그 목적을 추구하는 것이 당사자에게 가장 큰 이익을 준다는 사실의 증거가 된다. 그러나 자신을 노예로 파는 것은 자유를 포기한다는 말이다. 한번 이렇게 하고 나면 나중에 다시는 자유를 누릴 수 없다. 그 결과 이는 자신을 팔아버리는 행위도 허용해주는 원리, 즉 자유의 목적을 자기 스스로 부정하는 것이나 다름없다. 그 사람은 이제 더 이상 자유롭지 못하기 때문에, 자신이 자유 상태에 있을 때 누리는 이점을 향유할 수 없다. 자유의 원칙이 자유롭지 않을 자유free not to be free까지 허용하지는 않는다. 자유를 포기할 자유는 허용하지 않는 것이다. 극단적인 예이기는 하지만, 자유의 원칙이 현실에서 적용될 때, 삶의 필요에 따라 어디서든지 그 한계가 설정될 수밖에 없음이 분명히 밝혀졌다. 자유의 원칙은 우리가 자유를 포기해서는 안 되며 자유를 버리는 것과 같은 의미의 자유는 함부로 누리지 못하도록 제한을 가해야 한다고 강조한다. 이 원칙 안에서 각 개인은 행위자 자신에게만 관계되는 일에 대해서는 무제한의 자유를 누릴 수 있다. 또 상호 이해관계가 얽힌 사람들은, 제삼자가 관련되지 않는 한, 자기들끼리 맺은 계약을 자유롭게 해지할 수 있다. 그런 자발적 해지에 관한 규정이 없다 하더라도, 어떤 계약이나 약속이든지 결코 취소할 자유가 없는 경우는 생각할 수가 없다(물론 돈 문제가 걸린 경우는 제외해야 할 것이다). 훔볼트 남작은 내가 앞에서 인용한 글에서, 개인적인 관계 또는 봉사를 포함하는 계약의 경우 일정 기간이 지나면 법적 구속력이 없어져야 한다고 강력하게 주장했다. 그는 이런 계약 가운데 가장 중요한 것으로 결혼을 꼽았다. 훔볼트에 따르면, 결혼은 당사자 두 사람의 감정이 조화를 이루지 않으면 그 목적이 달성될 수 없는 특수한 것이다. 따라서 결혼 생활을 끝내고 싶을 때 둘 가운데 한 사람만이라도 명확하게 그 뜻을 밝히면 그것으로 충분하다고 했다. 이런 주제는 너무 중요하고 또 복잡하기 때문에 이렇게 간단하게 언급하고 지나갈 성질의 것이 아니다. 여기서는 내가 주장하는 바를 설명하는 데 도움이 될 만한 것에 대해서만 한두 마디 하겠다. 이 경우, 훔볼트 남작은 자신의 주장이 간결하면서도 포괄적인 탓에 그 전제에 대한 토론 없이 자기 결론을 분명히 밝히는 데 만족했다. 만일 그렇지 않았다면, 그는 그 문제가 자신이 스스로 국한시킨 그렇게 단순한 논리에 따라 결정될 수 없다는 사실을 분명히 깨달았을 것이다. 어떤 사람이 명시적인 약속이나 행동으로 다른 사람에게 자기의 일관된 삶의 방식(곧 어떤 목표를 지향하면서 그것을 위해 곰곰이 계산하고, 그런 방향에 맞춰 자기 삶의 계획을 세우는 것)을 따르도록 권유했다면, 그에 대한 일련의 도덕적 의무가 생긴다. 이를 뒤집을 수 있을지는 몰라도 무시할 수는 없다. 거기다 두 계약 당사자의 관계가 다른 사람에게 영향을 끼쳤을 때, 다시 말해 제삼자를 어떤 묘한 상황에 놓이게 만들거나 아니면 결혼의 경우처럼 제3자가 존재하도록 만들었다면, 양쪽은 그 제삼자에 대한 의무를 져야 한다. 이 의무의 이행 또는 이행의 형태는 처음 두 계약 당사자의 관계가 지속되는지 여부에 따라 크게 영향을 받을 수밖에 없다. 그러나 계약이 지속되기를 원치 않는 사람의 입장을 무시하면서까지 이런 의무를 지켜야 한다고 볼 수는 없고 또 그것을 인정할 수도 없다. 그렇지만 그 의무 때문에 문제가 생기는 것은 분명하다. 그리고 훔볼트가 말했듯이, 그것이 계약 당사자들이 계약을 끝낼 법적 자유에 그 어떤 영향을 주어서도 안 되지만(나는 동시에, 그것이 그다지 큰 영향을 주어서도 안 된다고 밝히고 싶다), 도덕적 자유에 대해서는 어쩔 수 없이 대단히 큰 영향을 끼친다. 따라서 다른 사람의 매우 중요한 문제에 영향을 줄 어떤 행동을 취하기 전에 반드시 이런 모든 사항을 염두에 두어야 한다. 만일 적절한 주의를 기울이지 않는다면, 그 결과 일어나는 잘못에 대해서는 도덕적인 책임을 져야 한다. 내가 지금까지 이런 재론의 여지가 없는 말을 한 것은 어떤 특별한 문제(예를 들면 아이들에게 이익이 되는 것을 가장 중요하게 여기는 반면, 어른들에 대해서는 아무 관심도 보이지 않는 것)를 풀기 위해서가 아니라 자유의 일반 원칙을 더욱 잘 설명하기 위해서였다.

나는 이미 모든 사람이 인정할 수 있는 일반 원칙이 없는 탓에, 자유가 허용되지 말아야 할 상황에서 때로 자유가 주어지고, 반대로 자유가 허용되어야 할 곳에서 자유가 억압되는 일이 벌어진다고 언급했다. 현대 유럽 사회에서 자유의 감정이 아주 강렬하게 발산되고 있지만, 내가 볼 때 전적으로 잘못된 상황에서 그렇게 되는 경우가 있다. 누구든지 자신의 일에 대해서는 자기가 하고 싶은 대로 할 자유를 누려야 한다. 그러나 다른 사람의 일이 자기 일이나 마찬가지라는 구실 아래, 그 사람을 위한다면서 자기 마음대로 행동해서는 안 된다. 국가는 각 개인에게만 특별히 관계되는 일에 대해서는 각자의 자유를 존중하지만 다른 사람의 자유를 침해할 수 있는 권한의 행사에 대해서는 항상 주의 깊게 통제해야 한다. 그러나 이런 의무 사항이 가족의 관계 속에서는 (인간의 행복을 결정적으로 좌우한다는 점에서 다른 모든 관계를 합친 것보다 더 중요함에도) 거의 완전히 무시되다시피 하고 있다. 많은 남편이 아내에게 거의 폭군과 같은 수준의 권력을 휘두른다는 점에 대해서는 새삼 이야기할 필요도 없을 것이다. 이런 해악을 완전히 제거하고 아내도 다른 모든 사람과 마찬가지로 권리를 누리고 법의 보호를 받을 수 있게 하는 것보다 더 중요한 일은 없다. 이 문제에 관해 기존의 정의롭지 못한 상황을 고수하려는 자들은 권력자의 횡포를 노골적으로 지지하는 것이나 마찬가지고, 따라서 그들의 입으로 자유에 대해 말할 자격이 없다. 더 심각한 것은 어린아이들의 자유 개념이 잘못 이해된다는 사실인데, 이 때문에 국가는 그 의무를 수행하는 데 심각한 장애를 겪는다. 대부분의 부모는 자녀를 수사적인 차원이 아니라 글자 그대로, 자신의 일부로 생각하면서 그들에게 절대적이고 배타적인 통제권을 행사하려 한다. 그 결과 법이 조금이라도 간섭할 뜻을 비치면 질투심을 느낀다. 자신이 아이들에 대해 가지고 있다고 생각하는 행동의 자유를 제약하려 들면 더 큰 질투심을 느낀다. 결국 거의 모든 사람이 자유보다 권력을 훨씬 더 높이 사는 것이다. 교육 문제를 두고 생각해보자. 국가가 시민으로 태어난 모든 사람에게 일정 수준 이상의 교육을 받도록 요구하고 또 강제하는 것은 이제 하나의 자명한 원칙 같은 것이 아닐까? 그런데도 사람들은 이를 인정하고 주장하는 것을 우려한다. 사실 어린 생명을 이 세상에 태어나게 한 이상, 그 아이가 나중에 세상에 나가서 다른 사람과 자기 자신을 위한 역할을 잘할 수 있도록 적절한 교육을 시키는 것이 부모(또는 법과 관습에서 정해놓은 아버지)가 져야 할 가장 신성한 의무 가운데 하나라는 사실을 부인하는 사람은 없을 것이다. 그러나 모든 사람이 한목소리로 이것이 아버지가 져야 할 의무라고 생각하면서도 이 나라의 그 누구도 아버지가 실제 그 의무를 감당하도록 강제해야 한다고 말하지는 않는다. 자기 아이들의 교육을 위해 노력하거나 희생하지는 않으면서 무상 교육의 기회가 주어질 때 그것을 받아들일지 여부에 대한 결정권은 아버지에게 위임하라는 것이다! 이는 아이의 육신을 위한 빵뿐만 아니라 그 정신이 올바르게 자라도록 교육과 훈련의 기회를 마련해주지 못하는 것이, 불행한 운명의 아이 자신과 사회 모두에게 도덕적 범죄를 저지르는 짓이나 다름없다는 사실을 인식하지 못한 결과다. 그러므로 부모가 이런 의무를 다하지 못한다면 국가가 나서서 그들이 최대한 그 의무를 준수하도록 요구해야 한다.

일단 모든 아이를 교육해야 하는 의무에 대해 수긍하고 나면, 마지막으로 국가가 무엇을 어떻게 가르쳐야 하는지에 관한 어려운 문제가 남는다. 이를 둘러싸고 종파와 정파 사이에 무의미한 논쟁이 벌어지면서 교육을 위해 써야 할 시간과 노력을 쓸데없이 낭비하는 일이 벌어지고 있다. 정부가 모든 아이가 좋은 교육을 받도록 하는 쪽으로 결정을 내리더라도 그 교육을 직접 담당하려고 헛되이 애쓸 필요는 없다. 그냥 부모가 원하는 장소에서 원하는 방식대로 교육하도록 내버려두면 된다. 국가는 그저 가난한 집안의 아이들을 위해 교육비를 지원해주고, 비용을 대줄 사람이 없는 경우에는 아예 전액 부담하는 것으로 만족해야 한다. 국가 교육을 반대하는 논리는 국가가 직접 교육을 담당하는 경우에는 적용될 수 있다. 그러나 국가가 시행하는 의무 교육에 대해서는 반대할 수 없다. 이 둘은 전혀 다른 이야기이기 때문이다. 만일 국가가 국민 교육의 전부 또는 상당한 부분을 직접 담당한다면 나는 그 누구 못지않게 반대할 것이다. 나는 지금까지 성격의 개별성, 의견과 행동 양식의 다양함의 중요성에 대해 강조해왔다. 교육의 다양성도 그에 못지않게, 말로 다 표현할 수 없을 정도로 중요하다. 국가가 나서서 교육을 일괄 통제하는 것은 사람들을 똑같은 하나의 틀에 맞추어 길러내려는 방편에 불과하다. 국가가 교육을 통해 효과적으로, 그리고 성공적으로 사람들을 그 틀 속으로 집어넣으면 넣을수록 국가 최고 권력자(왕이든 성직자든 귀족이든, 또는 기존 세대의 다수파든)의 기쁨도 커진다. 그 결과 권력이 사람들의 정신을 장악하고 그 자연스러운 귀결로 육체까지 지배한다. 국가가 운영하고 통제하는 교육이 꼭 있어야 한다면, 그것은 시범적으로, 다른 교육 방식이 일정 수준에 오르도록 자극을 줄 목적에서 여러 경쟁적인 교육 체계 가운데 하나로 시도되는 경우에 한정되어야 한다. 사실 사회가 전반적으로 너무 낙후된 탓에 정부가 나서지 않으면 스스로는 적절한 교육제도를 운영할 수 없고 또 하지도 않는다면, 이때는 두 가지 악 중에서 더 나쁜 것을 피하기 위해 정부가 학교와 대학을 직접 운영할 수도 있다. 나라에 필요한 대규모 산업을 감당할 개인 기업이 없으면 합자회사를 세우듯이 말이다. 그러나 일반적으로 정부의 후원을 받아 교육을 담당할 능력을 갖춘 사람들은, 국가가 형편이 어려운 사람들을 위해 지원해줄 뿐만 아니라 의무 교육을 강제하는 법을 만들어 일정한 정도의 수익까지 보장해준다면, 자발적으로 그와 같은 수준의 훌륭한 교육을 실시할 수 있을 것이고 또 기꺼이 그렇게 하려고 할 것이다.

그런 법을 집행하는 방법으로는 모든 아이를 대상으로 국가가 시험을 주관하는 것이 가장 좋다. 우선 아이들이 글을 읽을 수 있는지 시험을 보는 나이를 결정해야 할 것이다. 만일 어떤 아이가 글을 읽을 수 없다면, 그 아이의 아버지가 책임을 져야 한다. 특별한 이유가 없는 한 적은 액수(본인이 노동을 해서 충당할 수 있는 정도)의 벌금을 내야 하고, 또 아이가 학교에 다니는 데 필요한 비용을 부담해야 할지도 모른다. 강제적인 방법을 쓰더라도 모든 사람이 최소 수준의 일반 지식을 습득할 수 있도록, 과목을 점진적으로 확대해가면서 매년 한 번씩 그런 시험을 보게 해야 한다. 나아가 원하는 사람은 전 과목에 걸쳐 시험을 볼 수 있게 해서 일정 수준 이상에 이르면 국가가 인증해주는 것도 필요하다. 물론 이런 과정을 통해 국가가 사람들의 생각을 특정 방향으로 유도해서는 안 된다. 시험을 통과하기 위해서는 단순한 도구적 차원의 지식(언어의 사용법 같은 것) 이상이 요구된다. 그러나 상급 수준의 시험도 전적으로 사실에 관한 질문과 실증 과학에 한정되도록 해야 한다. 종교, 정치 또는 기타 논쟁의 여지가 있는 과목에 대한 시험에서는 그 내용의 진위에 관해서 물어서는 안 된다. 다만 이 사람, 그 학파, 저 교회가 주장하는 다양한 견해의 이런저런 근거에 대해서만 물어야 한다. 이렇게 한다면, 다음 세대가 논쟁의 대상이 되는 모든 진리에 대해 우리보다 모르지 않을 것이다. 그들이 지금처럼 국교 신자churchman 〔영국 국교, 곧 성공회 신자를 말한다〕 아니면 국교 반대자가 되겠지만,

국가는 단지 그들이 교육받은 국교 신자나 국교 반대자가 되도록 하는 것 이상을 추구해서는 안 된다. 그들의 부모가 원하기만 한다면, 학교가 다른 것들과 함께 종교에 대해서도 가르치지 못할 이유가 없다. 다만 논쟁이 되는 문제에 대해 국가가 시민들에게 특정 방향의 편견을 불어넣으려 해서는 안 된다. 그러나 관심을 기울일 만한 어떤 주제에 대해 사람들이 자신의 입장을 정리할 수 있을 정도의 지식을 갖추도록 뒷받침하는 일은 할 수 있을 것이다. 철학을 공부한 사람은 로크나 칸트 둘 가운데 누구에게 동조하든지, 혹은 둘 다 받아들이지 않는다 하더라도 그에 관한 시험은 더 잘 볼 것이다. 같은 맥락에서 무신론자에게 믿음을 강요하지 않는다면, 그리스도교의 근거에 관해 시험을 보게 하는 것을 반대할 이유가 없다. 그러나 고등 지식을 묻는 시험은 반드시 원하는 사람만 보게 해야 한다. 만일 정부가 자격에 문제가 있다면서 어떤 사람을 특정 전문 직종, 심지어 교직教職에서까지 배제해버리는 권한을 쥔다면, 그것은 너무 위험한 일이다. 누구든지 일정 수준에 오르고 시험을 통과하면 과학적 또는 전문적 능력에 관한 학위나 기타 공인증을 수여해야 한다. 그렇다고 사회가 그 사람들에게 그러한 능력을 인정해주는 것 외에 경쟁자들에 비해 특별대우를 해서는 안 된다. 이 점에서 나는 훔볼트와 생각을 같이한다.

도덕적 의무를 져야만 하는 확실한 이유가 있고 또 법적 의무를 지지 않으면 안 되는 경우에도, 부모들이 자유에 대한 잘못된 생각 때문에 도덕적 의무를 인식하지 못하고 법적 의무를 지키지 않을 때가 많다. 이는 교육 문제에만 국한된 현상이 아니다. 어린 생명을 낳는다는 것 자체는 인간의 삶에서 가장 큰 책임감을 요구하는 일 가운데 하나다. 저주가 될지 축복이 될지 모르지만, 일단 생명을 잉태하면 이에 대해 책임을 져야 한다. 아이가 인간답게 살 가능성이 적어도 웬만한 수준이 되도록 하지 못한다면, 그 존재에 대해 범죄를 저지르는 것과 마찬가지다. 그리고 인구가 너무 많거나 아니면 인구 과잉의 위험에 직면한 나라에서 최소한 이상의 아이를 낳는 것은, 가장이 노동으로 번 수입을 둘러싸고 식구들끼리 쟁탈전을 벌여야 하는 상황을 만듦으로써 오직 그 수입에 의존해서 살아가야 하는 사람들에게 심각한 죄를 짓는 셈이 된다. 유럽 대륙의 여러 나라에서는 결혼 당사자가 가족을 부양할 충분한 능력이 있음을 증명하지 못하면 결혼을 금지하는 법을 시행하는데, 이를 국가의 정당한 권한을 넘어서는 것이라고 할 수 없다. 그런 법이 과연 적절한지에 대해서는 논란이 있겠지만(이는 주로 각 지역의 구체적인 상황과 법 감정에 따라 결정될 문제다), 적어도 그것이 개인의 자유를 침해하는 것이라고는 볼 수 없다. 부모가 가족을 부양할 능력을 갖추지 못했다고 해도 다른 사람에게 직접 해를 주는 것은 아니기 때문에 법적 처벌은 곤란하다. 그러나 그것은 비난을 받고 사회적 낙인이 찍히는 것과 같은 불행한 결과를 낳을 것이 분명하다. 그런 사태를 막기 위해 국가가 간섭하는 것이다. 오늘날 당사자에게만 영향을 주는 일인데도 너무나 쉽게 개인의 자유를 침해하는 경향이 있다. 다른 한편으로는 무절제한 생활을 하면 여러 좋지 못한 일이 생기고 그에 따라 자식들의 삶이 비참해지거나 망가져버리게 되는데도, 그런 사람에게 그 어떤 제약을 가하는 것도 거부하는 쪽으로 자유에 대한 생각이 흐르고 있다. 자유를 각별하게 존중하는 마음과 자유를 존중하는 마음이 끔찍할 정도로 부족한 현상이 함께 나타나고 있는 것이다. 이 둘을 서로 비교하다 보면, 마치 우리가 다른 사람들을 해칠 절대적인 권리를 가지고 있고, 다른 사람들에게 고통을 주어야 우리 자신이 행복해질 수 있을 것 같은 생각이 들기까지 한다.

나는 정부가 간섭할 수 있는 한계와 관련해서 아주 중요한 문제를 마지막 순간까지 일부러 언급하지 않은 채 남겨두었다. 그것은 이 책의 주제와 밀접하게 연결되지만, 엄격하게 말하면 서로 다르다. 정부의 간섭을 반대하는 이유가 자유의 원리와 상관없는 경우를 따져보려는 것이다. 개인의 행동을 제약하는 것이 아니라 오히려 도와주는 것이 문제가 되는 경우 말이다. 다시 말해, 정부가 각 개인이 개별적으로 또는 자발적으로 힘을 합쳐 일을 처리하도록 내버려두지 않고, 그들의 이익을 위해 무엇인가를 해야 하고 또는 무슨 일이 일어나도록 만들어야 하는지가 쟁점이 되는 것이다.

정부의 간섭(자유를 침해하지 않지만)을 반대하는 까닭은 다음과 같은 세 가지 이유에서일 것이다.

첫째로 정부가 하기보다 개인에게 맡겼을 때 그 일을 더 잘할 수 있을 만한 경우를 생각해보자. 일반적으로 말해서 어떤 종류의 사업을 할지 또는 누가 어떻게 그 일을 할 것인지 결정하는 문제에서 개인적으로 직접 이해관계가 얽힌 당사자보다 더 적합한 사람이 있을 수 없다. 이 원리는 한때 일상적인 경제 활동 과정에 입법부나 정부가 간섭을 확대해나갔던 관행을 정면으로 배척한다. 그러나 이 문제는 경제학자가 충분히 다루었고, 우리가 관심을 두는 자유의 원리와 특별히 연관되는 것은 없다.

두 번째 반대 이유는 이 책에서 다루는 주제와 좀 더 밀접한 관계가 있다. 평균적으로 말해서, 일반 시민보다는 공무원의 능력이 앞선다. 그러나 이런 경우에도 공무원보다 능력이 모자라는 당사자가 직접 어떤 일을 하는 것이 더 바람직하다. 이를 통해 그 사람의 정신적 교육(곧 본인의 실무 능력을 강화하고 판단력을 키우며 앞으로 유사한 일을 직면할 때 잘 처리할 수 있는 지식을 배우는 것)을 도모할 수 있기 때문이다. 배심원 역할(정치적인 문제가 아닌 경우)이라든가, 자유롭고 민주적인 지방 자치기관의 활성화, 그리고 사회단체나 자선 기관에 자발적으로 관여하는 일 등은 이러한 맥락에서 중요하다. 이는 자유의 문제와 직접 연결된 것은 아니고 다만 간접적이고 우회적으로 연관된다. 그것은 본질적으로 인간의 발전에 관한 문제다.

국민 교육의 한 부분, 다시 말해 시민들을 훈련시키는 것, 즉 자유인에 대한 정치 교육의 실천적 부분이라고 할 문제들에 대해 여기서 길게 이야기할 수는 없다. 이 문제는 사람들이 개인적이고 가족 중심의 편협한 이해타산의 울타리에서 벗어나 공동의 이익을 잘 알고, 공동 관심사를 다루는 일에 익숙해지도록 만드는 것, 곧 공공의 이익을 위해 또는 어느 정도 공공과 관계있는 이익을 위해 행동하고, 서로를 고립시키기보다는 한데 묶을 수 있도록 자신의 행동을 습관적으로 이끌어가는 것 등이다. 이런 습관과 능력을 배양하지 않으면 자유로운 정치 제도를 제대로 유지·보존하기 어렵다. 그것은 지역 단위의 자유가 충분히 보장되지 못하는 나라에서는 대개 정치적 자유도 불안정한 것과 마찬가지다. 이 책은 사람들이 개별성을 발전시키고 다양한 행동 양식을 추구함으로써 대단히 많은 이득을 얻게 된다는 사실을 강조해왔다. 바로 같은 이유에서 순전히 지역적인 문제는 해당 주민들이 직접 처리하고 규모가 큰 사업은 자발적으로 참여하는 사람들이 돈을 모아 경영해나가는 것이 필요하다. 정부가 하는 일은 어디에서나 비슷하다. 그러나 개인과 자발적으로 결성된 단체들은 이런 과정을 거쳐 각종 실험과 끝없이 다양한 경험을 하게 된다. 국가가 특별히 할 일이 있다면, 그것은 각 개인이 무수한 시행착오를 거치면서 축적한 경험을 수집, 보관, 관리하면서 다른 사람들이 불필요한 실수를 되풀이하지 않도록 도와주는 것이다. 정부는 일정한 실험만 강요해서는 안 되고, 각자가 다른 사람의 실험을 통해 무언가 얻을 수 있도록 유도해야 한다.

정부의 간섭을 거부하는 세 번째 이유이자 가장 명확한 이유는, 이미 비대해진 정부의 권력을 더 이상 강화해서는 안 되기 때문이다. 정부가 이미 많은 권한을 행사하고 있는데 여기에 또 다른 권한을 덧붙인다면, 사람들이 품는 희망과 불안에 대한 정부의 영향력이 더욱 커지고, 활동적이고 야심만만한 시민들을 점점 정부 또는 집권을 꿈꾸는 정당의 눈치나 보는 존재로 전락시킬 것이다. 만일 도로나 철도, 은행, 보험회사, 대형 합자회사, 대학, 그리고 공공 자선 단체가 모두 정부 산하 기관이 되어버린다면, 나아가 시영市營 기업과 지방 관청 그리고 이들에 딸린 모든 부속 기관이 중앙정부 조직 속으로 편입되어버린다면, 그리고 이런 모든 잡다한 조직에서 일하는 사람들이 정부에 의해 임용되고 월급을 받으면서 생활이 좀 나아질 길이 없을까 해서 정부의 움직임에 촉각을 곤두세운다면, 아무리 언론의 자유와 민주적 의회 제도가 발전한다 하더라도 이런 나라들을 이름뿐인 자유국가 이상으로 만들 수가 없다. 행정 기구가 더 효과적이고 과학적으로 조직될수록, 다시 말해 최고의 자격과 능력을 갖춘 공무원들을 채용하는 방식이 발전할수록, 그에 비례해서 그 부정적인 효과도 커진다. 영국의 경우, 최근 들어 지적 능력이 가장 뛰어나고 지식도 가장 풍부한 사람을 확보하기 위해 정부에서 일하는 사람들을 모두 경쟁시험을 통해 선발해야 한다는 의견이 대두되면서, 이 제안을 둘러싸고 찬반양론이 치열하게 부딪히고 있다. 반대하는 쪽은 주로 국가가 제공하는 평생직장은 보수나 그 중요성에서 가장 능력이 뛰어난 이들을 유인할 만큼 매력적이지 못하다는 데 주목한다. 이런 사람들은 전문직이나 회사, 그 밖의 공공기관 같은 데 더 흥미를 느낀다는 것이다. 만일 이 제안에 공감하는 사람들이 당면한 어려움을 극복하기 위해 이런 주장을 했다면 사람들은 그다지 놀라지 않았을 것이다. 오히려 반대쪽에서 이런 주장이 나왔으니 이상한 것이다. 문제가 되는 제안을 반대하는 사람들은 그것이 안전판을 가지고 있지 않다는 점을 집중 거론한다. 사실 이 나라의 뛰어난 사람들이 모두 정부 쪽으로 흡수될 수 있다면, 그런 결과를 불러일으킬 제안에 대해 못마땅해하는 것을 이해할 수 있다. 만일 조직적인 협력 또는 거시적이고 포괄적인 판단을 요구하는 사회의 모든 활동이 정부의 통제 아래로 들어가고 정부의 모든 부처가 가장 유능한 사람들로 채워진다면, 순수하게 사변적인 것을 제외한 이 나라의 모든 대규모 문화 사업, 그리고 실천적 지식과 관련된 모든 일이 수많은 관료 기구의 손안에 집중될 것이다. 그렇게 되면 나머지 보통 사람들은 자질구레한 일상생활에 필요한 지침을 얻기 위해서, 능력 있고 야심 찬 사람들은 개인적인 영달을 위해서, 일만 생기면 관료들을 쳐다보게 될 것이다. 그 결과, 이런 관료 사회의 일원으로 편입되는 것이, 그리고 일단 편입되고 나서는 또 신분 상승을 꾀하는 것이 희망의 전부가 되고 만다. 이렇게 되면, 관료 조직 바깥의 일반 시민들은 실무 경험이 없는 탓에 관료들이 일하는 방식에 대해 비판하거나 견제하기가 어려워진다. 뿐만 아니라 어떻게 하다가 전제적인 정치체제가 또는 때때로 민주적인 제도가 자연스러운 활동 과정을 통해 개혁 성향의 지도자들을 내세우게 되더라도, 관료들의 이익과 상반되는 개혁은 시행할 수 없게 된다. 오랫동안 관찰해온 사람들이 설명하듯이, 러시아제국이 바로 그런 딱한 처지에 놓여 있다. 차르Czar 자신은 거대한 관료 기구를 통제할 힘을 가지고 있지 못하다. 그는 관료들 가운데 누구라도 시베리아로 보내버릴 수 있다. 그러나 그들 없이는 또는 그들의 뜻을 거슬러서는 정치를 할 수가 없다. 그들은 차르가 내리는 모든 명령을 집행하지 않을 수 있는데, 그저 이 방법만 써도 암묵적으로 거부권을 행사하는 것이나 마찬가지다. 문명이 더 발전한 나라, 그리고 반란이 자주 일어나는 나라의 사람들은 국가가 자기들을 위해 모든 것을 다 해주리라고 기대한다. 어떤 일을 해도 되는지, 심지어는 그 일을 어떻게 처리해야 좋은지 국가에 물어보지 않고서 혼자 힘으로는 아무것도 하지 않는 데 익숙해져 있다. 그래서 자기들에게 좋지 않은 일이 생기면 전부 국가 책임이라고 생각하며, 혹 그 좋지 않은 일이 자기들의 인내 수준을 넘어설 경우에는 정부에 대항해서 혁명이라는 것을 감행한다. 그 후 다른 사람이 국민의 합법적인 지지를 받거나 또는 그런 절차 없이 권좌에 오른 뒤

관료들에게 명령을 내리지만, 모든 것이 옛날과 똑같다. 관료제는 변함이 없고 그것을 대신할 사람도 없는 것이다.

자신의 사업을 하는 데 익숙한 사람들은 전혀 다른 모습을 보여준다. 프랑스의 경우, 다수의 국민이 군대 복무를 했고 그 가운데 상당수는 적어도 하사관계급까지 오른 경험이 있다. 그래서 그런지 이 나라에는 인민 봉기가 있을 때마다 지도력을 발휘해서 그럴듯한 행동 계획을 제시해줄 수 있는 사람들이 여럿 출현하곤 한다. 프랑스인이 군대 문제를 잘 다룬다면, 미국인은 잡다한 종류의 시민 사회를 조직하고 운영하는 데 능숙하다. 이런저런 공공사업을 너끈히 해낼 정도의 지적 판단과 질서의식, 결정 능력을 가지고 있는 것이다. 정부 없이 그들끼리만 있더라도, 그 자리에서 조직을 하나 만들어서 그 공백을 훌륭히 메워 나갈 것이다. 자유 국민이라면 이 정도는 되어야 한다. 당연히 자유를 누려야 한다. 그들은 어떤 사람이나 조직이 중앙정부를 장악한 뒤 주도권을 행사하면서 그들의 자유를 빼앗는 것을 결코 허용하지 않을 것이다. 이런 국민이라면 그 어떤 관료 조직도 그들이 원치 않는 일을 밀고 나갈 수는 없다. 반대로 관료가 모든 것을 장악하고 있는 사회에서는 관료가 강하게 반대하는 일은 그 어느 것도 이루어질 수 없다. 이런 나라에서는 정치제도라는 것도 따지고 보면 경험과 정치적 능력이 있는 사람들이 나머지 사람을 지배할 목적에서 규율을 갖춘 기구로 조직한 것이라고 할 수 있다. 그 조직이 완벽하면 완벽할수록 각계각층의 국민 중에서 능력이 가장 뛰어난 사람들을 더 잘 끌어모아 조직이 원하는 방향으로 교육할 수 있다. 그리고 관료 기구의 구성원을 포함한 모든 사람의 조직적 결속력도 더 강해진다. 지배받는 사람들이 지배자의 노예라고 할 수 있듯이, 지배자들은 또 그들대로 그들 조직과 질서의 구속을 받는다. 중국 조정의 신하들이 전제 정치의 말단 주도 세력이면서 동시에 그 도구이자 피조물이던 것과 마찬가지다. 예수회 조직 자체는 수도사들의 집단적 힘과 그 중요성을 보호하기 위해 존재하는 것이지만, 수도사 각 개인이 노예처럼 그들 조직의 가장 낮은 자리를 차지하는 것도 같은 맥락에서 이해할 수 있다.

아울러 한 나라의 중요한 능력을 모두 정부 기구 속으로 집중시키면 조만간 정부의 정신 활동과 그 자체의 발전이 치명적인 타격을 받는다는 사실도 잊어서는 안 된다. 한통속으로 묶인 관료 기구들은 반복되는 게으름 속으로 빠져드는 유혹에 끊임없이 시달린다. 다른 모든 체계와 마찬가지로, 정부가 작동하는 이 체계도 기본적으로 고정된 규칙에 따라 움직일 수밖에 없다. 또는 어떻게 하다가 다람쥐 쳇바퀴 도는 것 같은 생활에서 벗어나더라도, 그들 가운데 어떤 주도적 역할을 하는 사람이 훌륭하다고 생각하는(실제로는 어설프고 조잡한) 일에 달려들곤 한다. 겉으로는 상반된 것처럼 보이지만 사실은 밀접하게 연관된 이런 경향을 견제할 수 있는 유일한 길은, 그리고 그 기구 자체의 능력을 일정한 수준 이상으로 끌어올릴 수 있는 유일한 자극제는, 그들 밖에서 대등한 능력을 지닌 사람들이 주의 깊게 비판을 가하는 것이다. 그러므로 정부와 독립적으로, 그런 능력을 키우고 능력 있는 사람들에게 중요한 현실 문제에 대해 올바른 판단을 내리는 데 필요한 기회와 경험을 제공해줄 수 있는 수단이 존재해야 한다. 우리가 항구적으로 재능 있고 효율적인 공무원 조직(다른 그 무엇보다도, 진보를 이끌 능력이 있고 또 그 진보를 받아들일 용의가 있는 조직)을 가지려면, 그리고 관료 기구들을 현학자 집단으로 전락시키지 않으려면, 이 조직이 정부를 유지하는 데 필요한 능력을 키우고 발전시키는 모든 업무를 독점하지 못하게 해야 한다.

인간의 자유와 발전에 치명적인 타격을 주는 해악들이 어떤 상황에서 발생하는가? 사회는 발전을 가로막는 장애물들을 제거하기 위해 공인된 지도자를 앞세워 자신이 보유한 힘을 집단적으로 운용한다.

언제 각종 해악이 이런 이점을 압도하기 시작하는가? 정부 기관이 너무 많은 일상 활동을 관할하게 하지 않으면서, 권력 집중과 지적 능력을 통해 얻을 수 있는 이점을 극대화하는 방법은 무엇인가? 이런 것은 정치하는 사람들이 풀어야 할 가장 어렵고 복잡한 문제에 속한다. 이는 기본적으로 수많은 사항을 다양하게 짚어보며 대단히 세세한 검토를 거쳐야 하는 문제다. 그리고 거기에는 그 어떤 절대적인 규칙도 있을 수 없다. 그러나 나는 안전한 실천 원리, 실현 가능한 이상, 난관을 극복하기 위해 고안된 모든 제도를 검증하는 기준이 다음과 같은 명제 속에 정리될 수 있다고 생각한다. 효율성을 지키면서 최대한 권력을 분산하라. 그러나 정보는 가능한 한 중앙으로 집중시킨 뒤 그곳에서 분산시켜라. 도시 행정은 뉴잉글랜드의 경우를 참조하는 것이 좋다. 그래서 이해관계가 직접 걸린 사람에게 맡기는 것이 좋지 않은 일은, 지방 주민들에 의해 선출된 공무원들이 아주 작은 단위로 부서를 나누어 맡아 처리하면 된다. 그러나 여기에 덧붙여 지방 행정을 담당하는 각 부서에는 중앙정부에서 파견한 감독관이 필요하다. 이 감독관청은 다른 것보다도 각 지역 행정 부서를 통해 축적된 것, 외국에서도 비슷하게 일어나고 있는 일들, 그리고 정치학의 일반 원리에서 비롯된 다양한 정보와 경험을 집중적으로 다룰 것이다. 이 중앙 기관은 일어나는 모든 일에 대해 알 권리가 있고, 한곳에서 획득한 지식을 다른 곳에서도 이용할 수 있게 해줄 의무가 있다. 특별한 위상과 폭넓은 관찰력에 힘입어 지역 차원의 비열한 편견과 속 좁은 생각에서 벗어날 수 있으므로, 중앙 기관이 하는 충고는 자연스럽게 상당한 권위를 지닌다. 그러나 내 생각으로는, 항구적인 제도로서 그 기관의 실제 권한은 지역 관리가 그들의 행동 지침이 되는 법에 복종하도록 만드는 데 국한되어야 한다. 일반 규칙이 미처 언급하지 못하는 모든 사항에 대해서는, 관리들이 지역 주민에 대한 책임을 의식하며 스스로의 판단에 따라 처리하도록 해야 한다. 그들도 규칙을 위반하면 법적인 책임을 져야 마땅하고, 그런 규칙 자체는 입법부가 만들어야 한다. 중앙정부는 그저 그 규칙이 잘 집행되는지 지켜보기만 할 뿐이고, 만일 잘되지 않을 경우에는 상황에 따라 법정에 호소하든지 아니면 지역 주민들에게 법의 정신에 맞게 집행하지 않은 관리들을 해임하도록 요구하면 된다. 크게 보면 영국의 빈민보호국[32]도 이런 생각에서 전국의 구빈세救貧稅 담당 관리들을 감독하고자 했다. 빈민보호국이 과도하게 권력을 행사했다 하더라도, 그것은 지역 주민만이 아니라 모든 국민에게 큰 영향을 주는 문제에 대해 행정 당국이 오랫동안 실정을 거듭한 것을 특별히 바로잡기 위함이기에 필요하고 타당한 것이었다. 왜냐하면 어떤 지역도 일을 잘못 처리함으로써 다른 사람의 도움을 받아야 하는 빈곤 상태(이 상태는 어쩔 수 없이 다른 지역으로 전염되면서 전 노동자계급의 도덕적·육체적인 조건에 타격을 준다)로 몰아넣을 도덕적 권리를 가지고 있지 못하기 때문이다. 빈민보호국이 지녔던 행정적 강제력과 그에 따르는 법적 조치라는 권력(이 문제에 대한 여론이 좋지 않아 실제로는 그다지 발동하지 못했다)은 매우 중요한 국가 이익을 위한 것이라는 점에서 더할 나위 없이 정당하지만, 순전히 지역적 이해관계가 걸린 문제를 감독하는 일에 관한 한 아무런 힘도 발휘하지 못했다. 그러나 모든 지역의 정보와 교육을 담당하는 중앙 기관은 전 행정 부서에 똑같이 중요한 가치를 지닐 것이다. 정부가 개인의 노력과 발전을 방해하지 않으면서 도와주고 좋은 방향으로 자극을 줄 수 있는 행동이라는 것이 그리 많을 수는 없다. 정부가 개인과 개별 조직의 활동과 권한을 북돋우는 대신 그들이

32 Poor Law Board. 1834년에 제정된 빈민보호 수정법Poor Law Amendment Act은 그 중앙 조직으로 빈민보호위원회Poor Law Commission를 설치했는데, 이 조직이 1871년 빈민보호국으로 대체되었다. 빈민보호국은 의회의 직접적인 관할 아래 놓였고, 책임자도 의원 중에서 임명되었다. *On Liberty*, Gertrude Himmelfarb (ed.) 참고.

할 일을 정부가 직접 처리하고, 정보를 주고 충고를 하며 경우에 따라 야단도 치는 대신 족쇄를 채워 강요하거나 아니면 그들이 할 일을 당사자는 내버려둔 채 직접 해버릴 때, 바람직하지 못한 일이 벌어진다. 국가의 힘은 결국 국가를 구성하는 개인에게서 나온다. 국가가 시민들의 내면적 성장과 발전보다는 사소한 실무 행정 능력이나 세세한 업무 처리를 위한 기능적 효율을 우선한다면, 그리고 시민을 자신의 손바닥 위에서 말을 잘 듣는 온순한 도구처럼 왜소한 존재가 되도록 끌고 간다면(설령 그들을 위해 좋은 의도에서 그렇게 한다 하더라도), 자잘하고 그저 그런 사람들로서는 크고 위대한 일은 전혀 성취할 수 없는 현실에 직면할 것이다. 국가는 모든 것을 다 희생하면서까지 완벽한 기계를 얻고 싶어 했다. 그리고 그 기계가 더욱 부드럽게 작동하는 데 도움이 된다고 생각해서 생명력도 포기해버렸다. 그러나 국가는 바로 그 이유 때문에 기계가 결국 무용지물이 되고 마는 것을 목격할 것이다.

해제

그게 자유냐

고전의 향기

'시간과 공간을 넘어 읽는 이의 영혼을 울릴 것'. 고전이 갖추어야 할 기본 덕목이 바로 이것이 아닐까. 존 스튜어트 밀의 《자유론On Liberty》은 그야말로 살아 있는 고전이다. 밀은 지금부터 160년 전쯤 영국을 비롯해 프랑스, 독일 등 유럽의 독자들을 겨냥해 《자유론》을 썼다. '다른 사람에게 해만 끼치지 않는다면 개인의 자유는 절대적으로 보장되어야 한다'고 열정적으로 강조했다.

그런데 밀의 《자유론》을 곰곰이 읽다 보면 자꾸 한국 사회의 이런 저런 모습이 눈에 아른거린다. 마치 밀이 2020년대 한국 사회와 한국인, 특히 한국의 지식인들을 향해 이 책을 준비한 것 같다는 생각이 든다. 그만큼 밀의 《자유론》은 이 시대를 사는 우리를 향한 경구警句로 가득하다.

독단은 자유의 적

사람은 부족하고 유한한 존재다. 따라서 내 생각이 절대 옳다고 강변해서는 안 된다. 자기 확신의 과잉은 비극을 부른다. 《자유론》은 이런 전제에서 출발한다. 보고 싶은 것만 보고 듣고 싶은 것만 들으면서 확증편향의 늪 속으로 빠져가는 현대인들을 향해 밀은 인간 만사가 다면성many-sidedness의 연속임을 주지시킨다. 한쪽만 바라보면 독단과 편견을 피할 수 없다. 늘 이모저모 살피며 진실에 다가가기 위해 노력할 것을 강력하게 권고한다.

《자유론》의 첫 장은 왜 '생각의 자유'가 소중할 수밖에 없는지 감동적으로 설명한다. 내 생각이 잘못될 수 있음을 인정한다면 남의 생각에 대해 열린 마음을 지녀야 한다. 사람들은 이런 자명한 사실을 곧잘 외면한다. 다르게 생각할 수 있는 타인의 권리를 짓밟는다. 평등이라는 이름 아래 권력을 장악한 다수 대중이 특히 그렇다. 그들이 만들어낸 관습과 여론과 통설은 일체의 도전을 용인하지 않는다.

밀은 "전체 인류 가운데 단 한 사람이 다른 생각을 한다고 해서 그 사람에게 침묵을 강요하는 일은 옳지 못하다. 이것은 어떤 한 사람이 자기와 생각이 다르다고 나머지 사람 전부에게 침묵을 강요하는 것만큼이나 용납될 수 없는 일"이라고 역설한다. 비판과 회의를 두려워하면 어떤 진리라도 '헛된 독단적 구호로 전락'하고 만다는 것, 이것이 《자유론》의 출발점이자 결론이다.

품격 있는 자유

《자유론》은 "남에게 해를 끼치지 않는 한" 개인의 자유는 절대적으로 보장되어야 한다고 주장한다. 밀은 이것이 '자유의 기본 원리'라고 했다. 《자유론》은 사실 자유의 이름으로 개별성individuality의 중요성을 역설하는 책이다. 전통과 관습, 여론 등 개인 고유의 포부와 색깔을 압살하는 '다수의 횡포'에 대한 염려가 《자유론》을 관통하는 근본 문제의식이다.

밀은 사람들을 붕어빵처럼 동일한 생각과 가치관, 똑같은 삶의 방식으로 몰아넣는 현대 사회에 대해 크게 우려한다. 과거에는 정치권력의 폭압에서 벗어나는 것이 1차적인 숙제였다면, 오늘날에는 관습과 여론의 횡포에서 빠져나오는 것이 절체절명의 과제가 되었다. 밀의 생각으로는, 주류와 통설에서 조금이라도 어긋난 것은 숨도 쉬지 못한다. 비주류, 소수 의견, 이설異說에 대해 다수의 '민주적 시민'이 가하는 무형의 압력이 얼마나 무시무시한지 "개인의 사사로운 삶 구석구석에 침투해, 마침내 그 영혼까지 통제"할 정도라는 것이다. 한국 사회의 어법으로 '심리적 테러'를 염려하는 셈이다.

이런 상황에서는 각 개인이 자기만의 고유한 성격과 가치를 발전시키기 어렵다. 독창성을 발휘하기는 더더욱 어렵다. 개별성이 없는 삶은 '모래를 씹는 맛'처럼 무의미한 일상의 반복일 수밖에 없다. 플라톤이《국가》에서 힐난했듯이, 다수 대중은 '별을 보는 자'를 용납하지 못한다. 괴짜가 날개를 펴지 못하는 사회는 모두에게 불행이다.

밀은 인간의 이성을 믿었다. 웬만한 상식과 경험을 지닌 사람이라면 올바른 선택을 할 것이다. 선택이 올바르다면, 다시 말해 인간에게 주어진 객관적 가치를 자신의 성정과 포부에 걸맞게 추구한다면, 그 결과는 좋을 수밖에 없다. 방향만 옳다면, 북한산을 오르는 구체적인 경로와 방법은 당사자의 선택에 맡겨야 하지 않겠는가? 단숨에 오를 수도 있지만, 사람에 따라서는 주변 경관을 완상해가며 쉬엄쉬엄 등반하는 것이 더 나을 수도 있다. 이것이 개별성이라고 하는 것이다.

'자유의 수호성인' 밀은《자유론》에서 인간이 지향해야 할 가치(자기 발전)와 남에 대한 배려(사회성)라는 양대 축을 바탕으로 '품격 있는 자유'를 추구한다. 일찍이 플라톤이 질타했듯이, 밀 역시 '마음 내키는 대로 하는 것'을 자유라고 부르지 않는다. 방향을 전제한 자유, 이것이 밀의 생각이다.

한국 사회를 위한 충고

오늘날 한국 사회는 '자기 확신과 민주주의에 대한 불신'이라는 모순적 이중구조 앞에서 진통을 겪고 있다. 전통 사회에서는 자기주장을 펴기가 어려웠다. 그러나 지금은 다르다. 누구든지 자기 생각을 자유롭게 표현할 수 있다. 인터넷의 발전은 이런 현상에 기폭제 역할을 하고 있다. 정치적 자아에 눈을 뜨고 자기 생각과 믿음에 가치를 부여하는 것은 분명 민주주의의 발아發芽를 위해 없어서는 안 될 귀한 토양이다. 그러나 민주주의는 하나 더 요구한다. 내가 소중한 만큼 다른 사람도 아껴주어야 한다는 것이다. 내 생각이 틀릴 수 있음을 인정해야 한다. 나와 다르게 살아갈 수 있는 타인의 권리를 존중해주어야 한다. 이런 조건이 충족되지 않으면 민주주의가 건강하게 발전할 수 없다.

그러나 우리 사회의 현실은 그렇지 못하다. 세상 돌아가는 이야기를 들을 때마다, '어쩌면 저렇게 확신이 넘칠 수 있을까' 의아하다 못해 경이롭기까지 하다. 사회가 어지럽다 보니 독선에 빠진 사람들을 나무라는 글들이 나오기 시작한다. 그러나 그런 글조차 대개는 아집과 주관 사이를 맴도는 것 같다. 독선이 독선을 탓하는 상황에서는 민주주의가 제대로 뿌리를 내리지 못한다. 그토록 염원하던 민주주의의 시대를 살면서도 모두 불만스러워하는 이유가 여기에 있다. 《자유론》은 이 모순율에 대한 해법을 제시한다. '원수'를 사랑하라, 아니 고맙게 생각하라.

"… 정치에서도 … 질서 또는 안정을 추구하는 정당과 진보 또는 개혁을 주장하는 정당 둘 다 있는 것이 건전한 정치적 삶을 위해 중요하다는 생각이 거의 상식이 되다시피 했다. 이 두 상반된 인식틀은 각기 상대방이 지닌 한계 때문에 존재할 이유가 있다. 그러나 분명한 것은 바로 상대편이 존재하기 때문에 양쪽 모두 이성과 건강한 정신 상태를 유지할 수 있다는 점이다."

아비뇽 애사哀史

《자유론》은 1859년 밀이 53세 때 출판되었다. 이 책은 본래 1854년에 짧은 에세이 형식으로 써두었던 것이 모체가 되었다. 그는 이듬해 1월 로마의 유피테르신전 계단을 오를 때, 이것을 한 권의 책으로 쓰기로 마음먹었다. 밀은 자신의 어떤 저술보다 더 애착을 느끼며《자유론》을 써나갔다고 한다. 그는 늘 하던 대로 두 번에 걸쳐 단숨에 원고를 썼다. 그러고 나서 틈틈이 고쳐나갔다.

밀의 중요한 저술들은 거의 모두 부인 해리엇 테일러Harriet Taylor의 손을 거쳐 출판되었다. 그러나 이번 경우는 사정이 달랐다. 테일러가 갑작스럽게 죽음을 맞이하는 바람에 최종적으로 수정할 기회를 놓치고 말았던 것이다(해리엇이 프랑스 남부 도시 아비뇽에서 갑자기 숨을 거두게 된 사정은 이 책 끝부분 '존 스튜어트 밀의 생애' 참조). 밀은 자신이 가장 심혈을 기울여 쓴《자유론》을 '미완성' 상태 그대로 출판했다. 그녀의 영전에 고스란히 바치고 싶은 생각에서였다. 밀은《자유론》첫머리에서 해리엇을 높이 칭송하며 그녀의 지혜를 다시 빌릴 수 없는 현실을 슬퍼하고 있다. 애잔하다.

대의정부론

Considerations on Representative Government

내가 과거에 쓴 글을 이미 읽어보신 분들은 지금 이 책에 그다지 강렬한 인상을 받지 못할 것이다. 이 책에서 언급되는 원리라는 것들이 내가 그동안 줄곧 이야기해오던 내용이고, 구체적인 제안이라고 내놓은 것도 다른 사람들이 능히 생각할 그런 것이 대부분이기 때문이다. 그럼에도 이런 논의를 한데 모아 그 관계를 분명하게 드러낸다는 것은 나름대로 새로운 의미가 있다고 생각한다. 이 책이 주장하는 바가 상당 부분 타당하다는 것도 증명되리라고 믿는다. 물론 어떤 내용은 과거에 그랬듯이 이 시점에서도 별로 환영받지 못할 것이다.

여러 정황, 특히 의회개혁을 둘러싼 최근의 논쟁에 비추어볼 때, 보수주의자나 자유주의자 가릴 것 없이(그들 스스로 이렇게 부르므로 나도 따라서 부른다) 자신들이 내거는 정치적인 주장에 대해 확신이 없는 것 같다. 그 내용을 새롭게 발전시키지도 못했다. 그러나 분명히 말하지만, 더 나은 원리를 찾는 일이 불가능한 것은 아니다. 두 주장의 차이점을 떼내어버린 채 단순히 절충을 꾀하는 그런 차원이 아니다. 기존의 것보다도 더 포괄적이고 탁월한 내용의 대안이 제시된다면, 그래서 자신이 진정 소중하다고 생각하는 요소들을 포기하지 않아도 된다면, 자유주의자와 보수주의자 모두 이를 받아들일 수가 있을 것이다. 사실 사람들은 이런 새로운 원리가 필요하다는 사실을 잘 모른다. 스스로 제대로 된 대안을 발견했다고 자랑하는 사람도 드물다. 이런 시절일수록 누구든지 자신의 생각과 다른 사람의 주장 중에서 최선이라고 판단되는 것들이 어떻게 새로운 원리를 찾는 데 도움이 될지 진솔하게 밝힐 수 있어야 할 것이다.

1장 정부 형태의 선택

정부 형태를 둘러싸고 이런저런 주장들이 제기되는 것은 결국 정치제도의 본질에 관한 상반된 이론 때문인다.

어떤 사람은 정부가 단지 특정 목적과 그것을 달성하기 위한 수단을 다루는 일종의 실천적인 기술 외에는 아무것도 아니라고 생각한다. 그래서 정부 형태라는 것도 인간이 추구하는 이런저런 목적을 달성하는 데 필요한 방편들의 연장선상에서 받아들인다. 한마디로 발명과 고안의 차원에서 정부 형태를 바라보는 것이다. 인간이 정부를 만든다는 것이다. 인간 자신이 정부의 형태와 방향을 결정한다는 것이 그들의 생각이다. 이런 각도에서 접근할 때, 정부의 일은 일반 기업과 똑같은 방식으로 처리할 수 있다. 1차적으로 해야 할 일은 정부가 전념해야 할 목표들을 정확하게 규정하는 것이다. 그다음에는 그런 목표들을 달성하자면 어떤 정부 형태가 가장 적합한지 규명해야 한다. 부작용을 최소화하면서 긍정적인 효과는 최대한 얻을 수 있는 정부 형태를 찾아내야 하는 것이다. 이 일이 끝나면 우리가 지금껏 사적인 차원에서 논의해온 구상에 대해 국민, 즉 이런 정치제도가 적용될 사람들의 동의를 얻는 일이 남는다. 이러한 관점을 수용하는 정치철학자들의 머릿속에는 최선의 정부 형태를 찾아내고, 다른 사람들에게 이것이 가장 좋은 형태라고 설득하며, 그들에게 그와 같은 정부를 가지고 싶은 마음이 생기도록 부추기는 과정이 차례로 떠오르기 마련이다. (규모의 차이는 있겠지만) 그들은 정치체제를 탈곡기나 증기로 움직이는 쟁기와 동일한 관점에서 다루어야 한다고 생각한다.

그러나 달리 생각하는 정치 이론가들도 있다. 이들은 정부를 기계에 비유하는 발상에 전혀 동의하지 않으며, 일종의 자연발생적 산물로 간주한다. 다시 말해, 정부에 관한 학문을 (말하자면) 자연사의 한 분야로 취급한다. 이런 사람들에 따르면 정부 형태는 선택의 대상이 아니다. 그저 있는 그대로 받아들여야 한다. 정부란 사전 계획에 따라 구성될 수 없고, "만들어지는 것이 아니라, 그냥 자라날 뿐이다". 우리가 자연계의 다른 사물에 대해서 그렇게 하듯이, 정부에 대해서도 그 타고난 성질을 깨닫고 우리 자신을 그에 맞춰나가는 것이 우리가 할 일이라는 것이다. 이런 주장을 펴는 사람들은 한 민족의 정치제도가 그 민족의 성격과 역사로부터 파생되어 나온다고 생각한다. 즉 그들의 습관과 본능, 무의식적인 욕구와 욕망의 산물이지, 의도적인 계산 끝에 나온 것은 결코 아니라는 것이다. 이들에 따르면, 사람의 의지라는 것은 특정한 시기에 만들어진 제도적인 장치를 통해 특정한 시기의 필요에 부응하는 것 외에 달리 할 일이 없다. 이 장치는 한 나라 안에서 그 민족의 감정과 특성에 충분히 부합할 경우 오래 존속하고, 나아가 오랜 세월 동안 축적되면 곧 그 나라에 적합한 정치체제가 된다. 그러나 천성과 환경이 어긋나는 민족에게 그런 장치를 억지로 이식시키는 것은 부질없는 일이다.

이 두 이론 중에서 하나는 틀릴 수밖에 없겠지만, 어느 것이 더 이치에 맞는지 확정하기가 쉽지 않다. 그러나 논란의 대상이 되는 문제에 대해 사람들이 내세우는 주장이라는 것이 본인의 참된 생각을 제대로 반영하지 못하는 경우가 대부분이다. 모든 민족이 어떤 정치제도라도 운용할 수 있다고 아무도 생각하지 않는다. 물건에 비유해보자면 우리가 나무나 쇠로 된 도구를 고를 때도 단지 그 자체로 최선이라는 이유만으로 선택하지는 않는다. 그것과 함께 사용해야 좋은 효과를 낼 수 있는 다른 무엇을 구비하고 있는지, 특히 그것을 다룰 사람이 적합한 기술과 지식을 갖추고 있는지 따져보아야 한다. 정치제도가 마치 살아 있는 유기체인 것처럼 말하는 사람들도 겉으로 보이는 것처럼 그렇게 정치적인 숙명론에 매인 것은 아니다. 그들은 어떤 정치제도가 들어서든 사람들이 전혀 개의치 않는다고 말하지는 않는다. 그리고 정치체제가 어떤 형태를 띠는가에 따라 그 결과가 달라지기 때문에, 체제의 선택을 둘러싸고 사람들이 고민할 수밖에 없다는 사실도 인정한다. 이 두 관점이 자기 쪽 주장을 지나치게 강조하면서 상대방의 생각을 간과하는 측면은 있지만, 두 사유방식 사이에 가로놓인 뿌리 깊은 차이를 반영하는 것도 사실이다. 그리고 그 양쪽도 전적으로 옳은 것은 아니지만, 그렇다고 어느 한쪽이 완전히 틀린 것도 아니다. 따라서 우리는 각각의 주장을 세밀하게 따져보는 한편, 어느 쪽이든 나름대로 간직한 진리를 찾아서 배우는 자세를 취해야 할 것이다.

그렇다면 우리는 우선 정치제도가 사람이 만든 것이고(아무리 이런 당연한 이야기가 때로 망각의 대상이 된다 하더라도) 그 기원과 존재 전체가 인간 의지의 결과물이라는 엄연한 사실을 기억해야 할 것이다. 어느 여름날 아침에 일어나 보니 그런 정치제도가 불쑥 땅 위에 솟아나 있었다고 할 수는 없다. 또 제도가 나무를 닮아서, 일단 땅에 심고 나면 인간이 '잠든 사이에' 절로 '항구적으로 자라나는' 그런 것이라고 할 수도 없다. 제도가 존재하는 모든 국면마다 인간의 자발적인 의지가 작동하는 것이다. 그렇기 때문에 인간이 만든 다른 모든 것과 마찬가지로, 제도도 잘된 것이 있는가 하면 잘못된 것도 있다. 사람의 판단과 기술에 따라 상이한 결과를 낳는 것이다. 사람들은 문제가 생길 때마다 임시방편으로 해결책을 찾는 과정에서 또는 그런 문제 때문에 고통을 받는 사람들이 극복하는 힘을 가지면서 나름의 정치제도를 갖기 마련이다. 만일 어떤 민족이 그와 같은 기회를 잡지 못하거나 외부 요인 때문에 그런 정치제도를 갖지 못한다면, 정치적인 진보가 느리게 이뤄지면서 그들에게 분명 큰 불이익을 안길 것이다. 그러나 그렇다고 다른 사람들에게 좋다고 판명된 것이 그들에게는 좋지 않다거나, 또는 그들이 그것을 받아들여도 되겠다고 생각하는 시점에서도 여전히 좋지 않을 것이라고 단정해서는 안 된다.

한편 정치제도가 스스로 작동하지는 못한다는 사실도 명심해야 한다. 그것이 처음 만들어질 때도 그랬듯이 정치제도는 사람들, 심지어는 평범한 보통 사람들 손으로 움직여져야 한다. 단순히 그들이 묵인하는 것만으로는 안 되고, 적극적인 참여가 있어야 한다. 그리고 동원 가능한 사람들의 능력, 자질과 조화를 이루어야 한다. 이것은 세 가지 조건을 충족해야 한다는 뜻이다. 우선 정부가 어떤 형태를 취하든 그 대상이 되는 국민이 그런 형태를 기꺼이 받아들이지 않으면 안 된다. 적어도 그와 같은 정부 형태를 완강하게 반대하지 않을 정도는 되어야 한다. 정부가 작동하는 데 필요한 일들을 감당할 의지와 능력이 있어야 한다. 그리고 정부의 목표를 달성하기 위해 그들에게 부과되는 일들을 마땅히 수행할 의지와 능력도 갖추어야 한다. 여기에서 '수행한다'는 말은 행동뿐만 아니라 자신을 억제하는 것도 포함한다고 이해하는 것이 좋다. 사람들은 행동을 위한 조건과 자기억제라는 조건을 모두 충족해야 한다. 이것은 기존의 정치체제가 계속 존재하는 데 또는 그 지향하는 목표, 즉 그런 형태를 선택하게 된 이유를 만족시키는 데 꼭 필요하다.

이런 조건 중 어느 하나라도 제대로 충족되지 않으면, 그 가능성이 아무리 뛰어나다 하더라도, 특정 정부 형태가 구체적 상황 속에서 잘 작동할 수 없다.

첫 번째 걸림돌, 즉 사람들이 특정 정부 형태를 아주 싫어하는 것에 대해서는 별로 설명할 필요가 없을 것이다. 지금까지 나온 이론 중에 이 문제를 다루지 않은 것이 없기 때문이다. 이런 상황은 줄곧 반복된다. 예를 들어 외국의 힘이 아니고서는 북아메리카 대륙의 인디언 부족을 제도화된 문명 정부의 통제 속으로 집어넣을 수가 없다. 강도는 떨어질지 몰라도, 로마제국을 짓밟은 야만인〔게르만족을 말한다〕에 대해서도 같은 말을 할 수 있을 것이다. 이들은 오랜 세월이 지나고, 환경도 완전히 바뀌고 나서야 종족 지도자들의 조직적 통치에 길들여질 수 있었다. 그들 휘하에서 온전한 구성원이 되는 것은 한참 뒤의 일이다. 까마득한 옛날부터 지배자를 배출하는 특권을 누렸던 특정 가문을 제외한 어느 정부에도 자발적으로 복종하려 들지 않는 민족도 있었다. 또 어떤 민족은 외세의 강압이 아니면 그 어떤 왕정도 받아들이지 않았다. 그런가 하면 공화정을 완강하게 거부하는 민족도 있었다. 단기간이지만 때로는 그런 걸림돌 때문에 정부조직이 작동하지 못할 정도였다.

그러나 어떤 때는 사람들이 특정 정부 형태에 거부감을 가지지 않고 오히려 그것을 환영하기까지 하지만, 그런 정부가 작동하는 데 필요한 조건들을 충족하고자 하는 의지나 능력이 없는 경우도 있다. 심지어는 정부가 명목상으로나마 존재하는 데 필요한 조건을 갖추지 못하는 사람들도 있다. 그래서 어떤 민족이 자유로운 정치체제를 원하면서도 게으르거나 부주의한 탓에 또는 겁이 많거나 공공 정신이 부족한 까닭에 그런 체제를 유지하는 데 필요한 노력을 감당하지 못할 수 있다. 또 정부가 직접 공격을 받는데도 정부를 지키기 위해 싸우지 않는다면, 정부를 무너뜨리려 하는 계략에 말려든다면, 일시적인 실망감이나 공포심 또는 특정 개인에 대한 광적인 숭배심에서 그 사람 발 앞에 자유를 헌납하고 자유정부를 좌초할 권한을 갖다 바친다면, 이런 경우에는 자유를 누릴 자격이 없다. 비록 짧은 기간이라도 자유를 누리는 것이 그 사람들에게 이롭다 하더라도, 이런 상황에서는 그들이 자유를 향유하고 싶어 할 것 같지도 않다. 다시 말하지만, 어떤 민족에게는 특정 정부 형태가 작동하는 데 필요한 의무를 이행할 의사나 능력이 없을 수 있다. 이를테면 어떤 미개 민족은 문명사회의 혜택에 대해 어느 정도는 예민하게 반응하면서도, 그런 사회를 유지하는 데 요구되는 자제심은 발휘할 줄 모른다. 너무 폭력적이거나 자존심이 너무 센 까닭에 사적인 갈등을 피할 길이 없고, 실제적이거나 잠재적인 잘못을 저질러 법의 심판을 받는다. 이런 경우에 그들에게 진정 이익을 주기 위해서는 개화된 정부가 상당한 정도로 전제정치를 펴는 것이 불가피하다. 사람들이 정부에 대해 아무런 영향력을 발휘하지 못하는 반면, 정부는 사람들의 행동에 강력한 강제력을 행사하는 것이 좋다. 거듭 말하지만, 법과 공권력에 적극적으로 협력하지 않는 사람들은 제한되고 한정된 자유 이상을 누릴 자격이 없다. 악행을 저지르는 자들을 통제하자면 불가피한 일이다. 범죄자를 잡기보다 보호하려 드는 사람들이 있다. 힌두교도처럼 자신에게 강도질한 범인에게 불리한 증거를 대거나 앙갚음을 하기보다 오히려 그를 숨겨주기 위해 위증하는 사람들도 있다. 바로 얼마 전까지 유럽의 몇몇 나라에서 있던 일이지만, 큰 길에서 사람을 칼로 찌르는 사건이 발생해도 이런 일은 경찰이 알아서 해야 한다면서 그리고 자기와 관계없는 일에 끼어들지 않는 것이 더 안전하다면서 다른 곳으로 피해버리는 인간들도 있다. 그런가 하면 사형 집행에 격분해 소요를 일으키면서 암살 사건에는 전혀 충격을 받지 않는 사람들도 있다. 문명사회가 필수적으로 갖추어야 할 제1요건이 결여된 이런 곳에서는 공권력이 다른 곳에서보다 훨씬 강력한 통제력을 구비하지 않으면 안 된다. 야만상태에서 벗어난 어느 민족이건, 이런 개탄스러운 심성은 분명 과거의 질 나쁜 정부가 남겨놓은 유습인 경우가 대부분이다. 법이 국민의 이익이 아니라 다른 목적을 위해 만들어졌고, 법을 공공연히 어기는 자들보다 관리들이 더 나쁜 존재라고 생각하게 만든 것이다. 그러나 아무리 그와 같은 심리상태에 대해 당사자들의 책임을 묻기가 어렵고 또 더 나은 정부가 들어서면 언젠가 완치될 수 있다고 하더라도, 그런 상태가 지속되면 이야기는 달라진다. 그런 상태의 국민은 법질서를 잘 지키고 법이 집행될 수 있게 적극적으로 도우려 드는 사람들에 비해 더 많은 통제 아래 놓이는 것이 불가피하다. 되풀이해서 강조하지만, 유권자들이 자신의 정부에 대해 충분히 관심을 가지지 못하고 공공 이익이 아니라 그저 돈에 눈이 어두워 표를 팔아버리면, 또는 자신에게 영향력을 행사하는 사람의 꼬드김에 빠지거나 사적인 이유에서 그런 사람의 환심을 사고 싶은 생각에 투표권을 행사한다면, 이런 곳에서는 대의제도가 아무런 가치도 지니지 못한다. 그저 전제정치나 음모의 도구로 존재할 뿐이다. 투표권을 그런 식으로 남용해버리면 악정惡政에 대한 견제가 되기보다 오히려 날개만 달아주는 셈이다. 정부 형태에 따라서는 이런 도덕적인 난관뿐만 아니라 물리적인 어려움도 때로 넘기 어려운 걸림돌이 된다. 고대에는 위대한 몇몇 도시와 지역이 가끔 자치를 누리기도 했지만, 단일 도시국가의 경계를 넘어 제도화된 민주정부 같은 것은 없었다. 사람들이 아고라[1]에 모여서 공공 문제를 토의하고 여론을 형성할 수 있어야 하는데, 이런 물리적 조건이 성숙하지 않았기 때문이다. 이제 대의제가 그와 같은 걸림돌을 제거했다. 그러나 그런 걸림돌을 완전히 제거하자면, 모든 점에서

1 Agora. 원래 고대 그리스 도시국가의 시장터였으나 민회民會가 열리는 등 정치, 사법, 사교의 중심지 역할을 했다. 오늘날 직접민주주의를 상징하는 말로 사용되기도 한다.

완벽하게 같지는 않더라도 프닉스[2]와 포룸[3]의 역할을 해줄 수 있는 언론, 특히 신문의 존재가 필수다. 과거 역사를 보면 광대한 영토를 가진 왕국도 제대로 기능하지 못한 채 상호 독립적이거나 봉건시대처럼 느슨한 끈으로 묶인 소규모 지역으로 분립해야 했던 때가 있었다. 지배자의 명령을 멀리 떨어진 곳까지 효과적으로 전달할 수 있을 만큼 통치기구가 완벽하지 못했기 때문이다. 왕이라고 해도 직속 군대를 통솔하는 데 자발적 충성 외에 마땅히 동원할 수단이 없었다. 또 광대한 영토에 걸친 군대의 복종을 끌어내자면 막대한 재원이 필요했는데, 일반 백성으로부터 그 정도의 세금을 거둘 방도도 없었다. 많고 적음의 차이는 있겠지만, 이런저런 비슷한 경우에 상당한 어려움이 있었음이 분명하다. 그 어려움이 너무 큰 나머지 특정 정부 형태는 아예 존재도 할 수 없었다. 또는 다른 형태보다 실질적으로 더 선호되는 것을 막지는 못한다 하더라도, 도저히 작동을 하지 못할 정도로 난관이 큰 경우도 있었을 것이다. 이 마지막 문제는 우리가 아직 검토하지 않은 것, 즉 각각의 정부 형태가 어떻게 진보를 촉진할 수 있는가 하는 사실과 밀접한 관련이 있다.

지금까지 우리는 어떤 민족이든 이런저런 정부 형태를 받아들이면서 충족해야 할 세 가지 근본 조건[4]에 대해 검토해왔다. 자연주의 정치이론이라는 것을 지지하는 사람들이 세 조건의 필요성을 역설한다면, 또는 그들이 단지 첫 번째와 두 번째 조건은 기본이고, 세 번째 것까지도 상당한 정도로 만족하지 못하는 경우는 그 어떤 정부도 영구히 존재할 수 없다고 주장한다면 이런 의미의 이론에 대해서는 시비를

2 Pnyx. 고대 아테네의 아크로폴리스 근처에 있던 언덕으로 민회가 열렸다.
3 Forum. 고대 로마의 광장으로 아고라처럼 집회장이나 시장으로 사용되었다.
4 476쪽에서 설명된 것처럼 그 세 가지 조건이란 국민의 지지, 의지와 능력, 그리고 필요하다면 자기희생을 감수하는 것을 말한다.

걸 생각이 없다. 그러나 그 이상을 강변하고 나선다면 그것은 받아들일 수 없다. 어떤 정치제도든 역사적 뿌리 위에 있어야 한다. 또 정치제도는 각 나라의 관습이나 특성과 조화를 이루어야 한다. 이런 모든 이야기는 수긍할 수밖에 없다. 그러나 그 이상은 아니다. 이런 구절들 속에는 단순한 감상들이 넘쳐난다. 합리적 검토의 수준을 훨씬 능가할 정도다. 그러나 현실적으로 따져보면 정치제도에 필요하다고 하는 것들은 단순히 이런 세 조건을 구현하기 위한 수많은 장치에 지나지 않는다. 사람들의 생각이나 기호, 습관이 어떤 제도 또는 일련의 제도들과 친화성이 있다면, 그들은 그 제도를 훨씬 쉽게 받아들이고 배울 것이다. 또 처음부터 그런 제도를 유지하는 데 필요한 것들을 더욱 쉽게 처리하며, 그것이 최선의 결과를 낳는 방향으로 행동할 것이다. 이런 유용한 관습과 감정이 존재하는데도 입법자가 제대로 활용할 줄 모른다면 크나큰 손실이라고 하지 않을 수 없다. 그런가 하면 이런 단순한 보조장치나 수단을 마치 대단한 필수조건인 양 과장하는 것도 적절하지 않다. 사람들은 이미 익숙한 일에 잘 이끌리고 또 쉽게 처리하지만, 생소한 것을 배우면서 익혀나가기도 하기 때문이다. 익숙하다는 것은 커다란 도움이 된다. 그리고 처음에는 낯선 것도 오래 붙들고 있으면 역시 익숙해진다. 그래서 한 민족 전체가 처음 해보는 일에 열심히 매달리는 사례가 무수히 많다. 그들이 어느 정도의 능력으로 새로운 일을 해내고 또 새로운 환경에 적응하는가 하는 것 자체가 하나의 검토 대상이 된다. 이는 민족에 따라 그리고 문명의 발전 단계에 따라 아주 큰 차이를 나타낸다. 그러므로 어떤 민족이 특정 정부 형태의 필요조건을 충족시키는 능력이 어떠한지 일률적으로 말할 수가 없다. 그들의 지식 수준, 총체적인 판단력과 통찰력이 그 기준이 되어야 할 것이다. 간과해서는 안 될 것이 하나 더 있다. 아무리 좋은 제도라도 사람들이 받아들일 준비가 안 되었다면, 그것을 가지려는 마음이 생기도록 부추기는 일도 중요한 준비 과정의 하나일 것이다. 특정 제도나 정부 형태를 권유하고 자랑하는 것, 그리고 그 강점을 역설하는 것은 사람들이 그런 제도를 받아들이거나 원한다고 주장하게 만들 뿐 아니라, 궁극적으로는 그것이 작동할 수 있게 해주는 교육방법 중의 하나, 때로는 실현 가능한 유일한 방법이라고 할 수 있다. 지난 세대와 지금의 세대를 걸쳐 이탈리아 민족이 한마음으로 자유를 구가할 때, 이탈리아 애국자들이 사람들에게 자유를 찾도록 자극을 주는 것 외에 무슨 방법이 있었던가? 이런 일을 하려는 사람들은 자신이 추구하는 제도나 정치체제의 장점에 대한 확신과 자기 민족이 그런 제도의 작동에 요구되는 도덕적·지적인 능력과 행동력을 구비했다는 확신을 가질 수 있어야 한다. 그러나 이것만으로는 부족하다. 필요하다면 사람들이 현실을 무시한 채 과도한 욕구에 빠지지 않게 자제시키는 수완도 발휘할 수 있어야 한다.

길게 설명한 세 가지 조건을 중심으로 지금까지의 논의를 종합하자면, 결국 제도와 정부 형태는 우리가 선택할 수 있는 것들이다. 구체적인 맥락과 상관없이(흔히 이렇게 말한다) 어떤 것이 최선의 정부 형태인지 탐구하는 것은 터무니없는 짓이 아니다. 오히려 그것은 고도의 과학적 지성을 발휘해야 하는 일이다. 특정 국가에 최선의 정치제도를 소개한다는 것은, 그런 제도의 필요조건을 웬만큼 충족할 수 있을 정도로 그 나라의 사회 상태가 발전했는지 따져보아야 한다는 점에서 엄밀하고 합리적으로 고려해야만 하는 매우 현실 응용적인 작업이다. 인간의 의지와 정부가 해야 할 일을 둘러싸고 제기되는 갖가지 부정적인 평가는 현실 응용 단계에서도 똑같이 되풀이될 수 있다. 어느 면으로 보더라도 인간의 능력은 매우 유한하다. 다른 사람의 힘이나 엄청난 자연의 힘에 의존하지 않으면 인간이 할 수 있는 일은 별로 없다. 따라서 인간이 원하는 일을 하자면 우선 그 응용 대상이 되는 자연이 있어야 한다. 자연은 분명히 자신의 법칙에 따라 움직인다. 우리가 강물을 거꾸로 흘러가게 할 수는 없다. 그렇다고 물레방아가 "만들어진 것이 아니고, 절로 생긴다"라고 말해서는 안 된다. 기계와 마찬가지로, 정치에서도 엔진을 움직이는 힘은 기계 바깥에서 찾아야 한다. 만일 그 힘을 찾을 수 없거나 충분히 예상되는 걸림돌들을 극복하기에 그 힘이 부족하다면, 그 기계는 작동을 하지 못할 것이다. 이 논리가 정치의 세계에만 적용되는 것은 아니다. 다른 모든 세계에도 똑같은 한계와 조건이 적용된다고 말해도 틀리지 않을 것이다.

이 대목에서 우리는 또 다른 비판 또는 같은 내용이지만 형태가 다른 비판에 직면한다. 이를테면 거대한 정치현상을 규정한다고 할 수 있는 자연의 힘은 정치인이나 철학자의 영향력 밖에 있다는 것이다. 이 주장에 따르면, 사회적인 권력을 배분하는 문제를 둘러싼 정부의 형태는 어느 측면에서 보더라도 각국의 사회 상태에 따라 사전에 결정되고 고착된다. 그가 누구든지, 사회에서 가장 힘이 센 사람이 정부를 지배하는 권한을 가진다. 사회 권력의 배분에 관한 변화가 선행하거나 동반하지 않으면 정치제도의 변화는 불가능하다. 따라서 사람이 정부의 형태를 선택한다고 말할 수 없다. 물론 사소한 구체적인 것들, 조직의 운용에 관한 실제적인 문제 등은 결정할 수 있지만, 최고 권력의 소재와 같은 핵심적이고 근본적인 문제는 사회적 환경에 의해 좌우된다는 것이다.

이런 주장에 어느 정도 타당성이 있다는 것을 부정하지는 않겠다. 그러나 이것이 그런대로 의미를 가지려면, 그 표현이나 적용 범위가 더욱 분명해져야 한다. 우선 사회에서 가장 힘센 자가 정부에서도 최고 권력을 누린다고 할 때, 그 권력이라는 것이 무엇을 뜻하는가? 그냥 근육과 힘줄로 이루어진 것은 아닐 것이다. 그렇지 않으면 순수 민주주의 외에는 그 어떤 정치체제도 존재할 수 없을 것이다. 글자 그대로 근육의 힘에다 재산과 지성이라는 두 요소를 더 보태면 어느 정도 진실에 접근한다고 할 수 있을 것이다. 그러나 핵심은 아직 한참 멀었다. 때로는 다수가 소수에 의해 정복당할 수 있다. 전체적으로 볼 때 다수가 돈이 더 많고 지적인 면에서도 압도적인 위치에 있지만, 그럼에도 그 두 측면에서 열세인 소수의 물리적인 강제력과 다른 수단 때문에 지배당할 수가 있는 것이다. 여러 권력 요소가 정치적으로 힘을 발휘하자면 반드시 조직의 힘을 통해야 한다. 누가 조직의 이점을 가장 잘 누리는가? 그것은 정부를 장악한 사람일 수밖에 없다. 다른 모든 측면에서는 훨씬 힘이 약한 집단이 정부 권력에 관한 한 더 큰 위세를 부릴 수도 있다. 분명 이런 경우에만 그 지배권을 유지할 수 있을 것이다. 물론 정부가 그와 같은 상황에 처한다면, 그것은 역학에서 말하는 불안정 균형 상태에 있는 것이나 다름없다. 물체가 그런 상태, 즉 큰 부분을 위로 하고 작은 부분을 밑으로 한 채 위태롭게 서 있다면, 조그만 충격에도 균형을 잃고 처음 상태에서 더 멀어질 것이다.

그러나 흔히 말하는 이런 정부 이론에 대해서 보다 강력한 비판이 제기된다. 즉 정치권력으로 변화할 성향을 가진 사회 권력이라면 어떤 것이든 그저 수동적으로 잠잠하지 않고 적극적인 성격을 띤다는 것이다. 다른 말로 하면 그것은 실제로 작동하는 권력이다. 모든 권력 중에서 오직 일부만이 이런 성격을 지닌다. 정치적으로 말하자면 권력의 본질은 의지에 달려 있다. 그렇다면 의지에 따라 움직이는 것을 빠뜨리고서 어떻게 정치권력의 요소들을 계산할 수 있겠는가? 사회 권력을 장악한 자가 궁극적으로는 정부 권력도 잡을 것이므로 여론을 움직여 정부의 중심에 영향을 미치겠다는 생각은 아무런 실효가 없다고 주장하는 것은, 여론이야말로 가장 강력한 적극적 사회세력의 하나라는 사실을 간과하고 있는 셈이다. 신념을 가진 한 사람은 이해관계에만 관심이 있는 99명과 맞먹는 사회 권력을 가진다고 보아도 무방하다. 특정 정부 형태 또는 특정 사회적 사실이 다른 것에 비해 더 바람직하다고 대다수를 설득할 수 있는 사람이라면, 사회의 여러 권력을 그것에 유리한 방향으로 동원하는 가장 중요한 단계를 확보한 것이나 마찬가지다. 기독교의 첫 순교자가, 장차 이방인의 사도가 될 그 사람이 '자신의 죽음을 기꺼이 받아들이며' 예루살렘에서 돌에 맞아 죽던 날,[5] 그렇게 돌에 맞아 죽어간 사람의 교회가 그때와 그 이후의 사회에서 가장 강력한 힘을 발휘할 것이라고 과연 누가 생각이라도 할 수 있었을까? 그 이후의 역사가 그것을 증명하고 있지 않은가? 그것은 그들의 신념이 당시 존재했던 그 모든 신념 중에서 가장 강력한 것이었기 때문이다. 똑같은 일이 신성로마제국 의회[6]에서 벌어졌다. 신념의 힘 때문에 비텐베르크의 한 신부[7]가 카를 5세[8]나 거기에 모인 그 많은 왕자보다 더 강력한 사회적 영향력을 행사할 수 있었던 것이다. 물론 이것은 종교적 확신이 걸린 문제고, 종교는 다른 것에 비해 독특한 힘을 가진다고 반박할지도 모르겠다. 그렇다면 종교가 수세에 몰려 있던, 순전히 정치적인 사례를 검토해보자. 만일 사변적思辨的인 논리가 사회 권력을 구성하는 핵심 중의 하나라는 사실에 대해 미심쩍어하는 사람이 있다면, 유럽 역사에서 자유주의적이고 개혁적인 왕, 자유주의적이고 개혁적인 황제, 또는 정말 이상하게 들리겠지만 자유주의적이고 개혁적인 교황이 권좌에 앉아 있었던 시절을 상기하는 것이 좋겠다. 이를테면 프

5 스데반의 순교를 말한다. 스데반은 《신약성서》의 〈사도행전〉에 나오는 인물로, 기독교 역사상 최초의 순교자다.

6 보름스 의회를 가리킨다. 루터Martin Luther(1483~1546)의 종교개혁운동을 탄압하기 위해 독일 보름스에서 1521년 1월 27일에 열렸다.

7 마르틴 루터를 말한다.

8 Charles V, 1500~1558. 신성로마제국의 황제로 유럽 전역에 걸쳐 지배권을 행사했다. 그의 영토에는 결코 해가 지지 않는다고 할 정도였다. 루터의 종교개혁운동을 억누르려고 보름스 의회를 소집하려 했으나 실패하고 말았다.

레더릭 대왕,[9] 예카테리나 2세,[10] 요제프 2세,[11] 레오폴트,[12] 베네딕트 14세,[13] 간가넬리,[14] 폼발,[15] 아란다[16] 시절을 생각해보라. 그리고 나폴리의 그 부르봉Bourbons 왕당파도 자유주의자요, 개혁주의자였다. 프랑스 귀족 중에서 진취적인 생각을 가졌던 사람들은 대단한 신념의 소유자로서, 모두 머지않아 엄청난 대가를 치러야 했다. 단순히 물리적 권력과 경제적 권력만으로는 결코 사회 권력을 통째로 장악할 수 없음을 분명하게 보여주는 사례라고 하지 않을 수 없다. 흑인 노예가 대영제국을 비롯한 여러 다른 나라에서 사라졌는데, 이것은 물질적인 이익의 배분에 변화가 생겨서가 아니라 도덕적인 확신이 번져나간 결과다. 러시아에서 농노를 해방시킨 것을 그저 의무감 때문이었다고 할 수는 없겠지만, 국가의 진정한 이익을 추구하고자 하는 더욱 개명된 의식이 확산되었던 점은 주목해야 할 것이다. 사람이 무엇을 생각하는가에 따라 그 행동이 결정된다. 보통 사람의 신념이 이성보다는 각자의 개인적인 상황에 의해 훨씬 많이 좌우되는 것은 사실이다. 그러나 개인적인 상황이 전혀 다른 사람도 설득과 확신의 힘으로 그들에게 꽤 큰 영향력을 행사한다. 또 배운 사람들이 한 목소리를 내면 거역하기가 쉽지 않다. 그래서 식자 집단이 어떤 사회 조직이나 정치제도는 좋고 바람직

9 Frederic the Great, 1712~1786. 프러시아의 왕.

10 Yekaterina II, 1729~1796. 러시아의 여제. 계몽주의사상의 영향을 많이 받았고 법치주의 원칙을 도입했다.

11 Joseph II, 1741~1790. 신성로마제국의 황제로서 농노제를 폐지하는 등 급진적인 개혁을 단행했다.

12 Leopold II, 1747~1792. 신성로마제국의 황제다.

13 Pope Benedetto XIV, 1675~1758. 제247대 교황으로, 지적이고 온화한 성품으로 세속 군주들과 원만한 관계를 유지했고 볼테르 등 당시 유명인들과도 잘 어울렸다.

14 Pope Clement XIV, 1705~1774. 제249대 교황 클레멘스 14세. 간가넬리Ganganelli는 세속명이다.

15 18세기 포르투갈의 영웅 폼발Pombal 후작을 가리킨다.

16 Aranda. 15세기 스페인의 주교.

하지만 다른 것들은 나쁘고 도저히 받아들일 수 없다고 판단하는 상황이 되기 전에, 사회세력의 압도적 힘이 이미 한쪽을 받아들이고 다른 것은 거부하는 방향으로 확고하게 작용하고 있었음을 알아야 한다. 따라서 한 나라의 정부는 기존 사회세력이 만든 것이라는 격률은, 그 사회세력이 사회적으로 실천 가능한 정부 형태 중에서 하나를 합리적으로 선택하려는 시도를 차단하지 않고 장려한다는 의미에서만 타당성을 지닌다.

2장 좋은 정부 형태의 기준

사람들이 자기 나라의 정부 형태를 (어떤 분명한 조건 아래서) 선택할 수 있다고 한다면, 이제 무슨 기준에 따라 그런 선택을 해야 하는가 하는 문제를 검토해야 한다. 다시 말해, 특정 사회의 이익을 가장 잘 증진하려면 정부 형태가 어떤 두드러진 특징을 가져야 하는지 따져보아야 하는 것이다.

이 문제를 다루기 전에, 정부가 어떤 기능을 수행해야 좋은지 고찰해보는 것이 필요할 것 같다. 정부를 단지 하나의 수단 차원에서 그 성격을 규정한다면, 목적이 무엇인가에 따라 수단의 적합성 여부가 판가름될 것이기 때문이다. 그러나 이런 식으로 접근하면 우리가 고찰하려는 문제에 생각만큼 도움이 되지 못한다. 문제의 본질을 포착하는 데도 한계가 있다. 왜냐하면 무엇보다 정부의 올바른 기능이란 고정된 것이 아니고 각각의 사회 상태에 따라 달라지기 때문이다. 이를테면 선진 사회보다는 발전이 뒤쳐진 사회 상태의 정부가 해야 할 일이 훨씬 많다. 둘째, 우리가 정부 고유의 기능에만 관심을 집중한다면 정부나 정치제도들의 성격에 대해 충분히 평가할 수 없다. 한 정부의 좋은 측면은 자연스럽게 그 기능 안에서 규정되지만 좋지 못한 측면은 그렇지 않기 때문이다. 사람이 저지를 수 있는 모든 종류, 모든 정도의 악행은 정부도 자행할 수 있다. 그러나 사회적 존재가 아무리 착한 일을 한다고 해도 중앙의 정치조직이 마음먹고 하는 것을 능가할 수는 없다. 간접적인 효과는 말할 것도 없고 직접적인 효과를 내는 것만으로 볼 때도, 인간 존재에 관한 것만 빼고 나면 정부가 못할 일이 없다. 정부가 사회의 발전에 얼마나 기여하는지는 오직 인간성을 증진하는 데 얼마나 도움이 되는가에 따라 판단되고 평가받을 수밖에 없다.

좋은 정부와 나쁜 정부를 판가름할 기준을 찾기 위해서는 사회 집단들의 복잡하기 이를 데 없는 이해관계를 따져보지 않으면 안 되는데, 이때 그런 이해관계를 한데 모아 분류하는 것이 큰 도움이 된다. 이해당사자가 보면 어떤 정부 형태가 각각의 이해관계를 만족시키는 데 더 적합한지 한 눈에 들어오기 때문이다. 그 결과 사회에 유익한 것은 이런 저런 요소를 포함해야 하고, 또 각 요소에 따라 그에 상응하는 특정 조건이 필요하다는 것을 알 수 있다. 이런 과정을 거치고 나면 이와 같은 다양한 조건들을 최대한 충족시키는 정부 형태가 최선이라는 결론을 내릴 수 있을 것이다. 결국 사회의 좋은 상태에 관한 조그만 정리定理들을 종합하다 보면 좋은 정부에 관한 큰 이론도 만들어낼 수 있는 것이다.

그러나 그런 정리들을 종합하자면 사회적 복리의 구성 요소들을 밝혀내서 분류해야 하는데, 이 일이 간단하지가 않다. 지난 세대부터 현 세대까지 나름대로 심각하게 정치철학을 탐구해온 사람 대부분이 그와 같은 분류작업의 중요성을 잘 깨닫고 많은 노력을 기울였지만, 내가 아는 한 대개는 그 성과가 아직 1단계에 머무른다. 이들의 분류작업은 사회의 당면 과제를 (프랑스 사상가들의 표현을 따르자면) 질서

order와 진보progress, 또는 콜리지[17] 식으로 영속성과 변화라는 두 개의 큰 테두리로 나누는 것에서 시작해서 그것으로 끝난다. 이런 구분은 양쪽을 분명하게 대립해 나누고, 각 진영의 지향점이 확연하게 다르다는 점에서 그럴듯하고 또 매력도 있다. 그러나 (아무리 사람들 사이에서 이런 식의 접근법이 호감을 산다 하더라도) 정부가 마땅히 수행해야 하는 임무를 규정하기 위해 질서와 진보, 영속성과 변화라는 대칭점을 동원하는 발상이 비과학적이고 부정확하다는 의구심을 지울 수 없다.

우선 질서와 진보라는 것이 무엇을 뜻하는가? 진보라는 것은 한눈에도 그 뜻이 분명하기 때문에 이해하는 데 어려움이 없다. 우리가 인간 사회의 부족한 것 중의 하나로 진보를 말할 때 이는 개선을 의미한다고 말할 수 있다. 이 정도면 그 뜻이 어느 정도 분명하다. 그러나 질서라는 말은 경우가 다르다. 때로는 더 많고 또 때로는 더 적을 수도 있지만, 그것이 개선을 제외한 나머지 인간 사회에 필요한 것들 전부를 의미하지는 않는다.

질서를 가장 좁게 정의하자면 복종이라는 말과 통한다. 그래서 정부가 사람들을 복종시키면 질서를 유지하고 있다고 말하기도 한다. 그러나 복종에도 여러 단계가 있고, 그 모든 단계를 다 좋다고 말할 수는 없다. 무자비한 전제정이 아니라면 지배자의 모든 명령에 무조건 복종할 것을 요구하지 않는다. 따라서 우리는 그 말을 적어도 일반적이고 정교한 법의 형태로 공포된 명령에 국한해서 규정해야 한다. 이런 의미의 질서라면 그것은 분명히 정부에 없어서는 안 될 요소다. 명령을 내리는데 사람들이 복종하지 않는다면, 그것은 정부라고 할 수도 없다. 그러나 이것이 필요조건이기는 하지만, 그렇다고 정부의 목적은 아니다. 왜 반드시 정부의 명령을 따르도록 해야 하는가? 그것은 정부가 추

17 Samuel Coleridge, 1772~1834. 영국의 시인, 철학자.

진하는 다른 어떤 목적들을 달성하기 위해서다. 그렇다면 정체되어 있든 아니면 진보를 거듭하고 있든 상관없이, 모든 사회가 달성해야 하는 그리고 개선이라는 개념과 관계없이 정부가 달성하지 않으면 안 되는 이런 목적이 무엇인지 먼저 규정해야 한다.

그 의미를 좀 더 확대하면, 질서가 사적 갈등을 종식시키고 평화를 유지하는 것을 뜻할 수 있다. 따라서 한 나라의 사람들이 일반적으로 자기들끼리 다툼을 사적인 물리력에 의존해서 해결하는 일을 그만두고, 공공기관의 결정에 따라 상해傷害 보상 등 분쟁의 결말을 짓는 습관을 가지면, 이제 질서가 자리 잡았다고 말할 수 있는 것이다. 그러나 그 의미를 좁게 잡든 아니면 넓게 잡든 상관없이, 질서는 정부의 목적이나 그 탁월한 임무 수행에 대한 판별 기준이 아니라 그저 정부의 조건 중의 하나를 표현할 뿐이다. 왜냐하면 정부의 지시에 잘 복종하고 분쟁이 생길 때마다 정부의 결정을 기다리는 습관이 잘 형성되었다 하더라도, 정부가 그런 다툼이나 자신이 관심을 가지는 다른 일들을 다루는 방식은 최선의 정부인가 아니면 최악의 정부인가에 따라 천지 차이를 내기 때문이다.

만일 질서라는 개념 속에 사회가 정부에게 요구하지만 진보라는 말에 들어 있지 않은 모든 것을 포괄하고자 한다면, 질서를 이미 존재하는 모든 종류와 모든 양의 선을 지키는 것으로, 그리고 진보를 그런 것들을 증대하는 것으로 규정해야 할 것이다. 이렇게 구분하고 나면 정부가 증진해야 하는 모든 것을 어느 측면에서라도 다 파악할 수 있다. 그러나 이런 식으로는 정부의 역할에 관한 철학적인 토대를 세울 수가 없다. 한 정치체제를 구성하면서 질서를 위해 이런 대비가 필요하고 진보를 위해서는 저런 준비가 요구된다고 말할 수는 없는 것이다. 왜냐하면 여기에서 제시된 기준에 따르면, 질서의 조건과 진보의 조건이 서로 같은 것이기 때문이다. 이미 존재하는 사회적 선을 유지하고자 하는 기관과 그것을 증진시키려 하는 기관이 다를 수 없는 것이다. 차이가 있다면, 현상을 유지하는 경우보다 증진시키려 하는 기관의 규모가 훨씬 더 커야 한다는 것뿐이다.

이를테면 사회 속에서 이미 존재하는 좋은 행동, 좋은 관리, 성공과 번영의 수준을 잘 유지하기 위해 시민 개개인이 어떤 자질을 갖추어야 할까? 누구나 근면과 진실성, 정의, 신중함을 꼽을 것이다. 그러나 이런 자질이야말로 개선을 일구어내는 데 없어서는 안 되는 것이 아닐까? 그리고 사회 안에서 이런 덕목 중 어느 하나라도 증대되면 그것을 곧 가장 값진 개선이라고 불러야 하지 않을까? 그렇다면 정부 안에서 근면과 진실성, 정의, 신중함을 증진시키게 되는 자질은 모두 그대로 영속성과 변화에 도움이 된다. 사회를 눈에 띄게 진보시키기 위해서는 그냥 현 상태에 머물게 하는 것에 비해 이런 자질이 훨씬 많이 요구된다는 차이 정도만 있을 뿐이다.

다시 물어보자. 인간 존재의 어떤 점이 질서와 현상 유지와는 직접 관계가 없고 다만 진보에서만 발견될 수 있는 것일까? 그것은 바로 정신적인 활동과 모험 그리고 용기와 같은 자질이다. 그러나 이런 자질은 우리가 원하는 선을 더 보태는 것 못지않게, 있는 것을 유지하는 데도 필요한 것들이 아닌가? 인간의 삶에서 하나 확실한 것이 있다면, 그것은 우리가 쟁취한 귀중한 것들은 처음 기울였던 노력을 계속해야만 유지될 수 있다는 사실이다. 그러지 않고 그냥 내버려두면 쇠락을 피할 길이 없다. 깊이 생각하고 줄기차게 관심을 기울이며 힘든 것을 마다하지 않고 과감하게 부딪혀나가던 습관을 성공의 향기에 취해 멀리하면, 정점에 이른 그 행운을 오래 유지하기가 매우 어렵다. 진보만이 가진 독특한 정신 요소, 그 진보를 절정에 이르게 해주는 본질적 요소는 바로 독창성이나 창의력이다. 그런데 영속성을 위해서도 이런 요소가 똑같이 필요하다. 왜냐하면 인간사가 어쩔 수 없이 변화를 거듭해나가는 도중에 전에 볼 수 없던 불편한 일이나 위험한 일이 계속해서 발생하는데, 단지 우리 삶을 과거 수준만큼 유지하기 위해서라도 새로운 자원과 대비책으로 이런 것들과 맞서 싸워나가야 하기 때문이다. 따라서 정부의 능력 중에서 활동성, 정력, 용기, 독창성을 촉진하는 것은 무엇이든지 진보뿐만 아니라 영속성을 위해서도 없어서는 안 되는 것이다. 다만 진보에 비해 영속성은 대체적으로 적은 양만으로도 확보된다는 것만 다를 뿐이다.

이제 사회에 필요한 것 중에서 정신이 아니라 외부적이고 객관적인 요소들에 대해 이야기해보자. 이 측면에서 볼 때, 질서에만 또는 진보에만 도움을 주는 그 어떤 정치적 장치나 사회적 방편을 집어낸다는 것은 불가능하다. 둘 중 어느 하나에 유익한 것이면 양쪽 모두에 도움이 될 것이기 때문이다. 예를 들어 경찰이라는 흔한 기관을 생각해보자. 이 사회 조직의 입장에서는 질서야말로 가장 중요한 과제가 된다. 그러나 질서를 유지하는 데 도움이 되는 것이라면, 다시 말해 범죄를 잘 예방해서 모두가 신체와 재산의 위협에서 벗어나게 해주는 것이라면, 이런 것 이상으로 더 진보에 도움이 되는 것이 있을까? 재산을 잘 보호해준다는 것은 더 많이 생산하기 위한 핵심적 조건이고 또 그 원인이 된다. 그런데 생산성의 향상이야말로 진보의 가장 두드러지고 가장 통속적인 특징이 아닌가? 범죄의 효율적인 진압은 범죄를 저지르고자 하는 충동을 억눌러주는데, 이런 상태는 곧 보다 높은 의미의 진보라고 할 수 있을 것이다. 개인이 자신의 신변 안전을 위해 염려하고 걱정하는 일에서 벗어날 수 있다면, 그 덕분에 각자의 타고난 능력을 자기와 다른 사람들의 상태를 개선하는 일에 자유롭게 쓸 수 있을 것이다. 사람이 자신을 사회적 관계 속에 밀착시키면서 이웃들에게 현재, 미래 가릴 것 없이 그 어떤 해도 끼치지 않으면, 타인을 향한 친밀감과 유대감이 깊어지고 사회 전체의 이익에 대한 관심이 커지는데, 이것이야말로 사회적 개선의 가장 중요한 징표가 아니겠는가?

다시 세무나 재무 행정 같은 아주 익숙한 사례를 들어보자. 사람들은 이런 것을 흔히 질서의 영역에 분류한다. 그러나 이런 것 이상 더 진보에 도움이 되는 것이 있을까? 질서를 증진시키는 재정이라면, 바로 그런 탁월함 때문에 진보에도 큰 도움이 된다. 또 다른 예를 들자면, 한 나라의 국부를 잘 유지하는 경제체제는 새로운 국부를 창출하는 데도 능숙하다. 부담을 공평하게 나눈다는 것은 아주 어려운 일이다. 도덕성과 훌륭한 양심이 전제되어야 무리 없이 일을 처리할 수 있기 때문에 국가의 최고 권력이 어떤 가치를 추구하는지 보여주는 좋은 증거가 된다. 따라서 이 과정을 통해 모든 시민에게 힘과 식별력이라는 두 측면에서 매우 강력하게 도덕 교육을 하는 효과를 낸다. 산업을 위축시키거나 시민의 자유를 불필요하게 침해하지 않는 방향으로 세금을 부과하면 국부를 잘 보존할 뿐 아니라 증대하기도 한다. 그리고 각자의 능력을 더욱 적극적으로 활용하게 만든다. 거꾸로 재정과 과세가 잘못되면 사람들의 재산과 도덕에 부정적인 영향을 주고, 그 정도가 심할 경우 빈곤으로 몰아넣고 도덕도 땅에 떨어지게 만들 수 있다. 결국 큰 틀에서 줄여 말하면, 질서와 영속성을 가장 넓게 해석해서 기존의 유리한 상황을 안정되게 유지하는 것으로 규정할 수 있는데, 이럴 경우 진보를 위해 필요한 것은 곧 보다 넓은 의미에서 질서를 위해 필요한 것이 될 수 있다. 반면 영속성을 위해 필요한 것은 보다 좁은 의미에서 진보를 위해 필요한 것이기도 하다.

그러나 질서와 진보가 본질적으로 다르며, 기존의 것을 유지하는 일과 새로운 것을 추가로 얻는 일 사이에는 엄연한 차이가 있다는 주장을 기억해야 한다. 이런 관점을 따르면, 질서를 희생해야 진보가 가능하다. 그래서 어떤 좋은 것 하나를 얻기 위해 애를 쓰면 다른 것은 포기해야 한다는 것이다. 다시 말해 재산을 늘리는 진보가 일어날 경우,

덕성은 퇴보한다. 이런 주장을 받아들이더라도, 이것이 곧 진보가 영속성과 질적으로 다르다는 사실을 증명하지는 않는다. 그저 재산과 덕성은 서로 상충된다는 것을 뜻할 뿐이다. 진보라는 것은 영속성에 덧붙여 무엇인가를 더 가지고 있다. 그러나 어느 한 곳에서의 진보가 모든 곳에서 영속성을 확보하는 것은 아니라고 말한다고 해서 이 문제에 대한 답이 되지는 않는다. 한 곳에서의 진보가 모든 곳에서의 진보를 의미할 수도 없다. 어떤 종류의 진보든지 그와 동일한 종류의 영속성을 포함한다. 어떤 특정 종류의 진보를 위해 영속성이 희생될 때마다 그 때문에 다른 더 많은 진보가 희생될 수밖에 없다. 그런 희생을 할 만한 가치가 없다면, 영속성 그 자체만 버림받는 것이 아니라 진보의 큰 틀도 훼손당한다.

따라서 질서라는 말을 정의하지 않은 채, 진보를 제일 잘 촉진하는 정부가 가장 좋은 정부라고 주장하는 것이 철학적으로 더 타당하다. 그래야 이런 불충분한 대비가 좋은 정부를 과학적으로 정확하게 규정하려는 노력에 조금이라도 도움이 될 것이다. 왜냐하면 진보는 질서를 포함하지만, 질서는 진보를 그렇게 하지 못하기 때문이다. 질서에 비해 진보의 범주가 더 큰 것이다. 어떻게 보면 질서는 좋은 정부의 이상이나 본질이라기보다 단지 그것을 구성하기 위한 일부분에 지나지 않는다. 질서는 진보를 위한 조건 중에서 더 적절한 자리를 찾을 수 있다. 왜냐하면 무엇인가 좋은 일을 이루고 나면 그 성취를 잘 보존하는 것 이상 더 중요한 일이 없기 때문이다. 이를테면 돈을 더 모으기 위해서는 우선 가용자원을 쓸데없이 낭비하지 않도록 신경 써야 한다. 이렇게 본다면 질서는 진보와 조화를 이루어야 하는 또 다른 목표가 아니라 진보 그 자체의 한 부분이자 수단이다. 어떤 것을 얻기 위해 동일한 것 또는 다른 것에서 그 이상을 지불해야 한다면 그것은 진보가 아니다. 따라서 진보를 잘 촉진하는 것이야말로 가장 훌륭한 정부의 핵심이라고 할 수 있다.

좋은 정부가 되기 위한 기준을 이렇게 규정하는 것은 분명 진리를 담고 있지만 단지 그 일부분만 상기해준다. 따라서 형이상학적으로는 그럴듯해도 적절하지는 않다. 진보라는 말에는 앞으로 전진한다는 의미가 풍기지만, 여기에서는 그저 후퇴하는 것을 방지해주는 정도로만 이해되고 있는 것이다. 한 사회가 퇴보하는 것을 막기 위해서는 앞으로 전진하는 데 필요한 것과 똑같은 사회적 요인, 즉 동일한 믿음, 감정, 제도, 실천이 요구된다. 장차 더 이상 개선할 필요가 없다고 하더라도 퇴보를 방지하기 위한 끊임없는 투쟁이 지금보다 덜 필요하지는 않을 것이다. 고대인들이 볼 때, 정치란 바로 이런 것이었다. 그들 눈에, 인간과 그 인간이 하는 일은 퇴보의 운명을 피할 수 없는 것처럼 보였다. 그러면서도 덕스럽게 작동하는 좋은 제도가 있으면 아주 오랜 세월 동안 퇴보를 방지할 수 있을 것으로 기대했다. 현대인들은 이런 생각에 동의하지 않는다. 오히려 세상일이 앞으로 전진한다는 믿음을 가지고 있다. 그럼에도 인간살이가 끊임없이 그리고 점점 더 나쁜 방향으로 (온갖 어리석은 일과 사악함, 부주의, 게으름, 무기력함 등을 포함해서) 흘러갈 수도 있음을 잊어서는 안 된다. 사람들이 지속적으로 또는 우발적으로 좋고 가치 있는 일을 위해 노력함으로써 이런 추세를 통제하고, 또 걷잡을 수 없이 악화되는 것을 막을 수 있다. 우리가 기울이는 치열한 노력의 1차적 가치는 그것을 통해 실제 이끌어낸 개선의 정도에 달렸으며, 그런 노력을 중단하더라도 그 결과는 그냥 현 상태에 머무르는 것에 지나지 않는다고 생각하는 사람들이 있다. 그러나 이런 식으로는 인간 본성과 우리 삶을 개선하고 발전시키기 위해 기울이는 치열한 노력의 중요성에 대해 제대로 파악할 수가 없다. 우리가 조금이라도 노력을 하지 않으면 개선이 중단될 뿐만 아니라 큰 틀의 세상살이도 퇴보의 길로 접어든다. 일단 이 방향으로 일이 시작되면 점점 가속이 붙는다. 그러면서 역사를 통해 흔히 목격되며, 상당수 인류가 오늘날에도 표류하고 있는 그런 나쁜 상태에 도달할 때까지 그 흐름을 저지하는 것이 갈수록 어려워진다. 그 흐름을 역류시키고 다시 새롭게 상승세를 타려면 어떤 초인적인 힘이라도 나와야 할 정도인 것이다.

이런 이유 때문에 진보라는 말도 질서와 영속성이라는 단어와 마찬가지로 특정 정부 형태를 분류하는 기초로 삼기에 적합하지가 않다. 그 말들 사이에 근본적인 대립구조가 있는 것처럼 보이지만, 따지고 보면 그것 자체의 문제라기보다 그런 문제에 답을 하는 인간의 성격 유형이 더 문제가 될 수도 있다. 우리가 알다시피 성격이 유별나게 조심스러운 사람이 있는가 하면, 반대로 무척 대담한 사람도 있다. 어떤 사람은 오래 묵은 것을 고치고 새로운 이득을 취하기보다 이미 누리는 것을 위태롭게 할 그 어떤 일도 시도하려 하지 않는다. 그러나 현재 누리는 것을 조심스럽게 유지하기보다 미래의 도전에 더 마음이 끌리는 사람들도 있다. 어느 쪽을 지향하든지 길은 똑같다. 그러나 사람에 따라 반대되는 방향에서 방황하기 쉽다. 따라서 어떤 정치체제든 두 유형의 사람들이 모두 있는 것이 좋다. 한쪽 성향이 지나치게 강하다 싶어도 다른 쪽 사람들이 적정한 비율로 있으면 서로 견제가 되기 때문이다. 각 정치체제는 그 필요 인력을 충원할 때 이 점을 꼭 염두에 두어야 한다. 그러나 특정 방향으로 치우치지 않게 조심한다면 굳이 양쪽 사람을 쓰기 위해 서두를 필요는 없을 것이다. 나이 든 세대와 젊은 세대, 지위와 명성에서 이미 자리를 잡은 사람과 이제 그런 위치로 올라가려 하는 사람들이 자연스럽고 자발적으로 서로 섞이면 그런 문제가 큰 틀에서 잘 해결될 것이기 때문이다. 다만 어떤 인위적 규제로 이런 자연스러운 균형을 깨뜨리지 않게 주의해야만 한다.

사회적으로 긴급한 문제들을 다룰 때 흔히 나타나는 가장 두드러진 특징은 그 목적에 제대로 접근하지 못한다는 점이다. 따라서 더 나은 대안을 찾지 않으면 안 되는데, 이제 내가 검토하는 것들이 그 문제에 답을 줄 수 있을 것이다.

가장 넓은 의미에서 볼 때, 즉 가장 하찮은 것에서부터 가장 높은 수준에 이르기까지, 도대체 어떤 원인과 조건을 구비해야 좋은 정부라는 것이 가능할까? 여럿이 있겠지만, 정부를 둘러싼 사회를 구성하는 사람들의 자질이 무엇보다 가장 중요하다.

첫 번째 예로, 사법 행정에 대해 생각해보자. 사회가 발전할수록 이 분야의 중요성이 커진다. 단순한 기구나 규칙, 장치까지 대단히 중요한 의미를 지닌다는 점에서 다른 공적 업무와 확실히 구분된다. 그러나 이런 일에서도 이 분야에 종사하는 인재가 그 무엇보다 중요하다. 만일 증인들이 매일 거짓말이나 하고, 판사나 그 부하들이 뇌물 챙기는 데만 열심일 만큼 사람들의 도덕 상태가 형편없다면, 재판절차라는 것이 있다 한들 어떻게 정의를 실현할 수 있겠는가? 그리고 지방 행정의 중요성에 대한 무관심이 팽배한 까닭에, 성실하고 유능하게 일할 만한 사람은 공직에 오를 기회가 없고, 그저 사적인 이해관계나 밝히는 부류가 그런 자리에 앉아 있다면 어떻게 지방 행정이 제대로 되겠는가? 유권자들이 마땅히 의회에 보내야 할 최선의 인물이 아니라 당선을 위해 돈을 펑펑 쓰는 사람을 뽑는다면 최대한 많은 사람에게 투표권을 부여하는 대의체제라는 것도 무슨 의미가 있겠는가? 대의기구의 의원들이 매수를 당하거나, 공공 규범이나 개인적인 자제심으로도 어쩔 수 없을 만큼 그 성미가 다혈질이어서 신중한 심의는 고사하고 하원 의사당에서 몸싸움을 하거나 심지어는 서로 총까지 쏘아댈 정도라면, 의회가 도대체 공익을 위해 무슨 일을 할 수 있겠는가? 또는 사람들이 질투심이 너무 강한 나머지 누군가 무슨 일에 성공을 거둘 것 같은 기미를 보일 때, 마땅히 협력을 아끼지 말아야 할 사람이 도리어 몰래 해코지를 한다면, 이런 사람들 속에서 정부 일이나 공동으로 하는 작업이 어떻게 원만하게 진행될 수 있겠는가? 사람들의 전반적인 의식 수준이 너무 낮아서 모두가 오직 자신의 사적인 이익에 대해서만 신경 쓰고 공공 문제에 대해서는 아무런 관심도 보이지 않는다면, 이런 상태에서는 좋은 정부가 존립할 수가 없다. 사람들의 형편없는 지적 수준이 좋은 정부의 출현을 얼마나 방해하는지에 대해서는 굳이 더 언급할 필요가 없을 것이다. 만일 국민의 대표나 그 대표를 뽑는 유권자들이, 또는 대표가 책임을 져야 하는 사람들이나 이런 모든 문제에 영향을 미치고 견제 역할을 해야 하는 구경꾼들이 모두 하나같이 무지와 어리석음 그리고 악의적 편견에 사로잡혀 있다면, 정부가 하는 일은 전부 잘못될 수밖에 없다.

반면 사람들의 수준이 올라갈수록 그에 비례해서 정부가 하는 일도 질적으로 향상될 것이다. 정부의 관리들 자신이 탁월한 덕성과 지성을 갖췄는데, 그들을 둘러싼 대중도 덕스럽고 지혜로울 정도로 사람들의 수준이 향상된다면(아직 어디에서도 실현되지 못한 꿈이기는 하지만 불가능한 것은 아니지 않을까?) 정부도 제 기능을 얼마나 훌륭하게 수행하겠는가?

따라서 정치공동체를 구성하는 사람들의 덕성과 지적 능력이 좋은 정부의 첫 번째 요소가 된다. 같은 맥락에서 바로 그 구성원들의 바람직한 도덕적·지적 자질을 얼마나 잘 발전시킬 수 있는지 여부가 모든 정부의 탁월성을 가늠할 수 있는 가장 중요한 기준이 된다. 그러므로 종류를 불문하고 어떤 정치체제든지 우리는 다음과 같은 질문을 던질 수밖에 없다. 즉 그 구성원들의 여러 바람직한 자질, 특히 도덕적·지적 자질을 얼마나 잘 발전시킬 수 있는가? 또는 (벤담의 보다 완벽한 분류법을 따르자면) 도덕적·지적·활동적 자질을 얼마나 잘 발전시킬 수 있는가? 이런 일을 가장 잘할 수 있는 정부가 다른 일도 모두 잘할 가능성이 크다. 왜냐하면 사람들이 이런 자질을 구비할 때, 정부가 구체적인 업무를 잘 수행할 가능성도 커지기 때문이다.

그렇다면 어떤 정부가 일을 잘하고 있는지 평가해야 한다. 첫째, 그 정부의 관할 아래 있는 사람들의 좋은 자질의 총량을, 집단적으로 그리고 개인적으로, 얼마나 잘 증대하는지 따져보아야 한다. 왜냐하면 그들의 복리를 증진시키는 것이 정부의 유일 목적일 뿐 아니라, 그들의 좋은 자질은 정부기관이 계속 잘 작동하는 원동력이 되기 때문이다. 이렇게 말하고 나면, 좋은 정부를 구성하는 또 다른 요건으로서 정부 기관 자체의 자질을 생각하지 않을 수 없다. 다시 말해 특정 시점에 존재하는 좋은 자질들을 잘 활용하여 올바른 목적을 달성하는 데 도움이 되는 일이 중요한 것이다. 다시 한 번 사법제도를 예로 들어 설명해 보자. 어떤 법원 조직이 있다고 할 때, 그 사법 행정의 성패는 재판부를 구성하는 인적 자원과 그들에게 영향을 주고 통제하는 여론이 얼마나 우수한지에 달렸다. 그러나 한 사법제도의 탁월성은 궁극적으로 그 사회의 도덕적이고 지적인 가치를 잘 활용해서 사법 정의의 실현에 도움이 되는 방향으로 좋은 결과를 낼 수 있는 장치의 존재 여부에 따라 좌우된다. 최고 수준의 덕성과 지성을 갖춘 재판관의 선택, 절차의 효율성, 무엇이든 잘못된 것에 대한 공개적인 관찰과 비판, 토론과 언론비판의 자유, 진리를 효율적으로 이끌어낼 수 있는 증거 채택 방식, 재판 청구 가능성, 범죄 사실의 규명과 범죄자에 대한 응징, 이 모든 것은 권력이 아니고, 권력이 어려움을 이겨내도록 도와주는 장치다. 이런 장치 자체가 행동하지는 않는다. 그러나 이런 장치가 없으면 아무리 강대한 권력이라도 그 힘을 낭비하면서 아무런 효과도 거두지 못한다. 행정부의 실무 부처들에 대해서도 비슷한 말을 할 수 있다. 관리를 선발하기 위한 시험제도와 승진 규정이 잘 시행된다면, 담당자들 사이에 업무가 적절하게 분담되고 업무 처리를 위한 규율이 편리하고 효율적으로 정착되어 있다면, 업무 분장에 관한 기록이 정확하고 빈틈없다면,

각자가 자기 할 일이 무엇인지 잘 파악하고 있고 타인의 역할과 임무에 대해서도 잘 알고 있다면, 마지막으로 게으른 사람이나 편파적이고 사적인 감정에 따라 일을 처리하는 사람을 견제하기 위해 고도로 엄격한 견제장치가 작동한다면, 이런 행정기관은 잘 움직일 수밖에 없다. 그러나 기수가 없으면 고삐 스스로 말을 움직일 수 없듯이, 정치적 견제장치도 홀로 움직일 수는 없다. 만일 견제 역할을 해야 할 사람들이 그 대상만큼이나 부패하거나 게으르다면, 그리고 전체 견제 장치의 중심이라고 할 대중이 너무 무식하고 소극적이라서 또는 주의가 너무 산만하고 조심성이 없어서 도저히 자기 역할을 할 처지가 못 된다면, 아무리 뛰어난 행정 기구라 하더라도 소기의 성과를 거둘 수가 없다. 그럼에도 나쁜 기구보다는 뛰어난 기구가 언제나 환영받기 마련이다. 시원찮고 불충분한 동력이나 견제력도 바로 그런 기구 덕분에 최대한 효과를 낼 수 있는 것이다. 그런 것이 없다면 아무리 막강한 동력과 견제력이라도 제 역할을 충분히 해낼 수 없다. 예를 들어 대중이 실제 일어나고 있는 일을 보지 않는다면, 아무리 홍보를 해도 나쁜 일을 가로막거나 좋은 일을 촉진할 수가 없다. 그러나 홍보가 없다면 보는 것이 허락되지 않은 일들을 대중이 어떻게 견제하거나 촉진할 수 있겠는가? 업무 담당자의 이익과 그 사람의 의무가 완전히 일치할 때, 가장 이상적인 최고의 행정 부처가 될 수 있다. 단순히 기구만 있다고 일이 잘 되는 것은 아니지만, 적절한 기구가 없으면 될 일도 안 될 것이다.

지금까지 우리는 행정 부처의 사소한 일을 중심으로 이야기해왔는데, 이것을 중앙정부로 확대해서 검토하면 더욱 현실과 맞을 것이다. 정부는 선을 추구하는 조직인데, 사회 속에 존재하는 개인들의 자질을 바탕으로 어떤 집단적 목표를 달성하고자 한다. 대의정치체제는 다른 그 어떤 조직보다도 한 사회의 전반적인 지적 능력과 정직함의 수준을 잘 반영한다. 특히 지성과 덕성이 뛰어난 사람들이 정부 안에서 더 큰 영향력을 행사하게 해준다. 어떤 정부든 그런 현명한 사람들이 모든 선을 이끌어내고 온갖 종류의 해악을 막아주는 방파제 역할을 하지만, 대의정부에서 그들의 비중이 더욱 커진다. 어쨌든 한 나라의 정치제도가 이런 좋은 자질을 더 많이, 더 효율적으로 조직할수록 좋은 정부가 되는 것이다.

그러므로 이제 우리는 모든 종류의 정치제도가 보유할 수 있는 두 가지 장점의 본질에 대해 알 수 있다. 그 하나는 정치제도가 사회의 전반적인 정신 수준을 얼마나 향상시킬 수 있는가에 관한 것이다. 이 범주에는 지적·도덕적 수준의 향상 외에 실무 처리 능력의 향상도 포함된다. 다른 하나는 공공 문제를 효율적으로 해결할 수 있게, 정치제도가 사회의 도덕적·지적 그리고 활동적 가치를 얼마나 완벽하게 조직할 수 있는가를 묻고 있다. 결국 한 나라의 정부는 사람과 사물을 어떻게 다루는가에 따라, 다시 말해 시민을 위해, 그리고 그 시민과 무슨 일을 어떻게 하려 하는가에 따라 그 우열이 갈린다고 할 수 있다. 시민 자신을 진보시키는가 아니면 퇴보시키는가 그리고 시민을 위해 그리고 시민을 통해서 얼마나 좋고 나쁜 일을 수행해내는가에 따라 정부에 대한 평가가 좌우되는 것이다. 정부는 인간 정신에 심대한 영향을 끼치는 기관인 동시에 공공 업무를 수행하기 위해 조직된 결사체다. 사람의 정신에 영향을 준다고 하지만, 해로운 것은 당장 효과가 나타나는 데 비해, 이로운 것은 대부분 간접적으로만 작용한다.

이런 정부의 두 기능은, 질서와 진보처럼 그저 정도만 차이 나는 것이 아니라 종류가 다르다. 그렇다고 이 둘 사이에 긴밀한 연계가 없다고 생각해서는 안 된다. 주어진 문명 발전 단계에서 공공 업무를 가장 잘 처리할 수 있는 제도라면 이 사실만으로도 그 문명 상태를 더욱 발전시킬 가능성이 있기 때문이다. 사회의 도덕적·지적 발전단계와 어울리는 가장 공정한 법률, 가장 순수하고 가장 효율적인 사법제도, 가장 높은 의식 수준의 행정, 흠결 없이 가장 튼튼한 재정, 이런 것들을 갖춘 국민이라면 손쉽게 더욱 높은 단계로 발전할 것이 분명하다. 정치제도가 직접 관련된 일을 잘 해내는 것이 곧 인간의 발전에 가장 효과적으로 기여하는 길이다. 반대로 정치기구가 형편없이 조직된 탓에 해당 분야의 일마저 잘못 처리한다면, 사람들의 도덕 수준을 떨어뜨리고 지성과 활력을 마비시키는 등 숱한 방법으로 악영향을 끼칠 것이다. 그럼에도 그 차이를 간과해서는 안 된다. 정치제도는 단지 인간 정신을 향상하거나 퇴보하게 하는 수단 중의 하나일 뿐이고, 그처럼 이롭게 하거나 해를 끼치게 되는 원인과 방식은 여전히 뚜렷하게 남아서 보다 높은 차원의 연구 대상이 될 것이기 때문이다.

하나의 정부 형태 또는 일련의 정치제도가 사회의 복리에 영향을 끼치는 두 가지 작동 방식, 즉 국민 교육기관으로서의 역할과 그 사회 고유의 교육 수준에서 공공 업무를 수행해나가는 양식 중에서, 후자가 전자에 비해 나라나 문명 상태의 차이에 따른 변화가 확실히 적다. 그리고 정부의 가장 근본적인 정치조직의 영향도 훨씬 덜 받는다. 일반적으로 말해서 정부의 실제 업무를 처리하는 방식은 자유로운 정치체제에서 가장 효율을 낼 것이다. 그런데 절대왕정 아래에서도 처리방식만 바꾼다면, 자유체제와 똑같이 좋은 결과를 거둘 수 있다. 예를 들어 재산법, 증거원리와 재판절차, 세무 행정과 재무 행정 같은 것은 정부 형태와 상관없이 똑같이 작동할 수 있기 때문이다. 이들 각각은 나름대로의 원리와 규칙을 가지고 있는데, 모두 별도의 연구가 필요한 내용이다. 법학 일반, 민사나 형사 문제에 관한 입법, 재정과 상업 정책들은 그 자체가 하나의 과학이다. 아니면 종합 정치학 또는 통치술art of government의 세부 분야라고 하는 것이 더 적당할 수도 있겠다. 이런 주제에 관한 가장 세련된 이론이 모든 종류의 정부 형태 아래에서 똑같이 이해되거나 실천될 가능성은 없지만, 그렇게 이해되거나 실천되기만 한다면 크게 보아 그 모든 정부 아래에서 똑같이 유익한 결과를 낼 것이다. 물론 이런 이론들이 아무 조건 없이 모든 사회 상태나 모든 사람에게 적용될 수는 없을 것이다. 그러나 사회 상태가 그 이론들을 이해할 수 있는 지도자들을 배출할 정도로 충분히 발전했다면, 그저 사소한 것들만 손을 보면 대부분의 이론이 현실 속에서 응용될 수 있는 것도 사실이다. 반대로 그런 이론들과 도저히 어울릴 수 없는 정부라면 사람들의 일반적 정서를 거스르거나, 정상적인 방법으로는 존립도 하기 어려울 정도로 많은 문제를 안고 있는 것이 분명하다.

결국 한 민족이 어떤 수준의 교육을 받는가 하는 것은 사회적 이해관계의 영향을 크게 받는다. 이 문제의 중요성을 감안한다면, 한 사회가 이미 이룩한 발전 단계에 따라 정치제도가 현격하게 다른 모습을 띨 수밖에 없다. 비록 대부분 철학적이라기보다는 경험적인 지식의 산물이기는 하지만, 이런 진리를 파악하고 있다는 점에서 오늘날 정치 이론이 앞선 세대의 이론보다 뛰어나다고 할 수 있다. 그 정치이론이 통상적으로 주장하는 바에 따르면, 이론상으로 영국이나 프랑스의 대의민주주의가 장차 베두인족이나 말레이족에도 똑같이 들어맞는 유일한 정부 형태가 될 것이다. 문화와 발전 단계라는 측면에서 볼 때, 같은 인간이라고 하더라도 제일 낮은 사회 상태의 집단은 야수 중에서 가장 앞선 무리보다 크게 다르지 않은 수준에 머물고 있다. 반대로 발전 단계가 높은 집단들 사이에서도 그 차이가 상당하며 앞으로도 격차가 더욱 커질 것이다. 모든 사회는 낮은 단계에서 더 높은 단계로 발전해나갈 수밖에 없는데, 이 과정에서 정부의 주요 지도자가 큰 영향을 끼치기 마련이다. 인간이 지금까지 이룩한 발전 단계를 놓고 볼 때, 권한의 성질과 정도, 권력의 배분, 명령과 복종의 조건들이 개인들에게 가장 큰 영향을 끼친다(물론 종교적인 믿음보다 더 강할 수는 없다. 사람들의 오늘을 있게 하고, 또 장차 이룰 수 있는 무언가를 가능하게 해주는 것이 바로 종교이기 때문이다). 사람들이 발전을 거듭해나가는 도중에 어느 시점에서 앞으로 나가지 못하는 경우가 생긴다. 사회의 발전 단계에 맞는 정부 형태를 갖추지 못했기 때문이다. 정부는 사회의 발전 과정에서 숱한 과오를 저지를 수 있는데, 이 모든 것을 거의 상쇄할 정도로 대단히 의미 있는 역할을 하기도 한다. 사회가 한 차원 더 높이 발전하기 위해 꼭 밟아야 하는 단계가 있는데, 정부가 그런 일을 하도록 도와주는지 아니면 방해하는지가 매우 중요한 변수로 떠오르기 때문이다.

따라서 (앞의 예를 계속 들자면) 어떤 식으로든 우연히 외부의 통제를 받으면 모를까 그렇지 않으면 모두가 혼자서 고립된 채 독립적으로 살아갈 수밖에 없는 야만 사회의 사람들은, 복종하는 법을 배우기 전에는 실제적으로 그 어떤 수준의 문명 발전도 기대할 수가 없다. 그러므로 이런 종류의 사람들을 복종하게 만드는 것이야말로 그들을 대상으로 통치 권력을 확립한 정부가 보여줄 수 있는 으뜸가는 덕목이라고 하겠다. 이렇게 되기 위해서는 정부의 통치구조가 거의, 또는 상당 부분 전제적이지 않으면 안 된다. 그래서 최소한의 민주주의라도 확립된 사회, 다양한 구성원이 개인 행동의 자유를 자발적으로 포기하지 않는 한 그 자유를 존중해야만 하는 사회는, 문명의 발전 단계에서 체득한 이런 첫 번째 교훈을 실행에 옮길 수가 없다. 결국 문명 수준이 낮은 사회의 종족들은, 이미 높은 수준에 이른 다른 종족 사람들이 성취한 것을 모방하지 않는 한, 거의 언제나 종교나 군사력, 특히 아주 빈번히 있는 일이지만, 외국의 군대에 의존하여 권력을 휘두르는 절대 권력자의 손에 의존할 수밖에 없다.

거듭 말하지만, 용맹하고 정력적이며 문명과 거리가 먼 이런 종족들은 흥미진진한 일이 아니면 지속적으로 노력을 기울이지 않는다. 그러나 문명이 발전하기 위해서는 반드시 이 비용을 치러야 한다. 그런 노력이 없으면, 문명사회에 필요한 습관에 정신을 길들일 수가 없고,

물질세계도 그런 사회를 받아들일 준비를 할 수 없다. 외부인들에 의해 강제당하지 않고 그들 스스로 산업을 일으킬 정도가 되기 위해서는 환경이 예외적으로 잘 맞아떨어져야 하고, 또 바로 그런 이유에서 때로 아주 긴 시간이 요구된다. 그래서 더욱 자유로운 사회로 이행하는 데 개인적으로 노예 신분으로 있는 것이 서로 싸우고 강탈하는 것보다 더 도움이 될 수 있다. 그런 상태에 있다 보면 산업 활동을 하는 데 적합한 삶에 눈 뜰 수가 있는 데다, 대부분의 사람이 전적으로 그런 일에 매달리게 되기 때문이다. 물론 이런 노예 상태를 위한 변명이 아주 초기 발전 단계의 사회에나 적용된다는 사실을 굳이 부연 설명할 필요는 없을 것이다. 문명사회의 사람들은 자신들의 영향권 안에 있는 사람들에게 문명을 전파하기 위해 여러 다른 방법을 쓸 수 있다. 노예제라는 것은 모든 근대적 삶의 기초가 되는 법치국가의 입장에서 대단히 불쾌한 일이고, 한 번 문명사회의 맛을 보고 난 지배계급들을 심각하게 타락시킬 수 있기 때문에, 근대 사회가 그런 것을 받아들인다는 것은 야만 시대보다 더 나쁜 상태로 후퇴하는 셈이 된다.

그러나 과거 역사를 뒤돌아보면 오늘날 문명사회에서 살고 있는 대부분 민족의 대다수가 한때는 노예 신분이었다. 그런 상태의 민족이 그것을 벗어나기 위해서는 야만 민족들과는 매우 다른 정치체제가 있어야 했다. 만일 그들이 기질적으로 정력적이라면, 특히 같은 사회 안에서 노예도 아니고 (그리스에서와 같은) 주인도 아니면서 경제활동에 능한 계급이 그들과 같이 교류하고 있다면, 자유만 얻어도 사회 발전을 앞당길 수 있을 것이다. 그들이 자유의 몸이 된다면 (로마의 자유민처럼) 즉시 시민으로서의 모든 권리를 향유하는 데 아무 문제가 없을지도 모른다. 그러나 이것이 노예제의 일반적인 상태는 아니고, 그저 시대에 뒤떨어지고 있는 하나의 큰 징후라고 보면 된다. 흔히 노예란 스스로 돕는 법, 즉 자립하는 것을 배우지 못한 사람을 일컫는다. 노예는 야만인보다는 한발 앞선 사람이지만, 정치·사회에서 첫 번째 중요한 교훈을 아직 습득하지 못했다. 복종하는 법은 배웠지만, 그저 직접적인 명령에 대해서만 복종하는 것이다. 규칙이나 법률에 자신의 행동을 맞춰나갈 줄 모르는 것이 태생적 노예의 특징이다. 그들은 명령받은 것만 할 수 있고, 하라고 명령받았을 때만 할 수 있다. 무서운 사람이 그들 위에 서서 벌을 주겠다고 위협하면 복종한다. 그러나 그 사람이 가버리면 아무 일도 안 한다. 그들을 결정적으로 움직이는 것은 이해관계가 아니라 본능, 다시 말해 즉각적인 희망이나 공포 같은 것이다. 전제정치가 야만인들은 순치馴致할 수 있을 것이다. 그러나 노예는 다르다. 전제정치로는 노예의 무능과 무력함을 고착시킬 뿐이다. 그렇다고 노예가 직접 정치를 담당하는 체제가 해답이 될 수는 없다. 그들 손에 맡겼다가는 모든 것이 통제 불가능해질 것이기 때문이다. 결국 그들이 발전하기 위해서는 외부 개입에 맡길 수밖에 없다. 그들이 해야 할 첫 번째 일 그리고 그들을 발전시킬 유일한 길은 자의적으로 행동하는 정부가 아니라 법을 지키는 정부의 지도를 받는 것이다. 그들은 스스로를 다스리는 법을 배워야 한다. 이 자치라는 것은 그 초기 단계에 보편적 지식에 따라 행동하는 능력을 의미한다. 그들에게는 힘으로 하는 것이 아니라 지도를 해주는 정부가 필요하다. 그러나 발전 상태가 너무 낮아 말로 하는 지도는 먹히지가 않고 다만 무력을 휘두르는 자들만 무서워하는 사람들에게는, 무력을 가지고 있지만 좀체 사용하지 않는 정부 형태가 가장 적합하다. 이를테면 아버지처럼 권력을 행사하는 전제정치나 귀족정치, 특히 생시몽[18]식 사회주의를 닮은 체제를 생각하면 될

18 Saint-Simon, 1760~1825. 프랑스의 '공상적 사회주의자'로, 설득을 통해 평화적으로 새로운 사회를 실현할 수 있다고 주장했다. 밀은 생시몽을 비롯해 오언Robert Owen(1771~1858), 푸리에Charles Fourier(1772~1837)의 사회주의사상에 관심이 많았다.

것이다. 이 체제는 사람들이 법에 복종하지 않으면 안 될 정도로 충분히 강력하다는 인상을 주기 위해 사회의 전반적인 움직임을 통제하고 감독한다. 그러면서도 산업 활동과 개인 생활의 온갖 자질구레한 부분까지 직접 규제할 수는 없기 때문에 그런 일들은 각자 알아서 하게 내버려둔다. '보호용 목끈 정부'라고 부를 수 있을 이 체제는 그런 민족을 다음 단계의 사회 발전 상태로 가장 빨리 끌어올리기 위해 없어서는 안 될 것 같다. 실제로 페루의 잉카 정부와 파라과이의 예수회 사람들이 비슷한 생각을 가졌던 것으로 보인다. 물론 그런 보호용 목끈이 사람들을 점진적으로 스스로 걷게 하기 위한 수단으로만 필요하다는 사실을 굳이 더 강조하지는 않겠다.

이 문제를 더 자세하게 논의할 여유는 없다. 우리가 아는 모든 사회 상태마다 어떤 정부가 적합할 것인지 검토하자면 대의정부만이 아니라 정치학 전반에 걸쳐 큰 책을 써야 할 것이다. 우리가 진행하고 있는 좀 더 한정된 목표를 위해서는 정치철학의 기본 원리만 생각하면 된다. 특정 민족에게 가장 적합한 정부 형태가 무엇인지 결정하기 위해서는, 그 민족이 보여주는 여러 결함과 부족한 점 중에서 특히 어느 것이 직접적으로 사회 발전에 걸림돌이 되는지 골라낼 수 있어야 한다. 과거도 중요하지만, 지금 특히 무엇이 걸림돌이 되는지 발견해야 하는 것이다. 그들에게 발전을 위해 없어서는 안 되는 것, 또는 부족하면 어설프고 엉뚱한 방향으로 발전하게 만드는 그 무엇을 최대한 공급해주는 정부가 최선의 정부 형태다. 그러나 개선 또는 진보를 목적으로 하는 모든 것이 꼭 유념해야 할 사실이 하나 있다. 즉 어떤 필요한 것을 추구하는 과정에서 이미 보유하고 있는 것에 타격을 입혀서는 안 되며, 그것이 불가능하다면 최소화하도록 노력해야 한다. 그래서 야만인들에게 복종하는 법을 가르쳐주어야 하지만, 그렇다고 그들이 노예가 되도록 해서는 안 되는 것이다. (이런 사실을 좀 더 일반화해서 말하자면) 한 민족을 다음 단계의 발전으로 이끄는 데 가장 효과적인 정부 형태라 하더라도 그다음 단계로 도약하는 것을 저해하거나 그들에게 전혀 맞지 않는 방식으로 일을 추진한다면, 결코 올바른 선택이 될 수가 없는 것이다. 이런 경우가 자주 일어나는데, 역사가 보여주는 가장 서글픈 현실이라고 하겠다. 이를테면 고대 이집트의 지배계급과 중국의 가부장적 전제정치는 이 민족들이 지금까지 발전하는 데 대단히 큰 역할을 했다. 그러나 특정 단계에 이르고 난 뒤, 두 민족은 정신적 자유와 개별성의 결핍 때문에 영구히 정체상태에 머물러야 했다. 정신적 자유와 개별성은 개선을 위해 없어서는 안 되는 요소인데, 이집트와 중국의 문명을 지금까지 이끌고 온 정치체제는 이런 것들을 전혀 갖추지 못했다. 이런 상태에서 기존 체제를 대체할 새로운 것이 등장하지 못하자 더 이상의 발전은 불가능해졌다. 이런 나라들과 대비되는 사례로서, 또 다른 동방민족이지만 상대적으로 덜 중요했던 유대민족이 보여주었던 상반된 성격에 대해 살펴보자. 유대민족도 절대왕정 아래에서 강력한 지배계급을 가지고 있었는데, 그들의 조직적 제도는 힌두족만큼이나 두드러지게 성직자 중심적인 성격을 띠었다. 이런 특성 때문에 유대민족은 다른 동방 민족과 비슷하게 경제체제와 질서에 복종했고 하나의 독특한 민족으로 살아남았다. 그러나 그들 왕이나 성직자들은 다른 나라의 지배자들처럼 자신들만의 강력하고 독특한 성격을 확립하지 못했다. 그들의 종교는 천부적 재능과 고도의 종교적 능력을 가진 사람들이 하늘로부터 특별한 은사를 받은 것처럼 믿게 했고 또 그런 사람 스스로도 그렇게 행동하게 만들었다. 이런 종교가 (이렇게 표현해도 될지 모르겠지만) '예언자의 질서'라는 이루 말할 수 없이 귀중한 비조직적인 제도를 탄생시켰다. 비록 전반적으로 늘 효과적이었던 것은 아니지만, 그런 신성한 보호 아래에서 예언자들은 국가적 권력자가 되어 때로 왕과 성직자들조차 따라올 수 없을 정도의 강한 권력을 행사했다. 이런 과정을 거쳐, 그들은 지구상의 한 조그만 땅덩어리에서 지속적인 발전을 유일하게 실질적으로 보장해주는 적대적 영향력을 유지해왔다. 따라서 다른 수많은 지역과는 달리, 일단 한 번 만들어진 것은 모두 신성화하고 더 이상 변화가 일어나지 않게 방벽을 두르는 것과 같은 의미의 종교는 그 나라에 없었다. 저명한 히브리인인 살바도르Salvador는 이 나라의 예언자들이 교회와 국가 생활을 통해, 근대 국가에서 자유 언론이 수행하는 것과 비슷한 역할을 했다고 언급한 바 있다. 이런 주장은 유대인의 삶 속에 들어 있는 이 위대한 요소가 민족사와 세계사에 기여한 것에 대해 정당한, 그러나 그렇게 적절하지는 못한 평가를 담고 있다. 이들 천부적 재능과 뛰어난 도덕 감정의 소유자들은 결코 마르지 않는 영감의 물줄기에 힘입어 그들 눈에 올바르지 않는 일에 대해 전능자로부터 직접 나오는 권위로써 비난하고 꾸짖었을 뿐만 아니라, 민족 종교에 대해 더 높고 더 나은 해석을 내릴 수 있었다. 그 결과 이런 해석이 그대로 종교의 한 부분이 될 정도였다. 따라서 성서가 마치 하나의 통일된 책인 양 읽는 습관에서 벗어날 수 있는 사람(아주 최근까지 기독교인, 무신론자 가릴 것 없이 모두 이런 습관에 젖어 있었다)은 〈모세오경Pentateuch〉, 심지어 히브리의 보수적 고위 성직자가 쓴 것이 분명한 역사서[19]에 나타난 도덕과 종교, 그리고 예언서[20]에 나타난 도덕과 종교 사이의 간격에 대해 놀라움을 금치 못할 것이다. 그 차이가 너무 커서 《구약성서》의 예언서와 《신약성서》의 〈복음서福音書〉 사이만큼이나 간격이 있어 보이기 때문이다. 이보다 더

19 《구약성서》의 〈역대기歷代記〉를 말한다. 상·하 두 권으로 된 이스라엘의 역사서로, 아담과 아브라함을 거쳐 다윗까지의 계보, 다윗과 솔로몬 왕의 치세治世, 북이스라엘 반란에서 기원전 587년 예루살렘 멸망까지의 유다왕국과 왕들의 역사를 서술한다.

20 《구약성서》의 〈여호수아〉, 〈사무엘〉, 〈열왕기〉 등 역사적 내용을 지닌 전前예언서와 〈이사야〉, 〈예레미야〉 등 예언을 담은 후後예언서를 합쳐서 부르는 말이다. 밀은 'Prophecies'라고 썼는데, 내용으로 보아서 예언서Prophets를 가리키는 듯하다.

진보에 유리한 조건이 쉽게 존재할 수 없을 것이다. 그래서 유대인은 다른 아시아 민족처럼 정체 상태에 머무르지 않고 고대인 중에서 그리스인 다음으로 가장 진보적이었으며, 그리스인과 더불어 근대 문명의 출발점이었고 원동력이 되었다.

그러므로 각 사회 상태에 적합한 정부 형태가 어떤 것인가 하는 문제를 제대로 풀기 위해서는, 사회가 나아갈 바로 다음 단계뿐만 아니라 먼 장래의 단계까지, 그리고 예견 가능한 가까운 일은 물론, 현재로서는 가늠하기 어려운 아주 먼 미래의 일까지 모두 고려하지 않으면 안 된다. 각 정부 형태가 가지고 있는 장점을 판단하기 위해서는, 그 자체로 가장 현실성이 있는 이상적인 정부 형태에 대해 그림을 그릴 수 있어야 한다. 다시 말해, 유익한 결과를 내게 해주는 조건이 무르익을 때 단지 어떤 한 차원의 개선만 더 잘 촉진하는 것이 아니라, 모든 형태와 모든 수준의 개선을 다 가능하게 해주는 정부 형태를 설정할 수 있어야 한다는 것이다. 이렇게 하고 난 뒤 이런 이상적인 정부가 그 능력을 잘 발휘할 수 있기 위해 필요한 모든 종류의 정신적 조건에 대해 검토해보아야 한다. 그리고 어떤 민족이 그런 좋은 정부가 제공하는 혜택을 누릴 수 없다면, 그것이 무슨 결함 때문인지에 대해서도 조사해야 한다. 이제 그와 같은 정부 형태가 현명하게 자리를 잡는 데 도움이 되는 환경에 관해 이론들을 정립할 수가 있을 것이다. 혹시 어떤 사회의 여건상 아직은 그런 정부가 적합하지 않다면, 궁극적으로 최선의 정부 형태에 도달하는 과정에서 어떤 차선의 형태가 바람직한지에 대해서도 판단할 수 있을 것이다.

그러나 차선을 찾는 것은 우리의 목적에 부합되지 않는다. 우리는 단지 최선의 정부 형태에만 관심이 있기 때문이다. 우리는 다음 장에서 가장 이상적인 최선의 정부 형태는 다양한 유형의 대의체제 가운데서 발견될 것이라는 점을 분명히 천명할 것이다. 왜 이런 주장을 하는지, 그 명제와 근거 그리고 사례들을 자세히 밝힐 것이다. 아무도 우리가 경솔한 말을 한다고 비난하지 못할 것이다.

3장 대의정부가 가장 이상적인 정부 형태다

사람들은 오랜 세월 동안 (아마도 영국에서 자유가 향유되던 전 기간에 걸쳐서) 선한 독재자good despot가 존재할 수만 있다면, 전제군주정이 최선의 정부 형태일 것이라고 이구동성으로 이야기해왔다. 그러나 이런 생각이야말로 좋은 정부good government라는 개념을 완전히 왜곡하는 대단히 위험한 발상이 아닐 수 없다. 이런 오해를 완전히 불식시키지 않으면 좋은 정부에 관한 일체의 논의가 무의미해지고 말 것이다.

선한 독재자를 좇는 사람들은, 특출한 개인이 절대 권력을 장악하면 정부가 해야 할 모든 일을 아주 덕스럽고 현명하게 처리할 것이라고 주장한다. 훌륭한 법이 만들어지고 집행되면서 악법은 개혁될 것이라고 말한다. 모든 중요한 자리는 최고 적임자의 몫이 될 것이라고 생각한다. 그 나라의 사정과 지적·도덕적 발전 수준이 허락하는 한도 안에서 정의가 최대한 실현되고, 국민의 부담은 가능한 한 가볍고 공정하게 매겨질 것이며, 각 행정 부처 역시 최대한 투명하고 효율적으로 일을 할 것이라고 믿는다. 우리의 논의를 끌어나가기 위해 일단 이 모든 일이 가능하다고 해두자. 그러나 그 대가가 얼마나 큰지 알아야 한다. 그런 기대치에 근접한 결과를 얻어내기 위해서라도 그저 선한 독재자라는 단순한 한마디 표현으로는 도저히 충당할 수 없을 정도의 엄청난 값을 치러야 하는 것이다. 선한 군주 한 사람만으로는 어림도 없고, 결국 일종의 전능한 존재가 있어야 가능한 일이기 때문이다. 그 사람은 나라의 구석구석에서 벌어지는 모든 행정업무의 구체적 내용에 대해 언제나 정확한 정보를 가지고 있어야 한다. 이런 방대한 업무를 처리하기 위해서는 최하 말단 노동자처럼 하루 24시간 내내 효과적으로 주의를 기울이고 감독할 수 있어야 한다. 그리고 수많은 신하 중에서 자신의 감독과 통제 아래 모든 행정부처의 업무를 잘 처리할 수 있는 정직하고 유능한 사람들을 고를 수 있어야 한다. 나아가 혼자 알아서 일을 잘 처리하고 아랫사람들을 감독하는 것까지 해낼 수 있을 정도로 신뢰가 가는, 뛰어난 덕과 능력을 가진 소수의 충복을 찾아내서 부릴 수 있는 능력도 가져야 한다. 이런 일을 혼자 어느 정도 그럴듯하게 해내려면 정말 예외적으로 뛰어난 능력과 정력을 가지고 있어야 할 것이다. 그러나 이 정도로 탁월한 존재라면, 참을 수 없는 어떤 나쁜 일로부터 탈출구를 찾는다든가, 아니면 무엇인가 그 이상을 도모하기 위한 임시 방편이라면 모를까, 그렇지 않다면 실제 그런 역할을 맡기 위해 나설 것이라고 상상할 수가 없다. 그런데 이런 심각한 문제를 제쳐두더라도 또 다른 문제가 남아 있다. 앞에서 말한 어려움들이 해소되었다고 해보자. 그러면 무엇이 남을까? 정신적으로 피동적인 삶을 사는 수많은 사람의 모든 일을 다 처리해주는 초인적 정신 능력을 가진 한 사람이 떠오르게 된다. 절대 권력이라는 그 개념 속에 이미 피동적인 사람들의 존재가 들어 있는 것이다. 한 민족 전체가, 그리고 그 민족의 구성원 한 사람 한 사람 모두 자신의 운명에 대해 아무런 자기 의지를 가질 수가 없다. 자신들의 집단적 이해관계에 대해서도 아무 말을 할 수가 없다. 이 모든 것을 그들을 대신해서 다른 사람이 결정하는데, 이것을 거역하면 법적으로 범죄를 저지르는 셈이 된다. 이런 체제 아래에서 어떤 인간 유형이 만들어질 것인가? 그들의 생각 또는 활동하는 능력이 어떻게 발전할 수 있을까? 그들이 정치 쪽으로 영역을 넓히지 않고, 정치 현실과 그 어떤 연결고리도 만들지 않는다면, 순수 이론에 관해 자신들의 생각을 펼치는 것이 허용될 수도 있을 것이다. 구체적인 현실 문제에 대해서는 기껏해야 의견을 제시하는 것 정도만 허용될 것이다. 가장 부드러운 독재체제라고 해서 크게 다를 것 없다. 이미 그 수하에 들어온 사람 또는 뛰어난 능력의 소유자라고 명성이 높은 사람만이 절대 권력자 앞에서 어느 정도 발언권을 가질 수 있을 텐데, 그것도 자신의 제안이 받아들여질 것이라기보다 그저 높은 사람에게 전달될 것이라고 기대할 수 있는 정도밖에 안 된다. 현실 속에서 아무런 반향도 불러일으키지 못하는데, 그리고 자신이 실제 어떤 역할도 할 수 없다는 것을 알면서 공을 들여 생각의 수고를 펼치는 사람이 있을까? 그런 사람이 있다면, 지적인 실험 바로 그 자체에 대해 대단히 예외적인 취향을 가진 것이 분명하다. 한 세대를 통틀어 극소수를 제외한 대부분의 사람은 자신이 벌이는 정신 작업의 결과가 현실 속에서 무엇인가 열매를 맺을 것이라는 기대감 때문에 수고를 아끼지 않는다. 그런 자극이 없으면 누가 고통스러운 일을 하고 싶겠는가? 물론 한 민족 전체가 지적 능력을 잃을 것이라는 말은 아니다. 각 개인이나 가족 스스로 해나갈 수밖에 없는 일상의 일들은, 좁기는 하지만 나름의 발상과 어느 정도의 지적·실천적 능력이 있어야 해결된다. 그리고 물리적 쓰임을 위해, 또는 성취의 쾌감을 위해 과학을 연구하는 소수의 지식인 집단도 있다. 또 관료제가 작동되고, 적어도 정부와 행정에 관한 경험적 원리를 공부하며 관료의 길을 준비하는 사람도 있다. 자기 나라에서 최고의 정신 능력을 갖춘 사람들이 독재자의 위용을 드높이기 위해 특정 방향으로

(흔히 군사력을 강화하는 쪽으로) 체계적으로 집중 노력을 기울일 수도 있을 것이고, 실제 그런 경우가 가끔 있다. 그러나 국민 대부분은 현실에서 벌어지는 거의 모든 일에 대해 아무런 정보도 없고 흥미도 못 느끼는 상태로 살아간다. 어쩌다 조금 알게 된다 하더라도 그들이 가진 지식이라는 것은, 마치 도구라고는 손도 대보지 못한 사람이 기술 이론을 늘어놓는 것과 같은 호사가 지식에 지나지 않는다. 그러나 그들의 지적 능력만 타격을 받는 것이 아니다. 도덕적 능력 또한 상처를 입는다. 사람의 활동 범위가 인위적으로 제약을 받으면, 그들의 감성 또한 똑같은 비율로 협소해지고 위축된다. 활동은 느낌에 자양분을 공급하는 음식과 같은 존재다. 가족의 정이라는 것도 집안에서 적당히 자발적으로 할 일이 있을 때 깊어지는 법이다. 사람들이 자기 나라를 위해 할 일이 아무것도 없다면, 나라를 염려하는 마음도 없어진다. 그래서 독재자가 다스리는 나라에서는 그 독재자 외에 아무 애국자도 존재하지 않는다는 옛말이 있지 않은가. 아무리 지배자가 현명하고 선량하다 하더라도, 지배자에게 절대 복종하는 곳에서 희망이 있을 수 없다는 사실을 정확하게 짚어내는 말이 아닐 수 없다. 마지막으로 종교에 대해 생각해보자. 많은 사람이 종교야말로 우리의 마음과 눈을 발치의 먼지로부터 높이 들어 올리게 해주는 힘을 가진다고 기대할지도 모르겠다. 그러나 종교가 독재자의 하수인 노릇을 피할 수 있다 하더라도, 이런 상황에서는 사회적 역할을 포기하고 그저 개인과 조물주 사이의 개인적 관계에만 초점을 맞춘다. 이처럼 개인의 사적인 구원에만 관심을 가지는 종교라는 것은 극도로 자기중심적이고 편협한 이기주의와 닮은꼴이라 할 수 있다. 그래서 열심히 믿는 사람들이 마치 관능적인 것을 멀리하듯이 자기 이웃에 대해 아무런 관심도 가지지 않는다.

선한 독재라는 것은 모든 권력이 독재자에 집중되어 있지만, 국가 관리들이 직접 폭력적 권력을 휘두르지 않으며, 집단적 이해관계를 국민의 입장에서 처리하고, 이해와 관련된 문제를 국민의 관점에서 풀어 나가는데, 이 과정에서 국민 개개인이 자신의 정력을 전혀 사용하지 않을 것을 동의하고, 국민의 생각 또한 그런 식으로 형성되는 정부체제를 말한다. 한마디로 우리가 모든 일을 신의 뜻에 맡기듯이, 정부에 맡겨버린다는 것인데, 이 말은 사람들이 그런 일에 일절 신경을 쓰지 않고 어떤 결과가 나오든 마치 자연의 섭리인 것처럼 받아들인다는 뜻과도 같다. 따라서 예외적으로 몇몇 사람이 순수한 지적 호기심에 깊은 생각에 빠져들기도 하겠지만, 대부분의 사람은 그저 물질적 이익을 위해서 지력과 감성을 쓸 뿐이다. 또 그런 일에 신경을 쓰지 않아도 된다면, 자신의 사적인 삶을 즐겁게 하고 화려하게 보이는 일에 모든 능력을 집중할 것이다. 우리가 인류의 모든 역사를 통해 배울 것이 있다면 바로 이런 상태야말로 민족적 쇠퇴의 시작을 알려준다는 사실이다. 다시 말해, 한 민족이 무엇인가 남다른 것을 성취했다면 바로 이런 상황 때문에 몰락이 불가피해진다는 점이다. 만일 동양인Oriental의 상태 이상으로 결코 올라간 적이 없다면, 그 수준에서 정체가 계속될 것이다. 그리스나 로마처럼 남다른 정력과 애국심, 그리고 드넓은 마음으로(이런 민족적 자질은 한마디로 자유의 산물이다) 뛰어난 그 무엇을 실현했다 하더라도, 몇 세대 만에 동양 사람들 수준으로 떨어지고 말 것이다. 이런 상태를 더 나쁜 상황으로 떨어지는 것을 막아주는 일종의 어리석은 고요함과 같다고 치부하면 안 된다. 그 상태가 지속되면 독재자 또는 사납고 거친 성정에 자유로운 정력의 뒷받침을 받은 근처의 야만족에 의해 침략과 정복을 당하다 끝내 노예 신세로 전락하는 경우가 많을 것이다.

이는 단지 자연스러운 경향일 뿐 아니라 전제정부의 내재적 필요 때문에 생기는 일이기도 하다. 전제 체제가 스스로 체제를 포기하지 않는 한, 그리고 소위 선한 독재자라고 하는 자가 권력 행사를 포기하고 명목상으로는 집권자의 위치를 고수하면서 실제로는 정부의 모든 일을 국민 스스로 처리하도록 허용하지 않는 한, 다른 출구가 없는 것이다. 현실적 가능성은 매우 희박하지만, 독재자가 민주정부의 여러 규칙과 제약을 준수하는 것을 상상해볼 수는 있다. 국가적 현안을 놓고 여론이 형성되고 표현될 수 있게 언론과 토론의 자유를 허용할 수도 있을 것이다. 지역의 이해관계가 걸린 문제에 대해 중앙의 간섭 없이 주민 스스로 해결하도록 길을 열어주는 것도 가능할 것이다. 과세권과 행정은 물론 입법에 관한 최고 권력은 자신의 수중에 두면서, 국민 전체 또는 일부의 손에 뽑힌 각종 정부 위원회를 자신의 주변에 두는 것도 생각해볼 수 있다. 그가 그렇게 처신하면서 독재자로서의 권한을 포기한다면 전제 체제에 만연한 악을 상당 부분 멀리할 수 있을 것이다. 국민 사이에 정치 행동과 공공 문제에 관한 능력이 자라는 것이 더 이상 차단당하지 않을 것이다. 여론도 단순히 정부의 뜻을 복창하지 않고 스스로 생각하는 힘을 기를 수 있을 것이다. 그러나 이런 발전적 변화도 새로운 어려움의 시작에 지나지 않는다. 여론이 군주의 심중과 독립적인 것이라 하지만, 그의 뜻과 합치하든지 아니면 어긋나는 것 둘 중 하나가 될 수밖에 없다. 이것 아니면 저것이 되어야 한다. 정부는 그 속성상 많은 사람을 괴롭게 할 수밖에 없는데, 이제 이런 사람들이 상설 기관을 통해 자신들의 기분을 표현할 기회를 가지기 때문에, 정부의 방침을 반대하는 의견이 자주 표출될 것이다. 이런 반대 의견이 다수 국민 사이에 퍼져나갈 때, 군주가 어떤 행동을 취할까? 자기 방침을 변경할까? 국민의 뜻에 고개를 숙일까? 그렇다면 그는 더 이상 독재자가 아니고 입헌 군주일 뿐이다. 국민의 기관 또는 제1신하지만, 자리에서 쫓겨나지 않는다는 점에서 다른 사람들과 구분되는 것이다. 그렇지 않으면 그가 자신의 독재 권력을 휘둘러서 반대파를 제압하든지 또는 국민과 1인 권력자 사이에 길고 긴 대립이 벌어질 텐데, 그 결과는 딱 하나가 될 수밖에 없다. 수동적 복종과 '왕권이 신에서 나온다'는 주장을 담은 종교적 원리로도 이런 대치 상황의 자연적 결말을 오래 막을 수가 없다. 이 군주는 입헌군주제의 원리에 복종하고 따르든지, 아니면 그런 용의를 가진 다른 사람에게 자리를 넘겨주어야 한다. 이렇게 이름만 남은 전제 체제라는 것은 절대 군주가 누릴 것으로 기대되는 이점을 거의 향유하지 못하고 자유정부가 자랑하는 것도 매우 불완전하게 구현할 뿐이다. 왜냐하면 시민들이 아무리 폭넓은 자유를 실제 누리고 있다 하더라도, 그 자유가 큰 고통 끝에 얻어진 것이고, 현재 정치체제에서는 정부가 마음만 먹으면 언제든지 취소할 수 있는 양보에 힘입어 확보한 것이기 때문이다. 나아가 그들이 신중하고 관대한 주인 밑에 있기는 하지만, 어쨌든 자신이 법적으로는 노예에 지나지 않는다는 사실을 결코 잊지 못하기 때문이다.

사람들의 무지와 무관심, 다루기 힘듦, 엉뚱한 고집 그리고 자유로운 정치제도의 허점을 이용한 부패와 이기적 사익의 결탁과 같은 것이 종합적으로 작용하여, 꼭 필요한 공공 부문의 진보가 가로막히는 경우가 있다. 이런 사태에 울화가 치민 나머지 참을성이 없거나 실망에 빠진 개혁자들이 때로 이 모든 걸림돌을 제거하고 말 안 듣는 사람들을 잘 복종시키기 위해 강권에 호소하고 싶은 마음이 들지 모른다. 그러나 (어쩌다 권력 남용의 폐단을 개혁하는 독재자가 한 사람씩 나오기는 하지만, 99명의 독재자들은 그런 과오를 저지르는 것 외에는 하는 일이 없다는 사실은 제쳐두고서라도) 조금이라도 그런 방향으로 희망을 실현하고자 하는 자들이 있다면, 그들이 결국 좋은 정부가 갖추어야 할 아주 기본적인 요소, 즉 국민 자신의 발전이라고 하는 중요한 과제를 빠뜨리고 있다는 것을 잊어서는 안 된다. 자유가 가진 이점 가운데서 중요한 것 하나는, 자유 체제 아래서는 지배자가 국민의 마음을 간과할 수 없으며, 국민 자신을 발전시키지 않고서는 그들을 위해 그들의 어떤 일도 개선할 수 없다는 점이다. 어떤 국민이 준비되지 않은 상태에 있는데도 잘 통치될 수 있을지도 모른다. 그러나 그 좋은 정부라는 것은, 아무런 자발적 노력 없이 그저 외국의 무력 덕분에 자유를 얻은 민족이 통상 그 자유를 유지하는 기간 이상 버티지 못한다. 독재자가 국민을 교육할 수 있다는 것도 사실이다. 바로 이것이야말로 그의 독재 권력을 정당화하는 최고의 변명이 될 것이다. 그러나 인간을 기계 이상의 그 무엇으로 만드는 것이 교육의 목표라면, 언젠가는 그 교육 대상자들이 자신의 행동에 대해 스스로 책임지게 만들 수밖에 없다. 18세기 프랑스 철학의 지도자들은 예수회의 교육을 받았다. 그런데 이 예수회 교육조차도 자유를 향한 열망에 불을 붙일 정도였다. 사람의 능력을 부추기는 모든 것은, 많든 적든, 그 능력을 완전히 자유롭게 발휘하고자 하는 욕망을 부추긴다. 따라서 공공 교육이 사람들이 욕망을 느끼고, 무엇보다도 요구하는 마음이 생기게 하는 방향으로 교육시키지 못한다면, 그 교육은 실패한 것이나 마찬가지다.

물론 내가 극한 상태에서 일시적으로 독재자에게 절대 권력을 부여하는 것까지 부인하는 것은 결코 아니다. 자유국가에서도 과거 여러 차례 보통 방법으로는 정치체제의 병을 고칠 수 없는 상황에서 일종의 응급조치로 스스로의 선택에 의해 그렇게 권력을 몰아준 적이 있다. 그러나 아주 엄격하게 제한된 기간 동안 독재 권력을 허용한다 하더라도, 솔론[21]이나 피타쿠스[22]처럼 국민의 자유를 짓밟는 걸림돌을 제거할 용도로만 자신의 권력을 행사하는 독재자가 아니라면 결코 정당화될 수

21 Solon, 기원전 640?~기원전 560?. 아테네의 정치가로 아테네 민주주의의 기초를 닦은 사람이다. '그리스 7현인'의 한 사람으로, 당시 빈부의 극심한 격차 등 사회 문제를 해결하기 위하여 '솔론의 개혁'을 단행했다.

22 Pittacus, 기원전 640?~기원전 568. 그리스 동부 에게해 레스보스섬에 있던 도시국가 미틸레네의 장군, 정치가. 아테네의 침공을 물리친 공로로 최고 권좌에 앉았으나 10년 뒤 스스로 물러났다. '그리스 7현인'의 한 사람.

없다. 결국 선한 독재라는 것은 한마디로 완전히 엉터리 이상에 불과한 것이다. (몇몇 일시적인 목적을 달성하기 위한 수단인 경우를 제외하면) 실제 그런 것은 전혀 말도 되지 않는, 위험하기 이를 데 없는 괴물과도 같은 것이 될 수밖에 없다. 선의의 독재는 사람들의 생각과 감정 그리고 정력을 엄청나게 잠식하고 감퇴한다. 따라서 그것은 악을 악으로 갚으면서, 문명이 발달한 모든 나라에서 '악 중의 악'이 되기 마련이다. 아우구스투스의 독재가 로마인에게 티베리우스[23]의 공포정치의 길을 열어주었음을 잊어서는 안 된다. 만일 로마인이 거의 두 세대에 걸친 가벼운 노예제에 길들여지지 않았더라면, 그들이 장차 다가올 더 끔찍한 체제에 저항할 기백을 충분히 보일 수 있었을 것이다.

어떤 형태의 정부가 가장 이상적이라고 할 수 있을까? 첫째, 주권 또는 최고 권력이 국가 구성원 전체에 귀속되어야 한다. 둘째, 모든 시민이 그런 궁극적 주권의 행사에 발언권을 가질 뿐 아니라, 적어도 가끔씩은 지방이나 전국 차원에서 공공의 임무를 수행함으로써, 정부의 일에 직접 참여할 수 있어야 한다. 이런 조건을 갖춘 정부라면 가장 이상적인 정부라는 이름에 전혀 부끄럽지 않을 것이다.

이 주장이 타당한지 여부는 좋은 정부를 규정하는 두 가지 기준에 비추어보면 될 것이다. 앞 장에서 살펴보았던 것처럼 좋은 정부를 판가름하는 기준은 편의상 다음 두 가지로 나누어 생각해볼 수 있다. 첫째, 사회 구성원들이 현재 지니고 있는 도덕적·지적·능동적 능력을 활용해서 사회의 당면 문제를 얼마나 효율적으로 해결하고 있는가? 둘째, 사람들의 그러한 능력을 얼마나 발전 또는 퇴보시키는가?

가장 이상적인 정부가 모든 문명 발전 단계에서 작동되거나 존재

23 Tiberius, 기원전 42~기원후 37. 로마의 제2대 황제로 공화정치의 전통을 존중했지만 나중에 공포정치를 폈다.

할 수 있다는 것은 아니다. 이것은 너무 명백한 사실이기 때문에 더 이상 언급할 필요도 없다. 가장 이상적인 정부란 작동하기에 적합한 환경 속에서 즉각 그리고 앞으로도 유익한 결과를 최대한 낳는 그런 정부다. 완벽하게 민주적인popular 정부가 바로 이런 규정에 부응할 수 있는 유일한 정치체제다. 이 정부는 탁월한 정치체제를 구성하는 두 요소를 뛰어나게 보유하고 있다. 이 정부는 이런 측면에서 현재 좋은 정부라고 알려진 어느 체제보다 더 탁월하다. 그리고 이제까지 그 어떤 정치체제가 했던 것보다 더 뛰어나고 더 높은 형태의 민족성을 촉진한다.

이 정부가 기존 사회를 잘 발전시킬 수 있으려면 다음 두 가지 원리가 반드시 전제되어야 한다. 첫째, 누구든지 자신의 권리와 이익을 스스로 지킬 힘이 있고, 또 항상 지키려 해야 타인으로부터 무시당하지 않을 수 있다. 둘째, 사회를 발전시키기 위해 노력하는 사람들이 개인적인 정력을 다양하게 많이 쏟을수록 그에 비례해서 사회 전체의 번영도 더 높은 수준에 이르고 또 널리 확산될 수 있다. 이것은 인간 삶과 관련해서 제기될 수 있는 그 어떤 일반 명제보다도 더 보편적인 진리를 지니고 있으며 현실적으로도 타당하다.

이 두 명제를 우리의 논의에 비추어 좀 더 구체적으로 풀어보자. 인간은 자신을 보호할 수 있을 때만, 또 자기 보호 능력에 비례해서, 타인의 악의로부터 벗어날 수 있다. 나아가 인간은 자기 의존성이 강할수록, 다시 말해 타인이 대신해주는 것이 아니라, 독자적으로 또는 다른 사람과 협력해서 자신이 할 수 있는 것을 직접 하면 할수록, 그에 비례해서 자연의 힘에 더 잘 맞설 수 있다.

자기 권리와 이익을 지킬 수 있는 가장 확실한 보호자는 바로 당사자 자신이라고 하는 첫 번째 명제는 사려 깊은 원리 중에서도 으뜸가는 것이라고 할 수 있다. 자기 일을 스스로 해결해나가는 능력을 갖춘 사람은 모두 자신의 이익이 걸린 문제에 대해 암묵적으로 이런 원리에 따라 행동하기 때문이다. 그런데 많은 사람이 이런 것을 일종의 정치적 원리로 규정하는 것을 아주 싫어한다. 보편적인 이기심universal selfishness을 정당화하는 궤변이라면서 욕설을 퍼붓기까지 한다. 이런 사람들에게 이 말을 해주고 싶다. 인간은 통상적으로 다른 사람보다 자신을 그리고 멀리 떨어진 사람보다 가까이 있는 사람을 더 챙긴다. 인간이 그런 일을 그만둘 수 있을까? 그렇게만 된다면, 바로 그 순간부터 공산주의는 실천 가능할 뿐 아니라, 우리가 지켜야 할 유일한 사회 형태가 될 것이다. 그런 때가 오기만 한다면 공산주의는 분명 잘 작동할 수 있을 것이다. 나 자신은 보편적 이기심을 믿지 않는다. 그래서 지금 이 순간에도 인류의 상층부 엘리트 사이에서는 공산주의가 실현 가능하다고 분명히 믿는다. 언젠가 나머지 사람들 사이에서도 가능할지 모른다. 그러나 이기심이 인간 삶에서 압도적 영향력을 행사한다는 주장에 대해 불만스러워하는 사람들도 이런 발상에 대해서는 전혀 공감하지 않는다. 그러면서 기존 사회체제를 옹호한다. 그들도 실제로는 사람들이 남보다 자신을 먼저 고려한다는 사실을 믿고 있는 것이다. 그렇다고 꼭 이런 이유 때문에 모든 사람이 주권 행사에 참여해야 한다는 것은 아니다. 권력을 배타적으로 소유한 특정 계급이 자기 이익을 도모하기 위해 타인을 의도적으로 배제한다고 가정할 필요는 없다는 것이다. 다만 이 말은 해야 될 것 같다. 즉 스스로 지키지 않는 한, 정치적으로 배제된 사람의 이익은 늘 간과될 위험에 처해 있다. 그리고 누군가 돌본다고 하더라도, 직접적으로 이해관계가 걸린 사람의 입장과는 아주 다른 각도에서 들여다보게 된다. 이를테면 영국은 소위 노동자계급이 직접적인 정치참여에서 일절 배제된 상태라고 말할 수 있다. 그렇다고 현재 정치하는 사람들이 전부 이기심에 빠진 나머지 노동자들의 이익을 희생시키려 한다는 것은 아니다. 물론 그들도 한때는 그런 생각을 했다. 법으로 노동자의 임금을 낮게 책정하려고 그토록 오랫동안 애썼던 것을 보면 알 수 있는 일 아닌가. 그러나 오늘날에 이르러서는 그들의 일반적인 경향이 사뭇 달라졌다. 노동자들의 이익을 위해 상당한 정도의 희생, 특히 금전적 희생을 마다하지 않는다. 때로는 과도하고 무분별하다 싶을 정도로까지 이익을 내주려 한다. 내 기억으로는 역사상 그 어떤 지배자도 자기 나라의 불쌍한 동포를 위해 이토록 간절한 마음으로 노력하지는 않았다. 그러나 의회나 의원 그 누구라도 노동자들 본인의 입장에 서서, 그들의 눈으로 문제를 들여다본 적이 있는가? 노동자들의 직접적인 이익이 걸렸음에도 불구하고, 오직 고용주의 시각에서 문제를 풀어온 것이 사실이지 않은가? 물론 내가 노동자들의 생각이 언제나 진실에 가깝다고 말하는 것은 아니다. 그러나 그들의 생각이 대단히 옳을 때도 있다. 이제부터라도 노동자들의 주장을 주의 깊게 경청해야 한다. 지금까지는 그들이 말하는 것에 대해 고개를 돌릴 뿐만 아니라 무시하기까지 했는데, 그래서는 안 되는 것이다. 파업 문제를 예로 들어보자. 상원이나 하원의 지도부 인사 중에서 이 문제가 전적으로 고용주들의 잘못에서 비롯된 것이고, 그들의 시각이 얼마나 잘못된 것인지 분명하게 인식하는 사람이 과연 몇이나 될까? 이 문제를 깊이 조사한 사람들은 의원이라고 하는 자들이 사실을 제대로 파악하지 못하고 있다는 것을 잘 안다. 파업 노동자들의 진정한 목소리가 의사당에서 울려 퍼지자면, 지금과는 전혀 다르게 그리고 정말 진지하게 논의를 해야 한다.

진심으로 다른 사람의 이익을 돌보려 하더라도, 의도와는 다르게 그들의 손발을 묶어 버리는 결과를 낳는 경우가 많다. 이것은 인간 본성상 피할 수 없는 일이다. 결국 본인 스스로 나서야만 자신의 운명을 조금이라도 긍정적으로, 그리고 지속적으로 개선할 수가 있는 것이다. 이 두 원리(522쪽 참고)를 함께 현실에 반영함으로써, 자유국가들은 그렇지 않은 나라에 비해 사회적 부조리나 범죄에서 상대적으로 더 잘 벗어날 수 있었고, 더 찬란한 번영을 구가할 수 있었다. 또는 자유를 잃었을 때보다 자유를 회복하고 났을 때 더 큰 발전을 이룩할 수 있었다. 이 사실은 한때 자유를 향유했던 자유국가의 사람들과 오늘날 왕정이나 과두 독재 체제 아래에서 사는 신민을 서로 비교해보면 확연히 드러난다. 이를테면 그리스 도시국가와 페르시아 치하의 속령, 이태리 공국과 플랑드르 및 독일의 자유 도시와 유럽의 봉건 왕정을 서로 비교해보라. 또 스위스와 네덜란드, 영국을 오스트리아 또는 혁명 이전의 프랑스와 비교해보라. 이들 자유국가가 이룩한 엄청난 번영에 대해서는 아무도 이의를 제기하지 못한다. 이들 국가가 훌륭한 정부와 탁월한 사회관계 때문에 번영을 누렸다는 것은 역사의 매 순간에 증명된다. 서로 다른 시대가 아니라 같은 시대에 존재했던 상이한 정부 형태를 서로 비교해보아도 그렇다. 자유국가에서는 혼란에 따른 폐해를 공공연히 과장하는 일이 자주 있다. 아무리 그렇다 하더라도 군주가 다스리는 모든 나라에서 일반 인민들을 비참하게 짓밟았던 작태나 재정 조치라는 미명으로 그리고 법정에서 비밀리에 저지르던 저 구역질나는 수탈 행위와 같이 놓고 비교할 수는 없다.

우리가 여기에서 자유가 제공해주는 이득에 대해 이야기하고 있지만, 지금까지는 국가의 일부 사람에만 자유가 조금씩 주어져왔을 뿐이라는 사실을 인정해야 한다. 신분에 상관없이 모든 사람이 자유를 향유한다는 것은 아직도 요원한 꿈에 지나지 않는다. 이런 꿈을 향한 모든 노력이 나름의 독자적인 가치를 지니지만, 지금과 같은 사회발전 상태에서는 아직 변변한 결실을 맺지 못하고 있다. 그럼에도 불구하고, 모든 사람이 자유의 공기를 누리는 데 빠짐없이 동참한다는 것은 자유정부를 구성하는 가장 이상적이고 완벽한 개념이 아닐 수 없다. 누구를 막론하고 자유를 누리는 일에서 배제된다면, 이렇게 배제된 사람의 이익은 보호받을 길이 없다. 따라서 이런 사람은 자유를 향유하는 사람과는 달리, 자신과 국가에게 유익한 일을 위해 노력하고 애쓸 동기를 가지지 못한다. 또 그렇게 하고 싶은 희망과 용기도 가지지 못한다. 그렇게 되면 그에 비례해서 사회 전체의 발전 가능성도 떨어지고 만다.

현 시대의 발전 문제에 대해서는 이 정도로 해두자. 지금 세대가 당면한 과제에 대해 좋은 정부의 역할이 얼마나 중요한지 충분히 주장했다고 생각한다. 이제 사람의 품성 계발과 정부 형태가 서로 어떤 관련을 맺는지 논의해보자. 사람을 발전시키는 데 민주정부가 그 어떤 정부 형태보다도 더 뛰어난 기여를 한다는 사실을 강조하지 않을 수 없다. 이 점에서 다른 정치체제와 결정적으로 차이가 난다. 이에 대해서는 아무도 이의를 제기하지 못할 것이다.

이 질문은 보다 더 중요한 선택을 이끌어낸다. 즉 인간이 흔히 보여주는 두 유형의 성격, 즉 적극적인 성격과 소극적인 성격 가운데 어느 것이 인간의 근본적인 발전에 더 중요한 역할을 할까? 다시 말해 여러 악들과 맞서 싸울 것인가 아니면 그에 순응할 것인가? 환경 자체가 바뀌도록 노력할 것인가 아니면 환경에 굴복할 것인가?

대부분의 도덕주의자와 일반적인 사람들의 정서는 소극적 유형의 손을 들어준다. 대부분의 사람이 정력적인 성격에 대해 감탄하기는 하지만, 개인적으로는 수동적이고 순응하는 성격을 더 선호한다. 주변 사람들의 소극성은 우리를 더욱 안심하게 만들면서 우리 마음대로 행동하게 해준다. 우리가 그들의 적극성을 원하지 않는 한, 그런 소극적 성격이 우리 자신의 가는 길에 그다지 방해가 되지 않을 것이다. 쉽게 만족하는 사람은 위험한 경쟁자가 될 가능성이 작다. 그러나 인류 역사를 볼 때 사회 발전이 전적으로 잘 만족하지 못하는 사람의 작품이라는 사실 이상으로 더 확실한 것도 없다. 나아가 소극적인 사람이 정력이라는 덕목을 갖추는 것보다, 적극적인 사람이 인내의 덕목을 구비하기가 더 쉽다는 것도 분명한 사실이다.

인간의 정신적 탁월성을 말할 때 지적·실용적·도덕적 요소를 꼽을 수 있다. 이 가운데 첫 번째와 두 번째 것을 놓고 볼 때, 어느 길로 가야 더 많은 발전을 이룰지 명확하게 알 수 있다. 모든 지적 탁월성은 적극적 노력의 산물이다. 기업을 일으키고, 우리 자신이나 다른 사람들의 이득을 위해 끊임없이 움직이고, 무엇인가 새로운 것을 실험하고 달성하고자 하는 노력은 실용적인 재능은 말할 것도 없고, 심지어 추상적인 사고능력의 원천이 되기도 한다. 이 반대편에 연약하고 흐릿한 지적 문화가 자리 잡고 있다. 이런 유형의 사람은 변변찮은 오락거리나 조잡한 단순논리에 관심을 둔다. 현실적이고 활기 넘치는 생각, 특히 진리와 쓸데없는 몽상을 확연하게 구분해내는 사고 능력은 현실 필요에 맞게 응용될 수 있다. 이런 목적이 아니라면 정확하고 엄밀하게 규정하는 것이나 사고 체계에 지적 의미를 부여하는 것이 피타고라스나 베다Vedas〔고대 인도의 바라문교 경전〕의 신비주의 형이상학보다 더 나을 것도 없다. 실용적인 진보를 놓고 보면 문제는 더욱 명확하다. 인간의 삶을 발전시켜준 것은 자연의 힘과 추세에 맞서 싸우는 성격이었지, 순응하는 성격은 아니었다. 적극적이고 정력적인 성격이 언제나 인간 사회에 유익을 가져다주었다. 그리고 각 개인의 발전을 촉진하는 습관과 행동이 궁극적으로는 사회 전체의 발전을 초래하는 요소의 한 부분이 되었다.

그러나 도덕적으로 바람직한 성격을 둘러싸고는 말이 많다. 어떤 것이 가장 좋은 것인지 합의점을 찾기가 쉽지 않기 때문이다. 여기서 내가 신의 뜻에 복종해야 하는 계율과 조화를 잘 이룰 수 있다는 점에서 적극적이지 않은 성격을 늘 앞세웠던 종교적인 태도를 이야기하는 것은 아니다. 다른 종교뿐만 아니라 기독교도 이런 감정을 부추겨왔다. 그러나 이런저런 왜곡된 인식들을 모두 벗어버려도 된다고 힘을 보태

주는 것이 바로 기독교의 참된 매력이다. 종교적 고려를 떠나 생각해보자면 걸림돌을 뛰어넘기보다 그에 굴복하기 십상인 소극적 성격은 자신은 물론 다른 사람들에게도 결코 그다지 유익을 주지 못한다. 그러나 그런 성격이 적어도 남을 해코지하지는 않을 것이라고 기대할 수는 있다. 쉽게 만족하는 성격을 덕스럽게 평가하는 것이 일반화되어 있다. 그러나 쉽게 만족스러워한다는 것이 필연적으로 또는 자연스럽게 성격의 소극성에 따라다니는 것으로 간주한다면 그것은 완전한 착각이다. 따라서 그런 성격을 덕스럽다고 규정하는 것은 터무니없는 짓이다. 어떤 것을 가지고 싶지만 자기 힘으로는 어떻게 할 수 없을 경우, 그걸 가진 다른 사람에 대해 적대감과 악의를 가질 수 있다. 반면 자신을 둘러싼 환경을 개선하겠다는 희망에 스스로 분발하는 사람은 자기와 똑같은 일을 하고 있거나 이미 성공적으로 해낸 타인에 친근감을 느낀다. 그리고 많은 사람이 어떤 일에 매달려 있는 곳에서 아직 그 목표를 달성하지 못한 사람은 그 나라의 통상적인 관습에 따라 그 일에 자연스럽게 끌리게 되며, 자신의 실패를 기회나 노력의 부족 또는 개인적인 불운 탓으로 돌린다. 반면 다른 사람이 가진 것을 부러워하면서도 그것을 얻기 위해 따로 노력하지 않는 사람은 스스로 애쓰지 않은 것을 인정하지 않은 채 운이 따르지 않는다고 끊임없이 불평하거나, 그것을 획득한 타인에 대해 질투를 하고 악감정을 품기 마련이다.

인생의 성공이 노력이 아니라 숙명이나 우발적 사건의 결과라고 믿는 경향에 비례해서 각 민족의 성격에 질투심이 차지하는 비중도 커진다. 인류 전체를 놓고 볼 때, 동양 민족이 가장 질투심이 강하다. 동양의 우화寓話나 도덕주의자를 살펴보면, 질투심이 강한 사람들이 두드러지게 눈에 띈다. 실제 생활에서 이런 사람은 왕궁이나 잘생긴 아이들, 또는 심지어 남다른 건강과 올바른 정신 등, 무엇이든 남이 부러워할 만한 것을 가진 이웃에게 위협적인 존재가 된다. 그래서 질투심이 강한 사람이 한번 눈길만 보내도 곧 악마의 눈이 찾아든다고 하는 미신이 퍼진 것이다. 동양 사람이 질투심이 강하다면, 남부 유럽의 일부 사람은 활동성이 아주 강하다. 스페인인은 자기 나라의 위인들을 따라가기 위해 고통스러운 노력을 기울이며 그 덕분에 이른 나이에 성공을 거둔다.* 프랑스인은 기본적으로 남부 유럽에 속한데다 충동적인 기질을 가졌음에도, 가톨릭과 전제적 정치체제의 이중 교육 효과 때문에 복종과 인내가 그들의 공통 성격이 되었다. 또 이것이 그들의 지혜와 탁월함의 기준으로 자리 잡았다. 사람들끼리 질투를 하고, 특히 뛰어난 사람에 대해 크게 질투하지만, 이런 특징들보다 강하지는 않다. 그것은 프랑스인이 가진 다른 귀중한 성격 덕택이라고 보아야 할 것이다. 비록 자립정신이 강하고 끈질기게 노력하는 앵글로색슨족처럼 꾸준하고 자주 드러나지는 않지만, 그들 개개인이 가지고 있는 놀라운 정력이 그들 삶의 거의 모든 방향에서 눈에 띄게 발휘되면서 이 나라 정치제도의 작동에도 큰 영향을 끼치고 있다.

사실 어느 나라를 가든지, 자신이 가지고 있지 못한 것에 아예 욕심도 내지 않으면서 정말 만족하게 사는 사람들을 볼 수 있다. 이런 사람은 분명 더 유리한 조건에 있는 타인에 대해 악감정을 품지 않는다. 그러나 쉽게 만족을 느끼는 듯한 대부분의 사람도 실제로는 게으름과 자기 편한 대로 살아가는 방식이 겹쳐지면서 불만족스러워한다. 이런 성격의 사람은 자신을 향상시킬 합당한 방도를 취하지 않으면서 다른 사람을 자신의 수준으로 끌어내리는 데 즐거움을 느낀다. 엄밀한 의미

* 스페인의 경우 과거 역사에 국한해서 하는 말이다. 나는 이 위대한 그리고 오늘날 마침내 자유를 누리게 된 민족을 향해 불명예스러운 묘사를 할 생각이 전혀 없다. 이들은 잃어버린 옛 시간을 빠르게 복구하기 위해 힘차게 노력하면서 유럽 각국과 함께 진보의 대열에 합세하고 있다. 스페인 민족의 지성과 정력의 가능성에 대해 의심하는 사람은 아무도 없다. 그들의 민족적 결함이라고 하는 것은 주로 구체적으로 자유와 산업활동의 열정과 관련된 것이다.

의 흠 없는 자기만족, 이를테면 외부 환경을 개선하는 것 외에는 아무 관심이 없고, 정신적으로 가치 있는 일을 영원히 발전시키는 것 또는 다른 사람에게 도움을 주는 일에 사심 없이 정력을 쏟는 것에 아주 열심인 사람에 대해서는 존경의 마음을 금할 수 없다. 반면에 누구든 다른 사람을 더 행복하게 만드는 일이나 자기 조국이나 이웃의 이익을 증진시키는 것이나 자신의 도덕적 삶을 강화해나가는 것, 이런 일에 전혀 야심을 가지지 않은 채 자기만족에 빠진 개인이나 가족에 대해서는 존경은커녕 잘한다고 할 수도 없다. 이런 성격은 한마디로 남자답지 못하고 영혼이 결핍되어 있다고 규정할 수밖에 없다. 만족을 느끼는 성격 중에서 우리가 기꺼이 받아들일 수 있는 것도 있다. 가질 수 없는 것이 있어도 개의치 않고 즐겁게 살아가고, 욕망의 대상에 대해 비교 판단을 해서 큰 것을 위해 작은 것을 흔쾌히 포기할 줄 아는 그런 성격이라면 얼마든지 찬사를 보낼 수 있는 것이다. 이런 탁월함은 자신 또는 어떤 다른 사람의 운명을 개척하기 위해 적극적으로 노력하는 성격에 대단히 자연스럽게 어울린다. 어려운 일을 극복하기 위해 지속적으로 애를 쓰는 사람은 자신이 도저히 극복할 수 없는 어려움이 무엇이고 이겨낼 수는 있지만 굳이 힘들여서 그렇게 할 필요가 없는 것이 무엇인지 배우게 된다. 실제적이고 유용한 일들을 처리하기 위해 없어서는 안 되는 생각과 활동의 소유자는 가치가 없는 일, 특히 자신에게 아무 의미 없는 일에 매달리느라 음울한 고통에 시달리지 않는다. 따라서 활동적이고 자조적 성격은 내재적으로 최선일 뿐 아니라 반대쪽의 가장 뛰어나거나 바람직한 것을 획득할 수 있는 가능성이 아주 높다.

흔히 영국인과 미국인이 덜 중요한 대상들에 그 힘을 쓰기는 해도, 그들 특유의 열심히 노력하는 진취적인 성격에 대해서는 전혀 비난할 수가 없다. 그런 성격은 그 자체로 인류의 전반적인 발전을 가능하게 하는 가장 값진 기초가 되기 때문이다. 영국인과 프랑스인을 확연히 구별 짓는 사례가 있다. 무슨 일이든지 뜻대로 안 되면, 프랑스인은 습관적으로 "할 수 없다. 참아야 한다"고 말하지만, 영국인은 "이것 참 창피한 일이군"이라고 반응한다. 어떤 일이 잘못되면 부끄럽게 생각하는 사람들, 다시 말해 일을 잘못되게 만든 것이 미연에 방지될 수 있었고 또 그래야만 한다는 결론을 당장 내리는 사람들이 길게 볼 때 세상을 가장 잘 발전시킬 수 있다. 사람들이 시시한 욕구밖에 가지고 있지 않다면, 그래서 육체적 안락과 돈 많은 것을 과시하는 것 이상에 관심을 쓰지 않는다면, 그들의 정력은 주로 물질적 대상을 얻는 일에 집중될 것이다. 그래도 이런 정력이나마 가지고 있으면 다행이다. 적어도 정력을 가진 사람은 지적·사회적 발전을 최대한 촉진하기 위해 움직이며 기계적 응용도 시도해볼 것이기 때문이다. 이런 정력이 있는 한 어떤 사람은 그것을 현실에 응용하기 위해 노력할 것이며, 이것이 점점 쌓이면 바깥 세계뿐만 아니라 사람의 내면을 완전하게 만드는 데 도움이 될 것이다. 따라서 정력을 제 아무리 잘못 쓴다 하더라도, 무기력한 채 아무런 꿈도 꾸지 않고, 욕망도 없는 것 이상으로 사회 발전에 더 치명적일 수는 없다. 대중이 이런 상태에 빠져 있으면, 정력이 넘치는 소수가 끔찍한 일을 저지르는 것도 가능해진다. 인류의 절대다수가 야만 또는 준 야만 상태에서 허덕이는 것이 불가피해진다.

1인 또는 소수가 지배하는 정치체제에서는 소극적인 성격의 사람들이 환영받는 반면, 다수가 다스리는 나라에서는 활동적이고 자립심이 강한 성격이 더 환영받는다. 이것은 너무나 명백한 사실이라 의심의 여지가 없다. 무책임한 지배자들은 피지배자가 말없이 순응하는 것을 좋아한다. 자기들이 마음대로 다룰 수 있는 수준 이상으로 활동적인 것을 원치 않는다. 국민의 참여를 전혀 허용하지 않는 정부는 너나 없이 사람들이 자연의 생리에 순응해서 살도록 유도한다. 높은 사람의 뜻, 그리고 이들의 뜻을 반영한 법에 대해서는 군말 없이 추종해야 한다. 그러나 어느 누구도 지배자의 손아귀에서 그저 도구나 재료와 같은 존재로 살 수는 없다. 각자가 자기 인생을 살아가면서 나름대로 의지나 영혼이나 내면적 활동의 동기 같은 것을 가지고 있다. 독재자는 이런 자질 하나하나에 대해 격려를 보내기보다 가능하면 억압하려 든다. 무책임한 지배자들이 자기 수하 사람들의 정신 활동을 억압해야 할 필요성을 충분히 인식하고 있지 않다 하더라도, 그들의 위상 자체가 억압을 가하는 것이나 마찬가지다. 사람들은 적극적인 방해공작보다 자신이 무기력하다는 생각에 더 쉽게 포기하곤 한다. 다른 사람의 뜻에 복종하는 것과 자조自助와 자치의 덕목 사이에는 넘을 수 없는 벽이 있다. 사람을 강제로 얽어매는 것이 느슨해지는가 아니면 더 강해지는가에 따라 이 벽의 높이도 바뀐다. 지배자들도 아랫사람들의 자유를 통제하는가 아니면 그들의 일을 대신 처리해주면서 그 자유를 억압하는가에 따라 크게 다른 모습을 띤다. 그러나 그 차이라는 것은 정도의 문제지 원리가 다른 것은 아니다. 그래서 최선의 독재자도 때로 그 수하 사람들의 자유를 엄청나게 제약한다. 나쁜 독재자가 자신의 기분에 따라 사람들에게 자유를 허용할 수도 있는 반면, 좋은 독재자는 사람들이 스스로 판단해서 좋은 방향으로 자기 일을 처리하게 하기보다는, 그들을 이롭게 한다면서 더 나은 길을 따르도록 강요하는 경우가 있다. 이를테면 프랑스의 위대한 콜베르[24]가 경직된 절차를 제시하며 자기 나라의 경쟁력 있는 모든 제조업 분야에 규제를 강화했던 것을 상기할 필요가 있다.

그러나 사람들이 자연의 필요나 사회적 의무 외에는 자신이 아무런 외부적 제약을 받지 않는다고 생각하는 곳(사회적 의무를 부과하는

24 Jean-Baptiste Colbert, 1619~1683. 콜베르는 프랑스의 정치가로 강력한 중상주의 정책을 폈다.

과정에 본인도 나름의 목소리를 낼 수 있고, 만일 그런 결정이 잘못된 것이라고 생각할 때 공개적으로 반대할 수 있으며, 그것을 변경하기 위해 적극적으로 행동하는 것이 가능한 곳을 말한다)에서는 인간의 정신 상태가 매우 다르다. 인민 주권이 일부라도 실현되는 곳에서는 완전한 시민권을 향유하지 못하는 사람들도 이런 자유를 누릴 수 있다는 것이 너무나 분명하다. 설령 맨 밑바닥에서 출발하더라도, 그리고 감성과 기질 측면에서 자신이 속하지 않은 집단에 어떤 인상을 주는가가 성공의 열쇠가 된다는 사실을 아직 깨닫지 못한다 하더라도, 이 자유는 누구든지 자조와 자립을 추구하는 데 매우 큰 자극이 된다. 정치체제의 바깥에 내버려져 있다는 것, 다시 말해 자신의 운명을 좌우하는 사람들에게 정상적인 통로를 만들지 못하고 대문 밖에서 하소연하는 처지가 된다는 것은 계급은 물론 개인에게도 큰 어려움을 준다. 자신이 다른 모든 사람과 똑같이 시민으로서 완전한 특권을 누리든지, 아니면 앞으로 그렇게 될 경우에만 자유가 사람의 성격에 최대한 활력을 불어넣어줄 수 있다. 이런 느낌의 문제보다 훨씬 더 중요한 것이 있다. 시민이 때때로 혹은 자신의 차례가 될 때, 사회가 요구하는 기능을 수행하는 과정에서 실천적인 성격을 단련하게 된다는 점이 바로 그것이다. 제대로 인식하고 있지 못한 사실이지만, 대부분 사람은 일상적 삶의 과정에서 자신의 생각이나 감정을 크게 키울 가능성이 거의 전무하다. 하는 일이라고는 모두 지루하게 반복되는 것뿐이다. 노동의 보람 같은 것이 있을 수 없다. 그러다 보니 가장 원초적인 형태의 이기적 욕구와 하루하루 살아가는 데 필요한 것을 충족시키는 데 집중할 뿐이다. 일 자체나 작업 과정을 통틀어, 사적인 삶을 넘어 사상이나 감정의 발전을 위해 마음을 쓰는 경우가 없다. 어쩌다 정신의 발전을 위해 유익한 책이 눈앞에 있어도 읽고 싶은 욕구가 안 생긴다. 대부분의 보통 사람은 자신보다 월등하게 뛰어난 정신 능력을 가진 인물들을 만나볼 기회가 없다. 그러나 공공을 위해 무엇인가 일을 하면 이런 모든 결핍을 한꺼번에 해소할 수 있다. 기회가 되어서 상당한 수준의 공적 의무를 수행한다면, 그 사람은 곧 양식과 교양을 갖춘 사람이 될 수 있다. 법정 dicastery과 민회[25] 참여를 통해 아테네 일반 시민의 지적인 수준이 놀라울 정도로 높아졌다. 고대 사회 특유의 사회적·도덕적 결함에도 불구하고, 이런 관행 덕분에 아테네는 고대와 현대 그 어느 곳보다도 더 큰 발전을 이룩한 것이다. 이런 사실 하나하나는 그리스의 위대한 역사가가 남긴 글로 명백하게 증명된다. 나아가 당시 내로라하는 연설가들이 아테네 시민의 마음과 생각을 얻기 위해 치밀하게 작성한 연설문의 수준만 보아도 이런 상황을 잘 알 수 있다. 그 정도가 훨씬 덜하기는 하지만, 영국의 중하층 계급의 사람들이 배심원 역할을 맡고 교구 사무실에서 봉사하는 의무를 짐으로써 동일한 종류의 효과를 보는 것도 기억할 만하다. 물론 이런 일이 아테네의 시민 한 사람 한 사람이 그들의 민주적 정치제도를 통해 얻었던 공공 교육의 효과에 비견될 만큼 그렇게 많은 사람에게 해당되거나 지속적으로 의무를 부과하는 것은 아니며, 대단히 다양한 고도의 사고를 요구하는 것도 아니다. 그럼에도 이런 일을 함으로써 영국인이 생각과 능력의 발전이라는 측면에서, 자신의 삶에서 펜을 바삐 움직이거나 가게에서 물건을 파는 것 외에 특별히 하는 일이 없는 다른 사람들과 비교해볼 때 아주 큰 차이가 날 것이 틀림없다. 가장 주목해야 할 점은 시민 개개인이 드물게라도 공공 기능에 참여하면 도덕적인 측면에서 긍정적인 변화가 생긴다는 사실이다. 사람들이 공공 영역에 참여하면 자기와 관련 없는 다른 이해관계에 대해 저울질하게 된다. 이익이 서로 충돌할 때는 자신의 사

25 ecclesia. 고대 아테네의 최고 의결기관. 21세 이상 시민이면 누구든지 참여해서 발언권과 투표권을 가졌다.

적인 입장이 아닌 다른 기준에 이끌리게 된다. 일이 있을 때마다 공공선을 제일 중요하게 내세우는 원리와 격률에 따라 행동하기 마련이다. 이렇게 살다 보면 사람들은 자기만의 생각보다는 이런 이상과 작동원리에 더 익숙해지는 것을 알 수 있다. 그런 방향으로 사고가 전환된다. 일반 이익에 대해 관심을 쓰고 그것에 마음이 이끌리게 된다. 결국 자신이 사회의 한 구성원이라는 느낌을 가지게 되면서 사회 전체의 이익이 곧 자기 자신에게도 이익이 된다는 생각을 품는다. 공공 정신을 배양하는 이런 학교가 없는 곳에서는, 특별한 사회적 위치에 있지 않은 보통 사람들이 법을 지키고 정부에 복종하는 것 말고는, 사회에 대한 책임감 같은 감정을 느끼는 경우가 아주 드물다. 이기적인 마음을 떠나 공공의 이익과 일체감을 느끼지 못하는 것이다. 이해관계 또는 의무와 관련된 모든 생각이나 감정이 개인과 그 가족 속으로 흡수된다. 사람들은 집단 이익에 대해서, 그리고 다른 사람과 더불어 추구하는 그 어떤 목표에 대해서 결코 생각하지 않는다. 그저 타인을 경쟁상대로만 간주하면서, 경우에 따라 그들에게 손해를 입히더라도 자기 이익에만 몰두한다. 공동의 이익이 되는 일을 위해 결코 함께 일하지 않는 사람의 입장에서는 이웃이라는 것이 우군도 아니고 동료도 아니다. 그저 경쟁 상대일 뿐이다. 이처럼 공공 영역이 완전히 소멸된 곳에서는 개인의 사적 도덕도 황폐해지고 만다. 이런 것이 인류에게 가능한 유일한, 보편적인 상태라면, 인간 사회를 옹기종기 모여서 풀이나 뜯어먹는 순진한 양 떼처럼 만드는 것이 입법가나 도덕주의자들이 꿈꿀 수 있는 최상의 선택이 될 것이다.

이런 점들을 종합해서 고찰해볼 때, 사회가 요구하는 모든 필요를 충족할 수 있는 유일한 정부란 곧 모든 인민이 참여하는 정부일 수밖에 없다는 사실이 명백해진다. 따라서 어떤 참여라도, 심지어 공공 기능에 대한 매우 미미한 수준의 참여라도 유용하다. 어떤 곳이든 사회의 일반적인 진보 수준이 허용하는 한도 안에서 참여가 최대한 확대되어야 마땅하다. 모든 사람이 국가의 주권을 나누어 가지는 것, 다시 말해 모든 사람이 주권 행사에 동참할 수 있는 것만큼 궁극적으로 더 바람직한 일은 없다. 그러나 작은 마을 정도라면 모를까, 그보다 큰 규모의 공동체에서는 아주 사소한 공공 업무를 제외하고는 모든 구성원이 직접 참여하기 어렵다. 따라서 완전한 정부의 이상적인 형태는 대의제 representative일 수밖에 없다.

4장 대의정부의 작동을 가로막는 사회 조건

이상의 논의를 통해서 대의정부가 가장 완벽한 정체의 이상적 유형이라는 점을 확인했다. 어느 곳의 인류이든지 전반적인 사회발전의 정도에 비례해서 이 대의정부에 보다 잘 적응할 수 있다. 일반적으로 말해서, 사회발전의 정도가 낮으면 낮을수록 이런 정부 형태에 적응하기가 힘들다. 그러나 이것이 모든 경우에 보편적으로 해당되는 것은 아니다. 그런 정부 형태를 유지하는 데 꼭 필요한 요소를 잘 충족시키는 것이 전체 인간 사회의 발전을 촉진하는 것보다 더 중요한 변수가 되기 때문이다. 그러나 이것을 충족시키는 것과 일반적인 사회발전의 수준 사이에는 아주 밀접한 관련이 있기 때문에, 그 둘이 어긋나는 경우는 거의 예외에 가깝다. 이런 전제에서, 대의정부가 전혀 적합하지 않은 경우부터 차례로 살펴보자. 즉 대의정부 자체가 맞지 않든지, 아니면 다른 어떤 체제가 훨씬 더 적합한지 따져보도록 하자.

첫째, 다른 모든 정부와 마찬가지로, 항구적으로 스스로 존립하지 못하는 대의정부라면 어떤 상황에서도 적합할 수가 없다. 다시 말해 1장에서 설명했던 세 가지 근본 조건을 만족시키지 못하면 결코 바람직한 정부라고 할 수 없다. 그 세 가지 조건이란 다음과 같다. 첫째, 국민이 그 정부를 기꺼이 받아들이고 싶어 해야 한다. 둘째, 그런 정부를 유지하는 데 필요한 것을 기꺼이 충족시킬 능력이 있어야 한다. 셋째, 자신에게 부과된 의무를 기꺼이 이행하고, 필요한 기능을 수행할 수 있어야 한다.

한 민족이 대의정부를 기꺼이 받아들이는지 여부는 생각이 밝은 지도자나 그 나라의 지배권을 가진 외국이 그런 체제의 유지에 꼭 필요한 것을 제공해줄 의사가 있을 경우에만 현실적인 쟁점이 된다. 개별 개혁가들에게는 이 문제가 그다지 중요하지 않다. 국민의 여론이 아직 자기편이 아니라는 것 외에는 뚜렷한 다른 반대가 없다면, 그들은 이미 확실한 답을 가지고 있는 셈이기 때문이다. 국민의 여론을 자기편으로 돌리는 것이 무엇보다 중요한 목표가 되는 것이다. 여론이 정말 좋지 않다고 하지만, 대의정부 그 자체보다는 체제 변경에 대한 국민의 적개심이 사안의 핵심이 되는 경우가 많다. 정반대의 예도 없는 것은 아니다. 특정 노선의 지도자들에게 어떤 형태로든 제약을 가하는 일에 종교적 반감이 생기는 경우가 종종 있다. 그러나 일반적으로 볼 때, 소극적 복종의 원리라는 것은 단지, 군주정이든 아니면 인민주권 체제든, 권력자들의 뜻에 굴복하는 것만을 의미한다. 대의정부를 도입하고자 시도할 때, 적극적인 반대보다는 체제에 대한 무관심과 그 과정 그리고 필요조건을 이해하지 못하는 것이 가장 힘든 걸림돌이 된다. 이런 것들은 실제 거부감을 가지는 것만큼이나 치명적이고 따라서 제거하기 힘들 수도 있다. 많은 경우에 지금까지 소극적이던 감정을 적극적인 것으로 바꾸기보다는, 적극적인 감정의 방향을 바꾸는 것이 더 쉽다. 어떤 국민이 대의체제에 대해 충분한 가치를 부여하지 않고 일체감도 느끼지 못한다면 지탱해나가기도 어렵다. 대부분의 나라에서 행정부는 직접 권력을 행사하며 국민과 가깝게 접촉한다. 사람들은 일차적으로 행정부를 자신의 희망과 두려움의 대상으로 간주한다. 정부가 국민에게 베푸는 유익과 특권, 그리고 정부가 저지르는 탄압이 기본적으로 이 행정부를 통해 사람들의 눈에 드러난다. 따라서 행정부를 견제해야 하는 다른 권력기관들이 그 나라 국민의 여론과 감정에 의해 효과적으로 뒷받침되지 않는다면, 행정부는 그런 기관들을 언제나 뒤쪽에 물러나게 하거나 복종하게 만들 수 있으며, 그런 행동에 대해 국민의 지지를 쉽사리 끌어낼 수 있다. 대의기구가 어려움에 빠질 때 국민이 나서서 대신 싸워주지 않으면 그 제도는 제대로 존립할 수 없다. 이런 일의 중요성을 깊이 인식하지 못하면 대의기구는 도대체 설 자리가 없어진다. 일이 이렇게 되면, 정부의 우두머리나 기습적으로 폭력을 동원할 수 있는 정당 지도자 누구라도 절대 권력을 쟁취하기 위해 순간적인 모험을 감행할 경우, 대의기구는 대개 당장 전복되고 말 것이다.

지금 검토한 사실들은 대의정부를 실패로 몰아넣는 두 가지 원인과 관련된다. 세 번째는 국민이 대의체제 안에서 자기들이 해야 할 일을 대신해줄 의지나 능력을 찾을 경우 발생한다. 나라 살림살이에 아무도 관심을 갖지 않거나 소수의 국민만 관심을 가진다면 적정한 여론이 형성될 수 없다. 이럴 경우 유권자들의 투표권이라는 것이 그저 개인적인 이익이나 지역의 관심사나 그들이 지지하고 따르는 어떤 사람들의 사적 이익을 충족해주는 것 외에는 아무런 역할도 하지 못한다. 대중의 정서가 이런 상태에 머무는 곳에서는 대의기구를 장악하고 있는 소수 집단이 단지 자신의 이익을 위해 권력을 휘두를 가능성이 매우 크다. 행정부가 약하면 나라 전체가 자리싸움으로 혼란스러울 것이다. 반대로 행정부가 강하면 대의기구의 대표들을 손쉽게 구슬리면서 또는 그들이 말썽을 부리겠다 싶으면 부패의 사슬에 적당히 동참시키는 방법을 써서, 행정부 독재 체제를 만들어갈 것이다. 결국 국민을 대표하는 이런 기구가 그나마 생산적인 일을 한다면 실제 나라를 다스리는 사람들에 덧붙여서 국민에 바탕을 둔 기관이 하나 생겼다는 것 그리고 이 기관의 일부 사람이 관심을 가지고 있는 일들이 함부로 무시되지 않을 수 있다는 것 정도다. 엉터리 대의기구가 저지르는 폐해가 이 정도에 머무른다면 인내해볼 만도 하다. 반드시 고정불변의 것은 아니라 하더라도 모든 대의기구, 심지어 명목상에 불과한 것들까지도 공개성과 토론이 그 자연스러운 부산물이기 때문이다. 현대 그리스 왕국을 예로 들어보자.* 이 나라의 대의기구를 차지하는 대부분의 정치인은 자리에 눈이 먼 자들로서, 정부의 질을 직접 높이는 데 거의 또는 전혀 기여하고 있지 못하다는 것은 의심의 여지가 없을 정도다. 그리고 행정부가 자의적인 권한을 행사하는 것을 막는 일도 제대로 못하고 있다. 그런데도 인민의 권리를 주창하고 이 나라에 언론의 자유를 활성화하는데 크게 도움을 주고 있다. 그러나 이들이 그나마 이런 기여를 할 수 있는 것은 전적으로 국민의 신망이 깊은 세습 군주 덕분이다. 이기적이고 부도덕한 파벌이 최고 권력자의 환심을 사는 일보다 그의 권좌 자체를 더 탐내느라 다투면, 분명 라틴아메리카에서처럼 만성적인 혁명과 내란 상태에 시달리게 될 것이다. 정치적 모험주의자들이 합법적인 것은 물론 비합법적인 폭력까지 동원하며 전제정치를 오랫동안 자행하면, 아무리 대의제의 이름과 형식을 내걸어도 그나마 전제체제의 장점이라고 할 수 있는 것 그리고 그 체제의 사악한 폐해를 조금이라도 완화해 줄 수 있는 유일한 것, 즉 안정과 안전을 잠식하는 결과밖에 못 낸다.

지금까지 대의정부가 항구적으로 작동하지 못하게 하는 원인들을 살펴보았다. 그러나 대의정부가 존립할 수는 있겠지만, 다른 정부 형태

* 이 글은 1862년 그리스혁명 이전에 쓴 것이다. 이 중요한 혁명은 당시 부패한 정권과 타락한 정치인에 대한 국민의 반감이 기폭제가 되어 발생했다. 빠르게 진보를 거듭하고 있는 그리스 국민은 1862년 혁명을 계기로 진정한 민주정부를 개척하기 위한 새롭고 희망찬 기회를 맞았다.

를 더 선호하게 만드는 원인들도 있다. 대의정부가 제대로 출범하기 위해서는 우선 한 민족이 문명사적으로 새로 배워야 할 것이 많다. 그리고 걸림돌이 되는 관습들도 제거해야 한다.

이런 것 중에서 가장 확실한 경우는 이미 앞에서 언급했다. 즉 문명을 일으키기 위해서는 무엇보다 복종하는 법을 배워야 하는 것이다. 자연 그리고 자신의 이웃과 투쟁해오는 과정에서 정력을 기르고 용기는 단련했지만, 아직 누구든 공동의 상급자에게 항구적으로 복종하는 체계를 갖추지 못한 종족이라면, 그들 자신이 중심이 되어 꾸린 집단정부 체제에서 이런 복종의 습관을 획득할 가능성은 거의 없다. 그들 가운데서 뽑아 구성한 대의기구라는 것은 단순히 그들 고유의 험악한 불복종 관계를 반영할 뿐이다. 그리고 야만적인 독립 상태를 변경하기 위해 무언가 제약을 가하는 일에도 나서지 않을 것이다. 일반적으로 이런 종족을 문명사회의 일차적 조건에 순응하도록 끌어내는 것은 전쟁을 수행해야 하는 필요성과 군사적 명령 체계를 유지하는 데 필수 불가결한 전제적 권력, 이 두 가지다. 천상으로부터 영감을 받았다고 주장하는 예언가나 기적적인 권능을 행사한다고 여겨지는 마술사를 제외하면, 대부분의 경우 군사 지배자만이 그들을 복종시킬 수 있는 유일한 상급자다. 그러나 예언가나 마술사가 일시적으로 군림할 수는 있겠지만, 그 힘이 단지 개인적인 것에 불과한 탓에 사람들의 일상적인 습관을 바꾸는 데까지는 이르지 못한다. 마호메트처럼 예언가가 군사 수령을 겸하여 군대와 예언을 결합한 새로운 종교를 창시하든지 아니면 군대의 실권자가 예언자와 연합하여 그의 영향력을 빌려 정치권력의 지렛대로 삼아야만 가능한 일인 것이다.

그런가 하면 정반대되는 결함, 즉 극단적인 소극성과 탄압자에게 복종하는 습성도 대의정부와 전혀 어울릴 수 없다. 만일 그런 성격과 환경 아래 있는 사람들이 어쩌다 대의제도를 도입하더라도, 독재자를 그들의 대표로 뽑을 것이 확실하다. 그 결과 그들이 지고 있는 멍에를 가볍게 해줄 요량에서 만들어진 방편 때문에 오히려 그 삶이 더 힘들어질 것이다. 반면에 많은 민족이 중앙 권력의 도움을 받아 점진적으로 이런 상태에서 벗어날 수 있었다. 이 단일 권력자는 처음에 지방 토호들의 경쟁자로 출발했지만 끝내 그들을 제압하고 지배자의 위치에 올라섰다. 위그 카페[26]로부터 리슐리외[27]와 루이 14세[28]에 이르는 프랑스 역사가 이런 사례를 지속적으로 보여준다. 왕의 권력이 이런저런 봉건영주들보다 강하지 못했을 때도, 그가 1인자 위치에 있다는 것이 엄청난 이점이 되었다. 프랑스 역사가들은 이 사실을 주목하고 있다. 각 지역에서 억압받고 있는 모든 사람의 눈길이 그에게로 쏠렸다. 왕국을 통틀어 그가 희망과 의지의 대상이 되었다. 이에 반해 지역에 기반을 둔 권력자들은 한정된 공간에서만 힘을 발휘할 뿐이었다. 눈앞에서 압제를 가하는 지역 권력자들을 피해, 전국 각지에서 줄줄이 왕에게 구원과 보호의 손길을 요청했다. 왕의 권력이 강화되는 과정은 느리게 진행되었지만, 그에게 주어진 기회를 놓치지 않고 잘 이용한 결과였다. 그러므로 사태가 분명해졌다. 왕권이 확립되는 것과 비례해서, 그동안 압제를 받아오던 사람들이 무기력하게 복종하던 습관도 퇴색하게 되었다. 왕은 농노들의 해방을 적당히 부추겼다. 그리고는 그들이 직접 자기 수하에 들어오게 했다. 이것이 그의 이익과 부합되었기 때문이다. 왕의 보호를 받으며 수많은 촌락 사람이 왕의 직접 관할 아래 들어왔다. 그동안 바로 옆의 성에 사는 영주들의 지배를 받던 것과 비교해볼 때, 멀리 떨어진 왕에게 복종한다는 것은 거의 자유를 얻은 것이나 다

26 Hugh Capet, 938?~996. 프랑스의 왕. 카페 왕조를 처음 열었고, 왕조 혈통이 원활히 계승되게 했다.

27 Armand Richelieu, 1585~1642. 프랑스의 정치가이자 로마카톨릭의 추기경. 책임관료제를 수립했다.

28 Louis XIV, 1638~1715. 부르봉 왕조의 대표적인 전제 군주.

름없었다. 왕은 자신이 해방을 도와준 계급의 지배자라기보다 일종의 원군援軍으로 오랜 시간 행세해야 했다. 이런 식으로 이론상으로는 전제군주였지만, 실제로는 상당히 제한된 권력만 행사했던 중앙권력 덕분에, 프랑스를 비롯한 유럽의 인민이 여러 단계를 거쳐 진보의 대열에 들어설 수 있었다. 대의정부가 있었다 하더라도 이런 전진을 가로막았을 가능성이 크다. 러시아에서 농노가 해방되기 위해서는 전제군주의 통치나 대규모의 살육 사태가 불가피했을 것이다.

이런 역사의 흐름 덕분에 무제한 권력을 가진 군주제가 문명의 발전을 가로막는 걸림돌을 멋지게 뚫고 나간 사례를 또 하나 들 수 있다. 대의정부였다면 분명히 상황을 더 악화시키고 말았을 것이다. 인류사회가 어느 정도 높은 수준에 이를 때까지, 발전을 가로막는 강력한 걸림돌 중의 하나가 바로 각 지역의 뿌리 깊은 폐쇄성이다. 사람들 중에서는 다른 여러 측면에서 자유를 누릴 자격이 있고 준비도 되었지만, 아주 작은 나라로 통합되는 것조차 감당하지 못하는 부류가 있다. 이들은 질투심이나 반감 때문에 서로 적대감을 느끼며 일체의 자발적 통합을 꺼려한다. 또 명목상 통합을 이루었지만 상호 일체감을 느끼게 해줄 감정이나 관습을 습득하지 못한 탓에 하나로 뭉치지 못하기도 한다. 이런 사람들은 고대 사회나 아시아 지역의 촌락 사람들처럼, 자기 촌락이나 마을 일에 상당한 관심을 가지고 적극 관여한다. 그렇게 한정된 지역 안에서는 꽤 효율적으로 주민 참여가 일어나는 정치체계를 운영하기도 한다. 그러나 그 경계 너머 사람들에 대해서는 매우 미미한 수준의 동질감을 느낄 뿐이다. 비슷한 공동체 상호 간에 걸쳐진 이해관계를 놓고 문제를 풀어나가는 습관이나 능력은 아직 형성하지 못했다. 나는 이런 형태의 여러 공동체가 하나의 집단으로 통합되고 사람들도 동일한 민족이라는 소속감을 느끼는 역사적 사례를 본 적이 없다. 모두를 포괄하는 하나의 중앙권력에 의해 포괄되지 않고서는 불가능한 일이기 때문이다.* 그런 강력한 권위에 복종하고, 그의 계획에 동참하며, 그의 목적을 섬기는 습관이 쌓이면서, 광대한 지역에 걸친 보다 큰 규모의 이해관계에 눈을 뜨는 것이다. 그러나 중앙권력자의 마음속에는 처음부터 그런 이해관계에 대한 고려가 자리 잡고 있어야 한다. 그가 자기 밑의 각 지역 사람과 점차 관계를 긴밀히 이어나가면서 그들도 전국적 이해관계에 관심을 가지는 것이다. 이 과정에서 역사 발전에 가장 도움이 되는 경우의 수는, 대의정부 없이 대의기구를 육성해나가는 것이다. 다시 말해 지역 사람들에 의해 구성된 대의기구가 중앙 권력자를 보조하는 장치나 기관 역할은 해도 그를 윽박지르거나 통제하려는 생각은 하지 말아야 한다. 이처럼 대의기구를 통해 참여를 확대해나가다 보면, 최고 권력을 나누어 가지지는 않더라도, 다른 그 어떤 방법보다도 더 효율적으로 지역의 지도자와 일반 주민에게 정치교육을 시키는 효과를 낼 수 있다. 동시에 국민의 광범위한 동의가 정부의 기반이 되는 전통이 유지될 수 있다. 또는 최소한 그런 동의를 얻지 못한 정부는 전통의 도움을 받을 수 없었다. 전통이 관습에 의해 신성화되면 좋게 시작한 것도 나쁜 결말로 끝나는 경우가 많다. 대부분의 나라에서 그렇게 이른 상태에 발전이 비극적으로 좌절되는 큰 이유가 여기에 있다. 한 시기에 이루어진 일이 그다음 시기에 꼭 해야 할 일을 차단하는 경우가 많기 때문이다. 그런가 하면 대의정부보다는 무책임한 군주에 의해서 그렇고 그런 다수의 정치적 단위들이 한 민족으로 통합될 수 있다는 것이 일종의 정치적 진리로 자리 잡을지도 모르겠다. 하나의 민족으로 성장하자면 공동의 응집력에다 외국의 침략이나 적대행위를 분쇄할 수 있을 정도의 힘을 가져야 하며, 보존과 계승은 물론 사람들

* 그러나 이탈리아는 예외라고 하겠다. 대변혁의 마지막 단계에서만 그랬기 때문이다. 고립된 상태였던 피렌체, 피사나 밀라노가 투스카니Tuscany나 롬바르디아Lombardy와 같은 큰 규모의 지역단위로 통합되는 과정은 남다르지 않았다.

의 사회적·정치적 지적 수준에 비례해서 앞으로 뻗어나갈 다양한 문화 전통을 구비해야 하는데, 이런 일은 군주제에 더 적합해 보이기 때문이다.

이런 몇 가지 이유 때문에 아주 초기 단계의 공동체라면 어느 곳에서든 대의기구의 통제를 받지 않는(아마 도움은 받았을 것이다) 군주정이 가장 적합한 정치체제가 된다. 이 점에서는 고대 그리스의 도시국가도 예외가 아니다. 그리스의 군주들은 형식이나 법적으로는 그렇지 않았지만, 실질적으로 여론의 영향을 많이 받았다. 확실히는 모르지만 자유 제도가 등장하기 이전까지 아마도 상당히 긴 기간 동안 이 나라를 지배하다가, 역시 오랜 시간이 지나서 마침내 소수 가문이 지배하는 과두정에 자리를 넘겨주었다.

어떤 민족이 대의정부를 최대한 잘 활용하기 어려운 취약점이나 결점을 잡아내자면 100가지도 더 될 수 있을 것이다. 그렇다고 1인 체제나 과두정이 대의정보다 이런 문제점들을 더욱 잘 극복하거나 완화하리라는 보장도 없다. 각종 편견, 구닥다리 관습에 대한 고집스러운 집착, 민족성의 여러 문제점, 또는 심각한 수준의 무지 그리고 극복하기 어려울 정도의 유치한 정신문화, 이런 결함은 그들의 대의기구 속에 고스란히 반영되어 나타날 것이다. 그래서 상대적으로 이런 결함을 적게 가진 사람들이 공공정책 집행부처를 담당한다면 대의기구가 쓸데없이 견제하지 않고 자유롭게 일을 하도록 내버려두는 것이 나라에 훨씬 더 도움이 될 수 있을 것이다. 그러나 우리가 지금까지 검토해왔던 다른 경우처럼 이런 상황에서 지도자의 존재 자체만으로는 유익한 방향으로 일을 만들어갈 수 없다. 국민이나 그 사회의 전반적인 발전 수준이 저급하다면, 한 사람의 지도자와 보좌진 또는 소수의 과도체제 지도자도 크게 다를 바가 없기 때문이다. 다만 그 지도자들이 외국인이거나, 아니면 높은 수준의 국민 또는 문명 상태를 배경으로 삼고 있다면 이야기가 달라질 것이다. 이 경우 일반적으로 지도자가 지배의 대상이 되는 사람들보다 수준이 높을 것이다. 또 여러 불가피한 해악에도 불구하고 보다 발전된 외국 정부의 지배를 받는 것이 그 국민에게 매우 큰 이익을 줄 수 있다. 여러 발전 단계를 신속하게 밟도록 해주고, 외국의 도움 없이 그냥 원래 상태로 남아 있다면 도저히 극복할 수 없을 걸림돌들도 넘어갈 수 있게 해주기 때문이다. 외국인의 지배를 받지 않으면서도 비슷한 속도로 발전을 이룰 길이 없는 것은 아니다. 아주 드문 일이지만, 비범한 재능을 가진 군주가 있다면 발전을 앞당길 수 있다. 정말 다행스럽게도 역사를 되돌아보면 그런 사람이 몇몇 있었다. 그들은 충분히 긴 세월 동안 권좌에 있으면서 능력을 갖춘 세대를 길러냄으로써 자기 나라 발전의 기틀을 갖추는 데 크게 기여했다. 그중 한 사람이 바로 샤를마뉴[29]이고 다른 한 사람은 표트르 대제[30]다. 이들은 역사의 갈림길에서, 한 나라가 갑자기 중흥의 길을 걷든지 아니면 야만시대로 퇴락하는 데 결정적인 역할을 한다. 그러나 이런 사례는 매우 희귀하기 때문에 역사의 운이라고 말할 수 있을 정도다. 이를테면 페르시아가 그리스를 침공했을 때 나라를 지킨 테미스토클레스[31]나

29 Charlemagne, 742~814. 카를 대제라고도 하는 카롤링거 왕조의 제2대 프랑크 국왕이다. 광대한 영토를 정복해 서유럽의 정치적인 통일을 달성한 뒤, 그 힘을 배경으로 로마 교황권과 합력해 서유럽을 종교적으로 통일하는 데도 성공했다. 로마 고전 문화의 부활을 장려하여 카롤링거 르네상스를 이룩했다.

30 Pyotr I, 1672~1725. 표트르 1세라고도 하는데, 러시아 로마노프 왕조의 제4대 황제다. 절대주의 왕정을 확립하고, 러시아의 모든 관습과 풍속에 일대 개혁을 단행했다.

31 Themistocles, 기원전 528?~기원전 462?. 고대 아테네의 장군이자 정치가. 페르시아의 위협에 대비해 해군력 강화에 심혈을 기울인 끝에 아테네를 200척의 삼단노선三段櫓船을 보유한 그리스 제일의 해군국으로 만들었다. 기원전 480년 살라미스에서 페르시아군을 격파하는 큰 공을 세웠다. 그러나 도편추방을 당한 뒤, 페르시아 왕과 내통한다는 모함으로 사형선고를 받자 소아시아로 탈출, 페르시아의 아르타크세르크세스 1세 밑에서 살았다.

윌리엄 1세[32] 또는 3세[33]가 그런 경우에 해당된다. 그러나 단지 이런 가능성을 염두에 두고 어떤 제도를 만든다면 그것은 말이 안 되는 일이다. 왜냐하면 지금 예를 든 세 사람의 경우에서 보듯이, 그 정도의 능력을 가진 인물이라면 남다른 영향력을 행사하기 위해 굳이 전제적 권력을 휘두를 이유가 없기 때문이다. 제도 문제를 논의할 때 아주 예외적인 상황에 신경을 쓸 필요는 없다. 즉 인종적인 차이, 빼어난 문화적 배경 또는 남달리 유리한 조건 등 그 이유가 무엇이든, 문화적 수준이나 전반적인 성격 면에서 일반 사람들보다 예외적으로 뛰어난 소수의 사람을 중심으로 이야기하지 않는 것이 좋다. 이런 환경 속에서는 다수 대중을 대표하는 정부가 소수의 뛰어난 사람이 창출하는 유익한 결과들을 상당 부분 훼손시킬 수 있다. 반면 소수에 바탕을 둔 대의정부는 다수의 질적 저하를 초래할 위험이 크다. 이들 다수의 발전에 필수적인 요소를 저버리면서 인간적인 비애를 씹게 만든다. 어떻게 해야 이와 같은 여건에 있는 사람들이 진보를 이룰 수 있을 것인가? 가장 그럴듯한 방법은 지배계급 중에서도 최상급의 지도자가 법적인 제약을 받지 않거나 실질적으로 압도적인 권한을 갖는 것이다. 이런 지위를 가진 사람만이 대중의 수준을 올리고 향상시키는 일에 관심을 가질 것이다. 주변 측근들과 달리 대중이 자신의 권위에 도전하지 않을까 의심하지 않아도 되기 때문이다. 나아가 그의 운이 좋아, 지배계급의 대표로 구성된 회의체가 견제하기보다 종속 기관으로 역할하면서, 반대와 이의 제기

32 William of Orange I, 1533~1584. 윌리엄 1세는 에스파냐의 지배에서 벗어나기 위한 네덜란드 독립전쟁(80년전쟁)을 일으켰다. 네덜란드United Provinces는 1648년 독립을 쟁취했다.

33 William of Orange III, 1650~1702. 윌리엄 3세는 네덜란드 총독 겸 영국 스튜어트 왕조의 왕이다. 영국 왕제王弟 요크공(훗날의 제임스 2세)의 딸 메리와 결혼했지만, 1688년 제임스 2세에 불만을 품은 토리·휘그 양당의 요청에 따라 군대를 이끌고 영국에 상륙해 왕위에 올랐다.

를 통해 때로는 솟구치는 기백으로 집단적 저항의 맥을 잇는 한편, 시간이 지나 점차 진정한 의미의 전국적 대의기구로 성장(영국 의회가 실제 이렇게 발전해왔다)할 수도 있을 것이다. 이렇게 되면, 그 나라의 발전 가능성이 가장 높아질 것이다. 그런 조건과 환경을 갖춘 다른 집단도 마찬가지다.

대의정부를 결코 받아들이지 못하게 하는 정도는 아니지만, 그래도 대의정부에서 거둘 수 있는 중요한 과실을 심각하게 잠식하는 요인 중에서 특별히 관심을 가져야 할 것이 하나 있다. 본질적으로는 서로 다르지만, 그래도 무엇인가 공통적인 것을 가진 두 가지 성향을 두고 하는 말이다. 이 성향들은 개인이나 민족이 기울이는 노력에 때로 큰 영향을 준다. 그 하나는 다른 사람에게 권력을 행사하고 싶어 하는 욕망이고, 다른 하나는 자신에게 권력이 행사되는 것을 싫어하는 마음이다. 각 민족마다 두 성향을 가지는 강도가 서로 다른데, 이것이 그들 역사의 중요한 변수가 된다. 어떤 민족은 남을 지배하고자 하는 욕구가 개인적인 독립성을 지키고 싶어 하는 마음보다 훨씬 강력하다. 그래서 전자의 가능성만 보이면 후자를 통째로 포기하는 것도 마다하지 않는다. 행동의 자유를 버리고 지도자의 손에 모든 것을 맡기려 한다. 마치 자기 군대가 승기를 잡으면 정복자로서 권력을 휘두를 수 있으리라는 착각에 빠진 병사처럼 지도자를 쫓아나는 것이다. 이런 국민은 엄격하게 제한된 권력과 권한만 행사하고 과도한 간섭을 자제하며 보호자나 지휘자 역할을 마다한 채 각자가 알아서 하도록 내버려두는 정부 형태를 좋아할 수는 없다. 그들 생각으로는, 권력이 경쟁의 대상이 된다면 최고 지도자가 제대로 일할 수가 없다. 그래서 보통 사람들은 불필요한 권력이 자신을 지배하지 못하게 확실히 못 박는 것보다, 아무리 현실성이 떨어지더라도 스스로 주변 동료들에 대해 권한을 행사할 수 있는 가능성에 더 집착한다. 관직을 쫓아다니는 엽관獵官 운동자들이 바로 이런 특징을 보여준다. 그들이 정치를 하는 이유는 자리를 얻기 위해서다. 이 과정에서 평등만 강조하고 자유는 관심 밖으로 밀려난다. 어느 계급이나 어느 특정 공인公人이 만사에 간섭하고 끼어드는 권한을 행사할 것인지 정당들 사이에 경쟁이 벌어진다. 민주주의라는 말이 그저 공직의 문이 모든 사람에게 열려 있다는 정도로만 이해된다. 정치제도가 민주화될수록 공직의 수도 셀 수 없을 만큼 늘어난다. 전체가 각 개인에게, 그리고 행정부가 그 전체에게 권력을 휘두르는 과잉통제의 폐단도 더 심해진다. 이런 것들이 숨김없는 프랑스 국민의 모습 그 자체라고 규정한다면 그것은 정의에 부합하지 않으며 올바른 처사라고도 할 수 없다. 그러나 프랑스 국민이 이런 성격의 참여를 계속하면서 한정된 계급에 의한 대의정부가 부패 때문에 붕괴하기에 이르렀다. 그리고 전체 남성이 참여하는 대의정부는 한 사람에게 아무 재판도 받지 않은 채 누구라도 람베사나 카옌으로 추방해버릴 수 있는 권한을 안겨주는 것으로 끝이 났다. 그는 쫓겨나는 사람들이 아직도 자신의 환심을 사고 있는 것처럼 믿게 만들었다. 그러나 이 나라 국민의 성격은 이런 것과 상당히 거리가 멀다. 바로 이 점에서 그들이 대의정부와 맞을 수 있을 것으로 보인다. 그들은 오랜 전통과 그들 고유의 생각에 바탕을 두지 않은 채 자신들에게 권력을 행사하려는 그 어떤 시도에 대해서도 대단한 거부감을 가지고 있다. 동시에 다른 사람들에게 권력을 휘두르는 것에 대해서도 관심이 적다. 정치활동에 아무런 흥미도 없지만, 관직을 추구하는 사람들이 어떤 사적 동기에서 움직이는지 훤히 꿰고 있다. 그래서 이들은 사회적 지위 때문에 직접 찾아 나서지 않는 사람이 그 일을 맡기를 바란다. 이런 사정을 외국인들이 파악하면 영국인이 보여주는 극히 모순된 정치적 행동에 대해서도 이해할 수 있을 것이다. 즉 영국인은 주저하지 않고 상류 계급의 지배를 받아들이지만, 그렇다고 높은 사람들에게 개인적으로 굴종한다는 생각은 전혀 하지 않는다. 따라서 권력자들이 일정한 한계를 넘어 자신의 권리를 침해한다 싶으면 가차 없이 저항의 깃발을 든다. 그리고 지배자들에게 반드시 자신이 원하는 방식으로 통치하지 않으면 안 된다는 사실을 분명히 주지시킨다. 이런 까닭에 엽관 운동이라는 것은 영국인의 국민성과 도대체 거리가 멀다. 공직과 밀접한 관련이 있는 몇몇 가문과 사회세력을 제외하고 이야기한다면, 영국인이 생각하는 인생의 성공 가도는 사업이나 전문직 등 전혀 다른 차원에 있다. 따라서 정당이나 유력한 사람들이 단순히 공직을 둘러싸고 다툼을 벌인다는 것은 대단히 부끄러운 일이 된다. 공직을 여럿 차지하려 드는 것이야말로 글자 그대로 혐오의 대상이 될 수밖에 없다. 반면 관료제가 군림하는 대륙의 여러 나라에서는 사람들의 관심이 언제나 그런 일에 쏠려 있다. 이곳 사람들은 세금을 더 내는 일이 있더라도 자신이나 친척이 공직을 맡을 수 있는 가능성이 조금이라도 줄어드는 것은 용납하지 않는다. 그래서 아무리 재정긴축이 시급한들 공직의 숫자를 줄이는 것은 생각조차 할 수 없다. 그럴 바에야 차라리 월급이 깎이는 것이 더 나은데, 문제는 보통의 사람들로서는 그렇게 낮은 수준의 임금을 받으며 공직생활을 감당할 엄두가 나지 않는다는 데 있다.

5장 대의기구의 주요 기능

대의정부에 관해서 논의할 때, 한편으로 대의정부의 포부나 본질, 다른 한편으로 우연한 역사적 사건이나 특정 시기에 유행하던 생각에 의해 포부가 구체화된 특정 형태를 구분하는 것이 무엇보다 필요하다.

대의정부는 인민 전체나 다수가 주기적 선거에서 뽑은 대표를 통해 최고 통치권력을 행사하는 정부 형태다. 인민이 최고 권력을 행사한다는 점에서 다른 모든 정치체제와 구분된다. 대의정부에서는 인민이 이 최고 권력을 완벽하게 장악해야 한다. 그들이 원하기만 한다면 정부가 하는 모든 일의 가장 높은 주인 자리에 올라가야 한다. 헌법이 꼭 인민에게 그런 권력을 부여해야 할 이유는 없다. 영국의 경우에는 그렇게 하지 않는다. 그런데 결과적으로는 인민이 최고 권력 역할을 수행하게 한다. 혼합정부와 균형정부에서 최종 결정권을 가진 권력은 순수 군주정 또는 순수 민주정만큼이나 한군데로 집중되어 있다. 그래서 과거 고대인들은 균형 헌법이 불가능하다고 생각했고, 이 점에 대해서는 현대의 탁월한 전문가들도 같은 생각이다. 언제나 균형을 잡기 위한 노력이 있었지만 엄격한 의미의 완전 균형은 불가능했다. 그런 권력의 불균형

상태가 현실 정치제도 속에 제대로 반영되지 못한다. 영국의 정치제도를 보면, 주권을 구성하는 세 부처가 권력을 나누어 가지는데, 어느 한 쪽이라도 이런 권력을 액면 그대로 사용한다면 정부의 모든 기능이 중단되고 말 정도다. 따라서 각 부처는 명목상 각각 상대방을 제압하고 통제할 수 있는 동등한 권력을 보유하고 있다. 그동안의 경험에 비추어 본다면, 각 부처가 자기 위상을 강화하고 싶은 생각에서 그 권력을 행사하지 않으리라고 장담할 수가 없다. 동시에 다른 하나나 두 부처가 합쳐서 자신을 공격한다면 자기방어 차원에서 가진 권력을 총동원해서 저항할 것도 분명한 사실이다. 이런 일이 벌어질 때, 나머지 쪽에서 비슷한 대응을 하지 않을 리가 있겠는가? 따라서 헌법 안에 문장으로 표현되지 않은 기본 원리, 다른 말로 하면 그 나라 고유의 정치윤리를 살펴보아야 한다. 헌법상 최고 권력이 누구에게 있는지 알기 위해서는 각국의 정치윤리를 조사해보아야 하는 것이다.

영국 국왕은 의회가 제정한 법안을 거부하고, 누구든 원하는 사람을 내각에 임명할 수 있는 헌법적 권한을 지닌다. 의회가 반대해도 상관없다. 그러나 실제 상황은 다르다. 이 나라의 헌법 정신이 그런 권한이 발동되는 것을 차단함으로써 유명무실한 것으로 만들고 있다. 하원이 내각의 우두머리를 실질적으로 임명함으로써 결국 최고 주권자의 역할을 수행한다. 그러나 법적 권한을 제약하는 이러한 불문율은 실제 정치권력의 현실적 분할과 조화를 이루어야만 그 효력을 낼 수 있고 또 존재할 수도 있다. 어떤 정치체제든, 헌법적 관행을 지탱해오던 타협이 붕괴되면서 권력 다툼이 심각해질 때 상황을 정리할 최고 권력자가 필요할 수밖에 없다. 헌법이 정치 현장에서 주도권을 잡고 있는 세력에게 그에 상응하는 힘을 실어줄 때에만 헌법 원리라는 것도 일관되게 작동할 수 있는 것이다. 영국에서는 다수 인민이 그런 세력이 된다. 따라서 각종 정치 집단의 행동을 사실상 규제하는 불문율과 더불어, 영국의 법제도가 그런 민주적인 요소의 실제 권력에 상응하게 정부의 모든 부처를 통괄하는 최고 권력을 부여해야 한다. 그렇지 않다면 영국의 두드러진 특징이라고 할 체제 안정이 불가능할 것이고, 법이나 불문율이 변경되어야만 할 것이다. 이런 이유에서 영국 정부는 올바른 의미의 대의정부라고 할 수 있다. 인민에게 직접적으로 책임지지 않는 세력이 권력을 행사하는데, 이는 지배자가 자신의 오류를 방지하기 위해 스스로 부과한 견제장치라고 보아도 좋다. 체제의 건강을 유지하는 모든 선진 민주국가가 이런 경고 체계를 갖추고 있다. 과거 아테네의 민주주의가 이런 요소를 상당 부분 구비하고 있었고, 오늘날 미국도 그렇다.

국가의 실질적 최고 권력이 인민의 대표에게 있어야 한다는 것은 부인할 수 없는 사실이다. 그러나 그런 대의기구가 어떤 기능을, 그리고 정부 조직 속에서 구체적으로 어떤 역할을 직접, 그리고 개인적으로 수행해야 하는지 의문이 많다. 모든 사안을 최종적으로 결정하는 것이 대의기구의 기능이라면, 대의정부의 본질은 하나라고 하더라도 이런 각도에서 다양한 변화가 생기기 마련이기 때문이다.

정부 일을 통제하는 것과 실제 집행하는 것 사이에는 본질적인 차이가 있다. 어떤 사람이나 기관이 모든 일을 통제할 수는 있겠지만, 통제하면서 동시에 직접 집행할 수는 없다. 그리고 많은 경우에 그런 일을 직접 처리하지 않을수록 더 완벽하게 통제할 수 있다. 군대의 지휘관이 직접 전투에 참가하거나 공격을 이끌면 부대를 효과적으로 통솔할 수가 없다. 사람들의 조직에서도 마찬가지다. 일 중에는 어떤 조직이 해야 되는 것이 있는가 하면, 그 손이 닿지 않아야 잘되는 것도 있다. 따라서 '민주적 의회가 무슨 일을 통제해야 하는가'와 '무슨 일을 직접 처리해야 하는가'는 별개의 문제다. 우리가 지금까지 살펴보았듯이, 의회는 정부의 모든 활동을 통제해야 한다. 그러나 어떤 경로를 통해야 이런 총체적인 통제가 가장 효율적으로 이루어질 것인지, 그리고 정부의 업무 중 어떤 분야를 대의기구가 직접 처리해야 하는지를 결정하기 위해서는, 많은 사람으로 구성된 조직이 어떤 일을 잘 처리할 수 있을지 먼저 고려해보아야 한다. 잘해낼 수 있는 일만 직접 감당해야 하는 것이다. 나머지 일에 대해서는 직접 하기보다 다른 조직이 잘 처리하도록 조치를 취하는 것이 바람직하다.

예를 들어 인민의 대표기구는 특히 세금과 관련된 문제를 놓고 투표하는 일에 다른 어떤 조직보다 더 잘할 수 있다. 그러나 어느 나라에서도 대의기구가 스스로 또는 대리인을 시켜 세금 계산에 나서지는 않는다. 비록 세출 문제는 하원이 직접 결정해야 하고, 세입을 다른 재정지출 항목으로 전용하는 것도 의회의 승인이 필요한 사안이지만, 국고와 관련된 문제는 반드시 왕의 관할 아래 있어야 한다는 것이 헌법의 일관된 원리고 정책이다. 예산안은 국가의 지출을 예상해서 계획을 세우고 계산하는 행정부의 책임 사항이다. 따라서 총액의 조정, 세부적이고 구체적인 집행 내용에 대한 계산과 판단이 전적으로 행정부의 몫이라는 것은 의심의 여지가 없다. 의회가 세수稅收나 지출을 직접 주도하는 것은 기대할 수가 없고 허용되지도 않는다. 의회가 할 수 있는 일이라고는 단지 정부의 예산안에 동의하든지 아니면 거부하는 것뿐이다.

이런 헌법 조항에 담긴 원리를 끝까지 따라가다 보면, 대의기구가 해야 하는 적합한 기능의 범위와 한계가 명확하게 드러난다. 첫째, 대의체제를 실제로 운용하고 있는 모든 나라에서 다수의 사람으로 구성된 대의기구가 행정을 담당해서는 안 된다는 것에 대해 생각을 같이 하고 있다. 이와 같은 생각은 좋은 정부에 관한 가장 기본적인 원리뿐만 아니라 관련 업무를 성공적으로 처리하기 위한 종합적인 고려 위에서 출발한다. 일사불란한 명령 체계 아래 잘 조직된 집단이 아니라면 올바른 의미의 행동을 하는 데 적합하지가 않다. 주어진 과제에 대해 전문식견을 가진 소수의 인원으로만 구성된 위원회조차도 그중 어느 한 사람에 비해 언제나 뒤떨어지는 도구가 될 수밖에 없다. 그 개인이 조직의 우두머리가 되어서 나머지 사람들을 통솔한다면 위원회의 역량도 많이 향상될 것이다. 그러나 숙의熟議(deliberation)를 할 때는 여러 사람으로 구성된 조직이 어느 한 개인보다 더 잘 할 수 있다. 사람들 사이에서 서로 부딪히는 의견을 놓고 청문회와 깊은 토론을 하는 것이 필요하거나 중요할 경우, 숙의를 담당하는 조직이 없으면 안 된다. 이런 조직은 때로 행정부 일을 처리하는 데도 유용할 수 있지만, 대개는 오로지 자문을 위해 필요하다. 행정과 관련된 일이라는 것이 그 성격상 한 사람의 책임 아래 맡겨질 때 더 효율을 내는 것이 일반적이기 때문이다. 심지어 합자회사도 이론적으로는 아닐지라도 실제적으로는 경영 책임자를 두고 있다. 회사의 경영이 잘되고 못되는 것은 기본적으로 어떤 한 사람의 능력에 달린 것이다. 경영진의 나머지 사람들은 최고 책임자에게 조언을 함으로써 그리고 그가 잘못을 저지를 때 견제하거나 자리에서 물러나게 함으로써, 그나마 회사에 기여할 수 있다. 그들이 회사의 경영 문제에 최고 책임자와 대등한 영향력을 행사한다는 것은 도움이 되기는커녕 그들이 가지고 있는 장점을 발휘하는 데 커다란 걸림돌이 된다. 그렇게 되면 최고 경영자 한 사람이 홀로 져야 하는 책임감을 심각하게 희석시키면서 능력을 발휘하기 어렵게 만드는데, 다른 사람들의 경우에도 마찬가지다.

민주적인 방식으로 구성된 의회가 행정을 맡는 사람들을 감독하거나 세세한 일에 지시를 내리는 일은 더욱 맞지 않다. 더 냉정하게 평가하자면, 이런 식으로 간섭하는 것은 거의 언제나 부작용만 일으킬 뿐이다. 모든 행정 부처가 하는 일은 숙련된 기술을 요구한다. 이런 일에는 각기 독특한 원리와 전통적인 규칙이 작동하는데, 이들 중 상당수는 한때 직접 그 일을 담당했던 사람이 아니면 잘 알 수가 없기 때문에, 그 부처가 하는 일에 구체적으로 익숙하지 않으면 그 어느 것도 쉽게 이해할 수 없다. 물론 공공행정이라는 것이 무엇인가 신비로운 것으로 가득 차서 처음 일을 시작한 사람이 아니면 도대체 해당 업무를 제대로 파악할 수가 없다는 말은 아니다. 그런 일을 처리하는 데 필요한 원리 같은 것들은 기본적인 상식을 갖춘 사람, 즉 관련 업무를 둘러싼 환경과 조건의 실상을 정확하게 파악한 사람이면 누구나 다 이해할 수 있다. 그러나 이렇게 되기 위해서는 우선 그 환경과 조건을 알아야 하는데, 이런 지식이 그저 직관적으로 습득되는 것은 아니다. (사기업과 마찬가지로) 모든 분야의 행정 업무에는 대단히 중요한 규칙들이 상당히 많이 있는데, 해당 업무에 생소한 사람들은 그런 규칙이 왜 존재해야 하는지 알기가 어렵고, 때로 상상도 못하는 경우도 있다. 어떤 일을 할 때 예상되는 위험을 피하고 불편함을 제거하기 위한 목적에서 만든 규칙이지만, 관계가 없는 사람은 평소에 그런 생각을 할 이유가 없기 때문이다. 나는 분명 보통 이상의 능력을 가진 공인과 장관들을 꽤 많이 아는데, 이들은 낯선 부처에 처음 취임했을 때 분수 모르는 행동 때문에 아랫사람들을 꽤 즐겁게 해주는 경우가 많았다. 누구든지 처음 오면 대단한 발견이라도 한 듯 소동을 벌이다가 조금만 지나면 생각이 잘못되었다는 것을 스스로 깨닫는 일을 그 높은 사람들도 되풀이하기 때문이다. 위대한 정치가란 전통에 부응할 뿐 아니라, 필요할 때 그것을 부술 수도 있는 사람이다. 그러나 전통에 대해서 무지한 채 그런 일을 할 수 있다고 생각하면 그것은 대단한 착각이다. 인간의 일반적 경험이 인정하는 행동원리를 철저하게 알지 못하는 사람이 그런 통상적인 행동원리 이상의 것을 요구하는 환경에 대해 제대로 판단할 수가 없다. 공공기관이 하는 일에 따라 형성되는 이해관계, 그리고 그런 일을 특정한 방식으로 처리할 때 일어날 수 있는 결과들을 평가하고 그 의미를 따져보자면, 관련 지식과 특수한 전문적 판단이 없어서는 안 된다. 이런 것들에 단련되지 않은 사람이 그런 지식과 판단을 구비한다는 것은 법을 정통으로 공부하지 않은 사람이 그쪽 분야를 개혁하는 것만큼이나 터무니없는 일이다. 행정부의 어떤 특별한 행위에 관한 결정을 내리려 하는 대의기구는 분명 이 모든 어려움을 간과할 것이다. 그것은 무경험이 경험에 대해 판단을 하고, 무지가 지식에 대해 판단하는 것과 같다. 자신이 모르는 것의 존재에 대해 결코 의심하지 않는 무지는 조심성이 없을 뿐 아니라 거만하기까지 하다. 자기의 판단보다 더 주의를 기울일 가치가 있는 판단에 대해 적대감까지 품는 것은 아니라 하더라도 어쨌든 애써 무시한다. 이해관계가 얽히지 않으면 그래도 봐줄 만하다. 실제로 이해관계가 걸리면, 여론의 감시를 받고 있는 정부 공직자들이 저지를 수 있는 최악의 부패보다도 더욱 뻔뻔스럽고 대담한 부정축재를 자행할 것이다. 이해관계가 얽힌 편견이 의회의 다수파에까지 확대되는 것은 바람직하지 않다. 어떤 특수한 경우라도 의회의 의원 두세 명만 그런 편견을 가지면 충분히 일을 꾸밀 수 있다. 의회의 다른 사람들이 올바른 방향으로 돌리기 위해 애를 쓰더라도, 이들 두세 명이 전체를 오도하기 위해 기울이는 노력을 당하지 못한다. 다수의 의원은 자기 손을 깨끗하게 유지할 수 있을 것이다. 그러나 그들이 마음을 놓지 않고 바짝 경계를 하거나, 잘 모르는 일에 현명한 판단을 내릴 수는 없다. 그리고 게으른 다수는 게으른 개인과 마찬가지로 수고를 마다하지 않는 사람들의 수중에 들어갈 수밖에 없다. 타당하지 않은 조치나 잘못된 장관 임명에 대해서는 의회가 견제할 수 있을 것이다. 특정 사안을 둘러싸고 방어하는 입장이나 공격하는 쪽 모두 상당히 대등한 토론의 장을 마련할 수 있을 것이다. 그러나 "감시자는 누가 감시할 것인가?"[34] 의회의 권력은 누가 견제할 것인가? 한 부처의 책임자인 장관은 자신의 일에 책임감을 느낀다. 그러나 의회는 그런 경우

34 고대 로마의 풍자 시인 유베날리스Decimus Junius Juvenalis(60?~140?)가 한 말이다.

에 전혀 책임감을 느끼지 않는다. 의원이 어떤 구체적인 행정문제에 관해 던진 투표 때문에 의석을 잃은 전례가 있던가? 장관이나 한 부처의 책임자는 자신이 하는 일이 당장 어떤 결과를 낳을 것인가보다는 먼 미래에 일으킬 효과를 더 중요하게 생각한다. 그러나 의회는 황급하게 제기되거나 인위적으로 촉발된 것이라 하더라도 눈앞의 아우성에 끌려가기 십상이다. 그 결과가 아무리 나쁘더라도 사람들이 전부 눈을 감아준다. 의회는 자신이 저지른 잘못 때문에 전국적인 차원에서 그 폐해가 드러나기 전까지는 그런 행위에 대해 개인적으로 아무런 고통도 느끼지 못한다. 장관과 행정가들은 그렇지 않다. 그런 나쁜 결과를 방지하기 위해 고통과 수고를 아끼지 않는 것이다.

대의기구는 행정 문제에 관해 어떤 일을 해야 하는가? 의회는 투표를 통해 행정에 관한 결정을 내리지 않는다. 의회가 할 일은 행정을 직접 담당하는 직책에 적합한 사람이 앉도록 돌보아주는 것이다. 그 선을 넘어 어떤 사람을 임명하려 들면 좋을 것이 없다. 공직자를 임명하는 일만큼 강한 책임감이 요구되는 것도 없다. 공무에 밝은 모든 사람의 경험이 증언하듯이, 공직자는 일반 국민보다 도덕 수준이 높아야 한다. 자격 요건과 능력에 대해 세심한 주의를 기울여 적합한 사람을 잘 골라야 한다. 어떤 장관이 자신의 양심에 맞게 개인적인 연줄이나 정파에 상관없이 적격자를 뽑을 것처럼 행세하면, 사정을 잘 모르는 외부인은 그 장관이 정말 가장 적합한 인물에게 자리를 맡기려 한다고 생각할지 모르겠다. 그러나 그런 일은 결코 일어나지 않는다. 장관이 정말 능력 있는 사람이나 사회적 기준에 비추어 자격을 갖춘 인물을 임명하게 된다면 (비록 그런 능력이나 자격이라는 것이 해당 업무를 수행하는 데 전혀 도움이 되지 않는 것이라 하더라도) 장관 스스로도 놀랄 것이다. 자신에게 그런 놀라운 덕목이 있다고 생각하지 않기 때문이다. 피가로는 "계산을 잘 하는 사람이 필요한데, 엉뚱하게 춤 잘

추는 사람이 그 자리에 앉았다"고 꼬집었는데, 이는 오늘날에도 통하는 이야기다. 임명된 그 사람이 춤을 잘 추면, 장관은 자신에게 흠이 없을 뿐 아니라 오히려 칭찬을 들어야 한다고 생각할 것이 틀림없다. 나아가 특별한 일을 맡을 특별한 사람이 갖추어야 할 자격요건은, 그 사람을 잘 아는 인물, 또는 과거에 한 일이나 행동을 통해 공직에 적합한지 여부를 가리고 판단하는 일을 전문적으로 해온 인물이 판정해야 한다. 책임을 지고 임명권을 행사해야 할 고위 공직자들이 양심을 걸고 지켜야 할 이런 의무조항들을 턱없이 무시한다면, 책임을 지지 않아도 되는 의회는 어떻게 하겠는가? 오늘날에도 대의기구 안에서 지지파를 규합하거나 반대파를 제거할 목적으로 최악의 인물을 임명하는 일이 벌어지고 있다. 이런 상황에서 대의기구 자체가 임명권을 행사한다는 것이 말이 되겠는가? 상당수 기구가 특별한 자격요건에 대해 전혀 고려하지 않고 있다. 사형집행대에나 올라서야 할 정도로 형편없는 작자가 아니라면 누구든, 자신이 다른 사람들이 하는 그 어떤 일에도 적임자가 될 수 있다고 생각할 것이다. 공공기관이 임명권을 행사할 때 정당의 입김에 영향을 받고 사적인 친분관계에 휘둘리는 것이 일반적이다. 그렇지 않은 경우에도 총체적인 능력이 탁월하다는 명성 때문에(이는 때로 전혀 합당한 이유가 되지 못한다), 또는 그저 사람들 사이에서 인기가 좋다는 이유만으로 특정 인물을 임명하곤 한다.

그 누구도 의회 스스로 각료를 임명하는 것이 바람직하다고 생각하지 않는다. 의회가 총리를 실질적으로 뽑거나 총리 후보가 될 사람 두세 명을 결정하는 권한을 가지는 것만으로도 충분하다. 이런 과정에서 의회는 단지 특정 인물이 의회 자신이 지지하는 정책을 펴는 정당의 후보라는 사실을 확인할 뿐이다. 더 구체적으로 말해 의회는 둘 또는 많으면 세 개의 정당이나 집단 중에서 어느 쪽이 집행부를 구성할 것인지 결정하는 일만 할 뿐이다. 그러면 해당 정당이 자기 당원 중에서 누가 최고 직책을 맡을 것인지 선택한다. 그동안 영국의 정치 관행을 보면, 의회가 직접 장관을 지명하지 않는 이런 방식이 가장 좋은 효과를 내는 것 같다. 국왕이 의회의 전반적인 기류와 희망사항을 참작하여 내각의 수반을 임명하고, 나머지 각료는 이 총리의 추천을 받는 방식인 것이다. 각 장관은 종신임기를 보장하지 않는 다른 행정 부처의 책임자를 임명하는 과정에서 한 점의 흠도 없도록 도덕적 책임감을 최대한 발휘해야 한다. 영국과 다른 정치체제를 움직이는 공화국에서는 나름의 절차를 밟겠지만, 그래도 영국이 걸어온 길을 비슷하게 따라갈수록 얻는 것이 더 많다. 이를테면 미국이 하듯이 행정부의 최고 수반은 대의기구로부터 완전히 독립한 어떤 조직이 반드시 뽑도록 하거나, 아니면 대의기구는 총리를 지명하는 것으로 그치고 그 총리가 나머지 각료와 하위직 공무원들을 책임지고 선택하게 하는 방법이 있다. 이런 다양한 제도에 대해 모두가 적어도 이론상으로는 수긍하리라고 믿어 의심치 않는다. 다만 실제 관행을 보면, 의회가 행정부의 구체적인 업무에 자꾸 관여하려는 경향이 강해지는 것을 알 수 있다. 일반적으로 최고 권력을 가진 사람이 점점 더 그 권력을 휘둘러보고 싶은 마음을 가지는 법인데, 의회도 예외가 아닌 것이다. 이것이야말로 장차 의회에 닥칠 실제적인 위험 가운데 하나가 아닐 수 없다.

또 하나가 더 있다. 요즘에 와서야 뒤늦게 그리고 천천히 알려지고 있지만, 다수로 구성된 의회는 행정은 말할 것도 없고 법을 만드는 일에도 적합하지가 않다. 사실 입법 활동은 그 어떤 지적인 작업보다도 더 오랜 실제 경험과 장기간의 힘든 공부를 통한 단련을 요구한다. 다른 이유도 있지만, 특히 이런 까닭에 아주 소수의 전문가로 짜인 위원회가 아니면 입법 활동을 제대로 할 수가 없다. 분명히 유념해야 할 일이 또 있다. 모든 법 규정은 그것이 다른 법 규정에 어떤 영향을 미칠지 대단히 정확하고 장기적인 안목에서 검토하고 난 뒤에 만들어져야 한다. 동시에 새로운 법은 기존의 다른 법과 조금이라도 어긋나지 않는 한도 안에서 제정되어야 한다. 그런데 잡다한 사람이 모인 의회에서 조문 하나하나를 놓고 투표하다가는 이런 조건을 충족할 수가 없다. 기존의 법이 그 형식과 내용에서 더 이상 나빠질 수 없을 정도로 이미 혼란과 모순이 최악상황에 도달한 것이 아니라면, 이런 식으로 법을 만드는 것에 대해 모든 사람이 심각하게 생각할 것이 분명하다. 오늘 이 순간에도 원래의 취지에 어긋나는 현행 입법 과정의 문제점에 대한 비판적 인식이 점점 더 확산되고 있다. 법안을 통과시키는 데 오랜 시간이 걸리는데, 단지 이 이유만으로도 의회가 사소하고 동떨어진 것 외에는 아무것도 통과시키지 못하는 현상이 일상화되는 형편이다. 어떤 문제 전체를 다루려고 시도라도 하는 법안이 제출된다면(전체에 대해 깊이 생각하지 않으면 어떤 부분에 대해서도 제대로 된 법을 만들 수가 없을 것이다) 이런저런 회의와 위원회를 거치지 않으면 안 되는데, 결국은 그렇게 할 시간을 찾는 것 자체가 불가능해진다. 관련 문제에 대해 최고 전문 지식을 갖춘 권위자들이 모든 사항에 대해 꼼꼼히 검토한 뒤에 특정 법안을 만들었다고 해서 상황이 달라지는 것은 아니다. 또는 특정 주제에 관한 전문가들로 구성된 특별위원회가 몇 년에 걸쳐 검토하고 다듬었다고 해도 마찬가지다. 어떤 경우에도 하원이 자신의 어설픈 권위를 내세워 그런 법안에 대해 시비를 걸면서 통과시켜주지 않을 것이기 때문이다. 요즘 들어 관행이 조금 바뀌어, 두 번째 독회에서 어떤 법안의 취지가 받아들여지면 자세한 내용 검토는 특별위원회가 맡아서 한다. 그러나 이렇게 한다고 해서 그 법안이 하원의 소관 위원회를 통과하는 데 걸리는 시간이 특별히 줄어드는 것은 아니다. 이미 전문지식을 가진 사람들에 의해 지적되었던 개인적인 무지나 편견이 계속 문제를 일으키며 시간을 끌기 때문이다. 사실 이런 관행은 선거로 뽑히는 하원보다 시간이 많고, 심사숙고하는 것을 즐기며, 자신의 개인적인 의견을 특별히 부각시키기 위해 안달이 나지도 않는 상원의원들에 의해 일차적으로 만들어졌다고 할 수 있다. 마침내 소관 위원회를 통과하게 된 복잡한 내용의 어떤 법안을 자세하게 검토할 기회를 가지면, 그 한심한 상태에 고개를 젓지 않을 수 없다. 우선 문맥이 닿지 않고 중요한 조항은 빠져 있는데, 나머지 조항들이 제대로 기능하기 위해서도 이런 것은 시정해야 한다. 누군가의 사적인 이익에 대한 집착 때문에 또는 법안 심사를 지연시키겠다고 위협하는 고약한 의원 때문에 법적 일관성이 없는 내용이 끼어들어 온 경우도 있다. 현안에 대해 제대로 알지도 못하는 사람이 잘난 척하면서 슬쩍 끼워 넣은 법조문 때문에 처음 발의를 했던 사람이나 그것에 찬성했던 사람들이 전혀 예상하지 못한 결과가 초래되기도 한다. 결국 더 큰 부작용을 방지하기 위해 다음 회기에 부랴부랴 문제의 법안을 다시 개정하지 않으면 안 된다. 현재 입법 상태가 이 모양이다. 법안이나 그 속의 여러 조항들을 설명하고 그 당위성을 강조하는 일은 처음 그 내용을 구상했던 사람들이 담당하는 것이 옳다. 그러나 사실은 그렇지 못한데, 이들이 의원이 아닐 수도 있다는 것이 그 원인 중의 하나기도 하다. 그러다 보니 처음 발의 과정에 참여하지 않았던 장관이나 의원들이 맡아서 법안의 필요성을 역설해야 하는데, 이들의 지식이라는 것이 참으로 한심하다. 지극히 상식적인 이야기를 늘어놓는데, 그나마 대부분 생각 없이 주워들은 것들이다. 왜 문제의 법안을 만들지 않으면 안 되는지 핵심을 짚어내지 못하고 그 당위성도 효과적으로 정리하지 못한다. 상황이 이러하니 예기하지 못했던 반대 논리가 들어오면 민망할 정도로 허둥댈 수밖에 없다. 그러나 이런 한계에도 불구하고 정부가 만든 법안은 그런대로 탈출구가 있다. 일부 대의국가에서 정부 쪽 인사들에게 상원이나 하원에서 법안의 취지를 설명할 기회를 주기 때문이다.

이 대목에서 대의기구가 마땅히 해야 할 일이 무엇인지 정리해보

자. 하원의원 중 상당수는 개정안을 내거나 발언권을 행사하는 일을 전혀 하지 않는다. 그런데 이들이 하고 싶어 하는 사람들에게 나라 살림을 더 이상 맡겨두려 하지 않는다고 해보자. 또 그들이 입법 활동을 하는 데 꼭 필요한 자질은 그저 매끄러운 말솜씨나 유권자들의 환심을 사는 데 능한 것 이상 그 무엇이며, 마음먹으면 그런 적격자를 찾을 수 있다고 생각한다고 해보자. 이런 전제에서 본다면 행정은 물론 입법 과정에서도 대의기구가 특별히 잘할 수 있는 유일한 일은, 업무를 직접 담당하는 것이 아니라 그것이 잘 되도록 만들고 누구에게 그 일을 맡기면 될 것인지 결정하는 것이다. 그리고 실제 일이 추진되고 나면 국가적 차원에서 그것을 승인할 것인지 아니면 문책할 것인지 결정하는 것도 대의기구의 몫이다. 높은 수준의 문명을 자랑하는 정부라면 전체 각료의 수를 넘지 않는 선에서 법안 만드는 일을 전문으로 맡는 입법위원회와 같은 특별 조직을 반드시 갖추는 것이 좋다. 그리고 이런 수준의 나라에서는 조만간 법조문을 다듬고 조문끼리 서로 충돌하는 일이 없도록 손보아야 할 일이 생기게 마련인데, 이를 위해 조문을 꼼꼼히 따지고 잘못된 것을 고치며 일이 잘못되지 않게 방지하는 일을 전담할 조문심의위원회 같은 조직도 항구적으로 있어야 한다. 그러나 이런 조직 그 자체가 법을 결정한다고 생각하는 사람은 없을 것이다. 민의를 대변하는 일은 의회의 몫이고, 이들은 단지 의회에 자신의 지적 능력을 제공할 뿐이다. 의회가 명확하게 최종 승인하기 전까지는 그 어떤 조치도 법이라는 이름을 가질 수가 없다. 그래서 의회 또는 상하원 중 어느 한 곳이라도 재고의 필요가 있다든가 더 고칠 것이 있다고 판단하면 이런 위원회의 작업을 거부하거나 되돌려 보낼 수가 있다. 그리고 상원이나 하원은 법안을 만들 필요가 있으면 주제를 한정해서 위원회에 작업지시를 내릴 수 있다. 물론 위원회는 국가가 원하는 법안이면 그 어느 것에 대해서도 작업을 거부할 수가 없다. 양원이 합의해서 특정 방향으로

법안을 발의하면 위원들은 자리를 그만두지 않는 한 그 지시를 반드시 따라야만 한다. 그러나 일단 법안이 만들어지면 의회가 그것을 수정할 권한은 없고, 단지 그것을 통과시키거나 아니면 거부할 수 있을 뿐이다. 또는 부분적으로 마음에 들지 않는 내용이 있으면, 그것을 적시해서 위원회에 재고를 요청할 수 있다. 위원들은 국왕의 임명을 받은 뒤 일정한 임기 동안(이를테면 5년) 그 지위를 유지할 수 있다. (법관의 경우가 그렇듯이) 개인적으로 불미스러운 행동을 하거나 또는 의회의 요구를 받아들이지 않는 경우에는 상하 양원이 합심해서 위원의 면직을 결의할 수 있다. 그렇지 않으면 임기를 보장해주어야 한다. 임기 5년이 끝나 재임용되지 않는 위원은 자동으로 그만두어야 한다. 그래야 임무를 수행하는 데 부적절한 사람을 배제하면서 젊고 새로운 인재를 수혈할 수 있을 것이다.

이런 규정의 필요성은 아테네 민주주의에서도 인식되고 있었다. 아테네 민주주의가 절정기에 이르렀을 때, 최고 권력기관이었던 민회도 특정 정책의 구체적 내용에 관한 법령만 통과시킬 수 있었고, 소위 말하는 법률은 소수의 사람으로 구성된 입법심의위원회[35]에 의해서 만들어지고 또 수정되었다. 이 기구는 매년 새로 구성되었는데, 전체 법률을 개정하고 법률 상호간의 일관성을 유지하는 책임도 졌다. 영국 헌법 체계 안에서 형식과 내용 면에서 새로운 변화를 도모한다는 것이 매우 어렵기는 하지만, 기존 형식과 전통을 원용해서 새로운 목적을 지향하는 것에 대해서는 그리 반감이 크지 않다. 내 생각으로는

35 기원전 4세기 무렵 아테네에서는 법령과 법률이 각각 다른 절차에 따라 제정되었다. 법령은 민회나 500인 평의회의 투표로 만들어지는 반면, 법령보다 상위의 법체계인 법률은 보다 복잡한 과정을 거쳐 제정되었다. 매년 시민은 누구나 새 법률의 제정 및 기존 법률의 개정과 폐지를 청원할 수 있는데, 민회에서 이 청원이 수용되면 입법심의위원회가 해당 법률을 심의해서 최종 결정을 내렸다. 입법심의위원회는 기존 법률끼리 서로 모순되는 것은 없는지 검토해서 문제가 되는 법률을 제거하기도 했다.

상원의 기능을 향상시키면 헌법 체계를 강화시키는 방도를 찾을 수 있을 것 같다. 그래서 법안 검토 위원회를 설치한다는 것은 분명 의미 있는 일이기는 하나, 헌법적 혁신이라는 측면에서 볼 때 구빈법救貧法을 집행하기 위한 관청이나 인클로저위원회를 만드는 것과 크게 다를 바가 없다. 입법위원회가 하는 일의 중요성과 그 위엄을 고려해서, 의회가 따로 해임을 요구하지 않는 한 그 위원들을 종신 귀족으로 임명하는 것이 관례가 되고 있다. 이런 맥락에서 상원이 고등 법관의 역할을 하면서 귀족 계급의 사법적 기능을 배타적으로 관할하는 사실을 주목해야 한다. 즉 이와 같은 건전한 판단과 훌륭한 감각을 그대로 이어받아서, 정치적 원리와 이해관계가 얽힌 것이 아니라면 입법에 관한 문제는 전문 의원들에게 맡기는 것이 바람직하다. 그래서 상원에서 처음 발의한 법안은 언제나 상원이 조문을 작성하게 하는 것이 좋다. 정부의 모든 법안도 상원이 그 틀을 만들 수 있게 양도할 필요가 있다. 하원의 개별 의원도 그들 스스로 법안을 만들어 하원에 제출하는 것보다 입법위원회에 맡겨 그쪽에서 검토하는 것이 더 편리하고, 자신들의 구상이 상하 양원을 통과하는 데도 도움이 된다는 것을 점차 깨달을 것이다. 하원의원 누구라도 꼭 통과시켜야 한다고 생각하는 법안을 자신이 준비할 수 있다 싶으면, 하원의 권한으로 언제나 그 기구에게 법안의 내용뿐만 아니라 특정 구체적 제안이나 법안의 초안 전부에 대해 검토하게 할 수 있다. 하원은 초안 상태에 지나지 않는 모든 법안을 입법위원회에 넘겨 검토하게 하고 그 위원회의 권고 사항을 들을 수 있다. 위원회의 손을 떠난 초안에 대해 심의하며 조문을 확정하는 과정에서 의원 누군가가 수정안을 내든가 이의를 제기하면, 이런 사항에 대해서도 위원회의 의견을 묻는 것이 가능하다. 하원 전체회의는 공식적인 폐기가 아니라 시간을 끌며 묵살하는 방법으로 더 이상 법안을 변경하지 못하게 할 수 있다. 이것은 정쟁을 벌일 때 군수품이라든가 다른 고전적 무기의 공급망을 끊는 방식이라고 할 수 있는데, 국왕의 거부권 행사와 같은 효력을 지닌다. 사람들이 그런 무기가 사용되는 것을 보고 싶어 하지는 않지만, 그래도 비상 상황을 대비해서 완전히 손을 털려 하지는 않을 것이다. 이렇게 하면 입법 과정에서 숙련된 노동과 전문적인 연구, 그리고 경험이 더해지면서 제대로 된 법을 만들 수 있다. 그 결과로 현대 사회의 가장 중요한 자유, 즉 국민의 대표자들이 동의한 법에 의해서만 지배를 받는다는 점이 확실히 보장될 수 있을 것이다. 나아가 오늘날 무지하고 핵심을 놓치는 입법 과정이 초래하는, 심각하지만 결코 피할 수 없는 부작용도 멀리할 수 있을 것이다.

결국 대의기구에게 정부가 하는 업무를 맡긴다는 것은 터무니없는 일이다. 이는 전혀 맞지가 않다. 대신 정부를 감시하고 통제하는 것이 대의기구에게 잘 맞는 일이다. 이를테면 정부가 하는 일이 투명하게 드러나게 하는 것, 조금이라도 의심스러운 조치가 눈에 띄면 충분히 해명하고 그 이유를 밝히도록 하며 문제가 있다 싶으면 엄정하게 비판하는 것, 정부 인사가 권한을 남용하거나 국민 일반의 양식과 어긋나는 처사를 하면 자리에서 물러나게 한 뒤, 명시적으로나 실질적으로 그 후임을 임명하는 것 등이 의회가 해야 할 일이다. 이것만 해도 그 권한이 막강하며, 국민의 자유를 지키는 데 그 힘이 충분하다. 그런데 의회는 이런 권한과 더불어 다른 기능도 수행하는데, 그 중요성에서 앞의 것 못지않다. 즉 의회는 국민의 불만 사항을 듣고 취합하는 고충위원회와 각종 여론을 종합하는 국민여론위원회의 역할도 함께 수행하는 것이다. 이런 장치를 통해 의회는 일반 국민의 여론뿐만 아니라 각계각층, 특히 지도층 인사들의 생각과 입장을 빠짐없이 반영하며 토론에 부치기도 한다. 모든 사람이 자기만큼 또는 자기보다 더 자신의 생각을 잘 표현할 수 있는 대표자를 통해, 친구나 자기편 사람들만이 아니라 반대하는 사람들의 면전에서도 가능한 여러 상반되는 의견을 듣고 입장을 표시할 수 있게 된다. 수에 밀려 자기 입장을 관철하지 못하는 사람들도 적어도 자기 의견을 말할 기회를 가졌다는 사실에 만족을 느낀다. 나아가 단순히 다수파의 뜻에 밀렸다기보다 더 우월하다고 생각되는 주장에 설복되었다고 믿으면서, 다수 국민의 대표자가 결정한 바를 흔쾌히 따를 수 있다. 나라 안의 모든 정파나 여론 집단이 자신의 입장을 정확하고 분명하게 표명할 수 있기 때문에 여러 세력 또는 권력이 부추기는 편견을 극복할 수 있다. 다수 국민이 자신들의 생각을 드러내는 한편, 정부 안에 그런 생각을 가진 사람들이 들어가게 할 수도 있다. 따라서 정부는 여론의 동향에 영향을 받을 수밖에 없다. 정치인들도 이런 기구를 통해 여론의 향배를 가장 정확하게 파악할 수 있기 때문에, 당장에 필요한 일뿐만 아니라 장차 취해야 할 조치를 준비하는 것도 가능해진다. 흔히 대의기구를 싫어하는 사람들은 그것이 말 많은 사람이 모여서 수다나 떠는 장소라고 비웃는다. 그러나 대의기구가 중차대한 국가적 이익이 걸린 문제를 놓고 토의하거나 의원들이 나누는 한 마디 한 마디가 국가의 중요한 기구 또는 그런 기구의 고위직 대표자들의 입장과 생각을 대변한다고 할 때, 대의기구가 담화를 나누는 것 이상으로 더 어떻게 자신의 기능을 잘 수행할 수 있을까? 대의기구는 나라 안에 존재하는 모든 이해관계 당사자와 각계각층의 입장이 정부 당국자와 여러 다른 조직과 집단 앞에서 강력하고 열정적으로 대변될 수 있는 기회를 제공한다. 또 그들이 그런 발언을 듣고 따르든지, 아니면 왜 그렇게 할 수 없는지 명확하게 그 이유를 대게 만든다. 따라서 대의기구는 세상의 그 어느 정치조직보다도 더 중요한 역할을 한다. 이것이야말로 자유정부가 누리는 이점 중에서도 으뜸가는 것이라 하지 않을 수 없다. 만일 대의기구가 '행동'을 하지 않는 것이 허용된다면, '담화'가 결코 비웃음의 대상이 되지 않을 것이다. 대의기구가 담화와 토론을 자신의 1차적 업무로 인지하고, 토론의 결과로 나타나는 행동은 잡다한 인원이 아니라, 해당 업무를 위해 전문적으로 훈련받은 개인이 담당해야 할 몫이라는 사실을 제대로 인식한다면, 결코 그런 일이 일어날 수가 없는 것이다. 의회는 단지 그 개인들이 품성 바르고 지적 능력을 갖춘 사람들 중에서 선발되는지 감시하는 일에 집중해야 한다. 그들이 하는 일에 대해 아무 제한 없이 비판하고, 필요하다면 제안하는 것, 그리고 국가적 차원에서 신임을 주든지 아니면 철회하는 것 이상으로 간섭해서는 안 된다. 이런 사려가 부족하다 보니 민주주의 체제의 의회가 잘할 수 없는 일, 즉 통치와 입법에 관여하려 하고 자기 식으로 일을 처리하려 한다. 이런 식으로 헛심을 쓰면 정작 잘할 수 있는 담화에 집중하지 못하게 되는 것이다. 입법부 같은 조직에 전혀 적합하지 않은 일이 어떤 것인지 따져보면 그런 조직이 무슨 일을 더 잘할 수 있을지 명확해진다. 의원들은 나라 안에서 정치적 감각이 가장 뛰어난 사람이 아니다. 이들의 주장은 국민의 생각을 정확하게 담아내지 못한다. 그러나 입법부가 잘만 구성된다면, 국정에 자기 의견을 당당히 밝힐 자격이 있는 각계각층의 입장을 골고루 반영할 수 있다. 대의기구가 할 일은 나라의 당면 과제를 부각시키고, 국민의 요구사항을 접수하며, 크고 작은 공공 문제를 둘러싼 온갖 생각을 주고받는 토론의 장이 되는 것이다. 이런 기능과 더불어, 의회는 정부의 일을 직접 수행하거나 실무를 담당할 사람들을 임명하는 권한을 가진 고위 공직자들을 엄중하게 견제하는 한편, 크게 잘못하는 사람을 최종적으로 자리에서 물러나게 할 수 있다. 대의기구의 기능을 이런 합리적인 한계 안에서 억제해야만 한편으로는 민주적 통제, 다른 한편으로는 숙련된 입법과 행정이라고 하는 그에 못지않게 중요한 목표(사실 사회가 점점 더 복잡해지고 그 규모도 커지면서 이런 일의 중요성이 한층 더 증대된다)를 함께 달성할 수가 있는 것이다. 이 두 측면이 주는 혜택을 충분히 누리자면 각각의 기능을 분리하는 것 외에는 대안이 없다. 즉 통제와 비판을 담당하는 부처를 실제 업무를 추진하는 기관으로부터 떼어놓아야 한다. 앞의 일은 다수 국민을 대표하는 기구에 맡기고, 뒤의 일은 국민에 대해 엄격하게 책임을 지는 조건으로 전문 지식을 갖추고 특수 훈련을 거친 소수의 경험자에게 위임하는 것이 바람직하다.

지금까지 국가의 주권자 역할을 하는 대의기구의 기능에 대해 검토해보았다. 이런 논의를 충분히 이어가자면 지역 단위를 포함하는 소규모 하위 대의기구까지 세밀하게 따져보아야 한다. 이 책도 그런 과제를 염두에 두고 있다. 그러나 이 일은 일단 뒤로 미루는 것이 좋겠다. 우선은 국가 주권기관으로서 법 집행 과정과 나라 살림을 책임지는 행정부를 통제하는 사명을 띠고 있는 최상급 대의기구에 논의를 집중하는 것이 필요하기 때문이다.

6장 대의정부를 가로막는 위험 요소들

어떤 정부 형태든 결함이 있기 마련인데, 그 결함의 성질이 소극적일 수도 있고 적극적일 수도 있다. 정부 당국자가 일을 잘할 수 있으려면 그에 상응하는 권한을 제대로 가져야 하는데, 그렇지 못할 경우 소극적인 결함을 지닌 것으로 보아야 한다. 또는 정부가 개별 시민의 활동력과 사회적 감정을 충분히 발전시키지 못할 때도 같은 평가를 내릴 수 있다. 이 두 가지 문제는 너무 명백하므로 여기에서 길게 이야기할 필요가 없을 것이다.

정부가 질서를 유지하고 사람들의 발전을 도모할 수 있을 정도로 충분한 권력을 가지지 못하는 것은 어떤 특정한 정치적 조직과 관련된 문제라기보다 원시적이고 초기 상태인 사회 일반에서 볼 수 있는 현상이다. 사람들이 일정 수준의 권력 앞에 복종하는 것은 그 자신에게도 이익이 된다. 그러나 원시적인 고립 상태의 사람들은 그렇게 하지 못한다. (앞에서 말했듯이) 이런 상태의 사회는 아직 대의정부를 받아들일 수 있는 단계에 이르지 못했다. 대의정부를 받아들일 때가 되었을 때, 주권자 격인 의회는 필요한 일을 모두 처리할 수 있을 정도의 충분한 권력을 보유하지 않으면 안 된다. 만일 행정부에게 적절한 수준의 권한이 주어지지 않는다면, 이는 의회가 행정부에 대해 견제하는 마음이기 때문일 것이다. 이런 일은 의회가 행정부를 실효적으로 압박할 헌법적인 권한을 확립한 곳에서는 결코 일어날 수 없다. 따라서 의회가 그와 같은 헌법상 권리를 원칙적으로는 물론 실제로도 확보한다면, 행정부 각료들이 적절하게 권한을 행사하는 것을 의회가 두려워할 이유가 없다. 오히려 의회가 너무 후하게, 무한정 베풀까 염려해야 할 것이다. 각료들이 행사하는 권한이 곧 행정부 자체의 권한이기 때문이다. 사실 의회가 생각 없이 권한을 내주고 나서 사후에 행정부가 하는 일에 간섭하는 경우가 자주 있다. 덜컥 권한을 부여하고 나서 과도한 권한을 회수하느라 행정부에 세세하게 간섭하려 드는데, 통제 기능을 담당하는 의회로서 매우 조심해야 할 일이 아닐 수 없다. 통치권을 행사하는 사람을 비판하고 견제하는 역할을 담당하는 의회가 하는 일을 둘러싸고 현실적으로 벌어지는 부정적인 양상에 대해서는 앞 장에서 충분히 논의했다. 이런 위험을 충분히, 그리고 분명하게 인식해야 예상되는 잘못을 방지할 수 있을 것이다.

정부가 보이는 또 다른 소극적 결함으로 개인들의 도덕적·지적·활동적인 능력을 충분히 활용하고 꽃피우지 않는 것을 들 수 있다. 이 측면은 전제정치의 해악을 살펴보면 분명히 드러난다. 이런저런 형태의 민주정부가 보여주는 중요한 장점은 시민의 정치 참여를 가장 폭넓게 확대해준다는 사실이다. 우선 가능하면 모든 사람에게 보통선거권을 준다. 또한 다른 중요한 목적에 위배되지 않는 한, 모든 계급의 시민에게 사법과 행정의 세부적인 업무에 가능한 한 많이 참여할 수 있게 해준다. 이를테면 배심원으로 재판에 참여하고, 지방 관공서에 취직을 하며, 그리고 무엇보다 최대한 자유롭게 공개적으로 토론에 뛰어들게 한다. 이를 통해 사회적으로 성공한 소수의 사람만이 아니라 전체 인민이 어느 정도까지는 정부 업무의 참여자가 되는 것이다. 모든 사람이 이런 참여 과정을 통해 얻는 지혜와 정신 훈련의 수혜자가 될 수 있는 것이다. 물론 이득뿐만 아니라 한계도 있겠지만, 그 자세한 내용은 뒤에 행정 문제를 다룰 때 언급하기로 하자.

여러 정부 형태가 보여주는 적극적인 결함에 대해서도 생각해보자. 이는 두 가지로 압축될 수 있다. 첫째, 통제 기구가 전반적으로 무지와 무능력에 빠지는 것, 좀 더 부드럽게 표현하자면 정신적 자질을 충분히 갖추지 못하는 경우다. 둘째, 그 기구가 공동체 전체의 복리와 일치하지 않는 이해관계의 영향 아래 놓이는 위험성을 생각해보아야 한다.

이런 결함 중에서 첫 번째, 즉 높은 수준의 정신 능력을 갖추지 못하는 것은 흔히 민주정부가 다른 형태의 정부에 비해 눈에 띄게 부족한 측면이라고 인식된다. 왕정은 에너지가 넘치고, 귀족정은 일관성과 신중함이 돋보인다. 이에 비해 민주정부는 꽤 괜찮은 경우에도 변덕스럽고 근시안적인 행태를 보일 때가 너무 많다. 그러나 이와 같은 통념은 곰곰 생각해보면 그렇게 근거가 든든하지 못하다.

전형적인 왕정과 비교해볼 때, 대의정부에게 이런 비난을 보내는 것은 온당하지 못하다. 무지막지했던 초기를 지나고 나면 귀족정과는 거리가 먼, 글자 그대로의 세습 왕정은 대의정부의 결점이라고 여겨지는 모든 특성을 훨씬 많이 보여준다. 여기서 무지막지했던 초기는 빼고 이야기해야 한다고 했는데, 사회가 정말 그런 상태에 있던 시기에는 최고 권력을 한 손에 장악한 주권자가 지적이고 활동적인 능력을 탁월하게 보여줄 가능성이 상당히 높기 때문이다. 이 무렵에는 왕이 자기 뜻대로 일을 하고 싶어도 고집 센 신하들, 특히 권력을 휘두르는 자들로부터 끊임없이 견제를 받아야 했다. 사회 형편도 왕이 제멋대로 사치나 향락에 빠져들 여유를 주지 못했다. 그저 정신적·육체적 활동, 특히 정치적·군사적 활동 정도가 그를 흥분시킬 수 있는 주된 대상이었다.

말썽을 피우는 추장들이나 법을 지키지 않는 추종자들을 적절히 통제할 만한 힘도 없었다. 그 스스로 압도적인 용기나 수완, 에너지가 없으면 권좌를 오래 유지하는 것도 어려웠다. 영국 역사에서 헨리Henry 이름의 왕들[36]과 에드워드Edward 이름의 왕들[37]이 왜 평균 이상의 탁월한 능력을 보여주었을까? 이를 이해하기 위해서는 에드워드 2세[38]와 리처드 2세[39]의 비극적 운명을 눈여겨보아야 한다. 그리고 존[40]과 그의 무능한 후계자[41]가 초래했던 내란과 혼돈을 주목해야 한다. 종교개혁의 혼란기에 엘리자베스 1세,[42] 앙리 4세,[43] 구스타브 아돌프[44] 같은 몇몇 뛰어난 세습군주가 출현했던 것도 잊어서는 안 된다. 그러나 이들은 대부분 역경 속에서 자라나, 적통을 이어받은 후계자들의 예상치 못한 실패 때문에 왕좌에 오를 수 있었다. 그들의 시대를 열기 위해 무척 힘든 시간을 보내야 했다. 유럽 사회가 이미 안정기에 접어들었으므로 세습군주가 능력이나 강력한 품성 측면에서 평균 이상을 보여준다는 것은 매우 드문 일이었다. 일반 국민의 수준은 훨씬 더 낮았다. 오늘날 헌법상 절대권한을 행사하는 군주라도 (일부 정력이 넘치는 권력찬탈자가 일시적으로 권력을 휘두르는 경우를 제외한다면) 높은 행정

36 영국 노르만Norman 왕조(1066~1154)의 헨리 1세 등을 말한다.

37 영국 플랜태저넷Plantagenet 왕조(1154~1399)의 에드워드 1세 등을 말한다.

38 Edward II, 1284~1327. 에드워드 2세는 아버지와 달리 왕권의 약화를 초래했다.

39 Richard II, 1367~1400. 리처드 2세는 플랜태저넷 왕조의 마지막 왕으로, 어린 나이에 왕이 돼 처음에는 선정을 폈으나 점점 전제군주로 변모하다가 끝내 암살되었다.

40 John, 1167~1216. 존 왕은 헨리 2세의 막내아들로 캔터베리 대주교 선임 문제로 교황과 맞섰지만 결국 굴복했다. 1215년에 귀족들의 강요로 '마그나카르타'를 승인해야 했다.

41 Henry III, 1207~1272. 존 왕의 맏아들 헨리 3세를 말한다. 귀족과 평민 양쪽으로부터 불신을 받았다.

42 Elizabeth I, 1533~1603. 종교 분쟁을 종식시키는 등 당시 유럽의 후진국이었던 영국을 세계 최대의 제국으로 발전시켰다.

43 Henri Quatre, 1553~1610. 프랑스의 왕으로 가톨릭과 신교 사이에 30년 넘게 계속된 종교전쟁을 마무리했다.

44 Gustavus Adolphus, 1594~1632. 스웨덴의 왕.

능력을 자랑하는 안정적 관료제를 통해 겨우 그 명맥을 유지할 수 있을 뿐이다. 러시아와 오스트리아, 심지어 정상 상태의 프랑스에서도 정부는 관리들에 의해 과두적으로 운영되고 있다. 국가의 최고 수반이라는 사람은 그저 그런 관리들의 우두머리를 임명하는 역할만 수행할 뿐이다. 물론 여기에서 나는 그들 나라의 통상적인 행정 과정에 대해 말하는 것이다. 구체적인 사안에 대해서는 최고 권력자의 개인적인 의사가 당연히 관철된다.

역사적으로 볼 때, 업무를 처리하는 과정에서 높은 수준의 정신적 능력과 뛰어난 활동력을 꾸준히 과시했던 정부는 대부분 귀족 중심으로 운영되었다. 그러나 이들 정부는 하나도 예외 없이 전문적인 관료에 의해 지배되는 귀족 중심 체제였다. 아주 소수의 사람만 지배권을 행사했기 때문에, 이들 가운데 적어도 영향력이 센 사람은 공직을 자신의 전문적인 활동무대로, 기본적인 생업으로 삼을 수 있었고 또 실제로 그렇게 했다.

오랜 시간에 걸쳐 높은 수준의 통치능력을 발휘하며 일관된 정책 노선을 견지했던 유일한 귀족정으로 로마와 베니스를 꼽을 수 있다. 그러나 베니스에서는 특권 계급이 많았지만, 국사를 실제 담당한 사람은 과두 지배계급 안에서도 아주 소수에 국한되었다. 이들은 하루 종일 나라 살림을 연구하고 집행하는 데 시간을 보냈다. 이에 비해 로마는 영국처럼 좀 더 개방된 귀족정 형태를 취했다. 그러나 로마에서도 최고 권력은 원로원이 행사했다. 원로원은 공직을 수행해본 경험이 있고, 이미 고위직을 맡았거나 아니면 장차 그런 자리에 오르기를 꿈꾸는 사람들 중심으로 채워지는 것이 원칙이었다. 이들은 만일 무능함이 드러나거나 실패를 초래할 경우 막중한 책임을 져야만 했다. 이 원로원 의원이 일단 공무를 수행하도록 명을 받으면 공중公衆의 신임을 잃지 않는 한 이탈리아를 떠나는 것조차 허용되지 않았다. 그리고 품성이나 행동

면에서 불명예스러운 판정을 받아 원로원 의원 자격을 박탈당하지 않는다면 평생 권력을 유지할 수 있었고, 동시에 그에 따른 책임도 안고 가야 했다. 이런 성격의 귀족체제에서는 구성원 각자가 자신이 책임을 맡고 있는 정치공동체의 권위와 평판, 그리고 일정한 역할을 펼칠 수 있는 원로원에 대해 개인적으로 깊은 일체감을 느끼기 마련이다. 권위와 평판은 시민 전체의 번영이나 행복과 아주 다른 것이고, 때로 완전히 상반되는 것이기도 하다. 그 대신 국가의 외형적 성공 및 확장과 아주 밀접한 관련을 맺는다. 따라서 거의 배타적으로 이런 목적을 추구하는 가운데, 로마나 베니스의 귀족정이 체계적으로 탁월한 정책과 위대한 개인적 통치능력을 선보일 수 있었다. 이런 점에 역사가 높은 점수를 주는 것이다.

결국 대의제가 아닌 정부 형태, 특히 군주제나 귀족제에서 높은 수준의 정치적 역량과 기술을 꾸준히 발휘할 수 있었다면, 기본적으로 관료제 덕분이었던 것으로 보인다. 이런 체제에서 정부 업무는 전문적인 통치자들이 담당했는데, 이야말로 관료제의 본질이요, 또 그 특성이 아니겠는가? 그들이 그런 일을 담당하도록 훈련을 받았기 때문에 그 일을 수행했는지, 아니면 그들이 그 일을 해야 하기 때문에 그렇게 훈련을 받았는지는 여러 측면에서 다른 의미를 지니고 있다. 그러나 그런 지배체제의 근본적인 성격은 전혀 다르지 않다. 이에 비해 단지 사회적 신분 때문에 권력을 잡을 수 있었던 영국과 같은 나라의 귀족은 전문적으로 훈련을 받지 않았고, 그런 훈련에 전적으로 매달리지도 않았다(이런 나라에서는 귀족이 직접 권력을 행사하지 않는다. 과두적으로 구성된 대의기구가 그 역할을 수행할 뿐이다). 따라서 귀족체제라 하지만 지적 능력이라는 측면에서 민주정과 크게 다를 바가 없다. 그저 예외적으로 탁월한 개인이 특별한 신분에다 위대한 정치적 능력을 겸비했던 짧은 기간에 한해서 눈에 띄는 업적을 낼 수 있었을 뿐이다. 테미스토클레스와 페리클레스[45], 워싱턴[46]과 제퍼슨[47]이 각각 자기 나라의 민주정체 안에서 두드러진 업적을 낸 아주 대단한 예외적 인물인 것은 분명하다. 대의제 형식의 귀족정을 운영했던 영국의 채텀[48]과 필[49], 나아가 귀족적 군주정을 채택했던 프랑스의 쉴리[50]와 콜베르 같은 정치인들과 비교하면 더욱 그렇다. 현대 유럽의 귀족주의적인 정부 형태에서 탁월한 행정가를 만난다는 것은 위대한 군주를 갖는 것만큼이나 힘든 일이 되었다.

따라서 정부 형태에 따른 지적인 자질 차이를 비교하자면 대의민주주의와 관료제 둘을 놓고 검토하는 것이 마땅하다. 나머지 다른 정부는 논외로 할 수밖에 없을 것 같다. 우선 관료적 정부 형태가 몇 가지 중요한 측면에서 아주 큰 장점을 지니고 있음을 인정해주어야 한다. 이 체제는 축적된 경험을 가지고 있고, 시행착오와 오랜 숙고의 산물인 전통의 지혜를 활용할 수 있다. 그리고 실무를 담당하는 사람들이 적절한 실천적 지식을 응용하게 규정을 만드는 것도 가능하다. 다만 이 체제는 각 개인의 정신적 요소를 활발하게 가꾸는 데는 적합하지 못하다. 일상적으로 반복을 거듭하는 것이야말로 관료적 정부를 병들게 하는 것이고, 실제로 이것 때문에 무너지는 경우가 흔하다. 변화를 거부하는 규칙 때문에 이런 정부는 쇠퇴하기 쉽다. 그뿐만 아니다. 종류를 불문하고 보편 법칙이 판에 박힌 틀을 답습하다 보면 처음 가지고 있던 활력을 잃기 마련이다. 정신적 요소가 쇠퇴한 보편적 법칙은 주어

45 Perikles, 기원전 495?~기원전 429. 페리클레스는 고대 아테네의 정치가로 민주주의를 꽃피우는 등 아테네 전성시대를 열었다.
46 George Washington, 1732~1799. 미국의 초대 대통령.
47 Thomas Jefferson, 1743~1826. 미국의 제3대 대통령.
48 18세기 영국의 정치인.
49 Robert Peel, 1788~1850. 영국의 정치인으로 보수당을 발전시키는 데 크게 공헌했다.
50 Maximilien de Béthune, duc de Sully, 1560~1641. 쉴리는 프랑스 정치인이자 재정장관으로 30년 내란의 상처를 딛고 경제 부흥에 힘썼다.

진 업무와 동떨어진 방향으로 기계적 반복을 거듭하게 되는 것이다. 결국 관료제라는 것은 현학자衒學者들의 놀이터가 되는 것을 피할 수 없다. 관료제가 정부의 중추를 이루는 곳에서는 (예수회가 그러듯이) 뛰어난 자질을 가진 소수의 사람이 독특한 개별성을 발휘하기 어렵다. 다른 직종에서도 마찬가지지만, 정부 일을 맡은 사람 중 대다수는 그저 지시받은 대로 하는 것 외에 다른 생각을 할 엄두를 못 낸다. 오직 민주적 참여가 용인되는 정부 아래에서만 창의적 재능을 가진 사람이 기계적으로 틀에 짜인 평범함과 맞서 싸울 수 있다. (고도의 지적 능력을 갖춘 독재자라는 우연적 사건을 별도로 친다면) 그런 정부이기에 롤런드 힐 경[51] 같은 사람이 우체국에 대항해서 승리를 거둘 수 있는 것이다. 그런 정부이기에 힐 경을 우체국에 근무하게 했고, 그 결과 관료제 타성에 젖어 있던 우체국이 해당 분야의 전문지식과 본인 특유의 정력과 창의력을 구비한 지도자에 이끌려갈 수 있었던 것이다. 로마의 귀족정이 관료제의 이러한 병폐를 피할 수 있었던 것도 바로 이런 민주적인 요소 때문이었다. 원로원 의석을 포함해서 의원들이 차지하고 싶어 했던 모든 특별 관직은 선거로 결정되었다. 러시아 정부는 관료제의 대표적인 장점과 단점을 모두 보여주는 아주 특별한 경우였다. 우선 오랜 세월에 걸쳐 한 가지 목표를 향해 매진했던 로마시대와 마찬가지로 확정된 규칙을 고수했다. 그리고 그런 목표를 달성할 수 있게 놀라울 정도의 숙련된 기술을 개발했다. 그런가 하면 내부적으로는 부패가 극에 달했고, 변화에 대한 그 어떤 외부적 압력에 조직적으로 철저하게 대항했다. 그래서 강인한 정신력에 무소불위의 권력을 휘두르던 황제조차 어떻게 할 수 없을 정도였다. 조직으로서의 폐쇄성이 너무 강해 막

51 Rowland Hill, 1795~1879. 영국의 행정가, 교육가로 최초로 우표를 발행하는 등 우편제도를 개혁했다. 근대 우편제도의 아버지라 불린다.

강한 힘을 가진 어느 한 개인도 장기적으로는 당할 수가 없었던 것이다. 고관 중심의 중국 관료제도 이런 양면을 함께 보여주었던 또 다른 대표적 사례가 된다.

인간의 일이라는 것은 참으로 묘해서, 서로 반대되는 것이 있어야 좋은 결과가 나온다. 종류를 불문하고 반대편이 있어야 일이 원만하게 또 효율적으로 처리될 수 있다. 좋은 일을 한다면서 어떤 한 가지 목표에만 배타적으로 집중하면 그 일은 잘되고 다른 일은 신통찮게 될 것 같지만 실제로는 그렇지 않다. 배타적으로 집중했던 그 일도 지지부진해지면서 시원찮은 결과를 낸다. 전문적인 훈련을 받은 관리들이 탁월한 능력을 발휘하는 것은 사실이지만, 이들도 자유로운 정부가 할 수 있는 일을 따라하지 못할 때가 있다. 거꾸로 자유정부가 할 수 없는 일을 이들이 해내는 경우도 있다. 관료들이 경쟁력을 가지고 있는 분야라 하더라도 그 일을 항구적으로 또는 특별하게 잘하려면 자유의 외부적인 요소가 필요하다. 동시에 전문 훈련을 받아서 숙련된 행정관료가 뒷받침되지 않으면 자유도 최고 기능을 발휘하지 못한다. 오히려 제 풀에 무너져버릴 수도 있다. 일정한 수준 이상의 사람로 운용되는 대의정부와 가장 완벽한 관료제 사이에는 아무런 갈등도 일어날 수가 없다. 그러나 동시에 정치제도가 지향하는 매우 중요한 목적 중의 하나는, 전체 인민을 대표하는 기구가 최종 결정권을 보유한 채 실제로 그 권력을 행사하는 가운데, 지적 전문성을 가진 유능한 사람들이 업무를 맡아 처리함으로써 최대한 효율을 발휘하는 것이다. 이 둘 사이에 모순과 충돌이 일어나서는 안 된다. 인민의 자기결정권이라는 큰 전제와 양립할 수 있는 한계 안에서 전문가의 역할을 최대한 늘리자는 것이다. 이런 목적에 대해 정확하게 파악하자면, 앞에서 논의했던 것처럼 두 측면을 분리해서 검토하는 것이 매우 중요하다. 즉 엄밀한 의미의 정부업무(이는 특수한 훈련을 거쳐야만 잘 수행할 수 있다)와 정부 당국자를 선택하고 감시하며 (필요하다면) 통제하는 것 사이에는 큰 차이가 있다. 이렇게 구분하는 것은 다른 경우와 마찬가지로, 그 일을 하는 사람이 아니라 그 일을 통해 이익을 얻어야 하는 사람들을 위해서다. 고도의 능력을 요구하는 업무는 그에 적합한 기술을 갖춘 사람이 담당하도록 해야 한다. 이런 전제가 충족되지 않으면 숙련 민주주의skilled democracy를 향한 진보가 전혀 일어날 수 없다. 민주주의가 감독과 견제라는 주어진 과업을 잘 감당하기 위해선 그에 상응하는 정신적인 탁월성을 개발해야 한다.

어떻게 해야 이런 정도의 탁월성을 획득하고 또 유지할 수 있을까? 이 문제야말로 대의기구의 본질을 파악하는 데 빼놓을 수 없는 생각거리다. 의회가 적정 수준의 탁월성에 이르지 못하면 이런저런 행동으로 행정부의 영역을 침범하는 일이 자주 벌어지게 될 것이다. 이를테면 훌륭한 장관은 내쫓고 그 대신 질이 떨어지는 사람을 옹호하고 뒷받침하게 될 것이다. 질 나쁜 사람이 신뢰를 짓밟는 현상을 묵인하거나 방관할 것이고 그의 가식에 속아날 것이다. 반면 진심으로 자기 일을 하려는 사람은 외면할 것이다. 대내외를 막론하고, 이기적이며 변덕스럽고 충동적인 그리고 근시안적이고 무지하며 편견에 가득 찬 정책을 입안하고 추진할 것이다. 좋은 법은 폐기하고 나쁜 법을 들여올 것이다. 새로운 해악을 불러오고 과거의 나쁜 것에 대해서는 턱없이 고집스럽게 붙들고 늘어질 것이다. 심지어는 정의의 관념과 일반 대중의 감정이 정확하게 일치하지 않는 경우, 그 자체나 유권자들에서 비롯되는 일시적·항구적으로 오도된 충동 때문에, 법 절차를 아예 도외시해버리는 의사 진행까지도 묵인하거나 덮어주려 할 것이다. 이런 것들이 무지하고 지적 수준이 떨어지는 대의기구에서 발견되는 위험 요소들이다.

이제 대의기구의 일반적인 행동 양식이 자아내는 폐해, 즉 사악한 이익sinister interests에 대해 검토해보자. 이 말은 벤담이 처음 적절하게 지어낸 것인데, 크든 작든 공동체의 일반 이익과 충돌하는 이해관계를 지칭한다.

군주정이나 귀족정 가릴 것 없이 심각한 문제점의 대부분은 바로 이 사악한 이익 때문에 비롯된다. 이 점에 대해서는 모든 사람이 보편적으로 인정한다. 군주정이나 귀족정에서, 공동체가 요구하는 공동이익과 상반되는 행동을 해야 집단이나 개별 구성원의 이익이 잘 보장된다고 생각하는 사람이 많다. 이를테면 세금을 과중하게 매기는 것이 정부에게 이익이 되지만, 세금을 내는 사람들의 입장에서는 정부를 유지할 수 있는 한도 안에서 가능하면 적게 세금을 무는 것이 이익이 된다. 왕과 고위 귀족들은 백성에 대해 무제한 권력을 가져 행사하고 싶어 한다. 자기들 뜻대로 마음대로 권력을 휘두르며 철저하게 복종을 강요하는 것이 스스로에게 이익이 된다고 생각하는 것이다. 그러나 백성이 생각하는 이익은 다르다. 정부의 합당한 목적을 달성하는 데 지장이 없는 한, 될 수 있으면 통제를 덜 받고 싶어 한다. 왕이나 귀족의 입장에서 볼 때, 자신의 권력을 위협하거나 자유로운 권한 행사를 심각하게 제약하는 정도까지 비판의 자유를 허용할 수가 없다. 그렇게 하는 것이 그들에게 명백한 이익이 된다. 혹은 이익인 것처럼 생각된다. 그러나 백성의 기준은 전혀 다르다. 정부 관리라면 누구든, 그리고 정부가 하는 일과 행동이라면 어느 것이든, 완전한 자유 비판의 대상이 되어야 한다. 이것이 그들에게 최고 이익이 되기 때문이다. 귀족정이든 아니면 귀족적인 군주정이든, 지배계급은 자신들의 이익을 위해 부당한 특권을 끝없이 다양하게 확보하려 한다. 그래서 때로는 인민들에게 희생을 강요해서 자신의 호주머니를 채우려 하고, 또 때로는 그저 단순하게 다른 사람들보다 자신을 더 높이 세우려, 다른 말로 표현하자면 다른 사람들을 자기보다 낮은 위치에 몰아넣으려 한다. 인민들이 불만을 품는다면(이런 체제 아래에서는 당연히 그럴 수밖에 없을 것이다) 왕이나 귀족의 입장에서는 사람들의 지성과 교육 수준을 가능하면 저급 상태로 묶어두고, 서로 의견다툼을 벌이도록 조장하는 것이 이익이다. 심지어는 리슐리외 추기경이 그의 유명한《정치 유작Testament Politique》에서 말했듯이, 그들이 너무 잘살게 되면 '살찌매 발로 차는'[52] 일이 벌어질 수 있다. 따라서 이것도 경계해야 한다. 이 모든 것이 왕이나 귀족이 전적으로 이기적인 동기에서 움직일 때 예상할 수 있는 일이다. 민심을 너무 자극한 나머지 반란이 일어날까 염려하는 마음에서 다른 이익을 고려하지 않는 한 이런 방향으로 행동할 것이다. 다른 사람들의 말을 틀어막을 수 있을 정도로 그들의 힘이 막강한 곳에서는 사악한 이익에 휘둘려 이런 모든 폐해가 발생했고, 지금도 그런 일이 벌어지고 있다. 사정이 이러한데 그들이 다른 방향으로 행동하리라고 기대한다는 것은 상식에 어긋난다.

왕이나 귀족이 다스리는 곳에서는 이런 일들이 너무나 자주 목격된다. 민주주의는 어떨까? 민주주의는 이런 부정적인 현상과 거리가 멀 것이라고 낙관하는 사람들이 있는데, 사실은 전혀 그렇지 않다. 민주주의는 통상적으로 다수파에 의한 지배라고 인식된다. 이런 전제에서 바라볼 때, 지배 권력이 특정 집단 또는 계급의 이해관계에 의해 휘둘릴 가능성이 충분히 있다. 사회 전체의 이익을 지향하는 불편부당한 관점과 배치되는 행동을 취할 수도 있다는 말이다. 어떤 사회의 다수가 백인이고 흑인은 소수인 경우, 또는 그 반대의 경우를 생각해보자. 이런 사회에서 다수가 소수에게 평등한 정의를 허용할 것 같은가? 또 가톨릭 신자가 다수를 차지하고 개신교도는 소수인 경우 또는 그 반대인 경우에 똑같은 위험이 존재하지 않을까? 영국인이 다수이고 아일랜드

52 《구약성서》〈신명기〉 32장 15절의 "여수룬Jeshurun이 살찌매 발로 찼도다. … 자기를 지으신 하나님을 버리며"라는 구절에서 딴 말이다. 여수룬은 '하나님이 사랑하신 백성', 곧 이스라엘을 뜻한다.

인이 소수인 곳 또는 그 반대의 경우에도 비슷한 해악이 자리 잡고 있을 것이다. 어느 나라든 다수의 가난한 사람과 부자라고 불리는 소수로 나뉘어진다. 이 두 계급은 여러 측면에서 정면 상충되는 이해관계를 가진다. 다수가 충분히 이성적이라고 생각할 수도 있을 것이다. 그래서 자의적 행동을 함부로 하면 재산가들이 위협을 느낀다는 것, 그리고 이런 식으로 사유재산권을 침해하는 것이 다수파에게도 이익이 되지 않는다는 것을 잘 알 수도 있다. 그러나 다수가 소위 말하는 현금 자산가나 막대한 수입을 가진 사람에게 과중하게, 또는 모든 세금을 부과하고 아무런 망설임도 없이 그 부담액을 변경해버리며, 노동자계급에게 이익이 되거나 유리한 방향으로 그 수익금을 써버릴 가능성이 크지 않을까? 숙련 노동자가 소수인데 비해 미숙련 노동자가 다수를 차지하는 경우도 생각해보자. 대다수 노동조합은 (터무니없는 중상모략이 아니라면) 모든 노동자가 똑같은 임금을 받아야 한다면서 삯일이나 시간제 노동 등 근면성이나 능력에 비례해서 차등급을 주는 일체의 관행을 폐지해야 한다고 주장한다. 의원들은 노동자들의 임금을 올려주고 노동시장의 경쟁을 누그러뜨리려 한다. 노동을 대체할 기계에 대해 세금을 매기거나 제약을 가한다. 기존의 노동자를 줄이게 될 그 어떤 개선 방안도 거부한다. 그래서 심지어는 외국 산업이 밀려들어와 국내 생산자가 피해를 입는 일이 있을까 염려하기까지 한다. 이런 일은 육체노동자가 다수를 차지하는 곳에서 계급 이익의 감정 때문에 아주 자연스럽게 생기는 현상이라고 하겠다(감히 말하지만, 이것은 개연성이 있는 정도가 아니라 피할 수 없는 현상이다).

이런 것은 결코 수적으로 다수를 차지하는 계급의 진정한 이익이 되지 못한다. 만일 인간 행동이 다른 이해관계가 아니라 오직 당사자 자신의 '진정한' 이익에 대한 고려에 의해서만 결정된다면 군주제나 귀족정도 지금 우리가 보는 것처럼 그렇게 나쁜 체제라고 할 수 없을 것이다. 왕이나 집권 원로원이 활동적이고 부유하며 깨어 있는 높은 수준의 인민을 대상으로 정의롭고 부지런하게 권력을 행사하는 동안은 그들도 매우 존경받을 만한 위치에 있었다는 것을 증명하는 주장들이 강력하게 제기되고 있기 때문이다. 그러나 이렇게 이기심의 굴레를 벗어나 고상한 활동을 펼친 왕은 그때나 지금이나 흔하지 않다. 귀족정 가운데서는 그런 사례를 아예 찾아볼 수가 없다. 상황이 이렇다면 어떻게 노동자계급이 더 나을 수 있으리라고 기대를 건단 말인가? 그들의 행동은 그들에게 이익이 되는 어떤 것이 아니라 스스로 자신에게 이익이 된다고 생각하는 그 무엇에 의해 크게 좌우된다. 이런 분석은 아주 예외적인 경우를 빼고 그 어떤 권력 집단도 하지 못하고, 하리라고 기대할 수도 없는 그런 일들을 다수파 사람들이 습관적으로 한다고 주장하는 숱한 정치이론을 무색하게 만든다. 다시 말해, 다수파 사람들이 즉각적이고 그럴듯해 보이는 것이 아니라 궁극적으로 진정 도움이 되는 이익에 따라 행동한다는 생각은 근거가 없는 것이다. 사실 앞서 예를 든 치명적으로 나쁜 수많은 조치가 미숙련 노동자 전체에게 당장에는 이익이 될 수 있다는 것을 부인하기 어렵다. 그리고 그런 것들이 특정 계급 내 기성세대의 이기적 이익에 도움이 될 수도 있다. 그런데 산업과 경제 활동의 둔화라든가 저축 의지의 저하 등, 이런 현상이 궁극적으로 초래하는 것들에 대해 당대에 사는 미숙련 노동자들은 잘 느끼지 못한다. 인간의 삶을 매우 치명적으로 흔들었던 몇몇 변화도 당장에는 이로운 효과를 내는 것처럼 보이기도 했다. 이를테면 로마의 카이사르 독재체제는 당대 사람들 전체에게 매우 큰 유익을 안겨주었다. 내전을 종식시켰고, 집정관과 총독들이 자행했던 부패와 전횡을 상당 부분 경감했다. 사람들의 삶을 풍성하게 만들었고, 정치를 제외한 모든 영역에서 지적 발전이 일어나게 해주었다. 이 시대에 천재 문필가들이 여럿 등장하면서 역사의 이치를 잘 모르는 사람들 눈을 휘둥그레 하게 만들었다. 그러나 이들이 모르는 사실이 하나 있는데, 이는 아우구스투스(그리고 로렌초 데 메디치[53]와 루이 14세도 마찬가지다) 독재 치하에서 이룩한 혁혁한 공로는 사실 모두 그 앞선 시대의 작품이었다. 오랜 자유 시대 동안 부의 축적이 이루어졌고, 정신적 활력이 넘치면서 창작 활동도 활발하게 이루어졌는데, 그 과실을 노예 시대의 첫 번째 세대가 수확했던 것이다. 그러나 이것은 그동안 그토록 찬란한 문명을 일구어냈던 체제가 말도 안 되게 스러져가는 첫걸음이 되었다. 거대한 세계를 정복해서 손아귀에 넣었던 제국이 군사적 위력마저 완전히 상실해 버렸다. 그 결과 과거 서너 개 군단 정도면 너끈하게 손볼 수 있었던 침략자들도 막지 못해 제국의 거의 모든 영토를 점령당하기에 이르렀다. 다행히 마침맞게 새로 떠오는 기독교 덕분에 예술과 문학이 사멸의 구렁텅이에 빠지지 않았다. 인류가 자칫 영원한 암흑 세계로 전락하는 것을 방지할 수 있었던 것이다.

우리가 어떤 행동의 결정 요인으로 특정 집단이나 개인의 이익에 대해 말할 때, 아무런 편견도 갖지 않은 제3자의 입장에서 그 이익을 논하는 것은 전혀 의미가 없다. 콜리지가 말했듯이, 사람이 동기를 가지는 것이지 동기가 사람을 만드는 것은 아니다. 누군가가 어떤 이익을 취하고 어떤 것을 억제해야 하는가는 외부 환경이 아니라 그 당사자의 됨됨이에 의해 결정된다. 누군가 무엇에 관심을 가지는지 알고 싶다면 그 사람의 일상적인 감정과 생각을 파악하지 않으면 안 된다. 모든 사람은 두 가지 이해관계를 가지고 있는데, 하나는 관심을 갖고 추구하는 것이며 다른 하나는 아예 관심을 두지 않는 것이다. 사람은 누구나 다 이기적 이해관계와 비이기적 이해관계를 가진다. 이기적인 사

53 Lorenzo de' Medici, 1449~1492. 로렌초 데 메디치는 이탈리아 피렌체의 명문 메디치가 출신으로 15세기 최고 정치가로 꼽힌다.

람은 전자를 염려하고 가꾸는 습관을 가진 데 비해, 후자에 대해서는 관심이 없다. 모든 사람은 현재의 이익과 장래의 이익을 가지고 있는데, 훗날을 대비할 줄 모르는 사람은 당장의 이익만 좇느라 미래의 이익은 염려하지 않는다. 누구든 정확하게 계산해보면 후자가 더 중요하다는 것을 알 수 있다. 그러나 생각과 소망이 전적으로 전자에 쏠린 사람에게는 그런 것이 전혀 문제가 되지 않는다. 아내를 구타하고 아이들을 학대하는 인간에게 가족을 사랑과 친절로 대해야 더 행복하게 살 수 있다고 아무리 설득해도 소용이 없다. 그렇게 살 수 있는 인간이어야만 더 행복해질 수 있는 것이다. 그렇지 않은 인간이라면 이미 그렇게 되기에는 너무 늦었다고 볼 수 있다. 그런 인간의 눈에는 자기 생긴 대로 사는 것, 즉 자신의 지배 욕구를 충족시키며 사나운 성정에 따라 사는 것이 자신을 의지하는 가족을 돌보며 사랑을 주고받는 것보다 훨씬 더 가치 있는 것처럼 보인다. 그들이 무엇을 원하는지 아무 관심도 없고 배려할 생각도 하지 않는다. 그와 반대의 삶을 사는 이웃들은 아마 그보다 훨씬 더 행복할 것이다. 그러나 이 사람이 그렇게 살도록 설득당한다 하더라도 그 설득이 끝내는 타고난 악의나 분노를 더 악화시키는 결과를 낳고 말 것이다. 평균적으로 볼 때, 다른 사람들과 자기 조국, 또는 인류 전체를 염려하고 배려하는 사람이 그렇지 않은 사람보다 더 행복한 삶을 산다. 그러나 오직 자신의 안일과 자기의 이익만 챙기려 하는 인간에게 이런 식의 설교를 한다는 것이 무슨 소용이 있겠는가? 그런 인간은 설령 그렇게 하고 싶은 마음이 생긴다 하더라도 남을 배려하는 방법을 모른다. 마치 땅바닥을 기어 다니는 벌레에게 설교를 하는 것이나 마찬가지인데, 그런 존재가 독수리가 된다 한들 무엇이 달라지겠는가?

여기에서 두 가지 매우 나쁜 성향, 즉 다른 사람들과 공유하기보다 자신의 이기적 욕구를 더 챙기려 드는 기질, 그리고 간접적이고 먼 미래의 것보다 직접적으로 당장 이익을 주는 것을 더 선호하는 기질이 문제가 된다. 이런 것이야말로 권력을 가진 자들이 가장 두드러지게 보이는 현상이라고 할 수 있다. 한 개인이나 계급이 권력을 잡으면 바로 그 순간부터 자신의 개인적인 이해관계나 계급의 독자적인 이익을 무엇보다 중요한 것으로 간주하게 된다. 다른 사람들이 자신을 숭배하는 것을 알게 되면 바로 그때부터 스스로를 숭배하기 시작한다. 그 결과 자신이 다른 사람보다 백 배나 더 소중한 존재라고 여긴다. 결과가 어떻게 나오든 자기가 하고 싶은 대로 할 수 있는 힘을 가지면, 그동안 자기만 관련된 문제라 하더라도 조심하던 습관을 터무니없이 내치게 된다. 이처럼 사람이 권력에 의해서 쉽사리 타락하게 된다는 것을 보편적 경험에 바탕을 둔 보편 전통이 잘 증명해준다. 따라서 어떤 사람이 개인적인 상황에서 하거나 보여주는 행태와 무소불위의 권력자의 위치에 올라섰을 때 하는 행동거지는 너무 다르다. 그 둘이 같을 것이라고 기대하는 사람은 아무도 없다. 아무리 나쁜 습성을 가진 사람이라 하더라도 주위 환경과 주변의 모든 사람에 의해 견제를 당하면 함부로 행동할 수가 없다. 그러나 주윗사람과 여건이 마음껏 행동하도록 떠받드는 상황이라면 그 나쁜 습성은 통제 불능 상태로 치닫기 십상일 것이다. 데모스[54] 또는 그 어떤 계급에 대해서도 똑같은 말을 할 수 있다. 그런 계급 위에 더 힘이 센 자가 있을 때는 고분고분하고 이성적으로 행동하지만, 그들이 최강자의 자리에 오르면 이 모든 것이 달라지기 때문이다.

어떤 정부든지 그 당시 사람들의 수준 또는 그들이 빠른 시간 안에 이를 것 같은 수준에 맞춰서 운용되어야 한다. 인류 전체 또는 그중

54 Demos. 고대 아테네의 인민을 가리키는 말인데, 사회적·경제적으로 하층 계급을 지칭하는 경우가 많다.

특정 계급이 그동안 이룩한 것, 아니면 조만간 달성할 것 같은 발전단계에 비추어볼 때, 오직 자신의 이기적 이익만 생각하는 사람들을 추동하는 이해관계라는 것은 거의 언제나 첫눈에 명백해 보이는 것 또는 그들의 현 상황에서 작동하는 것들뿐이다. 다른 사람에 대한 사심 없는 배려, 특히 뒤따를 세대에 대한 배려만이 계급이라든가 인간 집단의 마음과 목표를 길게 또는 당장 두드러지지 않은 이익을 향해 쏠리게 해준다. 즉 동정심에 바탕을 둔 것이든 아니면 양심에 따른 것이든, 후손, 조국 또는 인류 일반을 위한 마음만이 당장의 이익에 매몰되지 않게 해주는 것이다. 그러나 이러한 높은 수준의 행동 원리가 평범한 인간들의 최고 윤리준칙이 되지 않으면 안 된다면서, 어떤 형태의 정부든지 이성적이라고 하는 주장은 현실과 맞지 않다. 대의정부를 운용할 만한 수준에 오른 사회라면 어디서든 시민이 일정 수준의 양심과 사심 없는 공공 정신을 갖추었다고 말할 수도 있을 것이다. 그러나 대중이 자신들의 계급 이익이 마치 정의와 일반 이익의 화신인 것처럼 착각하지 않을 만큼 지적 분별력을 기대한다는 것은 터무니없는 일이다. 우리는 실제로 정의롭지 못한 것임에도 마치 대중의 이익을 위한 것인 양 포장하는 고약하고 허구에 찬 논리들에 대해 잘 알고 있다. 바보도 아니고 그렇다고 나쁜 사람도 아닌데, 얼마나 많은 사람이 국채 지급을 거부해도 된다고 생각하는가? 능력이 있고, 더구나 상당한 정도로 대중 영향력을 가진 인사 중에서, 현금 재산이라는 이유로 저축에 대한 과세를 부당하다고 강변하면서 자신과 그 선조의 이름으로 광범위한 면세 혜택을 누리려 하는 사람들이 얼마나 많은가? 유산을 물려주고 물려받는 것, 어떤 사람이 다른 사람의 희생 위에 누리는 일체의 이득, 이런 것들에 대해 강력한 반론이 제기된다. 그런 주장이 일말의 진실을 담고 있기 때문에 그 부정적 파괴력이 더 커진다. 거의 모든 분야의 지식에 대해 전혀 쓸모없는 것이라고 증명하는 일이 생각보다 쉽다. 아무것도 모르는 사람일수록 이런 증명에 대해 크나큰 쾌감을 느낄 것이다. 결코 우둔하지도 않으면서 얼마나 많은 사람이 언어에 대한 과학적 연구와 고대 문학, 일체의 학식이라는 것과 논리학, 형이상학이 불필요하다고 생각하는가? 시와 미술을 게으르고 바보 같은 것으로, 그리고 경제학을 전적으로 해로운 것으로 간주하는 사람은 또 얼마나 많은가? 심지어는 뛰어난 능력의 소유자이면서 역사를 아무 쓸모없고 해로운 것이라고 강변하는 인물도 있다. 이런 사람들에 따르면, 오직 외부 자연세계에 대한 지식(이는 경험적으로 획득되는 것이다), 다시 말해 생존에 필요하거나 감각적으로 확인 가능한 물질을 생산하는 데 직접적으로 도움이 되는 그런 지식만이 (단 그런 지식에 대한 불신감이 퍼져 있지 않다는 전제하에) 유용하다. 누구든 권력을 잡으면 바로 그 순간부터 정의와 반대되는 방향으로, 다시 말해 다른 모든 계급과 후손에게 손해를 끼치더라도 자신의 이기적 경향과 근시안적 이해 타산을 추구하도록 부추긴다. 그렇다면 평범한 다수 대중보다 훨씬 높은 수준의 교양을 가진 사람들이 아주 고매한 양심, 그리고 자기 고유의 이익을 통제할 수 있는 정의감에 입각해서 이런저런 수많은 오류와 편견을 뿌리치리라고 믿어도 될까?

따라서 다른 모든 정부 형태에서도 마찬가지지만, 권력을 가진 자들이 사악한 이익에 몰두한다는 사실이 민주주의에 내재한 대단히 큰 위험 중의 하나가 된다. 다른 말로 하면 무엇보다도 계급 입법, 즉 정부가 일반 이익에 장기간 해를 끼치면서 지배계급의 눈앞 이익을 충족시키려 획책하는 것(실제로 그런 효과를 거둘 수 있을지는 두고 보아야 한다)이 가장 심각한 경계 대상이 되는 것이다. 그러므로 최선의 대의정부를 구성하고자 할 때 이런 해악을 어떻게 효율적으로 제어하느냐가 첫 번째 과제가 된다.

정치적으로 보자면 계급이라는 것을 사악한 이익을 똑같이 추구하는, 다시 말해 좋지 못한 것에 똑같이 직접적이고 명백한 이해관계를 가진 사람의 집단이라고 정의할 수 있을 것이다. 따라서 어떤 계급이나 계급 연합도 정부 안에서 압도적인 영향력을 행사하지 못하도록 하는 것이 바람직하다. 오늘날 인종이나 언어, 민족 따위로 심각하게 분열된 사회가 아니라면 대체로 두 개의 큰 단위로 나뉜다. 물론 세세한 편차가 있기는 하지만, 그래도 크게 보면 명백하게 대립되는 두 가지 이해관계로 구분할 수 있는 것이다. 이 둘을 거칠게 나누면 한쪽에는 노동자, 다른 쪽에는 노동을 부리는 고용주가 있다. 이런 고용주의 범주에는 은퇴한 자본가와 유산 상속자뿐만 아니라 교육 수준이나 삶의 방식이 부자들과 비슷하고 궁극적으로는 그런 계급으로 올라가고 싶은 야망을 가진 (전문직 종사자와 같은) 고소득 노동자도 포함해야 할 것이다. 반면 노동자계급에는 이해관계와 습관, 교육 수준의 측면에서 노동자의 소망과 취향, 포부와 닮은 점이 상당히 많은 영세 고용주, 그리고 대부분의 소매상도 포함되어야 할 것이다. 이렇게 두 계급으로 구성된 사회 상태에서 대의정부가 이상적으로 완벽한 기능을 수행할 수 있으려면, 한편으로 육체노동자와 그 우호집단, 다른 한편으로 고용주와 그 우호집단이 대의체제 안에서 대등한 관계에 있는 것, 다시 말해 대의기구 안에서 동등한 영향력을 행사할 수 있는 것이 필수적이다. 이는 다음과 같은 이유에서 반드시 필요하다. 즉 각 계급 내부에서 무엇인가 의견 다툼이 생겨 다수파와 소수파로 갈린다고 하면, 해당 계급의 다수파는 기본적으로 자기 계급 이익에 따라 움직이는 반면, 그 계급 안의 소수파는 이성과 정의 그리고 전체 사회의 이익을 먼저 고려할 것이다. 그 결과 노동자와 고용주 계급 각각의 소수파는 일이 생길 때마다 반대편 사람과 힘을 합쳐 옳지 못한 방향으로 몰고 가려 하는 자기 계급의 다수파를 무력화할 수 있다. 왜 꽤 괜찮은 사회에서는 끝내 정의와 일반 이익이 힘을 얻게 되는가? 그것은 인간 사회에서 고립되고 이기적인 이익은 거의 언제나 분열적이기 때문이다. 사회 생활을 하다 보면, 잘못된 일에 이익을 보려 하는 사람이 있지만, 반대로 자기 개인적인 이익과 옳은 일을 일치시키려 하는 사람들도 있다. 일반적으로 볼 때, 더 높은 가치를 추구하는 사람들이 그렇지 못한 나머지 전부를 제압하기에는 그 수가 너무 작고 힘도 약한 것이 사실이다. 그러나 이들이 충분한 토론과 적극적인 설득 끝에 자신에게 유리한 방향으로 판도를 바꾸게 되는 경우가 자주 생긴다. 대의체제는 이런 틀 속에서 구성되고 운영되어야 한다. 그 어떤 당파적 이해관계도 진리와 정의를 흐리게 하고 나머지 이해당사자를 전부 무력화시킬 수 있을 만큼 그 세력이 커져서는 안 된다. 사적 이익을 추구하는 사람들도 자기 목표를 달성하기 위해서는 더 고결한 동기와 더 종합적이고 장기적인 관점에 따라 행동하는 사람들에 의존하지 않으면 안 되는, 그런 방향으로 늘 균형이 유지되어야 하는 것이다.

7장 인민 전체를 대표하는 참된 민주주의, 다수파만 대표하는 거짓 민주주의

지금까지 대의민주주의에 내재한 두 가지 위험에 대해 살펴보았다. 첫 번째 위험은 대의기구와 이것을 통제하는 국민 여론이 조야한 지적 수준을 벗어나지 못할 때 생기는 것이다. 두 번째 것은 똑같은 계급으로 구성된 다수파 사람들이 자기 당파적 이익에 따라 계급입법을 시도할 때 생기는 위험이다. 이제 우리가 해야 할 일은 민주정부의 특징적인 장점을 근본적으로 훼손시키지 않으면서 이런 두 가지 해악을 제거하기 위한, 또는 최대한 그 문제점들을 줄여나가기 위한 방안을 모색하는 일이다.

이런 문제가 제기되면 대부분의 사람은 이런저런 식으로 선거권을 제한하는, 다시 말해 대의제 민주주의의 특성을 제약하는 방식에서 그 해법을 찾으려 든다. 그러나 앞에서 잘 검토했듯이, 이런 식의 제한이 불가피해지는 경우는 그리 많지 않다. 단일 계급이 수적으로 다수파를 차지하는 나라에서 완전 평등 민주주의는 일련의 해악을 피할 수가 없다. 이런 식의 민주주의는 평등한 것이 아니라 지배계급을 이롭게 하는, 체계적으로 불평등한 민주주의이기 때문에 오히려 각종 해악을 더욱 심각하게 악화시키고 만다. 민주주의라는 말 속에 두 가지 완전히 상반된 개념이 통용되고 있음을 알아야 한다.

순수한 의미의 민주주의는 평등하게 대표되는 전체 인민에 의한 전체 인민의 정부를 지칭한다. 반면 사람들이 보통 생각하는 민주주의, 그리고 지금까지 존재했던 민주주의는 특정 집단만 대표하는 그저 다수파 인민에 의한 전체 인민의 정부에 지나지 않는다. 전자는 모든 시민이 평등하다는 전제 위에 서 있다. 반면 후자는 앞의 것과 묘하게 뒤섞여 있지만, 다수파를 이롭게 하는 특권 정부다.[55] 이들 다수파만 실질적으로 국가 안에서 자기 목소리를 낼 수 있는 것이다. 오늘날처럼 소수파의 선거권을 철저하게 배제하는 체제 아래에서는 이런 일이 생길 수밖에 없다.

이것은 대단히 잘못된 것인데, 조금만 생각을 바꾸면 쉽게 고칠 수가 있다. 보통 정도의 머리만 되는 사람이라면 이 문제가 어디에서 잘못된 것인지 분명하게 알 수가 있는 것이다. 관건은 습관의 힘이다. 습관이 되어 있지 않으면, 아주 복잡한 문제와 마찬가지로 아주 간단한 생각도 그 중심을 파악하기가 쉽지 않기 때문이다. 이를테면 소수파가 다수파의 뜻을 따라야 한다는 것은 매우 익숙한 사실이다. 그래서 이 문제에 관한 한 더 이상 신경을 쓸 필요가 없다고 미리 단정해버린다. 소수파 사람들도 다수파와 마찬가지로 권력을 행사할 수 있어야 한

55 밀은 수적으로 다수인 '일부' 국민, 즉 다수파의 이익만 편드는 특권 정부에 대해 《자유론》에서도 비판하고 있다. 그래서 통상 민주주의라고 말하지만 실제로는 그런 체제 아래에서도 '권력을 행사하는 인민'과 그 '권력이 행사되는 대상'이 늘 같지 않다는 것, 다시 말해 각자가 스스로를 지배government of each by himself하기보다 자신과 반대편에 있는 나머지 사람들에 의해 지배받는 정치체제government of each by all the rest가 되고 있음을 주목한다. '인민의 의지'라고 하지만 그것도 엄밀히 말하면, 가장 많은 수를 차지하는 사람 또는 인민 중 가장 활동적인 일부 사람, 다시 말해 다수파 또는 자신을 다수파로 받아들이도록 만드는 사람들의 의지를 뜻할 뿐이라는 것이다. *J. S. Mill: On Liberty in Focus* (ed. by John Gray and C. W. Smith, London: Routledge, 1991), p. 25.

다는 사실과 소수파의 뜻은 아예 무시해도 된다는 사실 사이에 그 어떤 중간 지점이 있을 수 있다는 생각을 하지 못하는 것이다. 대의기구가 실제로 심의를 하는 과정에서 소수파는 당연히 그 뜻을 접지 않을 수가 없다. 평등 민주주의에서는 (유권자들이 마음먹고 주장하면 대의기구의 의사결정을 주도할 수 있기 때문에) 다수 국민을 대표하는 의원들이 투표장에서 소수파를 누르고 자기 입장을 관철하기 마련이다. 그렇다면 소수파는 대표자도 낼 수 없어야 한다는 말인가? 다수파가 소수파를 이기는 것이 당연하다고 해서 다수파가 모든 투표를 좌우하고 소수파는 아무 힘도 쓰지 못해야 한다는 말인가? 소수파라고 해서 자신들의 뜻을 밝힐 기회도 갖지 못한다는 것이 말이 되는가? 케케묵은 관습과 비합리적인 제도가 만들어내는 이런 정의롭지 못한 일에 이성적인 사람치고 누가 찬동하겠는가? 진정한 의미의 평등 민주주의에서는 모든 또는 그 어떤 구성원이라도 반드시 그 수에 비례해서 대표자를 내야 한다. 유권자의 다수파가 대표도 가장 많이 낸다는 것은 당연하다. 그러나 소수파도 그에 비례해서 적으나마 대표를 낼 수 있어야 한다. 개인 대 개인이라는 측면에서는 그들 역시 다수파 못지않게 대표를 낼 권리가 있는 것이다. 그렇지 않다면 평등한 정부가 아니라 불평등과 특권이 지배하는 정부만 존재할 뿐이다. 그 결과 인민 중의 일부가 나머지 인민을 지배하는 형국이 되는 것이다. 이런 상황의 대의 과정에서는 자신의 정당하고 평등한 정치적 영향력을 발휘하는 것이 봉쇄된 사람들이 생길 수밖에 없는데, 이것은 모든 형태의 정의로운 정부와 배치되는 것이다. 아니 무엇보다도 평등을 그 존립의 뿌리요, 기초로 간주하는 민주주의의 원리를 배신하는 것이다.

이런 고통을 받는 사람이 소수라고 해서 기본 원리를 파괴하는 극도의 불의가 가벼워지는 것은 결코 아니다. 왜냐하면 사회 구성원 누구든지 다른 개인과 동등한 대접을 받게 하는 것이 보통 선거권의 취지인데, 이것을 부정하기 때문이다. 문제는 소수파만이 고통을 당하는 것이 아니라는 점에 있다. 민주주의가 이렇게 작동한다면, 민주주의가 추구하는 가장 중요한 목적, 즉 어떤 경우든 정부의 권한을 수적으로 다수를 차지하는 집단에게 부여한다는 그 정신마저도 위배하게 되기 때문이다. 그러면서 예상치 못한 상황이 벌어진다. 이런 정치체제에서는 다수파 안의 다수파가 권력을 쥐게 되는데, 이렇게 권력을 잡은 사람들이 전체로 보면 단지 소수파에 지나지 않은 경우가 가끔 생긴다. 어떤 원리든지 극단적인 상황 속에서 가장 정확하게 검증받을 수 있는 법이다. 따라서 평등 보통 선거권이 실천되는 한 나라에서 선거구마다 열띤 경쟁이 벌어진 결과 모든 지역에서 근소한 차이로 다수파가 승리를 거두었다고 가정해보자. 그렇다면 선거가 끝난 후 구성된 의회는 전체 유권자 중에서 겨우 절반을 넘는 사람을 대표할 것이다. 이 의회가 중요한 안건에 대해 투표를 한다고 할 때, 절반을 갓 넘는 사람들이 모든 결정권을 가진다. 이런 식으로 채택된 안건이 다수 인민의 뜻을 반영하리라는 보장이 있을까? 선거에서 진 거의 절반에 육박하는 유권자들은 그 중요한 의사결정과정에서 아무런 영향력도 행사할 수 없다. 이들 전부나 다수 사람은 문제의 안건에 대해 적대적인 입장이었기 때문에 찬성에 표결한 후보들을 지난 선거에서 찍지 않았다. 유권자의 거의 절반은 반대투표를 한 사람들을 지지했던 것이다. 나머지 유권자 절반은 그 안건을 반대했던 사람들에게 지지를 보냈다고 볼 수 있다. 그러므로 전혀 있을 수 없는 일이 아니라 가능성이 있는 일로서, 정책결정을 주도하는 여론이 전체 국민의 소수의견에 불과하다는 사실을 주목해야 한다. 그리고 이들 중 다수가 지배계급으로 군림하는 것이다. 민주주의를 다수 국민이 권력자의 지위에 오르도록 하는 것으로 이해한다면, 모든 개인이 국가의 정책결정과정에서 동등한 목소리를 내도록 해야 그런 의미의 민주주의를 구현할 수 있다. 의도적이든 아니면 제도적 결합이든, 누구든 소수가 배제되고 나면 다수파가 아니라 또 다른 척도의 소수파가 권력을 독점하는 것이다.

이렇게 본다면 이성을 가진 사람에게 답은 오직 하나뿐일 수밖에 없다. 즉 상이한 여론이 각기 다른 지역에서 힘을 얻고 있다면, 한 곳에서 소수파의 입장에 있는 생각이 다른 곳에서는 다수파가 될 수 있다. 따라서 유권자들 사이에 퍼진 모든 의견이 대의과정에서 각자 몫에 상응하게 대표를 낼 수 있어야만 한다. 이것이 오늘날과 같은 선거구 제도에서 일반적으로 나타나는 현상이라고 할 수 있다. 그렇지 않다면, 의회와 일반 국민 사이에 입장 차이가 너무 커진다. 그러나 선거구가 지금 상태보다 대폭 확장되면 이야기는 아주 달라진다. 전체 인구에 비례해서 더 커지면 더욱 그렇다. 이렇게 되면 모든 지역구에서 육체노동자들이 다수를 차지할 것이기 때문이다. 그 결과 이들과 다른 계급 사람들 사이에 상충된 이해관계를 가진 문제가 불거질 때마다 후자에 속하는 사람들은 대표자를 한 명도 낼 수 없게 된다. 지금도 여러 나라에서 유권자의 상당 부분을 차지하는 사람들이 자신들의 대표를 의회에 보내고 싶은 간절한 마음에 열심히 투표를 했지만 아무도 의회에 진출시키지 못함에 따라 굉장한 울분을 느끼고 있지 않은가. 교회 제의실祭衣室에서 임명한 두 사람이 매릴본의 유권자들을 대표하고, (일반적으로 생각되듯이) 술집 주인이 핀스버리 또는 램버스 사람들을 대표한다면, 이것이 과연 정의로운 일일까?[56] 오늘날 교육 수준이 가장 높고 공공의식도 투철한 사람들이 사는 곳, 그리고 대도시 주민들은 대체로 대표를 내지 못하거나 대표성이 결여된 사람들을 내보낸다. 각 지역의 다수파를 차지하는 사람들과 정치적 입장이 다른 유권자들은 대표를 내지 못한다. 같은 정치적 노선의 사람 중에도 상당수가 올바른 대표를

56 매릴본Marylebone, 핀스버리Finsbury, 램버스Lambeth 모두 런던의 지명이다.

내지 못하고 있다. 각자 정당 안에서 가장 많은 지지자를 확보한 사람을 대표로 받아들여야 하기 때문에, 정당만 같을 뿐 생각이 현격하게 다른 사람을 자신의 대표로 인정해야 하는 것이다. 어떤 면에서는 이런 상태가 소수파에게 전혀 투표권을 주지 않았던 때보다 더 나쁘다. 그때는 적어도 다수파가 자신들의 생각을 아주 잘 대변해줄 사람을 가질 수가 있었다. 그러나 지금은 당을 쪼개서 반대파가 들어오게 하는 일이 있어서는 안 된다는 강박감 때문에, 모두가 자기들과 같은 색깔을 띤 사람이거나 지역의 지도자들이 데리고 온 사람을 찍게 된다. 그럴 것 같지는 않지만, 그들이 개인적 이해관계와 무관하게 투표한다고 일단 좋게 가정해보자. 그렇다 하더라도 이들은 같은 당의 그 누구도 강력하게 반대하지 않을 사람, 다시 말해 당이 내건 케케묵은 주장 외에 그 어떤 새롭거나 독특한 생각도 가지고 있지 않은 그런 사람을 후보로 내기 위해 온갖 힘을 다 쓸 가능성이 높다. 이런 사실은 미국에서 아주 분명하게 목격되고 있다.

미국에서는 대통령 선거를 할 때, 제1정당이 가장 유력한 사람을 후보로 내는 일이 결코 없다. 이런 사람들은 대중 앞에 오래 노출된 탓에 당 안팎에서 배척 대상이 될 수밖에 없기 때문에 모든 사람의 지지를 이끌어낼 적임자가 되지 못한다. 후보로 결정되기까지 대중에게 전혀 알려지지 않은 사람이 훨씬 유리한 것이다. 따라서 가장 강력한 정당에서 뽑은 사람이 유권자들의 진정한 이익을 대표한다 하더라도 다른 정당 후보와 비교할 때 그 표 차가 아주 근소하다. 후보의 성공을 위해 없어서는 안 되는 집단은 모두 거부권을 가진 셈이 된다. 고집이 센 집단일수록 다른 사람들을 압박해서 자기 후보를 관철시킬 가능성이 높다. 중요한 것은 이렇게 완강한 집단일수록 공공의 이익보다는 자신의 사적 이익에 더 집착한다는 사실이다. 결국 다수의 선택이라고 하지만, 가장 소심하고 근시안적이며 편견이 심한 사람 또는 배타적 계급

이익에 전적으로 눈이 먼 사람이 결정권을 가지게 된다. 이런 상황에서는 소수파의 선거권이라는 것이 그 본래 취지를 잃으면서 무용지물이 되고 만다. 그저 다수파로 하여금 자기들 내부의 가장 취약하거나 제일 나쁜 사람을 후보로 선택하도록 압박하는 역할만 하는 것이다.

이런 폐해들을 인지하면서도 많은 사람이 그것을 자유정부를 유지하기 위해 어쩔 수 없이 지불해야 하는 대가로 받아들인다. 이것은 결코 놀라운 일이 아니다. 오늘날까지 자유를 사랑하는 사람 전부 이런 생각을 가지고 있다. 그러다 보니 이런 문제는 도저히 어떻게 할 수 없다고 하는 체념이 몸에 배게 되었고, 그 결과 많은 사람이 문제를 해결할 수 있다면 정말 좋겠다고 하는 생각마저 포기하는 단계에 이르렀다. 치료할 가망이 없다고 생각하면서 아예 병의 존재 자체를 부인하는 지경이 되었다. 마침내 새로운 해법을 제시하는 사람에 대해 마치 골치 아픈 문제를 야기하는 것처럼 싫어하는 단계가 도래하고 만다. 사람들이 그런 폐해에 아주 익숙해진 탓에, 그것에 대해 불평하는 것이 잘못된 것은 아니라 하더라도 마치 불합리한 것처럼 여기게 된다. 문제의 폐해를 피할 수 있는지 여부를 떠나, 사람들은 그것에 대해 심각하게 생각하지 않는다. 반쪽짜리 자유 애호가가 된 나머지 문제를 극복할 수 있다는 것을 알게 되어도 그다지 기뻐하지 않을 것이다. 그러나 소수파의 발언권을 실질적으로 봉쇄해버리는 것은 누가 보더라도 자유의 필연적이거나 자연스러운 결과가 아니다. 민주주의와 결코 부합될 수 없는 것이다. 사람들의 수에 비례해서 대표자를 내야 한다는 민주주의의 제1원리와 정면으로 배치되기 때문이다. 소수파도 적절하게 대표되어야 한다는 것이 민주주의의 핵심원리다. 무늬만 갖춘 엉터리 민주주의라면 모를까, 진정한 민주주의라면 반드시 그래야 한다.

어느 정도 이런 문제점에 대해 생각해본 사람들은 그 해결책으로 나름대로 여러 방안을 제시하고 있다. 이를테면 러셀[57]은 어떤 선거구는 세 명의 대표를 배출할 수 있어야 한다면서, 유권자가 이들 가운데 두 명에 대해서만 투표하게 하는 개혁 법안을 제출했다. 그러나 디즈레일리[58]는 최근 한 토론장에서 그를 비난하면서 문제점을 다시 부각했다. 그는 분명 보수파 정치인이라면 오로지 수단에 대해서만 생각해야 하고, 단 한 번이라도 목적에 마음을 두는 사람은 경멸해야 마땅하다고 주장하는 것 같다.* 다른 사람들은 유권자가 오직 한 후보에 대해 투표해야 한다고 주장한다. 좀 더 나은 방법을 쓰더라도, 즉 마샬[59]의 탁월한 제안이 말하듯, 유권자들이 각기 세 장의 투표권을 갖되, 마음만 먹으면 동일한 후보에게 그 표를 다 몰아줄 수 있게 해준다 하더라도 결과는 마찬가지일 것 같다. 이 방식은 그냥 손 놓고 있는 것보다야 말할 수 없이 낫지만, 그 원하는 목적을 대단히 불완전한 방법으로 달성하려 한다는 점에서 여전히 미봉책에 불과하다. 왜냐하면 각 지역의 3분의 1이 못되는 소수파 그리고 (아무리 그 수가 많더라도) 여러 선

57 John Russell, 1792~1878. 두 차례 총리를 지낸 영국의 자유주의 정치가.

58 Benjamin Disraeli, 1804~1881. 영국의 총리를 지내며 빅토리아 시대를 주도한 보수주의 정치인.

* 디즈레일리가 이런 엄청난 착각에 빠졌다는 것은 보수파 정치인들이 보수주의 원리를 얼마나 잘못 이해하고 있는지를 보여주는 생생한 예다(디즈레일리의 이런 발언에 실망한 패킹턴John Pakington(1799~1880. 영국의 보수파 정치인)은 얼마 후 그와 결별하고 말았다). 우리는 각 정당이 상대방의 원리를 이해하고 그 문제점을 파악하는 정도의 덕목과 분별력을 갖출 것을 기대하지는 않는다. 그저 자기 정당의 원리를 제대로 파악하고 그에 알맞게 행동해주기만 해도 정말 좋겠다. 그래서 보수파는 보수주의 원리에 따라, 그리고 자유파는 자유주의의 원리에 맞게 일관되게 투표한다면 영국의 발전에 크게 도움이 될 것이다. 그렇게만 된다면 지금 이런저런 중대한 문제를 둘러싸고 뒤죽박죽 혼란을 불러일으키는 현상을 피할 수 있을 것이다. 보수당은 원래 그 기본 정신부터 가장 어리석은 정당이고, 작금의 사태에 대해 누구보다 더 큰 책임을 져야 한다. 어떤 주제에 관한 것이든 진정, 본질적으로 그리고 거시적으로 보수당의 정신과 부합되는 정책이 입안된다면, 자유당 사람들까지 찬성투표를 던질 수 있을 것이다. 그러나 오히려 대다수 보수주의자들이 맹목적으로 덤벼들어 그 정책이 집행되는 것을 방해하려 드는 것이 우리의 슬픈 현실이다.

59 James Garth Marshall, 1802~1873. 영국의 자유당 정치인.

거구에서 넘어온 소수파는 대표자를 낼 수 없기 때문이다. 그러나 제대로 된 원리임에도 불구하고 그 어느 제안도 실행에 옮기지 못했고, 보다 완전한 현실 적용을 위한 준비도 하지 못했다는 것은 크게 통탄할 일이 아닐 수 없다. 선거구의 평균 인구수에 육박하는 모든 유권자 집단이 어느 지역에 거주하든 서로 힘을 합해서 대표를 낼 수 있는 권한을 가지지 못하는 한 진정한 대표의 평등은 실현될 수가 없다. 거시적 안목에다 현실의 필요에 부응하는 실무능력까지 겸비한 탁월한 능력의 소유자, 토머스 헤어[60]가 의회개혁안 초안에서 구체적인 내용을 제시함으로써 그 가능성을 입증하기 전에는 이런 정도의 완벽한 대표는 불가능한 것처럼 보였다. 그의 구상은 과거 그 어느 것과 비교할 수 없을 정도로 많은 장점을 가진다. 그는 우리가 문제 삼는 특정한 목적을 달성하기 위해 위대한 정치 원리를 어떤 면에서 이상적으로 완벽에 가깝게 현실화한다. 그리고 이 과정에서 그 중요성이 결코 떨어지지 않는 다른 여러 목적도 덩달아 달성된다.

이 구상에 따르면, 대표의 단위에서 유권자들이 자신의 대표를 얼마나 선출할 수 있는지는 통상적인 방법 그대로 평균을 쳐서, 즉 전체 유권자 수를 의회 의석의 수로 나눈 값으로 결정한다. 그래서 각 지역 선거구의 규모와 관계없이 그 할당에 비례해서 대표의 수가 늘어난다. 투표 결과는 지금과 마찬가지로 지역별로 계산된다. 그러나 유권자는 후보의 지역을 불문하고 자기가 원하는 사람에게 표를 던질 수 있다. 따라서 자기가 살고 있는 지역의 후보를 대표로 삼기 싫은 사람은 전국 어느 곳이든 가장 마음에 드는 후보에게 표를 보태줄 수 있는 것이다. 물론 그 후보가 타 지역 유권자의 지지도 받고 싶다고 의사를 표시한 경우에 말이다. 이렇게 해야 지금까지 실질적으로 대표를 낼 수

60 Thomas Hare, 1806~1891. 비례대표제 도입 등 의회개혁을 주장했던 영국의 법률가.

없었던 소수파의 투표권을 보장할 수 있다. 그러나 자기 지역 후보에게 표를 던지기를 거부한 사람뿐만 아니라, 자기 지역 후보를 지지했지만 선거에서 패배하는 바람에 대표를 갖지 못한 유권자도, 다른 곳에서 대표를 확보할 수 있어야 한다. 따라서 유권자가 투표용지에 일차적으로 선호하는 후보 외에 차선의 후보 이름도 적어내는 것이 바람직하다. 모든 투표는 오직 한 후보에게만 가산된다. 그러나 자신이 일차적으로 지지한 후보가 당선 가능한 수의 득표를 하지 못한다면, 그다음 순위의 후보가 득을 볼 수 있다. 그는 자기가 원하는 순서대로 상당수 후보에게 투표를 할 수 있다. 만일 자기가 우선순위로 꼽는 후보들이 일정 득표에 실패한다면, 또는 자신의 지지가 없어도 당선 가능하다면, 그 투표는 당선을 위해 표가 더 필요한 다른 후보에게 돌아갈 수 있다. 대단히 인기가 높은 일부 후보가 거의 모든 표를 휩쓰는 사태를 방지하고, 나아가 의회를 구성하는 데 필요한 의원들을 전부 뽑기 위해서는 특정 후보가 아무리 많이 득표하더라도 당선에 필요한 수 외에는 더 이상 집계하지 말아야 한다. 그 후보가 받은 나머지 표는 차 순위 후보 중에서 그 표를 합치면 당선에 도움이 되는 사람에게 배정되어야 한다. 각 후보가 얻은 표 중에서 무엇이 본인의 당선을 위해 집계되고 어떤 것이 다른 후보에게 배정될 것인지에 대해 여러 방안이 강구될 수 있지만, 여기서는 언급하지 않겠다. 따로 대표를 낼 길이 없는 유권자의 투표는 당연히 본인 몫으로 집계될 것이다. 그리고 그 나머지의 경우는 차선책으로 추첨을 통해 배정하는 것이 가장 합리적이다. 투표용지는 선거관리위원회로 옮겨져서 그곳에서 집계를 하고, 각 후보가 획득한 1차, 2차, 3차 그리고 기타 득표가 구별되며, 전체 의회의 의원 정족수를 채울 수 있게 각 선거구별로 당선에 필요한 득표수가 가름된다. 1차 득표가 2차 득표보다 우선권을 가지며, 2차는 3차보다 더 우선권이 있다. 나머지도 이런 식으로 집계된다. 투표용지와 집계 도구 등은 공공장소에 전시되기 때문에 관심이 있는 사람은 누구나 가서 확인해볼 수 있다. 당선에 필요한 수 이상의 득표를 했지만 당선되지 못한 사람은 이의를 제기할 수 있어야 한다.

이상이 그 구상의 핵심이다. 아주 간단명료한 이 구상의 보다 자세한 내용을 설명하기 위해 (1859년에 얇은 책으로 발간된) 헤어의 《대의제 선거론Treatise on the Election of Representatives》* 과 케임브리지대학교 경제학 교수 헨리 포세트[61]가 1860년에 쓴 《알기 쉬운 헤어 씨의 개혁 법안Mr. Hare's Reform Bill Simplified and Explained》이라는 책자에 대해 한마디 해야겠다. 후자는 헤어의 원래 구상 중에서 일부를 제외한 채 그 핵심 내용만 가장 명확하고 분명하게 설명해주는 장점이 있다. 그 구상의 세세한 내용을 이해하면 분명 도움이 되기는 하지만, 큰 덩어리만 건져내는 것이 현실적으로 더 유용하게 쓰일 수 있기 때문이다. 감히 말하지만, 이런 것들을 더 깊이 공부할수록 그의 구상이 얼마나 현실적으로 완벽하고 그 장점이 얼마나 큰 것인지 더욱 확실히 깨닫는다. 따라서 이런 사실을 종합해보면, 헤어의 구상이 지금까지 제시된 그 숱한 정치개혁안의 이론과 실제 중에서 가장 위대한 것이라는 확신을 지울 수가 없다.

첫째, 그의 제안은 모든 유권자 집단이 그 수에 비례해서 대표를 낼 수 있도록 보장하고 있다. 양대 정당이 경우에 따라 특정 지역의 일정 규모 이상 몇몇 소수파만 대표를 내는 것이 아니라, 기준을 만족시키는 전국의 모든 소수파 집단도 평등한 정의의 원리에 따라 대표를 가질 수 있는 것이다. 둘째, 지금처럼 유권자들이 투표도 하지 않은 후보에 의해 명목상으로만 대표되는 일을 막을 수 있다. 모든 의원은 각

* 최근 1861년의 제2판에서 헤어는 몇몇 세세한 내용에 대해 의미 있는 수정을 가했다.

61 Henry Fawcett, 1833~1884. 영국의 경제학자, 정치인.

선거구 전체 유권자의 대표가 될 것이다. 그 사람은 기준이 정하는 바에 따라 1000명이나 2000명, 5000명 또는 1만 명의 유권자를 대표할 것이다. 각 유권자는 그 사람에게 지지표를 던질 뿐만 아니라 나라 전역에서 선택할 수 있다. 이를테면 소비자가 좌판의 두세 개 썩은 오렌지 중에 하나를 골라야 하는 것처럼, 마땅찮은 지역구 후보 중에서 억지로 선택해야 하는 일은 없는 것이다. 이런 체제가 되면 유권자와 대표 사이의 관계가 한층 긴밀해지면서 좋은 결과를 낼 수 있을 것인데, 현 상태로서는 기대할 수 없는 일이다. 유권자 한 사람 한 사람이 대표에 대해, 그리고 대표가 유권자에 대해 서로 개인적인 일체감을 느끼게 된다. 널리 알려진 후보 중에서, 각 유권자는 자신의 생각을 가장 잘 표현해줄 사람, 능력이나 인품 측면에서 가장 존경할 만한 사람, 자신을 가장 잘 위해 줄 것이라는 믿음이 가는 사람에게 표를 던지면 된다. 의원은 그저 각 지역의 건물이 아니라 사람들을, 소수의 명망가만이 아니라 글자 그대로 유권자들을 대표하는 것이다. 그래서 마땅히 각 지역에서 대표해야 할 것을 대표하게 된다. 원래 가능하면 의회가 순전히 지역적인 현안은 개입하지 않는 것이 원칙이지만, 피할 수 없는 경우에는 중요한 각 지역의 이해관계에 대해 특별하게 임무를 맡은 의원들이 있어야 한다. 헤어의 제안을 따르면 이 문제도 해결할 수 있다. 기준 이상의 인구를 가진 각 지역구에서는 일반적으로 자기 지역에 사는 사람을 대표로 보내고 싶어 한다. 자격을 갖춘 후보 중에 해당 지역에 거주하며 지역 사정을 잘 아는 사람이 있으면 그 사람이 대표로 선출될 가능성이 높은 것이다. 그러나 자력으로 대표를 낼 수 없는 소수파는 타 지역에서 표를 가져올 수 있는 후보를 찾아서 그 사람을 밀 것이다.

대표를 선정하는 모든 방법과 제도를 종합해볼 때, 헤어의 구상이 대의제에 바람직한 지적 수준을 담보해줄 수 있는 가장 좋은 제안이다. 현 상황에서는 엄밀히 말해 재능과 인품이 두드러진 사람이라 하더라도 하원의원에 당선되기가 갈수록 힘들어진다. 그저 지역에서 영향력이 센 사람이나 선거 과정에서 돈을 흥청망청 쓰는 인간이라야 당선될 수가 있다. 또는 런던에 자리 잡은 서너 명의 사업가나 변호사가 힘을 써서 양대 정당의 후보로 낙점된 사람(이들은 항상 자기 당이 원하는 대로 의정활동을 할 것이다)만 당선 가능하다. 헤어의 제안은 이런 폐해를 방지할 수 있다. 만일 유권자가 자기 지역 후보를 좋아하지 않는다면, 또는 자기가 지지하는 후보가 당선권에 이를 수 없다면, 후보 명단을 봐서 전국적 명성을 가진 데다 정치노선도 마음에 드는 사람에 표를 던지면 된다. 따라서 이런 체제에서는 지역적 영향력이 미미하고 어느 정당에도 충성을 바치지 않은 사람이라 하더라도, 그동안 존경받을 만한 인생 역정을 걸어왔다면 거의 누구나 공평하게 의회에 진출할 가능성이 있다. 제도가 이렇게 바뀐다면, 지금으로서는 상상도 할 수 없는 일이지만, 훌륭한 인품을 가진 사람들이 용기를 내서 출마를 감행할 수 있을 것이다. 기존의 그 어떤 지역구에서도 다수 지지를 획득할 수 없었던 무사공평하고 독립적인 사고를 가진 수백의 유능한 인물이 자기의 글이나 공적 영역에서의 두드러진 노력에 힘입어, 전국의 거의 모든 지역구 사람들에게 이름을 알리고 비록 몇 표라도 지지받을 길이 열린 것이다. 각지에서 이런 표가 모이면 너끈히 당선권에 들어갈 수 있을 것이 분명하다. 이것이 아니라면 전국의 유능한 엘리트들을 확실하게 의회에 불러 모을 방법이 없다.

이런 선거제도가 단지 소수파의 지지에만 힘입어 하원의 지적 수준을 끌어올릴 수 있는 것은 아니다. 다수파도 능력이 뛰어난 소수파 사람들의 언행을 지켜보지 않을 수 없다는 사실이 중요하다. 다수파를 구성하는 유권자들이 지역 세력가들이 지명한 후보를 지지하거나 아니면 아예 투표장에 나가지 않는, 소위 홉슨Hobson식 투표행태를 벗어날 수 있다면 상황은 급변할 것이다. 권력자들이 미는 후보가 소수파와 대결하는 것에 그치지 않고, 전국적인 명성에다 국가를 위해 봉사할 의지가 투철한 명사들과도 경쟁해야 하는 상황을 생각해보라. 이렇게 되면, 기성 정당의 구호를 앵무새처럼 되풀이하고, 3000~4000파운드나 되는 거액을 호주머니에 넣고 다니며 마구 써대는 인간을, 유권자들이 생각 없이 지지하는 일은 더 이상 일어나지 않을 것이다. 다수파는 자기들이 원하는 후보를 끝까지 밀 수 있다. 또는 그들 표를 딴 곳으로 보낼 수도 있는데, 그럴 경우 소수파가 대표를 낼 기회가 생긴다. 다수의 사람이 전혀 자격도 안 되는 후보를 맹목적으로 지지하는 일은 더 이상 없을 것이다. 지역의 명망가 중에서 가장 능력이 뛰어난 최선의 인물을 선택적으로 고를 수 있을 것이다. 특정 지역을 넘어 다른 곳에서까지 잘 알려진 인물이 여기저기서 부스러기 투표를 끌어 모아 당선 가능성을 높일 수 있다. 이렇게 되면 각 지역구 사람이 최선의 후보를 놓고 경쟁하는 일이 벌어진다. 지역 사정에 밝고 사회적 연결망이 좋으면서 다른 영역에서도 뛰어난 능력을 가진 후보를 서로 차지하려 다투게 되는 것이다.

일반적으로 볼 때, 현대 사회에서 대의정부는 점점 평범한 사람들에 의해 움직인다. 선거권이 확대되면서 이런 경향은 더욱 굳어진다. 그 결과 한 공동체 안에서 지적 수준이 최고에 한참 못 미치는 부류의 사람들이 주요 결정권을 행사하는 일이 많다. 그러나 최상의 지성과 인품을 가진 사람이 수적으로는 어쩔 수 없이 밀린다 하더라도, 그가 발언권을 가질 수 있느냐 여부에 따라 상황은 크게 달라진다. 거짓 민주주의에서는 모든 사람이 대표권을 가지지 못하고 단지 각 지역의 다수파만 대표를 낼 수 있다. 이런 곳에서는 지성이 높은 소수파가 대의기구 안에서 자기 목소리를 낼 방도가 전혀 없을지도 모른다. 미국이 바로 이런 거짓 민주주의 모델에 의해 움직이는 나라다. 다 알다시피 미국에서는 교양이 높은 사람들이 연방의회나 주의회에 출마하는 경우가 드물기 때문에 진정 자격을 갖춘 인사를 정계에서 찾아보기 가 힘들다. 그저 자신의 고유한 생각이나 판단을 속으로 삼킨 채 수준 이 떨어지는 열등한 사람들의 대변인 노릇을 하려 드는 인간이나 당 선되는 것이다. 미국의 현명한 애국지사들이 운 좋게도 헤어의 구상과 같은 것을 미리 알았더라면 미국의 연방의회와 주의회가 탁월한 능력 의 소유자들로 채워졌을 것이고, 그렇게만 되었더라면 민주주의에 내 재한 최대 결점과 가장 고약한 해악 중의 하나를 던져버릴 수 있었을 것이다. 이런 해악에 비추어보자면, 헤어가 제안한 개인대표제personal representation의 장점이 아주 두드러진다. 각 지역에 흩어진 소수의 지 성인은 나라 안에서 가장 유능한 사람들을 자신들의 수에 비례해서 의 회에 보낼 수 있게 서로 힘을 합칠 것이다. 다른 방법으로는 자신들과 같은 소수파가 그 어떤 의미 있는 목소리를 낼 길이 없을 것이기 때문 에 그들로서는 이런 식으로 최선의 후보를 내고 싶어 할 것이 당연하 다. 다수파를 대변하는 사람들은 의회제도 안에서 활동하는 가운데 당 연히 내면적으로 성장할 기회를 가지게 될 텐데, 그에 덧붙여 나라살 림을 자기들 혼자 힘으로 해결해야 하는 부담에서 벗어나는 이득도 누 리게 된다. 유권자 중에서 다수파 집단이 다른 사람들을 수로 능가하 듯이, 다수파의 대표들도 당연히 다른 대표들보다 수적인 우위에 선 다. 분명 투표를 하면 다수파의 대표가 항상 이길 것이다. 그러나 그들 도 소수파가 있는 자리에서 발언하고 투표하게 될 것이다. 그리고 그 들의 비판을 받을 것이다. 양자 사이에 무슨 의견 차이라도 생기면 지 적으로 뛰어난 소수의 주장에 맞서야 하는데, 이를 위해서는 설득력 있어 보이는 논리를 내세우지 않으면 안 된다. 모두 똑같은 생각을 하 고 있는 사람들 앞에서라면 모를까, 반대파가 있는 상황에서는 자기들 의 주장이 무조건 옳은 것이라고 강변할 수만은 없다. 오히려 자신들 의 생각이 잘못된 것이라는 사실을 깨닫는 경우가 종종 생길 수 있다.

대체적으로 그들이 악의가 없는 사람이라고 볼 수 있으므로(사실 정당한 절차에 따라 국민의 대표로 선출된 사람이라면 이성적으로 행동할 것이라고 기대해도 좋을 것이다), 대의과정에서 뛰어난 사람들과 접촉하고 때로 충돌하기까지 하는 동안 알게 모르게 많은 영향을 받으면서 그들 자신의 정신도 발전하게 될 것이다. 다수로부터 외면받는 주장을 펴는 사람들이 단순히 책이나 잡지에 그런 생각을 펼치면서 자기들끼리 돌려 읽는 상황이 아니다. 각자 반대파 사람의 바로 곁에서 얼굴을 바라보며 주장을 제기해야 하기 때문에, 전 국민이 양쪽 진영의 지적 수준을 객관적으로 비교할 수 있다. 이렇게 되면 다수의 지지를 받는 의견이 과연 그럴 가치가 있는 것인지 판정하는 것이 가능해진다. 유능한 사람에게 자신의 능력을 발휘할 공정한 기회를 주는 것이 중요하다. 그렇게만 된다면 때로는 대중도 본능적으로 진정 유능한 사람을 판별해낼 수 있다. 능력이 충분한데도 그에 상응하는 대접을 받지 못하는 사람이 있다면, 그것은 제도나 관례가 잘못되었기 때문이다. 과거의 민주주의 사회에서는 유능한 사람이라면 그 누구도 배제되는 일이 없었다. 우선 그에게는 자기주장을 펼칠 연단이 열려 있었다. 그리고 공직을 맡기 위해 특정인의 동의가 필요한 것도 아니었다. 그러나 대의정부에서는 그렇지 않다. 대의민주주의에 가장 호감을 가진 사람이라 하더라도 일말의 불안감을 지울 수가 없다. 이를테면 고대 아테네의 테미스토클레스나 데모스테네스[62] 시절에 평의회가 나라를 위기에서 구할 수 있을 만큼 잘 작동한다 하더라도, 이런 훌륭한 정치가들이 전 생애를 통해 그 평의회에 자리 하나를 차지하는 것이 불가능

62 Demosthenes, 기원전 384~기원전 322. 고대 그리스의 웅변가, 정치가. 당시 그리스를 위협하던 마케도니아에 맞서 그리스 연합군 결성을 촉구했다. 알렉산드로스 대왕 사후 다시 반反마케도니아운동을 전개하다가 실패해 음독자살했다. 그의 정치 연설 가운데《필리포스 탄핵》이 특히 유명하다.

했을 수도 있다. 대의기구 속에 한 나라의 일류 지성 중 몇 사람만이라도 포진할 수 있다면, 나머지는 그저 그렇고 그런 사람들로만 채워진다 하더라도, 그리고 비록 그들이 여러 측면에서 대중의 일반적인 생각이나 감정과 다르다는 것이 알려져 있다 하더라도 이들 앞서가는 지도급 인사들이 전체 심의 과정에서 확실히 영향력을 행사할 수 있을 것이다. 나는 뛰어난 지성이 일정한 영향력을 행사할 수 있는 방안으로 헤어의 제안 이상 가는 것을 알지 못한다.

대의기구가 또한 대단히 중요한 사회적 기능을 수행한다는 사실을 기억해야 한다. 대의민주주의가 아닌 그 어떤 민주주의 체제도 이런 일은 하지 못하는데, 이것이 없으면 모든 정부가 퇴보와 부패를 벗어날 길이 없다. 소위 대립의 기능이 바로 그것이다. 어떤 정치체제든 다른 모든 것을 압도하는 강력한 존재가 있다. 이런 최고 권력자는 영원히 유일한 권력자가 되고자 하는 경향을 지닌다. 의도적이기도 하고 또 무의식적이기도 하지만, 이 막강한 권력은 다른 모든 것이 자기에게 머리를 숙이고 들어오도록 끊임없이 종용한다. 그 누구라도 자신에게 계속 대들거나 자기 생각과 다른 방향으로 영향력을 행사하는 것을 결코 용납하지 못한다. 그러나 이런 권력자가 완벽하게 경쟁 세력을 제압하는 데 성공하고 자기 뜻대로 모든 일을 처리하면, 그 나라에 발전이라는 것은 불가능하다. 퇴보의 길만 있을 뿐이다. 인간 사회의 발전은 여러 요소가 함께 작동해야 가능해진다. 인간 사회의 그 어떤 권력도 모든 요소를 한꺼번에 구비할 수 없다. 아무리 선의를 가진 유능한 권력이라 하더라도 발전에 필요한 요소 중에서 일부만 갖추고 있을 뿐이다. 계속 진보가 일어나기 위해서는 나머지 필요한 부분을 무엇인가 다른 쪽에서 찾아야 한다. 어떤 공동체든, 그 안의 최고 권력자와 경쟁 세력이 다툼을 벌이는 과정에서 장기간 번영을 이룩할 수 있다. 이를테면 영적靈的 권위와 세속적 권력, 군사적·지역적인 권력과 산업자본가

계급, 왕과 인민, 정통 개혁가와 종교적 개혁가 사이의 경쟁관계가 중요한 역할을 하는 것이다. 이런 갈등 상황에서 만일 어느 한쪽이 완벽한 승리를 거두고 더 이상 대드는 세력이 존재하지 못한다면, 그 순간부터 정체가 시작되고 곧 퇴보가 뒤따르게 된다. 다수파가 권력의 자리에 오르는 것 자체는 다른 여러 해악들에 비해 특별히 정의롭지 못하다고 할 수가 없다. 또 전체적으로 비교해보더라도 훨씬 더 비참한 결과를 낳을 것이라고 말할 수도 없다. 문제는 이런 체제가 아주 분명한 어떤 위험을 수반할 수밖에 없다는 데 있다. 권력이 한 사람 또는 소수의 몇 사람 손에 있는 체제 안에서는 다수가 언제나 그 권력에 대항하며 견제하는 역할을 할 수 있다. 비록 상대방을 통제할 수 있을 만큼 충분히 강력하지는 못하더라도, 다수의 의견과 감정은 (확신에 의한 것이든, 아니면 그저 이해관계에 따른 다툼 때문에 그런 것이든) 집권 세력에 대항하는 모든 사람에 대해 도덕적인, 또는 때로 사회적인 후원자가 될 수 있다. 그러나 민주주의가 최고 영향력을 발휘하는 곳에서는, 반대 의견과 상처받고 곤경에 처한 이익집단이 의지할 수 있을 만큼 충분히 강력한 한 사람이 또는 소수가 존재하지 못한다. 이것이 바로 민주정부가 안고 있는 가장 심각한 취약점이다. 남보다 앞서가는 모든 사회가 빠짐없이 보이는 특징적 양상을 민주사회도 보여주어야 한다. 즉 어떻게 하면 지배 권력의 노선에 저항하는 개인들에게 사회적인 후원 또는 근거지를 제공할 수 있는가? 주도적인 여론이 탐탁지 않게 여기는 생각과 이해관계를 가진 사람들을 어떻게 보호하고 응원할 수 있는가? 사회적 조건과 정신 능력 면에서 단지 일부분에 지나지 않은 세력이 배타적인 독점 권력을 행사하는 가운데, 이런 근거지를 제공하지 못한 과거 사회, 그리고 일부를 제외한 현대 사회는 모두 멸망에 이르거나 쇠퇴(즉 서서히 악화되는 상태)의 길로 빠져들었다.

이런 부족한 점을 개인대표제가 보완해줄 수 있다. 현대 사회의 틀 속에서 가장 완벽하게 기능할 수 있는 것이다. 민주적 다수의 본능에 맞서 부족한 것을 보완하고 잘못된 것을 고치려면 지성을 갖춘 소수밖에 의지할 데가 없다. 그러나 지금까지의 민주주의체제에서는 이 소수가 제 역할을 할 길이 없었다. 이제 헤어 덕분에 그 길이 열렸다. 소수파 유권자의 지지를 모아 의회에 진출할 수 있기 때문에 그 역할을 완벽하게 수행할 수 있는 것이다. 지식인 계급이 다른 방식으로 영향력을 발휘하는 것이 가능하다 하더라도 사람들의 경계를 불러일으킬 것이다. 그 계급이 아무런 힘이 없으면 모를까 그렇지 않으면 부작용을 피할 길이 없다. 그러나 이런 엘리트들이 다른 의원들과 마찬가지로 의회에서 역할을 할 수 있는 공간을 만들 수 있다면, 다시 말해 자기들이 확보한 유권자들의 수에 비례하는 정치적 발언권을 가질 수 있다면, 그 누구도 시비를 걸지 못할 것이다. 모든 중요한 문제에 자신의 생각과 주장을 펼치고 공공사업에 적극적으로 참여함으로써 자기의 존재 이유를 확실히 밝힐 수 있을 것이다. 따라서 그들이 실제 정부의 업무를 처리하는 과정에서 자신의 탁월한 능력에 힘입어 수적 열세를 상쇄하고도 남을 영향력을 발휘하는 것이 가능하다.

펠로폰네소스전쟁[63] 시기에 아테네 시민이 한 일을 기억하는 것이 좋겠다. 그들은 클레온[64]과 히퍼볼루스[65]에게 중요한 공적 임무를 부여하지 않았다(클레온이 필로스[66]와 암피폴리스[67]에서 중책을 맡은

63 기원전 431~기원전 404. 아테네의 델로스 동맹과 스파르타의 펠로폰네소스 동맹 사이의 전쟁. 스파르타의 승리로 끝났으나 고대 그리스 쇠망의 원인이 되었다.

64 Cleon, ?~기원전 422. 아테네의 정치인, 장군.

65 Hyperbolus, ?~기원전 411. 펠로폰네소스전쟁 동안 활약했던 아테네의 정치인. 클레온처럼 데마고그로 평가받고 있지만, 그와는 달리 귀족 출신이 아니었다.

66 Pylos. 그리스 남부지방의 도시로 펠로폰네소스전쟁 때 해전이 벌어졌던 곳.

67 Amphipolis. 에게해 북쪽 마케도니아 지방에 있던 고대 그리스의 도시. 교통과 산업, 그리고 군사적으로 요충지였기 때문에 아테네와 스파르타가 서로 쟁탈전을 벌였다.

것은 정말 예외적인 사건이었다). 그러나 니키아스[68]와 테라메네스[69], 그리고 알키비아데스[70]는 민주주의보다 과두체제에 더 마음이 기울었지만, 지속적으로 국내외의 중요한 자리를 맡겼다. 지성을 갖춘 소수의 사람들은 실제 투표 과정에서 자기 표밖에 행사하지 못한다. 그러나 그들의 지식과 나머지 사람에 대해 끼치는 영향력 덕분에 도덕적 권력자로서 훨씬 많은 힘을 발휘한다. 어떻게 해야 여론을 이성과 정의의 틀 속으로 인도하고, 민주주의의 취약점과 나쁜 영향으로부터 지킬 수 있을까? 현재 인간의 능력으로는 헤어의 제안보다 더 나은 것을 만들어낼 수가 없다. 이 제안을 따라야 민주국가의 인민들이 자신보다 지적인 면과 인품 측면에서 더 높은 수준의 지도자를 쟁취할 수 있다. 잘만 하면 현대 민주주의도 때때로 페리클레스 같은 인물, 그리고 탁월한 식견과 지도력을 갖춘 인재들을 얻을 수 있는 것이다. 그 밖의 다른 방법으로는 도저히 불가능하다.

아무리 보아도 그의 제안에는 장점밖에 없는 것 같은데, 부정적인 측면은 없을까? 이 새 제도에 대해 제대로 검토해본다면 별다른 흠집을 찾기 어려울 것이다. 물론 평등과 정의를 표방하면서 실제로는 부자들 자리를 사회적 지위가 올라가고 있는 가난한 사람들로 대체하려는 꿍꿍이를 가지고 있는 사람(이런 사람이 있다면)은 양자에 대해 똑같은 대우를 하려는 이런 제도를 좋게 받아들이지 않을 것이다. 그러

68 Nicias, 기원전 470?~기원전 413. 아테네의 정치인으로 거대한 광산을 경영했다. 페리클레스 사후 스파르타전쟁을 치르면서 강경파 클레온과는 달리 온건노선을 펴 기원전 421년 니키아스화약和約을 맺었다. 알키비아데스의 강경노선에 끌려 시칠리아 원정군의 지휘를 맡았으나 참패를 당한 뒤 붙잡혀 처형되었다.

69 Theramenes, ?~기원전 404?. 펠로폰네소스전쟁 때 활약했던 아테네 정치인. 온건 과두정을 지지했으나 과격 과두파에 의해 처형되었다.

70 Alcibiades, 기원전 450?~기원전 404. 고대 아테네의 정치가이자 군인이다. 펠로폰네소스전쟁 때 스파르타 편에 서서 고국 아테네를 배신했으나 결국 스파르타 첩자의 손에 암살당했다. 그가 소크라테스를 흠모했던 장면이 플라톤의 《향연Symposium》에 생생하게 묘사된다.

나 (때가 되면 선동가들이 나서서 무슨 짓을 할지 알 수 없기는 하지만) 나는 지금 영국 노동자계급 사이에 그런 감정이 퍼져 있다고 생각하지 않는다. 미국에서는 수적으로 다수인 사람이 오랫동안 집단 독재 권력을 마음대로 행사했기 때문에, 개별 독재자나 귀족들만큼이나 그 권력을 놓치고 싶어 하지 않을 것이다. 그러나 영국 민주주의에서는 다수파가 계급입법을 자행하지 않으면서, 반대편이 계급입법을 하지 못하도록 견제하는 데 만족하고 있는 것으로 보인다.

헤어의 구상을 대놓고 반대하는 사람 중 일부는 그 제안의 비현실성을 지적한다. 그러나 이런 사람들은 대체로 그 내용을 잘 모르거나 제대로 검토도 해보지 않은 상태에서 반대한다. 또 어떤 사람은 대표제의 지역성을 포기한다는 것에 대해 불편해한다. 이들 생각으로는 민족이라는 것이 사람이 아니라 지리나 통계 같은 인위적 단위로 구성되는 듯하다. 그래서 의회가 인간이 아니라 마을과 읍을 대표해야 한다는 것이다. 그러나 우리가 마을이나 읍을 없애자는 것은 아니다. 마을과 읍에 사는 사람들이 대표되어야 그 마을과 읍도 대표될 수 있는 것이다. 지역에 대한 감정은 누군가 그것을 느끼는 사람이 있어야 존재한다. 지역에 대한 이해관계도 그런 이해관계를 가진 사람이 있어야 존재한다. 이런 감정과 이해관계를 가진 어떤 사람들이 자신의 몫에 상응하는 대표를 낼 수 있다면, 다른 감정과 이해관계를 가진 모든 사람과 동등하게 대표되는 셈이다. 그러나 나는 왜 지역에 따른 감정과 이해관계만 대표되어야 할 가치가 있는 것인지 이해할 수가 없다. 지리적 구분보다 더 소중한 감정과 이해관계가 있을 수 있는 것 아닌가? 왜 지리적 상황이 정치적 구분의 유일한 준거가 되어야 하는가? 요크셔와 미들섹스가 주민과 상관없이 별도의 권리를 가져야 한다거나 리버풀과 엑서터가 실제 그곳에 사는 주민들보다도 의회 의원들이 더 신경을 써야 할 대상이라고 하는 주장은 참으로 한심한 언어의 유희가 아닐 수 없다.

그러나 헤어의 제안을 반대하는 대부분의 사람은 영국인이 그런 발상을 결코 좋아하지 않을 것이라는 식으로 논리를 단순화하고 있다. 그렇다면 영국인은 자신의 이해와 판단능력에 대해 이처럼 한마디로 잘라서 단정하는 것을 어떻게 생각할까? 자기들이 그 제안을 반대할 것이 분명하다면서 어떤 것이 옳고 그른지 따져보는 것조차 필요 없다고 강변하는 사람들에 대해 무슨 말을 할까? 나는 이에 대해 더 이상 이야기를 하지 않을 것이다. 하나 분명한 것은, 영국인이 자신이나 남에게 유익한 그 모든 것에 대해 제대로 판단할 수 없을 정도로 형편없는 존재는 아니라는 사실이다. 설령 영국인이 지독한 편견에 사로잡혀 있다고 치더라도, 그 편견이 너무 심각해서 도저히 극복할 수 없다면서 그런 잘못을 제거하기 위한 어떤 노력도 기울이지 않는 바로 그 자들이 책임을 져야 한다. 어떤 편견이든, 그 편견에 물들지 않은 사람들 자신이 그것에 굴복하고 아첨하며 자연의 법칙이라고 받아들이면 결코 이겨낼 수가 없는 것이다. 그러나 일반적으로 볼 때 이 제안에 대해 제대로 들어보지 못한 사람들이 특별히 적대감을 가진 것은 아니다. 그저 그 내용이 충분히 알려지지 않은 어떤 새로운 발상에 따라다니는 자연적이고 건강한 불신 정도만 품고 있을 뿐이다. 딱 하나 심각한 걸림돌이 있다면 그것은 생소함이다. 이것은 정말 만만치 않은 문제다. 왜냐하면 상상력이라는 것이 이름과 형식을 단순히 조금조금 바꾸기보다 그 실체를 확 뒤집는 경향이 강하기 때문이다. 그러나 어떤 구상이 정말 획기적인 가치를 지니고 있다면 그런 생소함을 극복하는 것은 단지 시간 문제에 지나지 않는다. 오늘날과 같이 자유로운 언로가 열려 있고 진보에 대한 관심이 폭넓게 퍼진 시대에는 과거 같으면 몇 세기가 걸릴 일이 단지 몇 년 안에 해결된다는 것을 기억해야 한다.

헤어의 주장이 처음 제기된 이후 몇몇 비판적 관점이 대두했다. 이런 비판은 이제껏 나왔던 내용 없는 비방에 비하면 적어도 세밀한 검토에다 지적인 토론을 겸비했다는 점에서 경청할 만하다. 토론이 이런 차원으로 전개되어야 무엇인가 위대한 진보가 일어날 수 있는 법이다. 그런 변화의 초기 단계에서는 맹목적인 편견이 난무한다. 토론이 벌어진다 해도 그와 같은 편견을 뒷받침하는 데 지나지 않는다. 그러다가 편견이 조금 제거되고 나면 토론도 힘을 발휘하기 시작한다. 헤어의 구상에 대한 이해의 폭이 넓어지면서 그것을 둘러싼 불편함뿐만 아니라 긍정적인 측면도 함께 부각되고 있다. 기존의 괜찮은 측면마저 잃게 된다고 걱정했지만, 그런 것만은 아니라는 사실을 알았다. 숱한 반대 가운데서 일부는 내 눈에도 일리가 있어 보였다. 그러나 그런 것 가운데 헤어 쪽 사람들이 미리 검토하고 따져 보지 않은 것이 하나도 없다. 현실성이 없기 때문에 또는 제기된 문제점들이 손쉽게 해결될 수 있는 것들이기 때문에 다 넘어간 것이다.

반대하는 사람들이 가장 심각하게 문제 삼는 것도 사실은 아주 간단하게 해결할 수 있다. 이들은 중앙관리위원회가 부정행위를 할 때 또는 그런 짓을 한다고 의심을 살 때, 그것을 제지할 길이 없다고 걱정한다. 투표 과정을 다 공개하고 선거 뒤 투표용지에 대해 완벽하게 검증할 자유가 주어진다고 해결될 문제가 아니라는 것이다. 집계 결과를 따져보기 위해서는 관리 요원들이 이미 완료한 작업 과정을 다시 되풀이해야 하는데 그것이 가능하지 않다고 생각하기 때문이다. 투표를 끝낸 유권자가 개별적으로 일일이 집계를 재검토하는 것이 쉬운 일이 아닌 것은 분명하다. 일반 유권자가 재검하기 위해서는 그 자신의 투표용지를 재확인해야 하는데, 이를 위해서는 투표가 끝나고 일정 기간이 지난 뒤에 각 투표용지를 원래 투표장소로 되돌려보내지 않으면 안 된다. 그러나 이것을 해결하는 것은 그리 어렵지 않다. 유권자 본인이 이런 일을 할 수 없다면 낙선자나 그 대리인이 대신해주면 되는 것이다. 자신의 낙선을 받아들이지 못하는 후보들은 개별적으로 또는 같은 처지의 사람끼리 힘을 합쳐서 전체 선거 과정을 검증할 전문 인력을 고용할 수 있다. 그 결과 어떤 과정상 오류를 발견해낸다면, 물증들을 하원의 위원회에 제시하면 된다. 그러면 이 위원회는 전국의 선거 과정을 재검토해서 확증할 수 있다. 선거관리위원회가 개별 집계과정을 조사하는 데 드는 시간과 비용을 지금의 10분의 1만 써도 되는 것이다.

또 이런 주장을 제기하는 사람도 있다. 즉 헤어의 구상이 실천에 옮겨질 수 있다 하더라도 두 가지 이유 때문에 소기의 성과를 거두지 못함은 물론, 오히려 더 나쁜 결과만 초래하게 된다는 것이다. 첫째, 특정 집단이나 패거리, 파벌 모임, 금주禁酒운동, 무기명투표 실천운동, 국가 종교 간섭 배격운동Liberation Society처럼 특수 목적 아래 결성된 조직, 그리고 계급적 이해관계 또는 종교적 신념에 의해 뭉친 사람들에게 정도 이상의 권력을 줄 수 있다. 둘째, 이 제도를 따르면 정당만 이익을 보게 된다. 각 정당은 658명의 후보 명단을 만들어서 전국의 모든 선거구에 내려보내 그 지역의 지지자를 동원할 것이다. 그렇게 되면 정당의 이름을 빌리지 못한 무소속 출마자는 그 누구도 투표에서 이길 수가 없다. '공천' 제도는 미국에서 보듯이, 거대 정당조직만 이롭게 한다. 각 정당의 열성 지지자들은 당에서 내려보낸 사람들에게 묻지도 않고 표를 던질 것이기 때문에, 때로 일부 분파나 방금 말한 것과 같은 특수 이익집단 사람들이라면 모를까, 보통 경우에는 도저히 그들보다 더 많이 득표할 수가 없다.

이 점에 대해서는 분명하게 말할 수 있다. 헤어의 구상은 말할 것도 없고, 그 어떤 제도에서건 잘 조직된 집단이 상대적으로 이익을 보기 마련이다. 조직력이 약한 집단은 언제나 불이익을 당할 수밖에 없다. 헤어의 구상도 이 현실은 바꿀 수가 없다. 따라서 크든 작든 조직을 갖춘 정당이나 세력은 자기 조직을 통해 최대한 이익을 보기 위해 애쓸 것이라고 인정해야 한다. 그런데 현재 상황에서는 이런 상대적 강점이 결정적인 역할을 한다. 조직이 허술한 집단은 아무것도 얻을 수가 없는 것이다. 거대 정당조직 또는 그 어떤 집단에라도 소속되지 않은 유권자는 자신의 의사를 관철할 길이 없다. 헤어의 구상은 그런 사람들에게 길을 열어준다. 그 수단을 얼마나 능숙하게 잘 사용하는지는 각자에 달렸다. 그 능력에 따라 자기 몫만큼 영향력을 발휘하는 사람이 있는가 하면, 그렇지 못한 사람도 있을 것이다. 그러나 어쨌든 자기 몫에 비례해서 받게 되는 것은 분명하다. 그런데 보잘것없는 이해관계 또는 어쭙잖은 목적을 가진 사람들도 다 조직을 만드는 현실에서, 전국적으로 뛰어난 지성과 인격을 가진 사람들만 조직을 갖추지 못한다면 말이 되겠는가. 다시 말해 금주운동단체, 빈민학교 등등이 공천을 주듯이, 공공의식이 투철한 어떤 유권자가 자신의 자질을 앞세워 '개인 공천'을 한 뒤, 주변 모든 사람에게 선거운동을 하면 안 될 이유가 있을까. 그리고 이런 사람 중 몇몇이 런던에 함께 모여 기술적인 의견 차이를 뛰어넘어 자기들 중에서 가장 지명도가 높은 인물을 골라 최소한의 비용만 들여 전국의 유권자들에게 알리면 어떨까. 현재와 같은 선거 제도 아래에서는 양대 정당이 행사하는 영향력이 절대적일 수밖에 없다는 사실을 인정해야 한다. 헤어의 구상이 받아들여진다 하더라도 그들의 영향력은 여전히 막강할 것이다. 그러나 일정한 틀이 만들어질 수 있다. 작은 정당들은 물론이고, 양대 정당도 각기 확보한 지지자들의 상대적 비율 이상으로 의석을 차지할 수 없게 하면 된다. 이 공천제도가 미국에서는 다른 방향으로 운용되고 있다. 미국의 정당 공천은 유권자가 결정한다. 승패는 단순 다수제에 의해 결정되기 때문에, 다수득표자를 제외한 나머지 후보가 받은 표는 사표가 된다. 헤어의 주장을 따르면, 자격 있는 후보 개인에게 던진 지지표는 정당공천을 받은 사람과 대등한 효력을 지닐 수 있다. 따라서 자유주의자, 보수주의자 가릴 것 없이, 자기 정당이 낸 후보 외에 따로 마음에 드는 사람이 있으면, 정당 후보 대신 국가적으로 더 기여할 것으로 보이는 그 사람에게 투표할 수 있다. 이런 제도가 도입되면 공천권을 가진 정당 지도자들이 큰 영향을 받을 것이다. 그래서 자기 정당에 충성을 바친 후보 중심으로 공천을 하는 대신, 국민 사이에 명망이 높은 인물 중에서 정치적 노선이 비슷한 사람도 골라서 자기 당 후보로 낼 것이다.

물론 문제가 없는 것은 아니다. 어느 정파도 거부하면서, 유능한 무소속 후보에게 투표하고 싶어 하는 유권자들은 원래 지지하는 사람을 찍은 다음 나머지 표는 그냥 각 정당 후보에게 몰아줌으로써 오히려 원치 않는 사람들을 당선시킬 수도 있다. 그러나 이 어려움은 마음만 먹으면 넘어갈 방법이 있다. 즉 2차 투표 또는 조건부 투표의 수를 제한하면 된다. 이렇게 하면 무소속 후보를 찍고 싶어도 658명은 고사하고 100명의 후보도 제대로 파악하기 어려울 것이고, 따라서 무소속 후보를 선호하는 데 한계가 있을 것이다. 그저 정당의 지시를 따르는 조직원이 아니라 한 개인으로서 주체적 판단을 하는 것이 허용된다면, 자기 표를 던질 수 있는 후보의 수를 20명, 50명, 아니 몇 명으로 제한하든 여기에 반대할 사람은 없을 것이다. 그러나 굳이 이렇게 제한하지 않아도, 그 취지만 제대로 이해하면 우려되는 폐단은 즉시 개선할 수 있다. 뜻대로 영향력을 행사하는 데 제약이 많은 사람은 누구든지 그 문제를 해결하는 데 관심이 아주 클 것이다. 그래서 비록 소수라 하더라도 그들은 사람들에게 다음과 같은 당부할 것이다. "특별히 마음에 두고 있는 후보에게만 투표하세요. 아니면 최소한 그들의 명단을 제일 위에 올리세요. 그래야 당신의 투표로 그들이 1차 투표에서 당선권에 들 수 있습니다. 또 하위권으로 밀려 내려가지 않고 당선 가능성을 최대한 끌어올릴 수 있게 될 겁니다." 어느 집단에도 속하지 않는 유권자들은 이런 교훈을 통해 얻는 것이 많을 것이다.

이렇게 해야 소수 집단의 사람들도 그들에게 맞는 응분의 권력을 가질 수 있다. 그들이 행사하는 영향력은 그들의 수와 정확하게 비례할 것이다. 그러나 이런 목표를 달성하기 위해서라도 자기 집단이나 조직과 관계없는 다른 곳에서도 충분히 지지를 받을 수 있는 후보를 추천해야 한다. 기존 제도를 어떻게 비판하는가에 따라 그 제도를 옹호하는 대중의 논리도 돌변하는데, 이를 관찰하는 것은 아주 흥미로운 일이다. 그리 오래되지 않은 과거의 일이지만, 당시 대의제도를 지지하던 사람들은 그것이 모든 '이해관계'나 '계급'을 대변할 수 있다고 역설했다. 물론 사람에 관계없이 모든 이익이나 계급은 반드시 대변되어야 한다. 다시 말해 의회에서 대변인이나 대표 역할을 할 사람을 가질 수 있어야 마땅하다. 그런데 이런 전제로부터, 부분적 이해관계를 위해 단순히 대변자가 아니라 의회 그 자체가 나서야 한다는 논리가 통용되었다. 이와 비교해 헤어의 구상이 어떤 변화를 추구하는지 보라. 이 방식은 부분적 이해관계가 의회를 통째로 지배하는 것을 불가능하게 만든다. 그 대신 나름의 대변자를 보유하는 것은 가로막지 않는다. 그런데도 헤어의 개혁안에 대한 비난이 제기되고 있다. 좋은 의미의 계급대표와 좋은 의미의 다수 대표를 포괄하려 한다고 양쪽으로부터 동시에 비난을 받고 있는 것이다.

그러나 이런 비난 자체가 헤어의 구상이 현실화하는 것을 가로막는 가장 큰 어려움은 아니다. 그것보다는 이 방식이 너무 복잡해서 과연 현실 정치 속에서 뿌리를 내릴 수 있을지 걱정하는 사람이 많다는 것이 더 큰 문제다. 이런 지적에 대해서는 실험 삼아 한번 운영해보자고 호소하는 것 말고 달리 마땅한 대답이 없다. 그의 제안이 가진 장점이 보다 널리 알려지고, 공평무사한 이론가들이 폭넓은 지지를 보내기 전에는, 그저 일부 대도시 지방선거 같은 데서 실험적으로 운용해보도록 촉구할 수밖에 없다. 유감스럽게도 요크셔 지역 웨스트 라이딩의 의원 수를 네 명으로 하기 위해 그곳을 분리하면서 아까운 기회를 잃고 말았다. 선거구를 쪼개지 않고, 전체 투표의 4분의 1이 진행되었을 때 1차나 2차 투표를 획득한 후보가 당선되게 하는 새로운 원리를 실험해볼 수 있었는데 말이다. 물론 그 정도 실험으로는 헤어 구상의 진가를 정확하게 입증하는 데 한계가 있다. 그래도 사람들이 새로운 제도가 어떻게 작동하는지 눈으로 확인하면 그 현실적 가능성을 믿을 수 있을 것이다. 그 투표 방식에 어느 정도 익숙해짐으로써, 실제 정치 과정에 도입되기에는 너무 어려움이 많다고 하는 주장이 과연 타당성이 있는 것인지 아니면 그저 근거 없는 억측에 불과한 것인지도 판가름할 수 있었을 것이다. 의회가 이 정도의 실험이라도 허용한다면, 바로 그날로 의회개혁을 위한 새로운 장이 열릴 것이다. 대의정부 초기의 험난하고 혼란스러운 국면을 넘어 더 성숙하고 발전적인 단계로 접어들 계기가 될 것이기 때문이다. 세계는 아직 그 초기 단계에도 이르지 못하고 있다.*

* 이 개정판을 준비하는 사이에, 여기에서 촉구했던 실험이 도시나 지방보다 더 큰 차원에서 실제로 이루어졌다. 벌써 몇 년째 시도되고 있다. 덴마크 헌법(원래의 덴마크만이 아니라, 덴마크 제국 전체를 포괄하는 헌법) 초안에서도 헤어의 구상과 거의 비슷하게 소수파에게도 대표권을 부여하는 방안을 검토한다. 인간 사회가 발전해오면서 여러 문제에 직면하는데, 뛰어난 인물들이 사전에 서로 연락을 주고받지 않음에도 획기적 해결책을 제시하곤 한다. 헤어의 구상도 그런 신기한 현상 중의 하나다. 이 덴마크 선거법에 대해서는 리튼Robert Lytton이 아주 명료하게 잘 쓴 글이 있어서 영국 대중에게 큰

도움이 되고 있다. 그는 의회 입법사무처의 보고서 작성에 관여했는데, 하원의 결정에 따라 1864년 그 보고서를 출간했다. 헤어의 구상(이제 안드레Andræ구상이라고 불러도 되겠다)이 하나의 시안 차원을 넘어 정치적 현실로 굳어지기 시작한 것이다. 현재로서는 덴마크가 비례대표제를 입법화한 유일한 나라지만, 생각 깊은 사람들에게 이 발상이 아주 빠르게 확산되고 있다. 보통선거권이 현실화되는 거의 모든 나라가 이 제도를 긍정적으로 받아들이고 있다. 민주주의자들 사이에서 이것은 논리의 당연한 귀결로 인식된다. 민주정부를 어쩔 수 없이 받아들이는 사람들도 이것을 민주주의가 안고 있는 문제점을 해결하기 위해 없어서는 안 되는 것으로 평가한다. 스위스의 정치이론가들이 그 앞장을 서고 있다. 프랑스 이론가들도 동참하고 있다. 다른 사람들을 굳이 더 언급할 필요도 없이, 프랑스의 아주 저명하고 권위 있는 정치이론가, 즉 온건 자유주의자 한 명과 급진 민주주의자 한 명이 각각 최근 이것에 대해 공개적으로 지지의사를 표명했다. 독일의 지지자 중에는 이 나라에서 가장 이름 높은 정치사상가도 포함되어 있다. 그는 바덴 공국의 자유주의 내각의 일원이기도 하다. 무엇보다 미국에서도 이 문제에 대한 논의가 진지하게 전개되기 시작했다. 미국이야말로 인간 자유를 증진하기 위한 노력이 이미 의미심장한 결실을 맺고 있는 나라다. 영국의 호주 식민지 두 곳에서도 의회를 중심으로 이 문제를 심각하게 검토하고 있다. 아직 현실화되지는 못했지만, 핵심 정당 하나가 이미 지지의사를 밝히고 있다. 보수파와 급진파 의원들이 보여주듯이, 그 원리를 정확하고 완벽하게 이해하고 나면, 과정이 너무 복잡해서 도저히 실천에 옮길 수 없다는 주장이 얼마나 근거 없는 것인지 분명하게 드러난다. 이 구상의 장점을 모든 사람에게 알리기 위해서는 다른 것이 필요 없다. 그저 그 원리에 대해 주의 깊게 경청하기만 하면 족하다.

8장 선거권 확대

지금까지 그저 다수파만이 아니라 모든 사람을 대변하는 대의민주주의에 대해 설명했다. 비록 수에서 다수파에 밀리더라도 소수파가 자신의 이해관계와 생각, 지성을 드러낼 기회를 가지고, 나아가 인격의 무게와 논리의 힘에 의해 수적 열세를 뛰어넘어 일정한 영향력을 발휘할 수 있는 이런 민주주의만이, 진정 평등하고 공평하며, 모든 사람에 의한 모든 사람의 정부를 가능하게 해준다. 이것이야말로 진정 유일한 민주주의라고 할 수 있다. 이런 민주주의라야 현재 널리 퍼진 거짓 민주주의의 심각한 폐해를 극복할 수 있다. 오늘날 민주주의를 둘러싼 모든 논의가 이 거짓 민주주의를 중심으로 전개되고 있음을 알아야 한다. 그러나 이런 진정한 민주주의에서도 마음을 먹기만 하면 다수파가 절대적 권한을 행사하는 것이 가능하다. 이 다수파는 편견과 선입관, 전반적인 사고방식이 매우 비슷한 단일 계급으로 배타적으로 구성된다고 보아야 한다. 불행하게도 이 계급의 지적 수준이 그리 높지 않을 것이 확실하다. 따라서 정치체제는 여전히 계급 정부가 빚어내는 폐해로 얼룩질 가능성이 높다. 민주주의의 탈을 쓰고 있지만 배타적 계급 지배를 벗어나기 어렵다. 이 계급 스스로 양식과 절제, 관용의 미덕을 발휘하는 것 외에 그와 같은 폐단을 효과적으로 제어할 길이 없다. 그러나 이런 종류의 제어장치만으로 충분하다고 한다면, 민주정부에 관한 철학이 굳이 심각한 모양을 할 이유가 없을 것이다. 한 정치체제에 대한 믿음은 어디에서 오는가? 권력자가 권력을 남용하지 않는 게 아니라 남용할 수 없는 구조일 때 체제에 대한 신뢰가 쌓인다. 아무리 민주주의라 하더라도, 그 체제 내부의 취약점이 치유되지 않으면 가장 이상적인 정부 형태가 될 수 없다. 그 어떤 계급도, 특히 아무리 다수파라 하더라도, 자신 이외의 모든 사람을 정치적으로 무력한 존재로 전락시킬 수 없어야 한다. 그리고 자신의 배타적 계급 이익에 입각하여 입법과 행정을 이끌고 나갈 수 없어야 한다. 문제는 이런 폐단을 방지하면서 동시에 민주정부 고유의 장점을 훼손시키지 않는 방안을 찾아야 한다는 것이다.

이런 두 기본 요건은 임시방편으로 선거권을 제한하는 방식, 다시 말해 시민 중 일정한 범주의 사람은 투표에 참여하지 못하게 강제로 제한하는 것을 통해서는 충족될 수 없다. 자유정부가 지닌 최대 장점이 무엇인가? 그것은 바로 국가의 가장 중요한 문제를 직접적으로 결정하는 일에 참여하면, 사회의 최하위 계층 사람들까지 지성과 심성을 교육시키는 효과를 얻게 된다는 사실이다. 이 점에 대해서는 이미 길게 이야기했기 때문에 잠깐 언급하는 것으로 끝내겠다. 민주적으로 운영되는 기구가 촉진하는 효과에 대해 새삼 덧붙일 것이 없기 때문이다. 육체노동자가 선거권을 행사하면 정신적으로 성숙해질 수 있다. 사람들은 이렇게 엄청난 변화가 생긴다는 사실에 놀라고 있다. 인류의 대다수가 높은 수준의 정신적 진보를 이루는 것을 정녕 꿈꾼다면, 이것이야말로 확실한 길이다. 혹시 이런 주장에 대해 미심쩍어하는 사람이 있다면, 토크빌[71]의 위대한 저작이 웅변으로 증명하는 것, 특히 미국에 대한 그의 평가를 유심히 살펴보는 것이 좋다. 미국을 여행하는 거의 모든 사람은 미국인이 한결같이 애국자이고 교양 수준이 높다는 사실에 충격을 받는다. 토크빌은 이런 자질과 민주주의적인 정치제도 사이에 밀접한 관련이 있다는 점을 밝혀냈다. 민주주의가 사람들 사이에서 생각과 기호, 감정을 널리 확산시키는 교육적인 효과를 거둔다는 사실을 미국 아닌 다른 곳에서는 본 적이 없다. 그런 것이 가능하다고 생각할 수도 없었다.* 그러나 배타적이지 않고 똑같이 민주적이면서, 다른 중요한 측면에서 더욱 잘 조직된 정부를 살펴보면 이것도 사실 그리 놀랄 만한 것이 못 된다. 미국에서 정치적 삶이라는 것은 확실히 가장 소중한 학교 역할을 한다. 그러나 이 학교에는 가장 유능한 교사들이 빠져 있다. 이 나라에서 제일 수준 높은 인재들이 마치 규

71 Alexis de Tocqueville, 1805~1859. 프랑스의 사상가로《미국의 민주주의 1, 2》(1835, 1840)를 남겼다. 밀과 토크빌은 각별한 우정을 나누었다. 밀은 1835년 이 책이 나오자마자 긴 서평을 써서 토크빌을 영국 지성계에 널리 알렸다. 토크빌도 자신의 글을 제대로 이해한 유일한 평자評者라면서 밀을 높이 평가했다. 두 사람의 우정과 사상적 '긴장관계'에 대해서는,《위대한 정치》(서병훈, 책세상, 2017) 3부 참고.

* 아래 '뉴욕박람회 영국 시찰단 보고서 발췌'는 캐리Henry Carey(1793~1879, 미국의 경제학자)가 쓴《사회과학 원리》에서 인용한 것인데, 방금 주장한 내용 중 일부를 놀라울 정도로 정확하게 뒷받침하고 있다.
"우리는 대단히 뛰어난 몇몇 기술자와 정비공, 그리고 상당수의 유능한 일꾼을 거느리고 있다. 그런데 가만히 보면, 미국인 전부가 다 그런 것 같다. 이미 미국의 강에는 증기선이 넘쳐난다. 계곡마다 공장이 빼곡 들어서고 있다. 미국인이 사는 마을은 벨기에나 네덜란드, 영국을 제외한 다른 모든 유럽의 마을보다 그 규모가 더 크고, 온갖 기술자들로 가득하다. 비록 이곳에서 오랜 세월을 거쳐 갈고닦기는 했지만, 유럽에서 사용되는 기술치고 들어오지 않은 것이 없다. 오히려 더 발전된 것도 있다. 어떻게 보면 미국인 전체가 프랭클린Benjamin Franklin(1706~1790, 미국의 정치인, 과학자), 스티븐슨George Stephenson(1781~1848, 증기기관차를 발명한 영국 발명가), 와트James Watt(1736~1819, 스코틀랜드 출신으로 증기기관 발명) 같은 인물로 가득 차 있는 셈이라서, 외국인의 입장에서는 신기하기 이를 데 없다. 유럽에서도 교육을 많이 받고 재능이 탁월한 소수의 인물이 없지 않지만, 대부분의 사람은 미국에 비해 상대적으로 더 무식하고 활력도 부족하다. 미국 국민 전체가 보여주는 위대한 지성에 대해 깊은 관심을 기울일 필요가 있다."

정에 따라 자격 미달자로 낙인찍힌 것처럼 국민 대표기구와 전반적인 정부 기능에서 제외되어 있는 것이다. 과거 전제국가에서 군주에게 힘이 쏠리듯이, 미국에서는 민중이 권력의 한 축을 담당하기 때문에, 모든 이기적 야심이 그쪽으로 쏠리고 있다. 그래서 군주에게 그렇게 하듯이, 인민을 향해서 칭찬과 아첨이 쏟아진다. 그 결과 인민의 힘이 올바른 방향으로 진보를 이뤄내는 한편, 타락한 권력의 추한 모습도 그대로 드러내고 있다. 어쨌든 미국의 민주적 제도들이 영국을 비롯한 다른 나라와 비교가 안 될 정도로 최하층 계급 사람들의 정신적 발전을 촉진하는 데 탁월한 기여를 한다고 할 때, 나쁜 영향은 줄이고 좋은 부분만 살리는 길은 없을까? 어느 정도는 가능한 일이다. 그러나 궁극적으로는 아주 예외적인 지적 능력을 가진 사람들을 활용하지 않으면 안 된다. 즉 복잡하고 중요한, 그리고 거시적 안목이 필요한 정치적 문제에 뛰어난 능력의 소유자들이 관심을 가지고 관여하게 해야 하는 것이다. 같은 작업 과정을 반복하면서, 그다지 새로운 영감이나 자극, 또는 발상과 거리가 먼 사람만 접촉하는 육체노동자들도 정치 토론을 통해 많은 것을 배울 수 있다. 자신들보다 더 뛰어난 지적 능력의 소유자들과 교류함으로써 당장 관계가 없어 보이는 현상이나 멀리서 일어나는 일들이 바로 자기 개인적인 이익에도 직접적으로 큰 영향을 끼친다는 사실을 깨닫는다. 정치 현안에 대한 토론과 집단적인 정치 행동에 참여함으로써, 일상적인 직업 활동이 자기를 둘러싼 좁은 공간에 국한된 사람들도 주위 동료 시민과 공감하고, 그들을 위하는 것을 배울 수 있다. 그 결과 자신이 큰 규모 공동체의 일원이라는 것을 의식할 수 있다. 그러나 이렇게 중요한 의미를 지니는 정치 토론이지만, 투표권이 없고 투표권을 획득할 열망이 없는 사람에게는 남의 일이나 마찬가지다. 비유해서 말하자면, 투표권자가 배심원석에 앉아 있는 12명이라면, 이들은 그저 방청석의 구경꾼에 지나지 않는다. 선거권 확대를 둘러싸고 말이 많지만 그들의 선거권은 아니다. 여론을 묻는다고 하지만 그들의 생각과는 아무 관계가 없다. 이의를 제기하고 반박을 한다지만 모두 남의 일이다. 어떤 결론이 나든 흥미를 느끼거나 관심을 가질 아무런 이유도 없다. 아무리 민주정부라고 해도, 현재 투표권이 없는 사람, 그리고 장차 투표권을 가질 전망이 없는 사람들은 모두 영원히 불만스러운, 또는 사회의 중요한 문제에 대해 무관심한 방관자가 될 수밖에 없다. 모든 일을 다른 사람이 다 알아서 처리할 것이고, 그들은 그저 '법에 복종하는 것 외에 달리 할 일이 없거나' 아니면 공공의 문제와 관심사에 대해 단순히 방관자로만 존재하게 될 것이다. 이런 상황이라면 중산층 보통 여자들이 정치에 대해 알고 관심을 가지는 수준과 큰 차이가 안 난다. 남편이나 남자 형제들과 비교해볼 때, 여자들이 어떤 수준에 있는지 생각해보라.

이런 모든 논의를 제쳐두더라도, 더 큰 해악을 방지하는 차원이라면 모를까 그렇지 않다면, 다른 사람과 똑같이 관심을 가지고 있는 문제에 대해 자신의 생각을 반영할 기회를 갖지 못한다는 것은 그 당사자에게 불의를 저지르는 셈이 된다. 재정을 부담할 의무가 있고 필요하다면 방어에 나서야 하며, 은연중 복종해야 할 의무가 있다면 자신을 둘러싸고 무엇이 어떻게 돌아가는지 법적으로 알 권리가 있다. 자신의 동의를 구해야 하며, 다른 사람보다 더 많지는 않더라도 그와 비슷하게 자신의 의견을 존중받을 권리가 있는 것이다. 충분히 발전된 문명국가에서 천민으로 취급받는 사람이 있어서는 안 된다. 본인이 특별히 잘못을 저지르지 않는 한, 어느 누구도 그런 대접을 받아서는 안 된다. 당사자와 아무 상의도 없이, 알든 모르든 그 사람의 운명을 다른 사람들이 결정하는 절대 권한을 가진다면, 이것은 모두에게 부끄러운 일이다. 인류 사회가 지금보다 훨씬 높은 단계로 발전한다 하더라도, 그렇게 부당한 취급을 받는 사람이 투표권을 가진 다른 사람과 대등한 관계를 맺으리라고 생각할 수가 없다. 지배자와 지배계급은 투표권자들의 요구와 희망사항에 대해 신경을 써야 할 의무가 있다. 그러나 이들이 투표권이 없는 사람들도 똑같이 상대할 것인지는 의문이다. 그들 마음에 달렸기 때문이다. 아무리 진실한 마음을 가진다 하더라도 그들로서는 우선적으로 처리해야 할 일에 마음을 빼앗기게 마련이다. 법적인 의무가 없는 일에 신경을 쓰기가 쉽지 않은 것이다. 따라서 어떤 사람이나 계급을 독단적으로 투표권에서 배제하는 체제가 항구적으로 만족스러울 수는 없다. 성년으로서 투표권을 갖고 싶어 하는데도 그런 권리를 가질 수 없다면 올바른 체제가 아닌 것이다.

투표권을 부여하지 않는 것 그 자체는 바람직하지 않다. 그러나 문제가 있을 경우, 일정한 범주 안에서 정당화될 수도 있다. 그 문제점들을 제거한 다음 투표권을 주면 되는 것이다. 나는 글을 읽지도 못하고 쓸 수도 없으며, 기초적인 산수를 할 줄도 모르는 사람이 선거에 참여하는 것은 전혀 옳지 않다고 생각한다. 선거권과 직접적인 상관은 없는 일이지만, 이런 기본적인 교육은 모든 사람에게 무료로 열려야 한다. 아니면 자기 생계를 스스로 책임져야 하는 가장 가난한 사람들도 비용을 감당할 수 있는 한도 안에서 기초적인 교육이 제공되어야 한다. 그래야 정의로운 사회라고 할 수 있다. 조건이 다 갖추어졌는데도 글을 못 읽는다면, 그런 사람에게는 투표권을 주지 말아야 한다. 그것은 말을 할 줄 모르는 아이에게 선거에 참여하도록 하는 것이나 마찬가지다. 투표권을 주지 않더라도, 그것은 사회의 책임이 아니라 본인의 게으름 탓인 것이다. 사회가 모든 사람에게 일정 수준의 교육 기회를 제공하는데도 그런 사람이 남아 있다면, 그로 인한 어려움은 감수할 수밖에 없다. 사회가 반드시 책임져야 할 두 가지 의무 중에서 하나만 먼저 이행해야 한다면, 더 중요하고 보다 근본적인 과제에 집중하는 것이 당연하다. 다시 말해, 보통교육이 보통선거보다 먼저 이루어져야 한다. 자신의 이익, 그리고 자기와 가장 가까운 사람들의 이익이 걸린 문제에 대해 이성적으로 접근하는 것, 즉 스스로를 돌보는 데 필요한 가장 기본적이고 공통적인 자질을 갖추지 못한 사람에게 다른 사람들, 그리고 공동체 전체를 다루는 권력을 주는 것이 옳다고 주장할 수 있겠는가? 상식보다 선험적 이론을 더 중시하는 사람이 아니라면 그런 허황된 믿음을 가질 수가 없다. 일단 이런 논리를 받아들이고 나면 한 발자국 더 나아가고 싶은 마음이 생기는 것이 당연할 것이다. 이를테면 읽기, 쓰기, 산수보다 더 높은 수준의 지적 소양을 투표권의 요건으로 책정하자고 할 수 있다. 그래서 지구의 형태, 자연환경과 정치체제, 역사 일반 이론, 자기 나라의 역사와 정치제도에 관한 지식이 있는 사람만 투표할 수 있게 하자는 주장이 제기될 법도 하다. 그러나 투표권을 제대로 행사하기 위해 이런 차원이 지식이 필요한 것은 분명한 사실이지만, 영국에서, 또는 아마 북아메리카대륙을 제외한 그 어느 곳에서도, 전체 국민이 그 정도 지식을 가지리라고 기대할 수 없다. 뿐만 아니라 사람들이 과연 그런 수준에 올랐는지 정확하게 측정할 길도 없다. 현재 상태로는 자칫 편파성, 속임수, 그리고 온갖 종류의 거짓에 휘말리기 쉽다. 정부관리가 자의적으로 누구에게는 투표권을 주고 누구에게는 주지 않게 하는 것보다는 일률적으로 일정 기준에 따라 결정하는 것이 더 낫다. 이렇게 본다면, 적어도 읽기, 쓰기 그리고 산수를 기준점으로 삼는 것은 어렵지 않다. 등록한 모든 사람들을 상대로 감독관 앞에서 영어 책의 한 문장을 베끼게 하고 '3수법'을 계산해보도록 하면 된다. 보다 확실하게 하자면, 확립된 절차와 공정한 감독 아래 아주 간단한 시험을 치르게 하면 된다. 이 조건만 충족되면 바로 보통선거권을 시행할 수 있는 것이다. 이렇게 몇 년만 실시하고 나면, 투표권의 중요성을 깨닫지 못한 탓에 여론 형성에 적합하지 않은 사람을 제외한 모든 사람이 투표권을 행사할 수 있게 될 것이다.

그리고 국세든 지방세든, 세금과 관계되는 일을 결정하는 의회는 적으나마 세금을 낸 사람으로만 구성되어야 한다. 세금을 내지 않는 사람은 다른 사람의 돈 문제를 결정할 때 신중하게 아껴 쓰는 것과 거리가 멀기 때문이다. 돈과 관련되는 한, 세금을 한 푼도 내지 않는 사람이 그런 결정권을 조금이라도 가진다는 것은, 권력과 그 권력이 행사됨으로써 생기는 이익을 갈라놓아야 한다는 자유정부의 기본 원리를 위반하는 셈이다. 이것은 마치 그들 판단에 공공 재정을 위해 필요하다 싶으면, 마음 놓고 다른 사람의 호주머니에 손을 집어넣도록 허용하는 것과 다를 바 없다. 미국의 몇몇 큰 지역에서 실제 일어난 일이지만, 지방세가 일정 수준을 넘어 부담스럽다 싶으면 부유층 사람들에게 전부 떠맡겼던 일을 기억해보라. 국민 대표 체제와 과세체제가 더도 말고 덜도 말고 정확하게 일치되어야 한다는 것이 영국 정치체제의 기본 정신이다. 이런 취지와 대의정부의 근간이 되는 보편성을 함께 충족하자면, 사회에서 가장 가난한 사람들도 어느 정도는 세금을 납부해야 한다. 영국을 포함한 대부분의 나라에서, 아무리 가난한 노동자 가족이라 하더라도 담배나 술은 말할 것도 없고, 차와 커피, 설탕은 사서 먹어야 한다. 이 과정에서 간접세를 내고 있다는 사실을 잊어서는 안 된다. 이렇게 해서 그들도 정부 재정에 어느 정도 기여를 하고 있는 셈인데, 이 돈을 안 내겠다고 말하는 사람은 없다. 교육을 많이 받아 유식한 납세자를 제외하면, 정부 재정 지출이 늘면 자기 주머니가 가벼워진다는 사실을 아는 사람이 많지 않다. 또 그렇게 잘 알고, 정부의 재정 지출 확대 정책을 선뜻 지지하는 사람들도 자기가 소비하는 물품의 가격 인상을 통해 그 비용을 충당하는 것은 반대할 것이 분명하다. 따라서 복잡하게 할 것 없이 차라리 해당 지역의 모든 성인에게 일괄적으로 직접세를 부과하는 것이 더 낫다. 또는 필요한 세금을 나눠서 분담하고자 하는 사람만 투표할 수 있게 해야 한다. 나라 전체의 살림살이에 따라 그 액수가 달라지겠지만, 모든 등록 유권자는 매년 조금이라도 납부하도록 해야 한다. 그러면 정부가 쓰는 돈이 자기 주머니에서 나간다는 것을 알고 전체 지출 규모를 줄이는 데 관심을 가지게 될 것이다.

이런 전제를 달더라도, 무엇보다 교구敎區 구호금을 받는 사람은 일절 투표 자격을 주지 않는 원칙을 확립해야 한다. 자기 노동으로 자기 생계를 감당하지 못하는 사람이 다른 사람의 돈을 관리하게 한다는 것은 말이 안 되기 때문이다. 먹고사는 문제를 주변의 다른 사람에게 의지해야 하는 처지라면 공동체 문제를 처리하는 데 남과 똑같은 권리를 요구할 수 없는 것이다. 자신이 아무 기여도 하지 못하는 공동체의 일들은 자기 생계를 도와주는 그 사람들이 독점적으로 처리하도록 맡기는 것이 옳다. 투표 자격을 확정할 때, 관련 규칙을 미리 정해두는 것이 좋다. 이를테면 등록 시점에서 5년 동안 교구 구호를 받은 적이 없는 사람만 투표권을 주어야 한다. 비공인 파산자 또는 파산법의 혜택을 받은 사람은 빚을 다 갚든지, 아니면 최소한 지금 그리고 일정 기간 동안 구호의 손길에 의존하지 않았다는 것을 입증할 수 있을 때까지 투표권을 주지 말아야 한다. 부주의나 태만이 아니라 다른 이유에서 오랫동안 세금을 내지 않은 사람은 그 상태에서는 투표 자격이 없다. 이런 형태의 투표권 박탈은 그 성격상 일시적인 것이다. 그저 모든 사람이 마음만 먹으면 각자 의무를 다하도록 하기 위한 방편에 지나지 않는다. 정상적인 사람이라면 누구나 모두 투표권을 행사할 수 있어야 하는 것이다. 그러나 그 권리를 행사하는 데 요구되는 의무에 대해 충분히 신경을 쓰지 않는 사람은 권리를 포기해야 한다. 또는 심리적·정신적 장애 때문에 다른 사람의 안전을 위한 최소한의 고려조차 버거워하는 사람이라면 차라리 투표를 하지 않고 쉬는 것이 본인에게 도움이 될 것이다.

그러므로 (지금 우리가 논의하고 있는 이런 것 말고는 다른 제약이 더 없다고 본다면) 점점 줄어드는 교구 구호 수혜자를 제외하고 장기적으로는 (희망하건대) 모든 사람이 투표권을 가질 것이다. 이런 미미한 수준의 예외만 아니라면 투표권은 이제 보편적 권리라고 할 수 있다. 계속 이야기했지만, 투표권의 확대는 좋은 정부라는 관념의 발전과 고양을 위해 절대적으로 필요조건이다. 그러나 현 상황에서 본다면 대부분의 나라, 특히 영국에서 투표권자의 절대다수는 육체노동자들이다. 그 결과 두 가지 심각한 위험이 도사리고 있다. 즉 정치문제를 판단하는 유권자들의 지적 능력이 매우 낮은 수준이고, 계급입법을 시도할 가능성이 높다. 이런 폐해를 극복할 그 무슨 방안이 있는지 따져보아야겠다.

이것은 우리가 진지하게 원하기만 한다면 충분히 제거할 수 있다. 특별한 인위적 장치를 만들지 않아도 인간 삶의 자연스러운 질서를 따라가면 된다. 자연 질서는 모든 사람에게 순리를 거스르는 데 관심을 두지 말고, 그것과 어긋나는 전통적인 생각도 버릴 것을 요구한다. 다른 사람의 적극적인 후견을 받는 상태가 아닌 한, 모든 인간살이에서 이해당사자 본인은 자기 일에 대해 마땅히 발언권을 가져야 한다. 사회의 안전에 위협이 되지 않는 한 그런 권리를 빼앗겨서는 안 된다. 그러나 모든 사람이 자기주장을 할 권리를 가져야 한다는 것과 모두가 똑같은 발언권을 가져야 한다는 것은 전혀 다른 말이다. 어떤 두 사람이 공동으로 사업을 하는데 의견이 다른 경우를 생각해보자. 이때 두 사람의 생각에 대해 똑같이 무게를 주는 것이 정의에 부합되는 것일까? 두 사람의 인품이 비슷하다고 하더라도 한 사람이 다른 사람에 비해 지식과 지능이 더 뛰어날 수 있다. 또는 머리는 서로 비슷한데 인품에서 차이가 날 수도 있다. 이럴 경우 인품이나 지적인 면에서 상대적으로 더 뛰어난 사람의 생각과 판단이 열등한 사람의 그것보다 더 가치가 있다고 보아야 한다. 만일 국가 제도가 모두에게 똑같은 가치를 부여한다면, 그것은 잘못된 것이다. 둘 중에서 더 현명하거나 인품이 더 훌륭한 사람이 더 나은 대접을 받을 자격이 있다. 문제는 누가 더 나은지 판별하기가 쉽지 않다는 데 있다. 이것은 개인들 사이에서는 불가능한 일이지만, 집단과 부류를 대상으로 하면 정확하게 판별하는 길이 생긴다. 개인적, 사적인 권리가 걸린 문제에 대해서는 이 원리를 적용하면 안 된다. 두 사람 중에서 어느 한쪽만 관계되는 경우, 다른 한 사람이 아무리 더 뛰어나게 현명하다 하더라도 자기 생각대로 살겠다는 것을 막을 수는 없는 것이다. 그러나 여기에서 우리는 두 사람 모두에게 관계되는 상황을 말하고 있다. 만일 한 사람이 자기보다 더 현명한 사람에게 양보하지 않는다면, 현명한 사람이 무식한 사람의 뜻을 따라야 하는 일이 생긴다. 이 어려움을 어떻게 푸는 것이 두 사람 모두에게 이익이 될까? 어떤 것이 더 합당한 결과를 낳을까? 누군가 한 사람이 양보하는 것이 정의로운 결과를 낳는다면, 현명한 사람이나 무식한 사람 중에서 누가 양보하는 것이 더 옳을까?

나랏일이 바로 그 공동사업과 같다고 할 수 있다. 다만 차이가 있다면, 어느 누구도 자기 생각을 완전히 포기하도록 강요당하지 않는다는 것뿐이다. 각자 의견은 언제나 일정한 몫으로 계산될 수 있다. 다만 사람에 따라 투표할 때 그 값어치를 다르게 산정하는 것이 옳다. 그렇다고 이 제도에서 낮은 값어치에 매겨진 사람이 꼭 불쾌하게 생각할 이유는 없다. 공동 관심사에 대해 자기 의견을 반영할 기회를 전혀 가지지 못하는 것과 공동체 일을 더 잘 처리할 능력을 가진 사람이 더 많은 발언권을 가지게 양보하는 것은 전혀 다른 이야기다. 이 둘은 그저 다른 것이 아니고, 차원 자체가 다른 문제다. 사람들 사이에서 하찮고 무의미한 존재로 취급당하면, 누구든지 그런 모욕적 처사에 대해 분노를 느낄 권리가 있다. 그러나 바보, 그것도 아주 구제불능의 바보라면 모를까, 사람들 중에는 생각이나 심지어 그 희망사항까지 자기 것보다 더 큰 배려를 받아야 마땅한 예외적 존재가 있다는 사실을 누구나 인정할 것이다. 자기도 어느 정도는 관련이 있는 문제인데 아무 목소리를 낼 수 없다면 이런 상황을 좋아할 사람은 없을 것이다. 그러나 자기뿐만 아니라 다른 사람도 일정 부분 관련이 있는 일에서 다른 사람이 자기보다 일을 더 잘 처리할 것 같으면 그 사람 생각을 더 존중하는 것이 낫겠다는 느낌이 드는 것은 자연스럽고 또 일상적으로 자주 일어나는 일이다. 다만 그 사람이 정의에 대해 잘 알고 정의에 부합되게 일을 할 것이라는 전제에서만 더 큰 영향력을 부여해야 한다.

여기에서 미리 분명히 강조할 것이 있다. 임시변통이라면 모를까, 재산이 많다고 더 큰 영향력을 주는 것은 안 된다. 물론 재산이 많다는 것이 사람의 능력을 보여주는 일종의 지표가 된다는 것을 부인할 수는 없다. 꼭 비례하는 것은 아니지만, 대부분의 나라에서 대체로 돈이 많은 사람이 교육도 더 많이 받고 있다. 그러나 돈이라는 기준은 너무나 불완전하다. 사람이 출세하는 데 능력보다는 우연이 더 크게 작용하는 경우가 많다. 교육을 많이 받은 사람이라고 사회적으로 더 크게 된다는 보장도 없다. 따라서 돈을 기준으로 투표권을 더 준다면 이것은 언제나 그리고 앞으로도 끔직한 일이 아닐 수 없다. 행여 재산을 기준으로 복수複數투표를 시행한다는 것은 그 자체로 용납될 수 없는 일일 뿐만 아니라 이 원리의 정당성을 훼손하면서 제도적으로 안정되게 운용되는 것을 불가능하게 만든다. 적어도 영국을 놓고 볼 때, 이 시점에서 민주주의가 능력이 뛰어난 사람을 질시하지는 않는다. 그러나 단지 돈이 많다고 더 대접해주는 것은 참지 못하는데, 이것은 자연스러울 뿐만 아니라 정의롭기도 한 일이다. 어떤 사람에 대해 한 표 이상의 투표권을 주는 것을 정당화해주는 유일한 근거는 정신능력이 탁월한 경우다. 문제는 그것을 어떻게 판별하는가 하는 점이다. 만일 국가가 교육 체계를 직접 관장하거나 믿을 만한 국가시험제도 같은 것이 있기만 한다면,

사람들의 교육 수준을 직접 시험하는 것이 가능할 것이다. 그렇지 않은 상황에서는 각자 종사하는 직업의 성격이 하나의 기준이 될 수 있다. 이를테면 노동자들을 고용한 사람은 손이 아니라 머리로 일해야 하기 때문에 평균적으로 노동자보다 지적 수준이 더 높다고 볼 수도 있다. 일반적으로 공장 감독이 보통 노동자들보다, 숙련 노동자가 비숙련 노동자보다 지적 수준이 더 높다. 나아가 규모가 크고 복잡한 문제를 다루어야 하기 때문에 은행가와 도매상인 또는 제조업자가 보통 소매업자보다 더 지적인 존재일 가능성이 크다. 이 모든 경우에 단지 우월한 기능을 수행하는 것이 아니라 얼마나 그 역할을 잘해내는지가 중요하다. 따라서 투표권을 더 얻기 위해 그저 명목적으로 어떤 직업을 가지는 사람을 가려내는 것뿐만 아니라 일정 기간(이를테면 3년) 그 일에 종사할 것을 요구하는 것은 적절한 조치다. 이런 조건을 맞춘다면 여기에서 말한 것처럼 탁월한 기능을 수행하는 사람에게 두 표나 세 표씩 투표권을 줘도 무방할 것이다. 그리고 인문학적 소양이 필요한 직업에 명목상으로가 아니라 실제 종사한다는 것은 당연히 높은 수준의 교육을 전제한다. 그리고 전문적인 시험에 합격해야 하거나 상당히 높은 수준의 교육 과정을 요구하는 직업에 종사하는 사람도 취업과 동시에 복수 투표권을 줄 수 있다. 대학 졸업자에게도 같은 규칙이 적용될 수 있을 것이다. 뿐만 아니라 고등학문을 가르치는 학교에서 자격증을 취득한 모든 사람에게도 (물론 형식적인 것이 아니라 실제로 제대로 된 교육 과정을 이수한다고 하는 증거가 있어야 한다) 같은 대우를 해도 될 것이다. 옥스퍼드대학과 케임브리지대학이 공공 정신에 입각해서 아주 훌륭하게 시행하고 있는 '지역'별 또는 '중산층'을 위한 2년제 대학 졸업자격시험 합격자에게도 그런 특혜를 줄 만하다. (원하는 사람에게 가능한 한 모두 열려 있다는 조건 아래) 믿을 만한 다른 교육기관이 그 비슷한 것을 시행한다면 그런 시험 합격자도 같은 대우를 받게 해주어야 한다. 그러나 이런 모든 제안은 앞으로 더 구체적으로 다듬고 손볼 것이 많다. 반대하는 사람도 있을 것이다. 현실에 도입하기에는 아직 여건이 무르익지 않았다. 나아가 이런 제안들이 반드시 실천되어야 한다고 생각할 수도 없다. 그러나 이것이 대의정부의 참된 이상이 지향해야 할 방향이라는 점은 분명하다. 실현 가능한 최선의 방편을 찾아서 이 길로 나가야만 진정한 의미의 정치발전이 가능하다.

그런데 이런 원리를 얼마나 오래 시행해야 할까? 능력이 뛰어난 사람에게 몇 표를 주는 것이 좋을까? 이 문제는 현 시점에서 구체적으로 말하기가 쉽지 않다. 그리고 사람들을 구분하는 등급이 자의적으로 만들어진 것이 아니고 일반적인 양심과 상식에 의해 받아들여질 수 있다면 그 자체가 그리 중요한 것도 아니다. 다만 앞 절에서 말한 대로, 대의정부의 우수성을 좌우하는 근본 조건을 훼손시키지 않는 것이 절대적으로 중요하다. 그래서 이런 제도의 덕을 보는 사람들, 또는 (있기만 하다면) 그런 사람들이 주로 속해 있는 계급이, 남보다 더 많은 투표권으로 공동체의 나머지 사람들을 압도할 수 있을 정도가 되면 안 된다. 교육의 중요성을 부각시키는 것은 교육을 많이 받지 못한 사람들이 계급입법을 자행함으로써 유능한 사람들이 피해를 보는 일이 없도록 하기 위해서다. 같은 맥락에서 교육을 많이 받은 사람들이 자신에게 유리한 방향으로 계급입법을 하는 것도 차단해야 마땅하다. 여기에서 꼭 강조해야 할 것이 있다. 지적 능력 면에서 자격을 갖춘 사람이라면 아무리 가난해도 똑같은 대우를 받는 것이 절대적으로 중요하다. 복수투표제가 성공을 거두기 위해서는, 가난에서 비롯된 그 모든 난관을 뚫고 일정한 지적 수준에 올랐다는 것을 입증할 수 있는 사람에게도 동등한 기회를 주어야 하는 것이다. 자신이 복수투표제가 설정한 지적 기준에 올랐다고 믿는 사람은 원하기만 하면 누구든지 필요한 시험을 볼 수 있게 해주어야 한다. 이 제도를 뒷받침하는 이론과 원리에 상응하는 조건을 구비했다는 것을 보여줄 수 있는 사람이라면 누구든 동일한 특권을 부여해야 보편적 정의감과 부합할 수 있는 것이다. 그러나 상식적인 기준에 따라 직접 입증할 수 없다면 그런 권리를 기대하지 말아야 한다.

복수투표제는 이미 교회나 빈민구호위원 선거 때 실시되고 있지만, 의회 선거에서는 매우 낯설다. 따라서 이 제도가 당장 또는 흔쾌히 채택되리라고 기대하기 어렵다. 그러나 언젠가 복수투표제와 평등 보통선거제 중에서 하나를 고르지 않으면 안 되는 상황이 오고 말 텐데, 후자를 원치 않는 사람이라면 지금이라도 전자를 선택하지 못할 이유가 없다. 한편 현재 기준으로 본다면 복수투표제가 현실성이 떨어지는 것처럼 보이지만, 적어도 원리상으로 무엇이 최선인지 알려주는 효과는 있다. 그리고 덜 완전하기는 하지만 어쨌든 동일한 목표를 달성하는데 도움이 되는 기존 또는 앞으로 채택 가능한 모든 간접적 방법의 타당성을 검토할 수 있게 해준다. 이를테면 한 선거구에서 한꺼번에 투표권을 행사하지 않는 조건으로 두 표를 가질 수 있다. 각기 다른 선거구에서 투표를 하면 되는 것이다. 오늘날 지적 수준이 아니라 생활능력에 따라 이런 예외적 특권이 부여되고 있기는 하지만, 그렇다고 지금 시행되고 있는 것을 폐지할 필요는 없다. 장차 보다 확실하게 교육 수준을 측정하는 방법이 도입되기 전까지는 경제적 여건에 의해 좌우되는 아주 불충분한 제도라고 하더라도 그대로 유지하는 것이 더 현명한 일이기 때문이다. 특히 고등교육과 이런 특권을 직접 연계하는 방법을 더 생각해볼 수 있을 것이다. 앞으로 투표권을 행사할 수 있는 경제적 기준을 대폭 낮추는 선거법 개혁안이 마련될 때, 모든 대학 졸업자, 고등학교 과정을 일정 수준 이상 훌륭하게 이수한 모든 사람, 전문 직업 종사자 등에게 이런 자격을 주고, 본인이 원하는 곳이면 어느 선거구에서든 등록하게 하는 것이 바람직할 것이다. 그리고 본인의 거주지에서는 일반 시민과 똑같은 한 표를 던지게 하면 된다.

교육과 같은 요소에다 그 탁월한 영향력에 상응하는 가중치를 줌으로써 교육 수준이 아주 낮은 사람들이 수적 우위를 독점하는 폐단을 시정할 수 있게 복수투표제가 고안되고 또 사람들이 그것을 받아들여야 한다. 이것이 이루어지기 전에는 완전 평등 보통선거제가 긍정적인 것보다 부정적인 결과를 더 많이 빚어낼 것으로 보인다. 사실 어떤 선거구에서는 투표권을 제약하는 불평등 조치들이 완전히 사라지면서 주로 육체노동자들의 대표가 의회에 진출할 가능성이 있다(이것은 우리가 정말 좋은 대의제를 향해 진보하는 과정에서 거치지 않으면 안 되는 중간 단계일지도 모른다). 그런가 하면 다른 지역에서는 기존의 제약 요소들이 유지되거나 노동자 출신이 의회를 장악하는 일을 막는 방향으로 변화를 도모할 것이다. 그러나 이런 어정쩡한 절충으로는 대표의 왜곡을 없애지 못하고 오히려 악화시킬 가능성이 크다. 그런데 이것이 끝이 아니다. 더 심각한 문제가 있다. 나라가 정상적이고 효율적인 제도를 통해 올바른 목표를 지향하지 않는다면 비정상적인 임시변통에 만족할 것이다. 비정상적인 것을 전혀 개의치 않고, 잘못된 목표에 줄기차게 집착하거나 다른 중요한 목표를 빠뜨리기 때문에 그런 일이 벌어진다. 이것은 훨씬 어려운 문제를 야기한다. 이런 방식으로는 헤어의 제안이 요구하는 각 지역 선거구의 공동참가가 불가능하다. 모든 유권자는 자기 이름이 등록되어 있는 하나 또는 복수의 선거구에 완전히 묶이게 된다. 그 지역의 후보 중 한 사람에 의해 대표되는 것을 원하지 않는다면 전혀 대표를 내지 못한다.

이미 투표권을 가지고 있지만 항상 소수파 신세이기 때문에 그 투표가 아무 의미도 없는 사람들의 정치적 비중을 복구하는 문제에 대해 심각하게 생각해보아야 한다. 진리와 이성을 제대로 알리고 요령 있게 전파할 수만 있다면 그 자연스러운 영향력은 분명 대단할 것이다. 따라서 헤어가 희망하는 대로 모든 소수파에 대한 비례대표제가 실시된다면 평등 보통선거조차 받아들이지 못할 이유가 없다. 그러나 이 문제에 관한 최선의 방안은 역시 복수투표제의 실시라고 말하지 않을 수 없다. 복수투표제가 본질적으로 바람직하지 못한 것은 아니다. 국민 중 일부에게 투표권을 주지 않는 것처럼, 더 큰 악을 방지하기 위해 일시적으로 허용될 수 있는 것이다. 같은 맥락에서 평등투표가 그 자체로 좋은 것이라고 떠받들 생각도 없다. 그것은 상관이 없는 또는 우연한 환경에 뿌리를 둔 불평등 특권보다는 덜 나쁘다는 의미에서 그저 상대적으로 좋은 것일 뿐이다. 그러나 잘못된 기준 위에 서 있고 유권자의 마음속에 잘못된 영향을 끼친다는 점에서 그 원리 자체는 잘못된 것이다. 정치제도적으로 무지가 지식만큼이나 정치적 영향력을 행사하게 하는 것은 유익할 수 없다. 아니, 나쁜 결과를 낳기 마련이다. 시민의 마음속에 나랏일에 관심을 가지는 것이 본인에게도 유익하다는 생각이 들도록 정치제도가 움직여야 한다. 모든 사람이 일정한 영향력을 행사할 권리가 있지만, 본인 자신의 유익을 위해서라도 보다 뛰어나고 현명한 사람에게 더 큰 발언권을 주는 것이 바람직한 것이다. 국가와 그 정치제도가 이런 확신을 널리 퍼뜨려야 한다. 이런 것이 나라를 움직이는 제도의 정신이 된다. 사상가들, 특히 영국의 사상가들은 뛰어난 사람들의 영향력이 커져야 한다는 사실에 대해 둔감하다. 당장 급박한 위기상황이 아니라면 나라의 정신이 제도들보다 더 큰 힘을 발휘한다. 그런 정신을 통해 나라의 성격이 만들어지기 때문이다. 미국의 경우 정치제도가 (흰 피부를 가진) 모든 사람은 서로 동등하다고 하는 생각을 강력하게 심어주었다. 이런 오도된 신념이 미국인의 성격 중 잘못된 부분과 긴밀히 연결되어 있음을 알아야 한다. 어떤 나라든, 헌법이 이런 신념을 강화한다면 불행한 결과를 낳을 수밖에 없다. 명시적이든 암묵적이든, 그런 신념이 정부가 실제 저지를 수 있는 그 어떤 것 못지않게 그 나라의 도덕적, 지적 탁월성에 큰 해를 끼치기 때문이다.

대다수 그리고 가장 교육을 못 받은 사람들도 동등한 정치적 영향력을 행사하게 하는 것이 결과적으로 발전에 도움이 된다고 말할 수도 있을 것이다. 현안이 생기면 교육을 덜 받은 사람들의 지지를 얻기 위해 끊임없이 공세가 펼쳐질 것이고, 이 과정에서 그들 나름 정신을 기울여야 하기 때문이다. 교육을 많이 받은 사람이 그들이 올바른 판단을 하고, 실수와 편견에서 벗어나도록 돕기도 할 것이다. 이런 일이 합쳐지면 무식한 사람들도 지적으로 크게 성장할 기회를 맞을 것이 분명하다. 이런 바람직한 효과를 기대하기 때문에 교육을 제대로 받지 못한 사람도 어느 정도, 심지어는 상당한 수준에서 정치권력을 나누어 가지게 하자는 것이다. 이 점에 대해서는 전적으로 동감이고, 또 이미 앞에서 역설하기도 했다. 그러나 그들이 모든 권력을 장악할 경우 그 역작용이 생긴다는 사실을 이론과 경험이 입증하고 있다. 모든 문제에 대해 압도적으로 우월한 위치에 있는 사람(한 명이든, 소수든, 아니면 다수든 불문하고)은 더 이상 이성적으로 무장해야 할 필요성을 못 느낀다. 그들이 마음만 먹으면 무슨 일이든 자기 뜻대로 할 수 있기 때문이다. 아무도 대적할 사람이 없는 강자라면 일반적으로 자기 생각에 푹 빠져서 그것을 쉽게 바꾸려 하지 않는 법이다. 그래서 누군가가 잘못을 지적하면 인내심을 가지고 경청하기가 매우 어렵다. 권력을 향해 올라가는 것이 지적 성장에 매우 강력한 자극을 줄 수 있다. 그러나 막상 권력을 쟁취하고 나면 그렇지 못하다. 위를 향해 상승하는 도중 일시적 또는 항구적 정지점에서, 이성이 세상을 평정하게 해야 최고 최상의 인간을 만들어낼 수 있다. 이성이 힘을 못 쓰면 세상이 발전할 수가 없다. 우리가 지금까지 쌓아온 원리들에 따르면, 부자와 가난한 자, 교육을 많이 받은 사람과 그렇지 못한 사람, 기타 세상을 갈라놓는 모든 계급과 분파도 예외가 아니다. 이 원리와 정신능력이 뛰어난 사람이 더 큰 영향력을 행사하게 하는 제도가 결합할 때, 정치가 그런 형태의 상대적 완전함을 실현할 수 있다. 이런 정치제도만이 복잡한 성질의 인간세상과 한데 어우러질 수 있다.

지금까지 보통선거와 차등투표를 융합하는 문제에 대해 논의해왔지만, 남녀 차이에 대해서는 언급하지 않았다. 이 문제는 사람의 키나 머리 색깔의 차이만큼이나, 정치적 권리와 아무 상관이 없는 것이다. 사람은 누구나 좋은 정부에 대해 똑같이 관심을 가지고 있다. 어떤 정부를 가지는가에 따라 각자의 행복도 그만큼 영향을 받는다. 따라서 누구든 자신의 이익을 챙기기 위해 정부에 대해 똑같은 목소리를 낼 필요가 있다. 남녀 사이에 굳이 차이가 있다면, 여자가 남자보다 물리적 힘이 약하기 때문에 법과 사회적 보호에 더 의존할 수밖에 없고, 따라서 정치적 발언권도 더 많이 가질 필요가 있다는 점뿐이다. 인류는 오래전에 여자가 투표권을 가져서는 안 된다는 주장을 폐기해 버렸다. 이제 누구도 여자가 노예 신세로 살아야 한다고 말하지 않는다. 아무 생각, 소망, 직업도 없이 그저 집 안에서 남편, 아버지나 남자 형제의 허드렛일이나 하는 존재라고 생각하지 않는다. 그래서 결혼하지 않는 여자, 나아가 어느 정도는 결혼한 여자도, 남자와 마찬가지로 재산을 소유하고, 금전적 이득을 취하는 사업에 종사하는 것이 허용된다. 여자도 생각하고 글을 쓰며 가르치는 일을 적절히 잘할 수 있다고 인정되고 있는 것이다. 이런 일들을 받아들인다면 여자에게 정치적 권리를 주지 않는 발상은 더 이상 설 자리가 없다. 현대 사회의 추세는 점점 사회더러 개인이 어떤 일을 하는 것이 좋다거나 나쁘다거나 또는 무슨 일을 시도하는 것이 허용된다, 안 된다고 결정하는 것을 허용하지 않는 방향으로 흘러간다. 현대 정치와 경제를 규정하는 원리의 좋은 점이 있다면, 이런 일들은 당사자 본인들이 결정하는 것이 마땅하다고 주장하는 것이다. 그 결과 사람마다 독특한 개성이 발휘되는 곳에서 선택의 자유가 완벽하게 주어진다면, 대다수 사람은 평균적으로 자신에게 가장 적합한 일을 지원할 것이다. 그리고 아주 예외적인 상황에서는 예외적 선택을 할 것이다. 현대 사회가 전혀 잘못된 방향으로 진보해온 것이 아니라면, 인간이 자신에게 맞는 일을 스스로 선택하지 못하게 가로막는 모든 차별과 걸림돌은 완전히 없어져야 마땅하다.

그러니 여자들도 투표권을 가져야 한다는 것을 이렇게 굳이 강조할 필요도 없다. 여자들이 종속된 계급으로서 집안일이나 하고 집안의 가장에게 예속된 신분이어야 한다는 것은 옳지 않은 일이지만, 설령 그렇다고 하더라도, 바로 그런 권력자들에 의해 유린당하는 것을 막기 위해서라도 투표권은 필요하다. 여자는 물론 남자도, 남을 다스리기 위해 정치적 권리를 가질 필요는 없다. 그러나 남들로부터 함부로 취급당하는 것을 막기 위해서라도 정치적 권리를 가져야 한다. 대부분의 남자들은 지금도 그렇지만 앞으로도 평생 옥수수 밭이나 공장에서 일하는 노동자 신세를 벗어날 수가 없을 것이다. 그렇다고 해도 투표권은 그들에게 여전히 바람직하다. 또 권리를 남용하지 않는 한, 그 요구를 억누르기도 어렵다. 한편 여자들이 투표하는 권리를 함부로 쓸 것이라고 단정할 수도 없다. 예상할 수 있는 최악의 상황은 여자가 그저 집안 남자들이 원하는 대로 투표를 하는 경우다. 설령 그렇다 하더라도 그것이 무슨 대수일까? 여자들이 스스로 판단해서 투표를 한다면 가장 좋을 것이다. 그런데 그렇게 하지 않는다고 무슨 나쁜 일이 생기는 것일까? 사람이 걷고 싶은 마음이 없다 하더라도 족쇄를 던져버리는 것은 인류에게 유익을 준다. 이제 인간 삶에서 가장 중요한 문제들을 놓고 여자들이 자신의 생각과 선호를 밝히는 것이 법에 의해 가능해졌다. 이야말로 여자들의 도덕적 위상을 강화하는 중요한 계기가 아닐 수 없다. 남자 가족이 마땅히 자기 의견을 드러내는 것이 바람직하지만 사정상 그렇게 하지 못할 때, 여자가 대신 입장을 피력하는 것은 그들 개인적으로도 크게 도움이 되는 일이다. 그뿐만 아니라 남편이 자기 마음대로 투표하지 않고 아내와 함께 의논한다는 것도 적잖이 의미가 있다. 여자가 바깥세상을 향해 남자와 상관없이 무엇인가 독립적으로 일을 처리할 수 있다는 것은 세속적인 남자의 눈에 보통 사건이 아니다. 여자의 위엄과 가치를 드높이고, 심지어 존경의 대상이 되기까지 한다. 여자가 그저 남자의 손아귀에 있을 때는 아무리 개인적 자질이 뛰어나더라도 꿈도 꿀 수 없는 일이다. 사람들은 이것이 얼마나 대단한 변화인지 잘 깨닫지 못하고 있다. 뿐만 아니다. 투표 자체의 질도 높아진다. 남자들은 때로 자신이 표방하는 올바르고 공평한 목표와 부합되는 방향으로 정직하게 투표하도록 압박을 받는다. 아내는 이 상황에서 남편이 자신의 양심에 따라 행동하게 영향을 줄 수 있다. 물론 공의가 아니라 사적 이해관계 또는 집안의 세속적 명예 따위에 의해 움직이기도 한다. 아내가 좋지 못한 방향으로 영향을 주는 경우를 배제할 수는 없지만, 그 이전에 이미 안 좋은 일들이 대거 누적되어왔음을 알아야 한다. 더 중요한 사실은, 현재의 법과 관습 아래에서는 여자들이 너무나 배제되고 있기 때문에 그 속에서 무엇인가 정의로운 원칙을 실현하고 자신의 명예도 지킨다는 생각을 아예 할 수가 없다는 점이다. 사람이란 자신의 명예가 적절히 존중되지 않으면 남의 명예에 대해서도 특별히 관심을 가지지 않는 법이다. 자기와 다른 종교를 믿는 사람에 대해 별로 관심을 보이지 않는 것과 마찬가지다. 여자들에게 투표권을 주라. 그러면 그들도 정치적 명예에 대해 적극적 반응을 보일 것이다. 정치적 문제에 대해 자신의 입장을 가지고, 그러면서 점차 정치를 배우게 된다. 더 나아가 정치적 행동도 할 것이다. 그 결과 자신이 한 일에 대해 개인적인 책임감도 느끼게 될 것이다. 지금처럼 무엇인가 잘못을 저지르더라도 남편만 설득하면, 그가 알아서 다 처리해주는 일은 생기지 않는 것이다. 여자가 정치에 대해 자신의 견해를 가지도록, 그리고 개인적 또는 가족의 이해관계에서 벗어나 양심껏 이성에 따라 지적인 판단을 하게 권장해야 한다. 그렇게 해야만 여자가 남자의 정치적 양심을 흐리게 만드는 폐습을 극복할 수 있다. 여자가 직접 정치에 참여하게 되면, 지금껏 남자를 통해 간접적으로 옳지 못한 영향을 행사하던 일을 중지할 수 있는 것이다.

지금까지 투표를 할 권리가 마치 다른 어려움은 없는데 그저 개인적 조건에 달린 것처럼 논의해왔다. 그러나 영국을 포함해서 대다수 다른 나라에서 보듯이, 재산이 기준이 된다면 그 모순은 훨씬 강렬하게 드러난다. 비합리적인 일이 한둘이 아니기 때문이다. 이를테면 남자 유권자에게 요구되는 기준을 여자도 모두 충족시키는 경우를 생각해보자. 독립생활을 하는 성인, 가장, 세대주거나, 세금 납부 또는 기타 그 모든 요구사항을 충족시킨다면, 재산을 기준으로 한 대의제의 바로 그 원리와 체제에 따라 여자에게도 참정권을 주는 것이 마땅하다. 그러나 현실은 그렇지 않다. 단지 여자라는 이유 하나만으로 투표권을 주지 않는 극히 예외적인 조항을 만들어놓은 것이다. 그런데 이런 일이 벌어지고 있는 이 나라는 지금 한 여인에 의해 지배되고 있다. 영국의 역사를 통해 가장 영광스러운 지도자는 바로 여자였다. 이런 사실을 두고 본다면 이것이야말로 반이성, 벌거숭이 불의의 극치가 아니고 무엇이겠는가. 이제 구시대의 독점과 전제가 빚었던 흉물들을 하나씩 뜯어내는 작업이 진행되고 있다. 여자를 이처럼 말도 안 되게 차별하는 악습이 맨 마지막에 사라지게 해서는 안 될 것이다. 따라서 이런 희망을 가지도록 하자. 벤담, 베일리Samuel Bailey〔1791~1870, 영국의 철학자, 작가〕, 헤어 등 이 시대 영국(다른 나라는 말할 것 없고)의 가장 강력한 정치 사상가들이 아직 이기심 또는 고질적 편견에 강퍅해지지 않은 모든 사람들의 영혼을 울릴 것이다. 어느 누구도 그저 우연하게 주어진 피부 색깔 때문에 피해를 보아서는 안 되듯이, 한 시대가 저물기 전에 우연히 여자로 태어났다는 이유 하나 때문에 시민으로서 평등한 보호와 정당한 권리를 누리지 못하게 되는 일은 없어져야 한다.

9장 2단계 선거가 꼭 필요할까

대의정부를 운용하는 몇몇 나라에서는 두 단계에 걸쳐 대의기구 의원들을 뽑는다. 즉 1단계에서는 선거인단만 뽑고, 다음 단계에서 그 선거인단이 의회 의원들을 선출하게 하는 것이다. 이 장치는 선거 과정에서 인민의 감정이 모든 것을 좌우하는 위험을 조금이라도 방지할 생각에서 고안된 것으로 보인다. 즉 투표를 통해 다수가 최종 결정권을 가지는 것은 똑같지만, 그 다수는 비교적 소수인 선거인단을 거쳐 권한을 행사해야 한다. 그런데 이 소수는 다수 인민에 비해 대중적 열정이라는 광풍에 덜 휩쓸릴 것으로 기대된다. 선거인단은 이미 한 번의 선거 과정을 통해 걸러진 사람들이기 때문에 자기들을 뽑아준 유권자들에 비해 일반적으로 지성과 인격에서 더 뛰어날 가능성이 있다. 따라서 선거인단은 보다 신중하고 사려 깊게 선택할 것으로 예상된다. 결국 대중이 모든 것을 결정하는 것보다 더 책임감을 크게 느끼면서 행동할 것이라는 희망에서 이런 제도를 만들었다. 이것은 인민투표를 하되, 중간 집단을 통해 한 번 거르는 과정을 거치는 일종의 간접선거인데, 매우 그럴듯해 보인다. 유권자들은 의원을 직접 뽑는 것이 아니라 그 의원을 선출할 사람을 주변에서 고르기만 하면 된다. 이웃에서 누가 가장 믿을 만한 사람인지 결정하는 일이기 때문에 굳이 고도의 지성이나 교육 수준이 필요하지 않다. 이 점에서 매력적이다.

그러나 간접선거가 인민이 직접 권력을 행사하는 과정에서 불거지는 위험을 방지하는 효과가 있는 반면, 긍정적 효과도 그만큼 잃는다는 점을 유의해야 한다. 전체적으로 볼 때, 위험을 줄이는 것보다 장점을 잃는 것이 더 확실하다. 이것이 문제다. 어떤 체제든 원하는 방향으로 작동하자면 원래 계획이 의도했던 효과가 나타나야 한다. 이 경우 유권자가 2단계 선거 이론이 구상한 방향대로 투표를 해야 한다. 다시 말해, 각 유권자는 누구를 의원으로 뽑을까 생각할 것이 아니라, 그 의원을 뽑는 일을 누구에게 맡길 것인가만 생각하면 된다. 간접선거가 직접선거에 비해 장점으로 여겨지는 것이 실현되자면, 반드시 유권자가 자신이 해야 할 일은 의원이 아니라 선거인을 뽑는 것뿐이라는 사실을 잘 인식해야 한다. 그리고 바로 이런 자세로 투표해야 된다. 따라서 유권자의 머리 속에 정치적 주장이나 조치나 정치인에 관한 생각이 들어 있을 필요가 없다. 그저 자신이 개인적으로 존경할 만한 누군가 개인에 대한 생각만 있으면 된다. 그리고 자기를 대신해줄 그 대리인에게 전권을 맡기면 된다. 그런데 1단계 투표자가 이런 입장에서 투표한다면 투표를 통해 얻게 될 가장 중요한 효과를 잃고 만다. 즉 정치적 기능을 수행함으로써 공공 정신을 고취하고 정치적 식견이 높아질 것이며, 공공 문제에 긴밀한 관심을 보이면서 자신의 능력을 발휘할 것이라고 기대했는데, 이 모든 희망사항이 물거품이 되어버리는 것이다. 뿐만 아니라 이런 주장은 상충되는 조건을 걸고 있다. 유권자가 최종 선거 결과에 관심을 가질 필요가 없는데, 그 결과를 낳는 예비 과정에 어떻게 관심을 가질 수가 있을까? 특정인을 자신의 대표로 의회에 보내는 데 그리 대단한 덕성과 지성이 필요한 것은 아니다. 자기가 원하는 후보를 의원으로 뽑을 사람을 선거인으로 지지하는 것도 자연스러운 일이다. 그러나 누가 선출되든 신경 쓰지 않는 사람, 또는 그런 관심을 가져서는 안 된다고 생각하는 사람이, 가장 훌륭한 인물을 지명하고 그 사람이 다음 단계 선거에서 자기 판단으로 가장 뛰어난 의원을 뽑도록 하는 일에 얼마나 관심을 가질 수 있을까? 그렇게 되기 위해서는 추상적으로 옳다고 여기는 일에 대한 열정, 습관적으로 의무를 수행하는 원리가 전제되어야 한다. 그런데 이런 것은 지적 소양이 깊은 사람에게나 가능한 일이다. 문제는 이처럼 자격이 있는 사람이라면 당연히 보다 직접적인 형태로 정치권력을 행사하고 싶을 것이라는 데 있다. 뿐만 아니다. 이 공적 기능은 가난한 사람들의 감정에 불을 붙이기에 너무 미약하다. 사람들의 관심을 자연스럽게 끄는 데 너무나 부적합하다. 그저 마땅히 수행해야 할 의무를 양심적으로 덕스럽게 외면하게 하는 효과밖에 없다. 만일 유권자들이 그처럼 한정된 참여에도 크게 의미를 부여할 정도로 정치에 관심이 많다면, 조만간 더 큰 차원의 참여가 아니면 만족할 수 없을 것이다.

어떤 사람이 많이 배우지 못한 탓에 의원 후보 중에 누가 적격인지 잘 판단하기 어렵다고 하자. 이런 사람도 자신을 대신해서 의원을 뽑아 줄 대리인으로 주변에서 누가 정직하고 능력이 뛰어난지 정도는 쉽게 판단할 수 있을 것이다. 만일 유권자가 이런 정도의 판단은 내릴 수 있다고 믿지만, 의원을 뽑는 일은 진정 의지할 수 있는 사람에게 맡기고 싶어 한다면, 이를 위해 굳이 헌법 절차를 따로 만들 필요는 없을 것이다. 그저 자신이 신뢰하는 그 사람에게 조용히 가서 의원 후보 중 누구에게 표를 던지면 좋은지 물어보기만 하면 된다. 이렇게 하면 2단계 선거를 하는 것과 같은 결과를 얻을 것이고, 간접선거를 통해 얻고자 하는 모든 것을 직접선거를 통해서도 얻는 것이 가능하다. 유권자가 자기 대신 투표해줄 사람을 뽑는 일에만 판단을 내리고, 의원 후보를 고르는 일은 법이 정한 바에 따라 그 대리인에게 맡겨버린다고 하면, 두 체제는 사실상 동일한 결과를 위해 각기 따로 작동하는 것에 지나지 않는다. 그러나 누군가 법이 정한 이런 제약을 따르기보다 스스로 직접 선택을 하고 싶다면, 법 규정과 상관없이 그렇게 할 수도 있다. 자기가 지지하고 싶은 의원 후보를 위해 운동하는 것으로 널리 알려진 사람이나 그 후보자에게 표를 던지겠다고 공언한 사람을 선거인으로 뽑으면 되는 것이다. 2단계 선거가 실제로 이렇게 작동할 수밖에 없기 때문에, 유권자들이 정치에 완전히 무관심하지 않는 한, 다른 결과가 나올 것이라고 기대할 수가 없다. 미국의 대통령 선거가 실제로 이렇게 움직인다. 형식적으로는 간접선거다. 유권자가 직접 대통령을 뽑지 않는다. 그저 대통령을 선출할 선거인단을 뽑을 뿐이다. 그러나 이 선거인들은 언제나 특정 후보에게 투표하겠다고 명시적으로 공언하며, 이 상태에서 유권자들이 선택하는 것이다. 유권자가 선거인 개인을 보고 고르지 않는다. 링컨을 찍을 사람인가, 아니면 브레켄리지를 찍을 사람인가를 보고 투표하는 것이다. 선거인들이 온 나라를 뒤져서 누가 대통령 또는 의원으로 가장 적합한지 찾도록 선출되는 것은 아니라는 사실을 기억해야 한다. 만일 그렇다면 이런 선거도 생각해볼 만한 것이 있다. 그러나 그렇지 않다. 앞으로도 그럴 것이다. 권력을 도대체 맡지 않으려 하는 사람이 지도자로서 가장 적합한 인물이라고 하는 플라톤의 주장에 온 인류가 공감하기 전에는 그런 일이 생기지 않을 것이다. 선거인들은 후보로 나선 사람들 중에서 선택을 해야 한다. 그런데 그 선거인을 뽑은 유권자들은 후보에 대해 이미 알고 있다. 이 나라에서 볼 수 있는 정치 행위라는 것은 투표를 할 의향이 있는 모든 선거인이 어느 후보에게 표를 던질 것인지 결심하고 그에 따라 실제 투표를 하는 것뿐이다. 각 후보의 열성 지지자들은 선거인들이 누구를 찍을 것인지 공언한 내용을 보고 자기 편 명단을 만들 수 있을 것이다. 따라서 1차

투표에 나설 유권자들이 실제로 해야 하는 일은 그 명단 중에서 어느 쪽을 편들지 결정하는 것뿐이다.

이런 2단계 선거가 실제로 의미를 지니자면, 선거인들이 단순히 특정 후보에게 표를 던지는 것으로 끝나지 않고 무엇인가 다른 중요한 기능을 수행하는 것이 필요하다. 미국의 또 다른 정치 기구인 상원이 바로 그런 경우다. 의회의 한쪽을 담당하는 이 상원은 유권자들을 직접 대표하지 않고, 각 주를 대표한다. 그리고 인민들이 양도하지 않은 주권의 한 부분을 보호하는 역할을 한다. 각 주는 그 크기나 세력에 관계없이 연방 구성원으로서 동등한 권한을 지닌다. 그래서 아주 작은 주인 델라웨어든, 뉴욕 같은 '제국 주'든 모두 두 명의 상원의원을 배출한다. 이 상원의원은 인민의 직접투표가 아니라 주 의회를 통해 선출된다. 주민들은 자기 주 의원들을 뽑는 일만 한다. 주 의회는 다른 보통 의회기구와 마찬가지로 주 경계 안에서의 입법과 행정부를 견제하는 역할을 한다. 무엇보다도 이런 일을 위해 존재한다. 주 의원들은 자기 주를 대표할 두 명의 연방 상원의원을 뽑을 때 모든 민주정부에서 하듯이, 인민의 여론에 어느 정도 귀를 기울이기는 하지만 기본적으로 자신의 판단에 따라 행동한다. 이렇게 치러지는 선거는 미국의 모든 선거 중에서 가장 훌륭한 최선의 결과를 얻고 있다. 공직 생활을 통해 그 능력과 자질이 입증된 가장 두드러진 인물들이 상원에 진출하게 되는 것이다. 이런 사례를 놓고 볼 때, 간접선거가 반드시 불만족스럽다고 단정할 수는 없다. 여건에 따라서는 오히려 그것이 더 나은 결과를 얻을 수도 있는 것이다. 그러나 그런 여건을 실제로 만들기가 쉽지 않다. 미국 연방정부처럼, 주 의회기구가 국가의 매우 중요한 다른 일도 처리하면서 선거를 담당하면 모를까, 그렇지 않으면 그런 바람직한 결과를 기대할 수 없기 때문이다. 영국에서 현재 또는 장차 그와 비슷한 역할을 할 기구를 꼽자면 지방 자치기관 또는 지역적 사무를 처리하기 위해 존재하거나 앞으로 만들어질 법한 각종 위원회를 생각해볼 수 있다. 그러나 현재 영국의 정치 질서 안에서, 런던시 자치정부를 시의회 의원들이 선출하고 런던 메릴본 지방청 담당자를 공식적으로 해당 교구의 교구위원회가 선출하면(이미 실제 그렇게 하고 있지만), 이것을 발전이나 진보라고 생각할 사람이 별로 없을 것이다. 현재로서는 이런 기구들이 소소한 지역 기관에 불과한 탓에 크게 문제가 되지 않고 있지만, 소지역이나 하급 관공서에서 제한된 특정 직무를 수행하는 데 적합한 자질을 고려하는 것과 의회에 진출하고자 하는 후보들의 능력을 비교 평가하는 것은 매우 다른 문제다. 주민들이 직접 투표권을 행사하는 것보다 다 낫지 못할 수도 있다. 반면 교구 위원이나 마을 위원을 뽑을 때 그들이 의회 후보를 선출하는 능력을 고려해야 할 경우를 생각해보자. 이 상황에서는 유권자들과 정치적 감정이 대체로 상통하는 사람을 뽑아야 할 것이기 때문에, 그런 제한된 지역 일을 가장 잘 수행할 수 있는 사람 중 상당수는 제외될 가능성이 있다. 마을 위원회가 단지 간접적인 영향력만 행사하는 것은 정당정치의 개입을 불러일으키면서 이미 지방선거의 원래 뜻을 상당 부분 왜곡시키게 되었다. 어떤 사람이 회계 담당자나 급사더러 자신을 위해 의사를 고르는 일을 시킨다면, 당사자가 직접 의사를 선택할 때보다 더 나쁜 결과를 얻을 수 있다. 뿐만 아니라 그는 본래 일 외에 자기 건강에 특별히 위험을 주지 않을 사람 중에서 급사나 회계 담당자를 찾아야 하니 선택의 폭도 좁을 것이다.

따라서 간접선거를 통해 얻을 수 있는 것들은 전부 직접선거에서도 얻을 수 있다. 그리고 직접선거에서 얻을 수 없는 것을 간접선거에서 얻으면 좋겠지만 그럴 가능성이 희박하다. 그런데 간접선거는 그 성격상 직접선거에서 볼 수 없는 몇몇 한계를 안고 있다. 쓸모없이 일을 복잡하게 만든다는 단점은 가볍게 볼 일이 아니다. 이 제도는 무엇보다도 유권자의 공공 정신과 정치적 식견을 끌어올리는 데 치명적인 약점을 가지고 있는데, 이 점에 대해서는 이미 설명한 그대로다. 어쨌든 간접선거가 그 뜻대로 치러진다면, 다시 말해 1차 투표자가 선거인에게 자신을 대표할 의원을 선출하도록 맡긴다면, 투표자들은 그 의원과 일체감을 느낄 수가 없을 것이다. 의원 역시 자기 선거구 주민들에게 책임감을 훨씬 덜 느낄 것이다. 그뿐만 아니다. 의회 선거를 좌우할 선거인들의 수가 비교적 적을 것이기 때문에 그들끼리 모의하기가 쉽고, 여러 형태의 부패가 빚어질 수 있다. 뇌물을 주기 편하도록 모든 선거구가 현재의 작은 구역 수준으로 축소될지 모른다. 그러면 얼마 되지 않는 사람들의 지지만 얻어도 확실하게 당선될 수 있을 것이다. 선거인들이 자기를 뽑아준 유권자들에 책임감을 느낄 것이라고 기대하는데, 현실은 그 반대다. 그들이 항구적인 공직이나 지위에 오른 것도 아니기 때문에 다시 선거인으로 뽑히는 일에 큰 매력을 느끼지 못할 것이다. 따라서 옳지 못한 방향으로 투표를 하더라도 별로 잃을 것이 없다. 역시 가장 강력한 예방책은 뇌물에 대해 징계를 하는 것이다. 이런 조치를 분명히 취하지 않으면 과거 경험이 온 천하에 보여주듯이 작은 선거구에서 그 폐해가 엄청날 것이다. 선출된 선거인들이 자의적으로 행동할수록 그에 정확하게 비례해서 문제점도 커진다. 다만 유권자들이 지정해준 방향에 따라 그저 대리인으로서 표를 던지겠다고 명백히 서약하고 선출되었을 때는 자신의 개인적 이해관계에 따라 투표하는 것을 주저하게 될 것이다. 결국 2단계 선거가 무엇인가 긍정적인 효과를 낸다면, 바로 그 순간 나쁜 효과도 같이 나타난다. 그래서 미국에서 상원의원을 뽑는 것과 비슷한 여건이 아니라면, 간접선거는 어떤 식으로 시도를 하든 그 원리상 문제가 많을 수밖에 없다.

이 선거제도가 공동체 내의 모든 구성원에게 어떤 형태로든 발언권을 준다는 점에서 복수투표제보다는 더 현실적이라고 말하는 사람들도 있다. 그저 다수파라고 의회를 독점하다시피 하는 병폐를 방지할 수 있기 때문이다. 오늘날 영국에서 점차 더 많은 노동자가 선거권을 가지게 되면서 그들의 영향력이 커질 수밖에 없는데, 이것을 견제할 수 있는 것이 간접선거의 가장 큰 장점이라는 것이다. 주변 여건을 볼 때 이 제도가 문제점들을 일시적으로 봉합하는 데는 유효할지 모르나, 어느 전문가도 이 원리가 근본적 해결책을 담고 있다고 생각하지 않는다.

10장 투표 방식에 대하여

비밀투표를 할 것인가, 아니면 공개투표를 할 것인가가 이 시점에서 매우 중요한 문제가 되고 있다. 이에 대해 그 입장을 밝혀보겠다.

비밀투표를 겁이 많아 몰래 숨어서 투표하는 차원으로 논의를 몰아가는 것은 아주 잘못된 것이다. 비밀투표를 해야 할 이유는 많으며, 몇몇 경우에는 불가피하기도 하다. 마땅히 피해야 할 폐단을 제거하기 위한 것이라면, 그저 겁이 많아 비밀투표를 하려 한다고 몰아붙여서는 안 된다. 상황에 따라서는 비밀투표가 공개투표보다 더 낫다는 사실을 부인해서도 안 된다. 그러나 정치적인 측면에서 볼 때, 비밀투표가 더 나은 경우는 예외에 지나지 않는다.

앞에서도 말했듯이, 오늘 이 시대는 어떤 제도의 정신, 그리고 그것이 시민의 마음속에 심어주는 인상이 그 제도가 실제 작동하는 데 매우 중요한 역할을 한다. 무기명투표의 정신(투표권자들이 이 제도에 대해 마음속으로 해석하는 것)에 따르면, 보통 선거권은 투표하는 사람 본인을 위해 주어진 것이다. 그 사람의 특별한 목적과 이익을 위해 주어진 것이지 공공의 신탁을 대행하는 것이 아니다. 투표가 진정 신탁이라면, 그래서 시민이 그 사람이 하는 투표에 대해 책임을 물을 권리가 있다면, 그 투표 내용에 대해서도 알 권리가 있을 것이 아닌가? 이렇게 틀리고 잘못된 신념이 사람들 속에 넓게 퍼져나갈 수도 있는데, 실제로 오늘날 무기명투표를 주장하는 사람들이 그런 신념을 강력하게 선전하고 있다. 처음 무기명투표를 주장하던 사람들은 생각이 달랐다. 그런데 처음 주장하던 사람들보다 나중에 그 입장에 동조하게 된 사람들이 더 확신에 차 있다. 브라이트John Bright(1811~1889, 영국의 정치인)와 그가 이끄는 민주주의학파는 선거권이 그들의 표현처럼 권리이지 신탁이 아니라는 주장에 크게 의미를 부여했다. 이제 이런 주장이 대중의 마음 깊숙이 들어와 있다. 그러나 무기명투표의 장점을 아무리 후하게 쳐보더라도 그로 인한 도덕적 폐단을 능가할 수가 없다. 권리라는 말을 어떤 식으로 정의하고 해석하든, (순전히 법률적인 의미를 제외하고는) 어느 누구도 타인에 대해 권력을 행사할 권리를 가질 수가 없다. 어떤 사람이 보유하도록 허용된 그런 모든 권리는 글자 그대로 해석할 때 일종의 도덕적 신탁이 된다. 그러나 유권자 또는 대표로서 어떤 형태든 정치적 기능을 수행하면 그것은 다른 사람에게 권력을 행사하는 것이나 마찬가지다. 투표권이 신탁이 아니고 권리라고 주장하는 사람들은 그런 논리가 이끌어내는 결론을 받아들이기 어려울 것이다. 만일 그것이 권리이기 때문에 투표권자가 자기 마음대로 처분할 수 있는 것이라면, 그 사람이 돈을 받고 표를 판다든지, 아니면 자신의 필요에 따라 특정인이 원하는 대로 투표를 하더라도 무슨 근거로 그런 행위를 비난할 수 있을 것인가? 자기 집이나 자기가 가진 3퍼센트 주식, 그 밖에 각 개인이 권리를 가지고 있는 것들을 놓고 항상 공익을 먼저 고려하도록 요구할 수는 없다. 따라서 투표권은 사실 투표하는 사람 자신의 이익을 보호하기 위한 것이라고 볼 여지가 있다. 그러나 그 권리는 투표의 영향을 받는 이웃 시민의 이익도 동시에 보호해야 할 의무를 안고 있다. 투표권자가 마음대로 투표를 해도 되는 것이 아니다. 개인적인 타산 못지않게 마치 배심원들이 평결을 내리는 것과 같은 의무감도 중요하게 작용한다. 그것은 엄격히 말하면 일종의 의무와도 같다. 투표권자는 공공선에 대해 최선을 다해 양심껏 판단하고 행동해야 하는 것이다. 이런 생각을 하지 않는 사람은 그 누구라도 투표권을 행사할 자격이 없다. 그런 식으로 행동하면 투표 행위가 본인의 정신을 발전시키기보다 오히려 나쁜 방향으로 몰고 가게 된다. 애국심에 마음이 뜨거워지고 공적 의무의 무게를 깨닫는 것이 아니라, 거꾸로 자신의 사적 이익과 쾌락 또는 변덕을 위해 공적 기능을 함부로 행사하게 만드는 것이다. 이런 감정과 목적이 더 나쁜 방향으로 변질되면 바로 폭군이나 압제자가 하는 짓과 비슷해진다. 어떤 공적 위치에 있든 또는 어떤 형태로든, 사회적 역할을 하는 보통 시민은 사회 속에서 본인이 해야 할 일에 대해 나름대로 책임감과 의무감을 느끼며, 사회가 기대하는 것에 부응하며 살아간다. 사회가 기대하는 것이 그 사람의 행동 기준이 되는 것이다. 물론 대부분은 그 기준을 넘지 못하고 그 아래 머물게 된다. 그런데 비밀투표를 해야 한다고 주장하는 사람들은, 투표권자가 그저 본인 마음 내키는 대로 투표하면 된다고 생각한다. 자신이 어떻게 투표하는지 알 필요가 없는 사람에 대해 투표권자가 신경 쓸 이유가 없다는 것이다.

바로 이런 이유 때문에 친목조직과 사적인 단체에서 무기명투표를 하는 것과 의회선거에서 그런 투표를 하는 것이 본질적으로 다르다. 물론 잘못된 생각이지만, 친목조직의 회원은 다른 사람의 희망이나 이해관계에 대해 전혀 신경 쓰지 않아도 된다. 투표를 하더라도 특정인과 편을 같이 한다든가, 아니면 그렇게 하기 싫다고 제법 분명히 표현하는 것 외에 다른 그 어떤 것도 밝힐 필요가 없다. 모든 사람이 인정하듯이 이것은 전적으로 본인의 쾌감이나 성향이 결정할 문제다. 그 사람이 아무런 말썽도 일으키지 않은 채 그렇게 할 수 있다는 것은 반대편 사람을 포함해서 모두에게 좋은 일이다. 이런 경우에 무기명투표가 바람직한 또 다른 이유가 있다. 굳이 거짓말을 안 해도 되는 것이다. 관계되는 사람들이 모두 같은 계급이나 지위에 있을 것이기 때문에, 주변 사람에 대해 어떻게 투표했는지 기어코 캐물어야 할 이유가 없다. 의회선거는 이야기가 전혀 다르다. 무기명투표를 요구하는 사회관계, 즉 한 사람이 다른 사람보다 월등하게 뛰어난 까닭에 그 모자라는 사람의 투표를 좌우해도 된다고 생각하는 상태가 지속되는 한, 앞으로도 계속 그럴 것이다. 이런 상황에서는 투표권자가 침묵을 지키거나 모호하게 답변하는 것은 자기가 원하는 방향대로 투표하지 않았다고 믿어도 될 만한 충분한 이유가 되는 것이다.

어떤 정치적 선거든지, 심지어 보통선거라고 하더라도(아직 제한 선거인 경우에는 더 말할 것도 없고), 투표하는 사람은 자신의 개인적 이익이 아니라 공익을 먼저 고려해야 할 절대적 도덕적 의무를 안는다. 마치 자기 혼자 투표를 하고, 선거 결과가 전적으로 자기 손에 달려 있는 것처럼 아주 신중하게 판단해야 한다. 이런 전제에서 본다면, 다음과 같은 사실이 자명해진다. 즉 다른 모든 공적 의무와 마찬가지로, 투표하는 사람이 공공의 눈과 감시 아래 투표를 해야 할 의무가 있다. 모든 사람이 그의 투표에 대해 관심을 가질 뿐 아니라, 그가 정직하게, 그리고 신중하게 투표를 하지 않으면 그 잘못을 꾸짖을 권리를 가진다고 보아도 된다. 당연한 이야기지만, 이런 주장을 포함해서 그 어떤 정치적 원리도 절대적으로 옳은 것이라서 결코 손을 댈 수 없다고 말할 수는 없다. 더 합당한 의견이 있으면 얼마든지 수정할 수 있는 것이다. 그러나 이 경우 문제가 특히 심각하기 때문에, 아주 특별하게 예외적 상황이 아니라면 그 큰 원칙은 지켜야 한다.

물론 유권자가 공개투표를 할 때, 현실적으로 사회의 공익과 거리가 먼 특정 권력자의 눈치를 보아야 하는 폐단이 없지 않다. 비밀투표를 하면 이런 걱정은 안 해도 된다. 대다수 유권자가 이런 압박을 받는 상황이라면 차라리 비밀투표가 낫다고 볼 수 있다. 유권자가 노예 비슷한 상황에 묶여 있다면, 그 질곡을 벗어던지기 위해 무슨 일이든 못하겠는가? 소수가 다수를 향해 횡포를 부린다면 무기명투표야말로 최선의 방비책이 될 수 있다. 로마공화정이 몰락할 때, 무기명투표를 안 할 수가 없었다. 과두계급이 해마다 더 부유해지고 또 그에 비례해서 횡포를 더 부렸다. 일반 인민은 점점 가난해지면서 그들의 손아귀에 들어가야 했다. 이런 상황에서는 권력자들의 전횡에 맞설 수 있게 더욱 강력한 대비가 필요했고, 그에 따라 투표방식도 바뀌어야 했다. 아테네 정치에서 무기명투표가 얼마나 중요한 기여를 했는지에 대해서는 더 말할 필요가 없을 것이다. 정치적 불안정과는 거리가 멀었던 그리스제국 같은 곳에서도 단 한 차례 공정하지 못한 인민투표 때문에 일시적으로 자유가 훼손되는 사례가 있었다. 아테네 유권자들이 일상적으로 강압을 당한 것은 아니지만, 탈법을 자행하는 무뢰한들에게 매수당하거나 위협을 받는 경우가 없지 않았다. 신분과 돈을 구비한 아테네 젊은이들 중에서 그런 저급 인간들이 가끔 목격되었던 것이다. 이런 경우, 무기명투표가 질서를 지키는 중요한 역할을 하면서 아테네가 당시 세계에서 보기 드문 업적을 내는 밑바탕이 되었다.

그러나 오늘날 유럽의 선진 사회에서는, 특히 영국과 같은 곳에서는 유권자에게 강압을 행사하는 일은 점점 드물어졌다. 이제는 유권자가 다른 사람의 압력을 받아 그른 투표를 하는 것보다, 그 사람 자신 또는 그가 속한 계급의 사악한 이해관계나 근거 없는 감정에 휘둘리는 것을 더 염려해야 한다. 후자를 차단하는 것이 더 급하기 때문에, 전자를 방지한다면서 더 중차대한 폐단을 간과해서는 안 될 것이다. 오늘날 영국에서 이 문제와 관련해서 검토해보아야 할 것은 내가 이미 〈의회개혁Parliament Reform〉(1859)이라는 글에서 자세하게 밝혔다. 그때나 지금이나 생각에 별 차이가 없기 때문에 그 주장을 여기에 감히 옮겨 볼까 한다.

"30년 전, 의회선거를 할 때 무기명투표가 지주, 고용주, 그리고 고객들의 강압을 배제할 수 있다는 것이 여전히 가장 중요한 강점이었다. 그러나 현재는 바뀌었다. 오늘날에는 유권자 본인의 이기심이나 이기적 당파심이 가장 큰 문제다. 확신하건대 이제는 다른 사람의 뜻에 의해 움직이는 것보다 투표하는 사람 개인의 이익이나 계급적 이해, 또는 그 마음속의 치졸한 감정 때문에 그릇된 방향으로 투표를 하는 경우가 더 많다. 이런 상황에서 무기명투표는 유권자가 부끄러움이나 책임감에서 벗어나 함부로 행동하도록 방조하는 셈이 된다.

불과 얼마 전까지, 신분이 높고 돈이 많은 사람이 정부를 완전히 장악하고 있었다. 그들이 권력을 잡고 있다는 것이 나라의 가장 큰 골칫거리였다. 고용주나 지주가 시키는 대로 투표하는 관행이 워낙 굳어 있어서 그 누구도 그것을 흔들 수가 없었다. 다만 인민들의 강렬한 저항 의지만이 그것을 무너뜨릴 수 있는데, 그런 열정은 대의명분이 뚜렷한 경우에만 불이 붙는다. 따라서 이런 권세에 대항해서 던지는 투표는 일반적으로 정직하고 공공 정신이 투철한 것이라고 볼 수 있다. 나아가 어떤 경우든 그리고 그 동기가 무엇이든, 이런 것이 좋은 투표일 가능성이 거의 확실하다. 왜냐하면 과두계급이 휘두르는 최악의 폐단을 무찌르기 위한 투표이기 때문이다. 그 당시 유권자들이, 비록 정직하다거나 지성적으로 움직인 것은 아니라 하더라도, 신변의 위험을 느끼지 않으면서 자신의 정치적 권리를 자유롭게 행사할 수 있었다면, 그것은 정치개혁을 위한 의미심장한 전진이었을 것이다. 그렇게 되었더라면 당시 나라 안에서 지배 권력을 행사하던 자(지주와 지역에서 돈으로 의석을 사고팔던 정치 브로커를 말한다. 이들이야말로 정치제도와 행정기관의 각종 폐단의 원흉이었다)들의 질곡을 벗어던질 수 있었을 것이다.

무기명투표는 채택되지 않았다. 그러나 주변 여건은 점점 그 방향으로 흘러가고 있다. 이 문제에 영향을 줄 정치사회적 환경이 엄청나게 바뀌었고, 지금도 매일같이 변화하고 있다. 신분 높은 사람들이 나라를 주무르던 시절은 지나갔다. 시대의 변화에 완전히 눈을 감고 있는 사람이 아니라면, 사반세기 전이나 똑같이 중산층이 상류층에 종속되고, 노동자계급이 상류층이나 중산층에 종속되어야 한다고 생각할 수가 없다. 이 기간 동안 일어난 사건들 덕분에 각 계급은 자신들의 집단적 힘의 위력을 깨달았을 뿐만 아니라, 하층 계급 사람들이 개별적으로 상류 계급에 당당히 맞설 수 있는 터전도 만들어졌다. 유권자들이 자기 상급자들의 뜻과 같은 방향으로 투표를 할 수도 있고, 아니면 반대편에 투표할 수도 있는데, 어떤 경우든 강압에 의해 투표하는 일은 거의 없어졌다. 그렇게 할 방도도 없다. 이제는 그들 자신의 개인적 또는 정치적 판단과 선호에 따라 표를 던지는 것이다. 오늘날 선거제도에서 발견되는 바로 그 폐단이 이 사실을 잘 입증해주고 있다. 말도 많은 투표 매수 행위가 빠르게 확산되면서, 과거 그런 위험에서 자유롭던 지역까지도 안심하지 못하게 되었다. 이제 지역 유력자가 행사하던 영향력은 그 힘을 잃고 있다. 유권자들이 다른 사람의 지시를 받는 것이 아니라 자신의 마음 내키는 대로 투표한다. 물론 아직도 지역으로 내려갈수록 소규모 단위에서 과거처럼 맹목적으로 윗사람의 지시를 따르는 관행이 상당히 남아 있다. 그러나 이제 시대 분위기가 바뀌었고, 주변 여건이 지속적으로 그런 관행을 줄이는 데 힘을 준다. 성실한 소작인이 자신이 지주보다 못할 것이 없다고 생각하게 되었다. 장사를 잘하는 상인이라면 이제 특정 고객의 영향에서 벗어날 수 있게 되었다. 선거를 치를수록 유권자 개인의 생각과 계산이 투표를 좌우한다. 각 개인을 둘러싼 환경보다는 그들 자신의 마음이 더 큰 힘을 발휘하고 있다. 이제 그들이 그저 다른 사람의 의지에 따라 행동하는 피동적 도구, 다시 말해 지배 과두계급의 손에 권력을 몰아주는 신세는 벗어난 것이다.

이제 높은 사람의 지시에 얽매이지 않고 유권자 자신의 뜻에 따라 투표하는 추세가 굳어지면서, 이것에 비례해서 유권자 개개인이 의원과 비슷한 위상에 올라서게 되었다. 따라서 투표를 할 때, 그 내용이 공개되는 것이 불가피해졌다. 만일 어떤 지역의 유권자들이 대표를 덜 낸다면, 제한 선거를 비난하는 차티스트Chartist(19세기 중반 영국에서 노동자들의 참정권 확대를 위해 투쟁한 시민운동)들의 주장이 힘을 잃게 된다. 오늘날 유권자의 대다수는 중산층이다. 특히 앞으로 선거법 개혁이 이루어진다면 중산층이 가장 큰 수혜자가 될 것이다. 이들은 지주나 거대 제조업자들과 상반되는 계급 이익을 가지듯이, 노동자계급과도 그 계급적 이해관계가 다르다. 장차 모든 숙련 노동자가 참정권을 가지면, 그들 역시 비숙련 노동자들과 상충되는 계급적 이해관계를 가질 가능성이 크다. 만일 투표권이 모든 남자에게 주어진다면, 그동안 허울 좋게도 보통선거universal suffrage라고 이름이 잘못 붙여진 것이 현실화된다면, 그리고 요즘 남성 투표권manhood suffrage이라는 우스꽝스러운 명칭으로 불리는 것이 법으로 제정된다면, 이들 남성 유권자들 역시 여성을 차별하는 방향으로 자기네 계급 이익을 추구할 것이다.

의회 앞에 여성들의 권리와 관련된 다음과 같은 문제들이 제기되어 있다고 생각해보자. 여자들이 대학을 다녀도 되는가? 자기 아내를 매일 거의 죽이다시피 때리는 못된 사내에게 형식적인 처벌만 내리던 것을 좀 더 무겁게 처벌하도록 바꾸어야 하는가? 미국의 각 주가 그저 법이 아니라 그들의 수정헌법을 통해 결혼한 여성도 재산을 소유할 수 있게 하는데, 누군가가 영국 의회에 대해 똑같은 일을 하라고 요구한다면 어떻게 할 것인가? 이런 문제에 대해 남편이나 아버지가 어떻게 투표하는지 여자들이 알 권리가 있다고 보아야 하지 않는가?

물론 이런 모든 주장이 현재의 정의롭지 못한 투표권 조항 때문에 제기된다고 말할 수 있을 것이다. 즉 투표권이 없는 사람들이 투표권자가 임의로 투표하는 것보다 좀 더 정직하고, 좀 더 유익한 방향으로 투표하게 만들 것이다. 그들이 오히려 그 사람보다 더 투표권을 가질 자격이 있으므로 그들에게 투표권을 주어야 한다. 누구든지 투표권자에게 영향을 줄 수 있는 사람이 투표권을 행사해야 한다. 투표권자가 책임을 져야 하는 바로 그 사람들에게 투표권을 주어야 한다. 따라서 투표권자가 책임을 져야 할 이유가 없는 힘센 개인이나 계급으로부터 부당하게 영향을 받는 것을 막기 위해 무기명투표라는 안전장치를 마련하는 것이 필요하다.

이런 논리는 꽤 힘이 있어 보여, 나는 한때 그것을 받아들이기도 했다. 그러나 이제 생각하면 그것은 잘못된 주장이다. 유권자에게 영향을 줄 수 있는 사람이라고 해서 그 이유 때문에 투표권을 줄 수는 없다. 이 마지막 것은 전자보다 훨씬 강력하다. 아직 충분히 신뢰를 받지 못하는 사람도 소소한 정치적 기능은 수행할 수 있다. 노동자들 중에서 가장 가난하고 무례한 계급의 생각이나 희망사항도 의회뿐만 아니라 일반 투표자들에게도 큰 영향을 줄 수 있다. 그러나 그들의 현재 도덕적·지적 수준에 비추어볼 때, 그들에게 완전히 투표권을 줌으로써 그 압도적인 영향력에 힘을 실어주는 것은 매우 위험한 결과를 낳을 수 있다. 투표권을 가지지 않은 사람들이 투표권자에게 끼치는 바로 이 간접적 영향력이 점차 커지면서 선거권이 순탄하게 확대되도록 그 기초를 닦은 뒤 때가 무르익으면 마침내 선거권이 주어지게 된다. 그러나 정치문제를 논의할 때 결코 간과해서는 안 되는 또 다른, 그리고 더 심각하게 생각해보아야 할 일이 있다. 즉 시민들이 건전한 판단을 할 수 있을 정도의 자질을 갖추지 않으면 공개성의 원칙, 다시 말해 시민들에 답을 할 수 있어야 한다고 하는 주장은 설득력이 떨어진다고 말하지만, 이것은 전혀 근거가 없는 것이다. 공공 여론이라는 것이 맹목적이다 싶을 정도로 사람들을 따라오게 만들어야 그 존재 의의가 있다고 생각하는 것은 참으로 피상적인 관점이다. 다른 사람의 눈 밑에 있는 것 다시 말해 다른 사람 앞에서 자기를 변호해야 하는 일은 남의 생각에 맞서 싸워야 할 때 가장 중요해진다. 그들 자신의 확고한 입장이 없으면 안 되기 때문이다. 압력에 맞서 싸울 때처럼 한결같이 영향을 끼치는 것도 없다. 일시적 흥분상태에 빠진 것이라면 모를까, 그렇지 않다면 예전부터 품고 있던 자신만의 고유한 목적을 제외하고, 크게 욕을 먹을 것이 분명한 일을 하려 드는 사람은 없을 것이다. 이런 목적은 언제나 사려 깊고 신중한 성격을 반영한다. 따라서 구제불능일 정도의 나쁜 인간을 제외하고, 그런 목적은 일반적으로 진실하고 강력한 개인적 확신에서 출발한다. 자신의 행동에 대해 설명해야 한다면, 그런 단순한 사실 때문에라도 어느 정도 그럴듯한 설명을 할 수 있는 행동을 하지 않을 수가 없다. 품위를 지켜야 한다는 의무감만으로는 권력의 남용을 충분히 억제할 수가 없다고 생각하는 사람은, 그런 억제로부터 별로 구속감을 느끼지 않는 인간이 어떤 행동을 하는지 제대로 관찰해 본 일이 없을 것이다. 공개성 원칙은 그럴듯하게 변호하는 것이 불가능한 일을 하지 못하도록 방지하는 것(사람들을 숙고하게 만들고, 자신의 행동에 대해 어떻게 해명할 것인지 행동에 앞서 생각하도록 강요하는 것) 이상을 하지 못할 때도 그 의미가 제대로 부각되지 않는다.

(이렇게 말하는 사람도 있을 것이다.) 지금은 아니지만 조금만 더 지나서 모든 사람이 투표할 자격을 갖출 때, 다시 말해 모든 남자, 여자가 자격을 갖추었기 때문에 투표할 기회가 주어진다면, 그렇다면, 더 이상 계급입법을 두려워할 이유가 없을 것이다. 그렇다면 유권자가 곧 국민인 상황에서 누구도 전체 이익과 동떨어진 것을 추구하지 않을 것이다. 여전히 사적 또는 계급적 이익을 추구하는 개인이 있겠지만, 다

수는 그 방향으로 투표하지 않을 것이다. 이제 그들이 책임져야 하는 비유권자가 없기 때문에 사악한 이해관계를 제거하는 데 무기명투표가 매우 큰 역할을 할 것이다.

그러나 나는 이런 주장에도 동의하지 않는다. 사람들이 보통선거를 할 만하고 또 그런 권리를 실제 확보했다 하더라도, 무기명투표는 여전히 바람직하지 않다. 첫째, 그런 상황에서는 무기명투표가 필요할 이유가 없다. 그 가설이 그리고 있는 상황을 생각해보자. 즉 사람들이 모두 일정 수준 이상 교육을 받았다면 성인은 누구나 투표권을 가지게 된다고 하자. 국민 중 오직 일부만 투표권을 가지고 있고 거의 대다수 사람은 교육을 못 받았다고 하더라도, 오늘날 모든 사람이 보다시피 대중 여론이 이미 최종 결정권을 행사하고 있다. 그렇다면 모든 사람이 글을 읽을 줄 알고 또 투표권도 가지고 있는 사회에서 지주나 돈 많은 사람이 그들 뜻을 거슬러가며 조금이라도 권력을 행사할 수 있을 것이라고 가정하는 것은 터무니없는 일이다. 그들이 권력을 놓을 수가 없는 것이다. 그러나 그렇게 해서 비밀을 지키는 것이 필요 없어졌다고 해도 공개성을 유지하는 것은 여전히 중요하다. 흔히 사람이 특정 공동체에 속하고, 그 개인이 공동체 전체 이익과 특별히 어긋나는 일이 없다면, 주윗사람들의 충고나 견제가 없어도 공공 의무를 알아서 잘 수행하기 마련이라고 생각한다. 그러나 사람을 이렇게 규정하는 것은 큰 오류가 될 수 있다. 일반적으로 누군가가 공공 이익과 자신의 이익 사이에 어떤 충돌보다도 오히려 특별한 공통점을 느낀다고 하더라도, 외부적인 강제요소가 없으면 공공 의무를 소홀히 하는 경우가 많다. 또 모든 사람이 투표권을 행사할 수 있다 하더라도, 공개투표처럼 비밀투표를 할 때도 성실하게 그 권리를 행사할 것이라고 기대할 수가 없다. 모든 사람이 투표권을 가질 때 투표를 하면서 공동체 전체의 이익과 어긋나는 방향으로 생각할 수 없다고 하는 명제는 엄밀히 말해 진실과 거리가 멀다. 아무리 어떤 공동체가 (이 말 자체의 의미를 따른다면) 자신의 집단적 이익 외 그 어떤 것도 추구할 수 없다고 하더라도, 그 속의 각 개인은 충분히 다른 방향으로 움직일 수 있다. 사람들이 추구하는 이익이란 각자가 관심을 가지고 있는 것들로 구성된다. 각자는 자기감정에 따라 매우 다양한 방면으로 관심을 보인다. 좋아하는 것과 싫어하는 것이 있고, 또 그중에는 이기적인 것이나 그보다 나은 것도 있다. 이 가운데 어느 것도 그것 자체로 '그의 이익'을 구성한다고 볼 수는 없다. 그 사람이 어떤 이익을 더 선호하는가에 따라 좋은 사람 또는 나쁜 사람이 판가름 날 것이다. 집안에서 폭군처럼 행동하는 사람은 실제로 폭군에 대해 심정적으로 친근감을 느낄 것이다(물론 자신에게 그런 폭압이 닥치지 않을 경우에). 그 사람은 분명 어떤 형태로든 폭군에 저항하는 것을 달가워하지 않을 것이다. 시샘이 많은 사람은 '정의의 사도'로 불리는 아리스티데스Aristides〔기원전 530?~기원전 468?. 아테네의 정치가〕를 좋아하지 않을 것이다. 이기심이 강한 사람은 자기 나라의 좋은 법을 통해 자기 몫을 얻는 것보다 아무리 사소하더라도 사적으로 이득을 보는 것을 더 선호한다. 왜냐하면 자신만의 이득을 취하는 것이 그 사람의 심성에 익숙한 것이고, 따라서 가장 잘 판단할 수 있을 것이기 때문이다. 대부분의 유권자는 두 종류의 선호 체계를 가지고 있다. 즉 자기에게 개인적으로 이득이 되는 것, 아니면 반대로 공적으로 이득이 되는 것을 더 선호할 수 있다. 후자야말로 유권자들이 인정하고 싶은 유일한 것이라고 할 수 있다. 사람들은 가능하면 자기보다 못난 사람들을 향해서도 자기의 가장 좋은 측면을 보여주고 싶어 한다. 사람들은 공개투표가 아니고 비밀투표를 하면, 그저 돈이나 악의, 불쾌감, 사적인 경쟁심리, 심지어 계급적·당파적 이익 또는 편견에 따라 정직하지 못하거나 비열한 방향으로 주권을 행사할 수 있다. 경우에 따라서는 (사실 생각보다 더 자주 일어나는 일이지만) 대다수 정직하지 못한 사람들을 견제하는 유일한 방법이 그들의 뜻과 상관없이 정직한 소수 사람의 생각을 강제로 따르게 하는 것일 수도 있다. 미국의 각 주에서 하듯이, 생각없이 함부로 투표하는 사람이 정직하게 양심적으로 투표권을 행사하는 사람 앞에서 부끄러움을 느끼게 해주는 길이 없을까? 아무리 좋은 환경 아래에서도 무기명투표가 빚어내는 해악을 방지할 수가 없기 때문에 보다 강력한 조치가 불가피하다. 그저 지금처럼(상황은 점점 나빠지고 있다) 그 필요성만 외쳐서는 될 일이 아니다."*

투표 방식과 관련해서 제기될 수 있는 다른 논쟁거리에 대해서는 길게 말할 필요가 없을 것 같다. 헤어가 제안한 개인대표제를 시행하기 위해서는 투표용지가 있어야 한다. 투표용지에 투표하는 사람의 서명이 꼭 들어가야 하며, 그것도 공공 투표장소 또는 그런 마땅한 장소가 없다면 모두에게 개방된 사무실 같은 곳에서 현장 책임 공무원이 보는 가운데 날인해야 한다. 유권자가 자기 집에서 투표한 뒤 우편으로 그것을 발송하거나 관련 공무원이 받아가도록 하는 법안은 치명적인 결함을 가지고 있다고 말할 수밖에 없다. 이런 식으로 투표하면 선의의 우호적인 영향력은 기대할 수 없고 오직 좋지 못한 간섭만 횡행하게 된다. 사적 비밀 공간 뒤편에서 표를 매수하고자 하는 사람은 마음 놓고 공작할 수가 있고, 겁을 주어서 자기 뜻대로 유권자를 움직이려 하는 사람도 얼마든지 활동할 수 있을 것이다. 반면 유권자의 참 뜻과 그가 지지하는 정당이나 생각의 흐름을 잘 아는 사람은 비밀의 장벽에 가로막혀 아무런 힘도 발휘할 수 없다.*

투표 장소는 모든 유권자가 손쉽게 접근할 수 있을 만큼 충분히 많아야 한다. 어떤 경우에도 후보가 운송 비용을 부담하는 일은 용납할 수 없다. 몸이 아픈 사람은 의료기관의 증명서를 내면 국가나 지방정부

* *Thoughts on Parliamentary Reform*, 2nd ed., pp. 32~36.

의 비용 부담으로 적절한 운송 수단을 이용할 수 있다. 선거운동, 개표 종사원, 그 밖에 선거 관련 모든 비용은 공적으로 처리되어야 한다. 선거에 나서는 사람은 아주 미미한 수준은 몰라도 그 이상은 어떤 경우에도 돈을 써서는 안 된다. 헤어는 선거에 출마하려는 사람이 모두 합쳐서 50파운드 정도 쓰는 것이 바람직하다고 생각한다. 그래야 당선 가망은 물론 진지하게 운동할 의사도 없는 사람들이 생각 없이 또는 그저 이름을 내보고 싶은 욕심에서 출마하는 것을 미연에 방지할 수 있다. 이들이 고작 몇 표밖에 못 얻겠지만, 바로 그 표 때문에 실제 당선권에 접어든 사람이 당선 문턱에서 좌절하는 경우도 생길 수 있는 것이다. 선거운동을 하다 보면 꼭 필요한 경비가 있다. 자기주장을 유권자들에게 널리 알리기 위해 선전, 광고, 유인물 배포 등을 하지 않을 수가 없는데, 이런 일에 드는 비용은 후보나 그 지지자들이 직접 부담

** "이 제안은 두 가지 이점을 염두에 두고 있다. 첫째, 비용을 줄일 수 있다. 둘째, 다른 식으로 하면 기권을 할 가능성이 있는 유권자들을 투표장으로 나오게 할 수 있다. 이 법안을 지지하는 사람들은 특히 이런 성향의 유권자들을 자기편으로 만들 수 있다고 기대한다. 구빈법 보호자를 뽑는 선거에서 실제 이 방식이 채택되었는데, 그 효과에 고무된 사람들이 의회선거와 같이 더 중요한 경우에도 적용하고 싶어 하는 것이다. 그러나 그 두 가지 장점이라는 것은 상황에 따라 다르게 나타난다. 주로 공적 재원을 집행하는 일을 담당하는 특수 행정 관리를 뽑는 지역 선거의 경우, 그런 일에 개인적으로 밀접하게 관련된 사람들 중에서 뽑는 것은 반드시 막아야 한다. 왜냐하면 이런 종류의 선거에 대해 일반 주민들의 관심이 크지 않아 그저 사적 이익에 매달린 사람들이 선거에 뛰어들 공산이 크기 때문이다. 이들 입장에서는 자신에게 우호적이지 않은 사람들이 가능하면 관심을 덜 가지는 것이 좋을 것이다. 그러나 중앙정부가 처리해야 하는 중대 사안일 경우, 모든 사람이 자신의 이익을 위해 진지하게 관심을 가지고 신경도 많이 쓸 것이다. 따라서 이런 선거에서는 현안에 무관심한 사람까지 투표하도록 독려하기보다 한편으로는 그들의 관심을 일깨우고, 다른 한편으로는 차라리 투표장에 나가지 않도록 유도하는 것이 더 중요할 수 있다. 투표하는 일에 충분히 의미를 두지 않는 사람은 아무나 먼저 자기에게 접근하는 사람에게 표를 던져버리거나, 정말 하찮고 어이없는 꼬임에 넘어갈 위험이 크다. 투표에 관심 없는 사람은 누구에게 표를 던질지에 대해서도 신경을 안 쓴다. 이런 정신 상태의 유권자라면 투표할 도덕적 자격이 없다고 보아야 한다. 아무런 확신도 없이 던진 한 표지만, 깊은 생각과 목적의식에서 행사한 한 표와 똑같은 무게를 지니고, 나중의 개표 과정에서 선거 결과를 좌우할 수도 있기 때문이다." (*Thoughts*, p. 39.)

해야지 유권자들이 지불할 수는 없다. 이런저런 쓸 것을 모두 합치면 헤어가 제시한 50파운드 상한이 적절할 것 같다(꼭 필요하다면 100파운드까지 늘릴 수도 있을 것이다). 만일 후보의 운동원들이 위원회나 유세에 필요한 돈을 쓰겠다고 하면, 못하게 할 방도는 없다. 그러나 그런 용도를 위해 후보 호주머니에서 나오는 돈 또는 그 어떤 지출이든지 50파운드(또는 100파운드)를 넘으면 불법이 되고 처벌을 받을 수 있다. 만일 이런 조항이 지켜질 것 같지 않다 싶으면, 모든 후보가 당선을 목적으로 50파운드 이상 되는 돈이나 그에 상당하는 금품을 직접이나 간접으로 쓰지 않았거나 앞으로 쓰지 않겠다고 서약을 하거나 명예를 걸고 약속하게 해야 한다. 이렇게 하고 나서도 거짓 주장을 하거나 서약을 어기면 위증죄로 처벌받도록 해야 한다. 의회가 이 문제에 대해 단호한 의지를 보이면 유권자들의 생각도 바꾸는 효과가 있다. 즉 지금처럼 아주 위험한 반사회적 범죄를 가볍게 여기는 잘못된 풍조를 청산하는 계기가 될 수 있는 것이다. 이런 식으로 개선이 이루어지면 앞으로는 서약이나 명예 약속이 구속력을 가지게 될 것이다.* "사람들은 이미 거짓말을 용납한 경우에만 거짓말 한 사람을 용서한다." 유감스럽게도 선거 부패에도 이 말이 적용된다. 선거에 돈이 많이 들지 말아야 한다는 인식이 그다지 절실하게 확립되지 못한 탓에, 정치인 중에서 뇌물 행위를 뿌리 뽑기 위해 정말 진지하고 심각하게 노력한 사람이 없었다. 선거 비용이 많이 들다 보니 잠재적 경쟁자들이 손을 들어야 하는 상황에서 돈 많은 사람이 훨씬 유리한 위치를 선점하게 된다. 의회로 가는 길이 부자들에게 활짝 열리다 보면 자연스럽게 보수적 정치 색채가 강화되기 마련이다. 지금 양대 정당의 의원들이 이런 종류의 기득권에 푹 빠져 있다. 그들끼리 일종의 나쁜 의미의 묵계를 맺고 있다고 보아도 크게 틀리지 않을 것이다. 이런 사람들은 자기 계급 유권자들이 투표장에 나오기만 한다면 나머지는 누가 투표를 하든 관심이 없다. 같은 계급끼리 공유하는 유대의식에 기댈 수 있고, 이런 대열에 끼어들기를 원하는 신흥 부자들은 변함없이 비굴한 자세를 유지할 테니, 그들로서는 걱정이 없는 것이다. 나아가 민주적 성향의 사람들이 당선되기 어려운 여건이 지속되는 한, 현재와 같은 투표권제도 아래에서는 부자들의 계급 이해나 계급감정을 근본적으로 위협할 만한 일이 생기지 않는다. 그러나 바로 이런 사람들이 보기에도, 선과 선을 결합시키기보다 악으로 악을 제거하는 이런 현상이 나쁜 결과를 낳을 것이라는 점이 분명하다. 부자와 가난한 사람, 두 계급 출신 중에서 최선의 인물을 의원으로 뽑아 계급적 다툼을 멀리하고 공동의 이익을 함께 추

* 부패방지법에 관해 1860년 하원 소위원회에서 증언을 한 사람들 중 선거 관련 현장 경험이 뛰어난 몇몇 전문가는 의원들이 서약하게 하는 정책에 (단호하게 또는 차선책으로) 찬성 의사를 밝혔다. 이들은 서약 위반자에게 처벌이 뒤따른다면 그 조항이 대단히 강력한 힘을 발휘할 것이라고 말했다.(*Evidence*, pp. 46, 54~7, 67, 123, 198~202, 208) 웨이크필드 조사위원회Wakefield Inquiry 위원장은 (다른 문제에 대해 말하는 도중에) "의회가 확고한 의지만 가지고 있다면, 그 방법이 통할 것이다. … 뇌물을 주고받는 것이 부끄러운 일이라는 인식이 확산된다면 사람들의 생각이 분명히 바뀔 것이라고 확신한다"(pp. 26, 32)라고 밝혔다. 그 위원회의 한 저명인사(현직 각료이기도 하다)는 공식적으로 서약한 것도 아니고 일종의 약속에 지나지 않는 일에 위증죄를 적용하는 것은 지나치다고 극력 반대하고 있다. 그러나 그가 분명히 알아둬야 할 것이 있다. 현재 법정에서 증인이 서약하는 것도 약속 성격의 서약이다. 만일 서약하는 사람이 자기가 무슨 일을 하러 왔는지 착각하거나, 순간적으로 생각 없이 자기 의무를 위반하는 일이 벌어진다면, "증인의 약속은 곧 벌어질 일과 관련된 것이고, 후보의 약속은 미래의 일을 겨냥한 것"이라는 정도로 말해주면 될 것이다. 현재 상황에서 다른 우발적인 사건은 고려 밖이다.

더 심각한 문제는, 지역 구호단체에 내는 기부금 또는 비슷한 목적으로 지출되는 돈이 선거비용의 상당 부분을 차지한다는 점이다. 따라서 후보가 자기 지역의 자선기관에 돈을 내지 못하게 하는 것은 굉장히 강력한 효과를 거둘 수 있다. 만일 그런 기부가 진실한 마음에서 하는 것이라면, 그로 인해 얻게 되는 지지율 상승효과가 부자에게 유리한 방향으로 작용할 것이 분명하다. 더구나 그 실체를 들여다보면 말은 번듯하게 하지만 결과적으로는 그 돈이 뇌물이나 마찬가지다. 이런 일을 막기 위해서는 (후보 당사자가 쓰는 호텔 비용 정도는 예외가 되겠지만) 지역구 안에서 쓰게 될 모든 비용이 (후보 본인이나 친구들이 아니라) 선거관리 회계 책임자의 손을 통해 정해진 곳에만 지출되도록 하겠다고 후보가 사전에 서약을 해야 한다.

증인 가운데 가장 탁월한 두 사람은 선거 관련 모든 합법적 비용을 후보가 아니라 지역 유권자들이 부담하게 하자는 주장에 동의했다(pp. 20, 65~70, 277).

구하는 것이 가장 바람직하다는 것은 두말할 필요도 없다. 소수의 계급 이익을 대변하는 세력으로부터 견제를 받아가며 다수파가 오직 자신들의 계급감정에 따라 정책을 펴는 것을 막아야만 하는 것이다.

유권자가 정치적 대표 뽑는 일을 특혜를 주듯이 하고, 그렇게 뽑은 사람에게 자기가 원하는 것을 요구할 뿐 아니라, 자신의 금전적 이득을 위해 돈을 쓰기까지 하는 일이 벌어진다면, 정치제도가 도덕적으로 더 이상 타락할 수가 없다. 그 정신에서부터 썩은 것이다. 사람은 원래 자기가 하기 싫은 힘든 일을 위해 돈까지 써가며 나서지 않는다. 이 점에서 플라톤은 좋은 정부의 조건에 대해 정말 옳은 말을 했다. 플라톤은 개인적으로 권력을 아주 싫어하는 사람에게 권력을 맡겨야 한다고 주장했다. 그런 사람은 가능하면 정치를 멀리하지만, 자기보다 나을 게 없는 사람이 권력을 행사하는 것이 보기 괴롭다고 하는 단 하나 이유 때문에 마지못해 권력을 받아들인다. 평소에 이득이 안 되는 일에 아예 돈을 대지 않던 신사 서너 명이 오직 자기 이름 앞에 국회의원이라는 간판을 달고 싶다는 욕심에 많은 돈을 써대는 현실을 보고 유권자들은 무슨 생각을 할 것인가? 그들이 유권자 자신의 이익을 위해 돈을 쓸 리가 없지 않는가? 유권자가 그들에 대해 좋지 못한 감정을 품게 될 경우, 유권자 본인은 자신에 대해 어떤 도덕적 의무감을 느낄 것인가? 정치인들은 선거기구가 결코 타락하면 안 된다고 하는 기대 사항을 마치 순진한 이상주의자의 꿈에 불과한 것처럼 가볍게 여긴다. 하긴 그렇다. 그들이 그런 경지에 오를 각오가 되어 있지 않으면 불가능한 이야기다. 유권자들도 결국 후보들의 도덕 수준에 맞춰지는 법이다. 선거에 뽑힌 사람들이 어떤 형태로든 돈을 써서 그 자리에 오르게 되는 상황이라면 선거가 이기적 야합 상태로 떨어지는 것을 방지하려는 그 어떤 노력도 물거품이 되고 만다. “후보 본인, 그리고 세상의 풍조가 그저 사사로운 청탁이나 들어주는 것을 의회의 주인공들이 하는 일로 인식하는 한, 일반 유권자들의 마음에 의원을 뽑는 일이 시민의 중요한 의무이기 때문에 적격자가 아닌 사람에게 자기 마음대로 표를 던질 자유가 없다는 사실을 심어준다는 것은 가능하지가 않다."

선거 과정에서 돈 쓰는 것이 허용되어서는 안 된다고 하는 원리가, 얼핏 방향이 달라 보이지만 그 정신은 같다고 할 수 있는 또 다른 사안에도 그대로 적용되어야 한다. 흔히 의회가 계급과 환경에 상관없이 모든 사람에게 열려 있는 무대가 되기 위해 의원들에게 보수를 주는 것이 필요하다는 주장이 제기되고 있는데, 이것은 잘못된 발상이다. 영국의 일부 식민지 사회에서 보듯이, 보수가 없으면 그런 일을 하겠다고 나설 적격자가 아주 드문 예외적 상황에서는 보수라기보다 그 일을 하는 동안에 쓸 시간과 돈에 대한 일종의 보상금으로 얼마를 줄 수는 있다. 그러나 의원들에게 보수를 주게 되면 엉뚱한 환상을 가진 사람들이 대거 선거에 나올 개연성을 높이게 된다. 이미 돈을 충분히 잘 벌 수 있는 직종에 열심히 종사하는 사람이라면 보수를 주지 않는 일에 굳이 나설 생각을 하지 않을 것이다. 따라서 보수를 받는 의원 자리가 하나의 사업으로 변질될 수가 있다. 여느 직업과 마찬가지로 금전적 이득을 먼저 생각하며 정치를 할 상황을 생각해보라. 더구나 이 직장은 장래가 보장된 것이 아니지 않은가. 무엇보다도 저소득계층이 횡재를 꿈꾸는 대상이 될 것이다. 658개 의석을 놓고 10배 또는 20배 되는 사람들이 끊임없이 몰려들어 유권자들을 향해 정직한 것과 정직하지 않은 것, 가능한 것과 가능하지 않은 것을 가리지 않고 약속할 것이다. 그리고 서로 경쟁이나 하듯이 대중 가운데서도 가장 저급한 사람들을 겨냥해 천박한 감정과 무지막지한 편견을 선동할 것이다. 아리스토파네스[72]의 희곡에 나오는 클

72 Aristophanes, 기원전 446~기원전 386. 고대 그리스의 희극 시인으로 클레온을 천박한 선동가로 풍자했다.

레온과 소시지 장사꾼의 다툼이야말로 그 대표적인 모습이라고 할 수 있을 것이다. 이런 정치는 분명 인간 본성의 가장 사악한 부분에 똬리를 튼 고질적 병폐가 아닐 수 없다. 그것은 동료 시민 가운데 가장 비열한 아첨꾼, 가장 교활한 사기꾼 658명을 골라 상을 주는 것이나 마찬가지다. 그 어느 전제체제 아래에서도 그처럼 돈 많고 저열한 고위공무원들을 집단적으로 배출해내는 제도는 존재하지 않았다.* 아주 특별한 자격을 갖춘 인물(이런 사람은 주변에서 얼마든지 발견할 수 있다)이라서 반드시 의회에 들어가서 큰일을 해야 하지만 재산이나 직업 측면에서 전혀 경제적 자립을 할 처지가 못 되는 경우, 공적인 방법으로 도와주는 것도 가능하다. 마블[73]처럼 존경받는 의원은 그의 지역구 유권자들이 도움을 줄 수 있는 것이다. 이런 영광은 비굴하게 굽실거리는 인간들에게는 어림도 없는 일이기 때문에 굳이 반대하지 않아도 된다. 사람들은 아첨꾼에 대해서는 특별히 구분하거나 신경 쓰지 않는다. 그런 인간을 위해 돈을 대줄 생각은 하지도 않는다. 공적으로 도움을 주는 것은 아주 특별하고 뛰어난 자격을 갖춘 사람에게 예외적으로 가능한 일이다. 누가 국민을 대표할 만한 그런 자격을 갖추었는지 판별하기가 쉽지는 않지만, 적어도 독자적인 생각과 의지를 구비해야 하는 것만은 확실하다.

* "로리머Lorimer가 주장하듯이, 최하층 계급 사람들이 공직에 출마할 수 있도록 금전적 유인책을 제공해줌으로써 이제 선동가들이 본격적으로 나설 수 있는 토대가 만들어졌다. 활동적인 다수의 사람들이 자신의 사적 이익을 위해 정부의 태생적 취약점을 악용하는 것 이상 더 개탄스러운 일이 또 있을까. 대중이나 개인이 자신의 약점에 고스란히 휘둘린다면 무엇을 보여줄 수 있겠는가. 1000명이나 되는 아첨꾼에게 둘러싸여 있으면 그런 약점에서 어쭙잖은 주장 외에 무엇이 나오겠는가. 대중에게 무식이 유식보다 못하지 않고 오히려 더 나을 수 있다고 강변하면, 대단한 수입은 아니지만 그래도 신분이 확실한 658개의 번듯한 일자리를 얻을 수 있다. 대중이 실제 그런 궤변을 믿고 따른다면 이것보다 더 고약한 일이 어디 있겠는가."("Recent Writers on Reform", *Frazer Magazine*, 1859년 4월)

73 Andrew Marvell, 1621~1678. 영국의 시인, 정치인.

11장 의원 임기는 어느 정도가 좋은가

의원 임기는 얼마가 적당할까? 이 문제의 본질은 명확하다. 그러나 실제 적용은 쉽지가 않다. 우선 임기가 너무 길어서 의원들이 그 본연의 책임감을 망각하고 의무를 소홀히 하며 자기 개인적인 이해를 도모하는 데 열중할 정도가 되어서는 안 된다. 또는 의원들이 지역 유권자들과 자유롭고 공개적인 만남을 가지는 것을 게을리해서도 안 된다. 당사자들이 다르게 생각할 수도 있지만, 그런 모임이야말로 대의정부에서 발견할 수 있는 큰 장점 중의 하나다. 다른 한편, 의원 개개인의 활동을 단편적인 것이 아니라 장기적 관점에서 평가할 수 있을 만큼 임기가 적당히 길어야 한다. 자유국가에서는 인민들이 의원에 대해 통제권을 가지는 것이 중요하다. 그와 동시에 의원들이 최대한 자기 소신과 재량에 따라 활동하도록 내버려두는 것 역시 중요하다. 따라서 민주적 통제가 그 취지에 맞게 잘 이루어지기 위해서는 의원 각자가 가지고 있는 능력을 최대한 발휘할 수 있을 정도로 충분히 오래 기다려주어야 한다. 나아가 의원들이 유권자가 원하는 대로 기계적으로 움직이고 그 뜻을 대변하는 데 그치지 않고, 바람직하고 신뢰할 만한 정치적 공복公僕이라는 평가를 받을 수 있게 자율적인 활동 공간을 보장해주어야 한다.

이 두 원칙의 적당한 선을 보편적 기준으로 확정한다는 것은 불가능한 일이다. 인민들의 정치적 권력이 미약하거나 너무 소극적인 곳에서는 민주적 통제를 확대해나가는 방향으로 의원의 임기를 정해야 한다. 선거에서 이겨 의회에 들어가자마자 유권자들과는 동떨어진 특권적·귀족적 분위기에 휩싸이면서 민주적 통제가 미치지 못하게 되는 상황이라면 그 임기를 짧게 해야 한다. 그래야 다음 선거에서 민심을 얻기 위해서라도 유권자의 뜻을 존중하고 그들 편에 서서 일을 열심히 할 것이기 때문이다. 이런 상황에서는 3년도 너무 길다는 말이 나올 것이다. 그보다 임기를 더 길게 하는 것은 절대적으로 불가능하다고 보아야 한다. 반면 민주주의가 아직 확대되는 과정 중에 있고 당분간 그 추세가 계속 이어질 곳이라면 민주적 견제가 이상 현상으로 번지지 않도록 조심해야 한다. 의원들의 행적이 완전히 공개되고, 신문이 또 그것을 낱낱이 보도하는 사회에서는 유권자가 그들의 일상생활에 관한 정보를 즉각 입수하면서 나름대로 시시콜콜 평가를 내릴 것이 분명하다. 어떤 평가를 받는가에 따라 의원들의 입지가 하루하루 달라질 것이다. 따라서 의원 입장에서는 유권자가 어떤 생각을 하고 어떤 감정 상태에 있는지 늘 예민하게 의식하지 않을 수 없다. 그러나 의원들이 주관 없이 유권자에게 매달리는 폐습을 극복하자면 임기가 5년 이상 되어야 한다. 이 점은 영국 정치 현실을 돌아보면 분명해진다. 40년 전에는 정치개혁을 주장하는 사람들 생각에 1년 임기가 가장 타당해 보였지만, 오늘날 이런 주장을 하는 사람은 거의 사라졌다. 임기가 길든 짧든 마지막 해에는 언제나 1년 임기 의원들과 같은 심정일 수밖에 없음을 주목해야 한다. 따라서 임기가 너무 짧으면 실질적으로 1년 임기 현상이 반복되기 마련이다. 이런 사실을 종합해볼 때, 비록 불필요하게 길기는 하지만 7년 임기로 할 때 예상되는 긍정적 효과는 여전히 큰 의미가 있다. 특히 임기가 너무 짧을 경우, 조만간 또 선거에 나가야 한다는 압박 때문에 의원들이 늘 유권자의 비위를 맞추려 하는 폐단이 생길 수밖에 없음을 유념해야 한다.

임기를 얼마로 하는 것이 가장 좋을지 의견이 분분하겠지만, 어쨌든 각 의원이 임기 말에 자리를 비우되, 전원이 한꺼번에 들어오고 나가는 것은 바람직하지 못한 것처럼 보일 수도 있다. 그렇게 생각할 만한 이유가 충분히 있을 것이다. 그러나 엄밀히 따져보면 부분적으로 교체하는 것이 문제가 더 많다. 무엇보다 국민의 뜻과 어긋나는 길을 추구해온 다수파를 단 시일에 제거할 수가 없다. 일정한 시간이 지나면 (때로는 거의 임기가 끝날 무렵쯤) 다시 총선거를 할 것이 확실하고, 나아가 내각이 자신의 이익을 위해 또는 국민의 지지를 확보하기 위해 선거를 실시할 가능성도 있기 때문에, 의회가 유권자들의 생각을 무시하고 독주할 수가 없다. 그러나 의회 다수파의 입장에서 임기가 아직 많이 남아 있고, 새 의원들이 조금씩 부분적으로만 충원되면서 기존 전통을 변화시키기보다 그냥 따라갈 가능성이 더 크다면 상황은 달라진다. 중요한 것은 의회의 큰 방향은 국민 전체의 생각과 보조를 맞추면서, 그와 동시에 뛰어난 의원들은 자신의 자리를 위협받는 일이 없이 다수 국민의 입장과 상반되는 정견을 거리낌 없이 피력할 수 있어야 한다는 사실이다. 의회가 점진적으로 그리고 부분적으로만 교체되는 것을 반대해야 할 보다 중요한 이유가 있다. 전체 국민의 정서가 어떻게 흘러가는지 확인하고, 각 정당과 다양한 여론의 상대적 힘을 분명하게 짚어볼 수 있게, 주기적으로 반대 세력들의 힘을 총 결집해보는 것은 매우 유익하다. 이렇게 하자면 부분적 교체만으로는 안 된다. 프랑스 정치에서 보듯이 상당 규모, 이를테면 5분의 1이나 3분의 1씩 물갈이하는 것으로도 부족하다.

행정부가 의회를 해산할 수 있는 권한을 주는 이유에 대해서는 앞으로 대의정부에서 행정부가 차지하는 정치적 위상과 기능을 다루는 장에서 검토할 것이다.

12장 의원들이 반드시 서약을 해야 하는가

의원이 자기 지역 유권자들의 지시를 따라야만 하는가? 의원이 유권자들의 생각을 그대로 표출하는 기관이어야 하는가, 아니면 자신의 판단에 따라 행동해야 하는가? 말하자면 그는 의회에 파견된 유권자들의 대사大使 같은 존재여야 하는가, 아니면 유권자들을 위해 일을 할 뿐 아니라, 그들을 위해 무엇을 해야 할지 판단하는 권한도 부여받은 전문 대리인이라고 보아야 하는가? 대의정부에서 의원들이 수행해야 하는 의무에 관해 이처럼 상반된 두 이론이 팽팽하게 맞서 있다.[74] 양

74 핏킨Hanna Pitkin은 이 문제를 "mandate-independence controversy"로 구분해서 정리했다. 전자가 유권자의 지시를 받아 그대로 실행에 옮기는 것이라면, 후자는 대표가 독립적으로 판단하는 것이 바람직하다는 생각을 담는다. Hanna Pitkin, "Representation", Michael Saward (ed.), *Democracy*: Critical Concepts in Political Science (NY: Routledge, 2007), p. 316. 그런가 하면 마넹Bernard Manin은 이를 '전령'과 '은행원' 개념으로 대비해서 설명한다. 전령은 그에게 주어진 서신을 있는 그대로 옮겨야 한다. 서신의 내용을 임의로 바꾸어서는 안 된다. 그러나 은행원은 사정이 다르다. 고객이 맡긴 돈을 자신의 판단에 따라 최상의 방향으로 투자하는 것이 마땅하다. 전령이 '대리인'이라면 은행원은 '수탁자' 개념에 해당된다고 볼 수 있다. 버나드 마넹, 《선거는 민주적인가》 곽준혁 옮김, 후마니타스, 2007) 18쪽 참고. 더 자세한 내용은 서병훈, 〈'국민에 대한 거역'?: 존 스튜어트 밀의 '민주적 플라톤주의'〉, 《정치사상연구》 15집 1호 참고.

쪽 모두 나름대로의 논리적 근거를 가지고 있기 때문이다. 네덜란드 공화국의 의회의원들은 말 그대로 대리인 노릇만 했다. 그래서 사전에 유권자들이 내려준 지침에 따라 행동했고, 중대한 문제가 새로 발생하면 그때마다 새로 지침을 받아야 했다. 마치 해외 파견 대사가 현안이 생길 때마다 본국 정부의 훈령을 듣는 것과 똑같았다. 이에 반해 영국을 포함해서 대의제를 운영하는 대부분의 나라에서는 유권자들의 뜻과 배치되더라도 의원 자신의 주관에 따라 의정 활동을 할 것을 법과 관습이 보장해주고 있다. 그러나 이런 것과 정반대되는 관점도 힘을 발휘하고 있어, 많은 사람, 심지어 의원들이 직무를 실제 수행하는 데 상당한 정도로 영향을 끼친다. 그래서 의원들 중에는 어떤 사안에 대해 지역구의 유권자들이 확고한 의견을 가지고 있다면, 대중의 지지를 얻고 싶은 욕구나 다음 선거에 대한 염려 등과 무관하게, 자신의 생각보다 그들의 입장을 따르는 것이 더 양심에 부합된다고 생각하는 사람도 종종 있다. 실정법과 특정 민족의 역사적 전통을 떠나서, 대표의 의무에 관한 여러 이론 중 어느 것이 옳을까?

이 문제는 지금까지 우리가 다루어왔던 입법 활동에 관한 것이 아니라, 입법을 둘러싼 도덕률이라고 부를 수 있는 것, 다시 말해 대의정부의 윤리에 관한 것이다. 이것은 제도보다도 유권자들이 자신의 기능을 수행하기 위해 지녀야 하는 마음 상태, 즉 유권자들이 엄수하지 않으면 안 되는 도덕적 의무감에 대해 더 집중하고 있다. 왜냐하면 대의제라는 것이 유권자가 마음먹기에 따라서는 단순한 대리인제로 전락할 수 있고, 따라서 유권자의 역할이 중요하기 때문이다. 유권자가 마음 내키는 대로 투표할 수도 있고 안 할 수도 있다면, 무엇이든 그들이 원하는 바에 따라 투표할 것이다. 유권자들은 선거에서 자신의 생각을 그대로 따르거나 예기치 않게 발생한 중요한 문제에 대해 미리 상의할 것을 서약하지 않은 사람은 뽑지 않음으로써, 대표의 위상을 한갓 대변인 정도로 격하시키거나 말을 듣지 않는 대표는 명예롭게 사임하도록 강요할 수 있다. 유권자들에게는 이런 일을 할 권한이 있기 때문에, 민주주의 헌법이론은 그들이 그렇게 하기를 원하리라고 전제해야 한다. 왜냐하면 바로 그 민주정부의 원리에 따라, 정치권력이 권력 소지자의 특정한 목적을 달성하는 데 동원될 수도 있을 것이라고 상정해야 하기 때문이다. 물론 항상 그렇지는 않을 것이다. 그럼에도 불구하고 민주제도가 특수한 목적에 이용되지 않도록 경계하는 것이 당연하다. 따라서 분명히 잘못되고 대단히 어리석은 일이기는 하지만, 유권자가 대표를 자신의 대리인으로 전락시키고 투표권을 함부로 휘두를 것이 확실하므로 대비를 잘해야 한다. 물론 우리는 유권자들이 이런 식으로 투표권을 남용하지 않기를 바란다. 대의정부는 설령 유권자들이 그렇게 행동하더라도 그들 자신의 계급 이익을 위해 입법하지 못하게 적절한 조치를 취해야 한다.

이것이 정치도덕과 관련된 문제 중의 하나라고 치부하더라도 그 중요성이 떨어지는 것은 아니다. 정치제도의 도덕을 둘러싼 문제는 정치제도만큼이나 현실적 중요성을 띠기 때문이다. 어떤 정부의 존재 그 자체, 그리고 여타 정부가 오래 존속하도록 만들어주는 것들은 모두 정치제도의 도덕원리를 실질적으로 얼마나 잘 준수하는가에 그 운명이 달렸다. 특히 권력자들이 자신의 권력 강화에 나서지 않고 절제하는 마음을 가지는 것이 중요하다. 순수 왕정, 순수 귀족정, 순수 민주정 같은 불균형 정부 아래에서는 오직 그런 원리만이 그와 같은 불균형 정체의 독특한 성격이 극단으로 치닫지 못하게 막아줄 수 있다. 불완전하게 균형을 이루는 정부에서는, 최고 권력자의 자의적인 충동에 대해 헌법적인 제약을 가하려 해도, 권력자의 힘이 너무 강해서 적어도 일시적으로는 그런 시도를 마음 놓고 진압할 수 있다. 따라서 이런 곳에서는 사람들이 인정하고 지지하는 정치제도의 도덕원리만이 헌정 질서의 균형과 제약을 최소한 정도로나마 확보할 수 있는 것이다. 균형이 잘 이루어지는 정부에서는 최고 권력이 분할되어 있고, 각 권력기관도 다른 쪽의 횡포에 맞서 자신을 보호할 힘, 즉 억지력을 구비하고 있다. 따라서 어느 한쪽이 극단으로 흘러 그에 맞대응할 필요가 있는 상황이 아니라면 각 정부기관이 절제하며 권한을 행사하게 된다. 이런 경우에는 정치제도의 도덕원리를 존중해야만 헌정 질서가 보존될 수 있는 것이다. 의원들이 서약을 한다는 것이 대의정부의 존립과 직결되는 문제는 아니지만, 그것이 원활하게 작동하는 데 매우 중요한 변수인 것은 사실이다. 법이 유권자에게 어떻게 선택하라고 특정 원리를 제시해줄 수는 없다. 그러나 어떤 원리에 입각해서 그 선택을 인도하는가에 따라 실질적으로 커다란 차이가 생긴다. 이 시점에서 가장 중요한 문제는 대표가 유권자들이 품고 있는 특정 의견을 그대로 따라야 하는지, 다시 말해 유권자들이 대표에게 그런 조건을 요구해야 하는가 하는 것이다.

이 책을 읽는 사람들은 이 책이 추구하는 기본 원리로부터 어떤 결론이 나올지 쉽게 짐작할 수 있을 것이다. 이 책에서는 정부가 갖추어야 할 두 가지 요건의 중요성에 대해 시종일관 강조하고 있다. 그 하나는 정치권력이 이득을 주어야 하고, 또 늘 그렇게 이득을 주기 위해 노력하는 사람들에 대해 책임을 지는 것이다. 다른 하나는 특정 임무를 수행하는 데 적합하게 오랜 숙고를 거듭했고, 구체적인 업무능력을 갖춘 뛰어난 지능의 소유자를 잘 활용하는 것이다. 정부가 기능을 잘 하기 위해서는 그런 사람의 도움을 많이 받는 것이 바람직하다. 이 두 번째 요건이 그럴 만한 가치가 있다고 생각된다면, 그에 상응하는 비용을 지불하는 것이 불가피할 것이다. 탁월한 정신능력과 깊은 지식의 소유자는 공부를 많이 하지 않아 평범한 능력을 갖춘 보통 사람들과 때로 다른 결론에 이를 수밖에 없다. 그렇지 않다면 뛰어난 사람의 존재 이유가 어디에 있겠는가. 어느 모로 보나 지적인 측면에서 일반 유권자보다 뛰어난 사람을 뽑는 것이 대의제가 존재하는 이유다. 그렇다면 대표가 다수 유권자들과 생각을 달리하는 일이 가끔 생길 것이고, 이럴 경우 대표의 주장이 대부분 맞을 것이라고 간주해야 마땅하다. 따라서 유권자들이 대표의 지위를 유지해주는 조건으로 자신들의 생각을 그대로 추종할 것을 요구한다면 결코 현명한 처사라고 할 수 없다.

따라서 지금까지 논의를 통해 볼 때 이 책에서 주장하는 원리는 명백하다. 그러나 그것을 실천하는 데 상당한 어려움이 있기 때문에 지금부터 이에 대해 자세하게 언급하고자 한다. 유권자들이 자신보다 훨씬 더 교육을 많이 받은 사람을 대표로 선출하는 것이 중요하다면, 그렇게 선출된 현명한 대표가 유권자들에 대해 책임을 지는 것도 그 못지않게 필요하다. 다른 말로 하면, 대표가 수탁受託받은 바를 실천에 옮기는 행태를 판단하는 것은 유권자의 몫이다. 그러면 유권자가 그들 자신의 기준 말고 그것을 판단할 길이 있는가? 아니 그런 기준도 없이 어떻게 대표를 뽑을 것인가? 그저 겉으로 드러난 번지레한 재능이나 화려한 간판에만 의지해서 뽑을 수는 없을 것이다. 보통 사람이 대표가 될 만한 사람의 능력을 판단하는 것은 근본적으로 한계가 있을 수밖에 없다. 그들은 후보의 말솜씨에나 관심을 기울이느라 그 속에 무엇이 담겨 있는지 따져볼 겨를이 없다. 말솜씨만 봐서는 내용을 제대로 알기 어려운 것이다. 만일 유권자가 자신의 의견을 정립하지 않는다면, 대표가 정치를 잘하는지 여부를 어떻게 판단할 수 있겠는가? 설령 그들이 한 치의 오차도 없이 가장 유능한 사람을 대표로 뽑을 수 있다 하더라도, 그 대표가 자신들의 생각을 묻지 않고 자신들을 대신해서 모든 일을 판단하게 내버려두어서는 안 된다. 가장 유능한 대표가 토리[75] 출신

75 Tory. 영국의 보수파. 1688년 제임스 2세를 옹호하고 혁명에 반대하면서 형성되었다. 그 반대편에 휘그Whig가 있다.

인 데 반해 유권자는 자유당 지지자일 수도 있다. 또는 그 반대가 될 수도 있다. 교회 문제가 중요한 정치적 현안이 되고 있는 상황에서, 대표가 이를테면 고高교회파 신자[76]이거나 합리주의자인데 유권자들은 영국 국교회에 등 돌린 반대파Dissenters나 복음주의파 신자[77]일 가능성이 있다. 물론 그 반대도 생각해보아야 한다. 이런 상황에서 유능한 대표가 자신의 탁월한 능력을 십분 발휘해, 유권자들이 양심을 걸고 믿는 바와 정반대되는 방향으로 힘차게 일을 몰고 갈지도 모른다. 그러나 이럴 경우, 평균치 이상의 능력을 가진 대표라고 하더라도 유권자들 자신의 굳건한 확신을 존중하고 그 뜻을 구현하는 것이 대표가 결정권을 가지는 것보다 더 중요하다. 또한 유권자들은 어떻게 하면 효과적으로 잘 대표될 것인가 하는 것뿐만이 아니라, 자신들의 독특한 도덕적 관점과 주의주장이 제대로 대표될 수 있을까 하는 문제에 대해서도 염려해야 한다. 여러 사람이 공유하는 생각들은 빠짐없이 의회에 반영되어야 한다. 헌법이 이질적이고 상호 갈등하는 주장들도 대등하게 대표될 것을 보장하는 만큼, 유권자들도 자신 나름의 생각이 적절히 대표되도록 마음을 쓰는 것이 무엇보다 중요하다. 심지어 어떤 경우에는 대표 자신의 손은 묶어버리고 유권자들의 이익 또는 그들이 내거는 공공의 이익을 달성하는 데 전념하는 것이 필요할 수도 있다. 만일 유권자들이 정직하고 불편부당한 대표를 뽑기 위해 무한정 투표를 계속할 수 있다면 이런 고려는 필요 없을 것이다. 그러나 이것은 선거비용이 많이 들어 유권자가 압박을 느껴야 하는 기존 체제 아래에서는 불가능한 이야기다. 유권자가 자신과는 전혀 다른 세계에서 살고 계급 배경도 다른 사람 가운데서 대표를 선출해야 하는 사회 여건이라면, 어느 유권자가

76 High Churchman. 고교회파는 종교개혁 뒤에 생긴 영국 국교의 한 종파로 전통을 중시했다.

77 Evangelicals. 영국에서는 개혁 지향적인 저低교회파를 복음주의파라고 불렀다.

대표에게 모든 것을 다 맡겨버리고 안심할 수 있겠는가? 가난한 계급 출신의 유권자가 부자 두세 명 중에서 한 사람을 골라 자신이 가진 한 표를 던져야 한다고 생각해보자. 이 상황에서 부자 후보가 계급적 이해관계에 끌려가는 것을 막기 위해 사전 공약을 요구하는 것을 비난할 수 있겠는가? 또 유권자 중 어떤 사람은 같은 계급의 다수가 선택한 대표를 자기 의사와 관계없이 받아들여야 하는 일이 종종 생긴다. 이럴 때 자신이 지지하는 후보가 당선될 가능성은 없지만, 그래도 투표를 해야 다른 쪽에서 뽑힌 후보가 일을 잘하는 데 도움이 될 것이다. 그 후보가 특정 사안에 대해 공약을 하는 것을 보고 표를 던짐으로써 그나마 자기의 정치적 영향력을 발휘할 수 있기 때문이다.

이런 고려와 그 반대편 생각들은 서로 밀접하게 관련을 맺고 있다. 유권자들은 자신들보다 더 현명한 사람을 대표로 뽑아야 하고 바로 그 현명함이라는 기준에 따라 통치받을 것을 동의해야 한다. 이것은 대단히 중요하다. 유권자들이 어떤 후보가 그런 지혜를 가지고 있는지, 그리고 지금까지 행적을 통해 과연 그런 능력을 증명했는지 판단하려 하면 안 된다. 그러나 그들 나름대로 생각이 있기 때문에 이것을 기대하기는 어렵다. 그렇다고 유권자가 지켜야 할 의무사항을 구체적으로 규정하기도 대단히 현실성이 없어 보인다. 결국 정확한 규정이나 권위 있는 정치도덕 이론보다는, 유권자들이 탁월한 정신능력을 가진 사람을 어느 정도로 존중하는지가 관건이 될 것이다. 탁월한 지성의 가치를 소중히 여길 줄 아는 사람은 설령 자신과 생각이 많이 다르더라도 지혜의 소유자를 높이 평가할 것이다. 이런 사람들은 뛰어난 능력에 대한 존경심이 깊은 탓에, 웬만해서는 비범한 능력자를 무시한 채 자기 생각대로 법을 만들려고 하지 않는다. 반면에 다른 사람을 전혀 존중하지 않는 성격의 소유자도 있다. 이런 사람은 자기 생각이 그 누구 것보다 더 뛰어나다고 믿으면서 100명이나 1000명의 생각과도 바꾸려 하지 않는다. 유권자 집단이 이런 심리상태라면 그들 자신과 똑같은 생각과 감정을 가진 사람, 또는 겉으로라도 그런 것처럼 보이는 사람만 대표로 선출할 것이다. 그리고 그 대표가 조금만 다른 식으로 행동하면 즉각 지지를 철회하고 말 것이다. 그래서 플라톤이 〈고르기아스Gorgias〉에서 말했듯이, 정치적 야망을 가진 사람들은 누구나 데모스의 화신인 것처럼 행동하고 가능하면 그들과 비슷하게 보이려고 애쓸 것이다. 완벽한 민주주의가 유권자의 심리상태를 이런 모습으로 만들 가능성이 농후하다. 민주주의는 고상한 정신과 잘 어울리지 못한다. 사회적으로 존경받는 것보다 변변찮은 사회적 지위를 더 앞세운다. 그러나 민주주의가 (단지 인간관계를 둘러싸고) 사회적으로 존경받을 수 있게 해주는 중요한 학교를 폐쇄해버리는 결과를 낳기는 하지만, 그래도 그것은 민주주의가 끼치는 영향력 가운데 나쁘기보다는 좋은 축에 속한다. 민주주의의 본질이 모든 사람은 평등한 고려를 받아야 한다는 사실을 무엇보다 역설하는 데 있음을 기억해야 한다. 어느 누구도 타인들보다 더 큰 고려의 대상이 될 수가 없는 것이다. 아무리 탁월한 재능을 가진 사람이라도 그런 평등의 잣대에 종속되어야 한다. 바로 이런 이유 때문에 국가정책이 보다 교육을 많이 받은 사람의 주장에 큰 무게를 싣는 것이 대단히 중요하다. 그래서 나는 지금도, 어떤 정치적 결과를 직접 바꾸는 것이 아니라 단지 대중의 감정을 어느 정도 조율하는 것이 목적인 경우, 높은 수준의 교육을 받았다고 믿을 만한 사람에게는 복수 투표권을 주는 것이 마땅하다고 확신한다.

여러 후보를 두고 유권자 사이에 의견이 심각하게 엇갈린다 하더라도, 누가 자신에게 가장 큰 이익을 안겨줄지 판단할 기준을 찾아내는 것이 불가능하지는 않다. 이를테면 실제 공직을 맡아 어떻게 일을 했는지가 당연히 가장 중요한 지표가 될 것이다. 어떤 사람이 상당히 중요한 자리에 올라 큰 업적을 남겼다면 바로 그런 결과를 통해 그의 지혜를 가늠해볼 수 있을 것이다. 괄목할 만한 정책을 입안하고 훌륭하게 집행했기 때문에 그 성과가 두드러진다면, 미래의 일을 예측하고 기획한 뒤 상당한 업적을 냈다면, 그리고 중요한 현안에 대해 충고를 했는데 그것을 따르면 결과가 좋았고 그렇지 않으면 나빴을 경우 등, 이런 사례들을 통해 사람의 능력을 평가하는 것은 어렵지 않다. 물론 이런 일들을 통해 사람의 지혜를 측정한다는 것이 여러모로 불확실할 수밖에 없지만, 우리가 관심을 가지는 것은 그저 통상적 상식을 가진 사람들이라면 분간할 수 있는 그런 잣대다. 이들은 신빙성이 떨어지는 특정 한두 개 지표에 과도하게 의존하지 않을 것이다. 그리고 어떤 정치인의 행적을 평가할 때도 해당 사안에 대해 깊이 알면서도 한쪽으로 치우치지 않은 주변 인물들의 의견을 많이 참작할 것이다. 내가 열거한 방법들은 단지 검증된 사람들에게만 적용된다. 뿐만 아니라 실제 직무 경험은 없지만 그 의식상태가 검증된 사람, 즉 문제가 되는 일에 대해 깊이 연구했다고 믿어질 정도로 공공 석상에서 발언이나 글을 남긴 사람도 그 축에 포함된다. 이런 사람은 단순히 정치이론가의 영역을 넘어 실제 일을 담당한 경험이 있는 전문가만큼이나 자신의 능력을 증명했다고 볼 수도 있다. 만일 전혀 경험이 없는 인물 중에서 뽑아야 할 일이 생긴다면, 이때는 그를 개인적으로 잘 아는 주변 사람들의 평가, 그리고 이미 충분히 검증된 인사들이 보여주는 신뢰감이나 추천이 가장 믿을 만한 기준이 될 것이다. 정신적 능력을 매우 소중히 여기는 유권자들이라면 이런 시험 과정을 거쳐 평균 이상의 능력을 가진 후보를 잘 구분해낼 수 있을 것이다. 그 결과 유권자들이 때로는 공공 문제에 대해 후보가 자신의 판단에 따라 결정을 내려도 된다고 생각할 정도로 깊은 신뢰를 보낼 것이다. 사실 변변찮은 지식밖에 가지지 못한 유권자들이 전문가더러 독자적인 판단을 접고 자신들을 추종할 것을 요구한다면, 그것은 그 사람에 대한 모독이라고 할 수 있다. 만일 열심히 찾아도 그런 뛰어난 사람을 구할 수 없다면, 이때는 유권자들이 다른 방안을 찾는 것이 불가피하다. 자기들보다 훨씬 뛰어난 안목을 갖춘 사람을 찾아서 도움을 받을 수 있는 상황이 아니라면, 결정을 미룬 채 무한정 기다릴 수 없기 때문이다. 이런 경우라도 유권자들은 일단 선출된 대표가 자기 일에 열심을 다하는 한, 대부분의 평범한 사람 틈에 묻혀가지 않고 처음 자신이 가졌던 잘못된 판단을 수정할 가능성이 훨씬 크다는 사실을 기억해야 한다. 바로 이런 이유 때문에, 편파적 행동을 할 것이라고 우려되는 후보들 가운데서 한 사람을 뽑아야만 하는 일이 벌어지지 않는 한, 유권자들이 대표에게 자기 생각대로 결정하지 않을 것을 약속하도록 강요하고, 그 말을 지키지 않으면 의석을 내놓게 압박을 가해서는 안 되는 것이다. 그러나 권위 있는 검증을 거치지 않아 그 정체가 불분명한 사람이 처음으로 대표로 선출되는 경우라면, 유권자가 그 사람에게 자기들 뜻을 우선적으로 따를 것을 요구한다고 해서 탓할 수가 없다. 유권자가 자기들 뜻을 처음부터 정확하고 오해의 소지 없이 잘 표명했음에도 불구하고 대표가 그 뜻을 어긴다면, 이 경우에는 대표에 대한 신임을 철회해도 어쩔 수 없는 것이다.

그러나 대표가 확실하게 검증된 능력과 고상한 인품의 소유자라고 하더라도 유권자들의 사적 의견이 전적으로 배제되어서는 안 된다. 정신능력이 뛰어난 사람에 대해 존중하는 마음이 유권자 자신의 자기부정, 다시 말해 개인적 생각마저 모두 포기하는 정도가 되면 곤란한 것이다. 그러나 어떤 유능한 사람이 유권자와 생각이 다르다면, 아무리 유권자 본인의 주관이 분명할지라도 정치적으로 아주 근본적인 문제가 아닌 한, 자기 생각이 틀릴 확률이 상당히 크다는 것을 인정하는 것이 좋다. 설령 그렇지 않다 하더라도 정말 근본적인 문제가 아니라면 자기 것을 포기하는 것이 바람직하다. 그래야 확실히 알지 못하는 분야에 대해 유능한 사람이 자신을 대신해서 일을 해준다고 하는, 이루 말할 수 없는 이점을 살릴 수 있는 것이다. 이렇게 양측의 생각이 다를 때, 유권자가 유능한 대표에게 자신의 입장을 포기하도록 종용할 수도 있다. 그러나 이것은 유능한 사람이 자기에게 맡겨진 특수한 임무를 배신하는 것이나 마찬가지다. 정신능력이 탁월한 사람이 자기 생각을 접는다는 것은 그 사람의 신성한 존재 이유에 대한 부정이고, 그의 특별한 역할을 고대하는 유권자들을 실망시키는 것이다. 양심적이고 검증된 능력을 가진 사람은 자신이 최선이라고 생각하는 방향으로 행동할 완전한 자유를 요구해야 하고 이에 반하는 어떤 조건에 대해서도 동의하지 말아야 한다. 그러나 유권자들도 대표가 어떤 방식으로 행동할지 알 권리를 지니고 있다. 대표가 수행해야 할 공공의 임무와 관련해서 그 사람이 어떤 관점과 생각 아래 움직일지 알아야 하는 것이다. 유권자의 입장에서 어떤 생각을 받아들일 수 없다면, 대표가 그 뜻을 따르는 것도 괜찮다. 그래야 대표라고 할 수 있는 것이다. 반면에 현명한 유권자라면, 양자 사이에 이런저런 차이가 꽤 나더라도 대표의 기본 입장을 존중해서 따라가는 것이 바람직하다. 그러나 근본적인 문제를 둘러싸고 차이가 생길 경우, 유권자들이 그냥 따라갈 수는 없다. 자유인으로서 자기 조국의 장래에 대해 진지하게 관심을 가진 사람이라면 누구나 국가의 특정 문제에 대해 생명줄 같은 확신을 가질 수 있다. 따라서 자기 생각에 대해 굳건한 믿음을 가지고 있고 또 그만큼 중요성도 부여하는 사람이라면, 대표가 아무리 뛰어나다 하더라도 쉽사리 자기 입장을 포기하고 따라가지는 않을 것이다. 이런 차원의 확신이 국민 또는 상당수의 사람에게 자리 잡고 있다면, 그것의 옳고 그름을 떠나 그런 존재 자체만으로도 일정한 영향력을 행사할 만하다. 어떤 국민이든지 큰 틀에서 옳고 그름에 대한 생각을 가지고 있으며, 어떤 측면에서 그것이 오류를 범할 수 있을지라도, 그것에 반해서는 정치가 제대로 이루어질 수 없다. 따라서 유권자가 자신의 근본적인 확신에 어긋나는 방향으로 정치를 펴려 하는 대표에 대해서까지 동의할 이유가 없다. 이런 상황 아래에서는 대표와 유권자 사이에 정당한 관계가 형성되지 못한다. 유권자와 유능한 대표가 심각한 의견 차이를 보이는데 그 대표의 손을 들어줄 사람들이 압도적 다수가 되지 않는다면, 그리고 유권자가 그의 유용한 능력을 대체할 여력이 있다면, 이때는 유권자가 이견이 발생하자마자 그를 해임해도 무방하다. 이를테면 크림전쟁[78]때 콥든과 브라이트라는 대표가 영국의 적대적 대외정책에 반대 주장을 폈다고 가정해보자(내가 구체적인 이름을 거론하는 것은 설명의 편의를 위한 것이지 특정인을 염두에 둔 것은 아니다). 이때 압도적 다수의 국민이 반대 생각을 하더라도 그들을 너그럽게 봐줄 수 있다. 그러나 중국 문제가 불거질 때는 (비록 이것이 더욱 논란의 여지가 많았음에도 불구하고) 상황이 달라진다. 그들의 주장이 얼마나 널리 받아들여질지 불확실하기 때문에 유권자들이 그들을 내칠 가능성이 있는 것이다.

이런 논의를 종합해볼 때, 대표가 실제 서약을 하도록 강제해서는 안 된다고 결론 내릴 수 있을 것이다. 우호적이지 않은 사회적 환경 또는 잘못된 제도 때문에, 유권자들이 자신의 이익에 적대적인 행동을 할 것으로 보이는 사람 중에서 대표를 골라야만 하는 경우라면 몰라도, 그렇지 않다면 서약을 강요해서는 안 되는 것이다. 유권자는 후보의 정치적 소견과 생각에 대해 충분히 알 권리가 있다. 단순히 그런 권리를 가질 뿐 아니라, 자신의 정치 신념의 기초가 되는 몇몇 문제에 대해 의견을 달리하는 후보는 때로 내쳐야 한다. 동시에 자신의 근본적인 신념과 배치되지 않는 한, 대표가 보여주는 이런저런 이견에 대해 참고 용납할 수 있어야 한다. 대표의 탁월한 능력으로 인해 그들이 혜택을 입는 것에 비례해서 그 인내의 정도도 커져야 하는 것이다. 그러면

78 1853~1856년에 크림반도와 흑해를 둘러싸고 러시아와 오스만투르크, 영국 등 연합군 사이에 일어난 전쟁으로 연합군이 승리했다.

서 유권자들은 확고한 판단을 가진 후보를 찾는 노력을 부단히 계속해야 한다. 능력을 갖춘 사람을 의회로 보내기 위해 최대한 노력하는 것이 이웃과 동료에 대한 의무라고 생각해야 한다. 이런 후보를 대표로 삼는 것이 무엇보다 중요하다. 유권자들의 생각에 대해 무비판적으로 추종하는 사람보다 훨씬 나은 것이다. 왜냐하면 유능한 대표로 인해 얻게 되는 혜택은 확실한 데 반해, 생각이 엇갈리는 쟁점을 둘러싸고 대표가 틀리고 유권자가 옳을 가능성은 대단히 불확실하기 때문이다.

지금까지 구체적인 조직과 절차로 구성된 선거제도가 앞 장에서 제시된 원리에 입각해서 운영되리라는 가정 아래에서 이 문제에 대해 검토해봤다. 이렇게 가설을 내세우더라도 대표를 대리인으로 간주하는 이론은 틀린 것으로 보인다. 그런 식으로 실제 운영되면, 비록 그 여파가 한정된 범위 안에서 미친다 하더라도, 좋지 못한 결과를 낳는다. 내가 대의제의 원리를 보호하기 위해 애써 고안해낸 각종 안전장치가 법제화되지 않고, 의회에서 소수파의 입장을 대변할 길이 보장되지 않는다면, 그리고 교육을 받은 수준에 따라 유권자가 행사하는 투표의 값어치를 달리 계산하지 않는다면, 이런 경우에는 대표에게 어떤 제약도 가해서는 안 된다. 대표에게 자유 재량권을 부여해야 한다는 원리는 아무리 강조해도 지나치지 않는다. 왜냐하면 이런 상황에서 보통선거권이 확립된다면 의회가 다수파를 제외한 그 어떤 목소리도 반영하기 어렵기 때문이다. 이런 체제는 사실상 노동자계급의 배타적 지배에 지나지 않는다. 다른 모든 의견이 대표되지 않고, 반영되지도 않는 이런 체제에다 민주주의라고 이름을 붙이는 것은 잘못된 것이다. 극단적으로 편향된 계급 이익에 따라 법을 만들고, 정치적 무지로 인한 폐해가 최고에 달하는 이런 체제의 부정적 측면을 어떻게 하면 한꺼번에 제거할 수 있을까? 그 유일한 해법은 무식한 사람들이 교육을 많이 받은 대표를 잘 골라서 그들의 생각을 존중하고 따르는 것이다. 이런 식으로 문제를 해결하자는 데 대해 기꺼이 동의하는 사람이 어느 정도 있을 것이라고 기대해도 그다지 사리에 어긋나지 않을 것이다. 이와 같은 문제의식을 할 수 있는 한 최고로 확장해야 모든 일이 잘 풀릴 것이다. 노동자계급은 한때 무소불위의 권력을 행사했다. 이제 노동자계급이 자발적으로 자신의 생각과 의지에 이런저런 방식으로 상당한 제약을 가할 수만 있다면, 그동안 절대 권력을 휘둘렀던 그 어떤 계급보다도 더 현명하다는 평가를 받을 것이다. 아니 감히 말하건대, 장차 그런 타락된 정치체제의 그 어떤 계급보다도 더 현명하다는 평가를 받을 것이다.

13장 상원이 있어야 하는가

대의정부를 둘러싼 쟁점이 여럿 있지만, 유럽 대륙 사람들은 양원제의 타당성에 관해 특히 심각하게 논쟁을 벌이고 있다. 열 배나 더 중요한 다른 현안은 제쳐두고 왜 많은 이론가가 이 문제에 집중하는가? 그 배경에는 제한 민주주의자와 완전 민주주의자 사이의 대립이 큰 변수로 작용하고 있다. 내가 보기에는 제2원이 있다고 해서 민주주의의 문제점을 극복하는 데 별다른 도움이 될 것 같지는 않다. 엄밀히 말해 나머지 헌정 질서가 제대로 정돈되기만 한다면, 의회가 단원이냐, 아니면 양원으로 구성되는지 여부는 부차적인 중요성을 지닐 뿐이다.

만일 의회가 양원으로 구성될 경우, 그 두 개의 성격이 같거나 아니면 서로 다를 수 있을 것이다. 만일 비슷한 성격이라면 둘 다 동일한 영향력 아래 있을 것이다. 따라서 한쪽의 다수파가 다른 쪽에서도 다수파가 될 것이다. 어떤 법안이든 의회를 통과하기 위해서는 양쪽 모두로부터 지지를 받아야 한다는 사실은 때로 진보를 향해 나아가는 데 분명 현실적인 장애가 될 수 있다. 그리고 이 경우 의회의 양쪽 모두 인민의 대표자들로 구성되고 그 수자도 똑같다면, 전체 의원의 4분이 1만

넘어도 법안 통과를 모두 저지할 수 있다. 반면 단원인 경우에는 절반을 조금만 넘어도 마음대로 법을 만들 수 있다. 그러나 이런 일은 이론상으로만 가능할 뿐 실제 현실에서는 이야기가 달라진다. 왜냐하면 비슷한 성격의 두 조직에서 한쪽은 거의 만장일치인 반면에 다른 한쪽은 팽팽하게 둘로 갈라지는 경우가 흔하지 않기 때문이다. 만일 한쪽의 다수파가 어떤 법안을 거부하면, 다른 쪽에서도 그것을 좋아하지 않는 큰 소수파가 있기 마련이다. 따라서 무엇인가 폐단이 있다면, 그것은 대개 전체를 통틀어 단순 다수파 이상 존재하지 않는다는 사실로 집약된다. 그 결과 두 가지 심각한 문제가 발생할 수 있다. 즉 어떤 법안을 단기간 동안 통과시킬 수 없거나, 의회의 소규모 다수파가 전국의 유권자들을 대상으로 자신의 주장을 효과적으로 펼칠 새로운 기회를 가질 수 있다. 이 경우 법안 통과가 미뤄지는 불편과 국민을 상대로 자기 주장을 펼치는 기회를 가지는 것이 궁극적으로 서로 상쇄된다고 할 수 있겠다.

나는 양원제를 도입해야 하는 이유로 가장 많이 제시되는 논거, 즉 경솔한 결정을 방지하고 다시 한번 더 심사숙고하게 만들어주는 장점에 대해 그다지 큰 무게를 두지 않는다. 왜냐하면 중요한 사안을 놓고 두 번 이상 깊은 생각을 하게 만들지 않는 의회라면 대단히 시원찮은 대의기구일 것이 분명하기 때문이다. 내 생각으로 양원제를 선호하게 되는 가장 큰 이유는 (나도 때로 공감하는 것이지만) 개인이든 집단이든 조금이라도 권력을 잡으면 자기 생각에만 몰두할까 염려하기 때문이다. 누구든 아무리 일시적이라 하더라도 다른 사람의 동의를 구할 필요 없이 원하는 것을 다 얻게 하는 것은 좋지 못하다. 중요한 문제일수록 더 그렇다. 단원제의 경우, (습관적으로 같이 행동하는 사람들로 구성된 데다 의회를 확고하게 지배하고 있는 까닭에) 고착된 성향을 보이는 다수파가 일정한 세력을 가진 다른 집단의 눈치를 보지 않아도 된다면, 자칫 상대방을 압도하면서 일방적으로 군림하기 쉽다. 로마제국이 두 명의 집정관을 두어야 했던 바로 그 이유가 오늘날 양원제의 근거로 인용되고 있다. 권력이 둘로 분산됨으로써 비록 1년 동안만이라도 권력 집중으로 빚어지는 폐해를 막을 수 있으라는 기대 때문이다. 정치가 잘 움직이려면, 특히 자유국가가 잘 유지되기 위해서는 정치세력끼리 서로 생각을 맞추는 노력을 하는 것이 필수적이다. 적극적으로 타협하고, 상대방에게 기꺼이 양보하는 것, 그리고 반대쪽 입장을 가진 사람들을 가능하면 자극하지 않기 위해 노력하는 자세가 꼭 필요한 것이다. 상하 양원이 (흔히 말하듯) 서로 주고받으며 균형을 이루는 것이 이런 바람직한 풍토를 만드는 데 무엇보다 큰 역할을 한다. 오늘날 의회의 민주적 성격이 강해지면서 그 필요성은 점점 더 커지는 추세다.

그러나 의회의 두 기관이 같은 성격을 띨 필요는 없다. 한쪽이 민주주의를 표방한다면, 다른 한쪽은 자연스럽게 민주주의를 어느 정도 제어하는 역할을 맡는 것이 좋다. 의회가 이런 방식으로 잘 작동하기 위해서는 의회 바깥의 사회세력으로부터 적절한 지지를 받는 것이 필수적이다. 나라 안의 큰 권력 집단에 든든한 지지기반을 구축한 의회는 그렇지 못한 쪽보다 더 효율적이다. 그래서 귀족적 성격의 의회는 귀족 사회에서만 강력한 힘을 발휘할 수 있다. 영국의 경우 상원이 한때 가장 강력한 정치기관이었고, 하원은 그 권력을 견제하는 기관에 지나지 않았다. 그러나 이것은 남작 계급이 의회 바깥에서 거의 유일한 권력 집단으로 행세하던 때의 이야기다. 나는 진정 민주적인 사회에서 민주주의를 견제하는 임무를 띤 상원이 특별히 할 일이 있다고 생각하지 않는다. 상대적으로 한쪽 힘이 미약할 경우, 양 쪽을 한 줄로 세워 대놓고 힘겨루기를 해서는 약한 쪽이 제 능력을 발휘하기 힘들다. 이런 방식으로 하면 힘이 약한 편이 늘 지기 마련이다. 그것을 막기 위해서는 스스로 고립된 채 사람들을 이쪽저쪽으로 편 가름하지 말아야 한다. 다수파 속으로 들어가서 특정 사안에 관해 자기편을 들어줄 수 있는 사람들을 가능하면 많이 끌어와야 한다. 다수파에 적대적인 것처럼 보이면 안 되고, 그 속에 들어가 함께 섞이면서 자기 색깔을 낼 기회를 찾아야 한다. 그렇게 하다가 약한 쪽에 힘을 실어주면 그것이 때로 강한 쪽이 될 수도 있을 것이다. 민주적 정치제도 속에서 진정하게 조정을 담당하는 권력은 민주적 의회 안에서 그리고 그것을 통해 작동해야 한다.

어떤 정치체제든 압도적 권력을 행사하는 체제 구심점에 대해 저항할 수 있는 세력이 존재해야 한다. 그래서 민주적 정치체제라면, 민주주의에 대항할 수 있는 조직이 힘을 발휘해야 한다. 나는 이야말로 정치의 근본원리라고 여러 차례 주장해왔다. 어떤 국민이든지 민주적 대표기구를 운영해오면서 역사적 경험을 통해 특히 제2원 또는 상원이라는 이름의 기구가 그런 저항 세력의 역할을 해주기를 원한다면, 그것은 나름 충분한 이유가 될 수 있다고 본다. 그러나 나는 그것 자체가 최선이라거나 가장 효율적인 것이라고는 생각하지 않는다. 민주주의가 정치적 구심점 역할을 하는 사회에서 의회의 두 기구 중 한쪽은 국민을 대표하고, 다른 한쪽은 특정 계급만, 또는 아무 세력도 대표하지 않는 경우, 후자가 전자의 잘못을 견제할 수 있는 아무런 힘도 가질 수가 없다. 관습과 사회적 연결망을 통해 어느 정도 영향력은 행사할 수 있지만, 효과적인 견제력을 발휘할 수는 없다. 만일 그것이 독자적인 의지를 과시하고 싶다면, 민주주의 원리에 따라 움직이는 하원과 같은 입장을 선보여야 한다. 그래서 똑같이 민주적 원리의 적용을 받아야 하고, 자신보다 더 민주적 원리에 충실한 쪽의 감시를 감내해야 하거나, 그것이 싫으면 국민의 지지를 놓고 경쟁을 펼쳐야 한다.

그러므로 최고 권력 기구 안에서 권력이 어떻게 나뉘는가에 따라서 다수파의 권력에 대해 실질적으로 제약을 가할 수 있는 길이 결정된다. 나는 이미 최선의 권력 배분에 대해 내 생각을 밝혔다. 앞에서 언급했듯이, 국민 중의 다수파가 의회에서도 그대로 다수파가 되어 압도적인 영향력을 행사하는 것이 용인된다고 하더라도, 소수파 역시 진정한 민주적 원리에 따라 그 수에 비례하는 대표를 낼 수 있다면, 이것은 다수파 소수파 막론하고 누구든지 의회에 제도적으로 나라 안의 최고 지성들을 자기 대표로 확보할 수 있다는 것을 뜻한다. 그렇게 되면 반대편의 유능한 지성들이 한쪽 구석으로 몰려다니면서 사장되는 일 없이, 의회를 통해 소수파의 수적 한계를 뛰어넘는 도덕적 영향력을 행사할 수 있을 것이다. 나라에 필요한 강력한 도덕적 저항의 구심점이 될 수 있는 것이다. 그에 비해 제2원은 이런 목적에 적합하지가 않고 어떻게 보면 오히려 큰 걸림돌이 될 가능성이 크다. 그러나 이미 밝혔던 것처럼 어떤 이유에서 제2원을 두기로 결정했다면, 이것이 공공연히 다수파에 적대적인 계급 이익을 표방하지 않은 채 그 반대편에 서서 그들의 실수와 약점을 지적하는 목소리를 낼 수 있는 세력으로 구성되는 것이 바람직하다. 이런 성격은 영국 상원처럼 조직된 곳에서는 결코 발견될 수가 없다. 전통적인 계급과 막대한 개인 재산이 더 이상 민주주의를 위협할 수 없는 사회에서는 귀족 출신으로 구성된 상원이 별로 의미를 가질 수 없는 것이다.

민주주의 세력이 커지는 것을 적절하게 견제하고 통제하는 사명을 띤 보수적 성향의 정치기구 중에서 역사적으로 통틀어 가장 현명한, 최선의 사례는 로마 원로원이 아닌가 한다. 공적 업무를 관장하는 모든 기관 중에서 일관되게 가장 신중하고 지혜로운 조직이었기 때문이다. 일반 시민을 대변하는 민주적 의회는 전문적 훈련과 지식이 부족한데, 이런 결함은 곧 시민 자신의 결함이라고 할 수 있다. 이런 부족함을 보완하기 위해서는 그런 전문적 훈련과 지식을 구비한 조직과 함께 묶어두는 것이 필요하다. 의회의 한쪽이 보통 사람들의 정서를 대변한다면, 다른 한쪽은 개인적인 장점, 즉 실제 공직 생활을 통해 검증되고 확인된, 그리고 실무 경험에 의해 뒷받침된 능력을 표방해야 한다. 한쪽이 '인민 의회'라면, 다른 한쪽은 정치적으로 중요한 부처라든가 경력을 거친 모든 공직자들로 구성된 '정치인 의회'가 되는 것이 필요하다. 이 기구는 그저 민주적 세력들을 제어하는 것 이상의 역할을 해야 한다. 단순히 견제 기능만 가진 것이 아니라 경우에 따라 강제하는 일도 해야 한다. 인민을 제어하는 권한은 대단히 유능할 뿐 아니라 그들을 올바른 방향으로 이끄는 데 특별한 사명감을 느끼는 사람들에 맡겨야 한다. 이 의회 기구가 인민의 잘못을 시정하는 임무를 띠지만, 그렇다고 인민의 이익을 해치는 계급을 대변하는 것은 아니다. 인민을 진보의 길로 이끌 수 있는 인민의 참된 대표 가운데서 지도자들을 뽑아야 하는 것이다. 이처럼 조정자 역할을 하는 기구를 달리 적절하게 구성할 길이 없다. 언제나 진보를 구현하기 위해 앞장서는 기구를, 아무리 심각한 해악을 저지하는 역할을 한다 하더라도 그저 저지하고 방해하는 존재로 격하시킨다는 것은 불가능한 일이다.

영국에는 원로원과 같은 그런 기구가 없기 때문에 (순전히 나만의 가설이기는 하지만) 다음과 같은 사람들로 구성해볼 수 있을 것이다. 앞 장에서 언급했던 입법위원회는 올바른 의미의 민주주의 정치체제에서 없어서는 안 될 조직이기 때문에 그 위원을 지냈던 사람들은 우선적으로 뽑아야 한다. 대법관 또는 상급 법원과 형평법원[79]의 고위직 출신들도 전부 뽑을 수 있다. 그 밖에 이런 자격을 가진 사람이면 다 포함할 수 있다. 배석판사를 5년 이상 지낸 사람, 국무조정실에서 2년 이상 근무한 사람(그러나 이들은 하원에도 동시에 출마할 수 있어야 하

79 courts of equity. 보통 법체계에서 다루기 힘든 쟁점에 대해 배심원 없이 대법관의 직접 심문을 통해 판결하는 법원.

고, 당선되고 나면 귀족 지위나 상원 신분은 정지되어야 한다)이다. 각료로 임명되었다고 자동적으로 자격이 있는 것은 아니고 일정 기간 이상 복무해야 된다. 2년 이상 각료로 재직해야 연금을 받을 수 있는 조항을 참작해서 2년을 조건으로 삼을 수 있겠다. 총사령관 출신, 그리고 육군이나 해군 함대 지휘관으로서 의회로부터 그 탁월한 능력을 인정받은 사람도 자격이 된다. 10년 동안 최상급 외교직을 지낸 사람. 인도나 영국령 미국에서 총독을 했던 사람, 또는 나머지 식민지에서 10년 동안 총독을 지낸 사람. 종신직 공무원들, 이를테면 재무부와 같이 중요한 부처에서 차관으로 10년 이상 근무한 사람과 외무부의 종신직 차관 또는 그 밖에 중요성이나 책임감에서 비슷한 위치에 있는 사람들도 모두 내가 말하는 상원에서 일할 자격이 있다. 행정부 공직에서 상당한 실무 경험을 쌓은 것으로 인정되는 사람들에 덧붙여 사상을 공부하는 사람들도 포함시킬 필요가 있다면(이런 생각은 그 자체만으로도 훌륭하다) 국립 연구기관에서 정년보장을 받은 뒤 몇 년이 지난 교수들 중에서 상원의원을 뽑는 방안을 검토할 필요가 있을 것이다. 그러나 단순히 과학이나 문학 방면에서 업적을 남긴 사람이라고 상원에 포함시키기에는 너무 막연하고 논란의 소지가 있다. 그들이 일정한 자격을 갖춘 것은 사실이지만, 다른 사람들이 실무 경험을 통해 스스로 자격을 증명하는 것에 비하면 문제가 많다. 그래서 좋은 책을 써서 이름을 널리 알렸다 하더라도 그 내용이 정치와 관련이 없다면 여기에서 말하는 자격과 거리가 멀다. 반면 그 내용이 정치적 색채를 띤다면, 의회가 정당의 도구로 전락하게 만들 수도 있다.

영국의 역사적 경험을 통해 볼 때, 헌정 질서를 뒤흔드는 아주 드문 격변사태가 일어나지 않는다면, 어떤 형태로든 제2원이 존재하기 위해서는 기존의 상원에 터를 내릴 수밖에 없다. 상원을 없애고 내가 구상 중인 이런 기구라든가, 아니면 다른 것으로 대체한다는 것은 생각할 수가 없다. 그러나 방금 말했던 부류의 계급이나 범주를 종신귀족 형태로 기존 체제에 덧붙이는 것은 전혀 불가능한 일이 아니다. 그 전제조건은 세습귀족이 지금처럼 개인이 아니라 대표를 통해 의회에서 활동하게 하는 것이다. 스코틀랜드와 아일랜드 귀족들이 이미 이런 제도를 시행하고 있는데, 영국도 그 수가 늘어나면서 조만간 그렇게 하지 않을 수 없을 것이다. 헤어의 제안을 받아들이기만 하면, 귀족 대표가 귀족 사회에서 다수를 차지하는 정당만 배타적으로 대변하는 폐단을 어렵지 않게 차단할 수 있을 것이다. 예를 들어 10명의 귀족을 대표해서 한 사람이 나올 수 있다면, 10명의 귀족은 원하는 대로 집단을 만들어 1명의 대표를 선출하면 된다. 선거는 이런 식으로 진행될 수 있을 것이다. 자기가 속한 귀족 사회를 대변하고 싶은 사람은 공개적으로 출마의사를 밝히고 후보 명단에 이름을 올려야 한다. 투표할 의사가 있는 귀족들에게 투표 장소와 시기를 알려주면 본인이 가든지, 아니면 의회의 관행대로 대리인이 가서 투표하면 된다. 각 귀족은 1인당 1표씩 투표권을 행사한다. 10표를 얻은 후보는 당선이 확정된다. 누군가가 10표 이상을 획득한다면, 10명을 제외한 나머지는 투표를 취소해야 하는데, 그 10명에 누가 들지를 추첨으로 결정해야 할 것이다. 그래서 이 10명이 당선된 귀족의 지역구 유권자가 되고, 나머지 표는 본인이 원하는 대로 다른 사람에게 나눠줄 수 있다. 모든 귀족이 직접 또는 대리인을 통해 자신의 대표자를 확정할 때까지 (가능하다면) 이런 과정이 계속될 것이다. 투표권자가 10명 이내로 남을 경우, 그 수가 5명 이상이라면 서로 협의해서 그 수로도 대표 1명을 선출하게 하면 된다. 그러나 5명 이하라면 그 투표를 무효 처리하든지, 아니면 이미 확정된 대표 앞으로 넘기는 방법이 있다. 이런 아주 예외적인 경우 말고는, 각 대표가 10명의 귀족을 대변하고, 투표권자들은 대안들 중에서 자신이 원하는 사람에게 표를 던져 그를 자기 대표로 삼을 수 있다. 이 과정에서 대표로 선출되지 못한 사람은 하원 선거에 나서면 된다. 귀족 대표로 뽑히지 못한 스코틀랜드나 아일랜드의 법관이 그런 경우다. 귀족의 다수파 출신이 아니면 상원의원도 둘 중 하나만 할 수 있다.

여기에서 소개한 상원 구성 원리는 그것 자체로 최선인 것처럼 보일 뿐 아니라, 탁월한 성과를 거두었던 역사적 선례와도 상당 부분 부합한다. 그렇다고 이것 외에 다른 방법이 없는 것은 아니다. 이를테면 제1원이 상원의원을 뽑을 수도 있다. 이미 제1원에 속한 의원은 후보에서 제외하는 등 규정만 보완하면 된다. 이런 형태는 미국식 상원처럼 국민이 직접 뽑는 것이나 마찬가지라서 민주적 정치제도와 충돌하지 않고 일반 국민의 큰 지지를 얻을 가능성이 있다. 무엇보다 제2원 의원을 지명하는 과정에서 국민에 의해 직접 선출된 기존 의회의 시기심을 유발하거나 적대적 충돌을 일으킬 위험이 작다는 것이 큰 장점이다. 나아가 (소수파를 대변할 적절한 절차를 만들 수 있다면) 탁월한 능력의 소유자들을 충원함으로써 제2원을 아주 이상적으로 구성할 수 있다. 이들은 그동안 우연한 일로, 또는 자신의 재능을 겉으로 드러내 보이는 기술이 부족한 탓에, 국민의 직접 투표에 나설 생각을 하지 않거나 나서더라도 지지를 얻지 못했던 사람들이다.

제2원을 구성하는 최선의 길은 다수 국민의 계급 이익과 편견에서 벗어난, 그러면서도 그들 스스로 민주적 감정을 거역하지 않는 사람들을 최대한 많이 뽑는 데 있다. 그러나 거듭 말하지만 제2원을 어떻게 꾸리든, 다수파가 전횡하지 않도록 제어하는 것을 기본적으로 그쪽에 맡기는 것은 타당하지 않다. 대의정부의 성격은 국민이 직접 선출하는 하원의 구성에 의해 좌우되는 것이다. 이것에 비한다면, 정부의 형태를 둘러싼 다른 모든 문제는 지엽적인 것에 지나지 않는다.

14장 대의정부의 행정부에 대하여

이 책에서 정부의 행정 부처를 어떻게 나누고 조직하는 것이 좋을지 논의할 여유는 없다. 이 측면에서 본다면 정부 형태에 따라 주안점을 두는 분야가 각기 다르다. 사람들이 새로운 변화에 잘 적응하고 우발적 사고에 묶이지 않는다면(영국처럼 오래된 정부 형태에서는 그런 일련의 사고가 공공조직의 분화를 초래하게 된다), 정부 부처의 임무를 분류하는 데 특별히 큰 어려움은 없을 것이다. 담당 공무원은 그 업무 성격에 따라 분류하면 되고, 한 조직 안에서 조금씩 상이한 분야들을 감독하기 위해 독자적인 여러 부처를 둘 필요는 없다. 영국의 군대 행정이 그랬다. 정도는 덜 하지만 지금도 그 전통이 이어지고 있는데, 이것은 바람직하지 않다. 해당 부처가 단 하나의 업무에 집중한다면(예를 들면 효율적인 군대를 만드는 것), 그 일을 담당할 지휘 체계도 마찬가지로 단선적인 것이 좋다. 단일 목표를 향해 동원되는 각종 수단은 단일 책임과 통제 아래 두는 것이 좋은 것이다. 그렇지 않고 그 수단들이 독자적인 담당자들에게 나뉘어 맡겨진다면, 각 담당자에게 할당된 수단이 곧 목표가 되어버린다. 이렇게 되면 정부의 최고 책임자가 그 일을 담당해야 하는데, 이 사람은 그 일에 합당한 실무 경험이 없을 가능성이 크다. 다른 성격의 수단들은 어떤 공통된 목표에 따라 상호 종합되고 융화되지 못한다. 각 부처가 다른 쪽은 신경 쓰지 않고 독자적인 일을 추진하는 동안, 일에 묻혀 그 일의 목표 자체는 영원히 잊혀진다.

일반적으로 볼 때, 중요하고 하찮은 것을 가릴 것 없이 행정부의 모든 기능은 특정 개인이 수행해야 한다. 그래야 누가 어떤 일을 했고, 누구의 잘못으로 무슨 일이 미결 상태인지 온 천하가 다 알게 된다. 누가 어떤 일을 해야 한다는 것이 불확실한 상황에서는 책임을 물을 수가 없다. 책임을 진다고 해도 분할하다 보면 책임감이 약화된다. 책임을 최고한도로 지우자면 잘한 일에 대해 칭찬을 독차지하는 사람과, 반대로 잘못된 일에 대해 전적으로 비난을 받는 사람이 있어야 한다. 그런데 책임을 분할하는 방법에는 두 가지가 있다. 하나는 단지 책임을 경감시키는 것이고, 다른 하나는 완전히 면제시키는 것이다. 우선 동일한 일에 대해 동시에 두 사람 이상 담당 공무원이 있을 때 그 책임은 경감될 수밖에 없다. 각 담당자는 여전히 실제적 책임을 져야 한다. 무엇인가 일이 잘못된다면, 그들 중 누구도 자기는 상관이 없다고 말할 수 없다. 범죄 행위의 공범자와 마찬가지로, 해당 사항에 대해 책임을 져야 하는 것이다. 만일 그 과정에서 법적으로 처벌받아야 할 혐의가 발견된다면, 그들 모두 법적으로 처벌받아야 한다. 한 사람만 연관될 경우보다 더 가볍게 처벌받아야 할 이유가 없다. 그러나 여론의 이름으로 내리는 처벌은 다르다. 이런 경우는 같이 비난을 받음으로써 그 처벌이 가벼워지는 것이다. 여러 명이 여론의 칭찬을 나눠 받는 경우보다 그 효과가 더 뚜렷하다. 법을 어겼거나 부패 또는 공금 유용 같은 잘못을 저지른 것이 아니고 단지 실수를 하거나 조심성 없이 일을 처리한 경우라면, 다른 사람들도 같이 잘못을 저질렀기 때문에 책임에서 벗어날 수 있다. 그러나 부정부패에 저항하고 따져야 할 공무원들이 오히려 그런 비리에 명시적으로 동조하기까지 했다면, 그들은 자신의 잘못, 심지어 금전 문제를 둘러싼 잘못까지 용서받지 못할 이유가 없다고 강변할 것이다.

그러나 이 경우, 책임이 경감되기는 하지만 완전히 없어지는 것은 아니다. 관련자 모두가 각자 판단에 따라 동의하고 가세했기 때문이다. 문제가 되는 일이 다수파의 결정에 따른 것이라면 상황이 심각해진다. 이를테면 어떤 위원회가 문을 꼭 닫고 심의를 하는데, 누가 찬성을 했는지 아니면 반대를 했는지 아무도 모른다면, 아니 더 극단적인 경우에는 그 누구도 알려고 하지 않는다면 어떻게 되겠는가. 이런 상황에서는 책임이라는 말이 겉치레일 뿐이다. 벤담이 재미있게 지적했듯이, "위원회라는 것은 하나의 장막과도 같다". '위원회'가 하는 일은 누가 하는지 알 수가 없다. 어느 누구도 책임 있는 답변을 하지 못한다. 위원회의 명성에 손상을 입는다 해도 그것은 그 집단에 대한 손상일 뿐이다. 위원회 속의 각 개인은 영향을 받지 않는다. 각자 취향에 따라 위원회에 대한 일체감의 강도가 다르다. 그것이 항구적인 조직이면 일체감이 강력해질 때가 많다. 그래서 좋은 일이든 궂은 일이든 긴밀한 일체감을 느낀다. 그러나 현대 공직 사회에 변동이 심해지면서 그런 소속감이 퇴색되고 있다. 설령 있다 해도 만년 하위직 사람들 사이에서나 발견된다. 따라서 위원회는 행정부의 부처로는 적합하지 않다. 그저 장관 한 사람에게 재량권을 다 맡기는 것이 불안한 경우를 제외하면, 위원회는 별 쓸모가 없다.

반면 경험이 증명해주듯이, 여러 사람이 같이 의논하는 것이 더 현명한 결론을 이끌어낸다. 혼자 결정하게 하면 공적인 일은 물론, 자신의 문제에 대해서도 정확하게 판단하기가 쉽지 않다. 검증된 지식을 따르지 않고 자기 혼자 판단하거나 어떤 한 사람의 충고만 의지하는 것은 한계가 있는 것이다. 그렇다고 이것이 꼭 철칙이라서 모든 상황에 다 적용된다는 말은 아니다. 유능한 전문가들의 자문을 구하게 하면서, 전권과 그에 따르는 모든 책임을 특정 개인에게 집중해주는 것이 더 편할 수 있다.

대체적으로 정치인이 한 부처의 최고 관리자가 된다. 그 사람은 장점이 많은 좋은 정치인일 것이다. 그렇지 않다면 그 정부는 올바른 정부라고 할 수 없다. 그러나 그 정치인의 일반적인 능력은 그리 뛰어나지 못하고, 특히 정부 일을 처리하는 데 꼭 필요한 지식을 갖추지 못할 가능성이 있다. 정말 우연하게 해당 분야에 관한 전문 지식을 구비할 수는 있지만, 그것은 예외라고 보아야 한다. 그러므로 전문가들의 자문을 받아야 한다. 충분한 경험과 상당한 성과가 합쳐진다면, 다시 말해 (법무 관리들처럼) 개인적인 자질을 갖춘 사람이 전문가의 조언을 잘 받아들인다면, 이런 상황에서는 일정 수준 이상 오른 담당자와 그를 보좌하는 전문 직원만으로 일을 잘 처리할 수 있을 것이다. 그러나 일반적으로 볼 때, 장관이 내용을 잘 모르는 상태에서 단 한 사람의 전문가에만 의존하는 것은 적절하지 않다. 그것보다는 때때로, 아니 습관적으로 다양한 의견을 듣고 전문가들의 입장에 비추어 판단하는 것이 필요하다. 육군이나 해군에서 일을 처리할 때 특히 이 점을 유념해야 한다. 군대 최고 책임자들은 물론 다른 지휘관들도 전문가들로 구성된 위원회로부터 조직적인 조언을 구해야 한다. 이 위원회는 육군과 해군의 해당 부처는 기본이고, 그 밖에 유능하고 경험 많은 사람을 포함해야 한다. 국가 주요 부처의 책임자들이 수시로 교체되는 것을 감안해서, 각계 최고 전문가들이 장기적으로 자문에 응하도록 해야 한다. 내 말은, 장관이 바뀌면 그가 임명한 제독도 바뀌지만, 자문을 맡은 전문가들은 계속 그 자리에 있어야 한다는 것이다. 통상적인 방법으로 승진한 것이 아니고, 발탁을 통해 높은 자리에 오른 사람은 재임명되지 않는 한 규정된 기간만 재직하는 것이 좋다. 지금 영국 육군의 참모들이 이런 식으로 임명되고 있다. 그렇게 해야 특정인이 좋은 자리를 평생 독차지하는 것을 막을 수 있다. 능력이 모자라는 사람을 기분 상하지 않게 내보내며 젊고 유능한 사람을 새로 불러들일 수 있는 것이다. 이런 방식이 아니라면 현직에 있는 사람이 죽거나 사직을 해서 자리가 비는 것을 기다리는 것 말고는 다른 수가 없다.

그러나 이 경우에도 전문가들은 단지 자문하는 것으로 그쳐야 하고 모든 결정은 장관 자신의 몫이 되어야 한다. 그렇다고 자문하는 사람들이 하찮은 존재로 대접받거나 또는 스스로 그렇게 처신해서는 안 된다. 장관도 기분 내키는 대로 다루면 안 된다. 막강한, 그리고 자기 뜻대로 일을 처리할 수도 있는 권력자에게 조언을 해줄 전문가들은 자기 의견을 반드시 표명하게 규정을 만들어야 한다. 권력자 역시 그들의 의견을 청취해야 하고, 채택하든 안 하든 그들의 충고를 일단 검토해야 한다. 최고 담당자와 그들에게 자문을 할 전문가 사이의 관계를 잘 정립하기 위해서는 인도의 총독 및 여러 다른 형태의 책임자를 위한 자문 위원회를 살펴볼 필요가 있다. 이런 위원회들은 인도 문제에 관한 전문 지식을 가진 사람들로 구성되어 있다. 총독과 지사들은 그런 지식이 많이 부족하고, 또 굳이 그렇게 전문적으로 잘 알아야 할 필요도 없다. 원칙적으로 자문위원들은 각자 의견을 밝혀야 하는데, 이것은 물론 하나의 형식에 지나지 않을 때가 많다. 그러나 의견이 서로 다를 때는 각자가 자기 입장을 밝히고 그것을 기록해두는 것이 관례였다. 총독 또는 지사도 그랬다. 대개는 위원들의 다수 생각에 따라 정책이 결정되었기 때문에 정부 안에서 위원회가 행사하는 영향력은 상당했다. 그러나 필요하다면 총독 또는 지사가 위원회 전체 의사를 뿌리치고 자기 식대로 밀고 나갈 수 있는데, 이때도 반드시 그 이유를 기록으로 남겨야 했다. 결국 최고 책임자 개인이 정부의 모든 일을 책임지고 처리하는 것이었다. 위원들은 그저 자문해주는 역할에 머물렀다. 그러나 나중에 문서로, 또는 의회나 국민의 요구에 의해 그들이 어떤 내용을 어떤 이유에서 자문했는지 다 밝혀졌기 때문에 함부로 할 수 없었다. 그런 이유가 아니라 하더라도, 그들의 사회적 위치나 그동안 정부 일에 깊숙하게 관여해왔던 인연을 생각하면, 마치 모든 책임이 자신에게 있기나 하듯이 문제 사안에 대해 입장을 명료하게 정리해서 분명하게 처리하지 않을 수 없다.

최고 단계의 행정 업무를 이런 식으로 처리한다는 것은 정부의 추진 목표와 그에 상응하는 수단을 연결시키는 것 중에서 가장 두드러진 성공 사례라고 할 수 있다. 정치사를 뒤돌아볼 때, 기법과 장치라는 측면에서 이 정도로 눈에 띄는 것이 없었다. 동인도회사가 인도를 지배하면서 비로소 이런 놀라운 정치 기법이 가능해진 것이다. 인도가 지금까지 보존해온 다른 모든 현명한 제도도 그렇지만, 인도의 여건과 실태에 비추어볼 때 이 정도의 훌륭한 정부를 운영할 수 있다는 것은 정말 놀라운 일이 아닐 수 없다. 일반 대중의 무지와 정치하는 사람들의 턱없는 허영심 등 과거 인도 정치를 규정했던 대로 역사가 흘러갔더라면 인도 사회는 대량 살육 속에 스러져가고 말았을 것이다. 그런데도 정부 조직에 불필요한 부담을 가중시킨다면서 위원회를 없애야 한다는 목소리가 드높다. 이런 주장은 이미 과거부터 제기되어온 것이지만 요즘 들어 정부 최고위층 사이에서 더 강력하게 확산되고 있다. 전문 위원들의 공급원이었고, 위원회가 힘을 발휘할 수 있었던 원천이라고 할 전문직 관리들을 없애자는 것이다.

민주주의 국가에서 좋은 정부를 만들기 위한 가장 중요한 원리는 정부 관리를 국민 투표로 임명해서는 안 된다는 것이다. 국민은 물론이고 그들의 대표에 의한 투표도 안 된다. 그 이유는 정부가 하는 일은 근본적으로 숙련된 기능을 요구하기 때문이다. 정부 일을 제대로 수행하기 위해서는 특수, 전문 지식이 필요하다. 그런 지식에 대해 판단하는 것도 상당한 지식이나 관련 경험이 없으면 불가능하다. 누가 공직을 맡는 것이 가장 좋은지 결정하는 것(그저 자기가 하겠다고 희망하는 사람 중에서 고르는 것이 아니라 객관적으로 최적임자를 찾아 나서야 하고, 자격이 되는 사람들을 다 기록해 두었다가 필요한 시점에 등용하는 것)은 매우 고된 일이다. 그 일을 잘 하기 위해서는 고도의 양심적이고 나아가 아주 미묘한 분별력이 필요하다. 그런데 일반적으로 이렇게 중요한 일이 너무 형편없이 처리되고 있다. 따라서 공직 가운데 이것 이상 더 중차대한 책임감을 느껴야 할 것도 없기 때문에, 정부 안에서 몇몇 부처의 최고 책임자는 특별한 각오로 일을 해야 한다. 공개경쟁을 통해 임용되지 않은 모든 하위직 공무원은 해당 부처의 장관이 자기 책임 아래 직접 선발해야 한다. 장관은 총리가 고르는 것이 자연스럽다. 총리는 사실상 의회에 의해 지명되지만, 군주국가에서는 명목상 왕에 의해 임명된다. 임명권을 행사하는 고위 공무원만 그 밑에 있는 모든 하위 공무원에 대해 인사 조치를 할 수 있다. 그러나 개인적 잘못이 없는 한 공무원들을 대거 해고해서는 안 된다. 이들이 세세한 행정실무를 담당하고 있는 까닭에 일반 국민 입장에서는 장관이 누군지보다는 그런 자리에 누가 앉는지가 더 중요하다. 그럼에도 장관 마음대로 또는 정치적 이해관계 때문에, 아무 잘못도 없는 사람을 하루아침에 물러나게 하고 그 자리에 다른 사람을 임용한다면, 어떻게 공무원들이 자기 일에 전념하면서 전문적인 능력을 배양할 수 있겠는가.

행정부 관리들을 국민의 직접선거로 뽑는 것을 금지하는 원칙이 민주주의 정부의 행정부 수장을 뽑을 때는 적용되지 말아야 할까? 미국 헌법이 규정하듯이, 대통령을 4년에 한 번씩 온 국민이 선거로 뽑는 것이 좋은 제도일까? 이 질문에 답하기가 쉽지 않다. 미국에서는 군대에 의한 쿠데타를 염려할 필요가 없기 때문에, 대통령을 의회로부터 독립된 헌법기관으로 만들고, 행정부와 입법부가 국가의 2대 기관으로서 상호 견제하면서 국민에 똑같이 직접 책임지게 하는 체제는 분명 나름대로 이점이 있다. 이 체제는 미국 연방 헌법이 고심해서 고안한 것으로 한 기관이 정치권력을 독점하는 것을 방지하는데 효과적이다. 그러나 이런 장점 이면에는 값비싼 대가가 있다. 입헌 군주국에서 총리가 실질적으로 의회에 의해 임명되듯이, 공화국의 행정 수반도 의회에 따라 명시적으로 임명되는 것이 훨씬 바람직하다. 이렇게 하면 무엇보다도 그 자리가 보다 훌륭한 인물로 채워질 가능성이 높다. 다시 말해 의회의 다수당이 관례대로 자기 당의 지도자를 행정부의 최고 책임자로 선임할 경우, 그 사람은 대개 정치적으로 가장 뛰어난 인물일 것이다. 그러나 미국의 경우, '건국의 아버지'들이 모두 사라지고 나자 대통령의 자리에 오른 사람들이 거의 무명의 인물이거나 아니면 정치 외 다른 영역에서 신망을 얻은 인사들로 채워졌다. 이런 현상은 앞에서도 보았듯이 우연한 일이 아니고 자연스러운 귀결이다. 전국 규모의 선거를 치를 때, 정당의 가장 두드러진 인물들은 결코 후보로 직접 나서지 않는다. 그런 사람들에게는 모두 개인적인 정적들이 있기 마련이다. 지역과 선거구 사람들이 기피하는 일을 했거나 그것도 아니면 마땅찮아 하는 주장을 폈을 것이다. 그러니 선거에서 좋은 결과를 기대할 수가 없다. 이에 반해 별 신통찮은 인물들은 그런 과거가 없다. 또 자기 정당의 정치노선을 충실히 따른다는 것 외에는 알려진 것도 없기 때문에 소속 정당의 전폭적인 지지를 이끌어낼 수 있다. 또 하나 반드시 고려해야 할 점은, 이 체제에서는 끊임없이 선거운동을 해야 한다는 사실이다. 국가의 가장 신망 높은 직책을 놓고 몇 년에 한 번씩 직접선거를 해야 되는 상황에서는 실질적으로 선거가 끝나자마자 바로 선거운동을 시작하지 않을 수 없다. 대통령, 장관, 정당의 지도부, 그리고 그 추종자들이 모두 선거운동에 나선다. 모든 지역이 정치꾼들에 의해 술렁이고, 정치적 쟁점마다 그 자체보다 대통령 선거에 어떤 영향을 끼칠 것인가 하는 관점에서 시비가 벌어진다. 이런 체제에서는 정당의 논리가 곧 모든 공공문제를 다루는 기본 원리가 된다. 모든 문제를 정당 차원에서 풀어나가는 것도 모자라, 아예 정당을 위해 문제들을 만들어내기까지 하는 것이다.

그렇다고 내가 영국의 총리처럼 행정부의 수장이 항상 장소를 가릴 것 없이 전적으로 대의기구 의원들의 투표로 선임되어야 한다고 주장하는 것은 아니다. 이것도 문제가 없지 않다. 내 생각으로는 행정부 수장을 의회에서 뽑되, 그 임기를 고정시켜 의회의 신임투표에 의해 흔들리지 않게 하는 것이 바람직하다. 이것은 결국 미국 대통령제에서 직접 투표로 인한 폐단을 제거하는 것과 마찬가지다. 행정부 수장을 가능한 한 의회로부터 독립시킴으로써 자유국가의 기본에 충실하도록 하는 다른 방법도 있다. 그 수장이 영국의 총리처럼 의회를 해산하고 국민에게 직접 호소할 수 있다면 의회의 지나친 간섭에서 벗어날 수 있을 것이다. 적대적 투표에 의해 일방적으로 중도하차 당하지 않고, 사임 또는 의회 해산 둘 중 하나의 선택권을 가지게 하자는 것이다. 나는 행정부 수장의 의회 해산권이 그 수장의 임기가 보장된 체제에서도 필요하다고 생각한다. 이런 해산권이 없으면, 대통령과 의회 사이에 갈등이 증폭되면서 정치적 교착상태가 몇 년씩 끌어도 법적인 돌파구를 찾을 수 없다. 그와 같은 위기국면을 어느 한쪽 아니면 양쪽이 쿠데타를 기도하는 상태까지 끌고 가지 않으려면, 비록 겨우 몇몇 나라에서나 가능한 일이지만, 자유에 대한 사랑과 절제하는 습속이 함께 어우러져야 한다. 이런 극단적인 상태로까지 치닫지 않는다 하더라도, 입법부와 행정부가 각각 상대방의 정상적인 기능을 마비시키지 않는 성숙한 정치를 펴기 위해서는 전제조건이 있다. 즉 정당 사이에 벌어지는 치열한 다툼에 의해 흔들리지 않을 만큼 정치가 항상 상호 관용과 타협의 정신에 의해 움직여야 한다. 그런 정신이 살아 움직이는 곳이 없지 않은데, 무분별한 언행으로 관용과 타협의 정신을 퇴색시키지 않도록 조심해야 한다.

또 다른 이유로 국가의 특정 기관(즉 행정부를 말한다)이 언제든지 필요할 경우 임의로 새로운 의회의 구성을 요구할 수 있어야 한다. 정치를 주도하는 양대 정당 중 어디가 더 국민의 지지를 많이 받는지 확실히 알기가 어려울 경우, 헌법적인 절차에 따라 그 결과를 확인할 수 있어야 한다. 이 문제가 해결되지 않는 한, 다른 정치적 쟁점도 제대로 해결될 수가 없다. 정치적 공백기가 입법부나 행정부의 개선을 위한 기회로 활용되어야 한다. 어느 한 정당도 확실하게 우위를 차지하지 못하는 상황에서는 어떤 정책을 추진하든지 직간접적으로 영향력을 가진 세력의 반발을 불러일으키기 마련이다.

대다수 국민이 자유주의 정치제도와 일체감을 덜 느끼는 상황에서 강력한 권력이 최고 권력자에게 집중되어 있을 경우, 자칫 헌법이 유린되고 심한 경우 국민주권까지 침해받을 수 있는데, 나는 아직 이 점에 대해 이야기하지 않았다. 그런 위험이 존재하는 곳에서는, 의회가 단 한 번의 투표로 최고 권력자를 권좌에서 물리칠 수 있어야 한다. 그러나 민주주의의 기본이 침해되는 곳에서는 헌법에 의해 아무리 상호견제를 제도화하더라도 충분할 수가 없다.

정부 관리 중에서 국민의 직접 투표로 임명되어서는 안 될 가장 대표적인 경우가 바로 법관들이다. 어떤 정부 관리이든, 국민이 그들의 특수 전문성에 대해 판단하지 못할 것이 없다. 그러나 절대적인 중립성을 지켜야 하고, 정치인이나 정치적 파당으로부터 엄격하게 거리를 유지해야 한다는 점에서 법률 종사자들은 아주 특수한 위치에 있다. 일부 사상가들, 특히 벤담은 법관들을 국민의 직접 투표로 뽑는 것은 안 되지만, 그들의 지역구 주민들이 충분한 관찰 끝에 문제가 있는 법관을 해임시키는 것은 허용되어야 한다고 주장해왔다. 중요한 일을 처리하는 국가 공무원을 해임시킬 수 없다는 것은 분명 크게 잘못된 일이다. 문제가 있거나 무능한 법관이 형사적으로 처벌받지 않는 한 그를 공직에서 쫓아낼 수 없다는 것은 결코 바람직하지 못하다. 많은 사람에게 큰 영향을 끼치는 자리에 있는 국가 공무원이 여론의 비판이나 그 자신의 양심의 가책 때문에 괴로움을 당하는 것 외에 어떤 책임도 질 필요가 없다는 것은 아주 잘못된 일이다. 법관의 특수한 위치, 그리고 법관에 임용되기 위해 각종 믿을 만한 안전조치를 거친다는 사실을 감안하더라도, 정부나 국민의 직접 투표에 의한 견제에서 벗어나 그저 여론이나 자신의 양심에만 맡기면 직무를 그릇된 방향으로 처리할 위험이 더 크다. 경험이 증명해주듯이, 정부가 직접 책임을 묻거나 국민의 투표에 의해 견제를 받으면 담당 공무원들이 훨씬 더 일을 잘 하는 경향이 있다. 투표를 하는 유권자들, 특히 법관을 뽑아야 하는 주민들에게 침착함이나 공평무사 같은 덕목은 요구되지 않는다. 다행스럽게도, 주민들의 직접 투표가 자유를 지키는데 없어서는 안 되는 것이지만, 그런 자질까지 요구하지는 않는 것이다. 정의를 수호하는 덕목은 모든 사람, 특히 유권자들에게 반드시 요구되는 것이지만, 그렇다고 그 자체가 선거를 좌우하지는 않는다. 사람들이 모여 사는 보통 사회와 마찬가지로, 의회 후보들을 선별할 때도 정의와 무사 공평이라는 기준이 그다지 크게 작용하지 않는다. 유권자들은 어떤 후보가 그런 덕목을 가지고 있다고 해서 특별히 대우하지 않으며, 그 경쟁자들이 어떤 도덕 상태에 있는지 판단하지도 않는다. 그저 후보 중 누가 더 개인적으로 믿을 만하며, 누가 더 자신의 정치적 신념을 잘 대변할 것인지만 관심을 준다. 그러나 법관은 다르다. 그는 정치적 동료나 자기가 아주 잘 아는 사람도 다른 사람과 똑같이 대해야 한다. 그러나 유권자가 이렇게 행동한다면 그것은 정도가 지나친 일이고, 어떻게 보면 유권자로서 의무를 일탈하는 셈이다. 다른 국가 공무원도 그렇지만, 일반 사람들의 도덕적 판단이 법관들에게 무슨 유익한 영향을 끼치리라고 생각할 수 없다. 물론 법관 개인이 전문적 심리를 할 때 실제로 효과적인 영향을 주는 경우가 없지는 않은데, 이것도 (일부 정치적 문제를 제외하면) 일반 대중이라기보다 그 사람의 행동이나 자격에 대해 전문적으로 판단하는 것이 가능한 주변 동료들에게나 해당되는 이야기다. 그렇다고 내가 사법부 일에 일반 대중이 관여하는 것이 전혀 타당하지 않다고 말하는 것은 아니다. 사실 그 일은 매우 중요하다. 문제는 어떤 방법으로 하는가다. 이를테면 배심원들이 사법부의 일부 기능을 대신하는 것은 가능하다. 인민이 대표를 내세우지 않고 스스로 직접 참여하는 것이 더 나은 경우가 몇몇 있는데, 바로 이것도 그런 경우다. 권한을 행사하는 사람이 저지를 수 있는 과오에 대해 책임을 지게 하기보다 본인이 감내하도록 하는 것이 더 나은 거의 유일한 경우일 것이다. 주민들의 투표로 어떤 법관이 물러나고 그 자리를 대신 차지하고 싶은 법관의 경우, 전문적인 판단을 내려야 할 때 어떻게 처신할까? 문제의 사건에 대해 사전에 아는 바가 없고, 또는 들었다 하더라도 전문 법관과는 달리 편견이나 부주의의 소지가 큰 그런 대중의 무분별한 의견을 가능하면 충실히 따라야 할까? 대중의 감정과 선입견에 장단을 맞추고, 만일 그런 것이 없으면 오히려 그것을 부추겨야 할까? 만일 사람들의 흥미를 자아내는 사건인 데다, 담당 법관은 이미 그 문제로 충분히 고생을 하고 있다면, 다른 법관이나 그의 친구가 그 사건에 대해 반대편에서 강력하게 주장하지 않는 한, 분명 대중이 원하는 쪽으로 결론을 내릴 것이다. 대중이 관심을 가지고 있는 사건일수록 법관들은 큰 부담을 느낄 것이다. 자칫하면 자신의 자리가 위태로워지기 때문에 공정한 판결을 내리는 것보다, 어떻게 해야 대중의 갈채를 받고, 부정적 평가를 피할 수 있는지에 더 신경을 쓸 수밖에 없다. 따라서 미국의 몇몇 주 헌법이 새로 또는 개정을 통해 주기적으로 주민들의 직접 투표에 의해 사법 공무원의 재선 여부를 결정하도록 한 것은 지금까지 민주주의가 저지른 과오 중에서 가장 심각한 것이라고 하지 않을 수 없다. 미국인들이 지금까지 변함없이 지키고 있는 건전한 상식 덕분에 그런 실수가 더 심각한 상황으로 번지지 않을 수 있었지만, 그것은 누가 보더라도 현대 민주주의 정치가 심각하게 뒷걸음질치는 첫 번째 사례라고 하지 않을 수 없다.*

공공 행정의 근본적인 토대가 되는 전문 공무원 집단의 중요성을 간과해서는 안 된다. 이들은 정치세력의 변화와 상관없이 일관되게 제자리를 지키며 장관으로 누가 오든 그 사람에게 자신의 경험과 방식대로 보좌해야 한다. 장관의 전반적인 통솔 아래 자기 전문 지식을 살려 세부적인 공무를 집행하는 것이 그들의 임무다. 이런 전문직 공무원들은 젊어서 공직에 발을 디딘 후 세월과 더불어 높은 자리로 올라갈 것을 기대하며 일을 한다. 따라서 분명하게 입증된 심각한 비행이 아니라면, 그들이 그동안 쌓아온 경력이 아무 빛도 보지 못하게 되는 일은 있어서는 안 된다. 물론 구체적 잘못만 법적 처벌 대상이 되는 것은 아니다. 의도적으로 임무를 소홀히 하거나 신뢰를 저버리는 행동도 문제가 된다. 그러나 개인적 범법행위가 뚜렷하지 않다면, 그들의 연금 수급자 신분을 변경시킬 수 없다. 그렇기 때문에 처음 임용할 때 최대한 신중을 기해야 한다. 이런 점에 비추어 어떻게 임용하는 것이 가장 좋은지 따져 보아야 한다.

* 그러나 들어보니, 미국에서도 선거를 통해 법관을 뽑기는 하지만 실제로는 국민이 아니라 정당의 지도자들이 뽑는다. 유권자들은 정당이 내건 후보가 아닌 사람을 뽑을 생각을 할 수가 없다. 따라서 결과를 놓고 보면 선거에서 뽑힌 사람은 사실상 대통령이나 주지사가 마음에 두고 있는 바로 그 사람들이다. 좋지 못한 관행이 또 다른 나쁜 관행을 제약하고 개선하는 효과를 내는 것이다. 다시 말해 정당 이름으로 나온 후보들을 무더기로 생각 없이 선택함으로써 국민의 투표 주권을 저해하는 바로 그 현상 덕분에, 국민의 손으로 직접 뽑지는 못하지만, 그들을 위해 가장 바람직한 사람을 선택할 수 있고, 결과적으로 더 큰 해악을 완화시킬 수 있게 되는 것이다.

공무원을 처음 임용할 때, 심사자들은 응시자의 특수 기술이나 지식보다는 정치적 색깔이나 개인적·정치적 이해관계에 더 관심을 보인다. 일반적으로 그들은 젊은 나이에 임용되기 때문에 아직 전문 지식은 습득하지 못한 상태고 장차 배우게 될 것이라고 보아야 한다. 따라서 후보 중에서 가장 적합한 사람을 선별하는 기준은 어느 정도의 인문학적 소양을 가지고 있는지 시험해보는 것이다. 이 문제는 감독관이 끈기를 가지고 공평무사하게 접근한다면 어렵지 않게 해결할 수 있다. 그러나 장관에게 이런 일을 맡기면 아무것도 기대할 수 없다. 장관은 전적으로 추천에 의해 사람을 뽑을 수밖에 없는데, 아무리 개인적 선호를 배제한다 하더라도, 자신의 다음 선거에 영향을 줄 수 있는 사람이나, 자신의 부처를 통솔하는 데 꼭 필요한 정치적 후원자의 청탁을 완전히 뿌리치기가 어렵다. 이런 사정 때문에 공개경쟁을 통해 최초 임용자들을 뽑는 제도가 채택되고 있다. 즉 정치에 관여하지 않고, 대학 입학시험 감독관들과 동일한 수준의 자격을 갖춘 심사관들에게 공무원 선발을 맡기는 것이다. 이런 제도야말로 어떤 나라에든지 가장 바람직한 최선의 방안이라고 할 수 있다. 특히 영국처럼 의회중심제 국가에서는 공정한 임용을 보장하지는 못할지라도 무분별하게 노골적으로 자행되는 부조리를 차단하기 위한 유일한 길이 된다.

동시에 그것이 경쟁시험이어야 하고, 가장 높은 점수를 얻은 응시자가 반드시 임용되는 것이 절대적으로 중요하다. 장기적으로 볼 때 단순한 자격시험만으로는 정말 능력이 모자라는 사람을 배제하는 것 이상의 효과를 거둘 수 없다. 심사관이 한 응시자의 장래를 망치느냐, 아니면 국민에 대한 의무를 저버리느냐 하는 문제로 고민할 때, 국민에 대한 의무라는 것이 어떤 경우에는 전혀 그렇게 중요한 문제가 아닌 것처럼 보일 수 있다. 그 사람을 떨어뜨리면 당장 눈에 띄고 괴로운 처지에 몰리지만, 국민에 대한 의무를 소홀히 한다는 것은 다른 사람이 알지도 못하고 표도 안 난다. 따라서 심사관이 예외적 소양을 가진 사람이 아니라면 좋은 것이 좋다는 쪽으로 흘러갈 개연성이 크다. 한번 이렇게 하고 나면 두 번째도 같은 일을 하게 되고, 결국 그런 일이 반복되면서 되돌리기가 힘들어진다. 선례가 선례를 만들면서 능력에 따른 임용이라는 원칙이 거의 웃음거리로 전락하고 마는 것이다. 영국의 두 명문 대학에서 학위를 받고 싶어 하는 사람이 많아지면서 학위를 주는 기준 요건이 점점 완화되고 있는 것을 기억해야 한다. 최저 점수 이상을 취득하도록 요구하지 않으면 최저 점수가 곧 최고 점수가 되고 만다. 그 결과 사람들의 기대치가 낮아지고 할 수 있는 것도 안 하게 된다. 나중에는 아무리 기준 점수를 낮추어도 그것마저 충족시키지 못하는 사람이 나오게 된다. 반면 수많은 경쟁자들 중에서 가장 점수가 높은 사람을 임용하게 되면, 그리고 성적순으로 지원자들을 비교하게 되면, 각자가 더 열심히 노력하게 될 뿐 아니라, 나라 전체적으로 교육 수준이 높아지는 효과를 거두게 된다. 이런 공개경쟁 시험에서 좋은 점수를 얻게 하는 것이 모든 학교 책임자들의 목표가 되면서 성공의 지름길로 자리 잡을 것이다. 한 나라의 교육 수준을 향상시키는 데 이것 이상 더 좋은 방안이 없다. 영국에서는 공무원 공개경쟁 채용제도가 이제 막 도입되기 시작했기 때문에 아직 완전히 정착되지 못했다. 이런 점에 비추어본다면, 인도는 거의 유일하게 예외적인 경우라고 할 수 있다. 인도의 관리 선발 제도는 이미 뿌리를 내린 단계에 접어들었고 중산층의 교육 수준을 끌어올리는 데 크게 기여하고 있다. 처음 이 제도가 도입될 때는 너무 열악한 교육환경 때문에 힘든 일이 많았지만, 점차 시험제도를 통해 큰 변화를 이끌어냈다. 초기에는 장관의 지명을 받아 공직 후보로 나선 젊은이들의 소양과 수준이 너무 낮아 그들끼리 경쟁을 시켜봐도 단순한 자격시험을 치르는 것보다도 점수가 더 나빴다. 아무도 자격시험 요건을 그렇게 낮게 잡을 생각을 하지 않았기 때문에, 그 시험을 통과한 젊은이는 다른 경쟁자들을 너끈히 제칠 수 있었다. 따라서 시간이 흐름과 동시에 성적이 떨어지게 되었다. 시험이 그리 어렵지 않다는 것을 알고 노력을 적게 기울이기 시작했기 때문이다. 사람들이 시험공부를 덜 하게 된 데다, 사전 지명을 받지 않아도 응시할 수 있는 시험에서조차 응시자가 얼마 되지 않은 까닭에 괜찮은 수준의 응시자는 정말 소수에 불과했다. 그러다 보니 시험에 붙은 사람들 중에서 뒷부분의 합격자들은 그 수준이 민망할 정도였다. 심사위원들의 말을 들어보면 시험에 떨어진 사람들은 달리 떨어진 것이 아니었다. 아주 초보적인 철자법과 산수에서조차 만족할 만한 결과를 보여주지 못했다는 것이다.

이런 시험제도에 대해 일부 여론 지도층을 중심으로 불만이 계속 제기되고 있다. 그러나 내가 볼 때, 이렇게 비난하는 사람들은 그 동기나 양식의 측면에서 그다지 믿을 만하지 못하다. 그들은 일종의 무지에 대해 그릇된 해석을 하면서 문제를 삼는데, 이것은 결국 시험 낙방으로 이어질 수밖에 없다. 예를 들어 정확하게 답변하기 어려운 아주 난해한 질문*이 제기될 경우, 그것에 대해 확고한 답변을 하지 않으면 안 된다고 생각하는 것이 그런 경우다. 그러나 끝없이 반복하지만, 그런 질문은 모두가 확고한 답변을 할 것이라는 기대에서 던지는 것이 아니다. 정확한 답안을 요구하기보다 응시자가 그런 상황에 어떻게 자기 지식을 동원해서 대처하는지 살펴보는 것이 목적인 것이다. 이런 문제가 곧 시험 낙방으로 연결되는 것은 아니다. 그저 잘 쓴 답안에 대해 추가 점수를 주는 기회로 활용되는 것이다. 여기에서 우리는 그런 종류

* 그러나 늘 답변하기 어려운 질문만 있는 것은 아니다. 최근에 어떤 하원의원은 공개 채용제도를 비난하면서 대수, 역사 그리고 지리에 관한 거의 초보적 수준의 질문을 마치 심사위원회가 엄청나게 고도의 과학적 수준을 요구하는 징표인 것처럼 몰아치는 우스운 모습을 연출했다.

의 지식이 공무원들이 실제로 일을 할 때 얼마나 도움이 되는지 토론할 수 있을 것이다. 어떤 지식이 필요한지에 대해 사람마다 생각이 다를 수밖에 없다. 지금은 고인이 되었지만 한때 외무부 장관을 지낸 한 인사는 외무부 관리나 중앙정부의 서기들이 영어 철자법을 정확하게 알 필요가 없다고 주장했다. 이런 사람들은 한결같이 다른 것은 몰라도 일반적인 정신 소양 같은 것은 별로 쓸모가 없다고 생각한다. 그러나 이런 지식이 필요하다면(내가 원하는 바이기도 하다), 또는 어떤 종류이든 교육이 필요하다면, 응시자가 그런 분야에 어느 정도 소양이 있는지 시험을 보는 것은 당연히 요구되는 일이다. 비록 그 사람이 장차 맡아서 일할 분야와 직접 상관은 없을지라도, 그가 교육을 제대로 받았는지, 그리고 얼마나 알고 있는지 물어보아야 하는 것이다. 학교에서 정규적으로 가르치고 있는 유일한 과목이 고전과 수학인데, 이런 시험 제도를 반대하는 사람들은 고전과 수학을 빼고 무엇을 물어보기를 바라는 것일까? 이들은 무엇으로 시험을 봐도 반대할 사람들이다. 이것도 안 되고, 저것도 안 된다고 할 것이다. 심사위원들은 정규 교육 과정을 밟지 못한 사람들 또는 그런 학교에서 배운 소소한 지식을 다른 어떤 것으로 훌륭하게 보완한 사람들에게 합격의 문을 열어주고 싶어 한다. 그러나 심사위원들이 현실적 유용성이 큰 분야에 추가 점수를 주려고 하면 반대자들은 이것도 반대할 것이다. 결국 이런 반대자들은 완전 무식꾼들을 무시험으로 뽑는 방식 외에는 모두 거부할 것이다.

사람들은 흔히 클라이브[80]나 웰링턴[81] 같은 위대한 장군도 공병간부후보생들을 뽑는 시험을 보면 떨어지고 말 것이라고 주장한다. 그들은 자신에게 요구되지 않는 것은 하지 않았는데, 만일 그런 것이 요

80 Robert Clive, 1725~1774. 인도에서 활약한 영국의 군인, 정치가.

81 Arthur Wellington, 1769~1852. 영국의 군인으로 워털루전투에서 나폴레옹군을 격파했다. 1828년에는 총리가 되었다.

구되었더라면 위대한 업적을 남긴 그들도 그런 것을 해낼 수 없었으리라는 것이다. 이런 것들을 하지 않았기 때문에 그들이 위대한 장군이 될 수 있었다고 한다면, 위대한 장군이 되기 위해 필요한, 대단히 유용한 다른 어떤 것들이 없어도 장군이 될 수 있다는 말과 같다. 알렉산드로스 대왕은 보방의 법칙을 알 리가 없었고, 카이사르는 불어를 몰랐다. 또 우리는 흔히 책벌레(이 말은 책에서 배운 하찮은 지식에 매어 있는 사람들을 가리킨다)는 신체활동에 능숙하지 못하다거나 또는 신사처럼 행동한다고 말한다. 지적 능력이 뒤지는 지진아에 대해서도 같은 말을 하곤 한다. 그러나 그 지진아가 무엇을 생각하든, 그가 신사가 되는 습관이나 신체 활동을 독점하는 것은 아니다. 이런 재능이 필요한 곳이라면 어디든지 응시자가 그런 자질을 갖추고 있는지 검사해보아야 한다. 문제는 정신적 소양을 배제하지 않고, 반드시 물어보아야 한다는 점이다. 중요한 사실은, 내가 분명히 듣기로, 울리치의 사관학교에서 시험을 통해 선발된 생도들이 이런저런 자질 면에서 옛날 방식대로 지명을 통해 입학한 생도들 못지않다는 점이다. 군사 훈련도 더 빨리 배운다고 한다. 확실히 머리가 좋은 사람이 그렇지 못한 사람보다 모든 면에서 빨리 배우는 법이다. 뿐만 아니라 그들의 생활태도도 그들 선배보다 훨씬 양호한 까닭에 사관학교 관계자들은 옛날 방식으로 뽑은 마지막 학생들이 졸업해서 떠날 날을 손꼽아 기다린다고 한다. 이것이 사실이라면(누가 봐도 알 수 있는 일이다), 무식이 유식보다 더 낫다고 하는 황당한 말을 더 이상 안 들어도 될 날이 곧 올 것이다. 군대가 이러니 다른 분야는 더 말할 것도 없다. 아무리 인문학적 교육과 거리가 멀다 하더라도, 그런 인문학적 소양이 없으면 어떤 자질이든지 제대로 함양될 수 없다는 사실을 확실히 깨달을 것이다.

정부 공직에 처음 임용되는 사람은 이런 식으로 공개경쟁 체제로 뽑으면 되지만, 그다음부터가 문제다. 같은 방법으로 승진 여부를 결정할 수가 없기 때문이다. 이것은 지금 하고 있듯이, 연공서열과 발탁 두 가지 방식을 섞어서 하는 것이 좋다. 하는 일이 기계적이라 특별한 능력이 필요하지 않다면 올라갈 수 있는 데까지 최대한 연공서열에 따라 승진시키면 된다. 그러나 각별한 신임과 능력이 요구되는 자리는 그 부처의 책임자가 재량을 가지고 승진시키도록 해야 한다. 처음 임용될 때는 공개경쟁의 결과가 좌우하지만, 이 경우에는 상급자가 자기 소신에 따라 양심껏 인사권을 행사한다. 그가 어떤 사람을 쓰는가에 따라 그의 행정적 입지가 결정되기 때문에 책임감을 느끼지 않을 수 없다. 만일 그 부처의 사람 중에서 그 자신이나 정치적 동료 또는 후원자들이 관심을 두는 인물이 있다면, 최초 임용 단계에서 공정한 심사를 거쳤기 때문에 기본 능력에 대해서는 믿을 만할 것이므로, 이런 공적 인연이 상승 작용을 할 수 있을 것이다. 그러나 이런 강력한 정치적 고려가 개입하지 않는 한, 대개는 업무에 가장 적합한 사람을 임용하게 된다. 즉 실무적인 능력이 뛰어나 당면한 어려운 일을 해결하는 데 도움이 되는 사람을 중용하는 것이다. 이렇게 해야 그 사람을 쓴 장관의 명성도 함께 올라간다. 일이 잘 풀리면, 아랫사람의 공이 아무리 크다 하더라도 그 과실은 전부 장관의 몫이 되는 법이다.

15장 지역 대의기구에 대하여

나랏일 중에서 중앙정부가 안전하게 잘 처리할 수 있는 것은 매우 작은 부분에 지나지 않는다. 영국은 유럽에서 지방 분권이 가장 잘된 나라지만, 그래도 입법부가 하는 일의 대부분은 지방 문제를 다루는데 집중되고 있다. 중앙정부의 권위를 내세워 지역의 소소한 현안을 풀어가야 하는데, 이제 마땅한 대안을 찾지 않으면 안 될 시점에 와 있다. 엄청난 양의 사적 문제를 해결하느라 의회는 시간을 다 써야 하고, 의원 개개인들도 다른 더 중요한 일에 신경을 돌릴 여유가 없다. 그러다 보니 정작 국가적으로 집중해야 할 현안에 대해 힘을 모으지 못하고 있다. 이 문제에 대해 모든 사상가나 전문가들이 심각한 목소리로 해결책을 촉구하고 있지만, 상황은 오히려 더 나빠지는 추세다.

이 책의 지면이 한정된 탓에 대의정부와 특별히 관계가 없는 문제, 즉 정부의 역할과 그 한계에 대해 길게 이야기할 수가 없다. 나는 다른 곳에서 정부의 역할과 관련된 가장 중요한 원칙을 검토한 바 있다.* 그

* 《자유론》의 결론, 더 자세한 내용은 《정치경제학원리Principles of Political Economy》의 마지막 장을 참조하라.

러나 대부분의 유럽 정부가 하는 일 중에서 중앙과 지역이 함께 힘을 합쳐야 할 것이 엄청나게 많다. 분업원칙을 따르더라도 그렇다. 순전히 지역적인 문제를 다룰 행정관리가 필요할 뿐 아니라(이 정도의 독자적인 기구는 어느 정부에나 다 있다), 이들을 통제할 별도의 민주적 대의기구 역시 있어야 한다. 지역 관리들을 감시하고 견제하는 것, 그들이 일하는데 필요한 재원을 제공하거나 경우에 따라 공급을 제한하는 것 등은 국회나 중앙정부가 아니라 지역 주민의 손에 맡겨야 하는 것이다. 미국 뉴잉글랜드 지역의 일부 주에서는 이런 기능을 아직도 주민회의가 직접 관장하고 있다. 그 지역 사람들은 이렇게 하는 것이 생각보다 성과가 좋다고 말한다. 교육 수준이 높은 지역에서는 이처럼 원시적 형태의 지역정부에 대해 매우 만족하고 있다. 그래서 그들이 알고 있는 단 하나의 대의체제(즉 모든 소수파 사람들을 배제하는 체제)와 바꿀 생각이 전혀 없다. 그러나 아주 특수한 경우가 아니면 이런 체제가 제대로 작동하기 어렵기 때문에, 결국 지역 문제를 다루기 위해서는 지역 단위의 대의기구가 있어야 한다. 영국에 이런 기구가 있기는 하지만, 대단히 불완전하고 불규칙적이며 체제로서의 성격도 부족하다. 몇몇 다른 나라에서는 정부의 민주적 성격이 매우 미약하지만, 그들의 정치체제는 훨씬 합리적이다. 영국에서는 자유가 많지만 조직이 열악하다. 거꾸로 다른 나라에서는 자유가 부족한 대신 더 강한 조직을 가지고 있다. 따라서 전국 차원의 대의기구 외에 각 도시와 지방을 대변하는 대의기구가 필요하다. 이 측면에서 두 가지 질문을 던지지 않을 수 없다. 지역 의회를 어떻게 구성할 것인가? 지역 의회의 활동범위는 어떻게 설정할 것인가?

이 질문들을 검토하는 과정에서 역시 두 문제에 대해 깊이 생각해 보아야 한다. 어떻게 해야 지역 문제들을 가장 잘 다룰 수 있을까? 어떻게 일을 처리해야 사람들의 공공 정신을 고취하고 지적 소양의 개발에 도움을 줄 수 있을까? 나는 이 책의 앞부분에서 자유주의 정치제도가 시민의 공공의식을 고취시키는 교육적 역할을 강조한 바 있다. 평소 그런 기능의 중요성을 확신하고 있었기 때문에 더할 수 없이 강력한 어조로 내 주장을 폈다. 정치제도 중에서도 지역 단위의 행정기관이 차지하는 비중을 특히 염두에 두어야 한다. 보통 시민은 법원에서 배심원으로 활동하는 것을 제외하면, 공동체의 일에 개인적으로 참여할 수 있는 기회가 매우 제한되어 있다. 선거 때가 아니면, 신문을 보고 때로 신문에 글을 투고하고 공공모임에 참석하고 이런저런 일로 정치인이나 기관 책임자에게 청원을 보내는 정도가 일반 시민이 정치에 참여할 수 있는 기회의 전부다. 물론 이런 일도 자유를 지키고 각자의 지적 소양을 넓히는 데 매우 중요한 역할을 한다. 이 점을 모르지 않는다. 그러나 내가 예를 든 것들은 행동보다는 생각하는 데 더 초점을 맞춘 것이다. 그런 생각은 행동의 책임은 전제하지 않는다. 대부분의 사람은 그저 남의 생각을 수동적으로 받아들이는 데 그친다. 그러나 지역 기구에서는 시민이 단순히 선거에 참여하는 것 이상으로 공동체 일에 관여할 기회가 많다. 우선 그들 자신이 지역의 대표로 선출될 수 있다. 특히 투표나 순번제에 따라 다양한 지역기관의 집행 부처 한두 군데에서 일할 기회를 잡을 수 있다. 이런 기회가 되면 시민은 지역의 발전을 위해 단순히 생각하고 발언하는 데 머무는 것이 아니라 직접 행동에 나서야 한다. 생각이라는 것도 대표를 시켜 대신할 수 없는 것이다. 지역의 일들은 대체로 신분이 높은 사람에게는 관심 밖이다. 그 대신 지역의 아주 낮은 계층에 속하는 사람들에게는 다시 없이 귀중한 정치 교육의 기회를 제공해준다. 따라서 국가 전체에 관련된 일에 비해, 지역 단위의 문제들은 시민의 정신소양을 개발하는 데서 더 큰 의미를 찾을 수 있다. 지역의 행정기관이 하는 일이라는 것이 그렇게 심각하게 중요한 것은 별로 없기 때문에, 그런 교육적 효과에 집중해도 된다. 중앙정부는 국가적으로 중요한 입법이나 제국 전체와 관련된 일이 아니라면 지역이 알아서 처리하도록 맡기는 것이 바람직하다.

지역의 대의기구를 구성하는 일은 그리 어렵지 않다. 전국 규모의 대의기구를 구성하는 원리와 별로 다르지 않다. 보다 중요한 기능을 수행하는 기구에 대해서는 좀 더 엄격한 선거절차가 필요하다. 그러나 지역 기구의 경우, 그런 요구조건 외에 주민들의 민주적 참여를 활성화시키는데 주의를 기울여야 한다. 한마디로 위험 부담은 적지만, 어떻게 보면 주민들의 교육과 소양 개발에는 더 큰 역할을 할 수 있는 것이다. 지역 대의기구가 하는 가장 큰 일이 지방세를 부과하고 집행하는 것이기 때문에, 지방세를 납부하는 사람만 투표권을 행사하게 하고, 그렇지 않은 사람은 철저하게 배제해야 한다. 간접세나 지역 관세는 투표권과 상관이 없어야 하고, 있다 하더라도 보완적인 역할만 해야 한다. 그리고 그 부담을 져야 하는 사람을 대상으로 직접 조사해서 결정해야 할 것이다. 소수파를 대표하는 사람에 관한 규정은 중앙 대의기구와 똑같이 적용해야 한다. 지역에서도 역시 복수 투표권은 필요하다. 그러나 중앙 기구와 달리 지역에서는 재산 상태에 따른 투표권 차이를 더 적극적으로 적용하는 것이 바람직하다(지금 영국의 일부 지역 선거에서 실제로 시행하고 있다). 돈을 정직하게 벌고 잘 쓰는 것이 중앙보다 지역의 경제활동에서 더 중요한 의미를 지닌다. 따라서 재산에 따라 비례적으로 더 큰 정치적 영향력을 행사하게 하는 것이 맞다.

영국에서 최근에 만들어진 지역 대의기구 중에 후견인 위원회라는 것이 있는데, 해당 지역의 치안 판사가 직능 대표로서 선출직 위원들과 함께 일을 처리한다. 치안 판사의 수는 법에 의해 전체의 3분의 1로 제한되어 있다. 나는 영국 사회의 특수한 사례로서 이 기구가 가지는 긍정적 의미를 높이 평가한다. 이런 기구에서는 교육 수준이 높은 사람이 다른 비슷한 기구에 비해 더 큰 역할을 할 수 있다. 물론 직능 대표의 수가 상대적으로 적기 때문에 선출직 위원들을 압도할 수는 없지만, 그들이 지닌 전문성 때문에 나름의 영향력을 행사할 수 있다. 이들은 후견인 위원회의 다수를 차지하는 농부나 소매상 주인들과는 다른 각도에서 접근하기 때문에 그들을 적절히 견제할 수 있다. 그러나 지역에만 있는 사계四季법원[82]에 대해서는 좋은 말을 할 수가 없다. 전문 법관들이 이 조직을 전담하기 때문에 나라 안의 매우 중요한 행정 업무의 일부가 그들 손에 달려 있다. 문제는 이 기구의 구성 방법이다. 그들은 선거를 거치지도 않고 그렇다고 제대로 임명되는 것도 아니다. 마치 영지에 대한 권리를 가지고 있던 과거 중세의 귀족들을 계승한 것과 같은 형태가 된다. 임명권은 왕이 가지고 있는데(실제로는 주지사가 임명권을 행사한다), 그 큰 흐름은 이 기구의 색깔과 맞지 않는 사람 또는 정치적으로 반대편 사람들을 배제하는 데 집중되고 있다. 이것이야말로 현재 영국에 남아 있는 정치제도 중에서 가장 귀족적 성향을 띤다. 어떻게 보면 일반 국민의 영향권 아래 있는 의회와 상관없이 임의로 공공 자금을 지출하고 중요한 사회 문제를 처리한다는 점에서 귀족들이 모인 상원보다 훨씬 더 귀족적이다. 이 기구는 영국 귀족 계급이 가지고 있는 특징을 그대로 보여주면서 대의정부를 구성하는 기본 원리와 전면 배치된다. 군郡 위원회에도 후견인 위원회와 달리, 임명직과 선출직의 구성 비율과 같은 제한 규정이 없다. 군 단위의 행정 업무가 충분히 커졌기 때문에 지역 유지들이 군 대표로 의회에 진출하는 것 보다 군 위원회에 더 관심을 가지고 있다.

지역 의회 의원들을 선출하는 방법은 그 원리가 전국 규모 의회와 다를 수밖에 없다. 지역 의회는 해당 지역의 특수이익을 대변하기 위해

82 Quarter Sessions. 과거 영국에서 계절별로 1년에 네 번 열려 가벼운 사건들을 다루던 법정.

존재하기 때문이다. 따라서 다른 지역을 포함한 국가적 이익이 아니라 자기 지역 고유의 이익에만 신경을 기울이면 된다. 지역에 따라, 크든 작든, 그 지역 사람들만 관심을 가지는 이해관계가 있다. 그러므로 각 지역은 규모와 상관없이 독자적인 지역 의회를 가져야 한다. 한 지역에 사는 사람들은 거주지가 조금 차이가 난다고 해도 이해관계가 크게 다르지 않다. 목표가 같을 것이기 때문에 비용 부담도 같이 하면 된다. 교회는 교구별로 업무를 집행하지만, 지역단위의 행정은 지역 주민들에게 일괄 적용된다. 도로 포장, 조명, 수도 공급, 하수도, 항만과 시장 규제 같은 일은 같은 지역 사람이면 동네가 조금 다르다고 해서 크게 구분할 이유가 없다. 런던을 6~7개의 독립 구로 분할해서 각 구가 자기 구역의 일만 따로 처리하게 하는 것은 (어떤 구에서는 같은 구 안에서도 행정적 통합이 안 이루어지고 있다) 공동 과제를 위한 지속적인 또는 효율적인 협력을 가로막는 결과를 낳고 있다. 지역 차원의 동일한 시민 의무를 부과하는 것이 불가능해졌다. 런던시 전체를 포괄하는 조직이 있다면 얼마든지 독자적으로 처리할 일도 이제는 중앙정부가 나서서 해결해야 되는 상황이다. 이것은 결국 시대에 뒤떨어지고 아무 의미도 없는 런던 자치정부를 연명시키는 것에 불과하다.

또 하나 중요한 원칙은 지역별로 단 하나의 대의기구만 있어야 한다는 점이다. 같은 지역 안에서 여러 기구가 나뉘어 일을 처리할 이유가 없는 것이다. 분업이라는 것이 모든 일을 세세하게 쪼개서 분담하는 것을 의미하지는 않는다. 분업의 올바른 의미는 일의 성격에 따라 같은 사람이 집중해서 하는 것이 나으면 통합하고, 다른 사람에게 분산시키는 것이 더 좋으면 그렇게 분할한다는 뜻이다. 중앙정부와 마찬가지로, 지역에서도 업무 성격에 따라 각 부처별로 나누는 것이 필요하다. 일에 따라 요구되는 전문 지식과 기술이 다를 것이므로 해당 분야의 전문가가 몰아서 한꺼번에 처리하는 것이 바람직하다. 그러나 이것은 행정 집행에 관한 것이고, 이를 감독하는 기구에게는 적용되지 않는 말이다. 주민들에 의해 선출된 대의기구가 하는 일은 각 행정 부처가 해야 할 일을 잘하고 있는지, 빠뜨린 일은 없는지 살피는 것이다. 이 일은 한 기구가 모든 분야에 걸쳐 할 수 있다. 종합적으로 몰아서 하는 것이 세분할 때보다 더 효율적이다. 사적인 일도 그렇지만, 공무를 맡은 사람 하나마다 일일이 감독자를 붙인다는 것은 말도 안 된다. 영국의 중앙정부에는 여러 부처가 있고, 각 부처마다 책임 맡은 장관이 있다. 그러나 이 장관 개개인에게 의회가 따로 있는 것은 아니다. 지역 의회도 전국 의회와 다를 바 없다. 의원들이 한 기구를 만들어 일의 성격과 중요성에 비추어 하나하나 함께 처리하는 것이다. 지역별로 한 기구를 두어 종합적으로 감독하게 만드는 또 하나의 중요한 이유가 있다. 지역의 대의기구는 그 수준이 매우 낮다. 지역 행정기관을 감독해야 할 사람들의 자질이 믿을 만하지 못한 것이다. 소규모 행정 단위이다 보니 해야 할 일들도 자질구레한 것이 많다. 그래서 각 지역별 행정 조직이 필요한 것이고, 또 바로 이런 이유에서 그것이 사람들의 정치적 능력과 일반 소양을 함양하는 데 도움이 되는 것이다. 그러나 학교에는 학자뿐만 아니라 선생도 있어야 한다. 지역의 정치기구에 참여하는 것이 교육적 효과를 거두자면 수준이 떨어지는 사람이 자기보다 높은 수준의 사람과 접촉하는 기회가 많아야 한다. 이것은 평범한 일상생활에서는 기대할 수 없는 일이다. 이런 경험이 제공되지 않으니까 많은 사람이 무지한 환경 속에서 만족하며 사는 것이다. 학교라는 것이 아무 역할도 못 하고 오히려 나쁜 영향만 끼친다. 즉 적절한 감독자가 없고 보다 훌륭한 인격의 소유자를 만나지 못하니까, 지역의 대표기구가 똑같이 부도덕한 일을 저지르고 이기적인 업무 처리를 하게 되는 것이다. 그런데 사회적으로나 지적으로 높은 수준의 사람에게 조그만 지역에서 그리 중요하지 않은 일, 이를테면 도로 포장 위원회나 하수 처리 위원회 따위에서 한 자리 맡아줄 것을 기대할 수는 없다. 식견이나 자격에 비추어 볼 때 전국 규모의 일을 하는 것이 더 어울릴 법한 사람에게 이런 지역의 일을 위해 시간과 노력을 사용해달라고 하는 것은 무리이다. 그런 일은 그런 수준의 사람에게 맡겨야 하는 것이다. 고용 위원회 같은 것은 아무리 시 전체를 포괄한다 하더라도 런던 교구의 위원들 정도면 문제없이 일을 할 수 있다. 그들이 다수를 구성하면 충분하다. 그러나 한 가지 강조할 것이 있다. 우리가 논의하는 지역 기구가 해야 할 일이 주어진 특수 임무를 훌륭하고 정직하게 처리하는 것이든, 아니면 국민의 정치적 식견을 높이는 것이든, 각 지역에 사는 사람 중에서 최선의 인물을 어느 정도는 반드시 포함할 수 있어야 한다. 이들이 지역의 많이 배우지 못한 사람들과 지속적으로 다양하게 접촉하게 해야 한다. 그들로부터 지역 현안을 처리하는 데 필요한 전문 지식이나 정보를 얻는 대신, 그들에게 세상을 살아가는 데 필요한 더 큰 차원의 지혜와 높은 식견을 들려주는 것이 무엇보다 필요하다.

그냥 보통 마을에는 지역 의회가 필요 없다. 여기에서 마을이라고 하는 것은, 그 주민들의 직업이나 사회적 관계가 인접한 시골 지역과 특별히 구분되지 않고, 그 지역에서 해결해야 할 문제도 주변의 다른 지역과 협의해서 처리할 수 있는 곳을 뜻한다. 이런 조그만 지역은 웬만한 규모의 지역 위원회를 꾸릴 수 있을 만큼 인적 자원이 풍부하지 않다. 마을의 일을 처리할 만한 재능이나 지식을 갖춘 사람이 있다고 해도 대개는 한 사람 정도에 지나지 않아 자칫 혼자서 독단적으로 결정할 가능성이 있다. 따라서 이런 작은 마을은 주변의 큰 지역과 합쳐서 일을 보는 것이 낫다. 시골 지역의 대표는 지리적 여건을 고려해서 선발하는 것이 바람직하다. 이를테면 감정이 서로 통하는 사람들끼리 한데 묶어주고, 군이나 도처럼 역사적 경계를 감안하며, 농업, 해양, 제조업 또는 광산 지역과 같은 경제적·직업적 여건을 고려해서 나누는 것이 필요하다. 지역에 따라 경제활동이 다르기 때문에 그에 맞춰 선거구를 나눠야 하는 것이다. 그동안 교구 연합은 지역의 극빈층 구호를 감독하는 대의기구를 구획하는 믿을 만한 근거로 활용되어왔다. 그러나 보다 넓은 군 규모 지역의 큰 길이나 교도소나 경찰을 관장하기에는 더 이상 적합하지 않다. 이런 곳에 적합한 대의기구를 획정하기 위해서는 각 지역의 고유한 특수한 문제를 처리하기에 적합한 기구의 필요성뿐만 아니라 현안을 잘 풀 수 있는 전문성이라는 변수도 함께 고려해서 구역을 나누는 것이 불가피하다. 예를 들어 구빈법을 잘 집행하기 위해 주민들의 경제 상태를 평가하는 지역이 현재의 교구 연합을 넘으면 안 되고, 각 교구 연합마다 하나의 후견인 위원회가 있어야 한다는 원칙을 지켜야 할지 모른다(나는 그렇게 생각한다). 그러나 보통 후견인 위원회보다 군 위원회가 더 우수한 자질의 사람들을 끌어 모을 수 있기 때문에, 중요한 지역 현안은 각 교구 연합보다 군 위원회가 다루는 것이 더 낫다.

각 지역에 감독 역할을 하는 지역 위원회나 지역판 소규모 의회가 있듯이, 실제 집행은 지역의 각 행정 부처가 맡는다. 이와 관련해, 중앙의 행정부를 논의할 때 제기되었던 문제를 다시 한 번 검토해보아야 한다. 이 경우에도 같은 답변을 할 수밖에 없다. 공공기관에 적용되는 원칙은 언제 어디서나 똑같다. 우선 각 부처의 책임자는 한 사람이어야 하고, 그 사람은 자기 업무에 관한 한 혼자 책임을 져야 한다. 둘째, 그 책임자는 주민이 선출하는 것이 아니라 임명되어야 한다. 측량사나 보건소 직원 또는 지방세 징수원을 투표로 뽑는다는 것은 말이 안 된다. 지역 주민들은 그런 직책을 임명할 처지가 못 되기 때문에 책임감도 별로 못 느낀다. 그래서 주로 지역의 유력자들을 뽑든지 아니면 아이를 12명이나 낳고 교구 안에서 30년 동안 지방세를 내야 했던 인물에게 동정표를 던진다. 따라서 투표를 한다는 것은 웃음거리밖에 안 되기 때문에, 지역 대의기구가 임명권을 행사하는 것이 낫다. 이런 기구는 각양각색 위원들의 사적 이해관계를 일종의 공동회사처럼 처리하는 성향이 있다. 시장이든 사계법원의 위원장이든 아니면 그 이름이 무엇이든, 해당 기구의 최상급자는 임명과 동시에 책임을 져야 한다. 그 사람은 중앙정부의 총리처럼, 각 지역에서 최고 책임자가 된다. 그리고 조직이 제대로 가동되는 곳이라면, 지역 관리들을 임명하고 통솔하는 것이 그의 1차 임무가 될 것이다. 그도 자신을 임명해주었던 위원회에 의해 매년 재선되거나 아니면 물러나야 한다.

지역 기구를 구성하는 문제는 이 정도로 하고, 이제 똑같이 중요하고 훨씬 더 어려운 문제, 즉 그 기구의 기능과 속성으로 옮겨 가보자. 이 문제는 둘로 나누어 검토할 필요가 있다. 첫째, 무슨 일을 해야 하는가. 둘째, 그 일을 하면서 전적으로 자율권을 행사해야 하는가, 아니면 중앙정부의 간섭을 받아야 하는가. 간섭이 필요하다면, 그 범위는 어디까지일 것인가.

우선 순전히 지역적인 문제, 다시 말해 한 지역에만 관계되는 일은 해당 지역의 관계자들에게 전부 맡겨야 한다는 것이 당연한 이야기다. 도로 포장, 조명, 거리 청소, 그리고 각 가정의 일상적인 하수도 문제 등은 관련 지역 주민들만의 관심사항이다. 국가는 모든 국민의 사적 행복에 관심을 쏟는 것과 같은 차원에서 이런 문제에 대해서도 관심을 기울일 수밖에 없다. 그러나 지역에서 책임을 지고 관장하지만, 그 성격상 그리고 전체의 효율을 위해 중앙정부가 함께 관여하지 않으면 안 되는 일도 있다. 이를테면 교도소는 영국에서 대부분 각 군 당국이 관할하지만 중앙정부도 무관심할 수가 없다. 그리고 지역, 특히 자치지역의 경찰과 사법 행정도 지역 주민이 부담하고 주민들이 뽑은 관리에 의해 운영되지만, 역시 중앙정부가 관여해야 되는 사항들이다. 이런 것들은 지역만의 관심사라면서 중앙정부가 외면한다는 것은 말이 안 된다. 어느 지역의 경찰이 일을 잘못해서 강도가 활개를 치고 풍속이 문란해졌다면, 다른 지역 사람들이 남의 일이라고 신경을 쓰지 않아도 될 것인가. 또는 감옥 관리가 허술해진 나머지, (다른 곳에서 범죄를 저지르고 이곳으로 온) 범죄자에게 처음 형벌을 가한 판사의 뜻과는 달리, 두 배 가중 처벌을 하든가 아니면 아예 형량을 줄여 실질적으로 무죄나 마찬가지로 만들어버린다면, 이것은 국가 차원에서 개입하지 않으면 안 되는 중대 사안이다. 여기에서 중요한 사실은, 이런 문제를 잘 관장한다는 것은 장소를 막론하고 어디에서나 똑같이 요구되는 일이라는 점이다. 경찰이나 감옥, 사법행정 같은 것은 한 나라 안 어디를 가나 똑같은 원칙 아래 철저하게 집행되어야 한다. 이처럼 중요한 일이지만, 전국적 차원의 높은 능력을 가진 사람을 지역에서는 찾아볼 수가 없기 때문에 결국 그보다 능력이 떨어지는 인물들에게 맡겨야 하고, 그러다 보면 나쁜 결과가 자칫 해당 지역에 머무르지 않고 나라 전체에 심각한 악영향을 끼칠 수 있다. 생명과 재산을 보호하고 사람 사이에 평등한 정의를 구현하는 것은 사회적으로 가장 중요한 일이고, 정부가 가장 우선적으로 집중해야 할 과제다. 이렇게 중차대한 일을 중앙정부가 보고만 있으면 안 된다. 전쟁과 조약을 맺는 것 못지않게, 이런 일도 정부가 나서서 해결해야 한다. 정부의 1차적 임무를 원활하게 수행하기 위해 요구되는 모든 조치는 전국 어디서나 똑같이 구속력이 있어야 하고, 정부의 엄격한 감시 아래 집행되어야 한다. 그런데 중앙정부의 손이 모자란 까닭에 이런 일의 집행권을 지역에 위임하는 것이 때로 유익할 수 있다. 영국에서는 특히 그렇게 하는 것이 불가피하다. 따라서 지역별로 중앙정부를 대신해서 집행할 관리들을 임명해야 한다. 그러나 경험에 비추어볼 때, 각 지역에서 이런 일을 잘 수행하고 있는지 중앙정부가 감독관을 파견해서 자주 살피는 것이 필요하다. 감옥 업무가 지역에 위임되어 있다면, 중앙정부는 감옥 감독관을 파견해서 의회가 정한 규칙대로 감옥이 움직이는지 살피고, 경우에 따라서는 감옥 현장에서 필요하다고 느끼는 건의사항을 수집하게 해야 한다. 이것은 마치 공장의 작업환경을 규제하기 위해 의회가 제정한 법규가 적절하게 실천되고 있는지, 그리고 각급 학교에 대해 국가가 재정지원을 하면서 전제조건으로 내건 것들이 제대로 충족되고 있는지 확인하기 위해 감독관을 내려보내는 것과 같은 이치다.

그런데 또 다른 차원에서 검토해야 할 것이 있다. 사법, 경찰, 감옥에 관한 행정은 전국 어디에서나 똑같이 중요한 관심사기 때문에, 지역의 특수성과 무관하게 전국적으로 통일된 규제와 과학적인 기법이 적용되어야 한다. 또 순전히 지역 인사들보다 고도의 전문 능력을 갖춘 관리들이 책임을 맡는 것이 좋다. 이에 반해, 구빈법을 집행하고 위생 규제를 적용하는 것 등은 똑같이 나라 전체에 중요한 일이지만, 지역 사람들 손에 맡기지 않으면 제대로 진행될 수가 없다. 이런 상황에서는 각 지역 담당자들이 중앙정부의 감독과 통제에서 벗어나 어느 정도 자율권을 행사하는 것이 좋을까?

이 질문에 답하기 위해서는 문제가 되는 업무를 처리하고, 태만 또는 남용을 견제하는 데, 중앙정부와 지역 행정기관 중 어느 곳이 더 적합하고 효율적인지 따져보아야 한다. 우선, 지역의 대의기구와 그 관리들이 중앙의 국회와 행정부에 비해 지적 수준이나 능력에서 훨씬 떨어진다는 것은 거의 분명한 사실이다. 둘째, 능력이 모자랄 뿐 아니라 그들을 둘러싼 환경, 특히 시민의 수준도 떨어진다. 수도를 중심으로 국회와 중앙정부를 감시, 비판하는 전문가들의 수준과 지역에서 하급 관리들을 견제하는 주민들의 수준이 같을 수 없는 것은 당연한 이야기다. 나아가 지역에서는 관련된 이해관계가 그리 크지 않다 보니 주민들의 참여도도 상대적으로 더 낮다. 중앙에 비해 언론의 비판도 덜 매섭고, 주민들의 논쟁도 덜 뜨겁다. 웬만하면 그냥 넘어갈 수 있는 것이다.

이렇게 보면 중앙정부가 담당하는 것이 나을 것 같다. 그러나 좀 더 자세히 관찰해보면 이것을 상쇄시키는 보다 중요한 측면이 있다. 지역의 관리와 주민들은 중앙정부에 비해 행정 원리에 관한 지식 측면에서 상당히 뒤떨어진다. 그런데 이 부족한 점을 너끈히 보상하는 중요한 측면이 하나 있다. 그것은 바로 그들이 행정 결과에 대해 훨씬 직접적인 이해관계를 가지고 있다는 사실이다. 어떤 사람의 이웃이나 지주가 당사자보다 더 영리할 수 있다. 그리고 그들도 당사자가 잘되는 일에 간접적이나마 관심이 없지 않을 것이다. 그러나 어떤 경우에도 본인이 자기 일에 직접 팔을 걷고 나서는 것보다 더 잘할 수는 없다. 또 하나 강조해야 할 것이 있다. 중앙정부가 직접 사람을 파견해서 일을 처리한다고 해도, 그 관리가 일하는 곳은 중앙이 아니라 지역이다. 중앙에 비해 지역 주민의 수준이 아무리 떨어진다 해도, 그 관리들을 감독할 사람은 결국 그 주민들이다. 지역의 여론이 그들에게 직접 영향을 주거나, 아니면 중앙정부에 문제점을 시정하도록 요구할 것이다. 국민 전체가 해당 지역의 소소한 일에 관여할 가능성은 거의 없고, 내용을 정확하게 파악한 뒤 구체적으로 결정을 내릴 확률은 더구나 희박하다. 결국 순전히 지역적인 문제에 대해서는 지역 주민의 여론이 훨씬 강력한 힘을 발휘한다. 지역의 관리들은 당연히 그 지역의 평생 주민들이고, 임기를 마친다고 다른 곳으로 옮겨 갈 사람들이 아니다. 그들의 권한이라는 것도 어떻게 보면 지역 주민의 의지에 달려 있는 것이다. 중앙정부가 지역의 사람들과 현안에 관한 세부적인 내용을 알 길이 없고, 다른 크고 중요한 문제에 시간과 정력을 집중하느라 지역의 특수 사정에 대해 질적으로나 양적으로 충분히 숙지하지 못할 것이며, 그에 따라 지역 주민들의 불만 사항을 점검하고 수많은 지역 관리들을 엄격하게 통제하는 데 효율적일 수 없다는 점에 대해서는 굳이 언급할 필요가 없을 것이다. 따라서 지역의 세부적인 일에 관한 한 일반적으로 지역의 기관들이 상대적으로 더 강점을 가지고 있다. 그러나 아무리 지역에 국한된 문제라 하더라도 행정 원리 그 자체를 파악하는 능력에서는 중앙정부를 따라갈 수가 없다. 중앙정부에서 일하는 인적 자원이 상대적으로 더 우수할 수밖에 없는 데다, 숱한 사상가와 논객들이 항상 유익한 정보를 제공하며 돕기 때문이다. 지역 관리들의 지식과 경험이라는 것은 아무리 뛰어나다 해도 그 지역에 국한된 지식과 경험인데 비해 중앙정부는 나라 전체에서 축적된 경험과 지식을 활용할 수 있다. 나아가 외국 사례도 수월하게 접근할 수 있다.

이런 논의 끝에 분명한 결론을 어렵지 않게 끌어낼 수 있다. 원리에 강한 쪽은 원리에 치중해야 하고, 세부적인 일에 능한 쪽은 그 일을 맡는 것이 바람직하다. 중앙정부는 지침을 내리는 일에 주력하고, 지역 기관들은 그것을 현실에 적용하는 일을 맡아야 한다. 권한은 지역으로 나누되, 지식은 중앙으로 모일 때 가장 효율적일 수 있다. 모든 흩어진 광선을 한데 모으는 초점이 존재해야 한다. 어딘가에 산재하는 부서지고 채색이 된 광선들이 그곳에서 자신을 완벽하게 정화시킬 무엇인가를 찾을 수 있을 것이다. 국가의 이익에 영향을 주는 모든 지역 행정 부처에 상응하는 중앙 부처(장관이든지 아니면 그가 임명한 특수 관리든지)가 있어야 한다. 비록 그 관리가 그저 각 지역에서 올라오는 정보를 수집하고, 한쪽에서 획득한 경험을 다른 곳으로 전달하는 일에 그친다 하더라도 여전히 그 존재는 필요하다. 그러나 중앙정부가 분명히 해야 할 일이 또 있다. 중앙정부는 항상 각 지역과 긴밀하게 소통을 해야 한다. 지역의 경험을 귀담아듣고 자신의 경험을 전해주어야 한다. 지역이 요청하면 언제든지 충고를 해주고, 필요하다 싶으면 스스로 알아서 도와주어야 한다. 지역 기관이 공개적으로 일을 처리하고, 모든 절차를 반드시 기록하도록 강제해야 한다. 지역 업무와 관련해서 의회가 제정한 법규를 충실히 이행하는지 감독해야 한다. 이런 법이 필요하다는 것을 부인할 사람이 없을 것이다. 각 지역은 자신의 이익이 걸린 문제를 잘못 처리할 수도 있다. 그러나 다른 지역의 이익에 대해 부당하게 행동해서는 안 된다. 사람과 사람 사이의 정의의 원칙을 침해해서도 안 된다. 이런 점에 대해서는 국가가 엄격하게 감독해야 한다. 어떤 지역의 다수파가 소수파를, 또는 한 계급이 다른 계급을 억압하려 든다면, 이런 상황에서는 국가가 개입해서 막아야 한다. 이를테면 각 지역의 지방세율은 그 지역의 대의기구가 혼자 결정해야 한다. 그러나 지방세 납부자들에 의해서 뽑힌 그 기구가 가난한 사람이나 부자 또는 특정 계급에게 부당한 손해를 끼치며 지역의 재정 수입을 올리려 한다면, 이때는 국회가 나서서 제재를 가해야 한다. 지역의 세수 총액을 결정하는 것은 전적으로 그 지역 대의기구의 몫이지만, 세제나 징세 평가 기준을 결정하는 것은 국회의 권한이다. 지역의 기관들도 이 규정에 따라 움직여야 하는 것이다. 공적 구호단체의 활동도 마찬가지다. 이것이 어떤 원칙을 세워서 누구에게 지원해주는가에 따라 전체 노동자계급의 근로의욕과 도덕심이 크게 영향을 받는다. 정해진 원칙에 따라 누구에게 구호자금을 줄 것인지는 기본적으로 지역의 담당 관리들이 결정해야 할 일이다. 그러나 그 원칙을 정하는 것은 국회다. 국가적으로 중요한 의미를 지니는 일에 국회가 적절한 규칙을 제정하고, 그 규칙이 잘 준수되도록 조치를 취하지 않는다면, 그것은 중대한 임무 위반이다. 법규가 잘 이행되도록 지역 기관에 개입하는 문제를 세세하게 논의하는 것은 여기서 할 일이 아니다. 어떤 법이든 그 속에 위반자에 대한 처벌 조항과 강제 조치를 다 포함하고 있는 것이 일반적이다. 극단적인 경우를 대비해서, 국가가 지역 대의기구를 해산하거나 지역의 행정기관장을 해임하는 조항을 두는 것이 불가피하다. 그러나 국가가 직접 새 책임자를 임명하거나 지역 기관의 기능을 중지시키는 것은 안 된다. 국회가 개입하지 않는다면, 중앙정부의 어느 부처도 지역 기관에 개입해서는 안 된다. 그러나 지역에서 개탄스러운 일이 벌어진다면, 충고와 비판, 법의 집행, 국회 또는 지역 유권자들에 고발하는 역할 등, 중앙정부는 매우 가치 있는 기능을 수행할 수가 있다.

중앙정부가 아무리 행정 원리에 관한 지식 측면에서 지역을 압도한다 하더라도, 지금까지 누누이 강조되어왔던 위대한 목표, 즉 시민의 사회적, 정치적 교육을 위해, 비록 부족하더라도 자기 일을 그들 스스로 처리하도록 내버려두어야 한다는 사실을 강조하는 사람도 있을 것이다. 이에 대해 시민의 교육이라는 것이 매우 중요하기는 하지만, 정부와 행정이 그것만 위해 존재하는 것은 아니라고 응답할지 모르겠다. 그러나 이런 식으로 몰아가는 것은 민주적 정치제도가 정치 교육 수단으로서 수행하는 기능에 대해 제대로 알지 못한 탓이다. 무지가 무지와 어울리게 하고 시민이 지식을 추구해도 아무런 도움도 주지 않으면서 스스로 그 길을 가게 하며, 지식을 찾지 않으면 그냥 내버려두는 것은 아주 잘못된 교육 방식이다. 중요한 것은 무지가 스스로의 상태에 대해 깨닫도록 만들고, 지식의 힘으로 이득을 얻게 해주어야 한다는 점이다. 습관적으로 같은 길만 가는 사람을 원리에 따라 행동하게 하면서 그 가치를 깨닫게 해주어야 한다. 상이한 행동 양식을 비교하고, 자신의 이성을 통해 최선의 길을 찾도록 가르쳐야 한다. 좋은 학교를 찾으면서 좋은 선생을 배제해서는 안 된다. "선생이 있는 곳이 곧 학교다"라는 옛날 격언과 같이, 학교와 대학이 젊은 사람을 가르친다면, 공공업무는 간접적인 방법으로 어른들을 교육시키는 것이다. 정부가 모든 일을 다 한다는 것은, 레뮈자(19세기 프랑스의 정치인, 작가)가 적절히 비유했듯이, 학생들의 숙제를 선생이 다 해주는 것이나 같다. 그렇게 하는 선생은 학생들 사이에서 인기가 아주 좋겠지만, 가르치는 것은 아무것도 없다. 반면 누구든지 할 수 있는 일을 정부 자신은 하지 않고, 그렇다고 무엇을 어떻게 해야 하는지 아무에게 가르쳐주지도 않는 것은, 마치 선생은 없고 누구로부터 가르침을 받은 적이 없는 교생만 있는 학교와 같다.

16장 대의정부와 민족

인류의 한 부분이 다른 집단과 구별되게 자기들끼리 공동 감정으로 한데 묶여 있다면(그래서 다른 사람들에 비해 자기들끼리 더 잘 협력하고 동일한 정부, 즉 자기들 일부에 의한 배타적 정부 밑에 있기를 바란다면) 하나의 민족을 구성한다고 할 수 있다. 민족을 구성하는 이런 감정은 여러 원인에 의해 형성된다고 볼 수 있다. 어떤 때는 인종과 혈통이 작용해서 민족감정이 생긴다. 공동의 언어, 공동의 종교가 큰 역할을 하기도 한다. 지리적 경계도 물론 한 원인이 된다. 그러나 무엇보다 중요한 것이 바로 정치적 역사와 전통을 공유한다는 점이다. 같은 역사를 물려받으면서 과거에 대해 같은 기억을 가지고 있다는 것, 다시 말해 과거의 동일한 사건을 둘러싸고 집단적 자긍심과 수치, 즐거움과 회한을 함께 인식한다는 것이 가장 중요한 요소가 된다. 그러나 이런 환경들 그 자체가 절대적이거나 반드시 충분하다고 볼 수는 없다. 스위스는 각 주가 서로 다른 인종과 언어, 종교를 가지고 있지만 그래도 강렬한 민족감정을 자랑한다. 시실리는 나폴리와 종교가 같다. 언어가 거의 비슷하고 역사적 전통도 상당 부분 동일하다. 그러나 분명히 서로 다른 민족이라고 생각한다. 벨기에의 플랑드르 사람과 왈론 사람은 인종과 언어가 서로 다르지만 같은 민족이라는 생각이 강하다. 그래서 전자가 네덜란드, 후자가 프랑스에 대해 느끼는 것보다 상호 더 가깝게 여긴다. 그러나 일반적으로 볼 때, 민족을 구성하는 요소가 부족할수록 그에 비례해서 민족감정도 약화된다. 독일이라는 울타리 안의 여러 지역들은 실제로 한 정부 밑에 통일된 적은 없어도 언어, 문헌 그리고 나아가 인종과 공동의 기억 덕분에 상당한 수준의 민족감정을 일궈나갔다. 그러나 각 주가 자치권을 내버릴 정도로 그 감정이 강렬한 것은 아니었다. 이탈리아 사람들도 한 민족으로 보기가 어렵다. 이 나라에는 매우 이질적 인종들이 섞여 있고, 먼 옛날 전 세계에 걸쳐 대제국을 형성했던 시기를 빼고 나면 과거나 현재를 통틀어 단일 정부 밑에 있어본 적이 없다. 그러나 언어와 문헌, 다른 나라와 뚜렷이 구분되는 지리적 경계, 그리고 아마도 무엇보다 이탈리아라는 이름을 같이 쓴다는 것이 중요한 역할을 하고 있다. 예술과 군사, 정치, 종교적 위상, 과학, 그리고 문헌을 통해 성취한 역사적 업적에 대한 자부심이 이탈리아인 사이에 민족감정을 고취해준다. 그 감정이 아직 완전하지는 않지만 지금 눈앞에 전개되고 있는 위대한 사건들을 촉발시킬 정도로 그 힘이 대단한 것이다.

어떤 형태로든 민족감정이 있으면 그 민족 구성원들을 한 정부 아래 결집시키는 강력한 작용을 한다. 공동의 정부가 만들어지는 것이다. 이렇게 되면 남는 문제는 어떻게 그 사람들이 정부를 구성하는가 하는 점이다. 인류의 어느 부분이 다른 인간집단들과 어떻게 연대해서 나라를 만들 것인지 확실히 알 길이 없다. 어느 민족이 자유로운 정치제도를 운용할 만큼 발전했다고 하더라도 여전히 고려해야 할 중요한 문제가 남아 있다. 이민족으로 구성된 나라에서는 자유로운 정치제도가 거의 불가능하다. 상호 유대감이 없는 사람들, 특히 서로 다른 말을 쓰는 경우, 대의정부 작동에 필수적인 사람들의 통일된 생각이 존재할 수가 없다. 한 나라 안에서도 지역과 집단에 따라 사람들의 생각에 영향을 주고 정치적 행동을 결정짓는 요소들이 다르다. 전혀 다른 종류의 지도자들이 국내의 이런저런 집단으로부터 지지를 받는다. 그들이 똑같은 책이나 신문, 잡지, 연설을 보고 듣는 것은 아니다. 한쪽 사람들은 저쪽 사람들이 무슨 생각을 하는지, 또 어떤 흐름의 영향을 받는지 잘 모른다. 동일한 사건, 동일한 행동, 동일한 정부 체제가 그들에게 서로 다른 영향을 미친다. 각 민족은 공동의 정부보다 다른 민족으로부터 더 큰 위협을 느낀다. 정부의 권력을 장악하려는 욕구보다 민족끼리 서로 반목하는 감정이 훨씬 강렬하다. 어느 한 민족이 정부 정책 때문에 피해를 본다면. 다른 민족은 바로 그 이유 때문에 정부를 지지하게 된다. 설령 모두가 다 피해를 본다 하더라도 그들끼리 한 마음으로 정부에 대해 공동 대응할 정도의 믿음이 없다. 어느 한쪽도 혼자 정부에 대항할 힘은 없기 때문에, 차라리 정부에 협력해서 다른 민족들과 맞서는 것이 더 이익이라고 계산할 가능성이 있다.

무엇보다도 이 경우 정부의 폭정에 맞서 싸울 수 있는 가장 확실하고 믿을 수 있는 무기, 즉 국민이 뒷받침되는 군대의 지지를 기대할 수 없다. 군대는 그 속성상 같은 나라 사람과 외국인을 엄격하고 철저하게 구별하기 마련이다. 일반 국민의 눈에 외국인들은 그저 이방인일 뿐이다. 단 일주일 만에 소집된 군인이라 하더라도, 그들이 볼 때 외국인은 목숨 걸고 싸워야 할 대상에 지나지 않는다. 그것은 친구와 적, 좀 심하게 표현하자면 동료와 다른 종류의 동물의 관계와 같다. 적에 대해 적용할 수 있는 유일한 법은 힘의 법칙뿐이다. 군이 사정을 봐준다면, 다른 동물에 자비를 베풀듯이, 그냥 인간성 존중 차원에서 약간 배려할 수는 있을 것이다. 군인의 입장에서 볼 때, 그들이 섬기는 정부 아래 있는 인민의 반이나 4분의 3이 외국인이나 다름없다면, 명백한 적군에 대해 가차 없이 공격을 퍼붓듯이, 그들을 똑같이 대하더라도 아무 문제가 없을 것이다. 그렇게 해도 되는지 묻지도 않을 것이다. 여러 민족으로 구성된 군대는 하나의 깃발 아래 뭉치는 것 외 다른 그 어떤 애국심도 못 느낀다. 이런 군대가 근대 역사를 통해 자유의 수호자가 되었다. 그들의 직속상관과 그들이 복무하는 정부가 군인들을 한데 묶어주는 유일한 힘이었다. 공적 의무감이래야 그저 명령에 복종하는 것뿐이었다. 그런 식으로 지탱되었던 정부가 헝가리 부대를 이탈리아에, 그리고 이탈리아 부대를 헝가리에 주둔시키면서 두 지역을 오래 통치할 수 있었던 것은 외국인 정복자들의 철권통치 덕분이었다.

조국의 동포라는 것과 그저 한 사람의 인간에 지나지 않는다는 것 사이에 이처럼 엄청난 차이를 두는 것이 문명사회보다 야만인들 사이에나 어울릴 법한 일이기 때문에 당장 극복하지 않으면 안 된다고 주장하는 사람들이 있다. 이 점에 대해서는 누구보다 공감한다. 그러나 이 일이 우리가 노력을 경주해야 할 가장 중요한 과제이기는 하지만, 현재의 문명 상태에 비추어볼 때, 세력이 비슷한 민족들을 한 정부 아래 묶어놓는다고 해결될 성질은 아니다. 야만 상태의 사회에서는 이야기가 조금 달라진다. 이 경우에는 정부가 인종들 사이의 반목을 완화시키는데 주안점을 두기 때문에 그런 식으로 하면 평화를 유지하고 나라도 쉽게 다스릴 수 있다. 그러나 인위적으로 묶여 있는 민족들 사이에서 민주적인 정치제도가 존재하거나, 그것을 향한 염원이 움튼다면, 정부는 정반대되는 방향으로 움직이려 할 것이다. 즉 민족들 사이에 적대감을 부추기려 할 것이다. 그들끼리 협력하는 것을 방해하고 어느 한쪽을 이용해서 다른 쪽을 노예로 삼으려 할 것이다. 그래서 오스트리아 왕조는 한 세대에 걸쳐 이런 전술을 중요한 통치 수단으로 삼고 있다. 세계가 다 알다시피, 비엔나와 헝가리에서 반란과 저항이 일어났을 때, 이 치명적인 수법을 이용해서 성공을 거두었다. 다행스럽게도 이제는 이런 수법이 더 이상 통하지 않을 정도로 세상이 발전했다.

이런 이유들 때문에 정부의 관할 범위와 각 민족들 사이의 경계가 대체적으로 일치하는 것이 민주적 정치제도가 작동하기 위해 일반적으로 필요한 조건이다. 그러나 현실에 들어가면 이런 일반 원리와 충돌을 일으키는 상황들이 벌어진다. 첫째, 지리적 걸림돌 때문에 그 원리를 현실화하기 힘든 경우가 자주 있다. 유럽의 여러 나라에서도 이질적 민족들이 각 지역별로 서로 복잡하게 얽혀 있어서 민족끼리 독자적 정부를 세운다는 것이 현실적으로 불가능한 경우가 많다. 이를테면 헝가리는 마자르족, 슬로바키아족, 크로아티아족, 세르비아족, 루마니아족 그리고 일부 지역에서는 독일족이 서로 엉켜 있어서 지역별로 분리하는 것이 불가능하다. 따라서 이들에게는 현실적 필요에 따라 동등한 권리와 법의 지배 아래 함께 살면서 화해하는 길 외에 대안이 없다. 1849년 헝가리가 독립을 빼기면서 시작된 예속 상태가 고착되는 가운데 그러한 동등한 통합의 길이 열리고 있다. 동부 프러시아의 독일 식민지는 옛 폴란드 지역에 의해 독일과 분리되는데, 너무 힘이 미약해서 따로 독립하기 힘들다. 따라서 지리적 연속성을 유지하기 위해서는 비독일계 정부 아래 들어가든지, 아니면 중간에 낀 폴란드 영토가 독일 쪽으로 흡수되어야 한다. 주민의 다수가 독일계인 상당수 지역, 즉 라트비아, 에스토니아, 리보니아 지역은 그 사정상 어쩔 수 없이 슬라보니아의 한 부분이 되었다. 동부 독일 그 자체에도 슬라보니아족이 상당히 많다. 보헤미아에서는 슬라보니아족이 주축이고, 실레지아와 다른 지역에서는 일부만 그렇다. 심지어 유럽에서 가장 잘 통일된 나라인 프랑스조차 결코 동질적이지 않다. 이 나라의 아주 멀리 떨어진 변방이 여러 외국 민족으로 구성된 것은 별개로 하더라도, 언어와 역사를 통해 보면, 크게 두 종족으로 나뉜다. 한쪽은 거의 갈로로망족이고, 다른 한쪽은 프랑크족, 부르고뉴족, 게르만족 중심으로 구성되어 있다.

지리적인 걸림돌을 극복하고 나면 이번에는 보다 순전히 도덕적·사회적 문제가 떠오르게 된다. 과거 경험이 말해주듯이, 한 민족이 다른 민족과 합치거나 흡수되는 경우가 있다. 원래 상대적으로 열등하거나 뒤떨어진 민족이라면 이렇게 흡수되는 것이 본인들에게 큰 이익이 될 것이다. 브르타뉴나 나바르 지역의 바스크가 프랑스 민족의 일원이 되면서, 프랑스 시민과 똑같은 권리를 향유하고 프랑스의 보호를 받을 수 있으며 프랑스라는 강대국의 위광 아래 들어갈 수 있게 되었다. 이들이 세상의 전반적인 흐름과 동떨어진 채, 자신들의 척박한 땅에서 정신문명을 제대로 일으키지 못하고 과거의 반야만적인 삶을 되풀이하는 것에 비해, 선진 문명국의 사상과 감정을 받아들이는 것이 분명 그들에게 더 큰 이익이 되고도 남았을 것이다. 웨일스 사람들이나 스코틀랜드의 하일랜드 사람들이 영국의 구성원이 된 것도 같은 맥락에서 평가할 수 있다.

민족이 서로 섞이고, 각 민족 특유의 개성과 풍습이 한 울타리 안에 함께 어울리는 것은 인류 전체의 입장에서도 이익이다. 물론 이때 그들 고유의 특성까지 없애버리는 것이 아니고 중요한 유산은 보존하면서, 다만 각자의 극단적 형태를 완화시키고 민족들 상호간의 간격을 줄여나가는 것이 전제되어야 한다. 동물들을 이종교배異種交配하는 경우에서 보듯이, 민족들을 서로 합치면(물리적인 것뿐만 아니라 도덕적인 융합을 강조하지 않을 수 없다) 각자가 원래 지니고 있던 독특한 개성과 탁월한 강점은 유지하면서, 그 속에 들어 있던 부정적인 요소는 걸러낼 수 있다. 그러나 이런 통합이 가능하기 위해서는 까다로운 조건들이 맞아떨어져야 한다. 각 민족을 둘러싼 환경이 다양하고, 그에 따라 결과도 크게 달라지기 때문이다.

서로 다른 민족이 한 정부 아래 합쳤을 때, 그 수나 세력에서 대등할 수도 있고, 그렇지 않을 수도 있다. 그 힘이 대등하지 않을 경우에도, 수가 작은 쪽이 문화의 힘에서 더 우월하거나 반대로 열등한 상황을 생각해볼 수 있다. 만일 문화적으로 더 우월하다면, 그 힘을 이용해서 상대방을 제압할 수 있을 것이다. 아니면 오히려 물리적 힘이 센 상대방에게 복속될지도 모른다. 후자의 경우는 인류 역사에 큰 불행을 안기는 사건이기 때문에, 문명 세계가 한 마음으로 힘을 합쳐 그런 불행을 방지해야 한다. 그리스가 마케도니아에게 정복당한 것은 인류 역사 최대 불행 중의 하나였다. 만일 유럽의 주요 국가가 러시아에게 넘어간다면, 이것 역시 큰 불행이 아닐 수 없다.

그리스 문명을 등에 업은 마케도니아가 아시아와 영국령 인도를 정복했듯이, 문화의 힘을 갖춘 소수 민족이 더 강대한 민족을 물리칠 수 있다면, 문명사적으로 긍정적인 기여를 할 수도 있을 것이다. 그러나 이 경우에는 정복자와 피정복자가 하나의 민주적 정부 아래 같이 살지 못한다. 정복자들이 문명적으로 뒤진 사람들을 흡수하는 것은 재앙이 될 수 있다. 이들이 종속민으로 통치받을 것이 분명하다. 다만 피정복자들이 자유로운 민주제도 없이 사는 것을 크게 고통스럽게 생각하는 수준까지 도달했는지, 그리고 정복자들이 자신의 우월한 힘을 이용하여 피정복자들이 보다 높은 수준의 문명을 지향하도록 만드는지 여부에 따라, 그들의 상태가 불행이 될지 아닐지 결정될 것이다. 이 문제는 다음 절에서 집중적으로 검토해볼 것이다.

정복자들이 세력도 크고 문명도 더 발전했다면, 특히 정복당한 쪽이 수가 적을 뿐 아니라 장차 독립을 회복할 가능성이 없다면 그리고 이 상태에서 웬만큼 정의가 유지되면서 힘센 쪽이 배타적 특권을 휘두르지 않는다면, 약소민족은 점차 순응하다가 마침내 큰 쪽에 융합될 것이다. 오늘날 저지低地 브르타뉴 사람, 심지어 알자스 사람 중 그 누구도 프랑스로부터 독립하겠다는 생각을 하지 않는다. 아직 영국에 대한 아일랜드인의 감정이 하나로 모아지지 않는다면, 그것은 아마 그들이 홀로 떳떳한 독립국을 유지할 만큼 그 수가 많은 까닭일지 모른다. 그러나 그것보다 더 중요한 이유는, 그들이 최근까지 학정虐政에 시달린 탓에 좋은 감정과 나쁜 감정이 한데 어울려 색슨족의 지배에 뿌리 깊은 반감을 느끼고 있기 때문이다. 영국에 대한 이런 악감정, 나아가 제국 전체에 대한 증오심은 지난 한 세대 동안 완전히 사라졌다고 해도 과언이 아닐 것이다. 이제 아일랜드인이라고 앵글로색슨족보다 자유를 덜 누리거나, 영국 자치령 어느 사람에 비해 국가적으로나 개인적으로 차별 대우를 받는 일이 없어졌다. 아일랜드인에게 남은 유일한 숙원이라면 국교 문제인데, 이 점에 관해서는 영국 본토의 거의 절반에 가까운 사람들도 같은 문제를 안고 있다. 따라서 이제 과거의 기억과 종교 문제를 제외한다면, 이 두 민족을 갈라놓을 것이 거의 없다시피 하다. 사실 세계 어디를 봐도, 이 두 민족처럼 서로 완전하게 짝이 맞는 상대는 다시없다. 아일랜드 사람들 사이에 마침내 똑같은 정의가 적용되고 있고, 그들 자신이 대등한 배려를 받고 있다는 자의식이 빠르게 확산되면서 중요한 변화가 일어나고 있는 것이다. 그들 입장에서 영국은 가장 가까운 이웃일 뿐만 아니라, 세계에서 가장 문명이 발달했고 가장 강대한 나라이며 나아가 가장 부유하고 가장 자유로운 나라다. 이런 나라를 그저 하나의 외국이 아니라 같은 국가로 삼으면 그들에게 분명 큰 혜택이 돌아간다. 아일랜드 사람들은 수가 작고 상대적으로 덜 부유한 쪽이 느낄 수밖에 없는 악감정을 떨쳐내고 이런 혜택을 긍정적으로 받아들이기 시작한 것이다.

서로 다른 민족들을 하나로 융합할 때, 그들이 수적으로, 그리고 세력에서 그 힘이 서로 비슷할 경우에 가장 큰 어려움이 생긴다. 이런 상황이 되면, 각자가 자기 힘을 믿으면서 상대가 그 누구라도 대등하게 맞설 수 있다는 자신감이 있기 때문에, 다른 편에 흡수되지 않으려 한다. 서로가 고집스럽게 자기 방식을 지키려 할 것이다. 한물간 관습,

심지어 잊힌 언어까지 부활시키면서 분열의 골을 깊게 팔 것이다. 경쟁하는 종족의 관리들이 자신들에게 무언가 권한을 행사하면 권력을 함부로 휘두른다는 느낌을 받을 것이다. 서로 다투고 있는 어느 한 종족에 조금이라도 혜택이 돌아가면 나머지 종족은 손해를 본다고 생각할 것이다. 그러나 그렇게 쪼개진 민족들 위에 중립적인 전제정부가 들어서면(단 그 정부가 아무 민족과도 관계가 없다면, 또는 어느 한쪽에서 시작했다 하더라도 그 특정 민족과 손을 잡기보다 자기 힘을 믿고 독자 노선을 걷는 것이 더 유리하다는 생각에서 어느 편도 들지 않고 공평하게 처신한다면) 이야기가 달라진다. 몇 세대만 지나면, 같은 상황을 공유한 덕분에 서로 다투던 민족들 사이에서 때로 감정의 조화가 일어나면서 같은 동포라는 인식이 싹트기 시작한다. 이런 현상은 지리적으로 가깝게 맞대고 있는 민족들 사이에서 특히 자주 목격된다. 그러나 이런 민족적 융합이 발생하기 전에 민주정부를 세우고자 하는 움직임이 먼저 일어난다면 그런 기대를 접어야 한다. 서로 다투고 있는 민족들이 지리적으로 떨어져 있고, 특히 각자 사정 때문에 동일한 정부 밑에 들어가는 것이 자연스럽지 않고 편리하지도 않다면(프랑스 또는 독일의 지배 아래 있는 이탈리아 지방의 경우처럼) 바로 그 순간부터 양쪽 관계를 완전히 끊어버리는 것이 차라리 낫다. 민족의 자유 또는 통합이 요구되는 상황이라면, 그렇게 하는 것이 당연하기까지 하다. 경우에 따라서 필요하다면 분리된 지역들이 연방 형태로 결합을 유지할 수도 있을 것이다. 그러나 꼭 이해관계가 일치하지는 않더라도 심정적으로 일체감을 느끼는 이웃이 있어서 그들과 합치기를 더 원할 경우에만 완전 독립을 포기하고 연방의 일원이 되려 할 것이다.

17장 연방 대의정부

민족에 따라 동일한 정부 밑에서 같이 사는 것을 좋아하지 않거나 그런 사정이 안 되는 까닭에 대외관계에서 연방 형태를 이루고 사는 경우가 있다. 그들 사이에서 전쟁이 일어나는 것을 피하고, 힘이 센 주들이 강압적인 행동을 하지 못하게 효율적으로 방지하기 위해서다. 그런 민족에게는 연방 형태의 정부가 때로 더 유익할 수 있다.

연방제를 원만하게 유지하기 위해서는 몇 가지 조건이 충족되어야 한다. 첫째, 연방을 구성하는 국민 사이에 상호 감정적 유대가 형성되어야 한다. 연방제는 늘 같은 구성원들끼리 다투게 만든다. 그들끼리 좋지 않은 감정이 있거나, 외부에 대해 상반된 생각을 가지고 있어 자주 반대편에 서서 싸울 정도라면 그런 연방은 상호 결속이 약해서 오래 지속되기 어렵고 그런대로 버틴다 해도 제대로 기능할 수가 없다. 연방을 감정적으로 튼튼하게 묶어주는 요소로 인종, 언어, 종교를 생각할 수 있지만, 역시 가장 중요한 것은 정치제도다. 이것을 통해 정치적 이익에 관한 일체감을 느낄 수 있기 때문이다. 만일 몇몇 자유국가들이 독자적으로는 나라를 지킬 형편이 못 되는데, 주변에는 이웃 국가의 자유를 무시하고 억압하려는 중세적 군주가 버티고 있다면, 이들 국가들은 서로 힘을 합쳐 연방을 구성하지 않고는 자유와 독립을 온전히 지킬 수 없다. 이런 공동의 이해관계 때문에 연방을 만든 대표적 국가가 바로 스위스다. 유럽 전역에서 종교로 인한 정치적 다툼이 심각하게 전개될 때도 스위스인은 내부의 종교적 차이를 잘 추슬렀다. 무엇보다도 연방을 구성하는 토대 자체가 매우 취약한데도 스위스는 몇백 년 동안 연방을 잘 유지해왔다. 미국은 그 반대 사례가 된다. 연방을 만들기에 가장 좋은 조건을 갖추고 있었지만, 단 하나, 가장 중요한 현안인 노예제 존속을 놓고 나라가 둘로 갈라질 처지에 몰렸다. 그러나 연방을 유지하는 것이 너무 중요했기 때문에 결국 남북전쟁이라는 값비싼 대가를 치러야 했다.

연방정부를 안정적으로 유지하기 위한 두 번째 조건은 개별 주들이 너무 힘에 세서 외국의 침입을 막는 데 굳이 남의 도움이 필요 없을 정도면 안 된다는 점이다. 그 정도로 힘이 세면, 연방을 구성하느라 행동의 자유를 잃는 데 비해 그만큼 얻는 것은 없다고 생각할 것이기 때문이다. 연방이 추구하는 정책이 그 밑의 개별 주가 중요하게 여기는 이익과 충돌한다면, 굳이 연방을 유지해야 할 필요성을 못 느끼는 주의 입장에서는 따로 떨어져 나가고 싶은 충동을 느끼는 것이 당연하다.

세 번째 조건(이것도 앞의 두 개에 비해 그 중요성이 떨어지지 않는다)은 연방을 구성하는 주 사이에 힘의 차이가 너무 나서는 안 된다는 점이다. 물론 각 주가 여러 면에서 그 힘이 똑같을 수는 없다. 연방마다 구성원 사이에 힘의 차이가 뚜렷이 나타난다. 어떤 주는 다른 주에 비해 인구도 더 많고 더 윤택하며 사회의 발전 수준도 더 높다. 미국의 뉴욕주와 로드아일랜드주는 인구와 경제력 측면에서 차이가 많이 난다. 스위스의 수도 베른과 추크, 글라루스 사이도 그렇다. 중요한 것은 어느 한 주가 힘이 너무 세서 여러 주와 합친 것만큼 강력하면 곤란하다는 사실이다. 그런 주가 하나 있으면, 공동의 문제를 의논할 때 언제나 군림하려 들 것이다. 두 주가 그렇게 힘이 센 데다가 입장도 서로 일치한다면 그들을 막을 수가 없을 것이다. 둘 사이에 다툼이 생긴다면 주도권을 잡는 쪽이 모든 일을 좌우할 것이다. 이런 변수 하나만으로도 내부 속사정과 관계없이 독일 연방은 유명무실해졌다. 독일은 화폐단위는 물론 지역 관세도 통일하지 못했다. 그저 오스트리아와 프러시아가 군대를 보내서 지역의 군주들이 자기 백성들을 마음 놓고 다스릴 수 있게 지원하는 법적 권리만 부여했을 뿐이다. 대외관계에서도 연방은 오스트리아가 없을 때 전 독일을 프러시아의 영향권에 넣었다. 반대로 후자가 없을 때는 전자가 그 역할을 하게 했다. 이러는 사이에 힘이 없는 영세 군주들은 이쪽저쪽에 붙거나, 외국을 끌어들여 두 나라를 상대하게 획책했다.

연방을 구성하는 방법으로 두 가지가 있다. 하나는 연방이 오직 정부만 대변하고 정부에 대해서만 구속력을 가지는 것이다. 다른 하나는 국민 개개인을 직접 구속하는 법령을 만드는 것이다. 전자는 소위 독일 연합에 관한 구상과 1847년 이전의 스위스 헌법에서 잘 나타난다. 미국도 독립전쟁 직후 몇 년 동안 이런 체제를 시도한 적이 있다. 후자를 가장 잘 대변하는 것이 바로 미국연방이고, 최근 10여 년 동안 스위스 연합도 이것을 채택하고 있다. 미국연맹American Union 연방회의는 모든 개별 주를 포괄하는 실질적 정부였다. 그 권한 속에는 전 국민을 구속하는 법을 만들고, 연방 관리를 통해 집행하며, 연방 법원을 통해 사법권을 행사하는 것도 포함되었다. 효율적인 연방정부를 운영하자면 이렇게 하는 길 외에는 대안이 없다. 정부만 묶는 것은 단순한 연합에 불과하고, 조그만 변수가 생겨도 그 결속력이 흔들린다. 대통령과 의회의 법령이 뉴욕, 버지니아나 펜실베이니아의 주정부만 구속하고, 주 법원의 감독 아래 주정부가 관리들에게 내린 명령을 통해야만 효력을 발휘할 수 있는 상황이라면, 다수 지역 주민의 뜻에 어긋나는 연방정부의 결정사항은 그 어느 것도 집행될 수가 없을 것이다. 주정부에 대해 징발 명령을 내려도 군대를 동원하지 않는 한 강제할 방법이 없다. 연방 군대는 말 안 듣고 말썽 피우는 주를 상대하기 위해 늘 출동준비를 해야 할 판이다. 뿐만 아니라 특정 사안에 대해 같은 이해관계를 가진 다른 주가 동조할 가능성도 염려해야 한다. 저항하는 주를 도와 같이 싸우지는 않더라도 연방이 요구하는 지원군을 보내지 않을 가능성은 있는 것이다. 이런 상태의 연방이라면 오히려 내전을 조장할 위험성이 있다. 1847년 직전 스위스에서 벌어진 사태가 전부 이런 이유에서 비롯된 것은 아니라 하더라도, 연방정부가 스스로 힘이 없음을 절감한 탓에 그 권위를 세울 그 어떤 시도도 해보지 않은 것은 사실이다. 미국에서는 이런 원리의 연방제 실험이 몇 년 만에 실패로 끝났다. 미국으로서는 다행스럽게도, 높은 식견과 그에 상응하는 지위를 갖추고 공화국의 독립을 이끈 지도자들이 아직 살아 있어서 어려운 전환기를 잘 넘겼기 때문이다.《연방주의자들의 주장》은 이 가운데 세 명의 뛰어난 지도자들이 새로운 연방정부의 필요성과 그 장점을 설명하면서 국민의 이해를 촉구하기 위해 쓴 글을 모은 것이다.[83] 이 책은 지금도 연방정부에 관한 가장 훌륭한 저술이라고 할 수 있다.* 모두 알다시피, 독

83 《연방주의자들의 주장The Federalist》은 주로 1787~1788년에 《인디팬던트 저널The Independent Journal》과 《뉴욕 패킷The New York Packet》에 연속으로 실린 85편의 논문과 에세이를 모은 책이다. 1788년 처음 책이 나왔을 때는 밀이 쓴 것처럼 그냥《연방주의자The Federalist》라고 했지만, 20세기 이후《연방주의자 논집The Federalist Papers》으로 바뀌었다. 신문에서는 로마의 지도자 푸블리우스 발레리우스 포블리콜라Publius Valerius Publicola의 이름을 딴 'Publius'라는 가명으로 발표되었는데, 나중에 해밀턴Alexander Hamilton, 매디슨James Madison 그리고 제이John Jay가 필자인 것으로 확인되었다. 이 책은 미국 민주주의의 근본 이념을 담고 있어 미국인의 필독서로 손꼽힌다.

* 프리맨Freeman이 쓴《연방정부의 역사History of Federal Governments》는 아직 1권밖에 나오지 않았지만, 뛰어난 안목과 역사적 사실에 관한 해박한 지식으로 벌써 이 분야에서 명성을 얻고 있다.

일 연방 같은 경우는 왜 연방을 맺어야 하는지 그 이유조차 불투명했다. 수많은 유럽의 전쟁을 겪으며 연방의 일부 주가 외국과 손을 잡고 같은 연방의 다른 주를 공격하는 사태가 발생해도 속수무책이었으니 더 말할 필요도 없을 것이다. 이런 극단적인 사태는 그것이 군주제 국가였기 때문에 가능했다. 선출이 아니라 세습으로 권좌에 오른 왕은 누구에게 책임질 것도 없고, 자리를 빼길까 염려할 필요도 없다. 왕 직할 군대를 따로 가지는 것을 당연하게 생각하고, 심지어 외국 지배자가 자신을 통하지 않은 채 자기 국민에게 주권적 권한을 행사해도 개의치 않는다. 둘 이상의 군주정부가 실질적인 연방 형태로 묶이자면 하나의 왕 밑에 있는 것이 불가피하다. 영국과 스코틀랜드는 왕실과 의회 모두 하나로 되기 전 100년 동안 이런 형태의 연방으로 있었다. 연방기구 덕분에 이것이 가능했던 것은 아니다. 그런 것은 있지도 않았다. 그저 그 기간 동안 두 왕가의 권력이 워낙 막강해서 왕 혼자 대외정책을 결정할 수 있었던 것이다.

보다 완전한 형태의 연방에서는 각 주의 시민이 두 개의 정부, 즉 자기가 사는 주정부와 연방정부에 복종해야 한다. 이런 곳에서는 각 정부의 헌법상 권한이 명료하고 확실하게 규정되어야 한다. 또 양쪽 사이에 분란이 생기면 문제를 해결할 권한이 어느 한쪽이나 그 영향 아래 있는 특정 기구에 있으면 안 된다. 분명히 양쪽 모두로부터 독립적인 제3의 심판에게 맡겨야 한다. 그래서 연방에는 대법원이, 그 밑에는 각 주별로 하급 법원이 있어야 한다. 문제가 생기면 법원에 가서 판결을 받아 최종적으로 정리해야 하는 것이다. 각 주정부와 연방정부 그리고 그에 속한 모든 기관은 권한을 남용하거나 의무를 소홀히 할 경우 재판에 회부될 각오를 해야 한다. 그리고 법원의 권위에 힘입어 연방 권리를 행사할 수 있다. 이런 놀라운 현상을 미국에서 확인할 수 있다. 법원은 연방의 최고 기구로 연방정부와 주정부를 통틀어 가장 힘이 세다. 제정된 법이나 정부의 행위가 연방헌법이 설정한 한계를 넘었는지, 그리고 그 결과 적법성을 결여했는지 여부를 결정하는 권한을 가지고 있기 때문이다. 이런 막강한 권한을 법원에 부여하는 것에 대해 우려하는 것은 당연한 일이다. 과연 그런 규정이 현실화될 수 있을 것인가, 법원이 헌법상 권한을 용기 있게 행사할 수 있을까, 막상 권한을 행사한다고 하더라도 그것을 현명하게 행사할 것이며, 정부는 그 결정을 순순히 받아들일 것인가 등등 많은 의문이 들 수밖에 없다. 미국 헌법이 만들어지는 최종 단계에서 이런 문제를 놓고 치열한 토론이 벌어졌다. 그러나 이제 그런 의문은 완전히 불식되고 있다. 두 세대 이상의 기간이 흐르는 동안, 때로 악감정이 섞인 격렬한 논쟁이 벌어지고, 연방정부와 주정부의 권한을 둘러싸고 정당들 사이에 대립이 노골화되기도 했지만, 처음 염려했던 그런 심각한 일은 벌어지지 않았다. 어떻게 이런 유별난 규정이 그처럼 순탄하게 실현될 수 있었을까? 이것은 토크빌이 말한 대로, 법원의 현명한 처신 때문에 가능했다고 볼 수 있다. 즉 법관들은 추상적으로 법조문에만 매달리지 않고, 사람들이 다툼 끝에 법원에 소송을 제기할 때까지 기다렸다. 문제가 생기자마자 이른 시간에 판단하는 바람직하지 못한 일을 하지 않았다. 사람들 사이에 뜨거운 논쟁이 오가는 것을 보고, 양쪽의 저명한 법률가들이 전개하는 법 논리를 충분히 들은 뒤, 모든 의문이 풀린 최종 단계에서 결론을 내렸다. 정치적인 목적에 흔들리지 않고, 서로 대립하는 소송 당사자 사이에서 공평하게 법관의 소임에 맞게 판결을 내린 것이다. 그러나 이런 미덕만으로는 권력자들이 법원의 헌법 해석을 전폭적으로 수용하는 것을 설명할 수 없다. 고등법원을 구성하는 법관들의 지적 탁월성, 그리고 사적, 당파적 이해관계에 초연하는 공명정대함에 대해 완전히 신뢰하기 때문에 그런 일이 가능한 것이다. 이런 신뢰는 대체로 근거가 있는 것이다. 이와 같이 위대한 제도를 최대한 잘 보존하기 위해 미국인들이 특별히 세심하게 배려해왔다는 사실을 반드시 기억해야 한다. 그러나 노예문제로 미국 법원의 신망이 처음으로 크게 상처받는 일이 벌어졌다. 남부 지역이 아직 미합중국으로 편입되기 전, 대다수 지역 주민의 반대에도 불구하고 노예를 소유하는 것은 보편적인 권리이기 때문에 합법적이라는 판결을 내렸던 것이다. 이런 개탄할 만한 판결 때문에 남북전쟁이라는 국가적 위기가 초래되었다고 해도 과언이 아닐 것이다. 미국헌법도 그런 충격을 이겨낼 만큼 튼튼하지는 않았다.

법원은 연방정부와 주정부 사이에서 심판 역할을 하는데, 이 연장선상에서 자연스럽게 주 사이의 모든 분쟁이나 다른 주 사람끼리의 다툼도 조정하게 된다. 국가들끼리 분쟁은 전쟁과 외교적 협상으로 문제를 풀지만, 연방국가에서는 법원의 판결이 그 역할을 해야 한다. 연방대법원도 국제법 문제는 다루지 않기 때문에, 오늘날 문명사회가 당면하고 있는 가장 큰 약점이 바로 여기에서 발견된다. 국제법 재판소가 필요한 것이다.

연방정부의 권한은 자연스럽게 전쟁과 평화, 그리고 외국 정부와의 사이에서 발생하는 모든 문제에까지 미치지만, 그것을 넘어 연방 주들이 필요하다고 생각하는 다른 방안도 만들어줘야 한다. 예를 들어 주끼리 거래할 때 주 경계 관세를 포함한 세금 문제를 해결해주는 것이 매우 필요하다. 그러나 각 주가 외국과 거래를 할 때 관세를 부과하는 권한을 행사한다면, 한 주가 수입한 물품이 다른 주로 유통되면서 복잡한 문제를 일으킨다. 따라서 미국에서는 관세나 무역규제 문제를 연방정부가 전적으로 관할한다. 나아가 각 주의 입장에서는 통일된 화폐, 도량형 단위를 가지는 것이 매우 편리하다. 이런 것은 연방정부가 아니면 할 수가 없다. 우편의 안전과 신속함도 연방정부만이 보증할 수 있다. 우편이 배달되기 위해 우체국 대여섯 군데를 거쳐야 하고 그때마다 각기 다른 책임자의 결재를 맡아야 한다면 보통 불편한 일이 아닐 것이기 때문이다. 그러나 이런 문제에 대해 각 지역의 반응이 다를 수 있다. '연방주의자들' 이후 가장 정치철학적으로 심오한 경지에 오른 사람[84]의 영향 아래 있는 어떤 주에서는 연방의회가 만든 관세법에 대해 각 주가 거부권을 가질 수 있어야 한다고 주장했다. 이 정치가는 사우스캐롤라이나 의회가 발간해서 널리 읽히게 된 그의 탁월한 유작에서 다수의 횡포를 방지하고 소수도 정치권력을 행사할 수 있게 도와야 한다는 훌륭한 원칙을 천명한 바 있다. 19세기 초반 미국정치에서는 과연 연방정부가 미국 해안을 따라 도로와 운하를 만들 권한이 있는지, 이것이 연방헌법에 의해 허용이 되는지를 놓고 치열한 논쟁이 펼쳐졌다. 외국과 거래를 할 때만 연방정부의 존재가 필요하다고 생각하는 사람이 있었기 때문이다. 또 하나의 중요한 현안은 주민들이 연방이라는 정치적 틀을 얼마나 중요하게 생각하는가 하는 문제였다. 하나의 국가에 속하는 국민이라는 이점을 향유하기 위해 어느 정도 지역적 자유를 포기해야 하는지 생각이 많이 엇갈렸던 것이다.

연방정부 자체의 적절한 구성 방법에 대해서는 길게 이야기할 필요가 없을 것 같다. 물론 입법부와 행정부로 구성되며 모두 대의정부를 관할하는 기본 원리의 적용을 받아야 한다. 이런 기본 전제에 비추어 보더라도, 미국 연방헌법은 여러 면에서 아주 신중한 규정을 예비하고 있다. 이를테면 의회는 양원제로 운영되는데, 그중 하나는 각 주의 인구에 비례해서 의원을 선출하는 데 비해, 다른 하나는 주민이 아니라 각 주정부를 대변하기 때문에 주의 크기와 상관없이 모두 동일한 수〔2명〕의 의원을 배출한다. 이런 규정은 힘이 센 주가 나머지를 압도하면서 과도한 권력을 행사하지 못하게 하기 위한 것이다. 나아가 어떤 법안이든지 다수 시민은 물론, 다수 주의 지지도 확보해야 통과될 수

84 미국의 사상가로 부통령을 지낸 캘훈John Calhoun(1782~1850)을 말한다.

있게 함으로써, 주정부 고유의 권한을 보호할 수 있다. 나는 이미 앞에서 의회의 한쪽 구성원의 자격요건을 강화함으로써 얻게 되는 이점에 대해 설명한 바 있다. 즉 각 주의회를 통해 상원의원을 뽑으면, 역시 앞에서 설명했던 대로, 주민의 직접 투표를 통하는 것보다 더욱 저명한 사람들이 발탁될 가능성이 크다. 주의회 입장에서는 의원 선출권을 행사할 때 자기 주의 이익을 가장 잘 대변해줄 유능한 인물을 우선 고려할 수밖에 없는 것이다. 이렇게 하니 언제나 미국 안에서 안정된 기반과 높은 명성을 누리는 사람들 중에서 상원의원이 충원된다. 이에 비해 하원은, 전문가들이 볼 때, 상원보다 훨씬 개인적 자질이 떨어지는 사람들로 구성되는 것이 일반적이다.

효과적이고 안정적인 연방을 구성할 조건이 갖춰져 있다면, 연방이 늘어나는 것은 언제나 세계 전체를 위해 좋은 일이다. 다른 모든 협력 사회가 그렇듯이, 연방을 맺으면 힘이 약한 쪽이 서로 힘을 합쳐 강한 쪽과 대등하게 상대하는 긍정적 효과를 거둘 수 있다. 스스로 방어하기에 힘이 부치는 미약한 주의 수를 줄임으로써, 연방제의 확산은 강대국이 무력으로, 또는 힘에 바탕을 둔 특권의식에 강압을 행사하고픈 유혹을 떨쳐버리게 만든다. 연방을 맺은 주끼리는 당연히 전쟁이나 외교 분쟁을 그만두게 되고 상거래를 제약하는 것도 많이 줄이게 된다. 대외관계에서는 증대된 군사력 덕분에 국가 방어에 큰 도움이 될 것이다. 다만 그 힘이 방어에 집중되고 다른 나라를 공격하는 성향은 그다지 늘 수가 없다. 왜냐하면 연방정부가 방어전은 몰라도 공격형 전쟁을 잘 수행할 만큼 그렇게 효율적으로 중앙집권화되지 못하기 때문이다. 그리고 모든 시민이 자발적으로 전쟁에 적극 나설 것이라고 기대할 수도 없다. 전쟁을 통해 얻을 것도 별로 없다. 힘들게 승리해봤자 종속민이나 심지어 동료 시민도 아니고 그저 새로운, 그것도 말썽을 일으킬 가능성이 큰 연방 구성원을 얻는 데 불과하기 때문에, 국가적 영광이나 야심을 충족해줄 수도 없다. 미국인이 멕시코에서 일으킨 전쟁은 매우 예외적인 경우다. 전쟁을 일으킨 사람들은 기본적으로 새 영토에서 자기 땅을 가지고 싶은 야심에서 적극 개입했다. 무슨 공적인 동기가 작동했다고 해도, 그것은 국가의 영광 따위가 아니라 그저 노예제를 확대하고자 하는 순전히 분파적인 목적이 그 뒤에 있었을 뿐이다. 국가적으로나 개인적으로 나라를 위해 영토를 확대해야 한다는 생각은 아예 없었다. 그들이 쿠바에 욕심을 낸 것도 단순히 파당적 계산 때문이었다. 그래서 노예제를 반대했던 북부 지역 사람들은 결코 힘을 합치지 않았다.

(오늘날 이탈리아가 그런 경우이지만) 한 나라가 통일하기로 결정했다고 할 때, 완전 통일을 이루느냐, 아니면 그저 연방 형태를 이룰 것인지가 문제로 떠오를 것이다. 이 문제는 때로 어쩔 수 없이 단순히 나라의 크기에 따라 결정될 수도 있다. 나라를 효율적으로 통치하는 데는 한계가 있을 수밖에 없다. 중앙의 한 곳에서 정부를 편리하게 관할하기 위해서도 나라의 크기는 적정해야 한다. 물론 아주 광대한 국가인데도 중앙에서 직접 통치하는 경우가 있다. 그러나 그런 나라는, 특히 적어도 그 나라의 먼 변방은 매우 비효율적으로 통치될 수밖에 없다. 이것은 주민들이 너무 야만적이라 달리 더 잘 통치할 길이 없을 때나 가능한 일이다. 이탈리아에는 이런 장애가 없다. 그 크기가 과거나 현재를 통틀어 매우 효율적으로 통치되는 몇몇 단일국가에 미치지 못하기 때문이다. 문제는 한 나라의 각기 다른 지역들이 서로 아주 다르게 통치될 필요가 있기 때문에 동일한 의회, 동일한 행정 부처나 기관이 모두를 만족시킬 수 없는 상황인지를 판단해야 한다는 것이다. 이것은 사실을 확인하면 되는 일인데, 만일 그렇지 않다면 한 나라로 완전하게 통일되는 것이 낫다. 영국과 스코틀랜드가 보여주듯이, 입법부는 훌륭하게 통일을 이룬 채 한 나라 안에 완전히 서로 다른 법체계와 매

우 다른 행정기관이 따로 존재할 수 있다. 그러나 입법가들이 (대륙 여러 나라가 흔히 그렇듯이) 통일에 대해 적극적인 관심을 가진 나라에서는 그런 것을 기대하기 어렵다. 각 지역에서 과거로부터 이어져오는 차이점들을 수용하기 위해 같은 나라 안에서 서로 상이한 법체계를 유지하면서 동일한 입법부 밑에 순탄하게 공존한다는 것이 쉬운 일이 아닌 것이다. 사람들이 영국의 이런 이상한 전통을 큰 어려움 없이 수용하고, 그로 인해 특별히 불이익을 받는 사람도 없다면, 그때는 이와 같은 어려운 실험을 시도해볼 만하다. 그러나 대부분의 나라에서는 각기 다른 법체계를 수호해줄 입법부를 따로 가지는 것이 필요할 것이다. 이 체제는 대외관계를 총괄하는 국회와 왕이 같이 있는, 또는 국회는 있고 왕은 없는 정치제도와 완벽하게 공존할 수 있다.

서도 다른 지역에 상이한 법체계를 항구적으로 운용하고, 중요한 기관을 늘 상이한 원리 위에 작동하게 하는 것이 꼭 필요한 것이 아니라면, 중앙의 통일 정부를 유지하면서 사소한 다양성은 살리는 것이 어렵지 않을 것이다. 다만 지역의 당국자들에게 충분히 자율권을 주는 것은 꼭 필요하다. 하나의 단일 중앙정부 밑에 각 지역의 요구를 충족해줄 주지사와 지역 의회가 있어야 할 것이다. 지역에 따라 자신들에게 맞는 세제稅制를 만들 수도 있다. 중앙정부가 제정한 전국적 세제가 특정 지역의 사정에 맞지 않다면, 정부 지출 중 각 지역에 책정된 몫을 확보하기 위해 해당 지역 의회가 지방세율을 산정해서 부과할 수 있다. 그러나 육군과 해군을 유지하는 데 드는 경비 등 국가 차원의 필요 예산은 일정 기준에 따라 각 지역에 할당되어야 한다. 그러면 지역 의회는 주민들이 수긍할 수 있는 원칙에 따라 각자에게 부담시키고, 그 납부금을 한꺼번에 국고에 귀속시키면 된다. 이것과 비슷한 납세제도가 프랑스 왕정의 3부회 지방pays d'états에서 시행된 적이 있다. 각 지방은 할당된 세금을 각 지역 스스로 산정해서 납부했는데, 이렇게 함으로써 중앙에서 파견된 징세 관리들의 가혹한 횡포를 피할 수 있었다. 이 제도의 장점을 강조하는 사람들은 프랑스의 가장 번성했던 지역들이 바로 이런 제도의 덕을 많이 보았다고 주장한다.

같은 중앙정부라고 해도, 행정은 물론 입법 측면에서도 중앙집권의 정도가 매우 다를 수 있다. 사람들에 따라서는 그저 연방에 머무는 것보다 훨씬 통일된 국가를 원하고 또 그럴 능력도 갖추고 있지만, 동시에 그들 지역의 특수성과 전통에 따라 정부의 일을 집행할 때 상당한 수준의 다양성을 확보하고 싶어 한다. 모든 사람이 이런 실험을 성공적으로 수행하고자 하는 강력한 욕구를 가지고 있다면, 다양성을 유지하고 당사자들이 원하지 않는 한 지역 차이를 무시한 채 강제로 동화를 시도하지 못하게 헌법상으로 보장해주는 것은 아무 문제도 아닐 것이다.

18장 자유국가의 지배를 받는 식민지 정부에 대하여

자유국가들이 정복이나 식민 지배를 통해 속령屬領을 거느릴 수 있다. 오늘날 영국이 그 대표적인 경우다. 따라서 그런 속령을 어떻게 통치하는가 하는 점이 매우 중요한 과제로 떠오르고 있다.

여기서 단지 해군 기지 또는 군사적 목적으로 점유되고 있는 지브롤터Gibraltar(스페인 남쪽 이베리아반도 남단)나 아덴Aden(아라비아반도의 서남쪽 예멘의 항구도시) 또는 헬골란트Heligoland(독일 북쪽 북해의 섬) 같은 작은 지역들은 논의할 필요가 없을 것 같다. 이런 경우는 군사적 용도가 너무나 뚜렷해서, 상황이 변하지 않는 한 해당 지역 주민들이 다른 곳 사람들처럼 통치 문제에 적극 개입할 처지가 못 된다. 물론 이런 제약에 대한 보상으로 이들에게 지역 현안들을 자유롭게 처리할 수 있게 하는 등 일정한 자유와 특권을 허용해야 할 것이다. 지리적인 특수 사정으로 불이익을 보는 만큼, 자유국가의 지배 아래 놓인 다른 모든 속령의 지역 주민과 동등한 권리를 누릴 수 있도록 배려해주어야 마땅하다.

면적과 인구가 일정 규모 이상 되면서 외따로 떨어져 있는 영토

중에서 속령으로 점유된 지역, 다시 말해 지배 국가의 통치를 받으면서 (참정권을 가진다 하더라도) 본국 의회에 평등하게 대표를 낼 수 없는 지역은 두 종류로 구분될 수 있다. 한쪽은 그 문명의 발달 수준이 지배 국가와 비슷해서 대의정부를 운용할 수 있고 또 그런 조건이 무르익은 지역으로서 영국의 지배에 있는 미국과 호주가 해당된다. 다른 한쪽은 인도처럼 아직 그 수준의 차이가 심한 경우다.

앞의 경우에 해당되는 속령에서는 오랜 시간이 지나 마침내 진정한 정치 원리가 굉장히 높은 수준까지 실현되기에 이르렀다. 영국은 자신과 똑같은 핏줄과 언어를 가진, 또는 그렇지 않은 일부 속령의 주민에게도, 영국과 비슷한 형태의 대의기구를 심어주어야 한다는 의무감을 어느 정도 늘 느끼고 있다. 그러나 아직은 그런 대의기구를 통해 아주 낮은 수준의 자치만 허용한다. 이 점에서는 다른 나라와 마찬가지다. 그래서 순전히 속령 주민들의 내부 문제에 대해서도 영국의 관점에서 최종 결정권을 행사해야 그들에게 최선의 결과를 낳게 한다는 주장을 편다. 이것은 한때 모든 유럽 국가가 추진했고 아직 그 어느 민족도 완전히 극복하지 못하고 있는 부끄러운 식민정책에서 파생되는 자연스러운 현상이다. 이들은 자국의 상품을 독점적으로 팔 수 있는 시장이라는 측면에서 식민지의 가치를 파악했다. 이런 배타적 권리를 매우 소중히 여긴 나머지 식민지 상품이 자국 시장에서도 똑같은 권리를 누리도록 허용할 정도였다. 식민지 교역을 통해 양쪽이 큰 이익을 얻게 되는 이런 정책이 일정 기간 동안 폐지되었다. 그러나 식민지 내부 문제에 개입해서 이득을 얻으려는 발상을 접었다 하더라도, 그렇게 간섭하려 드는 악습마저 하루아침에 사라진 것은 아니다. 우리는 그들을 계속해서 괴롭혔는데, 이것은 우리 자신이 아니라 식민지 정착민 일부나 그 분파의 이익을 위해서였다. 이런 고압적 행태를 미리 끊지 못하고 지속하다 보니 마침내 캐나다 봉기[1837년 프랑스령 캐나다인과 영국령 캐나다인이 영국 식민정책에 항거해서 일으킨 저항운동〕 같은 일이 터진 것이다. 어떻게 보면 영국은 그냥 습관적으로 동생을 괴롭히는 못된 형과도 같은 존재인데, 힘이 모자란 동생이 참다못해 단호한 어조로 그런 행동을 그만둘 것을 요구한 셈이다. 다행스럽게도 영국은 같은 일을 두 번 당하지 않을 만큼 현명했다. 〈더램 보고서〉를 계기로 식민지 정책에 변화가 생긴 것이다. 더램 경[85]은 탁월한 용기와 애국심 그리고 폭넓은 식견과 관대한 마음의 소유자였다. 그와 더불어 보고서를 같이 만든 웨이크필드[86]와 불러[87]도 지성과 실무능력이 뛰어난 사람이었다.*

영국은 이제 이론은 물론 실제 정책을 통해서도 영국과 똑같은 유럽 인종으로 구성된 식민지 사람들이 내부 문제에 대해 최대한 자치권을 향유할 수 있게 한다. 그들은 우리가 물려준 아주 민주적인 대의기구에 대해서도 스스로 판단해서 필요하다면 얼마든지 변경할 수 있는 권한을 인정받았다. 각 식민지는 대단히 민주적인 절차에 따라 각자 고유의 의회와 행정부를 구성한다. 영국의 국왕과 의회가 명목상 거부권을 보유하고 있지만, 단지 제국 전체의 문제와 관련된 경우에만 행사할 뿐이고(그것도 매우 드물다) 식민지 자체 문제에 대해서는 전혀 관여하지 않는다. 제국이 식민지에 대해 얼마나 관대하게 자치를 허용하는지는, 미국과 호주에서 아직 영토로 편입되지 않은 나머지 지역에 대해서는 식민지 자체 관할로 넘겨주고 있다는 사실로도 잘 드러난다.

85 Lord Durham(John George Lambton), 1792~1840. 영국 정치인, 식민지 행정책임자.

86 Edward Wakerfield, 1796~1862. 영국의 정치경제학자로 19세기 중반 영국의 식민지 정책에 큰 영향을 끼쳤다.

87 Charles Buller, 1806~1848. 영국의 정치인.

* 내가 여기에서 말하는 것은 이와 관련된 최초의 제안이 아니라 더욱 개선된 방향으로 채택된 정책을 뜻한다. 이 문제에 대해 정확하게 가장 먼저 문제를 제기한 사람은 두말할 것도 없이 로벅John Roebuck〔1802~1879. 영국의 정치인〕이었다.

물론 장차 제국 곳곳에서 식민지로 이주해올 사람들의 이익을 최대한 보장하기 위해 제국정부가 개입하기도 했겠지만, 이 정도를 가지고 부당하다고 말할 수는 없을 것이다. 따라서 모든 식민지는 자기 내부 문제에 대해 마치 가장 느슨한 형태의 연방제에서 각 구성단위가 누리는 정도의 전권을 행사할 수 있다. 나아가 식민 모국에서 수입하는 물품에 대해 마음껏 세금을 부과할 수 있다는 점에서 미국 연방체제 아래에서보다 더 많은 권한을 누린다. 이들 식민지와 영국은 최소 수준의 연방형태로 결합하고 있지만, 엄격한 의미에서 동등한 결합은 아니다. 비록 실제로는 아주 제한된 범위로 한정되기는 하지만, 식민 모국이 연방정부와 같은 권한을 장악하고 있기 때문이다. 대외정책에서 아무 발언권을 갖지 못한 채 지배국가의 명령에 끌려가야 한다는 점에서 이런 불평등은 당연히 식민지에게 불리하게 작용한다. 그래서 영국이 사전에 아무 상의 없이 다른 나라와 전쟁을 벌이더라도 그 싸움에 끌려들어가 영국을 위해 싸워야 한다.

개인들뿐만 아니라 공동체 사이에서도 정의의 원칙이 작동해야 한다고 생각하는 사람들이 (다행스럽게도 요즘은) 적지 않다. 이들은 자신의 이익을 추구한다면서 다른 사람에게 해서는 안 되는 일이 있듯이, 자기 나라의 이익을 위해 다른 나라에 해서는 안 되는 일이 있다고 생각한다. 이런 이유에서 위에서 말한 것과 같은 일, 즉 식민지가 비록 제한된 범위기는 하나 헌법상으로 식민 모국에 종속되는 사례는 원칙에 어긋난다고 주장하면서 이 문제를 극복하기 위한 방안을 찾아나서는 경우가 종종 있다. 그래서 식민지도 영국 의회에 대표를 내보내야 한다고 압박하는 사람들이 있다. 또 어떤 사람은 식민지 의회는 물론 영국 본토의 의회도 대내 문제에 대해서만 권한을 가져야 하고, 대외 및 제국 업무와 관련된 일은 별도의 대의기구를 만들어 맡겨야 하며, 이런 일에는 영국이나 식민지 모두 똑같은 권한을 가지는 것이 옳다고 역설한다. 이렇게 되면 종속적 관계는 사라져버리고 식민 모국과 그 식민지 사이에 완전히 동등한 연방제가 성립할 것이다.

이런 주장 밑에 깔린 평등 정신이나 공공도덕에 관한 생각에 대해서는 높이 평가할 만하다. 그러나 그 구상 자체는 합리적 정치 원리와 너무 동떨어져 있어 정상적인 사고의 소유자라면 도저히 받아들일 수가 없다. 우선 지구 반대편에 떨어져 있는 나라들이 하나의 정부, 아니 같은 연방국가 아래 존립하기에는 그 자연조건이 너무 거칠다. 그들 상호간에 아주 긴밀한 이해관계를 가진다 해도 서로 충분히 일을 의논하는 습관을 가진다는 것이 불가능하다. 그들은 하나의 국민이 될 수 없다. 같은 공간에서 만나 함께 토론하고 심의하는 것이 어렵기 때문에 상대방이 어떤 생각을 하는지 잘 모를 수밖에 없다. 서로 어떤 것을 추구하는지, 각자 어떤 원리에 따라 행동하는지 자신 있게 말할 수가 없다. 이를테면 어떤 영국인이 3분의 1은 영국령 미국, 또 다른 3분의 1은 남아프리카와 호주에서 분할 충원되는 의회에다 자신의 운명을 맡겨야 하는 경우를 생각해보자. 여기에다 각 식민지가 동등하게 대표를 내게 된다고 해보자. 이런 상황에서 캐나다와 호주의 대표들이 제국과 관련된 문제에 대해 잉글랜드와 아일랜드, 스코틀랜드의 사람보다 더 충분한 지식이나 관심, 그리고 깊은 이해관계를 가지고 있다고 생각할 수 있을까? 엄격하게 연방 전체와 관련된 문제 같은 것을 취급한다 하더라도, 우리가 연방이 존립하기 위한 필수 조건이라고 논의했던 것들을 충족시키지 못한다. 영국은 식민지가 없어도 자신을 지키는 데 아무 부족함이 없다. 미국, 아프리카, 호주와 묶어 단일 연방을 구성하기보다 그저 영국 독자적으로 존재하는 것이 그 위상에 명예를 더할 뿐만 아니라 훨씬 더 강력해질 것이다. 경제적 거래라는 측면에서, 영국이 식민지를 거느린다고 해서 특별히 이득을 볼 것이 없다. 식민지를 풀어주더라도 영국은 지금처럼 유리한 위치에 서 있을 것이다. 따라서 위엄을 갖춘다는 측면에서는 몰라도 영국이 식민지로부터 그 외 특별히 얻을 것은 없다. 오히려 조금 얻는 것이 있다 하더라도 그 기회비용이 압도적으로 더 많다. 식민지를 둘러싸고 전쟁이 일어나거나 그런 위험이 있을 때, 영국 본토만 방위해야 할 경우보다 두 배에서 세 배나 되는 해군과 군대를 분산 배치해야 하는 것도 큰 부담이다.

이처럼 식민지가 없어도 영국이 발전하는 데 아무런 지장이 없다. 또 도덕과 정의의 원리에 비추어볼 때, 영국이 식민지의 독립에 동의하지 않으면 안 될 것이다. 그러나 식민지가 최선의 결합 형태를 충분히 시험하고 난 뒤 깊은 생각 끝에 마침내 독립을 결심하는 때가 온다 하더라도, 양자 모두 이의가 없다면, 현재와 같은 느슨한 수준의 연합은 유지하는 것이 여러모로 좋다. 우선 이렇게 하는 것은 세계 평화와 국가 사이에 광범위한 우호 협력 증진에 도움이 된다. 나아가 여러 나라가 따로 독립해 있을 때보다 대규모 공동체로 묶여 있는 것이 전쟁이 일어나는 것을 더 어렵게 한다. 또 힘이 센 외국에 흡수되거나 영국과 경쟁관계에 있는 국가(비민주적이거나 국경을 맞대고 있는 나라로서 영국과 달리 늘 대외로 팽창하고자 하는 야심에 젖어 있거나 평화를 파괴할 위험성이 있는 그런 국가)의 공세적 태도를 강화하는 데 도움이 되는 일을 막아줄 수 있다. 아니면 적어도 이들 국가 상호간에 시장의 문을 열어 적대적 관세를 부과하는 사태는 미연에 방지할 수 있다(인류사회에서 영국을 제외한 그 어느 나라도 아직 이런 관행을 극복하지 못하고 있다). 그리고 만일 이 나라들이 영국의 영향력 아래 있게 된다면, 세계 질서에 도덕적 가치와 힘을 불어넣는다는 점에서, 오늘날과 같은 상황에서 특히 유익한 결과를 낳을 수 있다. 영국이 자유에 대해 누구보다도 더 깊은 이해를 가지고 있고, 과거에 어떤 잘못을 저질렀든 외국을 상대할 때 다른 모든 강대국이 고려하거나 추구하는 것보다도 더 양심적이고 도덕적인 원칙 아래 움직일 것이기 때문이다. 어쨌거나 이런 형태의 국가연합 체제에서 어느 정도 불평등한 관계는 불가피할 것이다. 따라서 조금이라도 불리한 위치에 서게 되는 나라가 불평등 때문에 자존심을 상하거나 나쁜 결과를 맞는 일이 생기지 않도록 대비하는 것이 중요하다.

이 상태에서 식민지가 불가피하게 종속적인 위치를 감수해야 하는 경우가 있는데, 식민 모국이 식민지와 그 자신을 위해 전쟁과 평화에 관련된 문제에 대해 홀로 결정권을 가질 때 그런 일이 생긴다. 그 대신 모국은 식민지에 대한 외국의 적대적 행위를 물리쳐줄 책임을 진다. 그러나 특정 식민지가 너무 힘이 약해서 모국이 지켜주지 않으면 안 되는 상황이 아니라면, 서로 책임을 분담한다는 전제에서 정책 문제에 대해 의견을 함께 나누는 것이 바람직하다. 따라서 외적의 침입에 대비해서 그들 자신의 항구나 해안, 국경을 방어하는 데 드는 것을 제외하고, 자신과 관계없는 전쟁에 대해 식민지 사람들이 (자발적이라면 모를까) 비용을 부담해야 할 이유가 없다. 카프리전쟁[88]이나 뉴질랜드 전쟁[89]처럼 특정 식민지를 위해 일어난 전쟁 같은 경우에는 해당 지역 사람들이 당연히 비용을 부담해야 한다. 나아가 식민 모국이 독자적으로 정책을 추진한 결과 식민지가 외국의 공격에 노출되는 상황이라면, 그 모국이 평시에도 식민지 방어 비용의 상당 부분을 감당하는 것이 옳다. 상비군을 유지하는지 여부에 따라 그 액수가 달라질 것이다.

그러나 종속적 위치의 식민지가 강대 제국의 그늘에서 민족적 실체를 잃어버리는 것을 더 확실하게 방지해주는 딱 하나의 방법이 있다. 정의의 요구에 부합하면서도 정책적 효능이 뛰어난 바로 이것, 곧 정부의 모든 기능과 제국의 모든 지역을 식민지 사람들에게도 똑같이

88 카프리전쟁은 1851~1852년 영국군의 공격으로 일어났다. 카프리Caffre는 현재 남아프리카공화국의 지명이다.

89 1845~1846년 뉴질랜드의 원주민과 영국 정착민 사이에 일어난 분쟁.

평등하게 개방하는 것이다. 왜 영국해협의 섬에 사는 사람들이 전혀 불평을 늘어놓지 않는가? 인종이나 종교, 지리의 측면에서 볼 때 그들은 영국보다 프랑스와 더 가깝다. 그러나 그들은 캐나다와 호주 남동부 지역의 사람들처럼 자신의 대내 문제와 세금에 대해 완벽한 자율권을 행사한다. 동시에 영국 왕실 휘하의 모든 직책과 권위가 건지섬이나 저지섬〔영국해협의 섬으로 채널제도Channel Islands라 불린다〕의 주민들에게 자유롭게 열려 있다. 이런 보잘것없이 작은 섬나라에서 영국의 장군과 제독 그리고 귀족이 배출된다. 총리도 나오지 말라는 법이 없다. 변화의 물꼬는 식견 높은, 그러나 너무 일찍 세상을 떠나고 만 식민지 담당 장관 몰리스워스 경이 열었다. 그는 캐나다의 유명 정치인이었던 힝크스를 서인도제도 총독으로 임명했다. 이 정도 양보로는 실제로 혜택받을 사람이 그리 많지 않다면서 만족하지 못하는 현지 정치세력이 있을 것이다. 그러나 이는 대단히 좁은 소견이다. 비록 소수일지언정 그 지위에 오르는 사람들은 식민지 사회에서 도덕적 영향력이 큰 인물들이다. 누군가 한 사람이라도 이득을 본다면 같은 환경 아래 있는 나머지 사람도 집단적 굴욕감을 덜 느끼게 마련이다. 우리가 식민지 지도자들이 세계를 향해 자기 민족의 대표로서 당당히 나설 수 있는 길을 봉쇄한 이상, 더 부강한 식민 모국에서 본국인들과 마찬가지로 높은 지위에 올라갈 수 있는 기회를 보장해주는 것이 그들 개인의 정당한 야심과 자기 출신지역의 합당한 자존심을 충족해주는 길이다.

지금까지 대의정부를 감당할 만큼 사람들의 수준이 충분히 발전된 식민지에 대해 논의해보았다. 그런데 이 세상에는 그 정도에 이르지 못한 나라들이 있다. 이런 곳에 사는 사람들은 지배국가 또는 지배국가가 파견한 대리인들에 의해 통치되지 않으면 안 된다. 이런 지배 형태가 문제가 되는 지역 사람들의 현재 수준에 비추어볼 때 그들이 보다 높은 진보 상태에 이르도록 하는 데 가장 효율적인 방법이라고 한다면, 그 어떤 체제만큼이나 정당성을 갖는다. 우리가 이미 살펴보았듯이, 사회 상태에 따라서는 보다 높은 문명 수준으로 올라가도록 사람을 단련시키는 데 강력한 독재 그 자체가 최선의 정부 형태가 될 수 있다. 나라에 따라서는 독재라는 것이 전혀 바람직한 효과를 내지 못할 수 있다. 독재를 통해 얻을 수 있는 교훈을 이미 충분히 습득했기 때문이다. 그러나 스스로 진보를 이룩할 능력이 없는 민족에게는 좋은 독재자를 만나는 것이 문명 상태로 나아가기 위한 거의 유일한 희망이 된다. 문제는 그 사회 자체로부터 좋은 독재자를 찾는다는 것이 매우 힘들고, 있다 하더라도 일시적 효과를 내는 데 그친다는 점이다. 따라서 더 수준 높은 문명사회가 지배하고 있다면, 그 지배국가는 지속적으로 좋은 독재자를 배출해야 한다. 야만족의 지배자들은 그 지배 기반이 취약해서 앞날이 불확실하지만 이 지배국가에 대해서는 도전할 수 있는 세력이 없다. 그리고 문명사회의 오랜 경험을 통해 소중한 지혜도 축적한 상태다. 다시 말해, 식민지 주민들을 위해 세습 절대 군주만큼 도움을 줄 수 있어야 한다. 이것이 야만 상태 또는 야만과 문명 중간 단계의 사회 사람들을 위해 자유국가 국민이 할 수 있는 이상적인 지배 형태다. 이런 이상이 꼭 이루어지길 기대할 필요는 없다. 그러나 그렇다고 지배자들이 아무 시도도 하지 않는 것은 그런 국민에 대한 도덕적 책임을 극단적으로 외면하는 것이나 마찬가지다. 그들이 그런 목표를 겨냥조차 하지 않는다면 그것은 범죄 행위에 가깝다. 야심과 탐욕에 눈이 어두워 오랜 시간에 걸쳐 인류의 운명을 나락으로 몰아넣었던 이기적 약탈자와 다를 바 없는 것이다.

오늘날 문명이 뒤쳐진 사람들이 더욱 높은 수준의 문명사회의 직접 지배를 받거나 아니면 그들 스스로 완전한 정치적 독립을 향유하는 것이 공통적이다. 나아가 아주 빨리 보편적 현상이 되고 있다. 그래서 지배받는 사람들에게 이익이 되게 하고, 그들에게 현실적으로 가능한 최선의 정부를 확립하며, 장차 그들이 항구적으로 진보를 이룩하는 데 유리한 조건을 만들어주도록 정치체제를 조직하는 것 이상으로 더 이상 중요한 과제가 없다. 그러나 이런 목적에 맞게 그들 스스로 정치를 담당하는 방향으로 정부의 틀을 짜는 일의 중요성에 대한 이해가 매우 부족하다. 아니 전혀 이해하지 못한다고 말할 수도 있을 정도다.

외부 관찰자가 얼핏 봐도 일이 아주 간단명료하다. 만일 (예를 들어) 인도가 스스로 다스리기에 적합하지 않다면, 그들에게 필요한 것은 바로 정치를 담당할 장관이다. 이 장관은 다른 모든 영국의 장관과 마찬가지로 영국 의회의 감독을 받아야 한다. 문제는 식민지를 관할하는 방식 중에서 가장 간단해 보이는 이 체제가 사실은 가장 좋지 못한 것이라는 점이다. 이런 체제를 주장하는 사람들의 기대와는 달리 좋은 정부가 되는 데 필요한 조건을 전혀 갖추지 못했기 때문이다. 한 나라를 다스리는 데 그 나라 국민의 감독 아래 있는 것과, 다른 나라 사람의 감독을 받아 나라를 다스리는 것은 본질적으로 다르다. 전자의 경우에는 자유가 있어야 하고, 그 자유 때문에 최선의 정치를 이룩할 수 있다. 그러나 후자의 경우에는 자유가 아니라 독재가 필요하다. 그저 어떤 종류의 독재를 선택할 것인지가 문제가 될 뿐이다. 이 경우에 2000만 명이 독재를 하는 것이 소수가 독재하는 것보다 반드시 더 나은지 확실히 알 수가 없다. 그러나 현지 사정에 대해 전혀 보지도 듣지도 알지도 못한 상태에서 통치를 한다면, 그렇지 않은 사람보다 잘못을 저지를 확률이 높을 것은 분명한 사실이다. 사람들이 깊이 깨닫고 있지 못하지만, 현장의 실무자들에게 권한을 주고 책임을 맡기는 것이 훨씬 효율적이다. 본국의 최고 책임자는 긴급하게 처리해야 할 업무에 둘러싸인 까닭에 현지에 올 처지가 못 되기 때문이다. 그는 일을 잘못하면 엄격하게 책임을 물음으로써 현지 실무자들을 강력하게 통제할 수 있다. 그러나 책임을 묻는다면서 엉뚱한 방향으로 새버리는 경우가 없지 않은데, 이렇게 되면 사정은 전혀 달라진다.

외국인들이 나라를 다스린다는 것은 여간 어려운 일이 아니다. 잘못될 가능성이 크다. 지배자와 피지배자 사이에 관습이나 생각에서 극단적인 차이가 없는 경우에도 그렇다. 우선 외국인은 현지 주민의 감정을 이해하지 못한다. 그들 고유의 관점에서 판단하지 못한다. 어떤 일이 어떻게 그들의 감정을 건드리고 영향을 주는지 헤아리지 못한다. 평균 수준의 현지 원주민이 본능적으로 알 수 있는 일을 외국인은 오랜 학습과 경험에 의해 겨우, 그것도 아주 불확실하게 배운다. 법률과 관습 그리고 사회관계에 대해 법적 조치를 해야 하는데, 이런 모든 것들이 어려서부터 저절로 익힌 것이 아니라 그들에게는 매우 이질적이다. 또 그에 대해 자세하게 알기 위해서는 현지 주민의 정보에 의존할 수밖에 없는데, 이 경우에 누구를 믿고 의지할 것인지 또 문제가 된다. 현지 주민은 외국 지배자를 무서워하고 의심하며 좋아하지 않을 가능성이 크다. 이해관계가 있지 않으면 찾아오는 사람이 드물 것이다. 외국 지배자들은 그들에게 고분고분하며 순종하는 현지민을 더 신뢰하기 십상이다. 이들의 큰 문제는 현지민을 경멸한다는 점이다. 현지민은 또 그들대로 식민정부가 좋은 의도를 가지고 하는 일에 대해서도 믿음을 주지 않는다. 이런 것은 식민지를 현지민에게 진정 도움이 되는 방향으로 통치하고자 하는 외국인이 극복하지 않으면 안 되는 여러 어려움 중의 일부에 지나지 않는다. 따라서 조금이라도 문제를 풀어나가자면, 최고 책임자는 언제나 비상한 능력을 구비한 사람이 되어야 하고 그 밑의 실무자들도 꽤 높은 능력을 갖추어야 한다. 그 바탕 위에서 상당한 노력을 기울여야 하는 것이다. 상황에 맞게 유능한 일꾼을 찾아내고 그들의 능력을 길러주며 가장 중요한 직책에 가장 뛰어난 사람을 앉힐 수 있어야 최선의 정부다. 유능한 인재를 찾지도 못하고 필요한 능력을 확보하지도 못한 채, 심지어 이 두 가지 일의 중요성에 대해 인식도 하지 못하는 인물이 중요한 자리에 있다면 훌륭한 정부를 이끌 수가 없는 것이다.

독립국가의 국민에게는 정부가 의미도 있고 실체도 있다. 그러나 다른 민족에게 지배를 받는 상황에서는 정부라는 것이 아무 의미나 실체를 가지지 못하고 가질 수도 없다. 식민지는 그저 지배국가의 이익을 위해 이용되는 목초지나 사육장, 인간 가축 농장에 지나지 않는다. 그러나 식민정부가 온전히 현지 주민의 이익을 위해 일하자면, 본국 국민이 직접 나서면 결코 안 된다. 그들이 선택할 수 있는 제일 현명한 방법은 가장 유능한 사람을 뽑아 책임을 지게 하는 것이다. 일단 이들에게 모든 것을 맡기고 나면, 본국 국민의 생각이라든가 정책적 판단 같은 것은 현지 업무를 효율적으로 처리하는 데 별 도움이 안 된다. 예를 들어 이렇게 생각해보자. 영국인은 힌두인의 일에 대해 잘 알지도 못하고 관심도 없다. 그런데 만일 영국인이 자신의 일에 대해서도 잘 알지도 못하고 관심도 없다면, 그들이 어떤 통치를 받을까? 이런 비교를 통해서도 상황을 정확하게 파악하기 어려울지도 모르겠다. 정치에 도통 무관심한 사람은 정부가 하는 대로 생각 없이 따라가기 때문이다. 문제는 인도에서처럼 사람들이 습관적으로 끌려 사는 곳에서 영국인같이 정치적으로 적극적인 성향을 지닌 사람들이 대신 뛰어들어 과거나 지금이나 늘 잘못된 방향으로 일을 처리한다는 데 있다. 힌두인의 번영과 쇠퇴, 진보와 퇴보를 가름하는 핵심 원인에 대해 정작 본인들은 도저히 알지 못한다. 우선 무엇이 그들의 발전을 가로막고 있는지 알지 못한다. 어떤 방향으로 어떻게 나아가야 하는지에 대해서는 더구나 무지하다. 따라서 그들에게 아주 중요한 문제가 당사자의 승인을 받지 않은 상황에서도 잘 처리될 수 있는가 하면, 반대로 그들이 모르는 가운데 대단히 나쁜 결론을 낳을 수도 있다. 식민지 문제에 대해 현지 대표의 뜻을 눌러가면서 간섭하게 만드는 가장 중요한 이유로 다음 두 가지를 들 수 있다. 첫째, 원주민에게 영국의 생각을 강제로 주입하려 한다. 원주민을 개종하기 위한 노력 또는 의도적·비의도적 방법으로 그들 고유의 종교 관념과 어긋나는 행동을 하는 것이 그 예가 된다. 영국에서 학생이나 학부형의 희망에 따라 공립학교에서 성서를 가르쳐야 한다고 하는 주장이 널리 퍼지는데, 지배국가가 이처럼 사람들의 생각을 오도하는 현상도 그런 맥락에서 보면 된다(어떻게 보면 그것 이상이다. 그런 확신에 젖은 사람의 입장에서는 단지 정의와 옳은 일을 구현하는 것이고, 아무런 사심도 없이 공정하게 일을 추진한다고 생각할 것이기 때문이다). 유럽인이 생각할 때, 종교의 자유만큼 중요하고, 또 모든 사람의 지지를 이끌어내는 것도 없다. 그러나 아시아인의 눈에는 그것이 다른 문제로 비친다. 그들의 입장에서 본다면, 정부가 유급 관리들과 공적 기구를 움직인다는 것은 특정 목적을 달성하기 위해서다. 그리고 일단 행동에 나선다면, 아주 취약하거나 보잘것없는 정부가 아닌 이상, 설렁설렁 하지는 않는다. 따라서 부모들로서는, 공립학교와 그 선생들이 기독교를 가르치기 시작하면, 오직 희망자에 한해서 가르친다는 등 그 어떤 조건을 달더라도, 결국 모든 수단을 동원해서 아이들을 기독교인으로 만들거나 아니면 적어도 힌두교는 저버리도록 만들 것이라고 생각하지 않을 도리가 없다. 혹 부모들의 확신이 틀릴 수도 있을 것이다. 그렇다면 그것은 학교가 일을 잘못해서 개종하는 데 성공하지 못한 까닭이다. 학교가 이런 식으로 해서 조금이라도 그 목표를 달성하게 되면, 정부 교육의 효능과 심지어 그 존재뿐만 아니라 나아가 정부의 안전 자체까지도 위태롭게 할 수 있다. 영국의 개신교 신자는 아무리 개종을 강요하지 않는다는 보장을 받더라도, 자신의 자녀를 가톨릭 신학교에 쉽게 보내지 않을 것이다. 아일랜드 가톨릭 신자는 어지간해서는 자기 아이를 개신교 소굴로 진학시키지 않으려 할 것이다. 그런데 우리는 지금 단순히 신체적 접촉만 있어도 힌두교도로서의 특권이 상실된다고 믿는 힌두교도에게 기독교로 개종하라고 하고 있는 것이다!

이것이 본국의 여론이 식민지 행정 관리들에게 도움을 주기보다는 손해를 끼치게 되는 행동 양식의 하나다. 다른 하나의 경우는, 현지에 나가 있는 영국 정착민들이 자신의 특정 이익을 위해 본국 정부의 간섭을 끈질기게 요구하는 것이다. 영국 정착민은 본국에 친구가 있고 이용할 수 있는 조직이 있으며 대중의 여론에 호소할 길도 가지고 있다. 본국 사람들과 같은 말을 쓰고 생각도 같다. 따라서 편파적인 기준을 굳이 적용하지 않더라도 같은 영국인이 제기하는 불평에 대해서는 눈길이 자주 가기 마련이다. 이제까지의 경험이 증명하는 바지만, 어떤 한 나라가 다른 나라를 지배할 경우 이 상황을 이용해서 한재산 모으고자 하는 지배국가의 일부 사람에 대해서는 특별히 단속하지 않으면 안 된다. 본국으로서는 이들이야말로 가장 골치 아픈 존재 중의 하나다. 특권의식과 현지인에 대한 경멸감으로 무장한 이들은 절대 권력자처럼 군림하면서 그에 대한 책임감은 전혀 느끼지 못한다. 인도 같은 데서 이들이 하는 짓을 보면 공권력이 아무리 애를 써도 약자를 보호하기에는 역부족이다. 유럽에서 온 정착민은 강자 중에서도 제일 힘이 세다. 개인의 노력에 의해 이런 개탄스러운 상황이 개선될 기미가 전혀 보이지 않는 곳일수록, 정착민이 현지민을 그야말로 발톱의 때처럼 여기는 경우가 많다. 그래서 조금이라도 자신의 이권에 방해가 될까 봐 현지민의 권리를 아예 인정하지 않으려 한다. 자신의 상업 활동에 지장을 준다면 그들을 보호하는 그 어떤 최소한의 조치에 대해서도 정색을 하며 거부하고 반대한다. 이런 분위기가 너무 뿌리 깊어서 공권력이 아무리 단속을 펴도 문제를 근본적으로 해결하는 데 한계가 있다. 본국 정부는 물론 문제를 해결하기 위해 노력하지만, 정부 직속의 젊고 사나운 관리와 군인들조차 충분히 효율적으로 통제하지 못하고 있다. 상대적으로 정부의 힘이 덜 미치는 정착민에 대해서는 더 말할 것도 없을 것이다. 인도에 있는 영국인이 그렇다. 믿을 만한 소식통에 의하면 알제리의 프랑스인도 사정이 비슷하다. 멕시코로부터 뺏은 땅에 정착하고 있는 미국인도 마찬가지다. 중국에 진출한 유럽인도 같은 처지인 것 같고, 심지어 일본에서도 이미 이런 현상이 벌어지고 있다. 남미에 나가 있는 스페인인이 어떠한가에 대해서는 더 말할 필요가 없을 것이다. 이 모든 경우에 정착민을 관할하는 정부들이 좋은 방향으로 문제를 풀어 현지인을 보호하기 위해 최선의 노력을 기울이고 있다. 헬프스가 쓴 훌륭한 역사책을 보면 누구나 알 수 있듯이, 비록 효과를 별로 거두지는 못했지만 심지어 스페인 정부까지도 성실하고 진지한 노력을 쏟았다. 스페인인이 어떤 생각을 하게 되는지 스페인 정부가 직접적인 책임을 져야 한다면, 그 정부에게 과연 그런 노력을 기울였는지 질문을 던져볼 만도 하다. 스페인인이 이교도보다는 같은 기독교인을 편들고 더 가까이 지내는 것이 당연하기 때문이다. 정착민은 본국 사회에서 자신의 말을 들어줄 사람을 갖고 있지만, 원주민은 그렇지 못하다. 비록 국내에서 자신의 문제에 무관심하고 아무 흥미도 못 느낀다 하더라도, 그래도 정착민은 끈질기게 진실을 전하고 퍼뜨릴 수단과 동기를 가지고 있다. 영국인은 자기 나라가 외국인에 대해 잘못을 저지르면 대단히 비판적인 태도를 취한다. 이 점에서는 다른 어느 나라 사람보다도 더 독특하다. 그리고 정부와 개인 사이에 다툼이 생기면, 대부분의 영국인은 정부가 잘못했다고 생각한다. 영국 정착민이 원주민 보호정책으로 인해 입는 불이익을 모면하기 위해 본국 정치권에 도움을 청할 경우, 행정부는 나름 선의를 가지고 일을 처리하는데, 문제가 되는 사안을 지키기보다 포기하는 것이 의회를 상대하는 데 유리하고 말썽도 덜 일으킨다는 쪽으로 결론을 내리는 것이 일반적이다.

상황을 더 나쁘게 만드는 것이 남아 있다. 정의와 박애 정신에 입각해서 식민지 사회나 그곳 사람들을 편드는 방향으로 여론이 흘러간다 하더라도(이 점에서 영국인이 아주 두드러진다), 자칫 본질을 놓치는 경우가 생긴다는 점이다. 식민지 사회에도 강자와 약자가 존재한다는 사실을 잊어서는 안 된다. 권력자나 지배계급 앞에서 노예들은 굽실거리며 살아야 한다. 영국인에게 접근할 수 있는 통로를 가진 것은 전자이지 후자가 아니다. 폭군이나 착취자들은 과거 그들이 휘두르던 권력을 잃어버렸지만, 처벌을 받기는커녕 여전히 부귀와 영화를 누리고 있다. 특권을 향유하고 있는 지주들은 국가에게 토지 임대권을 양도하라고 요구하는가 하면, 자신의 이익에 맞서 가난한 사람들을 돕는 것에 대해 거칠게 대들고 있다. 이들은 영국 의회나 언론을 얼마든지 이용할 힘이 있다. 가난한 대중은 아무 힘도 없으니 침묵만 지킬 따름이다.

이런 관찰을 통해 다음과 같은 원리를 재확인할 수 있다(이 사실을 아는 사람이 별로 없다면 모를까, 그렇지 않는 한 이것은 명백한 것처럼 보인다). 즉 피치자에 대해 책임을 지는 것이 좋은 정부를 만드는 가장 훌륭한 비법인 반면, 그 외 사람에 대해 책임을 지는 것은 좋은 정부와는 거리가 멀 뿐 아니라 좋은 것보다는 나쁜 것을 더 많이 자아낼 가능성이 높다. 인도의 영국 지배자가 영국 국민에게 책임을 지면 기본적으로 유익한 결과를 낳을 것이다. 정부가 하는 일 중에 어떤 것이 마음에 안 들면, 사람들이 널리 알면서 토론에 부칠 수가 있기 때문이다. 사람 중에 일부 개인이 문제가 되는 사안에 대해 정통하다면, 나머지 대다수는 굳이 잘 몰라도 상관없다. 왜냐하면 단순히 도덕적 책임이라는 것은 전체 국민이 아니라 중요한 판단을 내리는 일부 소수 사람에게만 해당되기 때문이다. 대중의 여론을 청취하고 감안하는 것이 필요할 것이다. 그러나 무엇이 문제가 되고 있는지 전혀 알지 못하는 수많은 사람보다는 그 분야 전문가 한 사람의 생각이 훨씬 더 중요할 수도 있는 것이다. 고위 지도자가 자신이 하는 일에 대해 책임을 져야 하고, 배심원 중 한두 사람이 그들의 업무 방향을 결정하게 된다는 것은, 비록 나머지 사람들은 전혀 쓸모없는 존재에 불과하다 하더라도 확실히 바람직한 제동장치가 된다. 사정이 이렇기 때문에, 영국 의회와 국민이 인도 정부에 대해 통제권을 행사하는 것은 인도에게 유익한 결과를 안겨준다.

그러나 인도 같은 나라를 직접 지배하지 않고, 훌륭한 지배자들에게 맡기는 것이 그 나라에 대한 영국 국민으로서 의무를 다하는 더 나은 길이다. 그러지 않고 영국의 장관에게 맡겨버리면 최악의 결과를 낳는다. 왜냐하면 장관은 영국 정치에 늘 신경을 쓰지 인도에는 관심이 없기 때문이다. 이런 사람은 복잡한 문제를 잘 처리하기 위해 반드시 필요한 전문 지식을 채 숙달하기도 전에 자리를 물러나야 하는 경우가 많다. 이런 상황에서 엉터리 여론을 등에 업은 의원 두세 사람이 의사당에서 그럴듯한 궤변을 늘어놓으면 어떤 것이 옳은 길인지 판단하기가 쉽지 않다. 해당 부처의 장관이라는 사람은 전문 지식이 부족하고 지위도 불안정하기 때문에 자기 소신에 따라 올바른 정책을 추진할 처지가 못 된다. 자유국가가 멀리 떨어져 있는 이민족 식민지를 행정부 직할 통치를 한다면 실패를 피할 길이 없다. 최소한의 성공을 보장해주는 유일한 방법은 꽤 항구적인 성격의 위임기구를 통해 다스리는 것이다. 이 경우, 수시로 바뀌는 본국의 정부는 현지 기구에 대해 단지 감사권 등 제한된 범위의 간섭만 해야 한다. 이런 기구가 실제로 인도에서 존재했었다. 나는 이와 같은 중간 단계의 성격을 지닌 정부 기구를 없애버리고 만 근시안적 정책으로 인해 영국과 인도가 크나큰 비용을 지불하게 될 것을 우려하지 않을 수 없다.

물론 내가 말한 위임기구 같은 것이 좋은 정부가 갖추어야 할 모든 조건을 만족시킬 수는 없다. 무엇보다도 피지배자들의 이해관계를 정확하고 만족스럽게 반영하지 못한다. 사실 이 기준으로 따진다면, 문제의 피지배자들이 스스로 정치를 담당한다 하더라도 완벽하게 해낼 수가 없다. 이런 조건 아래에서는 진정 좋은 정부를 기대해서는 안 된다. 불완전한 상태에서 그나마 나은 것을 골라야 한다. 그러나 이런 악조건 속에서도 가능하면 좋은 정부의 요건을 더 많이 구비하고 나쁜 정부에 이르는 것은 가능하면 배제해야 한다. 앞서 말한 중간 단계의 기구가 이런 조건에 가장 근접하고 있다. 위임 행정부는 본국 정부가 직접 통치하는 것에 비해 언제나 더 효율적이었다. 우선 식민지 원주민들에 대해서만 책임을 지고, 그들의 이익 외에 다른 것을 신경 쓸 필요가 없기 때문이다. 원주민들을 착취해서 부당 이득을 얻는 경우가 눈에 띄게 줄어들 수 있다(동인도회사[90]의 경우가 그랬다). 나아가 개인이나 계급의 이해관계에서 비롯되는 편견에서 완전히 자유로울 수 있다. 본국 정부와 의회가 그런 파당적 이해관계의 당사자들 때문에 흔들리더라도, 이 중간 단계 기구는 제국의 궁극적 이익을 수호하는 역할을 훌륭하게 해낸다. 더구나 중간 단계 기구는 그 성격상 자연스럽게 이 분야에서 국익을 대변할 전문가들 중심으로 구성된다. 이들은 식민지 정부에서 일을 맡아 평생 종사할 것이다. 이런 자격요건을 갖춘 데다, 본국의 정치 상황에 따라 자리를 잃을 염려를 하지 않아도 되기 때문에, 현지 기구 사람들은 자신의 업무에 보람과 소명감을 느끼게 된다. 따라서 대의제로 움직이는 좋은 정부의 장관 중 한 사람이 자기가 직접 섬기지 않는 다른 그 어떤 나라의 장래보다 훨씬 깊은 관심을 기울이게 된다. 이 기구의 관리자들을 선발할 때도 결정적인 이점이 있다. 무엇보다 책임자를 임명하면서 정당과 의회의 간섭으로부터 자유롭다. 다시 말해 자기가 배려해야 할 사람을 밀거나 도와주지 않으면 적대자가

90 East India Company. 영국의 인도 식민지배기관. 밀은 아버지 뒤를 이어 이 회사에서 평생 일을 했다. 밀은 이런 종류의 지배기구가 인도인의 발전에 가장 부합할 것이라는 믿음을 가졌고, 그에 따라 회사를 정부의 직접 관할 아래 두려는 움직임에 맞서 싸웠다. 밀은 자신의 뜻과 반대 방향으로 일이 진행되자 회사를 떠났다.

될 수 있는 세력을 미리 포섭하기 위해 압력을 행사하는 정치인들의 영향을 받지 않아도 된다. 이들 정치권 인사들은 대체적으로 볼 때, 가장 적임자를 정직하게 그 자리에 앉히려는 의식보다 자기 이익을 챙기려는 욕심이 언제나 더 강하다. 식민지 정부의 책임자를 가능하면 올바른 후보 중에서 골라 임명하는 것은, 본국 정부의 모든 자리에 최악의 인물을 앉히는 것보다 훨씬 더 중요한 의미를 지닌다. 만일 국내의 어떤 직책에 부적합한 사람이 임용되더라도 대중의 여론 때문에 함부로 일을 처리할 수 없기 때문이다. 그러나 식민지 정부의 행정 책임자들에 대해서는 현지 주민들이 자기 손으로 그 어떤 영향력도 미칠 수가 없다. 따라서 행정의 방향이 전적으로 개별 책임자들의 도덕적·지적 수준에 의해 좌우된다.

몇 번이고 되풀이 강조하는 바지만, 인도 같은 나라에서는 정부의 고위직에 어떤 인물이 임용되는가에 따라 모든 것이 결정되다시피 한다. 인도를 통치하는 문제를 두고 볼 때, 이 엄연한 사실은 무엇보다 중요한 의미를 지닌다. 영국에서는 이미 중요한 직책에 사적인 편익에 따라 부적합한 사람을 임명하는 사례가 빈번히 발생한다. 인도에서조차 이런 범죄적 현상이 아무 거리낌 없이 벌어진다면, 그것은 곧 우리 영국 제국이 몰락과 쇠퇴의 길로 접어들게 되었다는 것을 뜻한다. 선의를 가지고 최적 후보 중에서 사람을 고른다 하더라도, 그 선발 방식이 엄격한 객관적 절차를 따르지 않으면 좋은 결과를 얻을 수 없다. 체계적으로 임용해야 하는 것이다. 인도에서는 지금까지 이런 방식이 통용되었다. 그래서 영국의 지배가 오래 지속되었고, 아주 빠른 속도는 아닐지라도 꾸준히 진보를 이루면서 번영과 효율적 행정을 구가할 수 있었다. 그런데 불행하게도 이런 체제에 대해 비방하면서 변혁을 도모하는 세력이 있다. 현지 업무에 관해 관리들을 교육시키고 훈련시키는 일이 도대체 불필요하고 이치에 닿지 않는 일인 양, 아무런 지식과 경험도 없는 사람들이 부당하게 간섭하고 나선 것이다. 이런 사태의 배후에 암묵적인 음모가 있음을 알아야 한다. 즉 인도 정부의 고위직에 자기 사람들을 심고 싶어 하는 세력과, 인도 거주 영국인 중에서 염료 공장 경영이나 법률 사무소 일에 만족하지 못하고 수천만 인민을 관할하는 법무 책임자나 세무 공무원 노릇을 꿈꾸는 인물 사이에 야합이 일어나고 있는 것이다. 공무원 임용이 '독점적으로' 이루어진다고 노골적인 비난을 퍼붓는데, 이것은 변호사 자격을 가진 사람 중에서만 법조인을 임용한다고 험담하는 것이나 다를 바 없다. 이런 제도를 폐지하자고 강변하는 것은, 때때로 블랙스톤[91] 총리를 조사한 경험이 있다고 그 친구들이 보증하는 사람 중에서 선착순으로 영국 의사당의 자리를 개방해야 한다고 말하는 것과 똑같다. 영국인이라고 해서 해당 업무를 밑에서부터 차례로 숙달하지 않은 사람을 아무나 해외 식민지 고위직에 임명하거나 외국으로 나가도록 부추기는 방식으로 제도가 개악된다는 것은, 마치 영국이나 관련 업무에 대해 사전 지식이 없고 직업으로서의 전문적인 의식도 구비하지 못한 채, 단지 돈을 빨리 모아서 자기 나라로 되돌아가고 싶은 생각밖에 없는 스코틀랜드 친척과 모험꾼들에게 나라의 가장 중요한 직책을 내던지는 것이나 마찬가지다. 한 나라가 온전하게 발전하기 위해서는 행정 책임을 맡게 될 사람들이 젊어서부터 (단지 후보 자격으로) 맨 아래 단계에서부터 위로 차근차근 올라가는 제도가 마련되어야 한다. 고위직으로 승진하기 위해서는 자질을 인정받고 일정한 기한을 채워야 하는 것이다. 동인도회사가 신중한 절차에 따라 제일 유능한 사람에게 가장 중요한 직책을 맡겨왔지만, 이 체제에도 결함이 없었던 것은 아니다. 무엇보다도 일단 회사에 몸을 담은 사람은 유능한 사람, 무능한 사람 가리지 않고, 시간적으로는 차이

91 William Seymour Blackstone, 1809~1881. 19세기 영국의 총리.

가 있지만, 결국 모두가 이런저런 자리로 승진할 수 있다는 것이 가장 큰 문제였다. 물론 이 회사 직원 중에서 가장 능력이 떨어지는 부류로 취급되는 사람이라 하더라도, 엄격한 선발 과정을 거쳐 현직에 이르렀고, 상급자의 감독과 지휘 아래, 적어도 특별히 부끄러운 일을 저지르지 않은 채, 오랫동안 해당 업무에 종사해왔다는 사실을 잊어서는 안 된다. 그렇지만 폐단을 완전히 없애지는 못했다. 꽤 심각한 문제가 발견되었던 것이다. 능력으로 볼 때, 보조직 이상으로 올라가서는 안 되는 사람이라면 일정한 시간이 흘렀다고 과분한 직책을 맡겨서는 안 된다. 그보다 젊은 사람이 그 자리를 맡는 것이 마땅하다. 이 과실을 제외한다면, 나는 동인도회사가 그동안 해온 일 중에서 다른 그 어떤 결함도 찾을 수 없다. 문제점으로 지적되어오던 것, 즉 적임자를 제대로 선발하지 못했던 어려움을 해소하기 위해 경쟁시험제도를 채택했고, 그 성과는 뚜렷하게 증명되었다. 경쟁을 통한 결과, 능력과 자질이 뛰어난 사람을 선발할 수 있었을 뿐 아니라, 지원자와 선발 책임자 사이에 고의적인 결탁이 이루어지는 것도 방지하는 효과를 거두었다.

이렇게 선발되고 훈련받은 관리들만 특별히 인도에 관한 지식과 경험을 요구하는 직책에 오를 수 있어야 한다는 것은 당연한 이야기다. 만일 단계를 밟지 않은 사람이 고위직을 차지하는 일이 한두 번이라도 생긴다면, 권력층 인사가 같은 일을 기대하면서 끊임없이 영향력을 행사하려 들 것이고 이런 사태를 막을 수가 없을 것이다. 그러나 최고 책임자를 임명하는 것만은 다른 각도에서 접근해야 한다. 영국령 인도의 총독은 모든 영국인 중에서 종합적인 정치적 능력이 탁월한 인물이 임명되어야 하기 때문이다. 이런 능력을 갖춘 인물이라면 현지 업무를 수행하는 데 필요한 전문 지식과 경험이 부족하더라도 자신을 보좌할 직원들을 잘 고를 수 있을 것이기 때문에 크게 문제가 안 된다. (아주 예외적인 경우를 제외하고) 일반 공무원 중에서 총독이 나와서는 안 되는 충분한 이유가 있다. 모든 직책의 종사자는 다소간 계급적 편견을 갖고 있는데, 이것은 최고 지도자가 반드시 극복해야 하는 암초와 같은 존재다. 아무리 유능하고 경험이 많다 하더라도, 아시아에서 일생을 보낸 사람이 나라를 경영하는 데 필요한 유럽적 발상을 뛰어나게 습득한다는 것은 불가능하다. 최고 책임자는 그런 지식과 인도 현장에서의 경험을 함께 조화시킬 수 있어야 한다. 계급 출신이 다르고, 무엇보다도 다른 상급자에 의해 임명된 까닭에 그가 개인적인 편견을 가지고 직무를 수행할 위험은 그리 크지 않다. 영국 왕실과 동인도회사 사이의 절묘한 결합은 이런 위험을 최대한 막아주었다. 이 회사의 최고위직인 총독과 그 밑의 고위관리들은 형식과 달리 사실상 영국 왕에 의해 임명되었다. 다시 말해 중간 단계 기구가 아니라 영국 정부가 임명권자였다. 왕실 사람들은 인도 현지 업무와 관련해서 그 어떤 개인적·정치적 개입도 하지 않았을 것이다. 이에 반해 고국에서 관직을 맡았던 위임기구 사람 대부분은 분명 그런 식의 개입을 했을 가능성이 크다. 그러나 정부의 공무원들이 아무리 어려서부터 그런 직무를 수행하기 위해 현지에 파견됐다 하더라도, 그 상당수가 총독과 그 밑의 고위직을 배출하는 계급 출신이라면, 지금 말한 것과 같이 편파성을 초월하기가 대단히 어렵다. 초기 단계에서 경쟁시험을 통해 임용해도 편견을 불식하는 데 한계가 있다. 그런 과정을 거치면 정말 무식하고 능력이 없는 사람은 거를 수 있을 것이다. 젊은이들이 처음부터 지식과 능력을 놓고 다른 사람들과 경쟁하게 만들 것이다. 그 결과 능력이 아주 부족한 사람이 교회는 모를까 인도에서 근무하게 되는 일은 없을 것이다. 그러나 그다음 단계에서 영향력이 작용하는 것을 막을 길이 없다. 자기 운명에 관한 결정권을 가진 사람에 대해 일단 듣고 알고 나면, 관리 중의 일부는 그 권력자와 개인적으로 가까운 사이가 될 것이다. 그리고 그보다 훨씬 많은 수의 사람이 정치적 관계를 맺을 것이다. 특정 가문과 상류 계급 출신 그리고 권세가 높은 인물과 줄이 닿은 사람들은 경쟁자보다 빨리 승진할 것이다. 그리고 경우에 따라 어울리지 않는 자리 또는 다른 사람이 더 잘 어울리는 자리를 대신 차고앉을 것이다. 군대에서도 진급을 둘러싸고 비슷한 일이 벌어진다. 군대에서 목격되는 이런 고약한 일을 정의롭다 생각하는 사람들만 인도에서 인사를 둘러싼 편파 시비가 없다고 생각할 것이다. 정말 심각한 문제는, 현재와 같은 체제 아래에서는 어떤 방법을 동원하더라도 이런 병폐를 근본적으로 뿌리 뽑을 수 없다는 사실이다. 소위 말하는 이중 정부 체제가 존속하는 한, 완벽하게 대처하는 것은 불가능하다.

영국의 국내 정치는 다른 나라에 비해 대단히 뛰어난 장점을 가지고 있다. 이 정치체제는 사전에 인위적으로 설계된 것이 아니라 여러 단계를 거쳐 자연스럽게 발전해왔다. 시대가 요구하는 바를 해결하는 과정에서 시행착오를 거치며 새로운 제도를 개발해온 것이다. 그러나 영국에게는 축복이 되는 이런 방식이 인도에서는 불행한 결과를 낳았다. 영국 정치체제를 만들어낸 시대적 상황이 인도와는 다르다. 따라서 그 체제가 인도에 실질적인 도움이 되기 위해서는 이론적인 대비가 필요했다. 불행하게도 인도에서는 바로 이런 것이 빠졌다. 정치체제가 작동하는 기본적인 전제가 달랐기 때문에, 영국에서 거두었던 효과가 인도에서는 일어날 수 없었다. 그러나 다른 모든 인간 조직과 마찬가지로, 정치를 움직이는 거의 모든 불변의 진리는 특정 사례에 대한 관찰로부터 그 첫 열매가 열리기 시작했다. 이 사례 속에서 자연현상의 기본 법칙이 새롭게 또는 과거에 생각하지 못했던 방식으로 작동했던 것이다. 영국과 미국의 정치제도는 오랜 세월 동안 우여곡절을 거치며 유럽 각국의 정치 세계를 일깨워주는 정치이론의 방향을 뚜렷하게 제시해왔다. 문명국가의 지배 아래 있는 반半야만상태의 식민지 운영에 관한 올바른 이론을 개척하고, 이 소임을 다한 다음 사라지는 것이 동인도회사에 주어진 운명이었다. 두어 세대 이상 시간이 흐른 뒤에도 이런 고찰의 결과가 인도에서 지배 권력을 행사하고 있는 우리에게 남겨진 유일한 열매라고 한다면 그것은 참으로 기이한 행운이라고 하지 않을 수 없다. 만일 우리 후손이 우리에게, 우연한 기회에 우리 지혜로 도저히 만들어낼 수 없는 그런 훌륭한 제도를 고안하고 나서는, 바로 그 직후에 멀쩡한 정신으로 그 제도를 폐지했고, 그런 진보를 이끌어낸 원리에 대한 무지 때문에 가시권에 들어왔던 좋은 개선책을 휴지통에 집어넣어버렸다고 원망한다면 어떻게 될까? 그러나 하늘이 더 좋은 시간을 열어준다. 영국과 문명 전체에 수치스럽기 이를 데 없는 이런 운명을 회피하자면, 단순히 영국식 혹은 유럽식 관습에 바탕을 둔 것보다 훨씬 광범위한 정치적 식견이 요구된다. 그리고 영국 정치인과 영국의 여론을 주도했던 사람들이 지금까지 인도의 경험과 현지 정치 상황에 대해 조사했던 것보다 훨씬 깊은 연구가 이루어져야 한다.

해제

이게 민주주의냐

'성숙한 견해'가 담긴 책

존 스튜어트 밀은 '자유주의의 정신이며 양심'이라고 불린다. 이성에 대한 믿음, 자기 발전이라고 하는 가치에 대한 거침없는 동경, 이 바탕 위에서 자유 사회를 꾸려나가고자 하는 열정이 밀의 일생을 흥미롭게 수놓았다.

밀의 《대의정부론Considerations on Representative Government》은 1861년에 출간되었다. 그는 이 책에서 '한편으로 온전한 민주적 지배를 실현하고, 다른 한편으로는 능숙한 전문가의 능력을 최대한 발휘'하게 하는 '숙련 민주주의'를 꿈꾸었다. 개개인의 민주적 참여의 당위를 강조하면서 그에 못지않게 소수파의 존재 이유, 특히 전문가의 역할을 집중 조명했다. 밀은 대의민주주의가 이런 정치적 이상을 가장 잘 구현할 수 있다고 생각했다.

《대의정부론》은 밀의 정치철학을 집대성한 책이다. 밀이 20대 이후 오래 거듭해온 숙고의 결정체다. 그가 《자서전》에서 밝혔듯이 최선의 민주정부에 대한 자신의 '성숙한 견해'가 이 책 속에 온전히 담겨 있다.

이상적인 정치체제

밀은 《대의정부론》에서 바람직한 정치의 모습을 그리며 '좋은 정부' 또는 '이상적인 정치체제'라는 말을 즐겨 썼다. 크게 보면 같은 내용이지만, '좋은 정부'가 주로 정부의 목표와 존재 이유를 지칭한다면, 후자는 그런 좋은 정부를 구현하기 위한 정치체제의 운용 방법에 일차적인 무게를 둔다.

어떤 것이 좋은 정부인가? 밀은 인간의 자기 발전에 도움이 되는 정부를 좋은 정부라고 규정한다. 즉 정부가 인간성humanity을 증진하는 데 얼마나 도움이 되는지, 다시 말해 구성원들의 바람직한 도덕적·지적 자질을 얼마나 잘 발전시킬 수 있는지가 정부의 탁월성을 가늠하는 가장 중요한 기준이라고 생각했다. '이상적이고 완벽한' 민주주의에서만 사람들의 능력을 더 잘 발전시킬 수 있다고 본 것이다.

그렇다면 어떤 형태의 정부가 가장 이상적ideally best이라고 할 수 있을까? 밀은 주권 또는 최고 권력이 국가 구성원 전체에 귀속되는 것을 가장 중요한 조건으로 내건다. 전체 인민을 대표하는 기구가 최종 결정권을 보유한 채 실제로 그 권력을 행사하는 것이 정치제도가 지향하는 제일 중요한 목적 중의 하나라고 강조한다.

밀은 이러한 바탕 위에서 이상적인 정치체제를 '평등하게 대표되는 전체 인민에 의한 전체 인민의 정부'라고 규정한다. 그리고 이런 체제를 순수한 의미의 민주주의라고 불렀다. 반면, '사람들이 일반적으로 생각하는 민주주의 그리고 지금까지 존재했던 민주주의'는 전체 인민 중 다수파의 이익만 편드는 '특권 정부'에 지나지 않는다고 거세게 비판한다. 소수파를 배제한 채 특정 집단만 대표하는 거짓 민주주의라는 것이다.

밀은 《대의정부론》에서 소수파의 발언권을 무엇보다 강조한다. 소수가 다수에 맞서 자기 생각을 당당하게 펼칠 수 있어야 참된 민주주의라고 역설하는 것이다. 이런 점에서 《대의정부론》은 비주류의 존재 이유를 힘주어 설명하는《자유론》의 문제의식을 그대로 잇고 있다.

숙련 민주주의

밀은 인민의 정신 능력을 발전시키는 좋은 정부, 전 인민이 참여하는 이상적인 정치체제를 논의하고 나서 바람직한 정부가 갖추어야 할 조건을 하나 추가한다. 사회의 당면 과제를 해결하며 최대한 유익한 결과를 낳는 정부라야 가장 이상적인 정부라는 호칭에 어울린다는 것이다.

그러면 어떻게 해야 정부의 효율을 증대시킬 수 있을까? 밀은 숙련 민주주의skilled democracy가 그 열쇠라고 보았다. 지적 전문성을 갖춘 유능한 사람들이 정부 업무를 맡아 처리해야 최대한 효율을 얻을 수 있다는 말이다. 그래서 밀은 인민의 자기 결정권이라는 큰 전제와 양립할 수 있는 한계 안에서 전문가의 역할을 최대한 늘릴 것을 주장했다. 그가 소수파의 발언권을 보장하기 위해 노심초사하는 것도 이런 배경에서다. 고도의 능력을 요구하는 업무는 그에 적합한 기술을 갖춘 사람이 담당해야 하며, 이를 위해서라도 지성이 높은 소수파가 대의기구 안에서 자기 목소리를 낼 수 있어야 한다는 것이다.

대의민주주의의 장점

밀은 이런 논의 끝에 "가장 이상적인 최선의 정부 형태는 다양한 유형의 대의체제 가운데서 발견될 것"이라고 천명한다. 그는 대의정부를 "가장 완벽한 정체의 이상적인 유형"이라고 거듭 주장한다.

사람들은 흔히 대의민주주의를 '시대의 산물'이라고 생각한다. 오늘날 정치체제가 너무 커지고 구성원 사이에 동질성을 확보할 수 없어서, 직접민주주의 대신 차선책으로 대의제를 받아들일 수밖에 없다는 것이다. 밀도 '규모의 제약' 때문에 대의제가 불가피하다고 말했다. 큰 규모의 공동체에서는 모든 구성원이 직접 참여하기 어렵기 때문에 대의제를 할 수밖에 없다는 것이다.

그러나 밀이 대의민주주의를 예찬하는 보다 근본적인 이유는 딴데 있다. 대의민주주의를 통해야 '모든 인민에 의한 모든 인민의 정부'가 세워진다고 생각했던 것이다. 밀은 직접민주주의에 대한 미련이 없었다. 오히려 그 부작용을 더 염려했다. 생각과 취향이 서로 다른 이질적인 사람들끼리 모여 직접민주주의를 추구하면 '다수에 의한 소수의 지배'가 불가피해진다는 것이다. 밀은 대의민주주의가 이런 폐단을 방지할 수 있다고 믿었다.

밀은 대의정치체제에서 지성과 덕성이 뛰어난 사람들이 보다 큰 영향력을 행사할 수 있다는 점에 특별히 주목한다. 뛰어난 소수가 평범한 다수에 묻히지 않고 제 능력을 발휘함으로써 체제 전체가 발전을 도모할 수 있다는 것이다. 대의정부가 이런 장점을 발휘할 수 있는 것은 숙의熟議(deliberation)에 집중할 수 있기 때문이다.

밀은 '토론의 힘'에 큰 기대를 건다. 이성이 지배하는 정치가 꽃필 수 있기 때문이다. 일반적으로 높은 가치를 추구하는 사람들의 수가 너무 적고 힘도 약한 것이 사실이다. 그러나 이들도 의회의 토론 과정에서 적어도 자기 의견을 말할 기회는 가질 수 있다. 나아가 충분한 토론과 적극적인 설득 끝에 자신에게 유리한 방향으로 판도를 바꾸는 경우도 종종 생긴다. 수적 열세를 뛰어넘어 인격의 무게와 논리의 힘으로 일정한 영향력을 발휘할 수 있게 된다는 것이다.

많은 사람이 대의민주주의가 대중의 직접 참여를 제한하려고 고안된 것이라고 말하지만, 밀은 그렇게 생각하지 않았다. 그는 최대한 많은 시민이 심의 과정에 참여하고, 반복된 토론을 통해 대중의 심의 능력을 키움으로써 오히려 민주적 요소가 더 강화된다고 보았다. 그의 생각에 대의제와 민주주의는 서로 모순어법이 아니다. 대의제가 '오히려' 민주적 참여를 더 확대해준다는 것이다.

대의민주주의, 위기와 기회

밀의 사상은 한마디로 명쾌하게 정리하기가 어렵다. 그가 좋아하는 다면성多面性(many-sidedness)은 민주주의에 대한 그의 생각에도 그대로 드러난다. 그는 누구보다 참여의 교육적 효과를 역설하지만, 그 못지않게 숙련 민주주의의 불가피함도 강조한다. 그러나 밀이 민주주의의 발전 과정에서 유능한 소수에게 일시적으로 권한을 부여한다 해도, '주권은 공동체 전체에 있다'는 기본 원칙을 넘지는 않았다. 밀은 궁극적으로 참여와 능력의 간극이 '시간이 흐름에 따라' 축소되는 이상적 정치상을 제시했던 것이다.

현대 사회의 변화, 특히 오늘날의 SNS 혁명은《대의정부론》을 다시 읽게 만든다. 인터넷과 휴대전화는 '규모의 제약'을 보기 좋게 무너뜨리면서 정치 참여의 새 장을 열었다. 이제 아테네의 광장정치가 부럽지 않게 되었다. 토론과 숙의가 손에 잡히듯 하니, 바로 지금이 대의민주주의의 발전을 위한 다시없는 호기好機가 아닐까.

그러나 이 시대는 자칫 다른 방향으로 내달릴 개연성을 안고 있다. 테크놀로지가 천박한 대중민주주의와 야합하는 곳에서는 대의민주주의가 고사枯死할 수밖에 없다. 감각이 이성을 누르고, 집단이 개인을 제압하는 곳에서는 대의민주주의가 살 수 없다. 내 생각을 내려놓고, 내 이해관계마저 뒤로 제칠 수 있을 때 진정한 토론이 가능하다. 우리는 과연 어떤 시대를 살고 있는가. '이상적인 최선의 정치체제' 대의민주주의 앞에 절호의 기회와 가공할 위기가 함께 펼쳐지고 있다. 이 시대, 특히 한국 정치에 대해 존 스튜어트 밀은 뭐라고 할까.

사회주의론

Chapters on Socialism

1장 머리말

대서양 너머에 있는 저 위대한 나라〔미국을 말한다〕. 이 나라는 현재 세계에서 가장 강력한 국가라고 할 수 있고, 얼마 안 있으면 이론의 여지가 없을 정도로 최강국이 될 것이다. 여기서는 남성 보통선거권이 확립되어 있다.[1] 1848년 이후 프랑스도 그런 정치적 국면에 접어들었다. 독일연방도 몇몇 주를 제외한 나머지 주에서 남성에게 선거권을 부여한다. 영국에서는 투표권을 행사할 수 있는 남성이 아직 그리 많지 않다. 그러나 지난번 선거법 개혁[2]으로 주급 생활자의 상당수가 끄트머리일지라도 소위 헌법의 품 안에 편입될 수 있었다. 이제 이들이 하나의 계급으로서 행동을 같이하고, 현재 법제도가 그들에게 허용하는 투표권을 한데 모아 어떤 공동의 목표를 위해 힘쓰기로 마음을 먹기만 하면, 정국을 완전히 휘어잡지는 못하더라도 언제든지 무척 큰 영향력

1 1845년 미국 최초의 보통선거가 치러져 백인 남성에게 투표권이 주어졌다. 남북전쟁을 겪고 난 뒤에는 흑인 등 유색인종에게도 선거권이 주어졌지만 실제 효력을 낸 것은 한참 지난 뒤였다. 여성 투표권은 그보다도 훨씬 뒤인 1920년에나 실현되었다.

2 영국의 선거법 개혁은 세 차례에 걸쳐 이뤄졌다. 여기서는 1867년의 2차 개혁을 말한다.

을 행사할 수 있게 되었다. 그런데 이 사회의 상류층에서는 그런 사람들이 나랏일에 관여할 필요가 없다고 주장한다. 정말 터무니없는 소리다. 나라가 잘돼야 그 사람들이 하루하루 먹고사는 데 지장이 없을 텐데 어떻게 관심을 안 가질 수가 있겠는가. 그들의 개인적 이익을 생각해본다면 그들이 현행 소유권제도를 좋아할 이유가 없다. 그 어떤 유인誘因도 느낄 수 없다고 말해야 할 것이다. 지금과 같은 평등하지 않은 소유권제도를 왜 좋아하겠는가. 이제 그들의 힘이 미치는 한 또는 장차 그들의 힘이 커지는 것과 비례해서, 소유권제도의 존폐는 그들 손에 달렸다. 즉 그 제도가 얼마나 공공성을 띠는지, 그리고 사회 전체의 이익에 얼마나 기여하는지에 대한 그들의 판단과 평가가 그것의 운명을 결정할 것이다. 단순히 지금 정부를 장악하고 있는 사람들의 개별적인 생각이나 목표에 따라 좌우되지 않을 것이라는 말이다.

그러나 내가 볼 때, 지난번 선거법 개혁에 반대한 사람은 물론 주도한 사람도 이런 거대한 변화가 심각하다는 사실을 아직 잘 모르고 있다. 사실대로 말하자면 최근 들어 정치적 변화 추세에 대한 영국인의 관심이 조금 떨어진 것 같다. 그동안 일어난 수많은 변화에 그들은 좋든 나쁘든 아주 큰 기대를 걸었다. 그러나 실제 일어난 결과를 보면 그 어느 쪽으로든 기대했던 것에 훨씬 못 미쳤기 때문에 기대치에 충족하지 못하는 것이 정치적 변화의 속성은 아닌가 생각할 정도였다. 이제 그들은 폭력 혁명이 수반되지 않으면 나라 안 일상적인 삶의 양식을 실제로 뒤흔드는 거대하고 항구적인 변화는 일어나지 않을 것이라고 거의 무의식적으로 믿는 습관이 생겼다. 그러나 이는 과거나 미래에 관한 피상적인 관찰에 지나지 않는다. 지난 두 세대 동안 이룩한 여러 개혁 조치는 적어도 예상한 만큼 중요한 결과를 낳았다고 하기에 충분하다. 물론 모든 일이 예측대로 되지는 않았다. 생각보다 변화가 빨리 일어나거나 심지어 그 내용이 바뀌는 경우도 있었다. 우리는 가톨릭 해방이 아일랜드를 잠잠하게 만들거나 영국 지배에 순응하게 만들 것[3]이라고 기대를 걸었던 사람들의 헛된 생각을 비웃는다. 1832년 1차 선거법 개정 이후 10년이 지날 때쯤, 그 변화가 현실의 큰 문제를 모두 해결하거나 보통선거권을 향한 관문을 열었다고 계속 믿는 사람은 아무도 없었다. 그러나 25년 이상 법이 시행되면서 간접적이지만 여러 방면에서 효과가 나타났다. 이는 직접적인 효과보다 훨씬 중대한 의미를 지녔다. 역사적으로 볼 때 갑자기 나타나는 효과라는 것은 대체로 피상적인 수준에 그친다. 다가올 사건의 뿌리 속으로 깊숙하게 파고드는 원인들은 언제나 매우 중요한 효과들을 천천히 만들어낸다. 그 원인들이 만들어내는 변화를 사람들이 알아챌 때쯤이면 그런 변화는 이미 기존 질서의 한 부분이 될 만큼 익숙해진다. 따라서 변화가 아주 두드러질 때도 예민하지 못한 관찰자는 그 변화가 원인과 특별히 긴밀하게 관련된다는 사실을 눈치채지 못하는 경우가 종종 있다. 이전부터 충분히 알려진 것이 아닌 한, 새로운 정치적 사건이 먼 미래에 어떤 결과를 불러일으킬지 초기에는 알기가 매우 힘들다.

그런데 1867년 2차 선거법 개정에 따라 제도에서 어떤 변화가 생길지 즉각 쉽게 알 수 있다. 새 선거법은 노동자계급의 투표권을 현격히 증대했다. 이는 되돌릴 수 없는 조치다. 지금까지 노동자들은 그 힘을 아주 제한적으로 사용했지만, 이제 환경이 근본적으로 바뀌고 있다. 노동자들은 노동자계급으로서 그에 상응하는 정치적 목표를 이미 가지고 있거나 장차 가질 것이다. 그들은 맞든 틀리든, 강력한 다른 계급들의 이해관계와 견해가 자신들과 대립한다고 믿는다. 아무런 관심이 없는 사람도 분명히 알 수 있는 사실이다. 지금 노동자들은 선거 조

3 당시 영국 지배에 맞서 아일랜드 독립운동을 이끌던 세력 중에는 가톨릭 신자가 많았다. 이들은 영국이 개신교 우대정책을 철폐하도록 '가톨릭 해방운동'을 일으켰다.

직이 미약하고 그들끼리 단합하지 못한 탓에, 또는 아직 자신들이 바라는 바를 충분히 명확한 모습으로 구체화하지 못한 까닭에 그 목표를 달성하지 못하고 있다. 그러나 다른 모든 정치적 사건이 그렇듯이, 그들은 멀지 않아 자신들의 집단적 목표를 달성하는 데 도움이 될 수 있게 그들의 선거권을 효과적으로 활용할 방법을 찾을 것이다. 그러면, 그들은 법적·헌법적 기구를 사용하는 데 익숙하지 못한 사람들처럼 비조직적이고 비효율적으로 행동하지 않을 것이다. 그저 평등을 향한 본능적 충동에만 휩쓸려가지 않을 것이다. 그들은 언론과 대중집회, 결사를 이용할 것이다. 그리고 노동자계급의 정치적 목적을 위해 헌신하겠다고 서약하는 사람들을 최대한 많이 의회에 보내려 할 것이다. 이제 노동자계급의 관점에서 정치에 대한 과학적 연구가 이루어지고 있다. 노동자계급의 특수한 이익을 증진할 주장들은 체계적 신조로 다듬어지고, 과거 사상가들이 정교하게 체계화한 사상들이 정치철학의 반열에 올랐던 것과 같은 평가를 받을 것이다. 따라서 노동자계급의 정치적 목적 그 자체는 분명한 정치적 원칙에 따라 규정될 것이다. 이런 이유에서 사려 깊은 모든 사람이 이들의 정치적 신조가 어떤 모습을 띨지 때맞춰 검토해보는 일이 매우 중요해졌다. 그 하나하나를 최대한 면밀하게 조사하고 토론해보아야 한다. 그래야 상황이 무르익을 때 가능하면 한목소리로 그 가운데 무엇이든 옳은 것은 채택하고 옳지 않은 것은 거부할 수 있을 것이다. 그렇게 해야 물리적이든 단순히 도덕적이든 옛것과 새것 사이에 적대적 갈등이 일어나는 일을 방지하고, 양쪽에서 최선의 것이 혁신적 사회구조로 종합될 수 있을 것이다. 물리적 폭력으로 촉발되지 않은 거대한 사회적 변동의 일반적 전개 속도에 비추어보면 우리에게 대충 한 세대의 시간이 있다. 그 변동은 사회제도가 인간 사회의 변화 상태에 적응하는 양태에 따라, 즉 현명한 예견의 결과인지 아니면 적대적 편견에 따른 갈등의 산물인지에 따라, 성격이 달라질 것이다. 만일 인류에 중대한 문제들이 무지한 변화와 그 변화를 무지하게 가로막는 것의 다툼으로 결정된다면 우리의 미래는 심각한 위험에 직면할 것이다.

이제 우리는 현대 사회를 구성하는 바로 그 제1원칙을 근본적으로 재검토해보아야 한다. 과거 조상들이 논란이 없다고 생각했던 핵심 원칙들에 심각한 의문을 제기할 수 있다. 과거로부터 전해져온 재산제도에 대해 소수의 철학 저술가를 제외한 그 누구도 심각하게 문제를 제기하지 않았다. 왜냐하면 과거의 갈등들은 언제나 기존 재산제도에 대해 기득권을 가진 계급 사이의 갈등이었기 때문이다. 이제 더 이상 그럴 수는 없다. 사유재산이라고는 아무것도 가지지 못하다시피 한, 그리고 공익에 도움이 되는 재산제도만 지지하는 계급이 논쟁의 대열에 뛰어들면, 그들은 분명히 그 어떤 제도도 당연하다고 인정하지 않을 것이다. 사유재산제도의 원리에 대해서는 특히 그럴 것이다. 이미 노동자계급의 관점에서 세상을 바라보는 많은 이론가는 그 제도의 정당성과 효용을 부인한다. 그 계급은 틀림없이 이 문제의 뿌리부터 철저하게 재검토하자고 요구할 것이다. 그들은 현행 제도의 유지를 원하는 쪽에 맞서서 사유재산제도를 폐지하자는 주장과 노동자계급에 이익이 되는 방향으로 그 제도를 수정하려는 모든 시도를 충분히 논의하고 검토하자고 역설할 것이다. 영국의 경우, 노동자계급이 아직은 소유권제도의 특정 부분에 대해서만 적대감을 표출한다. 그들 중 상당수가 임금 문제를 계약의 자유에서 제외하고 싶어 한다. 그러나 그 자유는 사유재산제도의 통상적인 속성 중 하나다. 좀 더 과격한 사람들은 토지가 정당한 사적 소유의 대상이라는 사실을 부인하면서 국가 소유로 되돌릴 것을 부추긴다. 일부 선동가는 이를 고리대금업 철폐라는 말로 정당화하지만, 무슨 뜻으로 그런 말을 쓰는지 정확한 설명이 없다. 이런 주장이 영국 내에서 제기되기 시작한 것은 아닌 듯하다. 노동자회의Labor

Congress와 국제노동자연맹International Society을 통해, 화폐 이자를 일절 반대하고 노동 없이 재산으로 수입을 얻는 데 부정적인 대륙 사회주의자들과 접촉하면서 그런 생각을 받아들인 것이다. 이런 주장은 영국에서 널리 번지는 흔적이 아직 보이지 않지만 외국의 영향을 받아 그 씨앗을 받아들일 토양은 충분히 무르익었다. 여러 다른 나라에서는 그저 기존 체제에 대한 불신을 조장하기보다 거대한 일반 이론과 획기적 변화를 약속하는 것이 더 인기를 끌었다. 프랑스와 독일, 스위스 같은 나라에서는 매우 넓은 의미의 소유권 반대 이론이 노동자들 사이에서 큰 호응을 얻고 있다. 이런 곳에서는 노동자계급의 이익을 위해 사회개혁을 주장하는 사람들 거의 모두가 자신들을 사회주의자Socialists라고 부른다. 물론 그들의 생각과 목표가 제각기 매우 엇갈리지만 대부분 사유재산제도를 폐지하는 방향으로 사회를 변화시키려 한다는 점에서는 공통적이다. 영국에서도 더욱 저명하고 활동적인 노동자계급 지도자들은 흔히 그들의 신조로 볼 때 이런저런 유형의 사회주의자라고 불러도 좋을 것이다. 그러나 그들은 영국 대부분의 정치인과 마찬가지로, 인간사회를 지탱하는 근본적인 생각이 진지하고 항구적인 방향으로 갑자기 변화할 수 없다는 것을 잘 안다. 이 점에서 대륙의 그들 동지들보다 낫다. 따라서 그들은 어떤 극단적인 이론이 부분적으로나마 경험적 검증을 거칠 때까지 그와 비슷한 원리를 현실에 적용하는 것을 기꺼이 자제한다. 그 대신 보다 쉬운 목표를 정해 그들의 실제 노력을 경주한다. 영국 노동자계급이 그런 성향을 지니는 한, 영국인이 대개 그렇듯이, 일부 다른 나라 사회주의자들처럼 극단으로 무모하게 치닫지는 않을 것이다. 사실 냉철한 스위스에서조차 그냥 체제를 전복시키고 보자는 사회주의자들이 있다. 이들은 그 뒤에 어떻게 사회를 재건할 것인지에 대해서는 나 몰라라 한다. 여기서 말하는 전복이란 모든 정부를 해체할 뿐만 아니라 소유주로부터 재산 일체를 빼앗아서 전체의 이익을 위해 사용하는 것이다. 그들은 어떤 방법으로 그런 일을 해나갈지에 대해서는 사후에 천천히 결정해도 된다고 주장한다.

스위스 서부의 뇌샤텔주에서 발행되는 어떤 조직의 기관지[4]가 이런 주장을 공개적으로 천명한다는 것은 이 시대가 보여주는 가장 흥미로운 징조의 하나라고 하겠다. 스위스의 제네바와 바젤에서 열린 집회에서 영국의 노동자 대표들은 그런 실제 통념이 확산되는 데 크게 기여했다. 그러나 그들 지도부는 예전의 사회 형태 대신에 어떤 것이 들어서야 할지 구체적인 계획도 세우지 않은 채 의도적으로 무정부상태를 야기하지는 않을 것이다. 그들이 무엇을 제안하든지, 그 모든 것은 분명 사유재산제도와 사회주의라고 하는 두 대립된 이론에 관해 지금껏 제기된 학설의 기반 위에서만 적절하게 평가될 수 있을 것이다. 그래야 사람들이 그런 평가의 근거를 신뢰할 수 있기 때문이다. 이것이든 저것이든 그 기본 전제를 둘러싸고 충분히 토론이 이루어져야 한다. 따라서 우리가 이런 문제들을 심층적으로 토론할 수 있으려면 사회주의가 주장하는 것들을 그 뿌리부터 검토하는 것이 필요하다. 여기에서 중요한 것은 이 과정에 그 어떤 적대적 편견도 없어야 제대로 검토할 수 있다는 점이다. 오래된 관습과 개인의 이익이라는 이중적 특권을 누리는 사람들의 눈에는 재산 지키는 법을 옹호하는 주장들이 매우 타당해 보일 것이다. 그러나 이제 자신의 관점으로 정치를 바라보기 시작한 노동자들은 전혀 다른 입장에서 그 문제에 접근한다. 그들이 오래도록 투쟁한 끝에 일부 국가에서는 순전히 정치적 권리에 한해서 얻을 것은 다 얻었다고 볼 수 있다. 또 어떤 다른 국가에서는 거의 그런 상태에 도달했다. 그런 국가의 '성인 남성' 중에서 상대적으로 불리한 계급의 사

4 La Solidarité. '연대'라는 의미의 이 기관지는 스위스에서 활동하던 좌익 정치 조직에서 발행됐다.

람들이 진보가 왜 여기에서 멈추어야 하는지 스스로 질문하지 않을 수가 있겠는가? 이제 국가에 따라 선거권이 대폭 확대되었거나, 머지않아 그렇게 될 것이다. 그럼에도 불구하고 소수는 엄청난 부잣집에서 태어나는 반면 대다수는 극심한 빈곤에 시달려야 한다. 너무나 상반된 모습이 아닐 수 없다. 이제 법적으로는 더 이상 노예가 되거나 남에게 종속되지 않아도 되지만, 절대 다수가 가난 때문에 그런 신세를 못 벗어나고 있다. 그들은 여전히 한곳에 묶여 한 가지 일을 하며 살아야 한다. 고용주의 뜻을 따라야 한다. 그저 가난한 집에서 태어났다는 이유 하나 때문에 다른 사람이 아무런 노력을 하지 않고 자격이 없어도 누릴 수 있는 즐거움이나 정신적·도덕적 이점을 향유하지 못한다. 이는 인류가 지금껏 없애기 위해 싸워온 그 어떤 악보다 더 나쁜 것이라고, 가난한 사람들이 믿지 않을 수가 있겠는가? 그것이 필요악인가? 그것이 나쁘다는 것을 느끼지 못하는 사람들, 다시 말해 인생의 복권 같은 행운을 누리고 사는 부자들이 그들에게 그렇게 말하고 있다. 그렇게 보면 노예제나 독재체제, 과두정의 온갖 특권도 필요한 것이라고 말할 수 있다. 이제 가난한 계급의 사람들은 여러 요인이 겹친 덕분에, 즉 부분적으로 힘센 자들의 호의에 힘입어, 부분적으로 그들에게 겁을 주어서, 부분적으로는 돈을 줘서 또는 서로 싸우는 힘센 자들 중 한쪽을 지원한 반대급부로 그들에게 유리한 일련의 조치를 잇달아 쟁취했다. 과거에는 가난한 사람들 처지에서 그런 조치를 생각하는 것도 힘들었다. 이제 그들이 그런 조취를 쟁취했다는 것은 그동안 종속된 채 살았던 계급이 사회적 힘을 획득했다는 신호다. 이는 그들이 더 많은 것을 얻을 수 있는 수단이 된다. 나아가 이 계급은 권력에 수반되는 명예에 대해서도 어느 만큼 지분을 확보할 수 있었다. 그에 따라 그들에 관한 사회적 인식도 그들에게 유리한 방향으로 바뀌었다. 이제 그들이 얻는 데 성공한 이점들은 그들의 정당한 몫이라고 생각하는 반면, 아직 얻지 못한 것은 가치 없는 것이라고 무시한다. 따라서 사회체제에 의해 종속적 위치로 내몰린 계급으로서는 그런 체제가 합리화하는 그 어떤 사회적 원리도 믿고 따를 이유가 없다. 인간의 견해라는 것은 너무나 가변적이라는 사실이 밝혀지고 있다. 그것은 언제나 기존 사실들을 신성시하고 아직 존재하지 않는 것은 치명적으로 나쁘거나 아무 쓸모가 없다고 단정해버리는 경향이 있다. 그렇다면 가난한 사람들이 과거로부터 인정되어온 다른 사실, 곧 일단 부정되고 나면 그동안 그것에 힘입어 이득을 봤던 사람들까지도 저주를 퍼붓는 그런 사실들보다, 절대적인 필연으로 부자와 가난한 사람이 결정된다는 주장에 어떻게 더 믿음을 가질 수 있겠는가? 이런 문제에 대해 이해관계 당사자의 말을 듣고 따를 수는 없다. 노동자계급으로서는 모든 사회제도를 전면 재검토해야 하고, 마치 이런 문제가 사상 처음 제기된 것처럼 어떤 질문이라도 던질 수 있어야 한다고 주장할 권리가 있다. 나는 이 문제에 관해 기존 체제로부터 안락과 지위를 누리는 사람이 아니라, 추상적인 정의와 사회 전체의 일반 이익 외에 다른 그 어떤 것에도 관심이 없는 사람이 목소리를 낼 수 있어야 한다고 생각한다. 아무런 편견도 없는, 다시 말해 유산자와 무산자 사이에서 절대 공평한 입법자라면 어떤 재산제도를 고안할 것인지 따져보아야 한다. 입법자가 기성 질서를 정당화하는 논리가 아니라 진정 이성의 지시에 따라 그런 제도를 구상했는지 따져보아야 한다. 재산에 관한 권리 중에서 이런 시험을 견뎌내지 못하는 것은 전부 조만간 폐기되어야 한다. 나아가 재산 그 자체를 반대하는 모든 주장도 공평하게 논의되어야 한다. 재산에 관한 최선의 제도라고 한다면 이에 따라붙는 모든 해악과 불편함도 허심탄회하게 드러내 보여야만 한다. 그래야 인간의 지력이 닿는 한 그런 단점들을 개선하거나 완화할 가장 뛰어난 방책을 만들 수 있을 것이다. 그 이름이 무엇이든, 재산제도가 빚어내는 해악을 멀리하고 그 긍정적인 기능만 살리기 위해 사회개혁가들이 제안한 모든 대책에 대해 터무니없다거나 실현 가능성이 없다고 미리 편견을 갖지 말고 최대한 공평하게 검토해보아야 할 것이다.

2장 현재 사회 질서에 대한 사회주의자의 비판

변화를 위한 모든 제안은 두 가지 요소, 즉 무엇을 바꿀 것이고, 어떻게 바꿀 것인지에 대한 생각을 담고 있다. 사회주의도 마찬가지다. 일반적인 의미의 사회주의나 그 범주 안의 각 분파는 한편으로 부정적이고 비판적인 요소와 다른 한편으로 건설적인 요소를 모두 가지고 있다. 따라서 기존 제도와 관행, 그리고 그 결과에 대한 사회주의의 판단과 그런 상황을 개선하기 위해 제시한 여러 구상을 모두 검토해보아야 한다. 첫 번째 문제에 관한 한 모든 사회주의자는 그 분파와 상관없이 하나로 접근한다. 그들은 현존 사회의 경제 질서가 잘못된 것이라는 점에 대해 거의 똑같은 생각이다. 그 잘못을 고치기 위한 처방도 어느 큰 지점까지는 의견이 일치한다. 그러나 이런 큰 틀의 합의에도 불구하고 구체적인 내용에 들어가면 큰 편차를 보인다. 따라서 사회주의자들의 주장을 제대로 평가하기 위해서는 그들의 생각이 일치하는 부정적 측면부터 검토하는 것이 자연스럽고 용이하다. 그들끼리 의견이 심각하게 엇갈리는 두 번째 부분에 대한 일체 논의는 잠시 뒤로 미루는 것이 좋겠다.

우리가 다루어야 할 첫 번째 문제는 결코 어렵지 않다. 기존 사회가 보여주는 해악들을 나열하기만 하면 되기 때문이다. 우선 그 해악이 너무도 크고 심각해서 대부분 당장 한눈에 알아볼 수 있을 정도다. 도덕주의자들은 이런 것들을 즐겨 공격한다. 그러나 도덕주의자가 일반적으로 진단하는 것 이상으로 그 병은 뿌리가 깊다. 이 문제를 다룰 때 직면해야 하는 단 한 가지 어려움이 있다면 사회주의자가 지적하는 해악이 너무나 다양해서 그것들을 포괄할 하나의 엄격한 범주를 잡기 어렵다는 점이다. 따라서 이 시점에서는 그중 가장 두드러진 몇 개를 언급하는 것으로 만족하고자 한다. 다만 우리가 꼭 기억해야 할 것이 하나 있다. 우리 앞에 숱한 해악이 하나하나 들춰지고, 우리가 자연적 필연이라고 익숙하게 받아들였던 사실 하나하나가 사회제도를 엄중하게 고발하고 있다는 것을 알아차리더라도, 우리는 불공정하다고 소리쳐서는 안 된다. 또한 지탄의 대상이 된 해악들이 인간과 사회에 내재된 것이기 때문에 그 어떤 조치를 취하더라도 고칠 수 없다고 주장해서도 안 된다. 그렇게 주장한다는 것은 성급하게 단정하는 셈이 된다. 사회주의자들은 자신이 불평하는 그 해악들이 현재 사회구조 안에서는 치료될 수가 없다는 사실을 그 누구보다도 분명하게 주장한다. 진리가 보증하는 것 이상으로 단호하게 주장한다. 그들은 그런 해악에 빠지지 않을, 또는 해악의 정도가 훨씬 덜할 새로운 형태의 사회를 만들 수 없을지 검토해볼 것을 촉구한다. 현재 사회 질서를 근본적으로 반대하고 그 대안으로 총체적인 변화의 가능성을 기대하는 사람들은 지금 사회에서 발견되는 모든 해악을 따져볼 권리가 있다. 그것이 인간의 힘을 넘어서거나 인간의 지식으로 제어할 수 없는 물리법칙에서 기인하는 것이 아니라 명백히 사회적 제도 때문에 일어나는지 여부를 규명해야 하기 때문이다. 모든 사람이 해야 할 일을 한다면 치유될 수 있는 물질적인 해악과 마찬가지로, 도덕적인 해악도 그것을 용인하는 사회 상태의 책임이 상당히 크다. 다른 모든 사회에서도 그와 비슷하거나 그보다 훨씬 심각한 해악이 발견되는 한 이 주장은 타당할 것이다. 사회주의자의 입장에서 본다면, 재산과 생산 그리고 부의 분배와 관련된 현재 사회 제도는 일반 이익을 창출하는 역할을 전혀 수행하지 못한다. 그들은 현재 방식으로는 사회적으로 엄청나게 확산되는 해악을 도저히 처치할 수 없다고 말한다. 사회주의자들은 투입되는 노력에 비하면 현재의 사회 질서가 생산하는 도덕적인 또는 물질적인 선은 초라할 정도로 미미하다고 주장한다. 그리고 이런 선조차 도덕적, 물질적으로 아주 해로운 수단을 동원해서 겨우 얻을 수 있다고 비판한다.

현재 목격되는 사회적 해악 중에서 맨 먼저 가난에 따른 해악에 대해서 이야기해야 할 것 같다. 재산제도를 지지하고 찬양하는 근본적인 이유는 그것이 열심히 노동하고 근검절약하는 사람에게 적절한 보상을 주고 궁핍에서 벗어나게 해주기 때문이다. 그럴 수 있을 것이다. 사회주의자들도 인류 역사의 초기 단계까지는 그랬다는 것을 대부분 인정한다. 그러나 그들은 이 점에서도 재산제도가 지금까지 해왔던 것 이상 더 잘할 수 없다면 그 기능에 근본적 한계가 있다고 볼 수밖에 없다고 주장한다. 유럽에서 가장 문명이 발달했다고 하는 국가에서도 과연 인구의 어느 정도가 소위 재산이 주는 이득이라는 것을 향유하고 있을까? 고용주가 재산이 없으면 그 밑에서 일하는 노동자들이 일용할 빵도 얻을 수 없을 것이라고 말할 수도 있다. 그렇다 치더라도, 하루하루 먹는 빵이라는 것이 그들 노동자가 얻을 수 있는 것의 전부고, 그나마 그 양이 충분하지 않을 때가 많다는 사실을 알아야 한다. 그 품질이 조악한 경우가 대부분이다. 그것이라도 늘 얻을 수 있다는 보장은 없다. 근로자들 중 상당수가 그들의 인생길에서 적어도 일시적으로는 국가의 지원이나 자선단체의 후원에 의존해서 살아야 한다. 사실 그들 모두가 그런 상황에 빠질 수 있다. 이 자리에서 빈곤이 얼마나 비참한지 묘사한다거나, 일류 선진국이라고 하는 나라에서도 얼마나 많은 사람이 일평생 물질적, 도덕적 고통에 시달려야 하는지 따져보는 것은 무의미한 일이다. 이런 일은 자선사업가에게 맡기면 될 것이다. 그들은 이런 비극적 상황을 아주 생생하게 묘사하는 데 아주 익숙하다. 그저 유럽의 문명국, 심지어 영국과 프랑스에서도 수많은 사람의 생활 상태가 우리가 알고 있는 대부분 야만족보다 더 비참하다는 정도로만 이야기해두자.

정력이 부족하든지 신중함이 모자란 탓에 다른 사람보다 뒤진 사람만 그런 고달픈 팔자를 자초하기 때문에 자신의 신세에 대해서 아무도 불평해서는 안 된다고 말할 수도 있을 것이다. 그 말이 사실이라고 하더라도 우리가 문제 삼는 그 해악이 줄어드는 것은 전혀 아니다. 네로나 도미티아누스 같은 인간〔둘 다 잔혹한 통치를 펼친 로마의 황제다〕이 뒤에 들어오는 50명 또는 20명은 죽음을 면하지 못할 것이라는 조건으로 100명에게 목숨을 건 경주를 하라고 명령을 내릴 때, 뜻밖의 사고만 아니라면 가장 힘이 세거나 가장 재빠른 사람은 죽음을 피할 수 있다고 해서 이런 불의가 조금이라도 경감되는 것은 아니다. 이런 식으로 누구라도 죽음을 맞으면 그 자체가 비참한 것이고 범죄나 마찬가지기 때문이다. 사회의 경제에 대해서도 같은 말을 할 수 있다. 사회 구성원 중에 물리적 궁핍에 시달리거나 도덕적 수모를 겪는 사람이 있다든가, 또는 육체적 필요를 제대로 충족하지 못하고 그저 야수처럼 연명만 할 수 있다고 하자. 이 경우 사회가 범죄를 저지르는 것이라고는 할 수 없어도 사실상 사회적인 생활방식의 실패라고 할 수 있다. 그렇게 발생하는 해악을 줄여 말할 심산으로, 사회 안에서 도덕적 또는 신체적 측면에서 상대적으로 약한 사람이 그런 고통을 받는다면서 그런 해악을 과소평가하는 것은 불행한 사람을 모욕하기까지 하는 짓이다. 약한 사람은 고통을 겪어야만 하는가? 부자가 자기 재산을 지키기 위해, 아무런 잘못도 없는 주변의 어떤 사람이 인간다운 삶을 살 수 있는 조건을 박탈당하는 것을 용인한다면, 그 부자의 마음이나 감정이 정상 상태라고 할 수 있겠는가?

만일 한 가지 전제가 제대로 충족된다면 사회가 이런 해악에 대해 책임을 지지 않아도 될 것이다. 인류는 열심히 노동하고 아끼지 않으면 삶을 즐길 만한, 아니 생존 그 자체를 영위해나갈 방도가 없다. 이런 상황에서 누구든지 부지런히 일하고 검약한 생활을 하면 그에 상응하는 열매를 얻을 수 있다고 하자. 이 경우에는 아무도 사회를 향해 불평할 수 없을 것이다. 이것이 과연 우리의 현실인가? 정반대가 아닌가? 노력과 절약에 비례하는 보상을 받기는커녕 거의 반비례가 되는 것이 사회의 실제 모습이다. 가장 열심히 일하고 가장 아끼며 사는 사람이 가장 적게 벌고 있다. 심지어 게으르고 신중하지 못하고 행실이 나쁜 가난한 사람들(흔히 이런 사람은 순전히 제 잘못 때문에 가난을 면치 못한다고 인식되고 있다)도 때로는 날 때부터 부자인 사람은 물론이고 자기 노력으로 돈을 많이 버는 사람 그 누구 못지않게 정말 열심히 일한다. 나아가 근면하지만 가난한 사람이 자기통제를 제대로 하지 못할 경우 사회적으로 유리한 위치에 있는 사람에 비해 훨씬 큰 대가를 치러야 한다. 따라서 현재 사회 상태에 비추어볼 때, 분배정의라든가 성공과 능력 또는 성공과 노력의 비례 같은 말은 너무 꿈같은 이야기라서 소설에서나 가능한 일이다. 개인의 팔자소관이 각자의 덕성, 지력과 전적으로 무관할 수 없는 것은 사실이다. 그런 것은 분명 유리한 방향으로 작용한다. 그러나 아무런 가치도 없으면서 훨씬 강한 힘을 발휘하는 것도 많다. 사람을 둘러싼 환경 중에서 가장 큰 힘을 발휘하는 것이 바로 출생이다. 대부분 사람은 태어난 대로 살아간다. 평생 일 안 해도 부자로 살아갈 사람이 있는가 하면, 어떤 사람은 일을 해야 부자가 될 집안에서 태어난다. 그러나 대부분 사람은 평생 고생하며 일하지만 항상 가난을 못 벗어나고 때로 극심한 빈곤에 시달려야 할 팔자를 타고난다. 출생 다음으로 인생에서 중요한 것은 우연한 사고와 기회다. 어떤 사람은 부자로 태어나지 않았지만 자신의 노력과 재능으로 큰돈을 모을 수 있다. 그러나 그 노력과 재능이라는 것도 적절한 때와 운을 만나지 못하면 큰 힘이 되지 못한다. 그런 행운은 오직 소수만 누릴 수 있는 것이다. 사람이 세상일을 하면서 자신의 덕 때문에 도움을 받기는 하지만 악덕(이를테면 노예근성, 아첨, 무정하고 인색한 이기심, 적당한 거짓말과 꼼수, 도박꾼 기질, 때로 노골적인 부정 같은 것)의 도움을 받는 경우도 자주 있다. 인생에서 성공하는 데 정력과 재능은 덕성보다 훨씬 큰 역할을 한다. 그러나 어떤 사람은 정력과 재능을 이용해서 사회에 유용한 일을 잘해내는가 하면, 또 어떤 사람은 경쟁자를 골탕 먹이고 해롭게 하는 데 그런 것을 써먹는다. 사실 도덕주의자들은 다른 조건이 동일하다면 정직이 최선의 정책이 되며, 공정한 여건 속에서는 정직한 사람이 악한보다 더 성공할 가능성이 높다고 용감하게 주장한다. 그러나 우리 삶의 실제 모습을 들여다보면 이런 주장은 그대로 믿기 힘들다. 정반대 일이 자주 벌어진다. 정직이 성공의 발판이라고 하지만 엄격히 말해서 사회적 성공을 보장하는 사다리 한 칸보다 더 유리하다고 할 수 없다. 행운과 행동의 상호 관계를 이렇게 설명할 수 있다. 나쁜 행동, 아니 일부 나쁜 종류의 행동들은 조금만 그 정도가 지나치면 아무리 엄청난 행운도 충분히 망칠 수 있다. 그러나 그 반대는 성립되지 않는다. 대부분 사람은 아무리 좋은 행동을 하더라도 행운이 따라주지 않으면 원하는 것을 성취할 수 없다.

그렇다면 이런 해악들(극심한 빈곤, 특히 아무 근거도 없는 빈곤)이야말로 현존 사회 질서가 철저하게 잘못었다는 첫 번째 표시가 아닐 수 없다. 두 번째로는 범죄, 악덕 행위, 어리석은 짓 같은 잘못된 인간 행동을 들 수 있다. 이런 것들 때문에 사람들은 끊임없이 고통을 겪어야 한다. 우리한테 하든지 아니면 남한테 하든지 상관없이 이런 잘못된 행동들은 거의 다음 세 가지 원인 중 하나에서 비롯된다고 할 수 있다. 즉 많은 사람이 가난에 시달리고 그것 때문에 유혹에 빠지는 것, 일하지 않아도 되는 환경에 있는 소수가 게으름과 무료함에 빠지는 것, 그리고 앞의 두 경우 모두 해당되는 것으로, 잘못된 교육을 받거나 교육을 아예 못 받는 것이 바로 그 원인들이다. 앞의 둘은 최소한 사회적 제도가 실패한 까닭에 생기는 것이라고 보아야 한다. 마지막 경우는 그런 사회적 제도의 잘못 때문에 발생한다고 이제 거의 보편적으로 인정되고 있다(이는 거의 범죄나 다를 것 없다고 말할 수 있다). 나는 지금 여기에서 느슨하게 대충 말하고 있지만, 성격의 결함과 행동의 실수를 낳는 요인들을 더 정교하게 분석하면 그런 것들과 잘못된 사회조직의 연결점에 대해 훨씬 분명하게 밝힐 수 있을 것이다. 물론 그렇게 분석해 들어가면 결함이 있는 사회 상태와 인간 정신의 미개 상태가 상호 의존적이라는 사실도 확인할 것이다.

과거의 수평파[5]라고 하는 사람들은 사회의 해악들을 열거하다가 대개 이 지점에서 멈추어버린다. 그러나 그들의 뒤를 잇는 훨씬 시야가 넓은 사람들, 즉 오늘날 사회주의자들은 여기에서 더 들어간다. 그들이 볼 때, 지금처럼 구성되어 있는 인간 삶의 기초 그 자체, 그리고 지금처럼 모든 재화를 생산하고 분배하게 하는 원리 그 자체가 원천적으로 사악하고 반사회적이다. 이 원리는 개인주의와 경쟁을 부추기고 각자가 오직 자기 이익을 돌보며 나머지 모든 사람을 적대시하는 것을 합리화한다. 그것은 사람들 사이의 이익이 조화를 이루지 않고 대립한다는 전제에서 출발한다. 이 원리에 의하면, 사람은 남을 넘어뜨리지 않

5 Levellers. 왕당파와 의회파가 싸웠던 영국 내전English Civil War(1642~1651) 당시 인민주권과 선거권 확대, 법 앞의 평등, 종교적 관용을 요구하며 정치운동을 전개했던 세력.

으면 자신이 쓰러지는 투쟁을 통해 자기 몫을 확보해야 한다. 사회주의자들은 이처럼 모든 사람이 서로서로 싸워야 하는 사적인 전쟁체제(이렇게 이름을 붙여도 될 것 같다)는 특히 경제적·도덕적 측면에서 치명적인 결과를 낳는다고 생각한다. 도덕적으로 따져보면, 그 해악은 너무나 자명하다. 이것은 질투와 증오, 그리고 모든 몰인정함의 뿌리다. 이 체제는 자기 땅으로 넘어오는 모든 사람을 천적으로 여기게 만든다. 모든 땅은 끊임없이 다른 사람의 침범을 받을 수밖에 없다. 현재 체제 아래서는 그 누구도 다른 사람 또는 수많은 다른 사람이 손해를 보거나 실망을 느끼게 하지 않으면 자신의 것을 얻을 수 없다. 그러나 잘 구성된 사회에서는 누군가 열심히 노력하면 그만큼 다른 모든 사람이 혜택을 보게 된다. 지금 이 사회에서는 다른 사람이 손해를 보아야 내가 얻는 것이 있고, 다른 사람이 이익을 보면 내가 손해를 볼 수밖에 없다. 우리는 최악의 원천, 즉 우리와 가장 가까운 사람과 우리에게 가장 소중할 수밖에 없는 사람의 죽음을 통해 최대한 많이 얻을 수 있다. 사회개혁가들은 도덕적 측면은 물론 순전히 경제적 측면에서도 개인 경쟁 원리에 대해 무차별 비난을 퍼붓는다. 그들 생각에 노동자들끼리 경쟁하면 임금이 내려갈 수밖에 없다. 생산자들이 경쟁하면 몰락과 파산이 불가피하다. 그들은 인구가 늘고 경제가 발전하는 것에 비례해서 그 두 가지 해악도 지속적으로 증가하는 경향이 있다고 주장한다. 이렇게 되면 거대 토지 소유자, 고정 금리 소득자, 그리고 몇몇 대자본가를 제외하고 아무도 이득을 볼 수 없다. 문제는 이들이 세상을 제 마음대로 주무른다는 점이다. 이들의 재산이 늘어나면서 점점 다른 모든 생산자들보다 제품을 싸게 팔 수 있을 것이다. 산업 전체를 자기들 손아귀에 집어넣고 시장에서 모든 고용주들을 몰아낼 것이다. 노동자들은 먹고 살기 위해 그들의 도움을 받아야 하기 때문에 그들이 시키는 대로 일종의 노예나 농노로 전락할 것이다. 사회개혁가들은 결국 사회가 거대 자본가가 지배하는 새로운 중세 사회로 바뀔 것이라고 주장한다.

앞으로 이런 주제 또는 그와 관련된 많은 문제에 대해 나 자신의 입장을 밝힐 기회가 얼마든지 있을 것이기 때문에, 이제부터 더 이상 서론을 늘어놓지 않고 현재 사회적 제도에 대해 대표적인 사회주의자들이 어떤 생각을 하고 있는지 그들의 저술을 직접 인용하면서 소개할까 한다. 당분간 나는 다른 사람들의 견해를 옮기는 역할만 할 것이다. 이 책의 뒷부분에서 그런 인용문들과 나 자신의 생각이 어떤 점에서 같고 다른지 밝힐 것이다.

나는 경제적 측면에서 기존 사회 질서를 총체적으로 비판하는 사회주의자들 중에서 루이 블랑[6]이 쓴《노동의 조직》이 가장 분명하고 가장 깔끔하며 가장 정확하면서도 구체적인 주장을 담고 있다고 생각한다. 따라서 나는 이 주제와 관련된 첫 번째 인용문을 그 책에서 가져왔다.

> "경쟁이라는 것은 인민의 삶을 말살시키는 체제다. 가난한 사람은 사회의 한 구성원인가 아니면 그 적인가? 무엇이 정답인가? 그 가난한 사람 주변의 모든 땅은 이미 누군가 점유하고 있다. 그 사람이 자기 손으로 땅을 경작해도 될까? 그건 안 되는 일이다. 그 땅을 제일 먼저 점유한 사람이 소유권을 가지기 때문이다. 조물주가 심은 과일들이 길에 떨어져 있는데 가난한 사람이 그것을 주워 담아도 될까? 그것도 안 된다. 땅과 마찬가지로 과일도 이미 다른 사람이 차지하고 있기 때문이다. 그러면 가난한 사람이 사냥이나 낚시는 해도 될까? 그것 역시 안 된다. 정부가

6 Louis Blanc, 1805~1881. 프랑스의 혁명가, 사회주의자.《노동의 조직Organisation du Travail》 등을 썼다.

허락해야 할 수 있기 때문이다. 울타리 쳐진 남의 밭에 있는 우물에서 물을 끌어당겨 쓸 수 있을까? 안 된다. 밭의 주인이 우물의 소유권도 가지고 있기 때문이다. 배고픔과 목마름으로 죽어가는 사람이 그의 이웃들에게 도와달라고 손을 뻗을 수 있을까? 안 된다. 법으로 구걸을 금지하기 때문이다. 피곤에 절어 녹초가 되었지만 잠잘 데가 없는 사람이 포장도로 위에서 누워 쉴 수 있을까? 역시 안 된다. 부랑자를 처벌하는 법이 있기 때문이다. 자기 나라에서 도무지 살아갈 방도를 찾지 못한 사람이 자기가 태어난 곳을 떠나 먼 외국 땅에서 생을 다시 도모해볼 길이 있을까? 그것 역시 불가능하다. 국적을 바꾸려면 몇 가지 조건을 충족해야 하는데 가난한 사람으로서는 그렇게 할 수 없기 때문이다.

그렇다면 이 불행한 사람은 도대체 무엇을 할 수 있단 말인가? 그 사람은 '나는 일할 수 있는 두 손이 있다. 나는 머리를 쓸 수 있다. 나는 젊다. 나는 힘도 있다. 이 모든 것을 가져가고 대신 나에게 빵 한 덩어리만 다오'라고 외친다. 이것이 오늘날 노동자들이 하는 말의 전부다. 그런데 그 가난한 사람에게 돌아오는 말이 '나는 너에게 줄 일거리가 없다'는 것뿐이다. 도대체 그 사람은 이 상황에서 무엇을 해야 하나?"

"노동자의 입장에서 볼 때 경쟁이란 무엇일까? 그것은 노동을 경매에 붙이는 것이나 같다. 어떤 하청 업자가 일꾼 한 사람이 필요한데 세 명이 지원했다고 치자. 업자가 그들에게 얼마 주면 되겠느냐고 묻자 그중 한 사람이 '나는 처자식이 있어서 반 크라운을 받아야겠다'고 대답했다. 업자가 '좋아, 다음 너는 얼마?' 하고 물었다. 두 번째 사람은 '나는 자식은 없지만 마누라가 있어서 2실링이 필요하다'고 말했다. 업자가 세 번째 사람에게 묻자 그는 '나는 혼자이기 때문에 18펜스면 충분하다'고 대답했다.[7] 그 결과 세 번째 사람이 일을 얻었다. 이렇게 낙찰이 된 것이다. 그러면 나머지 두 사람은 어떻게 될까? 그들이 배를 곯으며 조용히 죽기를 바라야 하나? 만일 그들이 도둑질을 하면 어쩌지? 걱정하지 마, 우리에게는 경찰이 있어. 살인을 하면? 우리에겐 교수형 집행인이 있어. 일자리를 차지한 그 행운의 남자는 어떨까? 그의 승리도 한순간에 날아가버린다. 하루걸러 굶어도 끄덕없을 정도로 튼튼한 사람이 네 번째로 나타나서 더 낮은 임금으로 일하겠다고 하면 당연히 그 사람이 일을 차지할 것이다. 그렇게 되면 세 번째 사람은 부랑자가 되고, 아마도 조만간 감옥으로 가야 할 것이다.

이런 슬픈 이야기가 과장된 것이라고 할 것인가? 일자리를 찾는 사람에 비해 일거리가 충분하지 않을 때나 그런 일이 벌어진다고 할 것인가? 그렇다면 물어보자. 경쟁 원리 속에 행여 이런 살인적 불균형을 방지할 수 있는 무슨 대책이라도 들어 있는가? 산업의 한 분야에서 노동자가 부족한데 보편적 경쟁 체제가 만든 혼돈 때문에 다른 곳에서는 노동자가 넘쳐나서 골치가 아픈 일이 벌어지지 않는다고 누가 말할 수 있겠는가? 3400만 인구 가운데 2000만 명이 먹고살기 위해 도둑질을 해야 할 처지라면 그 경쟁 원리를 저주하지 않을 도리가 있겠는가?

무한 경쟁체제 속에서는 임금이 지속적으로 하락하는 것이 예외적 상황이 아니고 불가피한 일반적 현상이라는 사실을 도대체

7 1975년 이전 영국의 화폐 단위는 다음과 같았다. 1파운드는 4크라운, 1크라운은 5실링, 1실링은 12펜스. 따라서 세 노동자가 원한 임금을 펜스로 계산하면 각각 30, 24, 18이 된다.

누가 부정할 수 있겠는가? 인구가 일정 수준에 이르면 더 이상 증가하지 않을까? 사회가 이기적 욕심 때문에 사고가 빈발하고 인구 과잉의 재앙에 빠져 있는 산업을 향해 '거기까지는 가더라도 더 이상은 가면 안 돼'라고 말할 수 있을까? 인구가 계속 늘어난다고 가난한 엄마에게 불임 수술을 하라고 말할 수 있을까? 그 여자들이 다산하게 만든 신에게 그걸 막지 않으면 머지않아 명부에 다 올릴 수 없을 정도로 전투원이 많아질 것이라고 신성모독 발언이라도 해야 할까? 새 기계가 발명되었다. 신에게 그것에 대해 파괴 명령을 내리도록, 그리고 과학을 저주하도록 말해야 할까? 신이 그렇게 하지 않으면 기계 때문에 일자리를 잃은 수많은 노동자가 이웃 공장의 문을 두드릴 것이고, 동료들의 임금을 떨어뜨릴 것이고, 그렇게 체계적으로 임금이 내려가게 하고, 결국 일정한 수의 노동자들이 일자리를 잃게 된다고 말해야 할까? 이 모든 것은 무한 경쟁이 낳게 될 불가피한 현상이다. 바로 이런 산업체제 때문에 노동자들이 서로 죽여야 하는 일이 벌어지는 것이다."

"의심의 여지가 없이 분명한 사실이 하나 있다. 가난한 사람들이 돈 많은 사람보다 아이를 훨씬 더 많이 낳는 것이 바로 그것이다. 《유럽 인구 통계Statistics of European Population》에 따르면 파리의 부자 동네 출산율이 1/32에 불과한 데 비해 다른 곳은 1/26이나 된다. 이런 불균형 현상은 보편적 사실이다. 시스몽디[8]는 그의 정치경제학 책에서 노동자들은 희망을 가지고 신중하게 생활하는 것이 불가능하다는 논리로 이 현상을 설명한다. 미래에 대해 확

8 Jean Charles Léonard de Sismondi, 1773~1842. 프랑스의 경제학자.

신이 있는 사람은 자기 수입에 맞게 출산을 통제할 수 있지만, 하루 벌어 하루 먹고사는 사람은 일종의 숙명론에 빠져 있다. 그 자신을 숙명론에 내맡기듯이 자기 자식들도 그렇게 맡겨버린다. 구걸하는 사람이 홍수를 이루면서 사회적 불안이 고조되자 구빈원求貧院이 생긴 것은 사실이다. 어떻게 해야 문제를 근본적으로 풀 수 있을까? … 최저생활을 보장해주는 수단이 증가하는 것보다 인구가 더 빨리 늘어나는 사회라면 최악의 위기 상황에 놓여 있다고 보아도 틀림없을 것이다.… 결국 경쟁 때문에 사람들이 극심한 빈곤에 시달리게 되는 것이다. 이것은 통계가 잘 보여준다. 빈곤은 무서울 정도로 확산 속도가 빠르다. 이것 역시 통계가 증명한다. 가난한 사람들이 아이는 많이 낳는다. 그 결과 일자리를 찾지만 찾을 수 없는 불행한 인생들이 사회로 쏟아져 나오게 된다. 이것 역시 통계가 잘 말해준다. 이런 상황이라면 사회가 선택을 해야 한다. 가난한 사람들을 죽여버릴 것인가, 아니면 그들을 쓸데없이 먹여 살릴 것인가? 잔혹한 일을 저질러야 하는가 아니면 어리석은 짓을 계속 해야 하는가?"*

가난한 사람에 대해서는 이 정도면 충분하겠다. 이제 중산층에 관한 블랑의 주장을 들어보자.

"애덤 스미스와 세이[9] 같은 경제학자들은 무한 경쟁을 통해 얻는 이득을 '가격이 내려가는 것cheapness'이라는 단어 하나로 압축한다. 그러나 가격이 내려가는 것을 왜 소비자가 일시적으로

9 Léon Say, 1826~1896. 프랑스의 경제학자.

* Louis Blanc, 《노동의 조직》 4판, 6, 11, 53, 57쪽 참조.

이익을 보는 측면에서만 생각하는가? 소비자가 가격 인하를 통해 이익을 보지만, 그것은 생산자들 사이에 무정부적인 재앙이라는 씨앗이 뿌려진 대가임을 알아야 한다. 그것은 말하자면 돈 많은 생산자가 가난한 경쟁자를 박살 내는 망치와 같은 것이다. 겁 없는 투기꾼이 열심히 일하는 사람을 유인하는 함정과도 같은 것이다. 돈 많은 경쟁자가 손쉽게 살 수 있는 기계는 돈이 없어서 구입하지 못하는 영세 생산자에게 내려지는 사형선고와 같다. 값이 싸지는 것은 독점업자의 입장에서 볼 때 막강한 도구와 같다. 그것으로 소규모 제조업자, 영세 가게 주인, 소 재산가들을 다 빨아들일 수 있다. 한마디로 그것은 몇몇 산업 권력자의 이익을 위해 중산층을 파괴해버린다.

그렇다면 가격이 내려가는 것을 일종의 저주라고 보아야 할까? 그렇게 어리석게 생각하는 사람은 아무도 없을 것이다. 그렇지만 그것은 좋은 것을 나쁘게 만들고 모든 것을 타락하게 만드는 아주 두드러지게 나쁜 원리라고 할 수 있다. 경쟁체제 아래에서 그것은 단지 일시적 가짜 이익일 뿐이다. 서로 다투고 있을 때만 싼 가격이 유지되는 것이다. 돈 많은 경쟁자가 돈 없는 상대방을 시장에서 몰아내는 순간 가격은 오른다. 가격이 오르는 것과 같은 이치로 경쟁은 독점으로 이어진다. 따라서 생산자끼리 다툴 때 무기로 쓰이던 것이 조만간 소비자들을 빈곤하게 만드는 원인이 된다. 이 원인에다 우리가 이미 언급했던 다른 원인들(무엇보다도 과도한 인구 증가)을 합치면 이런 경쟁의 직접적 결과로 소비자 대중이 빈곤에 빠지는 것을 인정하지 않을 수 없다.

그러나 다른 한편으로 수요의 원천을 말려버리는 바로 이 경쟁이 과잉공급을 부추긴다. 치열한 경쟁이 초래한 혼란 때문에 각

생산자는 시장의 상황을 제대로 알 수 없다. 그 사람은 어둠 속에서 운을 믿고 물건을 내놓아야 한다. 사실 그 사람이 공급 문제를 신경 써야 할 이유가 없다. 손해가 생기더라도 임금이 항상 오르고 내리는 데 익숙한 노동자들에게 덮어씌우면 되기 때문이다. 또 생산이 수지를 못 맞춘다 해도 제조업자들은 기계를 그냥 놀리거나 재료를 버릴 수 없어서 또는 소비자들을 잡아두기 위해 계속 생산할 것이다. 사실 경쟁체제 아래에서 생산업이라는 것은 운을 믿고 뛰어들 수밖에 없기 때문에 투기꾼들은 일확천금의 기회를 놓치지 않으려 할 것이다.
결국 경쟁은 반드시 공급을 늘리는 반면 소비는 위축시키는 경향이 있다는 것을 거듭 주장하지 않을 수 없다. 따라서 그것은 경제학이 기대하는 것과 정반대로 흘러간다. 경쟁은 그저 사람을 못 살게 할 뿐만 아니라 어리석기까지 하다."

"지금까지 상식처럼 너무나 당연한 듯이 들리는 진리를 되풀이 말하기 싫어서 조직된 산업(오늘날 상황에 비추어본다면 조직되지 않은 산업이라고 부르는 것이 더 타당하겠지만)이 중산층의 도덕을 얼마나 기가 막히게 타락시켰는지에 대해서는 아무 말도 안 했다. 이제 세상 모든 것이 썩어버렸다. 경쟁은 심지어 사고 영역까지 오염시키고 있다.
공장이 작업장을 박살 낸다. 화려하게 꾸민 가게가 초라한 모습의 가게들을 집어삼킨다. 일용직 노동자가 자신을 부리던 장인을 대체한다. 쟁기 농사가 삽 농사 일자리를 빼앗아간다. 가난한 밭주인이 현금 대부업자에게 비굴하게 빌고 있다. 파산이 급증한다. 무분별하게 부채를 끌어들이는 바람에 제조업이 그 누구도, 심지어 악한까지도 승리를 장담할 수 없는 투기장으로 바뀌고 있다. 간단히 말해서, 엄청난 혼란 때문에 질투심, 불신 그리고 증오심이 불타오르고 있다. 일체의 관대한 희망, 믿음, 자기희생, 그리고 시詩가 서서히 질식 상태에 빠지고 있다. 너무나 끔찍하지만 부인할 수 없는 진실, 이 모든 것이 경쟁 원리가 만들어낸 것이다."*

이제 푸리에주의자Fourierist들의 주장을 살펴보자. 대표적 푸리에주의자인 콩시데랑[10]은 기존 문명의 해악을 다음과 같이 정리했다.

첫째, 엄청난 양의 노동력과 인력을 비생산적으로 또는 파괴적인 용도에 쓰고 있다.

"우선 군대를 들 수 있다. 다른 모든 나라도 그렇지만, 프랑스의 군대는 가장 건강하고 가장 강한 남자들, 그리고 가장 재능 있고 지적 능력이 뛰어난 사람들 중 상당수를 흡수해서 막대한 공공 재정을 낭비하고 있다. … 기존 사회 상태는 그 불순한 환경 속에서 수많은 인간쓰레기를 만들어내고 있다. 그들이 하는 일은 비생산적일 뿐 아니라 사실상 파괴적이다. 이를테면 모험주의자, 창녀, 확실한 생계 수단이 없는 사람, 거지, 죄수, 도둑, 기타 등등이 바로 그런 사람들이다. 이들 숫자는 줄지 않고 늘어나는 추세다….

현재 사회 상태가 만들어내는 비생산적 노동자들의 대열에 법관, 변호사, 법원 종사자, 경찰, 교도관, 사형 집행인 등등도 포함해야 한다. 이들이 없으면 현재 사회는 존립할 수가 없다.

* Louis Blanc, 《노동의 조직》 4판, 1845, 58~61, 65~66쪽 참고.

10 Victor Considérant, 1808~1893. 1850년대 미국 텍사스주에서 푸리에 모델을 실험에 옮겨보았다.

소위 말하는 '좋은 사회'를 만드는 일을 한다는 사람도 이 축에 든다. 아무 일도 안 하면서 먹고사는 모든 종류의 고위직 놈팡이들이 그런 인간이다.
숱하게 많은 세관 관리, 세무 공무원, 재산 압류 집행관, 소비세 징수 세무원도 포함해야 한다. 한마디로 다른 사람을 감시하고 계산하고 빼앗아가면서 아무것도 생산하지 않는 모든 인간을 다 그 명단에 올려야 한다.
그런가 하면 소피스트, 철학자, 형이상학자, 정치인 등 잘못된 방법으로 일하고 과학 발전에 전혀 도움이 되지 않으며 그저 혼란을 일으키고 쓸모없는 토론만 일삼는 인간들도 뺄 수 없다. 장황하게 말을 늘어놓는 변호사, 중재인, 증인도 그런 축에 든다.
마지막으로 은행원과 중개인에서 자기 계산대 뒤에 서 있는 잡화점 주인까지 상업에 종사하는 모든 사람도 그 속에 포함해야 한다."*

둘째, 푸리에주의자들은 현재 체제에서 생산에 투입되고 있는 노동과 능력의 성과가 기대에 못 미친다면서, 보다 잘 조직되고 활용된다면 지금보다 훨씬 많이 생산할 수 있을 것이라고 주장한다.

"선한 의지와 분별력을 가진 사람이라면 일관성의 심각한 결여(무질서, 불충분한 협력, 노동을 분할해서 아무런 통제나 큰 틀의 계획도 없이 전적으로 각자에 맡겨버리는 것) 때문에 생산 역량이 떨어지고 우리의 행동 수단이 파괴, 아니면 적어도 낭비되고 있는 것을 누가 모르겠는가? 질서와 훌륭한 관리가 부를 낳듯

* Considérant,《사회적 운명Destinée Sociale》vol. i, 3판, 1948, 35, 56, 37쪽 참고.

이 무질서가 가난을 낳지 않겠는가? 조직적 협력이 힘을 낳는다면 협력이 미흡할 때 힘을 잃지 않겠는가? 농업이든 축산업이든 제조업이든 과학이든 예술이든 아니면 상업이든, 현재 산업이 국가 안에서 또는 지방에서 잘 조직되고 있다고 누가 말할 수 있을까?

이들 각 산업 분야 어디에서든지 종합적 시각, 다시 말해 통찰, 계획 그리고 질서에 따라 일하는 곳이 있는가? 다시 물어보자. 현재 사회 상태에서 좋은 교육을 받으면 각자가 자연으로부터 선사받은 모든 능력을 잘 발전시킬 수 있을까? 각자가 원하고 또 가장 잘할 수 있는, 그래서 자신과 다른 사람들에게 최대 이득을 줄 수 있는 그런 일이 돌아가게 할 수 있을까? 각자 타고난 재능에 맞게 일자리가 잘 돌아갈 수 있도록 숱한 사람이 다양한 방안을 제시했는데, 그런 것들이 제대로 시도되기라도 했는가? 꿈같은 이야기일 뿐이다. 이 시점에서 누구보다 뜨거운 가슴을 가진 자선사업가가 제일 희망하는 것은 2500만 프랑스 국민에게 읽고 쓰는 것을 가르쳐주는 것이다. 현재 사회 상태에서 우리는 그가 그런 것이라도 해낼 수 있을지 지켜봐야 할 것이다.

지금 사회를 보면 기가 막힌다. 비효율적으로 경작되는 토지가 많고, 아예 황무지로 버려두는 땅도 있다. 사람들이 입고 자는 것이 비참한 지경이다. 계속 일을 해야 하지만 마땅한 자리를 찾지 못해 헤매고 있다. 이런 이상한 광경을 바라보니 비명이 절로 나온다. 사람들이 가난하고 굶주린다면 그것은 자연이 부를 생산할 수단을 박탈했기 때문이 아니라 그런 수단을 무질서하게, 무정부상태로 조직했기 때문이라는 사실을 부인할 수 없다. 다른 말로 하면 사회가 형편없이 구성되고 노동이 제대로 조직되지 않아 그런 비참한 일이 생기는 것이다. 그러나 이것이 전부는 아니다. 부와 번영의 뿌리를 고사시키는 이런 모든 사회적 해악에 덧붙여서 사회가 투쟁, 불화, 전쟁 등 숱한 이름과 형태로 개인들 관계에서 찬미하고 조장하는 해악들도 고려하지 않으면 문제의 근원을 단지 피상적으로만 바라보는 셈이다. 이런 투쟁과 불화는 극렬한 대립, 즉 이해관계를 둘러싼 뿌리 깊은 적대감 때문에 생긴다. 한 나라 안에서 계급과 당파를 만들 능력을 가지고 있고 이해관계가 대립하며 공공연히 또는 비밀스럽게 내부 전쟁을 벌인다면 그런 충돌을 피할 수 없는 것이다. 따라서 단순히 산업체제만 고려해서는 문제의 본질을 놓칠 수 있다."*

이 학파는 한 나라의 생산물을 여러 소비자에게 나누어주는 기존 사회적 방식의 비효율성과 비도덕성을 특히 비판한다. 상인, 중개인, 상점 주인과 그들이 고용한 수많은 일꾼 등 분배를 담당하는 일손이 턱없이 많다는 것도 큰 문제라고 말한다. 그런 일자리를 나누어주는 방식이 도덕적으로 타당하지 못한 것도 비판의 대상이 된다.

"중개인의 이익과 소비자 및 생산자의 이익이 서로 대립한다는 것은 명백한 사실이다. 그 사람은 생산자와 거래할 때 언제나 가능하면 싼값에 산 다음, 그 똑같은 물건을 품질이 아주 우수하다고 뻥을 치면서 소비자한테는 될 수 있는 한 최대로 비싸게 팔지 않는가? 따라서 집단적 그리고 개인적으로 상업 집단의 이해관계는 생산자와 소비자, 다시 말해 전체 사회 구성원의 이해관계와 충돌한다."

* Considérant, 《사회적 운명》 vol. i, 38~40쪽 참조.

"상인은 중개 역할을 하는 사람으로서 산업계가 무정부상태로 비조직적일 때 이득을 본다. 그 사람은 모든 생산품을 다 사버린다. 그는 이런 식으로 모든 것을 소유하고 장악한다.

첫째, 그는 생산에 쓰일 원재료를 우선 사들이고 최종적으로 소비자에게 갈 물건도 확보함으로써 생산과 소비 둘 다 자기 손에 움켜쥔다. 상업은 물건을 사고 가격을 올리고 내리는 등 모든 수법, 수많은 수단, 중간 상인의 손에 모든 것을 쥐어주는 방법을 동원해서 온 천지에서 돈을 거둬들인다. 생산과 소비의 종이 되어야 마땅할 주제에 거꾸로 절대 권력을 마음대로 휘두른다.

둘째, 상업은 생산자와 소비자에게 거둬들인 막대한 이윤에 힘입어 사회에 강도짓을 한다. 실제 한 일에 비해 20배 이상 이윤을 얻고 있다.

셋째, 상업은 사회의 생산력을 빼감으로써 강도짓을 한다. 그저 기생충에 불과한 상인의 19/20는 생산 노동자에서 충원된다. 따라서 상업은 사회적 재화의 막대한 부분을 도용할 뿐 아니라 인류의 생산 능력을 상당한 정도로 감축시키는 방법으로 사회에 강도짓을 한다. 지금처럼 구제 불능 상태의 혼란 대신에 합리적인 상업체제가 정착된다면 상업에 종사하는 대다수의 사람이 생산 활동에 복귀할 수 있을 것이다.

넷째, 오늘날 물품에 불순물을 섞어 파는 것이 그 정도가 지나치다. 상업은 이런 식으로도 사회를 강탈하고 있다. 잡화상 상인 20명이 장사를 하던 마을에 100명이 가게를 열었다고 치자. 이 경우 마을 사람들이 5배 이상 소비를 늘릴 수 없다는 것은 자명한 일이다. 그렇다면 그동안 20명이 정직하게 나눠 가졌던 이윤을 서로 차지하기 위해 도덕적인 상인들도 분쟁을 일으킬 수밖에 없다. 경쟁을 벌이다 보면 손해는 소비자 몫이 된다. 상인들이 때로 가격을 올리거나, 아니면 일상적으로 하듯이 물품에 불순물을 집어넣는 식으로 이윤을 늘리려 할 것이기 때문이다. 일이 이렇게 흘러가면 신뢰는 사라지고 만다. 소비자들이 경험이 많아서 속지 않으면 모를까 그렇지 않다면 품질이 나쁘거나 불순물이 섞인 물건이 정상적인 물건과 같은 값으로 팔리는 것이다. 이렇게 소비자들이 감쪽같이 속으면 상인들의 양심이라는 것이 '나는 값을 불렀고 소비자가 사든 안 사든 알아서 결정할 것이야. 누가 억지로 사라고 했나?'라는 말로 자기 위안을 삼으려 할 것이다. 이런 식으로 나쁜 품질이나 불순물이 섞인 물건을 삼으로써 소비자가 입어야 하는 손해는 계산할 수 없을 정도다.

다섯째, 한곳에서 사들인 막대한 수량의 물건이 판매 부진으로 상하거나 폐기될 수 있다. 이 경우 인위적이든 아니든, 상업은 축적을 통해 사회에 강도짓을 하는 셈이다.

푸리에는 그의 책*에서 이렇게 말하고 있다. '상인에게 완전한 자유를 주는 상업의 기본 원리는 그들이 취급하는 물건에 대해 절대적인 재산권을 행사할 수 있게 한다. 그래서 상인들은 물건을 전부 빼내거나 공급을 중단할 수 있다. 또는 심지어 암스테르담 동방회사Oriental Company of Amsterdam가 한 번 이상 그렇게 했듯이 상품을 태워버릴 권리도 가지고 있다. 이 회사는 계피 가격을 올리기 위해 저장하고 있던 계피를 공공연히 태웠다. 계피를 태울 사람들이라면 옥수수도 태울 수 있다. 사람들의 돌에 맞아 죽을 두려움만 없다면, 이런 인간들은 옥수수 값을 네 배 올려 받을 심산에 그 일부를 불에 태우는 일을 마다하지 않을 것이

* 《네 운동의 이론과 전체의 운명Théorie des quatre mouvements et des destinées générales》 1판, 1808, 334쪽.

다. 사실 이런 일은 부둣가에서 일상적으로 벌어진다. 상인들이 곡물 값이 오를 때까지 기다리느라 곡식 썩는 것을 두려워하지 않고 결국 그렇게 상한 것을 바다에 던져버릴 수밖에 없는 것이다. 나 자신 점원으로 일할 때 이런 못된 짓을 감독해야 했다. 어느 날 주인이 욕심을 덜 냈더라면 상당한 이윤에 팔 수 있었던 쌀 4만 부셸bushel〔곡물, 과일을 재는 중량 단위로 8갤런에 해당한다〕 정도를 바다에 처넣어버리는 일도 있었다. 이런 낭비로 생기는 손해는 사회가 다 짊어져야 한다. 상인에게 완전한 자유를 주어야 한다는 철학적 명제를 내세워 이런 일이 매일 벌어지고 있다.'

여섯째, 나아가 상업은 생산물을 수백만 가게에 무한정 늘어놓고 또 그에 따라 운반용 마차를 한없이 늘리면서 생기는 모든 손해, 손실, 그리고 낭비를 사회에 덮어씌우면서 사회에 강도짓을 한다.

일곱째, 상업은 부끄러움을 모르는 무제한 고리대금업(정말 놀랄 정도의 고리대금업)으로 사회에 강도짓을 한다. 업자는 자기가 실제 가지고 있는 것보다 훨씬 많은 가공의 자본으로 장사를 한다. 이를테면 1200파운드 자본을 가진 상인은 증권과 융자를 합쳐서 4000, 8000 또는 1만 2000파운드 규모의 영업을 할 것이다. 이렇게 해서 그 사람은 자신이 가지고 있지 않은 자본을 통해 실제 보유한 것보다 훨씬 많은 대부 이자를 거둬들인다.

여덟째, 상업은 수없이 많은 파산을 통해 사회에 타격을 입힌다. 이 상업 사회에서는 매일 사고, 정치적 사건, 수많은 종류의 혼란 때문에 능력 이상의 빚을 진 상인이 한계상황에 몰려 파산할 수밖에 없는 경우가 생긴다. 그것이 사기든 아니든, 한 상인이 일단 파산을 선언하면 채권자는 막대한 타격을 받게 된다. 파산은 꼬리에 꼬리를 물고 후폭풍을 몰고오면서 많은 사람에게 피해를 입힌다. 이 경우에도 늘 생산자와 소비자가 고통을 겪는다. 왜냐하면 크게 볼 때 상업은 부를 생산하지 않고 그 손을 거쳐가는 부의 매우 낮은 비율만 투자하기 때문이다. 이런 타격을 받고 얼마나 많은 제조업자들이 무너졌던가! 이런 체제가 만들어내는 처참한 결과 때문에 얼마나 많은 부의 비옥한 원천이 고갈되고 말았던가!

생산자는 물건을 만들고 소비자는 돈을 쓴다. 실제 자본이 별로 없는, 또는 아예 하나도 없는 대부업자가 돈을 빌려준다. 이 과정에 관여하는 상업 사회의 구성원들은 서로에 대해 아무 책임이 없다. 줄여 말하자면, 이것이 문제의 본질이다.

아홉째, 상업은 독립성과 무책임성을 이용해서 사회에 강도짓을 한다. 생산자는 임대료를 포함해서 생산에 필요한 경비를 마련하기 위해 돈을 벌어야 한다. 그래서 물건을 팔고 상호 경쟁을 펼쳐야 한다. 이런 시대를 맞아 사회가 상인들에게 독립성과 무책임성을 허용한다. 시장에 물건이 쌓여 가격이 내려가면 상인은 물건을 사들인다. 그러면 값이 올라간다. 상인은 이런 간단한 조작을 통해 생산자와 소비자의 몫을 강탈한다.

열째, 상업은 사회로부터 상당한 규모의 자본을 회수해간다. 이것은 상업이 원래대로 종속적 역할을 수행하고 단지 다소 떨어져 있는 생산자와 거대한 소비 중심지들, 공산주의적 사회들 사이에서 중개 역할만 담당한다면 생산업으로 돌아가야 할 몫이다. 따라서 상업이 재화들 사이에서 중간재 역할을 하지 못하면 상업적 투기에 동원된 자본(상인들이 유통하는 막대한 부에 비하면 작기는 하지만, 그 자체도 상당한 규모다)은 생산을 자극할 것이다. 그리고 재화를 분배하는 일은 행정 조직이 담당할 것이다. 주식 매매는 이런 상업적 해악 중에서도 가장 끔찍하다.
열한 번째, 상업은 원재료를 독점하거나 사재기함으로써 사회에 강도짓을 한다. 푸리에는 이렇게 말한다. '사재기 결과로 물건값이 오르면, 처음에는 제조업자가 나중 좋은 날을 기다리며 작은 이윤으로 공장을 계속 가동함으로써 금전적 손해를 봐야 하지만 궁극적으로는 소비자가 그 피해를 안아야 한다. 그리고 얼마 가지 않아 물건 값이 오르면서 제조업자는 독점 상인 때문에 봐야 했던 손해를 보전할 때가 가끔 있다….'*
결국 내가 언급하지 않은 것을 포함해서 이 모든 해악은 극단적으로 복잡한 상업 유통 때문에 그 정도가 배가된다. 생산품이 상업의 탐욕스러운 손아귀를 쉽사리 벗어날 수 없기 때문이다. 어떤 것은 소비자에게 들어가기까지 스무 번, 서른 번이나 손을 거쳐야 한다. 우선 원재료도 첫 번째 제조업자에 닿기 전에 상업의 손을 거쳐야 한다. 그런 다음 두 번째 공정 단계를 찾으려면 또 상업에 의존해야 한다. 이런 과정을 계속 거쳐야 제품이 최종 완성된다. 그러면 이제 다시 상인의 손에 들어가야 한다. 도매상이 물건을 사들인 다음 도시의 큰 소매상에게 넘긴다. 다시 작은 소매상이 사서 마을의 가게에 판다. 손을 거칠 때 마다 당연히 이문을 남기고 팔 것이다.
… 내 친구 한 사람이 최근 프랑스 동부의 쥐라주를 여행했다. 그곳에는 금속 공장이 많다. 그가 우연히 삽을 만들어 파는 사람의 집에 들어가게 되었다. 그가 값을 물었다. 경제학자가 아니고 그저 상식에 의지해 사는 그 불쌍한 노동자가 이렇게 말했다. '이해하실 수 있을지 모르겠네요. 나는 처음에 상인에게 8펜스를 받고

* Fourier, 《네 운동의 이론과 전체의 운명》, 359쪽.

넘겼어요. 그게 마을의 가게에 가면 1실링 8펜스에 팔려요. 만일 생산자와 소비자가 직거래할 수 있다면 1실링 2펜스면 삽니다. 그렇게 되면 우리는 각자 6펜스를 더 가지게 되지요.'"*

비슷한 현상에 대해 오언은 《새로운 도덕 세계의 책Book of the New Moral World》 2부 3장에서 다음과 같이 주장한다.

"오늘날 세상은 이런 원리로 움직인다. 즉 수많은 사람이 부를 대, 중, 소규모로 분배하고, 사회 각 영역과 지금 도시와 마을과 부락과 시골에 흩어져 사는 개인들의 필요와 요구를 맞추기 위해 물건을 대량 또는 소량으로 곳곳으로 옮기는 일에 인생을 걸고 있다. 이런 분배 원리에 따라 어떤 사람으로부터 물건을 사서 다른 사람에게 파는 것을 직업으로 하는 계급이 사회에서 생긴다. 처지가 그렇다 보니 그런 계급은 시장에서 값이 싸다 싶을 때 물건을 사서 최대한 이윤을 남길 수 있을 때 되파는 일에 혼신의 힘을 기울인다. 그들의 최고 목적은 거래에서 잘 사고 잘 팔아서 최대 이윤을 남기는 것이다.
사회에서 부를 이런 식으로 분배하면 원리상 수많은 오류가 생기고 실제 과정에서 말할 수 없는 해악이 발생한다.
첫째, 유통을 담당하는 계급이 생겼다. 이 계급의 이익은 그들이 처음 물건을 사는 사람과 나중에 파는 사람의 이익과 분리된다. 아니 분명히 대립한다.
둘째, 유통계급도 다시 소, 중, 대규모의 구매자와 판매자로 나뉜다. 또는 소매상, 도매상 그리고 광역 중개상으로 구분할 수

* Considérant, 《사회적 운명》 vol. i, 43~51쪽 참고.

도 있다.

셋째, 그렇게 형성된 구입자 세 계급이 소, 중, 대규모 구매자가 된다. 이처럼 다양한 계급의 구매자와 판매자가 생기면서 각자가 서로 상충하는 이해관계를 가지고 있으며 그에 따라 사회적 위치와 지위도 구별된다는 것을 쉽게 습득하고 배운다. 따라서 감정과 조건의 불평등이 생기고 유지된다. 각자의 처지에 따라 비굴한 습성과 자만심이 형성되는 것도 자연스럽다. 사람들은 싼값에 사들여서 비싸게 파는 일을 잘하기 위해 남을 속이고 위장하는 일도 열심히 배우게 된다.

영세 판매업자는 오랜 시간 손님을 기다리다 보면 나쁜 게으름이 몸에 배게 된다. 이런 해로운 습성은 도매상 사이에서도 제법 많이 발견된다.

이런 체제 아래서는 또 마을과 부락과 도시에서 필요한 것 이상으로 많이 파는 업체들이 다수 생겨난다. 그 결과 많은 자본이 사회에 아무 도움도 주지 않으면서 그냥 낭비된다. 업체들 사이에서 전국에 걸쳐 서로 손님을 끌어들이려는 경쟁이 치열해지다 보니 상대방보다 더 낮은 가격에 팔기 위해 애쓰게 된다. 그래서 할인점이나 창고 같은 것들을 늘려나감으로써 생산자들에게 계속 타격을 입힌다. 또 주인들은 자기 업체의 평판을 유지하기 위해 생산가 이하로 물건을 파는 곳이 없는지 끊임없이 살펴야 한다.

대, 중, 소 유통업자는 모두 생산자들이 먹여 살려야 한다. 따라서 유통업자가 많으면 많을수록 생산자들의 부담은 커진다. 유통업자 수가 늘어나면 축적되는 부가 줄어들 것이고 그 부족한 부분은 생산자가 채워주어야 하기 때문이다.

현 체제 아래에서 부를 분배하는 사람은 생산자에게 큰 부담이 되고 사회에 가장 많이 손해를 끼치는 존재다. 그들은 사업을 시작하면 소비자에게 의존할 수밖에 없어 자연스럽게 비굴한 자세를 취하게 된다. 그들이 물건을 싼값에 사서 비싸게 팔아 부를 축적하는 일을 계속하는 한 그런 상태가 이어진다. 그러다가 그런 의존상태를 벗어나도 된다고 생각할 만큼(사업을 그만두고도 살 수 있을 만큼) 충분히 돈을 벌었다 싶으면, 때로 그들은 극히 무식한 자만심에 사로잡혀 이번에는 자기 아랫사람들에게 아주 무례하게 군다.

사회는 최고 품질의 물건을 생산해서 최대한 부를 축적하는 것을 목표로 한다. 이런 희망에 비추어본다면 현재와 같은 사회적 제도는 참으로 막돼먹은 것이다. 왜냐하면 지금의 분배체제는 생산에 종사해야 할 수많은 사람을 유통업으로 내몰 뿐만 아니라 낭비가 극심한 유통 과정에서 생기는 손실을 전부 소비자에게 떠넘기기 때문이다. 이런 비효율성 때문에 소비자는 처음 유통 단계에서 지불하는 값의 몇 배를 더 주고 물건을 사야 한다. 그런데 판매자는 한편으로 이문을 더 많이 남기고 싶은 욕망에, 다른 한편으로는 유사 제품을 파는 다른 판매자들과 경쟁을 해야 하는 상황을 맞아, 자기가 파는 물건의 품질을 떨어뜨리려는 강렬한 유혹에 빠지게 된다. 만일 그 사람이 파는 것이 국내산이든 외국에서 수입한 것이든 식량이라고 한다면, 소비자의 건강, 나아가 안락함과 행복에 얼마나 나쁜 영향을 미치겠는가? 특히 노동자계급 사람들이 때로 조기 사망하는 1차적 원인이 될 수도 있는데, 그렇다면 조악하거나 싼값의 물건을 구입하는 그들이야말로 가장 큰 피해자라고 할 수 있다….

이런 식으로 영국과 아일랜드에서 이곳저곳으로 옮기는 것과 이 일에 직간접적으로 관여하는 모든 사람을 포함해서 부를 분배하는 데 드는 비용은 아마 매년 1억에 가까울 것이다. 이 수치는 유통되는 많은 물건의 품질이 나빠지면서 발생하는 손실을 포함하지 않은 것이다. 작은 분량으로 나누어서 물건을 운반하고, 최선의 상태는 고사하고 그런대로 쓸 만한 상태로 보관하기에도 버거운 열악한 가게나 장소에 쌓아두어야 하는 현실을 생각해보라."

현재 사회 상태에서 사람과 사람, 계급과 계급 사이에 이해관계가 충돌하는 현상을 좀 더 설명하기 위해 콩시데랑은 다음과 같이 덧붙이고 있다.

"만일 포도 재배자가 자유 거래를 원한다면, 이 자유는 옥수수 경작자, 철물과 옷, 면직을 제조하는 사람들에게 피해를 입힐 것이다. 또 밀수꾼과 세관 관리들도 같은 처지라는 것을 말하지 않을 수 없다. 기계가 새로 발명되어서 생산 원가를 떨어뜨린다면 물건을 보다 싸게 살 수 있는 소비자에게는 이익이 될 것이다. 그러나 똑같은 기계가 새 일자리를 어떻게 찾아야 하는지 모르는, 그리고 즉시 찾을 수 없는 수만 명의 노동자를 실업자로 내모는 사실을 기억해야 한다. 이런 것도 현대 문명의 수많은 악순환 가운데 하나다. … 지금 사회체제에서는 한 가지 좋은 것을 받아들이면 언제나 그것에 나쁜 것이 따라 붙는다. 이렇게 상호작용하는 현상이 1000가지나 된다는 사실이 밝혀지고 있다.

결국 하나하나 꼬치꼬치 따져보면 코트와 신발과 모자가 빨리 닳으면 재단사와 신발 만드는 사람과 모자 만드는 사람에게 이익이 된다. 그뿐만 아니다. 태풍이 불어서 창문이 깨지면 유리 끼우는 일을 하는 사람, 불이 나면 석수와 건축업자, 소송이 많아지면 변호사, 병 때문에 의사, 고주망태가 많아지면 와인 판매상, 방탕한 사람이 많으면 매춘부가 돈을 번다. 반대로 하루 아침에 범죄와 비행, 소송이 사라지면 법정 변호사, 사무 변호사, 그리고 법원 서기뿐만 아니라 판사와 경찰, 그리고 죄수에게는 더할 수 없는 재앙이 된다."*

이 학파가 주장하는 핵심 중의 하나를 다음과 같이 정리할 수 있다.

"이것뿐만 아니다. 이 문명은 온 사방에 분열과 싸움의 씨앗을 뿌리고 비생산적, 심지어 파괴적인 일에 힘을 쏟아부으며 산업에다 불필요한 갈등과 불화를 불어넣어 사회적 부를 더욱 감소시킨다. 더 고약한 것은 바로 이 체제가 일을 싫어하고 노동을 혐오하는 풍조를 확산한다는 점이다.
여기저기에서 노동자, 기능공, 점원들이 자기 지위와 직업에 대해 불평하며, 먹고살기 위해 일하지 않으면 안 되는 지금 직장에서 물러나 쉴 수 있는 때가 오기를 갈망하는 소리가 들린다. 끔찍이 싫지만 오직 굶지 않아야 한다는 유일한 동기와 목표 때문에 일을 한다는 것이 현대 사회의 노동이 보여주는 가장 중요하고 치명적인 성격이다. 문명사회의 노동자들은 징역을 살고 있는 것이나 마찬가지다. 생산적 노동이 즐거움이 아니라 고통과 피곤, 권태로 점철되는 한, 모든 사람이 할 수만 있으면 일을 그만두려 할 것이다. 먹고살기 위해 어쩔 수 없이 일해야 하는 사람 말고는 아무도 일을 안 하려고 할 것이다. 따라서 대다수 노동자, 사회적 부의 생산자들, 모든 안락과 사치품을 직접 열

* Considérant, 《사회적 운명》 vol. i, 59, 60쪽.

심히 만들어내는 일꾼들이 항상 빈곤과 굶주림을 시달려야 할 팔자로 살고 있다. 늘 무지와 수모에 찌들어 살아야 한다. 이들은 언제나 그저 무거운 짐을 잔뜩 짊어진 가축처럼 거대한 무리를 이룬 채 병에 걸려 잘 자라지도 못하고 곧잘 죽고, 대규모 작업장의 쟁기나 계산대 뒤에 목을 늘어뜨리고 살 것이다. 그러면서 상층부 유한계급을 위해 우아한 음식을 만들고 호사스러운 쾌락을 준비할 것이다.

노동을 보람 있게 만들 그 어떤 것이 고안되지 않는 한 '소수의 부자를 위해 다수의 가난한 사람이 있어야 한다'는 말은 변함없는 진리가 될 것이다. 이 비열하고 저주스러운 말을 기독교 신자니 철학자로 자칭하는 인간들이 영원한 진리라고 떠드는 것을 우리는 매일 듣고 있다. 억압, 사기, 특히 빈곤이 노동을 싫어하는 모든 사회 상태가 보여주는 영원하고 치명적인 속성인 것을 어렵지 않게 알 수 있다. 이런 상황에서는 빈곤만이 사람들에게 일을 시킬 수 있다. 만일 사람들이 전부 하루아침에 부자가 된다면 지금 노동의 19/20가 버려지고 말 것이라는 사실이 그것을 잘 증명한다."

푸리에주의자들은 엄청난 재산을 가진 소수의 손에 부가 집중되면서 사회의 나머지 사람은 그들에게 완전히 종속되는 위치로 전락하는 것이 현재 사회 질서의 두드러진 추세라고 주장한다. 푸리에는 이것을 '산업 봉건제도la féodalité industrielle'라고 불렀다.

"콩시데랑은 '이런 봉건제도는, 작업대에 묶여서 아니면 땅에서 노동하는 대다수는 자기에게 떨어지는 몇 푼 안 되는 돈을 핥아먹는 반면 소수가 산업의 가장 큰 부분과 토지 재산을 전부 손에 넣고 거기에서 나오는 모든 수입을 집어삼키자마자 형성된다'고 말한다."*

앞에서 루이 블랑의 글을 인용하며 설명했듯이, 이런 비참한 결과는 부분적으로 단순히 경쟁이 격심해지면서 초래된다. 여기에 덧붙여 전국적으로 빚이 늘어나는 것도 한 원인이 된다(콩시데랑은 이것을 나라 전체의 땅과 자본을 담보로 대출받은 것이라고 간주한다). 이 과정에서 '총독 자본가'는 아무 일도 하지 않고 위험도 전혀 감수하지 않으면서, 점점 더 많은 수익을 챙기고 그에 맞춰 급속하게 공동 소유자가 된다.

* Considérant,《사회적 운명》vol. i, 134쪽.

3장 사회주의자의 비판에 대한 검토

앞 장에서 특별히 소개된 주장들이 기존 사회 질서 또는 이 세상에서 인간 자신이 서 있는 위치에 대해 무서운 경고를 담고 있음을 부인할 수 없다. 그 각각의 해악이 어느 정도인지 이론적으로 심각하게 다루어보아야 할 것이다. 그러나 그 주장들 중 가장 강력하게 제기되고 있는 것은 과장돼 보인다. 내가 인용한 구절들만 보더라도, 많은 독자들이 가장 유능하고 가장 솔직한 사회주의자마저도 예외 없이 과장하고 있다고 생각할 듯하다. 비록 그들이 비난하는 것들 중 많은 부분에 대해 이의를 달 수 없지만, 그 어느 것도 경제학의 잘못이라고는 할 수 없다. 나는 분명히 말한다. 경제학자들의 주장에 따라 집행되고 있는 그 어떤 정책도 잘못은 없다. 내가 볼 때, 경제적 사실들 그리고 지금과 같은 경제적 현상을 실제로 일으키는 원인들에 대한 무지가 결정적으로 문제가 된다.

첫째, 가슴 아프지만 유럽 모든 나랏일반 노동자들의 임금이 물리적, 도덕적 필요를 웬만큼 충족시키기에도 턱없이 낮은 수준이라는 것은 분명한 사실이다. 그런데 루이 블랑이 '임금이 계속 하향곡선을 긋는다'고 주장하듯이, 이런 불충분한 보수조차 점점 줄어드는 추세라는 비난에 대해서는 생각해볼 것이 있다. 이것은 정확한 통계 및 엄연한 사실과 배치된다. 문명 세계 어디에서도 현금으로 주든 아니면 생필품으로 지급하든 노동자들의 통상 임금이 하락하고 있다는 증거는 없다. 전체적으로 보면 오히려 임금이 오르는 노동자가 많다. 그리고 그 인상 속도도 느려지지 않고 점점 더 빨라지고 있다. 때로 산업의 특정 부문이 다른 것으로 대체되는 과정에서 생산이 수요를 맞출 수 있을 때까지 임금이 감소한다. 이것은 나쁜 일이다. 그러나 그것도 일시적 현상이다. 그리고 지금 사회경제체제 안에서도 그런 부작용을 최대한 억제할 길이 있다. 어느 한 곳에서 임금이 줄어들지만, 그 결과로 다른 곳에서는 임금이 늘어나거나 새로운 수입의 원천이 생겨난다. 따라서 사회 전체로 보면 총 임금 또는 평균 임금은 줄어드는 것이 아니라 오히려 늘어난다. 어느 대표적 산업 부문에서 임금이 줄어든다는 것을 증명하기 위해서는 현재 시점으로 특정 달이나 해에 일시적으로 많이 줄어든 것과 그 앞 시기의 평균 또는 예외적으로 많이 인상되었던 임금과 비교해보아야 한다. 오르고 내림이 너무 심한 것은 분명 매우 나쁜 일이지만, 그런 것은 과거 경제사에서도 지금만큼 자주, 그리고 심하게 일어났다. 거래 규모가 더 커지고, 경기 변동 때마다 더 많은 사람이 관여하기 때문에 변동이 더 심한 것처럼 보이고 전체적으로 고통받는 사람도 늘어나지만, 각 개인 입장에서 본다면 그 고통의 강도가 더 높아진 것은 아니다. 유럽 국가 노동자들의 생활수준이 떨어지기보다 오히려 더 향상되고 있음을 분명히 증명하는 증거가 많다. 물론 국지적, 부분적으로 나빠진 경우도 없지 않다. 그러나 그런 것은 언제나 일시적으로 생긴 재앙 또는 얼마든지 시정될 수 있는 악법이나 정부의 현명하지 못한 처사 때문에 일어난다. 그런 것을 제외하면 항구적 원인들은 언제나 좋은 방향으로 움직인다.

루이 블랑은 이전 시대 수평파나 민주주의자들이 주장하는 것보다 훨씬 진전된 생각을 선보였다. 그러나 그가 저임금과 급속한 인구 증가 속도 사이에 밀접한 관련이 있다고 간주하는 바람에 맬서스(Thomas Malthus, 1766~1834. 영국의 경제학자)와 그 추종자들이 처음 저질렀던 오류, 즉 인구가 최저생활 수준보다 훨씬 빠르게 증가하기 때문에 전자가 후자에 미치는 나쁜 압력이 점점 더 커질 것이라고 주장하는 잘못을 똑같이 범하고 있다. 물론 차이는 있다. 초기 맬서스주의자들은 이런 추세를 통제할 수 없다고 생각한 반면 블랑은 공산주의 체제 아래에서는 그것이 가능하다고 주장했기 때문이다. 현재 사회 질서뿐만 아니라 공산주의도 인구 과잉 추세를 반드시 해결해야 한다고 생각하게 된 것은 매우 중요한 진전이다. 나아가 모든 기존 사회주의학파의 가장 대표적인 이론가들이 이 필요성을 심각하게 받아들이고 있는 것은 매우 고무적인 일이다. 오언과 푸리에는 루이 블랑 못지않게 그 심각성을 잘 인지하고 있다. 그러면서 자기들 이론이 그 문제를 가장 잘 해결할 수 있다고 역설한다. 그럴 수도 있지만, 현실은 다르다. 현재 사회 상태에서 최저생활 수준을 영위하지 못하게 가로막는 인구의 압력(이것이 저임금을 초래하는 가장 큰 원인이다)이 비록 심각하기는 하지만 그 상황이 점점 나빠지는 것은 아니다. 오히려 그 반대가 일어나고 있다. 노동을 고용하고 유지하는 수단이 더욱 빠르게 증가하고 노동을 다른 나라 또는 고용이 부족한 곳으로 이동시키는 기술이 발전하고, 나아가 사람들의 전반적인 지력과 품성이 향상되면서, 문명이라는 이름 아래 발전하고 있는 모든 것이 서로 합력해 그 추세를 감소시키는 방향으로 가고 있다. 분명 이런 발전은 더디게 일어나고 있다. 그러나 중요한 것은 어쨌든 그런 변화가 일어나고 있다는 사실이다. 우리는 지금 온 국민을 대상으로 한 보통교육의 맨 첫 단계에 들어와 있을 뿐이다. 이제 그 단계가 조금 더 지나면 위에서 임금 인상을 가능하게 하는 두 원인으로 지목한 것에다 큰 힘을 불어넣을 것이 분명하다. 물론 최저생활을 위협하는 인구의 압력에 대항하기 위해 어느 사회 형태가 가장 좋은지 널리 토론해봐야 한다. 이 문제에 관한 한 사회주의에 대해 할 말이 많다. 그동안 사회주의의 가장 큰 약점으로 취급되어오던 것이 거꾸로 가장 큰 강점이라는 것이 증명되고 있기 때문이다. 그러나 그것이 대다수 인류가 인구과잉 때문에 가난해지면서 전반적으로 비인간적 상태가 점점 더 악화되는 추세를 방지하는 유일한 방안이라고 주장할 근거는 없다. 지금 우리 사회가 최악의 상태로 추락하는 것은 아니다. 오히려 비록 속도가 늦기는 하나 점점 좋아지고 있다. 악법이 끼어들지만 않으면 이런 진보는 점점 가속화될 것이다.

이제 일반적으로 사회주의자들, 심지어 그들 중에서 가장 수준이 높다고 하는 사람들도 경쟁 원리에 대해 매우 불완전하고 한쪽으로 치우친 생각을 가지고 있다. 그들은 경쟁이 초래하는 효과의 반쪽만 쳐다보면서 나머지 반쪽은 무시하고 있다. 사회주의자들은 경쟁이 자기 노동에 비해 적은 임금을 받거나 자기 물건을 싼값에 팔게 강요함으로써 모든 사람의 수입을 갉아먹는 주범이라고 단정한다. 이것은 모든 사람이 자기 노동이나 물건을 어떤 거대 독점자본가에게 처분해야 하고 경쟁이 전적으로 일방통행일 경우에만 타당한 이야기다. 그러나 그들은 경쟁 때문에 가격과 가치가 올라가기도 하고 내려가기도 한다는 사실을 잊고 있다. 노동과 물건을 사는 사람은 파는 사람과 경쟁할 뿐 아니라 자기들끼리도 경쟁해야 한다. 경쟁 때문에 노동과 물건의 가격이 지금처럼 내려간다면 바로 그 경쟁 때문에 가격이 더 이상 내려가지 않을 수도 있다. 사실을 말하자면, 경쟁이 양쪽 모두에서 완전하게 벌어질 경우 상품값이 특별히 오르거나 내리지 않고 평형상태에 접어들 것이다. 불평등한 수입을 평등하게 해서 모두가 전체 평균치에 근접하게 할 것이다. (물론 대단히 불완전해지겠지만) 이것이야말로 사회주의 원리가 가장 바람직하게 여기는 상태다. 그러나 여기에서 당분간 가격을 올리는 경쟁 효과는 무시하고 가격을 내리게 하는 효과만 집중해서 따져보자. 그리고 이것이 노동자에게 이익을 주는 측면에 대해 생각해보자.

만일 경쟁 때문에 임금이 계속 내려간다면, 그래서 노동자들이 할 수만 있다면 노동 시장에서 철수할 생각을 한다고 가정해보자. 이런 현상은 노동자들이 사야 할 물건값을 내리게 하기 때문에 임금으로 사는 사람에게 큰 이득을 준다고 볼 수 있다. 앞에서 루이 블랑의 글에서 보듯이 사회주의자들은 이런 주장에 동의하지 않는다. 그들은 경쟁 때문에 물건값이 싸진다는 것은 착각이고 결국에는 과거보다 더 값이 올라간다고 말한다. 가장 돈이 많은 경쟁자가 그의 적수들을 다 제거하고 나면 시장을 마음대로 주무르면서 제멋대로 값을 부를 수 있기 때문이라는 것이다. 그러나 우리가 너무나 흔히 보듯이, 정말 완전한 자유경쟁이 벌어진다면 이런 일은 도저히 일어날 수 없다. 우선 아무리 돈이 많은 경쟁자라 하더라도 그의 모든 적수를 제거하지 않는다. 아니 제거할 수 없고 시장을 완전 독점할 수도 없다. 그저 과거에 수많은 업자가 중요한 산업이나 상업 부문을 나누어 가지던 것이 소수의 독점체제로 바뀔 뿐이다.

이런 것도 때로 철도처럼 사업 규모가 너무 커서 개별 자본가들이 뛰어들 수 없고 그저 두세 개 거대 기업만이 실제 경쟁을 벌일 수 있는 경우에 가능한 일이다. 이것이 거대 주식회사 기업이 수행해야 하는 사업이 경쟁을 벌일 것이라고 믿을 수 없고, 따라서 그런 사업은 국가가 직접 관리하지 않는 한, 사전에 책정되고 때때로 국가가 바꿀 수 있는 조건에 따라 경영되어야 할 이유 중의 하나다. 그래야 충분한 경쟁이 벌어지지 않더라도 국민이 사기업이 제공하는 것보다 싼값에 필요한 것들을 살 수 있기 때문이다. 그런 것이 아니고 보통 산업 부문에서는 아무리 돈이 많은 사업가라 하더라도 자기보다 소규모 경쟁자 전부를 몰아낼 수는 없다. 사업에 따라서는 다수의 영세 생산자나 중개인들을 제치고 소수의 대자본가 손에 들어가는 경우가 있다. 그러나 이런 일은 대규모 중개인이 큰 자본을 가진 덕분에 비싼 만큼 훨씬 효능이 뛰어난 고성능 기계를 가동하거나 보다 조직적이고 경제적인 방법으로 경영을 함으로써 소규모 사업을 할 때보다 정당하게 그리고 항구적으로 더 싼값에 공급하는 것이 가능할 때 일어난다. 이것은 소비자, 따라서 노동자에게 큰 이익이 된다. 나아가 사회주의자들이 그토록 불평하는 사회적 자원의 낭비(단순 유통업자와 푸리에가 '산업 기생충'이라고 부르는 다른 계급들의 수를 쓸데없이 늘리는 것)도 줄인다. 이런 변화가 일어나면 개인이든 주식회사든 특정 부문을 장악하고 있는 대자본가들이 상업의 그 어떤 중요한 영역에서도 경쟁을 할 수 없을 정도로 그 수가 줄어드는 경우가 거의 없다. 그렇게 되면 그들이 영세 중개인보다 싸게 팔 수 있었던 원동력인 비용절감 효과가 이번에는 소비자에게 혜택을 주게 된다. 따라서 임금노동자들이 소비하는 것을 포함한 물건의 가격을 계속 떨어뜨리는 경쟁의 효과는 결코 착각이 아니고 실제로 벌어지는 것이다. 그뿐만 아니라 이 현상은 감소하지 않고 더 증대되고 있다.

그러나 사회주의자들이 경쟁에 대해 제기하는 비난 중에서 똑같이 중요하지만 위에서 말한 것처럼 확실하게 대답할 수 없는 것도 있다. 경쟁이 가격을 싸게 하는 가장 확실한 방편인 것은 사실이지만 그 품질을 보장하지는 못한다. 생산자와 소비자가 많지 않았던 과거에는 경쟁이 둘 다 보증했다. 그때는 시장이 충분히 크지 않았고 중개인이 계속 새로운 소비자를 끌어들여 돈을 벌 수 있을 만큼 광고 수단도 제대로 발전하지 않았다. 이런 상황에서 성공하기 위해서는 자기가 가지고 있는 것을 계속 유지해야 한다. 중개인이 질 좋은 물건을 풀어놓는지 여부는 관심이 있는 모든 사람에게 즉각 알려진다. 단골손님을 속여서 몇 푼 버는 것보다 정직이라는 신용을 얻는 것이 그 중개인에게는 훨씬 중요하다. 그러나 대규모 거래가 이루어지는 현대 사회에서는 경쟁이 치열하고 경쟁해야 할 물량도 엄청나게 증가했다. 이런 상황이라 중개인이 단골손님에게 의지해야 할 일이 별로 없는 데다 그가 사람들 사이에서 정당하게 평가받는다는 보장도 전혀 없는 까닭에 신용이나 인품의 중요성은 현격하게 줄어들었다. 소매상이 싼 가격을 선전하지만 수많은 사람이 물건값이 싸기는 하지만 그 품질은 훨씬 더 나쁘다는 사실을 스스로 또는 다른 사람한테 들어서 알게 된다. 그리고 일부 중개상들이 큰돈을 모으는 것을 보고 다른 사람들도 빨리 돈을 모으고 싶은 욕심에 사로잡혀 자기 사업을 통해 생계를 번다는 겸손한 욕망을 지워버린다. 이렇게 해서 부를 늘리고 일확천금할 수 있는 기회가 보이는 듯하자, 점점 더 투기 심리가 상업에 침투해 들어간다. 이런 심리가 만연한 곳에서는 신중함을 가장 중시하는 계율이 무시될 뿐만 아니라 가장 사악한 형태의 금전적 부도덕성도 무차별적으로 부추겨진다. 소위 현대 경쟁의 치열함이라는 것이 이처럼 무서운 결과를 낳는다. 덧붙여 하나 더 말해두어야 할 것이 있다. 이런 경쟁의 치열함이 일정한 수준에 도달하면서 어떤 물건을 만드는 생산자나 중개상들의 일부가 함량을 속여 불순물을 섞는 등(요즘 이런 일에 대한 불만이 크게 늘어나고 있다) 어떤 식으로든 사기를 치면, 원래 그런 수법을 쓰지 않던 사람도 똑같은 짓을 하고 싶은 커다란 유혹에 빠지게 된다. 시간이 지나면서 사람들이 정직하지 못한 수법으로 생산되었기 때문에 물건값이 싸다는 것을 알게 되지만 처음에는 그 물건의 값어치가 그 정도가 못 된다는 것을 도저히 알 수 없다. 따라서 더 좋은 품질의 물건을 더 비싼 값에 살 생각을 하지 않기 때문에 정직한 중개상은 심각한 손해를 보게 된다. 결국 처음에는 몇몇 사람이 사기를 치지만 나중에는 장사하는 사람들의 세계에서 그것이 관행이 되면서 상인계급의 도덕성 자체가 점점 더 악화된다.

이 점에서 본다면 사회주의자들은 심각할 뿐 아니라 인구와 부가 늘어나면서 점점 더 커지는 악의 존재를 정확하게 밝혀냈다고 할 수 있다. 그러나 사회가 이미 이런 악을 저지할 수 있는 수단을 가지고 있지만 그것을 아직 사용하지 않고 있다는 것을 알아야 한다. 상업 사기를 규제하는 법은 매우 맹점이 많으며, 그것을 집행하는 것은 더욱 그렇다. 이런 성격의 법은 그것을 집행하는 특수 임무를 띤 사람이 없으면 아무 존재 의미가 없다. 검사가 특별히 그런 일을 맡아야 한다. 현재 이런 비행을 저지른 사람이 법의 심판을 받는 경우가 드물고 심판을 받는다 하더라도 영국의 사법행정은 이런 악행에 대해 터무니없이 관대하다. 따라서 형법으로 얼마나 이런 짓을 억제할 수 있을지 조사해보아야 한다. 그런데 이런 사기 행각 중에서 사람들에게 가장 나쁜 영향을 미치는 것, 즉 일상 생활용품의 가격이나 품질을 조작하는 짓은 협동조합 소매점제도를 도입하면 현격하게 줄일 수 있다. 협동조합을 결성하는 소비자들은 누구든지 소매상을 거치지 않고 도매상으로부터 직접 물건을 구입할 수 있다. 더 좋은 것은 (이제 협동조합 도매점도 결성되어 있기 때문에) 생산자로부터 직접 구입하는 것이다. 이렇게만 하면 지금 유통업자들에게 비싼 세금을 내는 것에서 벗어날 수 있고 동시에 불순물을 섞는 등등 사기 범죄를 저지르는 자들을 제거할 수도 있다. 그저 싼 가격과 좋은 품질을 확보하는 것 외에 다른 관심이 없는 소비자들은 적당한 사람을 뽑아 보수를 주고 유통을 맡기면 된다. 이렇게 되면 유통업자도 실제 필요한 숫자만큼 줄어들 수 있다. 어려움이 있다면 유능하고 믿을 만한 관리자를 찾아야 하고, 다수의 사람들이 그 관리자를 충분히 통제하기가 쉽지 않다는 점이다. 그러나 이 제도가 큰 성공을 거두고 빠르게 성장하면서 그런 어려움은 어느 정도 극복될 수 있다는 것이 증명되고 있다. 어찌 되었든, 소매상의 경쟁을 통해 싼값으로 물건을 산다는 이익을 포기하고 다른 안전책을 찾게 된다면, 그런 경쟁이 품질 악화 등 해로운 경향을 없애는 것이 가능하다. 협동조합 소매점들의 성공에서 보듯이, 싼 가격의 장점을 포기하지 않고 오히려 더 촉진하면서 이런 이로움을 얻을 수 있다. 가게에 들어오는 모든 물건의 공급가에서 상당 부분을 소비자에게 돌려줄 수 있기 때문이다. 따라서 이런 종류의 문제점에 관한 한 효과적인 대비책이 벌써부터 작동하고 있다는 것을 알아야 한다. 이것은 사회주의자들도 제안한 것이고 부분적으로는 그들의 원리에 기반하고 있지만, 현존 재산 제도를 통해서도 얼마든지 실현 가능하다.

그러나 지금 말한 이런 대책으로는 보다 심각하고 보다 두드러진 경제 사기 또는 사기에 버금가는 위법 행위(상인과 은행업자들 사이에서, 또는 그들과 그들에게 돈을 믿고 맡긴 사람들 사이에서 이런 정말 개탄스러운 사례가 숱하게 발견된다)를 근절하기 어렵다. 현재 사회 상태에서는 보다 엄격한 여론의 비난, 그리고 보다 효과적인 법적 통제만이 유일한 처방이라고 하겠다. 그러나 현재로서는 이 둘 다 실효성 있는 재판을 이끌어내지 못하고 있다. 그저 지불 불능 상태가 되어야 이런 부정직한 행위가 사람들의 관심을 끈다. 가해자가 악인이 아니라 지불할 수 없는 채무자 신세가 된다. 과거에는 영국을 포함해서 여러 나라의 법이 단순 파산에 대해 너무 야만적이었다. 그래서 그것에 대한 반발로 사람들이 파산자를 연민의 대상으로 간주하는 경향이 늘어났다. 법과 여론의 손이 그들을 너무 가혹하게 눌러서는 안 되는 것처럼 생각되었다. 영국 법은 일반적으로 가해자를 처벌할 때 피해자의 보상 문제를 완전히 무시하는 오류를 범했는데, 파산법은 한동안 반대 방향의 오류를 범했다. 즉 파산자를 처벌할 때 채권자의 남은 재산을 회복하는 것에만 신경을 쓰다시피 해서 파산과 직접 관련이 없는 일체의 다른 위법행위에 대해서는 거의 아무런 관심도 쏟지 않기 때문이다.

3~4년이 지나 한 작은 반작용이 생겨나 파산자를 제법 엄중하게 대하는 한 개 이상의 파산법이 통과되었다. 그러나 1차적인 관심은 여전히 채권자의 금전적 이익을 보전하는 것에 집중하고 있었기 때문에 소수의 눈에 띄는 위법 행위를 제외하고는 파산자 자신의 범법 행위는 거의 처벌을 면제받았다. 그러므로 적어도 영국에서는 사회가 상업적으로 부도덕한 짓을 저지르는 사람에게 엄중한 처벌을 내릴 수 있는 힘을 행사하지 않았다는 사실을 확인할 수 있을 것 같다. 그것은 사기꾼을 가장 유리하게 해주는 일종의 속임수 도박이라고 할 수 있다. 그 속임수가 통하면 사기꾼은 큰돈을 벌든지, 아니면 최소한 자기 돈을 지킬 수 있다. 만일 실패해도 그 인간은 그냥 가난한 처지로 떨어지면 끝인데, 그가 그런 모험을 감행하기로 마음먹었을 때 아마 이미 그런 상태에 가까이 있었을 것이다. 그런 인간은 그저 그 문제를 자세히 살펴보지 않은 사람, 심지어 악한이 아니라 불행한 사람이라고 치부될 것이다. 비난받아 마땅한 파산에 대해 좀 더 도덕적이고 합리적인 방식으로 처리하는 절차가 하루빨리 정착되어야 한다. 그래야 상업적으로 정직하지 못한 행위가 상업적 경쟁 때문에 크게 확산되는 해악 중에서도 특히 나쁜 것이라는 인식이 확립될 것이다.

나아가 노동조합 및 자본에 대항하는 다른 노동자 중심 조직뿐 아니라 사회주의자들이 크게 오해하고 있는 또 다른 것 하나도 따져보아야 한다. 즉 사회주의자들은 한 나라의 생산물이 실제 분배되는 비율과 생산자의 몫을 빼앗아 다른 사람을 살찌우기 위해 전용되는 비율에 대해 크게 오해하고 있다. 나는 이 자리에서 토지 문제는 이야기하지 않을 것이다. 그것은 나중에 따로 검토하겠다. 중요한 것은, 사업에 투자되는 자본을 둘러싸고 사람들이 흔히 크게 잘못 알고 있는 것이 있다는 점이다. 예를 들어 어떤 자본가가 자기 사업에 2만 파운드를 투자한 뒤, 매년 (이를테면) 2000파운드를 자기 수입으로 가져간다고 하자.

이 경우 사람들은 일반적으로 노동자는 자기 임금 외에 아무것도 가져가지 않는데 비해 그 자본가는 자본금 2만 파운드와 수익금 2000파운드 둘 다 실질적으로 소유하고 있다고 생각한다. 그러나 그 자본가가 자본금 2만 파운드 중 한 푼도 자신의 이익을 위해 사용하지 않는 조건 아래 자기 수익금 2000파운드만 거두어갈 뿐이라는 것이 진실이다. 그 사람은 자본금 2만 파운드에 대해 법적 통제권을 가지고 있기 때문에 원한다면 마음대로 쓸 수 있다. 그러나 그 경우 그는 매년 2000파운드씩 수익금을 얻을 수 없다. 그가 자기 자본에서 수입을 얻는 한 다른 사람이 그 자본을 사용하는 것을 막을 수 없다. 그가 투자한 자본이 건물, 기계, 그리고 다른 생산 도구들을 구입하는 데 쓰였다면 그것은 생산을 위해 지출된 것이고 그 누구를 돕거나 즐겁게 하는 일에 사용될 수 없다. 건물과 도구들을 유지하거나 수선하기 위해 적립해둔 것을 포함해서 그렇게 지출되는 것은 각 노동자의 수입과 생산물에 대한 노동자의 몫으로 그들에게 지출되는 것이다. 오직 개인적인 목적을 위해 노동자는 자본을 소유하며, 자본가는 자본이 자신의 필요가 아니라 노동자들이 원하는 것을 만족시키는 데 사용된다는 조건으로 이윤만 챙길 뿐이다. 자본 이윤이 일반적으로 자본(또는 순환자본이라고 부르는 것이 더 낫겠다) 그 자체에서 차지하는 비율은 생산에서 자본가가 차지하는 몫과 노동자들의 총체적 몫의 비율과 같다. 그 자신의 몫 중에서도 단지 한 작은 부분만이 자본 소유자인 그의 것이 된다. 생산 중에서 그냥 자본으로서 자본에 떨어지는 몫은 대출 이자로 측정될 수 있다. 그 이자가 자본 외에 아무것도 생산에 기여하는 것이 없는 자본 소유자가 얻는 전부이기 때문이다. 가장 안전하다고 여겨지는 공적 자금의 자본에 현재 붙는 이자(이것은 오래 별로 변동이 없다)는 3.3퍼센트 정도 된다. 이 투자에도 지불 거부라든가 상업적 위기가 닥칠 때 낮은 가격에 팔아야 하는 등 약간의 위험 요인은 있다.

이런 위험 요인 몫을 0.3퍼센트 정도로 치면 나머지 3퍼센트에서 손해를 대비한 보험료를 제외한 것이 자본이 얻는 수입이라고 볼 수 있다. 담보증권이 일반적으로 4퍼센트 정도 이율을 보장하지만 이것은 위험이 훨씬 크다. 현재 영국의 조악한 법체계에서는 토지의 법적 소유권이 불확실하고 증권을 팔 때 법적 수수료를 많이 지불해야 하며 원금은 안전하다 하더라도 이자 지급이 연기될 가능성을 감안해야 하기 때문이다. 때로 철도회사 같은 주식을 사서 그 자리에 앉아서 커다란 수입을 올리는 경우가 있다. 그러나 그 수익이 아무리 좋다 해도 자본 경영을 잘 못해서 몽땅 또는 그 일부를 잃는 위험과 비교할 수는 없다. 이를테면 브라이튼 철도회사 같은 경우, 배당금 이율이 연 6퍼센트씩 하다가 1.5퍼센트에서 심지어 0퍼센트까지로 떨어졌고 120파운드에 산 주식이 43파운드 이상 받지 못하게 되었다. 때로 낭비가 심하거나 사정이 급한 사람에게 아주 비싼 이자를 받고 돈을 빌려주는 경우가 없지 않은데 이것은 돈을 떼일 염려가 너무 커서 다른 돈 가진 사람들이 어지간해서 돈을 빌려주려 하지 않기 때문이다. 따라서 '고리대금업'을 노동자들에게 과도한 고통을 주는 것으로 그렇게 심하게 비난할 이유가 없다. 제조업자나 다른 사업주가 약 3퍼센트 안에서 얻는 자본 수익은 자본 그 자체의 몫으로 볼 수 있다. 그 사람이 이 수익 전부를 자기 노동자들을 위해 포기할 수 있고 또 기꺼이 그렇게 한다면 그렇게 해서 노동자들이 추가로 얻게 되는 주급은 얼마 되지 않을 것이다. 왜냐하면 그들은 이미 매년 재생산되고 있는 그 사람의 자본 전부를 공유하고 있기 때문이다. 그 사람이 3퍼센트를 초과해서 얻는 것의 대부분은 그가 직면하고 있는, 언제 발생할지 모르는 다양한 손실 가능성에 대한 보험용이라고 할 수 있기 때문에 마음대로 처분할 수 없다. 그 나머지는 정당한 의미에서 그 사람의 기술과 노력의 대가, 즉 그가 감독하는 노동에 대한 임금이라고 보아야 한다. 물론 그의 사업이 큰 성공을 거두면 그의 임금도 매우 큰 폭으로 오를 것이고 똑같은 기술에다 동일한 노력을 기울인 임금 노동자와 비교할 수 없을 정도가 될 것이다. 반면에 다른 노동자에 비하면 단순히 실직하는 것 이상의 커다란 모험, 즉 한 푼도 벌지 못하면서 일을 하고, 노동자에게 임금을 줄 수 없어 고민하는 것을 감수해야 한다. 내가 지금 그런 문제가 그가 누리는 특권과 균형을 이룬다고, 또는 그가 다른 사람을 위해 일하는 숙련된 관리자가 아니라 자본가이고 노동자를 고용하는 위치에서 얻는 것이 아무것도 없다고 말하는 것은 아니다. 내가 강조하는 것은 그가 얻는 이점을 거창한 상장만으로 평가해서는 안 된다는 점이다. 누군가가 얻는 것에서 누군가가 잃는 것을 빼고 그 대차계정에서 숙련된 관리자의 시장가격에 기초해서 양측의 열망, 기술, 노동에 대한 공정한 보상을 빼더라도 남는 것이 분명 상당할 것이다. 그러나 매년 재생산되고 임금으로 지출되는 나라 전체의 자본과 비교해보면 그것은 사람들이 흔히 생각하는 것보다는 훨씬 작다. 그 전부를 노동자들의 몫에 합친다 해도 중요한 기계를 발명하거나 불필요한 유통업자와 다른 '산업 기생충' 수를 줄여서 보태는 것에 비해 그 기여도가 작다. 그러나 산업생산 중에서 자본의 수익으로 돌아가는 비율을 완전하게 평가하기 위해서는 생산에 실제 동원되는 자본이 생산에서 얻는 이익에 국한돼서는 안 된다. 비생산적으로 사용되었고 이제 더 이상 존재하지 않는 자본의 과거 소유자에게 지불되는 것, 그리고 물론 다른 자본의 생산에서 지불되는 것을 포함해야 된다. 국가 부채에 지불하는 이자가 이런 성격을 띤다. 이것은 과거에 국가가 직면했던 어려움과 위험 또는 정치 지도자들의 어리석음과 낭비로 인해 생기는 비용으로서 어느 정도 국가 자신이 부담해야 한다. 여기에다 토지의 생산력을 향상하기 위한 목적에 쓰기 위해 빌린 것을 제외하고 지주들과 다른 비생산적 소비자들이 진 빚에 대한 이자도 덧붙여야 한다. 개인이 지대地代를 챙기는 토지 재산에 대해서는 내가 앞에서 말했듯이 나중에 토론하기 위해 이 자리에서는 거론하지 않겠다. 토지 임대 기한을 얼마나 하는 것이 바람직한지는 생각에 따라 다양할 수 있다. 따라서 국가가 인간의 노동과 금욕의 산물인 그 어떤 재산권도 침해하지 않은 채 모든 토지를 소유하는 것이 가능하기 때문이다.

사회주의자들의 과장된 주장에 이처럼 제동을 거는 말로 그들의 문제의식에 대한 토론을 시작하는 것이 바람직해 보인다. 그래야 사회주의와 기존 사회 상태 사이에 가로 놓인 가장 중요한 쟁점들을 정확하게 인식할 수 있기 때문이다. 다수 사회주의자들은 현재 체제가 사람들을 총체적 궁핍과 노예상태로 급격하게 몰아넣고 있으며 사회주의만이 우리를 구원할 수 있다고 믿는다. 그러나 그것은 아니다. 지금 체제가 초래하는 악과 불의 때문에 가혹한 고통을 겪어야 하는 것은 사실이다. 그러나 그런 나쁜 것들이 증가하고 있는 것은 아니다. 느리지만 전반적인 추세는 감소하고 있다. 나아가 자본가와 노동자 사이에 생산 분배가 불평등한 정도가 너무 심해서 자연적 정의 감정에 비추어볼 때 대단히 충격적이기는 하지만 그렇다고 사회주의자와 다른 수많은 사람이 흔히 가정하듯이, 그것을 단순히 평준화하는 것만으로는 아무리 용을 쓰더라도 낮은 수준의 임금을 올리기 위한 막대한 기금을 충당할 수 없다. 지금 사회에 만연한 학대나 불의 중 어느 하나만 없앤다고 인류가 당장 고통에서 벗어나 행복에 이를 수는 없다. 우리가 해야 할 일은 우리 삶이 직면하지 않을 수 없는 어려움을 극복하는 데 어느 쪽이 더 유리한지 두 종류의 사회를 냉정하게 비교하는 것이다. 만일 이 질문에 답을 찾는 것이 사람들이 보통 생각하는 것보다 더 어렵고 지적·도덕적 조건에 많이 달려 있다면, 그 문제를 풀기 위해 실험 가능한 규모로 실제 시도해볼 수 있는 시간이 있다는 것으로 만족해도 좋을 것이다. 나는 사회주의적 개혁이 얼마나 실천 가능하고 또 유익한지 그것 말고 다른 방법으로는 시험하는 것이 불가능하다고 생각한다. 나는 현재 경제체제를 최선의 상태로 개선하는 데 필요한 여러 기본 원리를 제공한다는 점에서 사회주의의 지적·도덕적 토대에 대해 매우 심각하게 연구해볼 필요가 있다고 믿는다.

4장 사회주의의 어려움

스스로 사회주의자라고 부르는 사람을 두 종류로 분류할 수 있다. 첫 번째 부류는 오언, 푸리에, 그리고 일반적으로 보다 사려 깊고 철학적인 사회주의자들로 구성된다. 이들은 사적 소유와 개인 경쟁체제를 없애고 다른 행동 유인으로 대체할 새로운 사회 질서를 구상하고 있다. 단 이런 개혁을 부락이나 마을 공동체 규모 수준에서 먼저 실험한 다음 그 성공을 바탕으로 그런 자율경영 단위를 나중에 전국 규모로 확대해나가자는 주장을 편다. 다른 하나는 영국보다는 대륙의 산물에 가깝고 혁명적 사회주의자로 불릴 수 있는 사람들이다. 이들은 훨씬 대담한 주장, 즉 국가의 모든 생산력을 단일 중앙정부가 직접 관리하는 계획을 내놓고 있다. 이런 구상에 맞추어서 그들 중 일부는 노동자계급이나 그들의 대표가 국가의 모든 재산을 소유하고 전체의 이익을 위해 관리하는 것을 목표로 한다.

이 두 형태의 사회주의 중 첫 번째 것이 어떤 어려움에 직면하든지, 두 번째 것도 그것과 동일한, 그리고 더 큰 어려움을 분명히 맞닥뜨리게 될 것이다. 첫 번째 것은 꾸준히 실천에 옮길 수 있는 큰 이점을 가지고 있고 실험을 통해서 그 능력을 입증할 수 있다. 그것은 우선 처음에는 소수의 선택된 사람들을 대상으로 실험한 뒤 교육과 교양이 부합하는 다른 사람들에게도 확대될 수 있다. 그것은 사회를 재건할 능력도 갖추었다는 것을 보여주기 전까지는 체제를 전복할 동력이 될 필요가 없고, 또 자연의 이치에 따라 그렇게 하지도 않을 것이다. 두 번째 것은 그렇지 않다. 그것은 현 체제가 보여주는 긍정적인 것과 그 향상 가능성을 모두 다 팽개치고 단숨에 새로운 질서로 대체하려 한다. 지금까지 늘 사회제도를 움직였던 기본 동력도 무시한 채 사회 전체의 작동을 갑자기 가장 극단적 형태로 밀어붙이려 한다. 누구든 자신의 개인적인 확신을 믿고 아직 어떤 실험을 통해서도 그 타당성이 입증되지 않은 이런 모험을 시도하려는 사람(현재 안락한 삶을 영위하고 있는 모든 사람의 유일한 생존 수단을 힘으로 빼앗으려는 사람, 만일 그 시도가 거부되면 끔직한 유혈 투쟁도 마다하지 않으려 드는 이런 사람)은 한편으로 자기 자신의 지혜에 대한 무한 자신감으로 무장되어 있고, 다른 한편으로는 다른 사람들의 고통에 대해 무심하기 짝이 없는 인간이다. 이런 인간은 지금껏 그 둘을 함께 지니고 있는 전형적 예가 될 수 있을 저 로베스피에르[11]와 생쥐스트[12]도 차마 하지 못했던 일을 하려 들고 있음을 인정해야 한다. 그럼에도 이런 구상은 그 목표를 재빨리 달성하겠다고 공언하고 맹신자들이 소망하는 모든 것을 그들이 살아 있는 동안에 일거에 실현할 수 있다는 희망을 심어주기 때문에 아주 큰 인기를 끌 요소를 가지고 있다. 이 점에서 보다 신중하고 합리적인 형태의 사회주의는 도저히 따라갈 수 없다.

그러나 두 형태의 사회주의에 공통된 문제점들을 적절하게 검토

11 Maximilien François Marie Isidore de Robespierre, 1758~1794. 프랑스의 혁명가.
12 Louis Antoine Léon de Saint Just, 1767~1794. 프랑스의 정치인.

하고 나면 혁명적 형태의 사회주의가 안고 있는 결정적 취약점은 아주 분명하게 입증될 것이다.

오늘날 두 가지 조건을 충족시키지 못하면, 즉 값이 비싼 기계, 건물, 그리고 다른 생산도구들을 충분히 보유하고 긴 작업 과정을 수행하며 그 결실이 나올 때까지 오래 기다리게 할 힘을 가지지 못하면, 현재 생산량에 근접하는 양을 생산할 수 없고 현재 인구와 비슷한 수의 사람들을 먹여 살릴 수 없다. 다른 말로 하면, 도구와 건물에 투자한 고정자본 및 생산 과정이 완료되고 생산물이 나올 때까지 기다리는 동안 노동자와 그 가족들의 생활을 유지하게 해줄 유동자본 둘 다 충분히 많이 있어야 한다. 이런 필요는 물리적 법칙에서 나오는 것으로 인간 삶의 조건이라고 할 수 있다. 그러나 생산에 필수적인 것, 즉 (토지와 그 속에 들어 있는 모든 것을 포함해서) 한 나라의 고정자본과 유동자본은 그것들을 사용하는 사람들의 공동 재산이거나 개인 소유일 수 있다. 문제는 이 두 양식 중 어느 것이 가장 인간을 행복하게 만들 수 있는가 하는 점이다. 사회주의의 특징은 사회의 모든 구성원이 생산 도구와 수단을 공동으로 소유한다는 것이다. 이것은 소유자들 사이에서 생산물을 나누는 것이 공적 행위여야 하고 사회가 만든 규칙에 따라 처분되어야 한다는 말이다. 그러나 사회주의가 소비재에 대한 사적 소유까지 배제하는 것은 결코 아니다. 각 개인은 자기 손에 들어온 분배물을 쓰든지, 남을 주든지 아니면 다른 것과 교환하든지 얼마든지 배타적 권리를 행사할 수 있다. 예를 들면 토지는 농업과 다른 생산을 목적으로 전부 공동 소유이고 공동 관리 아래 경작될 수 있다. 그러나 각 개인이나 가족에게 보상의 한 부분으로 할당된 주거지는 공동 작업의 임무를 잘 수행하는 한, 각자의 집이 그렇듯이 배타적으로 그들의 것이 될 수 있다. 주거지뿐만 아니라 상황에 따라 조직이 각 집에 즐거움을 위해 허락한 장식용 땅도 모두 그렇게 쓰일 수 있다. 사회주의의 두드러진 특징은 모든 것이 공동 소유가 아니고 단지 생산이 공동 관리 아래 이루어지고 생산도구는 공동 재산이 된다는 점이다. 이런 성격의 사회주의가 오언이나 푸리에가 주장하듯이 마을 단위의 규모로 시행될 때 그 실현 가능성에 대해 의문을 품을 이유가 없다. 나라 전체의 생산을 하나의 중앙 조직이 담당하도록 하는 것과는 그 성격이 전혀 다르다. 토양과 기후가 허락하는 한도 안에서 2000~4000명의 주민이 농업과 제조업을 겸해서 생산 활동을 펴는 것은 많은 주식회사를 경영하는 것보다 더 쉬울 수 있다. 중요한 것은 이런 공동 경영이 사적 자본이 운영하는 사적 기업만큼 효율적이고 성공 가능성이 높을 수 있느냐 하는 점이다. 이런 질문은 경영을 담당한 사람 또는 사람들의 효율성과 그냥 노동만 하는 사람들의 효율성이라는 두 가지 측면에서 검토되어야 한다. 이 질문을 가장 단순한 형태로 표현하기 위해 그런 성격의 사회주의를 단순 공산주의로 부를 수 있다. 단순 공산주의는 모든 구성원이 생산물을 균등하게 나누어 가지게 한다. 또는 루이 블랑이 기대한 보다 높은 수준의 정의가 구현될 수 있도록 사람들이 맡은 임무의 성격이나 능력 또는 하는 일은 전혀 고려하지 않고, 다만 각자의 필요에 따라 분배할 것을 추구한다. 다른 형태의 사회주의도 있다. 특히 푸리에주의는 정의와 편의를 함께 고려해서 사람들이 공동체에서 하는 일의 종류나 기여하는 정도에 따라 보수의 차이를 허용한다. 이런 주장에 대해서는 나중에 논의해보자.

사유재산제도와 공산주의제도 아래서 경제를 움직이는 동력에 차이가 생기는데, 특히 경영 지도자의 경우 그 차이가 가장 크다. 현재 체제에서는 자본을 소유한(또는 자본에 개인적으로 책임이 있는) 사람 또는 사람들이 전적으로 경영을 담당하는데, 최고 실적을 낸 경우와 사업이 계속 유지될 만한 수준에서 최악의 성적을 거둔 경우 생기는 차이의 전부가 경영을 책임진 사람 또는 사람들에게 귀속된다. 그들은 자신의 개인적 이익을 위한 계산 끝에 또는 관대한 마음이 작동한 까닭에 그들의 아랫사람과 나누어 가지게 하는 마음이 생기지 않는 한 경영을 잘해서 얻는 수익의 전부를 혼자 차지한다. 반대로 경영 실패로 생긴 모든 손실에 대해서도 향후 경영권에 심각한 타격을 입지 않는 한 전적으로 혼자 감수해야 한다. 효율적인 경영을 위해 최선을 다하게 하는 이런 강력한 개인적 동기가 공산주의체제에서는 존재하지 않는다. 경영자도 조직의 다른 구성원과 똑같은 분배를 받기 때문이다. 따라서 할 수 있는 것이라고는 그저 각자에게 돌아가는 몫을 크게 하기 위해 공동체 일을 다 같이 열심히 하는 것뿐이다. 공공 정신, 양심, 경영자로서 얻는 명예와 신용 정도가 일을 열심히 하게 만드는 유인誘因으로 작용할 것이다. 이런 동기들도 합쳐지기만 하면 큰 힘을 발휘할 것이다. 그러나 그것은 사람마다 그리고 목적에 따라 작용하는 힘이 크게 다르다. 경험이 증명하듯이, 인간 사회가 아직 불완전한 도덕 수준에 머물고 있는 상황에서 양심과 신용과 명성의 동기라는 것은, 제법 힘을 쓴다고 하는 경우에도 대부분 촉진하기보다는 억제하는 데, 다시 말해 일상적인 업무를 더 잘 수행하기 위해 최대한 노력을 기울이기보다 나쁜 일을 하지 못하게 가로막는 데 훨씬 더 큰 힘을 발휘한다. 대부분 사람이 게으름에 빠지고 편한 것을 좋아하는 습성에 빠지기 쉬운데, 이것을 충분히 지속적이고 변함없이 이겨낼 수 있다고 알려진, 그리고 대개 그 자체로 지루하고 재미없는 작업을 쉬지 않고 일하게 만들 수 있는 유인이 딱 하나 있다. 그것은 자신과 자기 가족의 경제적 상황을 개선할 수 있을 것이라는 전망을 심어주는 것이다. 노력을 늘리는 것에 비례해서 과실이 커지는 만큼 그 유인도 강력해진다. 이 사실을 부정한다는 것은 현재 상태의 인간에게 의무와 명예라는 감정이 때로 특별한 행동과 자제를 고취할 뿐 아니라 그들의 삶 전부도 늘 통제한다면서, 그런 감정이 개인적 이해관계보다 더 강력한 행동 원리가 된다고 주장하는 것과 같다. 내가 볼 때 그렇게 생각하는 사람은 없을 것이다. 혹 어떤 사람은 이런 공적·사회적 감정이 낮은 효율성을 보이는 것이 불가피한 것은 아니고 단지 교육이 불완전하기 때문이라고 말할지도 모른다. 나는 이런 주장을 흔쾌히 받아들일 용의가 있다. 시원찮은 보통 사람과 달리 개인적으로 예외적인 사람도 많기 때문이다. 그러나 이런 예외가 다수, 아니 굉장히 큰 소수가 되기 위해서는 오랜 시간이 필요하다. 인간을 교육하는 일이 모든 기술 중에서 가장 어려운 것이라 지금까지 가장 성공을 거두지 못한 것 중의 하나이기 때문이다. 나아가 미래 세대를 지금 세대가 교육해야 하는데, 불완전한 선생이 학생을 자신보다 더 나은 사람으로 기르는 것은 여간 힘든 일이 아니기 때문에 일반 교육은 그 성과가 서서히 나타날 수밖에 없다. 따라서 특정 부류의 사람들을 대상으로 일을 하지 않는 한, 앞으로 상당 기간 동안 산업 부문에서 사람들을 가장 열심히 그리고 조심스럽게 행동하게 만드는 데 개인 이익이 보다 높은 인품을 자극하는 것보다 더 효과적 자극제가 될 것이라고 생각해야 한다. 현재로서는 개인적 이익이라는 욕심이 과도해지면 신중하지 못하고 때로 정직하지 못한 모험을 부추김으로써 자극의 원래 목적 그 자체에 부정적 영향을 끼친다고 말하는 사람도 있다. 이렇게 보면 공산주의는 그런 부작용을 일절 피할 수 있다. 사실 좋은 종류 나쁜 종류 기업 가릴 것 없이 반복되는 일을 해야 하는 곳은 전부 이런저런 결함을 안고 있을 가능성이 매우 크다. 그런 작업장에서는 각자 해야 할 일을 외부적 제재로 강제해야 하기 때문에 각 개인의 업무를 고정된 규칙으로 통제할수록 일의 효율성을 올리기가 더 쉽다. 관리자가 제한된 범위 안에서만 자율적 행동을 할 수 있는 곳에서 이런 결과가 일어날 가능성이 크다. 물론 그들은 마음만 먹으면 언제든지 자신의 역할을 회수할 수 있는 공동체의 신임을 받아 권위를 행사한다. 따라서 관리자가 그동안 수행하던 기존의 방식을 변경하려 할 때 공동체의 규칙이 요구하지 않더라도 구성원 전체의 동의를 얻는 것이 필요하다. 많은 사람이 그동안 익숙하게 일해오던 방식을 바꾸도록 설득하는 것은 매우 어렵다. 때로 심각한 난관이 변화를 가로막기도 한다. 당사자들 보기에 그런 변화를 통해 얻는 것보다 잃을 위험이 더 크기 때문에 결국 과거 하던 대로 되돌아갈 가능성이 아주 높다. 이런 것을 막기 위해서는 일의 성공에 직접적 이해관계를 가지면서 실무 지식과 적절한 판단력을 겸비한 사람들이 뛰어난 관리자들을 뽑도록 해야 한다. 요즘 아주 흔히 보듯이, 그저 좋은 집안에서 태어난 사람들이 누가 자본을 소유할 것인지 결정하는 일이 벌어져서는 안 된다. 물론 공동체가 하듯이 유산을 물려받은 자본가도 자신보다 더 능력 있는 사람을 관리자로 임명할 수 있다고 반박할 수도 있을 것이다. 틀린 말은 아니다. 그렇게 해도 공동체가 하는 정도지, 그 이상 더 잘할 수는 없다. 그러나 다른 각도에서 보면 공산주의체제에서는 경영 능력이 가장 뛰어난 사람이 대단히 자주 그런 일을 맡는 것을 주저할 가능성이 크다는 사실을 알아야 한다. 현재 체제에서는 경영자가 비록 고용된 일꾼이기는 하지만 같은 작업장의 다른 사람들보다 매우 높은 보수를 받고 있다. 그리고 그 사람은 자신의 현재 지위를 이용해서 앞으로 더 큰 사회적 위치로 올라갈 꿈도 꿀 수 있다. 공산주의체제에서는 이런 것이 일절 불가능하다. 그저 다른 노동자들과 공동체의 생산물을 똑같이 나누어 가질 뿐이다. 임금을 받아 사는 사람에서 자본가계급으로 신분상승을 도모할 희망이 없다. 다른 사람에 비해 돈을 더 많이 받는 것도 아니면서 책임감과 걱정거리는 훨씬 더 많기 때문에 많은 사람이 부담이 더 작은 자리를 선호할 것이다. 이런 어려움은 플라톤이 그의 책《국가》에서 수호자계급에게 적용된 공산주의제도를 비판하면서 이미 예견되었다. 그가 적합한 사람들에게 나랏일을 다스리게 할 통상적인 유인이 아무것도 없는 상황에서 그들 스스로 그 임무를 맡게 할 유인으로 기대했던 것은 자기보다 못한 인간들의 다스림을 받는다는 사실에 대한 두려움이었다. 사실 이것 말고는 그가 의지할 다른 유인이 없다. 국정을 담당하기에 가장 탁월한 사람은 나랏일이 자기보다 능력이 떨어지는 인간의 손에 맡겨지는 것을 막기 위해 서둘러 그 자리에 오를 것이다. 공동체의 운명이 파탄을 맞거나 또는 그저 결정적으로 나빠질 것이라는 예감이 들 때도 그런 동기는 큰 힘을 발휘하게 될 것이다. 그러나 발명가나 모사꾼이 즉각 대단한 열매를 거둘 수 있을 것이라는 희망에 어떤 장치를 시험하고 싶어서 안달이 난 경우가 아니라면, 일반적으로 단순히 개선을 촉진하는 정도의 미약한 유인으로는 이런 동기가 힘을 발휘하기 어려울 것이다. 문제는 그런 종류의 인간들은 대단히 자주 너무 낙천적인 기질과 부정확한 판단을 가져서 그런 일을 맡기에 부적합하다는 점이다. 설령 적합하다 해도 이들은 보통 사람들이 편견을 가지기에 딱 좋은 바로 그런 종류의 인간이다. 따라서 때로 공동체가 자신의 계획을 수용하고 자신을 그들의 상급자로 받아들이게 설득하는 첫 번째 과제에서부터 무너질 가능성이 크다. 따라서 공산주의식 경영은 모든 가능성을 두고 보더라도 새로운 길을 찾고 장래의 불확실한 이익을 위해 당장 희생하게 만드는 일에 사유재산체제보다 덜 유리하다. 그런 일에 모험이 따르지 않는 것은 아니지만 크게 보아 인류의 경제적 조건을 향상하고 먹여 살려야 할 인구가 계속 늘어나는 현재 사회 상태를 유지하기 위해서도 반드시 해내야 한다.

지금까지 우리는 조직을 경영하는 사람에게 동기를 부여하는 문제만 다루어왔다. 이제 그런 것이 보통 노동자들에게는 어떻게 적용되는지 살펴보자.

공산주의체제에서는 노동자들이 사회 전체의 수입에서 자기 몫으로 돌아오는 것 말고는 자기 일을 더 정직하고 열정적으로 수행하게 만드는 동기가 없다. 그러나 이 점에 관한 한 현재 대다수 생산자계급의 처지도 다를 바 없다. 이들은 고정 임금을 받기 때문에 자기들이 하는 일의 효율성을 올리는 데 아무런 직접적인 관심도 없다. 공산주의체제에서 모든 노동자가 자기 몫으로 돌아올 것에 대한 관심 때문에 전체 수입을 늘리기 위해 애쓰는 것보다도 못하다. 어쨌든 고용노동의 비효율성, 즉 노동자들의 실제 능력을 불완전하게 끌어내는 방식은 두 체제에 공통된 문제다. 좋은 노동자의 품성을 지니는 것이 아무 가치도 없는 것은 결코 아니다. 그런 사람은 우선적으로 고용되고 때로 높은 임금을 얻기도 한다. 또 현장 감독 또는 하위 관리직으로 승진할 가능성도 열린다. 그렇게 되면 일반 노동자들보다 더 높은 임금을 받게 될 뿐 아니라 때로 눈에 보이지 않은 다른 혜택을 누릴 수 있다. 그러나 다른 측면도 있다. 공산주의체제 아래서 동료들의 눈길을 받으며 일하는 사람들로 구성된 조직의 일반적인 분위기는 분명 성실하게 열심히 일하는 사람에게 호의적이고, 게으르고 주의가 산만하며 낭비가 심한 사람에게는 비호의적일 것이다. 그러나 자본주의체제는 다르다. 때로 노동자들의 일반적인 정서는 그와 정반대로 작용한다. 즉 어떤 노동조합은 작업에 필요한 노동자 수가 줄어들지 않게 조합원들이 일정 수준 이상 효율성을 발휘하지 못하게 하는 규칙을 만들었다. 같은 이유에서 노동력을 아끼기 위한 방안을 폭력적으로 저지하는 경우도 있다. 이런 상태에서 모두가 다른 모든 사람이 최대한 부지런하고 능숙하며 조심성 많게 만드는 일에 관심을 가지는 상태(공산주의체제가 그런 경우라고 할 수 있다)로 변화하는 것은 대단한 발전이라고 할 수 있다.

그러나 사유재산 및 개인 경쟁과 공존할 수 있는 조정을 통해 노동의 효율과 관련한 현재 체제의 중요한 결함을 고칠 수 있고, 그 점에서 공산주의가 가지는 대표적 장점을 획득할 수 있다는 사실을 생각해보아야 한다. 이를테면 도급제를 받아들이는 노동체제를 통해 이미 상당한 발전이 이루어지고 있다. 이런 체제에서 노동자의 개인적 이해관계는 그 사람의 (작업의 질이 아니라) 작업량과 밀접하게 연관된다. 작업의 질은 여전히 고용주의 감시에 좌우되고 있다. 도급제 노동은 아직 노동자계급의 마음을 사지 못하고 있다. 때로 오히려 (그들 생각에) 노동 시장을 축소시키는 수단이 된다는 이유로 강력하게 거부당하고 있다. 사실 노동자들이 도급제를 싫어할 충분한 이유가 있다. 그들은 고용주들이 흔히 도급노동의 가격을 최대한 낮게 책정하기 위해 수작을 부린다고 의심한다. 즉 도급제를 사용해서 유능한 노동자가 하루에 최대한 일할 수 있는 양을 알아낸 뒤, 그 최대치를 하루의 정상적인 노동으로 산정해서 그에 맞춰 하루 임금을 주는 식으로 노동자를 착취한다는 것이다.

그러나 도급제보다 고용노동의 한계를 훨씬 완벽하게 치료할 수 있는 것이 있다. 오늘날 산업동업자industrial partnership라고 불리는 것이 바로 그것이다. 이 체제에서는 노동자 전부가 이윤 분배에 참여한다. 즉 일정 수입을 자본가에게 준 나머지의 전부 또는 고정된 부분을 일에 참여한 모든 사람에게 각자가 기여한 비율에 따라 나누는 것이다. 이런 방식은 영국과 외국에서 대단히 효율적이라는 것이 밝혀지고 있다. 이 체제는 고용된 노동자 전부가 조직의 전체 이익에 깊은 관심을 가지게 만든다. 한편으로 열성적으로 노력하게 하고, 다른 한편으로 낭비를 방지하게 함으로써 이 체제에 참여하는 모든 노동자의 수입이 아주 크게 증가했다. 이 체제가 노동자 몫의 이윤을 무한정 확장하고 무한정 증가시키다 보니 경영자가 거의 조직의 성공에 대해 필요한 수준만큼 관심을 기울이지 않을 지경이 되었다. 이런 방식이 일반화되다 보면 언젠가 최고 경영자가 죽거나 은퇴하고 난 뒤 새로운 논의를 통해 온전한 협동조합cooperative association조직으로 발전할 가능성도 있다.

그러므로 전체 사회에서 열심히 일하게 만드는 동기에 관한 한 공산주의는 사유재산제보다 더 나을 것이 없고 우두머리 경영자 문제에서는 상당히 불리하다. 또한 그 체제 특유의 단점으로 보이는 것도 있다. 즉 현재 체제에서는 때로 형편없지만 어쨌든 자율적으로 결정하는 문제들을 필요라는 거짓을 내세워 다소 자의적으로 결정하는 것이다.

작업에 참여하는 모든 사람에게 동일한 보수를 지급하는 것은 간단한 규칙이고 어떤 측면에서는 정당한 것이다. 그러나 이것은 작업 또한 똑같이 나누지 않는 한 대단히 불완전한 정의에 지나지 않는다. 오늘날 사회에서 요구되는 각기 다른 수많은 작업들은 그 강도와 불쾌함에서 매우 차이가 많이 난다. 이런 것들이 그 질적 측면과 양적 측면이 일치할 수 있게 서로 측정하는 것은 매우 어렵다. 그래서 공산주의자들은 흔히 모든 사람이 각종 작업을 돌아가면서 할 것을 제안한다. 그러나 이런 발상은 분업이 주는 경제적 효과를 거의 완전히 희생하는 것이나 마찬가지다. 사실 경제학자들이 이런 장점을 자주 과대평가하는 측면이 있다(그 반대편은 그것을 지나치게 낮게 평가한다). 그럼에도 그것은 두 가지 이유에서 노동의 생산성을 증대하는 효과가 상당하다. 첫째, 협력 작업을 통해 각 노동자의 특별한 능력과 자격에 맞추어 일을 분배할 수 있다. 둘째, 한 가지 일에 집중함으로써 노동자가 보다 고도의 기술을 습득하고 일의 효율성도 증진할 수 있다. 그러므로 정의로운 분배를 위해 없어서는 안 된다고 생각되는 방식이 생산의 효율 측면에서는 매우 큰 단점을 가지고 있다. 나아가 모든 사람이 같은 분량의 일을 하게 하는 것은 대단히 불완전한 정의의 기준이 될 수밖에 없다. 사람이 가진 작업 능력은 정신적, 육체적으로 제각기 서로 다르다. 어떤 사람에게 가벼운 일거리도 다른 사람에게는 감당하기 힘든 부담이 될 수 있다. 따라서 필요한 사람에게는 평범한 양의 작업도 면제해주는 등 각자의 능력에 맞게 일을 분배하는 책임을 맡을 사람이 있어야 한다. 게으르거나 이기적인 사람은 자기는 일을 하지 않고 다른 사람이 대신 해주기를 바란다. 그러다 보니 특혜에 기대거나 사기를 쳐서 일을 면제

받으려는 시도가 빈번하다. 이런 시도를 차단하는 것은 매우 어렵고 항상 성공할 수 있는 것은 결코 아니다. 새로운 실험의 성공을 열망하는 선별된 사람들로 구성된 조직에서는 이런 문제가 적어도 당분간은 별로 일어나지 않을 것이다. 그러나 사회적 차원의 개혁을 추구하는 기획이라면 보통 사람들을 대상으로 해야 하기 때문에 그런 소수의 사람뿐만 아니라 개인적·사회적 덕목의 수준이 평균보다 훨씬 아래쪽인 수많은 사람도 고려해야 한다. 이런 사람들에게 일거리를 배분하다 보면 언제나 옥신각신 다툼이 생기는 것은 피할 수 없다. 이 경우 공산주의자들이 자기 조직에서 희망하고 있는 것처럼 조화와 단결이 가능하다면 상황이 크게 호전될 것이다. 그러나 아무리 여건이 좋은 곳에서도 공산주의자들의 기대와 달리 그런 화합이 혼란으로 이어질 가능성이 크다. 그들은 공산주의 사회에서는 물질적 이해관계 때문에 다툼이 생기는 일은 없을 것이라고 주장한다. 그런 문제에서 개인주의가 작동하지 않을 것이라고 믿는다. 그러나 인간 사회에서는 그 어떤 제도로도 완전히 뿌리 뽑을 수 없는 다른 문제, 이를테면 명성과 개인적 권력을 쟁취하기 위한 다툼 같은 것들이 있다. 대부분의 사람은 재물과 금전적 이익과 같은 이기적 욕망의 1차적 대상에서 원하는 것을 얻지 못하면 아직 가능성이 열려 있는 다른 것에서 그것을 메꾸기 위해 더 강렬하게 덤벼들 것이다. 예를 들면 자신의 일상적인 영역에서 개인적 열정을 충족하지 못한 사람은 다른 방향에서 큰 보상을 받기 위해 애를 쓸 것이기 때문에 관리 부문에서 높은 자리에 올라가고 영향력을 발휘하기 위한 투쟁이 아주 치열해지리라는 것을 얼마든지 예상할 수 있다. 이런 여러 이유 때문에 공산주의자들이 흔히 기대하는 것과는 달리 그 조직이 상부상조 및 의지와 감정의 일치와 같은 아름다운 그림을 보여주는 데 자주 실패하고 만다. 오히려 의견 대립으로 분열하고 그것 때문에 조직이 깨지는 것도 심심치 않게 본다.

공산주의 원리 속에는 이 밖에도 불화를 조장하는 수많은 요인이 있다. 이를테면 모든 사람에게 대단히 중요한 문제를 구성원 전체의 목소리로 결정해야 하는 경우가 그렇다. 현재 체제에서는 각자가 자기 문제를 해결할 수 있고, 또 그렇게 내버려둔다. 공산주의는 그렇게 할 수 없다. 교육 문제를 예로 들어보자. 모든 사회주의자는 젊은이들을 교육시키는 일의 중요성에 대단히 관심이 많다. 교육의 중요성은 어느 사회에서나 모두 인식하고 있다. 그들은 이런 보편적 이유에 덧붙여 그 어느 체제보다도 더 개별 시민의 지성과 도덕성에 큰 무게를 싣기 때문에 교육 방식의 수월성을 확보하는 문제에 엄청난 노력을 쏟는다. 그런데 공산주의체제에서는 개별 시민을 위해 조직의 집합체가 결정을 내려야 한다. 부모 개개인은 자기 자식을 위해 다른 방식으로 교육하는 것을 선호할 수 있지만 그것을 위해 개별적으로 지불할 능력이 없다. 그저 개인적으로 가르치고 영향을 주는 것이 할 수 있는 일의 전부다. 그러나 모든 성인은 구성원 전체의 이익을 위해 고안된 집단체제의 의사 결정 과정에 평등하게 목소리를 낼 권리가 있다. 바로 여기에서 조직을 가릴 것 없이 가장 심각한 분란의 씨앗이 들어 있다. 자기 자식을 위해 어떤 교육이 가장 좋은지 생각과 선호가 다른 모든 부모가 할 수 있는 모든 힘을 동원해서 공동체의 집단 의사결정에 자기주장을 관철하려 들 것이기 때문이다.

조직의 생산 요소들을 고용하는 방식, 사회적 삶의 조건, 다른 조직과의 관계 등에 영향을 주고, 때로 타결점을 찾을 수 없는 생각의 차이를 생기게 하는 수많은 다른 중요한 문제들을 구체적으로 밝힐 필요는 없을 것이다. 그러나 그렇게 불화가 생긴다 해도 다수의 명령이라는 이름으로 모든 개인의 생각과 소망을 짓밟으면서 의견 일치라는 환상을 만들어내는 것에 비한다면 인간의 삶에 끼치는 해악이 훨씬 덜하다. 인간의 진보를 가로 막는 장애물은 언제나 대단히 크다. 그것을 물리치기 위해서는 우호적 조건들이 동시에 작동해야 한다. 그 조건 중에서 가장 중요한 것은 인간 본성이 생각과 행동 모두 여러 방향으로 자유롭게 뻗어나갈 수 있어야 한다는 점이다. 사람들이 스스로 생각하고 스스로 자유롭게 실험할 줄 알아야 하기 때문이다. 소수의 이름으로 하든 아니면 다수의 이름으로 하든, 지배자에게 사람들을 위해 생각하고 그들이 어떻게 행동해야 되는지 처방하는 권한을 준 다음 그의 품 안으로 들어가는 일은 하지 말아야 하는 것이다. 그러나 공산주의 조직에서는 사적인 삶이 유례가 없을 정도로 공권력의 철저한 통제 아래 놓이게 될 것이다. 지금까지 존재했던 어느 문명사회의 시민들보다도 개인의 성품과 선호를 발전시킬 수 있는 여지가 적다. 이미 현대 사회에서 다수가 개별성을 짓밟는 것이 큰 문제가 되고 있다. 더 심각한 것은 이런 해악이 점점 더 커진다는 점이다. 그런데 공산주의에서는 개인이 자기와 비슷한 생각을 가진 사람들과 함께 모여 살 권한을 가지지 않는 한 그 상태가 훨씬 더 나빠질 수도 있다.

내가 이런 여러 논의를 통해 미래 언젠가는 공산주의적 생산이 인류의 필요와 환경에 가장 잘 들어맞는 사회 형태가 될 수 있는 가능성을 희석시키는 추론을 끌어내려는 것은 결코 아니다. 나는 우호적 환경 속에서 공산주의 원리에 대한 실험이 계속되고 현재의 사유재산체제가 점진적으로 개선되면서 새로운 사실이 계속 밝혀질 것이기 때문에 지금 현재, 그리고 앞으로 상당 기간 이 문제에 대해 결론을 내리기가 어려울 것이라고 생각한다. 한 가지 확실한 것은 공산주의가 성공하기 위해서는 사회 구성원 모두가 도덕적으로나 지적으로나 높은 수준에 올라서야 한다는 점이다.

도덕적으로는 사람들이 다른 유인이 없어도 그저 조직 전체의 수입에서 자기 몫으로 돌아오는 것만을 바라보며 조직에 대한 의무감과 일체감으로 정직하고 열성적으로 자기 생업에 최선을 다할 수 있어야 한다. 지적으로는 이런 문제를 놓고 좋은 구상과 나쁜 제안을 충분히 구별할 수 있을 정도로 장기적 이익을 평가하고 다각도로 생각할 수 있어야 한다. 나는 나라 안의 모든 사람을 지금 이 정도로 교육하고 정신을 깨우치는 것이 불가능하다고 전혀 생각하지 않는다. 그러나 그것이 매우 어렵기 때문에 현재 상태에서 그 단계까지 가는 데 시간이 걸린다는 것은 분명하다. 나는 도덕 교육이 공산주의의 성공을 좌우한다고 하는 관점에서 접근할 때, 현재 사회 상태는 매우 비관적이라 오직 공산주의식 조직만이 사람들을 공산주의에 맞게 효과적으로 교육할 수 있다는 주장을 이해한다. 그렇다면 공산주의는 실제 실험을 통해 이런 교육을 잘 진행할 수 있음을 증명해야 한다. 공산주의를 성공으로 이끌 수 있을 만큼 충분히 높은 수준의 도덕적 자질을 갖추고 다음 세대에게 그런 높은 수준을 지속적으로 유지하는 데 필요한 교육을 시킬 만한 사람이 어느 정도나 있는지 실험을 통해서만 확인할 수 있을 것이다. 공산주의자들이 자기 조직이 지속적으로 번창할 수 있다는 것을 보여준다면 그 조직은 확산될 것이다. 나아가 보다 발전된 나라의 사람들이 그런 생활 방식에 도덕적으로 공감하면 아마 그들도 그것을 점점 더 받아들이게 될 것이다. 그러나 준비 안 된 사람들을 강제로 공산주의 체제로 몰아넣는 것은, 설령 정치적 혁명을 통해 그렇게 시도할 수 있는 권력을 장악한다 해도, 실망스러운 결과를 맞고 말 것이다.

공산주의의 가능성을 검증하기 위해 실제 실험이 필요하다고 했는데, 공산주의의 어려움을 인지하고 그것을 극복하기 위한 대안을 제시하고 있는 다른 형태의 사회주의도 이 점에서 예외가 아니다. 이 중에서 가장 주목을 끄는 것이 푸리에주의다. 이것은 그저 지적인 독창성 측면에서 보더라도 사회나 인간 정신을 공부하는 사람이라면 누구나 관심을 가질 만한 가치가 있다. 푸리에는 사회주의에 대해 제기되는 모든 반대나 어려움을 다 헤아리고 있었다. 그래서 그에 대한 자동 장치를 사전에 다 마련했다. 다만 그는 자본의 자의적 처분은 금지하지만 분배와 자본 소유의 불평등을 인정함으로써 공산주의자들보다는 분배 정의를 상대적으로 덜 강조했다. 푸리에는 노동을 매력적인 것으로 만들기 위해 매우 고심했다. 이것을 해결해야 사회주의를 가로막는 일차적 어려움을 극복할 수 있기 때문이다. 그는 작업량이 너무 많든지 또는 동료애와 경쟁심을 자극할 요소가 없든지 또는 사람들 사이에서 경멸의 대상이 되는 것이 아니라면 유익한 노동은 어떤 것이든 반드시 또는 보편적으로 불쾌감을 불러일으키지 않는다고 주장한다. 그가 구상한 계획에 따르면, 노동자들은 각기 다른 작업을 수행하는 집단을 자유롭게 조직할 수 있다. 각 개인은 한 집단에만 소속되는 것이 아니라 어느 집단이든 마음대로 선택 가능하다. 각 조직은 노동을 할 수 있든 없든 가리지 않고 소속 구성원 전부의 최저생활을 보장하기 위해 우선 수입 중 일정 부분을 빼놓는다. 그런 다음 나머지를 조직이 필요한 만큼(그 이상은 아니다) 각자가 노동을 하고 싶은 마음이 생길 수 있게 여러 집단에 나누어준다. 만일 어느 한 집단의 사람들이 특별히 작업을 더 많이 하고 싶어 한다면 그것은 그 집단이 상대적으로 수입이 더 많다는 신호라고 볼 수 있다. 반대로 어느 집단에서는 노동에 대한 욕구가 작다면 그것은 수입이 적은 까닭이니 더 많이 책정해야 한다. 각 집단에 할당된 수입은 노동, 자본, 그리고 기술talent 세 요소의 고정 비율로 분배된다. 기술에 할당되는 몫은 각 집단 자체적으로 결정한다. 푸리에주의자들은 인간의 수많은 능력 중 모든 것 또는 거의 모든 것의 우열이 각 집단 안에서 판정될 수 있을 것으로 기대하고 있다. 자본에 대한 보상은 공동체 전체에 필요한 수준만큼 공동 자본이 축적될 수 있게 사람들이 개인적으로 소비를 억제하고 은행에 돈을 넣게 할 정도로 충분해야 한다. 이 밖에 사소한 어려움을 해결하고 사소한 불편을 제거하기 위한 여러 장치를 독창적으로 만드는 모습은 매우 인상적이다. 이런 여러 대책을 통해 푸리에주의자들은 지위라는 우연한 요소가 크게 영향력을 미치는 지금보다 일한 만큼 자기에게 돌아오는 몫을 크게 할 것이 훨씬 확실한 만큼, 전체의 이익을 나 몰라라 하지 않고 그것을 위해 각 개인이 열심히 일하게 만드는 유인이 현재보다 한층 더 커질 것이라고 기대한다. 그러므로 그들은 그 어느 곳보다도 노동의 효율성이 증대될 것으로 믿는다. 아울러 지금은 쓸모없거나 해로운 곳에 노동을 허비하지만, 자기들은 불필요한 수많은 배급인을 없애고 공동체 전체의 구매와 판매를 한 기관이 담당하게 하는 등 적재적소에 노동을 투입하기 때문에 거기에서 나오는 이득도 상당하다고 주장한다. 푸리에주의자들은 나아가 산업이 작동하는 과정에서 구성원들의 최대 협력을 이끌어내기 위해 필요할 때를 제외하고는 각 개인이 자신의 삶의 방식을 자유롭게 선택하면서 아무런 제한도 받지 않는다고 자랑한다. 이 모든 것을 종합해볼 때, 푸리에주의가 그리는 공동체의 모습은 그 자체로 매력적이다. 다른 알려진 사회주의체제보다 보통 사람들에게 요구하는 것도 적다. 따라서 푸리에주의자들의 구상을 적절하게 실험에 옮겨보는 것이 매우 바람직할 것 같다. 이 길을 통해야만 어느 것이든 새로운 사회적 삶의 방식을 도모하는 기획의 작동 가능성을 제대로 검증해볼 수 있기 때문이다.*

이렇게 사회주의가 해결해야 할 여러 어려움을 검토해본 결과, 개인이 아니라 공적 기관이 나라의 생산 요소를 직접 경영하기 위한 이

* 푸리에주의의 원리에 대해서는 콩시데랑이 여러 저술, 특히 《사회적 운명》에서 명료하게 정리하면서 강력하게 옹호하고 있다. 그러나 좀 더 관심이 있는 사람은 푸리에의 글을 직접 읽어보는 것도 좋겠다. 그 글을 읽으면 푸리에가 얼마나 천재적인지 잘 알 수 있다. 동시에 그가 물리적 세계에 대해 아주 거칠고 대단히 비과학적인 환상에 빠져 있으며 인간 역사의 과거와 미래에 대해 재미있지만 다소 무책임한 생각을 펼친다는 사실도 분명하게 확인하게 될 것이다. 하나 더 덧붙이자면, 푸리에는 결혼 같은 몇몇 중요한 사회 문제에 대해 그 자신만의 독특한 견해를 선보였는데, 그런 것은 그가 분명히 말했듯이 그의 산업체제 구상과는 직접 상관없는 별개의 생각이라고 보아야 한다.

런저런 계획들은 실험을 통해 그 타당성을 검증받아야 한다는 결론에 이르게 되었다. 그 계획 중 일부는 결국 기존 질서보다 더 낫다는 평가를 받을 수 있을지 모르겠지만, 그런 것들이 현재로서는 단지 소수 엘리트를 중심으로 가동될 수 있을 뿐이다. 따라서 그들이 기대하는 수준까지 보통 사람들이 발전할 수 있게 교육할 능력이 있는지 증명해 보여야 한다. 물론 나라 전체의 토지와 자본을 모두 몰수해서 즉각 공동소유체제로 시작하는 더 야심찬 계획에 대해서는 더 할 말이 많다. 현재 소유체제의 정의롭지 못함에 대한 모든 비판은 그렇다 쳐도, 한 나라의 산업 전체를 단 하나의 중앙 권력의 지시에 따라 경영한다는 그런 발상 자체는 너무나 파멸적이어서 감히 그 누구도 그것을 감행할 구체적 처방을 내지 못한다. 만일 혁명적 사회주의자들이 자신의 최우선 목적을 달성해서 실제로 나라 전체의 재산을 자기들 손안에 넣는다 하더라도, 그것을 잘게 나누어서 작은 규모 사회주의 조직들의 관리 아래 두게 하는 것 외에 다른 그 어떤 현실적인 관리 방안도 만들어내지 못할 것이라는 사실에 대해서는 의심의 여지가 없다. 우리가 보았듯이, 경영을 잘한다는 것은 사전에 충분히 준비된 소수에게도 매우 어려운 문제다. 따라서 사회주의자들은 사람을 가리지 않고 오직 지역 단위로 무차별적으로 집단을 구성함으로써 그 문제를 최대한 해결하려 할 것이다(그들은 악당들, 게으르기 짝이 없고 악질적인 인간들, 꾸준히 열심히 일하는 것이나 미리 생각하는 것, 또는 자기를 통제하는 일에 도대체 무능한 인간들 그 누구도 상관하지 않을 것이다. 또는 그처럼 타락하지는 않았지만, 사회주의자들의 생각에, 기존 사회 상태에서 심각하게 사기가 꺾이는 바람에 사회주의의 성공에 필수적인 자질이 부족한 사람들도 개의치 않을 것이다). 그런 상태에서 사회주의를 도입한다는 것은 치명적인 실패를 낳을 수밖에 없다는 것은 더 말할 필요가 없다. 사회주의의 사도들은 그저 지금 존재하는 사회 질서가 먼저 소멸될 것이고,

그 체제로부터 혜택을 받는 모든 사람이 함께 파멸의 길을 걸을 것이라는 사실을 위안으로 삼아야 할 것이다. 그 사도들 중 일부는 정말 위안을 얻을지도 모른다. 겉으로 보이는 것을 믿을 수 있다면, 바로 증오가 대다수 혁명적 사회주의자들을 움직이는 1차적 원리이기 때문이다. 그들은 혼돈으로부터 더 나은 우주가 떠오를 것이라는 희망에, 그리고 이제 점진적 개선이라는 것에 더 이상 기대를 걸 수 없다는 인내의 한계 때문에 어떤 희생을 치르더라도(심지어 현재 체제로부터 고통을 받는 사람들의 희생마저도 불사하면서) 기존 체제를 끝장 내려 한다. 그들이 그렇게 해야 한을 풀 수 있을 것이기 때문에 현존하는 악에 대한 증오심은 그들 나름 정당성을 가진다고 할 수 있다. 그러나 그들은 혼란이 새로운 우주를 잉태하기에는 대단히 부적합한 환경이라는 사실을 모르고 있다. 혼란이 수습되더라도 오랜 세월에 걸쳐 갈등과 폭력, 그리고 강한 자가 약한 자를 폭압하는 사태가 이어질 수밖에 없다는 사실도 모르고 있다. 그들은 홉스가 《리바이어던Leviathan》 1부 13장에서 그토록 강력하게 묘사했던 자연 상태의 나락으로 인류를 빠뜨리고 말 것이라는 사실을 전혀 눈치채지 못하고 있다. 홉스는 그 책에서 자연 상태의 인간은 만인에 대한 만인의 투쟁을 벌이게 된다고 주장한다.

> "그런 조건에서는 어떤 열매를 맺을지 알 수 없기 때문에 산업이 설 자리가 없다. 따라서 땅을 경작하지 않게 되고, 바다를 항해하는 일도 없기 때문에 바다를 통해 상품을 수입하는 일도 없다. 널찍한 건물도 없고, 힘을 써서 물건들을 움직이기 위한 도구도 없고, 지구의 표면에 관한 지식도 없고, 시간을 잴 필요도 없고, 예술, 문학, 사회도 없다. 가장 나쁜 것은 공포 그리고 폭력에 의해 죽임을 당하는 위험이 계속된다는 점이다. 그러니 인간의 삶이 고독하고 가난하고, 끔찍하고, 야수 같고, 또 단명할 수밖에 없다."

만일 소위 문명사회의 가장 가난하고 가장 비참한 사람들이 문명이 사라진 최악의 야만 사회 사람들만큼이나 나쁜 환경 속에서 살고 있다면, 다른 모든 사람을 그처럼 비참한 상태로 똑같이 몰아넣는 것이 그들을 구원하는 길은 아닐 것이다. 반대로 그런 상태를 벗어난 첫 번째 사람의 도움으로 수많은 사람이 비참한 삶에서 빠져나올 수 있었듯이, 이제 조직을 잘 만들어서 그런 과정을 밟아야만 언젠가 나머지 사람들도 구원해낼 수 있을 것이라는 희망을 가질 수 있다.

5장 사유재산권은 절대적 권리가 아니다

지금까지의 논의에서 밝혀졌듯이, 사회주의가 주장하는 것처럼 사회구조를 완전히 바꾸는 것, 다시 말해 사회의 경제체제를 사유재산제도와 경쟁체제를 벗어나 완전히 새로운 기초 위에 세우는 것은, 하나의 이상으로서 아무리 가치 있는 것이라 하더라도 또는 궁극적으로 실현 가능하다고 하는 하나의 예언으로 받아들인다 하더라도, 현재와 같은 여건에서는 불가능한 일이다. 왜냐하면 그렇게 하기 위해서는 우선 새로운 사회 질서를 구축해나갈 사람들이 도덕적·지적 자질을 갖추어야 하는데, 거기에다 반드시 검증도 받아야 한다. 이것은 의회가 법을 하나 만드는 것으로 해결될 일이 아니다. 아무리 우호적으로 계산하더라도 오랜 시간이 걸릴 수밖에 없다. 나는 이 모든 것을 충분히 보여준 것 같다. 앞으로 상당 기간 개인재산제도는 유지될 것이다. 어느 나라에서건 민중 봉기 덕분에 혁명 정부의 권력을 장악한 사회주의자들이 아무리 사유재산권을 침범하더라도 그 제도 자체는 살아남을 것이다. 사회주의자들이 폐지하더라도 그들 자신이 다시 살리게 될 것이 분명하다. 사람들이 어떤 대안이 나와서 정착되기 전에는 현재 자기들의 생존을 보장해줄 유일한 수단이요 무기인 것을 잃으려 하지 않을 것이 명백하기 때문이다. 다른 사람의 소유를 빼앗아 같이 나누어 가졌던 사람(그런 사람이 있다고 치자)들도 일단 자기 손에 들어온 것을 놓치지 않으려 할 것이다. 그들은 과거 유산자들의 소유에 대해 취하던 태도와는 달리 이제 자기 것에 대해서는 그 신성한 권리를 주장할 것이다.

그러나 비록 이런 이유 때문에 사유재산제도가 상당 기간 존재한다고 하더라도, 그 기간 동안 재산제도에 어떤 변화도 있을 수 없다든가 지금 재산에 따라붙는다고 인정되는 모든 권리는 내재적인 것이고 그 제도가 존속하는 한 바뀌지 않을 것이라고 결론 내릴 수는 없다. 반대로 어떤 식으로든 현재 재산법이 대다수 사람들을 덜 고통스럽게 만들 모든 제안에 대해 공정한 판단을 내리는 것이 그 법을 통해 가장 직접적으로 이득을 보는 사람들의 의무이고 또 그들에게도 이익이 된다. 이것은 어느 모로 보나 정의의 명령이다. 나아가 여건도 마련되지 않은 상태에서 빈번하게 사회주의 형태의 사회를 수립하려 드는 섣부른 시도를 가로막는 현명한 선택이 될 수도 있다.

사람들이 자주 저지르는 잘못 중의 하나로, 인간의 실제 삶에서 발생하는 가장 심각한 실수들의 원천이 되는 것이 바로 같은 이름이 언제나 같은 생각을 뜻한다고 가정하는 것이다. 이 측면에서 본다면 재산이라는 말보다도 더 이런 오해를 불러일으킨 것도 없었다. 재산이라는 말은 모든 사회 상태에서 법이 부여하는 대로 또는 그 사회 상태에서 관습이 인정하는 대로, 물건(슬픈 일이지만, 때로 사람)에 대해 배타적으로 통제할 수 있는 최대 권력을 의미한다. 그러나 이런 배타적 사용 또는 통제 권력은 매우 다양하고 나라 그리고 사회 상태에 따라 매우 차이가 난다.

예를 들면, 초기 사회 상태에서는 재산권이 유산을 물려주는 권리는 포함하지 않았다. 유언으로 재산을 처분하는 권리는 유럽 대부분 나라에서 비교적 늦게 제도화되었다. 그 권리가 도입되고 나서도 오랫동안 그것은 출생에 따른 자연 상속인이라고 불리는 사람에게 한정되었다. 유산이 인정되지 않는 곳에서 각 개인의 재산은 그저 당사자의 일생 동안에만 유효한 권리다. 사실 메인[13]이 고대법에 관한 그의 훌륭한 책에서 아주 잘 설명했듯이, 원시 사회에서 재산은 개인이 아니라 가족의 소유였다. 가족의 우두머리가 재산을 관리했고 실제로 소유권을 행사했다. 다른 측면에서도 그랬지만, 그 사람은 이런 식으로 가족을 거의 전제 권력자처럼 통치했다. 그러나 다른 공동 소유자의 지분까지 마음대로 처분할 수 있을 정도는 아니었다. 그 사람의 지분에 대한 승계권은 존중해주어야 했다. 법 그리고 나라에 따라서는 관습에 의해 남자아이들의 동의가 있어야 재산 양도가 가능했다. 경우에 따라서 '돌아온 탕자'[14]의 이야기처럼 아이는 법에 의해 재산 분할과 자기 몫의 할당을 요구할 수 있었다. 가족의 우두머리가 죽은 후에도 그 집안이 여전히 존속된다면 식구 중 다른 사람(항상 우두머리의 아들이 아니라 자주 가족 중 제일 연장자, 가장 힘이 센 사람 또는 나머지에 의해 선출된 사람)이 그 자리와 관리권을 승계하고 그 밖의 모든 사람은 이전처럼 자기 몫을 유지한다. 반면에 집안이 여러 가족으로 흩어지면 이들 가족 각자가 재산의 자기 지분을 가져간다. 나는 지금 유산이 아니라 재산을 두고 말하고 있다. 왜냐하면 그 과정이라는 것이 새 권리를 창출하는 것이 아니고 단순히 기존 권리를 연장하는 것에 불과하기 때문이다. 과거 우두머리의 지분만이 집안으로 넘어간다.

따라서 부동산(과거 전근대 사회에서는 이것이 재산권의 중심이었다)에 대한 소유권은 그 범위나 기한이 매우 다양했다. 유대법에서는

13 Henry Maine, 1822~1888. 영국의 법학자.
14 《신약성서》〈누가복음〉 15장에 나오는 탕자의 비유. 젊어서 자기 몫의 재산을 가지고 집을 나갔다가 모든 것을 탕진한 후 집으로 돌아온다는 내용이다.

부동산에 대한 소유권을 단지 한시적으로만 인정해주었다. 물론 유대 국가의 실제 역사를 보면 이 규칙이 점차 사문화되었다고 추측할 수 있지만, 안식년에는 공동 소유가 되기 때문에 다른 사람들에게 나누어 주어야 했다. 유럽의 제도가 소개되기 전에는 아시아의 많은 국가에서 우리가 지금 이해하고 있는 것처럼 엄격한 의미의 토지 재산이라는 관념이 존재하지 않았다. 소유권은 여러 권세가에 의해 분할되고 있었는데, 법보다는 관습에 의해 결정되는 경우가 많았다. 무거운 임대료를 부과하던 정부가 그 한 축을 맡았다. 고대의 사상 그리고 고대법까지도 총생산에서 정부가 차지하는 몫을 일정 한도 안에서 제한했지만, 실질적으로 고정된 한도는 없었다. 정부는 자기 몫을 개인에게 양도할 수도 있었는데, 그럴 경우 그 사람은 징세권과 국가의 다른 모든 권리도 가졌지만 그 땅과 관련된 민간인에 대해서는 아무 권리도 없었다. 이런 사적 권리에는 여러 가지가 있었다. 실제 경작자나 그 땅에 오래 살던 사람은 계속 점유할 권리를 가졌다. 그들이 지대를 내는 한 내쫓는 것은 불법이었다. 그 지대는 일반적으로 상호 합의가 아니라 그 동네의 관습에 따라 결정되었다. 실제 경작자와 국가 또는 국가로부터 권리를 양도받은 사람 사이에는 다양한 한도의 권리를 가진 중재자가 있었다. 생산물 중에서 때로 광대한 지역의 국가의 몫을 징수하는 정부 관리가 있었는데, 자기가 징수한 것 가운데 일부를 공제한 다음 나머지를 전부 국가에 바쳐야 했지만, 그 자리가 때로 세습되기도 했다. 또 많은 경우에 마을의 첫 정주자 중에서 정평이 난 후손들로 구성된 마을 공동체가 있었는데, 그들은 직접 또는 대리인을 고용해서 경작하면서 관습에 의해 확립된 규칙에 따라 땅이나 그 산물을 그들끼리 나누어 가졌다. 땅에 대한 그들의 권리는 거의 영국의 토지 소유자 수준에 근접했다. 그러나 마을의 소유권은 개인이 아니라 집단의 것이었고, (개인적 지분은 공동체의 동의를 받아야만 팔거나 담보 대출을 받을 수 있었지만)

양도가 불가능했으며 일정한 규칙의 통제를 받았다. 중세 유럽에서는 거의 모든 토지가 군주의 재위 기간 동안 군사적·농업적 용도로 사용되었다. 영국에서는 오늘날 주권자의 통치권뿐만 아니라 모든 예비적 권리도 사문화되거나 과세 대상에서 제외된 지 오래다. 그런데도 법 이론적으로 그 어떤 개인도 토지 재산에 대해 절대적 권리를 주장할 수 없다. 그래서 법에 의해 토지 완전 소유가 인정된 자유보유권자도 군주의 '임차인'에 불과하다. 러시아에서는 토지 경작자가 지주의 농노였을 때도 그 지주의 토지 소유권은 자율 경영 공동체를 구성하는 농노들의 권리에 의해 제약을 받았다. 지주가 간섭할 수 없었다. 농노제가 폐지되거나 유명무실해진 유럽 대륙의 대부분 나라에서 농노로서 토지를 경작했던 사람들이 의무와 함께 소유권도 계속 가지고 있다. 프러시아의 슈타인[15]과 그의 후계자들은 위대한 토지개혁을 단행했는데, 권리와 의무 둘 다 폐지하고 지주와 소작농이 전체 토지에 대해 각각 제한된 권리만 가지는 것이 아니라 그들이 토지를 통째로 나누어 가지게 하는 것이 그 내용이었다. 한편 이탈리아의 토스카나공국 같은 경우에는 반타작 소작농이 실질적으로 지주와 함께 공동 소유주 노릇을 한다. 소작농이 임대에 관한 관례적 조건을 이행하기만 하면, 법은 아니지만 관습이 영구 토지소유권과 총생산물의 반을 가져가게 보장하기 때문이다.

거듭 말하지만, 동일한 것에 대한 재산권의 범위가 나라에 따라 다르다면, 다른 것에 대해 행사하는 권리도 다를 것이다. 과거에는 모든 나라가, 그리고 지금도 일부에서는 여전히 재산에 대한 권리가 확대되고 확대되어서 인간에 대한 소유로까지 이어지고 있다. 법원처럼 대중의 신뢰를 받는 곳에서는 가끔 소유지가 있었다. 혁명 전 프랑스에서는 그

15 Baron vom Stein, 1757~1831. 프러시아의 개혁 정치인.

런 것이 무수히 많았다. 영국에는 아직 몇몇 특허국이 있는데, 내가 볼 때 현재 소유자가 죽고 나면 법에 의해 없어질 것이다. 영국에서는 이제야 비로소 군대계급의 소유지를 없애기 시작했다. 공공 목적을 위해 설립되고 지원을 받는 공적 기구가 마치 개인처럼 여전히 자신의 토지에 대한 불가침 재산권을 주장하고 있다. 건전한 정치적 도덕은 그런 주장을 받아들이지 않지만 법은 그것을 뒷받침하고 있다. 그러므로 재산권이 상황에 따라 서로 다르게 이해되고 시간과 장소에 따라 그 인정되는 범위가 다르다는 것을 알아야 한다. 그리고 재산권에 대한 생각도 여러 갈래로 갈라지고 있다. 그동안 숱하게 바뀌어왔고, 앞으로 더 많이 변화할 것이다. 또 하나 중요한 사실은 사회의 진보에 발맞춰 그렇게 지금까지 일어난 변화는 대체적으로 발전적인 것이었다는 점이다.

그러므로 맞든 틀리든, 법적으로 소유자라고 인정된 사람들이 자신의 소유물에 행사하는 권력에 약간 변화를 주거나 조정하는 것은 사회에 유익하고 일반적인 개선에 도움이 된다고 할 수 있다면, 그런 변화를 위한 제안이 재산 관념과 충돌한다고 막무가내로 저항할 것만은 아니다. 재산 관념은 역사를 통틀어서 전혀 변할 수 없는 어떤 고정적인 것은 아니다. 그것은 인간 정신이 창조해낸 다른 모든 것과 마찬가지로 가변적이다. 그것은 그저 어느 특정 시간, 어느 특정 사회에서 법 또는 관습이 준 물건에 대한 권리를 뜻하는 일시적 표현일 뿐이다. 그러나 특정 시간과 장소의 법과 관습이 그 무엇에 대해서도 영원히 변하지 않을 권리를 줄 수는 없다. 따라서 법이나 관습을 개혁하려고 하는 제안에 대해 반드시 반대할 이유는 없다. 왜냐하면 그런 적응은 모든 인간사가 기존 재산 관념에 적응하는 것이 아니라 거꾸로 후자가 전자의 발전과 개선에 적응하는 것을 의미하기 때문이다. 나는 이런 주장을 하면서 재산 소유주가 일방적으로 손해를 보는 것을 원하지 않는다. 누구든지 공공의 이익을 위해 자신의 법적 소유권을 포기할 경우

국가로부터 그에 맞는 정당한 보상을 받아야 한다고 생각하기 때문이다. 그들의 정당한 요구, 그 근거와 한계는 그 자체가 중요한 문제로서 앞으로 좀 더 길게 논의해보아야 할 것이다. 이런 전제에서, 사회는 충분한 검토 끝에 공익에 방해가 된다고 판단되는 특정 재산권에 대해서는 그 어느 것이든 폐지하거나 변경할 완전한 권리를 가진다고 볼 수 있다. 우리가 앞에서 보았듯이 자칫 사회주의자들이 현재 사회의 경제 질서를 뒤엎을 수 있다. 이런 끔찍한 경우가 일어나지 않도록 우리는 모든 수단을 충분히 검토해보아야 한다. 그 핵심은 현재 상황에서 사회가 주는 직접적 혜택을 거의 누리지 못하고 있는 많은 사람에게 더 많은 혜택을 주는 방향으로 제도를 변화시키는 것이다.

해제

'자유사회주의'에 대한 소망*

밀의 유토피아

존 스튜어트 밀 하면 '자유'가 떠오른다. 개인의 자유를 소중하게 여기는 사람이라면 사적 소유와 자유경쟁에 바탕을 둔 자본주의 경제 체제를 선호하는 것이 자연스럽다. 밀도 자본주의 특유의 장점을 높이 평가했다. 그런 그가 《자서전》에서 결이 다른 이야기를 했다. '공동 소유'에 바탕을 둔 이상 사회를 꿈꾸었기 때문이다.

> "노동 생산물의 분배가 지금처럼 출생이라고 하는 우연한 조건이 아니라 누구나 인정하는 정의의 원칙에 의해 행해지는 사회, 인류가 자기 자신만의 이익이 아니라 사회와 전체 이익을 위해 분투하는 것이 가능한 사회를 기대한다. 미래 사회의 문제는 어떻게 하면 개인 활동의 자유를 최대한 보장하면서 지구상의 원

* 이 문제에 관한 보다 자세한 내용은 《자유의 본질과 유토피아: 존 스튜어트 밀의 정치사상》(서병훈, 나남, 1995) 3~4부 참조.

료를 공동 소유에 두고, 그리고 합동 노동으로 생기는 이익에 만인이 평등하게 참여하게 하는가 하는 것이다."

밀은 눈이 밝은 사람이다. 자유주의자이면서도 사회주의에 관심을 기울였다. 사회주의의 윤리적 지향점에 박수를 보냈다. 다만 밀은 자유와 화합할 수 있는 사회주의, 즉 자유사회주의liberal socialism를 추구했다.《사회주의론》은 이런 각도에서 읽어야 한다.

자본주의의 치명적 단점

밀은 자본주의체제가 경쟁을 부추기고 이윤 동기를 자극할 수 있어 생산성을 올리는 데 유리하다는 사실을 잘 알고 있었다. 그래서 그는 자본주의 사회가 곧 붕괴하고 말 것이라는 당시 사회주의자들의 주장에 동의하지 않았다. 그러나 그 체제는 '사람이 살 곳'이 못 된다. 인간다운 삶을 위해 없어서는 안 될 '크고 중요한 것'을 결여하고 있기 때문이다. 무엇이 문제일까.

밀은 "남보다 앞서기 위해 남을 차고 밀치고 쥐어박으려 드는" 자본주의의 본질을 좋아할 수 없었다. 놀고먹는 사람과 노동자 두 계급으로 나누어진 사회, 어떤 사람은 나면서부터 부유하고, 압도적 다수는 나면서부터 가난한 사회, 이런 자본주의의 모습에 그가 분노한다는 것은 너무나 당연한 이야기다. 밀은 자본주의의 토대가 되는 사유재산제도를 인정할 수 없었다. 그의 생각에 인간 사회의 그 어떤 제도도 인간의 발전과 공공의 이익이라는 대의보다 우선할 수 없다. 밀은 아무런 필연성이나 정당성을 갖추지 못한 현존 재산제도를 근원적으로 고쳐 나가야 한다고 역설했다.

그러나 밀이 단순히 '지엽적이고 기능적'인 이유에서 자본주의를 싫어했던 것은 아니다. 그에게는 보다 큰 이유가 있었다. 그는 자본주의 경제 질서의 중심축인 임금노동제를 통해서는 인간의 자기 발전이 원천적으로 불가능하다고 생각했다.

밀이 볼 때, 자본주의체제에서는 사람들이 노동하면서 즐거움을 느낄 수 없다. 밀은 노동에다 특별한 의미를 부여했다. 노동은 단순히 생존을 유지하기 위한 수단이 아니다. 일하는 사람의 자아를 현실에다 투영하는 것이 바로 노동 행위다. 따라서 노동이란 삶의 보람이요, 즐거움 그 자체다. 밀이 '일하는 것이 바로 쉬는 것'이라고 노래한 이유도 바로 여기에 있다. 그러므로 노동이란 인간의 행복, 또는 자기 발전과 바로 직결되는 소중한 개념이다.

그러나 임금노동을 사고파는 자본주의 메커니즘 아래서는 그 누구도 그런 성취감을 누리기 어렵다. 첫째, 노동자들은 자신의 작업 활동에 별다른 흥미를 느끼지 못한다. 돈을 벌기 위해 자신의 의지나 취향과 무관하게 일해야 하는 상황에서 재미를 느낄 수 없다. 이런 노동은 고역이다. '곧 어두워지니 쉬지 말고 일하자'라고 말할 처지가 못 된다.

둘째, 이렇게 되면 노동자가 자신의 창의력을 발휘할 길이 없다. 어떠한 지적 요소도 투입할 수가 없다. 자신의 의사를 반영할 기회도 없다. 책임감을 못 느끼는 노동에 애착이 있을 수가 없다. 밀은 임금노동을 인간의 발전을 가로막는 암세포와도 같다고 생각했다.

이런 체제 속에서 노동의 생산성이 떨어지는 것도 당연한 일이다. 임금노동자들이 자기가 일한 만큼 열매를 거두지 못하기 때문에 노동에 신명을 낼 수가 없다. 그래서 밀은 노동자의 나태, 생산성의 저조라는 부정적 현상이 나나타는 것이 불가피하다고 보았다. 고용주는 고용주대로 행복할 수 없다. 노동자들에 대한 불만과 불신이 가득하다. 그들의 인간다운 삶에 관심이 없다. 서로 얼굴을 맞대는 것도 고역이다. 밀은 이런 이유에서 자본주의에 대한 기대를 접었다.

그러면 해결책은 무엇인가? 어떻게 해야 인간이 자신의 노동에 대해 정당한 자존심을 인정받을 수 있을까?

생산자협동조합 공동체

밀이 1845년에 쓴 〈노동자의 요구The Claims of Labour〉는 노동자가 단순히 임금노동자의 상태에 머물지 않고 타인과 협력해 자기 노동의 주체가 되는 삶을 꾸려가는 것을 그렸다. 그는 자신이 소망하는 유토피아를 다음과 같이 소개한다.

> "언제가 될지 확실히 모르지만, 노동하는 사람과 그 노동을 받아 먹고사는 사람의 간격을 메우는 것이 우리의 가장 소중한 희망이다. 이것은 결국 노동자가 생산 자체에 아무런 애착을 갖지 못한 채 그저 돈에 팔려온 생산도구나 다름없는 신세를 벗어나, 생산 과정에서 동업자의 위치에 올라갈 수 있어야 한다는 것을 뜻한다."

밀은 이런 생각에서 노동자와 자본가 사이의 깊은 골을 확실히, 그리고 완전히 치유할 현실적 대안을 모색한다. 그는 공산주의를 통렬하게 비판했다. '극단적, 혁명적, 대륙 사회주의'가 표방하는 절대적 평등론의 무모함과 비현실성을 날카롭게 지적했다. 밀이 공산주의를 받아들일 수 없었던 보다 결정적인 이유는, 그 체제가 개인의 자율성을 총체적으로 부인한다고 생각했기 때문이다. 자유가 없는 유토피아는 그에게 지옥과 다름없었다.

밀은 '보다 사려 깊고 철학적인 사회주의자들'을 주목했다. 특히 푸리에Charles Fourier(1772~1837)의 구상을 높이 샀다. 푸리에주의는 2000명에서 4000명 정도의 소규모 생산자협동조합 공동체 운동을 제창했다. 밀은 "푸리에주의 같은 발전된 사상은 공산주의가 보여주는 약점이 전혀 없다"면서 칭찬했다.

밀 자신도 푸리에를 따라 생산자협동조합 공동체 운동을 제창했다. 그는 몇몇 실험적 조합운동이 소기의 성과를 거두면 자본가들도 동참하게 될 것이라고 기대했다. 조합운동이 대중을, 그리고 궁극적으로는 사회 전체를 거듭나게 해줄 것이라고 단언했다.

그러나 그의 '호언'과는 달리 조합운동은 실패를 거듭했다. 자본가들의 무차별 공세 앞에서 다수의 생산조합이 파산을 피하지 못했다. 모범적으로 운영되던 일부 생산조합도 시간이 지남에 따라 원래의 이념을 저버리며 변질되어갔다. 그가 큰 관심을 기울였던 조합들이 임금노동자를 고용하면서 주식회사 형태로 '타락'한 일은 그에게 큰 충격을 주었다. 밀은 사람이 바뀌지 않고는 사회의 본질적인 변화를 기약할 수 없다는 점을 재확인하게 된다.

'수정된 사회주의'

밀은 《자서전》에서 자신을 사회주의자라 불렀다. 민주주의에 큰 기대를 걸었던 젊은 시절의 밀은 "민주주의자였고, 결코 사회주의자는 아니었다". 그러나 '대중의 무지, 특히 그들의 이기주의와 야수성'을 개선하리라 기대했던 교육에 대한 실망이 커지면서 밀은 '훨씬 덜 민주주의자'가 되었다. 그 결과 궁극적인 사회 개선에 대한 그의 희망은 민주주의를 훨씬 초월하면서 그 자신을 '사회주의자란 일반 명칭 아래 결정적으로 분류'하기에 이르렀다. '인류에 대한 궁극적 전망에서 하나의 수정된 사회주의에 더욱 접근'하게 된 것이다.

여기서 '수정된 사회주의'라는 표현에 주목해야 한다. 밀은 민주주의의 틀 속에서 점진적이고 온건한 방향으로 자본주의체제를 변화시켜나가는 '자유사회주의'를 추구했다. 그의 문제의식은 19세기 후반 영국의 지식인들을 중심으로 '사회적 자유주의'로 계승되었고 노동당의 이념적 기초가 되었다. 오늘날 유럽 사회에서 보편적 가치로 인정받는 사회민주주의도 밀의 자유사회주의와 그 뿌리가 맞닿아 있다. 자본주의를 수긍할 수 없다면 밀의《사회주의론》을 읽는 것이 마땅하다.

《사회주의론》은 살아 있는 고전

1867년 영국에서 선거법이 개정되면서 노동자들이 대거 투표권을 가지게 되었다. 밀은 이들의 정치적 영향력이 증대되면 정치체제를 얼마든지 바꿀 수 있을 것으로 생각했다. 그래서 그런 날이 오기 전에 사회주의자들의 주장을 그 뿌리부터 검토해야 할 필요성을 절감했다. 터무니없다거나 실현 가능성이 없다고 미리 편견을 갖지 말고 최대한 공평하게 조사해서 무엇이든 옳은 것은 채택하고 옳지 않은 것은 거부해야 한다고 믿었다. 누가 그런 일을 할 수 있을까. '추상적인 정의와 사회 전체의 일반 이익' 외에 다른 어떤 것에도 관심이 없는 사람, 특히 유산자와 무산자 사이에서 절대적으로 공평한 사람이 나서야 한다. 밀은 이런 생각으로《사회주의론》을 쓰기 시작했다.

밀은 이 책에서 사회주의자들이 기성 제도에 가하는 비판을 자세히 살펴본 다음 그 가운데 현실성이 떨어지는 부분을 날카롭게 지적한다. 그는 사회주의자들의 희망과는 달리, 사유재산제도와 경쟁체제를 벗어나 사회구조를 완전히 바꾸는 것은 당시 여건에서 불가능한 일이라고 못 박았다. 새로운 사회 질서를 만들어나가기에는 사람들의 도덕적·지적 자질이 충분히 성장하지 못했다고 생각했기 때문이다. 그런 일은 법을 몇 개 제정한다고 될 일이 아니라서 시간이 오래 걸릴 수밖에 없다는 것이다.

그러면 그냥 손을 놓고 있어야 하는가? 밀은 기존 체제를 서서히 바꾸어나가는 것, 특히 생산자협동조합 운동을 현실적 대안으로 제시했다.《사회주의론》에서는 '사유재산권은 절대적 권리가 아니다'라는 전제에서 소유권 개혁에 초점을 맞추고 있다. 그 핵심은 현재 상황에서 불리한 처지에 놓인 사람들에게 더 많은 혜택을 주는 방향으로 제도를 변화시키는 것이다. 밀은 이것이 유산자들의 의무이고, 또 그들에게도 이익이 된다고 강조한다. 이것은 어느 모로 보나 '정의의 명령'이라고 역설한다. 나아가 사회주의자들의 섣부른 시도를 가로막는 현명한 선택이 될 수 있다고 주장한다. 밀은 이런 논의 끝에 "사회는 충분한 검토 끝에 공익에 방해가 된다고 판단되는 특정 재산권에 대해서는 그 어느 것이든 폐지하거나 변경시킬 완전한 권리를 가진다"고 결론짓는다.

《사회주의론》은 밀이 세상을 떠난 지 6년 뒤인 1879년에 출간되었다. 그 후 세월이 많이 흘렀지만 밀의 고민은 조금도 해결되지 않았다. 상황은 오히려 더 나빠졌다. 인공지능 등 새로운 기술의 개발은 인간 노동의 가치에 대해 근원적으로 되돌아보게 한다. 세상이 바뀐다고 밀의 유토피아가 폐기되어야 할까? 그런 삶이 우리에게 어떤 의미를 지닐 수 있을까.《사회주의론》은 새삼 우리의 현실을 되돌아보게 한다.

보론 _ 밀과 마르크스

밀과 마르크스는 같은 시대 런던에서 함께 살았다. 그러나 두 사상가 사이에 교환交歡이 별로 없었다. 물론 서로의 존재를 모르지는 않았다. 밀은 마르크스가 자신의 민주주의관觀과 비슷한 시각을 피력한 데 대해 긍정적으로 평가한 적이 있다. 마르크스는 밀의 저술도 몇 권 읽었다. 마르크스는 밀이 불가능한 것을 꿈꾸는 '잡탕식 절충주의' 경제 이론가라고 혹평했다.

흔히 밀과 마르크스의 사상은 하늘과 땅만큼이나 다른 것으로 생각된다. 많은 면에서 이것은 사실이다. 그런데 두 사람의 사상에서 일정한 유사성이 발견된다. 이를테면 밀이 그런 이상적인 삶의 형태가 마르크스의 소외되지 않은 미래의 삶 그것과 많은 부분에서 중복된다. 그리고 자본주의가 인간 발전의 전제로서의 자유를 억압한다고 보았다는 점에도 두 사람은 일치한다.

특히 노동이 인간 삶의 본질적인 가치를 담고 있다고 본 점에서 밀의 사상은 마르크스와 매우 근접해 있다. 마르크스는 인간의 자기실현을 이상으로 삼았다. 즉 개인의 능력과 소질을 최대한 자유롭게 구현actualization하고 객관화externalization하는 것이 인간의 목표라는 것이다. 이런 의미에서 노동이란 인간의 삶 그 자체다. 자신이 선택한 노동 활동을 통해서 자신의 능력과 소질을 유감없이 발휘할 수 있을 때 인간의 개별성은 만발하고, 따라서 진정한 자유를 만끽할 수 있다는 것이다. '일하는 것이 즐거움'이라고 노래한 밀을 연상시키는 대목이다.

그러나 두 사람이 서 있는 전반적 세계관이나 사회학적 분석틀을 보지 않고, 그들이 사용한 용어나 개념에만 주목하면 정도 이상으로 유사성을 과장할 개연성이 있다. 겉으로 드러난 용어의 유사성보다는 기존 사회제도나 규범을 분석하는 기준, 대체 사회의 조건이나 특성에 대한 소견 등을 더 주시해야 하기 때문이다.

밀은 마르크스와는 달리 사회가 총체성totality을 띠고 있다고 보지 않았다. 그는 사회를 움직이는 보다 본질적인 힘이 사상과 이성적 판단이라고 생각했기 때문에 개인의 자유로운 선택을 중요한 요소로 여겼다. 사회를 움직이는 힘은 도덕과 지성이다. 그러므로 사람이 어떻게 생각하는가에 따라 그의 행동이 결정된다. 밀은 생산과는 달리 분배가 사람에 의해 선택된다는 등의 예를 들면서, 사람이 사회제도를 결정한다고 믿었다. 마르크스의 '유물결정론'과 선명하게 대비된다.

밀의 주장 속에는 모순되고 상반되는 듯한 내용이 혼재되어 있다. 그는 사회주의를 궁극적 이상으로 삼으면서도 경쟁의 필요성을 끝까지 주장했다. 국가의 개입을 반대하면서도 사회의 입장에서 그 필요성을 인정하기도 했다. 이러한 비일관성 때문에 그에게는 '우유부단한 회색분자' 따위의 명예스럽지 못한 지칭어가 따라붙는다. 마르크스가 '가능하지도 않은 일을 꿈꾼다'며 공격할 법도 한 것이다.

그러나 밀이 자본주의와 사회주의의 한계를 모두 직시한 사람이었다는 점을 잊어서는 안 된다. 동시에 그가 인간 사회의 발전에 필요한 요소가 자본주의와 사회주의 양 체제에 골고루 내포되어 있음을 간과할 수 없었던 것도 기억해야 한다. 그는 열린 눈을 가진 사람이었다. 어느 한쪽 이데올로기에 빠져 일도양단一刀兩斷식의 논리를 개진한다는 것은 그의 철학과 맞지 않았다. 음미할수록 그 깊이가 더해지는 것이 밀의 절충주의라고 하지 않을 수 없다.

여성의 종속

The Subjection of Women

1장 역사의 순리

이 글에서 나는 그동안 지녀왔던 한 가지 소신을 할 수 있는 한 분명하게 설명하려 한다. 이 소신은 사회나 정치 문제를 놓고 어떤 식으로든 내 나름대로 입장을 세운 첫 순간부터 간직해온 것으로, 세월이 흘러 생각이 깊어지고 경험이 넓어지면서 점점 더 단단해졌다.[1] 남성과 여성을 둘러싼 오늘날의 사회적 관계(다시 말해 한쪽이 다른 한쪽에 법적으로 종속된 상태)를 만들어낸 원리는 그 자체가 잘못된 것이고, 인간 사회의 발전을 가로막는 중대한 장애물 중 하나다. 이것은 완전 평등의 원리로 대체되어야 마땅하다. 어느 한쪽에 권력이나 특권을 주면서 그 반대편의 권리를 박탈하는 일이 다시는 없어야 한다.

1 밀이 그의 부인 해리엇 테일러의 영향을 받아 《여성의 종속》을 썼다고 생각하는 사람이 많다. 또 이 책이 과거 해리엇이 쓴 논문 〈여성의 참정권The Enfranchisement of Women〉을 바탕으로 한 것이라고 주장하는 사람도 있다. 그러나 밀은 이를 완강히 부인한다. 늘 부인을 앞세우는 밀이지만 이 점에 대해서는 그의 입장이 분명하다. 해리엇을 만나기 전에 이미 그런 생각의 얼개를 갖추었다는 것이다. 밀은 이 책의 초고를 오래전 아비뇽 집에서 쓴 뒤 가끔 꺼내 손보다가 세상에 가장 유익하겠다 싶은 시점을 골라 출판했다.

내가 맡은 이 일을 설명하는 데 어떤 말들이 필요한지 살펴보기만 해도, 이 싸움이 얼마나 힘든지 단번에 알 수 있다. 그러나 내가 간직해 온 확신의 논리적인 근거가 불충분하거나 불명확하기 때문에 이와 같은 어려움이 생기는 것은 아니다. 정말 힘든 일은 지금 제기하는 문제에 대해 많은 사람이 품고 있는 그릇된 감정과 맞서 싸우는 것이다. 어떤 주장이 사람들의 감정 속에 깊숙하게 뿌리를 내리고 있는 한, 비판이 제기되면 될수록 완강하게 버티는 힘 역시 더 커지는 법이다. 만일 토론을 통해 사람들의 입장이 결정된다면, 토론을 거쳐 잘못이 증명된 주장은 힘을 잃을 것이다. 그러나 순전히 감정에 바탕을 둔 주장의 경우는 사정이 다르다. 그런 주장을 따르는 사람들은 설령 토론을 통해 문제점이 지적된다 하더라도, 자신들끼리 감정적 유대를 강화시키면서 끝내는 토론의 힘이 미치지 못하는 곳을 찾아 안주하려 든다. 이들은 그런 감정이 시들지 않는 한 자신들의 취약한 논리를 메워줄 새로운 근거를 끊임없이 찾는다. 수많은 사람이 다양한 이유와 명분을 내세워 이런 감정을 시대에 뒤떨어진 제도와 관습을 지탱하고 보호하는 모든 것 중에서도 가장 강렬하고 뿌리 깊게 만들고 있다. 그러니 현대의 위대한 정신적·사회적 진보의 물결 앞에서도, 그런 감정이 끈질기게 살아남은 현실에 놀라서는 안 된다. 또한 어떤 야만적인 습속이 현재까지 오랜 세월 이어왔다고 해서, 그것이 앞서 털어버린 다른 야만적인 것들보다 한결 참을 만하다고 상정해서도 안 된다.

대다수 사람이 보편적으로 공유하는 생각을 공격하고 그와 상반되는 주장을 편다는 것은 상당히 어려운 일이다. 예외적으로 탁월한 능력을 지녔고 거기에다 특별한 행운까지 더해지면 모르겠지만, 그렇지 않다면 사람들의 관심을 끄는 것조차 힘들다. 다른 사람들은 쉽사리 평결을 받지만, 이들은 대단히 힘든 과정을 거쳐야 겨우 재판을 받을 수 있다. 세론世論을 거스르는 사람은 어렵게 자신의 주장을 펼칠 기회를 갖더라도, 보통 사람들과는 전혀 다른 차원의 논리적 검증 절차를 거치지 않으면 안 된다. 일반적으로 이런저런 주장을 펴는 사람은 그것이 옳다는 것을 자신이 증명해야 한다. 만일 어떤 사람이 살인 혐의를 받을 경우, 그 사람이 자신의 결백을 증명해야 할 필요가 없다. 그 혐의를 주장하는 사람 쪽에서 증거를 대야 한다. '트로이의 함락'처럼 일반 사람들이 그다지 관심을 갖지 않는 역사적 사건의 실체를 둘러싸고 의견이 분분할 때, 그 사건이 실제로 벌어졌다고 주장하는 쪽에서 먼저 증명해야 하는 것이다. 반대편 사람들도 의견을 내야겠지만, 그것은 그다음 일이다. 그리고 그들이 해야 할 일이라는 것도, 그런 역사적 사건의 실체를 주장하는 사람들이 내세우는 증거가 그다지 의미가 없다는 점만 증명하는 것으로 충분하다. 같은 맥락에서 우리의 현실 문제로 돌아오면, 자유를 반대하는 사람(어떤 형태로든 자유를 제약하거나 금지하려는 사람, 즉 인간 행동의 일반적인 자유에 대해 이런저런 제한을 가하려 하고, 어떤 한 개인 또는 어떤 집단의 권리를 편파적으로 박탈하거나 침해하는 사람) 쪽에서 자신의 주장이 옳다는 것을 증명해야만 한다. 우리는 자유를 존중하고 공평무사를 추구해야 한다는 것을 선험적으로 알고 있다. 따라서 공공의 이익을 위해 필요한 경우가 아니라면 어떤 제약도 용납될 수 없다. 정의나 정책적 필요라는 적극적 고려 때문에 상이하게 취급해야 하는 경우가 아니라면, 법은 차별 대우를 해서는 안 되고 모든 사람을 똑같이 대해야 한다. 그러나 지금부터 내가 주장하고자 하는 것에는 이런 증명 책임의 면제라는 혜택이 적용되지 않는다. 남성은 명령하고 여성은 복종해야 할 의무가 있다든가, 남성은 지배에 적합한 데 비해 여성은 그렇지 못하다고 강변하는 사람들을 향해, 그들이 문제를 제기하는 쪽이니 그들의 입장이 옳다는 것을 구체적으로 증명해야 하고 그렇지 못하면 그것을 철회해야 한다고 말하더라도 소용없기 때문이다. 그리고 여성이 자유를 반대하고 편견에 빠져 있다는 등의 무례하고 왜곡된 인식에 깊이 사로잡힌 나머지, 남성이 당연히 향유하는 자유나 권리를 여성에게는 결코 허용하지 않으려 하는 사람들에게 그와 같은 생각의 근거를 분명하게 댈 것을 요구하면서, 만일 조금이라도 미심쩍은 부분이 있으면 그들의 생각을 잘못된 것으로 간주하겠다고 말하는 것 역시 아무 소용없다. 다른 경우에는 그렇게 요구하는 것이 당연하지만, 이 문제에 관한 한 그렇지 못하다. 그런 사람들의 마음을 움직일 만한 말을 미처 하기도 전에, 나는 다른 입장에 선 사람들이 지금까지 줄곧 이야기해온 모든 문제에 답을 해야 할 뿐만 아니라, 그들이 새로 제기할 수 있는 쟁점에 대해서도 온갖 상상력을 동원해서(내가 대답할 수 있는 것은 물론이고, 그렇지 못한 것에 대해서도 이성적인 추론을 해가며) 철저하게 대비하지 않으면 안 되기 때문이다. 그런 주장을 빈틈없이 공박하는 한편, 나의 생각이 옳다는 것을 확고하게 증명해줄 결정적인 논거를 찾아야 하는 것이다. 앞에 열거한 모든 일을 제대로 해내고, 상대방에게 어려운 질문 공세를 퍼부으며 그들이 제기하는 문제를 모조리 논파한다고 하더라도, 상황을 바꾸기에는 여전히 역부족일 것이다. 한편으로는 대다수 사람의 관례가, 그리고 다른 한편으로는 일반 대중의 압도적인 정서가 여성에 대한 그런 부정적 편견을 부추기고 있기 때문이다. 이런 부정적인 편견의 힘은 워낙 세서, 높은 수준의 지성인이라면 모를까 웬만한 사람에게는 아무리 이성에 호소해봤자 별 효과가 없다.

그러나 그런 사람들에 대한 불만 때문에 이런 어려움을 이야기하는 것은 아니다. 무엇보다도 그렇게 해봤자 아무런 소용이 없다. 사람들이 지닌 편견 그리고 일상생활 속의 적대감과 맞서 싸워야 하는데, 이것이 결코 쉽지 않음을 잘 알기 때문이다. 사실 대다수 사람이 스스로의 판단에 따라 세상일을 처리할 수 있으려면 먼저 그들의 이해 수준이 현재보다 훨씬 더 높아져야 한다. 그래서 논리적으로 반박하기 어려운 주장에 처음 맞닥뜨릴 경우, 그들이 태어나서 지금까지 익숙해져 있는, 그리고 기존 사회질서의 큰 줄기가 되는 실천 원리를 포기할 수 있을 정도가 되어야 한다. 그러나 이렇게 되기가 그리 쉽지 않으므로 나는 그들이 이성적 토론에는 별 관심이 없고 관습과 시류만 너무 따른다고 따지고 싶지는 않다. 19세기는 몇몇 중요한 측면에서 18세기와 다른 길을 걷고 있다. 그중에서도 아주 특징적인 것이 바로 이성적 요소에 흔들리지 않는 믿음을 주었다고 생각되는 18세기와 달리, 인간 본성의 비이성적 요소를 아주 높이 평가하고 있다는 점이다. 이성을 떠받드는 대신 본능을 숭배하게 된 것이다. 그러면서 우리에게서 발견되는 것 중 합리적으로 설명하기 어려운 것을 모두 본능이라고 부른다. 비이성적인 것에 대한 이런 맹목적인 믿음은 이성을 따르는 것과는 비교할 수 없을 정도로 저급할 뿐 아니라, 오늘날 기세를 떨치고 있는 온갖 거짓 신앙 중에서도 가장 질이 나쁜 것이다. 이런 엉터리 믿음을 지탱해주는 것 가운데 무엇보다 중요한 것이 바로 거짓 신앙이다. 이와 같은 현상은 제대로 된 심리학이 나와서 자연의 뜻과 신의 명령에 담긴 근본적인 뜻을 소상히 밝힐 수 있기 전까지는 쉽게 불식되지 않을 것이다. 나는 이 글을 쓰면서, 현 시대가 빚어내는 편견과 그에 따르는 불리한 환경을 기꺼이 감수할 생각이다. 내가 기존 관습과 사람들의 일반적인 감정이 때때로 비합리적인 다른 원인 때문에 생겨났고, 인간 본성 가운데 더 나은 것보다는 오히려 열등한 것에서 그 힘을 얻었음을 분명하게 보여주지 못하는 한, 그런 관습과 감정은 나에게 호의적이지 못한 방향으로 작용하고 말 것이다. 나는 이 점을 잘 안다. 또 내가 나를 평가하는 사람들이 타당하지 못한 생각에 사로잡혀 있음을 증명하지 못하는 한, 그들의 평가는 나에게 적대적인 방향으로 흘러갈 것이다. 나는 이것도 담담하게 받아들일 각오가 되어 있다. 그러나 이런 양보 때문에 내가 받을 타격은 생각보다 그리 크지 않다. 이제부터 이것을 증명해 보일 텐데, 이런 일이야말로 지금까지 내가 한 일 중에서 가장 손쉬운 것이다.

사람들은 어떤 제도를 처음 만들 때 그것이 무엇인가 바람직한 결과를 낳을 것이라는(아니면 적어도 과거 한때 그랬다는) 강한 기대감을 품게 된다. 그래서 그런 목표를 달성하는 데 가장 도움이 되는 과거의 경험을 빌려 특정 제도를 채택하고 유지한다. 만일 사회적 지배 관계를 규정하는 다양한 방법들을 양심적으로 진지하게 비교한 끝에 남성이 여성을 지배하는 제도가 처음 만들어졌다면 지금보다 조금은 나아졌을지도 모른다. 다시 말해, 여성이 남성을 지배하거나 남성과 여성이 평등한 지위를 누리는 제도 또는 이런 여러 제도가 혼합되고 상황에 따라 각각 상이한 조직 원리가 적용되는 등 지금과는 다른 사회적 조직 양상을 골고루 시험해본 뒤, 그런 경험에 따라 여성이 사회 문제에 대해 아무런 발언권도 가지지 못한 채 그저 하나의 사적인 존재로서 자신의 운명을 좌우하는 남성에게 법적으로 복종할 의무를 지는 것, 한마디로 전적으로 남성의 지배를 받는 것이 양쪽 모두의 행복과 안전을 보장하는 최선의 길이라는 판단에서 그런 제도가 생겼다면 그 당시에는 그것이 최선의 선택이었다고 믿을 만한 근거가 어느 정도는 있는 셈이다. 비록 시간이 흐르면서 인류 최초의 대단히 중요한 다른 많은 사회제도와 마찬가지로, 그런 제도를 처음 등장하게 만들었던 요인들이 사라졌다 하더라도 말이다. 그러나 남성이 여성을 지배하는 제도의 경우는, 어느 모로 보나 정반대의 과정을 거쳐 만들어졌다. 우선 첫째로 약한 쪽을 강한 쪽에 완전히 복속시키는 현재의 이 제도가 더 좋은 것이라고 우기는 사람들은 단지 이론에 입각해서 그런 주장을 펴고 있을 뿐, 다른 양상은 전혀 시험해보지 않았다. 그들이 볼 때 경험이라는 것은 이론에 비해 천박한 것에 지나지 않기 때문에 굳이 경험을 살릴 이유가 없었다. 둘째, 그렇다고 이런 불평등한 제도가 심사숙고의 결과이거나 신중한 혜안의 산물은 아니었고, 사회 사상을 고양하거나 인류에게 도움을 준다든지 아니면 사회질서를 바로잡는 데 조금이라도 유익한 역할을 하는 것도 아니었다. 그저 인류 역사의 여명기부터 (남성에 비해 육체적인 힘이 부족한 데다 남성이 기대하는 것들을 만족시키려고 애쓰다 보니) 모든 여성이 일부 남성들에 종속되는 상태에 빠지게 되었을 뿐이다. 법과 정치체제는 언제나 개인들 사이에 이미 존재하는 관계를 인정하면서 태동한다. 다시 말해, 법과 정치체제는 단순히 물리적 사실에 불과했던 것을 법적 권리로 전환시키면서 사회적 구속력을 부여하고, 이런 권리들을 주장하고 보호해주는 공적·조직적 수단을 확립함으로써 무질서하고 무법한 상태에서 벌어지는 난폭한 충돌을 방지하는 것을 1차적 목표로 한다. 이미 복종을 강요당했던 사람들은 이런 과정을 통해 합법적으로 지배당한다. 과거에는 노예제가 주인과 노예의 힘의 차이로 인해 생기는 현상에 불과했지만, 이제는 사회적 규제를 받는, 주인들끼리 계약을 통해 처리해야 하는 문제로 바뀌었다. 이 주인들은 공동 보호의 필요성 때문에 그들이 가진 집단적 힘을 내세워 노예를 포함한 각자의 소유를 법으로 보장받게 된 것이다. 먼 옛날에는 모든 여자가 노예 신분이었고, 남자의 절대 다수도 노예였다. 그런 가운데 높은 수준의 문명을 자랑하던 시대도 있었다. 그리고 오랜 세월이 흘렀다. 그러다 남다른 용기를 지닌 사상가가 나타나, 이런저런 형태의 노예제가 정당하지 못하고, 사회적으로도 꼭 존재해야 할 이유는 없다고 주장하기에 이르렀다. 이런 사상가들이 점차 등장하면서, 그리고 (노예를 거느리는 사회의 전반적인 발전에 힘입어서) 최소한 유럽의 기독교 국가들은 마침내 남자 노예제를 모두 폐지했다 (이들 국가 중 마지막 한 곳은 최근 몇 년 사이에 겨우 그렇게 했다). 그리고 여자 노예제는 보다 완화된 종속 상태로 점차 바뀌었다. 오늘날 존재하는 이런 형태의 종속은 정의와 사회적 필요에 대한 사람들의 생각이 변화를 거듭하면서 원래와는 다른 모습을 띠게 되었다. 사회의 일반적 삶의 양식을 더욱 차원 높게 발전시킨 거대한 변화의 물결이 일어나면서 그리고 정의와 인간 존중의 사상이 모든 인간관계에 큰 영향을 주면서, 원시적 형태의 노예제가 수정과 개량을 거듭하며 오늘에 이른 것이다. 그렇다고 이것의 비인간적인 본질이 극복된 것은 아니다. 이런 제도의 존재를 정당화하는 그 어떤 억지도 용납할 수 없기 때문이다. 이를 정당화해줄 만한 근거를 굳이 찾는다면, 그와 비슷한 오욕의 기원을 가진 다른 많은 제도들은 모두 역사의 뒷전으로 물러간 데 비해 이것은 지금까지 살아남았다는 사실 정도를 들 수 있을 것이다. 그래서 보통 사람들로서는 그저 힘센 자가 지배한다는 강자의 법칙을 제외하면 남성과 여성 사이의 불평등을 뒷받침해줄 만한 것이 아무것도 없다는 사실에 의아해하지 않을 수 없다.

이런 진술은, 어떤 측면에서는 그만큼 문명이 진보했고 인간의 도덕도 발전했기 때문에, 그리고 우리(즉 세계에서 가장 발전한 한두 나라의 사람들)가 현재 살고 있는 사회에서는 그러한 강자의 법칙이 인간사를 규율하는 원리로서의 효력을 완전히 잃어버린 것처럼 보이기 때문에 역설적으로 들릴 수밖에 없다. 이제는 아무도 강자의 법칙을 주장하지 않는다. 그리고 인간관계 전체를 통틀어서 그런 원리에 따라 행동하는 것 자체가 용납되지 않는다. 만일 어떤 사람이 그렇게 행동할 수 있다면 그것은 사회 전체의 공익을 위한다든가 하는 뭔가 그럴듯한 명분을 내걸었을 때뿐이다. 적어도 표면적으로는 이런 상황이 되었기 때문에 사람들은 동물적인 힘이 지배하는 시대는 끝났다고 자찬하기를 즐긴다. 오늘날까지 전해 내려오는 모든 제도는 강자의 법칙 때문에 존재하는 것이 아니라고 생각하는 것이다. 다시 말해 현존하는 모든 제도는 그것의 기원이야 어떻든지, 오직 인간 본성에 잘 부합하고 모든 사람들의 이익을 증진한다는 적극적이고 긍정적인 믿음을 주기 때문에 오늘날과 같은 고도 문명시대에 살아남을 수 있다는 것이다. 그러나 그들은 물리적 힘을 내세워 그 위상을 굳힌 제도들이 얼마나 생명력이 끈질기고 응집력이 강한지 모르고 있다. 다시 말해 권력을 손에 넣은 자들의 나쁜 성향과 감성은 물론, 좋은 것조차 그런 제도가 보존되도록 힘을 실어준다는 것 그리고 이런 나쁜 제도들 중에서 제일 취약한 것, 즉 일상적 습관과 가장 어울리지 못하는 것들부터 겨우 서서히 하나씩 사라진다는 것을 모른다. 뿐만 아니라 처음에 물리적 힘을 가진 덕분에 법적 권력 역시 보유하게 된 자들이 그런 물리적 힘을 잃고 난 뒤에 얼마나 오랫동안 그 법적 권한을 놓치지 않으려고 발버둥 치는지도 잘 모른다. 그러니 그런 말을 하는 것이다. 여성들의 경우에는 그런 물리적 힘의 이동이 일어나지 않았다. 바로 이 점 때문에, 다른 데서 찾아볼 수 없는 독특하고 유별난 특징과 겹쳐지면서 힘에 바탕을 둔 이런 권리 체계(초기에 특히 원성이 높던 것들이 나중에는 많이 완화되기는 했지만)가 좀처럼 소멸될 수 없었다. 힘에 바탕을 둔 이 유일한 사회적 관계가 평등한 정의에 기초를 둔 다른 수많은 제도 가운데서 오래 살아남게 되는 것(이런 법과 관습의 일반적 성격에 비추어본다면 그것은 거의 유일한 예외라고 할 수 있다)은 불가피한 일이었던 것이다. 그것이 자신의 뿌리를 스스로 고백하지 않는 한, 그리고 토론을 통해 그 실체를 드러내지 못한 이상, 그리스인이 집 안에서 노예를 거느리면서도 스스로를 자유민으로 부르는 일에 모순을 느끼지 않았던 것처럼, 근대 문명과 특별히 어울리지 못한다고 생각할 수도 없는 것이다.

문제는 오늘날, 그리고 2~3세대 전의 사람들은 원시 상태의 인간들이 어떤 모습으로 살았는지 전혀 알 길이 없다는 데 있다. 그저 역사를 깊이 공부한 사람들 또는 과거 형태의 삶을 아직도 유지하고 있는 일부 지역의 주민과 자주 접촉할 기회를 가진 사람들 정도만 당시 사회상에 대해 어느 정도 머릿속으로 그릴 수 있을 뿐이다. 대부분의 사람은 까마득한 옛날에 압도적 힘을 가진 강자들이 어떻게, 어느 정도 사회를 지배했는지 잘 모른다. 그런 강자의 지배법칙이 얼마나 광범위하게, 공공연히 통용되었는지도 알 수가 없다. 나는 지금 냉소적이거나 또는 파렴치한 기분으로 이런 말을 하는 것은 아니다. 왜냐하면 이런 말들은 그런 제도 속에 무엇인가 부끄러워해야 하는 것이 들어 있다는 느낌을 주지만, 당시 사람들은 철학자나 성인을 제외하고는 그것을 알 만한 능력을 갖지 못했기 때문이다. 역사는 경험을 통해 다음과 같은 인간 본성의 어두운 실체를 생생하게 보여준다. 어떤 계급의 사람이든 생명, 소유 그리고 모든 세속적 행복에 관해 누릴 수 있는 것은 그들이 다른 사람들에 대해 강제력을 행사할 수 있는 정도에 비례한다. 물리적 강제력을 장악하고 있는 권력자들에 대해 어떤 저항이라도 시도한 사람들은 모두 힘의 법칙뿐만 아니라 다른 모든 법 그리고 자신들이 감당하지 않으면 안 되는 사회적 의무의 규율 아래 놓여 있었다. 저항을 받은 권력자들이 볼 때, 그들은 단순한 범죄자가 아니라, 인간이 고안해낼 수 있는 가장 극단적인 처벌을 받아야 마땅한 최고로 악질적인 죄인인 것이다. 권력을 가진 자들이 자기 지배 아래에 놓인 사람들에게 최소한의 권리라도 인정해주어야 할 의무감 비슷한 것을 최초로 깨달은 것은, 자신의 편의를 위해 그들에게 무엇인가 약속을 해줄 필요를 느끼면서부터였다. 그러나 아무리 대단히 엄숙한 서약의 뒷받침을 받더라도, 이런 약속은 아주 보잘것없는 도전이나 유혹 앞에서 깨지며 그 효력은 상실되곤 했다. 하지만 이런 경우에도, 권력자들이 보통 사람보다 도덕적으로 훨씬 못한 인간이 아닌 한, 대개는 일말의 양심의 가책을 느끼지 않을 수가 없었을 것이다. 대부분의 고대 공화국은 일종의 상호 계약에 따라 출범하거나 아니면 최소한 힘의 차이가 그리 심하지 않은 일군의 사람이 합심해서 세운 것이다. 따라서 이런 국가의 출현은 인간관계가 힘의 지배가 아니라 다른 형태의 법의 규율을 받는 첫 번째 예를 보여주는 것이다. 힘에 바탕을 둔 지배가 지배자와 노예, (명확한 계약에 따라 제한된 경우를 제외하고) 주권국가와 종속국가 또는 다른 독립국가들 사이에서는 여전히 그 힘을 발휘하더라도, 매우 한정된 분야에서 그와 같은 원시적 형태의 법이 사라지면, 그 후의 경험이 보여주듯이, 심지어 물질적 이해관계를 위해서도 대단히 중요한 감정을 촉발시킴으로써(그 순간 이후부터 이 감정은 이제 새로 창조되는 것이 아니라 그저 확대되기만 하면 되었다) 인간이 새롭게 태어나는 계기를 만들었다. 비록 노예가 국가의 일부분은 아니었지만, 그들도 인간으로서 권리를 가진다는 사실이 처음 인식된 곳은 자유국가였다. 내가 알기로 스토아학파[2]가 (유대인들의 법을 제외한다면) 가장 먼저 노예에 대해 도덕적 의무감을 느끼는 것이 도덕률의 한 요소가 된다는 점을 가르쳤다. 기독교가 그 힘을 발휘한 뒤로는 그 누구도, 적어도 이론상으로는 이런 주장을 외면할 수가 없었다. 가톨릭교회가 등장한 이후로는 그에 동조하는 사람이 늘 있었다. 그럼에도 그것을 현실적으로 강제하는 것은 기독교가 직면한 과업 중에서 가장 힘든 일이었다. 교회는 1000년 이상 눈에 띄는 뚜렷한 성과도 없이 이 싸움을 계속해왔다. 교회가 사람의 마음을 지배하는 권력이 부족해서 그런 것은 아니었다. 오히려 교회의 권력은 막강하여, 왕과 귀족들이 가장 아끼는 것을 교회에 갖다 바치게 할 정도였다. 교회는 꽃 같은 나이의 그리고 세상에 부러울 것 없는 위치에 있는 수많은 사람을 궁핍한 생활과 금식의 길로, 기도를 통해 구원을 얻고자 하는 길로 스스로 들어가게 만들었다. 성묘[3]를 구한다는 명분 아래 수십만 명의 사람들을 산을 넘고 바다를 건너 유럽과 아시아로 보낼 수 있었다. 교회는 7촌(영국식으로는 14촌) 이내의 인척 관계

2 그리스의 제논Zenon(기원전 335?~기원전 263?)이 창립한 학파. 욕망을 억제하고 이성에 따라 사는 것이 행복을 준다고 주장했다.

3 聖墓. 예루살렘에 있던 예수의 무덤.

라는 이유로, 왕들이 뜨겁게 사랑해 마지않던 왕비들을 포기하도록 만들 수도 있었다. 교회는 이 모든 일을 할 수 있었다. 그러나 사람들을 서로 덜 싸우게 하거나 노예에 대해 그리고 가능하다면 자치도시의 시민들에 대해 덜 잔인하게 대하도록 할 수는 없었다. 사람들이 무력에 호소하는 것(호전적인 사람들이나 승리를 거둔 군대가 싸움을 벌이는 것)을 포기하게 하지도 못했다. 그들이 자신보다 더 강한 세력에 의해 무릎을 꿇기 전에는 그런 일이 결코 일어나지 않았다. 오직 날로 강력해진 왕들만이 그 싸움을 끝낼 수 있었다. 그것도 물론 왕들끼리 또는 왕위를 노리는 사람들끼리 다투지 않을 때만 가능했다. 요새처럼 꾸며진 마을에서 부유하고 호전적인 부르주아지가 힘을 얻고, 야전에서는 기강이 잡히지 않은 기사들보다 평민 보병 부대가 더 강력하다는 것이 증명되어 비로소 부르주아지와 농민들에 대한 귀족들의 방자한 독재가 어느 정도 억제될 수 있었다. 그런 일은 압제를 당하던 사람들이 때때로 강력한 복수를 할 수 있는 힘을 갖출 때까지, 아니 그렇게 되고 나서도 한참 뒤까지 지속되었다. 영국에서는 잘 조직된 민중계급이 평등한 법과 자유로운 국가 제도들을 확립함으로써 좀 더 빠른 시간에 끝을 낼 수 있었지만, 대륙에서는 프랑스혁명 때까지 그러한 일들이 이어졌다.

대부분의 사람은 인류의 기나긴 역사를 통틀어 힘의 법칙이 인간 행동을 규율하는 공인된 규칙이었고, 다른 것들은 그저 특별하고 예외적인 상황의 산물에 불과했다는 것 그리고 사회의 일반적 문제들이 어떤 형태로든 도덕법칙의 규제를 받는 것이 아주 최근에 와서야 가능해졌다는 사실에 대해 거의 아는 것이 없다. 같은 맥락에서 그들은 힘의 법칙에만 전적으로 의존하는 제도와 관습이, 처음에는 그것의 존재 자체를 인정하려 하지 않던 사람들의 마음 깊숙한 곳에 오랜 세월 동안 어떻게 자리 잡고 있었는지 별로 기억하거나 고려하지 않는다. 영국에서는 사람을 물건처럼 노예시장에서 사고팔았는데, 이런 일이 법으로 금지된 것은 불과 40년도 채 안 된다. 사람을 납치하고 유괴해서 글자 그대로 죽도록 일을 시켜도 아무 문제가 되지 않았다. 바로 우리가 사는 이 세기 동안에 그런 일이 벌어진 것이다. 자의적인 권력의 행사에 대해서 웬만하면 눈감아주려는 사람들조차 이런 극단적인 힘의 법칙에 대해서는 비난을 퍼붓지 않을 수 없었다. 중립적 입장에 있는 사람들도 용납할 수가 없을 정도였다. 지금 이 시대를 살고 있는 사람들의 기억 속에 생생히 남아 있거니와, 문명국이며 기독교 국가인 영국에서 바로 그와 같은 힘의 법칙이 작동하고 있었던 것이다. 앵글로색슨족이 살고 있는 미국의 반, 즉 노예 주slave states에서는 불과 3, 4년 전까지만 해도 널리 노예를 부리고 사고팔았다. 또 바로 그 목적으로 공공연하게 노예들의 혈통 관리에 신경을 썼다. 그러나 미국인 중에는 노예제에 대해 강한 반감을 가진 사람이 더 많았다. 그리고 영국 사람들도 일상적으로 이루어지는 다른 권력의 악용보다 노예제에 대해서 감정이나 이해관계 측면에서 더 비판적인 자세를 취했다. 왜냐하면 금전적인 이득을 얻고자 하는 원색적인 욕망 자체가 노예제가 생긴 근본 이유였기 때문이다. 노예제를 통해 이익을 얻은 사람은 전체 국민 중에서 극히 일부에 지나지 않았고, 개인적인 이해관계가 없는 사람들은 전부 그 제도에 대해 그 무엇과도 견줄 수 없을 정도로 강한 혐오감을 느꼈던 것이다.

노예제는 너무 극단적인 경우라고 할 수 있으니, 절대 군주제가 오랫동안 유지되고 있는 것을 한번 생각해보자. 오늘날 영국에서는 거의 모든 사람이 군인 독재가 그럴듯한 기원이나 정당한 명분도 없이 그저 힘의 법칙으로 생긴 것이라고 확신된다. 이에 반해 영국을 제외한 유럽의 위대한 국가들에서는 군인 독재가 아직도 위세를 떨치고 있거나 아니면 불과 얼마전에야 사라졌다. 이들 나라에서는 모든 계층의 사람, 특히 사회적 지위가 높고 영향력이 큰 사람들의 지지를 받는 거대 정당이 군인 독재를 옹호하기까지 한다. 보편적인 것과는 아무리 거리가 멀다 하더라도 기존 체제라는 이유 하나만으로 그런 힘을 가지는 것이다. 내가 보편적인 것과는 거리가 멀다고 말하는 것은, 역사의 거의 모든 시점마다 기존 체제와 반대되는(나름대로 훌륭하고 잘 알려진) 체제가 많이 있었을 뿐 아니라, 눈에 띌 정도로 대단한 번영을 누린 국가들에서 그런 반대 체제들이 뿌리를 내렸다는 사실을 염두에 두고 있기 때문이다. 이런 기존 체제에서도 체제 유지에 직접적인 이해관계를 가진 사람은 최고 권력자 단 하나뿐인 데 비해, 글자 그대로 나머지 전부는 그 체제 때문에 고통을 받는다. 권좌에 있는 사람 그리고 기껏해야 그 뒤를 잇고자 하는 사람을 제외하면, 모든 사람이 불가피하게 그리고 당연히 그 질곡 아래에서 모욕을 느끼며 신음하고 있다. 이런 경우와 남성이 여성에 대해 권력을 행사하는 것 사이에는 얼마나 큰 차이가 있는가! 여기서 이 문제의 정당성 여부에 대해 성급하게 결론을 내리려는 것은 아니다. 그저 아무런 정당성이 없는데도 남성이 여성에 대해 지배권을 행사하는 이 제도가 지금까지 존속해온 다른 어떤 지배 체제보다도 훨씬 더 오랫동안 그 생명력을 이어왔음을 보여주고 싶은 것이다. 이 경우 중요한 것은 권력을 잡는 것이 얼마나 자존심을 채워주는지 그리고 권력을 휘두르는 것이 개인적으로 얼마나 이익이 되는지와 상관없이, 단지 생물학적인 이유 때문에 남성 전체(단지 일부 계급이 아니라)가 권력을 행사한다는 사실이다. 이런 제도를 지지하는 사람에게는 이 문제가 그저 추상적으로만 좋은 것은 아니다. 그리고 흔히 정치 파벌 간의 다툼에서처럼 오직 그 지도자 개인에게만 중요한 일도 아니다. 바로 가정의 남자 가장에게 그리고 그 위치에 오르게 될 것을 고대하는 모든 남자에게 해당되는 일이다. 미련하기 이를 데 없는 사람도 단지 남성이라는 이유 하나만으로 최고로 고귀한 사람과 동일한 권력을 행사할 수 있는 것이다. 더 중요한 것은 이 경우 권력에 대한 욕망이 다른 무엇보다도 강렬하다는 점이다. 왜냐하면 권력을 가진 자들은 누구든지, 자기 옆에 가장 가까이 살며 가장 긴밀한 관계에 있는 사람, 그리고 자신의 권위를 벗어나 독립하려 할 때마다 자기의 개인적인 기준에 따라 간섭하는 사람에 대해 특히 그 권력을 휘두르고 싶어 하기 때문이다. 역사가 증명하듯이 그저 무력에만 바탕을 두고 있고 정당성이라고는 조금도 없는 체제인데도 좀체 사라지지 않고, 또 무너뜨리기도 힘든 사례들이 있다. 그러나 우리가 문제로 삼는 이 경우는 상황이 훨씬 더 고약하다. 여기서 반드시 명심해야 할 것은 여기서 권력자들은 어떤 도전이라도 분쇄할 수 있는 방편을 누구보다도 더 많이 가지고 있다는 사실이다. 그런 지배 아래에 있는 사람들은 여러 상전 중 한 명의 감시를 받고 살아야 하는데(어쩌면 그 손아귀에 잡힌 상태라고 할 수도 있을 것이다), 자신처럼 지배를 받는 그 누구보다도 더 그 남성과 밀접한 관계를 맺고 있다. 여성들에게는 이런 상태를 벗어날 아무런 수단이 없다. 그리고 어떤 일이건 남성을 압도할 만한 힘이 없다. 오히려 그의 총애를 받고 그의 심기를 건드리지 않는 것을 최고의 목표로 삼는다. 우리는 정치적 해방을 얻기 위해 투쟁에 나선 사람들 중 얼마나 많은 사람이 뇌물 공세에 무너지고 테러 위협에 주저앉고 마는지 잘 안다. 종속 상태에 있는 여성들도 마찬가지다. 이들은 하나같이 뇌물과 협박이라는 만성적인 두 사슬에 묶여 꼼짝을 못 한다. 압제를 벗어나기 위해 저항하는 지도자들, 그리고 그보다 더 많은 추종자는 대체로 개인의 사사로운 안락이나 목표를 모조리 희생하지 않으면 안 된다. 특권과 강제 복종으로 사람들의 목을 철저하게 옥죄는 체제에서는 이런 상황이 불가피하다. 나는 아직 이것이 잘못된 체제라고 이야기하지 않았다. 그러나 이 문제에 대해 나름대로 자기 생각을 가질 수 있는 사람이라면, 설령 이것이 잘못된 것이라 하더라도 정의롭지 못한 다른 모든 권력 형태보다도 더 오래 존속될 것이 분명하다는 사실을 직시해야 한다. 청산되어야 마땅한 일부 구악舊惡이 여러 문명국가에 여전히 남아 있고 다른 나라에서도 최근에 와서야 그 뿌리가 뽑혔음을 생각해 볼 때, 남성 지배체제처럼 그 기원이 오래된 것이 어느 곳에서건 벌써 눈에 띌 정도로 흔들린다면 그것은 이상한 일이다. 이것을 극복하기 위한 각종 반대 운동이 과거에도 지금처럼 활발하게 전개되어야 옳았다고 말한다는 것은 더구나 현실성이 없다.

물론 어떤 사람은 남성의 지배권과 내가 이해하기 쉽게 예를 든 정당하지 못한 권력 형태를 직접 비교하는 것은, 후자가 자의적이고 그저 일방적인 수탈을 목표로 하는 데 반해 전자는 자연스러운 것이라는 점에서 타당하지 않다고 반박할 수도 있을 것이다. 그러나 권력을 가진 자의 입장에서 자연스럽게 보이지 않는 지배가 어디 있겠는가? 인류가 소수의 지배자와 다수의 노예로 나뉘는 것이, 가장 머리가 깬 사람의 눈에조차 대단히 자연스러운 상태인 것처럼 보이던 때가 있었다. 아리스토텔레스 같은 지성 그리고 그에 못지않게 인간의 정신적 발전에 기여한 다른 사람들도 아무런 의심이나 주저 없이 이런 생각을 받아들였던 것이다. 남성이 여성을 지배하는 정당성도 같은 논리에서 찾을 수 있다. 그들은 천성적으로 자유인으로 태어나는 사람과 노예로 태어나는 사람이 따로 있기 때문에, 그리스인은 자유인인 반면 트라케[4]와 아시아[5]에 사는 야만족은 노예가 될 팔자라고 생각했다. 그러나 굳이 아리스토텔레스까지 들먹일 필요는 없다. 남성이 자신의 욕망을 합리화해주고 개인적인 욕심에 그럴듯한 명분을 실어주는 이론에 광신적으로 매달리는 것처럼, 미국 남부의 노예 주인들 역시 똑같은 궤변을 붙들지 않았던가? 그들은 천지신명을 팔면서까지 백인이 흑

4 트라케인은 기원전 2000년경부터 지금의 그리스와 터키 지역에서 살았다. 인도유럽어족에 속하는데, 호전적이고 문신을 하며 화장을 하는 풍습이 있었다.

5 아시아는 고대 그리스인이 그리스 동쪽에 있는 나라들에 붙인 지명이다. 처음에는 터키 부근 지역을 지칭하다가 점차 인도로까지 그 범위가 확대되었다.

인을 지배하는 것은 자연의 이치에 맞으며, 흑인은 자유를 누릴 수 없는 종자로 노예가 될 팔자소관이라고 강변하지 않았던가? 그중 일부는 심지어 육체노동을 하는 사람이 자유를 누린다는 것은 세상 어느 곳에서도 용납될 수 없는, 자연에 어긋나는 일이라고까지 떠벌렸다. 그뿐인가? 절대왕권을 주장하는 사람들은 언제나 그것이야말로 유일하게 자연의 섭리에 맞는 정부 형태라는 논리를 펴왔다. 이들은 가부장제에서 그 근거를 찾는다. 부모가 자식을 지배하는 것이 옳듯이, 가장이 다스리는 체제가 인류 사회 최초의 그리고 자연 발생적인 통치 형태라는 것이다. 사회가 형성되기도 전에 이미 생겼기 때문에, 이것이야말로 가장 자연에 가까운 조직이라고 주장하는 것이다. 그러나 자연스럽다는 말은 갖다 붙이기 나름이다. 힘의 법칙을 고집하는 사람들도, 달리 할 말이 없으니까 그저 그것이 가장 자연에 부합된다는 말만 거듭하고 있는 것이다. 정복자들은 침략을 당한 종족이 자신들에게 복종하는 것이 곧 자연의 명령이라고 내세운다. 그들은 나아가 멋을 부려 이야기한답시고 힘이 약하고 싸우기를 싫어하는 사람들은 더 용감하고 남성다운 패기에 넘치는 민족의 지배를 받아야 한다고 강변한다. 중세의 역사를 조금만 들여다보면 봉건 귀족이 낮은 신분의 사람들을 지배하는 것이 그들 눈에는 의심의 여지가 전혀 없는 자연스러운 일인 반면, 하층계급 사람들이 평등한 대접 또는 권력 행사에 동참하기를 요구한다는 것은 턱없이 부자연스러운 일이었다는 사실을 잘 알 수 있다. 심지어 종속 상태에 있는 사람들도 같은 생각을 했다. 해방을 얻은 농노나 자치도시의 시민들은 신분 상승을 위해 매우 강력한 투쟁을 벌이던 시점에서조차 그런 권력의 공유에 대해서는 꿈도 꾸지 못했다. 그저 덜 가혹하게 대해주기만을 바랐을 뿐이다. 자연스럽지 못하다는 것이 일반적으로 관습에 어긋난다는 것을 뜻하듯이, 일상적인 것은 모두 자연스럽게 보이는 것이다. 여성이 남성에게 종속되는 것이 보편적인 관습이기 때문에, 그런 관행에서 조금만 벗어나도 부자연스러운 일인 것처럼 보이는 것은 당연하다. 그러나 이 경우에도 감정이라는 것이 관습에 의해 결정적인 영향을 받는다는 사실을 수많은 경험이 증명하고 있다. 영국에서 멀리 떨어진 세계 각국의 사람은, 영국이 여왕의 지배를 받고 있다는 사실을 들으면 그렇게 놀랄 수 없다. 거의 믿을 수 없을 만큼 부자연스러운 일로 생각하기 때문이다. 그러나 영국인은 여왕이 지배한다는 사실에 익숙하기 때문에 이를 전혀 부자연스럽게 여기지 않는다. 그러나 이들도 여성이 군인이 되거나 의회에 진출하는 것은 자연스럽지 못한 일로 받아들인다. 이에 반해 봉건시대에는 여성이 전쟁과 정치에 관여하는 것이 특별한 일이 아니었기 때문에 자연스럽게 여겼다. 특권계급 출신의 여성이 남성다운 성격을 가지는 것도 자연스러운 일로 비쳤다. 신체적으로 힘이 모자란다는 것 말고는 남편이나 아버지에 비해 특별히 못날 것이 없었다. 여성이 남성과 대등한 관계에 있다는 것은 고대인 중에서도 특히 그리스인에게는 상대적으로 덜 부자연스러운 일이었다. (역사적으로 실재하는 것이라고 믿지는 않았지만) 전설적인 아마존 여인들, 그리고 그보다는 못하지만 스파르타 여인들 때문이었다. 특히 스파르타 여인들은 다른 그리스 도시국가의 여성들에 비해 법적 신분은 나을 것이 없었지만, 실제 생활에서는 많은 자유를 누리면서 남성이 받는 것과 똑같은 신체 훈련을 받았다. 그들은 이런 과정을 통해 여성이 반드시 남성보다 뒤떨어질 이유가 없다는 것을 증명했다. 플라톤이 이런 스파르타의 역사적 경험 때문에, 다른 수많은 철학적 성찰과 함께, 남성과 여성이 사회적·정치적 평등을 누려야 한다는 주장을 폈음은 의심의 여지가 없다.[6]

6 플라톤의 대표 저서인 《국가Politeia》에는 여자가 철인왕이 되지 못할 이유가 없다는 주장이 제기되면서 논란이 벌어지는 내용이 나온다.

그러나 남성이 여성을 지배하는 이 체제는 힘의 법칙을 따르지 않는다는 점에서 다른 것과 구분된다고 말하는 사람도 있다. 여성이 자발적으로 그 지배를 받고 불만을 느끼지 않으며 그런 체제에 동의하고 있다는 것이다. 그러나 대다수 여성이 그것을 받아들이지 않는다는 점을 알아야 한다. 이 문제에 대해 자신들이 느끼는 것을 글로 쓴 여성이 처음 등장한 이후(글을 쓰는 것만이 여성들이 자신의 생각을 밖으로 표현할 수 있게 사회적으로 허용된 유일한 길이다), 점점 더 많은 여성이 현재 그들이 겪는 사회적 상황에 대한 불만을 글로 기록하고 있다. 최근에는 유명 인사들을 비롯하여 수많은 여성이 의회를 향해 여성들에게도 선거에 투표할 수 있는 권한을 줄 것을 청원하고 있다. 여성도 남성 못지않게 같은 분야, 같은 수준의 교육을 받을 수 있어야 한다는 여성의 요구가 나날이 강해지고 있고 또 그 전망도 매우 밝다. 그런가 하면 지금까지 여성에게 닫혀 있던 전문직과 직장의 문을 열게 하려는 노력도 해가 갈수록 가열되고 있다. 미국과는 달리 영국에서는 여성의 권리를 증진하기 위한 집회가 정기적으로 열리거나 정당 차원의 조직적 움직임이 아직 보이지 않지만, 참정권의 확보라는 보다 한정된 목표를 향해 여성들이 수많은 조직을 활발하게 조직하고 운영하고 있다. 미국과 영국에서만 여성들이 힘을 합쳐 그들이 처한 불리한 여건을 극복하기 위한 투쟁을 시작하고 있는 것은 아니다. 프랑스와 이탈리아, 스위스 그리고 러시아에서도 같은 일이 벌어지고 있다. 마음속으로나마 똑같은 것을 소리 높여 외치고 싶어 하는 여성들이 얼마나 더 있는지 정확하게 알 길은 없다. 그러나 한 가지 분명한 것은, 그렇게 하는 것이 여성들에게 어울리지 않으니 하지 말아야 한다고 지금처럼 집중적으로 세뇌당하지 않는다면, 훨씬 많은 수의 여성이 그런 운동에 적극 동참하리라는 점이다. 아울러 속박받는 계급치고 한꺼번에 완전한 해방을 요구한 적은 없다는 사실도 기억해야 한다. 몽포르[7]가 최초로 하원의원들을 의회에 앉게 했을 때, 그들 중 누가 감히 지역구민들에 의해 뽑힌 의회가 내각을 구성하고 해산시키며 국사를 놓고 왕에게 지시를 해야 한다고 꿈이나 꾸었던가? 아무리 야심만만한 사람이라도 그것은 상상조차 하지 못했다. 귀족들은 이미 그런 요구를 하고 있었지만, 평민들이야 그저 세금을 너무 많이 거두지 않기를 그리고 왕실 관리들이 가혹하게 다스리지 않기를 기대하는 정도였다. 고대 사회 이래 어떤 형태의 권력 아래 있든 사람들은 권력 자체가 아니라 단지 그 권력이 폭압적으로 행사되는 것에 반감을 품었다. 그러나 이것이 변화의 시발점이 된다는 것은 엄연한 정치적 법칙이다. 남편에게 부당한 대우를 받는 것을 호소하는 여성들이 끊임없이 있었다. 반복될 뿐 아니라 점점 그 강도가 올라가는 남편의 학대에 맞서 직접 대들지 못하고 속으로만 앓는 여성까지 포함하면 그 수는 말도 못하게 많을 것이다. 그러나 여성들이 억울한 대접을 받는 것을 막아보려는 모든 시도들은 근본적인 한계에 부딪히고 있다. 어떤 경우에도(아이들은 제외하고) 상해를 입었다고 사법적으로 판정받은 사람이 그런 일을 저지른 혐의를 받는 피고인의 물리적 권력 아래 넘겨지는 일은 없다. 그러나 아내들은 아무리 극단적으로 또 오랫동안 육체적 학대를 당한다 하더라도, 자신들을 보호하기 위해 존재하는 법에 구원의 손길을 요청할 생각을 감히 하지 못한다. 설령 순간적인 격분을 못 이겨서 또는 이웃 사람들이 간섭하고 나서는 바람에 법에 호소하게 되더라도, 그 후에 그들이 하는 일이란 고작 자기가 당한 실상을 가능한 한 숨긴 채, 남편이라는 폭군이 자신의 그런 행동에

7 Simon de Montfort, 1208?~1265. 프랑스에서 귀족의 아들로 태어나 영국에서 활동한 정치가다. 당시 영국 왕 헨리 3세의 실정에 대한 귀족들의 불만이 커지자 1258년 옥스퍼드 조례를 왕이 인정하도록 만들었다. 1265년 1월 귀족, 성직자 외에 기사와 시민도 참가한 의회를 소집했는데, 이것이 영국 의회의 시작이 되었다.

대해 너무 무섭게 야단치지 않기를 애걸하는 것뿐이다.

사회적, 자연적인 원인이 합쳐져서 여성이 집단적으로 남성의 폭압에 대항하는 것을 어렵게 만든다. 여성은 한 가지 점에서 종속 상태에 있는 다른 계급과 근본적으로 차이가 난다. 그들의 지배자가 단순히 복종하고 떠받드는 것 이상을 요구하기 때문이다. 남성은 여성이 복종하는 것 그 자체로는 만족하지 못한다. 여성의 마음까지도 지배하고 싶어 한다. 정말 짐승 같은 자가 아니라면, 남성은 자신과 가장 밀접한 관계에 있는 여성이 강요에 의한 노예가 아니라 자발적인 노예가 되어주기를 강렬하게 바란다. 단순한 노예가 아니라 자기 마음에 드는 사람이 되기를 요구하는 것이다. 그래서 실제로 남성은 그들의 마음을 노예처럼 사로잡기 위해 온갖 수단을 다 동원한다. 다른 주인은 노예를 복종시키기 위해 자신을 무섭게 보이게 하거나 종교적 공포심을 유발한다. 그러나 여성의 지배자는 단순한 복종에는 만족하지 못한다. 그래서 교육의 힘을 통째로 빌려 그 목적을 달성하려 한다. 여성은 하나같이 아주 어려서부터, 여성의 이상적인 성격은 남성의 그것과 아주 다르다고 듣고 배운다. 자유의지나 자율적인 삶이 아니라 복종하고 남의 명령에 따르는 것을 이상으로 삼게 된다. 여성을 둘러싼 도덕률은 다른 사람들을 위해 사는 것이 여성의 의무라고 가르친다. 그렇게 하는 것이 여성에게는 자연스럽다는 생각이 널리 유포되고 있다. 그 결과, 여성은 자기 자신을 철저하게 버리고, 오직 그들을 사랑하고 그들을 위해 헌신하는 것에 인생을 걸어야 한다. 다시 말해 여성이 할 수 있는 유일한 일이란 바로, 부부 관계로 연결된 남성이나 자신과 그 남성 사이에서 생긴, 떼려야 뗄 수 없는 끈을 가진 자식을 위해 희생하는 것이다. 따라서 다음과 같은 세 가지 사실을 부인하기 어렵다. 첫째, 남성이든 여성이든 이성에 대해 자연스럽게 마음이 끌린다. 둘째, 아내가 남편에게 철저하게 의존하기 때문에 여성이 누리는 모든 권리나 즐거움은 남성이 베풀어주는 것 아니면 남성의 생각에 전적으로 따를 경우 생기는 결과다. 마지막으로 남성의 도움이 없다면, 인간이 추구하고 귀하게 여기는 모든 중요한 목표와 사회적 야망의 대상이 여성 입장에서는 언감생심에 지나지 않는다. 이런 상황이니 남성의 호감을 사는 것이 여성 교육이 지향하는 근본 목표가 되고 또 그 방향에 초점을 맞추어서 여성을 기를 수밖에 없다. 그렇지 않다면 그것은 기적과 같은 일이라고 하겠다. 이렇게 여성을 옥죄는 남성의 이기심이 고약하게 발동하기 시작했다. 여성의 복종심을 더 키우기 위해, 온순하고 고분고분 말을 잘 들으며 자기 생각 없이 그저 남성의 뜻에 맞추어 사는 것이 여성의 가장 중요한 미덕이라고 주입시키는 것이다. 인간은 지금까지 자유를 부당하게 구속하는 수많은 족쇄를 부수며 진보를 이룩해왔다. 그러나 남성이 여성에게 강요한 족쇄는 그 성질이 다르다. 남성은 여성의 혼을 지배하기 위해 온갖 수법을 끈질기게 동원했다. 그런 식이라면 오늘날까지 살아남지 못할 족쇄가 없을 것이다. 만일 평민계급의 모든 젊은이가 무엇보다 귀족의 눈에 들기를 바라고, 젊은 농노들은 전부 영주의 개인적인 환심을 사는 것을 인생의 목표로 삼는다면 그리고 높은 사람이 원하는 대로 움직이고 그의 사적인 호감을 사는 것이 모든 사람들이 바라 마지않은 상장(가장 재능이 뛰어나고 가장 장래가 촉망되는 사람이 얻을 수 있는 것 중에서도 가장 귀한 상장) 같은 것이라면, 뿐만 아니라 그 상장을 손에 넣고 난 뒤 주인과 직접 연관이 없는 모든 이해관계와 철저하게 차단되고 그가 좋아하지 않거나 심어주지 않는 감정이나 욕망에 대해서는 꿈도 꾸지 못하게 된다면, 농노와 영주, 평민과 귀족도 오늘날 남성과 여성이 서로 다른 것만큼이나 상호 이질적이지 않았겠는가? 그 결과 여기저기 일부 사상가들을 제외한 모든 사람이 그런 차이를 인간 본성 중에서 가장 본질적이고 변하지 않는 측면이라고 믿지 않았겠는가?

지금까지의 논의를 종합해볼 때, 아무리 보편적으로 널리 퍼진 관습이라 하더라도 사회적, 정치적으로 여성을 남성의 지배 아래 묶어두는 제도를 정당화해주지 못하며, 또 그런 방향으로 그릇된 생각을 심어주어서도 안 된다는 것이 분명해졌다. 나는 여기에서 한 걸음 더 나아가, 역사의 진로와 인간 사회가 진보해나가는 경향이 그런 불평등한 권리의 구조를 옹호하지 않을 뿐 아니라 오히려 강력하게 거부하고 있다고 주장하고 싶다. 오늘 이 순간까지 인간이 전진해온 길을 되돌아보고 현대를 규정하는 큰 흐름을 유추해보면, 과거의 이런 유물은 미래의 진취적 기상과 합치되지 못하며 반드시 역사의 저편으로 사라져야 한다는 것이 분명해진다.

현대 세계의 가장 중요한 특징은 무엇인가? 무엇이 현대의 제도와 사회 사상, 그리고 현대인의 삶 그 자체를 오래된 과거의 그것과 구분되게 만드는가? 그것은 바로 인간이 더 이상 자신이 태어난 곳에서 평생을 살거나, 태어나면서부터 짊어지게 된 운명의 굴레에 얽매여 죽을 때까지 꼼짝도 못 한 채 살지 않아도 된다는 것이다. 인간은 이제 타고난 능력과 좋은 기회를 이용하여 자신이 원하는 목적을 달성할 수 있는 자유인이 된 것이다. 그러나 과거의 인간 사회는 지금과 전혀 다른 원리에 따라 움직였다. 모든 사람은 정해진 사회적 신분을 타고났고, 이것은 법에 의해 강제되었다. 타고난 신분을 벗어나려는 시도는 모두 금지되었다. 어떤 사람은 백인으로 태어나고 어떤 사람은 흑인으로 태어나듯이, 누구는 노예로 또 다른 누구는 자유인과 시민으로 태어났다. 일부는 귀족으로 나머지 다수는 평민으로 이 세상에 나왔다. 봉건영주로 태어나는 사람이 있는가 하면, 평민이나 돈 많은 집안 자식으로 태어나는 사람도 있었다. 노예나 농노는 결코 자유인이 되는 꿈을 꾸지 못했고 또 상전들이 허락하지 않는 한 그렇게 될 수도 없었다. 대부분의 유럽 국가에서는 중세가 끝나고 왕권이 강화되기 시작하면서 비로

소 평민들도 귀족 작위를 받을 수 있었다. 귀족 중에서도 장남은 아버지의 소유물에 대한 유일한 후계자라는 정해진 운명을 타고났는데, 아버지가 장남 외의 다른 사람에게 자유롭게 상속할 수 있게 된 것은 한참 후의 일이다. 숙련공 중에서 동업조합인 길드의 회원으로 태어난 사람 또는 기존 회원에 의해 입회가 허용된 사람만이 합법적으로 각 지역의 경계 안에서 직업 활동을 할 수 있었다. 그렇지 않으면 그 누구도 중요하다고 생각되는 직업에 종사할 수가 없었다. 적어도 법으로는 그랬다. 물건을 만드는 사람들이 무언가 새롭고 향상된 방법으로 일을 해보려고 하면 그것은 곧장 웃음거리가 되었다.

그러나 오늘날의 유럽, 특히 현대적인 발전을 이룩해낸 곳에서는 어디든지 정반대의 현상이 벌어지고 있다. 법이나 정부가 사회적이나 경제적 문제에 개입하지 않는다. 어떻게 하면 법에 어긋나는지 구체적으로 간섭하지도 않는다. 이런 것은 글자 그대로 개인이 선택할 일이기 때문이다. 나아가 영국에서는 노동자들이 반드시 도제 기간을 거쳐야 한다고 규정한 법도 폐지되었다. 도제를 해야 할 필요성이 있으면 법이 없어도 각자가 알아서 그렇게 할 것이라는 확신이 생겼기 때문이다. 지금까지는 다른 이론이 지배해왔다. 각 개인에게 가능하면 선택의 여지를 주어서는 안 된다고 생각했던 것이다. 각자가 해야 할 일을 좀 더 지혜로운 사람이 정해주어야 하며, 그렇지 않고 당사자에게 맡겨버리면 잘못된 길로 갈 수밖에 없다고 믿었던 것이다. 그러나 현대에 들어 상황이 달라졌다. 수천 년에 걸친 경험이 말해주듯이, 본인이 직접적인 이해관계를 가진 문제에 대해 당사자가 스스로 해결하도록 내버려두지 않으면 그 결과가 결코 좋을 수 없다. 다른 사람의 권리를 보호하기 위한 경우를 제외하고는, 권력자가 쓸데없이 간섭하면 반드시 나쁜 결과가 나온다. 이런 확신이 널리 유포되고 있는 것이다. 이런 결론은 오랜 시간을 거쳐 서서히 도출되었다. 있을 법한 거의 모든 반대 이론이 시도되었지만 끝내 처참한 결과만 나올 뿐이라는 것이 확인되고 나서야 비로소 채택된 것이다. 이제 이 이론은 (경제 분야에서) 가장 발달한 나라에서 보편적으로 통용되고 있다. 그리고 어떤 형태로든 나름대로 발전을 이룩했다고 생각하는 나라에서도 그것을 거의 보편적으로 받아들인다. 이 이론은 모든 과정이 똑같이 좋은 결과를 낳을 것이라거나 모든 사람이 모든 일을 똑같이 잘할 수 있을 것이라고 주장하는 것은 아니다. 다만 이는 개인의 자유 선택이 최선의 과정을 이끌어낸다는 것 또 그 과정에서 가장 적합한 사람이 책임을 지고 일을 처리할 수 있게 해주는 유일한 것이라는 생각을 담고 있다. 이제는 아무도 팔 힘이 강해야만 대장장이가 될 수 있도록 규정한 법이 필요하다고 생각하지 않는다. 자유와 경쟁이 보장되면 대장장이는 팔 힘이 강한 사람 중에서 나오게 되어 있다. 왜냐하면 팔 힘이 약한 사람은 자신에게 더 잘 맞는 다른 일을 하는 것이 더 낫기 때문이다. 이런 생각에 발맞추어, 권력을 가진 자들이 편견을 가지고 어떤 사람은 이런저런 일을 하는 것이 좋지 않다고 미리 선을 긋는 것은 정당한 권력 행사의 범주를 벗어나는 것이라는 인식이 굳어지고 있다. 이제는 사람들이 그런 종류의 선입관치고 잘못되지 않은 것이 없다는 것을 분명하게 안다. 혹시 그런 주장이 대다수의 경우에 잘 맞는다 하더라도(그렇게 될 가능성은 매우 낮지만) 그것을 뒤엎는 몇몇 예외적 경우가 반드시 생긴다. 이런 상황에서 자신의 이익과 다른 사람의 이익을 위해 자기 능력을 발휘하려는 사람을 방해하는 것은, 당사자에게는 불의를 저지르는 일이고 사회적으로는 불행한 결과를 낳는 일이 된다. 반대로 어떤 일에 적합하지 못한 사람이 그 일을 계속하려고 고집 부리면, 일반 사람들의 보편적인 정서가 그것을 자연스럽게 차단한다.

이런 사회과학과 경제학의 일반 원리가 사실이 아니라면 그리고 자기를 잘 아는 사람들의 조언을 통해 도움을 얻는 개인들이 자신의 능력과 직업에 대해 법이나 정부보다 더 잘 판단할 수 없다면, 세상은 당장 이런 원리를 던져버리고 규제와 무능으로 점철되었던 과거 체제로 돌아가야 할 것이다. 반대로 그것이 사실이라면, 우리는 그 원리를 믿고 따라야 한다. 백인이 아니라 흑인으로, 또는 귀족이 아니라 평민으로 태어났다는 이유만으로 불이익을 받는 것은 용납될 수 없다. 여성은 더 심하다. 남성이 아니라 여성으로 태어나기 때문에 일평생 사회적 불이익을 감수해야 하고, 보다 높은 사회적 위치에 오르지 못하며, 몇몇 예외를 제외하고는 명망 높은 직업에도 종사할 수 없다는 것은 생각도 할 수 없는 일이다. 백번 양보하여 현재 남성들이 도맡고 있는 모든 기능이 그들에게 딱 알맞은 일이라는 근거 없는 주장에 대해 눈을 감아야 한다면, 의원들의 법적 자격도 제한하지 못하게 해야 한다. 12년에 한 번이라도 그런 자격 규정 때문에 적합한 사람이 배제된다면 그것은 실제로 사회에 큰 손실인 반면, 수많은 부적격자를 배제하는 것과 차원이 다르다. 선거인단이 헌법에 따라 부적격자를 고른다고 하더라도 그런 사람은 언제나 부지기수로 많기 때문이다. 어려운 정도나 중요한 정도와 관계없이 일을 잘해낼 수 있는 사람은 언제나 부족하다. 따라서 선택의 폭을 좁히는 것은 무능한 사람이 사회에서 중요한 일을 하지 못하게 막지도 못하면서 경쟁력 있는 사람이 사회를 위해 봉사할 기회를 박탈하는 것이나 마찬가지다.

오늘날 상대적으로 더 발전한 나라에서조차 여성이 특정 분야에서 남성과 경쟁하는 것이 법과 제도에 의해 평생 봉쇄되고 있다. 왕실이라면 모를까, 세상에 태어나자마자 이런 차별 대우를 받는 경우는 사실 상상하기 힘든 일이다. 지금도 왕위를 계승할 신분으로 태어나는 사람은 따로 있는데, 이는 직계 왕족이 아니면 꿈도 꾸지 못할 일이다. 같은 직계 왕족이라 하더라도 세습 규정에 부합되지 않으면 제아무리 애쓴다 해도 왕이 될 수 없다. 이것만 제외하면 남성은 나머지 모든 명예와 권력을 자유롭게 추구할 수 있다. 그중 많은 것은 돈이 있어야만 얻을 수 있는데, 돈은 누구나 벌 수 있다. 실제로 대단히 비천한 신분의 남성들도 돈을 많이 모았다. 대다수 사람은 특별히 운이 좋지 않으면 이런저런 어려움을 이겨내기가 결코 쉽지 않다. 그러나 남성은 법적으로 못할 것이 없다. 자연적인 장애는 몰라도, 법이나 여론 때문에 새로운 불이익을 당할 일이 없다. 앞에서 말했듯이 왕족의 경우는 사정이 다르다. 그러나 이 경우는 모든 사람에게 똑같이 적용된다. 이런 제도는 관습이나 원리 면에서 현대 사회와는 어울리지 않고 매우 이질적이지만, 특별한 이용 가치가 있기 때문에 아주 예외적으로 그 존재가 정당화된다. 그것이 얼마나 의미 있는 것인지는 개인이나 국가에 따라 평가가 다르지만, 적어도 그런 사실 자체를 부인할 수는 없다. 이 예외적 경우에 여러 중요한 이유가 겹쳐져 경쟁을 통해서가 아니라 출생 신분에 따라 중요한 사회적 기능이 부여된다. 그런데 모든 자유국가들이 겉으로는 그 원리를 무시하고 가볍게 여기는 듯하지만 사실은 신분에 따른 이런 예외에 상당히 집착한다. 왜냐하면 이런 중요한 기능을 담당할 자격이 분명히 있는 사람들도 그 일을 못하도록 여러 제한을 가하기 때문이다. 반면에 그 일을 보좌하는 사람, 즉 책임 당국자는 성인 남성이면 법적으로 누구나 참여할 수 있는 경쟁을 거쳐 그 자리에 오르게 된다. 그러므로 단지 여성으로 태어났다는 이유 때문에 어떤 일을 하지 못하게 원천적으로 봉쇄하는 것은 현대 정치사회에서 둘도 없는 예외적 사례라고 보아야 한다. 전체 인류의 반이나 되는 사람에게 어이없는 불이익을 주는 이 경우를 제외하면, 태어나면서부터 짊어져야 하는 치명적 장벽(아무리 노력하고 환경을 바꾸더라도 소용없다) 때문에 중요한 사회적 기능을 담당하지 못하게 되는 일은 어디에도 없다. 종교적으로 개종을 한 사람도 개종을 했다는 바로 그 이유 때문에 할 일을 못하지는 않는다(게다가 영국과 유럽에서는 종교적 불이익이 거의 사라졌다).

따라서 여성들이 사회적으로 종속된 위치에 있다는 것은 현대의 사회제도에 비추어볼 때 극히 예외적이고, 사회적으로 가장 중요한 기본법을 유린하는 아주 드문 사례다. 다른 구시대의 생각과 관행은 다 혁파되어 사라졌는데, 사람들에게 가장 보편적 관심사가 되는 이 유물만 아직도 살아 있다. 이것은 마치 엄청나게 큰 고인돌이나 거대한 주피터 올림포스 사원이 사도 바울의 선교 현장을 차지한 채 매일 신자들을 받아들이느라, 그 주변 교회에는 단지 금식일과 축제 기간 동안만 사람들의 발길이 이어지는 것과 같다. 하나의 사회현상과 그것을 둘러싼 나머지 것들 사이의 총체적 불일치, 그 현상의 본질과 현대 세계가 자랑해 마지않는 진보적 흐름(이 흐름은 그런 것과 성격이 비슷한 다른 모든 현상들을 쓸어버렸다) 사이의 전면 대립을 지켜보면서, 양심적이고 진지한 사람이라면 누구든 심각하게 고민하지 않을 수 없다. 그 결과, 일단 불리한 처지에 있는 사람들의 입장에서 문제를 제기하게 된다. 그런 환경속에서 관습과 관례가 유리한 처지의 사람들에게 어떤 이익을 안겨주더라도, 그 모든 것을 훨씬 능가할 정도로 불리한 사람들에게 우선 관심을 기울이게 되는 것이다. 그래서 마치 공화제와 군주제 둘 중에서 하나를 선택하는 것처럼, 이 문제를 놓고 균형 잡힌 질문을 던지는 것이 가능한 것처럼 보이게 한다.

이 문제는 기존 사실과 의견에 따라 한 방향으로만 판단해서는 안 된다. 정의와 사회 발전과 관련된 문제이기 때문에 그 본질 자체를 놓고 자유롭게 토론할 수 있어야 한다. 다른 모든 사회제도를 둘러싼 결정과 마찬가지로 이 문제는, 남녀의 성과 관계없이 어떻게 해야 인류 전체에 가장 큰 이익이 되는지, 그 경향과 결과에 대해 깨어 있는 의식으로 접근해서 판단해야 한다. 그리고 이왕 토론할 바에는 막연하고 일반적인 이야기만 하지 말고 근본 뿌리까지 파고들어가 심각하게 토론을 벌여야 한다. 예를 들어 인간의 오랜 경험에 비추어볼 때 기존 체제가 더 좋더라는 식으로 두루뭉수리로 접근해서는 안 된다. 둘 중에 하나만 경험해본 마당에, 경험에 의해 어느 것이 좋다고 말할 수는 없다. 남녀평등론이 단지 이론에 바탕을 둔 것에 불과하다고 지적하는데, 그것과 반대되는 주장 역시 이론에만 기초를 두고 있다고 말하지 않을 수 없다. 그런 불평등한 제도를 직접 경험해본 결과, 인류가 그 제도 아래서 지금까지 살아남았고 또 우리가 지금 보는 것과 같은 정도의 발전과 번영을 누릴 수 있었다는 것은 확실히 그것의 장점이다. 그러나 그 경험만으로는 만일 우리가 다른 종류의 제도를 받아들였더라면 지금보다 더 훌륭한 발전을 더 일찍 이룩할 수 없었을까 하는 질문에 대해 확실히 대답할 수 없다. 반면 우리는 경험을 통해 역사가 언제나 여성의 사회적 위치를 향상시키는 조치와 더불어 한 단계씩 발전했다는 것을 알 수 있다. 이로 인해 역사학자나 철학자들은 여성의 전반적인 지위가 올라가느냐 내려가느냐를 따져보는 것이, 한 민족이나 한 시대의 문명 발전 정도를 측정하는 가장 확실하고 정확한 기준이 된다고 믿었다. 지난 인류 역사의 상승 국면을 통틀어 볼 때, 여성의 사회적 지위는 남성과 비슷한 수준을 향해 접근해왔다. 그렇다고 이 사실만으로 남녀가 완전한 평등 관계에 도달하지 않으면 안 된다는 것을 증명할 수 있는 것은 아니다. 그러나 그렇게 되어야 한다고 주장할 수 있는 유력한 근거가 되는 것은 분명하다.

남성과 여성의 타고난 본성 때문에 그들이 각각 현재와 같은 기능과 위치를 담당하게 되었고, 또 그런 것이 본성에 적합하다고 말할 수 있는 근거는 아무것도 없다. 현재와 같은 남녀 관계가 유지되는 한, 상식과 인간 정신의 본질에 비추어볼 때 어느 누구도 남녀의 본성에 대해 안다거나 알 수 있다고 말할 수 없다. 만일 사회에서 여성 없이 남성만 살았거나 반대로 남성 없이 여성만 살았다면 또는 지금처럼 여성이 남성의 지배를 받지 않는 사회가 존재했다면, 각각의 본성 속에 들어 있는 정신적·도덕적 차이를 어느 정도 분명히 알 수 있었을지도 모른다. 오늘날 여성의 본성이라고 알려져 있는 것들은 확실히 인위적으로(특정한 방향을 향해 강압적으로 몰아가고, 또 어떤 방향으로는 부자연스럽게 자극을 준 결과로) 만들어진 것이다. 전혀 주저하지 않고 말하는 것이지만, 종속 상태에 있는 그 어떤 계급도 상전과의 관계 때문에 자신의 타고난 성질이 이처럼 철저하게 왜곡되는 경우는 없다. 정복자의 지배를 받는 사람이나 노예들은 비록 어떤 면에서는 더 가혹한 대우를 받기는 하지만, 그런 철권통치 아래서도 소멸되지 않고 아직 남아 있는 일부 성질을 조금이라도 자유롭게 발전시킬 기회가 주어지면, 그 본성의 법칙에 따라 그것을 꽃피울 수 있었다. 그러나 여성의 경우, 농업용 온실이나 부엌에서 일할 때 자신들의 타고난 본성을 일부 발휘하기는 하지만 그것도 전부 상전인 남성의 이익과 쾌락을 위한 것이었다. 따뜻한 대기 아래에서 알맞은 물과 풍부한 양분을 섭취하는 작물들은 생기가 넘쳐 싹이 잘 돋고 아주 빨리 자란다. 그러나 같은 뿌리에서 나오는 것이라 해도 추운 바깥에 팽개쳐두거나 일부러 얼음으로 뒤덮어놓으면 성장이 더딜 것이고 그중 일부는 아예 말라비틀어져서 죽고 말 것이다. 남성은 분석 능력이 현저하게 부족한 탓에 자기가 하는 일에 대해서도 잘 모른다. 그래서 엉뚱하게도, 나무가 자신들이 설정해놓은 틀 안에서 혼자 자란다고, 그리고 그 절반은 따뜻한 김이 서린 목욕탕에 두지 않아서 그리고 나머지 반은 눈보라 치는 밖에 둔 까닭에 죽고 만다고 믿고 있다.

오늘날 목격되듯이, 인간 정신의 발전 그리고 인생과 사회 문제에 대한 균형 잡힌 판단을 가로막는 온갖 어려움 중에서도 사람의 성격 형성에 영향을 주는 것들에 대한 말도 안 되는 무지와 무관심보다 더 심각한 것은 없다. 인간 가운데 일부가 그런 상황에 있는지 또는 그런 상황에 있는 것처럼 보이는지에 상관없이, 그런 무지하고 무관심한 사람들은 인간이 그렇게 될 수밖에 없는 자연적인 성향을 타고난다고 가정한다. 그러나 그들을 둘러싸고 있는 환경에 대해 최소한의 지식만 갖춘다면 그들이 왜 그렇게 되는지 분명히 알 수 있다. 아일랜드의 어떤 소작인이 부지런하지 못한 탓에 지주에게 줄 돈을 제때 지불하지 못한다고 해서 아일랜드 국민 전체가 원래 천성적으로 게으르다고 생각하는 사람들이 있다. 헌법을 지키도록 임명받은 권력자들이 오히려 헌법을 해칠 때 그 헌법이 타도될 수 있다는 이유에서 프랑스 국민은 자유로운 정부를 감당할 능력이 없다고 생각하는 사람들이 있다. 그리스인이 터키인을 속인 까닭에 터키인이 그리스인만 약탈했고, 따라서 터키인이 더 진실한 천성을 타고났다고 생각하는 사람들이 있다. 흔히 여성이 자신의 개인적인 문제에만 신경을 쓰고 정치에는 아무 관심도 없는 것처럼 말하는 사람들이 있다. 그들은 이런 이유에서 여성이 남성에 비해 사회 공공 이익에 상대적으로 더 무관심하다고 주장한다. 오늘날 과거에는 묻혀 있었던 역사의 새로운 진실이 많이 밝혀지는데, 우리는 그중에서 다음과 같은 새로운 교훈을 얻는다. 인간의 천성이 외부 환경에 의해 크게 영향을 받는 아주 예외적인 경우만 골라낸 뒤, 그 과정에서 생긴 극단적인 변형을 대단히 보편적이고 공통된 인간 본성이라고 우기면 어떻게 될 것인가? 그러나 여행할 때와 마찬가지로, 역사를 통해서도 인간은 언제나 이미 자신의 마음속에 들어 있는 것만 본다. 따라서 역사에서 큰 것을 배우기 위해서는 스스로 큰 그릇을 준비해야 하는데, 그런 사람은 별로 없다.

그러므로 현재 사회 상태에 비추어볼 때, "남성과 여성은 어떤 점에서 근본적으로 다른가?" 하는 지극히 어려운 문제에 대해 완벽하게 정확한 답을 찾는 것은 불가능하다. 거의 모든 사람이 이 문제에 대해 상투적인 편견을 가지고 있어, 부분적인 통찰이라도 얻을 수 있는 기회마저 무시하고 가볍게 여긴다. 사실 환경이 사람의 성격에 끼치는 영향에 대해서는 심리학의 가장 중요한 분야에서 분석적으로 연구하고 있다. 이에 따르면, 남성과 여성 사이의 도덕적·지적 차이가 너무 커서 그 간격을 도저히 메울 수 없을 정도라고 하더라도, 그들이 천성적으로 다르다는 사실을 증명할 수 있는 것은 별로 없다. 남성이든 여성이든 교육이나 외부 환경의 탓이라고 설명될 수 있는 것을 모두 빼고 남은 것만을 전적으로 자연적인 것이라고 말할 수 있을 것이다. 누구든지 도덕적이고 합리적인 존재라고 생각되는 남성과 여성 사이에 무엇인가 차이가 있다고 주장하려면, 그리고 그 차이가 무엇인지 이야기하고 싶다면, 무엇보다도 사람의 성격 형성에 관한 대단히 심오한 지식에 정통하지 않으면 안 된다. 그러나 지금까지는 아무도 그런 지식을 가지고 있지 않기 때문에(문제의 중요성에 비추어볼 때, 이것만큼 연구자들의 관심을 끌지 못한 소재도 없을 것이다) 그 누구도 이 문제에 대해 확실하게 주장할 자격이 없다. 지금 단계에서는 그저 추론만 할 수 있을 뿐이다. 사람의 성격 형성에 관한 심리학적 법칙에 대해 우리가 알고 있는 지식에 입각해서 어느 정도 그럴듯한 추론만 할 수 있는 것이다.

오늘날 남성과 여성 사이의 차이점이라고 생각되는 것에 관한 가장 초보적인 지식도 (어떻게 이런 차이가 생기는지에 관한 지식은 고사하고) 여전히 매우 조야하고 대단히 불충분하다. 의학자와 생리학자들은 남자와 여자의 신체가 어느 정도 다르다는 사실을 확인하고 있다. 이런 차이는 심리학자들이 간과할 수 없는 중요한 것이다. 그러나 의술에 종사하는 사람이 심리학에 정통한 경우는 거의 없다. 여성의 정신적 특징에 관한 한, 그들도 일반 사람들보다 더 아는 것이 없다. 이 문제에 대해 잘 알 수 있는 유일한 사람인 여성 자신이 자기 생각을 밝힐 기회를 거의 갖지 못하고, 또 설령 그런 기회가 주어진다 하더라도 대부분 거짓 진술을 하는 상황에서는, 확실한 지식은 결코 얻을 수 없다. 멍청한 여성을 발견하는 것은 어려운 일이 아니다. 세상 어느 곳에서든지 멍청한 사람은 다 똑같다. 이런 사람들은 주변 사람들의 생각과 감정에 쉽사리 영향을 받는다. 그러나 자신의 성품과 능력에 따라 자기 의견과 감정을 품을 수 있는 사람은 그렇지 않다. 그래도 최소한 자기 가족 중 여성의 성격에 대해서라도 어느 정도 지식을 가질 수 있는 사람은 남자뿐이다. 나는 지금 여성의 능력에 대해 말하고 있는 것이 아니다. 그것을 아는 사람은 아무도 없다. 심지어는 여성 자신들도 모르고 있다. 여성들 대부분이 그 능력을 발휘할 기회가 없었기 때문이다. 내가 말하고자 하는 것은 그들이 실제로 품고 있는 생각과 감정이다. 많은 남성이 여러 여성과, 경우에 따라 많은 여성과 연분을 맺어왔기 때문에 그들에 대해 완벽하게 잘 안다고 생각한다. 만일 그 남성이 좋은 관찰자라면, 그리고 그가 양적인 것뿐만 아니라 질적인 측면에 대해서도 경험을 했다면, 여성의 성격 중 특정 부분에 대해서는 잘 알 수 있을지도 모른다. 이것만 해도 사실 충분하다. 그러나 나머지 부분에 대해서는 전혀 모른다고 할 수 있다. 여성의 실체가 철저하게 가려져 있기 때문이다. 일반적으로 남성은 자기 부인을 통해 여성의 특성을 배우게 된다. 부인을 통해 여성에 대해 알 수 있는 기회가 늘어나고 또 그들에게 동정심을 가질 가능성도 높아진다. 내 생각으로는 이 문제에 관해 그나마 의미 있는 지식이 쌓여 있다면 바로 이런 상황 덕분이다. 그러나 이런 식으로 여성에 대해 접근하는 남성조차 그저 한 여성에게만 초점을 맞출 수 있을 뿐이다. 따라서 웃을 수밖에 없지만 자기 부인이 어떤 사람인가에 따라 여성 전체에 대한 남성의 관점이 결정된다. 그러나 이 경우에도 무엇인가 그럴듯한 결과가 나오기 위해서는 여성이 어느 정도 탐구의 대상이 될 만한 가치가 있어야 한다. 남성도 유능한 재판관일 뿐 아니라 따뜻한 동정심을 가지고 여성의 마음 깊은 곳을 직관적으로 잘 읽을 수 있거나 아니면 여성이 부끄럼 없이 자신을 쉽게 드러낼 수 있게 하는 뭔가를 지니고 있어야 한다. 그러나 우리가 잘 알고 있듯이, 이런 일은 참으로 드물다. 사람들은 외부의 일에 대해서는 감정과 이해관계 면에서 완벽하게 하나가 되지만, 서로 잘 아는 사람들끼리는 그 마음속을 들여다보기가 매우 어렵다. 심지어 서로 사랑하는 사이라 하더라도 한쪽은 지배하는 위치에 있고 다른 한쪽은 지배받는 상황이라면 완전한 상호 신뢰는 불가능하다. 의도적으로 숨기는 것은 아니지만, 어쨌든 많은 부분이 가려지는 것이다. 부모와 자식 간의 관계에 비유해보면, 이것은 일상적으로 목격된다. 아버지와 아들 사이의 정이 아무리 깊다 하더라도, 친구나 동료들은 잘 아는 아들의 성격에 대해 정작 아버지 본인은 제대로 모르는 경우가 숱하게 많다. 신분상 하급자가 상급자에 대해 숨김없이 완벽하게 그 마음을 여는 것이 지극히 어렵다는 것은 두말할 나위 없는 진실이다. 그 사람의 생각이나 감정과 어긋나면 어쩌나 하는 두려움이 너무 강한 탓에 아무리 직선적인 성격을 지닌 사람일지라도 무의식적으로 자신의 가장 좋은 점 또는 그 사람이 가장 보고 싶어 하는 측면만 보여주려는 경향이 있다. 그래서 분명히 말하지만, 아주 친밀할 뿐 아니라 동시에 대등한 관계가 아니라면 서로에 대해 충분히 잘 알기란 매우 어렵다. 여성이 남성의 지배 아래 놓여 있을 뿐 아니라, 그가 좋아하고 원하는 것에 자신의 모든 것을 맞춰가야 한다고, 그리고 남성의 마음에 드는 것을 제외하고는 여성이 아무것도 보여주거나 느끼게 해서는 안 된다고 오랫동안 교육받아 왔다면, 이 경우만큼 남성과 여성 사이를 가로막는 것이 또 있을 것인가. 이 모든 어려움 때문에 심지어 남성이 충분히 연구할 기회를 가지고 있는 한 여성에 대해서조차 완벽한 지식을 가지는 것이 불가능해진다. 우리가 다음과 같은 사실, 즉 한 여성에 대해 잘 안다고 해서 자동적으로 다른 여성에 대해서도 잘 알 수 있는 것은 아니고, 한 계층이나 한 나라의 많은 여성에 대해 공부할 기회를 가지고 있다는 것이 다른 계층이나 다른 나라의 여성에 대해서도 똑같이 잘 알 수 있다는 것을 뜻하지는 않으며, 또는 설령 그렇다 하더라도 그것은 역사적으로 어느 특정 시점의 여성에 관한 것일 뿐이라는 점을 깊이 고찰해본다면, 이런 말을 하지 않을 수 없다. 즉 여성 자신들이 해야 할 말을 다 들려주기 전까지는 남성이 여성에 대해 얻을 수 있는 지식(그들의 장차 모습이 아니라, 그저 지금까지 보여준 그리고 현재 이 시점에서 보여주는 모습만 가지고 이야기하더라도)이라는 것은 지극히 불완전하고 피상적이다. 또 앞으로도 그럴 것이다.

여성들이 하고 싶은 말을 다 할 수 있는 때는 아직 오지 않았다. 그런 시점은 아주 더디게 올 것이다. 여성들이 문학적 재능을 인정받거나 일반 대중을 향해 자신의 생각을 모두 표현할 수 있는 사회적 권리를 얻은 것은 불과 얼마전의 일이다. 그러나 실제로 자기 생각을 펼친 여성은 얼마 안 된다. 여성이 문학에서 성공할 수 있는지 여부는 남성의 손에 달려 있는데, 그 이유는 그들이 여성의 말을 잘 들으려 하지 않기 때문이다. 아주 최근까지 관례와 어긋나는 생각이나 주류에서 벗어난 것처럼 여겨지는 감정에 관한 글이 발표되었을 때, 심지어 그런 주장을 편 사람이 남성이라 하더라도 사회적으로 어떤 역풍이 불었는지 또 지금은 어떤지 생각해보자. 관습과 다수의 생각을 철칙처럼 따르도록 교육받고 자란 한 여성이 자신의 내면 깊숙한 곳에서 나오는 소리를 책 속에 표출하려고 할 때 감당하지 않으면 안 될 어려움에 대해 우리가 짐작이나 할 수 있을까? 자기 나라의 문학계에서 최고 반열에 오를 만큼 충분히 훌륭한 작품을 많이 남긴 한 위대한 여성 작가도 가장 용감한 책으로 평가받는 자신의 책 첫머리에다 다음과 같은 말을 덧붙이는 것이 필요하다고 생각했을 정도다. "남성은 세상과 용감하게 맞서 자기 생각을 표현할 수 있다. 그러나 여성은 남성들의 생각을 따라야 한다."* 여성이 여성에 대해 쓴 글은 대부분 남성에 대한 아부로 채워

* 스탈Staël 부인이 쓴《델핀Delphine》에 나오는 말이다.(주 29 참고)

져 있다. 아직 결혼하지 않은 여성의 경우, 그 글이 마치 좋은 남편을 만나기 위한 방편인 것처럼 보일 정도다. 기혼이나 미혼 가릴 것 없이 많은 여성이 정도를 넘어서, 정말 야비한 남성보다는 못하겠지만 정상적인 남성이 열망하거나 즐기는 수준 이상으로 노예근성을 심는 데 주력하고 있다. 그러나 최근 들어 상황이 많이 달라지고 있다. 문학계의 여성들이 점점 더 자유롭게 자기 목소리를 내고 있으며, 더 적극적으로 자신의 진정한 감정을 표현하기 시작했다. 불행하게도 영국의 경우, 특히 사정이 좋지 않다. 문학계의 여성들은 인위적으로 만들어진 생산물 같아서, 그 감정은 아주 미미한 분량의 개인적인 관찰과 의식만 담고 있고 나머지 대부분은 사회가 심어준 것들로 채워져 있다. 물론 이런 경향이 점점 줄어들기는 하겠지만, 남성이 사회적으로 누리는 것만큼 여성도 자유롭게 자신의 창의력을 발전시키지 못한다면, 그 근본적인 변화를 기대하기는 힘들 것이다. 그런 상황이 되어야 비로소 우리는 여성의 본성과 그에 따른 다른 성질들에 대해 최대한 잘 아는 데 필요한 것들을, 그저 단순히 듣는 데 그치지 않고 직접 보고 연구할 것이다.

지금까지 현 시점에서 남성이 여성의 참된 본성에 대해 정확한 지식을 가지지 못하도록 가로막는 것들을 길게 이야기해왔다. 다른 것도 그렇지만, 이 문제도 "사람이 많다고 정확하게 답을 알 수 있는 것이 아니기 때문이다." 중요한 것은 이런 문제에 대해 이성적으로 생각할 수 있는 가능성이 별로 없다는 점이다. 실제로는 여성에 대해 아무것도 모르면서 확실하게 안다고 착각하는 남성이 많은데, 사실 어떤 남성이든 여성의 이런저런 특징에 대해 전문가라고 불릴 정도의 지식을 가지는 것은 현재로서는 불가능하다. 다행스럽게도 남성들이 일상생활이나 사회생활을 통해 여성의 지위에 대해 그 정도의 깊은 지식을 가져야 할 이유는 없다. 현대 사회를 관통하는 모든 원리에 따르면, 여성과 관련된 문제는 여성 자신들의 경험과 판단에 따라 풀어나가야 하기 때문이다. 그런 문제는 어떤 한 사람이나 여러 사람이 풀 수 있는 것이 아니고 그저 본인들이 직접 부딪혀가며 해결해야 하는 것이다. 아무도 여성들의 행복한 삶을 위한 비결을 대신해서 찾아줄 수는 없다.

한 가지는 분명하다. 그것은 자기 본성에 따라 행동하도록 내버려둔다면, 여성이 그 본성에 어긋나는 일은 결코 하지 않는다는 점이다. 사람들은 흔히 자연이 두려워 자연이 하는 일을 가로막으려 하는데, 정말 쓸데없는 짓이다. 여성이 날 때부터 할 수 없는 일이라면 그것을 하지 못하게 막는 것은 그야말로 불필요한 일이다. 여성이 할 수 있는 일이지만 남성만큼 잘하지 못하기 때문에 경쟁 원리에 따라 배제된다면 그것에 대해서는 할 말이 없다. 아무도 여성 편에 서서 그들에게 특별 대우를 해줄 것을 요구하지는 않기 때문이다. 그저 오늘날 남성들이 어떤 특혜를 누리고 있는지 되돌아보기만 하면 된다. 만일 여성이 천성적으로 어떤 일에 대해 남성에 비해 특별한 강점을 가지고 있다면 법이나 사회적인 교육을 통해 일부러 여성에게 유리한 방향으로 유도할 필요는 없다. 무엇이든지 여성이 상대적으로 경쟁력을 가지고 있는 일이라면 자유 경쟁에 맡기는 것이 여성에게 가장 도움이 된다. 글자 그대로, 여성은 자신에게 가장 잘 맞는 일을 가장 잘할 수 있다. 여성이 그런 일을 할 수 있게 되면 남성과 여성이 지닌 능력이 사회 전체적으로 가장 유익한 결과를 낳을 수 있는 것이다.

흔히 남성이 여성에게 자연스럽게 가장 잘 맞는 일은 마누라와 엄마 노릇이라고 생각하는 것처럼 인식되고 있다. 나는 여기에서 '생각하는 것처럼'이라는 표현을 썼다. 왜냐하면 남성이 겉으로 하는 일(즉 현재의 사회구조 전체)만 놓고 본다면, 그들이 전혀 다른 방향으로 생각한다고 볼 수 있기 때문이다. 여성에게 가장 자연스럽게 어울린다고 하는 일들이 사실은 그들의 천성과 가장 어울리지 않는 것이라고 남성이 생각할 수도 있는 것이다. 만일 여성이 무슨 일이든 원하는 대로 할 수 있다면, 다시 말해 자신의 시간과 능력을 활용해서 생활 방식이나 직업을 가질 수 있다면, 그리고 여성 자신이 진정 그 방향으로 나가기를 원한다면, 남성은 현재 여성에게 자연스럽게 잘 맞는다고 하는 일은 기꺼이 받아들일 여성이 얼마 되지 않는다고 생각할지도 모른다. 이것이 남성의 일반적인 생각이라면 솔직하게 드러내는 것이 좋다. 누구든지 자기 생각을 공공연히 밝히는 것을 듣고 싶다. 이 주제에 관한 글들(이를테면 "사회를 위해서는 여성이 결혼해서 아이를 낳는 것이 반드시 필요하다. 그러나 여성은 자발적으로는 그런 일을 하려 하지 않는다. 따라서 그들이 그렇게 하도록 강제적으로 시켜야 한다" 같은 글)이 이미 그런 내용을 많이 담고 있지 않은가? 이 문제의 타당성은 더 이상 거론할 필요가 없을 정도로 분명하다. 미국 사우스캐롤라이나와 루이지애나의 노예 주인이 바로 이런 생각을 하고 있다. "목화와 사탕수수를 길러야 한다. 백인 남성들은 그런 일을 할 수 없다. 우리가 품삯으로 얼마를 주든 검둥이들은 일을 하지 않을 것이다. 그러므로 그들에게 억지로라도 일을 시켜야 한다." 이보다 강제 징병을 예로 드는 것이 이해하기 더 쉬울 것이다. 나라를 지키자면 수병水兵이 반드시 있어야 한다. 그러나 자발적으로 군대에 가려는 사람은 그리 많지 않다. 그러므로 강제로라도 그들을 군대에 보낼 권력이 필요하다. 이런 논리를 얼마나 자주 써먹었던가? 그리고 한 가지 흠만 아니라면, 이런 방식은 분명히 지금까지도 통용되었을 것이다. 그러나 이것은 수병들에게 그 수고에 합당한 대우를 먼저 해주어야 한다는 전제를 충족시키지 않으면 안 된다. 당신을 위해 그들이 봉사할 때, 다른 사람을 위해 일할 때 받는 만큼 대우해준다면 그들을 확보하는 데 그다지 어려움을 겪지는 않을 것이다. '나는 그렇게 하지 않겠다'는 것이 아니라면, 이 문제에 대한 다른 논리적 대답은 없다. 오늘날 다른 사람의 노동의 대가를 훔치는 것을 부끄러워할 뿐만 아니라 또 그럴 생각도 없는 상황에서, 징병제는 더 이상 힘을 얻을 수 없다. 여성에게 다른 기회의 문은 다 닫아버린 채 억지로 결혼을 시키려는 사람은 강제 징병론자가 직면했던 것과 같은 반박을 받지 않을 수 없다. 그들의 말을 그대로 받아들이자면, 남성 자신도 여성이 혹해서 스스로 결혼을 하고 싶어 할 정도로 결혼 생활을 아주 멋지게 만들고 있다고는 생각하지 않는 것이 분명하다. 그러나 '이것 아니면 그만두고'라는 홉슨[8]식의 양자택일만 허용한다는 것은, 자신이 제공하는 혜택을 대단히 매력적인 것이라고 생각하지 않는다는 뜻이다. 분명히 말하지만, 이런 것이 바로 여성이 남성과 동등한 자유를 누리는 것에 대해 강한 반감을 가진 남성의 속마음을 알 수 있는 근거가 된다. 그런 남성이 여성이 결혼을 하지 않을까 두려워하는 것은 아니라고 생각한다. 왜냐하면 실제로 그런 걱정을 하는 사람은 아무도 없기 때문이다. 그러나 그들은 여성이 평등한 상태에서 결혼 생활을 해야 한다는 주장에 대해서는 무서워한다. 그리고 결혼을 한다는 것이 상전, 그것도 여성이 지닌 세속적인 모든 소유물의 주인에게 헌신하는 것을 뜻한다고 할 때, 남성은 정신과 능력을 제대로 갖춘 여성이 결혼을 하기보다는 의미 있는 다른 일을 하려 드는 것을 두렵게 여긴다. 사실 이런 일이 결혼에 불가피하게 따르는 것이라면, 그런 걱정은 그럴 만한 이유가 있는 셈이다. 사회적으로 존경받는 일을 할 가능성이 열려 있을 경우, 거역할 수 없는 유혹 때문에 당분간 다른 것을 전혀 생각할 수 없는 그런 상황이 아니라면, 능력이 탁월한 여성들이 결혼이라는 운명을 선택할 리가 없다. 그리고 남성들 입장에서 여성의 결혼은 곧 독재자의 수중에 들어가는 것이나 마찬가지라는 사실을 포기할 수 없다면, 홉슨처럼 양자택일을 강요하는 것은 있을 법한 일이다. 그러나 만일 그렇다

8 John Atkinson Hobson, 1858~1940. 영국의 경제학자다.

면, 지금까지 현대 사회가 여성의 영혼을 옥죄는 사슬들을 풀기 위해 기울인 모든 노력은 잘못된 것으로 보아야 한다. 여성에게는 결코 교육의 기회를 줄 필요가 없었던 것이다. 글을 쓸 수 있는 여성은 말할 것도 없고, 책을 읽을 수 있는 여성도 이 시대 상황에 비추어본다면 모순이요, 골치 아픈 일이 분명하다. 노예나 집 안의 하인 이상으로 여성을 키우면 안 되는 것이다.

2장 왜곡된 결혼 생활

우리가 다루는 문제를 좀 더 깊이 논의하기 위해 일상생활에서 흔히 목격되는 사례를 구체적으로 검토해보는 것이 좋겠다. 영국을 비롯한 많은 나라는 결혼이라는 계약에 대해 법률적으로 어떤 조건을 달고 있는가? 이런 사회에는 결혼이 여성의 운명을 결정한다는 생각이 널리 퍼져 있기 때문에, 결혼에 대비해서 여성을 키우고 있다. 따라서 지나치게 매력이 없는 탓에 남성들이 외면하는 경우를 제외하고는, 모든 여성은 결혼을 반드시 추구해야 할 목표로 삼고 있다. 그래서 여성이 결혼 조건을 충족시키지 못한 탓에 후회하는 일이 없도록 가능한 모든 조치를 취해야 한다고 생각하는 사람이 있을 정도다. 그러나 다른 모든 문제와 마찬가지로, 사회는 특히 이 문제에 대해 공정하지 못한 방법을 동원해서 그 목표를 달성하기를 원했다. 이것은 사회가 오늘날까지도 끊임없이 자기주장을 관철하고 있는 유일한 경우다. 원래 여성은 힘으로 탈취되든가, 아니면 아버지에 의해 남편에게 팔려갔다. 유럽에서는 아주 오랫동안 아버지가 당사자에게 물어보지도 않고 자기 마음대로 딸의 결혼 문제를 결정했다. 교회는 결혼식장에 서 있는 신부로부터 '예'라는 형식적인 답변을 듣는 것 이상의 아무런 도덕적 기준을 요구할 수 없었다. 신부의 동의가 강제에 의한 것이 아님을 증명할 수 있는 것은 없었다. 수도원에 들어갈 각오를 하고 교회의 보호를 받는 상황이 아니라면 신부가 단호한 의지를 가진 아버지의 뜻을 거역한다는 것은 사실상 불가능했다. 옛날에는(기독교 탄생 이전을 말한다) 일단 결혼을 하고 나면 여성의 죽고 사는 문제는 남편의 손에 달렸다. 남편의 학대에 맞서 싸울 때 의지할 수 있는 법은 없었다. 남편이 곧 여성의 유일한 재판관이요, 법이었다. 오랜 세월 동안 남편은 마음대로 이혼할 수 있었지만, 여성에게는 그럴 권리가 없었다. 영국의 고대법에서는 남편을 여성의 주인으로 불렀다. 남편은 글자 그대로 여성의 주권자인 셈이었다. 아내가 남편을 죽이면 그것은 반역죄에 해당했다. (비록 심각한 것이 아니라 가벼운 반역죄로 불리기는 했지만) 그 처벌은 통상적으로 1급 반역자들이 받는 것보다 훨씬 더 가혹해서 화형에 처해졌다. 이런 극악한 관례들이 더 이상 눈에 띄지 않기 때문에(그러나 그런 것 대부분이 형식을 갖춰 폐지된 적은 결코 없고 그저 오랫동안 실행에 옮겨지지 않았을 뿐이다), 사람들은 이제 결혼을 둘러싼 문제들이 바른 길로 들어섰다고 생각하기 쉽다. 이에 덧붙여 우리는 문명의 발전과 기독교의 등장 덕분에 여성들도 정당한 권리를 누리게 되었다는 말을 반복해서 듣고 있다. 그러나 현실적으로 여전히 아내는 남편의 종이나 마찬가지다. 비록 법적인 신분 차별은 없어졌으므로 노예라고 부를 수는 없지만, 실제로는 노예나 다를 바가 없다. 결혼식 단상에서 남편에게 평생토록 복종할 것을 서약하고 나면 여성은 일생을 통해 그것을 지켜야 한다. 법이 그렇게 규정하고 있다. 어떤 사람은 여성이 복종한다고 해도 범죄를 저지르는 것까지 강요당하지는 않는다고 궤변을 늘어놓을지도 모르겠지만, 분명한 것은 여성은 무슨 일이든 남성이 시키는 일을 하지 않으면 안 된다는 점이다. 여성은 남성의 허락이 없으면 아무런 일도 할 수 없다. 적어도 암묵적인 허락은 받아야 한다. 여성은 재산도 전혀 소유할 수 없다. 오직 남성의 이름으로만 취득할 수 있을 뿐이다. 여성이 어쩌다가 재산을 가지게 되더라도, 심지어 유산으로 받는 것이라 하더라도 바로 그 순간 그것은 결국 남성의 것이 되고 만다. 이런 현실을 보면 영국 관습법상 아내의 지위는 다른 여러 나라의 노예보다 못하다고 할 수 있다. 예를 들어 로마의 노예들은 법적으로 개인 재산을 가질 수 있었다. 그래서 일정 한도 안에서는 노예 자신만 그 재산을 쓸 수 있도록 법이 보장해주었다. 영국의 상류계급은 법 규정을 무시한 채 자기 집안의 여성들에게도 그것과 비슷한 혜택(용돈 등의 특별한 형태로)을 주었다. 같은 계급의 남성에 대한 동류의식보다 부모로서의 감정이 더 진했기 때문에, 아버지들은 낯선 사위보다 자기 딸을 더 위하곤 하는 것이다. 돈 많은 집에서는 유산으로 물려받은 여성 재산의 전부나 일부에 대해 남편이 절대적 권한을 행사하지 못하게 할 수 있다. 그러나 아내가 그런 재산을 마음대로 처분할 정도는 되지 못한다. 기껏해야 정당한 소유자인 자신이 자유롭게 사용하지 못하는 대신, 남편도 함부로 재산을 탕진하지 못하게만 할 수 있을 뿐이다. 재산 그 자체에 대해서는 양쪽 모두 어떻게 할 수 없다. 그 재산에서 수입이 생길 때, 아내에게 가장 유리한 방식('아내가 따로 쓸 수 있게 한다'는 규정을 말한다)이라고 해봤자 그저 남편이 아내 대신 가로채지 못하게 하는 것뿐이다. 그런 수입은 반드시 아내 손을 거쳐야 한다. 그러나 이 경우에도 아내가 그 수입을 손에 넣자마자 남편이 폭력을 행사해서 빼앗는다 하더라도 처벌받거나 반환해야 하는 일은 없다. 오늘날의 영국 법체계 아래에서는 아무리 신분이 높은 귀족이라 하더라도 결혼한 딸에게 이 정도 이상의 보호를 해줄 수가 없다. 절대 다수의 사람은 이런 정도의 방패막이도 기대할 수 없다. 행동의 자유는 물론, 모든 권리와 재산을 철저하게 박탈당한다. 남편과 아내는 '법적으로 같은 사람'이라고 불리지만, 그것은 단지 아내 소유는 전부 남편 것이라는 의미에서나 그럴 뿐이다. 그 반대의 경우, 즉 남편 소유가 모두 아내의 것이 되는 일은 결코 없다. 아내의 행동에 대해 남편이 제3자에게 책임을 지는 경우(노예나 가축에 대해 그 주인이 책임을 져야 하듯이)를 빼고 나면 '법적으로 같은 사람'이라는 규정은 남편에게 전혀 적용되지 않는다. 나는 여기에서 아내가 노예보다 더 못한 대우를 받는다고 말하려는 것이 결코 아니다. 그러나 어떤 노예도 아내만큼 그렇게 길게 그리고 그토록 힘들게 종살이를 하지는 않는다. 바로 옆에서 주인의 시중을 들어주는 경우라면 몰라도, 보통 노예들은 아내처럼 그렇게 한시도 쉬지 않고 일하지 않는다. 일반적으로 노예는 군인들처럼 정해진 일을 끝내고 나면 또는 당번이 아니면, 일정한 한도 안에서 자유 시간을 가질 수 있다. 그리고 노예 개인의 가정 일에 대해서는 주인도 함부로 관여하지 않는다. '엉클 톰'[9]이 첫 번째 주인 밑에서 일할 때 톰은 자기 '집'에서는 자기만의 시간을 가질 수 있었다. 집 바깥에서 일을 해야 하는 여느 사람과 거의 다를 바 없이 자유롭게 가족 문제에 매달릴 수 있었던 것이다. 그러나 아내는 그렇지 못하다.

나아가 (기독교 국가의) 여성 노예들은 주인의 성적인 요구를 거부할 수 있는 권리를 가진 것으로 받아들여지고 있으며 또 도덕적으로도 그렇게 해야 한다고 인식된다. 그러나 아내들은 그렇지 않다. 아무리 야수 같은 폭군에 매여 있더라도, 남편이 아내를 극도로 미워해서 매일매일 아내를 학대하는 데 재미를 느끼고 있을 정도라고 하더라도, 남편은 아내에게 인간으로서는 가장 참기 어려운 일, 즉 본인의 기분과 상반되더라도 남성의 동물적 욕구를 해소해줄 것을 당당하게 요구

9 미국의 작가 스토Harriet Beecher Stowe가 1852년에 쓴 《톰 아저씨의 오두막Uncle Tom's Cabin》에 나오는 흑인 주인공.

할 수 있고 나아가 강요할 수 있는 것이다. 여성이 이처럼 인격적으로 최악의 노예 상태에 있다고 할 때, 그녀와 그 주인의 공동 관심사가 되는 아이들 문제에 대해 여성은 어떤 위치에 설 수 있겠는가? 아이들은 법적으로 그의 아이들이다. 자녀들에 대해 남편만 법적인 권리를 가지는 것이다. 남편이 위임한 것이 아니라면, 아내는 아이들에 대해 그리고 그 관계에서 아무것도 할 수가 없다. 남편이 죽으면서 유언으로 남기지 않는다면, 심지어는 그의 사후에도 아내는 아이들의 법적 보호자가 될 수 없다. 나아가 탤퍼드 법안[10]이 통과되면서 어느 정도 제한을 가하기 전에는, 남편이 아이들과 아내를 격리해서 서로 만나거나 연락하지 못하게 할 수도 있었다. 아내의 법적 위상은 이 정도로 취약하다. 여성은 이런 상태에서 도저히 빠져나갈 방도가 없다. 여성이 남편과 헤어지게 될 경우에는 아무것도 가져갈 수 없다. 아이들은 물론 그녀 자신의 정당한 소유도 가져갈 수 없다. 남편은 법에 의해 또는 물리적 강제력을 동원해서 아내를 강제로 돌아오게 할 수 있다. 아니면 여성이 앞으로 벌어들일 돈이나 친지로부터 받을 재산을 빼앗아 쓰는 데 만족할 수도 있다. 오직 법원의 정식 이혼 판결을 받아야만, 여성이 폭압적인 남편의 손에 잡혀 다시 감옥 같은 집으로 끌려가거나 20년 세월 동안 보지 못하다가 갑자기 나타난 남편에게 그동안 힘들게 벌어 모은 돈을 모조리 빼앗기는 일을 피할 수 있는 것이다. 그러나 얼마전까지만 해도 법원으로부터 정식 이혼 판결을 받는 것은 소송 비용이 비싼 까닭에 일부 상류계급 사람들에게나 가능한 일이었다. 오늘날에도 남편으로부터 버림받거나 극도로 잔인한 취급을 당하는 아내에게만 그 문이 열려 있는데, 그나마 너무 쉽게 이혼을 허용한다고 불평하는 소리

10 Serjeant Talfourd's Act. 1839년에 제정된 법으로 여성에게도 자기 자식을 데리고 살 수 있는 권리를 부여했다.

가 끊이지 않는다. 여성이 독재자의 몸종이나 다름없는 신세인 채 아무런 꿈도 없이 지겨운 일상을 감내해야 하고, 진정 자신이 원하는 일을 할 수 있게 도와주는 선의의 남성을 만나는 것만이 인생 최고의 희망인 상황에서, 여성에게 평생 오직 한 번만 이혼할 수 있는 기회를 준다는 것은 너무 가혹한 일이 아닐 수 없다. 여성의 인생 자체가 오직 좋은 주인을 만나는 것에 달려 있다면, 정말 그런 사람을 만날 때까지 배우자를 계속 바꿀 수 있어야 상황 논리에 맞다. 나는 지금 이 자리에서 여성에게 그런 특권을 부여해야 한다고 말하려는 것은 아니다. 그것은 전혀 다른 이야기다. 지금 재혼할 수 있는 자유를 전제한 상태에서 이혼 문제를 다루려는 것이 아니다. 내가 강조하고 싶은 것은 단지 노예처럼 사는 것만 허용된 사람들이 최소한 자신의 주인을 고를 자유를 가지는 것이, 대단히 불충분하기는 하지만, 그런 고통을 줄이는 유일한 방편이 된다는 점이다. 이것을 허용하지 않는 것은 아내를 완벽한 노예 상태로 빠뜨리는 것과 같다. 그리고 이 경우 노예와 주인의 관계는 결코 원만하지 못하다. 왜냐하면 어떤 노예 관련 법규에서는 주인이 가혹 행위를 하면 노예가 자신을 다른 사람에게 팔 것을 요구할 수 있도록 하기 때문이다. 그러나 영국에서는 그 가혹 행위가 아무리 심각하더라도 그리고 남편이 아무리 다른 여성과 관계를 가지더라도, 아내가 자신을 괴롭히는 폭군으로부터 헤어날 길이 없다.

이런 문제를 과장하고 싶은 생각은 없다. 그리고 이 문제에 대해서는 굳이 과장할 필요도 없다. 지금까지 나는 아내의 법적 신분에 대해 묘사했지, 그들이 실제 어떤 대우를 받고 있는지 이야기하지 않았다. 대부분의 국가에서 법은 그것을 실제 집행하는 사람들보다 힘이 훨씬 약하다. 상당수의 법은 거의 또는 결코 집행되지 않는 까닭에, 가까스로 법으로 남아 있다고 해야 할 정도다. 만일 결혼 생활이 짐작처럼 너무 형편없어서 오직 법만 쳐다보고 있어야 할 지경이라면, 이 사회는 지옥이나 다를 바 없을 것이다. 다행스럽게도 많은 남성이 폭군과 같은 충동과 성향을 차단해주거나 아니면 최소한 완화시켜주는 감정과 이해관계를 가지고 있다. 이런 감정 중에서도 특히 남성과 그의 아내 사이를 연결해주는 끈은 정상적인 상황에서는 그 어느 것과 비교할 수 없을 정도로 강하다. 이것과 견줄 만한 것이 딱 하나 있다면 그것은 바로 그와 자식의 관계인데, 이런 끈은 아주 예외적인 상황이 아니라면 앞에서 말한 것과 상충되기보다 오히려 서로를 강화해준다. 바로 이 사실 때문에 기존 남녀 관계를 옹호하는 사람들은 남성이 자신에게 합법적으로 주어지는 무지막지한 권력을 마음대로 휘두르면 온갖 비참한 일이 벌어지겠지만, 그들이 그렇게 할 리가 없고, 따라서 여성이 그것 때문에 고통을 당하지는 않을 것이라고 생각한다. 이들은 현재 목격되는 모든 불평등은 정당한 것이며, 일부 불만족스러운 것이 있더라도 그것은 모든 위대한 좋은 일에 따를 수밖에 없는 필요악이므로 감내해야 한다고 주장한다. 그러나 그저 관행만 완화해나가는 것은, 다시 말해 독재에 대해 사과하는 대신 이런저런 형태의 폭압을 완전히 합법적으로 유지하는 것은, 인간 본성이 사악한 제도에 대항할 수 있는 어떤 힘을 가지고 있는지 그리고 사람의 성격 중에서 나쁜 것뿐 아니라 좋은 것의 씨앗이 어느 정도 강력한 힘으로 자신을 퍼뜨리는지 증명하는 데만 기여할 수 있을 뿐이다. 독재 중에서도 정치적 독재에 대해 특히 주목해야 한다. 절대 권력을 가진 왕이라 해서 모두 창가에 앉아 고통에 신음하는 백성을 보고 즐거워하거나, 누더기 같은 옷마저 벗겨 길가로 내몰아 벌벌 떨게 하는 것은 아니다. 루이 16세[11]가 폭압 정치를 했다지만 필리프 4세[12]나 나디르 샤[13] 또

11 Louis XVI, 1754~1793. 프랑스의 왕으로 프랑스혁명 직후 처형되었다.

12 Philippe IV, 1268~1314. 프랑스 카페 왕조의 11대 왕으로, 프랑스의 통일체제를 처음 갖추고 왕권을 크게 강화했다.

13 Nadir Shah, 1688~1747. 이란의 왕으로, 흔히 '아시아 최후의 정복자'라고 불린다.

는 칼리굴라[14]와 한데 묶을 수는 없다. 그가 저지른 전횡의 폐해가 너무 심해 프랑스혁명이 정당성을 얻는 데 부족함이 없었고, 심지어 혁명으로 인한 후유증조차 덮어버릴 정도였지만, 그래도 그들과 같이 취급할 수는 없다. 만일 남편과 아내 사이에 존재하는 강력한 유대 관계를 강조한다면, 집 안에서 부리는 노예에 대해서도 같은 말을 할 수 있을 것이다. 과거 로마나 그리스에서는 노예들이 고문을 못 이겨 주인을 배신하기보다 차라리 죽음을 택하는 것이 무척 흔한 일이었다. 로마 시대 때 내전에 관한 기록을 보면, 아들은 배반을 밥 먹듯이 하지만 아내와 노예들은 영웅적인 충성을 마다하지 않았다고 되어 있다. 그럼에도 로마인들이 얼마나 잔혹하게 노예들을 다루었는지 우리는 잘 안다. 사실 이런 긴밀한 개인적 감정은 다른 어떤 곳에서보다도 제일 잔악한 제도 속에서 가장 강렬하게 표출되었다. 사람들이 자신의 삶을 완전히 말살시킬 수 있는 힘을 가졌지만 그 사용을 자제하는 권력자들에 대해 무엇과도 비교할 수 없을 정도로 진한 고마움을 느낀다는 것은 인생에서 참으로 이해하기 어려운 일 중 하나다. 보통 사람들에게 이런 감정이 얼마나 중요한 위치를 차지하는지 묻는다는 것은 잔인한 일일 것이다. 종교적 헌신도 같은 맥락에서 볼 수 있다. 우리는 주변에서 열심히 신을 섬기지만, 오히려 신으로부터 외면당하는 듯한 사람을 자주 본다. 신의 은총을 많이 받지 못한 그런 사람들의 언행을 통해 창조주를 향한 감사의 마음이 자극받는 일이 매일같이 벌어지고 있는 것이다.

노예제나 절대주의 정치체제 또는 절대적 권한을 휘두르는 가장제 등 어떤 제도든지 그것을 옹호하는 사람은 언제나 그것의 가장 훌륭한 측면을 부각시킨다. 이를테면 사랑이 넘치는 자상한 권력자가 탁

14 Caligula, 12~41. 고대 로마의 제3대 황제로 포악한 정치를 하다가 재위 4년 만에 근위병 장교에게 암살당했다.

월한 지혜를 가지고 백성에게 가장 이익이 되는 방향으로 나라를 다스리고, 백성은 백성대로 기쁜 마음으로 권력자를 칭송하며 그 지배를 기꺼이 받아들이는 모습을 보여주려 하는 것이다. 만일 어느 누구라도 세상에는 그렇게 훌륭한 사람이 존재할 수 없는 것처럼 함부로 행동한다면 이런 모든 시도가 그 목적을 달성할 수 있을 것이다. 사실 선한 의지를 가진 절대 권력자가 나라를 다스릴 때 선과 행복과 사랑이 넘쳐나리라는 것을 의심할 사람이 어디에 있겠는가? 그러나 법과 제도는 착한 사람이 아니라 사악한 사람을 염두에 두고 만들어져야 한다. 결혼이라는 제도는 소수의 선택된 사람들만을 위해 존재하는 것이 아니다. 남성이 결혼식에 앞서 일종의 필요 의례로 자신들이 절대적인 권력을 휘두를 자격이 있다는 것을 증명해야 할 의무를 진 것은 아니다. 폭넓은 사회적 관계를 가진 사람들은 자신의 아내와 자식들에 대한 사랑과 헌신이 대단하다. 별다른 사회적 관계를 맺지 않고 있는 상당수 사람들 역시 그렇다. 선량한 사람과 사악한 사람에도 여러 등급이 있어, 개중에는 아무런 인간관계도 맺을 수 없고 사회적으로는 최후의 수단으로서 법에 따라 처벌하는 것 외에는 할 수 있는 것이 아무것도 없는 그런 인간도 있듯이, 아내와 자식들에 대한 남성의 애정도 한마디로 압축할 수 없을 정도로 다양한 형태를 띤다. 인간으로서의 등급이 높든 낮든, 그들은 남편에게 주어지는 모든 법적 권리를 빠짐없이 향유한다. 아주 악독한 인간은 자신에게 매인 가련한 여인에 대해 그녀를 죽이는 것만 빼고는 어떤 나쁜 짓도 할 수 있다. 그러면서도 웬만큼만 조심하면 법의 심판을 걱정하지 않아도 된다. 세계 각국의 최하층계급 중에는 불쌍한 자기 아내에게 습관적으로 가혹하기 이를 데 없는 신체적 폭력을 가하는 인간들이 얼마나 많은지 모른다. 이들은 다른 생활 영역에서는 문제 될 행동을 하지 않는다. 함부로 폭력을 행사했다가는 그에 상응하는 처벌을 받아야 하니 조심하지 않을 수 없는 것이다. 이 비참한 여성들은 자신의 힘만으로는 그런 처참한 굴레를 벗어던지지도 도망치지도 못한다. 이들이 남편에게 과도하게 의존하다 보니 그들이 야비하고 천박한 마음을 먹도록 부추기는 결과를 낳게 된다. 자기에게 운명을 전적으로 맡기다시피 하고 있는 사람에게 관대한 마음으로 잘 대우해주기보다는, 다른 사람들을 대할 때 잘 지키는 예의 같은 것도 아내에 대해서는 무시하며 마치 물건처럼 마음 내키는 대로 다루어도 법적으로 아무 문제가 안 된다고 생각하는 것이다. 사실 얼마전까지만 해도 남편은 아내를 극단적으로 억압하더라도 아무런 법적 처벌을 받지 않았다. 그러다가 최근 몇 년 사이에 그런 일에 대해 일부 제재 조치가 취해지고 있지만 그 결과는 미미하기만 하다. 그리고 그런 시도가 상황을 크게 바꿀 수 있으리라고 기대할 수도 없다. 이런 조치가 피해자들을 든든한 법의 보호 아래 두면서 남편의 가혹 행위를 실제적으로 방지할 수 있다고 생각하는 것은 이상적인 기대일 뿐, 이제까지의 경험에 비추어볼 때 가능성이 없기 때문이다. 남편이 폭력을 휘두르면 유죄 판결을 받거나, 첫 번째 판결을 받은 뒤 같은 일을 되풀이하면 무조건 아내가 이혼을 청구할 수 있는 권리나 최소한 법적으로 별거할 수 있는 권리를 가지지 못한다면, 이런 '악질적 가혹 행위'를 방지하기 위해 법적 제재를 가하려는 시도는 결과적으로 기소를 담당할 검사나 여성의 편을 들어줄 증인이 없는 탓에 좌초하고 말 것이 분명하다.

어떤 선진국에서든 야수보다 별로 나을 것 없는 남성이 헤아릴 수 없이 많지만, 혼인법 때문에 그들이 불쌍한 희생자들을 낚아채는 것을 도저히 막을 수가 없다. 제도가 악용됨으로써 인류 사회의 비극이 얼마나 커지고 깊어지는지 상상하기조차 힘들다. 그러나 이것은 단지 극단적인 경우일 뿐이다. 최악의 상황에 이르기 전 단계에서도 기가 막힌 일이 수도 없이 벌어지고 있다. 정치적으로 전횡을 부리는 괴물과 마찬가지로, 가정에서 절대적 권력을 휘두르는 자들도 자신이 원할 경우에는 어떠한 무서운 일이든 벌어질 수 있음을 몸소 보여줌으로써 그 제도의 진면목을 알려준다. 그러면서 이것보다 정도가 조금 덜할, 그러나 극악하기 이를 데 없는 일들이 얼마나 자주 벌어지는지 분명히 보여준다. 절대적으로 나쁜 악마는 천사만큼이나, 아니 그보다 훨씬 더 드물 것이다. 그러나 흉포하고 잔인한 그러면서도 때로 인간적인 모습을 하는 야만인은 상당히 많다. 이런 자들과 인간의 진정한 면모를 보여주는 훌륭한 사람의 양 극단 사이에 이기적이고 동물적인 온갖 수준의 인간들이 얼마나 많은지 모른다. 그래서 때로 문명, 심지어는 교양의 가면을 쓴 채 법을 잘 지키고 자기 권한 밖에 있는 많은 사람에게 믿음직한 인상을 심어주면서, 동시에 그들의 삶을 지긋지긋하게 고통스러운 것으로 만들 수 있는 인간 군상이 한둘이 아닌 것이다! 보통 남성들이 권력을 행사할 주제가 되지 못한다는 사실을 되풀이해 말하는 것은 시간 낭비일 것이다. 이 문제는 오랜 세월을 거치면서 정치적 논란으로 일단락된 것이기 때문에 모든 사람이 그 내용을 외울 수 있을 정도다. 우리 주변의 그럴듯한 남성이 아니라 비천하기 이를 데 없는 저 밑바닥 인간들까지 모두 권력을 행사해야 한다고 주장할 사람은 없을 것이다. 십계명을 위반하지 않았고, 잠자리를 강요할 수 없는 사람을 대할 때는 점잖은 모습을 보여주며, 자기가 어떤 행동을 해도 참아야만 하는 사람이 아니라면 누구에게도 고약한 성질을 폭발하지 않는 남성이라고 해서, 그가 집 안에서 아무런 제지도 받지 않는 상황에서도 그런 식의 행동을 똑같이 하리라고 기대할 수는 없는 것이다. 아주 평범한 남성도 자신에게 맞설 만한 힘을 갖지 못한 대상을 향해서는 폭력을 행사하고, 변덕스럽게 심술을 부리며, 노골적으로 이기적인 모습을 자주 보여준다. 상급자와 그 아래에 종속된 사람들 사이의 관계가 이런 좋지 못한 성격이 자라나는 토양이 된다. 그와 같은 성격이 다른 곳에서 발견된다 하더라도 사실은 바로 이런 관계에서 파생된 것이다. 자기 동료들에게 까다롭게 굴거나 폭력적인 사람은 분명히 자기보다 못한 사람들(위협하거나 끈질기게 물고 늘어짐으로써 끝내 복종시킬 수 있는 사람들) 틈에서 살아왔을 것이다. 흔히 이상적인 형태의 가정은 동정심과 친절한 마음, 그리고 자기를 기꺼이 포기할 수 있는 마음을 길러주는 학교와 같다고 이야기한다. 그러나 한 집안의 우두머리 입장에서 본다면, 가정은 분명 제멋대로 살며 무서울 정도로 횡포를 부리고, 끝없이 방탕한 생활을 하며 구제할 수 없을 정도로 이기적인 사람이 똬리를 틀 수 있는 온실과도 같다. 이런 곳에서는 가장의 자기희생이라는 것도 대단히 편협한 성격을 띠고 있다. 다시 말해 아내와 자식들에 대한 염려와 사랑은 남성 자신의 이익과 소유물에 대한 집착에 지나지 않고, 그들의 행복에 대한 고려라는 것도 자신의 보잘 것 없는 욕심 앞에서는 아무 힘도 발휘하지 못한다. 현재와 같은 상황 아래에서 더 이상 무엇을 기대할 수 있겠는가? 우리는 인간의 타고난 못된 성질이 마음대로 힘을 발휘하지 못하게 해야만 그것을 억누를 수 있음을 잘 안다. 또한 우리는 지배하는 위치에 있는 사람 거의 대부분이 아랫사람들이 도저히 참지 못해 저항하기 전까지 계속해서 아무 생각 없이 그저 습관적으로 그들을 괴롭힌다는 사실도 잘 안다. 인간의 천성이 원래 그런 것이다. 현재의 사회제도는 남성이 적어도 한 인간(같이 사는 사람, 언제나 옆에 두고 지내는 사람)에게 거의 무제한의 권력을 휘두를 수 있게 해준다. 이런 권력은 그 남성의 본성 깊숙한 곳에 잠재해 있는 이기심의 씨앗을 찾아내서 싹트게 만든다. 연기만 내면서 거의 꺼져가는 불씨까지 되살려내는 것이다. 그러면서 마음 놓고 방자하게 살아갈 수 있는 특권을 허용하는 것이다. 그러나 남성의 본성이라는 것도 항상 고정된 것은 아니다. 다른 사람과의 관계 속에서는 그것을 억제하고 숨기는 것이 필요하다. 그러다가 그렇게 억제된 것이 언젠가는 그의 제2의 천성이 되기도 하는 것이다. 물론 이 문제에 관해 다른 측면에서 고려할 내용도 있다. 아내가 효과적으로 저항하지는 못한다 하더라도 적어도 보복을 가할 수 있는 힘은 가진다는 것을 인정해야 하기 때문이다. 다시 말해 여성 또한 남성의 삶을 지극히 고달프게 할 수 있고, 이것에 힘입어서 자신이 마땅히 해야 할 것 또는 해서는 안 되는 것을 자기 뜻대로 처리할 수 있는 것이다. 그러나 이런 형태의 자기 보호수단(달리 말하면 잔소리하거나 바가지 긁는 권력이라고 할 수 있을까)은 치명적인 약점을 안고 있다. 즉 상대가 결코 폭군 같은 사람이라고 할 수 없는 상급자라야 그런 자기 보호 수단이 가장 큰 위력을 발휘하고, 남에게 의존하여 사는 사람 중에서도 존재 가치가 전혀 없는 인간들이 그런 수단을 즐겨 쓰며 또 거기서 가장 큰 이득을 보는 것이다. 이것은 성마르고 고집 센 여성들이 사용하는 무기다. 그래서 그런 수단을 가장 나쁜 곳에, 가장 좋지 못한 방향으로 쓰게 된다. 마음이 온화한 사람들이라면 그런 것을 쓸 수가 없다. 마음이 고상한 사람들은 당연히 그것을 경멸할 것이다. 그런가 하면 친절하고 마음이 고운 남편일수록 그것 때문에 특히 큰 상처를 받는다. 아무리 심하게 당해도 거칠게 대응할 줄 모르는 사람들이 가장 큰 피해를 보는 것이다. 결국 아내가 다른 의견을 가질 수 있는 힘이라는 것은 일반적으로 그저 또 다른 폭군을 만들어내고, 폭군과는 전혀 거리가 먼 남편을 일차적 공략 대상으로 삼는 것밖에 못하는 셈이다.

그렇다면 아내의 그런 힘이 부작용을 낳지 않고 우리가 실제로 보는 것처럼 좋은 결과를 만들어내는 것은 무엇 때문일까? 여성적 매력이라는 것이 개별적인 경우에 크게 영향을 미치기는 하지만, 단순히 그것만으로는 큰 틀의 상황 자체를 바꾸는 데는 역부족이다. 우선 그것은 여성이 젊고 예쁠 때만 힘을 발휘한다. 때로는 그것이 그저 새롭고 진부하지 않을 동안만 남성의 마음을 사로잡는다. 그리고 상당수 남성은 그 매력에 별로 마음을 쓰지 않는다. 그렇다면 무엇이 그런 부작용을 막아주는가? 첫째는 남편과 아내가 서로에 대해 느끼는 친밀감이다. 이 감정은 남성이 마음을 열고 여성의 성격이 남성의 호감을 살 수 있을 만큼 아주 비슷할 경우, 시간과 더불어 자라난다. 둘째, 두 사람이 아이들에 대해 그리고 제3자에 대해(그러나 이 경우에는 여러 제한이 많다) 똑같은 이해관계를 가질 경우다. 셋째, 남성이 일상생활을 편안하고 즐겁게 영위하는 데 아내가 특별히 중요하다고 생각하면서 자신의 관점에서 아내에게 가치를 부여할 경우다. 마지막으로, 가까이에 있는 주변 사람들(다른 생각을 가지고 있지 않더라도)로부터 자연스럽게 영향을 받는 경우다. 이들은 직접적으로 간청하거나 눈에 띄지 않게 자신의 감정이나 성향을 전파함으로써, 똑같이 강력한 개인적인 영향력에 의해 상쇄되지 않는 한, 때로 자신보다 높은 위치의 사람들이 하는 과도하고 사리에 맞지 않는 행동을 어느 정도 제약할 수 있다. 이런 여러 방법을 통해 아내는 곧잘 남성에 대해 지나칠 정도로 간섭하기까지 한다. 그래서 여성이 나서지 않으면 더 좋을 법한 일(잘 모를 뿐 아니라 도덕적으로 잘못된 방향으로 이끌게 되기 때문에 남성이 여성의 말을 듣지 않고 차라리 혼자서 처리하는 것이 더 좋은 일)에 대해서도 남성의 행동에 영향을 준다. 그러나 여성이 가정에서나 나랏일에서나 권한을 좀 가지게 된다고 해서 그것이 잃어버린 자유를 대신해줄 수는 없다. 앞에서 말한 그런 권한 때문에 여성은 때로 자기 권리 밖의 일을 할 수 있게 되지만, 그렇다고 그것 덕분에 자신의 권리를 주장할 수 있는 것은 아니다. 술탄의 총애를 받는 여자 노예는 자신 밑에 다른 노예를 부리며 폭군처럼 행세한다. 그러나 바람직한 것은 그 여성이 자기 밑에 노예를 두지 않고, 자신도 노예 신분에서 벗어나는 것이다. 아내는 자신의 존재를 남편에게 완전히 맡겨버린 채 두 사람 모두에게 관계되는 일에 대해 자기 생각 없이 오직 남편의 뜻대로만 살아가면서(또는 남편에게 자기는 아무런 다른 의지도 없다고 주장하면서) 남편의 기분에 맞춰 사는 것을 인생의 목적으로 삼는다. 이런 상황에서 아내는 전혀 알지 못하거나 개인적인 편견이나 선입견에 물든 상태에서 남편의 대외적인 일에 영향을 주고, 더 정확히는 그것을 바람직하지 못한 방향으로 끌고 가는 데 만족감을 느낄지도 모른다. 일이 이렇다 보니 자기 아내에게 잘 해주는 남편일수록 아내의 간섭 때문에 가정의 울타리를 벗어난 모든 바깥일을 망치는 경우가 자주 있다. 여성은 바깥일에 대해 신경 쓸 필요가 없다고 배운다. 따라서 문제가 생기더라도 자기만의 깊고 진지한 의견을 내지 못한다. 자기가 관심을 가지는 일이 아니라면 함부로 나서서는 안 되는 것이다. 정치와 관련해서 무엇이 옳은 것인지 알지도 못하고 관심도 없다. 그러나 어떻게 해야 돈이 되고 사람들의 환대를 받는지, 그리고 자기 남편이 감투를 쓰고 아들이 좋은 자리를 차지하며 딸이 시집을 잘 가는지에 대해서는 잘 안다.

그러나 이제 물어보자. 정부 없이 사회가 존재할 수 있는가? 국가와 마찬가지로 가정에서도 누군가 한 사람이 최고 지배자가 되지 않으면 안 된다. 결혼한 사람들이 서로 생각이 다를 때 누가 결정권을 가져야 하는가? 두 사람을 모두 만족시키는 길을 찾을 수는 없겠지만, 어쨌든 이쪽이든 저쪽이든 결정은 내려져야 한다.

자발적으로 두 사람이 결합한 모든 곳에서 그중 한 사람이 반드시 절대적인 지배자가 되어야 하는 것은 아니다. 법이 그중 어느 한 사람에게 그와 같은 권한을 부여해야만 하는 것은 더더욱 아니다. 자발적 결합 중에서 결혼 다음으로 가장 흔한 것이 바로 사업상의 동업일 것이다. 동업 관계에서 한 사람이 모든 문제에 대해 전권을 가진 반면 다른 한 사람은 전적으로 그 결정을 따라가야 한다는 것은 있을 수 없을 뿐만 아니라 바람직하지도 않다. 어느 누구도 상대방을 사장으로, 자신은 그 밑에서 뒷바라지나 하는 점원이나 심부름꾼으로 자리매김하는 동업자 계약을 좋아할 리 없다. 만일 법이 이런 계약 관계도 남녀의 결혼 관계와 같은 기준으로 다룬다면 당사자는 공용 사무를 마치 자기 개인의 일인 것처럼 처리하면서 나머지 사람은 일부 한정된 권한만 행사하도록 해야 할 것이다. 그것은 결국 그 한 사람을 일종의 최고 연장자로 대우한다는 것을 뜻한다. 그러나 실제 법은 그렇지 않다. 경험에 비추어볼 때, 동업자 사이에 이론적인 불평등 관계가 존재하거나 서로 합의해서 작성한 계약서에 담긴 조항 외에 다른 조건을 붙일 필요는 없다. 한 가지 강조할 점은 결혼과 달리 동업자관계에서는 상대적으로 취약한 위치의 사람에게 유리한 방향으로 힘을 몰아주는 것이 오히려 도움이 된다는 사실이다. 그렇지 않으면 불리한 위치의 사람이 언제든지 계약을 파기할 수 있기 때문이다. 아내에게는 그런 힘이 없다. 설령 그와 같은 권한이 주어진다 하더라도, 마지막 수단에 호소하기 전에 가능한 다른 모든 길을 찾아야만 한다는 것이 사람들의 일반적인 생각이다.

매일매일 결정을 내려야 하고 뒤로 미루거나 타협을 기다릴 수 있는 일이 아닐 경우, 결정권을 가진 한 사람이 반드시 있어야 한다는 것은 부인할 수 없다. 그렇다고 해서 늘 같은 사람이 그런 절대적 권한을 가져야 한다는 말은 아니다. 두 사람이 권한을 나누어 가지는 것이 자연의 법칙에 맞다. 그래서 각자는 자기가 맡은 일에 대해서는 절대적인 권한을 누리고 사소한 것이라도 체제나 원리에 변화를 주어야 할 때는 상대방의 동의를 얻어야 한다. 법이 이런 권한 분할에 대해 개입하거나 간섭할 수는 없다. 그것은 각 당사자의 능력과 처지에 따라 결정되어야 한다. 오늘날 재산 소유를 놓고 그렇게 하듯이, 두 사람이 원하면 사전에 결혼 계약을 통해 미리 그 문제를 정리해둘 수 있을 것이다. 이런 문제뿐 아니라 다른 모든 것을 둘러싼 불화와 다툼이 있는 불만족스러운 결혼이 아닐 경우 서로의 동의만 있으면 그런 결정을 내리는 데 아무런 어려움이 없을 것이다. 권리를 분할하는 것은 자연스럽게 의무와 기능의 분할을 초래한다. 이는 이미 상호 동의 아래 잘 정리되고 있다. 어떤 경우에도 법이 아니라 통상적인 관습(관련된 사람들의 뜻에 따라 기꺼이 조정되고 조정될 수 있는 그런 관습)이 결정적인 역할을 한다.

심지어 오늘날에도 현실적인 문제에 대한 중요한 결정(법적 권한이 주어질 수 있는 모든 결정)은 주로 상대적 우위를 지닌 사람이 내린다. 집안에서 보통 나이가 제일 많다는 이유만으로도 남성들은 특별한 위상을 지닌다. 적어도 더 이상 나이 차이가 특별한 의미를 지니지 않게 될 때까지 그렇다. 그리고 누구든지 생계를 책임지는 사람이 자연스럽게 더 큰 발언권을 가진다. 이런 종류의 불평등은 혼인법이 아니라 인간 사회의 일반적인 상태에서 비롯하는 것이다. 일반적인 또는 특수한 정신 능력이 탁월한 사람과 인격이 훌륭한 사람이 더 큰 영향력을 발휘하는 것은 당연하다. 지금뿐만 아니라 늘 그랬다. 이런 사실은 (사업상 동업자들과 마찬가지로) 인생의 동반자들끼리 서로 합의해서 권한과 책임을 만족스럽게 나눠 가지는 것은 불가능한 일이라며 미리 두려워할 필요가 없음을 잘 보여준다. 혼인 관계가 파국에 빠진 상태가 아닌 한, 그 권한과 책임은 잘 나뉜다. 양자 관계가 전적으로 잘못되어 있어서 그 상태를 벗어나는 것이 서로에게 축복이 되는 경우가 아니라면, 한쪽이 절대적인 권력을 행사하는 반면 다른 한쪽은 그저 복종만 하게 되는 일 같은 것은 결코 벌어지지 않는다. 어떤 사람은 남녀 사이의 차이가 우호적으로 해소될 수 있는 것은 배경에 자리 잡고 있는 바로 그 법적 강제력 때문이라고 말할지도 모르겠다. 왜냐하면 누구든 복종하게 만드는 사법부의 존재를 의식하니까 사람들이 중재에 응한다고 볼 수 있기 때문이다. 그러나 이 문제를 제대로 비교하자면, 우리는 법정이 사건을 심리하는 것이 아니라 언제나 한쪽, 이를테면 피고를 위해 판결 내리는 것을 목적으로 한다고 상정해야 한다. 그래서 그 판결에 복종하지 않으면 안 되기 때문에 원고가 거의 모든 중재를 받아들이게 된다고 할 수 있을 것이다. 그러나 피고의 경우는 정반대가 될 것이다. 법에 따라 남편이 전제군주 같은 권한을 보유하게 되었고, 이 때문에 아내는 남편과 자기 사이의 권한 분할에 관한 그 어떤 조정안에 대해서도 동의하지 않을 수 없다. 그러나 남편은 그렇지 않다. 점잖은 사람들끼리 언제나 양보와 타협이 가능하다는 것은, 적어도 그중 한 사람은 도덕적으로나 물리적으로 그런 타협을 해야 할 이유가 없는데도 여건이 좋지 않은 경우를 제외하고는, 양쪽 모두가 수용할 수 있게 해주는 자연적인 동기가 있음을 의미한다. 법의 명령이라고는 하지만, 한쪽에는 독재 권력을 주고 다른 한쪽은 복종만 하게 만드는 법적 기초 위에 민주 정부의 상부구조가 세워지며 그 독재자가 설령 양보를 한다 하더라도 마음만 내키면 아무 사전 경고 없이 언제라도 그것을 철회할 수 있다면, 상황은 특별히 나아질 수가 없다. 그토록 불확실하고 변덕스러운 상황에서는 자유라는 것이 아무 의미도 없을 뿐 아니라, 법에 의해 어느 일방이 압도적 힘을 행사하는 조건이라면 그것은 평등이라는 말과는 도무지 거리가 멀다고 보아야 한다. 그리고 한 사람은 모든 권한을 가지는 데 비해 다른 한 사람은 가진 자가 기분 날 때 던져주는 떡고물 외에는 아무것도 누릴 수 없을 뿐 아니라 어떤 탄압을 받더라도 결코 저항을 해서는 안 된다는 도덕적·종교적 의무에 갇혀 있다면, 자유를 논한다는 것 자체가 불가능할 것이다.

여성에 대해 극단적인 반감을 가진 완고한 사람은 남성이 그렇게 비이성적이지 않으며 자신의 배우자에 대해 기꺼이 양보할 용의가 있다고 말할지도 모른다. 그러면서 여성이 어떤 권리를 향유하면 남성이 모든 것을 포기하도록 강제하기 전에는, 다른 사람들의 권리를 전혀 인정하지 않고 아무것도 양보하지 않으려 한다고 강변할 것이다. 이런 주장은 여성에 대한 풍자가 유행하고, 남성들이 여성의 상태(사실은 그들이 그렇게 만들어놓고)에 대해 모욕을 가하는 것이 현명한 짓으로 받아들여지던 몇 세대 전까지만 해도 흔히 들을 수 있었다. 그러나 오늘날에는 대꾸할 만한 가치가 있는 사람이라면 아무도 그런 식으로 이야기하지 않는다. 현대에 이르러서는 아주 강한 끈으로 묶여 있는 주변 사람들을 위해 좋은 감정을 가지고 깊이 고려할 수 있는지 여부를 기준으로 한다면, 여성이 남성보다 못하다는 이론은 더 이상 들리지 않는다. 그 반대로 여성에 대해 전혀 호감을 갖지 않은 사람들의 입에서, 여성이 남성보다 더 낫다고 하는 말을 수도 없이 들을 수 있다. 그러나 그 말은 '병 주고 약 주는' 격의 고약한 반어에 지나지 않는다. 걸리버가 목격했듯이, 릴리퍼트의 왕이 무시무시한 칙령을 내리기 전에 꼭 전에 없는 은전恩典을 베푸는 것처럼 말이다. 여성이 남성보다 나은 것이 하나 있다면, 그것은 바로 가족을 위해 자신을 희생하는 것이다. 그러나 세상의 모든 여성이 그런 자기희생을 위해 태어났고 또 그렇게 창조되었다고 교육을 받는 상황이 지속되는 한, 나는 이 점에 대해서는 별로 강조하고 싶지 않다. 남녀평등이 실현되면 오늘날 여성의 이상적인 성격이라고 인위적으로 각인되고 있는 그 과장된 자기 부정이 누그러질 것이고, 훌륭한 여성이라고 해서 반드시 최선의 남성보다 더 자기희생적인 면모를 보여주지도 않을 것이다. 반면에 남성은 현재보다 훨씬 덜 이기적이고 좀 더 희생적인 존재가 될 것이다. 왜냐하면 자기들의 의지가 또 다른 합리적 존재를 위한 법이나 다름없을 정도로 대단한 것이라고 숭배하는 교육을 더 이상 받지 않을 것이기 때문이다. 이런 자기 숭배만큼이나 남성들이 손쉽게 배울 수 있는 것은 없다. 특권층과 특권계급 사람들은 빠짐없이 다 자기 숭배에 빠져 있다. 하층계급으로 내려올수록, 특히 불쌍한 아내와 자녀들을 빼고 나면 아무도 앞설 수 없는 그리고 그 이상은 결코 기대할 수도 없는 사람들일수록 그 경향이 더 강하다. 인간이 보이는 약점은 숱하게 많지만, 이 점에 관한 한 인간의 부족함은 더욱 두드러진다. 철학과 종교라는 것도 그 약점을 보완하기보다 오히려 그것을 부추기는 경향이 있다. 오직 모든 인간은 평등하다는 실제 감정만이 그것을 통제할 수 있다. 기독교 이론이 바로 그것을 주장하고 있지만 기독교에서도 실제로 그것을 가르치는 일은 결코 없다. 오히려 인간들 사이의 자의적 차별에 뿌리를 둔 제도들을 정당화하고 있다.

남성도 마찬가지지만, 여성들 중에는 평등한 고려만으로는 만족할 수 없는 사람들이 있다. 자기 자신의 의지나 희망사항만 주장하는 사람들과는 평화롭게 지낼 수 없는 법이다. 이혼법은 이런 사람들을 위해 필요한 것이다. 이들은 오직 혼자 사는 데만 적합한 사람들이기 때문에 다른 그 누구도 그들과 억지로 어울려 살도록 해서는 안 된다. 그러나 법적으로 종속된 상태에 있다 보니 여성들이 그런 성격을 더욱 두드러지게 나타내는 경향이 있다. 만일 남성이 자기 권력을 전부 다 동원한다면, 여성은 도저히 견딜 수가 없을 것이다. 반면 여성이 관대한 대우를 받고 어느 정도 권한을 지닐 때, 그 힘을 잘못 사용하지 않게 선을 그어줄 규칙이 없다. 법은 여성의 권한을 확정하는 것은 고사하고 이론적으로 여성에게 아무런 권한도 부여하지 않는다. 그러면서 실질적으로는, 여성이 가질 수 있는 권리라는 것은 본인이 무엇을 얻을 수 있는가에 의해 좌우된다고 선언한다.

결혼한 사람들이 법 앞에서 평등하다는 것은, 결혼이라는 특정 관계가 당사자 모두에 대한 정의와 부합하면서 두 사람을 함께 행복하게 만들 수 있는 단 하나의 양식일 뿐 아니라, 인간의 일상생활이 웬만한 수준 이상으로 도덕심을 함양하는 학교가 될 수 있게 해주는 유일한 방법이기도 하다. 물론 앞으로 상당 기간이 지나기까지는 이런 진리가 체감되거나 널리 알려지지 않겠지만, 평등한 사회야말로 진정한 도덕 감정을 느낄 수 있는 단 하나의 학교라고 하겠다. 지금까지는 주로 힘에 따른 법이 인류의 도덕 교육의 원천이 되었다. 그리고 도덕은 그 힘이 만들어내는 관계에 철저하게 순응했다. 그래서 발전이 늦은 사회에서는 사람들이 자신과 대등한 처지에 있는 사람들과의 관계에 대해 별로 인식하지 못한다. 평등해진다는 것은 적대적인 관계를 만드는 것과 같다. 사회는 가장 높은 단계에서부터 가장 낮은 단계에 이르기까지 하나의 긴 사슬, 어떻게 보면 사다리와 같다고 할 수 있다. 그 속에서 모든 개인은 자신과 가장 가까운 이웃의 위 또는 아래에 있으면서 명령을 내리든지 아니면 반드시 복종하는 처지에 있을 수밖에 없다. 따라서 기존 도덕률은 기본적으로 명령과 복종 관계에 적합한 것이다. 그러나 명령과 복종은 인간의 삶에 어쩔 수 없이 있어야 하는 필요악과 같은 것일 뿐이다. 오히려 평등한 사회가 인간의 본성에 더 부합되는 것이다. 이미 현대 사회에서는 그리고 사회가 점점 더 발전할수록, 명령하고 복종하는 삶은 예외적인 것인 반면 평등한 관계는 대세가 되고 있다. 역사가 막 시작하는 단계에서는 강자의 힘에 복종하는 것이 도덕의 기본이었다. 그러나 그다음 단계에서는 그것이 강자의 관용과 보호 아래 약자가 자신의 권리를 지키는 것으로 바뀌었다. 한 사회와 삶의 형태는 다른 사회와 삶을 위해 만들어진 도덕률에 얼마나 오랫동안 만족할 수 있을까? 인간은 복종의 미덕을 강조하는 도덕 아래에서 살다가 세월이 흘러 기사도 정신과 관대함을 높이 평가하게 되었다. 이제는 정의를 추구하며 살고 있다. 과거 역사를 통해 볼 때, 평등을 이룩하기 위한 사회적 움직임이 시도될 때마다 정의가 덕의 기초로서 그 위상을 굳혀왔다. 고대의 자유 공화국들이 바로 그런 예다. 그러나 그 공화국 중 가장 뛰어난 경우라 하더라도 평등을 누릴 수 있는 권한은 남성 자유시민에게만 국한되어 있었다. 노예와 여성, 참정권을 갖지 못한 거주민은 여전히 힘의 지배 아래 놓여 있었다. 로마 문명과 기독교 덕분에 이러한 차별이 많이 사라졌는데, (실제로는 단지 부분적인 성과밖에 거두지 못했다 하더라도) 이론상으로는 인간이라는 이름 자체가 성별이나 계급 또는 사회적 지위보다 우선하는 것이라고 공표되기에 이른 것이다. 그러나 사라지기 시작하던 장벽들이 북방 민족의 침입과 더불어 다시 세워졌다. 따라서 근대사 전체를 한마디로 압축하자면, 그때 이후 세워진 장벽들이 점진적으로 제거되는 과정이라고 할 수 있을 것이다. 우리는 이제 다음과 같은 내용의 정의가 다시 최고의 덕목으로 인식되는 시대로 접어들고 있다. 즉 과거에는 정의가 평등한 결사를 기초로 하고 있었다면, 이제 그것은 물론 공감에 바탕을 둔 결사까지 포함하고 있는 것이다. 다시 말해 평등한 사람들의 자기를 보호하기 위한 본능적 욕구는 물론, 그들 상호 간의 세련되고 수준 높은 동정심 역시 정의의 토대가 되는 것이다. 그리고 이제는 누구도 제외되지 않는다는 차원을 넘어 평등한 조치가 모든 사람들을 상대로 확대 적용되고 있다. 인류가 자신들을 둘러싼 변화를 정확하게 내다보지 못하고, 감정적으로도 다가오는 시대가 아니라 과거에 더 익숙하다는 것은 새로운 사실이 아니다.

종족의 미래를 투시한다는 것은 언제나 엘리트 또는 그들에게서 배운 사람들만의 특권이었다. 더구나 미래에 대해 느끼고 감정을 가진다는 것은 엘리트 중에서도 소수만이 할 수 있는 일이었고, 이런 능력을 가진 사람들은 순교를 피할 수가 없었다. 새로운 시대가 열리고 한참이 지났는데도, 제도나 책, 교육, 사회를 막론하고 여전히 사람들에게 과거를 가르치느라 여념이 없다. 이제 막 새 시대가 열리는 경우에는 더 말할 나위도 없다. 그러나 인간이 가질 수 있는 참된 덕목을 하나 꼽으라면 그것은 바로 다른 사람과 더불어 평등하게 살 수 있는 능력이라고 하겠다. 즉 자기 이익을 챙기기보다 다른 사람에게 양보하는 것을 즐겨하며, 정말 불가피한 경우가 아니면 남에게 어떤 종류의 명령도 내리지 않고 또 그렇게 해야만 하는 상황에서도 일시적으로만 명령하는 것 그리고 될 수만 있다면 사람들이 공평하게 돌아가면서 지시하고 복종하게 되는 사회를 원하는 것 등이 그런 덕목을 구성한다고 하겠다. 그러나 지금 우리의 삶 속에는 이런 덕목을 배양하는 데 도움이 되는 요소가 별로 없다. 가정만 하더라도 전제정치의 온실이 되고 있어, 그 속에는 전제정치의 덕목과 해악이 함께 무성하게 자라고 있다. 자유국가에서 시민권은 부분적으로 평등에 관한 사회적 학습의 터전이 되고 있다. 그러나 현대 사회에서 그 시민권이 차지하는 비중이 너무 미미해서, 일상적 습관이나 내밀한 감정과는 거리가 멀다. 제대로 된 가정이라면 더 이상 다른 것이 필요 없을 정도로 자유의 덕목을 키우는 참된 학교가 될 것이다. 어린이들에게는 항상 복종을, 부모에게는 명령을 가르치는 학교 역할을 할 것이다. 중요한 것은 어느 한쪽이 지배하고 나머지는 복종하는 그런 관계가 아니라, 평등에 대해 깊은 관심을 가지며 사랑 속에 남과 더불어 같이 사는 것을 배우는 그런 학교가 되어야 한다는 점이다. 우선은 부모부터 그것을 실천에 옮겨야 한다. 그리고 다른 모든 사회생활도 그와 같은 덕목 위에서 규율되어야 한다. 동시에 그것은 아이들의 감정과 행동을 가르치는 교본이 되기도 한다. 아이들에게 복종이라는 일시적 훈련을 시키는 것도 모두 그런 감정과 행동에 자연스럽게 익숙해지도록 하기 위해서다. 사회에서 통용되는 도덕률과 가정 안에서 추구되는 도덕이 같아지기 전에는, 인간이 행하는 그 어떤 도덕적 단련도 다른 모든 진보를 가능하게 해주는 삶의 조건과 결코 보조를 맞추지 못할 것이다. 가장 가깝고 또 가장 친밀한 사람이 사실은 자기에게 무조건 복종하는 사람인 경우, 이 절대 군주 같은 존재가 자유에 관해 어떤 감정을 느낄 수 있다고 하더라도 그것은 진정한 의미의 자유 또는 기독교적인 사랑의 자유는 아니다. 그것보다는 고대와 중세 때 일반적으로 추구되던 자유(즉 자신에 대해 대단히 높게 평가하고 특별한 가치를 부여하며, 스스로는 어떤 형태의 속박도 받아들일 생각을 하지 않으면서, 자기의 이익이나 영광을 위해서라면 타인에게는 기꺼이 그런 멍에를 씌우는 것)와 더 가깝다.

나는 현재의 법체계 아래에서조차 상당수 결혼한 사람(영국의 상류층 인사들 사이에서는 아마 거의 절대 다수가)이 평등을 구가하는 정당한 법 정신을 따르고 있다는 사실을 기꺼이 인정한다(바로 이것이 내가 희망을 품는 근본 이유다). 기존 법보다 더 도덕적인 수많은 사람이 없었더라면 법은 결코 발전을 거듭하지 못했을 것이다. 이 사람들은 여기에서 내가 주장하는 원리에 동조해야 한다. 결혼한 모든 사람이 그것에 부합되게 살도록 하는 것이 이 원리의 유일한 목적이다. 그러나 깊은 사상까지 겸비한 경우가 아니라면 상당한 도덕적 수준에 이른 사람조차, 자신이 직접 그 해악을 체험하지 못한 법이나 관행들이 (널리 수용되는 것처럼 보인다면) 특별히 나쁜 결과를 초래하기보다 오히려 좋은 일을 할 가능성도 있기 때문에 그것에 반대하는 것은 옳지 못하다는 생각을 하기 쉽다. 결혼한 사람들은 자신들을 묶어주는 그 결합의 법적 조건에 대해 1년에 한 번도 생각해보지 않을 뿐 아니라 모든 면에서 자기들이 법적으로 대등한 존재인 양 생활하고 또 그렇게 느낀다. 악명 높은 깡패 같은 자를 남편으로 둔 팔자라면 몰라도, 그렇지만 않다면 다른 사람들도 모두 자기와 비슷한 처지에 있을 것이라고 추정하는 것은 커다란 오류가 아닐 수 없다. 그것은 인간의 본성과 실상에 대한 무지를 드러내는 일이다. 권력을 행사하는 데 적합하지 않은 사람일수록, 즉 어떤 사람에 대해서든 그 사람의 자발적 동의 아래 권력을 행사할 줄 모르는 사람일수록 법에 따라 부여받은 권력에 유달리 집착한다. 또 (자신과 같은 사람들이 지키는) 관행이 허용하는 한도 안에서 합법적 권리를 최대한 향유하려 한다. 그리고 그 권력을 행사하는 데 쾌락을 느낀다. 이렇게 함으로써 그것을 소유하고 있다는 기분 자체를 더 증폭시킬 수 있기 때문이다. 그뿐 아니다. 하층계급 중에서도 그 천성이 아주 야비하고 도덕 교육을 전혀 받지 못한 사람들은, 여성의 신분이 법적으로 노예나 다름없고 남성의 뜻에 종속된 물건과도 같다면서 자신의 아내를 함부로 무시하고 경멸한다. 그들은 자기가 마주치는 다른 여성이나 다른 사람에 대해서는 감히 하지 못할 짓을 자기 아내에게 해댄다. 무슨 짓을 해도 괜찮은 존재처럼 아내를 취급하는 것이다. 예민한 감각을 가진 사람이면 누구나 내가 지금까지 말한 것이 사실인지 아닌지 충분히 판단할 수 있을 것이다. 만일 사실이 그렇다는 것을 확인한다면, 사람의 마음을 이런 상태로 내모는 기존 제도에 실망하고 분노를 느끼지 않을 도리가 없을 것이다.

아마도 종교가 그런 복종을 요구한다고 말하는 사람도 있을 것이다. 너무 폐해가 심해 달리 어찌해볼 수가 없는 기존 제도들이 걸핏하면 종교의 이름을 들먹이는 것처럼 말이다. 교회의 의식 속에 그런 내용이 들어 있는 것은 분명한 사실이지만, 그렇다고 그런 명령이 기독교 자체에서 비롯된다고 말하기는 어렵다. 사도 바울이 "아내들이여, 남편에게 순종하라"고 말한 것은 사실이다. 그러나 그는 또한 "노예들이여, 주인에게 순종하라"고 말하기도 했다. 바울은 그 누구에게도 기존 법체계에 맞서 싸우라고 부추기지 않았다. 그것은 그가 원하는 바도 아니고 기독교의 전파라는 그의 필생의 목표와도 부합하지 않는다. 사도 바울이 기존의 모든 사회제도를 있는 그대로 받아들인 것은 사실이다. 바울이 적절한 시점에 그런 제도들을 개선하려는 시도들을 용인하지 않은 것은, '세상의 권력은 하나님이 주신 것'이라고 생각했던 그가, 기독교적 정부 형태의 하나라면서 군인독재 정권에 대해 면죄부를 주거나 그 정부에 대해 소극적이나마 복종하도록 가르친 것과 별다를 바 없는 것이다. 기독교가 기존 정치, 사회 질서를 있는 그대로 옹호하며 변화를 거부하려 했다고 주장한다는 것은 기독교를 이슬람교나 브라만교와 하등 다를 바 없는 것처럼 깎아내리는 일이나 마찬가지다. 그러나 기독교는 결코 그렇지 않았다. 오히려 진보적인 세력의 안식처였다. 이에 반해 이슬람교나 브라만교, 기타 종교들은 정체하는 또는 (글자 그대로 정체하는 사회란 존재하지 않기 때문에) 쇠락하는 사회의 종교였다. 사실 기독교의 오랜 역사에서 기독교를 이것들처럼 만들고자 시도한 사람들이 숱하게 있었다. 그들은 일체의 진보를 봉쇄하며 기독교 신자들을 일종의 크리스천 회교도Christian Mussulmans로 개종시키고 성서 대신에 코란을 읽도록 했다. 이들의 위세가 워낙 대단했기 때문에 이를 저지하기 위해 많은 사람이 목숨을 희생하지 않으면 안 되었다. 비싼 대가를 치른 저항 덕분에 오늘날 우리가 존재할 수 있게 되었고, 또 우리가 살아가야 하는 길도 열릴 것이다.

이처럼 복종의 의무에 대해 이야기하고 나니, 큰 틀 속에 이미 포함되어 있는 보다 구체적인 문제, 바로 여성의 재산 소유권을 논의한다는 것이 부질없는 일처럼 생각되기도 한다. 왜냐하면 여성이 결혼하고 나서도 결혼 전과 마찬가지로 상속이나 취득에 관한 권리를 온전히 향유해야 한다는 사실을 인정하지 않으려는 사람들에게는 내가 하는 말들이 특별히 새롭게 들릴 리 없기 때문이다. 결론은 매우 간단하다. 남성이나 여성이나 결혼하지 않은 상태에서 취득한 것은 결혼하고 나서도 모두 원소유자의 배타적 소유가 되어야 한다. 따라서 자녀의 몫으로 남겨놓기 위해 그 재산이 매매 대상이 되지 못하도록 법률 당국의 조치에 의존할 필요도 없다. 어떤 사람은 부부 사이에 별도의 주머니를 찬다는 것은 두 사람이 하나가 되는 남녀의 이상적인 결합에 정면으로 배치되는 발상이라며 크게 반발하기도 한다. 소유주들이 완전히 동일체 의식을 느끼며 서로 모든 것을 공유한다는 조건이 충족되기만 한다면, 사실은 나 역시 재산의 공동 소유에 그 누구보다도 적극적이다. 그러나 내 것은 곧 당신 것이지만, 당신 것은 내 것이 되지 못한다는 차원의 공동 소유제에 대해서는 전혀 흥미가 없다. 그와 같은 협약을 맺는 것이 나 자신에게 이익이 된다 하더라도 전혀 관심이 없다.

여성에게 가해지는 이와 같은 고약한 불의와 억압은 누가 보더라도 그 유례가 없을 정도로 심각하다. 다른 것은 건드리지 않고 이 문제만 거론한다면 한 가지 해법을 생각할 수 있다. 무엇보다 이런 해법을 먼저 시도해보는 것이 분명 더 좋을 듯하다. 이와 관련해서, 미국의 여러 신생 주에서는 이미 여성의 평등한 권리를 보장한다는 것을 성문헌법으로 명기하는 일까지 벌어지고 있다. 그 결과 결혼한 여성 중 적어도 재산을 가진 사람들은 결혼한 후에도 그 재산을 계속 소유할 수 있게 됨으로써 여성의 물질적 권한은 강화되고 있다. 젊은 여성이 결혼과 더불어 자기 재산의 처분권을 남편에게 맡겨버림으로써(이것은 순전히 남편이 아내의 재산을 가로챌 목적에서 꾸민 것이다), 결혼이라는 제도가 악용되는 사례를 방지할 수 있었다. 재산이 아니라 수입에 의해 가족의 생계가 영위되는 상황에서는, 남편이 돈을 벌어오고 아내는 그 돈의 지출을 관리하는 것이 가장 적합한 남녀 분업의 형태라고 생각하는 사람이 많다. 그러나 아내가 아이를 낳는 육체적 고통은 물론 그 아이가 어느 정도 자랄 때까지 키우고 교육하는 일을 전적으로 책임지는 것에 덧붙여, 남편이 벌어오는 수입을 가족 전체의 안락을 위해 조심스럽게 그리고 경제적으로 사용하는 일까지 맡는다면, 아내는 부부 간에 육체적·정신적으로 분담해야 할 자신의 적정한 몫을 넘어 그 이상을 담당하게 되는 것이다. 여성이 추가로 어떤 일을 하게 된다고 원래 주어진 역할에 대해 신경을 쓰지 않아도 되는 경우는 거의 없다. 오히려 마땅히 해야 할 일도 제대로 수행하지 못하게 될 뿐이다. 아이를 키우는 일이나 다른 가사를 온전히 꾸려나가기 어려운 상황이라 하더라도 아무도 이를 대신해주지 않는다. 죽지 않은 아이들은 스스로 알아서 클 수밖에 없다. 집안일은 또 집안일대로 엉망이 되고 만다. 여성이 밖에서 일을 해서 돈을 더 벌어온다고 하지만 이것저것 따져보면 오히려 큰 손해다. 따라서 여성이 자신의 노동으로 가정 경제에 도움을 준다는 것은 (상황이 다른 곳에서는 그렇게 하는 것이 바람직한 일이지만) 바람직한 관습이라고 할 수 없다. 정의롭지 못한 사회에서는, 여성이 그렇게 일을 하면 법적으로 주인 신분에 있는 남성의 눈에 잘 보이게 되고, 그 결과 여성 자신에게도 도움이 된다고 볼 수도 있다. 그러나 그렇게 되면 여성이 가족을 먹여 살리는 일까지 책임지고, 남성은 술이나 마시고 빈둥거리면서 이미 가지고 있던 권력을 더욱 남용하게 될 위험이 있다. 만일 여성이 자신만의 재산을 따로 가지고 있지 않다면 돈을 버는 권력이 여성의 존엄을 유지하는 데 필수적이다. 그러나 결혼이라는 것이 일방적인 복종의 의무라기보다 평등한 계약을 뜻한다면, 그리고 (남녀 사이의 결합이 여성에게 끔찍한 비극으로 전락하고 말았기 때문에 더 이상 그런 상황의 지속을 강요할 것이 아니라) 도덕적 권리가 있는 여성이라면 누구나 공정한 조건으로 그와 같은 결합의 해체(이혼을 말하는 것은 아니다)를 요구할 수 있다면, 나아가 여성도 사회적으로 존경받는 직장을 남성 못지않게 자유롭게 구할 수 있다면, 결혼한 여성이 돈 버는 능력을 발휘하는 것이 여성 자신을 보호하는 데 꼭 필요하지는 않을 것이다. 남성이 직업을 가지는 것처럼, 여성이 결혼을 하는 순간 일정 시점까지 집안일을 전담하고 아이를 키우는 것을 자신이 일차적으로 해야 할 일로 받아들이는 것이 통념에 맞다. 따라서 다른 목표나 일거리는 몰라도, 적어도 지금 말한 가사 책임을 수행하는 데 걸림돌이 되는 것은 전부 배제한다고 이해해도 될 것이다. 이런 각도에서 본다면 실제로 바깥일이나 집에서 할 수 없는 일을 습관적으로 또는 전문적으로 한다는 것은 대다수 결혼한 여성에게는 금지된 것이나 마찬가지다. 그러나 일반론이 그렇다는 것이고 개별적인 상황에 따라 이야기가 달라짐은 물론이다. 여성이 바깥 활동을 하면 전적으로 집안일에 매달릴 경우에 비해 여러 허점이 생길 수밖에 없다. 이에 대한 적절한 대책이 세워질 수 있다면, 결혼을 했다고 해서 특별한 재능을 가진 사람이 자신의 능력을 발휘하지 못하는 일은 없을 것이다. 내가 제기한 문제의 핵심을 여론이 제대로 짚을 수만 있다면 굳이 법이 개입하지 않더라도 좋은 결론을 충분히 이끌어낼 수 있을 것이다.

3장 역할과 직업의 평등

지금까지 한 이야기를, 즉 가정 속에서 여성이 평등을 누려야 한다는 점을 경청한 사람들이라면 그동안 힘이 센 남성이 독점해온 모든 역할과 직업에 여성도 똑같이 참여해야 한다는 나의 또 다른 주장에 대해서도 쉽게 공감할 것이다. 흔히 여성은 그런 일을 할 수 없다고들 말하지만, 그것은 대다수 남성이 여성에게 평등한 권리를 인정해주지 않고 그저 집안일에만 전념하게 만들고 싶은 욕심에서 비롯된 현상에 지나지 않는다. 그런 이유가 아니라면, 현재의 정치적·경제적 여론에 비추어볼 때, 인류의 반을 차지하는 여성이 수입을 많이 올릴 수 있는 직업과 사회적으로 중요한 일에 아예 발도 못 붙이게 하는 것은 정의에 어긋난다는 사실에 대해 거의 모든 사람이 동의할 것이 분명하다. 다시 말해, 세상에서 제일 어리석고 비열한 남성조차 합법적으로 할 수 있는 일을 여성으로 태어났다는 이유 하나만으로 가로막히고, 아무리 유능하다 하더라도 남성에게만 독점적 특혜를 줄 요량으로 여성은 원천적으로 봉쇄당하고 만다면 이에 공분을 느끼지 않는 사람은 드물 것이다. 지난 두 세기 동안 여성의 사회 진출을 허용하지 않는 이유로 단지 여성으로 태어났다는 사실 말고 다른 이유를 대야 했을 때조차도(사실 이런 경우도 그리 많지 않았지만), 여성이 남성보다 정신적으로 열등하다는 것을 이유로 내세우지는 않았다. 때로 어떤 공직을 놓고 개인의 능력을 시험해야 하는 일이 벌어졌을 때(이런 경우에는 여성이라고 해서 모두가 배제되지는 않았다) 실제로 그런 시험이 공정하게 치러질 것이라고 믿는 사람은 아무도 없었다. 그 당시에는 여성의 능력 부족을 문제 삼기보다 사회 전체의 이익, 더 정확하게 말하면 남성의 이익이 판단 기준이 되었기 때문이다. 그것은 국가에 유리하게 작용하고 기존 정치권력에 도움을 준다는 이유만으로 아무리 흉악한 범죄라도 정당화할 수 있는 국가 이성과 비슷한 것이었다. 오늘날에는 사정이 달라졌다. 권력자는 누구를 탄압하든 보다 부드러운 말을 사용하면서 언제나 탄압받는 사람들 자신의 이익을 위해서 그러는 것처럼 꾸민다. 그래서 여성에게 어떤 일을 금지시킬 때도 여성은 그런 일을 할 수 없고, 그런 일을 하고 싶어 하는 것은 여성 자신의 진정한 성공과 행복을 저버리는 처사라고 말해주는 것이 필요하고 또 그렇게 믿는 것이 바람직하다고 간주된다. 그러나 이런 이유가 그럴듯하게 보이려면(내가 이것이 진실이라고 말하지 않는다는 사실을 주목하라), 그런 주장을 펴는 사람이 특정 사안에 대한 자신의 논리를 현재의 경험이 아니라 훨씬 장기적이고 거시적인 관점에서 뒷받침할 수 있어야 한다. 일부 예외가 있기는 하지만, 평균적으로 볼 때 여성의 정신 능력이 남성보다 떨어진다거나 고도의 지적 능력을 요구하는 일과 직종에 적합한 여성의 수가 남성에 비해 모자란다는 식으로 말하는 것만으로는 충분하지 못하다. 차라리 여성은 아예 그런 일을 할 수 없고, 정신 능력 면에서 아무리 뛰어난 여성이라 하더라도 현재 그 일을 독차지하는 그저 그렇고 그런 평범한 남성보다 못하다고 말할 수 있어야 할 것이다. 왜냐하면 어떤 일이 경쟁을 통해 결정되거나 그 성취도가 공익을 가장 잘 보호해줄 수 있는 공정한 선택 기준에 의해 판단된다면, 사회적으로 중요한 모든 일은 보통 수준의 남성 경쟁 상대보다 열등한 여성에게 돌아가지는 않을 것이기 때문이다. 그런 직종에는 여성보다 남성이 더 많이 종사할 것이 분명하다. 여성이 경쟁할 사람이 없는 특정 직업에 일방적으로 몰려들 때 이런 일이 생기는 것은 피할 수 없기 때문이다. 그러나 과거 사례에 최근의 경험을 덧붙여볼 때 아무리 여성을 비하하는 사람도 그저 소수가 아니라 상당수 여성이 (아마도 단 한 번의 예외도 없이) 남성이 하는 모든 일에 훌륭히 그리고 믿음직하게 능력을 발휘했다는 사실을 감히 부인하지는 못할 것이다. 물론 일부 남성이 탁월한 업적을 남긴 데 비해 여성 중에서는 아직 아무도 그에 견줄 만한 성과를 거두지 못한 분야가 많이 있고, 또 남성만큼 최고의 경지에 도달하지 못한 경우가 있는 것도 분명한 사실이다. 그러나 오직 정신적인 능력만 문제가 된다면, 최고는 아니라 할지라도 그 아래 정도 수준에 관한 한 여성이 도달하지 못한 분야는 거의 없다. 이것만 보더라도 이런 일을 놓고 남성과 경쟁하는 것을 금지한다면 여성에게 사리에 전혀 맞지 않게 폭압을 행사하는 것이요, 사회 전체에 큰 손실을 끼치는 처사라고 단언할 수 있지 않겠는가? 이 엄연한 사실을 누가 부정하겠는가? 그와 같은 직장이 대다수 여성보다 훨씬 능력이 모자라고 공정한 경쟁만 펼쳤더라면 여성에게 분명히 완패를 당하고 말았을 남성에 의해 때때로 독점되고 있는 현실에 대해 굳이 부연할 필요가 있을까? 다른 일에 종사하고 있는 남성 중에는 문제가 되는 업종에 대해서도 여성보다 훨씬 뛰어난 능력을 갖춘 사람들이 있을 수 있지만, 그것이 무슨 변수가 될 수 있겠는가? 경쟁이라는 것이 원래 그런 것 아닌가? 고도의 능력을 갖춘 남성이 그렇게 많을까? 사회적으로 중요한 의무나 역할(현재 그 일을 해야 할 담당자가 비어 있는데)에 꼭 맞는 남성을 언제나 발견할 수 있다고 아무렇지 않게 자신해도 되는 것일까? 인류의 절반에게 족쇄를 채우고, 능력이 뛰어난 사람에게 그 능력을 발휘할 기회를 처음부터 차단해버려도 되는 것일까? 그렇게 해도 과연 우리는 잃는 것이 전혀 없을까? 설령 그들 없이 우리가 살아갈 수 있다 하더라도, 그들이 사회적 존경과 명예를 얻을 기회를 봉쇄해버리거나 (남에게 해를 주지만 않는다면) 스스로의 책임 아래 각자가 원하는 대로 직업을 선택할 수 있는 평등한 도덕적 권리를 부인하는 것이 정의에 부합한다고 볼 수 있는가? 그런 불의는 당사자인 여성에게만 문제를 일으키는 것은 아니다. 그들이 능력을 발휘했을 때 혜택을 받을 수 있는 사람들까지 모두 피해를 입는 셈이기 때문이다. 특정한 부류의 사람은 의사나 변호사, 의회 의원이 될 수 없다고 못을 박는 것은 그들에게만 상처를 주는 일이 아니다. 그런 의사나 변호사를 고용하고 그런 의원을 선출하는 모든 사람 그리고 개인적인 선택의 폭이 좁아졌을 뿐 아니라 상호 경쟁을 통해 경쟁자들의 보다 큰 능력을 기대할 수 있는 기회를 박탈당한 사람들 전부에게 피해를 주는 것이다.

내 주장을 보다 자세하게 펼치기 전에 우선은 공공성을 띤 문제에 초점을 맞추어 논의를 전개해나가는 것이 더 효과적일 것 같다. 일단 이런 문제에 대한 내 주장이 설득력을 얻으면 이를 바탕으로 다른 모든 역할과 기능에 대해서도 여성의 참여가 가능해야 한다고 역설할 수 있기 때문이다. 나는 여기에서 여타 기능과 확연히 구분될 뿐 아니라 여성의 능력과 관련해서 제기될 수 있는 논란도 피해갈 수 있는 한 문제 그리고 이에 대한 그들의 권리에 대해 이야기하고 싶다. 바로 의회 선거와 지방 선거에 대한 투표권이다. 인민을 대신해서 일할 사람을 뽑는 일에 동참할 수 있는 권리와 공무를 담당하기 위해 경쟁에 나서는 권리는 전혀 다르다. 의회 의원이 되기에 적합하지 않은 사람이라 하더라도, 그런 사람에게 아무도 투표할 수가 없다면 그 정부는 분명 편협한 과두정oligarchy이 되고 말 것이다. 자신을 지배할 사람을 뽑는 데 목소리를 낼 수 있다는 것은, 비록 정부가 하는 일에 대한 직접 참여가 영구히 배제된다 하더라도 모든 사람에게 허용된 자기 보호의 수단이라고 할 수 있다. 여성도 그런 선택을 하는 데 부족하지 않다는 것은, 이미 법이 여성에게도 세상에서 가장 중요한 일을 결정하는 데 선택권을 주었다는 사실만 보아도 증명된다. 다시 말해, 여성은 자신의 삶을 평생토록 지배할 남성을 자유롭게 선택할 권리를 이미 향유하고 있다. 인민의 대표를 선출하기 위한 투표권의 행사와 관련된 모든 안전장치와 제한을 규정하는 것은 헌법이 해야 할 일이다. 다만 남성 유권자에 대해 어떤 조치를 취하든지, 여성에 대해 별도로 무엇을 추가할 이유는 없다. 어떤 조건에서든 그리고 그 한계가 무엇이든, 남성은 투표권을 가지는데 여성이라고 해서 그 권리를 부인하는 것은 정의의 원리에 어긋나는 일이다. 여성의 권익을 둘러싼 문제가 아닌 한, 여성은 같은 계급의 남성과 정치적 의견이 그다지 다르지 않다. 여성의 공정하고 평등한 권리를 보장한다는 차원에서도 그들에게 투표권이 부여되어야 한다. 이 점에 관한 한, 내가 그동안 주장해온 다른 문제들에 대해 이견을 가진 사람들도 인정할 것이 분명하다. 설혹 모든 여성이 결혼을 하고 또 그로 인해 그들 모두가 노예가 되어야 한다 하더라도, 바로 그렇기 때문에 이 노예들은 법적 보호 장치가 필요하다. 우리는 그 노예들이 어떤 법적 보호를 받고 있는지, 그리고 그 주인들이 어떤 법을 만들고 있는지 잘 안다.

여성이 선거에 참여하는 것은 물론이고 공직을 담당하거나 중요한 공적 책임을 수행하는 데에도 아무런 부족함이 없다는 사실과 관련해서, 나는 앞서 이 사실에 대한 고려가 논란이 되는 구체적인 문제에 결정적으로 중요한 것은 아니라고 밝힌 바 있다. 왜냐하면 어떤 여성이든 공개 경쟁에서 승리하기만 하면 바로 그것만으로도 그런 일을 할 자격이 있음을 증명하는 결과가 되기 때문이다. 공직의 충원과 관련하여, 한 나라의 정치체제가 자격이 맞지 않는 남성을 배제한다면 자격이 되지 않는 여성 역시 똑같이 배제될 것이다. 그렇지 않고 자격이 미달됨에도 공직에 들어가는 사람이 있다면, 그 사람이 남성인지 여성인지 자체가 다른 특별한 시빗거리를 만들지는 않는다. 그러므로 단지 몇몇 여성이라도 그 자리에 적합할 수 있다는 사실이 인정되기만 한다면, 보통 여성의 능력을 둘러싸고 제기될 수 있는 어떤 의견도 그런 가능성을 막아버리는 법률을 정당화할 수는 없다. 그러나 설령 이 마지막 주장이 그리 중요하지 않다 하더라도 무의미하다고 할 수만은 없다. 왜냐하면 편견을 넘어선 이 생각이 여성들은 무능하다는 통설을 공박하는 또 다른 논거가 되고 나아가 여성의 사회 활동을 고무하는 데 현실적으로 매우 유용하기 때문이다.

우선 남성과 여성 사이에 존재한다는 모든 정신적 차이는 교육과 환경의 차이에서 비롯되는 현상에 지나지 않으며, 여성이 남성보다 특별히 열등하다는 주장은 말할 것도 없고 남녀 간에 근본적인 차이가 있다는 생각도 근거가 없음을 증명하는 모든 심리학적 견해를 찬찬히 살펴보기로 하자. 그렇게 하기 위해서는 여성을 지금 있는 그대로, 또는 지금까지 알려진 그대로, 그리고 이미 그들이 실제로 보여준 능력만으로 검토하는 것이 좋다. 여성이 무엇을 해냈다는 것은, 그들이 적어도 그 일은 할 수 있다는 증거가 된다. 남성의 몫으로 남겨놓은 직업이나 일거리를 조금이라도 담당할 수 있도록 교육을 받기는커녕 그로부터 철저하게 격리당한 것이 여성의 현실이다. 따라서 여기서 여성이 실제로 성취한 것을 중심으로 논의를 전개하는 것은 여성 입장에서 볼 때 매우 불리한 논거 위에서 출발하는 것이나 다름없다. 이 경우 긍정적인 증거는 모두 매우 강력한 힘을 발휘하는 데 반해 부정적인 증거는 효력이 별로 없기 때문이다. 여성 중에서 호메로스나 아리스토텔레스, 미켈란젤로나 베토벤의 명성에 견줄 만한 업적을 낸 사람이 아무도 없다는 이유에서 어떤 여성도 그런 반열에 들어서지 못할 것이라고 유추할 수는 없다. 이런 부정적인 사실은 기껏해야 지금 문제가 되는 것을 불확실한 상태로 내버려둔 채 심리학적 논쟁의 대상으로 만들 것이다. 그러나 어떤 여성이 엘리자베스 여왕이나 드보라[15] 또는 잔 다르크 같은 사람이 될 수 있다는 것은 두말할 여지가 없다. 이것은 역사적 사실이기 때문에 유추의 대상이 아니다. 그런데 흥미로운 사실은, 여성 자신이 잘할 수 있음을 사실적으로 증명한 것이야말로 현재 법에 의해 차단당하고 있는 유일한 것이라는 점이다. 지금 그 어떤 법도 여성이 셰익스피어의 희곡과 같은 것을 쓰지 못하게 하거나 모차르트의 오페라와 같은 것을 작곡하지 못하게 하고 있지 않다. 그러나 엘리자베스 여왕이나 빅토리아 여왕[16]처럼 어느 남성보다도 더 큰 정치적 업적을 남긴 여성도 만약 왕위를 계승하지 못했더라면 최소한의 정치적 역할을 담당할 기회조차 잡지 못했을 것이다.

심리학적 분석을 떠나 단지 경험에 의거해서 결론을 도출해볼 때, 여성에게 허용되지 않은 분야에서 여성은 특별한 업적을 냈다. 이를테면 기회가 몇 번밖에 없었지만 나라를 다스리는 일에 여성들은 혁혁한 공을 세웠다. 이에 반해 여성이 자유롭게 종사할 수 있는 분야에서는 이렇다 할 업적을 내지 못했다. 우리는 남자 왕에 비해 여왕이 다스린 사례가 얼마나 희귀한지 잘 안다. 그러나 몇 안 되는 여왕이지만 지배자로서의 능력이라는 측면에서 볼 때는 남성보다 훨씬 뛰어났다는 것을 역사가 증명한다. 상당수 여왕이 정치적으로 아주 어려울 때 권좌에 올랐다는 사실을 감안하면 그 놀라움은 더욱 커진다. 또 한 가지 놀라운 사실은 아무 근거 없이 전통적으로 여성을 따라다니는 편견을 비웃

15 Deborah. 《구약성서》 〈사사기〉에 나오는 여성 판관. 예언자로 이스라엘을 다스렸다.
16 Queen Victoria, 1819~1901. 영국의 빅토리아 여왕은 64년간 재위해, 엘리자베스 2세 다음으로 영국을 오래 통치한 왕으로 유명하다.

기라도 하듯, 여왕들은 뛰어난 지적 능력은 물론이고 단호하고 정력에 넘치는 통치 행태를 매우 자주 선보였다. 여왕과 황후에다 섭정攝政과 속령의 부왕副王까지 포함하면 인류 역사에 길이 남을 훌륭한 여성 통치자의 숫자는 훨씬 늘어난다.* 이러한 역사에도 불구하고 꽤 오래된 과거 어느 때, 한 못난 남성은 이 부인할 수 없는 엄연한 진실을 왜곡하고 여성에게 또 한 차례 모욕을 가하기 위해, 남자 왕 밑에서는 여자가 다스렸지만 여왕 치하에서는 남자가 다스렸기 때문에 여왕이 남자 왕보다 더 큰 업적을 낼 수 있다는 궤변을 늘어놓기도 했다.

이런 종류의 유치한 농담을 반박하느라 신경을 쓸 필요는 없다. 문제는 이것이 사람들의 마음에 영향을 준다는 데 있다. 나는 사람들이 그런 유치한 말 속에 무엇인가 들어 있는 것처럼 이야기를 주고받는 것을 본 적이 있다. 대꾸할 값어치가 없는 것이기는 하지만, 어쨌든 이야기를 풀어나갈 단초는 될 것 같다. 분명히 말하지만, 남자 왕 밑에서 여성이 다스린 것은 아니다. 그런 경우는 극히 예외적이다. 시원찮은 왕이 정치를 그르치게 되는 데는 주변 여성만큼이나 측근 남성들의 잘못도 크다. 예외가 없지는 않지만, 왕이 사랑하는 여인에게 빠져 그 뜻대로 정치를 하면 나라를 제대로 다스리기가 어렵다. 그러나 프랑스

* 유럽뿐 아니라 아시아까지 포함하면 그 수는 더욱 커진다. 힌두교 지역이 강력하게, 경계를 게을리하지 않으며 효과적으로 통치될 때, 인민들을 탄압하지 않으면서도 질서가 잘 유지될 때, 문화가 번창하고 사람들의 살림살이도 윤택할 때의 지배자 네 사람 중 셋은 여성이었다. 전혀 기대도 하지 않았던 이런 사실을 나는 힌두 정치에 정통한 전문가를 통해 알게 되었다. 이런 사례는 아주 많다. 그곳의 전통으로 여성은 지배자의 위치에 오를 수 없지만, 왕권 계승자가 아직 어릴 때 법적으로 섭정을 할 수 있다. 남자 통치자가 운동 부족에다 과도한 향락 생활로 일찍 죽는 경우가 많기 때문에 미성년자가 왕위를 물려받는 경우도 많을 수밖에 없다. 이렇게 정치에 발을 담그게 된 여성들은 평소 공공장소에 나타나 본 적이 없고 휘장 뒤가 아니라면 가족을 제외한 다른 남자와 이야기를 나누어볼 기회가 없다. 그들은 글을 읽을 줄 모르고, 혹 읽을 줄 안다고 하더라도 (정치 문제에 대해 최소한의 지식을 배울 수 있을 만큼) 그 나라 말로 쓰인 책도 없다. 이런 점을 고려해본다면 여성들이 나라를 다스리는 능력을 타고났다고 볼 수밖에 없는데, 이는 정말 놀라운 사실이다.

역사에서는 두 명의 왕이 한 사람은 자기 어머니에게, 다른 한 사람은 누이에게 자발적으로 아주 긴 세월 동안 권력을 넘겨준 적이 있다. 그 중 한 사람인 샤를 8세[17]는 아주 어린 소년이었는데, 그 시대의 대표적 군주였던 아버지 루이 11세의 뜻을 따라 그렇게 했다. 다른 한 사람인 생루이[18]는 샤를마뉴 이래 최고의 군주로서 대단히 정력적인 지배자였다. 이 경우에 두 사람의 섭정은 동시대의 어느 남성도 따라올 수 없을 정도로 탁월한 통치 능력을 보여주었다. 카를 5세[19]는 대단히 사려 깊은 사람이었는데, 수하에 유능한 신하들을 역대 어느 군주보다도 더 많이 거느린 것으로 유명하다. 개인적인 감정 때문에 중요한 일을 그르친다는 것은 상상도 할 수 없는 사람이었던 그는 가족 중 두 공주를 연거푸 네덜란드 총독으로 임명한 뒤 자신이 재위하는 기간 동안 총독을 바꾸지 않았다(나중에 세 번째 여성이 그 대를 이었다). 두 사람 다 정치를 아주 잘했는데, 특히 마르가레테[20]는 그 시대를 통틀어 가장 유능한 정치인 가운데 한 사람으로 꼽힐 정도였다. 이 문제에 대해서는 이 정도로만 해두고 다음 문제로 넘어가자. 여왕 치하에서 남성들이 지배를 담당한다고 하는데, 그렇다면 반대로 남성 왕이 다스릴 때 여성이 실권을 행사한다고 말해도 되는 것일까? 여왕들이 측근 중에서 마음에 드는 사람을 골라 나랏일을 맡긴다고 해석해도 되는 것일까? 이런 일은 예카테리나 2세[21]처럼 막강한 권력을 휘두른 여왕의 경우에도 생각

17 Charles VIII, 1470~1498. 13세에 왕위에 올랐지만 22세가 될 때까지 누이 안 드보죄가 섭정을 했다.

18 Saint Louis, 1214~1270. 영국과의 분쟁을 종식시키는 등 태평성대를 연 인물로 성왕聖王(생루이)이라 일컫는 루이 9세를 말한다. 11세에 왕위에 올랐지만 8년 동안 모친의 섭정에 의지해야 했다.

19 Karl V, 1500~1558. 신성로마제국의 황제다.

20 Margarete von Österreich, 1480~1530. 합스부르크 왕가의 공주.

21 Yekaterina II, 1729~1796. 러시아의 여왕으로 표트르 대제의 계승자 표트르 3세와 결혼한 뒤, 그가 죽자 왕이 되어 큰 치적을 남겼다.

하기 어렵다. 하물며 남성들의 영향을 받으면서 성립된다는 괜찮은 정부의 경우 더 말할 것도 없다. 보통 왕들보다 여왕 밑에서 더 뛰어난 남성들이 행정을 담당하는 것이 사실이라면, 그것은 여왕이 그런 사람을 고르는 능력이 더 뛰어나고, 나아가 여성이 남성보다 주권자와 최고 행정 책임자 역할 둘 다 더 잘 수행할 수 있음을 증명하는 셈이 된다. 왜냐하면 최고 권력자가 해야 할 가장 중요한 일은 본인이 직접 모든 것을 다스리기보다 세세한 공무를 담당할 최적의 사람을 찾아내는 것이기 때문이다. 일반적으로 여성이 남성보다 더 뛰어나다고 인정되는 것 중의 하나가 바로 사람의 성격을 빠른 시간 안에 파악하는 능력인데, 다른 면에서 비슷하다면, 이런 능력이 적절한 인재를 찾는 데 더 유리하게 작용할 것이 틀림없다. 이것이야말로 사람을 다스리는 일을 업으로 삼는 정치가에게 더없이 중요한 요건이다. 방탕한 카트린 드 메디시스[22]조차도 로피탈 대법관[23]의 소중함을 알 수 있었다. 그러나 대부분의 위대한 여왕들은 본인의 탁월한 통치 능력만으로 훌륭한 치적을 남길 수 있었고 또 바로 그런 이유로 뛰어난 신하들의 도움을 받을 수 있었다. 그들은 자기 손으로 국정의 큰 틀을 장악하고 있었는데, 유능한 신하들의 말에 귀를 기울였다면 그것이야말로 그들이 나라의 큰 일을 처리하는 데 조금도 부족함이 없었다는 산 증거가 될 것이다.

정치적으로 매우 중대한 일을 능숙하게 잘 처리할 수 있는 사람이 그보다 덜 중요한 일은 잘해내지 못한다는 것이 논리에 맞는 이야기일까? 왕의 아내나 누이가 언제든지 기회만 주어지면 왕 자신만큼이나 국정을 잘 감당할 수 있는 데 비해 정치가나 행정가, 회사의 중역 그리고

22 Catherine de Médicis, 1519~1589. 프랑스 왕 앙리 2세의 왕비로 왕이 세상을 떠난 뒤 섭정을 했다. 피렌체 출신으로 프랑스 문화예술 발전에 큰 공을 세웠지만, 정치적으로는 비난과 칭송을 동시에 받았다.

23 Michel de L'HÔpital, 1505~1573. 프랑스의 정치가로 종교적 화해와 관용 정책으로 유명하다.

공공기관 책임자의 아내와 누이들은 그들만큼 그런 일을 할 능력이 없다고 말한다면 이것은 이치에 닿는 주장인가? 누가 보더라도 답은 뻔하다. 이 왕녀들은, 여성이라는 이유만으로 같은 계급의 다른 남성들 밑에 종속되는 일을 피할 수 있었다. 그녀들은 오히려 그들보다 더 높은 교육을 받거나 정치에 관심을 가져서는 안 된다고 강요받지도 않았다. 교양 있는 사람이라면 누구나 그렇듯이, 그 여성들은 자기 주변에서 벌어지는 그리고 적당한 때가 되면 자신들이 직접 발을 담가 정치적 격랑에 자연스럽게 관심을 기울였다. 왕가의 숙녀들은 남성들과 똑같은 관심을 가지고 똑같은 행동의 자유를 누릴 수 있었던 유일한 여성들이었다. 바로 이들이 여성이 남성보다 못하지 않다는 사실을 증명해주는 사례다. 과거 여성들의 통치 능력을 살펴볼수록 그들이 남성보다 못할 것이 없다는 사실은 더욱 확연해진다.

이 사실은 지금까지 여성들이 보여주었던 독특한 경향과 태도와 관련해서, 부족하기 이를 데 없는 실제 경험들로도 확인할 수 있는 것처럼 보이는 최선의 일반적 결론과 그 맥을 같이한다. 나는 그들이 앞으로도 그럴 것이라고 말하는 것은 아니다. 내가 이미 여러 차례 강조했듯이 누구든지 여성의 본성이 어떻다면서 여성이 이러니저러니, 할 수 있느니 없느니 떠들어대는 것은 적절하지 않다고 생각하기 때문이다. 여성들은 지금까지 자연스러운 발전이라는 측면에서 볼 때 언제나 매우 부자연스럽게 억제당했기 때문에 그들의 천성이 심각하게 왜곡되고 훼손될 수밖에 없었다. 따라서 만일 여성도 남성처럼 천성을 마음껏 발휘하고 인간 사회의 존립을 위해 필요한 경우가 아닌 한 어떤 인위적인 규제도 받지 않는다면, 남녀가 성격과 능력 면에서 외형적인 차이, 아니 사소한 차이라도 보일 것이라고 자신 있게 말할 사람은 아무도 없을 것이다. 나는 이 자리에서, 현재 그 누구도 부인하지 않는 남녀 사이의 차이가 자연적인 현상이 아니라 그저 환경의 산물임을 증명하려 한다. 그러나 경험에 입각해서 여성을 규정하려 할 때 여성이 일반적으로 실용적인 재능을 더 많이 타고났다고 말할 수도 있을 텐데, 사실 이것은 여성에 관해 그동안 제기되어온 다른 주장들에 비해 진실에 보다 가깝다고 할 수 있다. 이런 주장은 과거 및 현재 기술되고 있는 여성에 관한 모든 공식 역사와도 부합된다. 우리 주변에서 목격되는 일상적 경험과도 어긋나지 않는다. 이를테면 여성이 보여주는 가장 대표적인 정신 능력에 대해 이야기해보자. 이 능력은 실제적인 일에 아주 유용하고, 또 여성은 그런 방면에서 재능을 발휘한다. 여성의 직관적 지각 능력이란 무엇을 말하는가? 그것은 눈앞의 사실에 대해 기민하고 정확하게 파악하는 통찰력을 뜻하는 것으로 일반 원리와는 관계가 없다. 어느 누구도 아직 직관을 통해 자연에 관한 과학법칙을 발견해내거나 의무 또는 사리 분별에 관한 일반 규칙을 세우지는 못했다. 이것은 경험적 자료를 점진적이고 조심스럽게 수집하고 비교한 끝에 얻을 수 있다. 따라서 필요한 경험을 자기 혼자 축적할 수 있는 경우라면 몰라도(직관적 영민함 덕분에 개별적 관찰을 통해 일반 진리에 접근하는 것이 아주 용이해지기 때문이다) 남성 여성 가릴 것 없이 직관만으로는 이 방면에서 큰 공을 세울 수 없다. 그러므로 독서와 교육을 통해 여성이 남성처럼 다른 사람의 경험을 충분히 접할 수 있다면, 보통 남성들보다도 실제적인 일들을 더 능숙하게 잘 처리할 수 있을 것이다(나는 여기에서 의도적으로 '있다면'이라는 표현을 쓰고 있다. 왜냐하면 여성이 인생을 살아가는 데 꼭 필요한 지식을 염두에 놓고 볼 때 교육을 받은 여성은 전부 독학으로 공부를 했기 때문이다). 교육을 많이 받은 남성은 눈앞의 사실에 대해 미숙한 경향이 있다. 그들은 처리해야 할 일(실제하는 사실)을 있는 그대로 보지 못하고 배운 대로만 바라본다. 그러나 조금이라도 능력을 갖춘 여성은 그렇지 않다. 그들의 '직관적' 능력이 그것을 막아준다. 경험과 종합적인 능력 면에서 똑같다고 할 때, 일반적으로 여성이 남성보다 눈앞에 직면한 사실들을 더 정확하게 본다. 현실에 대한 이런 예민한 감각이 바로 이론과 구분되는 실천의 핵심 능력이다. 일반 원리를 찾아내는 것이 사변적 능력의 몫이라면, 그런 원리가 응용되거나 응용될 수 없는 구체적 사례를 인지하고 분간하는 것은 실용적 재능과 관련이 있다. 바로 이 점에서 오늘날 보다시피 여성이 특별한 소질을 가지고 있는 것이다. 물론 원리가 뒷받침되지 않으면 좋은 실천을 기대할 수 없고, 여성의 능력 중에서도 특유의 기민한 관찰력이 압도적으로 중요한 위치를 차지하는 까닭에 자신의 관찰에만 의존해서 너무 성급하게 일반화시키다가 오류를 범할 수도 있음(비록 여성의 관찰 범위가 넓어지면서 그런 잘못을 시정하는 노력을 게을리하지 않지만)을 인정해야 할 것이다. 그러나 이 결함을 고치기 위해서는 인류의 경험, 즉 광범위한 지식에 의존해야 하는데, 이야말로 교육을 통해서 가장 잘 얻을 수 있다. 똑똑하고 혼자 공부를 많이 한 남성 역시 여성이 흔히 저지르는 이런 잘못을 범하기 쉽다. 그는 교육을 잘 받은 보통 남성이 보지 못하는 것을 간파하는 능력이 있는 반면, 널리 알려진 사실을 놓치는 경우가 비일비재하다. 물론 그 남성은 기존 지식 중 상당 부분을 습득했겠지만, 그가 아는 것은 단편적이고 체계적이지 못하다. 이 점에서는 여성과 똑같다.

그러나 여성의 마음이 현실과 실제적인 것, 그리고 구체적인 사실에 쏠리면서 그에 비례해서 잘못을 범하기가 쉽지만, 이것은 또한 그 반대되는 오류를 시정하는 데 매우 유용한 자산이 되기도 한다. 대체로 사변적인 사람들이 보여주는 가장 중요하고 특징적인 한계는 바로 이 객관적인 사실에 대한 생생한 지각과 현장감이 부족하다는 점이다. 이것이 부족한 탓에 그들은 때로 겉으로 드러난 사실이 그들의 이론과 합치하지 않은 것을 간과한다. 뿐만 아니라 사변이 할 수 있는 중요한 역할까지 아예 무시하면서, 생물이든 무생물이든 심지어 관념의 산물이든, 아무런 실제 존재도 살지 않고 단지 형이상학적 착각이나 그저 단순한 말의 뒤엉킴으로 인한 의인화된 그림자만 넘쳐나는 곳에, 자신들의 사변적 능력을 탕진한다. 그러면서 이런 그림자를 최고의 가장 초월적인 철학이 맞닥뜨려야 할 중요한 대상으로 간주한다. 관찰에 의해 지식과 관련된 자료를 획득하기보다 사고 과정을 거쳐 포괄적인 과학적 진리와 행동법칙을 찾으려는 이론가와 사변가라면, 자신보다 분명히 더 탁월한 여성과 손을 잡고 그 지적을 받아가며 사변 작업을 펼쳐나가는 것이 무엇보다 중요하다. 실제 사물과 자연의 현실 안에서 사변 작업을 하는 것이 가장 바람직하기 때문이다. 여성이 추상 작업에 흠뻑 빠져드는 경우는 아주 드물다. 여성은 늘 사물을 집단보다는 개별적으로 다루려 하고 (이것과 밀접하게 관련된 것이지만) 사람들의 현재 감정에 더 큰 관심을 기울인다. 따라서 여성은 현실에 적용될 수 있고 사람들에게 직접 영향을 주는 것이라면 무엇이든 아주 예민하게 반응한다. 이런 두 가지 이유 때문에 여성은 개인을 고려하지 않는 사변 그리고 사물이 무엇인가 상상의 실체, 그저 정신의 창조물에 불과한 것(그래서 살아 있는 존재의 생생한 감정과 교통할 수 없는 것)을 위해 존재하는 것처럼 다루는 모든 사변 작업에 대해 전혀 신뢰하지 않는다. 그러므로 남성의 생각이 여성에게 넓이와 크기를 더해주듯이, 여성의 생각도 남성에게 현실감을 안겨준다는 점에서 똑같이 유용한 것이다. 폭과 구분되는 깊이라는 측면에서 볼 때, 지금 이 시점에서도 나는 여성이 남성에 비해 특별히 부족하다고는 도저히 생각할 수 없다.

여성이 현재 보여주는 정신적 특징들은 사변적 작업을 하는 데도 도움이 되지만, 그런 작업이 일단 끝난 뒤 그 결과를 실천에 옮길 때 더 큰 도움이 된다. 왜냐하면 이미 밝혔듯이, 여성은 남성이 흔히 저지르는 실수(상황의 특별한 성격 때문에 특정 규칙이 적용되기 어렵거나 그것이 변용되어야 하는데도 자기들만의 그 규칙에 과도하게 집착하는 것)

를 상대적으로 덜 범하기 때문이다. 이제 똑똑한 여성들이 지니고 있다고 인정되는 또 다른 탁월한 재능, 즉 아주 기민하게 상황을 파악하는 능력에 대해 이야기해보자. 이것이야말로 현실 속에서 열심히 살아가는 사람에게 무엇보다 필요한 요건이 아닐까? 실제의 행동에서는 재빠르게 결정을 내리는 것이 항상 중요하다. 사변에서는 그렇지 않다. 생각만 하는 사람은 기다릴 수 있다. 시간을 두고 생각해도 되고, 새로운 증거를 더 얻기 위해 시간을 끌어도 된다. 좋은 기회가 사라질까 두려워 자신의 철학을 서둘러 종결할 이유가 없다. 불충분한 자료를 가지고 가능한 최선의 결론을 이끌어내는 능력은 철학하는 사람에게 매우 유용한 것이다. 이미 알려진 모든 사실과 부합하는 잠정적 가설을 수립하는 것은 때로 보다 진전된 탐구를 위해 없어서는 안 되는 도약대와 같다. 그러나 이런 능력은 철학을 구성하는 기본 속성이라기보다 철학을 하는 데 도움이 되는 방편이라고 할 수 있다. 본론은 물론 보조 작업을 위해서라도 필요할 경우 철학자는 언제든지 기다릴 수 있다. 그가 하는 일은 재빠른 행동과는 거리가 멀다. 그것보다는 불완전한 불빛이 완전해질 때까지 그리고 억측이 무르익어 하나의 이론이 되기까지 인내를 가지고 천천히 일하는 것이 더 중요하다. 이에 반해 일시적이고 사라지기 쉬운 것들 그리고 어떤 사실의 본질보다 개별적 사실 하나하나를 다루는 사람들에게는 생각의 기민함이라는 것이 생각하는 힘 다음으로 중요한 자산이 된다. 우발적인 사건이 연속으로 벌어지는 상황에서 어떤 일을 즉각 처리하라는 명령을 받은 사람이 지금 말한 이런 자질을 가지고 있지 못하다면, 무능하다는 평가를 피하기 어려울 것이다. 이런 사람은 비판하는 작업이라면 몰라도 행동하는 일에는 적합하지 못한 사람이다. 바로 이 점에서 여성이 그리고 아주 여성 같은 남성이 매우 뛰어나다는 것은 명백한 사실이다. 보통 남성은 능력이 아무리 특출하다 하더라도 그 능력을 충분히 익히고 발휘하자면 시간이 오래 걸린다. 아무리 자신이 잘 아는 분야라고 하더라도 재빠르게 판단하고 신속하게 판정을 내리려면 오랜 시간 동안 점진적이고 습관적으로 노력을 거듭하지 않으면 안 된다.

여성은 신경이 너무 예민한 나머지 지나치게 유동적이고 가변적이며 순간의 상황에 쉽게 휩쓸려 들어가느라 일을 진득하게 붙들고 앉아 있지 못하기 때문에 본인들의 능력도 제대로 발휘하지 못해, 집안일이라면 몰라도 다른 실무적인 일을 하는 데는 오히려 걸림돌이 된다고 말하는 이들도 있을 것이다. 나는 이런 주장이 흔히 여성들은 좀 더 진지한 고급 직종의 일을 하는 데 부적합하다면서 거론되는 이유의 핵심이라고 생각한다. 여기서 신경 에너지가 쓸데없는 데 허비된다는 것이 시빗거리가 되는데, 만일 그 에너지가 분명한 목표를 위해 사용된다면 더 이상 문제가 되지 않을 것이다. 뿐만 아니라 예민한 신경도 의식적·무의식적인 수양 여하에 따라 제어할 수 있는 여지가 많다. 이것은 시대적 환경이 바뀌면서 '히스테리성 발작'과 기절 증세가 거의 완전하게 사라져버린 것을 보아도 알 수 있다. 나아가 (다른 나라에 비해 영국에서는 그런 경향이 덜하기는 해도) 상류 계층의 대다수 여성이 그렇듯이, 사람이 마치 온실 속의 꽃처럼 바깥 공기와 기온의 변화로부터 철저하게 차단되고, 순환 계통과 근육에 자극을 주고 힘도 길러주는 생산 활동이나 운동에 적합한 훈련을 전혀 받지 못한 채 오직 신경계, 특히 감성 부문만 지나치게 활성화되는 상태로 양육되면 어떻게 되겠는가? 영양부족으로 죽지 않는 한, 그 사람은 지속적인 노력이 요구되는 육체적·정신적 업무를 담당할 정도의 체력이 없어 조금만 충격을 받아도 내적·외적으로 질병에 시달리는 허약한 존재가 되고 말 것이다. 그러나 밀폐되고 불결한 공간에서 종일 앉은 채로 꼼짝도 못 하고 일을 해야 되는 상황만 아니라면, 생계를 유지하기 위해 직업전선에 나선 그 어떤 여성도 그런 병리현상을 보이지 않는다. 아주 어려서부터 오빠나 남동생들처럼 운동을 많이 하고 신체적 자유도 마음껏 누린, 그래서 신선한 공기와 신체 활동의 즐거움을 누릴 수 있었던 여성 중에서는 사회 활동에 지장을 줄 정도로 신경이 예민한 사람이 별로 없다. 남성 여성 가릴 것 없이 일정 비율의 사람들 체질적으로 신경이 지나치게 예민하고, 이로 인해 특징적인 성격이 나타나며, 나아가 생활 전반에 걸쳐 큰 영향을 받고 있다. 다른 신체적 특징과 마찬가지로 이런 신경 체질은 유전적 성향이 강하며, 그 성향은 딸뿐만 아니라 아들에게도 이어진다. (흔히 이야기되듯이) 이런 예민한 증세는 남성보다도 여성에게 훨씬 많이 나타날 수 있고 또 그럴 개연성도 있다. 이것은 엄연한 사실로 받아들여야 할 것이다. 그렇다 하더라도 그런 증세가 있는 남성이 보통 다른 남성들이 수행하는 임무나 활동에 부적합하다고 말할 수 있는가? 만일 그렇지 않다면 왜 하필 여성만 그런 대접을 받아야 하는가? 그렇다면 그와 같은 증세는 일정한 한도 안에서 특별한 작동을 하면서 어떤 사람에게는 도움이 되지만 또 어떤 사람에게는 부작용을 일으킨다고 보아야 할 것이다. 그러나 어떤 직업이 그런 증세를 가진 사람에게 적합하기도 하고 적합하지 않기도 할 경우, 신경이 극도로 예민한 남성들이 그 일을 잘 처리한다면 편견을 극복하는 매우 유용하고 강력한 성공 사례가 될 수 있을 것이다. 이런 남성들은 보통 사람과 달리 쉽사리 잘 흥분하고, 그 결과 특정 업무를 처리하는 능력도 일반인과 뚜렷이 구분된다. 다시 말해 보통 때와 달리 자기 능력 이상으로 일을 잘 처리할 수도 있는 것이다. 그러나 신체가 매우 허약한 사람을 제외한다면, 이런 고도의 흥분 상태가 항구적인 흔적을 남기지 않은 채 순식간에 사라져버림으로써 어떤 대상을 지속적이고 안정적으로 추구하는 것을 불가능하게 하지는 않는다. 오히려 장기간 노력을 하게 하는 지속적 흥분 상태가 예민한 증세의 중요한 특징이 된다. 이것이 바로 정신이란 것이다. 혈통 좋은 경주마가 숨이 끊어질 때까지 속력을 늦추지 않고 달릴 수 있는 힘도 여기서 나온다. 수많은 가냘픈 여성이 정신적·육체적으로 가혹한 고문이 예상되는 시점에서, 심지어 화형을 당하는 순간에도 놀라울 정도로 평상심을 지킬 수 있었던 것도 그 덕분이다. 이런 증세를 가진 사람들이 남을 이끄는 일, 그중에서도 특히 행정 업무를 실제 집행하는 일에 아주 적합하다는 것은 명백한 사실이다. 그래서 이들 가운데서 위대한 웅변가나 훌륭한 설교자 그리고 도덕적으로 남에게 큰 감명을 주는 사람들이 나오게 되는 것이다. 신체적 상태로만 본다면 이들은 내각의 정치가나 재판관 같은 일을 하는 데 어려움이 많은 것처럼 보인다. 만일 늘 그런 흥분 상태에 있는 것이 틀림없다면 그렇게 말할 수도 있을 것이다. 그러나 훈련이 사람을 전적으로 다르게 만든다. 강인한 감정은 강력한 자기 통제력의 도구이자 그 요소가 된다. 그러나 우선은 그 방향으로 스스로가 단련되어야 한다. 그렇게 되기만 하면 단지 충동에만 따라 사는 영웅이 아니라 자기 억제력도 지닌 영웅이 탄생하는 것이다. 역사와 경험이 증명하지만, 정열적인 성격의 소유자일수록 그 정열을 제대로 훈련받기만 하면 다른 사람이 쫓아오지 못할 정도로 의무감이 투철해진다. 자신의 감정이 다른 쪽으로 강력하게 쏠리면서도 의로운 판결을 내리는 재판관은 그것과 같은 강도의 결연한 정의감을 품고, 이를 통해 자기 자신을 이기게 된다. 그와 같은 고상한 열정이 일상적 성격 그 자체를 이기게 해준다. 어떤 사람이 이런 예외적 상태에 있을 때 품게 되는 원망과 힘을 그가 다른 때 느끼는 감정이나 취하는 행동과 서로 비교하고 평가해볼 필요가 있다. 그리고 그 사람이 평소 추구하는 목적은 비록 인간의 태생적 한계 때문에 일시적인 것일 수밖에 없지만, 고상한 흥분의 순간에 형성된 성격에 의해 결정된다. 개인은 물론 인류 전체의 경험에 비추어볼 때, 지금까지 말한 흥분 증세가 그렇지 않은 상태에 비해 사변적·실제적인 일에 평균적으로 덜 적합하다고 말할 수 없다. 프랑스인과 이탈리아인은 천성적으로 튜튼족〔게르만족의 일부〕에 비해 더 잘 흥분하고, 최소한 영국인보다 훨씬 더 감정적이라는 것은 의심의 여지가 없다. 그렇다고 해서 그들이 과학이나 공공사업, 법률이나 재판과 관련된 일 또는 전쟁을 수행하는 데 남보다 모자라는 것이 있는가? 지금 그 후손들도 그렇지만, 고대 그리스인이 가장 다혈질인 민족 중의 하나임을 증명할 수 있는 증거는 무척 많다. 그러나 그렇다고 해서 그 사람들이 다른 민족에 비해 무엇 하나 뒤떨어진 것이 있었는지 찾아보라. 그리고 같은 남방계인 로마인 역시 그런 증세를 지니고 있었지만 스파르타인처럼 엄격한 기강 때문에 상반되는 민족성을 보여주었다. 그런 자연적인 감정이 강한 만큼 인공적 아름다움을 강렬하게 꽃피울 수 있었던 것이다. 이런 사례들이 쉽게 흥분하는 성향을 타고난 민족의 실체를 잘 보여준다면, 아일랜드의 켈트족은 외부에서 방해하지 않고 그대로 내버려둘 때(즉 오랜 세월 동안 악정의 손아귀에서 멀리 떨어져 있고, 가톨릭 성직자들의 가르침과 신실한 가톨릭 신앙의 품 안에서 살 수 있을 때) 그런 사람들이 어떻게 되는지를 보여주는 가장 대표적인 예다. 그러므로 아일랜드인의 경우는 일반적인 생각과는 달리, 여건만 잘 갖추어지면 특출한 개인이 생겨날 수 있음을 증명하는 좋은 예가 된다. 영국인과 프랑스인, 아일랜드인과 스위스인, 그리스인이나 또는 로마인과 게르만민족을 서로 비교해보아도 그렇지만, 일부 뛰어난 능력을 가진 여성은 남성이 하는 것만큼의 업적을 남길 수 있다.

나아가 여성이 교육과 교양 활동을 통해 선천적으로 예민한 성격에 따라다니는 취약함을 더 악화시키지 않고 고쳐나갈 수 있다면, 남성이 하는 것 이상으로 못할 이유도 전혀 없다고 생각한다. 흔히 여성의 심리 상태가 선천적으로 남성보다 더 유동적이고, 한 가지 일을 진득하게 붙들고 집중하는 능력이 떨어지기 때문에 여성들은 특정 사안을 끝까지 파고들기보다 여러 일을 동시에 하는 데 더 적합하다고 한다. (예외가 아주 많기는 하지만) 현재를 기준으로 본다면 그것이 사실이고, 또 그렇기에 여성은 오직 한 종류의 발상이나 직업에만 전념하는 남성들에 비해 최고의 경지에 오르지 못하는 이유가 된다고 할 수도 있을 것이다. 그렇다 하더라도 이 정도의 차이는 탁월성 자체가 아니라 단지 탁월성의 종류나 그 실용적 가치에만 영향을 끼칠 뿐이다. 나아가 인간 정신의 한 영역이 특정한 일에만 배타적으로 집중하고 인간의 사고력 전체가 한 가지 주제에만 빠져들며 단일 작업에만 집중하는 것이, 비록 사변적인 필요에 의한 것이라 하더라도, 과연 인간 능력의 발전에 정상적이고 건강한 조건을 만들어줄지 두고 보아야 할 것이다. 나는 이런 식의 집중을 통해 어떤 부문에서 발전이 이루어지기는 하겠지만, 그것이 다른 분야에서 인간 능력이 실현할 수 있는 가능성을 저해하기도 한다는 것을 강조하고 싶다. 뿐만 아니라 추상적인 사고 작업을 할 때도 아무런 방해를 받지 않은 채 한 가지 일에만 몰두하는 것보다 이것저것 다른 문제도 동시에 건드려볼 때 더 많은 성과를 거둔다는 것이 나의 확고한 믿음이다. 실무적인 일을 할 때에는 그것이 최고 수준의 일이든 아주 하찮은 것이든, 두 가지 일 사이에 끼어 옴짝달싹 못하는 일 없이 이쪽저쪽을 기민하게 왔다갔다 하며 처리할 수 있는 능력이야말로 다른 그 무엇보다 귀중한 자산이 된다. 여성은 바로 이 점에서 탁월한 능력을 발휘하지만 심리 상태가 유동적이라는 이유 하나로 비난을 받고 있다. 여성이 그런 능력을 선천적으로 타고날 수도 있겠지만 훈련과 교육을 통해 획득하게 되는 것도 사실이다. 여성이 맡은 일은 대개 사소한 것이지만, 동시에 아주 많은 것을 세세하게 다루지 않으면 안 되는 일이다. 작업 하나하나에 단 1분조차 마음을 집중하지 못한 채 곧장 다른 곳으로 신경을 돌려야 하는 것이다. 만일 어떤 일에 좀 더 길게 집중해야 할 필요가 있으면 다른 데서 억지로라도 시간을 빼내지 않으면 안 된다. 대부분 남성이 시도조차 하지 않으려 하는 일에 여성이 뛰어난 능력을 발휘하는 경우가 종종 있다. 여성이 시시한 일에만 신경을 쓴다고 비웃을 수도 있지만, 이들은 한순간도 허투루 보내는 경우가 없다. 이에 비해 남성은 자기가 중요하다고 생각하는 일이 아니면 아예 관심도 가지지 않을 때가 많다. 여성은 주변의 일상적인 일 모두를 자기 일로 삼으며, 지구가 도는 것을 멈추지 않는 것만큼이나 소소한 모든 일에 관심을 놓지 않는다.

그러나 남성이 여성보다 정신 능력 면에서 더 우월하다며 남성의 뇌가 더 큰 것을 그 해부학적 증거로 제시하는 사람도 있다(고 한다). 나는 그런 주장에 대해 사실 자체부터가 의심스럽다는 것을 밝히고 싶다. 여성의 뇌가 더 작다는 것은 결코 확인된 사실이 아니다. 그저 여성의 몸집이 일반적으로 남성보다 작다는 이유만으로 그런 주장을 하는데, 그 기준만 따르다 보면 이상한 결론에 이를 수도 있다. 키가 크고 뼈도 굵은 남성은 작은 남성에 비해 지적으로 훨씬 뛰어나고, 고래나 코끼리가 인간보다 월등하게 영리하다고 말해야 될 것이다. 해부학자들에 따르면 인간 뇌의 크기는 사람에 따라 차이가 별로 없다. 신체 크기, 심지어 머리 크기보다도 그 차이가 훨씬 작은 편이다. 따라서 어느 하나를 보고 다른 것의 크기를 유추하기는 힘들다. 그래서 일부 여성은 어떤 남성보다도 작지 않은 뇌를 가지고 있다. 그동안 사람의 뇌를 많이 재보았던 어떤 사람이 경험한 바에 의하면, 가장 큰(이제까지 기록상 가장 컸던 퀴비에보다도 더 큰) 뇌의 소유자는 여성이었다고 한다. 뿐만 아니라 뇌의 크기와 지적 능력 사이의 함수관계는 아직 정확하게 알려지지 않은 채 여전히 논란의 대상이 된다. 둘 사이에 깊은 관계가 있음은 부인할 수 없다. 뇌는 분명히 사고와 감정을 담당하는 기관이다. 그런데도 (뇌의 각 부분이 각기 상이한 정신 작용을 담당하는 것과 관련해서 아직 논란이 많지만) 뇌의 크기와 그 기능은 아무 상관없고 그 용량이 크다고 해서 다른 특별한 힘이 생기는 것이 아니라고 한다면, 그것은 생명과 사회조직에 관해 우리가 알고 있는 모든 일반 법칙과 상충되는 예외적 현상이라고 하지 않을 수 없다. 동시에 뇌가 오직 그 크기에 비례해서 영향력을 행사한다면 그것 역시 상식과 어긋나는 것이라고 보아야 한다. 자연현상 중에는 신기한 일이 많은데, 이를테면 살아 움직이는 존재가 빚어내는 현상이 가장 대표적이다. 그중에서도 특히 신경계의 활동이야말로 그 무엇보다도 신비스럽다. 물리적 행위자의 질적 차이가 그 양적 차이 못지않게 결과에 미치는 영향이 크다는 것도 관심을 끈다. 만일 어떤 도구의 질이 그것을 통해 할 수 있는 일의 섬세하고 미묘한 정도로 판정된다면, 여러 측면에서 평균적으로 볼 때 남성보다는 여성의 뇌와 신경계가 훨씬 더 성능이 좋다고 해야 한다. 질적인 차이라는 것은 추상적이고 검증하기도 어려우므로 이쯤에서 그만 이야기하도록 하자. 그 대신 어떤 기관의 효율성은 단지 크기만이 아니라 활동을 통해서도 결정된다는 것이 알려져 있다. 예를 들어, 혈액이 기관을 순환하도록 해주는 에너지(자극과 주로 순환에 의존하는 회복력)를 대략적으로 측정할 수 있다. 일반적으로 남성이 여성에 비해 뇌는 더 크지만 그 순환 활동 면에서는 뒤진다고 하더라도 놀라운 일은 아니다. 오히려 이것은 실제 관찰을 통해 남녀 정신 활동의 차이를 확인한 가설과도 부합되는 것이다. 이런 유추를 통해 유기체들 사이의 차이에 관해 일련의 가설을 세워볼 수 있는데, 그 결과는 우리가 주변에서 흔히 보는 것과 상당히 비슷하다. 우선 남성의 정신 활동이 상대적으로 느리다고 할 수 있다. 여성에 비해 생각하는 것이 느리고 감정을 느끼는 것도 민첩하지 못하다. 덩치가 클수록 행동이 굼뜬 법이다. 반면에 일단 발동이 걸리면 남성의 뇌는 더 많은 일을 할 수 있다. 한번 시작한 일은 끈질기게 붙들고 늘어질 수도 있다. 그래서 한 행동 양식에서 다른 행동 양식으로 전환하기가 어려운 반면, 한번 시작한 일에 대해서는 지치지 않고 강력하게 오랫동안 밀고나갈 수 있다.

여성이 단시간 안에 끝내야 하는 일에 상대적으로 우위를 보이는 반면, 남성은 오랫동안 끈기를 가지고 집중해야 하는 분야에서 더 큰 성과를 내는 이유도 여기에 있다. 여성의 뇌는 빨리 지치고 쉽사리 피로를 느낀다. 동시에 피로를 빨리 느끼는 반면 그 회복 속도도 빠르다. 그러나 거듭 말하지만 이런 주장은 전적으로 가설에 불과하다. 장차 보다 확실하게 규명되어야 할 질문거리에 지나지 않는다. 나는 앞에서 남녀가 정신적인 능력에서 천성적으로 차이가 난다는 주장은 말할 것도 없고, 그 평균적 힘이나 소질 면에서도 어떤 차이가 있는지 확실하게 알려진 것이 없다고 강조한 바 있다. 그리고 이런 문제는 앞으로도 분명하고 명확하게 밝혀질 것 같지 않다. 왜냐하면 성격 형성에 관한 기본적인 심리학적 연구가 매우 미미하고, 개별적인 사례에 대한 과학적 접근은 아예 이루어지지도 않고 있다시피 하기 때문이다. 그뿐만 아니라 성격 차이를 유발하는 것이 분명해 보이는 외부 요인들이 습관적으로 무시되고 있다. 관찰자들은 그것을 무심코 지나쳐버리고, 자연사와 정신철학에 관한 대표적 두 학파 모두 그것을 거들떠보지도 않는다. 물질세계나 정신세계에서 인간 상호 간에 근본적인 차이가 생기는 원인을 찾고 있든 그렇지 않든, 이들은 이런 차이가 생기는 원인을 인간이 사회와 삶에 관해 맺는 서로 다른 관계에 초점을 맞추어 설명하기를 즐기는 사람들을 무시한다는 점에서는 똑같다.

여성의 본성에 관해 아주 우습지도 않은 고정관념들이 형성되고 있는데, 그것은 철학이나 엄밀한 분석에 바탕을 둔 것이라기보다 그저 경험적 일반화에 지나지 않는 것들이다. 그리고 사람들이 품고 있는 그런 생각들은 나라마다 서로 다른데, 그럴 수밖에 없는 것이 각 사회의 여론이나 사회적 환경이 여성에게 자기 발전을 위한 특별한 기회를 제공하는지 여부가 중요한 변수가 되기 때문이다. 동방의 어떤 사람은 여성이 본래 아주 관능적인 존재라고 생각한다. 이런 관점에 따라 힌두교를 믿는 곳에서 여성을 심하게 학대하는 글이 씌어지고 있음을 상기해 보라. 그런가 하면 영국인은 여성이 천성적으로 냉정한 존재라고 말한다. 여성을 변덕스럽다고 보는 것은 프랑스식 발상인데, 이 발상은 프랑수아 1세가 툭 던진 한마디로 인해 전 세계로 퍼져나갔다. 영국에서는 여성이 남성보다 훨씬 안정적이고 잘 변하지 않는 심지를 가졌다는 것이 상식처럼 받아들여지고 있다. 가변적이고 변덕스러운 것이 여성에게는 수치스러운 일이라는 생각이 프랑스보다 영국에서 더 오랫동안 이어져 내려왔다. 게다가 영국 여성은 체질적으로 사람들의 평판에 훨씬 더 예민하게 반응한다. 그런데 만일 영국 남성에게 오직 영국에서의 경험을 통해 여성뿐 아니라 남성이나 인간 그 자체의 자연적 성향이 무엇인지 판단해보라고 한다면, 그들은 몹시 불리한 상황에 처할 것이다. 왜냐하면 영국은 인간의 본성에 관해 들려줄 것이 별로 없는 나라이기 때문이다. 좋은 의미이기도 하고 나쁜 의미이기도 하지만, 영국인은 다른 어느 현대 국가의 사람들보다도 자연 상태에서 멀리 떨어져 있다. 그 누구보다도 문명과 엄격한 규율을 자랑하는 민족이다. 분쟁의 씨앗이 될 만한 것을 전부 뿌리째 뽑았다고 할 수는 없어도, 그것을 웬만큼 통제할 수 있을 정도로 사회적 규율이 엄격한 나라가 바로 영국이다. 영국인은 행동하는 것뿐 아니라 감정을 느끼는 것도 규칙에 따라 하는데, 이런 점은 다른 민족에게서는 찾아볼 수 없는 특징이다. 다른 나라에서는 이미 확립된 여론이나 사회적 요구 사항들이 더 강력한 힘을 발휘하기는 하지만, 그 이면에서 각 개인의 타고난 성향이 늘 작동하고 있는 것이 눈에 보이고, 때로는 개인의 특이한 성향들이 여론이나 사회적인 요구 사항에 강하게 저항하기도 한다. 다시 말해 규칙이 자연보다 더 강력할지는 몰라도 자연이 설 자리는 아직 남아 있는 것이다. 이에 비해 영국에서는 규칙이 자연을 거의 대체해버렸다고 할 수 있다. 사람들은 규칙의 통제 아래 자기의 성향에 따라 삶을 꾸려나가는 것이 아니라, 규칙을 따르는 것 말고는 자신만의 성향이라는 것이 따로 없다. 이런 현상이 아주 나쁜 영향을 미치기는 하지만, 동시에 대단히 긍정적인 측면도 있음을 부인할 수 없다. 문제는 영국인이 자신들 고유의 경험을 통해 넓은 의미의 인간 본성에 대해 판단하려면 근본적인 한계에 봉착할 수밖에 없다는 점이다. 다른 나라의 관찰자들도 인간 본성을 판단할 때 실수를 범할 수 있지만, 영국인들이 하는 실수와는 성격이 많이 다르다. 이를테면 영국 남성이 인간의 본성에 관해 아는 바가 없다고 한다면, 프랑스 남성은 편견을 가지고 있다고 말할 수 있다. 영국 남성의 오류는 소극적인 것이지만 프랑스 남성의 오류는 적극적인 것이다. 영국 남성은 어떤 사물을 결코 본 적이 없기 때문에 그것이 존재하지 않는다고 착각한다. 이에 비해 프랑스 남성은 눈으로 직접 보기 때문에 그것이 언제나 그리고 반드시 존재한다고 생각한다. 전자가 자연을 관찰할 기회가 없었기 때문에 자연에 대해 모르는 것이라면, 후자는 그것에 관해 아주 잘 알지만 동시에 그것을 인위적이고 왜곡된 상태로만 보기 때문에 실수를 범한다. 왜냐하면 사회가 빚어내는 인위적인 상태가 관찰의 대상인 사물의 자연적인 경향을 두 가지 방식으로(자연을 멀리 하든지 아니면 변형시키든지) 덮어버리기 때문이다. 따라서 한 경우에는 극히 빈약한 상태의 자연만 남아 그것이 연구의 대상이 되고, 다른 한 경우에는 자연이 풍부하게 남아 있기는 하지만 자연 발생적으로 한 방향으로만 자라기보다 사방팔방으로 커졌을 가능성이 크다.

나는 지금 보이는 남녀 사이의 정신적 차이 중 어느 부분이 자연적인 것이고 또 인위적인 것인지 알 길이 없다고 여러 번 이야기했다. 과연 그런 자연적인 차이라는 것이 있기나 한지, 또는 모든 인위적인 차이라는 것을 배제했을 때 어떤 자연적인 성격이 남을지 알 수 없는 것이다. 나는 이것이 불가능하다고 말할 생각은 없다. 의심의 여지가 있다고 해서 추측까지 못하는 것은 아니기 때문이다. 확실성이 떨어진다고 하더라도 어느 정도 개연성을 확보할 방법은 있다. 우선 실제 관찰되는 차이의 기원에 대해서는 쉽게 추론할 수 있다. 나는 가능한 유일한 방법, 즉 외부 영향을 받아 생기는 정신적 변화를 추적함으로써 이 문제에 접근하고자 한다. 우리는 자연 상태의 인간이 어떤 모습인지 실험적으로 알고 싶어도 사람을 주변 환경에서 분리해낼 수가 없다. 그 대신 그 사람의 현재 상태가 어떤지, 그 환경이 어떻게 작용해왔는지 그리고 한쪽이 다른 한쪽을 만들어내는 것이 가능했는지 살펴볼 수 있을 뿐이다.

그렇다면 남녀 사이의 단순한 신체상의 차이를 제외한다면, 여성이 남성보다 분명히 모자란다는 것이 확인되는 유일한 경우에 대해 검토해보자. 그것은 철학, 과학, 또는 예술 방면에서 정상급의 작품을 남긴 여성이 없다는 점이다. 이런 분야에서 여성이 원래 남성보다 열등하다고 단정하는 것 외에 다른 방법으로 이를 설명할 길이 있을까?

첫째, 경험이 귀납적 결론을 이끄는 충분한 근거가 될 수 있는지에 대해 마땅히 의문을 제기해보아야 한다. 아주 드문 예외적 경우를 빼고 나면 여성이 철학과 과학, 예술 방면에서 자신의 능력을 발휘해볼 기회를 가진 것은 3세대도 채 안 된다. 현 세대에 이르러서야 여성의 노력이 겨우 빛을 보고 있다. 그것도 영국과 프랑스를 제외하면 세계 어느 곳에서도 아직은 터무니없이 미약하다. 한번 물어보자. 과연 이 기간 동안 사변적 작업이나 창조적 예술 부문에 자신을 내던질 만한 취향을 가지고 있고 또 그럴 만한 신분이 되는 여성 중에서, 그저 우연한 기회 덕분에, 탁월한 재능을 가진 사람이 출현할 수 있으리라고 기대를 해도 되는 것인가? 여성이 충분한 시간을 가지고 오랫동안 참여했던 일에서는 같은 기간, 같은 수의 남성 경쟁자들에 비해 질과 양 두 측면에서 그 성과가 결코 부족하지 않다. 여기서 일은 질적인 수월성秀越性에서 가장 두드러진 것, 그중에서도 특히 여성이 가장 긴 세월 동안 공을 들일 수 있었던 분야, 즉 문학(산문과 시 모두)을 말한다. 극히 일부 여성만 그런 시도를 할 수 있었던 과거 어느 시점을 돌아보면, 그런 가운데서도 뛰어난 성공을 거둔 여성들이 몇몇 있었다. 그리스인은 언제나 자신들의 위대한 시인들의 반열에 사포[24]를 포함시켰다. 핀다로스[25]의 선생이었다고 불리는 미르티스[26]와 핀다로스와의 경쟁에서 다섯 번이나 승리를 거두었던 코린나[27]는 적어도 그 위대한 이름과 겨룰 만한 업적을 남겼던 여성들이다. 비록 아스파시아[28]가 철학에 관한 글을 남기지는 못했지만, 소크라테스까지 그녀의 가르침을 받으려 했고 또 그것을 시인했다는 것은 잘 알려진 사실이다.

현대에 들어와 문학이나 예술 쪽에서 활동한 여성의 작품을 살펴보고 그것을 동시대의 남성과 비교해보면, 여성이 지닌 열등함이란 기본적으로 단 한 가지, 그러면서도 매우 중요한 결점, 즉 창의성의 부족으로 압축된다. 물론 여성에게 창의성이 전혀 없다는 말은 아니다. 왜냐하면 일정 정도의 중요한 가치를 지닌 정신적 창작물은 모두 나름대로 창의적인 행위의 결과, 다시 말해 모방이 아니라 창작자의 정신이 깃든 개념이기 때문이다. 남에게서 빌려온 것이 아니라 사상가 본인의 관찰이나 지적 활동 과정을 통해 추출된 독창적인 생각은 여성의 문학작품 속에

24 Sappho. 기원전 6세기경 그리스에서 활동했던 시인이다.
25 Pindaros. 기원전 5세기경 그리스에서 활동했던 시인이다.
26 Myrtis. 핀다로스와 코린나의 스승이었던 시인이다.
27 Corinna. 핀다로스의 경쟁자였던 시인이다.
28 Aspasia. 밀레토스 출신으로 기원전 440년대 초 아테네로 이주해 '거리의 여인'이 되었으나 이후 사교계의 여왕으로 떠올랐다. 소크라테스도 그녀와 대화를 나누었다고 하며, 특히 아테네의 대정치가 페리클레스Pericles(기원전 495?~기원전 429)는 50대의 나이로 20세 전후의 그녀에게 매혹되었다. 아스파시아가 아테네 시민권을 가지지 못했기 때문에 그들 사이에서 출생한 아들인 소小페리클레스는 시민이 될 수 없었으나, 페리클레스의 소청으로 민회가 그에게 시민권을 주었다. 수사학에 뛰어났으며, 페리클레스가 남긴 유명한 장례 연설(기원전 431)의 초고를 그녀가 썼다는 말도 있다. 여성의 사회적 지위가 낮은 당시의 아테네에서 그녀는 예외적인 존재였다.

차고 넘친다. 그러나 여성은 아직 사상사에 새로운 시대를 여는 위대하고 훌륭한 새로운 개념이나, 과거에는 생각지도 못했던 새 장을 개척하고 새로운 학파를 여는 혁신적인 예술 개념을 만들어내지는 못하고 있다. 그들 작품은 대개 기존 사고의 틀 위에 있고, 그들의 창작물은 기성 형태에서 크게 벗어나지 못한다. 여성의 작품에서는 이런 것이 한계로 드러난다. 반면 일을 처리하고 어떤 생각을 세부적으로 응용하는 것 그리고 형식을 갖추는 능력에서는 조금도 부족하지 않다. 우리 시대에 작품의 구성과 세부 사항을 다루는 솜씨에서 최고 수준에 이른 소설가들은 대부분 여성이다. 그래서 현대 문학작품을 통틀어서 스탈 부인[29]의 문체를 능가할 만큼 뛰어난 언어 구사 능력을 갖추었거나 순전히 예술적 탁월성 측면에서 하이든이나 모차르트의 교향곡만큼이나 심금을 울렸던 상드 부인[30]보다 더 뛰어난 산문을 쓸 수 있는 사람은 없을 것이다. 거듭 말하지만 고도의 독창성은 확실히 부족하다. 그렇다면 여성이 왜 이런 점에서 남성에게 뒤지는지 그 이유를 살펴볼 차례다.

문명이 발전해온 유사 이래로 위대하고 유익한 새로운 진리는, 그 이전 시대에 이루어진 연구와 지식의 도움을 받지 않은 채 오직 천재적인 재능에만 힘입어서 발견될 수 있었다. 이 기간 동안 여성이 사변적인 작업에 대해서는 전혀 관심을 보이지 않았다는 사실을 기억하자. 히파티아[31]의 시대부터 종교개혁 시기까지 그만한 업적을 낸 여성으로는 워낙 특출했던 엘로이즈[32] 같은 사람이 아마 거의 유일한데, 인류

29 본명은 제르맨 드 스탈Germaine de Staël(1766~1817)로, 프랑스의 낭만주의 소설가이자 역사학자다.

30 조르주 상드George Sand(1804~1876)는 도덕을 경멸한 것으로 유명한 프랑스의 소설가다.

31 Hypatia, 370~415. 이집트의 신플라톤주의 여성 철학자로 수학 발전에도 큰 공을 세웠다.

32 Héloïse, 1098~1164. 17세 때 철학자이자 신학자인 아벨라르Peter Abelard (1079~1142)의 제자가 되어 서로 사랑하는 사이였으나 숙부의 완강한 반대로 결혼하지 못

역사에 길이 남을 그녀의 사변 능력이 자신의 불행한 삶으로 인해 얼마나 손상을 입고 말았는지 우리로서는 알 길이 없다. 그 이후로는 그처럼 심각하고 깊이 있는 철학 작업에 몰두한 여성이 별로 없다. 웬만큼 독창성을 보여준 여성도 드물다. 그때 이후로 일정 수준의 능력만 되면 이해할 수 있는 거의 모든 사상이 차곡차곡 축적되어왔다. 그래서 공부를 깊이 하고 앞 시대에 쌓인 지식들을 두루 섭렵한 사람이 아니라면 그 이름에 걸맞은 수준의 독창성을 발휘할 수 있으리라고 기대하기 어렵게 됐다. 모리스[33]가 한 말이지만, 전 시대 사람들이 이룩해놓은 것을 정통하게 잘 알아야만 뛰어나게 창의적인 일을 할 수 있는 때가 바로 이 시대다. 나는 앞으로도 변함없이 그럴 것이라고 생각한다. 건축물에 사용되는 모든 새 돌은 이미 터를 잡고 있는 다른 수많은 돌 위에 놓여야 한다. 누구든지 현재 진행되고 있는 일에 한몫을 차지하고 싶으면 건축 자재를 등에 짊어지고 그것이 쓰일 곳을 향해 올라가는 긴 과정을 반복해야 한다. 종류를 불문하고 그러한 과정을 거쳐 간 여성이 얼마나 될 것인가? 서머빌 여사[34]는 수학적 진리를 발견할 수 있을 만큼 수학에 대해 많은 지식을 가진 거의 유일한 여성일 것이다. 그런 서머빌 여사도 살아생전 과학 발전에 혁혁한 공을 세운 두세 사람의 반열에 그 이름을 올리지 못했다. 그러나 그렇다고 그것이 곧 여성의 열등함을 증명하는 증거가 될 수 있을까? 경제학이 하나의 과학으로 자리를 굳힌 이래 두 여성이 이 분야에서 괜찮은 글을 남길 정도로 전문 지식을 구비했다. 같은 기간 동안 경제학에 관해 글을 쓴 그 많고 많은 남성 가운데 이 두 여성보다 더 큰 진리를 발견해낸 사람이 얼마나 있을까? 이제

했다. 두 사람 사이에 오갔던 열두 통의 편지를 모은《아벨라르와 엘로이즈의 서한》은 학문과 수도 생활에 관한 엘로이즈의 질문에 아벨라르가 응답한 내용을 담았다. 수도 생활에 대한 중요한 문헌의 하나로 널리 읽혔다.

33 Frederick Denison Maurice, 1805~1872. 영국의 신학사상가다.

34 Mary Sommerville, 1780~1872. 스코틀랜드 출신의 수학자다.

까지 위대한 여성 역사학자가 없었다고들 말하지만, 그 분야에서 활동할 만큼 정통한 지식을 갖출 기회를 가질 수 있는 여성이 얼마나 되는가? 탁월한 여성 언어학자가 없다고 하지만, 여성 가운데 누가 산스크리트와 슬라브어, 울필라스[35]가 만든 고트어와 아베스타Avesta〔조로아스터교의 경전〕의 페르시아어를 배울 수 있었는가? 우리는 일상적인 문제에서도 무학無學의 천재가 보여주는 독창성의 가치에 대해 잘 안다. 그런 작업은 수많은 발명가가 이미 만들고 다듬은 것 위에 조야한 형태로나마 새로운 그 무엇을 덧붙이는 것을 뜻한다. 오늘날 남성들이 눈에 띄게 독창적인 작업을 해내기 위해서는 반드시 밟아야 하는 준비 과정을 여성도 똑같이 이수할 수 있다면, 그런 바탕 위에서 경험을 근거로 여성의 독창성 유무에 대해 판단해야 말이 될 것이다.

어떤 주제에 관한 다른 사람들의 생각에 대해 폭넓게, 그리고 정확하게 공부하지는 못했지만 타고난 총명함 덕분에 예리한 직관을 자랑하는 사람들이 있다. 이들은 자기주장을 펼 수는 있어도 증명하지는 못한다. 그러다가 시간이 좀 더 지나 그 생각이 성숙해지면 기존 지식에 덧붙여 중요한 기여를 하는 경우가 종종 있다. 그러나 이 경우에도 그 문제에 관해 잘 아는 사람이 그것을 붙들고 검증을 하며 과학적이거나 실용적인 형태를 부여해서 기존 철학이나 과학의 지식 세계에 편입시키지 않는 한 정당한 위상을 누리지 못한다. 여성이라고 해서 그런 놀라운 발상을 하지 못한다는 법이 있을까? 아니다. 지적 역량이 뛰어난 수많은 여성이 그런 발상을 할 수 있다. 다만 그런 능력을 제대로 이해하고 세상과 연결시켜줄 수 있을 만큼 지식을 가진 남편이나 친구가 없는 탓에 그것은 대부분 사장되고 만다. 혹 세상에 알려진다 하더라도

35 Ulfilas, 310?~382?. 동로마제국의 주교로 고트족에게 선교하면서 고트어의 알파벳을 만들었고, 성서를 고트어로 번역했다.

그것이 여성 자신의 것이 아니라 주변 남성의 생각인 것처럼 받아들여지는 경우가 대부분이다. 여성이 처음 제기한 대단히 독창적인 생각들이 검증받고 현실화되는 과정에서 남성의 것으로 둔갑해버린 것이 얼마나 많은 줄 아는가? 내 경험으로 판단해본다면 상당히 많은 경우가 그렇게 왜곡되고 있다.

이제 순수 사변 분야를 떠나 좁은 의미의 문학과 미술 쪽으로 초점을 옮겨보면, 여성이 하는 문학 작업의 기본 주제와 중요한 특징적 양상이 남성의 것을 모방하는 데는 그럴 만한 분명한 이유가 있음을 알 수 있다. 비평가들이 싫증날 정도로 자주 하는 이야기지만, 왜 로마 문학은 독창적이지 못하고 그리스 것을 모방하고 있는가? 간단히 말하자면, 그것은 그리스 것이 먼저 나왔기 때문이다. 만일 여성이 남성과 다른 세상에 살고 남성의 작품을 전혀 읽어볼 기회가 없었더라면, 분명 그들 자신만의 고유한 문학을 만들어냈을 것이다. 다시 말해 여성은 이미 고도로 발전된 문학 세계 속에 살고 있었기 때문에 그들만의 독창적인 작품을 만들지 못한 것이다. 만일 고대의 지식 전통이 단절되지 않았더라면 또는 고딕식 성당이 세워지기 전에 르네상스가 시작되었더라면, 그런 건축물은 결코 시도되지 않았을 것이다. 우리는 프랑스와 이탈리아에서 과거의 것을 모방하느라 독창적인 것이(새로운 것이 움트고 난 뒤에도) 고사枯死하는 사례를 목격한다. 글을 쓰는 모든 여성 문필가는 위대한 남성 작가들의 학생이나 마찬가지다. 라파엘로 같은 화가조차도 그 초기 그림의 형태가 스승과 구분이 잘 안 될 정도다. 심지어는 모차르트도 젊은 시절에는 그리 독창적인 모습을 보이지 못했다. 그들처럼 천부적인 재능을 가진 사람도 독창적인 능력을 발휘하는 데 어느 정도 시간이 걸렸다면 보통 사람들은 훨씬 긴 세월이 흘러야 한다. 남녀의 타고난 자연적 성향이 다른 까닭에 여성이 쓴 문학작품이 남성의 것과 비교해볼 때 큰 틀에서 그 성격이 다를 수밖에 없다고 해보자. 그렇다면 지금보다 훨씬 긴 시간이 흘러야 여성이 기존 모델의 영향에서 벗어나 자신만의 개성을 발휘할 수 있을 것이다. 그러나 나는 그렇게 생각하지 않는다. 남성과 달리 여성에게만 공통적으로 발견되는 특성과 여성만의 특별한 재능이 따로 있는 것은 아니기 때문이다. 그저 작가 한 사람 한 사람 개별적인 특성은 분명 있지만, 그것마저 현재는 선례와 대중적 경향에 묻혀 빛을 발휘하지 못하고 있다. 이런 압력에서 벗어나 각자가 자신만의 개별성을 온전히 발휘하자면 몇 세대는 족히 흘러가야 할 것이다.

얼핏 보면 소위 순수 예술 분야에서 여성의 창조적 능력이 가장 뒤떨어진 것처럼 생각된다. 이 분야에서는 여성이 활동하는 것에 대해 사람들이 그다지 편견을 가지고 있지 않을 뿐 아니라 독려하기까지 하고, 그 교육을 받는 사람 중 다수가 부유한 계층의 여성(이라고 말할 수도 있기 때문)이다. 그럼에도 여성은 이 분야에서 남성보다 뛰어난 업적을 남기지 못하고 있다. 다른 어느 분야보다도 더 심하다. 그러나 이런 한계는 예술 분야에서 특히 두드러지는 현상, 즉 초보자를 압도하는 전문가들의 막강한 실력이라는 변수로 설명하는 것 외에 다른 도리가 없다. 식자 계층의 여성은 거의 모두 이런저런 예술 분야에 대해 어느 정도는 교육을 받는다. 그러나 그것을 통해 생계를 꾸리거나 사회적으로 이름을 낼 정도는 아니다. 여성 예술가라고 해봐야 전부 아마추어에 지나지 않는다. 물론 예외가 있기는 하지만 그것은 일반적인 진실을 확인해주는 정도다. 여성이 음악 교육을 받기는 하지만, 그들은 실기만 배우고 작곡은 배우지 않는다. 따라서 남성이 음악적인 재능에서 여성보다 우수하다고 할 때, 단지 작곡가로서만 그럴 뿐이다. 예술 분야 가운데 여성이 어느 정도 전문 직업인 비슷하게 행세하는 유일한 분야가 바로 연극이다. 이 분야에서 여성은 확실히 남성보다 더 뛰어나다고 할 수 없을지는 몰라도 적어도 비슷하기는 하다. 공정하게 비교하자면, 여성들이 일궈낸 작품은 같은 분야 아마추어 남성의 작품과 함께 평가하는 것이 마땅하다. 예를 들면, 작곡 분야에서 여성은 전문 직업인이 아닌 남성 못지않게 좋은 작품을 많이 남겼다. 이제 극소수 여성이 전문적으로 그림을 그리기 시작했는데, 그들은 기대 이상으로 능력을 보여주고 있다. 남성 화가들도(러스킨에게는 실례의 말이지만) 지난 몇 세기 동안 이렇다 할 작품을 남기지 못했으며 앞으로도 상당 기간 그럴 것이다. 현대에 비해 과거의 화가들이 특별히 뛰어난 이유는 남성 중에서도 그 재능이 탁월한 사람들이 미술에 몸을 던졌기 때문이다. 14~15세기 이탈리아의 화가들은 동시대에서 가장 재능이 뛰어난 남성이었다. 그들 중에서도 가장 탁월했던 사람들은 그리스 위인들과 견줄 만큼 박식하고 총명했다. 더구나 이 당시에는 미술이 남성들의 감정과 판단으로는 일생을 걸어봄 직한 멋진 도전 대상으로 인식되었다. 그래서 오늘날 정치나 군사 방면에서 성공을 거두는 것이 남성의 꿈이듯이, 그때는 남성이 미술 활동을 통해 군주의 친구가 되거나 최상층 귀족의 일원이 될 수 있었다. 그러나 오늘날에는 그 정도의 능력을 갖춘 남성이라면 자신의 명예나 시류에 부응하기 위해서도 그림 그리는 일에 일생을 걸지 않는다. 오늘날에는 가끔씩 레이놀즈Joshua Reynolds나 터너Joseph Turner 같은 사람 정도만 미술에 승부를 걸어보려 할 뿐이다(그들이 특출한 남성 가운데서 어떤 위치를 차지하는지에 대해서는 내가 평가할 처지가 못 된다).

음악은 이야기가 조금 다르다. 다른 분야만큼 종합적 정신 능력이 중요한 비중을 차지하지 않은 대신 타고난 재능에 좌우되는 것처럼 보이기 때문이다. 그런데도 위대한 작곡가 중에 여성이 없었다는 것이 놀라운 일로 생각될 수도 있을 것이다. 그러나 이런 선천적 재능도 위대한 창조를 일궈내기 위해서는 꾸준한 학습과 전문적 헌신이 전제되어야 한다. 독일과 이탈리아는 일류 작곡가(비록 남성뿐이라 하더라도)들을 배출해낸 몇 안 되는 나라다. 이 나라에서 여성이 특수 교육이나 일반 교육을 받을 수 있는 기회는 프랑스와 영국에 비해 형편없이 적다. 과장이 아니라, 일반 교육도 그다지 받지 못하는 처지니 특수한 정신 능력을 가진 사람들을 위한 교육 기회는 더 말할 필요도 없을 정도이다. 그래서 작곡의 기본 원리를 어느 정도 숙달한 남성이 수백 명에서 수천 명이라면, 여성은 기껏해야 수십 명도 채 안 될 것이 분명하다. 사정이 그렇다면 평균적으로 볼 때, 탁월한 남성 50명에 그만한 수준의 여성이 한 명 이상 된다고 기대할 수 없다. 더구나 지난 3세기 동안 독일과 이탈리아에서도 훌륭한 남성 작곡가 50명을 배출해내지 못했다.

지금까지 말한 것 말고도, 여성이 특별히 제약을 받지 않는 분야에서도 왜 남성보다 뒤처지는지 설명해줄 수 있는 다른 이유들도 있다. 우선 자신을 위해 시간을 쓸 수 있는 여성이 매우 드물다. 이것은 역설로 보일지 몰라도 부인할 수 없는 사회적 현실이다. 모든 여성은 전통적 관례에 따라 자신의 시간과 생각을 일상적 실무에 쓸 수밖에 없다. 첫째, 각 가정마다 가족과 집안 살림에 신경을 쓰는 사람이 있어야 하는데, 이것은 나이가 지긋하면서 경험도 충분히 쌓은 여성의 몫이 될 수밖에 없다. 다른 사람을 고용해서 (그럴 때 불가피하게 따르는 낭비와 횡령의 위험을 감수하면서) 이런 일을 맡길 수 있을 만큼 부유한 집안이 아니라면 적어도 한 여성은 책임을 져야 하는 것이다. 집안일을 감독한다는 것은 설령 육체적으로 그다지 힘이 들지 않는다 하더라도 찬찬히 사색하기에는 여간 방해가 되는 것이 아니다. 사소한 문제까지 잠시도 감독을 소홀히 할 수 없고, 매시간 미리 예상했거나 예상하지 못한 문제에 대해 판단하고 결정을 내려야 하는 등, 그 일을 맡은 사람으로서는 단 한시도 자유로운 시간을 가질 수가 없다. 신분이나 여건상 이런 문제에 신경을 쓰지 않아도 되는 여성이라 하더라도 가족을 대신해서 다른 집 사람들(이는 곧 사회라고 부를 수 있을 것이다)과의 교제 문제를 놓고 골머리를 앓아야 한다. 따라서 잡다한 일상사에서 벗어나면 벗어날수록 여성은 다른 문제, 이를테면 저녁 식사, 음악회, 저녁 모임, 아침 방문, 편지 쓰기 등 여러 가지 일에 또 매달려야 한다. 사회는 이런 모든 일을 전적으로 여성에게 맡긴 채 그것을 잘해야 훌륭한 사람이 된다며 멍에를 씌우고 있다. 좀 더 신분이 높은 집안의 똑똑한 여성들은 우아한 예의범절과 멋진 화술을 개발하는 데 그만한 정력을 쏟는다. 외형에 대해서도 마찬가지다. 옷을 잘 입는 데 관심(이때 관심이라는 것은 비싼 옷을 찾는다기보다 자연적, 인위적 관습에 부응하면서 나름대로의 취향을 살리는 것을 말한다)이 많은 여성들은 자신 그리고 아마 자기 딸들이 입는 옷에 대해 신경을 많이 쓸 수밖에 없다. 만일 여성이 이런 관심과 노력을 예술이나 과학, 문학에 쏟는다면 상당한 결과를 얻을 것이 분명하다. 그러나 그들은 그 귀중한 시간과 정신력을 이런 데 쓰기보다 허비하는 경우가 더 많다.* 만일 여성이 이런 자질구레한 관심사에서 벗어나(그들에게는 큰일이지만), 막대한 여가 시간이나 정력, 정신적 자유를 예술이나 사변철학에 쏟을 수 있다면, 그들은 분명 대다수의 평범한 남성보다 훨씬 대단한 창조적 능력을 발휘할 수 있을 것임에 틀림없다. 그러나 현실은 그렇지 못하다. 여성은 통상적으로 주어진 일상적인 일 말고도 언제나 자신의 시간과 능력을 다른

* "보다 견고한 예술 원리뿐만 아니라, 장식을 통해서도 남성이 진리, 또는 옳은 것에 대해 정당한 관념을 가질 수 있게 된다면 그것 역시 정신이 올바른 방향을 잡은 결과인 것처럼 보인다. 비록 차원은 좀 낮지만, 그것을 통해서도 발전을 도모할 수 있기 때문이다. 이 점을 고상하거나 저속한 취향을 분간할 수 있는 의상의 유행을 통해 설명해보자. 의복은 큰 것으로부터 작은 것으로, 짧은 것으로부터 긴 것으로 끊임없이 변화하고 있지만, 전체적인 형태는 여전히 똑같다. 물론 그 근본 틀이라고 해봤자 대단한 것이 없기는 하지만 어쨌든 사람들이 일반적으로 입는 옷의 형태는 비교적 고정되어 있다. 유행이라는 것도 이런 틀 속에서 변한다. 이 분야에서 대단한 성공을 거둔 사람이나 최고의 멋쟁이처럼 옷을 입는 사람은, 위대한 다른 목적을 달성할 때 필요한 것과 똑같은 지혜를 구비한 채, 최고의 노동이 요구되는 이 예술 분야에서 비슷한 기량을 발휘했거나 동일한 올바른 취향을 개발해온 사람들일 것이다."(Sir Joshua Reynolds's Discourses. Disc. vii.)

사람을 위해 써야 한다. 남성은 그렇지 않다. 설령 전문직에 종사하지 않는다 하더라도 그런 직종을 찾기 위해 노력하는 중이기만 하다면, 남을 위해 자기 시간을 사용하지 않아도 된다. 이런저런 사소한 요구를 모른 채 넘어가도 될 만큼 직업이라는 것이 훌륭한 핑곗거리가 되기 때문이다. 여성은 어떤가? 여성 자신이 원해서 선택한 직업을 내세워 사회가 요구하는 것 가운데 어느 하나라도 무시한다는 것이 가능하기나 한가? 반드시 해야 하는 그리고 공인된 의무에서 벗어난다는 것은 좀처럼 생각할 수 없다. 다른 사람을 즐겁게 해주기 위해 해야 하는 일보다 자신의 고유한 업무를 우선순위에 두자면 가족이 아프다거나, 아니면 무엇인가 특별한 사유가 있어야만 한다. 여성은 누군가, 더 정확히 말하자면 모든 사람이 원하는 대로 움직일 수 있도록 늘 준비하고 있어야 한다. 만일 여성이 공부를 하거나 무엇인가를 추구하려면, 우연히 생기는 자투리 시간을 잘 이용하지 않으면 안 된다. 어떤 유명한 여성은 자신의 글(나는 이 글이 언젠가 출판될 수 있기를 기대한다)에서 여성이 하는 모든 일은 오직 자투리 시간을 잘 활용한 결과라고 말했는데, 나는 그 말에 전적으로 공감한다. 상황이 이러한데도 인생의 모든 것을 걸고 끈질기게 집중해야 하는 일에서 여성이 최고의 성과를 거두지 못했다고 해서 이를 가볍게 볼 수 있겠는가? 철학 그리고 무엇보다도 예술이 바로 그런 분야다. 생각과 감정을 집중해야 할 뿐 아니라 고도의 기량을 갖추기 위해서는 손도 늘 움직여야 하기 때문이다.

이것에다 하나 더 덧붙여 생각해야 할 것이 있다. 다양한 예술 및 지적 작업 중에는, 일정한 수준에 이르면 생계를 영위할 수 있는 것과 불멸의 작품을 남기기 위해서는 그보다 더 높은 단계의 숙련을 요구하는 것이 있다. 전문적으로 어떤 일에 종사하는 사람이라면 누구나 다 생계를 꾸릴 정도의 수준에는 오르고자 한다. 그러나 후자의 경우는 사정이 다르다. 명성을 얻고자 하는 뜨거운 욕구가 없으면 또는 인생의 어느 기간 동안만이라도 그런 동기에 휩싸이지 않으면 어느 누구도 결코 도달할 수가 없다. 이미 위대한 수많은 천재가 걸어간 길을 뒤따라가면서 나름대로 또 다른 아름다운 흔적을 남기자면, 아무리 비범한 능력을 타고난 사람이라 하더라도 길고 지루한 작업을 끈기 있게 해내는 것이 필수적이다. 이런 상황에서 웬만한 것은 그런 고역을 감내할 만한 자극제가 되지 못한다. 그 원인이 천성적인 것이든 아니면 인위적인 것이든, 어쨌든 여성들 중에서 명성을 얻기 위해 그 정도로 열정을 가진 사람은 매우 드물다. 그들의 야심이라고 해봤자 그저 좁은 울타리 안에 국한되어 있다. 누구에게 영향을 끼치려 한다고 해도 아주 가까운 주변 사람들을 대상으로 할 뿐이다. 그들이 가진 욕망이라고 해봤자 자기 눈으로 볼 수 있는 사람들부터 친근한 대우를 받고 사랑을 받으며 존경받는 것 정도에 지나지 않는다. 그래서 지식과 예술의 전문성, 그 밖에 다른 것들을 성취하기 위해 필요한 숙련된 기술을 추구하더라도 그런 목표를 달성하는 데 필요한 정도 이상은 욕심내지 않는다.

오늘날 우리가 보는 여성들을 평가하려면 반드시 이런 점을 고려해야 한다. 나는 여성들이 이런 특성을 타고났다고는 결코 생각하지 않는다. 그것은 그저 환경이 만들어낸 자연스러운 결과일 뿐이다. 남성의 경우 그들이 받는 교육과 그 주변 사람들은 그들이 명성을 추구하도록 부추긴다. '쾌락을 경멸하며 힘들게 분투하는 것'은 그 자체로 '고상한 인격'의 일부분으로, 심지어는 '허약함과는 가장 거리가 먼 것'으로 인식된다. 그리고 그런 과정을 거쳐야 명성에 따라다니는 모든 선물(여성들의 환심을 사는 것까지 포함해서)을 차지할 수 있게 된다고 배운다. 그러나 여성은 그런 목표들에 희망을 걸 수 없다. 명성을 얻고자 하는 꿈 그 자체가 발칙하고 여성답지 못한 것으로 간주된다. 게다가 사회가 일상 속에서 관계를 맺는 사람들에게 잘 대해줄 것을 명령하고 또 그들의 호의가 있어야만 편하게 살 수 있는 마당에, 여성이 그들에게 좋은 인상을 주기 위해 노심초사하지 않을 도리가 있겠는가? 주변 사람들로부터 좋은 평을 듣고 싶어 하는 자연적인 본능은 여성이나 남성이나 다를 바 없다. 그러나 이 사회에서, 여성에 대한 세평은 오직 남편 또는 주변 남성들이 받는 평에 의해 결정된다. 여성은 개인적으로 크게 이름을 내거나, 남성들의 부속물이 아닌 주체로서 본인의 위상을 정립하는 것이 금지되어 있다. 이런 현상은 일상적으로 벌어진다. 가정과 사회에서의 신분과 위치 그리고 일생을 관통하는 습관이 인간 정신에 미치는 영향에 대해 평가할 수 있는 최소한의 능력을 갖춘 사람이라면, 소위 상대적 열등감을 포함해서 남성과 여성 사이에 보이는 모든 차이점이 전적으로 그런 영향의 소산이라는 점을 손쉽게 파악하지 않을 수 없을 것이다.

지적 차이와 구별되는 것으로 생각되는 도덕적 차이에 대해 이야기하자면, 흔히 여성에게 유리한 방향으로 그 선이 그어지고 있다. 도덕적인 측면에서 여성이 남성보다 낫다는 것이다. 그러나 이것은 실속 없는 찬사에 불과한 것이기 때문에 정신이 올바른 여성이라면 이에 대해 쓴웃음을 짓지 않을 수 없다. 왜냐하면 세상 그 어디에서도 우월한 자가 열등한 자에게 복종해야 하는 법은 찾아볼 수 없기 때문이다. 사람들 사이에서 아주 이치에 맞고 자연스러운 것으로 인식되는 사회 법규에서는 더더욱 그렇다. 이런 허황된 이야기에서 그래도 뭔가 의미를 굳이 찾자면, 그것은 권력이라는 것이 사람을 쉽게 타락시킬 수 있음을 남성들이 시인한다는 것 정도가 될 것이다. 이것을 사실이라고 해야 될지 모르겠으나, 어쨌든 달리 설명하기가 쉽지 않다. 노예 상태가 정말 비인간적인 상태로 악화되는 경우를 제외하고는 노예와 주인 양쪽을 다 타락시키기는 하지만, 그래도 노예보다는 주인을 더 나쁘게 만드는 것이 사실이다. 아무 제약 없이 권력을 자의적으로 행사할 수 있는 것보다, 비록 독재 권력에 의해 강제되는 한이 있더라도, 어느 정도 억제를 당하는 것이 본인의 도덕적 건강을 위해서는 더 좋은 것이다. 흔히 여성이 남성보다는 형사 처분을 받을 일을 덜 한다고, 다시 말해 남성에 비해 범죄를 저지르는 빈도가 낮다고 이야기한다. 나는 흑인 노예에 대해서도 똑같이 말할 수 있음을 환기하고 싶다. 다른 사람의 통제 아래 있으면, 그 주인이 명령하거나 원하는 경우가 아닌 한, 나쁜 짓을 자주 할 수가 없다. 나는 공부깨나 한다는 남성을 포함해서 세상 사람들이 사회적 환경의 영향력을 애써 무시하고 외면하는 가운데, 여성의 지적 능력에 대해 근거 없이 폄하하는 한편 타고난 도덕성에 대해서는 엉뚱하게 찬사를 늘어놓는 것만큼이나 어리석은 짓은 없다고 확신한다.

여성의 도덕적 우월성에 대해 찬사의 말이 들리는 한편, 그 반대되는 이야기, 즉 여성이 도덕적 편견을 가지는 경향이 농후하다는 비판도 자주 제기된다. 다시 말해 여성은 개인적 편견을 극복하지 못하는 까닭에 중요한 결정을 내릴 때 동정심과 반감에 휩싸이는 경우가 많다는 것이다. 설령 그렇다 하더라도, 여성이 개인적인 감정에 휩쓸리는 것이 남성이 개인적인 이해관계 때문에 공사를 구분 못 하는 경우보다 더 자주 있는지는 앞으로 따져보아야 할 일이다. 이 경우 남성은 자신이 담당해야 할 의무와 공익을 위해 일하는 과정에서 자기 자신을 우선 배려하는 반면 여성은 (자기만의 개인적인 이해관계를 가지는 것이 허용되지 않으므로) 다른 사람들을 먼저 배려하지 않으면 안 된다는 것이 중요한 차이가 될 것이다. 나아가 여성이 사회에서 받는 모든 교육을 통해, 신경을 써야 하고 그 이익을 위해 노력해야 할 유일한 대상이 자신과 연결된 주변 사람들이라는 사실을 늘 주입받고 있다는 것을 기억하지 않으면 안 된다. 교육을 받기는 하지만, 보다 거창한 이익이나 보다 고매한 도덕적 목표를 향한 지적 탐구 같은 것에 대해서는 최소한의 관심도 기울이지 않게 만드는 것이다. 여성에게 불만이 있다면 그것은 단지 그들에게 주어진 유일한(그들에게 허용된 거의 유일한 활동이라고 할) 의무를 너무나 성실하게 잘 이행한다는 것밖에 없을 것이다.

핍박을 받는 사람들이 힘으로 권력자를 윽박지르지 않는 한, 권력을 가진 자가 아랫사람에게 양보를 하는 경우는 매우 드물다. 따라서 사람들의 머릿속에 여성은 현실에 대해 별로 불만이 없다는 생각이 굳어 있는 한, 남성 우월적인 사회구조에 대해 아무리 반론을 제기해보았자 그다지 관심을 끌지 못한다. 이런 이유 때문에 남성이 그와 같이 정의롭지 못한 특권을 좀 더 오래 향유할 수 있는 것은 분명하지만, 그것이 정의롭지 못하다는 사실 자체는 조금도 변함이 없다. 동양의 여성들이 바로 이런 상황에 놓여 있다. 그들은 유럽 여성들이 누리는 것과 같은 자유가 없다고 불평하지 않는다. 오히려 우리 여성들이 지나치게 대담하고 또 여성미도 부족하다고 생각한다. 남성들조차 사회의 전반적인 질서와 구조에 대해 거의 불평하지 않는데, 하물며 세상 돌아가는 것에 대해 전혀 알지 못하는 여성들이야 오죽하겠는가? 여성은 거시적인 의미에서 자신의 팔자에 대해 불평하지 않는다. 또는 하기는 하는데 그 성격이 다르다. 여성들이 쓴 글을 보면 이런저런 애환을 담은 것이 아주 많다. 그런데 그런 한탄이라는 것이 어떤 특정한 목표를 겨냥한 것이라고 생각될 수 없기 때문에 더 비감스럽다. 여성들이 하는 불평은 남성들이 인간의 삶이 전반적으로 불만족스럽다며 하는 불평과 비슷하다. 불평은 하지만 원망하거나 어떤 식으로든 변화되기를 희구하는 것은 아니기 때문이다. 그러나 여성은 남편이 휘두르는 권력에 대해서는 불평하지 않으면서도, 각각 자기 남편이나 친구의 남편에 대해서는 불평을 하곤 한다. 이런 점에서 여성운동은, 다른 모든 종류의 노예해방 운동이 초기에 보이는 양상과 비슷한 모습을 띤다고 할 수 있다. 노예들은 처음 단계에서 주인의 학정虐政은 몰라도 권력 그 자체에 대해서는 불평하지 않았다. 평민들도 처음에는 도시민으로서 누릴 몇몇 권리를 요구하는 것에서부터 시작했다. 그러다가 자신들의 동의 없이는 세금을 내지 않겠다고 요구하기 시작했지만, 이때까지만 해도 그들은 왕의 주권 중 일부를 요구하는 것은 말도 안 되는 짓이라고 생각했다. 오늘날 여성이 기존 질서에 저항하는 것이, 마치 왕의 전권에 저항하는 것처럼 받아들여지는 유일한 경우라고 하겠다. 남편이 인정하지 않는 운동에 여성이 가담하면 그것은 곧 순교를 각오하는 행위나 마찬가지지만, 그렇다고 여성이 사도가 될 수 있는 것은 아니다. 남편이 아내의 사도 신분을 합법적으로 정지시킬 수 있기 때문이다. 결국 상당수의 남성이 여성을 해방시키는 운동에 동참할 준비가 되어 있지 않는 한, 여성 자신이 그런 운동에 헌신할 수 있으리라고 기대할 수는 없다.

4장 여성해방이 남성도 구원한다

이제 한 가지 문제를 더 붙들고 고심해보아야 한다. 이 문제는 지금까지 논의했던 것보다 결코 덜 중요한 것이 아니다. 그리고 이 문제야말로 그동안 한 이야기 때문에 때때로 마음이 흔들렸던 여권 반대론자들이 가장 집중적으로 던지는 질문일 것이다. 그들은 말한다. 우리의 관습과 제도를 바꾸어서 무엇을 얻을 수 있단 말인가? 여성이 자유롭게 된다고 인간의 삶이 조금이라도 달라지는가? 만일 그렇지 않다면, 왜 여성의 마음을 뒤흔들고 추상적인 권리를 내세워 사회혁명을 기도하려 하는가?

이런 질문이 결혼한 여성이 처한 상황을 개선하려는 마음에서 제기된 것이라고는 도저히 생각할 수 없다. 한 여성이 한 남성에게 종속됨으로써 숱하게 빚어지는 고통과 부도덕함 그리고 모든 종류의 가증스러운 일을 그냥 모른 척 지나치기에는 그 비참함의 정도가 너무 심각하다. 생각이 모자라고 솔직하지 못한 사람들은 예외적이거나 널리 알려진 사례만 거론하면서 여성이 그렇게 사악한 취급을 받는 것은 아주 드문 일이라고 강변할 수도 있다. 그러나 그 누구도 그런 일이 실제로 벌어지고 있으며 또 많은 경우에 그 정도가 상상을 뛰어넘는다는 사실을 모른 척할 수는 없을 것이다. 그리고 남성이 그와 같은 권력을 장악하고 있는 한 그러한 부조리가 시정될 수 없다는 것 역시 너무나 명백하다. 그런 권력은 선량한 남성 또는 귀하게 존경받는 남성뿐만 아니라 잔인하고 흉포하기 이를 데 없는 인간까지 포함한 모든 남성에게 주어지거나 제공된 것이다. 그런 남성을 견제할 수 있는 것이라고는 사람들의 이목밖에 없는데, 이들은 다른 사람의 말은 소용이 없고 오직 자기와 비슷한 부류의 인간이 하는 말에 대해서만 부담을 느낀다. 여성은 남편이 무슨 짓을 하든 법의 이름으로 인내를 강요당하고 있다. 만일 남성이 그들에 대해 그토록 잔인하고 흉포하게 행동하지 않는다면 사회는 이미 천국 가까운 상태에 도달하고도 남았을 것이다. 더 이상 남성의 부도덕한 행태를 규제할 법규가 존재할 필요도 없을 것이다. 아스트라이아(그리스 로마 신화에 나오는 정의의 여신)가 벌써 지상에 돌아왔을 것이고 아무리 최악의 남성이라도 그 여신이 머무는 사원이 되기에 족했을 것이다. 굴종 상태의 결혼을 묵인하는 법은 현대 사회의 모든 원리, 그리고 이런 원리를 서서히 그리고 고통스럽게 잉태해낸 모든 경험과 정면으로 배치되지 않을 수 없다. 흑인 노예제가 폐지된 지금에 이르러서는, 결혼제도야말로 모든 능력을 다 갖춘 한 인간이 다른 인간의 자비에 매달린 채, 그 사람이 자신의 이익을 위해서 권력을 행사해주기만을 간절히 희망하며 살아야 하는 유일한 경우가 되고 말았다. 실질적으로 결혼제도야말로 우리 법체계 안에서 발견되는 유일한 노예제라고 해도 과언이 아니다. 각 가정에서 신음하는 여성들을 빼고 나면 더 이상 법적으로 용인된 노예는 존재하지 않기 때문이다.

그러므로 이쯤 되면 "누구의 이익을 위한 것이고 무슨 소용이 있는가?"라는 질문에만 머물러 있을 수 없다. 악이 선을 이길 것이라고 말하는 사람이 있겠지만, 선의 위력에 대해 의심할 수 없는 것도 사실이다. 그러나 여성이 무능력한 존재로 머물 것을 강요하는 상황을 척결하고(그래서 한 시민으로서 남성과 동등한 권리를 누릴 수 있게 되고), 여성도 사회적 선망의 대상이 되는 모든 직업에 종사할 수 있으며 그런 직업을 가지는 데 필요한 교육과 훈련에 동참할 기회를 가지는 등의 큰 문제가 있다. 이 문제와 관련해서 불평등이라는 것이 정의롭지도 합법적이지도 않다고 규정하는 것만으로는 만족하지 못하고 그런 차별을 철폐하고 나면 당장 어떤 구체적인 이득이 생기는지 알고 싶어 하는 사람들이 많다.

우선 모든 인간관계 중에서 가장 보편적이고 또 가장 널리 퍼져 있는 것이 정의의 원리에 의해 규율될 때 생기는 막대한 이익에 대해 설명해보겠다. 이로 인해 인간 본성에 어떤 유익한 영향을 끼칠 것인가? 나는 어떤 설명이나 묘사보다도 단 한마디로 압축하는 것이 가장 효과적인 답이 되리라고 믿는다. 말에 도덕적 의미를 부여하는 사람이라면 누구든지, 현재 남성과 여성의 관계가 인간이 보여주는 모든 형태의 이기적 경향, 자기 숭배, 옳지 못한 자기 선호의 뿌리에 중요한 자양분이 된다고 생각할 것이다. 한번 생각해보자. 사람들 가운데 가장 천박하고 속이 텅 비어 있으며 무식하고 둔한 소년이 아무런 장점이나 노력도 없이 단지 남성으로 태어났다는 이유 하나만으로, 자신이 나중에 어른이 되면 인류의 반이나 될 사람들(자기보다 정말 우수하다고 매일 또는 매시간 느끼지 않을 수 없는 여성까지 포함해서) 그 누구보다도 더 우월한 자리에 올라갈 권리가 있다고 생각한다면, 이 일을 어떻게 받아들여야 할 것인가? 그렇다 보니 남성이 일상생활 속에서 바보처럼 항상 여성의 지도를 받아야 하는 처지에 있는 경우에도, 여성 자신은 능력과 판단력에서 당연히 그 남성과 대등하지 않고 또 대등할 수 없다고 생각한다. 만일 남성이 바보가 아니라면 그는 더 한심한 일을 저지르게 된다. 그 여성이 자신보다 더 우수하다는 것을 알면서도 자신은 명령하고 여성은 복종하는 것이 마땅하다고 믿는 것보다 더 어리석은 일은 있을 수 없기 때문이다. 이런 일이 계속될 때 남자아이의 성격은 어떻게 되겠는가? 식자층의 남성들조차 이런 일들이 얼마나 깊숙이 절대 다수 남성의 의식 속으로 스며들고 있는지 때때로 체감하지 못한다. 아이들을 올바르게 잘 키우는 집안에서는 될 수 있는 한 불평등이 발을 붙이지 못하게 하기 때문이다. 실제로 그런 집의 아이들은 불평등을 아예 알지도 못한다. 그래서 남자아이들은 아버지에게 복종하는 것과 똑같이 어머니에게도 복종해야 한다. 누나에게 함부로 행동하는 것은 용납되지 않고, 또 누나들이 비굴하게 구는 것을 본 적도 없다. 남자아이가 기사도 정신을 발휘하면 대단히 칭찬받으며, 그런 행동이 결코 굽실대는 것이 아니라고 배운다. 그래서 신분이 높은 집안에서 잘 배운 젊은이들은 어린 시절 때로 좋지 못한 환경에 처하더라도 나쁜 영향을 받지 않을 수 있다. 그리고 나중에 성년이 되고 나서도 그것을 단지 있는 그대로의 사실로 경험하게 될 뿐이다. 이런 사람들은 다른 환경에서 자란 아이들이 얼마나 일찍부터 남성은 원래 여성보다 우월한 존재라는 편견에 젖게 되는지 알기가 어렵다. 키가 자라는 만큼 그런 편견도 자라고 힘이 세지는 만큼 그것도 강해진다는 것, 학교 다닐 때 친구가 한 말이 그대로 머릿속에서 고정관념으로 자리 잡는다는 것, 남자 아이들이 아주 일찍부터 자기가 어머니보다 더 잘났다고 생각하며 어머니를 조심스러워하기는 하지만 진정으로 존경하는 마음은 가지고 있지 않다는 것, 자기가 평생 반려자로 삼은 여성에게 대단히 거드름을 피우며 군림한다는 것 등에 대해 잘 알지 못한다. 이런 모든 것이 개인이자 사회적 존재로서의 한 남성의 삶 전체에 심각한 악영향을 끼친다는 것을 상상할 수 있는가? 이것은 세습으로 왕위에 오른 자가 왕으로 태어났기 때문에 자기가 다른 사람보다 더 탁월하며, 귀족으로 태어났으므로 더 귀족답다고 자찬하는 것과 같은 맥락이 아닌가? 남편과 아내의 관계는 왕과 신하의 관계와 똑같다. 다른 것이 있다면 아내가 신하에 비해 더 무제한적인 의무에 매여 있다는 것뿐이다. 신하는 종속 상태에 있었기 때문에 좋거나 나쁜 방향으로 그 성격이 변화를 겪었을 것이다. 그러나 왕의 성격은 아주 나쁜 방향으로 크게 영향을 받았다는 사실을 누가 알아차릴 수 있을까? 그는 신하들이 자기보다 훨씬 낫다고 믿거나 또는 자신이 아무런 재능도 없고 특별한 노력을 기울이지도 않았는데 단지 (피가로가 말하듯이) 이 세상에 태어나는 수고를 감당했다는 이유 하나만으로 자기와 다를 바 없는 사람들을 지배하는 위치에 놓이게 되었다고 생각하거나 하는 그런 변화를 겪은 것이다. 군주나 봉건영주의 자기 숭배는 남성의 자기 숭배와 견줄 만하다. 인간의 삶이 제아무리 공짜로 얻은 특권이라고 해도, 그것을 닦고 광을 내는 수고도 하지 않은 채 그냥 어린이가 성장해서 어른이 되는 것은 아니다. 특별한 장점이 없는데도 기울인 노력에 비해 과도한 수준의 특권을 얻는다고 부끄러움을 느끼는 사람은 언제나 소수에 지나지 않는다. 그들이야말로 가장 훌륭한 소수인 것이다. 이에 반해 나머지 사람은 자신의 특권에 대단한 긍지를 느끼는데, 이것이야말로 최악의 긍지가 아닐 수 없다. 그들은 본인이 노력한 것이 아니라 우연히 얻은 유리한 위치에서 생기는 결과에 대해 큰 의미를 부여한다. 특히 남성은 어려서부터 자신이 세상 모든 여성보다도 더 우월한 존재라고 생각하게 될 뿐 아니라, 그런 감정의 바탕 위에서 한 여성에 대해 지배적 위치를 확립하면, 그리고 학교에서 양심적이고 따뜻한 관용보다 거만하고 거드름 피우는 것을 배우다 보면, 말 못할 고약한 짓들을 저지른다. 그들이 주변의 다른 남성, 즉 자신과 대등한 사람들과 왕래할 때 모든 일을 자기 뜻대로 할 수 없는 것은 당연하다. 그런 과정에서 쌓이는 욕구불만을 자기에게 복종하지 않으면 안 되는 사람들에게, 특히 불쌍한 아내에게 분풀이하듯 발산시키는 못난 인간들이 많다.

지금까지 구체적 사례와 교육 상황을 통해 살펴보았듯이, 사회정의의 제1원리와 어긋나는 가정 내 남녀 관계는 인간의 본성에 비추어 볼 때 아주 나쁜 방향으로 심각한 영향을 끼칠 수밖에 없다. 따라서 현재의 우리 경험으로는 그것을 근본적으로 시정했을 때 생기는 긍정적 변화에 대해 상상의 날개를 충분히 펴기가 어렵다. 힘의 법칙이 인간의 성격에 미치는 영향을 약화시키고 그 자리에 정의의 법칙을 세우려는 교육과 문명의 모든 노력은, 문제의 핵심이 제거되지 않는 한, 그저 미미한 성과만 낳을 뿐이다. 현대의 도덕과 정치 운동을 관통하는 중요한 원리는 오직 행위만이 존경의 대상이 될 수 있다는 것이다. 다시 말해 사람이 '어떤 존재냐'가 아니라 '어떤 일을 하는가'에 따라 존경받을 수 있다는 것이다. 한마디로 출신이 아니라 능력이 모든 권력과 권위의 유일한 원천이 되는 것이다. 만일 특정 개인이 타인에 대해 지속적인 권위를 지니는 것이 허용될 수 없다면, 사회도 누군가를 편들기 위해 다른 사람의 권리를 침해하는 일에 동원될 수 없다. 이제 인간이 지구상에 등장한 이래 처음으로, 어린아이들은 원래부터 마땅히 가야 할 방향으로 교육받을 것이다. 그리고 그가 어른이 되어서도 거기서 크게 어긋나지 않을 가능성이 커지고 있다. 그러나 사회의 핵심 영역에서 강자가 일방적으로 약자를 지배하는 상황이 지속되는 한, 약자도 강자와 똑같은 권리를 누리게끔 하는 원리의 구현이라는 것은 여전히 힘든 과제일 수밖에 없다. 왜냐하면 정의의 법칙(이것은 또한 기독교 법칙이기도 하다)이 결코 사람의 심성 가장 깊숙한 곳에 자리를 잡지 못할 것이기 때문이다. 사람들은 그 법칙을 훼손시키고 심지어 왜곡시키기까지 할 것이다.

여성에게 자신의 능력을 자유롭게 발휘할 기회를 주고, 직업 선택의 자유도 주고, 그리고 남성과 똑같이 일할 수 있을 뿐 아니라 그 대가나 상도 똑같이 받을 수 있게 함으로써 생기는 두 번째 이득은, 인간 사회를 더 높은 단계로 발전시키는 데 필요한 정신 능력이 두 배로 늘어난다는 점이다. 이를테면 공립학교 선생이나 공공 업무를 담당할 행정관으로서 인류에게 도움을 주고 사회 발전에 기여할 수 있는 사람이 현재는 하나지만, 이제 그 수가 둘로 늘어날 가능성이 생기는 것이다. 종류를 불문하고 탁월한 정신 능력은 어느 곳에서나 항상 그 수요를 따라가지 못한다. 뛰어난 능력으로 일을 능숙하게 처리할 사람이 매우 부족한 것이다. 따라서 그런 능력을 갖춘 인류의 반을 사장해버린다는 것은 사회 전체에 엄청난 손실이 아닐 수 없다. 물론 이런 능력이 통째로 방치되고 있는 것은 아니다. 집안일과 기타 여성에게도 문호가 개방된 몇몇 직업을 통해 그런 능력이 상당 부분 발휘되고 있기 때문이다. 그리고 나머지 것들도 여성이 남성에게 개별적으로 영향을 주는 방식을 통해 간접적이나마 혜택을 준다. 그러나 그런 혜택은 매우 부분적이고 그 범위도 대단히 제한되어 있다. 여성에게 사회 활동의 기회를 봉쇄함으로써 반이나 되는 인류 지성이 창조해낼 막대한 이익도 활용되지 못하고 있다. 뿐만 아니다. 여성이 남성과 경쟁함으로써 야기하게 될, 또는 (더 정확하게 말하자면) 그런 경쟁 과정에서 남성이 여성보다 마땅히 앞서야 한다는 강박관념으로 인해 생겨날 지적 자극이라는 또 다른 혜택도 이용하지 못하게 된다.

여성에게 보다 완벽한 양질의 교육 기회를 제공하면, 인간 사회의 여러 문제를 풀어나가는 데 크게 유익한 여성의 위대한 지적 능력을 부분적으로 활용할 수 있을 것이다. 이렇게 되면 남성의 능력도 그에 비례해서 향상될 것이다. 보통 여성들도 주변의 남성들과 똑같이 사업, 공공 업무, 고차원의 사변철학에 종사할 수 있도록 교육받아야 한다. 다른 사람이 한 일이나 생각을 이해할 뿐 아니라 스스로 무엇인가 대단한 일을 할 수 있고 생각할 수 있는 능력을 갖춘 선택된 소수는 남성 여성 가릴 것 없이 그런 능력을 키우고 발전시키는 기회를 똑같이 가질 수 있어야 한다. 이렇게 여성의 교육 수준을 남성과 똑같은 수준으로 올리고 평등한 참여 기회를 보장함으로써 여성의 활동 범위가 대폭 늘어날 것이다. 그러나 이것과 별개로, 남녀 차별의 벽을 허물어버린다는 것은 그 자체로 매우 귀중한 교육적 가치를 지닌다. 더욱 광범위하고 중요한 생각과 행동의 주제 그리고 사적 영역을 넘어 일반적 관심의 대상이 되는 모든 일이 전부 남성의 소관 사항이고 여성이 관여할 바가 아니라는 발상(이런 모든 일에서 여성들은 아예 공개적으로 배제되고 있고 그저 일부 하찮은 것에 참여하는 것만이 마지못해 허용되고 있다) 하나만 벗어던져버려도 될 것이다. 그리고 여성도 남성과 똑같은 인간으로서 자기가 원하는 일을 추구할 수 있고, 인간이라면 누구나 흥미를 느낄 수 있는 일에 대등하게 참여할 수 있으며, 나름대로 견해를 가질 수 있는 모든 인간사에 실제로 참여하려고 시도하든 안 하든 상관없이, 일정 수준의 영향력을 행사할 권리가 있다는 생각만 하게 되더라도, 여성의 도덕적 감성을 확대시키는 것은 물론 그들의 능력도 엄청나게 발전시킬 것이다.

여성이 자신의 생각을 피력할 수 있게 되면, 인간 사회의 문제를 푸는 데 도움이 될 개인의 능력(지금 현재 상황이 인류의 반이나 되는 사람들이 가진 능력을 무시해도 좋을 만큼 문제 해결 능력이 충분한 것은 물론 아니다)을 상승시킬 수 있다. 뿐만 아니라 인간 사회 전체의 생각과 감정을 발전시키는 데에도 매우 위대하다기보다 상당히 유익한 영향을 끼치게 될 것이다. 나는 일부러 '매우 위대한greater'이라기보다 '상당히 유익한more beneficial'이라는 표현을 썼다. 왜냐하면 사람들이 일반적으로 생각하듯이 여성들은 늘, 또는 적어도 역사가 최초로 기록된 이래로, 큰 영향을 끼쳤기 때문이다. 예를 들어 역사가 시작된 이후, 어머니가 어린 아들의 성격에 끼치는 영향은 막대했다. 게다가 젊은 남성이 젊은 여성에게 잘 보이고 싶어 하는 경향도 성격 형성과 문명 발전의 몇몇 중요한 단계에서 결정적인 역할을 했다. 심지어 호메로스 시절에도 '트로이 여성들의 옷이 땅에 끌리는 것'에 대한 수치심이 위대한 헥토르를 분발시킨 1차 동기가 되었다. 여성들이 끼치는 도덕적 영향력은 두 가지 형태로 나타났다. 첫째는 부드러운 모습을 띠었다. 그들은 누구보다도 폭력의 희생물이 되기 쉬운 이들이므로 자연적으로 그 폭력의 정도를 누그러뜨려 폐해를 줄이고 싶어 했다. 싸울 줄 모르는 사람들은 싸우는 것 외의 방법으로 다툼을 해소하고자 하는 본능을 가지고 있다. 일반적으로 이기적 열정 때문에 가장 큰 피해를 입은 사람들이 그런 광포한 열정을 통제하는 데 도움이 되는 모든 도덕적 법률에 가장 큰 성원을 보냈다. 그래서 북방의 정복자가 기독교를 받아들이는 데 여성의 역할이 아주 컸는데, 이 교리는 이전의 그 어느 것보다도 여성들에게 대단히 호의적이었다. 앵글로색슨족과 프랑크족들이 개종을 한 것은 에설버트[36]와 클로비스[37]의 아내들 덕분이었다고 말할 수도 있다. 둘째, 여성들의 의견은 적절한 자질을 구비한 남성들에게 강력한 자극을 주는 방법을 통해 큰 영향력을 발휘하기도 한다. 여성은 자기 생각을 현실에 옮길 수 있는 훈련을 받지 못했기 때문에 그 뜻을 대신 펼쳐줄 후원자들을 찾아야 했다. 용기 그리고 넓은 의미의 군사적 덕목은 언제나 여성들의 존경을 받고 싶어 하는 남성들의 욕망에 힘입어서 발휘되었다. 그리고 여성들이 주는 자극은 이 특정한 종류의 자질을 넘어 다른 분야로까지 확산된다. 여성들에게서 존경과 호감을 사는 비법은 언제나 남성들의 큰 관심사였기 때문이다. 여성들이 끼치는 이 두 가지 도덕적 영향력의 결합을 통해 기사도 정신이 등장하게 되었

36 Ethelbert, 552~616. 영국 7왕국 시대의 켄트 왕으로, 기독교 신자인 프랑크 왕녀 베르타와 결혼한 뒤 기독교에 관심을 가졌다.

37 Chlodovechus(Clovis), 466~511. 통일 프랑크 왕국을 건설한 왕으로 부하 3000명을 이끌고 가톨릭으로 개종했다.

다. 이 기사도 정신은 전쟁 수행에 필요한 최고의 자질과 능력을 전혀 다른 종류의 덕목(비군사적이고 자기 방어 능력이 없는 사람들에게 점잖음, 관용, 자기희생을 베푸는 것, 특히 여성에게 헌신하고 존중하는 것)과 결합하려 한다는 점에서 독특하다. 그리고 여성들은 자신에게 복종을 강요하기보다 호감을 사기 위해 애쓰는 남성들에게 특별한 은전을 베풀 힘이 있다는 점에서 방어 능력이 없는 다른 부류의 사람들과 구분이 된다. 흔히 실천이 이론을 못 따라간다고 하는 것 이상으로, 기사도 정신의 실제 모습도 이론상으로 제시된 기준에 훨씬 못 미쳤다. 그럼에도 기사도 정신은 인류의 도덕 역사에서 길이 남을 기념비적 존재가 되고 있다. 그것은 대단히 엉성하고 혼란스러운 사회가 당시의 제도와 조건보다 훨씬 높게 도덕적 이상을 끌어올리고 또 그것을 현실 속에서 실천하기 위해 혼연일치된 모습으로 조직적으로 시도한 아주 획기적인 사례였기 때문이다. 비록 그 근본적인 목표를 달성하는 데 완전히 실패했다고 하더라도 그것이 전혀 무의미하거나 아무 성과가 없었던 것은 아니다. 그 시대 이후 사람들의 생각과 감정에 매우 큰 영향을 끼쳤기 때문이다.

기사도의 이상은 여성의 감성이 인류의 도덕 발전에 끼친 영향 가운데 가장 대표적인 것이라고 할 수 있다. 만일 여성들이 지금처럼 종속된 상태로 머물러 있어야 한다면, 기사도 정신의 쇠퇴는 대단히 안타까운 일이라 하지 않을 수 없다. 왜냐하면 기사도 정신이야말로 그런 상태가 빚어내는 비도덕적 현상을 개선할 수 있는 유일한 처방이기 때문이다. 그러나 인간 사회가 큰 변화를 겪으면서 전혀 다른 도덕적 이상이 기사도 정신을 대체하는 것이 불가피해졌다. 기사도는 개인의 용감한 행위에 좋고 나쁜 일이 모두 달려 있는 사회 상태에 개인의 인격과 관대한 마음을 통해 도덕적 요소를 불어넣으려는 시도다. 그러나 현대에서는 사회의 1차적 관심이 싸움에서 사업으로, 군사에서 산업 분야로 바뀌면서 모든 일, 심지어 군대와 관련된 일까지도 개인이 아니라 여러 사람의 노력이 서로 맞물려서 결정된다. 물론 이런 현대의 삶에서도 과거 못지않게 관용의 미덕이라는 것이 중요하지만, 과거처럼 그것이 결정적인 역할을 하는 시대는 이미 지났다. 현대인의 도덕 생활에서 핵심적인 것은 정의와 사리 분별일 수밖에 없다. 그래서 모두가 다른 사람의 권리를 존중하는 한편, 각자가 자신을 돌볼 수 있는 능력을 구비해야 한다. 기사도는 사회 전 영역에서 아무 처벌도 받지 않고 행해지는 모든 형태의 나쁜 행동에 대해서 그 어떤 법률적 제재도 가하지 않았다. 그 대신 찬양과 존경이라는 보상을 통해 소수가 의로운 일을 하도록 격려했을 뿐이다. 그러나 도덕이 힘을 얻기 위해서는 언제나 이런 법률적 처벌, 다시 말해 나쁜 일을 하지 못하게 막는 힘에 의존하지 않으면 안 된다. 사회는 그저 의로운 일을 한 사람에게 명예를 부여하는 것만으로는 지탱되지 못한다. 그런 동기는 상대적으로 너무 미약하기 때문에 몇몇을 제외하고는 대다수 사람에게 아무런 효과가 없다. 현대 사회는 문명이 준 우월한 힘을 적절히 사용함으로써 삶의 모든 영역을 통해 나쁜 행동을 억제할 수 있다. 그리고 사회적 약자들도 (이제 법의 보호 아래 일정 수준의 방어 능력을 갖춤으로써) 자칫하면 독재자가 될지도 모르는 힘센 자들의 기사도 정신에 의지하지 않고 살아갈 수 있게 되었다. 기사도 정신의 아름다움과 위용은 지금도 여전하지만, 사회적 약자들의 권리와 인간으로서 일반적으로 누려야 할 안락한 삶을 확보하기 위해서는 이제 보다 확실하고 지속적인 토대를 마련해야 한다. 사실 남녀의 부부 관계를 제외하고는 사회가 전부 그런 방향으로 바뀌었다.

오늘날에도 여성의 도덕적 영향력이 전에 못지않지만, 옛날처럼 두드러지고 분명하지는 않다. 그저 사회의 전체 여론이 미치는 영향력 중의 한 부분으로 남아 있을 뿐이다. 동정심의 확산과 여성의 눈에 쏙

들고 싶은 남성의 욕망을 통해 여성의 감정은 기사도의 이상이 살아남도록 만드는 데, 다시 말해 그런 마음가짐을 강화시키고 그 정신과 관용의 전통이 이어지게 하는 데 큰 역할을 한다. 이런 성격 면에서 여성의 기준은 남성보다 높다. 그러나 정의에 대한 문제의식 면에서는 남성보다 다소 낮다. 사적인 삶과의 관계에서는 일반적으로 여성이 엄정함이 요구되는 덕목은 멀리하는 대신 보다 부드러운 것을 가까이한다고 말할 수도 있을 것이다. 그러나 이런 말을 할 때는 분명히, 여성 개개인의 성격에 따라 편차가 있을 수밖에 없음을 주의해야 한다. 덕목과 삶의 직접적인 이해관계가 상충되는, 다시 말해 원칙과 이해관계가 갈등을 빚는 중요한 문제를 둘러싸고 여성이 미치는 영향은 대체로 매우 복합적인 성격을 띤다. 그들이 종교나 도덕 교육을 통해 굉장히 중요한 것으로 습득한 몇 안 되는 원칙들 중의 하나가 문제가 된다면 덕목을 지키기 위해 애쓸 가능성이 있다. 그래서 자기 남편과 아들이 때로 자기희생적인 행동을 마다하지 않도록 부추길 수도 있는데, 그 남성은 이런 자극이 없다면 그와 같은 행동은 결코 생각도 하지 않았을 것이다. 그러나 현재 여성이 받는 교육과 그 사회적 위상으로 볼 때, 그들에게 강력한 인상을 심어준 도덕 원칙들은 전체에서 오직 일부에 해당될 뿐이다. 나아가 그 성격도 특정 행동을 금지하는 데 집중되고 생각과 목적의 큰 방향과는 별 관련이 없는 등, 기본적으로 부정적인 것이다. 이런 말을 해야 한다는 것이 유감스럽지만, 여성이 자기 가족의 사적인 이익에 도움을 주지 않는 일, 즉 삶의 일반적인 행위 양식에 마음을 쏟거나 열심히 나서는 경우는 매우 드물다. 그들이 장차 어떤 이익을 줄지 알지 못하고, 가족의 이익과 거리가 멀며, 자기 주변의 남성의 정신을 빼앗아가는 일에 관심을 덜 둔다고 비난하는 것은 그리 큰 모욕이 아닐 수 있다. 문제는 그로 인해 여성들이 공공의 덕목에 별로 큰 영향을 미치지 못한다는 점이다.

그러나 여성의 행동 범위가 점차 넓어지고, 상당수 여성이 가정과 집안일 너머의 사회 활동에 직접 참여함으로써 공공 도덕에 미치는 영향력도 점차 커지고 있다. 여성의 영향력은 전쟁을 혐오하고 박애 사업에 몰두하는, 현대 유럽인이 보여주는 두 가지 특징적 양상에서 특히 두드러진다. 둘 다 대단히 훌륭한 것이다. 그러나 불행하게도, 이런 감정들을 북돋운다는 점에서 여성이 끼치는 영향력이 가치가 있기는 하지만, 그 구체적인 적용 과정에서 좋지 못한 결과를 낳는 경우도 많다. 박애 사업의 경우가 특히 그렇다. 여성은 그 일을 하면서 개종改宗과 자선 활동에 큰 비중을 둔다. 개종은 내부적으로는 종교적 적대감을 격화하는 것의 다른 이름이고, 외부적으로는 보통 특정 목표를 향해 무작정 질주한다는 것을 뜻한다. 문제는 그렇게 질주를 하면서, 개종 과정에서 동원된 방법으로 인해 어떤 치명적인(다른 모든 바람직한 목표뿐만 아니라 종교적 목표 그 자체까지도 결정적인 타격을 입힐만큼 치명적인) 결과가 생길지 알지도 못하고 또 관심도 기울이지 않는다는 점이다. 자선 활동이라는 것도, 직접 관련된 사람들에게 즉시 영향을 끼치는 것과 사회 전체의 일반 이익에 궁극적으로 기여하는 것 사이에 전면 충돌이 일어날 가능성을 안고 있다. 이에 반해 그들이 받는 교육(사리 분별을 가르치기보다는 감성에 치우친 교육)과 일생을 통해 몸에 밴 습관(많은 사람에게 나중에 간접적으로 영향을 주는 것보다 가까운 사람들에게 즉각 무엇인가 영향을 주는 것을 더 추구하게 만드는 습관) 때문에, 여성은 자신의 동정심을 자극하는 모든 형태의 자선 활동이나 박애심이 최종적으로 초래하는 그 어떤 개탄스러운 결과를 보지 못하고 또 인정도 하지 않으려 한다. 그 결과 사람들 스스로 자기 삶을 책임지지 못하게 한다. 본인의 잘못된 행동으로 좋지 못한 결과가 생길 때 그 고통을 대신 덜어줌으로써, 개인의 성공적인 삶과 사회적 덕목의 첫번째 기초가 되는 자기 존경심, 자조, 자기 통제를 훼손시키게 된다. 이런 모자란 생각과 근시안적인 선심善心이 점점 더 엄청나게 증가하고 있다. 이처럼 좋은 일을 하기보다 나쁜 결과를 낳는 방향으로 자원과 선의를 낭비하는 데는 여성의 책임이 아주 크다. 그러나 만일 여성이 구체적으로 자선 활동 계획을 관리할 수 있는 위치가 된다면 그런 실수를 범하지 않게 될 것이다. 공공 자선 사업을 책임지고 있는 여성은 지나친 도움의 손길이 얼마나 도덕적 해이를 불러일으키는지 누구보다 잘 안다. 이런 여성은 객관적인 사실, 특히 그들이 직접적으로 접촉하고 있는 사람들의 마음과 감정 상태에 대한 통찰력(이런 분야에서는 여성이 남성보다 일반적으로 더 뛰어나다)을 지니고 있다. 그리고 이런 경험을 통해 같은 분야에서 일하는 많은 남성 경제학자에게 중요한 교훈을 줄 수 있다. 그러나 자기 수중의 돈을 주는 것만 알지, 그것이 어떤 결과를 낳는지 직접 경험할 기회가 없는 여성이 어떻게 그런 사태를 내다볼 수 있을까? 지금 우리가 목격하는 것과 같은 팔자로 태어난 여성이, 더구나 그런 처지에 만족하고 있는 여성이, 어떻게 자기 독립의 가치를 깨달을 수 있겠는가? 여성은 자기 독립적이지 못하고 또 그렇게 살도록 교육받지도 않았다. 자신이 필요한 것은 전부 다른 사람들로부터 받는 팔자에 익숙한 여성들이다. 그렇다면 자신에게는 좋기만 한 것이 왜 가난한 사람들에게는 나쁜지 그들이 어떻게 알겠는가? 여성들은 힘센 사람들이 내려주는 축복이 자기에게 좋은 것이라는 관념에 젖어 있다. 그들은 자기가 자유롭지 못하다는 것 그리고 가난한 사람들도 마찬가지라는 사실을 잊고 있다. 꼭 가져야 할 것을 아무 노력 없이 공짜로 얻으면 그것을 얻기 위해 억지로 일할 필요가 없어진다. 모든 사람이 다른 사람에게 잘 보호받을 수 없고 결국은 본인 스스로 자기를 돌보도록 하는 어떤 동기가 있어야 한다. 따라서 스스로 돌볼 수 있을 만큼 신체가 건강한 사람은 자립할 수 있게 도와주는 것이야말로 자선이라는 이름에 걸맞은 유일한 자선이라고 하겠다.

결국 이것을 종합해보면, 여성은 사회적, 정치적으로 해방되면서 차원 높은 교육을 받고 그들의 영향력 아래 있는 사항들에 대해 실질적으로 알게 됨으로써, 일반 여론이 형성되는 과정에 좀 더 나은 방향으로 매우 효율적으로 참여할 수 있다는 결론이 나온다. 그와 동시에 여성은 여전히 각 가정에서 큰 영향력을 행사하며 아울러 큰 개선도 이끌어낸다.

흔히 남성은 유혹의 손길에 사로잡히기 매우 쉽지만, 아내의 직접적인 영향력과 자식들의 미래에 대한 염려 때문에 정직하고 존경받을 만한 사람이 될 수 있다고 말한다. 이 말은 사악하다기보다 나약하다고 할 수 있는 사람들에게 해당되는 것인데, 사실 그럴 때가 가끔 있다. 이런 유익한 영향력은 남녀평등이 보장된 곳에서 보존되고 강화될 것이다. 그러나 여성들이 굴종 상태에 있으면 불가능하다. 남성 중 못난 자가 자기 권한 안에 있는 사람들에 대해 언제나 가슴 깊숙한 곳에서 경멸감을 느껴서도 안 된다. 그러나 우리가 저울의 높은 추 쪽으로 올라가면 전혀 다른 종류의 동력들을 만나게 된다. 아내들은 자기 남편이 나라에서 일반적으로 통용되는 기준 아래로 떨어지지 않도록 영향력을 발휘한다. 그리고 그 선을 위반하지 않도록 강력하게 가로막기도 한다. 이런 점에서 아내들이 공공 여론의 보조자 역할을 한다고 볼 수 있다. 자기보다 지적으로 떨어지는 여성과 결혼한 남성은 평균 이상으로 무엇인가 추구하려고 할 때, 아내가 영원히 무거운 짐과 같은 존재, 심지어 방해하는 존재가 된다는 것을 안다. 이런 굴레에 갇혀 있는 사람이 남다르게 고귀한 덕목을 꿈꾼다는 것은 매우 힘들다. 만일 그 남성이 많은 사람이 공통적으로 가지는 생각이나 욕구와 다른 어떤 것을 품고 있을 때, 그리고 사람들이 아직 인정하지 않는 진리를 찾거나 아니면 보편적으로 수용되는 진리를 그 자신도 가슴 뜨겁게 받아들이면서 그 가르침에 따라 그들보다 한층 더 양심적으로 행동하고자 할 때,

자신 못지않게 높은 기준을 좇는 아내를 둘 정도의 행운아가 아닌 한, 결혼이라는 것이 다른 그 어느 것보다도 더 무거운 족쇄로 작용한다.

남자가 사회생활을 하다 보면, 사회 활동이나 금전적 측면에서 또는 심지어 생계에 타격을 입을 만큼 어느 정도 희생을 감수해야 하는 경우가 생기기 마련이다. 그런데 이런 손실과 희생도 자기 혼자서는 얼마든지 감당할 수 있지만, 가족에게 그 피해가 돌아간다면 망설이지 않을 수 없다. 이때 가족은 아내와 딸을 말한다. 왜냐하면 그는 언제나 아들들이 자기와 같은 생각을 하고, 명분 있는 일을 위해 자신이 희생을 무릅쓸 때 그들도 기꺼이 희생에 동참할 것을 희망하기 때문이다. 그러나 딸은 그렇지 않다. 우선 그런 희생 때문에 딸의 결혼이 영향을 받을 수 있다. 아내도 이런 희생이 추구하는 바를 이해하지 못하기 때문에 그 뜻에 동참할 수도 없다. 남편의 열정이나 신념에 전혀 공감하지는 않지만, 그가 희생하고자 하는 것이 자기에게 얼마나 소중한지는 잘 안다. 만일 여성이 그런 희생이 무엇인가 가치 있는 일이라고 생각한다면 그것은 남편에 대한 믿음에서 그리고 오직 남편을 위해서 그렇게 하는 것이다. 이런 상황에서 아무리 이기심과는 거리가 먼 최상의 남성이라 하더라도 자기 아내에게 아픔을 안겨주는 일을 앞두고 한참이나 고민하지 않을 수 있겠는가? 생활의 안락이 아니고 단지 사회적 평판과 관계되는 것이라 하더라도 그 남성이 양심상, 그리고 감정적으로 느껴야 하는 부담은 여전히 심각한 것이다. 따라서 아내와 딸을 가진 사람이라면 누구든지 그란디 부인('세상의 평판'을 뜻한다)에게 인질을 잡힌 셈이다. 세상의 평판에 대해 남성은 무관심할 수도 있지만, 그 사람의 아내는 결코 그렇지 못하다. 남성은 세상 여론을 무시하거나 자기 방식대로 생각함으로써 충분한 보상을 받을 수도 있다. 그러나 그 사람도 자신에게 의지하는 여성에 대해서는 아무런 보상도 해줄 수 없다. 아내는 언제나 사회의 평판에 지나치게 신경을 쓴다며 욕을 먹기도 한다. 그리고 이것이 여성 특유의 나약하고 어린애 같은 성격의 표본인 것처럼 말하는데, 이런 발상이야말로 대단히 잘못된 것이 아닐 수 없다. 사회는 윤택한 계급의 여성이 일생을 통해 자기희생을 거듭하도록 강요한다. 여성에게 모든 자연적 본능을 포기할 것을 요구하면서 그런 순교자와 같은 희생의 대가로 주는 것이 고작 사회적 평판이다. 여성의 평판이라는 것은 남편의 평판과 매우 밀접한 관련을 맺고 있다. 그러나 여성이 그것을 얻기 위해 값비싼 대가를 치르고 나면 본인으로서는 전혀 납득할 수 없는 이유로 그 평판을 잃고 만다. 여성은 그 평판을 얻기 위해 자기 일생을 다 바쳐야 하지만, 남편은 사회의 눈을 의식하지 않은 채 변덕스럽고 괴팍한 행동을 계속한다. 이런 짓거리를 세상은 인정하거나 허용하지 않는다. 세상도 더 나쁘다고 생각하지는 않더라도, 그런 짓은 어리석기 짝이 없다고 하는 여성의 생각에 동의할 것이다. 사람들 사이에서 칭찬이 자자한 남성들이 특히 이런 곤경에 빠져 있다. 이들은 생각을 같이하는 사람들 사이에서 자신을 돋보이게 할 만한 특별한 자질은 없지만, 아주 굳은 믿음으로 자기 신념을 지키고 있으며 또 그렇게 하는 것이 명예와 양심에도 부합한다고 확신한다. 그래서 그와 같은 믿음을 공언하며 그것에 도움이 된다면 자신의 시간과 노동, 금전을 아끼지 않는다. 가장 나쁜 것은 그런 남성이 우연한 기회에 그리고 단지 개인적인 이유 때문에 높은 자리(이런 자리 자체가 그들에게 최고 상류 사회에 수반된다고 생각되는 것을 주거나 차단하는 것은 아니다)에 오르는 경우다. 그들의 출신과 행태가 어떻든지, 그들이 사회를 움직이는 사람들로서는 수용할 수 없는 여론이나 공적 행동과 입장을 같이하면 곧 사회의 주류로부터 실질적으로 배제될 수밖에 없다. 대다수(아무리 적게 잡아도 10명 중 9명의) 여성은, 자기 남편이 불행하게도 사회적으로 용납되지 못하는 반체제 인사거나 아니면 저열한 과격단체에 몸담고 있다는 평을 받지 않는 한, 아무도 자기 부부가 주변의 비슷한 처지의 사람 중에서 최고의 자리에 오르는 것을 막지 못한다고 자기 최면을 걸고 있다. 그래서 조지가 벼슬이나 좋은 자리를 얻지 못하게 하고 캐롤라인이 좋은 혼처를 구하지 못하게 가로막는 것, 자신과 자기 남편이 초대받지 못하거나 작위 같은 것을 받지 못하게 방해하는 것 등 그 여성의 눈길이 가는 곳에 있는 모든 권력과 지위를 자기도 남과 같이 누릴 권리가 있다고 생각한다. 각 가정에서 그런 영향력이 활발하게 행사되거나 아니면 겉으로 드러나지 않더라도 속으로 더욱 강력하게 행사되고 있는 상황에서, 보통 사람들이 그저 그렇고 그런 평범한 수준의 존경밖에 향유할 수 없다(이것이 점점 현대의 특징적 양상이 되고 있다)는 것이 과연 놀라운 일인가?

여성의 능력 부족이 직접적으로 빚어내는 것은 아니지만, 그런 무능함 때문에 교육이나 성격 면에서 남녀 사이에 광범위한 차이가 생기는 것을 심각하게 고려해봐야 할 이유가 또 하나 있다. 생각과 기질이 같다는 것이 이상적 결혼 생활의 요체라고 한다면, 이런 차이야말로 그런 이상의 실현에 결정적인 방해 요소가 된다. 극단적으로 이질적인 사람들끼리 서로 긴밀한 인간관계를 맺는다는 것은 이룰 수 없는 백일몽에 불과하다. 이질적이라는 것은 대단히 매력적이기는 하지만, 사회를 유지해주는 것은 동질성이다. 그 동질성의 정도에 비례해서 사람들은 서로 행복한 삶을 살도록 도와주는 것이다. 여성과 남성이 서로 매우 다르기 때문에, 이기적인 남성들이 결혼하자마자 자신과 아내 사이의 체질적 차이점을 다스리기 위해 모든 일을 자기 관점에 맞춰 처리할 수 있는 자의적 권력을 손에 넣고 싶어 한다는 것은 전혀 놀라운 일이 아니다. 서로 완전히 이질적인 사람들 사이에서는 진정한 의미의 공통된 이해관계가 존재할 수 없다. 결혼한 사람들이 가장 고차원적인 의무의 이행을 둘러싸고 양심적인 의견 차이를 보이는 경우가 자주 있다. 결혼 생활에서 이런 것이 정말 일어날 수 있을까? 여성들이 어느 정도 진실한 성격의 소유자라면 어디서든 가능한 일이다. 사실 가톨릭 신부가 여성들이 다른 의견을 낼 수 있도록 격려하는 나라(이곳 여성들은 신부를 존경하도록 가르침을 받는데, 남편을 제외하면 유일무이한 경우라고 하겠다)에서는 아주 흔한 일이다. 일체의 도전을 허락하지 않을 정도로 막강한 권력을 가지고 있는 신부들은 여성에 대해서도 큰 영향력을 발휘한다. 이에 대해 개신교와 자유주의 논객들이 그 자체가 나쁘다기보다 남편의 권한에 맞서고 그의 신성불가침을 훼손시킨다는 이유로 공격을 가하고 있다. 영국에서는 복음주의 교파의 여성이 다른 교파의 남성과 결혼할 때 가끔 비슷한 차이들이 생긴다. 그러나 적어도 이런 이유에서 생기는 이견은, 여성이 사회의 평판이나 남편이 제시하는 기준에 자신을 맞추며 자기 생각을 포기해버림으로써 대체로 해소되고 있다. 생각에서는 그리 큰 차이가 없지만, 그저 단순한 기호의 차이 때문에 결혼 생활의 행복이 크게 위협받는 경우도 있다. 남녀의 타고난 차이가 무엇이든, 그것을 교육을 통해 증폭시키는 것은 남성의 호색 기질을 자극할 수는 있을지언정 행복한 결혼 생활에는 도움이 안 된다. 좋은 집안에서 태어나 점잖게 행동하는 부부라면 각자의 기호 활동을 존중할 것이다. 그러나 그들이 결혼을 마음먹을 때 상대방이 그런 관용을 베풀 것이라고 기대하고 있을까? 상대방에 대한 지극한 사랑이나 의무감이 있으면 모를까, 성향의 차이는 곧 거의 모든 집안 문제를 둘러싼 생각의 차이로 이어진다. 부부가 그렇게 자주 의견이 다르다면, 사회 전체적으로는 얼마나 다르겠는가! 사람들은 모두 자기와 같은 취향을 가진 사람들을 찾고 싶어 할 것이다. 그러나 한쪽과 생각을 같이하는 사람도 다른 쪽의 생각에 대해서는 무관심하거나 아니면 정면으로 대립할 수도 있다. 하지만 양쪽 모두에 대해 공통된 생각을 가진 사람도 있는 법이다. 왜냐하면 요즘은 결혼한 사람들이 루이 15세 시절처럼 집안에서 각자 따로 살면서 서로 전혀 다른 사람들만 접촉하고 지내지는 않기 때문이다. 부부는 자식 문제에 대해서도 각기 다른 생각을 가질 수밖에 없다. 자기만의 취향과 기분대로 아이를 키우고 싶어 할 것이기 때문이다. 따라서 서로 타협을 해서 자신이 원하는 것의 단지 절반 정도만 충족시키거나, 아니면 쓰라린 가슴을 안고서 아내가 양보를 하는 수밖에 다른 도리가 없다. 그러나 후자의 경우에도, 본인이 의도했건 아니건 아내의 속마음은 계속 남편의 뜻과 반대되는 방향으로 작동하게 된다.

물론 여성이 남성과 다르게 양육되기 때문에 이런 감정과 성향의 차이가 생기는 것일 뿐, 남녀의 기호가 본질적으로 다른 경우는 어떤 환경 아래에서도 있을 수 없다고 생각한다면 그것은 터무니없는 발상일 것이다. 그러나 사람을 다르게 키우면 그런 차이가 더욱 심각하게 커지기 때문에 그런 상황에서는 차이가 생기는 것을 도저히 막을 수 없는 것도 사실이다. 여성이 지금처럼 키워지는 한, 남성과 여성은 일상생활의 취향과 희망을 둘러싸고 진정한 일체감을 느낄 수 없을 것이다. 흔히 일상생활에서 아주 밀접하게 지내는 사람들끼리 같은 것을 원하고 같은 것을 싫어한다는 불문율이 하나의 공인된 조직 원리로 적용되어야 사회가 제대로 작동될 수 있다고 생각한다. 그러나 여성은 그런 꿈을 부질없는 것이라고 규정하지 않을 도리가 없다. 혹시 어떤 남성이 그런 희망을 가지고 있다면, 그것은 그가 자기가 원하고 싫어하는 것에 대해 아무 생각 없이 명령을 내리기만 하면 곧장 따라 할 여성을 배우자로 선택했기 때문이다. 그러나 이런 계산도 틀릴 수 있다. 둔감하고 기백이 없다고 해서 그런 사람들이 마냥 순종하기만 하는 것은 아니기 때문이다. 그러나 설령 그렇다고 해서 이것이 이상적인 결혼의 모습이라고 할 수 있는가? 이 경우에 남성이 상급 종從이나 간호사, 또는 정부情婦 말고 무엇을 얻을 수 있겠는가? 이와 반대로 부부 각자가 서로에게 특별한 존재가 되고, 처음부터 너무 이질적이지 않은 상태에서 관계를 맺을 때, 이 바탕 위에서 두 사람이 공감에 힘입어 동일한 사항에 지속적으로 관여하면, 처음에는 오직 둘 중 한 사람만 관심을 가지던 일에 다른 한 사람도 숨어 있던 흥미를 발굴해내서 키워나가게 된다. 나아가 알게 모르게 서로 상대방에 맞춰가는 한편, 자기만의 취향과 능력 외에 상대방의 것도 흡수함으로써(이것이 더 중요하다) 각자의 타고난 성격이 더 윤택해지고, 두 사람의 취향과 성격이 점점 닮아가게 된다. 이런 일은 일상생활에서 아주 밀접하게 지내는 동성 친구 사이에서 자주 일어난다. 그리고 결혼한 부부 사이에서도 제법 흔하게 일어난다. 그래서 전혀 다른 상황에서 자라온 부부도 진정한 의미의 일심동체가 될 수 있는 것이다. 그렇다면 일반적으로 볼 때, 아무리 개인적인 취향이 다르다 하더라도 적어도 삶의 큰 목적에 관해 두 사람이 완전한 일치와 합의에 이를 가능성은 남아 있는 것이다. 두 사람이 어떤 큰 목적에 관해 생각을 같이하고 그것이 무엇이든 서로 도와주고 격려한다면, 사소한 문제에 대해 각자 취향이 다르다 하더라도 큰 문제가 될 수 없다. 바로 이렇게 해서 온 인생을 통해 상대방에게 기쁨을 주는 것이 받는 것보다 훨씬 더 큰 즐거움이 되는, 굳건한 우정과 진실된 성격의 토대가 마련되는 것이다.

지금까지 나는 결혼 생활을 하는 남편과 아내의 단순한 차이가 빚어내는 기쁨과 이익에 대해 살펴보았다. 그러나 그런 차이가 어느 한쪽의 열등감을 뜻하는 것이라면 그 부정적인 결과는 말도 못하게 심각해진다. 만일 단순한 차이라는 것이 그저 좋은 자질의 차이를 의미하는 데 지나지 않는다면 두 사람의 행복을 방해한다기보다 상호 발전을 촉진하는 데 유용하게 사용될 수 있을 것이다. 왜냐하면 각자가 상대방의 독특한 장점을 흉내 내고, 그것을 배우기 위해 애쓴다면, 그런 차이는 이해관계의 대립보다 동질성을 증대시키며 각자가 서로에게 더 소중한 사람이 되게 해줄 것이기 때문이다. 그러나 둘 중 한 사람이 정신 능력과 교양 면에서 매우 뒤처져 있는 경우, 우월한 위치에 있는 상대방의 도움을 받아 다른 사람들을 능가하기 위한 노력을 열심히 기울이지 않을 때는, 이런 관계가 그 우월한 사람의 발전에 미치는 영향은 매우 부정적일 수밖에 없다. 그리고 이런 경향은 불행한 결혼보다도 그런대로 괜찮은 결혼 생활에서 더 두드러지게 마련이다. 지적으로 우월한 사람이 그렇지 못한 배우자의 정신적 발달에 관심을 기울이지 않으면서 그저 한 집에서 같이 사는 가까운 사람 정도로만 취급한다면 비난을 면할 길이 없다. 어느 사회나 집단이든 발전하지 않으면 퇴보하고 있는 셈이다. 반면에 더 많이 발전할수록 사람들 사이의 관계는 더 긴밀해지고 또 친숙해진다. 그래서 아무리 뛰어난 사람도 (글자 그대로) 집단의 왕 자리에 오래 앉아 있으면 퇴보하기 마련이다. 아내를 자기보다 열등한 존재로 내버려두는 남편이야말로 그런 익숙한 처지에 있는 대표적인 경우라고 하겠다. 그럼으로써 그 사람은 자기만족을 끊임없이 구가할 수 있겠지만, 다른 한편으로는 자신보다 훨씬 천박하고 낮은 수준의 감정과 관점에 말도 안 되게 빠져든다. 이런 해악은 점점 커지기 때문에 지금까지 목격되던 그 어느 것보다도 더 큰 문제를 야기한다. 남성과 여성은 일상생활에서 과거 어느 때보다도 더 가깝고 친밀하게 시간을 함께 보내고 있다. 남성이 점점 더 가정적인 성향을 보여주고 있는 것이다. 과거에는 그들이 남성 중심적으로 살면서, 남성들 세계에서 일도 하고 즐거움도 찾았다. 그들의 삶에서 아내가 차지하는 비중은 보잘것없었다. 그러나 오늘날은 문명의 발전과 더불어, 과거 대부분의 남성이 피로를 푼다면서 점잖지 못한 쾌락과 과도한 여흥에 빠져들었던 것이 부정적으로 평가되기 시작했다(이 말은 꼭 해야겠다). 나아가 남녀 쌍방이 똑같이 의무를 이행해야 한다는 현대인들의 변화된 의식도 남편이 아내에게 좀 더 충실하게 행동하도록 만드는 이유가 되고 있다. 결국 이것이 한데 합쳐져, 남성은 개인적·사회적 쾌락을 얻기 위해서 가정과 배우자들에게 훨씬 많은 시간을 할애하게 되었다. 이와 동시에 여성이 받는 교육의 종류와 내용에 발전적 변화가 일어나면서 생각이나 정신적 기호 면에서 어느 정도 남성들을 상대할 수 있게 되었다. 물론 아직은 대부분의 여성이 무참할 정도로 열등한 처지에 머무르고 있다. 그래서 정신적 동반자를 가지고 싶어 하는 그의 욕망은 자신이 아무것도 배울 것이 없는 동반자를 통해 대체로 충족된다. 아무런 진보도 없고 자극도 없는 동반자 관계 대신에 대등한 권한을 가진 상태에서 보다 고차원적인 것을 추구하는 동료 관계가 형성되고 있는 것이다. 매우 뛰어난 잠재력을 가진 젊은 남성인데도 결혼하자마자 발전이 중단되고, 그 여파로 끝내 퇴보하고 마는 경우를 주목해야 한다. 만일 아내가 남편이 앞으로 나가도록 밀어주지 않으면 그것은 뒤에서 붙잡고 있는 것이나 마찬가지다. 아내가 관심을 가지지 않는 일이면 남편도 관심을 가지지 못한다. 과거에는 좋아했던 모임도 이제는 더 이상 좋아하지 않고 싫어하며 피하게 된다. 고상하고 탁월했던 그의 영혼과 정신도 활력을 잃고 만다. 이런 변화는 가족 때문에 생긴 새롭고 이기적인 이해관계와 맥을 같이하는데, 이렇게 몇 년만 지나고 나면 그 남성도 그저 통속적이고 금전적인 문제 외에는 아무 관심도 없는 그렇고 그런 인간들과 하등 다를 바가 없어진다.

높은 수준의 능력과 소질을 비슷하게 갖추고 그 생각과 지향하는 목표가 똑같은 두 사람이, 상대방에 대해 일정 정도 비교 우위를 지닌 까닭에 서로를 바라보면서 많은 것을 배울 수 있는 특혜를 누릴 뿐 아니라, 자기 발전 과정에서 한편으로는 지도하고 다른 한편으로는 지도 받는 즐거움도 만끽할 수 있다면, 나는 이들의 결혼 생활이 어떤 모습일지에 대해 따로 설명하지 않을 것이다. 이런 모습을 상상할 수 있는 사람이라면 내 설명을 굳이 들을 필요가 없다. 반면 그런 상상을 할 수 없는 사람이라면 그것은 공상가의 백일몽에 지나지 않을 것이다. 그러나 내가 그 무엇과도 비길 수 없는 강한 신념으로 말하거니와, 이것이, 이것이야말로, 이상적인 결혼의 모습이 아닐 수 없다. 그 밖에 이것과 배치되는 그 어떤 의견과 관습, 제도, 그리고 그런 모습과 관련된 생각과 소망을 다른 방향으로 돌려버리는 모든 것은, 아무리 그럴듯한 모양으로 포장을 하더라도 원시인들의 야만적인 삶의 잔재에 불과하다. 결국 인간 삶에서 가장 기본이 되는 사회관계가 평등한 정의의 법칙에 의해 규율될 때, 그리고 사람들이 권리와 소양 면에서 자신과 동등한 다른 사람들에 대해 최고 수준의 동정심을 발휘하는 법을 배울 때 진정한 의미의 도덕 쇄신이 가능해질 것이다.

지금까지 나는 여성이라는 이유로 인간으로서의 기본권을 누리지 못하고 부당한 예속에 신음하는 것을 철폐함으로써 생기는 긍정적인 변화가 개인보다는 주로 사회적인 측면, 즉 사회 전체의 생각과 행동 역량의 증대, 남녀 관계의 전반적인 상태의 개선에 집중되는 것처럼 설명했다. 그러나 이런 주제를 놓고 이야기하면서 그 무엇보다도 가장 직접적인 혜택이라고 할 수 있는 것, 다시 말해 굴종에서 해방된 인류의 반이 누릴 사적인 행복이라고 하는, 말로 다 표현하기 어려운 이득을 언급하지 않는다는 것은 문제의 본질을 완전히 놓치는 우를 범하는 것이 된다. 다른 사람의 뜻에 이끌려 사는 것과 자신의 합리적 자유에 따른 삶은 천지 차이가 난다. 사람은 일단 먹는 것과 입는 문제를 해결해야 한다. 그러나 인간의 본성상 그다음으로 중요한 것이 바로 자유다. 인간이 무법천지에서 살 때는 어떠한 법의 규제도 받지 않는 자유를 갈망한다. 그러나 의무의 의미와 이성의 가치에 대해 이해하기 시작하면 자신의 자유를 행사할 때 점점 더 그것에 의해 규율받고 제약받으려 한다. 그렇다고 해서 이들이 자유를 덜 원한다는 것은 아니다. 그래서 그런 규율 원리를 해석할 때 다른 사람의 뜻을 무비판적으로 받아들이려 하지 않는다. 반대로 인간 이성이 가장 잘 발달되고 사회적 의무의 이상이라는 것이 가장 강력하게 꽃핀 곳에서는 개인 행동의 자유, 즉 각자가 자신의 의무감에 따라 그리고 자기 양심과 일치하는 법률과 사회적 제약에 따라 스스로의 행동을 규율하는 자유가 가장 왕성하게 발전한다.

개별적 독립성이라는 것이 행복의 한 중요한 요소라는 사실을 제대로 이해하기 위해서는, 자기를 구성하는 한 성분이라고 할 그것의 가치를 충분히 고려할 수 있어야 한다. 어떤 사람이 자기 자신을 위해 내리는 판단과 타인을 위해 내리는 판단만큼이나 본질적으로 차이가 나는 것은 없을 것이다. 다른 사람들이 행동의 자유가 없다고(다시 말해 자기 행동을 규율하는 데 자신의 의지가 충분히 작용하지 못한다고) 불평하는 것을 들을 때, 그는 자연스럽게 다음과 같이 물을 것이다. 무엇이 그리 문제인가? 자유가 없다고 해서 얼마나 큰 손해를 본다는 것인가? 어떤 점에서 자기 일들이 잘못 처리된다고 생각하는 것인가? 만일 이 질문에 대해 그들이 충분히 설득력 있게 답하지 못한다면, 그 사람은 이제 귀를 닫으면서 그런 불평이라는 것이 부질없는 시빗거리에 지나지 않는다고 생각할 것이다. 이에 반해 자기 자신을 위해 결정을 내릴 때는 전혀 다른 판단 기준을 적용하려 한다. 그래서 아주 믿을 만한 사람이 대단히 정상적인 방법으로 자신의 이익이 걸린 문제를 잘 처리한다 해도 그 사람의 감정은 그것을 용납하지 못한다. 자기 문제인데 자기가 결정할 수 없다는 사실 자체가 가장 큰 아픔으로 와 닿기 때문에, 일을 잘 처리하는지 여부는 문제가 안 되는 것이다. 나랏일도 마찬가지다. 자유국가의 시민이라면 자유를 포기하면서 다른 나라의 지시(아무리 유능하고 좋은 의도를 가졌다 하더라도)를 들으려 하겠는가? 설령 그가 다른 나라의 지배 아래에서도 유능하고 좋은 의도를 가진 정치가 가능하다고 믿을 수 있더라도, 자신의 도덕적 책임 아래 자기 문제를 스스로 해결한다는 자의식에 힘입어 공공 문제를 엄청나게 서툴고 불완전하게 처리함으로써 느껴야 하는 답답함을 충분히 이겨낼 수 있을 것이다. 이 점에 대해 남성이 어떻게 생각하든, 여성도 그와 똑같이 느낀다는 것을 분명히 알아두어야 할 것이다. 헤로도토스 이래 지금까지 자유 정부가 끼치는 고귀한 영향에 대해 수많은 사람이 찬양하고 또 그에 대해 글을 썼지만 이 모든 영향이 남성과 똑같이 여성에게도 미치는 것이다. 자유 정부는 사람들의 능력을 키우고, 지성과 감성이 보다 크고 높은 목적을 지향하도록 이끌어주며, 자기희생적인 공공정신과 조용한 가운데 더 한층 깊어지는 의무감을 자아내게 한다. 그리고 각 개인을 전반적으로 더욱 도덕적이고 정신적이며 사회적인 존재로 만들어준다.

이것이 사람을 행복하게 만드는 데 중요한 요소가 아니고 무엇이겠는가? 어느 남성에게든, 자신이 소년 시절(비록 사랑하고 애정을 느끼는 어른의 가르침과 보호 아래 있다 하더라도)에서 벗어나 성인으로서 책임지는 시절에 접어들 때 어떤 기분이 들었는지 물어보라. 그것은 무거운 짐을 내려놓을 때 신체적으로 느끼던 기분이나, 설령 그다지 고통스러운 것은 아닐지라도 그래도 강제적이었던 구속에서 벗어날 때 느끼던 안도감과 비슷한 것이 아니었을까? 그래서 전에 비해 두 배나 더 생동감을 느끼고, 두 배나 더 인간답게 살게 된 것 같은 기분을 느끼게 되지 않았을까? 그렇다면 그가 이런 기분을 여성도 남성과 똑같이 느낄 것이라고 생각하지 못할까? 남성들은 자기의 자존심을 대단히 중요하게 생각한다. 그런 남성들이, 인간이 느끼는 다른 자연적인 감정은 존중하면서, 타인의 자존심 문제에 대해서는 별 관심을 기울이지 않고, 자신이 취하는 행동의 기준이나 준거로 삼을 생각도 별로 없다는 것은 아주 놀라운 일이다. 남성은 자기가 직접 관련된 경우에는 온갖 의미를 다 부여하지만, 이런 감정이 자신의 삶에서 얼마나 중요한 것인지 잘 의식하지 못한다. 여성의 삶과 감정에 대해서도 똑같은 말을 하지 않을 수 없다. 여성은 무의식적으로 이런 감정을 억누르도록 교육받고 있지만, 그 내부적 원리는 모습을 바꾸어 여전히 남아 있다. 활동적이고 정력이 넘치는 사람이 자유를 잃으면 권력을 추구하게 된다. 자기 삶을 스스로 꾸려나가는 것이 가로막히면 다른 사람을 지배함으로써 자아를 찾으려 한다. 누구든지 자기 자신의 삶을 살아가지 못하고 그저 다른 사람에 의존해서 살아가는 상황이라면, 남을 자기 뜻대로 지배하는 것이 아주 매력적인 일로 보일 수 있다. 자유는 없고 단지 권력만 꿈꿀 수 있는 곳에서는 권력이 가장 큰 욕망의 대상이 된다. 만일 사람들이 자기 일을 마음대로 처리하지 못하게 방해를 받으면, 할 수만 있다면, 자기 이익을 위해 다른 사람들의 일에 간섭함으로써 그것을 보상받으려 한다. 여성이 개인적인 아름다움과 옷, 치장에 빠져들면서 과도한 사치와 사회적 타락 등 모든 부정적인 현상이 발생하는 것도 이런 이유에서다. 권력을 좋아하는 것과 자유를 사랑하는 것은 영원히 평행선을 달릴 수밖에 없다. 그래서 자유가 없는 곳에서는 권력에 대한 탐욕이 가장 뜨겁고 무절제하게 타오른다. 다른 사람에게 권력을 행사하고자 하는 갈망은 단지 각 개인이 그런 권력 없이도 살 수 있을 때, 다시 말해 각자가 자신의 개인적 문제를 자유롭게 처리하는 것에 대한 존중이 하나의 확고한 원리로 자리 잡을 때만 사람들 사이에서 사라질 수 있다.

자기 존재에 대한 자긍심을 통해서만 사람이 행복을 느끼는 것은 아니다. 각자의 능력을 자유롭게 자신이 원하는 대로 발휘하는 것도 행복의 한 원천이 된다. 반면 그것을 방해하고 가로막는 것은 불행의 씨앗이 된다. 이런 사실은 모든 인간에게 공통으로 적용된다. 여성이라고 예외는 아니다. 질병이나 빈곤 그리고 죄를 짓는 것을 제외한다면, 자신의 유능한 자질을 의미 있게 발휘하지 못하는 것만큼 사람 사는 재미에 치명적인 타격을 가하는 것도 없다. 집안일에 매인 여성이 그 일을 돌보는 동안은 나름대로 자기 능력을 발휘한다고 볼 수 있기 때문에 보통 여성들은 그런 데 매달리는 것만으로도 충분하다고 할 수 있다. 그러나 그런 일(이것이 천직이라고 놀림을 당하기는 하지만)에도 전념할 수 없는, 점점 그 수가 엄청나게 늘어나고 있는 다수의 여성은 어떻게 해야 하나? 자식들이 죽거나 멀리 떨어져 사는 경우, 아니면 장성해서 결혼을 하고 따로 살림을 차리는 경우, 여성들이 할 일은 무엇일까? 평생을 바쳐 열심히 일을 한 뒤 은퇴한 남성들이 평소 바라던 대로 평안한 휴식을 취하면서도, 과거에 하던 일을 대신할 만한 새로운 흥밋거리나 관심사를 개발하지 못한 채 생활의 무료함과 단조로움에 못 이겨 권태감과 우울증을 느끼고 마침내 때 이른 죽음을 맞기까지 하는 사례를 숱하게 보게 된다. 이런 문제를 심각하게 생각하는 사람들도 훌륭하고 헌신적인 수많은 여성이 똑같은 처지에 있다는 것은 깊이 고려하지 않는다. 이 여성들은 자신이 소위 사회에 지고 있는 빚(즉 자식들을 아무 흠 없이 성인 남성과 여성으로 키우고 집안 살림을 빈틈없이 하는 것)을 말끔히 다 갚고 나면, 평생 몸 바쳐 일한 유일한 직업에서 손을 떼야 한다. 그래서 딸이나 며느리가 호의를 베풀어 자기들의 일거리 중에서 일부를 떼어주지 않는 한, 체력은 아직 남아 있더라도 전념해야 할 일은 없어진다. 그래서 사회가 부과한 직책을 명예롭게 소화하고 난 나이 많은 여성들이 겪어야 하는 고충이란 여간 심각한 것이 아니다. 이런 여성들 그리고 처음부터 그런 일도 맡지 못한 여성들 중 상당수는 좌절감을 느끼지 않고 마음 놓고 활동할 수 있는 유일한 대안으로 종교와 자선 활동에 의식적으로 빠져들게 된다. 그러나 그들의 종교라는 것이 일종의 감정을 담고 의식을 지키는 것이기는 하지만, 자선 활동의 형태를 제외하고는 바깥 활동을 요구하지는 않는다. 여성들의 성향에 비추어볼 때 자선 활동이라는 것에 구미가 당기는 것이 사실이다. 그러나 자선 활동도 제대로 하려면, 특히 의도하지 않은 결과를 낳지 않으려면, 교육과 세심한 준비, 상당한 지식과 사고 능력을 갖추어야 한다. 그래서 정부 일을 능숙하게 처리하지 못하면서 자선 사업은 잘할 수 있으리라고 기대해서는 안 된다. 다른 경우(특히 아이들을 교육시키는 문제)와 마찬가지로 이 경우에도, 여성은 자신에게 주어진 임무를 잘 이행하자면 그에 맞는 훈련을 받아야 한다. 그러나 여성에게는 그런 기회가 없다. 이것이야말로 사회 전체의 큰 손실이라 하지 않을 수 없다. 여기서 여성이 무능하다는 주장이 흔히 아주 이상한 방향에서 제기되고 있는 점에 대해 짚고 넘어가야 하겠다. 이런 주장을 펴는 사람들은 문제의 본질을 보기보다 자신이 싫어하는 여성의 한 측면을 희화화戲畵化해서 부각시키기를 즐긴다. 이를테면 누군가 나랏일을 하는 데 때로 여성들의 경영관리 능력과 사려 깊은 판단이 필요하다고 역설한다면, 실없는 농담을 즐기는 남성들은 의회나 내각에 10대 소녀들 또는 20대의 젊은 아내들 두세 명이 응접실에 있다가 그대로 의사당으로 옮겨 앉아 있는 모습을 연상시키려 든다. 이들은 남성도 그렇게 젊은 나이에 의회에 진출하거나 정치적으로 중요한 자리에 오르는 경우가 매우 드물다는 사실을 잊고 있다. 만일 여성도 남성과 똑같이 결혼 생활에 그토록 헌신하지 않아도 되거나 자신의 능력을 발휘할 수 있는 다른 일을 택할 수 있다면(지금도 많은 여성이 결혼보다는 자신의 역량이 미치는 몇몇 촉망받는 직업을 더 갖고 싶어 한다), 그래서 한창 젊은 나이에 자기가 하고 싶은 일에 적합한 자질을 갖추기 위해 노력하고, 또는 더 신빙성 있는 이야기지만, 사오십 대의 과부나 부인들이 인생을 살아온 경륜이나 집안일을 해오면서 습득한 경영관리 능력에 덧붙여 적당한 공부만 한다면, 여성도 그렇게 하찮은 일이 아니라 보다 그럴듯한 직업에 종사하지 못할 이유가 없다고 보는 것이 상식에 맞을 것이다. 유럽의 어느 나라에서든, 최상급의 유능한 남성은 공사公私의 일을 처리하는 과정에서 언제나 현명하고 경험 있는 세계 각국의 여성으로부터 충고와 도움을 받으며 또 그에 대해 아주 높이 평가하고 있다. 그리고 중요한 행정 업무, 특히 비용 지출을 꼼꼼하게 통제하는 일 따위를 여성만큼 효율적으로 잘 처리하는 남성도 매우 드물다. 그러나 여기서 우리가 논의하고자 하는 것은 공공 업무를 수행하는 데 여성의 역할이 필요하다는 점이 아니다. 그것보다는 많은 여성들이 자신의 실무 능력에 대해 자신감을 가지고 있음에도, 일부 여성에게는 처음부터 문이 닫혀 있고 다른 여성은 이제 더 이상 접근할 수 없는 그런 일 이상의 보다 큰일을 할 수 있는 기회를 완전히 봉쇄한 채, 그들이 무미건조하고 희망 없는 삶을 살아간다고 비난하는 현실에 대해 문제를 제기하고 있는 것이다. 인간 삶에서 행복을 누릴 수 있게 해주는 정말 중요한 것을 고르라고 한다면, 그것은 각자가 자기가 하고 싶은 일을 추구할 수 있어야 한다는 것이다. 그런데 인류의 태반이 이 중요한 행복의 요소를 매우 불완전하게 향유하고 있거나 아니면 그것에 대한 접근이 아예 봉쇄되고 있다. 그런 것이 없다 보니 많은 여성들의 삶은 실패로 끝날 수밖에 없다. 성공하는 모든 남성들의 삶 뒤편에는 실패에 신음하는 여성들의 삶이 있다. 사회가 아직 어떻게 할 수 없는 환경 때문에 그와 같은 실패가 불가피하다면, 적어도 사회가 그런 실패를 더 키워서는 안 된다. 부모는 무지하고 젊은이들 자신은 경험이 부족해서 또는 마음에 맞는 직업을 가질 수 있는 외부 기회가 없어 마음에 들지 않는 일을 해야 할 때, 수많은 남성도 마지못해 그런 일을 하면서, 결국 무능한 존재로서 한 인생을 보낼 수밖에 없다. 그들이 처음부터 자기가 원하는 일을 했더라면 훨씬 더 잘, 그리고 행복하게 해낼 것임은 물론이다. 그런데 여성에게는 이런 제약이 실정법, 그리고 법에 상응하는 관습에 의해 부과되고 있다. 후진 사회에서는 피부색, 인종, 종교 또는 피점령국일 경우, 국적 문제로 남성 중 일부가 제약을 받는다. 그런데 여성은 단지 여성이라는 이유만으로 모두가 차별을 받고 있는 것이다. 그래서 남성이 할 수 없는 일이거나 별로 탐탁하게 생각하지 않는 일을 제외한, 거의 모든 존경받는 직장에서 여성이 원천적으로 배제된다. 이로 인해 여성이 겪는 고통에 대해 사람들은 너무나 무관심하다. 지금도 수많은 여성이 자신의 삶을 무의미하게 생각하며 매우 힘들어하고 있다는 것을 알아야 한다. 문명의 발전과 더불어 한편으로는 여성의 능력과 포부, 다른 한편으로는 사회가 여성에게 능력을 발휘할 수 있도록 허용하는 기회의 격차가 더 커지면서 이런 상황은 더 심각해질 것이다.

우리는 이런 차별로 인해 인류의 반이나 되는 사람들이 불행한 삶을 살아가야 함으로써 야기되는 심각한 해악(우선 대단히 고상하고 높은 수준의 개인적인 즐거움을 잃게 되고, 그 결과 삶 자체에 대해 싫증과 실망, 그리고 치유할 길 없는 불만을 느끼게 된다)을 생각해볼 때 다음과 같은 점을 느끼지 않을 수 없다. 이 지구 위에서 인간이 자신의 운명을 개척해나가기 위해서는 배우지 않으면 안 되는 교훈이 많다. 그중에서 자연이 강요하기 때문에 어쩔 수 없이 범하는 것 말고, 인간 스스로의 질투와 편견 때문에 다른 사람을 차별하는 것과 같은 새로운 죄악을 저질러서는 안 된다는 것보다 더 중요한 교훈은 또 없을 것이다. 인간은 자연에서 부질없는 공포를 느끼는 까닭에 평소 잘 인식하지 못하는 죄악을 더 나쁜 다른 것으로 대체하게 된다. 반면 주변 사람 누구에 대해서든 행동의 자유를 제약하는 것은 (그런 제약으로 인해 실제로 발생하는 모든 죄악에 책임을 지게 하지 않으면) 그에 비례해서 인간 행복의 근원을 고갈시켜버린다. 그리고 각 개인의 삶을 가치 있게 만들어주는 모든 것을 상상할 수 없을 정도로 쇠락시키고 만다.

'벌거숭이 불의'에 대한 전면전

두 여인

존 스튜어트 밀의 삶에서 두 여성을 주목할 필요가 있다. 그의 어머니는 '잊힌 여인'이었다. 밀의 아버지는 지적 대화가 되지 않는 어머니를 외면하고 살다시피 했다. 아들은 그 모습을 보고 자랐다. 그래서인지 밀은 부인 해리엇에게 엄청 공을 들였다. 해리엇은 밀의 글을 읽고 손을 봐줬다. 밀 스스로 자기 글 중에서 좋은 것은 전부 '해리엇으로부터 나왔다'고 말할 정도였다. 밀은 어머니에게서 여성의 현실을 보았고, 자기 부인을 통해 여성의 미래를 투사했다. 《여성의 종속The Subjection of Women》은 이처럼 극단적으로 상반된 두 여인의 삶을 그 배경으로 깔고 있다.

밀은 남성과 여성이 평등한 인격체로서 공존하지 않으면 안 될 이유를 다양하게 제시한다. 그는 《여성의 종속》에서 남성 중심 이데올로기가 혁파되지 않으면 억압받는 여성은 물론 억압을 가하는 남성도 심각하게 피해를 볼 수밖에 없다고 경고하고 있다. 귀 있는 자는 들을지어다.

아무런 차이도 없다

밀은 이 책 앞머리에서 "여성이 한 남성에게 종속됨으로써 빚어지는 고통과 부도덕함, 그리고 모든 종류의 가증스러운 일"들을 격정적으로 고발한다. 그는 여성이 이런 비인간적인 억압 구조 속에서 신음하며 살아야만 할 그 어떤 이유도 없다고 역설한다.

불평등 관계라는 것은 특정한 차이가 전제되지 않으면 정당화될 수 없다. 남성이 여성을 지배하지 않으면 안 될 이유가 있기나 한가? 남자와 여자 사이에 근본적인 차이가 있는가? 밀은 세간에서 곧잘 거론되는 이런저런 차이라는 것은 한결같이 근거가 없는, 그저 남성 지배 이데올로기가 조작해낸 궤변일 뿐이라고 거듭 역설한다.*

남성 자신도 불행하다

인간 삶에서 행복을 누릴 수 있게 해주는 가장 중요한 것은 무엇일까? 밀에 따르면, 그것은 바로 '각자 자기가 하고 싶은 일을 추구할 수 있는 것'이다. 그리고 각자가 지닌 능력을 자유롭게 자신이 원하는 대로 발휘하는 것이 행복의 원천이 된다. 반면 그것을 방해하고 가로막는 것은 불행의 씨앗이 된다. 그것은 당사자에게는 불의를 저지르는 일이고, 사회적으로는 불행한 결과를 낳는 일이다.

인류의 태반이 이렇게 중요한 행복의 요소를 매우 불완전하게 향유하거나 그것에 접근하는 것이 아예 봉쇄되고 있다. 밀은 모든 남성이 '실패에 신음하는 여성들의 삶'을 직시해야 한다는 것을 되풀이해서 강조한다. 밀은 이런 불의가 당사자인 여성에게만 문제를 일으키는 것이

- 밀은 프랑스의 철학자 콩트Auguste Comte와 긴밀하게 편지를 주고받았다. 그러나 두 사람 사이에는 건널 수 없는 강이 있었다. 콩트는 정신이 육체에 의존한다면서 남자보다 작은 뇌를 가진 여자가 남자에게 복종하는 것이 옳다고 강변했다. 여자가 부분적으로 감성에서 우위를 보이는 것도 이성이 부족하기 때문이라고 주장했다. 밀은 이런 남녀차별론을 받아들일 수 없었다. 두 사람의 우호 관계는 오래가지 않았다.

아니라 사회 전체, 나아가 남성 자신에게도 큰 피해를 준다는 점을 지적한다.

우선 여성에게 자신의 능력을 자유롭게 발휘할 기회를 주면 사회를 더 높은 단계로 발전시키는 데 필요한 정신 능력이 두 배로 늘어난다. 그런 능력을 갖춘 인류의 반을 사장한다는 것은 사회 전체에 엄청난 손실이 아닐 수 없다.

이어서 밀은 남성 우월주의에 빠진 이들을 향해 심각한 경고를 보낸다. 일부 못난 남성들은 해괴한 논리를 둘러대며 여성의 복종을 미화하지만, 그런 정의롭지 못한 인간관계 때문에 결국 남성 자신이 심각한 손해를 보게 된다는 사실을 모른다는 것이다. 여성의 사회 참여 기회가 늘어날수록 남성의 능력도 그에 비례해서 향상되기 마련이다.

밀은 이런 논의 끝에 지금처럼 여성이 남성에게 완전히 복속된 상태에서 비인간적인 삶을 살아가야 한다는 것은 이론적으로나 경험적으로나 결코 정당화될 수 없다고 단언한다. "과거의 이런 유물은 반드시 역사의 저편으로 사라져야 한다"고 역설한다.

여권 쟁취 투쟁

성별과 관계없이 모든 사람이 평등하게, 그리고 인간답게 살지 않으면 안 된다는 것이 밀 공리주의 철학의 출발점이요 토대 그 자체였다. 그는 신념에 따라 사는 사람이었다. 밀은《여성의 종속》에서 "단지 여성이라는 이유로 투표권을 부인하는 것은 정의의 원리에 어긋나는 일"이라고 주장했다. 밀은 유무형의 '박해'를 흔쾌히 감내하며 여성 해방을 위해 온몸을 던져 싸웠다. 여성의 정치적 권리를 쟁취하기 위해 용감하게 싸웠다.

밀은 1866년 상당수의 여성 명사들이 서명한 여성 참정권 청원서를 의회에 제출했다. 밀이 눈부신 토론을 펼친 덕분에 찬성표가 73표나 나왔다. 그 전에는 찬성하는 의원이 기껏해야 30명 정도에 불과했다. 밀은 이듬해인 1867년 5월 선거법 개정안에서 'man'이라는 단어를 'person'으로 바꿀 것을 요구했다. man이라는 표현이 선거권을 남자에게 한정하는 것으로 해석될 수 있기 때문이었다. 남성의 선거권이 확대되는 시점에 여성 참정권을 요구하지 않는 것은 숫제 그 권리를 포기하는 것이나 다름없다고 생각했다. 밀은 자신이 "문명국가 최초로 여성 참정권 문제에 대해 의회 단상에서 연설한 것"에 큰 자부심을 느꼈다. 그것이 자신이 하원의원 자격으로 봉사한 일 가운데 "참으로 중요한 유일한 일"이라고 회고할 정도였다.

세계에서 가장 먼저 여성 참정권을 인정한 나라는 뉴질랜드로 1893년의 일이다. 영국에서는 1928년이 돼서야 여성이 남성과 동등한 참정권을 부여받았다. 그 권리가 확정되던 날, 영국의 여권 운동가들이 런던 템스강변에 있는 존 스튜어트 밀 동상을 찾아가 꽃을 바쳤다.

'존 스튜어트 밀 사상의 종합판'

밀은《대의정부론》에서 "우연히 여자로 태어났다는 이유" 하나 때문에 평등한 보호와 정당한 권리를 누리지 못하는 일은 없어야 한다고 강조했다. 그런 세태는 "반反이성, 벌거숭이 불의의 극치"라고 주장했다. 8년 뒤《여성의 종속》은 그런 밀의 앞선 생각을 더 뜨겁게 담아냈다. 이 책을 읽으면 그런 밀의 '진정성'에 공감하지 않을 수 없다. 남녀 차별을 당연하게 여기던 당시 사회 풍조를 거슬러가며 자신의 신념을 당당하고 용기 있게 펼치는 모습은 적잖이 감동적이다.•

• 일반적으로 부인 해리엇이 쓴 〈여성의 참정권〉이라는 글이《여성의 종속》의 기초가 되었다고 생각하는데, 밀은《자서전》에서 그녀를 만나기 전에 이미 그런 생각을 하고 있었다고 분명히 밝힌다. 즉 이러한 소신은 그가 '사회나 정치 문제를 놓고 어떤 식으로든 그 나름대로 입장을 세운 첫 순간부터 간직해온 것이고, 세월이 흘러 생각이 깊어지고 경험이 넓어지면서 점점 더 단단해졌다'는 것이다.

그의 말년(1869)에 나온 이 책은 자유, 효용, 인간 본성, 사회 등에 관한 그의 철학 전반을 포괄하고 있어 '존 스튜어트 밀 사상의 종합판'이라는 평가를 받기도 한다. 이 책이 페미니즘에 관한 최고 권위를 지닌 고전으로 자리를 굳힌 데는 그만한 이유가 있다.

'다 이루었다' 말할 수 있는 사람

— 존 스튜어트 밀의 생애

"내가 할 일은 다 이룬 것 같다"

존 스튜어트 밀은 1806년 5월 20일 런던에서 9남매의 장남으로 태어났다. 당대의 대표 지성이자 공리주의 개혁운동의 선봉이었던 제임스 밀James Mill(1773~1836)이 그의 아버지다. 밀은 정규 교육을 전혀 받지 않았다. 아버지가 시간을 내서 어린 존을 도맡아 가르쳤다. 밀은 아버지가 만들었다고 해도 과언이 아니다.

제임스 밀은 첫째 아들 존에게 상상을 초월할 정도의 공부를 시켰다. 어린 아들은 세 살 때 그리스어를 배웠고, 일곱 살 때《에우티프론》에서《테아이테토스》까지 플라톤의 초기 대화편 여섯 편을 읽었다. 여덟 살 때는 라틴어를 배우기 시작했다. 아버지는 아들에게 역사책과 철학책을 많이 읽혔다. 산수, 기하학, 대수학, 미분학 등도 가르쳤다. 존은 열두 살 때부터는 논리학을 깊이 공부하기 시작했고, 그 이듬해에는 경제학 전 과정을 공부했다.

밀은 스물다섯 살 때 운명의 여인 해리엇 테일러Harriet Taylor를 만났다. 그가 "뛰어난 시인이요 사상가, 내 생애의 영광이며 으뜸가는 축복" 등 온갖 현란한 수사를 동원해서 예찬한 여인이다. 그때 해리엇은 밀보다 두 살 적은 스물세 살이었다. 결혼 생활 4년에 두 아이를 둔 유부녀였다. 두 사람은 19년이나 파격적인 사랑을 이어나갔다. 런던 사회가 들썩일 만한 스캔들이었다. 그러나 밀은 '강한 애정과 친밀한 사귐이 있었을 뿐, 세상 사람들이 흔히 하는 억측과 관련해 조금도 흠잡힐 일이 없었다'고 주장했다. 두 사람은 사상도 같이 나누었다. 밀은 그녀와 다른 생각을 품는다는 사실조차 두려워했다. 그가 쓴 글은 모두 그녀의 손을 거쳤다. 그녀는 밀의 완벽한 동반자였다. 해리엇의 남편이 병으로 죽고 2년 가까이 흐른 1851년 4월 두 사람은 마침내 정식 부부가 되었다. 밀이 45세, 해리엇이 43세 때였다.

그러나 기다린 세월에 비해 행복했던 시간은 너무 짧았다. 밀과 해리엇은 7년 반 만에 생과 사의 갈림길에 서고 말았다. 두 사람은 1858년 10월 영국의 축축한 날씨를 피해 프랑스 남부로 휴양 여행을 떠났다. 그러나 11월 3일 아비뇽에서 해리엇이 갑자기 발작을 일으키며 호흡이 힘들어졌다. 폐충혈이었다. 그것으로 끝이었다. 해리엇은 아비뇽 교외 생베랑의 시립 묘지에 묻혔다. 밀은 묘지 바로 근처의 작고 하얀 집을 사서 말년을 그곳에서 지냈다.

밀은 1854년 3월에 폐결핵 진단을 받고 신변 정리를 서둘렀다. 그러나 시골에서 요양한 효험이 있어 기적적으로 살아났다. 그 후에는 건강에 특별한 문제가 없었다. 식물 채집을 하면서 많이 걸어 다닌 것이 밀을 아주 건강하게 만들었다. 그런 가운데 밀의 마지막 날은 불현듯, 그러나 아름답게 찾아왔다. 산속을 25킬로미터나 기분 좋게 걸어 다닌 뒤 갑자기 병이 났다. 그는 딱 3일 앓고 눈을 감았다. 마지막 순간에 "내가 할 일은 다한 것 같다"라는 말도 남길 수 있었다. 밀은 아비뇽의 해리엇 옆에 안치되었다. 67세 때였다.

정치 활동

밀은 성실하게 살아가는 지식인의 전형이었다. 그의 사상도 그랬지만, 그의 생활 또한 진지하기 이를 데 없었다. 밀은 또한 참여파 지식인이었다. 늘 현실을 염두에 두고 이론 공부를 했다. 그런 밀이 뒤늦게 하원의원 선거에 나가 당선되었다. 1865년 초에 런던의 웨스트민스터 지역구 유권자들이 그를 찾아와 출마를 간곡하게 권유했다. 그가 생각하기에 "정치란 앞장서서 남에게 따라오라고 하는 사람만이 할 수 있는 일"이었다. 밀이 생각하기에 자신은 '주의 깊은 관찰자나 분석가'지 행동가는 아니었다. 솔직히 그가 하원의원이 된다고 해서 특별히 얻을 것은 없었다. 그저 자신이 하고 싶은 일만 방해받을 뿐이었다. 더구나 밀은 그때 막 동인도회사에서 풀려나 자유를 만끽하려던 참이었다.

그는 이런 개인적인 즐거움을 희생하고 정치에 나섰다. 우선 '동료 시민'들의 간절한 부탁을 마냥 외면하기가 어려웠다. 나아가 그 자신도 진보적 자유주의를 정치 현장, 특히 하원에서 추동해나갈 정치 세력의 존재가 절실했다. 거기에 덧붙여 그는 직장을 퇴직했고 해리엇은 세상을 떠났다. 이런 변화를 맞아 밀은 자신에게 '보다 익숙한 일'을 포기하고 직업 정치가로 전환했다.

하원의원 밀은 의회에 진출한 뒤 철저하게 자신의 원칙대로 행동했다. 그는 다른 의원들이 관심을 안 가지거나 앞장서기를 꺼리는 일, 이를테면 여성 참정권 확보, 노동자들의 권익 옹호, 영국의 제국주의 행태에 제동 거는 일 등을 골라서 전력투구했다. 그에게 비판적인 사람들도 그가 기여하는 바를 인정할 정도였다. 그러나 밀은 의사당에 들어간 지 3년 만에 치러진 1868년 11월의 두 번째 선거에서 낙선하고 말았다. 당시 영국 보통 사람들의 상식을 뛰어넘는 밀의 과격한 '진보 노선'이 가장 큰 요인이었다. '이상주의적·교조적 정치인'으로 묘사될 정도였다.

밀은 재선에 실패한 뒤 가까운 친구에게 이렇게 털어놓았다.

> 진보적 자유주의의 패배가 마음 아프기는 하나, 내 취향과 기질에 딱 맞는 유일한 일거리로 다시 돌아갈 수 있어서 자유롭고 홀가분한 기분입니다. 사실 기쁨의 감정이 더 큽니다. 나는 의사당 밖에 있더라도 진보적 자유주의를 위한 일은 변함없이 활발하게 전개할 것입니다.

밀 본인이 말했듯이, 그는 냉정한 이론가였지 열정적인 행동파가 아니었다. '정치인 밀'의 실제 모습에는 여러모로 아쉬운 점이 많았다. 그러나 밀이 선거에 나가게 된 과정과 선거운동을 하는 모습, 이후 3년에 걸친 그의 의정 활동은 인간 존 스튜어트 밀의 진면목을 유감없이 보여준다는 점에서 처음부터 끝까지 여간 흥미롭지 않다. 오늘날 정치가 정도正道를 벗어나고 정치인들이 금도襟度를 유린할 때마다 밀의 정치 외도는 통쾌한 추억으로 다시 살아난다.

주요 저술

밀은 참으로 여러 분야에 걸쳐 많은 글을 썼다. 논리학에서 경제학을 거쳐 정치학, 윤리학, 종교론 등 오늘날의 기준으로 인문·사회학 거의 모든 분야가 그의 관심 대상이었다. 그뿐만 아니다. 밀은 식물 채집에 열중한 끝에 식물학 전문 잡지에 글을 싣는 '영광'도 누렸다. 한마디로 그는 '르네상스형 지식인'의 전형에 가까웠다.

밀은 평생 동인도회사에 근무했다. 직장 생활을 하는 틈틈이 수많은 글을 썼다. 1843년 '생각의 이론' 자체를 다룬 그의 첫 책《논리학 체계A System of Logic》가 나왔다. 1848년 두 번째 저서《정치경제학 원리Principles of Political Economy》에서는 인간의 활동 영역 중 하나인 정치

경제학을 세밀하게 탐구했다. 두 책이 잇달아 대성공을 거두면서 사상가 밀의 입지가 확고해졌다.

밀의 저서 가운데 가장 널리 알려진 《자유론》은 자유의 이름으로 개별성의 중요성을 역설하는 책이다. 2년 후인 1861년에는 밀의 '성숙한' 정치 이론을 담은 《대의정부론》이 출판되었다. 이후 밀의 관심은 사회윤리 쪽에 집중된다. 1863년에 출판된 《공리주의》는 질적인 쾌락과 양적인 쾌락을 구분함으로써 공리주의 윤리학을 벤담주의를 넘어 보다 원숙한 경지로 끌어올린 것으로 유명하다. 1869년에 나온 《여성의 종속》은 남녀평등을 주장해온 밀의 생각을 잘 담아냈다. 1873년 밀이 세상을 떠난 직후 출판된 《자서전Autobiography》은 밀의 정신적 성장 과정과 그가 정치 현장에 참여하게 된 배경 등을 세밀하게 기록한 흥미로운 책이다. 그 외에 《종교론》(1874)과 《사회주의론》(1879)이 그의 사후에 출간되었다. 《종교론》은 무신론자로 알려진 밀의 또 다른 측면을 보여주고, 《사회주의론》은 그가 사회주의의 윤리적 목표에 경도된 이유를 짐작하는 데 도움을 준다.

밀은 여기서 언급되지 않은 수많은 다른 저술도 남겼다. 1991년 캐나다의 토론토대학 출판부가 총 33권의 '존 스튜어트 밀 전집Collected Works of John Stuart Mill'을 완간했다. 이 전집에는 그의 저서뿐만 아니라 그의 편지와 연설문, 심지어 어린 시절의 학습 노트까지 포함돼 있다. 이 전집의 제목만 일별해도 밀이 얼마나 위대한 저술가인지 분명해진다.

죽음 앞에서

1850년대 들어 밀과 해리엇 둘 다 건강이 나빠졌다. 밀에게 둘 중 하나가 먼저 죽을 수 있다는 위기감이 엄습했다. 밀은 자기가 쓴 글이 해리엇의 손을 거치지 않는다는 것을 생각할 수도 없었다. 두 사람에게 남은 시간이 얼마인지 모르지만, 밀은 그동안 계획했던 글들을 가능한 한 빨리 쓰기로 마음먹었다. 출판은 나중 문제고 일단 초고라도 서둘러 쓰기로 했다. 《논리학 체계》와 《정치경제학 원리》가 그가 앞으로 작업할 것들의 서론 격으로서 제1원리를 담았다면, 이제 그 원리들을 일상의 다양한 실제 문제에 적용하는 중요한 과제가 그를 기다리고 있었다. 밀은 자신의 저술이 당장 사람들에게 큰 효용을 주지 못하더라도 전문가들이 시간을 두고 읽고 전파할 수 있게 기본 틀 위주로 쓰기로 했다.

밀은 해리엇과 함께 향후 작업 목록을 작성했다. 《자유론》, 《공리주의》, 《대의정부론》 등 그의 후기 저술 대부분이 그 목록에 들어 있었다. 그가 세상을 떠난 뒤에 출판된 《사회주의론》과 《종교론》도 포함되었다. 밀은 1854년 2월 해리엇에게 편지를 보내 "목록에 따라 작업하는 데 2년이면 충분할 것 같다"고 자신했다. 밀은 절박한 심정으로 글을 써나갔다. 죽음이 손을 뻗쳐오기 전에 얼마나 끝낼 수 있을지 아무도 모르는 일이었다. 밀은 "우리가 써야 하는 것을 우리 둘이 같이 살아서 같이 작업할 수 있기를 간절히 소망"했다. 그의 간구懇求는 헛되지 않았다.

존 스튜어트 밀의 글쓰기

밀의 글 쓰는 방식은 독특했다. 그는 쓰고자 하는 주제가 생기면 일단 관련된 자료들을 샅샅이 뒤져 읽으며 깊이 천착했다. 충분히 준비가 되었다 싶으면 그제야 자리에 앉아 쓰기 시작했다. 작업하다가 문제가 생기면 불도그처럼 꿈쩍도 하지 않았다. 문제가 해결될 때까지 절대 그냥 두지 않고 고민에 고민을 거듭했다. 그리고 다시 글을 썼는데, 마음에 들 때까지 쉬지 않고 윤색했다. 언제나 적어도 두 번은 다시 고쳐 썼다.

밀은 일단 초고를 쭉 써놓은 다음 시간을 두고 손봤다. 초고를 쓸 때 일단 자기가 다루어야 할 문제를 전부 끄집어냈다. 다루어야 할 중요한 내용을 불완전하게나마 모두 종이 위에 기록해놓으면 전체적인 구상이나 표현의 자세한 부분을 고치고 다듬는 2차 작업을 하는 데 힘이 덜 든다고 생각했다. 그는 처음 초고를 쓸 때 글의 배열 문제에 가장 신경을 많이 썼다. 배열이 잘못되면 사상을 연결하는 실이 꼬이면서 생각이 올바로 전개되지 못하기 때문이다.

밀은 일정한 정도의 '숙성 시간'을 둔 뒤 초고를 처음부터 전부 다시 썼다. 이때 다시 써도 더 좋아지지 않을 것처럼 보이면 그냥 원본 그대로 두었다. 그는 이렇게 두 번 쓰는 방식이 매우 유익하다고 확신했다. 처음 구상의 신선함과 힘찬 맛을 잃지 않은 채 두고두고 생각하며 손볼 수 있어서 주장과 논리가 더욱 정확하고 완전해진다는 것이다.

찾아보기

공리주의

종교론

자유론

대의정부론

사회주의론

여성의 종속

존 스튜어트 밀 선집

초판 1쇄 발행 2020년 12월 28일

지은이 존 스튜어트 밀
옮긴이 서병훈

펴낸이 김현태
펴낸곳 책세상
등록 1975년 5월 21일 제1-517호
주소 서울시 마포구 잔다리로 62-1, 3층(04031)
전화 02-704-1250(영업), 02-3273-1334(편집)
팩스 02-719-1258
이메일 editor@chaeksesang.com
광고·제휴 문의 creator@chaeksesang.com
홈페이지 chaeksesang.com
페이스북 /chaeksesang 트위터 @chaeksesang
인스타그램 @chaeksesang 네이버포스트 bkworldpub

ISBN 979-11-5931-571-8 03340